KB042625

한국 고대사 관련 동아시아 사료의 연대기적 집성

원문

761년 ~ 936년

정호섭 외 10인

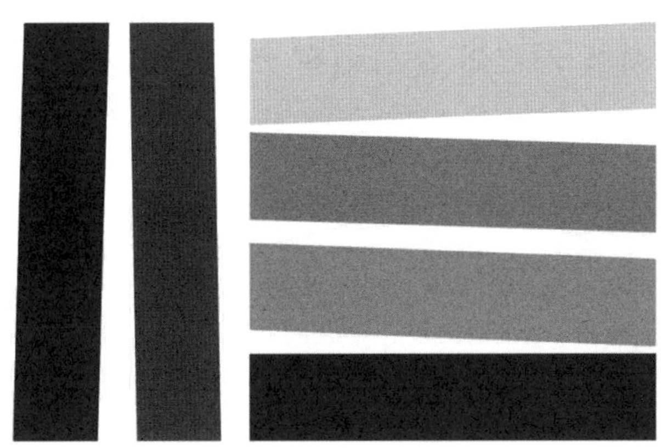

한국 고대사 관련 동아시아 사료의 연대기적 집성
원문 (下) 761년~936년

펴낸이 최병식
엮은이 정호섭 외
펴낸날 2018년 12월 28일
주류성출판사 www.juluesung.co.kr
06612 서울시 서초구 강남대로 435 주류성빌딩 15층
전 화 02-3481-1024
전 송 02-3482-0656
이메일 juluesung@daum.net

책값 20,000원

ISBN 978-89-6246-380-4 94910
978-89-6246-377-4 94910 (세트)

● 본 연구는 한국학중앙연구원의 한국학분야 토대연구지원사업 지원과제임
(과제번호 : AKS-2013-KFR-123000)

한국 고대사 관련
동아시아 사료의
연대기적 집성

원문

761년
~936년

정호섭 외 10인

한국 고대사 관련 동아시아 사료의 연대기적 집성
원문 (下) 761년~936년

761(辛丑/신라 경덕왕 20/발해 문왕 25 大興 25/唐 上元 2/日本 天平寶字 5)

신라 春正月朔 虹貫日 日有珥 (『三國史記』 9 新羅本紀 9)
신라 春正月朔 虹貫日 日有珥 (『三國史節要』 12)

신라 (正月)乙未 令美濃 武藏二國少年 每國廿人習新羅語 爲征新羅也 (『續日本紀』 23 淳仁紀)

신라 二月戊辰 新羅王金嶷入朝 因請宿衛 (『資治通鑑』 222 唐紀 38 肅宗 下之下)

고구려 백제 신라
(三月)庚子 百濟人餘民善女等四人賜姓百濟公 韓遠智等四人中山連 王國嶋等五人楊津連 甘良東人等三人清篠連 刀利甲斐麻呂等七人丘上連 戶淨道等四人松井連 憶賴子老等卌一人石野連 竹志麻呂等四人坂原連 生河內等二人清湍連 面得敬等四人春野連 高牛養等八人淨野造 卓杲智等二人御池造 延爾豊成等四人長沼造 伊志麻呂福地造 陽麻呂高代造 烏那龍神水雄造 科野友麻呂等二人清田造 斯臈國足等二人清海造 佐魯牛養等三人小川造 王寶受等四人楊津造 荅他伊奈麻呂等五人中野造 調阿氣麻呂等廿人豊田造 高麗人達沙仁德等二人朝日連 上部王蟲麻呂豊原連 前部高文信福當連 前部白公等六人御坂連 後部王安成等二人高里連 後部高吳野大井連 上部王彌夜大理等十人豊原造 前部選理等三人柿井造 上部君足等二人雄坂造 前部安人御坂造 新羅人新良木舍姓縣麻呂等七人清住造 須布呂比滿麻呂等十三人狩高造 漢人伯德廣足等六人雲梯連 伯德諸足等二人雲梯造 (『續日本紀』 23 淳仁紀)

신라 夏四月 彗星出 (『三國史記』 9 新羅本紀 9)
신라 夏四月 彗星出 (『三國史節要』 12)

발해 (八月)甲子 迎藤原河清使高元度等至自唐國 初元度奉使之日 取渤海道 隨賀正使揚方慶等 往於唐國 事畢欲歸 兵仗樣 甲冑一具 代刀一口 槍一竿 矢二隻 分付元度 又有內使 宣勅曰 特進秘書監藤原河清 今依使奏 欲遣歸朝 唯恐殘賊未平 道路多難 元度宜取南路先歸復命 卽令中謁者謝時和押領元度等向蘇州 與刺史李岵平章 造船一隻長八丈 幷差押水手官越州浦陽府折衝賞紫金魚袋沈惟岳等九人水手 越州浦陽府別將賜

綠陸張什等卅人送元度等歸朝 於大宰府安置 (『續日本紀』23 淳仁紀)

고구려　冬十月壬子朔 (…) 從五位下高麗朝臣大山爲武藏介 (…) (『續日本紀』23 淳仁紀)

고구려 발해　(十月癸酉) 以武藏介從五位下高麗朝臣大山爲遣高麗使 (…) (『續日本紀』23 淳仁紀)
발해　五年 十月 癸酉[廿二] (『類聚國史』193 殊俗部 渤海 上)

백제　(十一月)丁酉 以從四位下藤原惠美朝臣朝狩爲東海道節度使 正五位下百濟朝臣足人 從五位上田中朝臣多太麻呂爲副 (…) 從三位百濟王敬福爲南海道使 (…) (『續日本紀』23 淳仁紀)

신라　異域今無外 高僧代所稀 苦心歸[一作窮]寂滅 宴坐得精微 持鉢何年至 傳燈是日歸 上卿揮別藻[一作操] 中禁下禪衣 海闊杯還度 雲遙錫更飛 此行迷處所 何以慰虔祈 (『全唐詩』2函 7冊 崔國輔 送新羅法師還國)[1)]

762(壬寅/신라 경덕왕 21/발해 문왕 26 大興 26/唐 上元 3, 寶應 1/日本 天平寶字 6)

백제　(春正月戊子) 從五位下百濟王理伯爲肥後守 (…) (『續日本紀』24 淳仁紀)

신라　眞表律師 (…) 三年而未淂授記 發憤捨身嵓下 忽有青衣童 手捧而置石上 師更發志願 約三七日 日夜勤修扣石懺悔 至三日手臂折落 至七日夜 地藏菩薩手搖金錫 來爲加持 手臂如舊 菩薩遂與袈裟及鉢 師感其靈應 倍加精進 滿三七日 卽得天眼 見兜率天衆來儀之相 於是 地藏慈氏現前 慈氏磨師頂曰 善哉 大丈夫 求戒如是 不惜身命懇求懺悔 地藏授與戒本 慈氏復與二栍 一題曰九者 一題八者 告師曰 此二簡子者 是吾手指骨 此喻始本二覺 又九者法爾 八者新熏成佛種子 以此當知果報 汝捨此身 受大國王身 後生於兜率 如是語已兩聖卽隱 時壬寅四月二十七日也 (『三國遺事』4 義解 5 關東楓岳鉢淵藪石記)

고구려　(四月)丙寅 遣唐使駕船一隻自安藝國到于難波江口 着灘不浮 其柂亦復不得發出 爲浪所搖 船尾破裂 於是 撙節使人限以兩船 授判官正六位上中臣朝臣鷹主從五位下爲使賜節刀 正六位上高麗朝臣廣山爲副 (『續日本紀』24 淳仁紀)

신라　惟無相大師 表海遐封 辰韓顯族 始其季味 夙挺眞機 見金夫以有躬 授寶刀而敗面 大師因得上行 豁悟迷塗 載驗土風 東國素秤君子 (『全唐文』780 慧義精舍 四證堂碑)[2)]

신라　無相禪師 俗姓金 新羅王之族 家代海東 (…) 後至寶應元年五月十五日 忽憶白崖山無住禪師 吾有疾計 此合來看吾 數度無住禪師 何爲不來 吾將年邁 使工人薰[董]璿 將吾信衣及餘衣一十七事 密送與無住禪師 善自保愛 未是出山時 更待三五年 聞太平卽出 遙付囑訖 (『歷代法寶記』劒南城都府淨泉寺無相禪師)

신라　元年逮巳月十五日 改爲寶應元年五月十五日 遙付囑訖 (『歷代法寶記』劒南城都府大曆保唐寺無住和上)

---

1) 본 시는 崔國輔의 시로 나오나 孫逖의 시라고도 한다. 최국보의 생몰년은 알 수 없으나, 손적은 691~761년으로 나온다. 따라서 691~761년으로 기간편년하고 761년에 편제하였다.

2) 이 기사에는 연대 표기가 없으나, 無相大師는 開元16년(728)에 唐에 유학하여 寶應元年(762) 5월15일에 사망하였다. 그에 따라 728~762년으로 기간편년하고 762년 5월15일의 사망기사 앞에 배치하였다.

신라	無相禪師 俗姓金 新羅王之族 家代海東 (…) (寶應元年)至五月十九日 命弟子 與吾取新淨衣 吾欲沐浴 至夜半子時 儼然坐化 是時日月無光 天地變白 法幢摧折 禪河枯涸 衆生失望 學道者無依 大師時年七十九 金和上 每年十二月正月 與四衆百千萬人受緣 嚴設道場 處高座說法 先教引聲念佛 盡一氣念 絶聲停念訖云 無憶無念莫妄 無憶是戒 無念是定 莫妄是惠 此三句語卽是總持門 又云 念不起猶如鏡面 能照萬像 念起猶如鏡背 卽不能照見 又云 須分明知起知滅 此不間斷 卽是見佛 譬如二人同行 俱至他國 其父將書教誨 一人得書 尋讀已畢 順其父教 不行非法 一人得書 尋讀已畢 不依教示 熾行諸惡 一切衆生 依無念者 是孝順之子 著文字者 是不孝之子 又云 譬如有人醉酒而臥 其母來喚 欲令還家 其子爲醉迷亂 惡罵其母 一切衆生 無明酒醉 不信自身見性成佛 又起信論云 心眞如門 心生滅門 無念卽是眞如門 有念卽生滅門 又云 無明頭出 般若頭沒 無明頭沒 波般若頭出 又引涅槃經云 家犬野鹿 家犬喩妄相 野鹿喩佛性 又云 綾本來是絲 無明文字 巧兒織成 乃有文字 後折却還是本然絲 絲喩佛性 文字喩妄相 又云 水不離波 波不離水 波喩妄念 水喩佛性 又云 擔麻人轉逢銀所 一人捨麻取銀 餘人言 我擔麻已定 終不能棄麻取銀 又至金所 棄銀取金 諸人云 我擔麻已定 我終不棄麻取金 金喩涅槃 麻喩生死 又云 我此三句語 是達摩祖師 本傳教法 不言是詵和上唐和上所說 又言 許弟子有勝師之義緣 詵唐二和上 不說了教 曲承信衣 金和上所以不引詵唐二和上說處 每常座下教戒眞言 我達摩祖師所傳 此三句語是總持門 念不起是戒門 念不起是定門 念不起慧門 無念卽是戒定慧具足 過去未來現在 恒沙諸佛 皆從此門入 若更有別門 無有是處 (『歷代法寶記』 劍南城都府淨泉寺無相禪師)3)
신라	(寶應元年五月)至十九日 命弟子 與吾取新淨衣 吾今沐浴 至夜半子時 儼然坐化 (『歷代法寶記』 劍南城都府大曆保唐寺無住和上)
신라	夏五月 築五谷鵂巖漢城獐塞池城德谷六城 各置太守 (『三國史記』 9 新羅本紀 9)
신라	夏五月 築五谷鵂岩漢城獐塞池城德谷六城 各置太守 (『三國史節要』 12)
신라	秋九月 遣使入唐朝貢 (『三國史記』 9 新羅本紀 9)
신라	秋九月 遣使如唐朝貢 (『三國史節要』 12)
신라	(寶應元年)九月 波斯新羅 (…) 並遣使朝貢 (『冊府元龜』 972 外臣部 17 朝貢 5)
고구려 발해	冬十月丙午朔 正六位上伊吉連益麻呂等 至自渤海 其國使紫綬大夫行政堂左允開國男王新福已下廿三人相隨來朝 於越前國加賀郡安置供給 我大使從五位下高麗朝臣大山去日船上臥病 到佐利翼津卒 (『續日本紀』 24 淳仁紀)
발해	六年 十月 丙午朔 十一月 乙亥朔 十二月 乙卯[十一] 閏十二月 癸巳[十九] (『類聚國史』 193 殊俗部 渤海 上)
발해	十一月乙亥朔 以正六位上借緋多治比眞人小耳 爲送高麗人使 (『續日本紀』 24 淳仁紀)
발해	六年 十月丙午朔 十一月乙亥朔 十二月乙卯[十一] 閏十二月癸巳[十九] (『類聚國史』 193 殊俗部 渤海 上)
신라	(十一月)庚寅 遣參議從三位武部卿藤原朝臣巨勢麻呂 散位外從五位下土師宿禰犬養奉幣于香椎廟 以爲征新羅調習軍旅也 (『續日本紀』 24 淳仁紀)

3) 『宋高僧傳』 등에는 至德元年(756) 5월19일로 되어 있다.

고구려 발해 (十二月)乙卯 遣高麗大使從五位下高麗朝臣大山贈正五位下 授副使正六位上伊吉連益麻呂外從五位下 判官已下水手已上各有差 (『續日本紀』24 淳仁紀)

발해 六年 十月丙午朔 十一月乙亥朔 十二月乙卯[十一] 閏十二月癸巳[十九] (『類聚國史』193 殊俗部 渤海 上)

발해 (閏十二月)癸巳 高麗使王新福等入京 (『續日本紀』24 淳仁紀)

발해 六年 十月丙午朔 十一月乙亥朔 十二月乙卯[十一] 閏十二月癸巳[十九] (『類聚國史』193 殊俗部 渤海 上)

발해 寶應元年 詔以渤海爲國 欽茂王之 進檢校太尉 (『新唐書』219 列傳 144 北狄 渤海)

발해 寶應元年 進封國王 (『冊府元龜』967 外臣部 12 繼襲 2)

신라 上元中 擢左散騎常侍安南都護 新羅梗海道 更繇明越州朝貢 (『新唐書』220 列傳 145 東夷 日本)[4]

신라 上元三年 忽化去 現雙足形於內道場門之右闔上 度去地可數尺許 吏白狀 上御步輦過之 得遺表其所閱之 其言指 槩求歸葬故山而已 詔可遣中使監護鹵簿導送 且置廨宇於懷遠縣 蓋漏平生所由往來也 喪輿至此 堅不可擧 於是 別構堂以奉安之 體貌至今無變壞 其堂內門闔 卽內道場之門闔也 然當時所現雙足之跡猶存云 (『新修科分六學僧傳』28 定學證悟科 唐無漏)

신라 釋無漏 (…) 未遂歸山 俄云示滅焉 一日忽於內門右闔之上化成 雙足形不及地者數尺 閽吏上奏 帝乘步輦親臨其所 得遺表乞歸葬舊隱山之下 卽時依可 葬務官供 乃宣御門扇置之設奠 遣中使監護鹵簿送導 先是 漏行化多由懷遠縣 因置廨署 謂之下院 喪至此神座不可輒擧 衆議移入構別堂宇安之 則上元三年也 至今眞體端然曾無變壞 所臥中禁戶扇 乃當時之現瑞者存焉 (『宋高僧傳』21 感通 6-4 唐朔方靈武下院無漏傳)[5]

신라 未遂歸山 俄云示滅焉 一日忽於內門右闔之上化成 雙足形不及地者數尺 閽吏上奏 帝乘步輦親臨其所 得遺表乞歸葬舊隱山之下 卽時依可 遣中使監護送導 先是 漏行化多由懷遠縣 因置廨署 謂之下院 喪至此神座不可輒擧 衆議移入構別堂宇安之 至今眞體端然曾無變壞 (『神僧傳』8 無漏)[6]

고구려 李正己 高麗人 爲營州副將 從侯希逸入青州 希逸母卽其姑 故薦爲折衝都尉 寶應中以軍候從討史朝義 時回紇恃功橫 諸軍莫敢抗 正己欲以氣折之 與大酋角逐 衆士皆牆立觀 約曰 後者批之 旣逐而先 正己批其頰 回紇矢液流離 衆軍哄然笑 酋大慚 自是沮憚不敢暴 (『新唐書』213 列傳 138 李正己)

고구려 李正己 初爲淄·青裨將 驍健有勇力 寶應中 衆軍討史朝義 至鄭州 迴紇方强暴恣橫 諸節度皆下之 正己時爲軍侯 獨欲以氣呑之 因共角逐 衆軍聚 觀約日後者披之 旣逐而先 正己擒其領而披之 頰迴紇屎液俱下衆軍呼笑 虜大慙繇 是不敢暴 (『冊府元龜』396 將帥部 57 李正己)

고구려 唐李正己本名抱玉 侯希逸爲平盧軍帥 希逸母卽正己姑也 後與希逸同至青州 驍健有勇力 寶應中 軍衆討史朝義 至鄭州 回紇方彊恣 諸節度皆下之 正己時爲軍候 獨欲以氣呑之 因與角逐 衆軍聚觀 約曰 後者批之 旣逐而先」正己擒其領而批其顙 回紇屎液俱下 衆軍呼突 繇是不敢暴 會軍人逐希逸 希逸奔走 衆立正己爲帥 朝廷因授平盧節

4) 上元 3년(762)은 4월15일(甲子)부터 寶應元年으로 바뀌었다.
5) 上元 3년(762)은 4월15일(甲子)부터 寶應元年으로 바뀌었다.
6) 이 기사에는 연대 표기가 없으나, 『宋高僧傳』 등에 의거하여 上元 3년(762)으로 편년하였다.

度使[出譚賓錄] (『太平廣記』 192 驍勇 2 李正己)

763(癸卯/신라 경덕왕 22/발해 문왕 27 大興 27/唐 寶應 2, 廣德 1/日本 天平寶字 7)

발해 春正月甲辰朔 御大極殿受朝 文武百寮 及高麗蕃客 各依儀拜賀 事畢 授命婦正四位下氷上眞人陽侯正四位上 (『續日本紀』 24 淳仁紀)

발해 正月 甲辰朔 丙午[三] 庚戌[七] 庚申[十七] 二月 丁丑[四] 癸巳[卄] 八月 壬午[十二] 十月 乙亥[六] (『類聚國史』 193 殊俗部 渤海 上)

발해 (春正月)丙午 高麗使王新福貢方物 (『續日本紀』 24 淳仁紀)

발해 正月 甲辰朔 丙午[三] 庚戌[七] 庚申[十七] 二月 丁丑[四] 癸巳[卄] 八月 壬午[十二] 十月 乙亥[六] (『類聚國史』 193 殊俗部 渤海 上)

발해 (春正月)庚戌 帝御閤門 授高麗大使王新福正三位 副使李能本正四位上 判官楊懷珍正五位上 品官着緋達能信從五位下 餘各有差 賜國王及使傔人已上祿亦有差 宴五位已上及蕃客 奏唐樂於庭 賜客主五位已上 祿各有差 (『續日本紀』 24 淳仁紀)

발해 正月 甲辰朔 丙午[三] 庚戌[七] 庚申[十七] 二月 丁丑[四] 癸巳[卄] 八月 壬午[十二] 十月 乙亥[六] (『類聚國史』 193 殊俗部 渤海 上)

고구려 백제 (春正月壬子) 從五位下百濟王三忠爲出羽守 (…) 正四位下高麗朝臣福信爲但馬守 (…) 從三位百濟王敬福爲讚岐守 (…) (『續日本紀』 24 淳仁紀)

발해 (春正月)庚申 帝御閤門 饗五位已上及蕃客 文武百官主典已上於朝堂 作唐吐羅 林邑東國 準人等樂 奏內敎坊踏歌 客主主典已上次之 賜供奉踏歌百官人及高麗蕃客綿有差 高麗大使王新福言 李家太上皇少帝竝崩 廣平王攝政 年穀不登 人民相食 史家朝議 稱聖武皇帝 性有仁恕 人物多附 兵鋒甚强 無敢當者 鄧州襄陽已屬史家 李家獨有蘇州 朝聘之路 固未易通 於是 勅大宰府曰 唐國荒亂 兩家爭雄 平殄未期 使命難通 其沈惟岳等 宜往往安置優厚供給 其時服者 竝以府庫物給 如懷土情深 猶願歸鄕者 宜給駕船水手 量事發遣 (『續日本紀』 24 淳仁紀)

발해 正月 甲辰朔 丙午[三] 庚戌[七] 庚申[十七] 二月 丁丑[四] 癸巳[卄] 八月 壬午[十二] 十月 乙亥[六] (『類聚國史』 193 殊俗部 渤海 上)

발해 (上缺) 鎭一丸
(上缺) 高麗客人礼仏會日破損如件
(上缺) 買韓櫃鐶料
(上缺) 如件
(全缺)
天平寶字七年正月廿四日史生凡判万呂
主典志斐連麻呂
前三綱目代僧定具 (下略) (「正倉院樂具闕失幷出納帳」)

발해 二月丁丑 太師藤原惠美朝臣押勝設宴於高麗客 詔遣使賜以雜色袷衣卅櫃 (『續日本紀』 24 淳仁紀)

발해 正月 甲辰朔 丙午[三] 庚戌[七] 庚申[十七] 二月 丁丑[四] 癸巳[卄] 八月 壬午[十二] 十月 乙亥[六] (『類聚國史』 193 殊俗部 渤海 上)

신라	(二月)癸未 新羅國遣級飡金體信已下二百十一人朝貢 遣左少弁從五位下大原「朝」眞人今城 讚岐介外從五位下池原公禾守等 問以約束貞卷之旨 體信言曰 承國王之敎 唯調是貢 至于餘事非敢所知 於是 今城告曰 乾政官處分 此行使人者喚入京都 如常可遇而使等約束貞卷之旨 曾無所申 仍稱 但齎常貢入朝 自外非所知者 是乃爲使之人非所宜言 自今以後 非王子者 令執政大夫等入朝 宜以此狀告汝國王知 (『續日本紀』 24 淳仁紀)
발해	(二月)癸巳 高麗使王新福等歸蕃 (『續日本紀』 24 淳仁紀)
발해	正月 甲辰朔 丙午[三] 庚戌[七] 庚申[十七] 二月 丁丑[四] 癸巳[卄] 八月 壬午[十二] 十月 乙亥[六] (『類聚國史』 193 殊俗部 渤海 上)
신라	師受頂記敎法已 喜遍身心 禮拜而退 欲刱金山藪 出不思議房 下山而來 至大淵津 忽有龍王 出淵邊 奉献玉鉢袈裟 將八萬眷屬 侍往金山藪 到此山已 四方郡縣儒士之徒不勸自來 同造茄藍 不日成之 爾驚時慈氏世尊駕雲 從兜率降來 與眞表授戒法 持威儀之像 圖畫於金堂南壁 所以和尙驚感兜率天衆來堂神畵 於是乎 勸衆丹那鑄成金彌勒丈六像 則於寶應元年癸卯[7]四月十四日 始備諸事 (「高城鉢淵寺眞表禪師藏骨塔碑」)
신라	師受敎法已 欲創金山寺 下山而來 至大淵津 忽有龍王 出獻玉袈裟 將八萬眷屬 侍往金山藪 四方子來 不日成之 復感慈氏從兜率 駕雲而下 與師受戒法 師勸檀緣 鑄成彌勒丈六像 復畫下降受戒威儀之相於金堂南壁 (『三國遺事』 4 義解 5 關東楓岳鉢淵藪石記)[8]
신라	夏四月 遣使入唐朝貢 (『三國史記』 9 新羅本紀 9)
신라	夏四月 遣使如唐朝貢 (『三國史節要』 12)
신라	秋七月 京都大風 飛瓦拔樹 (『三國史記』 9 新羅本紀 9)
신라	秋七月 京都大風 飛瓦拔樹 (『三國史節要』 12)
발해	(八月)壬午 初遣高麗國船 名曰能登 歸朝之日 風波暴急 漂蕩海中 祈曰 幸賴船靈 平安到國 必請朝庭 酬以錦冠 至是緣於宿禱 授從五位下 其冠製錦表絁裏 以紫組爲纓 (『續日本紀』 24 淳仁紀)
발해	正月 甲辰朔 丙午[三] 庚戌[七] 庚申[十七] 二月 丁丑[四] 癸巳[卄] 八月 壬午[十二] 十月 乙亥[六] (『類聚國史』 193 殊俗部 渤海 上)
신라	(八月)甲午 新羅人中衛少初位下新良木舍姓前麻呂等六人賜姓淸住造 漢人伯德廣道姓雲梯連 (『續日本紀』 24 淳仁紀)
신라	八月 桃李再花 (『三國史記』 9 新羅本紀 9)
신라	八月 桃李花 (『三國史節要』 12)
신라	(八月) 上大等信忠侍中金邕免 (『三國史記』 9 新羅本紀 9)
신라	(八月) 上大等信忠侍中金邕免 (『三國史節要』 12)

7) 寶應元年(762)은 壬寅이고 寶應 2년(763)이 癸卯이다.

8) 이 기사에는 연대 표기가 없으나, 「高城鉢淵寺眞表禪師藏骨塔碑」에 의거하여 寶應 2년(763) 4월14일로 편년하였다.

신라　(八月) 大奈麻李純爲王寵臣 忽一旦避世入山 累徵不就 剃髮爲僧 爲王創立斷俗寺居之 後 聞王好樂 卽詣宮門 諫奏曰 臣聞 昔者桀紂荒于酒色 淫樂不止 由是 政事凌遲 國家敗滅 覆轍在前 後車宜戒 伏望大王改過自新 以永國壽 王聞之感歎 爲之停樂 便引之正室 聞說道妙 以及理世之方 數日乃止 (『三國史記』 9 新羅本紀 9)

신라　(八月) 大奈麻李純嘗有寵於王 一朝棄官入山 累徵不出 剃髮爲僧 後聞王好樂 詣宮門諫曰 臣聞 桀紂荒于酒色 滛樂不止 政事凌夷 國家敗滅 覆轍在前 後車宜戒 伏望大王改過自新 以壽國脉 王聞之感嘆 爲之停樂 引正室 論說數日 (『三國史節要』 12)

발해　(冬十月) 乙亥 左兵衛正七位下板振鎌束至自渤海 以擲人於海 勘當下獄 八年之亂 獄囚充满 因其居住移於近江 初王新福之歸本蕃也 駕船爛脆 送使判官平群蟲麻呂等慮其不完 申官求留 於是 史生已上皆停其行 以修理船 使鎌束便爲船師 送新福等發遣事畢歸日 我學生高內弓 其妻高氏 及男廣成 綠兒一人 乳母一人 幷入唐學問僧戒融優婆塞一人 轉自渤海相隨歸朝 海中遭風所向迷方 柂師水手爲波所沒 于時鎌束議曰 異方婦女今在船上 又此優婆塞異於衆人 一食數粒 經日不飢 風漂之災未必不由此也 乃使水手撮內弓妻幷綠兒乳母優婆塞四人 擧而擲海 風勢猶猛 漂流十餘日 着隱岐國 (『續日本紀』 24 淳仁紀)

발해　正月 甲辰朔 丙午[三] 庚戌[七] 庚申[十七] 二月 丁丑[四] 癸巳[卄] 八月 壬午[十二] 十月 乙亥[六] (『類聚國史』 193 殊俗部 渤海 上)

신라　寶應二年 憲英遣使朝貢 授其使檢校禮部尙書 放還 (『唐會要』 95 新羅)[9]

발해　少年結客散黃金 中歲連兵掃綠林 渤海名王曾折首 漢家諸將盡傾心 行人去指徐州近 飮馬回看泗水深 喜見明時鍾太尉 功名一似舊淮陰 (『全唐詩』 4函 5册 韓翃 送王誕渤海使赴李太守行營)[10]

신라　廣德 羅不行 猶用寶應 (『三國史記』 31 年表 下)

764(甲辰/신라 경덕왕 23/발해 문왕 28 大興 28/唐 廣德 2/日本 天平寶字 8)

고구려 백제　(春正月乙巳) 正五位下阿倍朝臣子嶋 百濟王元忠竝從四位下 (…) 正六位上 (…) 高麗朝臣廣山竝外從五位下 (…) (『續日本紀』 25 淳仁紀)

백제　(春正月己未) 正五位下百濟朝臣足人爲授刀佐 (…) (『續日本紀』 25 淳仁紀)

신라　春正月 伊湌萬宗爲上大等 阿湌良相爲侍中 (『三國史記』 9 新羅本紀 9)

신라　春正月 以伊湌萬宗爲上大等 阿湌良相爲侍中 (『三國史節要』 12)

신라　三月 星孛于東南 龍見楊山下 俄而飛去 (『三國史記』 9 新羅本紀 9)

신라　三月 有星孛于東南 (『三國史節要』 12)

신라　甲辰年△夏五月 (「안압지 194호 목간」)[11]

---

9) 『三國史記』 등에는 永泰元年 4월, 『冊府元龜』에는 永泰 2년(766) 4월27일(壬子)로 되어 있다.

10) 왕탄은 발해 사람으로 764년경 당에 사신으로 파견되었다. 『전당시』 권245에 '송왕탄발해사부이태수행영(送王誕渤海使赴李太守行營)'이라는 시가 전해진다.

11) 이 목간은 1975~1976년에 경주의 안압지 유적에서 출토되어, 甲辰年은 674년 안압지 조성 후인 704년 또는 764년으로 판단된다. 이 중 안압지 출토의 다.른 목간에서 연대가 명확한 것들이 750~760년대라는

신라 師勸檀緣 鑄成彌勒丈六像 (…) △於甲辰六月九日 鑄成 (『三國遺事』4 義解 5 關東楓岳鉢淵藪石記)

신라 於是乎 勸衆丹那鑄成金彌勒丈六像 (…) 至于甲寅[12]六月九日辰時 鑄成功畢 (「高城鉢淵寺眞表禪師藏骨塔碑」)

신라 廣德二年[古記云大曆元年 亦誤]甲辰七月十五日 寺成 更塑彌勒尊像 安於金堂 額曰現身成道彌勒之殿 又塑彌陁像安於講堂 餘液不足 塗浴未周 故彌陁像亦有斑駁之痕 額曰現身成道無量壽殿 議曰 娘可謂應以婦女身攝化者也 華嚴經摩耶夫人善知識 寄十一地生佛如幻解脫門 今娘之桷産微意在此 觀其投詞 哀婉可愛 宛轉有天仙之趣 嗚呼 使娘婆不解隨順衆生語言陁羅尼 其能若是乎 其末聮宜云 清風一榻莫予嗔 然不爾云者 蓋不欲同乎流俗語爾
讃曰 滴翠嵓前剥啄聲 何人日暮扣雲扃南庵且近宜尋去 莫踏蒼苔汚我庭 右北庵 谷暗何歸已暝煙 南窻有蕈且流連 夜闌百八深深轉 只恐成喧惱客眠 右南庵 十里松陰一徑迷 訪僧來試夜招提 三槽浴罷天將曉 生下雙児擲向西 右聖娘 (『三國遺事』3 塔像 4 南白月二聖 努肹夫得 怛怛朴朴) (『三國遺事』3 塔像 4 南白月二聖 努肹夫得 怛怛朴朴)

발해 신라 (七月)甲寅 新羅使大奈麻金才伯等九十一人到着大宰博多津 遣右少弁從五位下紀朝臣牛養 授刀大尉外從五位下粟田朝臣道麻呂等 問其由緒 金才伯等言曰 唐國勅使韓朝彩自渤海來云 送日本國僧戒融 令達本鄉已畢 若平安歸鄉者 當有報信 而至于今日寂無來音 宜差此使其消息欲奏天子 仍齎執事牒 叅大宰府 其朝彩者 上道在於新羅西津 本國謝恩使蘇判金容爲取大宰報牒寄附朝彩 在京未發 問曰 比來彼國投化百姓言本國發兵警備 是疑日本國之來問罪也 其事虛實如何 對曰 唐國擾亂 海賊寔繁 是以徵發甲兵 防守緣邊 乃是國家之設 事既不虛 及其歸日 大宰府報牒新羅執事曰 檢案內 被乾政官符稱 得大宰府解稱 得新羅國牒稱 依韓內常侍請欲知僧戒融達不 府具狀申上者 以去年十月 從高麗國 還歸聖朝 府宜承知卽令報知 (『續日本紀』25 淳仁紀)

백제 (冬十月)庚午 (…) 正六位上 (…) 百濟朝臣益人 (…) 竝從五位下 (…) (『續日本紀』25 淳仁紀)

백제 (冬十月)辛未 授 (…) 從六位上百濟王武鏡從五位下 (…) (『續日本紀』25 淳仁紀)

백제 (冬十月)壬申 高野天皇遣兵部卿和氣王 左兵衛督山村王 外衛大將百濟王敬福等 率兵數百圍中宮院 (…) (『續日本紀』25 淳仁紀)

고구려 (冬十月癸未) 正四位下高麗朝臣福信爲但馬守 (…) (『續日本紀』25 淳仁紀)

백제 (冬十月)壬辰 授正五位下百濟朝臣足人從四位下 (…) (『續日本紀』25 淳仁紀)

백제 (十一月)己酉 以從五位下百濟朝臣益人爲周防守 (『續日本紀』25 淳仁紀)

점을 고려하여 764년으로 편년하였다.

12) 이 앞이 癸卯이고 뒤가 丙午이므로 그 사이에 甲寅은 없다. 『三國遺事』에 의거하여 '甲辰'으로 수정해야 한다.

신라 冬十二月十一日 流星或大或小 觀者不能數 (『三國史記』9 新羅本紀 9)
신라 冬十二月 有流星大小 無筭 (『三國史節要』12)[13)]

신라 善德王創寺塑像因緣 具載良志法師傳 景德王即位二十三年 丈六改金 租二萬三千七百碩[良志傳 作像之初成之費 今兩存之] (『三國遺事』3 塔像 4 靈妙寺丈六)

신라 발해 曾祖惟忠 銀青光祿大夫 登州刺史 河南河北租庸使兼新羅渤海諸蕃等使 文安郡太守 (「王逖 墓誌銘」)[14)]

765(乙巳/신라 경덕왕 24, 혜공왕 1/발해 문왕 29 大興 29/唐 永泰 1/日本 天平寶字 9, 天平神護 1)

고구려 백제 (春正月己亥) 正四位上文室眞人大市 正四位下高麗朝臣福信竝授從三位 (…) 正六位上 (…) 百濟安宿公奈登麻呂 (…) 竝外從五位下 (…) (『續日本紀』26 稱德紀)

신라 乙巳年正月十九日 △日宋 (「210호 목간」)[15)]

신라 王御國二十四年 五岳三山等 時或現侍於殿庭 三月三日 王御歸正門樓上 謂左右曰 誰能途中得一員榮服僧來 於是適有一大德 威儀鮮潔 徜徉而行 左右望而引見之 王曰 非吾所謂榮僧也 退之 更有一僧 被衲衣負櫻筒[一作荷簀] 從南而來 王喜見之 邀致樓上 視其筒中 盛茶具已 曰 汝爲誰耶 僧曰 忠談 曰 何所歸來 僧曰 僧每重三重九之日 烹茶饗南山三花嶺彌勒世尊 今茲既獻而還矣 王曰 寡人亦一甌茶有分乎 僧乃煎茶獻之 茶之氣味異常 甌中異香郁烈 王曰 朕嘗聞師讚耆婆郎詞腦歌 其意甚高 是其果乎 對曰 然 王曰 然則爲朕作理安民歌 僧應時奉勅歌呈之 王佳之 封王師焉 僧再拜固辭不受
安民歌曰 君隱父也 臣隱愛賜尸母史也 民焉狂尸恨阿孩古爲賜尸知 民是愛尸知古如 窟理叱大肹生以支所音物生 此肹喰惡支治良羅 此地肹捨遣只於冬是去於丁 爲尸知國惡支持以支知古如 後句 君如臣多支民隱如 爲內尸等焉國惡太平恨音叱如
讚耆婆郎歌曰 咽鳴爾處米 露曉邪隱月羅理 白雲音逐于浮去隱安支下 沙是八陵隱汀理也中 耆郎矣皃史是史藪邪 逸烏川理叱磧惡希 郎也持以支如賜烏隱 心未際叱肹逐內良齊 阿耶 栢史叱枝次高支好 雪是毛冬乃乎尸花判也 (『三國遺事』2 紀異 2 景德王忠談師表訓大德)

신라 夏四月 地震 (『三國史記』9 新羅本紀 9)
신라 夏四月 地震 (『三國史節要』12)

신라 (夏四月) 遣使入唐朝貢 帝授使者檢校禮部尚書 (『三國史記』9 新羅本紀 9)[16)]
신라 (夏四月) 遣使如唐朝貢 帝授使者檢校禮部尚書 (『三國史節要』12)

---

13) 이 기사에는 일자 표기가 없으나, 『三國史記』 新羅本紀에 의거하여 12월11일로 편년하였다.
14) 이 기사에는 연대 표기가 없으나, 王惟忠이 登州刺史에 취임한 것이 開元·天寶 연간(713~756)이고, 新羅渤海諸蕃等使는 765년 이후 平盧淄青節度使 李正己와 그 후손들이 세습하였다. 그에 따라 新羅渤海諸蕃等使의 취임기간을 713~764년으로 기간편년하고 마지막해인 764년에 배치하였다.
15) 이 목간은 1975~1976년에 경주의 안압지 유적에서 출토되어, 乙巳年은 674년 안압지 조성 후인 705년 또는 765년으로 판단된다. 이 중 안압지 출토의 다.른 목간에서 연대가 명확한 것들이 750~760년대라는 점을 고려하여 765년으로 편년하였다.
16) 『唐會要』에는 寶應 2년(763), 『冊府元龜』에는 永泰 2년(766) 4월27일(壬子)로 되어 있다.

신라	六月 流星犯心 (『三國史記』9 新羅本紀 9)
신라	六月 流星犯心 (『三國史節要』12)
신라	又捨黃銅一十二萬斤 爲先考聖德王欲鑄巨鐘一口 未就而崩 (『三國遺事』3 塔像 4 皇龍寺鐘芬皇寺藥師奉德寺鍾)
신라	又景德王遊幸柏栗寺 至山下聞地中有唱佛聲 命掘之 得大石 四面刻四方佛 因創寺以掘佛爲號 今訛云掘石 (『三國遺事』3 塔像 4 四佛山 掘佛山 万佛山)
신라	王又聞唐代宗皇帝優崇釋氏 命工作五色氍毹 又彫沈檀木與明珠美玉爲假山 高丈餘置氍毹之上 山有巉嵓怪石澗穴區隔 每一區內 有歌舞伎樂列國山川之狀 微風入戶 蜂蝶翱翔 鷰雀飛舞 隱約視之 莫辨眞假 中安萬佛 大者逾方寸 小者八九分 其頭或巨黍者 或半菽者 螺髻白毛眉目的皪 相好悉備 只可髣髴 莫得而詳 因號萬佛山 更鏤金玉爲流蘇幡蓋菴羅薝葍花果莊嚴 百步樓閣臺殿堂榭 都大雖微 勢皆活動 前有旋遶比丘像千餘軀 下列紫金鍾三簴 皆有閣有蒲牢 鯨魚爲撞 有風而鍾鳴 則旋遶僧皆仆拜頭至地 隱隱有梵音 蓋關棙在乎鍾也 雖號萬佛 其實不可勝記 旣成 遣使獻之 代宗見之 嘆曰 新羅之巧天造 非[17]巧也 乃以九光扇 加置嵓岫間 因謂之佛光 四月八日 詔兩街僧徒 於內道場 禮万佛山 命三藏不空 念讚密部眞詮千遍以慶之 觀者皆嘆伏其巧 讚曰 天粧滿月四方裁 地湧明毫一夜開 妙手更煩彫萬佛 眞風要使遍三才 (『三國遺事』3 塔像 4 四佛山 掘佛山 万佛山)
신라	景德王代 漢歧里女希明之兒 生五稔而忽盲 一日其母抱兒 詣芬皇寺左殿北壁畫千手大悲前 令兒作歌禱之 遂得明 其詞曰 膝肹古召旀 二尸掌音毛乎支內良 千手觀音叱前良中 祈以支白屋尸置內乎多千隱手 叱千隱目肹 一等下叱放一等肹除惡支 二于萬隱吾羅 一等沙隱賜以古只內乎叱等邪 阿邪也 吾良遺知支賜尸等焉 放冬矣用屋尸慈悲也根古 讚曰 竹馬葱笙戲陌塵 一朝雙碧失瞳人 不因大士迴慈眼 虛度楊花幾社春 (『三國遺事』3 塔像 4 芬皇寺千手大悲 盲兒得眼)
신라	實際寺釋迎如 未詳族氏 德行雙高 景德王將邀致供養 遣使徵之 如詣內 齋罷將還 王遣使陪送至寺 入門卽隱 不知所在 使來奏 王異之 追封國師 後亦不復現世 至今稱曰國師房 (『三國遺事』5 避隱 8 迎如師)
신라	歃良州東北二十許里 有布山川 石窟奇秀 宛如人斲 有五比丘 未詳名氏 來寓而念彌陁 求西方幾十年 忽有聖象 自西來迎 於是 五比丘各坐蓮臺 乘空而逝 至通度寺門外留連 而天樂間奏 寺僧出觀 五比丘爲說無常苦空之理 蛻棄遺骸 放大光明 向西而去其捐舍處 寺僧起亭榭 名置樓 至今存焉 (『三國遺事』5 避隱 8 布川山 五比丘 景德王代)
신라	(六月)是月 王薨 諡曰景德 葬毛祇寺西岑[古記云 永泰元年乙巳卒 而舊唐書及資理通鑑皆云 大曆二年 新羅王憲英卒 豈其誤耶] (『三國史記』9 新羅本紀 9)
신라	惠恭王立 諱乾運 景德王之嫡子 母金氏滿月夫人 舒弗邯義忠之女 王卽位時年八歲太后攝政 (『三國史記』9 新羅本紀 9)

---

17) 人이 빠졌다.

신라　景德王薨 惠恭王乾△[18]卽位元年 (『三國史記』 31 年表 下)

신라　(六月) 王薨 太子乾運立 年八歲 母后攝政 上諡曰景德 葬毛祇寺西岑 (『三國史節要』 12)

신라　第三十五景德王 金氏 名獻英 (…) 壬午立 理二十三年 初葬頃只寺西岑 鍊石爲陵 後移葬楊長谷中 (『三國遺事』 1 王曆)

신라　第三十六惠恭王 金氏 名乾運 父景德 母滿月王后 先妃神巴夫人 魏正角干之女 妃昌昌夫人 金將角干之女 乙巳立 理十五年 (『三國遺事』 1 王曆)[19]

신라　至八歲 王崩 太子卽位 是爲惠恭大王 幼冲故太后臨朝 政條不理 盜賊蜂起 不遑備禦 訓師之說驗矣 小帝旣女爲男故 自期晬至於登位 常爲婦女之戲 好佩錦囊 與道流爲戲 故國有大亂 修爲宣德與金良相所弑 自表訓後 聖人不生於新羅云 (『三國遺事』 2 紀異 2 景德王忠談師表訓大德)[20]

신라　大曆初 憲英死 子乾運立 甫丱 遣金隱居入朝待命 詔倉部郎中歸崇敬往弔 監察御史陸珽顧愔爲副册授之 幷母金爲太妃 (『新唐書』 220 列傳 145 新羅)

백제　(冬十月)辛未 (…) 從三位百濟王敬福爲御後騎兵將軍 (…) (『續日本紀』 26 稱德紀)

고구려 백제　(冬十月)戊子 幸弓削寺禮佛 奏唐高麗樂於庭 刑部卿從三位百濟王敬福等亦奏本國儛 (『續日本紀』 26 稱德紀)

고구려　(閏十月)庚寅 詔文武百官令拜賀太政大臣禪師 事畢幸弓削寺禮佛 奏唐高麗樂 及黑山企師部儛 (…) (『續日本紀』 26 稱德紀)

백제　(閏十月)甲午 正六位上百濟王利善百濟王信上百濟王文鏡竝授從五位下 從六位上百濟王文貞等三人賜爵人有差 (『續日本紀』 26 稱德紀)

신라　大赦 (『三國史記』 9 新羅本紀 9)

신라　大赦 (『三國史節要』 12)

신라　幸太學 命博士講尙書義 (『三國史記』 9 新羅本紀 9)

신라　幸太學 命博士講尙書 國學史 本二人 又加二人 (『三國史節要』 12)

신라　國學 (…) 史二人 惠恭王元年 加二人 (『三國史記』 38 雜志 7 職官 上)

신라　寶應四年[21] (1면)

策事 (2면)

壹貳△△△ (3면) (「안압지 182호 목간」)

신라　禪師曰惠覺 中海新羅國人 姓金△氏 國殊△別 於△返俗之懷 遠惟淸恬之理 生卄三歲 具僧戒 當學無△ 精律究△ 瑜伽弘論△△ 異瞻白折幽明 激由 是歲數省曰 聖言有之 一切法如幻 遠離於心識 法所△△ 要行乎中域 吾孰能執螢炬於幽夜 遺皦日於正晝 於是剡楫舟海 揮波生△

---

18) 정덕본에는 乾△으로 두번째 글자가 마멸되어 있으나, 新羅本紀 및 주자본에는 乾運으로 되어 있다.

19) 이 기사에는 월 표기가 없으나, 『三國史記』 新羅本紀 등에 의거하여 6월로 편년하였다.

20) 이 기사에는 월 표기가 없으나, 『三國史記』 新羅本紀 등에 의거하여 6월로 편년하였다.

21) 寶應이라는 연호는 762년부터 2년간만 사용되어 4년은 존재하지 않는다. 다만 당시 唐이 安·史의 난으로 혼란한 시기였기 때문에, 신라에서 연호 변경 사실을 몰랐을 경우 보응 4년은 765년이 된다. 그에 따라 편년하였다.

△攸止其地 經十年梵行烏播 詔僧籍於邢州開元寺 居無幾時 △眞詣筮蒙之發 決在得久 時僧學有立名方傳久 功趣淨者△△經△不垢不△ 時洛京有荷澤寺禪僧曰神會 名之崇者 傳受學于南越能大師 廣開頓悟之△△ 次明知見 引喩開發 意若有獲 歸而繼思 或有不盡 明年復往 詣爲導師 復△△心無所起 卽眞無念 豈遠乎哉 于是深其徵趣 屬燈乃明 以一覺之知而萬有△△ △△△塗△何月之△△△ 于是 △△△△△△△△△ △△△△△△△△△容易 闔戶不答 淸神目頤 求其中者 嗟若無告 (「惠覺禪師碑銘」)[22]

766(丙午/신라 혜공왕 2/발해 문왕 30 大興 30/唐 永泰 2, 大曆 1/日本 天平神護 2)

신라 春正月 二日並出 (『三國史記』9 新羅本紀 9)
신라 春正月 兩日並出 (『三國史節要』12)

신라 (春正月) 大赦 (『三國史記』9 新羅本紀 9)
신라 (春正月) 大赦 (『三國史節要』12)

신라 二月 王親祀神宮 (『三國史記』9 新羅本紀 9)
신라 二月 王親祀神宮 (『三國史節要』12)

신라 (二月) 良里公家牝牛生犢 五脚 一脚向上 (『三國史記』9 新羅本紀 9)
신라 (二月) 京都牛生犢 五脚 一脚向上 (『三國史節要』12)

신라 (二月) 康州地陷成池 縱廣五十餘尺 水色靑黑 (『三國史記』9 新羅本紀 9)
신라 (二月) 康州地陷成池 縱廣五十餘尺 水色靑黑 (『三國史節要』12)
신라 大曆之初 康州官署大堂之東 地漸陷成池[一本大寺東小池] 從十三尺 橫七尺 忽有鯉魚五六 相繼而漸大 淵亦隨大 (『三國遺事』2 紀異 2 惠恭王)[23]

발해 (三月)丁卯 大納言正三位藤原朝臣眞楯薨 平城朝贈正一位太政大臣房前之第三子也 (…) 勝寶初 授從四位上 拜參議 累遷信部卿兼大宰師 于時 渤海使楊承慶朝禮云畢 欲歸本蕃 眞楯設宴餞焉 承慶甚稱歎之 (…) (『續日本紀』27 稱德紀)

백제 (三月)辛巳 (…) 從五位下百濟王利善爲飛驒守 (…) (『續日本紀』27 稱德紀)

신라 (옆면)
永泰二年丙午
三月卅日朴氏芳
序令門二僧謀
一造之先△行能
(밑면)
自鴈塔始成永泰二年丙
午到更治今年淳化四年癸
巳正月八日得二百二十八
年前始成者朴氏又更治者

22) 惠覺禪師의 출생 시기는 알 수 없으나, 연령 등을 고려하면 성덕왕대(702~737)로 추정되고, 이 다음에 766년의 행적이 나온다. 그에 따라 702~765년으로 기간편년하고 마지막해인 765년에 배치하였다.
23) 이 기사에는 월 표기가 없으나,『三國史記』新羅本紀 등에 의거하여 2월로 편년하였다.

朴氏年代雖異今古頗同益
勵丹誠重修寶[塔]也
造匠玄長老 (「永泰二年銘蠟石製壺」)[24]

신라　　(永泰)二年三月 新羅王金獻英遣使朝貢 (『冊府元龜』972 外臣部 17 朝貢 5)

신라　　(永泰二年四月)壬子 新羅王金獻英遣使朝貢 授其使檢較禮部尚書 遣之 (『冊府元龜』976 外臣部 21 褒異 3)[25]

신라　　△△丙午年四月 (전면)
△火魚△史△ (후면) (「안압지 182호 목간」)[26]

신라　　師勸檀緣 鑄成彌勒丈六像 (…) 丙午五月一日 安置金堂 是歲大曆元年也 (『三國遺事』4 義解 5 眞表傳簡關東楓岳鉢淵藪石記)

신라　　於是乎 勸衆丹那鑄成金彌勒丈六像 (…) 乃至於丙午五月初一日 安置金堂 (「高城鉢淵寺眞表禪師藏骨塔碑」)

신라　　(五月)壬戌 在上野國新羅人子午足等一百九十三人賜姓吉井連 (『續日本紀』27 稱德紀)

백제　　(五月)甲子 以從五位下百濟王三忠爲民部少輔 從五位下百濟王文鏡爲出羽守 (…) (『續日本紀』27 稱德紀)

백제　　(六月)壬子 刑部卿從三位百濟王敬福薨 其先者出自百濟國義慈王 高市岡本宮馭宇天皇御世 義慈王遣其子豊璋王及禪廣王入侍 洎于後岡本朝廷 義慈王兵敗降唐 其臣佐平福信剋復社稷 遠迎豊璋 紹興絶統 豊璋纂基之後 以讚橫殺福信 唐兵聞之復攻州柔 豊璋與我救兵拒之 救軍不利 豊璋駕船遁于高麗 禪廣因不歸國 藤原朝廷賜號曰百濟王 卒贈正廣參 子百濟王昌成 幼年隨父歸朝 先父而卒 飛鳥淨御原御世贈小紫 子郎虞 奈良朝廷從四位下攝津亮 敬福者卽其第三子也 放縱不拘 頗好酒色 感神聖武皇帝殊加寵遇 賞賜優厚 時有士庶來告淸貧 每假他物 望外與之 由是 頻歷外任 家無餘財 然性了辨 有政事之量 天平年中 仕至從五位上陸奧守 時聖武皇帝造盧舍那銅像 冶鑄云畢 塗金不足 而陸奧國馳驛 貢小田郡所出黃金九百兩 我國家黃金從此始出焉 聖武皇帝甚以嘉尙 授從三位 遷宮內卿 俄加河內守 勝寶四年拜常陸守 遷左大弁 頻歷出雲 讚岐 伊豫等國守 神護初 任刑部卿 薨時年六十九 (『續日本紀』27 稱德紀)

신라　　(表面)
永泰二年丙午七月二日
釋法勝法緣二僧幷
內奉過去爲飛賜豆溫哀
郎願爲石毘盧遮那佛

24) 이 사리장치는 혜공왕(惠恭王) 2년(766)에 조성된 것이다.
25) 『唐會要』에는 寶應 2년(763), 『三國史記』 등에는 永泰元年(765) 4월로 되어 있다.
26) 이 목간은 1975~1976년에 경주의 안압지 유적에서 출토되어, 丙午年은 674년 안압지 조성 후인 706년 또는 766년으로 판단된다.. 이 중 안압지 출토의 다.른 목간에서 연대가 명확한 것들이 750~760년대라는 점을 고려하여 766년으로 편년하였다.

成內無垢淨光陀羅尼幷
石南巖藪觀音巖中
在內如願請內者豆溫
愛郎靈神賜那二僧那
若見內人那向尒頂禮爲那
遙聞內那隨喜爲內那
影中逕類那吹尒逕風
逕所方處一切衆生那一切
皆三惡道業滅尒自毘盧
遮那是朮覺去世爲尒誓
內之
(底面)
內物是在之
此者恩朮恒性爲
二介反藥者
還病△爲逐 (「永泰二年銘塔誌」)[27]

신라 冬十月 天有聲如鼓 (『三國史記』 9 新羅本紀 9)
신라 冬十月 天有聲如鼓 (『三國史節要』 12)

백제 (十一月丁巳) 從五位下大原眞人嗣麻呂 百濟王理伯竝從五位上 (…) (『續日本紀』 27 稱德紀)

신라 及大曆元歲 △軍司馬不然 默擅興仁廣運 乃道心者 請導師之留音 追荷澤之壇敎 辭指不△告 (「惠覺禪師碑銘」)

767(丁未/신라 혜공왕 3/발해 문왕 31, 大興 31/唐 大曆 2/日本 天平神護 3, 神護景雲 1)

백제 (正月己巳) 從五位上百濟王理伯正五位上 (…) (『續日本紀』 28 稱德紀)

신라 (唐代宗)大曆二年二月 以新羅王金憲英卒 國人立其子乾運爲王 遣其臣金隱居 請加冊命 詔以倉部郎中歸崇敬 兼御史中丞 持節齎冊書弔 冊之 以乾運 爲開府儀同三司新羅王 仍冊乾運母 爲太妃 (『冊府元龜』 965 外臣部 10 封冊 3)[28]
신라 大曆二年 憲英卒 國人立其子乾運爲王 仍遣其大臣金隱居奉表入朝 貢方物 請加冊命 (『舊唐書』 199上 列傳 149上 新羅)[29]
신라 大歷二年 憲英卒 冊立其子乾運爲王 (『唐會要』 95 新羅)[30]
신라 (唐代宗大曆二年)是年 新羅王金乾運遣其臣金隱居 奉表入朝 貢方物 (『冊府元龜』 972 外臣部 17 朝貢 5)[31]

---

27) 이 조상기(造像記)는 혜공왕(惠恭王) 2년(766) 비로자나불상(毘盧遮那佛像)을 조성한 사실과 불상을 조성하며 서원(誓願)한 발원문(發願文)의 순서로 이루어져 있다.
28) 『삼국사기』에는 경덕왕의 훙년은 765년으로, 김은거가 당에 간 것은 767년 7월로 나온다.
29) 『삼국사기』에는 경덕왕의 훙년은 765년으로, 김은거가 당에 간 것은 767년 7월로 나온다. 본문에는 그 月이 보이지 않지만, 『冊府元龜』에 2월로 나와 2월로 편년하고 편제하였다.
30) 『삼국사기』에는 경덕왕의 훙년은 765년으로, 김은거가 당에 간 것은 767년 7월로 나온다. 본문에는 그 月이 보이지 않지만, 『冊府元龜』에 2월로 나와 2월로 편년하고 편제하였다.
31) 『冊府元龜』 965 外臣部 10 封冊 3에는 2월로 나오며 『삼국사기』에는 7월로 나온다. 본문에는 그 月이

백제 고려 (三月己巳) 從五位下百濟王三忠爲少輔 (…) 始置法王宮職 以造宮卿但馬守從三位高麗朝臣福信爲兼大夫 (…) (『續日本紀』28 稱德紀)

신라 夏六月 地震 (『三國史記』9 新羅本紀 9)
신라 夏六月 地震 (『三國史節要』12)

신라 秋七月 遣伊湌金隐居 入唐貢方物 仍請加冊命 帝御紫震殿宴見 (『三國史記』9 新羅本紀 9)[32]
신라 秋七月 遣伊湌金隱居如唐貢方物 仍請加冊命 帝御紫宸殿宴見 (『三國史節要』12)[33]

신라 (秋七月) 三星隕王庭 相擊 其光如火迸散 (『三國史記』9 新羅本紀 9)
신라 (秋七月) 有三星隕宮庭 相擊 其光如火迸散 (『三國史節要』12)

신라 至(大曆)二年丁未 又天狗墜於東樓南 頭如瓮 尾三尺許 色如烈火 天地亦振 又是年今浦縣稻田五頃中 皆米顆成穗 是年七月 北宮庭中 先有二星墜地 又一星墜 三星皆沒入地 先時宮北厠圊中二莖蓮生 又奉聖寺田中生蓮 虎入禁城中 追覓失之 角干大恭家梨木上雀集無數 據安國兵法下卷云 天下兵大亂 於是大赦修省 七月三日 大恭角干賊起 王都及五道州郡幷九十六角干相戰大亂 大恭角干家亡 輸其家資寶帛于王宮 新城長倉火燒 逆黨之寶穀在沙梁牟梁等里中者 亦輸入王宮 亂彌三朔乃息 被賞者頗多 誅死者無算也 表訓之言國殆是也 (『三國遺事』2 紀異 2 惠恭王)[34]

발해 (唐代宗)大曆二年七月 吐藩及渤海 並遣使來朝 (『册府元龜』972 外臣部 17 朝貢 5)

발해 (大曆二年八月)丙戌 渤海朝貢 (『舊唐書』11 本紀 11 代宗)
발해 (唐代宗大曆二年)八月 契丹渤海 (…) 各遣使朝貢 (『册府元龜』972 外臣部 17 朝貢 5)[35]

백제 (八月癸巳) 員外允正六位上日下部連蟲麻呂 大屬百濟公秋麻呂 (…) 竝外從五位下(…) (『續日本紀』28 稱德紀)

백제 (八月丙午) 正五位上百濟王理伯爲攝津大夫 (…) 從五位下百濟王武鏡爲但馬介 (…) (『續日本紀』28 稱德紀)

말갈 (大曆二年九月)辛未 靺鞨使來朝 (『舊唐書』11 本紀 11 代宗)
발해 (唐代宗大曆二年)九月 靺鞨渤海室韋 (…) 各遣使朝貢 (『册府元龜』972 外臣部 17 朝貢 5)[36]

보이지 않지만, 『册府元龜』에 2월로 나와 2월로 편년하고 편제하였다.

32) 『册府元龜』965 外臣部 10 封冊 3에는 2월로 나온다.

33) 『册府元龜』965 外臣部 10 封冊 3에는 2월로 나온다.

34) 본문의 내용은 『삼국사기』 혜공왕 3년조와 4년조의 내용이 뒤섞여 기록되어 있다. 호랑이의 궁성 침범과 각간 대공의 반란 등은 혜공왕 4년조(768)의 기록으로 분리할 수도 있으나, 『삼국유사』 「혜공왕」 본문에서는 767년 그 해의 사건으로 기록했다. 따라서 본문의 내용에 따라서 767년에 편년하고 편제하였고, 대공의 난 이후 부분은 767년 7월조에 다.시 추가했다.

35) 본문에는 日이 보이지 않지만, 『구당서』에 丙戌(9)로 나온다. 따라서 丙戌(9)로 편년하고 편제하였다.

36) 본문에는 日이 보이지 않지만, 『舊唐書』에 辛未(24)로 나온다. 따라서 辛未(24)로 편년하고 편제하였다.

신라　　九月 金浦縣禾實皆米 (『三國史記』9 新羅本紀 9)
신라　　九月 金浦縣禾實皆米 (『三國史節要』12)

신라　　(九月) 天狗隕東樓南 頭如瓮 尾三尺許 色如烈火 天地亦振 (『三國史節要』12)

신라　　(九月) 王宮溷廁 蓮生 (『三國史節要』12)

고구려　　(十月)庚子 御大極殿 屈僧六百 轉讀大船若經 奏唐高麗樂 及內敎坊蹋歌 (『續日本紀』28 稱德紀)

발해　　(唐代宗大曆二年)十一月 渤海廻紇吐蕃 (…) 各遣使朝貢 (『冊府元龜』972 外臣部 17 朝貢 5)

발해　　(唐代宗大曆二年)十二月 廻紇渤海契丹室韋等國 各遣使朝貢 (『冊府元龜』972 外臣部 17 朝貢 5)

신라　　十二月 新羅王憲英卒 子乾運立 (『資治通鑑』唐紀 40 大宗中之下)

신라　　衣冠周柱史 才學我鄕人 受命辭雲陛 傾城送使臣 去程滄海月 歸思上林春 始覺儒風遠 殊方禮樂新 (『全唐詩』4函 5冊 錢起 送陸珽侍御使新羅)[37]

768(戊申/신라 혜공왕 4/발해 문왕 32 大興 32/唐 大曆 3/日本 神護景雲 2)

신라　　大曆初 以新羅王卒 授崇敬倉部郎中 兼禦史中丞 賜紫金魚袋 充吊祭冊立新羅使 至海中流 波濤迅急 舟船壞漏 衆鹹驚駭 舟人請以小艇載崇敬避禍 崇敬曰 舟中凡數十百人 我何獨濟 逡巡 波濤稍息 竟免爲害 故事 使新羅者 至海東多有所求 或攜資帛而往 貿易貨物 規以爲利 崇敬一皆絕之 東夷稱重其德 (『舊唐書』149 列傳 99 歸崇敬)[38]

신라　　唐書曰 大歷初 以授歸崇敬倉部郎中兼御史中丞賜金紫充吊祭冊立新羅王使 至海中流 波濤迅急 舟漏 衆咸驚駭 舟人請以小艇載崇敬避禍 崇敬曰 舟人凡數百 我何獨濟 逡巡 波濤稍息 故事 使新羅者 至海東多有所求 或携資帛 而往貨易規利 崇敬一皆絶之 東夷稱重其德 (『太平御覽』778 奉使部 2 奉使 上)

신라　　歸崇敬累轉膳部郎中 充新羅冊立使 至海中流 波濤迅急 舟船壞漏 衆咸驚駭 舟人請以小艇載 崇敬曰 舟人凡數十百 我豈獨濟 逡巡 波濤稍息 擧舟竟免爲害 [出譚賓錄] (『太平廣記』177 量器2 歸崇)[39]

신라　　南巘[一作憲]銜恩去 東夷泛海行 天遙辭上國 水盡到孤城 已變炎涼氣 仍愁浩淼程 雲濤不可極 來往見雙旌 (『全唐詩』3函 9冊 皇甫曾 送歸中丞使新羅)

신라　　遠國通王化 儒林得使臣 六[一作立]君成典冊 萬里[一作行弔]奉絲綸 雲水連孤棹 恩私在一身 悠悠龍節去 渺渺蜃樓新 望裏行還[一作山仍]暮 波中歲又春 昏明看日御[一作

37) 陸珽이 신라에 사절로 간 것은 대력 2년(767) 겨울이다.

38) 본문의 大歷 연간은 766년~779년이다. 귀숭경이 신라에 사신으로 온 것은 768년으로, 『舊唐書』11 本紀 11 代宗조에 春正月 甲子로, 『唐會要』95 新羅에는 2월로, 『三國史記』9 新羅本紀 9에는 春으로 나온다. 본문의 내용은 신라로 오는 도중에 바다.에서 있었던 사실로, 책봉 기사보다. 앞선다. 따라서 춘정월 갑자(19) 앞에 편년하고 편제하였다.

39) 『唐會要』95, 新羅조에는 "三年二月 命倉部郎中歸崇敬兼御史中丞 持節冊命"으로 나온다.

脚又作色] 靈怪問舟人 城邑分華夏 衣裳擬縉紳 他時禮命畢 歸路勿[一作不]迷津 (『全唐詩』4函 10冊 耿湋 送歸中丞使新羅(一本題下有册立弔祭四字))

신라 東望扶桑日 何年是到時 片帆通雨露 積水隔華夷 浩渺風來遠 虛冥鳥去遲 長波靜雲月 孤島宿旌旗 別葉傳秋意 廻潮動客思 滄溟無舊路 何處問前期 (『全唐詩』5函 3冊 李益 送歸中丞使新羅册立弔祭)

신라 官稱漢獨坐 身是魯諸生 絶域通王制 窮天向水程 島中分萬象 日處轉雙旌 氣積魚龍窟 濤翻水浪聲 路長經歲去 海盡向山行 復道殊方禮 人瞻漢使榮 (『全唐詩』5函 4冊 吉中孚 送歸中丞使新羅册立弔祭)

신라 (春正月)甲子 册新羅國王金乾運母爲太妃 (『舊唐書』11 本紀 11 代宗)[40]

신라 (唐代宗大曆)三年正月甲子 冊新羅國王金乾運母爲妃 (『册府元龜』976 外臣部 21 褒異 3)

신라 (大曆)三年 上遣倉部郎中兼御史中丞賜紫金魚袋歸崇敬持節齎册書往弔册之 以乾運爲開府儀同三司新羅王 仍册乾運母爲太妃 (『舊唐書』199上 列傳 149上 新羅)[41]

신라 維大歷三年歲次戊申正月朔二十八日 皇帝遣某官某乙持節冊命曰 於戱 建萬國者 不獨於中夏 嗣一姓者 必求於令德 咨爾新羅王金英憲男乾運 爰自祖宗 撫有東表 克生明懿 載茂勳伐 采章文物 久浴華風 忠敬孝恭 率由純性 用蕃君子之國 能執外臣之禮 夫繼代之重 擇賢而授 是用建爾冢社 祚於青邱 敬其所守 纂其舊服 忠以奉上 惠以撫下 永修東蕃之職 無替先君之命 肅膺典禮 可不愼歟 (『全唐文』415 常袞 冊新羅王金乾運文)

신라 維大歷三年歲在戊申二月庚子朔十日己酉 皇帝使某官某持節冊命曰 於戱 子承家嗣作藩輔之臣 母加尊號 蓋春秋之義 咨爾新羅王金乾運母 素推勳閥 雅有華風 其德可尙 其儀可則 鑑於圖史 式是禮容 儷東方君子之國 處中壼貴人之位 事上以敬 接下以仁 睦我親隣 亦資內助 有教子之明訓 膺繼代之新命 固可以崇峻徽章 光昭盛禮 是用冊爲新羅王太妃 修乃慈範 撫其嗣君 永懷前人 無改其道 欽承典冊 可不愼歟 (『全唐文』49 代宗皇帝 冊新羅王太妃)

백제 (二月癸巳) 從四位下百濟朝臣足人爲右京大夫 (…) (『續日本紀』29 稱德紀)

신라 (大曆)三年二月 命倉部郎中歸崇敬兼御史中丞 持節冊命 又冊乾運母爲太妃 (『唐會要』95 新羅)[42]

신라 春 彗星出東北 (『三國史記』9 新羅本紀 9)

신라 春 彗星出東北 (『三國史節要』12)

신라 (春) 唐代宗遣倉部郎中歸崇敬兼御史中丞 持節賚冊書 冊王爲開府儀同三司新羅王 兼冊王母金氏爲大妃 (『三國史記』9 新羅本紀 9)[43]

신라 (春) 帝遣倉部郎中歸崇敬兼御史中丞 持節 冊王爲開府儀同三司新羅王 兼冊王母金氏爲大妃 (『三國史節要』12)

---

40) 『唐會要』95 新羅에는 2월로 나오며 『三國史記』9 新羅本紀 9에는 春으로 나온다.
41) 『舊唐書』11 本紀 11 代宗조에 春正月 甲子로 나온다. 따라서 甲子로 편년하고 편제하였다.
42) 『舊唐書』11 本紀 11 代宗조에 春正月 甲子로 나오며 『三國史記』9 新羅本紀 9에는 春으로 나온다.
43) 『舊唐書』11 本紀 11 代宗조에 春正月 甲子로 나오며 『唐會要』95 新羅에는 2월로 나온다.

백제 夏四月戊寅 授女孺正六位下百濟王淸仁從五位下 (『續日本紀』29 稱德紀)

신라 (唐代宗大曆三年) 五月丙寅 御紫宸殿 宴新羅回紇使 (『册府元龜』976 外臣部 21 褒異 3)

신라 夏五月 赦殊死已下罪 (『三國史記』9 新羅本紀 9)
신라 夏五月 赦殊死已下罪 (『三國史節要』12)

백제 (六月)庚子 內藏頭兼大外記遠江守從四位下高丘宿禰比良麻呂卒 其祖沙門詠 近江朝歲次癸亥自百濟歸化 父樂浪河內 正五位下大學頭 神龜元年 改爲高丘連 比良麻呂少遊大學 涉覽書記 歷任大外記 授外從五位下 寶字八年 以告仲滿反授從四位下 景雲元年賜姓宿禰 (『續日本紀』29 稱德紀)

신라 六月 京都雷雹 傷草木 (『三國史記』9 新羅本紀 9)
신라 六月 京師雹 傷草木 (『三國史節要』12)

신라 (六月) 大星隕皇龍寺南 (『三國史記』9 新羅本紀 9)
신라 (六月) 大星隕皇龍寺南 (『三國史節要』12)

신라 (六月) 地震聲如雷 (『三國史記』9 新羅本紀 9)
신라 (六月) 地震聲如雷 (『三國史節要』12)

신라 (六月) 泉井皆渴 (『三國史記』9 新羅本紀 9)
신라 (六月) 泉井皆渴 (『三國史節要』12)

신라 (六月) 虎入宮中 (『三國史記』9 新羅本紀 9)
신라 (六月) 虎入宮中 (『三國史節要』12)

신라 秋七月 一吉飡大恭與弟阿飡大廉叛 集衆圍王宮三十三日 王軍討平之 誅九族 (『三國史記』9 新羅本紀 9)
신라 秋七月 一吉飡大恭與弟阿飡大廉叛 率其儻 圍王宮月餘 討平之 誅九族 (『三國史節要』12)
신라 先時宮北厠圊中二莖蓮生 又奉聖寺田中生蓮 虎入禁城中 追覓失之 角干大恭家梨木上雀集無數 據安國兵法下卷云 天下兵大亂 於是大赦修省 七月三日 大恭角干賊起王都及五道州郡幷九十六角干相戰大亂 大恭角干家亡 輸其家資寶帛于王宮 新城長倉火燒 逆黨之寶穀在沙梁牟梁等里中者 亦輸入王宮 亂彌三朔乃息 被賞者頗多 誅死者無算也 表訓之言國殆是也 (『三國遺事』2 紀異 2 惠恭王)[44]

백제 (九月)壬辰 陸奧國言 兵士之設機要是待 對敵臨難 不惜生命 習戰奮勇 必爭先鋒 而比年 諸國發入鎭兵 路間逃亡 又當國舂運年糧料稻卅六萬餘束 徒費官物 彌致民困 今檢舊例 前守從三位百濟王敬福之時 停止他國鎭兵 點加當國兵士 望請 依此舊例點

44) 본문의 내용은 『삼국사기』 혜공왕 3년조와 4년조의 내용이 뒤섞여 기록되어 있다. 『삼국유사』 「혜공왕」 본문에서는 767년 그 해의 사건으로 기록했기 때문에 앞서 767년에 편년하고 편제하였고, 대공의 난 이후 부분은 767년 7월조에 다.시 추가했다.

加兵士四千人 以停他國鎭兵二千五百人 又此地祁寒 積雪難消 僅入初夏 運調上道 梯山帆海 艱幸備至 季秋之月 乃還本鄕 妨民之産 莫過於此 望請 所輸調庸 收置於國 十年一度 進納京庫 許之 (『續日本紀』29 稱德紀)

신라 九月 遣使入唐朝貢 (『三國史記』9 新羅本紀 9)
신라 九月 遣使如唐朝貢 (『三國史節要』12)
신라 (唐 代宗 大曆) 三年 九月 新羅 (…) 遣使朝貢 (『冊府元龜』972 外臣部 17 朝貢 5)
신라 會其宰相爭權相攻 國大亂 三歲乃定 於是 歲朝獻 (『新唐書』220 列傳 145 新羅)[45]

신라 (十月甲子) 賜左右大臣大宰綿各二萬屯 大納言諱 弓削御淨朝臣淸人各一萬屯 從二位文室眞人淨三六千屯 中務卿從三位文室眞人大市 式部卿從三位石上朝臣宅嗣四千屯 正四位下伊福部女王一千屯 爲買新羅交關物也 (『續日本紀』29 稱德紀)

신라 冬十月 以伊湌神猷爲上大等 伊湌金隱居爲侍中 (『三國史記』9 新羅本紀 9)
신라 冬十月 以伊湌神猷爲上大等 伊湌金隱居爲侍中 (『三國史節要』12)

신라 又別記云 景德王代 有直長李俊[高僧傳作李純] 早會發願 年至知命須出家創佛寺 天寶七年戊子年登五十矣 攺創槽淵小寺爲大刹 名断俗寺 身亦削髮法名孔宏長老 住寺二十年乃卒 與前三國史所載不同 两存之闕疑 讚曰 功名未已 先霜 君寵雖多百歲忙 隔岸有山頻入夢 逝將香火祝吾皇 (『三國遺事』5 避隱 8 信忠掛冠)[46]

발해 (…) 復以尺書獻亞相朱公 公納之 知公有孔明子布之英略 端木仲由之辯勇 委充入渤海使 外門闢 遠儌通 還加銀靑光祿大夫試殿中監 尙膺公也 又充節度留後押牙 轅門肅若 實從有序 (「張光祚 墓誌銘」)[47]

769(己酉/신라 혜공왕 5/발해 문왕 33, 大興 33/唐 大曆 4/日本 神護景雲 3)

신라 春三月 燕群臣於臨海殿 (『三國史記』9 新羅本紀 9)
신라 春三月 宴群臣於臨海殿 (『三國史節要』12)

발해 三月 渤海靺鞨 (…) 並遣使朝貢 (『冊府元龜』972 外臣部 17 朝貢 5)

신라 夏五月 蝗旱 命百官各擧所知 (『三國史記』9 新羅本紀 9)
신라 夏五月 蝗旱 命百官各擧所知 (『三國史節要』12)

백제 (八月甲寅) 外從五位下百濟公秋麻呂爲允 (…) (『續日本紀』30 稱德紀)

신라 (十一月)丙子 新羅使級湌金初正等一百八十七人 及導送者卅九人 到着對馬島 (『續日

45) 본문의 내용은 정확한 시점은 기록되지 않았으나, 이 내용은 『삼국사기』 혜공왕 4년(768) 7월과 9월의 기록과 일치한다. 따라서 7월과 9월 사이로 기간 편년하고 9월에 편제하였다.
46) 본문의 내용에서 단속사 창건(748) 후 20년이 지났.고 하였으므로, 이준의 사망시점을 768년으로 볼 수 있다. 따라서 768년으로 편년하고 편제하였다.
47) 『唐代墓誌滙篇續集』. 이 기사에는 연대 표기가 없으나, 亞相朱公은 幽州節度副使 朱希彩를 가리킨다. 그는 768년 6월에 幽州節度使 李懷仙를 죽이고 독립하였는데, 그 해에 조정에서는 그를 임시로 幽州節度副使로 임명하였.가, 幽州節度留後를 거쳐 12월에 幽州節度使로 임명하였다. 따라서 張光祚가 朱希彩에게 발탁되어 渤海에 사신으로 파견된 것은 768년 6월~12월의 일이 된다. 참고로 사신으로 파견되어 돌아온 후 임명된 節度留後押牙는 朱希彩의 뒤를 이어 772년 幽州節度留後가 된 朱泚의 押牙라고 생각된다.

本紀』30 稱德紀)

신라 冬十一月 雉岳縣鼠八十許 向平壤 (『三國史記』9 新羅本紀 9)
신라 冬十一月 雉岳縣鼠數十 向平壤 (『三國史節要』12)

신라 (冬十一月) 無雪 (『三國史記』9 新羅本紀 9)
신라 (冬十一月) 無雪 (『三國史節要』12)

신라 (十二月)癸丑 遣員外右中弁從四位下大伴宿禰伯麻呂 攝津大進外從五位下津連眞麻呂 等於大宰 問新羅使入朝之由 (『續日本紀』30 稱德紀)

발해 十二月 廻紇吐蕃契丹奚室韋渤海訶陵 並遣使朝貢 (『册府元龜』972 外臣部 17 朝貢 5)

770(庚戌/신라 혜공왕 6/발해 문왕 34 大興 34/唐 大曆 5/日本 神護景雲 4, 寶龜 1)

신라 春正月 王幸西原京 曲赦所經州縣繫囚 (『三國史記』9 新羅本紀 9)
신라 春正月 王幸西原京 曲赦所經州縣繫囚 (『三國史節要』12)

신라 (三月)丁卯 初問新羅使來由之日 金初正等言 在唐大使藤原河淸 學生朝衡等 屬宿衛王子 金隱居歸鄕 附書送於鄕親 是以 國王差初正等 令送河淸等書 又因使次 便貢土毛 又問 新羅貢調 其來久矣 改稱土毛 其義安在 對言 便以附貢 故不稱調 至是 遣左大史外從五位下堅部使主人主 宣告初正等曰 前使貞卷歸國之日 所仰之政 曾無申報 今亦徒持私事參來 所以 此度不預賓禮 自今以後 宜如前仰 令可申事人入朝者 待之如常 宜以此狀 告汝國王知 但進唐國消息 幷在唐我使藤原朝臣河淸等書 嘉其勤勞 仰大宰府安置饗賜 宜知之 賜國王祿絁卄五疋 絲一百絇 綿二百五十屯 大使金初正已下各有差 (『續日本紀』30 稱德紀)

신라 三月 雨土 (『三國史記』9 新羅本紀 9)
신라 三月 雨土 (『三國史節要』12)

신라 夏四月 王至自西原 (『三國史記』9 新羅本紀 9)
신라 夏四月 王至自西原 (『三國史節要』12)

신라 五月十一日 彗星出五車北 至六月十二日滅 (『三國史記』9 新羅本紀 9)
신라 五月 彗星出五車北 至六月乃滅 (『三國史節要』12)[48)]

백제 (五月)癸酉 右京大夫從四位下勳四等百濟朝臣足人卒 (『續日本紀』30 稱德紀)

신라 (五月)二十九日 虎入執事省 捉殺之 (『三國史記』9 新羅本紀 9)

백제 (七月庚辰) 正五位上百濟王理伯 正五位下紀朝臣益麻呂竝從四位下 (…) (『續日本紀』30 稱德紀)

---

48) 본문에는 日이 보이지 않지만, 『三國史記』 新羅本紀에는 5월 1일로 나온다. 따라서 5월 1일로 편년하고 편제하였다.

고구려 (八月癸巳) 以從三位文室眞人大市 高麗朝臣福信 藤原朝臣宿奈麻呂 藤原朝臣魚名 從四位下藤原朝臣楓麻呂 藤原朝臣家依 正五位下葛井連道依 石川朝臣垣守 從五位下太朝臣犬養 六位十一人 爲御裝束司 (…) (『續日本紀』30 稱德紀)

고구려 (八月丁巳) 造宮卿從三位高麗朝臣福信爲兼武藏守 (…) (『續日本紀』30 稱德紀)

신라 秋八月 大阿飡金融叛 伏誅 (『三國史記』9 新羅本紀 9)
신라 秋八月 大阿飡金融叛 伏誅 (『三國史節要』12)

백제 (冬十月癸丑) 從五位下巨勢朝臣巨勢野 百濟王明信竝正五位下 (…) (『續日本紀』31 光仁紀)

백제 (冬十月甲寅) 員外介正六位上百濟公水通外從五位下 (…) (『續日本紀』31 光仁紀)

신라 冬十一月 京都地震 (『三國史記』9 新羅本紀 9)
신라 冬十一月 京都地震 (『三國史節要』12)

신라 十二月 侍中隱居退 伊飡正門爲侍中 (『三國史記』9 新羅本紀 9)
신라 十二月 侍中金隱居免 以伊飡正門代之 (『三國史節要』12)

신라 又捨黃銅一十二万斤 爲先考聖德王欲鑄巨鍾一口 未就而崩 其子惠恭大王乾運以大曆庚戌 十二月 命有司鳩工徒乃克成之 安於奉德寺[49] / 寺乃孝成王開元二十六年戊寅爲先考聖德大王奉福所創也 故鍾銘曰聖德大王神鍾之銘[聖德乃景德之考典校光大王也 鍾本景德爲先考所施之金 故称云聖德鍾尒] 朝散大夫前太子司議郎翰林郎金弼粤奉教撰鍾銘 文煩不録 (『三國遺事』3 塔像 4 皇龍寺鍾 芬皇寺藥師 奉德寺鍾)

신라 眞表律師 (…) 於甲辰六月九日鑄成 丙午五月一日安置金堂 是歲大曆元年也 師出金山向俗離山 路逢駕牛乘車者 其牛等向師前 跪膝而泣 乘車人下問 何故此牛等見和尙泣耶 和尙從何而来 師曰 我是金山藪眞表僧 予曾入邊山不思議房 於彌勒地藏兩聖前 親受戒法眞柱 欲覔創寺鎭長修道之處 故來爾 此牛等外愚内明 知我受戒法爲重法故跪膝而泣 其人聞已乃曰 畜生尙有如是信心 況我爲人豈無心乎 卽以手執鎌 自斷頭髮 師以悲心 爲祝髮受戒 行至俗離山洞裏 見吉祥草所生處而識之 還向溟州海邊 徐行次 有魚鼈黿鼉等類 出海向師前 綴身如陸 師踏而入海 唱念戒法還出 行至高城郡入皆骨山 始創鉢淵藪 開占察法會 (『三國遺事』4 義解 5 關東楓岳鉢淵藪石記)[50]

신라 大曆初 節度使相國崔公寧 以此寺創名 修建未就 乃迎彭州天飭山惠悟禪師以居焉 禪師卽無相大師之升堂法子也 (『全唐文』617 菩提寺 置立記)[51]

771(辛亥/신라 혜공왕 7/발해 문왕 35, 大興 35/唐 大曆 6/日本 寶龜 2)

발해 (六月)壬午 渤海國使靑綬大夫壹萬福等三百廿五人 駕船十七隻 着出羽國賊地野代湊

49) 성덕대왕 신종명에는 대력 6년(771)로 나온다.
50) 진표가 발연수(鉢淵藪)를 창건한 것은 혜공왕 6년(770)이다.
51) 이 기사에는 연대 표기가 없으나, 大曆(766~779) 초년이라는 기록에 따라 766~770년으로 기간편년하고 마지막해인 770년에 배치하였다.

於常陸國安置供給 (『續日本紀』 31 光仁紀)
발해　　廣仁天皇寶龜二年六月壬午[卄七] (『類聚國史』 193 殊俗部 渤海 上)

백제　　(七月丁未) 從五位下百濟王武鏡爲主計頭 (…) 從四位下百濟王理伯爲伊勢守 (…) 從五位下百濟王利善爲讚岐員外介 (…) (『續日本紀』 31 光仁紀)

발해　　(十月)丙寅 徵渤海國使靑綬大夫壹萬福已下卌人 令會賀正 (『續日本紀』 31 光仁紀)
발해　　(廣仁天皇寶龜二年)十月丙寅[十四] (『類聚國史』 193 殊俗部 渤海 上)

발해　　(十二月)癸酉 渤海使 壹萬福等入京 (『續日本紀』 31 光仁紀)
발해　　(廣仁天皇寶龜二年)十二月癸酉[卄一] (『類聚國史』 193 殊俗部 渤海 上)

신라　　聖德大王神鍾之銘
朝散大夫 兼 太子司議郎 翰林郎 金弼奧 奉敎撰
夫至道 包含於形象之外 視之不能見其原 大音 震動於天地之間 聽之不能聞其響 是故 憑開假說 觀三眞之奧載 懸擧神鍾 悟一乘之圓音 夫其鍾也 稽之佛土[52] 則驗在於罽膩 尋之帝鄕 則始制於鼓延 空而能鳴 其響不竭 重爲難[53]轉 其體不褰 所以王者元功 克銘其上 群生離苦 亦在其中也 伏惟聖德大王 德共山河而幷峻 名齊日月而高懸 擧忠良而撫俗 崇禮樂而[54]觀風 野務本農 市無濫物 時嫌金玉 世尙文才 不意子靈 有心老誡 四十餘年 臨邦勤政 一無干戈[55] 驚擾百姓 所以四方隣國 萬里歸賓 唯[56]有欽風之望 未曾[57]飛矢之窺 燕秦用人 齊晉替霸 豈可幷輪雙轡而言矣 然雙樹之期難測 千秋之夜易長 晏駕已[58]來 于今三十四也 頃者 孝嗣景德大王 在世之日 繼守[59]丕業 監撫庶機 早隔慈規 對星霜而起戀 重違嚴訓 臨闕殿以增悲 追遠之情轉悽 益魂之心更切 敬捨銅一十二萬斤 欲鑄一丈鍾一口 立志未成 奄爲就世 今我聖君 行合祖宗 意符至理 殊祥異於千古 令[60]德冠於常[61]時 六街龍雲 蔭灑於玉階 九天雷鼓 震響於金闕 菓米[62]之林 離離乎外境 非煙之色 煥煥乎京師 此卽報玆誕生之日 應其臨政之時也 仰惟太后 恩若[63]地平 化黔黎於仁敎 心如天鏡 奬父子之孝誠 是知朝於元舅之賢 夕於忠臣之輔 無言不擇 何行有愆[64] 乃顧遺言 遂成宿意 爾其有司辦[65]事 工匠晝模[66] 歲次大淵 月惟大呂 是時 日月替(?)[67]暉 陰陽調氣 風和天靜 神器化成 狀如岳立 聲[68]若龍音 上徹於有頂之巓 潛通於無底之下[69] 見之者稱奇 聞之者受福 願玆妙因 奉翊尊靈 聽普聞之淸響 登無說之法筵 契三明之勝心 居一乘之眞境 乃至瓊萼之

52) 生으로도 읽는다.
53) 원문의 爲難는 而能으로도 읽는다.
54) 以로도 읽는다.
55) 원문의 戈은 弋으로도 읽는다.
56) 惟로도 읽는다.
57) 未曾은 △無로도 읽는다.
58) 以로도 읽는다.
59) 于로도 읽는다.
60) 今으로도 읽는다.
61) 當으로도 읽는다.
62) 木으로도 읽는다.
63) 苦로도 읽는다.
64) ?로도 읽는다.
65) 辨으로도 읽는다.
66) 畵模는 盡模 내지는 畵摸로도 읽는다.
67) 借 내지는 僭으로도 읽는다.
68) 龍으로도 읽는다.
69) 方으로도 읽는다.

叢 共金柯以永茂, 邦家之業 將鐵圍而彌昌 有情無識 慧海同波, 咸出塵區 幷昇覺路 臣弼奧 拙無才 敢奉聖詔 貸班超之筆 隨陸佐之言 述其願旨 銘記于鍾也

翰林臺書生 大奈麻 金符㕊書

其詞曰 紫極懸象 黃輿啓方 山河鎭列 區宇分張[70] 東海之上 衆仙所藏 地居桃壑 界接扶桑 爰有我國 合爲一鄕 元元聖德 曠代彌新 妙妙淸化 遐邇克臻 將恩被遠 與物霑[71]均 茂矣千葉 安乎萬倫 愁雲忽慘[72] 慧日無春 恭恭孝嗣 繼業施機 治俗仍古 移風豈違 日思嚴訓 常慕慈輝 更以脩福 天鍾爲祈 偉哉我后 盛[73]德不輕 寶瑞頻出 靈符每生 主賢天祐 時泰國平 追遠惟勤 隨心願成 乃顧遺命 于斯寫鍾 人神奬力 珍器成容 能伏魔鬼 救之魚龍 震威暘谷 淸韻朔峯 聞見俱信 芳緣允種 圓空神體 方顯聖蹤 永是鴻福 恒恒轉重

翰林郎 級飡 金弼奧 奉詔撰

待詔 大奈麻 姚湍 書

檢校使 兵部令 兼 殿中令 司馭府令 修城府令 監四天王寺府令 幷 檢校眞智大王寺使 上相 大角干 臣 金邕

檢校使 肅政臺令 兼 修城府令 檢校感恩寺使 角干 臣 金良相

副使 執事部侍郞 阿飡 金體信

判官 右司祿館使 級飡 金忠得

判官 級飡 金忠封

判官 大奈麻 金如芿庾

錄事 奈麻 金一珍

錄事 奈麻 金張幹

錄事 大舍 金△△

大曆六年 歲次辛亥 十二月十四日 鑄鍾大博士 大奈麻 朴從鎰

次博士 奈麻 朴賓奈

奈麻 朴韓味

大舍 朴負缶 (聖德大王神鍾)[74]

신라 辛亥年 仁陽寺鍾成 (「昌寧塔金堂治成文記碑」 뒷면)

772(壬子/신라 혜공왕 8/발해 문왕 36 大興 36/唐 大曆 7/日本 寶龜 3)

발해 春正月壬午朔 天皇御大極殿受朝 文武百官 渤海蕃客 陸奧出羽蝦夷 各依儀拜賀 宴次侍從已上於內裏 賜物有差 (『續日本紀』 32 光仁紀)

발해 (春正月)甲申 天皇臨軒 渤海國使 靑綬大夫 壹萬福等貢方物 (『續日本紀』 32 光仁紀)

발해 (廣仁天皇寶龜)三年正月甲申[三] (『類聚國史』 193 殊俗部 渤海 上)

발해 (春正月)丁酉 先是 責問渤海王表無禮於壹萬福 是日 告壹萬福等曰 萬福等 實是渤海王使者 所上之表 豈違例無禮乎 由玆不收其表 萬福等言 夫爲臣之道 不違君命 是以

70) 頂으로도 읽는다.
71) 霈로도 읽는다.
72) 晩으로도 읽는다.
73) 感으로도 읽는다.
74) 일명 봉덕사종 또는 에밀레종이라고도 하는데, 성덕왕의 공덕을 기리고 중대왕실과 국가의 번영을 기원하려는 목적에서 경덕왕 때 계획되었다가, 혜공왕 7년(771)에 완성되었다. 따라서 771년에 편년하고 편제하였다. 한편 『三國遺事』 3 塔像 4 皇龍寺鍾 芬皇寺藥師 奉德寺鍾에는 大曆 庚戌(770) 12월에 완성되었다고 한다.

不誤封函 輒用奉進 今爲違例 返却表函 萬福等實深憂慄 仍再拜據地而泣更申 君者彼此一也 臣等歸國必應有罪 今已叅渡在於聖朝 罪之輕重無敢所避 (『續日本紀』 32 光仁紀)

발해 (廣仁天皇寶龜三年正月)丁酉[十六] (『類聚國史』 193 殊俗部 渤海 上)

발해 (春正月)庚子 却付渤海國信物於壹萬福 (『續日本紀』 32 光仁紀)

발해 (廣仁天皇寶龜三年正月)庚子[十九] (『類聚國史』 193 殊俗部 渤海 上)

발해 (春正月丙午) 渤海使 壹萬福等改修表文代王申謝 (『續日本紀』 32 光仁紀)

발해 (廣仁天皇寶龜三年正月)丙午[卄五] (『類聚國史』 193 殊俗部 渤海 上)

신라 春正月 遣伊飡金標石朝唐賀正 代宗授衛尉員外少卿放還 (『三國史記』 9 新羅本紀 9)[75]

신라 春正月 遣伊飡金標石如唐賀正 帝授衛尉員外少卿 還之 (『三國史節要』 12)

신라 (大曆)七年 遣使金標石來賀正 授衛尉員外少卿 放還 (『舊唐書』 199上 列傳 149上 新羅)[76]

신라 (大曆)七年 遣使金標石來賀正 授衛尉員外少卿 放還 (『唐會要』 95 新羅)[77]

신라 (唐書) 又曰 大曆七年 新羅王金乾運 遣使金標石來賀正 (『太平御覽』 781 四夷部 2 東夷 2 新羅)[78]

발해 (二月癸丑)是日 饗五位已上及渤海蕃客於朝堂 賜三種之樂 萬福等入欲就座言上曰 所上表文緣乖常例 返却表函幷信物訖 而聖朝厚恩垂矜 萬福等預於客例 加賜爵祿 不勝慶躍 謹奉拜闕庭 授大使壹萬福從三位 副使正四位下 大判官正五位上 少判官正五位下 錄事幷譯語竝從五位下 着綠品官已下各有差 賜國王美濃絁卅疋 絹卅疋 絲二百約 調綿三百屯 大使壹萬福已下亦各有差 (『續日本紀』 32 光仁紀)

발해 (廣仁天皇寶龜三年)二月癸丑[二] (『類聚國史』 193 殊俗部 渤海 上)

발해 (二月)己卯 賜渤海王書云 天皇敬問高麗國王 朕繼體承基臨馭區宇 思覃德澤 寧濟蒼生 然則率土之濱 化有輯於同軌 普天之下 恩無隔於殊隣 昔高麗全盛時 其王高武 祖宗奕世 介居瀛表 親如兄弟 義若君臣 帆海梯山 朝貢相續 逮乎季歲 高氏淪亡 自爾以來 音問寂絶 爰洎神龜四年 王之先考左金吾衛大將軍渤海郡王遣使來朝 始修職貢 先朝嘉其丹款 寵待優隆 王襲遺風 纂修前業 獻誠述職 不墜家聲 今省來書 頓改父道 日下不注官品姓名 書尾虛陳天孫僭號 遠度王意豈有是乎 近慮事勢疑似錯誤 故仰有司 停其賓禮 但使人萬福等 深悔前咎 代王申謝 朕矜遠來 聽其悛改 王悉此意 永念良圖 又高氏之世 兵亂無休 爲假朝威 彼稱兄弟 方今大氏曾無事 故妄稱舅甥 於禮失矣 後歲之使 不可更然 若能改往自新 寔乃繼好無窮耳 春景漸和 想王佳也 今因廻使 指此示懷 幷贈物如別 (『續日本紀』 32 光仁紀)

---

75) 『册府元龜』 976 外臣部 21 褒異 3에는 五月 丁未로 나온다.

76) 본문에는 그 달이 보이지 않지만, 『三國史記』 9 新羅本紀 9에는 춘정월로 나오고 『册府元龜』 976 外臣部 21 褒異 3에는 五月 丁未로 기록되어 있다. 그런데 본문에 김표석이 賀正使로 간 것으로 미루어 『三國史記』를 따라 춘정월로 편년하고 편제하였다.

77) 본문에는 그 달이 보이지 않지만, 『三國史記』 9 新羅本紀 9에는 춘정월로 나오고 『册府元龜』 976 外臣部 21 褒異 3에는 五月 丁未로 기록되어 있다. 그런데 본문에 김표석이 賀正使로 간 것으로 미루어 『三國史記』를 따라 춘정월로 편년하고 편제하였다.

78) 본문에는 그 달이 보이지 않지만, 『三國史記』 9 新羅本紀 9에는 춘정월로 나오고 『册府元龜』 976 外臣部 21 褒異 3에는 五月 丁未로 기록되어 있다. 그런데 본문에 김표석이 賀正使로 간 것으로 미루어 『三國史記』를 따라 춘정월로 편년하고 편제하였다.

발해	(廣仁天皇寶龜三年二月)己卯[卄八] (『類聚國史』 193 殊俗部 渤海 上)

발해	(二月)庚辰 渤海蕃客歸鄕 (『續日本紀』 32 光仁紀)
발해	(廣仁天皇寶龜三年二月)庚辰[卄九] (『類聚國史』 193 殊俗部 渤海 上)

고구려	宣義郎唐守唐州慈丘縣令邵公 故夫人高氏墓誌 夫人姓高氏 渤海人也 齊之諸裔也 著令族世傳 家諜詳矣 此無備焉 曾祖 皇朝鮮王祖諱連 皇封朝鮮郡王 父震 定州別駕 乃祖乃父 如珪如璋 夫封利達侯 享于第士 功業也 半刺題輿 治中別乘 榮列也 德敎浹洽 聲華籍甚 著於今矣 夫人卽別駕府君之第四女也 幼而柔順 長而情懿 爰自弄年 歸于君子 以配唐州慈丘縣長邵公陜之室焉 鳳凰合於吉兆 羔雁光於嘉禮 動靜有如賓之敬 饋餉有齊眉之節 可謂正於內穆 親於夫婦 夫婦順也 悲夫 偕老之願廢 先晞之萌作 良可悼歟 卽大曆七年歲次壬子二月卄八日 遘疾終于洛陽履信里之私第 以其年三月卄一日 權窆于伊闕縣吳村土門之東南原新塋 禮也 嗚呼享年不永 春秋卌有二 嗣子太福太初太虛等五人 幷髫齔相次 漣如泣血 稚子有罷祖之孝 良人多望廬之歎 感于隣里 傷於親戚 式石刻銘 誌之遷變 銘曰 △李夭桃兮嬌上春 配君子兮有麗人 內則備兮誰與鄰 薤之露兮夙之燭 魂冥冥兮不可續 山之下水之陽 古柏寒松森已行 夫人靈轜兮行路傷 (「高氏夫人 墓誌銘」)[79]

신라	(唐代宗大曆七年)五月丁未 新羅遣金標石 來賀正 授衛尉員外少卿 放還蕃 (『冊府元龜』 976 外臣部 21 褒異 3)[80]
신라	(唐代宗大曆)七年五月 新羅 (…) 各遣使朝貢 (『冊府元龜』 972 外臣部 17 朝貢 5)

발해	(九月)戊戌 (…) 送渤海客使武生·鳥守等解纜入海 忽遭暴風 漂着能登國 客主僅得免死 便於福良津安置 (『續日本紀』 32 光仁紀)
발해	(廣仁天皇寶龜三年)九月戊戌[卄一] (『類聚國史』 193 殊俗部 渤海 上)

발해	(大曆七年)是秋稔 迴紇·吐蕃·大食·渤海·室韋·靺鞨·契丹·奚·牂柯·康國·石國並遣使朝貢 (『舊唐書』 11 本紀 11 代宗)

발해	(唐代宗大曆)七年十二月 廻紇吐蕃大食渤海靺鞨室韋契丹奚 (…) 各遣使朝貢 (『冊府元龜』 972 外臣部 17 朝貢 5)

발해	(…) 復以尺書獻亞相朱公 公納之 知公有孔明子布之英略 端木仲由之辯勇 委充入勃海使 外門闢 遠僥通 還加銀靑光祿大夫 試殿中監 尙膺公也 (…) (「張光祚 墓誌」)[81]

발해	范陽張公 諱光祚 字光祚 余里人之美者 (…) 委充入渤海使 外門闢 遠僥通 還加銀靑光祿大夫 (…) (「唐故殿中監張君墓誌」)[82]

79) 『洛陽新獲墓誌』; 『全唐文補遺』 6 ; 『全唐文新編』 997
80) 『三國史記』 9 新羅本紀 9에는 춘정월로 나온다.
81) 장광조가 발해의 사신으로 간 시기는 대체로 대력 3년(763)에서 7년(772) 사이로 추정된다. 따라서 763~772년으로 기간편년하고 772년에 편제하였다.
82) 장광조는 발해 제3대 문왕때 발해에 사신으로 파견되었는데, 그 시기는 대략 763~772년으로 추정된다. 따라서 763~772년으로 기간편년하고 772년에 편제하였다.

773(癸丑/신라 혜공왕 9/발해 문왕 37 大興 37/唐 大曆 8/日本 寶龜 4)

발해　(二月)乙丑 渤海副使正四位下慕昌祿卒 遣使弔之 贈從三位賻物如令 (『續日本紀』32 光仁紀)

발해　(廣仁天皇寶龜)四年二月乙丑[卄] (『類聚國史』193 殊俗部 渤海 上)

고구려　(二月)壬申 初造宮卿從三位高麗朝臣福信專知造作楊梅宮 至是宮成 授其男石麻呂從五位下 是日 天皇徙居楊梅宮(『續日本紀』32 光仁紀)

신라　夏四月 遣使如唐賀正 獻金銀牛黃魚牙紬朝霞等方物 (『三國史記』9 新羅本紀 9)

신라　夏四月 遣使如唐賀正 獻金銀牛黃魚牙紬朝霞紬等方物 (『三國史節要』12)

신라 발해　(唐代宗大曆)八年四月 渤海遣使來朝 幷獻方物 (…) 新羅遣使賀正 見于延英殿 幷獻金銀·牛黃·魚牙紬·朝霞紬等方物 (『冊府元龜』972 外臣部 17 朝貢 5)

신라　(大曆)八年 遣使來朝 幷獻金銀·牛黃·魚牙納·朝霞紬等方物 (『唐會要』95 新羅)[83)]

신라　(唐書又曰大曆)八年 又遣使獻金銀·牛黃·魚牙紬·朝霞紬等 (『太平御覽』781 四夷部 2 東夷 2 新羅)[84)]

발해　大曆八年夏五月卄有七日 右金吾衛大將軍 安東都護公 薨于洛陽教業里之私第 春秋七十三 (…) 公諱震 字某 渤海人 (…) (「高震 墓誌銘」)

발해　(六月)丙辰 能登國言 渤海國使 烏須弗等 乘船一艘來着部下 差使勘問 烏須弗報書曰 渤海日本 久來好隣 往來朝聘 如兄如弟 近年日本使內雄等 住渤海國 學問音聲 却返本國 今經十年 未報安否 由是 差大使壹萬福等 遣向日本國擬於朝參 稍經四年 未返本國 更差大使烏須弗等卌人 面奉詔旨 更無餘事 所附進物及表書 竝在船內 (『續日本紀』32 光仁紀)

발해　(廣仁天皇寶龜四年)六月丙辰[十二] (『類聚國史』193 殊俗部 渤海 上)

발해　(六月)戊辰 遣使宣告渤海使 烏須弗曰 太政官處分 前使壹萬福等所進表詞驕慢 故告知其狀罷去已畢 而今能登國司言 渤海國使 烏須弗等所進表函 違例無禮者 由是不召朝廷 返却本鄉 但表函違例者 非使等之過也 涉海遠來 事須憐矜 仍賜祿幷路糧放還 又渤海使取此道來朝者 承前禁斷 自今以後 宜依舊例從筑紫道來朝 (『續日本紀』32 光仁紀)

발해　(廣仁天皇寶龜四年六月)戊辰[卄四] (『類聚國史』193 殊俗部 渤海 上)

신라　六月 遣使如唐謝恩 代宗引見於延英殿 (『三國史記』9 新羅本紀 9)

신라　六月 遣使如唐謝恩 帝引見於迎英殿 (『三國史節要』12)

신라 발해　(唐代宗大曆八年六月) 渤海遣使賀正 新羅遣使謝恩 並引見於延英殿 (『冊府元龜』972 外臣部 17 朝貢 5)

발해　(十月)乙卯 送壹萬福使正六位上武生連鳥守至自高麗 (『續日本紀』32 光仁紀)

발해　(廣仁天皇寶龜四年)十月乙卯[十三] (『類聚國史』193 殊俗部 渤海 上)

발해　(唐代宗大曆八年)十一月 渤海遣使朝貢 (『冊府元龜』972 外臣部 17 朝貢 5)

---

83) 본문에는 그 月이 보이지 않지만, 『三國史記』 등에는 4월로 나온다. 따라서 4월로 편년하고 편제하였다.
84) 본문에는 그 月이 보이지 않지만, 『三國史記』 등에는 4월로 나온다. 따라서 4월로 편년하고 편제하였다.

백제 (閏十一月)癸亥 散位從四位下百濟王元忠卒 (『續日本紀』 32 光仁紀)

발해 (唐代宗大曆八年)閏十一月 渤海室韋 並遣使來朝 (『冊府元龜』 972 外臣部 17 朝貢 5)

발해 代宗大曆八年閏十一月 渤海質子 盜修龍袞擒之 辭云 慕中華文物 帝矜而捨之 (『冊府元龜』 41 帝王部 41 寬恕)

신라 (大曆)八年 遣使來朝 幷獻金銀牛黃魚牙紬朝霞紬等 (『舊唐書』 199上 列傳 149上 新羅)

발해 (唐代宗大曆八年)十二月 渤海室·牂牁 並遣使來朝 奚契丹渤海靺鞨 並遣使來朝 (『冊府元龜』 972 外臣部 17 朝貢 5)

신라 由雷之震蠕介 春雨之澤根牙 種者乃萌 勾者遂直 七八年間 趨敎之徒瞻拜者 昧而伏師 (「惠覺禪師 碑銘」)[85]

신라 公姓金氏 諱日晟 字日用 新羅王△之從兄也 壯烈內蘊 丹誠天縱 歸奉中朝 率先萬國 上嘉之 累授銀靑光祿大夫光祿卿 位列天階 名登國史 紹開遺緖 不忝前人 (「金日晟墓誌銘」)[86]

774(甲寅/신라 혜공왕 10/발해 문왕 38 大興 38/唐 大曆 9/日本 寶龜 5)

발해 (唐代宗大曆)九年正月 室韋渤海並來朝 (『冊府元龜』 972 外臣部 17 朝貢 5)

발해 (唐)代宗大曆九年二月辛卯 渤海質子大英俊還蕃 引辭于延英殿 (『冊府元龜』 996 外臣部 41 納質)

신라 太政官符
應奉造四天王寺埝像四軀事
右被內大臣從二位藤原朝臣宣偁 奉勅如聞 新羅兇醜 不顧恩義 早懷毒心 常爲咒咀 佛神難誣慮 或報應 宜令大宰府直新羅國 高顯淨地 奉造件像 攘却其災 仍請淨行僧 四口 (…) 自今以後永爲恒例
寶龜五年三月三日 (『類聚三代格』 2 造佛佛名事)

신라 (三月癸卯)是日 新羅國使 禮府卿 沙湌 金三玄已下二百卅五人 到泊大宰府 遣河內守從五位上紀朝臣廣純 大外記外從五位下內藏忌寸全成等 問其來朝之由 三玄言曰 奉本國王敎 請修舊好每相聘問 幷將國信物及在唐大使藤原河淸書來朝 問曰 夫請修舊好每相聘問 乃似亢禮之隣 非是供職之國 且改貢調稱爲國信 變古改常 其義如何 對曰 本國上宰 金順貞之時 舟楫相尋 常脩職貢 今其孫邕 繼位執政 追尋家聲 係心供奉 是以 請修舊好每相聘問 又三玄本非貢調之使 本國便因使次 聊進土毛 故不稱御

85) 이 앞부분이 766년, 뒷부분이 774년의 행적이다. 그에 따라 766~773년으로 기간편년하고 마지막해인 773년에 배치하였다. 2011, 『史叢』 73

86) 김일성은 713년에 출생하여 774년에 사망하였다. 사망 전의 행적이므로 713~773년으로 기간편년하고 마지막해인 773년에 배치하였다. 『大唐西市博物館藏墓誌』도 참고.

調 敢陳便宜 自外不知 於是 勅問新羅入朝由使等曰 新羅元來稱臣貢調 古今所知 而不率舊章 妄作新意 調稱信物 朝爲修好 以昔準今 殊無禮數 宜給渡海料 早速放還 (『續日本紀』 33 光仁紀)

백제 (三月甲辰) 從四位下百濟王理伯爲右京大夫 (…) 從五位下百濟王武鏡爲出羽守 (…) (『續日本紀』 33 光仁紀)

신라 以處順安暇 遘疾而不改其容 奄以大曆九年三月十九夜 歸△△△△雲△△昏△△△者△七日異人變化 衆心萃焉 固殊狀也 哭動△△△△無上△悲哀靡介而△△△零斬△孰△△護喪事 嘗從△於廣△ (「惠覺禪師碑銘」)[87]

신라 大唐△△△△寺故覺禪師碑銘幷序 (…) 禪師曰惠覺 中海新羅國人 姓金△氏 國殊△別於△返俗之懷 遠惟淸恬之理 生卄三歲 具僧戒 當學無△精律究△瑜伽弘論△△異瞻白折幽明 激由 是歲數省曰 聖言有之 一切法如幻 遠離於心識 法所△△要行平中域 吾孰能執螢炬於幽夜 遺暾日於正晝 於是剡楫舟海 揮波生△△攸止其地 經十年梵行鳴播 詔僧籍於邢州開元寺 居無幾時 △眞詣筮蒙之發 決在得久 時僧學有立名方傳久功趣淨者△△經△不垢不△時 洛京有荷澤寺禪僧曰神會 名之崇者 傳受學于南越能大師 廣開頓悟之△△次明知見 引喩開發 意若有獲 歸而繼思 或有不盡 明年復往 詣爲導師 復△△心無所起 卽眞無念 豈遠乎豆哉 于是深其徵趣 屬燈乃明 以一覺之知而萬有△△△△△塗△何月之△△△于是△△△△△△△△△△△△△△△△△△△△容易闔戶不答 淸神目頤 求其中者 嗟若無告 及大曆元歲△軍司馬不然默擅 興仁廣運 乃道心者 請導師之留音 追荷澤之壇敎 辭指不△由雷之震蠕介 春雨之澤根牙 種者乃萌勾者遂直 七八年間 趨敎之徒瞻拜者 味而伏師 以處順安暇 遘疾而不改其容 奄以大曆九年三月十九夜歸 △ △△△雲△△昏△△△者△七日異人變化 衆心萃焉 固殊狀也 哭動△△△△無上△悲哀靡介而△△△零斬△孰△△護喪事 嘗從△於廣△△△△△四月十七日 引遷神座 靈其以山境峻隘 夷崇峯千仞凋靈△建十季住△△塔精廟 (…) (「惠覺禪師碑銘」)[88]

신라 公姓金氏 諱日晟 字日用 新羅王之從兄也 (…) 嗚呼 寵祿方假 貞心未已 遘疾彌留奄然殂謝 以大曆九年夏四月卄八日 薨於長安崇賢里之私第 春秋六十有二 天子聞而悼焉 遣中使詔慰 禮加恒典 賻贈絹一百疋 衣十副 且有復命 追贈兗州都督 冥途增寵 (…) (「金日晟 墓誌銘」)[89]

신라 夏四月 遣使如唐朝貢 (『三國史記』 9 新羅本紀 9)
신라 夏四月 遣使如唐朝貢 (『三國史節要』 12)

신라 (唐代宗大曆九年)四月 新羅遣使朝貢 (『册府元龜』 972 外臣部 17 朝貢 5)

신라 (五月)乙卯 勅大宰府曰 比年新羅蕃人 頻有來着 尋其緣由 多非投化 忽被風漂 無由引還 留爲我民 謂本主何 自今以後 如此之色 宜皆放還以示弘恕 如有船破及絶糧者所司量事 令得歸計 (『續日本紀』 33 光仁紀)

---

87) 2011, 『史叢』 73
88) 신라 고승 혜각(惠覺, ?~774)의 비명으로, 혜각의 몰년은 774년이다. 따라서 774년에 편년하고 편제하였다. 2011, 『史叢』 73
89) 『大唐西市博物館藏墓誌』

신라　　太政官符
應大宰府放還流來新羅人事
右被內大臣宣偁 奉勅如聞 新羅國人時有來着 或是歸化 或是流來 凡此流來 非其本意 宜每到放還以彰弘恕 若駕船破損 亦無資粮者 量加修理 給粮發遣 但歸化來者 依例申上 自今以後 立爲永例
寶龜五年五月十七日 (『類聚三代格』18 夷俘幷外蕃人事)

신라　　有唐 故銀靑光祿大夫光祿卿 贈兗州都督 金府君墓誌銘幷序
公姓金氏 諱日晟 字日用 新羅王△之從兄也 壯烈內蘊 丹誠天縱 歸奉中朝 率先萬國 上嘉之 累授銀靑光祿大夫光祿卿 位列天階 名登國史 紹開遺緖 不忝前人
嗚呼 寵祿方假 貞心未已 遘疾彌留 奄然殂謝 以大曆九年夏四月卄八日 薨於長安崇賢里之私第 春秋六十有二 天子聞而悼焉 遣中使詔慰 禮加恒典 賵贈絹一百疋 衣十副 且有復命 追贈兗州都督 冥途增寵 嗣子摧心 以其年甲寅秋八月戊辰朔粤五日壬申 詔葬於長安永壽之古原
夫人張氏 天寶末 先君云亡 今祔遷厝 哀事官給 禮逾常等 中貴歸賵 命萬年令監護 寵蕃酋也 鹵簿哀送 簫笳並引 葬於王土 何異鄕關 銘曰
新羅慕義 萬里朝謁 駿奔滄海 匍匐絳闕 惟公忠壯 位列九卿 陪奉軒墀 出入簪纓 義感君臣 禮霑榮悴 歿而不朽 銜恩永慰 (「金日晟 墓誌銘」)[90]

고구려　　(九月庚子) 從五位下高麗朝臣石麻呂爲員外少輔 (…) (『續日本紀』33 光仁紀)

신라　　秋九月 拜伊飡良相爲上大等 (『三國史記』9 新羅本紀 9)
신라　　秋九月 以伊飡良相爲上大等 (『三國史節要』12)

신라　　甲寅年壹八九月 (「雁鴨池出土木簡」8)

신라　　(唐代宗大曆九年)十月 新羅遣使賀正 見於延英殿 (『册府元龜』972 外臣部 17 朝貢 5)

백제　　冬十月己巳 散位從四位下國中連公麻呂卒 本是百濟國人也 其祖父德率 國骨富 近江朝庭歲次癸亥屬本蕃喪亂歸化 天平年中 聖武皇帝發弘願 造盧舍那銅像 其長五丈 當時鑄工無敢加手者 公麻呂頗有巧思 竟成其功 以勞遂授四位 官至造東大寺次官兼但馬員外介 寶字二年 以居大和國葛下郡國中村 因地命氏焉 (『續日本紀』33 光仁紀)

신라　　冬十月 遣使如唐賀正 見于延英殿 授員外衛尉卿遣之 (『三國史記』9 新羅本紀 9)
신라　　冬十月 遣使如唐賀正 帝引見迎英殿 授員外衛尉卿 還之 (『三國史節要』12)

신라　　沙門惠超 於五臺(山)乾明寺 錄出大廣智三藏不空所譯 大乘瑜伽金剛性海曼殊室利千臂千鉢大教王經 其序文曰 (…) 後於大曆九年十月 再至大興善寺 大師大廣智三藏和上邊 復伸咨決 大教瑜伽心地秘密法門 (…) (『佛祖歷代通載』14 唐德宗 千臂千鉢文殊經序)

신라　　(唐代宗大曆九年)十一月壬子 新羅賀正使還蕃 授衛尉員外郎 遣之 (『册府元龜』976

90)『大唐西市博物館藏墓誌』

外臣部 21 褒異 2)

발해 (唐代宗大曆九年)十二月 奚契丹渤海室韋靺鞨 遣使來朝 (『册府元龜』972 外臣部 17 朝貢 5)

신라 禪師法諱慧昭 俗姓崔氏 其先漢族 冠盖山東 隋師征遼 多沒驪貊 有降志而爲遐甿者 爰及聖唐囊括四郡 今爲全州金馬人也 父曰昌元 在家有出家之行 母顧氏 嘗晝假寐 夢一梵僧謂之曰 吾願爲𡡉何阿[方言謂母]之子 因以瑠璃甖爲寄 未幾娠禪師焉 生而不啼 迺夙挺銷聲息言之勝牙也 旣齔從戲 必火賁葉爲香 采花爲供 或西嚮危坐 移晷未嘗動容 是知善本 固百千劫前所栽植 非可跂而及者 自丱𧰼弁 志切反哺 跬步不忘 而家無斗儲 又無尺壤 可盜天時者 口腹之養 惟力是視 乃裨販𡡉隅 爲贍滑甘之業 手非勞於結網 心已契於忘筌 能豊啜菽之資 允叶采蘭之詠 曁種𩐘棘 負土成墳 迺曰 鞠育之恩 聊將力報 希微之旨 盍以心求 吾豈匏瓜 壯齡滯跡 (「雙溪寺眞鑑禪師大空塔碑」)[91]

신라 古鄉傳所載如上 而寺中有記云 景德王代大相大城以天寶十年辛夘始創佛國寺 歷恵恭世以大歷九年甲寅十二月二日 大城卒 國家乃畢成之 初請瑜伽大德降魔住此寺継之至于今 與古傳不同 未詳孰是 讃曰 牟梁春後施三畒 香嶺秋来獲萬金 萱室百年貧貴 槐庭一夢去来今 (『三國遺事』5 孝善 9 大城孝二世父母 神文代)

고구려 公姓金氏 諱日晟 字日用 新羅王之從兄也 (…) 以大曆九年夏四月卄八日 薨於崇賢里之私第 春秋六十有二 (…) (「有唐故銀靑光祿大夫光祿卿贈兗州都督金府君墓誌銘幷書」)

신라 上崇釋氏敎 乃舂百品香[香原作山 據明鈔本改] 和銀粉以塗佛室 遇新羅國獻五色氍毹及萬佛山 可高一丈 上置於佛室 以氍毹籍其地 氍毹之巧麗 亦冠絶於一時 每方寸[方寸原作放 據杜陽雜編上改]之內 卽有歌舞妓[妓原作之 據明鈔本改]樂 列國山川之狀 或微風入室 其上復有蜂蝶動搖 鷰雀飛舞 俯而視之 莫辨其眞假 萬佛山 雕沉檀·珠玉以成之 其佛形 大者或逾寸 小者八九分 其佛之首 有如黍米者 有如菽者 其眉目口耳螺髻毫相悉具 而辮縷金·玉·水精 爲幡蓋流蘇 菴贍蔔羅等樹 搆百寶爲樓閣臺殿 其狀雖微 勢若飛動 前有行道僧 不啻千數 下有紫金鐘 濶[濶原作閣, 據杜陽雜編上改]三寸 以蒲牢銜之 每擊鐘 行道僧禮拜至地 其中隱隱 謂之梵聲 蓋關綟在乎鐘也 其山雖以萬佛爲名 其數則不可勝計 上置九光扇於巖巘間 四月八日 召兩街僧徒入內道場 禮萬佛山 是時觀者歎非人工 及見有光出於殿中 咸謂之佛光 卽九光扇也 由是上命三藏僧不空 念天竺密語千口而退 [出杜陽雜編] (『太平廣記』404 寶5 萬佛山)[92]

신라 甲寅年壱八九月△△△△ (「안압지 221호 목간」)[93]

신라 △立迷急得附高城墟武 (「안압지 185호 목간」)[94]

---

91) 진감선사 혜소는 혜공왕 10년(774)에 태어났다고 한다. 따라서 774년에 편년하고 편제하였다.

92) 746년 (玄宗 天寶5)은 不空이 獅子國에서 唐 長安으로 돌아온 해이고 774년(代宗 大曆9)은 不空이 입적한 해이다.

93) 이 목간은 1975~1976년에 안압지에서 출토되었는데, 甲寅年은 674년 안압지 조성 후인 714년 또는 774년으로 판단된다. 이 중 안압지 출토의 다른 목간에서 연대가 명확한 것들이 750~760년대라는 점을 고려하여 774년으로 편년하였다.

94) 이하의 목간들은 1975~1976년에 안압지에서 출토되었는데, 674년 안압지 조성 후에 제작되었고 이 유

신라 (…) 寓洗宅 (…) (전면)
(…) 審洗宅△ (후면) (「안압지 191호 목간」)
신라 △席長十尺細次我三件法次北七△△△ (「안압지 192호 목간)
신라 △△雨 靑木香一兩 支子一兩 藍△三分 (전면)
大黃一兩 △△一兩 △甫 靑袋++一兩 升麻一兩
△
甘草一兩 △△△兩 △門一兩 △△三兩 (후면) (「안압지 198호 목간」)
신라 策事門恩△△金 (전면)
策事門△△△金 (후면) (「안압지 213호 목간」)

775(乙卯/신라 혜공왕 11/발해 문왕 39 大興 39/唐 大曆 10/日本 寶龜 6)

백제 (正月庚戌) 正六位上百濟王玄鏡 (…) 竝從五位下 (…) (『續日本紀』33 光仁紀)

신라 春正月 遣使如唐朝貢 (『三國史記』9 新羅本紀 9)
신라 春正月 遣使如唐朝貢 (『三國史節要』12)
발해 신라 (唐代宗大曆)十年正月 渤海契丹奚室韋靺鞨新羅 (…) 各遣使朝貢 (『册府元龜』972 外臣部 17 朝貢 5)

고구려 (大曆十年二月)甲申 以平盧淄靑節度觀察海運押新羅渤海兩蕃等使檢校工部尙書靑州刺史李正己檢校尙書左僕射 (『舊唐書』11 本紀 11 代宗)

신라 三月 以伊飡金順爲侍中 (『三國史記』9 新羅本紀 9)
신라 三月 以伊飡金順爲侍中 (『三國史節要』12)

발해 (唐代宗大曆十年)五月 渤海 (…) 各遣使朝貢 (『册府元龜』972 外臣部 17 朝貢 5)

신라 夏六月 遣使朝唐 (『三國史記』9 新羅本紀 9)
신라 夏六月 遣使如唐朝貢 (『三國史節要』12)
신라 발해 (唐代宗大曆十年)六月 新羅渤海 (…) 各遣使朝貢 (『册府元龜』972 外臣部 17 朝貢 5)

신라 (夏六月) 伊飡金隱居叛 伏誅 (『三國史記』9 新羅本紀 9)
신라 (夏六月) 伊飡金隱居謀叛 伏誅 (『三國史節要』12)

백제 (八月)辛未 授正五位下百濟王明信正五位上 (『續日本紀』33 光仁紀)

신라 秋八月 伊飡廉相與侍中正門謀叛 伏誅 (『三國史記』9 新羅本紀 9)
신라 秋八月 伊飡廉相與侍中正門謀叛 伏誅 (『三國史節要』12)

백제 (十一月)乙巳 遣使於陸奧國宣詔 夷俘忽發逆心 侵桃生城 鎭守將軍大伴宿禰駿河麻呂等 奉承朝委 不顧身命 討治叛賊 懷柔歸服 勤勞之重 實合嘉尙 駿河麻呂已下一千七百九十餘人 從其功勳加賜位階 授正四位下大伴宿禰駿河麻呂正四位上勳三等 從五位

적에서 출토된 목간 중 가장 늦게 연대 확인이 가능한 것이 774년이라고 추정된다. 그에 따라 674~774년으로 기간편년하고, 마지막해인 774년에 배치하였다.

上紀朝臣廣純正五位下勳五等 從六位上百濟王俊哲勳六等 餘各有差 其功卑不及敍勳者 賜物有差 (『續日本紀』33 光仁紀)

발해 (唐代宗大曆十年)十二月 渤海奚契丹室韋靺鞨 各遣使朝貢 (『册府元龜』972 外臣部 17 朝貢 5)

발해 大曆二年至十年 或頻遣使來朝 或間歲而至 或歲內二三至者 (『舊唐書』199下 列傳 149下 渤海靺鞨)

고구려 李正己 爲淄·青節度使 大曆十年(775) 魏·博節度田承嗣之叛也 正己與成德軍節度使李寶臣 同會於冀州之棗强縣 進圍貝州 承嗣發精兵寇磁州 爲貝州援 寶臣等 見承嗣兵出 各退守行營 淮西節度使李忠臣聞之 棄衛州偃月城 濟河而南 屯於陽武(『册府元龜』445 將帥部 106 李正己)

776(丙辰/신라 혜공왕 12/발해 문왕 40 大興 40/唐 大曆 11/日本 寶龜 7)

백제 (正月丙申) 從五位下 (…) 百濟王利善紀朝臣家守百濟王武鏡山上朝臣船主 竝從五位上 (…) (『續日本紀』34 光仁紀)

신라 春正月 下教 百官之講[95] 盡合復舊 (『三國史記』9 新羅本紀 9)

신라 春正月 下教 百官皆從舊號[執事省員外郞復稱舍知 位自舍知至大舍爲之 郞復稱史 位自先沮知至大舍爲之 兵部侍郞復稱大監 位自級飡至阿飡爲之 郞中復稱大舍 位自舍知至奈麻爲之 司兵復稱弩舍知 位自舍知至大舍爲之 小司兵復稱弩幢 位與史同 大府復稱調府 主簿復稱大舍 位自舍知至奈麻爲之 司庫復稱舍知 位自舍知至大舍爲之 修城府復稱京城周作典 主簿復稱大舍 位自舍知至大奈麻爲之 司功復稱舍知 位自舍知至大舍爲之 史八人 位與調府史同 監四天王寺府復稱四天王寺成典 監令復稱衿荷臣 卿復稱上堂 監復稱赤位 主簿復稱青位 奉聖寺檢校使感恩寺奉德寺檢校使 並復稱衿荷臣 感恩寺副使奉德寺副使 並復稱上堂 奉德寺判官復稱赤位 奉德寺錄使復稱青位 典復稱史 倉部侍郞復稱卿 位與兵部大監同 郞中復稱大舍 位與兵部大舍同 司倉復稱租舍知 司馭府復稱乘府 肅正臺復稱司正府 令一人 位自大阿飡至角干爲之 修例府復稱例作府 利濟府復稱船府 令一人 位自大阿飡至角干爲之 修例府復稱例作府 利濟府復稱船府 令一人 位自大阿飡至角干爲之 主簿復稱大舍 位與調府大舍同 司舟復稱舍知 位與調府舍知同 司賓府復稱領客府 主簿復稱大舍 位與調府大舍同 司儀復稱舍知 位與調府舍知同 史八人 司位府復稱位和府 左理方府評事復稱佐 位與司正佐同 大舍二人 位與兵部大舍同 司勳監△賜署 主書復稱大舍 位自舍知至奈麻爲 典京府復稱典邑署 卿二人[三國史 本置監六人 分領六部 元聖王六年升二人爲△] 位自奈麻至沙飡爲之 監四人 位自奈麻至大奈麻爲之 大司邑六人 位自舍知至奈麻爲之 中司邑六人 位自舍知至大舍爲之 小司邑九人 位與弩舍知同 史十六人 木尺七十人 永昌宮卿復稱上堂 主簿復稱大舍 位自舍知至奈麻爲之 史四人 大學監復稱國學 司業復稱卿 位與他卿同 博士 助教員數不定 主簿復稱大舍 位自舍知至奈麻爲之 大樂監復稱音聲署 司樂復稱卿 位與他卿同 始置奉恩寺成典 衿荷臣一人 副使一人 尋改爲上堂] (『三國史節要』12)

신라 執事省 (…) 舍知二人 神文王五年置 景德王十八年 改爲員外郞 惠恭王一二年 復稱

95) 원문의 講은 號가 맞다.

舍知 位自舍知至大舍爲之 (『三國史記』 38 雜志 7 職官 上)

신라 執事省 (…) 史十四人 文武王十△年 加六人 景德王改爲郎 惠恭王復稱史 位自先沮知至大舍爲之 (『三國史記』 38 雜志 7 職官 上)

신라 兵部 (…) 大監二人 眞平王四十五年初置 文武王十五年 加一人 景德王改爲侍郎 惠恭王復稱大監 位自級湌至阿湌爲之 (『三國史記』 38 雜志 7 職官 上)[96)]

신라 兵部 (…) 弟監二人 眞平王十一年置 太宗王五年 改爲大舍 景德王改爲郎中 惠恭王復稱大舍 位自舍知至奈麻爲之 (『三國史記』 38 雜志 7 職官 上)[97)]

신라 兵部 (…) 弩舍知一人 文武王十二年始置 景德王改爲司兵 惠恭王復稱弩舍知 位自舍知至大舍爲之 (『三國史記』 38 雜志 7 職官 上)[98)]

신라 兵部 (…) 弩幢一人 文武王十一年置 景德王改爲小司兵 惠恭王復故 位與史同 (『三國史記』 38 雜志 7 職官 上)[99)]

신라 調府 眞平王六年置 景德王改爲大府 惠恭王復故 (『三國史記』 38 雜志 7 職官 上)[100)]

신라 調府 (…) 大舍二人 眞德王置 景德王改爲主簿 惠恭王復稱大舍 位自舍知至奈麻爲之 (『三國史記』 38 雜志 7 職官 上)[101)]

신라 調府 (…) 舍知一人 神文王五年置 景德王改爲司庫 惠恭王復稱舍知 位自舍知至大舍爲之 (『三國史記』 38 雜志 7 職官 上)[102)]

신라 京城周作典 景德王改爲修城府 惠恭王復故 (『三國史記』 38 雜志 7 職官 上)[103)]

신라 京城周作典 (…) 大舍六人 景德王改爲主簿 惠恭王復稱大舍 位自舍知至大奈麻爲之 (『三國史記』 38 雜志 7 職官 上)[104)]

신라 京城周作典 (…) 舍知一人 景德王改爲司功 惠恭王復稱舍知 位自舍知至大舍爲之 (『三國史記』 38 雜志 7 職官 上)[105)]

신라 四天王寺成典 景德王改爲監四天王寺府 惠恭王復故 (『三國史記』 38 雜志 7 職官 上)[106)]

신라 四天王寺成典 (…) 衿荷臣一人 景德王改爲監令 惠恭王復稱衿荷臣 (『三國史記』 38 雜志 7 職官 上)[107)]

신라 四天王寺成典 (…) 上堂一人 景德王改爲卿 惠恭王復稱上堂 (『三國史記』 38 雜志 7 職官 上)[108)]

신라 四天王寺成典 (…) 赤位一人 景德王改爲監 惠恭王復稱赤位 (『三國史記』 38 雜志 7 職官 上)[109)]

---

96) 본문의 '惠恭王復稱'은 『삼국사기』 혜공왕 12년 관제복고기사에 근거하여 정월로 편년하고 편제하였다.
97) 본문의 '惠恭王復稱'은 『삼국사기』 혜공왕 12년 관제복고기사에 근거하여 정월로 편년하고 편제하였다.
98) 본문의 '惠恭王復稱'은 『삼국사기』 혜공왕 12년 관제복고기사에 근거하여 정월로 편년하고 편제하였다.
99) 본문의 '惠恭王復故'는 『삼국사기』 혜공왕 12년 관제복고기사에 근거하여 정월로 편년하고 편제하였다.
100) 본문의 '惠恭王復故'는 『삼국사기』 혜공왕 12년 관제복고기사에 근거하여 정월로 편년하고 편제하였다.
101) 본문의 '惠恭王復稱'은 『삼국사기』 혜공왕 12년 관제복고기사에 근거하여 정월로 편년하고 편제하였다.
102) 본문의 '惠恭王復稱'은 『삼국사기』 혜공왕 12년 관제복고기사에 근거하여 정월로 편년하고 편제하였다.
103) 본문의 '惠恭王復故'는 『삼국사기』 혜공왕 12년 관제복고기사에 근거하여 정월로 편년하고 편제하였다.
104) 본문의 '惠恭王復稱'은 『삼국사기』 혜공왕 12년 관제복고기사에 근거하여 정월로 편년하고 편제하였다.
105) 본문의 '惠恭王復稱'은 『삼국사기』 혜공왕 12년 관제복고기사에 근거하여 정월로 편년하고 편제하였다.
106) 본문의 '惠恭王復故'는 『삼국사기』 혜공왕 12년 관제복고기사에 근거하여 정월로 편년하고 편제하였다.
107) 본문의 '惠恭王復稱'은 『삼국사기』 혜공왕 12년 관제복고기사에 근거하여 정월로 편년하고 편제하였다.
108) 본문의 '惠恭王復稱'은 『삼국사기』 혜공왕 12년 관제복고기사에 근거하여 정월로 편년하고 편제하였다.

신라 四天王寺成典 (…) 靑位二人 景德王改爲主簿 惠恭王復稱靑位 (『三國史記』38 雜志 7 職官 上)[110)]

신라 奉聖寺成典 景德王改爲修營奉聖寺使院 後復故 (『三國史記』38 雜志 7 職官 上)[111)]

신라 奉聖寺成典 (…) 衿荷臣一人 景德王改爲檢校使 惠恭王復稱衿荷臣 (『三國史記』38 雜志 7 職官 上)[112)]

신라 奉聖寺成典 (…) 上堂一人 景德王改爲副使 後復稱上堂 (『三國史記』38 雜志 7 職官 上)[113)]

신라 奉聖寺成典 (…) 赤位一人 景德王改爲判官 後復稱赤位 (『三國史記』38 雜志 7 職官 上)[114)]

신라 奉聖寺成典 (…) 靑位一人 景德王改爲錄事 後復稱靑位 (『三國史記』38 雜志 7 職官 上)[115)]

신라 奉聖寺成典 (…) 史二人 景德王改爲典 後復稱史 (『三國史記』38 雜志 7 職官 上)[116)]

신라 感恩寺成典 景德王改爲修營感恩寺使院 後復故 (『三國史記』38 雜志 7 職官 上)[117)]

신라 感恩寺成典 (…) 衿荷臣一人 景德王改爲檢校使 惠恭王復稱衿荷臣 (『三國史記』38 雜志 7 職官 上)[118)]

신라 感恩寺成典 (…) 上堂一人 景德王改爲副使 惠恭王復稱上堂 (『三國史記』38 雜志 7 職官 上)[119)]

신라 感恩寺成典 (…) 赤位一人 景德王改爲判官 後復稱赤位 (『三國史記』38 雜志 7 職官 上)[120)]

신라 感恩寺成典 (…) 靑位一人 景德王改爲錄事 後復稱靑位 (『三國史記』38 雜志 7 職官 上)[121)]

신라 感恩寺成典 (…) 史二人 景德王改爲典 後復稱史 (『三國史記』38 雜志 7 職官 上)[122)]

신라 奉德寺成典 景德王十八年 改爲修營奉德寺使院 後復故 (『三國史記』38 雜志 7 職官 上)[123)]

신라 奉德寺成典 (…) 衿荷臣一人 景德王改爲檢校使 惠恭王復稱衿荷臣 (『三國史記』38 雜志 7 職官 上)[124)]

---

109) 본문의 '惠恭王復稱'은 『삼국사기』 혜공왕 12년 관제복고기사에 근거하여 정월로 편년하고 편제하였다.
110) 본문의 '惠恭王復稱'은 『삼국사기』 혜공왕 12년 관제복고기사에 근거하여 정월로 편년하고 편제하였다.
111) 본문의 '後復故'는 『삼국사기』 혜공왕 12년 관제복고기사에 근거하여 정월로 편년하고 편제하였다.
112) 본문의 '惠恭王復稱'은 『삼국사기』 혜공왕 12년 관제복고기사에 근거하여 정월로 편년하고 편제하였다.
113) 본문의 '後復稱'은 『삼국사기』 혜공왕 12년 관제복고기사에 근거하여 정월로 편년하고 편제하였다.
114) 본문의 '後復稱'은 『삼국사기』 혜공왕 12년 관제복고기사에 근거하여 정월로 편년하고 편제하였다.
115) 본문의 '後復稱'은 『삼국사기』 혜공왕 12년 관제복고기사에 근거하여 정월로 편년하고 편제하였다.
116) 본문의 '後復稱'은 『삼국사기』 혜공왕 12년 관제복고기사에 근거하여 정월로 편년하고 편제하였다.
117) 본문의 '後復故'는 『삼국사기』 혜공왕 12년 관제복고기사에 근거하여 정월로 편년하고 편제하였다.
118) 본문의 '惠恭王復稱'은 『삼국사기』 혜공왕 12년 관제복고기사에 근거하여 정월로 편년하고 편제하였다.
119) 본문의 '惠恭王復稱'은 『삼국사기』 혜공왕 12년 관제복고기사에 근거하여 정월로 편년하고 편제하였다.
120) 본문의 '後復稱'은 『삼국사기』 혜공왕 12년 관제복고기사에 근거하여 정월로 편년하고 편제하였다.
121) 본문의 '後復稱'은 『삼국사기』 혜공왕 12년 관제복고기사에 근거하여 정월로 편년하고 편제하였다.
122) 본문의 '後復稱'은 『삼국사기』 혜공왕 12년 관제복고기사에 근거하여 정월로 편년하고 편제하였다.
123) 본문의 '後復故'는 『삼국사기』 혜공왕 12년 관제복고기사에 근거하여 정월로 편년하고 편제하였다.
124) 본문의 '惠恭王復稱'은 『삼국사기』 혜공왕 12년 관제복고기사에 근거하여 정월로 편년하고 편제하였다.

신라　　奉德寺成典 (…) 上堂一人 景德王改爲副使 惠恭王復稱上堂 (『三國史記』 38 雜志 7 職官 上)[125]

신라　　奉德寺成典 (…) 赤位一人 景德王改爲判官 惠恭王復稱赤位 (『三國史記』 38 雜志 7 職官 上)[126]

신라　　奉德寺成典 (…) 青位二人 景德王改爲錄事 惠恭王復稱青位 (『三國史記』 38 雜志 7 職官 上)[127]

신라　　奉德寺成典 (…) 史六人 後省四人 景德王改爲典 惠恭王復稱史 (『三國史記』 38 雜志 7 職官 上)[128]

신라　　靈廟寺成典 景德王十八年 改爲修營靈廟寺使院 後復故 (『三國史記』 38 雜志 7 職官 上)[129]

신라　　靈廟寺成典 (…) 上堂一人 景德王改爲判官 後復稱上堂 (『三國史記』 38 雜志 7 職官 上)[130]

신라　　靈廟寺成典 (…) 青位一人 景德王改爲錄事 後又改爲大舍 (『三國史記』 38 雜志 7 職官 上)[131]

신라　　倉部 (…) 卿二人 眞德王五年置 文武王十五年加一人 景德王改爲侍郎 惠恭王復稱卿 位與兵部大監同 (『三國史記』 38 雜志 7 職官 上)[132]

신라　　倉部 (…) 大舍二人 眞德王置 景德王改爲郎中 惠恭王復稱大舍 位與兵部大舍同 (『三國史記』 38 雜志 7 職官 上)[133]

신라　　倉部 (…) 租舍知一人 孝昭王八年置 景德王改爲司倉 惠恭王復故 位與弩舍知同 (『三國史記』 38 雜志 7 職官 上)[134]

신라　　禮部 (…) 大舍二人 眞德王五年置 景德王改爲主簿 後復稱大舍 位與調府大舍同 (『三國史記』 38 雜志 7 職官 上)[135]

신라　　禮部 (…) 舍知一人 景德王改爲司禮 後復稱舍知 位與調府舍知同 (『三國史記』 38 雜志 7 職官 上)[136]

신라　　乘府 景德王改爲司馭府 惠恭王復故 (『三國史記』 38 雜志 7 職官 上)[137]

신라　　乘府 (…) 大舍二人 景德王改爲主簿 後復稱大舍 位與兵部大舍同 (『三國史記』 38 雜志 7 職官 上)[138]

신라　　乘府 (…) 舍知一人 景德王改爲司牧 後復稱舍知 位與調府舍知同 (『三國史記』 38

125) 본문의 '惠恭王復稱'은 『삼국사기』 혜공왕 12년 관제복고기사에 근거하여 정월로 편년하고 편제하였다.
126) 본문의 '惠恭王復稱'은 『삼국사기』 혜공왕 12년 관제복고기사에 근거하여 정월로 편년하고 편제하였다.
127) 본문의 '惠恭王復稱'은 『삼국사기』 혜공왕 12년 관제복고기사에 근거하여 정월로 편년하고 편제하였다.
128) 본문의 '惠恭王復稱'은 『삼국사기』 혜공왕 12년 관제복고기사에 근거하여 정월로 편년하고 편제하였다.
129) 본문의 '後復故'는 『삼국사기』 혜공왕 12년 관제복고기사에 근거하여 정월로 편년하고 편제하였다.
130) 본문의 '後復稱'은 『삼국사기』 혜공왕 12년 관제복고기사에 근거하여 정월로 편년하고 편제하였다.
131) 본문의 '後又改'는 『삼국사기』 혜공왕 12년 관제복고기사에 근거하여 정월로 편년하고 편제하였다.
132) 본문의 '惠恭王復稱'은 『삼국사기』 혜공왕 12년 관제복고기사에 근거하여 정월로 편년하고 편제하였다.
133) 본문의 '惠恭王復稱'은 『삼국사기』 혜공왕 12년 관제복고기사에 근거하여 정월로 편년하고 편제하였다.
134) 본문의 '惠恭王復故'는 『삼국사기』 혜공왕 12년 관제복고기사에 근거하여 정월로 편년하고 편제하였다.
135) 본문의 '後復稱'은 『삼국사기』 혜공왕 12년 관제복고기사에 근거하여 정월로 편년하고 편제하였다.
136) 본문의 '後復稱'은 『삼국사기』 혜공왕 12년 관제복고기사에 근거하여 정월로 편년하고 편제하였다.
137) 본문의 '惠恭王復故'는 『삼국사기』 혜공왕 12년 관제복고기사에 근거하여 정월로 편년하고 편제하였다.
138) 본문의 '後復稱'은 『삼국사기』 혜공왕 12년 관제복고기사에 근거하여 정월로 편년하고 편제하였다.

雜志 7 職官 上)[139]

신라　司正府 太宗王六年置 景德王改爲肅正臺 惠恭王復故 (『三國史記』 38 雜志 7 職官 上)[140]

신라　司正府 (…) 佐二人 孝成王元年 爲犯大王諱 凡丞改稱佐 景德王改爲評事 後復稱佐 位自奈麻至大奈麻爲之 (『三國史記』 38 雜志 7 職官 上)[141]

신라　例作府[一云例作典] 景德王改爲修例府 惠恭王復故 (『三國史記』 38 雜志 7 職官 上)[142]

신라　例作府 (…) 省二人 景德王改爲主簿 後復稱大舍 位與兵部大舍同 (『三國史記』 38 雜志 7 職官 上)[143]

신라　船府 舊以兵部大監弟監 掌舟楫之事 文武王十八年別置 景德王改爲利濟府 惠恭王復故 (『三國史記』 38 雜志 7 職官 上)[144]

신라　船府 (…) 大舍二人 景德王改爲主簿 惠恭王復稱大舍 位與調府大舍同 (『三國史記』 38 雜志 7 職官 上)[145]

신라　船府 (…) 舍知一人 景德王改爲司舟 惠恭王復稱舍知 位與調府舍知同 (『三國史記』 38 雜志 7 職官 上)[146]

신라　領客府 本名倭典 眞平王四十三年 改爲領客典[後又別置倭典] 景德王又改爲司賓府 惠恭王復故 (『三國史記』 38 雜志 7 職官 上)[147]

신라　領客府 (…) 大舍二人 景德王改爲主簿 惠恭王復稱大舍 位與調府大舍同 (『三國史記』 38 雜志 7 職官 上)[148]

신라　領客府 (…) 舍知一人 景德王改爲司儀 惠恭王復稱舍知 位與調府舍知同 (『三國史記』 38 雜志 7 職官 上)[149]

신라　位和府 眞平王三年始置 景德王改爲司位府 惠恭王復故 (『三國史記』 38 雜志 7 職官 上)[150]

신라　位和府 (…) 大舍二人 景德王改爲主簿 後復稱大舍 位與調府大舍同 (『三國史記』 38 雜志 7 職官 上)[151]

신라　左理方府 (…) 佐二人 眞德王置 景德王改爲評事 惠恭王復稱佐 位與司正佐同 (『三國史記』 38 雜志 7 職官 上)[152]

---

139) 본문의 '後復稱'은 『삼국사기』 혜공왕 12년 관제복고기사에 근거하여 정월로 편년하고 편제하였다.
140) 본문의 '惠恭王復故'는 『삼국사기』 혜공왕 12년 관제복고기사에 근거하여 정월로 편년하고 편제하였다.
141) 본문의 '後復稱'은 『삼국사기』 혜공왕 12년 관제복고기사에 근거하여 정월로 편년하고 편제하였다.
142) 본문의 '惠恭王復故'는 『삼국사기』 혜공왕 12년 관제복고기사에 근거하여 정월로 편년하고 편제하였다.
143) 본문의 '後復稱'은 『삼국사기』 혜공왕 12년 관제복고기사에 근거하여 정월로 편년하고 편제하였다.
144) 본문의 '惠恭王復故'는 『삼국사기』 혜공왕 12년 관제복고기사에 근거하여 정월로 편년하고 편제하였다.
145) 본문의 '惠恭王復稱'은 『삼국사기』 혜공왕 12년 관제복고기사에 근거하여 정월로 편년하고 편제하였다.
146) 본문의 '惠恭王復稱'은 『삼국사기』 혜공왕 12년 관제복고기사에 근거하여 정월로 편년하고 편제하였다.
147) 본문의 '惠恭王復故'는 『삼국사기』 혜공왕 12년 관제복고기사에 근거하여 정월로 편년하고 편제하였다.
148) 본문의 '惠恭王復稱'은 『삼국사기』 혜공왕 12년 관제복고기사에 근거하여 정월로 편년하고 편제하였다.
149) 본문의 '惠恭王復稱'은 『삼국사기』 혜공왕 12년 관제복고기사에 근거하여 정월로 편년하고 편제하였다.
150) 본문의 '惠恭王復故'는 『삼국사기』 혜공왕 12년 관제복고기사에 근거하여 정월로 편년하고 편제하였다.
151) 본문의 '惠恭王復故'는 『삼국사기』 혜공왕 12년 관제복고기사에 근거하여 정월로 편년하고 편제하였다.
152) 본문의 '惠恭王復稱'은 『삼국사기』 혜공왕 12년 관제복고기사에 근거하여 정월로 편년하고 편제하였다.

신라 賞賜署 屬倉部 景德王改爲司勳監 惠恭王復故 (『三國史記』38 雜志 7 職官 上)[153]

신라 賞賜署 (…) 大正一人 眞平王四十六年置 景德王改爲正 後復稱大正 位自級湌至阿湌爲之 (『三國史記』38 雜志 7 職官 上)[154]

신라 賞賜署 (…) 大舍二人 眞德王五年置 景德王改爲主書 惠恭王復稱大舍 位自舍知至奈麻爲之 (『三國史記』38 雜志 7 職官 上)[155]

신라 大道署 (…) 大正一人 眞平王四十六年置 景德王改爲正 後復稱大正 位自級湌至阿湌爲之[一云大正下有大舍二人] (『三國史記』38 雜志 7 職官 上)[156]

신라 典邑署 景德王改爲典京府 惠恭王復故 (『三國史記』38 雜志 7 職官 上)[157]

신라 永昌宮成典 (…) 上堂一人 景德王置 又改爲卿 惠恭王復稱上堂 (『三國史記』38 雜志 7 職官 上)[158]

신라 永昌宮成典 (…) 大舍二人 景德王改爲主簿 惠恭王復稱大舍 位自舍知至奈麻爲之 (『三國史記』38 雜志 7 職官 上)[159]

신라 國學 屬禮部 神文王二年置 景德王改爲大學監 惠恭王復故 (『三國史記』38 雜志 7 職官 上)[160]

신라 國學 (…) 卿一人 景德王改爲司業 惠恭王復稱卿 位與他卿同 (『三國史記』38 雜志 7 職官 上)[161]

신라 國學 (…) 大舍二人 眞德王五年置 景德王改爲主簿 惠恭王復稱大舍 位自舍知至奈麻爲之 (『三國史記』38 雜志 7 職官 上)[162]

신라 音聲署 屬禮部 景德王改爲大樂監 惠恭王復故 (『三國史記』38 雜志 7 職官 上)[163]

신라 音聲署 (…) 長二人 神文王七年改爲卿 景德王又改爲司樂 惠恭王復稱卿 位與他卿同 (『三國史記』38 雜志 7 職官 上)[164]

신라 音聲署 (…) 大舍二人 眞德王五年置 景德王改爲主簿 後復稱大舍 位自舍知至奈麻爲之 (『三國史記』38 雜志 7 職官 上)[165]

신라 大日任典 (…) 大都司六人 景德王改爲大典儀 後復故 位自舍知至奈麻爲之 (『三國史記』38 雜志 7 職官 上)[166]

신라 大日任典 (…) 小都司二人 景德王改爲小典儀 後復故 位自舍知至大舍爲之 (『三國史

153) 본문의 '惠恭王復故'는 『삼국사기』 혜공왕 12년 관제복고기사에 근거하여 정월로 편년하고 편제하였다.
154) 본문의 '惠恭王復故'는 『삼국사기』 혜공왕 12년 관제복고기사에 근거하여 정월로 편년하고 편제하였다.
155) 본문의 '惠恭王復稱'은 『삼국사기』 혜공왕 12년 관제복고기사에 근거하여 정월로 편년하고 편제하였다.
156) 본문의 '惠恭王復故'는 『삼국사기』 혜공왕 12년 관제복고기사에 근거하여 정월로 편년하고 편제하였다.
157) 본문의 '惠恭王復故'는 『삼국사기』 혜공왕 12년 관제복고기사에 근거하여 정월로 편년하고 편제하였다.
158) 본문의 '惠恭王復稱'은 『삼국사기』 혜공왕 12년 관제복고기사에 근거하여 정월로 편년하고 편제하였다.
159) 본문의 '惠恭王復稱'은 『삼국사기』 혜공왕 12년 관제복고기사에 근거하여 정월로 편년하고 편제하였다.
160) 본문의 '惠恭王復故'는 『삼국사기』 혜공왕 12년 관제복고기사에 근거하여 정월로 편년하고 편제하였다.
161) 본문의 '惠恭王復稱'은 『삼국사기』 혜공왕 12년 관제복고기사에 근거하여 정월로 편년하고 편제하였다.
162) 본문의 '惠恭王復稱'은 『삼국사기』 혜공왕 12년 관제복고기사에 근거하여 정월로 편년하고 편제하였다.
163) 본문의 '惠恭王復故'는 『삼국사기』 혜공왕 12년 관제복고기사에 근거하여 정월로 편년하고 편제하였다.
164) 본문의 '惠恭王復稱'은 『삼국사기』 혜공왕 12년 관제복고기사에 근거하여 정월로 편년하고 편제하였다.
165) 본문의 '後復稱'은 『삼국사기』 혜공왕 12년 관제복고기사에 근거하여 정월로 편년하고 편제하였다.
166) 본문의 '後復故'는 『삼국사기』 혜공왕 12년 관제복고기사에 근거하여 정월로 편년하고 편제하였다.

記』38 雜志 7 職官 上)[167]

신라 大日任典 (…) 都事大舍二人 景德王改爲大典事 後復故 位自舍知至奈麻爲之 (『三國史記』38 雜志 7 職官 上)[168]

신라 大日任典 (…) 都事舍知四人 景德王改爲中典事 後復故 位自舍知至大舍爲之 (『三國史記』38 雜志 7 職官 上)[169]

신라 大日任典 (…) 都謁舍知八人 景德王改爲典謁 後復故 位自舍知至大舍爲之 (『三國史記』38 雜志 7 職官 上)[170]

신라 大日任典 (…) 都引舍知一人 景德王改爲典引 後復故 位與弩舍知同 (『三國史記』38 雜志 7 職官 上)[171]

신라 大日任典 (…) 幢六人 景德王改爲小典事 後復故 位與調府史同 (『三國史記』38 雜志 7 職官 上)[172]

신라 工匠府 景德王改爲典祀署 後復故 (『三國史記』38 雜志 7 職官 上)[173]

신라 彩典 景德王改爲典彩署 後復故 (『三國史記』38 雜志 7 職官 上) [174]

신라 新宮 聖德王十六年置 景德王改爲典設館 後復故 (『三國史記』38 雜志 7 職官 上) [175]

신라 東市典 (…) 大舍二人 景德王改爲主事 後復稱大舍 位自舍知至奈麻爲之 (『三國史記』38 雜志 7 職官 上)[176]

신라 東市典 (…) 書生二人 景德王改爲司直 後復稱書生 位與調府史同 (『三國史記』38 雜志 7 職官 上)[177]

신라 西市典 (…) 大舍二人 景德王改爲主事 後復稱大舍 (『三國史記』38 雜志 7 職官 上)[178]

신라 西市典 (…) 書生二人 景德王改爲司直 後復稱書生 (『三國史記』38 雜志 7 職官 上)[179]

신라 南市典 (…) 大舍二人 景德王改爲主事 後復稱大舍 (『三國史記』38 雜志 7 職官 上)[180]

신라 南市典 (…) 書生二人 景德王改爲司直 後復稱書生 (『三國史記』38 雜志 7 職官 上)[181]

---

167) 본문의 '後復故'는 『삼국사기』 혜공왕 12년 관제복고기사에 근거하여 정월로 편년하고 편제하였다.
168) 본문의 '後復故'는 『삼국사기』 혜공왕 12년 관제복고기사에 근거하여 정월로 편년하고 편제하였다.
169) 본문의 '後復故'는 『삼국사기』 혜공왕 12년 관제복고기사에 근거하여 정월로 편년하고 편제하였다.
170) 본문의 '後復故'는 『삼국사기』 혜공왕 12년 관제복고기사에 근거하여 정월로 편년하고 편제하였다.
171) 본문의 '後復故'는 『삼국사기』 혜공왕 12년 관제복고기사에 근거하여 정월로 편년하고 편제하였다.
172) 본문의 '後復故'는 『삼국사기』 혜공왕 12년 관제복고기사에 근거하여 정월로 편년하고 편제하였다.
173) 본문의 '後復故'는 『삼국사기』 혜공왕 12년 관제복고기사에 근거하여 정월로 편년하고 편제하였다.
174) 본문의 '後復故'는 『삼국사기』 혜공왕 12년 관제복고기사에 근거하여 정월로 편년하고 편제하였다.
175) 본문의 '後復故'는 『삼국사기』 혜공왕 12년 관제복고기사에 근거하여 정월로 편년하고 편제하였다.
176) 본문의 '後復稱'은 『삼국사기』 혜공왕 12년 관제복고기사에 근거하여 정월로 편년하고 편제하였다.
177) 본문의 '後復稱'은 『삼국사기』 혜공왕 12년 관제복고기사에 근거하여 정월로 편년하고 편제하였다.
178) 본문의 '後復稱'은 『삼국사기』 혜공왕 12년 관제복고기사에 근거하여 정월로 편년하고 편제하였다.
179) 본문의 '後復稱'은 『삼국사기』 혜공왕 12년 관제복고기사에 근거하여 정월로 편년하고 편제하였다.
180) 본문의 '後復稱'은 『삼국사기』 혜공왕 12년 관제복고기사에 근거하여 정월로 편년하고 편제하였다.
181) 본문의 '後復稱'은 『삼국사기』 혜공왕 12년 관제복고기사에 근거하여 정월로 편년하고 편제하였다.

신라 司範署 (…) 大舍二人[或云主書] 景德王改爲主事 後復稱大舍 位與調府舍知同 (『三國史記』38 雜志 7 職官 上)[182]

신라 京都驛 景德王改爲都亭驛 後復故 (『三國史記』38 雜志 7 職官 上)[183]

신라 內省 景德王十八年 改爲殿中省 後復故 (『三國史記』39 雜志 8 職官 中)[184]

신라 內省 (…) 私臣 (…) 景德王又改爲殿中令 後復稱私臣 (『三國史記』39 雜志 8 職官 中)[185]

신라 內司正典 景德王五年置 十八年 改爲建平省 後復故 (『三國史記』39 雜志 8 職官 中)[186]

신라 黑鎧監 景德王改爲衛武監 後復故 (『三國史記』39 雜志 8 職官 中)[187]

신라 引道典 景德王改爲禮成典 後復故 (『三國史記』39 雜志 8 職官 中)[188]

신라 平珍音典 景德王改爲埽宮 後復故 (『三國史記』39 雜志 8 職官 中)[189]

신라 靑淵宮典 景德王改爲造秋亭 後復故 (『三國史記』39 雜志 8 職官 中)[190]

신라 屛村宮典 景德王改爲玄龍亭 後復故 (『三國史記』39 雜志 8 職官 中)[191]

신라 小年監典 景德王改爲釣天省 後復故 (『三國史記』39 雜志 8 職官 中)[192]

신라 會宮典 景德王改爲北司設 後復故 (『三國史記』39 雜志 8 職官 中)[193]

신라 穢宮典 景德王改爲珍閣省 後復故 (『三國史記』39 雜志 8 職官 中)[194]

신라 錦典 景德王改爲織錦房 後復故 (『三國史記』39 雜志 8 職官 中)[195]

신라 鐵鍮典 景德王改爲築冶房 後復故 (『三國史記』39 雜志 8 職官 中)[196]

---

182) 본문의 '後復稱'은 『삼국사기』 혜공왕 12년 관제복고기사에 근거하여 정월로 편년하고 편제하였다.
183) 본문의 '後復故'는 『삼국사기』 혜공왕 12년 관제복고기사에 근거하여 정월로 편년하고 편제하였다.
184) 본문의 '後復故'는 『삼국사기』 혜공왕 12년 관제복고기사에 근거하여 정월로 편년하고 편제하였다.
185) 본문의 '後復稱'은 『삼국사기』 혜공왕 12년 관제복고기사에 근거하여 정월로 편년하고 편제하였다.
186) 본문의 '後復故'는 『삼국사기』 혜공왕 12년 관제복고기사에 근거하여 정월로 편년하고 편제하였다.
187) 본문의 '後復故'는 『삼국사기』 혜공왕 12년 관제복고기사에 근거하여 정월로 편년하고 편제하였다.
188) 본문의 '後復故'는 『삼국사기』 혜공왕 12년 관제복고기사에 근거하여 정월로 편년하고 편제하였다.
189) 본문의 '後復故'는 『삼국사기』 혜공왕 12년 관제복고기사에 근거하여 정월로 편년하고 편제하였다.
190) 본문의 '後復故'는 『삼국사기』 혜공왕 12년 관제복고기사에 근거하여 정월로 편년하고 편제하였다.
191) 본문의 '後復故'는 『삼국사기』 혜공왕 12년 관제복고기사에 근거하여 정월로 편년하고 편제하였다.
192) 본문의 '後復故'는 『삼국사기』 혜공왕 12년 관제복고기사에 근거하여 정월로 편년하고 편제하였다.
193) 본문의 '後復故'는 『삼국사기』 혜공왕 12년 관제복고기사에 근거하여 정월로 편년하고 편제하였다.
194) 본문의 '後復故'는 『삼국사기』 혜공왕 12년 관제복고기사에 근거하여 정월로 편년하고 편제하였다.
195) 본문의 '後復故'는 『삼국사기』 혜공왕 12년 관제복고기사에 근거하여 정월로 편년하고 편제하였다.
196) 본문의 '後復故'는 『삼국사기』 혜공왕 12년 관제복고기사에 근거하여 정월로 편년하고 편제하였다.

신라 漆典 景德王改爲飾器房 後復故 (『三國史記』39 雜志 8 職官 中)[197]

신라 手典 景德王改爲聚毳房 後復故 (『三國史記』39 雜志 8 職官 中)[198]

신라 皮典 景德王改爲鞄人房 後復故 (『三國史記』39 雜志 8 職官 中)[199]

신라 皮打典 景德王改爲鞸[韗]工房 後復故 (『三國史記』39 雜志 8 職官 中)[200]

신라 磨典 景德王改爲梓人房 後復故 (『三國史記』39 雜志 8 職官 中)[201]

신라 洗宅 景德王改爲中事省 後復故 (『三國史記』39 雜志 8 職官 中)[202]

신라 廩典 景德王改爲天祿司 後復故 (『三國史記』39 雜志 8 職官 中)[203]

신라 藥典 景德王改爲保命司 後復故 (『三國史記』39 雜志 8 職官 中)[204]

신라 麻典 景德王十八年改爲織紡局 後復故 (『三國史記』39 雜志 8 職官 中)[205]

신라 肉典 景德王改爲尙膳局 後復故 (『三國史記』39 雜志 8 職官 中)[206]

신라 綺典 景德王改爲別錦房 後復故 (『三國史記』39 雜志 8 職官 中)[207]

신라 席典 景德王改爲奉座局 後復故 (『三國史記』39 雜志 8 職官 中)[208]

신라 机概典 景德王改爲机盤局 後復故 (『三國史記』39 雜志 8 職官 中)[209]

신라 楊典 景德王改爲司篚局 後復故 (『三國史記』39 雜志 8 職官 中)[210]

신라 瓦器典 景德王改爲陶登局 後復故 (『三國史記』39 雜志 8 職官 中) [211]

신라 南下所宮 景德王改爲雜工司 後復故 (『三國史記』39 雜志 8 職官 中)[212]

---

197) 본문의 '後復故'는『삼국사기』혜공왕 12년 관제복고기사에 근거하여 정월로 편년하고 편제하였다.
198) 본문의 '後復故'는『삼국사기』혜공왕 12년 관제복고기사에 근거하여 정월로 편년하고 편제하였다.
199) 본문의 '後復故'는『삼국사기』혜공왕 12년 관제복고기사에 근거하여 정월로 편년하고 편제하였다.
200) 본문의 '後復故'는『삼국사기』혜공왕 12년 관제복고기사에 근거하여 정월로 편년하고 편제하였다.
201) 본문의 '後復故'는『삼국사기』혜공왕 12년 관제복고기사에 근거하여 정월로 편년하고 편제하였다.
202) 본문의 '後復故'는『삼국사기』혜공왕 12년 관제복고기사에 근거하여 정월로 편년하고 편제하였다.
203) 본문의 '後復故'는『삼국사기』혜공왕 12년 관제복고기사에 근거하여 정월로 편년하고 편제하였다.
204) 본문의 '後復故'는『삼국사기』혜공왕 12년 관제복고기사에 근거하여 정월로 편년하고 편제하였다.
205) 본문의 '後復故'는『삼국사기』혜공왕 12년 관제복고기사에 근거하여 정월로 편년하고 편제하였다.
206) 본문의 '後復故'는『삼국사기』혜공왕 12년 관제복고기사에 근거하여 정월로 편년하고 편제하였다.
207) 본문의 '後復故'는『삼국사기』혜공왕 12년 관제복고기사에 근거하여 정월로 편년하고 편제하였다.
208) 본문의 '後復故'는『삼국사기』혜공왕 12년 관제복고기사에 근거하여 정월로 편년하고 편제하였다.
209) 본문의 '後復故'는『삼국사기』혜공왕 12년 관제복고기사에 근거하여 정월로 편년하고 편제하였다.
210) 본문의 '後復故'는『삼국사기』혜공왕 12년 관제복고기사에 근거하여 정월로 편년하고 편제하였다.
211) 본문의 '後復故'는『삼국사기』혜공왕 12년 관제복고기사에 근거하여 정월로 편년하고 편제하였다.
212) 본문의 '後復故'는『삼국사기』혜공왕 12년 관제복고기사에 근거하여 정월로 편년하고 편제하였다.

신라　(春正月) 幸感恩寺望海 (『三國史記』9 新羅本紀 9)
신라　(春正月) 王幸感恩寺 望海 (『三國史節要』12)

신라　二月 幸國學聽號[213] (『三國史記』9 新羅本紀 9)
신라　二月 幸國學聽講 (『三國史節要』12)

고려　(三月癸巳) 造宮卿從三位高麗朝臣福信爲兼近江守 (…) (『續日本紀』34 光仁紀)

고구려　大唐故饒陽郡王南公墓誌銘幷序
中大夫行秘書省著作佐郎薛夔撰
夫人之在生 皆有定分 至於脩短 互各等差 況行年八旬 足比上壽
故饒陽郡王諱單德 字單德 昔魯大夫蒯之後 容之裔也 公生居平壤 長隷潦東 自隨室已來 其國屢阻王命 累歲征伐 曆至于唐 太宗摠戎 親幸問罪 軍師太震 瓦石俱焚 時夔曾祖行軍大摠管平陽公擐甲先駈 隳拔城邑 生擒其王莫麗支 斬首獲俘 不可勝計 因此 分隷潦東子弟 郡縣散居 公之家 子弟首也 配住安東 祖狄 皇磨米州都督 父于 皇歸州刺史 昆弟四人 單德元子也 累在邊鄙 忠勤日聞
開元初 上知素有藝能 兼閑武略 留內供奉射生 後屬兩蕃亂離 詔付夔祖汾陰公駈使 頻立功效 授折衝果毅 次至中郎將 軍旋以祿山背恩 俶擾華夏 公在麾管 常懷本朝 復遇燕郊妖氛 再犯河洛 元首奔竄 公獨領衆歸降 上念勳高 特錫茅土 封饒陽郡王開府儀同三司左金吾衛大將軍食邑三千戶 每思報主 願竭懇誠
於戱上天 不假永壽 以大曆十一年三月廿七日 寢疾 薨于永寧里私第 春秋七十有八 夫人蘭陵蕭氏 嗣子珎貢 正議大夫 試太常卿 兼順州錄事叅軍 夫人△女 長未初笄 居公之喪 哀毁過禮 悶擗初△ 絶漿七朝 耳目所聞 吁而灑泣 上佳忠義 賜之束帛 幷給△部 葬加殊等 恩深霈澤 存歿光榮 以其年四月廿八日 葬于萬年縣崇義鄉胡村白鹿之西原 禮也 其詞曰
懿乎純確 立操堅貞 少習弧矢 攻戰成名[其一] △心上答 靜難邊陲 未△丹懇 二豎交馳[其二] △△孤墳 △對原野 魂散△△ 千年永謝[其三] (「南單德 墓誌銘」)[214]

신라　三月 加倉部史八人 (『三國史記』9 新羅本紀 9)
신라　三月 加置倉部史八人 (『三國史節要』12)

백제　(六月)壬申 右京大夫從四位下百濟王理伯卒 (『續日本紀』34 光仁紀)

신라　秋七月 遣使朝唐獻方物 (『三國史記』9 新羅本紀 9)
신라　秋七月 遣使如唐朝貢 (『三國史節要』12)
신라　(唐 代宗 大曆) 十一年 七月 新羅遣使來朝 且獻方物 (『册府元龜』972 外臣部 17 朝貢 5)

고구려　(大曆十一年九月)戊辰 淄靑李正己奏取鄆·濮二州 (『舊唐書』11 本紀 11 代宗)

신라　冬十月 遣使入唐朝貢 (『三國史記』9 新羅本紀 9)
신라　冬十月 遣使如唐朝貢 (『三國史節要』12)

---

213) 원문의 號는 講이 맞다.
214) 2015, 『北方文物』1

신라　(唐代宗大曆十一年)十月 新羅遣使朝貢 (『册府元龜』972 外臣部 17 朝貢 5)

고구려　十二月丁亥　加平盧淄靑節度使檢校尙書左僕射靑州刺史饒陽王李正己爲檢校司空同中書門下平章事 (『舊唐書』11 本紀 11 代宗)

발해　(十二月)乙巳　渤海國遣獻可大夫司賓少令開國男 史都蒙等一百八十七人 賀我卽位 幷赴彼國王妃之喪 比着我岸 忽遭惡風 柂折帆落 漂沒者多 計其全存 僅有卌六人 便於越前國加賀郡安置供給 (『續日本紀』34 光仁紀)

발해　(廣仁天皇寶龜)七年十二月乙巳[十三] (『類聚國史』193 殊俗部 渤海 上)

신라　復以溟洲爲何瑟羅州 尙州爲沙伐州 晋州爲菁州 (『三國史節要』12)

신라　王始立五廟　以味鄒王太宗王文武王并祖禰爲五廟　一年凡六祭　正月二日五日　五月五日　七月上旬　八月一日十五日行之　盖味鄒王爲金氏始祖　太宗王文武王平麗濟有大功德　爲不遷之主 (『三國史節要』12)

고구려　李正己　高麗人也　(…)　大曆十一年十月　檢校司空·同中書門下平章事 (『舊唐書』124 列傳 74 李正己)

신라　師出金山向俗離山 路逢駕牛乘車者 其牛等向師前 跪膝而泣 乘車人下問 何故此牛等見和尙泣耶 和尙從何而來 師曰 我是金山藪眞表僧 予曾入邊山不思議房 於彌勒地藏兩聖前 親受戒法眞柱 欲覓創寺鎭長修道之處 故來爾 此牛等外愚內明 知我受戒法爲重法 故跪膝而泣 其人聞已乃曰 畜生尙有如是信心 況我爲人豈無心乎 卽以手執鎌自斷頭髮 師以悲心 爲祝髮受戒 行至俗離山洞裏 見吉祥草所生處而識之 (…) 行至高城郡 入皆骨山 始創鉢淵藪 開占察法會 住七年 時溟州界年穀不登 人民飢饉 師爲說戒 法 人人奉持 致敬三寶 俄於高城海邊 有無数魚類 自死而出 人民賣此爲食 得免死 師出鉢淵復 到不思議房 然後 往詣家邑謁父 或到眞門大德房居住 時俗離山大德永深 與大德融宗 佛陁等 同詣律師所 伸請曰 我等不遠千里 來求戒法 願授法門 師默然不答 三人者乘桃樹上 倒墮於地 勇猛懺悔 師乃傳教灌頂 遂與袈裟及鉢供養次第秘法一卷日察善惡業報經二卷一百八十九柱　復與彌勒眞柱九者八者　誡曰　九者法爾八者新熏成佛種子 我已付囑汝等 持此還歸俗離山 山有吉祥草生處 於此創立精舍 依此教法 廣度人天 流布後世 永深等奉教 直往俗離 尋吉祥草生處 創寺名曰吉祥 永深於此 始設占察法會 律師與父復到鉢淵 同修道業而終孝之 師遷化時 登於寺東大巖上示滅 弟子等不動眞體而供養 至于骸骨散落 於是以土覆藏 乃爲幽宮 有靑松卽出 歲月久遠而枯 復生一樹 後更生一樹 其根一也 至今雙樹存焉 凡有致敬者 松下覓骨 或得或不得 子恐聖骨堙滅 丁巳九月 特詣松下 拾骨盛筒 有三合許 於大嵓上雙樹下 立石安骨焉云云 此錄所載眞表事跡 與鉢淵石記 互有不同 故刪取瑩岑所記而載之 後賢宜考之 無極記 (『三國遺事』4 義解 5 關東楓岳鉢淵藪石記)[215]

777(丁巳/신라 혜공왕 13/발해 문왕 41 大興 41/唐 大曆 12/日本 寶龜 8)

백제　(正月)庚申 授 (…) 正六位上 (…) 百濟王仁貞 (…) 竝從五位下 (…) (『續日本紀』34 光仁紀)

215) 진표가 속리산 길상사 즉 법주사를 중창한 것은 혜공왕 12년(776)이다.

발해 (春正月甲寅朔辛酉) 渤海使獻日本國舞女十一人 (『舊唐書』 11 本紀 11 代宗)

발해 (大曆)十二年正月 遣使獻日本國舞女一十一人及方物 (『舊唐書』 199下 列傳 149下 渤海靺鞨)

발해 (唐代宗大曆十二年正月) 渤海遣使來朝 幷獻日本國舞女一十一人及方物 (『册府元龜』 972 外臣部 17 朝貢 5)216)

발해 大曆中 二十五來 以日本舞女十一獻諸朝 (『新唐書』 219 列傳 144 北狄 渤海)217)

발해 (正月)癸酉 遣使問渤海使 史都蒙等曰 去寶龜四年 烏須弗歸本蕃日 太政官處分 渤海入朝使 自今以後 宜依古例向大宰府 不得取北路來 而今違此約束 其事如何 對曰 烏須弗來歸之日 實承此旨 由是 都蒙等發自弊邑南海府 吐號浦 西指對馬嶋竹室之津 而海中遭風 着此禁境 失約之罪 更無所避 (『續日本紀』 34 光仁紀)

발해 (廣仁天皇寶龜)八年正月癸酉[卄] (『類聚國史』 193 殊俗部 渤海 上)

백제 (正月庚辰) 從五位下百濟王玄鏡爲石見守 (『續日本紀』 34 光仁紀)

고구려 (大曆十二年)二月戊子 淄靑節度使李正己之子納爲靑州刺史 充淄靑節度留後 (『舊唐書』 11 本紀 11 代宗)

백제 (二月)庚子 授正六位上百濟王仙宗從五位下 (『續日本紀』 34 光仁紀)

발해 (二月)壬寅 召渤海使 史都蒙等卅人入朝 時都蒙言曰 都蒙等一百六十餘人 遠賀皇祚 航海來朝 忽被風漂 致死一百廿 幸得存活 纔卅六人 旣是險浪之下 萬死一生 自非聖朝至德 何以獨得存生 況復殊蒙進入 將拜天闕 天下幸民 何處亦有 然死餘都蒙等卅餘人心同骨完 期共苦樂 今承 十六人別被處置 分留海岸 譬猶割一身而分背 失四體而匍匐 仰望 宸輝曲照 聽同入朝 許之 (『續日本紀』 34 光仁紀)

발해 (廣仁天皇寶龜八年)二月壬寅 (『類聚國史』 193 殊俗部 渤海 上)

발해 (唐代宗大曆十二年)二月 渤海遣使獻鷹 (『册府元龜』 972 外臣部 17 朝貢 5)

백제 (三月)戊辰 幸大納言藤原朝臣魚名曹司 賜從官物有差 授其男從六位上藤原朝臣末茂從五位下 百濟箽篌師正六位上難金信外從五位下 (『續日本紀』 34 光仁紀)

신라 春三月 京都地震 (『三國史記』 9 新羅本紀 9)

신라 春三月 京都地震 (『三國史節要』 12)

발해 (四月)庚寅 渤海使 史都蒙等入京 (『續日本紀』 34 光仁紀)

발해 (廣仁天皇寶龜八年)四月庚寅[九] (『類聚國史』 193 殊俗部 渤海 上)

발해 (四月)辛卯 太政官遣使慰問史都蒙等 (『續日本紀』 34 光仁紀)

발해 (廣仁天皇寶龜八年四月)辛卯[十] (『類聚國史』 193 殊俗部 渤海 上)

216) 본문에는 그 日이 보이지 않지만, 『구당서』 본기에 辛酉(8)로 나온다. 따라서 정월 8일로 편년하고 편제하였다.

217) 본문에는 그 년월이 보이지 않고 大曆中이라고 하였지만, 『구당서』 본기에 정월 辛酉(8)로 나온다. 따라서 1월 8월로 편년하고 편제하였다.

발해 (夏四月壬寅) 渤海奚契丹室韋靺鞨 並遣使朝貢 (『舊唐書』11 本紀 11 代宗)

발해 (唐代宗大曆十二年)四月 牂牱渤奚契丹室韋靺鞨 (…) 並遣使來朝 各獻方物 (『册府元龜』972 外臣部 17 朝貢 5)[218)]

발해 (大曆十二年)四月十二月 使復來 (『舊唐書』199下 列傳 149下 渤海靺鞨)[219)]

발해 (四月)癸卯 渤海使 史都蒙等貢方物 奏曰 渤海國王 始自遠世供奉不絶 又國使壹萬福歸來 承聞 聖皇新臨天下 不勝歡慶 登時遣獻可大夫司賓少令開國男 史都蒙入朝 幷戴荷國信 拜奉天闕 詔曰 (…) (『續日本紀』34 光仁紀)

발해 (廣仁天皇寶龜八年四月)癸卯[廿二] (『類聚國史』193 殊俗部 渤海 上)

발해 (四月)戊申 天皇臨軒 授渤海大使獻可大夫司賓少令開國男 史都蒙正三位 大判官高祿思 少判官高鬱琳竝正五位上 大錄事史遒仙正五位下 少錄事高珪宣從五位下 餘皆有差 賜國王祿 具載勅書 史都蒙已下亦各有差 (『續日本紀』34 光仁紀)

발해 (廣仁天皇寶龜八年四月)戊申[廿七] (『類聚國史』193 殊俗部 渤海 上)

발해 貞惠公主墓誌幷序

夫緬覽唐書 嬀汭降帝女之濱 博詳丘傳 魯舘開王姬之筵 豈非婦德昭昭 譽名期於有後 母儀穆穆 餘慶集於無疆 襲祉之稱 其斯之謂也 公主者我大興寶曆孝感金輪聖法大王之第二女也 惟祖惟父 王化所興 盛烈戎功 可得而論焉 若乃乘時御辨 明齊日月之照臨 立極握機 仁均乾坤之覆載 配重華而旁夏禹 陶殷湯而周文 自天祐之 威如之吉 公主稟靈氣於巫岳 感神仙於洛川 生於深宮 幼聞婉嫕 瓌姿稀遇 曄似瓊樹之叢花 瑞質絶倫 溫如崑峯之片玉 早受女師之教 克比思齊 每慕曹家之風 敦詩悅禮 辨慧獨步 雅性自然 △△好仇 嫁于君子 標同車之密義 叶家人之永貞 柔恭且都 履愼謙謙 簫樓之上 韻調雙鳳之聲 鏡臺之中 舞狀兩鸞之影 動響環珮 留情組紃 黼藻至言 琢磨潔節 繼敬武於勝里 擬魯元於豪門 琴瑟之和 蓀蕙之馥 誰謂夫聳先化 無終助政之謨 稚子又夭 未經請郎之日 公主出織室而灑淚 望空閨而結愁 六行孔備 三從是亮 學恭姜之信矢 銜杞婦之哀悽 惠于聖人 聿懷閫德 而長途未半 隙駒疾馳 逝水成川 藏舟易動 粤以寶曆四年夏四月十四日乙未終於外第 春秋四十 謚曰貞惠公主 寶曆七年冬十一月廿四日甲申陪葬於珍陵之西原 礼也 (「貞惠公主墓誌」)[220)]

신라 夏四月 又震 上大等良相上疏 極論時政 (『三國史記』9 新羅本紀 9)

신라 夏四月 又震 上大等良相上疏 極論時政 (『三國史節要』12)

발해 (五月)丁巳 天皇御重閣門 觀射騎 召渤海使 史都蒙等 亦會射場 令五位已上進裝馬及走馬 作田儛於儛臺 蕃客亦奏本國之樂 事畢賜大使都蒙已下綵帛各有差 (『續日本紀』34 光仁紀)

발해 (廣仁天皇寶龜八年)五月丁巳[七] (『類聚國史』193 殊俗部 渤海 上)

발해 (五月)庚申 先是 渤海判官高淑源及少錄事一人 比着我岸 船漂溺死 至是贈淑源正五位上 少錄事從五位下 竝賻物如令 (『續日本紀』34 光仁紀)

---

218) 본문에는 日이 보이지 않지만, 『舊唐書』에 壬寅(21)으로 나온다. 따라서 壬寅(21)으로 편년하고 편제하였다.

219) 본문에는 日이 보이지 않지만, 『舊唐書』에 壬寅(21)으로 나온다. 따라서 壬寅(21)으로 편년하고 편제하였다.

220) 貞惠公主는 발해 제3대 文王의 둘째 딸로서 737년(문왕 1)에 태어나 777년(문왕 41)에 40세의 나이로 사망하였다. 貞惠公主墓誌는 문왕 44년(780)에 만들어졌다.

발해　　(廣仁天皇寶龜八年五月)庚申[十] (『類聚國史』193 殊俗部 渤海 上)

발해　　(五月)癸酉 渤海使 史都蒙等歸蕃 以大學少允正六位上高麗朝臣殿繼爲送使 賜渤海王書曰 天皇敬問渤海國王 使史都蒙等 遠渡滄溟 來賀踐祚 顧慙寡德叨嗣洪基 若涉大川 罔知攸濟 王修朝聘於典故 慶寶曆於惟新 懃懇之誠 實有嘉尙 但都蒙等比及此岸 忽遇惡風 有損人物 無船駕去 想彼聞此 復以傷懷 言念越鄕 倍加軫悼 故造舟差使 送至本鄕 幷附絹五十疋 絁五十疋 絲二百絇 綿三百屯 又緣都蒙請 加附黃金小一百兩 水銀大一百兩 金漆一缶 漆一缶 海石榴油一缶 水精念珠四貫 檳榔扇十枝 至宜領之 夏景炎熱 想平安和 又弔彼國王后喪曰 禍故無常 賢室殞逝 聞以惻怛 不淑如何 雖松檟未茂 而居諸稍改 吉凶有制 存之而已 今因還使 贈絹二十疋 絁二十疋 綿二百屯 宜領之 (『續日本紀』34 光仁紀)

발해　　(廣仁天皇寶龜八年五月)癸酉[卄三] (『類聚國史』193 殊俗部 渤海 上)

백제　　(十月辛卯) 從五位下百濟王仙宗爲助 (…) 從五位下百濟王仁貞爲員外佐 (…) (『續日本紀』34 光仁紀)

신라　　冬十月 伊飡周元爲侍中 (『三國史記』9 新羅本紀 9)

신라　　冬十月 以伊飡周元爲侍中 (『三國史節要』12)

백제　　十二月辛卯 初陸奧鎭守將軍紀朝臣廣純言 志波村賊 蟻結肆毒 出羽國軍與之相戰敗退 於是 以近江介從五位上佐伯宿禰久良麻呂爲鎭守權副將軍 令鎭出羽國「至是授正五位下勳五等紀朝臣廣純從四位下勳四等從五位上勳七等佐伯宿禰久良麻呂正五位下勳五等外正六位上吉彌侯伊佐西古 第二等伊治公呰麻呂竝外從五位下勳六等百濟王俊哲勳五等 自餘各有差 (『續日本紀』34 光仁紀)

발해　　(大曆十二年)四月十二月 使復來 (『舊唐書』199下 列傳 149下 渤海靺鞨)

신라 발해　　(唐代宗大曆十二年)十二月 新羅·渤海·靺鞨·室韋·奚·契丹 並遣使來朝 各獻方物 (『冊府元龜』972 外臣部 17 朝貢 5)

신라　　菁州人聖覺 養母至孝 母老病 割股食之 及死 至誠爲襄事 周元以聞 王賜租三百石 (『三國史節要』12)[221]

신라　　(大曆)九年至十二年 比歲遣使來朝 或一歲再至 (『舊唐書』199上 列傳 149上 新羅)[222]

778(戊午/신라 혜공왕 14/발해 문왕 42, 大興 42/唐 大曆 13/日本 寶龜 9)

고구려　　(春正月壬戌) 淄靑節度使李正己請附屬籍 從之 (『舊唐書』11 本紀 11 代宗)

고구려　　大歷十三年正月 淄靑節度使李正己 請附入屬籍 勅旨 從之 (『唐會要』65 宗正寺)

고구려　　李正己 高麗人也 (…) (大曆)十三年 請入屬籍 從之 爲政嚴酷 所在不敢偶語 初有淄靑齊海登萊沂密德棣等州之地 與田承嗣令狐彰薛嵩李寶臣梁崇義更相影響 大曆中 薛嵩死 及李靈曜之亂 諸道共攻其地 得者爲己邑 正己復得曹濮徐兗鄆 共十有五州 內

221) 『三國史記』47 列傳 7 聖覺조의 본문에 나오는 國王은 혜공왕이다. 따라서 혜공왕 연간에 기간 편년하고 혜공왕의 薨한 기사 앞에 편제하였다.

222) 본문의 大曆 9년은 774년이고 대력 12년은 777년이다. 따라서 774년에서 777년으로 기간편년하고 대력 12년, 777년에 편제하였다.

視同列 貨市渤海名馬 歲歲不絶 法令齊一 賦稅均輕 最稱强大 嘗攻田承嗣 威震鄰敵 歷檢校司空左僕射兼御史大夫 加平章事太子太保司徒 後自靑州徙居鄆州 使子納及腹心之將分理其地 建中後 畏懼朝廷 多不自安 聞將築汴州 乃移兵屯濟陰 晝夜敎習爲備 河南騷然 天下爲憂 羽檄馳走 徵兵以益備 又於徐州增兵 以扼江淮 於是運輸爲之改道 未幾 發疽卒 時年四十九 子納擅總兵政 祕之數月 乃發喪 納阻兵 興元元年四月 歸順 方贈正己太尉 (『舊唐書』124 列傳 74 李正己)

발해　(二月辛巳) 從五位下高麗朝臣石麻呂爲武藏介 (…) (『續日本紀』35 光仁紀)

발해　(四月)丙午 先是 寶龜七年 高麗使輩卅人 溺死漂着越前國江沼加賀二郡 至是 仰當國令加葬埋焉 (『續日本紀』35 光仁紀)

발해　(廣仁天皇寶龜)九年四月丙午[三十] (『類聚國史』193 殊俗部 渤海 上)

백제　六月庚子 賜陸奧出羽國司已下 征戰有功者二千二百六十七人爵 授 (…) 勳六等百濟王俊哲勳五等 (…) (『續日本紀』35 光仁紀)

발해　(九月)癸亥 送高麗使正六位上高麗朝臣殿嗣等來着越前國坂井郡三國湊 勅越前國 遣高麗使幷彼國送使 宜安置便處 依例供給之 但殿嗣一人早令入京 (『續日本紀』35 光仁紀)

발해　(廣仁天皇寶龜九年)九月癸亥[卄一] (『類聚國史』193 殊俗部 渤海 上)

발해　冬十月戊寅 授正六位上高麗朝臣殿嗣從五位下 (『續日本紀』35 光仁紀)

탐라　(十一月)壬子 遣唐第四船來泊薩摩國甑嶋郡 其判官海上眞人三狩等漂着耽羅嶋 被嶋人略留 但錄事韓國連源等 陰謀解纜而去 率遺衆卌餘人而來歸 (『續日本紀』35 光仁紀)

고구려　唐開府儀同三司 工部尙書 特進 右金吾衛大將軍 安東都護 郯國公 上柱國 △△公墓誌[并序]

獻書 待 制楊憖撰

大曆八年夏五月廿有七日 右金吾衛大將軍安東都護△△公薨于洛陽敎業里之私茅 春秋七十三 前年四月十二日 郯國夫人 眞定侯氏 先薨于博陵郡 以十三年十一月 廿四日 丙寅 祔葬于洛之北 印山之陽新塋 禮也 公諱震 字某 渤海人 祖藏 開府儀同三司 工部尙書 朝鮮郡王 柳城郡開國公 禰諱連 雲麾將軍 右豹韜大將軍 安東都護 公迺扶餘貴種 辰韓令族 懷化啓土 繼代稱王 嗣爲國賓 食邑千室 公竭丹懇以輔主 力鬪戰以冊勳 雄冠等 彛氣遏獯 司封五級 自子男以建公侯 官品九階 越遊擊而昇開府 斯亦人臣之自致也 享年不永 擴崩摧壓 地坼沙簏 夭落將星 夫人淑質明 婦儀母訓 虹梁墜日 仙鄣歛雲 桐折劒沈 鏡移鸞斃 命矣 嗣子 朝請大夫 深澤令叔秀 孝踰江草 禮越王祥 扶母兄以發博陵 就嚴孝而遷洛邑 涉雪千里 銜哀九冬 金石紀終 文詞見託 銘曰 其一曰 朝鮮貴族 弈葉稱王 戡剪獯虜 翊亮皇唐 盧龍柳塞 都護封疆 其二曰 惟禰克崇勳族 食封苴茅 承家桂玉 遠赴松檟 印山南麓 其三曰 一同仁孝 千里扶喪 履△冒雪 裂膈抽腸 哀號擗地 仰訴穹蒼 (「高震 墓誌銘」)[223)]

223) 『譯註 韓國古代金石文』 1

고려　　(十二月)己丑　以從五位下布勢朝臣清直爲送唐客使　正六位上甘南備眞人清野　從六位下多治比眞人濱成爲判官　正六位上大網公廣道爲送高麗客使 (…) (『續日本紀』 35 光仁紀)

발해　　(廣仁天皇寶龜九年)十二月己丑[十七] (『類聚國史』 193 殊俗部 渤海 上)

779(己未/신라 혜공왕 15/발해 문왕 43, 大興 43/唐 大曆 14/日本 寶龜 10)

발해　　春正月壬寅朔 天皇御大極殿受朝 渤海國遣獻可大夫司賓少令張仙壽等朝賀 其儀如常 (『續日本紀』 35 光仁紀)

발해　　(廣仁天皇寶龜)十年正月壬寅朔 (『類聚國史』 193 殊俗部 渤海 上)

발해　　(春正月)丙午 渤海使 張仙壽等獻方物 奏曰 渤海國王言 聖朝之使高麗朝臣殿嗣等失路漂着遠夷之境 乘船破損 歸去無由 是以 造船二艘 差仙壽等 隨殿嗣令入朝 幷載荷獻物 拜奉天朝 (『續日本紀』 35 光仁紀)

발해　　(廣仁天皇寶龜十年正月)丙午[五] (『類聚國史』 193 殊俗部 渤海 上)

발해　　(春正月)戊申 宴五位以上及渤海使仙壽等於朝堂 賜祿有差 詔渤海國使曰 渤海王使仙壽等來朝拜覲 朕有嘉焉 所以加授位階 兼賜祿物 (『續日本紀』 35 光仁紀)

발해　　(春正月)丁巳 宴五位已上及渤海使於朝堂賜祿 (『續日本紀』 35 光仁紀)

발해　　(廣仁天皇寶龜十年正月)丁巳[十六] (『類聚國史』 193 殊俗部 渤海 上)

발해　　(春正月)己未 內射 渤海使亦在射列 (『續日本紀』 35 光仁紀)

발해　　(廣仁天皇寶龜十年正月)己未[十八] (『類聚國史』 193 殊俗部 渤海 上)

백제　　(春正月)甲子 授 (…) 從五位上安倍朝臣東人 百濟王利善 巨勢朝臣苗麻呂竝正五位下 (…) (『續日本紀』 35 光仁紀)

발해　　(二月癸酉) 渤海使還國 賜其王璽書 幷附信物 (『續日本紀』 35 光仁紀)

발해　　(廣仁天皇寶龜十年)二月癸酉[二] (『類聚國史』 193 殊俗部 渤海 上)

신라　　(二月)甲申　以大宰少監正六位上下道朝臣長人爲遣新羅使　爲迎遣唐判官海上·三狩等也 (『續日本紀』 35 光仁紀)

백제　　(二月甲午) 從五位下百濟王仙宗爲安房守 (…) (『續日本紀』 35 光仁紀)

고구려　　(三月)戊午 從三位高麗朝臣福信賜姓高倉朝臣 (『續日本紀』 35 光仁紀)

신라　　春三月 京都地震 壞民屋 死者百餘人 (『三國史記』 9 新羅本紀 9)

신라　　春三月 京都地震 壞民屋 死者百餘人 (『三國史節要』 12)

신라　　(春三月) 大[224)]白入月 (『三國史記』 9 新羅本紀 9)

신라　　(春三月) 太白入月 (『三國史節要』 12)

---

224) 원본에는 大로 되어 있으나 太가 맞다.

신라 (春三月) 設百座法會 (『三國史記』9 新羅本紀 9)
신라 (春三月) 設百座法會 (『三國史節要』12)

신라 (春三月) 遣金巖聘日本 巖允中庶孫也 性聰敏 好方術 少爲伊湌 入唐宿衛 閒就師學陰陽家法 擧一知三 自述遁甲立成示其師 師憮然曰 不圖明達至此 自是 不敢以弟子待之 及還 爲司天大博士 歷良康漢三州太守 復爲執事侍郎 鎭浿江上 所至盡心撫字 每農隙 教以六陣兵法 人皆便之 嘗有蝗蟲 入界蔽野 百姓憂懼 巖登山頂 焚香祈天 忽風雨大作 蝗蟲盡死 至是聘日本國 其王知其賢 欲留之 會唐使高鶴林來 相見甚懽 以巖爲大國所知 不敢留 乃還 (『三國史節要』12)

신라 允中庶孫巖 性聰敏 好習方術 少壯爲伊湌 入唐宿衛 間就師學陰陽家法 聞一隅 則反之以三隅 自述遁甲立成之法 呈於其師 師憮然曰 不圖吾子之明達 至於此也 從是而後 不敢以弟子待之 大曆中還國 爲司天大博士 歷良康漢三州太守 復爲執事侍郎浿江鎭頭上 所至盡心撫字 三務之餘 教之以六陣兵法 人皆便之 嘗有蝗蟲 自西入浿江之界 蠢然蔽野 百姓憂懼 巖登山頂 焚香祈天 忽風雨大作 蝗蟲盡死 (『三國史記』43 列傳 3 金庾信 下)[225]

신라 大曆十四年己未 受命聘日本國 其國王知其賢 欲勒留之 會 大唐使臣高鶴林來 相見甚懽 倭人認巖爲大國所知 故不敢留 乃還 (『三國史記』43 列傳 3 金庾信 下)

신라 발해 (夏四月辛卯) 又奏曰 往時遣唐使粟田朝臣眞人等發從楚州 到長樂驛 五品舍人宣勅勞問 此時未見拜謝之禮 又新羅朝貢使王子泰廉入京之日 官使宣命 賜以迎馬 客徒斂轡馬上答謝 但渤海國使 皆悉下馬 再拜舞踏 今領唐客 準據何例者 進退之禮 行列之次具載別式 今下使所 宜據此式勿以違失 (『續日本紀』35 光仁紀)

신라 (大曆十四年)夏四月 旋風坌起 自庾信墓至始祖大王之陵 塵霧暗冥 不辨人物 守陵人聞其中若有哭泣悲嘆之聲 惠恭大王聞之恐懼 遣大臣致祭謝過 仍於鷲仙寺納田三十結以資冥福 是寺 庾信平麗濟二國 所營立也 庾信玄孫新羅執事郎長淸作行錄十卷 行於世 頗多釀辭 故刪落之 取其可書者爲之傳

論曰 唐李絳對憲宗曰 遠邪佞進忠直 與大臣言 敬而信 無使小人叅焉 與賢者遊 親而禮 無使不肖預焉 誠哉斯言也 實爲君之要道也 故書曰 任賢勿貳 去邪勿疑 觀夫新羅之待庾信也 親近而無間 委任而不貳 謀行言聽 不使怨乎不以 可謂得六五童蒙之吉故庾信得以行其志 與上國協謀 合三土爲一家 能以功名終焉 雖有乙支文德之智略 張保皐之義勇 微中國之書 則泯滅而無聞 若庾信則鄕人稱頌之 至今不亡 士大夫知之可也 至於蒭童牧豎 亦能知之 則其爲人也 必有以異於人矣 (『三國史記』43 列傳 3 金庾信 下)

신라 越三十七世惠恭王代 大曆十四年己未四月 忽有旋風 從庾信公塚起 中有一人乘駿馬如將軍儀狀 亦有衣甲器仗者 四十許人 隨從而來 入於竹現陵 俄而陵中 似有振動哭泣聲 或如告訴之音 其言曰 臣平生有輔時 救難匡合之功 今爲魂魄 鎭護邦國 攘災救患之心 暫無渝改 往者庚戌年 臣之子孫無罪被誅 君臣不念我之功烈 臣欲遠移他所不復勞勤 願王允之 王答曰 惟我與公不護此邦 其如民庶何 公復努力如前 三請三不許 旋風乃還 王聞之懼 乃遣工[226]臣金敬信 就金公陵謝過焉 為公立功德寶田三十結于鷲仙寺 以資冥福 寺乃金公討平壤後 植福所置故也 非末[227]鄒之靈 無以遏金公之

225) 대력 연간은 766~779년까지이다. 그런데 본 기사는 대력 14년(779) 기사 보다 앞서며『三國史節要』춘 3월에 편제되어 있다. 따라서 766~779까지로 기간편년하고 779년 3월보다 앞서 편제하였다.
226) 원문의 工은 上이 맞다.
227) 원물의 末은 未가 맞다.

怒 王之護國 不爲不大矣 是以邦人懷德 與三山同祀而不墜 躋秩于五陵之上 稱大廟云 (『三國遺事』1 紀異 1 未鄒王 竹葉軍)

신라 夏四月 旋風起 自庾信墓至始祖陵 塵霧暗冥 不辨人物 守陵人聞其中若有哭泣悲嘆之聲 王懼遣大臣金敬信就庾信墓 致祭謝過 (『三國史節要』12)

탐라 (五月)丁巳 饗唐使於朝堂 中納言從三位物部朝臣宅嗣宣勅曰 唐朝天子及公卿 國內百姓 平安以不 又海路難險 一二使人 或漂沒海中 或被掠耽羅 朕聞之悽愴於懷 又客等來朝道次 國宰신출자供 如法以不 (『續日本紀』35 光仁紀)

백제 (五月)己巳 授散位正六位上百濟王元德從五位下 (『續日本紀』35 光仁紀)

신라 발해 (閏五月)丙子 罷諸州府及新羅渤海貢鷹鶻 (『新唐書』7 本紀 7 德宗)

신라 발해 (五月閏月)丙子 詔諸州府新羅渤海歲貢鷹鶻皆停 (『舊唐書』12 本紀 12 德宗 上)

신라 발해 德宗以大曆十四年五月 卽位 閏五月丙子 詔曰 天下府州及新羅渤海歲貢鷹鶻者皆罷旣來者所在放之 (『冊府元龜』168 帝王部 168 却貢獻)

신라 발해 (紀) (…) 大曆十四年閏五月丙子 罷諸州府及新羅·渤海貢鷹鶻 (『玉海』179 食貨 貢賦唐停歲貢 省貢獻)

고구려 (六月己亥朔) 加李正己司徒太子太傅 崔寧李勉本官同平章事 (『舊唐書』12 本紀 12 德宗 上)

고구려 (大曆)十四年 己未 六月己亥 平盧淄靑節度使檢校司空同平章事李正己爲司徒 成德軍節度使·檢校司空·同平章事李寶臣爲司空 (『新唐書』62 表 2 宰相 中)

신라 (七月)丁丑 大宰府言 遣新羅使 下道朝臣長人等 率遣唐判官海上眞人三狩等來歸 (『續日本紀』35 光仁紀)

발해 (九月)庚辰 勅 渤海及鐵利三百五十九人 慕化入朝 在出羽國 宜依例供給之 但來使輕微 不足爲賓 今欲遣使給饗自彼放還 其駕來船 若有損壞 亦宜修造 歸蕃之日 勿令留滯 (『續日本紀』35 光仁紀)

발해 (廣仁天皇寶龜十年)九月庚辰[十四] (『類聚國史』193 殊俗部 渤海 上)

발해 (九月)癸巳 勅陸奧出羽等國 用常陸調絁 相摸庸綿 陸奧稅布 充渤海鐵利等祿 又勅在出羽國蕃人三百五十九人 今屬嚴寒 海路艱險 若情願今年留滯者 宜恣聽之 (『續日本紀』35 光仁紀)

발해 (廣仁天皇寶龜十年九月)癸巳[卄七] (『類聚國史』193 殊俗部 渤海 上)

신라 冬十月乙巳 勅大宰府 新羅使金蘭孫等 遠涉滄波 賀正貢調 其諸蕃入朝 國有恒例 雖有通狀 便宜反復 府宜承知硏問來朝之由 幷責表函 如有表者 準渤海蕃例 寫案進上其本者却付使人 凡所有消息 驛傳奏上 (『續日本紀』35 光仁紀)

신라 (冬十月)癸丑 勅大宰府 唐客高鶴林等五人 與新羅貢朝使 共令入京 (『續日本紀』35 光仁紀)

신라 (…) 故生平七十有六 大曆十四年 十月卄一日歿於南岳斷俗之寺 是日也 圓穹黯黲 三光爲之晦冥 方祇振動 萬物因玆零落 甘泉忽竭 魚龍驚躍其中 直木先摧猿鳥悲鳴其下

於是 素緇飮化 遐邇同聲 或聞異香 飛錫空而電奔 或觀瑞雲 乘杯流而雨驟 泣血焚身 盡心葬骨 殆三紀矣 (…) (「斷俗寺神行禪師碑」)

신라 (十一月)己巳 遣勅旨少輔正五位下內藏忌寸全成於大宰府 問新羅國使 薩湌 金蘭蓀入朝之由 (『續日本紀』 35 光仁紀)

발해 (十一月)乙亥 勅檢校渤海人使 押領高洋粥等 進表無禮 宜勿令進 又不就筑紫 巧言求便宜 加勘當勿令更然 (『續日本紀』 35 光仁紀)

발해 (廣仁天皇寶龜十年)十一月乙亥[九] (『類聚國史』 193 殊俗部 渤海 上)

발해 (十一月)丙子 檢校渤海人使言 鐵利官人爭坐說昌之上 恒有凌侮之氣者 太政官處分 渤海通事從五位下高說昌 遠涉滄波數廻入朝 言思忠勤 授以高班 次彼鐵利之下 殊非優寵之意 宜異其列位以顯品秩 (『續日本紀』 35 光仁紀)

발해 (廣仁天皇寶龜十年十一月)丙子[十] (『類聚國史』 193 殊俗部 渤海 上)

발해 (十二月)戊午 檢校渤海人使言 渤海使押領高洋粥等苦請云 乘船損壞 歸計無由 伏望朝恩賜船九隻 令達本蕃者 許之 (『續日本紀』 35 光仁紀)

발해 (廣仁天皇寶龜十年)十二月戊午[廿二] (『類聚國史』 193 殊俗部 渤海 上)

발해 嵩璘父欽茂 (…) 大曆中 累加拜司空太尉 (『舊唐書』 199下 列傳 149下 北狄 渤海靺鞨)228)

신라 大曆中 將作少匠韓晉卿女 適尙衣奉御韋隱 隱奉使新羅 行及一程 愴然有思 因就寢乃覺其妻在帳外 驚問之 答曰 愍君涉海 志願奔而隨之 人無知者 隱卽詐左右曰 欲納一妓 將侍枕席 人無怪者 及歸 已二年 妻亦隨至 隱乃啓舅姑 首其罪 而室中宛存焉及相近 翕然合體 其從隱者乃魂也 [出獨異記] (『太平廣記』 358 神魂 1 韋隱)

발해 唐書曰 代宗時 渤海質子盜袞龍服 捕得之 詞云 慕中國衣服 上赦之 (『太平御覽』 690 服章部 7 袞衣)

신라 定慧寺建於開皇 成於今大歷 (…) 有若新羅眞子曰談藏 浮海而至 止於山間 乃於寺內建文殊師利菩薩堂焉 (「定慧寺 文殊師利菩薩記」)229)

신라 [藝文志] 顧愔新羅國記一卷[大曆中 歸崇敬使新羅 愔爲從事] (『玉海』 153 朝貢·外夷來朝·內附 唐新羅織錦頌·觀釋奠·賜晉書)

발해 [傳] 渤海本粟末靺鞨 及祚榮號震國王 (…) 大曆二十五 貞元四 元和十六 朝獻 (…) 會昌四 咸通三 初其王 數遣諸子 詣京師大學習 識古今制度 遂爲海東盛國[實錄 貞元十一年 二月乙巳 冊嵩鄰 爲渤海王][[志] 張建章渤海國記三卷] (『玉海』 153 朝貢·外夷來朝·內附 唐渤海遣子入侍)

발해 上僉其賢 中外咸寄 遂賜三命之服 充勃海使 執柔弓爲將 蓋有六鈞 中矢僕姑 以轍七

---

228) 본문의 大曆中, 대력 연간은 776~779년이다. 따라서 776~779년으로 기간편년하고 779년에 편제하였다.
229) 이 기사에는 연대 표기가 없으나, 大曆 연간(766~779)이므로 그에 따라 기간편년하고 마지막해인 779년에 배치하였다. 『文苑英華』 819

札 裏糧坐甲 固敵是求 掉鞅致師 何△不剋 (「祁日進 墓誌銘」)[230]

780(庚申/신라 혜공왕 16, 선덕왕 1/발해 문왕 44, 大興 44/唐 建中 1/日本 寶龜 11)

신라 (正月)己巳 天皇御大極殿受朝 唐使判官高鶴林 新羅使 薩湌 金蘭蓀等 各依儀拜賀 (『續日本紀』36 光仁紀)

신라 (正月)辛未 新羅使獻方物 仍奏曰 新羅國王言 夫新羅者 開國以降 仰賴聖朝世世天皇恩化 不乾舟楫 貢奉御調年紀久矣 然近代以來 境內姦寇 不獲入朝 是以謹遣薩湌 金蘭蓀 級湌金巖等 貢御調兼賀元正 又訪得遣唐判官海上三狩等 隨使進之 又依常例進學語生 叅議左大弁正四位下大伴宿禰伯麻呂宣勅曰 夫新羅國 世連舟楫供奉國家 其來久矣 而泰廉等還國之後 不修常貢 每事無禮 所以頃年返却彼使 不加接遇 但今朕時 遣使修貢兼賀元正 又搜求海上三狩等 隨來使送來 此之勤勞 朕有嘉焉 自今以後如是供奉 厚加恩遇 待以常禮 宜以玆狀 語汝國王是日 宴唐及新羅使於朝堂 賜祿有差 (…) (『續日本紀』36 光仁紀)

신라 (正月)壬申 授新羅使 薩湌 金蘭蓀正五品上 副使級湌金巖正五品下 大判官韓奈麻 薩仲業 少判官奈麻 金貞樂 大通事韓奈麻 金蘇忠三人 各從五品下 自外六品已下各有差 竝賜當色幷履 (『續日本紀』36 光仁紀)

신라 (正月)癸酉 宴五位已上 及唐新羅使於朝堂 賜祿有差 (『續日本紀』36 光仁紀)

신라 (正月)壬午 賜唐及新羅使射及踏歌 (『續日本紀』36 光仁紀)

신라 春正月 黃霧 (『三國史記』9 新羅本紀 9)

신라 春正月 黃霧四塞 (『三國史節要』12)

신라 (二月庚戌) 新羅使還蕃 賜璽書曰 天皇敬問新羅國王 朕以寡薄 纂業承基 理育蒼生寧隔中外 王自遠祖 恒守海服 上表貢調 其來尙矣 日者虧違蕃禮 積歲不朝 雖有輕使而無表奏 由是泰廉還日 已具約束 貞卷來時 更加諭告 其後類使曾不承行 今此蘭蓀猶陳口奏 理須依例從境放還 但送三狩等來 事旣不輕 故修賓禮以答來意 王宜察之後使必須令齎表函 以禮進退 今勅筑紫府及對馬等戍 不將表使莫令入境 宜知之 春景韶和 想王佳也 今因還使附答信物 遣書指不多及 (『續日本紀』36 光仁紀)

신라 二月 雨土 (『三國史記』9 新羅本紀 9)

신라 二月 雨土 (『三國史節要』12)

신라 (二月) 王幼少卽位 及壯淫于聲色 巡遊不度 綱紀紊亂 災異屢見 人心反側 社稷杌隉 (『三國史記』9 新羅本紀 9)

신라 (二月) 王幼冲嗣位 母后臨朝 及壯 淫于聲色 常作婦女之戱 好佩錦囊 與道流爲謔 巡遊無度 綱紀紊亂 災異屢見 人心反覆 (『三國史節要』12)

신라 (二月) 伊湌志貞叛 聚衆圍犯宮闕 (『三國史記』9 新羅本紀 9)

---

230) 이 기사에는 연대 표기가 없으나, 780년에 건립되었으므로 본문의 황제는 代宗(재위 762~779)이라고 생각된다. 그에 따라 762~779년으로 기간편년하고 마지막해인 779년에 배치하였다. 『全唐文新編』997도 참고.

백제　三月丙寅朔 授命婦正五位上百濟王明信從四位下 (『續日本紀』 36 光仁紀)

백제　(三月乙酉) 授正六位上百濟王俊哲從五位下 (…) (『續日本紀』 36 光仁紀)

신라　沙門惠超 於五臺山乾明寺 錄出大廣智三藏不空所譯 大乘瑜伽金剛性海曼殊室利千臂千鉢大教王經 其序文曰 (…) 至建中元年四月十五日 到五臺山乾元菩提寺 遂將舊飜唐言梵音經本 於寺校證 (…) (『佛祖歷代通載』 14 唐德宗 千臂千鉢文殊經序)

고구려　(夏四月)癸丑 上誕日 不納中外之貢 唯李正己·田悅各獻縑三萬匹 詔付度支 (『舊唐書』 12 本紀 12 德宗 上)

백제　(四月)庚申 授從五位下百濟王俊哲從五位上 (…) (『續日本紀』 36 光仁紀)

신라　奉恩寺成典 衿荷臣一人 惠恭王始置 (『三國史記』 38 雜志 7 職官 上)[231]

신라　奉恩寺成典 (…) 副使一人 惠恭王始置 尋改爲上堂 (『三國史記』 38 雜志 7 職官 上)[232]

신라　倉部 (…) 史八人 眞德王置 文武王十一年加三人 十二年加七人 孝昭王八年加一人 景德王十一年加三人 惠恭王加八人 (『三國史記』 38 雜志 7 職官 上)[233]

신라　至第三十六代惠恭王 始定五廟 以味鄒王爲金姓始祖 以太宗大王文武大王 平百濟高句麗 有大功德 並爲世世不遷之宗 兼親廟二爲五廟 (『三國史記』 32 雜志 1 祭祀)[234]

신라　聖覺 菁州人 史失其氏族 不樂世間名官 自號爲居士 依止一利縣法定寺 後歸家養母 以老病難於蔬食 割股肉以食之 及死 至誠爲佛事資薦 大臣角干敬信·伊湌周元等聞之 國王以熊川州向德故事 賞近縣租三百石

論曰 宋祁唐書云 善乎 韓愈之論也 曰 父母疾 烹藥餌 以是爲孝 未聞毁支體者也 苟不傷義 則聖賢先衆而爲之 是不幸因而且死 則毁傷滅絶之罪 有歸矣 安可旌其門以表異之 雖然 委巷之陋 非有學術禮義之資 能忘身以及其親 出於誠心 亦足稱者 故列焉 則若向德者 亦可書者乎 (『三國史記』 48 列傳 8 聖覺)[235]

신라　夏四月 上大等金良相與伊湌敬信 擧兵誅志貞等 王與后妃爲亂兵所害 良相等謚王爲惠恭王 元妃新寶王后 伊湌維誠之女次妃 伊湌金璋之女 史失入宮歲月 (『三國史記』 9 新羅本紀 9)[236]

신라　(…) 小帝旣女爲男故 自期晬至於登位 常爲婦女之戱 好佩錦囊 與道流爲戱 故國有大乱 修爲宣德與金良相所弑 自表訓後 聖人不生於新羅云 (『三國遺事』 2 紀異 2 景德

231) 혜공왕의 재위 기간은 765년부터 780년 4월까지이다. 따라서 765~780년으로 기간편년하고 780년 혜공왕이 훙한 기사 앞에 편제하였다.

232) 혜공왕의 재위 기간은 765년부터 780년까지이다. 따라서 765~780년으로 기간편년하고 780년 혜공왕이 훙한 기사 앞에 편제하였다.

233) 혜공왕의 재위 기간은 765년부터 780년까지이다. 따라서 765~780년으로 기간편년하고 780년 혜공왕이 훙한 기사 앞에 편제하였다.

234) 『三國史記』 新羅本紀에는 혜공왕대로 되어 있으나, 『삼국사절요』에 혜공왕 12년으로 나온다.

235) 본문의 國王은 혜공왕이다. 따라서 혜공왕 연간에 기간 편년하고 혜공왕이 薨한 기사 앞에 편제하였다. 『三國史節要』에는 혜공왕 13년에 편년하였다.

236) 『신당서』와 『구당서』, 『당회요』에는 혜공왕의 훙년 및 선덕왕의 즉위를 建中四年(783)으로 기록하였다.

王·忠談師·表訓大德)

신라 (夏四月) 宣德王立 姓金氏 諱良相 奈勿王十世孫也 父海飡孝芳 母金氏四炤夫人 聖德王之女也 妃具足夫人 角干良品之女也[一云義恭阿飡之女] 大赦 追封父爲開聖大王 尊母金氏爲貞懿大[237]后 妻爲王妃 拜伊飡敬信爲上大等 阿飡義恭爲侍中 (『三國史記』9 新羅本紀 9)[238]

신라 惠恭王薨 宣德王良相卽位元年 (『三國史記』31 年表 下)

신라 夏四月 伊飡志貞因聚衆作亂 圍王宮 上大等金良相與伊飡敬信 擧兵誅志貞等 王與后妃爲亂兵所害 良相自立爲王 謚前王爲惠恭 大赦 追封父海飡孝芳爲開聖大王 母金氏爲貞懿太后 以敬信爲上大等 良相奈勿王十世孫 敬信奈勿王十二世孫也 (『三國史節要』12)

신라 第三十七宣德王 金氏 名亮相 父孝方海干 追封開聖大王 卽元訓角干之子 母四召夫人 謚貞懿太后 聖德王之女 妃具足王后 狼品角干之女 庚申立 理五年 (『三國遺事』1 王曆)

신라 (夏四月) 改御龍省奉御爲卿 又改卿爲監 (『三國史記』9 新羅本紀 9)

신라 (夏四月) 改御龍省奉御爲卿 又改卿爲監 置稚省十四人 (『三國史節要』12)

신라 御龍省 (…) 御伯郎二人 景德王九年 改爲奉御 宣德王元年 又改爲卿 尋改爲監 (『三國史記』39 雜志 8 職官 中)[239]

신라 沙門惠超 於五臺(山)乾明寺 錄出大廣智三藏不空所譯 大乘瑜伽金剛性海曼殊室利千臂千鉢大教王經 其序文曰 (…) (建中元年) (…) 至五月五日 惠超重與抄寫出 (…) 悉證菩提也 (『佛祖歷代通載』14 唐德宗 千臂千鉢文殊經序)

신라 (五月甲戌) 武藏國 新羅郡人 沙良眞熊等二人賜姓廣岡造 攝津國豊嶋郡人韓人稻村等一十八人賜姓豊津造 (…) (『續日本紀』36 光仁紀)

신라 唐 故淸河縣君 金氏墓誌幷序

夫朝議大夫前行大理正李氏撰

縣君 淸河人也 其先三韓之貴胤 考太僕卿 贈兗州都督 縣君適大理正隴西李氏 有兒女各一人 嗣子前弘文館進士 縣君 志性溫和 立言可准 四德△△ 九族吳虧 孝行每聞於鄕閭 貞操已布在人口 動必合禮 止亦具儀 候旨有齊眉之恭 雖慍無反目之怒 思得娰女 以配君子 志在進賢 不淫其色 絶妬忌之行 欲子孫之多 雖古先令娰 何以過此 廣德二年 以夫之爵 封淸河縣君

以大曆七年 遘疾于長安 其年四月卄一日 卒於京兆府萬年縣常樂里 須△年月 不便權殯本縣洪固鄕 令擇建中元年五月卄一日 遷歸我李氏先人墳側 禮也 嗚呼嗚呼 何負天乎 靑桂風折 綠蘭霜祐 知余多感 向此長途 憐君幼稚 擧目垂涕 魂兮有知 保尔遺貌 古人有荊釵布裙 空開其語 未見其人 縣君有之矣 非家不足 而△爲盖性 本純質也 其銘曰

玉貴琢磨 將欲成器 爲山九仞 幼虧之義 尔須恥明 天下假△ 嗣子童蒙 魂兮冥祐

建中元年五月卄八日書 (「金氏夫人 墓誌銘」)[240]

---

237) 원본에는 大로 되어 있으나, 太가 맞다.

238) 『三國遺事』1 王曆 1 第三十七宣德王조에는 "金氏 名 亮相 父孝方海干 追封開聖大王 卽元訓角干之子 母四召夫人 謚貞懿太后 聖德王之女 妃具足王后 狼品角干之女 庚申立 理五年"이라고 하였다.

239) 본문에는 그 월을 알 수 없으나, 『삼국사기』 신라본기에 4월로 나오고 있어 4월로 편년하고 편제하였다.

백제 (六月)辛丑 從五位上百濟王俊哲爲陸奧鎭守副將軍 (…) (『續日本紀』 36 光仁紀)

발해 (唐德宗建中元年)十月 渤海並遣使朝貢 (『冊府元龜』 972 外臣部 17 朝貢 5)

백제 (十二月)丁巳 陸奧鎭守副將軍從五位上百濟王俊哲等言 己等爲賊被圍 兵疲矢盡 而祈桃生白河等郡神一十一社 乃得潰圍 自非神力 何存軍士 請預幣社 許之 (『續日本紀』 36 光仁紀)

신라 (…) 大曆之春 大師之孫 翰林字仲業 △使滄溟△日本 彼國上宰 因△語知如是 大師賢孫 相歡之甚傾 (마멸) 諸人△△期淨刹 頂戴大師靈章 曾無△捨 及見△孫△瞻△△論 主昨來造得頌文 已經一紀 雖不躬申頂禮 親奉 (마멸) 知神△有△△聲者 有奉德寺大德法師 三藏神將 理△△ 與慈和 知心空寂 見法無生 道俗咸稱 僧龍法△ 奉尋 (마멸) 行遇聖人 攀旆靡絶 追戀無從 尤見△人頌文 據尋△寺△覺幾焉 寧知日△更有千叔哉 (…) (「高仙寺誓幢和上碑」)[241]

발해 貞惠公主墓誌幷序

夫緬覽唐書 嬀汭降帝女之濱 博詳丘傳 魯舘開王姬之筵 豈非婦德昭昭 譽名期於有後 母儀穆穆 餘慶集於無疆 襲祉之稱 其斯之謂也 公主者我大興寶曆孝感金輪聖法大王之第二女也 惟祖惟父 王化所興 盛烈戎功 可得而論焉 若乃乘時御辨 明齊日月之照臨 立極握機 仁均乾坤之覆載 配重華而旁夏禹 陶殷湯而周文 自天祐之 威如之吉 公主稟靈氣於巫岳 感神仙於洛川 生於深宮 幼聞婉嫕 瓌姿稀遇 曄似瓊樹之叢花 瑞質絶倫 溫如崑峯之片玉 早受女師之敎 克比思齊 每慕曹家之風 敦詩悅禮 辨慧獨步 雅性自然 △△好仇 嫁于君子 標同車之密義 叶家人之永貞 柔恭且都 履愼謙謙 簫樓之上 韻調雙鳳之聲 鏡臺之中 舞狀兩鸞之影 動響環珮 留情組紃 黼藻至言 琢磨潔節 繼敬武於勝里 擬魯元於豪門 琴瑟之和 蓀蕙之馥 誰謂夫聳先化 無終助政之謨 稚子又夭 未經請郎之日 公主出織室而灑淚 望空閨而結愁 六行孔備 三從是亮 學恭姜之信矢 銜杞婦之哀悽 惠于聖人 聿懷闔德 而長途未半 隙駒疾馳 逝水成川 藏舟易動 粤以寶曆四年夏四月十四日乙未終於外第 春秋四十 謚曰貞惠公主 寶曆七年冬十一月廿四日甲申陪葬於珍陵之西原 礼也 (「貞惠公主墓誌」)[242]

발해 公諱日進 先太原人也 (…) 遂賜三命之服 充渤海使 (…) (「大唐故內侍伯祁府君墓誌銘幷序」)[243]

신라 釋地藏 俗姓金氏 新羅國王之支屬也 心慈而貌惡 穎悟天然 于時落髮出家 涉海徒行 振錫觀方 至池陽 覩九子山 心甚樂之 乃徑造其峯而居焉 藏嘗爲毒螫[音拭] 端坐無念 俄有美婦人 作禮饋藥云 小兒無知 願出泉以補過 言訖不見 視坐左右間 沛然流衍 時謂爲九子山神 爲湧泉資用也 (…) (『神僧傳』 8 地藏)[244]

---

240) 2009, 『신라사학보』 17

241) 본문의 大曆 연간은 766~780년이고 大曆之春은 대력 연간 초를 말한다. '已經一紀', 즉 이미 12년이 지나가 보인다. 따라서 본문의 내용을 대력 연간으로 기간편년하고 780년에 편제하였다.

242) 貞惠公主는 발해 제3대 文王의 둘째 딸로서 737년(문왕 1)에 태어나 777년(문왕 41)에 40세의 나이로 사망하였다. 貞惠公主墓誌는 문왕 44년(780)에 만들어졌다.

243) 기일진은 발해에 사신을 간 적이 있는데 그 시기는 알 수 없다. 묘지명의 제작연도가 780년이므로 780년으로 편년하고 편제하였다.

244) 地藏大師의 入唐 시기에 대해서는 653, 719, 756년 說 등이 있지만, 費冠卿의 『九華山化城寺記』 및 李

고구려 建中初 聞城汴州 乃約田悅梁崇義李惟岳偕叛 自屯濟陰 陳兵按習 益師徐州以扼江·淮 天子於是改運道 檄天下兵爲守備 河南騷然 會發疽死 年四十九 (『新唐書』213 列傳 138 李正己)

고구려 又建中初 李正己與納連反 汴河阻絶 轉輸不通 晏先父洧 卽正己堂弟 爲徐州刺史 當叛亂之時 洧以一郡七城 歸國効順 棄一家百口 (『全唐文』669 白居易 朝議大夫前使持節海州諸軍事守海州刺史上柱國李晏)

고구려 納少時 正己遣將兵備秋 代宗召見嘉之 自奉禮郎超拜殿中丞兼侍御史 賜紫金魚袋 歷檢校倉部郎中 兼總父兵 奏署淄州刺史 正己將兵擊田承嗣 奏署節度觀察留後 尋遷青州刺史 又奏署行軍司馬 兼曹州刺史曹濮徐兗沂·海留後 又加御史大夫 建中初 正己田悅梁崇義張惟岳皆反 (『舊唐書』124 列傳 74 李正己)[245]

781(辛酉/신라 선덕왕 2[246]/발해 문왕 45 大興 45/唐 建中 2/日本 天應 1)

신라 春二月 親祀神宮 (『三國史記』9 新羅本紀 9)

신라 春二月 親祀神宮 (『三國史節要』12)

고구려 (建中二年) 三月庚申朔 築汴州城 初 大曆中李正己有淄青齊海登萊沂密德棣曹濮徐兗鄆十五州之地 (…) 至是築城 正己·田悅移兵於境爲備 故詔分汴宋滑爲三節度 移京西防秋兵九萬二千人以鎭關東 (『舊唐書』12 本紀 12 德宗 上)

백제 (四月丙申) 從五位下百濟王仁貞爲近衛員外少將 (…) (『續日本紀』36 光仁紀)

백제 (四月癸卯) 正五位下百濟王利善正五位上 (…) (『續日本紀』36 光仁紀)

백제 (五月癸未) 正五位上百濟王利善爲散位頭 (…) (『續日本紀』36 光仁紀)

백제 (七月)癸酉 右京人正六位上栗原勝子公言 子公等之先祖伊賀都臣 是中臣遠祖天御中主命廿世之孫 意美佐夜麻之子也 伊賀都臣 神功皇后御世 使於百濟 便娶彼土女 生二男 名曰本人臣 小大臣 遙尋本系 歸於聖朝 時賜美濃國不破郡栗原地 以居焉 厥後因居命氏 遂負栗原勝姓 伏乞 蒙賜中臣栗原連 於是子公等男女十八人依請改賜之 (『續日本紀』36 光仁紀)

신라 秋七月 發使安撫浿江南州郡 (『三國史記』9 新羅本紀 9)

신라 秋七月 遣使安撫浿江南州郡 (『三國史節要』12)

고구려 八月辛卯 平盧淄青節度觀察使·司徒·太子太保·同中書門下平章事李正己卒 (『舊唐書』12 本紀 12 德宗 上)

고구려 (八月)辛卯 平盧軍節度使李正己卒 其子納自稱留後 (『新唐書』7 本紀 7 德宗)

백제 (九月)丁卯 授無位百濟王淸刀自從五位下 (『續日本紀』36 光仁紀)

백제 (九月丁丑) 從五位上百濟王俊哲正五位上勳四等 (…) 正六位上紀朝臣木津魚 日下部

庸의 『九華山志』에 따른 唐 玄宗 開元7年(719) 入唐說이 유력하다고 한다.

245) 바로 다음 기사가 建中 2년이 나오고 있어 건중 초는 건중 1년인 780년이다.

246) 원본에는 三으로 되어 있으나, 二가 맞다.

宿禰雄道 百濟王英孫竝從五位下 (…) 竝賞征夷之勞也 (…) (『續日本紀』36 光仁紀)

고구려 九月 李納陷宋州 (『新唐書』7 本紀 7 德宗)

고구려 十月戊申 李納將李洧以徐州降 (『新唐書』7 本紀 7 德宗)

백제 (十一月)甲戌 授 (…) 從四位下橘朝臣眞都賀 百濟王明信竝從四位上 (…) (『續日本紀』36 光仁紀)

고구려 (十一月) 甲申 李納將王涉以海州降 (『新唐書』7 本紀 7 德宗)

신라 辛酉年 六寺安居食六百六石 (「昌寧塔金堂治成文記碑」 뒷면)

신라 建中二年 新羅國僧惠日 將本國信物 奉上和尚 求授胎藏金剛界蘇悉地等 幷諸尊瑜伽三十本 已來授訖 精通後時 却歸本國 廣弘大教 精誠絶粒持念 悉地現前 遂白日沖天竺國王宮中瞻禮 求乞其法 空中△言西大唐國 有秘密法 法有靑龍寺 同年(781)新羅國僧悟眞 授胎藏毘盧遮那及諸尊持念教法等 至貞元五年(789) 往於中天竺國 大毘盧遮那經梵夾餘經 吐藩國身歿 (『大唐靑龍寺三朝供奉大德行狀』惠日)

고구려 (建中)二年 正己卒 納祕喪 統父衆 仍復爲亂 (…) (『舊唐書』124 列傳 74 李正己)

782(壬戌/신라 선덕왕 3/발해 문왕 46, 大興 46/唐 建中 3/日本 天應 2, 延曆 1)

고구려 (正月)癸未 李納陷海·密二州 (『新唐書』7 本紀 7 德宗)

백제 (閏正月庚子) 從五位下百濟王仁貞爲播磨介 (…) (『續日本紀』37 桓武紀)

신라 春閏正月 遣使入唐朝貢 (『三國史記』9 新羅本紀 9)
신라 春閏正月 遣使如唐朝貢 (『三國史節要』12)
신라 (唐德宗建中)三年閏正月 新羅·牂牁·陁國 (…) 並遣使朝貢 (『冊府元龜』972 外臣部 17 朝貢 5)

백제 (二月庚申) 從五位上百濟王武鏡爲大膳亮 (…) (『續日本紀』37 桓武紀)

신라 二月 王巡幸漢山州 移民戶於浿江鎭 (『三國史記』9 新羅本紀 9)
신라 二月 王巡幸漢山州 移民戶於浿江鎭 (『三國史節要』12)

고구려 四月戊午 李納將李士眞以德·棣二州降 (『新唐書』7 本紀 7 德宗)

발해 建中三年五月 貞元七年正月 皆遣使來朝 授其使大常靖爲衛尉卿同正 (『舊唐書』199下 列傳 149下 北狄 渤海靺鞨)
발해 (唐德宗建中三年)五月 渤海國 並遣使朝貢 (『冊府元龜』972 外臣部 17 朝貢 5)[247]

신라 秋七月 大閱於始林之原 (『三國史記』9 新羅本紀 9)

---

247) 본문에는 日이 보이지 않지만, 『新唐書』에 戊午(6)로 나온다. 따라서 戊午(6)로 편년하고 편제하였다.

신라 秋七月 大閱始林原 (『三國史節要』 12)

신라 (秋七月) 置浿江鎭典 頭上大監一人 大谷城頭上 位自級飡至四重阿飡爲之 大監七人 位與大守同 頭上弟監一人 位自舍知至大奈麻爲之 弟監一人 位自幢至奈麻爲之 步監一人 位與縣令同 少監六人 位自先沮知至大舍爲之 (『三國史節要』 12)

신라 浿江鎭典 頭上大監一人 宣德王三年 始置大谷城頭上 位自級飡至四重阿飡爲之 大監七人 位與大守同 頭上弟監一人 位自舍知至大奈麻爲之 弟監一人 位自幢至奈麻爲之 步監一人 位與縣令同 少監六人 位自先沮知至大舍爲之 (『三國史記』 40 雜志 9 職官 下)[248]

고구려 (十一月是月) 又勸李納稱齊王 (…) (『舊唐書』 12 本紀 12 德宗 上)

신라 壬戌年 仁陽寺事妙戶頂礼石成 同寺金堂治同年羊熱楡川二駅施食百二石 (「昌寧塔金堂治成文記碑」 뒷면)

발해 (元和五年)明年春二月景子 發瘍 薨於京師務本里第 春秋五十 (…) 公以弱冠 偏師破朝鮮於東鹿 (「唐故河中晉絳慈隰等州節度使支度營田觀察處置等使開府儀同三司檢校太尉兼中書令河中尹上柱國延德群王食邑三千戶贈太師張公墓誌銘」)[249]

783(癸亥/신라 선덕왕 4/발해 문왕 47 大興 47/唐 建中 4/日本 延曆 2)

신라 春正月 以阿飡体信爲大谷鎭軍主 (『三國史記』 9 新羅本紀 9)

신라 春正月 以阿飡體信爲大谷鎭軍主 (『三國史節要』 12)

백제 (二月壬子) 授 從五位下百濟王仁貞 安倍朝臣謂奈麻呂竝從五位上 (…) (『續日本紀』 37 桓武紀)

신라 二月 京都雪三尺 (『三國史記』 9 新羅本紀 9)

신라 二月 京都雪三尺 (『三國史節要』 12)

백제 (六月丙寅) 從五位上百濟王仁貞爲備前介 (…) (『續日本紀』 37 桓武紀)

백제 (十月)庚申 詔免當郡今年田租 國郡司及行宮側近高年 幷諸司陪從者 賜物各有差 又百濟王等供奉行在所者一兩人 進階加爵 施百濟寺近江播磨二國正稅各五千束 授正五位上百濟王利善從四位下 從五位上百濟王武鏡正五位下 從五位下百濟王元德 百濟王玄鏡竝從五位上 從四位上百濟王明信正四位下 正六位上百濟王眞善從五位下 (『續日本紀』 37 桓武紀)

백제 (十一月)丁酉 授正四位下百濟王明信正四位上 (『續日本紀』 37 桓武紀)

신라 至第三十七代宣德王 立社稷壇 又見於祀典 皆境內山川 而不及天地者 蓋以王制曰 天子七廟 諸侯五廟 二昭二穆與太祖之廟而五 又曰天子祭天地天下名山大川 諸候祭社稷名山大川之在其地者 是故 不敢越禮而行之者歟 然其壇堂之高下 壝門之內外 次

248) 본문에는 그 달이 보이지 않지만, 『삼국사절요』에는 7월로 나온다. 따라서 7월로 편년하고 편제하였다.
249) 당 건중 3년(782)에 範陽節度使 朱滔 등이 속록에서 李惟嶽 군대를 무찌른 것을 말한다.

位之尊卑 陳設登降之節 尊爵籩豆牲牢冊祝之禮 不可得而推也 但粗記其大略云爾 一年六祭五廟 謂正月二日五日五月五日七月上旬八月一日十五日 十二月寅日 新城北門祭八梏 豐年用大牢 凶年用小牢 立春後亥日 明活城南熊殺谷祭先農 立夏後亥日 新城北門祭中農 立秋後亥日 菻園祭後農 立春後丑日 犬首谷門祭風伯 立夏後申日 卓渚祭雨師 立秋後辰日 本彼遊村祭靈星 [檢諸禮典 只祭先農 無中農後農]

三山五岳已下名山大川 分爲大中小祀

大祀 三山 一奈歷[習比部] 二骨火[切也火郡] 三穴禮[大城郡]

中祀 五岳 東吐含山[大城郡] 南地理山[菁州] 西雞龍山[熊川州] 北太伯山[奈已郡] 中父岳[一云公山 押督郡] 四鎭 東温沫懃[牙谷停] 南海恥也里[一云悉帝 推大郡] 西加耶岬岳[馬尸山郡] 北熊谷岳[比烈忽郡] 四海 東阿等邊[一云斤烏兄邊 退火郡] 南兄邊[居柒山郡] 西未陵邊[屎山郡] 北非禮山[悉直郡] 四瀆 東吐只河[一云槧浦 退火郡] 南黃山河[歃良州] 西熊川河[熊川州] 北漢山河[漢山州] 俗離岳[三年山郡] 推心[火加耶郡] 上助音居西[西林郡] 烏西岳[結巳郡] 北兄山城[大城郡] 清海鎭[助音島]

小祀 霜岳[高城郡] 雪岳[迓城郡] 花岳[斤平郡] 鉗岳[七重城] 負兒岳[北漢山州] 月奈岳[月奈郡] 武珍岳[武珍州] 西多山[伯海郡 難知可縣] 月兄山[奈吐郡 沙熱伊縣] 道西城[萬弩郡] 冬老岳[進禮郡 丹川縣] 竹旨[及伐山郡] 熊只[屈自郡 熊只縣] 岳髮[一云髮岳 于珍也郡] 于火[生西良郡 于大縣] 三岐[大城郡] 卉黃[牟梁] 高墟[沙梁] 嘉阿岳[三年山郡] 波只谷原岳[阿支縣] 非藥岳[退火郡] 加林城[加林縣 一本有靈嵒山虞風山無加林城] 加良岳[菁州] 西述[牟梁]

四城門祭 一大井門 二吐山良門 三習比門 四王后梯門 部庭祭 梁部 四川上祭 一犬首 二文熱林 三青淵 四樸樹 文熱林行日月祭 靈廟寺南行五星祭 惠樹行祈雨祭 四大道祭 東古里 南簷并樹 西渚樹 北活倂岐 壓丘祭辟氣祭 上件或因別制 或因水旱 而行之者也 (『三國史記』32 雜志 1 祭祀)

신라

立社稷壇 又修祀典[十二月寅日 新城北門祭八蜡 豐年用大牢 凶年用小牢 立春後亥日 明活城南熊殺谷祭先農 立夏後亥日 新城北門祭中農 立秋後亥日 菻園祭後農 立春後丑日 犬首谷門祭風伯 立夏後申日 卓渚祭雨師 立秋後辰日 本彼遊村祭靈星[檢諸禮典 只祭先農 無中農 後農] 三山五岳已下名山大川 分爲大中小祀 大祀三山 一奈歷[習比部] 二骨火[切也火郡] 三穴禮[大城郡] 中祀五岳 東吐含山[大城郡] 南地理山[菁州] 西雞龍山[熊川州] 北太伯山[△已郡] 中父岳[一云公山 押督郡] 四鎭 溫懃[牙谷△] 南恥也里[一云帝 推大郡] 西加邪<耶>岬岳[馬尸山郡] 北熊谷岳[比烈忽郡] 四海 東阿等邊[一云斤烏兄邊 退火郡] 南兄邊[居△山郡] 西未陵邊[△山郡] 北非禮山[悉直郡] 四瀆 東吐只河[一云槧浦 退火郡] 南黃山河[歃良州] 西熊川河[熊川州] 北漢山河[漢山州] 俗離岳[三年山郡] 推心[大加耶郡] 上助音居西[西林郡] 烏西岳[結已郡] 北兄山城[大△郡] 清海鎭[助音島] 小祀 霜岳[高城郡] 雪岳[邊城郡] 花岳[斤平郡] 鉗岳[七重城] 負兒岳[北漢山州] 月奈岳[月奈郡] 武珍岳[武珍州] 西多山[伯海郡 難知可郡<縣>] 月兄山[奈吐郡 沙熱伊島] 道西城[萬△郡] 冬老岳[進禮郡 丹川縣] 竹旨[及伐山郡] 熊只[屈自郡 熊只縣] 岳髮[一云髮岳 于珍也郡] 于火[生西良郡 于火縣] 三歧[大城郡] 卉黃[牟梁] 高墟[沙梁] 嘉阿岳[三年山郡] 波只谷原岳[阿支縣] 非藥岳[退火郡] 加林城[加林縣 一本有靈嵒山 虞風山 無加林城] 加良岳[菁州] 西述[牟梁] 四城門祭 一大井門 二吐山良門 三習比門 四王后梯門 部庭祭 梁部四川上祭 一犬首 二文熱林 三青淵 四樸樹 文熱林行日月祭 靈廟寺南行五星祭 惠樹行祈雨祭 四大道祭 東古里 南簷并樹 西渚樹 北活伊岐 壓丘祭 辟氣祭 上件或因別制 或因水旱而行之者也 金富軾志云 新羅祀典 皆境內山川 而不及天地者 盖以王制曰 天子七廟 諸候五廟 二昭二穆與太祖之廟而五 又曰 天子祭天地 天下名山大川 諸侯祭社稷 名山大川之在其地者 是故不敢越禮而行之者歟 然其壇堂之高下 壝門之內外 次位之尊卑 陳設登降之節 尊爵

籩豆 牲牢 冊祝之禮 不可得而隹也 但粗記其大略云爾] (『三國史節要』 12)

신라　建中四年 乾運卒 無子 國人立其上相金良相爲王 (『舊唐書』 199上 列傳 149上 新羅)[250]

신라　建中四年 (乾運)死 無子 國人共立宰相金良相嗣 (『新唐書』 220 列傳 145 新羅)[251]

신라　建中四年 乾運卒 無子 國人立其上相金良相爲王 (『唐會要』 95 新羅)[252]

발해　(…) 建中初 平壚淄靑觀察節度△△△△△太尉李公 廣延秀異 崇禮賢彦 四方皆歸之 (…) (「唐故殿中侍御史淄州長史知軍州事崔府君墓誌銘幷序」)

신라　唐地藏 姓金氏 新羅國王族子也 (…) 建中初 郡守張嚴 仍爲奏化城寺額 而四方慕道之士踵至 先是藏嘗爲蛇所螫 毒發莫之療 俄一美婦人 饋良劑 且敬禮於前曰 小兒無知 觸忤禪師 願勿責也 然山中素缺美飮 懼非他日畜衆之地 當出泉庭中 幸久住 以蒙福祐 頃之果得佳泉 (…) (『新修科分六學僧傳』 6 傳宗科 唐地藏)

신라　寺始於晋隆安之五年 初名九華 唐建中初 郡守張巖 表請勅賜今額 (『九華山志』 5 檀施門 第六 二 財施, 淸 喩成龍 重修九華山化城寺碑記)

784(甲子/신라 선덕왕 5/발해 문왕 48, 大興 48/唐 興元 1/日本 延曆 3)

고구려　春正月癸酉朔 上在奉天行宮受朝賀 詔曰 (…) 改建中五年爲興元元年 李希烈田悅王武俊李納 咸以勳舊 繼守藩維 (…) (『舊唐書』 12 本紀 12 德宗 上)

고구려　正月癸酉 大赦 改元 去聖神文武號 復李希烈田悅王武俊李納官爵 (『新唐書』 7 本紀 7 德宗)

백제　(二月辛巳) 授女孺無位百濟王眞德從五位下 (『續日本紀』 38 桓武紀)

백제　(三月乙酉) 正五位下百濟王武鏡爲周防守 (…) (『續日本紀』 38 桓武紀)

고구려　(四月)丙寅 加李納平章事 (『舊唐書』 12 本紀 12 德宗 上)

신라　夏四月 王欲遜位 群臣三上表諫 乃止 (『三國史記』 9 新羅本紀 9)

신라　夏四月 王欲遜位 群臣三上表諫 乃止 (『三國史節要』 12)

고구려　(五月)庚寅 李納上章稟命 乃贈李正己太尉 (『舊唐書』 12 本紀 12 德宗 上)

백제　(五月甲午) 散位頭從四位下百濟王利善卒 (『續日本紀』 38 桓武紀)

고구려　(八月辛丑) 淄靑節度使承前帶陸海運押新羅渤海兩蕃等使 宜令李納兼之 (『舊唐書』 12 本紀 12 德宗 上)

신라　大德法號眞堅 河南府王屋人也 (…) 製道儀鈔 傳於後學 莫不遵崇宗旨 遠近流行 乃至新羅異域 (…) 興元元年五月十二 忽示現生滅 終于弘聖寺本院 (…) (「大唐東都弘聖寺故臨壇大德眞堅幢銘幷序」)

---

250) 『삼국사기』에는 혜공왕의 훙년 및 선덕왕의 즉위는 780년으로 나온다.
251) 『삼국사기』에는 혜공왕의 훙년 및 선덕왕의 즉위는 780년으로 나온다.
252) 『삼국사기』에는 혜공왕의 훙년 및 선덕왕의 즉위는 780년으로 나온다.

신라	虔州處微禪師[一人見錄]·雞林道義禪師新羅國慧禪師新羅國洪直禪師[已上三人無機緣語句不錄] (『景德傳燈錄』 9 懷讓禪師第三世·前虔州西堂藏禪師法嗣四人』)[253]
신라	雪岳陳田寺元寂禪師 嗣西堂 在溟州 師諱道義 俗姓王氏 北漢郡人 (…) 以建中五年 歲次甲子 隨使韓粲号金讓恭 過海入唐 直往臺山 而感文殊 空聞聖鍾之響 山見神鳥之翔 遂屆廣府寶壇寺 始受具戒 後到曺溪 欲禮祖師之堂 門扇忽然自開 瞻禮三遍 而出門閉如故 次詣江西洪州開元寺 就於西堂智藏大師處 頂謁爲師 決疑釋滯 大師猶若摭石間之美玉 拾蚌中之眞珠 謂曰 誠可以傳法非斯人而誰 改名道義 於是頭陁 而詣百丈山懷海和尙處 一似西堂和尙曰 江西禪脉 揔屬東國之僧歟 餘如碑文 (『祖堂集』 17 元寂禪師道義)
신라	年卄具戒後 卽探討毗尼 製道義鈔 傳於後學 莫不尊崇宗旨 遠近流行 乃至新羅異域 (『全唐文新編』 481 弘聖寺 臨壇大德眞堅幢銘)[254]
고구려	李納 (…) 正己死 祕喪不發 (…) 納於是還鄆 與悅李希烈朱滔王武俊連和 自稱齊王 置百官 興元初 帝下詔罪己 納復歸命 授檢校工部尙書 復平盧帥節 賜鐵券 (…) 死年三十四 贈太傅 子師古·師道 (『新唐書』 213 列傳 138 藩鎭淄靑橫海)
고구려	(…) 納遂歸鄆州 復與李希烈朱滔王武俊田悅合謀皆反 僞稱齊王 建置百官 及興元之降罪己詔 納乃効順 詔加檢校工部尙書·平盧軍節度·淄靑等州觀察使 無幾 檢校右僕射·同中書門下平章事 (『舊唐書』124 列傳 74 李正己)
고구려	興元初 納順命 詔贈太尉 (『新唐書』 213 列傳 138 李正己)

785(乙丑/신라 선덕왕 6, 원성왕 1/발해 문왕 49, 大興 49/唐 貞元 1/日本 延曆 4)

백제	(正月)乙巳 授 (…) 正四位下藤原朝臣諸姉 百濟王明信竝正四位上 (…) (『續日本紀』 38 桓武紀)
백제	(正月辛亥) 從五位上百濟王仁貞爲備前守 (…) (『續日本紀』 38 桓武紀)
백제	(正月癸亥) 以從五位上小倉王 百濟王玄鏡 竝爲少納言 (…) (『續日本紀』 38 桓武紀)
신라	春正月 唐德宗遣戶部郎中蓋塤 持節冊命 王爲檢校大[255]尉雞林州刺史寧海軍使新羅王 (『三國史記』 9 新羅本紀 9)
신라	春正月 帝遣戶部郎中盖塤 持節冊命王爲檢校大尉雞林州刺史寧海軍使新羅王 (『三國史節要』 12)
신라	貞元元年 授良相檢校太尉都督雞林州刺史寧海軍使新羅王 仍令戶部郎中蓋塤持節冊命 (『舊唐書』 199上 列傳 149上 新羅)[256]
신라	貞元元年 遣戶部郎中蓋塤持節命之 (『新唐書』 220 列傳 145 新羅)[257]
신라	貞元元年 授良相檢校太尉都督雞林州刺史寧海軍使新羅國王 仍令戶部郎中蓋塤持節

---

253) 784년에 도의가 入唐하였고 慧禪師는 慧徹國師로 814년 入唐하였다.

254) 이 기사에는 연대 표기가 없으나, 眞堅은 728년에 태어나서 784년에 사망하였으므로 그가 구족계를 받은 것은 747년이다. 그에 따라 747~784년으로 기간편년하고 마지막해인 784년에 배치하였다.

255) 원문의 大는 太가 맞다.

256) 본문에는 月을 알 수 없지만, 『三國史記』 新羅本紀에 정월로 나온다. 따라서 1월로 편년하고 편제하였다.

257) 본문에는 月을 알 수 없지만, 『三國史記』 新羅本紀에 정월로 나온다. 따라서 1월로 편년하고 편제하였다.

冊命 (『唐會要』95 新羅)[258]

신라 (春正月) 是月 王寢疾彌留 乃下詔曰 寡人夲惟菲薄 無心大寶 難逃推戴 作其即位 居位以來 年不順成 民用窮困 此皆德不符民望 政未合大[259]心 常欲禪讓 退居于外 群官百辟 每以誠止 未果如意 因循至今 忽遘疾疹 不寤不興 死生有命 顧復何恨 死後依佛制燒火 散骨東海 (『三國史記』9 新羅本紀 9)[260]

신라 (春正月) 王寢疾彌留 下詔曰 寡人本惟菲薄 無心大寶 難逃推戴 作其即位 居位以來 年不順成 民用窮困 此皆德不符民望 政未合天心 常欲禪讓 退居于外 群官百辟 每以誠止 因循至今 忽遘疾疹 不寤不興 死生有命 顧復何恨 死後依佛制燒火 散骨東海 越十三日乃薨 諡曰宣德 國人立上大等敬信爲王 初 惠恭王末年 叛臣跋扈 宣德時爲上大等 討叛賊 遂弑惠恭自立 敬信與謀 及宣德薨 無子 群臣議 欲立王族子周元 周元第在京北二十里 會天大雨 閼川漲 不得渡 議者曰 人君大位 有關天命 固非人謀所及今日暴雨 天其或者不欲立周元乎 今上大等敬信 德望素高 有人君之度 於是 衆議翕然以定 遂立之 旣而雨止 國人皆呼萬歲 周元退居溟洲 (『三國史節要』12)[261]

신라 至第三十七代 宣德王 立社稷壇 (『三國史記』32 雜志 1 祭祀)

신라 (春正月)至十三日 薨 諡曰宣德 (『三國史記』9 新羅本紀 9)

신라 宣德王薨 元聖王敬信卽位元年 (『三國史記』31 年表 下)

신라 (春正月)越十三日 乃薨 諡曰宣德 國人立上大等敬信爲王 初 惠恭王末年 叛臣跋扈 宣德時爲上大等 討叛賊 遂弑惠恭自立 敬信與謀 及宣德薨 無子 群臣議 欲立王族子周元 周元第在京北二十里 會天大雨 閼川漲 不得渡 議者曰 人君大位 有關天命 固非人謀所 及今日暴雨 天其或者不欲立周元乎 今上大等敬信 德望素高 有人君之度 於是 衆議翕然以定 遂立之 旣而雨止 國人皆呼萬歲 周元退居溟洲 (『三國史節要』12)

신라 元聖王立 諱敬信 奈勿王十二世孫 母朴氏 繼烏夫人 妃金氏 神述角干之女 初惠恭王末年 叛臣跋扈 宣德時爲上大等 首唱除君側之惡 敬信預之 平亂有功 洎宣德卽位 邦[262]爲上大等 及宣德薨 無子群臣議後 欲立王之族子周元 周元宅於京北二十里 會大雨 閼川水漲 周元不得渡 或曰 卽人君大位 固非人謀 今日暴雨 天其或者不欲立周元乎 今上大等敬信 前王之弟 德望素高 有人君之體 於是衆議翕然 立之繼位 旣而雨止 國人皆呼萬歲 (『三國史記』10 新羅本紀 10)[263]

신라 第三十八元聖王 金氏 名敬愼 一作敬信 唐書云敬則 父孝讓大阿干 追封明德大王 母仁△ 一云知烏夫人 諡昭文王后 昌近伊己之女 妃淑貞夫人 神述角干之女 乙丑立 理十四年 陵在鵠寺 今崇福寺也 有致遠所立碑 (『三國遺事』1 王曆)

신라 伊飡金周元 初爲上宰 王爲角干 居二宰 夢脫幞頭 著素笠 把十二絃琴 入於天官寺井中 覺而使人占之 曰脫幞頭者 失職之兆 把琴者 著枷之兆 入井 入獄之兆 王聞之甚

---

258) 본문에는 月을 알 수 없지만, 『三國史記』新羅本紀에 정월로 나온다. 따라서 1월로 편년하고 편제하였다.

259) 분문의 大는 天이 맞다.

260) 선덕왕은 춘정월 13일에 훙하였다. 훙하기 전 선덕왕은 조서를 내렸는데, 따라서 본문의 기사는 춘정월 1~12일로 기간편년하고 12일에 편제하였다.

261) 선덕왕은 춘정월 13일에 훙하였다. 훙하기 전 선덕왕은 조서를 내렸는데, 따라서 본문의 기사는 춘정월 1~12일로 기간편년하고 12일에 편제하였다.

262) 원문의 邦은 卽이 맞다.

263) 『三國遺事』1 王曆 1 第三十八元聖王조에 따르면 "金氏 名敬愼 一作敬信 唐書云敬則 父孝讓大阿干 追封明德大王 母仁△ 一云知烏夫人 諡昭文王后 昌近伊己之女 妃淑貞夫人 申述角干之女 乙丑立 理十四年 陵在鵠寺 今崇福寺也 有致遠所立碑"라고 하였다.

患 杜門不出 于時阿飧餘三或本餘山來通謁 王辞以疾不出 再通曰 願得一見 王諾之 阿飧曰 公所忌何事 王具說占夢之由 阿飧興拜曰 此乃吉祥之夢 公若登大位而不遺我 則爲公解之 王乃辟禁左右 而請解之 曰脫幞頭者 人無居上也 著素笠者 冕旒之兆也 把十二絃琴者 十二孫傳世之兆也 入天官井 入宮禁之瑞也 王曰 上有周元 何居上位 阿飧曰 請密祀北川神可矣 從之 未幾 宣德王崩 國人欲奉周元爲王 將迎入宮 家在川北 忽川漲不得渡 王先入宮即位 上宰之徒衆 皆來附之 拜賀新登之主 是爲元聖大王 諱敬信金武[264] 盖厚夢之應也 周元退居溟州 王旣登極 時餘山已卒矣 召其子孫賜爵 王之孫有五人 惠忠大[265]子 憲平大[266]子 禮英匝干 大龍夫人 小龍夫人等也 大王誠知窮達之變 故有身空詞腦歌[歌亡未詳] 王之考大角干孝讓 傳祖宗万波息笛 乃傳於王 王得之 故厚荷天恩其德遠輝 (『三國遺事』2 紀異 2 元聖大王)

신라 (貞元元年)其年 良相卒 立上相敬信爲王 令襲其官爵 敬信卽從兄弟也 (『舊唐書』199上 列傳 149上 新羅)

신라 (貞元元年)是年 死 立良相從父弟敬信襲王 (『新唐書』220 列傳 145 新羅)

신라 (貞元元年)其年 良相卒 立上相金敬信爲王 令襲其官爵 良相之從兄弟也 (『唐會要』95 新羅)

신라 (唐德宗貞元元年) 是年 新羅王金良相卒 其上相金敬信爲王 詔令襲其官爵 敬信 卽從兄弟也 (『册府元龜』965 外臣部 10 封册 3)

신라 (二月)丙戌 以檢校秘書監金良相爲檢校太尉·使持節·大都督·雞林州刺史·寧海軍使 襲封新羅王 (『舊唐書』12 本紀 12 德宗 上)

신라 二月 追封高祖大阿飡法宣爲玄聖大王 曾祖伊飡義寬爲神英大王 祖伊飡魏文爲興平大王 考一吉飡孝讓爲明德大王 母朴氏爲昭文大[267]后 立子仁謙爲王太子 毁聖德大王開聖大王二廟 以始祖大王太宗大王文武大王及祖興平大王考明德大王爲五廟 增文武百官爵一級 (『三國史記』10 新羅本紀 10)

신라 二月 王追封高祖大阿飡法宣爲玄聖大王 曾祖伊飡義寬爲神英大王 祖伊飡魏文爲興平大王 考一吉飡孝讓爲明德大王 母朴氏爲昭文太后 立子仁謙爲王太子 遷聖德開聖二廟主 以祖禰祔之 賜文武百官爵一級 (『三國史節要』12)

신라 (…) 追封祖訓入匝干爲興平大王 曾祖義官匝干爲神英大王 高祖法宣大阿干爲玄聖大王 玄聖大王玄聖之考即摩叱次匝干 (『三國遺事』2 紀異 2 元聖大王)[268]

신라 京城之東北二十許里 暗谷村之北 有鍪藏寺 第三十八元聖大王之考大阿干孝讓 追封明德大王之爲叔父波珍喰追崇所創也 幽谷逈絶 類似削成 所寄冥奧 自生虛白 乃息心樂道之靈境也 寺之上方 有彌陁古殿 乃昭成[一作聖]大王之妃桂花王后 爲大王先逝 中宮乃充充焉 皇皇焉 哀戚之至 泣血棘心 思所以幽賛明休 光啓玄福者 聞西方有大聖曰彌陁 至誠歸仰 則善救來迎 是眞語者 豈欺我哉 乃捨六衣之盛服 罄九府之貯財 召彼名匠 教造彌陁像一軀 并造神衆以安之 先是 寺有一老僧 忽夢眞人坐於石塔東南岡上 向西爲大衆說法 意謂此地 必佛法所住也 心秘之而不向人說 嵓石巉崒 流澗激迅 匠者不顧咸謂不臧 及乎辟地 乃得平坦之地 可容堂宇 宛似神基 見者莫不愕然稱善 近古來殿則壞圮 而寺獨在 諺傳 太宗統三已後 藏兵鍪於谷中 因名之 (『三國遺事』3 塔像 4 鍪藏寺彌陁殿)

---

264) 원문의 武는 氏가 맞다.
265) 원문의 大는 太가 맞다.
266) 원문의 大는 太가 맞다.
267) 원문의 大는 太가 맞다.
268) 본문에서는 그 月을 알 수 없으나, 『三國史記』에 2월로 나온다. 따라서 2월로 편년하고 편제하였다.

신라 (二月) 拜伊湌兵部令忠廉爲上大等 伊湌悌恭爲侍中 悌恭免 伊湌世強爲侍中 (『三國史記』10 新羅本紀 10)

신라 (二月) 以伊湌兵部令忠廉爲上大等 伊飡悌恭爲侍中 悌恭尋免 以伊飡世強代之 (『三國史節要』12)

신라 三月 出前妃具足王后於外宮 賜租三萬四千石 (『三國史記』10 新羅本紀 10)

신라 三月 出宣德王妃金氏於外宮 賜租三萬四千石 (『三國史節要』12)

신라 (三月) 浿江鎭進赤烏 (『三國史記』10 新羅本紀 10)

신라 (三月) 浿江鎭進赤烏 (『三國史節要』12)

신라 (三月) 改摠管爲都督 (『三國史記』10 新羅本紀 10)

신라 (三月) 改摠管爲都督 位自級飡至伊飡爲之 (『三國史節要』12)

신라 外官 都督九人 智證王六年 以異斯夫爲悉直州軍主 文武王元年改爲摠官 元聖王元年稱都督 位自級湌至伊湌爲之 (『三國史記』40 雜志 9 職官 下)[269)]

백제 (五月甲寅) 從五位下百濟王英孫爲陸奧鎭守權副將軍 (『續日本紀』38 桓武紀)

백제 (五月)壬戌 授正六位上百濟王元基從五位下 (『續日本紀』38 桓武紀)

백제 고구려 (六月癸酉) 右衛士督從三位兼下總守坂上大忌寸苅田麻呂等上表言 臣等本是後漢靈帝之曾孫阿智王之後也 漢祚遷魏 阿智王因神牛教 出行帶方 忽得寶帶瑞 其像似宮城爰建國邑 育其人庶 後召父兄告曰 吾聞 東國有聖主 何不歸從乎 若久居此處 恐取覆滅 卽携母弟迁興德 及七姓民 歸化來朝 是則譽田天皇治天下之御世也 於是阿智王奏請曰 臣舊居在於帶方 人民男女皆有才藝 近者寓於百濟高麗之間 心懷猶豫未知去就伏願天恩遣使追召之 乃勅遣臣八腹氏 分頭發遣 其人民男女 擧落隨使盡來 永爲公民積年累代 以至于今 今在諸國漢人亦是其後也 臣苅田麻呂等 失先祖之王族 蒙下人之卑姓 望請 改忌寸蒙賜宿禰姓 伏願 天恩矜察 儻垂聖聽 所謂寒灰更煖 枯樹復榮也臣苅田麻呂等 不勝至望之誠 輒奉表以聞 詔許之 坂上 內藏 平田 大藏 文 調 文部谷 民 佐太 山口等忌寸十一姓十六人 賜姓宿禰 (『續日本紀』38 桓武紀)

백제 (九月辛酉) 從五位下百濟王英孫爲出羽守 (…) (『續日本紀』38 桓武紀)

신라 政官 (…) 至元聖王元年 初置僧官 簡僧中有才行者充之 有故則遞 無定年限 (『三國史記』40 雜志 9 職官 下)

신라 (…) 朝廷議曰 佛教東漸雖百千齡其於住持修奉軌儀闕如也 非夫綱理無以肅清 啓勅藏爲大國統 凡僧尼一切規猷摠委僧統主之[(…) 後至元聖大王元年又置僧官名政法典以大舍一人史二人爲司 揀僧中有才行者衆之有故即替無定年限 (…)] (『三國遺事』4 義解 5 慈藏定律)

신라 初政官以大舍一人史二人爲司 至是擇僧中 有才行者充之 (『三國史節要』12)

신라 禪師諱慧徹 字體空 俗姓朴氏 京師人也 其先少耽洙泗之迹 長習老莊之言 得喪不關

---

269) 본문에는 그 月을 알 수 없으나, 『三國史記』에 3월로 나온다. 따라서 3월로 편년하고 편제하였다.

於心 名利全忘於世 或憑高眺遠 或染翰吟懷而已 祖高尙其事 不歷公門 於朔州 善谷縣閑居 則太白山南 烟嵐相接 左松右石 一琴一樽 與身相親之人也 娠禪師之初 母氏得夢 有一胡僧 儀形肅雅 衣法服執香爐 徐徐行來坐寢榻 母氏訝而復異 因玆而覺曰 必得持法之者 當爲國師矣 禪師自襁褓已來 凡有擧措 異於常流 至如喧戲之中不喧 安靜之處自靜 觸羶腥則嘔血 見屠殺則傷情 遇坐結跏 禮人合掌 尋寺繞佛 唱梵學僧 冥符宿業 斷可知之矣 (「大安寺寂忍禪師照輪淸淨塔碑」)[270]

신라 乙丑年 仁陽无上舍成 (「昌寧塔金堂治成文記碑」 뒷면)

786(丙寅/신라 원성왕 2/발해 문왕 50, 大興 50/唐 貞元 2/日本 延曆 5)

백제 (正月戊戌) 正六位上 (…) 百濟王孝德竝從五位下 宴訖賜祿有差 (…) (『續日本紀』 39 桓武紀)

백제 (正月己未) 從五位上百濟王玄鏡爲右兵衛督 (…) (『續日本紀』 39 桓武紀)

신라 夏四月 國東雨雹 桑麥皆傷 (『三國史記』 10 新羅本紀 10)

신라 夏四月 國東雨雹 桑麥皆傷 (『三國史節要』 12)

신라 (夏四月) 遣金元全入唐 進奉方物 德宗下詔書曰 勑新羅王金敬信 金元全至 省表及所進奉具悉 卿俗敦信義 志秉貞純 夙奉邦家 克遵聲教 撫玆藩服 皆禀儒風 禮法興行 封部寧乂 而竭誠向闕 述職無虧 累遣使臣 聿修貢獻 雖溟渤遐廣 道路悠長 贄幣往來 率循舊興[271] 忠効益著 嘉歎良深 朕君臨萬方 作人父母 自中及外 合軌同文 期致大[272]和 共躋仁壽 卿宜保安封内 勤恤蒼生 永作藩臣 以寧海裔 今賜卿羅錦綾綵等三十匹衣一副銀榼一口 至宜領之 妃錦綵綾羅等二十匹押金線繡羅裙衣一副銀椀一 大宰相一人 衣一副銀榼一 次宰相二人 各衣一副銀椀各一卿宜領受分給 夏中盛熱 卿比平安好 宰相已下 並存問之 遣書指不多及 (『三國史記』 10 新羅本紀 10)

신라 (夏四月) 遣金元全如唐朝貢 帝下詔曰 金元全至 省表及所進奉具悉 卿性敦信義 志秉眞純 夙奉邦家 克遵聲教 撫玆藩服 皆禀儒風 禮法興行 封部寧乂 而竭誠向闕 述職無虧 累遣使臣 聿修貢獻 雖溟渤遐廣 道路悠長 贄幣往來 率循舊典 忠効益著 嘉嘆良深 朕君臨萬方 作人父母 自中及外 合軌同文 期致大和 共躋仁壽 卿宜保安封內 勤恤蒼生 永作藩臣 以寧海裔 今賜卿羅錦綾綵等二十匹 衣一副 銀榼一口 至宜領之 妃錦綵綾羅等二十匹 押金線繡羅裙衣一副 銀椀一 大宰相一人 衣一副 銀梡一 次宰相二人 各衣一副 銀梡各一 卿宜領受 (『三國史節要』 12)

신라 秋七月 旱 (『三國史記』 10 新羅本紀 10)

신라 秋七月 旱 (『三國史節要』 12)

발해 九月甲辰 出羽國言 渤海國使大使李元泰已下六十五人 乘船一隻漂着部下 被蝦夷略十二人 見存卌一人 (『續日本紀』 39 桓武紀)

발해 桓武天皇 延曆五年 九月 甲辰[十八] (『類聚國史』 193 殊俗部 渤海 上)

신라 九月 王都民饑 出粟三萬三千二百四十石 以賑給之 (『三國史記』 10 新羅本紀 10)

270) 桐裏山門을 개창한 적인선사 慧徹은 785년(원성왕 1)에 출생하였다고 한다.
271) 원본에는 興으로 되어 있으나, 典이 맞다.
272) 원문의 大는 太가 맞다.

신라　九月 王都民饑 出粟三萬三千二百四十石 以賑給之 (『三國史節要』12)

신라　貞元二年丙寅十月十一日 日本王文慶[按日本帝紀 第五十五年[273]文德王疑是也 餘無文慶 或夲云是王大[274]子] 擧兵欲伐新羅 聞新羅有万波息笛退兵 以金五十兩 遣使請其笛 王謂使曰 朕聞上世真平王代有之耳 今不知所在 (『三國遺事』2 紀異 2 元聖大王)

신라　冬十月 又出粟三萬三千石 以給之 (『三國史記』10 新羅本紀 10)
신라　冬十月 又出粟三萬三千石 以給之 (『三國史節要』12)

신라　(冬十月) 大舍武烏 獻兵法十五卷花鈴圖二卷 授以屈坤縣令 (『三國史記』10 新羅本紀 10)
신라　(冬十月) 大舍武烏獻兵法十五卷 花鈴圖二卷 乃除屈押縣令 (『三國史節要』12)

787(丁卯/신라 원성왕 3/발해 문왕 51 大興 51/唐 貞元 3/日本 延曆 6)

백제　春正月壬辰 授 (…) 正六位上 (…) 百濟王玄風 (…) 竝從五位下 (『續日本紀』39 桓武紀)

백제　(二月庚申) 從五位下百濟王玄風爲美濃介 (…) (『續日本紀』39 桓武紀)

발해　(二月)甲戌 渤海使李元泰等言 元泰等入朝時 柂師及挾杪等逢賊之日 竝被劫殺 還國無由 於是 仰越後國 給船一艘柂師挾杪水手而發遣焉 (『續日本紀』39 桓武紀)
발해　(桓武天皇延曆)六年二月甲戌[十九] (『類聚國史』193 殊俗部 渤海 上)

신라　春二月 京都地震 (『三國史記』10 新羅本紀 10)
신라　春二月 京都地震 (『三國史節要』12)

신라　(春二月) 親祀神宮 大赦 (『三國史記』10 新羅本紀 10)
신라　(春二月) 王親祀新宮 大赦 (『三國史節要』12)

신라　東國慧目山和尙 嗣章敬 師諱玄昱 俗姓金氏 東溟冠族 父諱廉均 官至兵部侍郎 妣朴氏 胎孕之際 夢得殊常 以貞元三年 五月五日誕生 纔有童心便知佛事 每汲水以供魚常聚沙而爲塔 年至壯齒 志願出家 旣持浮海之囊 遂落掩泥之髮 (…) (『祖堂集』17 慧目山和尙玄昱)

신라　夏五月 太白晝見 (『三國史記』10 新羅本紀 10)
신라　夏五月 太白晝見 (『三國史節要』12)

백제　閏五月丁巳 陸奧鎭守將軍正五位上百濟王俊哲坐事左降日向權介 (『續日本紀』39 桓武紀)

신라　(貞元二年)明年七月七日 更遣使 以金一千兩請之曰 寡人願得見神物而還之矣 王亦辭

273) 원문의 年은 主가 맞다.
274) 원문의 大는 太가 맞다.

以前對 以銀三千兩賜其使 還金而不受 (『三國遺事』2 紀異 2 元聖大王)

신라 秋七月 蝗害穀 (『三國史記』10 新羅本紀 10)
신라 秋七月 蝗害穀 (『三國史節要』12)

신라 八月辛巳朔 日有食之 (『三國史記』10 新羅本紀 10)
신라 八月辛巳朔 日有食之 (『三國史節要』12)

백제 (八月)甲辰 行幸高椅津 還過大納言從二位藤原朝臣繼繩第 授其室正四位上百濟王明信從三位 (『續日本紀』39 桓武紀)

신라 (貞元二年 (…) 明年)八月 使還 藏其笛於內黃殿 (『三國遺事』2 紀異 2 元聖大王)

백제 (十月)己亥 主人率百濟王等奏種種之樂 授從五位上百濟王玄鏡 藤原朝臣乙叡 竝正五位下 正六位上百濟王元眞 善貞 忠信 竝從五位下 正五位下藤原朝臣明子正五位上 從五位下藤原朝臣家野從五位上 無位百濟王明本從五位下 是日還宮 (『續日本紀』39 桓武紀)

신라 少年書省二人 元聖王三年 以惠英梵如二法爲之 (『三國史記』40 雜志 9 職官 下)
신라 置國統 少年書省二人 州統九人 郡統十八人 皆以僧授之 (『三國史節要』12)

고구려 貞元三年 李納獻毛龜 (『舊唐書』37 志 17 五行)

788(戊辰/신라 원성왕 4/발해 문왕 52 大興 52/唐 貞元 4/日本 延曆 7)

백제 (二月甲申) 從五位下百濟王善貞爲介 (『續日本紀』39 桓武紀)

백제 (二月丙午) 從五位下百濟王敎德爲右兵庫頭 (…) (『續日本紀』39 桓武紀)

고구려 [舊紀] 貞元四年三月甲寅 宴羣臣于麟德殿 設九部樂 內出舞馬 上賦詩一章 羣臣屬和 (『玉海』105 音樂·樂3 唐九部樂·十部樂·十四國樂·二部樂)

신라 春 始定讀書三品以出身 讀春秋左氏傳 若禮記 若文選 而能通其義 兼明論語孝經者爲上 讀曲禮論語孝經者爲中 讀曲禮孝經者爲下 若博通五經三史諸子百家書者 超擢用之 前祇以弓箭選人 至是改之 (『三國史記』10 新羅本紀 10)
신라 春 始定讀書出身科 讀春秋左氏傳 若禮記若文選而能通其義 兼明論語孝經者爲上 讀曲禮論語孝經者爲中 讀曲禮孝經者爲下 若博通五經三史諸子百家書者 超擢用之 前此 但以射選人 至是改之[三國史志 敎授之法 以周易尙書毛詩禮記春秋左氏傳文選 分而爲之業 博士若助敎一人 或以禮記周易論語孝經 或以春秋左傳毛詩論語孝經 或以尙書論語孝經文選敎授之 諸生讀書以三品出身 讀春秋左氏傳若禮記若文選而能通基義 兼明論語孝經者爲上 讀曲禮論語孝經者爲中 讀曲禮孝經者爲下 若能兼通五經三史 諸子百家書者 超擢用之 或差算學博士若助敎一人 以綴經三開九章六章敎授之 凡學生 位自大舍已下至無位 年自十五至三十皆充之 限九年 若朴魯不化者罷之 若才氣可成而未熟者 雖踰九年許在學 位至大奈麻 奈麻以後出學] (『三國史節要』12)
신라 國學 (…) 敎授之法 以周易尙書毛詩禮記春秋左氏傳文選 分而爲之業 博士若助敎一人 或以禮記周易論語孝經 或以春秋左傳毛詩論語孝經 或以尙書論語孝經文選敎授之

諸生讀書以三品出身 讀春秋左氏傳若禮記若文選而能通基義 兼明論語孝經者爲上 讀曲禮論語孝經》者爲中 讀曲禮孝經者爲下 若能兼通五經三史諸子百家書者 超擢用之 或差算學博士若助敎一人 以綴經三開九章六章 敎授之 凡學生 位自大舍已下至無位 年自十五至三十皆充之 限九年 若朴魯不化者罷之 若才器可成而未熟者 雖踰九年許在學 位至大奈麻奈麻以後 出學 (『三國史記』38 雜志 7 職官 上)

고구려 (貞元四年)夏 汴鄭二州羣鳥皆飛入田緖李納境內 銜木爲城 高二三尺 方十里 緖納惡之 命焚之 信宿而復 鳥口皆流血 (『舊唐書』37 志 17 五行)

고구려 (貞元四年) 是歲夏 鄭汴境內烏皆羣飛 集魏博田緖淄靑李納境內 銜木爲城 高二三尺 方十里 緖納惡而焚之 信宿又然 鳥口皆流血 (『新唐書』34 志 24 五行 1)

신라 秋 國西旱蝗 多盜賊 王發使安撫之 (『三國史記』10 新羅本紀 10)

신라 秋 國西旱蝗 多盜賊 王遣使安撫之 (『三國史節要』12)

789(己巳/신라 원성왕 5/발해 문왕 53 大興 53/唐 貞元 5/日本 延曆 8)

신라 春正月甲辰朔 日有食之 (『三國史記』10 新羅本紀 10)

신라 春正月甲辰朔 日有食之 (『三國史節要』12)

신라 (春正月) 漢山州民饑 出粟以賙之 (『三國史記』10 新羅本紀 10)

신라 (春正月) 漢山州民饑 出粟賑之 (『三國史節要』12)

백제 (正月己酉) 授 (…) 正五位下百濟王玄鏡正五位上 (…) (『續日本紀』40 桓武紀)

백제 (二月丁丑) 正五位上百濟王玄鏡爲上總守 (…) 從五位下百濟王敎德爲讚岐介 (『續日本紀』40 桓武紀)

고구려 (貞元六年 二月) 丁酉 王武俊守棣州將趙鎬以郡歸李納 武俊怒 以兵攻之 (『舊唐書』13 本紀 13 德宗 下)

백제 (三月戊午) 從五位下百濟王仁貞爲中宮亮 (…) (『續日本紀』40 桓武紀)

신라 秋七月 隕霜傷穀 (『三國史記』10 新羅本紀 10)

신라 秋七月 隕霜傷穀 (『三國史節要』12)

신라 九月 以子玉爲楊根縣小守 執事史毛肖駮言 子玉不以文籍出身 不可委分憂之職 侍中議云 雖不以文籍出身 曾入大唐爲學生 不亦可用耶 王從之

論曰 惟學焉然後聞道 惟聞道然後 灼知事之本末 故學而後仕者 其於事也 先夲而末自正 譬如擧一綱 萬目從而皆正 不學者反此 不知事有先後夲末之序 但區區弊精神於枝末 或掊歛[275]以爲利 或苛察以相高 雖欲利國安民 而反害之 是故 學記之言 終於務本 而書亦言 不學牆面 莅事惟煩 則執事毛肖一言 可爲萬世之模範者焉 (『三國史記』10 新羅本紀 10)

신라 九月 以子玉爲楊根縣小守 執事史毛肖駁曰 子玉非文籍出身者 不可以委外補 侍中議云 雖不以文籍出身 曾入中國爲學生 亦可用也 王從之

275) 본문의 歛은 斂이 맞다.

權近曰 子路使子羔費宰 子曰 賊夫人之子 盖言子羔未學 遽使治民 適以害之也 故古之人 必學而優則仕 若不學而仕 則或以掊克爲能 或以苛察爲明鮮 有不爲民患者也 毛肖可謂知用人之道矣 (『三國史節要』12)

고구려 (十月)乙酉 散位從三位高倉朝臣福信薨 福信 武藏國 高麗郡人也 本姓背奈 其祖福德屬唐將李勣拔平壤城 來歸國家 居武藏·焉 福信卽福德之孫也 小年隨伯父背奈行文入都 時與同輩 晩頭往石上衢 遊戱相撲 巧用其力 能勝其敵 遂聞內裏 召令侍內竪所 自是著名 初任右衛士大志 稍遷 天平中授外從五位下 任春宮亮 聖武皇帝甚加恩幸 勝寶初 至從四位紫微少弼 改本姓賜高麗朝臣 遷信部大輔 神護元年 授從三位 拜造宮卿 兼歷武藏近江守 寶龜十年上書言 臣自投聖化 年歲已深 但雖新姓之榮朝臣過分 而舊俗之號高麗未除 伏乞 改高麗以爲高倉 詔許之 天應元年 遷彈正尹兼武藏守 延曆四年 上表乞身 以散位歸第焉 薨時年八十一 (『續日本紀』40 桓武紀)

백제 (十二月)壬子 葬於大枝山陵 皇太后姓和氏 諱新笠 贈正一位乙繼之女也 母贈正一位大枝朝臣眞妹 后先出自百濟武寧王之子純陁太子 皇后容德淑茂 夙著聲譽 天宗高紹天皇龍潛之日 娉而納焉 生今上 早良親王 能登內親王 寶龜年中 改姓爲高野朝臣 今上卽位 尊爲皇太夫人 九年追上尊號 曰皇太后 其百濟遠祖都慕王者 河伯之女感日精而所生 皇太后卽其後也 因以奉諡焉 (『續日本紀』40 桓武紀)

신라 建中二年 新羅國僧惠日 將本國信物 奉上和尙 求授胎藏金剛界蘇悉地等 幷諸尊瑜伽三十本 已來授訖 精通後時 却歸本國 廣弘大敎 精誠絶粒持念 悉地現前 遂白日沖天竺國王宮中瞻禮 求乞其法 空中△言西大唐國 有秘密法 法有靑龍寺 同年 新羅國僧悟眞 授胎藏毘盧遮那及諸尊持念敎法等 至貞元五年 往於中天竺國 大毘盧遮那經梵夾餘經 吐藩國身歿 (『大唐靑龍寺三朝供奉大德行狀』惠日)

790(庚午/신라 원성왕 6/발해 문왕 54, 大興 54/唐 貞元 6/日本 延曆 9)

백제 (春正月癸亥) 從五位上藤原朝臣黑麻呂 百濟王仁貞 三嶋眞人名繼 從五位下文室眞人八嶋 爲周忌御齋會司 (…) (『續日本紀』40 桓武紀)

신라 春正月 以宗基爲侍中 (『三國史記』10 新羅本紀 10)
신라 春正月 以宗基爲侍中 (『三國史節要』12)

신라 (春正月) 增築碧骨堤 徵全州等七州人興役 (『三國史記』10 新羅本紀 10)
신라 (春正月) 發全州等七州人 增築碧骨堤 (『三國史節要』12)

신라 (春正月) 熊川州進赤烏 (『三國史記』10 新羅本紀 10)
신라 (春正月) 熊川州進赤烏 (『三國史節要』12)

백제 (二月甲午) 正五位上文室眞人高嶋 百濟王玄鏡竝從四位下 從五位上百濟王仁貞正五位上 (…) 正六位上百濟王鏡仁從五位下是日 詔曰 百濟王等者朕之外戚也 今所以擢一兩人 加授爵位也 (『續日本紀』40 桓武紀)

고구려 (二月)丁酉 王武俊守棣州將趙鎬以郡歸李納 武俊怒 以兵攻之 (『舊唐書』13 本紀 13 德宗 下)

백제 (三月庚子) 日向權介正五位上勳四等百濟王俊哲免其罪令入京 (『續日本紀』 40 桓武紀)

백제 (三月丙午) 從五位下百濟王鏡仁爲豊後介 (『續日本紀』 40 桓武紀)

백제 (三月)壬戌 以正五位上百濟王仁貞爲左中弁 (…) 從五位下百濟王元信爲治部少輔 (…) 左中弁正五位上百濟王仁貞爲兼木工頭 (…) 從五位下百濟王忠信爲中衛少將 (…) (『續日本紀』 40 桓武紀)

신라 三月 以一吉飡伯魚使北國 (『三國史記』 10 新羅本紀 10)
신라 三月 以一吉飡伯魚使北國 (『三國史節要』 12)

신라 (三月) 大旱 (『三國史記』 10 新羅本紀 10)
신라 (三月) 大旱 (『三國史節要』 12)

신라 夏四月 大[276]白辰星聚于東井 (『三國史記』 10 新羅本紀 10)
신라 夏四月 太白辰星聚于東井 (『三國史節要』 12)

신라 五月 出粟賑漢山熊川二州 饑民 (『三國史記』 10 新羅本紀 10)
신라 五月 漢山熊川二州民饑 出粟賑之 (『三國史節要』 12)

백제 秋七月辛巳 左中弁正五位上兼木工頭百濟王仁貞 治部少輔從五位下百濟王元信 中衛少將從五位下百濟王忠信 圖書頭從五位上兼東宮學士左兵衛佐伊豫守津連眞道等上表言 眞道等本系出自百濟國貴須王 貴須王者百濟始興第十六世王也 夫百濟太祖都慕大王者 日神降靈 奄扶餘而開國 天帝授籙 摠諸韓而稱王 降及近肖古王 遙慕聖化 始聘貴國 時則神功皇后攝政之年也 其後輕嶋豊明朝御宇應神天皇 命上毛野氏遠祖荒田別使於百濟搜聘有識者 國主貴須王恭奉使旨 擇採宗族 遣其孫辰孫王 一名智宗王 隨使入朝 天皇嘉焉 特加寵命 以爲皇太子之師矣 於是 始傳書籍 大闡儒風 文教之興 誠在於此 難波高津朝御宇仁德天皇 以辰孫王長子太阿郎王爲近侍 太阿郎王子亥陽君 亥陽君子午定君 午定君生三男 長子味沙 仲子辰爾 季子麻呂 從此而別始爲三姓 各因所職以命氏焉 葛井 船 津連等卽是也 逮于他田朝御字敏達天皇御世 高麗國遣使上鳥羽之表 群臣諸史莫之能讀 而辰爾進取其表 能讀巧寫 詳奏表文 天皇嘉其篤學 深加賞歎 詔曰 勤乎懿哉 汝若不愛學 誰能解讀 宜從今始近侍殿中 旣而又詔東西諸史曰 汝等雖衆 不及辰爾 斯竝國史家牒 詳載其事矣 伏惟 皇朝則天布化 稽古垂風 弘澤浹乎群方 叡政覃於品彙 故能修廢繼絶 萬姓仰而賴慶 正名辨物 四海歸而得宜 凡有懷生 莫不抃躍 眞道等先祖 委質聖祖 年代深遠 家傳文雅之業 族掌西庠之職 眞道等生逢昌運 預沐天恩 伏望 改換連姓 蒙賜朝臣 於是 勅因居賜姓菅野朝臣 (『續日本紀』 40 桓武紀)

백제 (七月戊子) 從五位下百濟王元信爲肥後介 (『續日本紀』 40 桓武紀)

고구려 (十一月庚午) 靑州李納以棣州還王武俊 幷其兵士三千 (『舊唐書』 13 本紀 13 德宗下)

---

276) 원문의 大는 太가 맞다.

삼한 (十一月)壬申 外從五位下韓國連源等言 源等是物部大連等之苗裔也 夫物部連等 各因居地行事 別爲百八十氏 是以 源等先祖鹽兒 以父祖奉使國名 故改物部連 爲韓國連 然則大連苗裔 是日本舊民 今號韓國 還似三韓之新來 至於唱導 每驚人聽 因地賜姓 古今通典 伏望 改韓國二字 蒙賜高原 依請許之 (『續日本紀』 40 桓武紀)

백제 十二月壬辰朔 詔曰 春秋之義 祖以子貴 此則禮經之垂典 帝王之恒範 朕君臨寓內 十年於玆 追尊之道 猶有闕如 興言念之 深以懼焉 宜朕外祖父高野朝臣 外祖母土師宿禰 竝追贈正一位 其改土師氏爲大枝朝臣 夫先秩九族 事彰常典 自近及遠 義存曩籍 亦宜菅原眞仲 土師菅麻呂等同爲大枝朝臣矣 (『續日本紀』 40 桓武紀)

신라 典邑署 (…) 卿二人[本置監六人 分領六部 元聖王六年升二人爲卿] 位自奈麻至沙飡爲之 (『三國史記』 38 雜志 7 職官 上)

791(辛未/신라 원성왕 7/발해 문왕 55 大興 55/唐 貞元 7/日本 延曆 10)

백제 (正月戊辰) 正五位上百濟王仁貞 (…) 竝從四位下 (…) 從五位下 (…) 百濟王英孫 (…) 竝從五位上 (…) (『續日本紀』 40 桓武紀)

백제 (正月)庚午 授無位川原女王 吳岡女王 正六位上百濟王難波姬 無位縣犬養宿禰額子竝從五位下 (『續日本紀』 40 桓武紀)

백제 (正月)癸酉 春宮亮正五位下葛井連道依 主稅大屬從六位下船連今道等言 葛井 船 津連等 本出一祖 別爲三氏 而今津連等幸遇昌運 先賜朝臣 而道依今道等猶滯連姓 方今聖主照臨 在幽盡燭 至化潛運 稟氣歸仁 伏望 同沐天恩 共蒙改姓 詔許之 道依等八人賜姓宿禰 今道等八人因居賜宮原宿禰 又對馬守正六位上津連吉道等十人賜宿禰 少外記津連巨都雄等兄弟姉妹七人 因居賜中科宿禰 (『續日本紀』 40 桓武紀)

백제 (正月)己卯 遣正五位上百濟王俊哲 從五位下坂上大宿禰田村麻呂於東海道 從五位下藤原朝臣眞鷲於東山道 簡閱軍士兼檢戎具 爲征蝦夷也 (『續日本紀』 40 桓武紀)

백제 (正月癸未) 正五位上百濟王俊哲爲下野守 (…) (『續日本紀』 40 桓武紀)

신라 春正月 王太子卒 諡曰惠忠 (『三國史記』 10 新羅本紀 10)
신라 春正月 王太子仁謙卒 諡曰惠忠 (『三國史節要』 12)

신라 (春正月) 伊飡悌恭叛 伏誅 (『三國史記』 10 新羅本紀 10)
신라 (春正月) 伊飡悌恭謀叛 伏誅 (『三國史節要』 12)

신라 (春正月) 熊川州 向省大舍妻 一産三男 (『三國史記』 10 新羅本紀 10)
신라 (春正月) 熊川州大舍向省妻 一産三男 (『三國史節要』 12)

발해 建中三年五月 貞元七年正月 皆遣使來朝 授其使大常靖爲衛尉卿同正 令還蕃 (『舊唐書』 199下 列傳 149下 北狄 渤海靺鞨)
발해 (唐德宗貞元)七年正月 廻鶻大首領史勃羡渤海黑衣大食 (…) 並遣使來朝 (『册府元龜』 972 外臣部 17 朝貢 5)

백제 (四月)戊戌 左大史正六位上文忌寸最弟 播磨少目正八位上武生連眞象等言 文忌寸等元有二家 東文稱直 西文號首 相比行事 其來遠焉 今東文擧家旣登宿禰 西文漏恩猶沈忌寸 最弟等幸逢明時 不蒙曲察 歷代之後申理無由 伏望 同賜榮號 永貽孫謀 有勅責其本系 最弟等言 漢高帝之後日鸞 鸞之後王狗轉至百濟 百濟久素王時 聖朝遣使徵召文人 久素王卽以狗孫王仁貢焉 是文 武生等之祖也 於是最弟及眞象等八人賜姓宿禰 (『續日本紀』 40 桓武紀)

발해 (唐德宗貞元)七年五月戊辰 以渤海賀正使太嘗靖 爲衛尉卿·同正 令歸國 (『册府元龜』 976 外臣部 21 褒異 3)

백제 (七月)壬申 從四位下大伴宿禰弟麻呂爲征夷大使 正五位上百濟王俊哲 從五位上多治比眞人濱成 從五位下坂上大宿禰田村麻呂 從五位下巨勢朝臣野足竝爲副使 (『續日本紀』 40 桓武紀)

백제 (七月丁亥) 從五位下百濟王忠信爲越後介 (…) (『續日本紀』 40 桓武紀)

백제 (七月戊子) 左中弁從四位下百濟王仁貞卒 (『續日本紀』 40 桓武紀)

백제 (八月)壬子 攝津國百濟郡人正六位上廣井造眞成賜姓連 (『續日本紀』 40 桓武紀)

발해 (貞元七年)八月 其王子大貞翰來朝 請備宿衛 (『舊唐書』 199下 列傳 149下 北狄 渤海靺鞨)

발해 (唐)德宗貞元七年八月 渤海王遣其子太貞幹[277] 來朝 請備宿衛 (『册府元龜』 996 外臣部 41 納質)

백제 (九月)庚辰 下野守正五位上百濟王俊哲爲兼陸奧鎭守將軍 (『續日本紀』 40 桓武紀)

백제 (十月)己亥 右大臣率百濟王等 奏百濟樂 授正五位下藤原朝臣乙叡從四位下 從五位下百濟王玄風 百濟王善貞竝從五位上 從五位下藤原朝臣淨子正五位下 正六位上百濟王貞孫從五位下 (『續日本紀』 40 桓武紀)

신라 冬十月 京都雪三尺 人有凍死 (『三國史記』 10 新羅本紀 10)

신라 冬十月 京都雪三尺 人有凍死 (『三國史節要』 12)

신라 (冬十月) 侍中宗基免 大阿湌俊邕爲侍中 (『三國史記』 10 新羅本紀 10)

신라 (冬十月) 侍中宗基免 以大阿湌俊邕代之 (『三國史節要』 12)

신라 十一月 京都地震 (『三國史記』 10 新羅本紀 10)[278]

신라 (十一月) 內省侍郎金言爲三重阿湌 (『三國史記』 10 新羅本紀 10)[279]

---

277) 一作眞幹

278) 『三國史節要』에는 12월로 나온다.

279) 『三國史節要』에는 12월로 나온다.

신라 十二月 京都地震 (『三國史節要』 12)[280]

신라 (十二月) 以內省侍郎金言爲三重阿飡 (『三國史節要』 12)[281]

792(壬申/신라 원성왕 8/발해 문왕 56, 大興 56/唐 貞元 8/日本 延曆 11)

고구려 (五月)癸酉 平盧淄靑節度使檢校司徒平章事李納卒 (『舊唐書』 13 本紀 13 德宗 下)

고구려 (五月)癸酉 平盧軍節度使李納卒 其子師古自稱留後 (『新唐書』 7 本紀 7 德宗)

발해 貞孝公主墓誌幷序

夫緬覽唐書 嬀汭降帝女之濱 慱詳丘傳 魯舘開王姬之筵 豈非婦德昭昭 譽名期於有後 母儀穆穆 餘慶集於無疆 襲祉之稱 其斯之謂也 公主者我大興寶曆孝感金輪聖法大王之第四女也 惟祖惟父 王化所興 盛烈戎功 可得而論焉 若乃乘時御辨 明齊日月之照臨 立極握機 仁均乾坤之覆載 配重華而㐌[282]夏禹 陶殷湯而韜周文 自天祐之 威如之吉 公主稟靈氣於巫岳 感神仙於洛川 生於深宮 幼聞婉嫕 瓌姿稀遇 曄似瓊樹之叢花 瑞質絶倫 溫如崑峯之片玉 早受女師之敎 克比思齊 每慕曹家之風 敦詩悅禮 辨慧獨步 雅性自然 △△好仇 嫁于君子 摽同車之密[283]義 叶家人之永貞 柔恭且都 履愼謙謙 簫樓之上 韻調雙鳳之聲 鏡臺之中 舞狀兩鸞之影 動響環珮 留情組紃 黼藻至言 琢磨潔節 繼敬武於勝里 擬魯元於豪門 琴瑟之和 蓀蕙之馥 誰謂夫聳先化 無終助政之謨 稚女又夭 未延[284]弄瓦之日 公主出織室而灑淚 望空閨而結愁 六行孔備 三從是亮 學恭姜之信矢 銜杞婦之哀悽 惠于聖人 聿懷閫德 而長途未半 隙駒疾馳 逝水成川 藏舟易動 粵以大興五十六年夏六月九日壬辰終於外第 春秋三十六 謚曰貞孝公主 其年冬十一月卄八日己卯陪葬於染谷之西原 禮也 皇上罷朝興慟 避寢弛懸 喪事之儀 命官備矣 挽郞嗚咽 遵阡陌而盤桓 轅馬悲鳴 顧郊野而低昻 喻以鄂長 榮越崇陵 方之平陽 恩加立厝 荒山之曲 松檟森以成行 古河之隈 泉堂邃而永翳 惜千金於一別 留尺石於萬齡 乃勒銘曰 丕顯烈祖 功等一匡 明賞愼罰 奄有四方 爰及君父 壽考無疆 對越三五 囊括成康 其一 惟主之生 幼而洵美 聰慧非常 慱聞高視 北禁羽儀 東宮之姉 如玉之顔 蕣華可比 其二 漢上之靈 高唐之精 婉孌之態 閫[285]訓玆成 嬪于君子 柔順顯名 鴛鴦成對 鳳凰和鳴 其三 所天早化 幽明殊途 雙鸞忽背 兩劍永孤 篤於潔信 載史應圖 惟德之行 居貞且都 其四 愧桑中詠[286] 愛柏舟詩 玄仁匪悅 白駒疾辭 奠殯已畢 卽還靈轜 魂歸人逝[287] 角咽笳悲 其五 河水之畔 斷山之邊 夜臺何曉 荒隴幾年 森森古樹 蒼蒼野煙 泉扃俄閟 空積悽然 其六 (「貞孝公主墓誌)[288]

발해 會邦于广 蘭書 屎屎产孝 (「貞孝公主墓出土塼銘」)[289]

신라 秋七月 遣使入唐 獻美女金井蘭 其女國色身香 (『三國史記』 10 新羅本紀 10)

신라 秋七月 遣使如唐獻美女金井蘭 (『三國史節要』 12)

---

280) 『三國史記』에는 11월로 나온다.
281) 『三國史記』에는 11월로 나온다.
282) 房으로도 읽는다.
283) 容으로도 읽는다.
284) 逢으로도 읽는다.
285) 聞으로도 읽는다.
286) 咏으로도 읽는다.
287) 送으로도 읽는다.
288) 정효공주는 발해 제3대 文王의 넷째 딸이다. 757년(문왕 22)에 태어나 792년(문왕 56) 6월에 36세의 나이로 사망하였다.
289) 정효공주의 무덤에서 발견된 벽돌 3장에서 나온 명문으로, 그 연대는 792년(문왕 56)으로 추정된다.

고구려　(八月)辛卯　以青州刺史李師古爲鄆州大都督府長史平盧淄靑等州節度觀察海運陸運押新羅渤海兩蕃等使 (『舊唐書』 13 本紀 13 德宗 下)

신라　八月 封王子義英爲大子 (『三國史記』 10 新羅本紀 10)
신라　八月 封王子義英爲太子 (『三國史節要』 12)

신라　(八月) 上大等忠廉卒 伊飡世強爲上大等 侍中俊邕病免 伊飡崇斌爲侍中 (『三國史記』 10 新羅本紀 10)
신라　(八月) 上大等忠廉卒 以伊飡世強代之 侍中俊邕病免 以伊飡崇斌代之 (『三國史節要』 12)

신라　冬十一月 壬子朔 日有食之 (『三國史記』 10 新羅本紀 10)
신라　冬十一月 壬子朔 日有食之 (『三國史節要』 12)

발해　(十二月閏月)甲戌 牂柯室韋靺鞨 皆遣使朝貢 (『舊唐書』 13 本紀 13 德宗下)
발해　貞元八年閏十二月 渤海押靺鞨使楊吉福等三十五人來朝貢 (『唐會要』 96 渤海)[290)]
발해　(唐德宗貞元)八年十二月 牂牁靺鞨 皆遣使朝貢 (『册府元龜』 972 外臣部 17 朝貢 5)[291)]

옥저　貞元八年 吳明國貢常燃鼎鸞蜂蜜 云 其國去東海數萬里 經挹婁沃沮等國 (…) (『太平廣記』 480 蠻夷 1 吳明國)

고구려　師古 累奏至青州刺史 貞元八年 納死 軍中以師古代其位而上請 朝廷因而授之 起復右金吾大將軍同正平盧及靑淄齊節度營田觀察海運陸運押新羅渤海兩蕃使 (『舊唐書』 124 列傳 74 李師古)
고구려　師古 以蔭累署青州刺史 納死 軍中請嗣帥 詔起爲右金吾衛大將軍本軍節度使 (『新唐書』 213 列傳 138八 藩鎭淄靑橫海)

793(癸酉/신라 원성왕 9/발해 문왕 57 大興 57, 폐왕 1/唐 貞元 9/日本 延暦 12)

백제　五月戊子 錢三十萬 及長門阿波兩國稻 各一千束 特施入河內國交野郡百濟寺 (『類聚國史』 182 施入物)

신라　秋八月 大風折木偃禾 (『三國史記』 10 新羅本紀 10)
신라　秋八月 大風折木偃禾 (『三國史節要』 12)

신라　(秋八月) 奈麻金惱獻白雉 (『三國史記』 10 新羅本紀 10)
신라　(秋八月) 奈麻金惱獻白雉 (『三國史節要』 12)

발해　自都還山 便止佛光精舍 貞元九年十二月十二日 齋飯之次 無疾而終 滅度之日 晝結霜露 夕則陰凝 乃至終月 曾不開朗 又嚴然跏趺 如入禪定 始從初七逮於終七 顏色熙怡 觀禮驚歎 識者云 蓋定力所持耳 享年七十二 僧臘四十三 元戎將幕 遠嚫金錢 飾終寶塔 卽於寺中峰爲全身舍利之所也 (「無名和尙 塔銘」)[292)]

---

290) 본문에는 日을 알 수 없으나, 『구당서』에 甲戌(24)로 나온다. 따라서 甲戌(24)로 편년하고 편제하였다.
291) 본문에는 日을 알 수 없으나, 『구당서』에 甲戌(24)로 나온다. 따라서 甲戌(24)로 편년하고 편제하였다.
292) 2010, 『五臺山佛光寺』

신라	新羅俗每當仲春初八至十五日都人士女競遶興輪寺之殿塔爲福會　元聖王代有郎君金現者夜深獨遶不息　有一處女念佛隨遶　相感而目送之　遶畢引入屛處通焉　女将還現従之女辭拒而強随之行至西山之麓入一茅店　有老嫗問女曰　附㜈者何人　女陳其情　嫗曰　雖好事不如無也　然遂事不可諫也　且蔵於密恐汝弟兄之惡也　把郎而匿之奥　小遶有三虎咆哮而至作人語曰　家有腥膻之氣　療飢何幸　嫗與女叱曰　爾鼻之爽乎　何言之狂也　時有天唱　爾輩嗜害物命尤多　宜誅一以徵惡　三獸聞之皆有憂色　女謂曰　三兄若能遠避而自懲　我能代受其罰　皆喜俛首妥尾而遁去　女入謂郎曰　始吾耻君子之辱臨幣族故辞禁爾　今既無隐敢布腹心　且賤妾之於郎君雖曰非類　得陪一夕之歡義重結褵之好　三兄之惡天既猒之　一家之殃予欲當之　與其死於等閑人之手曷若伏於郎君刄下以報之徳乎　妾以明日入市爲害劇　則國人無如我何　大王必募以重爵而捉我矣　君其無㥘追我乎城北林中吾将待之　現曰　人交人彛倫之道異類而交盖非常也　既得從容固多天幸何可忍賣於伉儷之死僥倖一世之爵禄乎　女曰　郎君無有此言　今妾之壽夭盖天命也　亦吾願也　郎君之慶也　予族之福也　國人之喜也　一死而五利備其可違乎　但爲妾創寺講真詮資勝報則郎君之惠莫大焉　遂相泣而别　次日果有猛虎入城中　剽甚無敢當　元聖王聞之申令曰　戡虎者爵二級　現詣闕奏曰　小臣能之　乃先賜爵以激之　現持短兵入林中　虎変爲娘子熈怡而笑曰　昨夜共郎君繾綣之事惟君無忽　今日被爪傷者皆塗興輪寺醤聆其寺之螺鉢聲則可治　乃取現所佩刀自頸而仆乃虎也　現出林而託曰　今玆虎易搏矣　匿其由不洩但依諭而治之　其瘡皆効　今俗亦用其方　現既登庸　創寺於西川邊号虎願寺　常講梵網経以導虎之冥遊　亦報其殺身成己之恩　現臨卒深感前事之異乃筆成傳　俗始聞知因名論虎林稱于今 貞元九年　申屠澄自黄冠調補漢州什方縣之尉　至真符縣之東十里許　遇風雪大寒馬不能前　路旁有茅舍中有煙火甚温　照燈下就之有老父嫗及處子環火而坐　其女年方十四五雖蓬髪垢衣雪膚花臉擧止妍媚父嫗見澄來遽起曰　客甚衝寒雪請前就火　澄坐良夊天色已瞑風雪不止　澄曰　西去縣尚遠請宿于此　父嫗曰　苟不以蓬蓽爲陋敢承命　澄遂解鞍施衾幃　其女見客方止修容艶糚自帷箔間出　有閑雅之態猶過初時　澄曰　小娘子明惠過人甚　幸未婚敢請自媒如何　翁曰　不期貴客欲採拾豈定分也　澄遂修子婿之禮　澄乃以所乗馬載之而行　既至官俸禄甚薄　妻力以成家無不歡心　後秩滿将歸已生一男一女　亦甚明惠澄尤加敬愛　嘗作贈内詩云　一宦慚梅福　三年愧孟光　此情何所喩　川上有鴛鴦　其妻終日吟諷似默有和者未嘗出口　澄罷官罄室歸夲家　妻忽悵然謂澄曰“見贈一篇尋即有和”乃吟曰　琴瑟情雖重　山林志自深　常憂時節變　辜負百年心　遂與訪其家不復有人矣妻思慕之甚盡日涕泣　忽壁角見一虎皮妻大笑曰“不知此物尚在耶”遂取披之即變爲虎哮吼拏攫突門而出　澄驚避之携二子尋其路望山林大哭數日　竟不知所之 噫　澄現二公之接異物也變爲人妾則同矣　而贈皆人詩然後哮吼拏攫닫기而走與現之虎異矣　現之虎不淂已而傷人　然善誘良方以救人　獸有爲仁如彼者　今有人而不如獸者何哉　詳觀事之終始　感人於旋遶佛寺中　天唱徵惡以自代之　傳神方以救人置精廬講佛戒非徒獸之性仁者也　盖大聖應物之多方　感現公之能致情於旋遶欲報冥益耳　宜其當時能受禧佑乎　讃曰　山家不耐三兄惡　蘭吐那堪一諾芳　義重數條輕萬死　許身林下落花忙 (『三國遺事』 5 感通 7 金現感虎)[293]
고구려	佑 貞元九年進士　爲淄·青節度副大使李師道寮屬　師道叛　佑抗節忤賊被囚 (『全唐文』 594 陳佑)

293) 본문의 내용은 원성왕대의 사실이나, 본문 중에 貞元 9年(793)이 나오므로 793년으로 편년하고 편제하였다.

794(甲戌/신라 원성왕 10/발해 폐왕 2, 성왕 1 中興 1/唐 貞元 10/日本 延曆 13)

발해 (貞元)十年正月 以來朝王子大淸允爲右衛將軍同正 其下三十餘人 拜官有差 (『舊唐書』 199下 列傳 149下 北狄 渤海靺鞨)[294)]

발해 (唐德宗貞元)十年二月壬戌 以來朝渤海王子太淸允 爲右衛將軍同正 其下拜官三十餘人 (『冊府元龜』 976 外臣部 21 褒異 3)[295)]

발해 (貞元)十年二月 以來朝渤海王子大淸允爲右衛將軍同正 其下拜官三十餘人 (『唐會要』 96 渤海)[296)]

신라 春二月 地震 (『三國史記』 10 新羅本紀 10)

신라 春二月 地震 (『三國史節要』 12)

신라 (春二月) 太子義英卒 謚曰憲平 (『三國史記』 10 新羅本紀 10)

신라 (春二月) 太子義英卒 謚曰憲平 (『三國史節要』 12)

신라 (春二月) 侍中崇斌免 以迊飡彦昇爲侍中 (『三國史記』 10 新羅本紀 10)

신라 (春二月) 侍中崇斌免 以迊飡彦昇代之 (『三國史節要』 12)

고구려 貞元十年五月 師古服闋 加檢校禮部尙書 (『舊唐書』 124 列傳 74 李師古)

백제 七月己卯 以山背河內攝津播磨等國稻一萬一千束 賜從三位百濟王明信 (…) 等十五人爲作新京家也 (『類聚國史』 78 賞賜)

신라 秋七月 始創奉恩寺 (『三國史記』 10 新羅本紀 10)

신라 又刱報恩寺 (『三國遺事』 2 紀異 2 元聖大王)

신라 (秋七月) 漢山州進白烏 (『三國史記』 10 新羅本紀 10)

신라 (秋七月) 漢山州進白烏 (『三國史節要』 12)

신라 (秋七月) 起望恩樓於宮西 (『三國史記』 10 新羅本紀 10)

신라 (秋七月) 起望恩樓於宮西 (『三國史節要』 12)

신라 又望德樓 (『三國遺事』 2 紀異 2 元聖大王)

백제 十月壬子 遊獵於交野賜百濟王等物 (『類聚國史』 32 遊獵)

발해 (十二月) 初 勃海文王欽茂卒 子宏臨早死 族弟元義立 元義猜虐 國人殺之 立宏臨之子華嶼 是爲成王 改元中興 華嶼卒 復立欽茂少子嵩鄰[297)] 是爲康王 改元正曆[298)] (『資治通鑑』 235 唐紀 51 德宗神武孝文皇帝)

발해 欽茂死 私謚文王 子宏臨早死 族弟元義立一歲 猜虐 國人殺之 推宏臨子華璵爲王 復還上京 改年中興 死 謚曰成王 (『新唐書』 219 列傳 144 北狄 渤海)

---

294) 『冊府元龜』 976 外臣部 21 褒異 3에는 2월 壬戌(19)로 나온다.

295) 『舊唐書』 199下 列傳 149 下 渤海靺鞨에는 정월로 나온다.

296) 『冊府元龜』 976 外臣部 21 褒異 3에는 2월 壬戌(19)로 나온다. 따라서 2월 19일로 편년하고 편제하였다. 『舊唐書』 199下 列傳 149 下 渤海靺鞨에는 정월로 나온다.

297) 復 扶又翻

298) 勃海自大祚榮立國 開元之間 其子武藝立 益以强盛 東北諸夷皆畏而臣之 改元仁安 更五代以至于宋 耶律雖數加兵 不能服也 故通鑑歷敍其世爲詳

신라 (…) 金地藏者 唐時新羅國王金憲英之近族也 (…) 貞元十年 壽九十九歲 跏趺示寂 兜羅手軟 金鎖骨鳴 靈異昭著 識者知爲是地藏王菩薩化身 仍稱其本姓爲金地藏 依浮屠法 斂以缸 建塔於此 凡三級 俯仰以鐵爲之 冪以殿 南向 石階八十四級 峻甚 引以金繩 因其地時發光彩 故號神光嶺 其塔院 人卽稱爲肉身殿 歷千餘年來之修建 難以備述 (『九華山』 3 梵刹門 3 1叢林 金地藏塔)

신라 化城寺 在天台峯西南 (…) 建中二年 郡守張巖請額 爲地藏道場 (…) 釋地藏 俗姓金氏 新羅國王之支屬也 (…) 一日忽召衆告別 罔知攸往 但聞山鳴石隕 扣鐘嘶嗄 跏趺而滅 年九十九 其尸坐於函中 洎三稔 開將入塔 顔貌如生 擧舁之際 骨節若撼金鎖焉 (『九華山志』 3 梵刹門3 1 叢林 化城寺)

신라 唐貞元十年 地藏王菩薩示寂 山鳴谷隕 建塔之地 發光如火 因名神光嶺 (『九華山志』 4 靈應門 5 1往昔紀載)

신라 九華山 古號九子山 (…) 南方號爲枯槁衆 莫不宗仰 中歲領一從者 居於南臺 自緝麻衣 其重兼鈞 堂中榻上 唯此而已 池邊建臺 厝四部經 終日焚香 獨味深旨 時年九十九 貞元十年 夏 忽召徒告別 罔知攸適 但聞山鳴石隕 感動無情 將示滅 有尼侍者來未及語 寺中扣鐘 無聲墮地 尼來入室 堂椽三壞 吾師其神歟 趺坐函中 經三周星 開將入塔 顔狀亦如活時 舁動骨節 若撼金鎖 經云 菩薩鉤鎖 百骸鳴矣 基塔之地 發光如火 其圓光與 其佛廟 鳩材締構 衆力保護 施一金錢 報一重果 下爲輪王 上登聖地 昔有護法良吏 洎施力僧檀越等 具刻名於石 深疾後代 不能立殊績以濟衆 又不能破除餘財崇勝因緣 豕腥羶 顧兒婦 生爲人非 死爲鬼責 悲哉 (…) (『九華山志』 6 檀施門 第六 二 財施 唐 費冠卿 九華山創建化城寺記)

신라 宋人有言 新羅王子金地藏 非佛國地藏王也 按之九華碑版亦然 然地藏來此 在唐至德以前 其涅槃 在貞元十載(794) 使非諸佛應化之身 豈能生而地涌泉 沒而山隕石 鎖骨屈伸如故哉 岐地藏而二之 亦非通識 遊事之當講求者 二也 (『九華山志』 7 藝文門 9 記 明 劉城 遊九華記)

신라 (…) 唐費冠卿化城寺記 稱金地藏 爲新羅國王子 金氏近屬 貞元十年 壽九十九歲 冠卿與地藏同爲貞元人 此實錄也 (『九華山志』 8 志餘門 11 1雜記)

795(乙亥/신라 원성왕 11/발해 성왕 2 中興 2, 강왕 1 正曆 1/唐 貞元 11/日本 延曆 14)

신라 春正月 封恵忠太子之子俊邕為太子 (『三國史記』 10 新羅本紀 10)

신라 春正月 立故太子仁謙之子俊邕爲太子 俊邕嘗奉使入唐 仕本國 歷官大阿飡波珍飡宰相侍中兵部令 (『三國史節要』 12)

발해 (二月)乙巳 册渤海大欽茂之子嵩爲渤海郡王忽汗州都督 (『舊唐書』 13 本紀 13 德宗下)

발해 春二月乙巳 册拜嵩鄰爲忽汗州都督勃海王[299] (『資治通鑑』 235 唐紀 51 德宗神武孝文皇帝)

발해 (貞元)十一年二月 遣內常侍殷志贍册大嵩璘爲渤海郡王 (『舊唐書』 199下 列傳 149下 北狄 渤海靺鞨)[300]

발해 貞元十一年二月 令內嘗侍殷志瞻將冊書往渤海 冊大崇璘爲渤海王忽汗州都督 崇璘渤海大欽茂之子 襲父位也 (『册府元龜』 965 外臣部 10 封冊 3)[301]

299) 考異曰 實錄 乙巳 册大嶺嵩鄰爲勃海郡王今從新傳

300) 본문에서 日은 알 수 없지만, 『舊唐書』와 『자치통감』에 乙巳(7)로 나온다. 따라서 乙巳(7)로 편년하고 편제하였다.

발해	貞元十一年二月 令內嘗侍殷志贍將冊書 冊爲渤海王忽汗州都督 (『冊府元龜』967 外臣部 12 繼襲 2)[302]
발해	[傳] 渤海本粟末靺鞨 及祚榮號震國王 (…) 大曆二十五 貞元四 元和十六 朝獻 (…) 會昌四 咸通三 初其王 數遣諸子 詣京師大學習 識古今制度 遂爲海東盛國[實錄 貞元十一年 二月乙巳 冊嵩鄰 爲渤海王][[志] 張建章渤海國記三卷] (『玉海』153 朝貢·外夷來朝·內附 唐渤海遣子入侍)
백제	四月戊申 曲宴 天皇誦古歌曰 (…) 勅尙侍從三位百濟王明信令和之 不得成焉 天皇自代和曰 (…) 侍臣稱萬歲 (『類聚國史』75 曲宴)
신라	夏四月 旱 親録囚至六月乃雨 (『三國史記』10 新羅本紀 10)
신라	夏四月 旱 王親錄囚 至六月乃雨 (『三國史節要』12)
발해	和尙諱無名 字方便 俗姓高氏 望出渤海 家于洛陽 遠緒衣冠 近系鍾鼎 既以釋氏命族 故闡而不載 源淸其流 慶襲於後 遼夐緬邈 映集千古者 惟吾師焉 (…) 晩歲 顧謂道流曰 昔先師能仁 有拘屍之會者 蓋託終示滅之迹也 吾觀淸涼山 大聖文殊師利與一萬聖衆 常說妙法 此中境勝 寔可棲托 於是杖錫挈瓶 周遊五頂 初止淸涼前峰鐵勒蘭若 (…) 自都還山 便止佛光精舍 貞元九年 十二月十二日 齋飯之次 無疾而終 滅度之日 晝結霜露 夕則陰凝 乃至終月 曾不開朗 又儼然跏趺 如入禪定 始從初七逮於終七 顏色熙怡 觀禮驚歎 識者云 蓋定力所持耳 享年七十二 僧臘四十三 元戎將幕 遠嚫金錢 飾終寶塔 即於寺中峰爲全身舍利之所也 (…) 大唐貞元十一年五月二十五日建 (「無名和尙 塔銘」)[303]
백제	八月辛未 陸奧鎭守將軍百濟王俊哲卒 (『日本紀略』)
신라	秋八月 隕霜害穀 (『三國史記』10 新羅本紀 10)
신라	秋八月 隕霜害穀 (『三國史節要』12)
발해	十一月丙申 出羽國言 渤海國使呂定琳等六十八人 漂着夷地志理波村 因被劫略 人物散亡 勅 宜遷越後國 依例供給 (『日本後紀』5 桓武紀)
발해	十一月丙申[三] 出羽國言 渤海國使呂定琳等六十八人 漂著夷地志理波村 因被劫略 人物散亡 勅 宜遷越後國 依例供給 (『類聚國史』193 殊俗部 渤海 上)
발해	(貞元)十一年十二月 以靺鞨都督密阿古等二十二人 並拜中郎將 放還蕃 (『唐會要』96 渤海)
신라	王卽位十一年乙亥 唐使來京 留一朔而还 後一日 有二女進內庭 奏曰 妾等乃東池靑池[靑池卽東泉寺之泉也 寺記云 泉乃東海龍往來聽法之地 寺乃眞平王所造 五百聖衆五層塔 并納田民△] 二龍之妻也 唐使將河西國二人而來 呪我夫二龍及芬皇寺井等三龍 變爲小魚 筒貯而攸[304] 願陛下勅二人 留我夫等護國龍也 王追至河陽舘 親賜享宴

301) 본문에서 日은 알 수 없지만, 『舊唐書』와 『자치통감』에 乙巳(7)로 나온다. 따라서 乙巳(7)로 편년하고 편제하였다.

302) 본문에서 日은 알 수 없지만, 『舊唐書』와 『자치통감』에 乙巳(7)로 나온다. 따라서 乙巳(7)로 편년하고 편제하였다.

303) 2010, 『五臺山佛光寺』

304) 원문의 攸는 歸가 맞다.

勅河西人曰 爾輩何得取我三龍至此 若不以實告 必加極刑 於是 出三魚獻之 使放於三處 各湧水丈餘 喜躍而逝 唐人服王之明聖 (『三國遺事』2 紀異 2 元聖大王)

신라 唐開元末 新羅國王子金喬覺 至九華棲止 苦行十餘年 至德初 諸葛節爲之建殿宇 厥後僧徒日衆 貞元十一年 趺坐而逝 逝後靈異 與經中所載地藏菩薩瑞相相同 知爲地藏菩薩降世 朝廷賜寺額曰化城 逐爲地藏菩薩道場 今咸稱金地藏云 (『九華山志』2 形勝門 2 民國蔣維喬九華山紀遊)

발해 和尚諱無名 字方便 俗姓高氏 望出渤海 家于洛陽 遠緒衣冠 近系鍾鼎 既以釋氏命族故闡而不載 源清其流 慶襲於後 遼敻緬邈 映集千古者 惟吾師焉 (…) 晩歲 顧謂道流曰 昔先師能仁 有拘屍之會者 蓋託終示滅之迹也 吾觀清凉山 大聖文殊師利與一萬聖衆 常說妙法 此中境勝 寔可棲托 於是杖錫挈瓶 周遊五頂 初止清凉前峰鐵勒蘭若 (…) 自都還山 便止佛光精舍 貞元九年 十二月十二日 齋飯之次 無疾而終 滅度之日晝結霜露 夕則陰凝 乃至終月 曾不開朗 又儼然跏趺 如入禪定 始從初七逮於終七 顔色熙怡 觀禮驚歎 識者云 蓋定力所持耳 享年七十二 僧臘四十三 元戎將幕 遠嚫金錢飾終寶塔 即於寺中峰爲全身舍利之所也 (…) 大唐貞元十一年五月二十五日建 (「無名和尚 塔銘」)[305]

796(丙子/신라 원성왕 12/발해 강왕 2 正曆 2/唐 貞元 12/日本 延曆 15)

고구려 (貞元)十二年 正月 檢校尚書右僕射 (『舊唐書』124 列傳 74 李師古)

신라 春 京都飢疫 王發倉廩賑恤之 (『三國史記』10 新羅本紀 10)
신라 春 京都飢疫 王發倉賑之 (『三國史節要』12)

신라 夏四月 侍中彦昇為兵部令 伊飡智原為侍中 (『三國史記』10 新羅本紀 10)
신라 夏四月 以侍中彦昇爲兵部令 伊飡智原爲侍中 (『三國史節要』12)

발해 四月戊子 渤海國遣使獻方物 其王啓曰 哀緒已具別啓 伏惟天皇陛下 動止萬福 寢膳勝常 嵩璘視息苟延 奄及祥制 官僚感義 奪志抑情 起續洪基 祇統先烈 朝維依舊 封域如初 顧自思惟 實荷顧眷 而滄溟括地 波浪漫天 奉膳無由 徒增傾仰 謹差 庭[匡]諫大夫.工部郎中呂定琳等 濟海起居 兼修舊好 其少土物 具在別狀 荒迷不次 又告喪啓曰 上天降禍 祖大行大王 以大興五十七年三月四日 薨背 善隣之義 必問吉凶 限以滄溟 所以緩告 嵩璘無狀招禍 不自滅亡 不孝罪咎 酷罰罹苦 謹狀另奉啓 荒迷不次 孤孫大嵩璘頓首 又傳奉在唐學問僧永忠等所附書 渤海國者 高麗之故地也 天命開別天皇七年 高麗王高氏 爲唐所滅也 後以天之眞宗豊祖父(文武)天皇二年 大祚榮始建渤海國 和銅六年 受唐冊立其國 延袤二千里 無州縣館驛 處處有村里 皆靺鞨部落 其百姓者 靺鞨多 土人少 皆以土人爲村長 大村曰都督 次曰刺史 其下百姓皆曰首領 土地極寒 不宜水田 俗頗知書 自高氏以來朝貢不絶 (『日本後紀』5 桓武紀)
발해 四月戊子[卄七] 渤海國遣使獻方物 其王啓曰 (…) 又告喪啓曰 (…) 又傳奉在唐學問僧永忠等所附書 渤海國者 高麗之故地也 天命開別天皇七年 高麗王高氏爲唐所滅也 後以天之眞宗豊祖父天皇二年 大祚榮始建渤海國 和銅六年 受唐冊立 其國延袤二千里 無州縣館驛 處處有村里 皆靺鞨部落 其百姓者 靺鞨多 土人少 皆以土人爲村長 大村曰都督 次曰刺史 其下百姓皆曰首領 土地極寒 不宜水田 俗頗知書 自高氏以來朝貢

305) 2010,『五臺山佛光寺』

不絶 (『類聚國史』193 殊俗部 渤海 上)

발해 五月丁未 渤海國使呂定琳等還蕃 遣正六位上行上野介御長眞人廣岳 正六位上行式部大錄桑原公秋成等押送 仍賜其王璽書曰 天皇敬問渤海國王 朕運承下武 業膺守天 德澤攸覃 旣有洽於同軌 風聲所暢 庶無隔於殊方 王新纘先基 肇臨舊服 慕徽猷於上國 輸禮信於闕庭 眷言款誠 載深慶慰 而有司執奏「勝寶以前 數度之啓 頗存體制 詞義可觀 今撿定琳所上之啓 首尾不慥 旣違舊儀」者 朕以修聘之道 禮敬爲先 苟乖於斯 何須來往 但定琳等 漂着邊夷 悉被劫掠 僅存性命 言念艱苦 有憫于懷 仍加優賞 存撫發遣 又先王不愍 無終遐壽 聞之惻然 情不能止 今依定琳等歸次 特寄絹卄疋 絁卄疋 糸一百約 綿二百屯 以充遠信 至宜領之 夏熱 王及首領百姓 平安好 略此遣書 一二無委 又附定琳 賜太政官書於在唐僧永忠等曰云云 今因定琳等還 賜沙金少三百兩以充永忠等(『日本後紀』5 桓武紀)

발해 五月丁未[十七] 渤海國使呂定琳等還蕃 遣正六位上 行上野介御長眞人廣岳 正六位上行式部大錄桑原公秋成等押送 仍賜其王璽書曰 (…) 又附定琳賜太政官書於在唐僧永忠等曰 (…) (『類聚國史』193 殊俗部 渤海 上)

발해 冬十月己未 正六位上御長眞人廣岳等歸自渤海國 其王啓曰 嵩璘啓 差使奔波 貴申情禮 佇承休眷 瞻望徒勞 天皇頓降敦私 貺之使命 佳問盈耳 珍奇溢目 俯仰自欣 伏增慰悅 其定琳等 不料邊虜 被陷賊場 俯垂恤存 生還本國 奉惟天造 去留同賴 嵩璘猥以寡德 幸屬時來 官承先爵 土統舊封 制命策書 冬中錫及 金印紫綬 遼外光輝 思欲修禮勝方 結交貴國 歲時朝覲 桅帆相望 而巨木楡材 土之難長 小船汎海 不沒卽危 亦或引海不諧 遭罹夷害 雖慕盛化 如艱阻何 儻長尋舊好 幸許來往 則送使數不過廿以玆爲限 式作永規 其隔年多少 任聽彼裁 裁定之使 望於來秋 許以往期 則德隣常在 事與望異 則足表不依 其所寄絹廿匹 絁廿匹 絲一百約 綿二百屯 依數領足 今廣岳等使事略畢 情求迨時 便欲差人送使 奉謝新命之恩 使等辭以未奉本朝之旨 故不敢淹滯 隨意依心 謹因廻次 奉付土物 具在別狀 自知鄙薄 不勝羞愧 (『日本後紀』5 桓武紀)

발해 冬十月己未[二日] 正六位上御長眞人廣岳等歸自渤海國 其王啓曰 (…) (『類聚國史』193 殊俗部 渤海 上)

발해 (冬十月)壬申 先是 渤海國王所·上書疏 體無定例 詞多不遜 今所上之啓 首尾不失禮 誠款見乎詞 群臣上表奉賀曰 臣神等言 臣聞 大人馭時 以德爲本 明王應世 懷遠是崇 故有殷代則四海歸仁 周日則九夷順軌 伏惟天皇陛下 仰天作憲 握地成規 窮日域而慕聲 布風區而向化 誠可以孕育千帝 卷懷百王者矣 近者 送渤海客使御長廣岳等廻來 伏見彼國所上啓 辭義溫恭 情禮可觀 悔中間之迷圖 復先祖之遺跡 況復緣山浮海 不顧往還之路難 克己改過 始請朝貢之年限 與夫白環西貢 楛矢東來 豈可同日而道哉 臣等幸忝周行 得逢殊慶 不任鳧藻之至 謹詣闕奉表以聞 (『日本後紀』5 桓武紀)

발해 (冬十月)壬申[十五] 先是渤海國王所言上書疏 體無定例 詞多不孫 今所上之啓 首尾不失禮 誠款見於詞 群臣上表奉賀曰 臣神等言 臣聞大人馭時以德爲本 明王應世懷遠是崇 故有殷代則四海歸仁 周日則九夷順軌 伏惟天皇陛下 仰天作憲 握地成規 窮日域而慕聲 布風區而向化 誠可以孕育千帝 卷懷百王者矣 近者 送渤海客使御長廣岳等回來 伏見彼國所上啓 辭義溫恭 情禮可觀 悔中間之迷圖 復先祖之遺迹 況復緣山浮海不顧往還之路難 克己改過 始請朝貢之年限 與夫白環西貢 楛失東來 豈可同日而道哉 臣等幸忝周行 得逢殊慶 不任鳧藻之至 謹詣闕奉表以聞 詔曰 獻表波見行都然卿等乃勤之久 供奉爾依弖之 水表乃國毛 順仕良之止奈毛 所思行之 嘉備悅備御坐止 詔天皇詔旨乎衆聞食宜 (『類聚國史』193 殊俗部 渤海 上)

백제　(十一月)丁酉 無位嶋野女王 百濟王孝法 百濟王惠信 和氣朝臣廣子 (…) 錦部連眞奴等授從五位上 (…) (『日本後紀』5 桓武紀)

고구려　(貞元十二年) 十一月 師古丁母憂 起復左金吾上將軍同正 (『舊唐書』124 列傳 74 李師古)

797(丁丑/신라 원성왕 13/발해 강왕 3 正曆 3/唐 貞元 13/日本 延曆 16)

백제　(春正月甲午) 從四位下百濟王玄鏡 藤原朝臣乙叡 多治比眞人海從四位上 (…) 正六位上多治比眞人道作 (…) 百濟王聰哲 佐伯宿禰鷹成 石川朝臣道益 和朝臣建男 安倍小殿朝臣野守 中臣丸朝臣豊國從五位下(…) (『日本後紀』5 桓武紀)

백제　(春正月庚子) 從五位下百濟王元勝爲安房守 (…) 從五位下百濟王聰哲爲出羽守 (…) (『日本後紀』5 桓武紀)

백제　(春正月)辛亥 能登國羽咋能登二郡沒官田幷野七十七町 賜尙侍從三位百濟王明信 (『日本後紀』5 桓武紀)

백제　(二月)癸亥 勅 從五位上嶋野女王 百濟王孝法 百濟王惠信 …… 從五位下弓削宿禰美濃人等位田 宜准男給之 (『日本後紀』5 桓武紀)

발해　(二月己巳) 至是而成 上表曰 臣聞 三墳五典 上代之風存焉 左言右事 中葉之迹著焉 自玆厥後 世有史官 善雖小而必書 惡縱微而無隱 咸能徽烈絢緗 垂百王之龜鏡 炳戒昭簡 作千祀之指南 伏惟天皇陛下 德光四乳 道契八眉 握明鏡以摠萬機 懷神珠以臨九域 遂使仁被渤海之北 貊種歸心 威振日河之東 毛狄屛息 化前代之未化 臣往帝之不臣 自非魏魏盛德 孰能與於此也 (…) (『日本後紀』5 桓武紀)

백제　(三月癸丑) 從四位下百濟王英孫爲右兵衛督 (『日本後紀』5 桓武紀)

백제 신라 부여

勅 百濟王等遠慕皇化 航海梯山 輸欵久矣 神功攝政之世 則肖古王遣使貢其方物 輕島御宇之年 則貴須王擇人獻其才士 文教以之興蔚 儒風由其闡揚 煥乎斌斌于今爲盛 又屬新羅肆虐并呑扶餘 卽擧宗歸仁 爲我土庶 陳力從事 夙夜奉公 朕嘉其忠誠 情深衿愍 宜百濟王等課幷雜徭 永從蠲除 勿有所事 主者施行
延曆十六年五月二十八日 (『類聚三代格』17 蠲免事)

신라　秋九月 國東蝗害穀 (『三國史記』10 新羅本紀 10)
신라　秋九月 國東蝗害穀 (『三國史節要』12)

신라　(秋九月) 大水山崩 (『三國史記』10 新羅本紀 10)
신라　(秋九月) 大水山崩 (『三國史節要』12)

신라　(秋九月) 侍中智原免 阿飡金三朝爲侍中 (『三國史記』10 新羅本紀 10)
신라　(秋九月) 侍中智原免 以阿飡金三朝代之 (『三國史節要』12)

신라　　左理方府 (…) 史十五人 元聖王十三年 省五人 (『三國史記』38 雜志 7 職官 上)
신라　　省左理方府史五人 (『三國史節要』12)

798(戊寅/신라 원성왕 14/발해 강왕 4 正曆 4/唐 貞元 14/日本 延曆 17)

백제　　正月壬申 河內國稻二千束 施入百濟寺 (『類聚國史』182 施入物)

고구려　　貞元十四年二月戊午 麟德殿 奏九部樂 (『玉海』105 音樂·樂3 唐九部樂·十部樂·十四國樂·二部樂)

신라　　春三月 宮南樓橋災 (『三國史記』10 新羅本紀 10)
신라　　春三月 宮南樓橋災 (『三國史節要』12)

신라　　(春三月) 望德寺二塔相擊 (『三國史記』10 新羅本紀 10)
신라　　(春三月) 望德寺二塔相擊 (『三國史節要』12)

발해　　(貞元)至十四年三月 加渤海郡王兼驍衛大將軍.忽汗州都督 大嵩璘爲銀靑光大夫.檢校司空 冊爲渤海郡王 依前忽汗州都督 初嵩璘父欽茂 以開元二十六年 襲其父武藝忽汗州都督渤海郡王 左金吾大將軍 天寶中 累加特進.太子詹事 寶應元年 進封欽茂爲渤海郡王 大歷中 又累拜司空太尉 及嵩璘嗣位 但受其郡王將軍 嵩璘遣使敍理 故加冊命焉 (『唐會要』96 渤海)

발해　　唐德宗貞元十四年三月 加渤海郡王 兼 左驍衛大將軍忽汗州都督 大嵩璘 銀靑光大夫.簡較司空 冊爲渤海國王 依前忽汗州都督 大嵩璘父欽茂以開元二十六年襲其父武藝忽汗州都督.渤海郡王.左金吾大將軍 天寶中累加特進太子詹事賓客 寶應元年 進封渤海國王 大歷中 又累拜司空太尉 及嵩璘襲位 但受其郡王將軍 嵩璘遣使敍禮 故加冊命焉 (『冊府元龜』965 外臣部 10 封冊 3)

발해　　(貞元)十四年 加銀靑光祿大夫檢校司空 進封渤海國王 嵩璘父欽茂 開元中 襲父位爲郡王左金吾大將軍 天寶中 累加特進太子詹事賓客 寶應元年 進封國王 大曆中 累加拜司空太尉 及嵩璘襲位 但授其郡王將軍而已 嵩璘遣使敍理 故再加冊命 (『舊唐書』199下 列傳 149下 北狄 渤海靺鞨)

발해　　欽茂少子嵩鄰立 改年正曆 有詔授右驍衛大將軍 嗣王 (『新唐書』219 列傳 144 北狄 渤海)

발해　　四月甲戌 以外從五位下內藏宿禰賀茂麻呂爲遣渤海使 正六位上御使宿禰今嗣爲判官 (『日本後紀』5 桓武紀)

발해　　四月甲戌[卄四] 以外從五位下內藏宿禰賀茂麻呂爲遣渤海使 正六位上御使宿禰今嗣爲判官 (『類聚國史』193 殊俗部 渤海 上)

발해　　五月戊戌 遣渤海國使內藏宿禰賀茂等辭見 因賜其王璽書曰 天皇敬問渤海國王 前年廣岳等還 省啓具之 益用慰意 彼渤海之國 隔以滄溟 世修聘禮 有自來矣 往者高氏繼緖 每慕化而相尋 大家復基 亦占風而靡絶 中間書疏傲慢 有乖舊儀 爲此 待彼行人不以常禮 王追蹤曩烈 修聘于今 因請隔年之裁 庶作永歲之則 丹款所著 深有嘉焉 朕祇膺睿圖 嗣奉神器 聲敎傍洎 旣無偏於朔南 區寓雖殊 豈有隔于懷抱 所以依彼所請許其往來 使人之數 勿限多少 但顧巨海之無際 非一葦之可航 驚風踊浪 動罹患害 若以每年爲期 艱虞叵測 間以六歲 遠近合宜 故差從五位下行河內國介內藏宿禰賀萬等充使發遣 宣告朕懷 幷附信物 其數如別 夏中已熱 惟王淸好 官吏百姓 並存問之 略

	此遺書 言無所悉 又賜在唐留學僧永忠等書曰 (…) (『日本後紀』7 桓武紀)
발해	五月戊戌[十九] 遣渤海國使內藏宿賀茂等辭見 因賜其王璽書曰 (…) 又賜在唐留學僧永忠等書曰 (…) (『類聚國史』193 殊俗部 渤海 上)
신라	夏六月 旱 (『三國史記』10 新羅本紀 10)
신라	夏六月 旱 (『三國史節要』12)
신라	(春六月) 屈自郡 石南烏大舍妻 一産三男一女 (『三國史記』10 新羅本紀 10)
신라	(春六月) 屈自郡大舍石南烏妻 一産三男一女 (『三國史節要』12)
발해	(唐德宗貞元十四年)十一月戊申 以渤海國王大嵩璘姪能信 爲左驍騎衛中郎將 虞侯婁蕃長都督茹富仇 爲右武衛將軍 並放還蕃 (『冊府元龜』976 外臣部 21 褒異 3)
발해	(貞元十四年)十一月 以王姪大能信爲左驍衛中郎將虞候婁蕃長 都督茹富仇爲右武衛將軍 放還 (『舊唐書』199下 列傳 149下 北狄 渤海靺鞨)
발해	十二月壬寅 渤海國遣使獻方物 其啓曰 嵩璘啓 使賀萬等至 所貺之書 及信物絹絁各卅疋 絲二百絇 綿三百屯 依數領之 慰悅實深 雖復巨海漫天 滄波浴日 路無倪限 望斷雲霞 而巽氣送帆 指期舊浦 乾涯斥候 無闕糇粮 豈非彼此契齊 暗符人道 南北義感 特叶天心者哉 嵩璘莅有舊封 纘承先業 遠蒙善獎 聿修如常 天皇遙降德音 重貺使命 恩重懷抱 慰喩慇懃 況俯記片書 眷依前請 不遣信物 許以年期 書疏之間 嘉免瑕纇 庇廕之顧 識異他時 而一葦難航 奉知審喩 六年爲限 竊憚其遲 請更貺嘉圖 並廻通鑑 促其期限 傍合素懷 然則向風之趣 自不倦於寡情 慕化之勤 可尋蹤於高氏 又書中所許 雖不限少多 聊依使者之情 省約行人之數 謹差慰軍大將軍.左熊衛都將上柱將開國子大昌泰等 充使送國 兼奉附信物 具如別狀 土無奇異 自知羞惡 (『日本後紀』5 桓武紀)
발해	十二月壬寅[廿七] 渤海國遣使獻方物 其啓曰 (…) (『類聚國史』193 殊俗部 渤海 上)
신라	王一日請皇龍寺[注 或本云 華嚴寺又金剛寺 盖以寺名經名 混之也] 釋智海入內稱[306]華嚴經五旬 沙彌妙正 每洗鉢於金光井[因大[307]賢法師得名]邊 有一黿浮沉井中 沙彌每以殘食 餽而爲戱 席將罷 沙彌謂黿曰 吾德汝日久 何以報之 隔數日 黿吐一小珠 如欲贈遺 沙彌得其珠 繫於帶端 自後大王見沙彌愛重 邀致內殿 不離左右 時有一匝干 奉使於唐 亦愛沙彌 請與俱行 王許之 同入於唐 唐帝亦見沙彌而寵愛 承相左右莫不尊信 有一相士奏曰 審此沙彌 無一吉相 得人信敬 必有所將異物 使人撿看 得帶端小珠 帝曰 朕有如意珠四枚 前年失一个 今見此珠 乃吾所失也 帝問沙彌 沙彌具陳其事 帝內失珠之日 與沙彌得珠同日 帝留其珠而遣之 後人無愛信此沙彌者 (『三國遺事』2 紀異 2 元聖大王)[308]
신라	洎貞元戊寅年冬 遺敎窀穸之事 因山是命 擇地尤難 乃指淨居 將安秘殿 時獻疑者有言 昔游氏之廟 孔子之宅 猶皆不忍終毁 人到于今稱之 則欲請奪金地 無乃負須達陁大捨之心乎 冥葬者 地所祐天所咎 不相補矣 而莅政者譏曰 梵廟也者 所居必化 無遙不諧 故能轉禍基爲福場 百億劫濟其危俗 靈隧也者 頫硂坤脈 仰揆乾心 必在苞四象

306) 원문의 稱은 講이 맞다.
307) 원문의 大는 太가 맞다.
308) 원성왕대의 사실이다. 원성왕은 785년부터 799년까지 재위하였다. 따라서 785~799년으로 기간편년하고 원성왕이 홍한 기사 앞에 편년하였다.

于九原 千萬代保其餘慶 則也 法無住相 禮有盛期 易地而居 順天之理 但得靑烏善視 豈令白馬悲嘶 且驗是仁祠 本隷戚里 誠宜去卑就峻 捨舊謀新 使幽庭據海域之雄 淨刹擅雲泉之媺 則我王室之福山高峙 彼侯門之德海安流 斯可謂知無不爲 各得其所 豈與夫鄭子產之小惠 魯恭王之中輟 同日而是非哉 宜聞龜筮協從 可見龍神歡喜 遂遷精舍 爰創玄宮 兩役庀徒 百工蕆事 其改創紺宇 則有緣之衆 相率而來 張袂不風 植錐無地 霧市奔趍於五里 雪山和會於一時 至於撤瓦抽椽 奉經戴像 迭相授受 競以誠成 役夫之走步未移 釋子之宴居已就 其成九原 則雖云王土 且非公田 於是括以邇封 求之善價 益丘壟餘弍百結 酬稻穀合二千苫[斞除一斗爲苫 十六斗爲斞] 旋命所司與王官之邑 共芟榛徑 分蒔松埏 故得蕭蕭多悲風 激舞鳳歌鸞之思 鬱鬱見白日 助盤龍踞虎之威 且觀其地 壤異瑕丘 境連暘谷 祇樹之餘香未泯 穀林之佳氣增濃 繡峯則四遠相朝 練浦則一條在望 實謂喬山孕秀 畢陌標奇 而使金枝益茂於鷄林 玉派增深於鰈水者矣 初寺宇之徙也 雖同湧出 未若化城 哉得剗荊棘而認岡巒 雜茅茨而避風雨 僅踰六紀 驟歷九朝 而累値顚覆 未遑崇飾 三利之勝緣有待 千齡之寶運無虧 (「崇福寺碑」)

신라 高僧緣會嘗隱居靈鷲 每讀蓮經修普賢觀行 庭池常有蓮數朶四時不萎[今靈鷲寺龍藏殿是緣會舊居] 國主元聖王聞其瑞異欲徵拜爲國師 師聞之乃棄庵而遁 行跨西嶺嵓間有一老叟今爾耕問 師奚適曰 吾聞 邦家濫聽縻我以爵故避之爾 叟聽曰 於此可賈 何勞遠售 師之謂賣名無猒乎 會謂其慢己不聽 遂行数里許溪邉遇一媪問 師何往 荅如初 媪曰 前遇人乎 曰 有一老叟侮予之甚慍且来矣 媪曰 文殊大聖也 夫言之不聽何 會聞即驚悚遽還翁所扣顙陳悔曰 聖者之言敢不聞命乎 今且還矣 溪邉媪彼何人斯 叟曰 辯才天女也 言訖遂隱 乃還庵中 俄有天使賫詔徵之 會知業已當受乃應詔赴闕 封爲國師[僧傳云 憲安王封爲二朝王師號照 咸通四年卒與元聖年代相朩 未知孰是] 師之感老叟處因名文殊岾 見女處曰阿尼岾
讃曰 倚市難藏久陸沉 囊錐旣露括難禁 自緣庭下靑蓮誤 不是雲山固未深 (『三國遺事』 5 避隱8 緣會逃名 文殊岾)[309]

신라 釋永才性滑稽不累於物善鄕歌 暮崴将隐于南岳至大峴嶺 遇賊六十餘人 将加害才臨刃無懼色怡然當之 賊恠而問其名曰 永才 賊素聞其名 乃命△△△作歌 其辭曰 自矣心米皃史毛達只将來呑隐日 逺鳥逸△△過出知遣 今呑藪未去遣省如 但非乎隠焉破△主次弗△史内於都還於尸朗也 此兵物叱沙過乎好尸曰沙也内乎呑尼 阿耶唯只伊吾音之叱恨隐潽陵隐安攴尚宅都乎隠以多 賊感其意贈之綾二端 才笑而前謝曰 知財賄之爲地獄根夲 将避於窮山以餞一生 何敢受焉 乃投之地 賊又感其言 皆釋釰投戈落髮爲徒同隐智異不復蹈世 才年僅九十矣在元聖大王之世
讃曰 策杖歸山意轉深 綺紈珠玊豈治心 綠林君子休相贈 地獄無根只寸金 (『三國遺事』 5 避隱8 永才遇賊)[310]

신라 靈鷲寺記云 朗智嘗云 此庵趾乃迦葉佛時寺基也 堀地得燈缸二 隔元聖王代有大德緣會来居山中 撰師之傳行于世 按華嚴經 第十名法雲地 今師之馭雲 蓋佛 屈三指 元曉分百身之類也歟
讃曰 想料藏百歲間 高名曾未落人 不禁山鳥閑饒舌 雲馭無端洩往還(『三國遺事』 5 避隱 8 朗智乘雲 普賢樹)[311]

309) 원성왕대의 일이다. 따라서 원성왕의 재위기간인 785~798년까지 기간편년하고 원성왕의 薨 기사 앞에 편제하였다.
310) 원성왕대의 일이다. 따라서 원성왕의 재위기간인 785~798년까지 기간편년하고 원성왕의 薨 기사 앞에 편제하였다.

신라　冬十二月二十九日 王薨 諡曰元聖 以遺命 擧柩燒於奉德寺南[唐書云 貞元十四年 敬信死 通鑑云 貞元十六年敬信死 以本史孝[312]之 通鑑誤] (『三國史記』10 新羅本紀 10)

신라　元聖王薨 (『三國史記』31 年表 下)

신라　冬十二月 王薨 諡曰元聖 太子俊邕立 以遺命燒柩於奉德寺南 (『三國史節要』12)

신라　昭聖[或云昭成]王立 諱俊邕 元聖王太子仁謙之子也 母金氏妃金氏桂花夫人 大阿飡叔明女也 元聖大王元年 封子仁謙爲太子 至七年卒 元聖養其子於宮中 五年奉使大唐受位大阿飡 六年 以波珍飡爲宰相 七年爲侍中 八年爲兵府令 十一年爲太子 及元聖薨 繼位 (『三國史記』10 新羅本紀 10)[313]

신라　第三十八元聖王 金氏 名敬愼 一作敬信 (…) 乙丑立 理十四年 陵在鵠寺 今崇福寺也 有致遠所立碑 (『三國遺事』1 王曆)

신라　王之陵在吐含岳西洞鵠寺[今崇福寺] 有崔致遠撰碑 又刱報恩寺 又望德樓 (『三國遺事』2 紀異 2 元聖大王)

신라　(貞元)十四年 敬信卒 其子先敬信亡 國人立敬信嫡孫俊邕爲王 (『舊唐書』199上 列傳 149上 新羅)

신라　(貞元)十四年 (敬信) 死 無子 立嫡孫俊邕 (『新唐書』220 列傳 145 新羅)

신라　(貞元)十四年 敬信卒 其子先敬信亡 國人立敬信嫡孫權知國事 俊邕爲王 (『唐會要』95 新羅)

신라　時有金生者 能書不攻他藝 又好佛 隱居不仕 年踰八十 猶操筆不休 隷行草皆入神 學者傳寶之[宋崇寧中 高麗學士洪灌 奉使入宋 館於汴京 時翰林待詔楊球李革奉帝勅 書圖簇 灌以金生行草一卷示之 二人大駭曰 不圖今日得見王右軍眞蹟 灌曰 此乃新羅人金生書也 二人△△ 天下除右軍 焉有妙筆如此哉 灌屢辨之 終不信 又有姚克一者 仕至侍中兼侍書學士 筆力遒勁 得歐陽率更法 雖不及生 亦奇品也] (『三國史節要』12)

신라　金生 父母微 不知其世系 生於景雲二年 自幼能書 平生不攻他藝 年踰八十 猶操筆不休 隷書行草皆入神 至今 往往有眞蹟 學者傳寶之 崇寧中 學士洪灌隨進奉使入宋 館於汴京 時翰林待詔楊球李革 奉帝勑至館 書圖簇 洪灌以金生行草一卷 示之 二人大駭曰 不圖今日得見王右軍手書 洪灌曰 非是 此乃新羅人金生所書也 二人笑曰 天下除右軍 焉有妙筆如此哉 洪灌屢言之 終不信 (『三國史記』48 列傳 8 金生)

신라　雙峯和尙 嗣南泉 師諱道允 姓朴 漢州鵂巖人也 累葉豪族 祖考仕宦郡譜詳之 母高氏夜夢異光熒煌滿室 愕然睡覺有若懷身 父母謂曰 所夢非常 如得兒子 盍爲僧乎 寄胎十有六月載誕 爾後日將月就 鶴貌鸞姿擧措殊儕風規異格 竹馬之年 摘花供佛 羊車之歲 累塔娛情 玄關之趣昭然 眞境之機卓尒 年當十八 懇露二親 捨俗爲僧 適於鬼神寺聽於花嚴敎 禪師竊謂曰 圓頓之筌罤 豈如心印之妙用乎 (…) 咸通九載四月十八日 忽訣門人曰 生也有涯 吾須遠邁 汝等安栖雲谷 永耀法燈 語畢怡然遷化 報年七十有一僧臘四十四霜 五色之光 從師口出 蓬勃而散 漫于天伏 以今上寵褒法侶恩霈禪林 仍賜諡澈鑒禪師 澄昭之塔矣 (『祖堂集』17 雙峯和尙道允)

---

311) 원성왕대의 일이다. 따라서 원성왕의 재위기간인 785~798년까지 기간편년하고 원성왕의 薨 기사 앞에 편제하였다.

312) 본문의 孝는 考가 맞다.

313) 『三國遺事』1 王曆 1 第三十九昭聖王조에는 "一作昭成王 金氏 名俊邕 父惠忠太子 母聖穆太后 妃桂花王后 夙明公女 己卯立而崩"이라고 하였다.

799(己卯/신라 소성왕 1/발해 강왕 5 正曆 5/唐 貞元 15/日本 延曆 18)

신라 昭聖王俊邕卽位元年 (『三國史記』 31 年表 下)

신라 第三十九昭聖王 一作昭成王 金氏 名俊邕 父惠忠太子 母聖穆太后 妃桂花王后 夙明公女 己卯立而崩 (『三國遺事』 1 王曆)

발해 春正月丙午朔 皇帝御大極殿受朝 文武官九品以上蕃客等各陪位 減四拜爲再拜 不拍手 以有渤海國使也 諸衛人等竝擧賀聲 禮訖 宴侍臣於前殿賜被 (『日本後紀』 8 桓武紀)

발해 春正月丙午朔 皇帝御太極殿受朝 文武九品以上 蕃客等各陪位 減四拜爲再拜 不拍手 以有渤海國使也 (『類聚國史』 193 殊俗部 渤海 上)

발해 (春正月)壬子 豊樂院未成功 大極殿前龍尾道上搆作借殿 葺以彩帛 天皇臨御 蕃客仰望 以爲壯麗 命五位已上宴樂 渤海國使 大昌泰等預焉 賚綠有差 (『日本後紀』 8 桓武紀)

발해 (春正月)辛酉 御大極殿 宴群臣幷渤海客 奏樂 賜蕃客以上蓁揩衣 竝列庭踏歌 (『日本後紀』 8 桓武紀)

발해 (春正月)辛酉[十六] 御大極殿 宴群臣並渤海客 奏樂 賜蕃客以上蓁折衣 並列庭踏哥 (『類聚國史』 193 殊俗部 渤海 上)

발해 (春正月)癸亥 於朝堂院觀射 五位已上射畢 次蕃客射焉 (『日本後紀』 8 桓武紀)

고구려 (貞元)十五年正月 師古杜佑李欒妾媵並爲國夫人 (『舊唐書』 124 列傳 74 李師古)

백제 (二月辛巳) 從三位百濟王明信 正三位 (…) (『日本後紀』 8 桓武紀)

백제 (二月甲午) 中納言從三位和朝臣家麻呂爲兼治部卿 從五位下百濟王鏡仁爲少輔 (…) 從四位下百濟王英孫爲右衛士督 攝津守如故 (…) (『日本後紀』 8 桓武紀)

신라 (二月乙未) 贈正三位行民部卿兼造宮大夫美作備前國造 和氣朝臣淸麻呂薨 (…) 淸麻呂之先 出自垂仁天皇皇子鐸石別命 三世孫弟彦王 從神功皇后征新羅凱旋 明年忍熊別皇子有逆謀 皇后遣弟彦王 於針間吉備堺山誅之 (…) (『日本後紀』 8 桓武紀)

신라 春三月 以菁州居老縣爲學生祿邑 (『三國史記』 10 新羅本紀 10)

신라 春三月 以菁州居老縣爲學生祿邑 (『三國史節要』 13)

신라 (春三月) 冷井縣令廉哲進白鹿 (『三國史記』 10 新羅本紀 10)

신라 (春三月) 冷井縣進白鹿 (『三國史節要』 13)

발해 (夏四月己丑)是日 渤海國使 大昌泰等還蕃 遣式部少錄正六位上滋野宿禰船白等押送 賜其王璽書曰 天皇敬問渤海國王 使昌泰等 隨賀萬至 得啓具之 王逖慕風化 重請聘期 占雲之譯交肩 驟水之貢繼踵 每念美志 嘉尙無已 故遣專使 告以年期 而猶嫌其遲 更事覆請 夫制以六載 本爲路難 彼如此不辭 豈論遲促 宜其修聘之使 勿勞年限 今因昌泰等還 差式部省少錄正六位上滋野宿禰船白充使領送 幷附信物 色目如別 夏首正熱 惟王平安 略此代懷 指不繁及 (『日本後紀』 8 桓武紀)

발해　　四月己丑[十五] 渤海國使大昌泰等還蕃 遣式部少錄 正六位上滋野宿禰船白等押送 賜其王璽書曰(…) (『類聚國史』193 殊俗部 渤海 上)

신라　　(夏四月)庚寅 從五位下中臣丸朝臣豊國爲齋宮頭 正六位上大伴宿禰峰麻呂爲遣新羅使 正六位上林忌寸眞繼爲錄事 (『日本後紀』8 桓武紀)

신라　　貞元十五年己卯四月日 仁符△佛願大伯士元烏法師 △香徒官人長珎大舍 (「龍鳳寺磨崖佛造像記」[314])

발해　　(五月)丙辰 前遣渤海使外從五位下內藏宿禰賀茂麻呂等言 歸鄕之日 海中夜暗 東西掣曳 不識所着 于時遠有火光 尋逐其光 忽到嶋濱 訪之 是隱岐國智夫郡 其處無有人居 或云 比奈麻治比賣神常有靈驗 商賈之輩 漂宕海中 必揚火光 賴之得全者 不可勝數 神之祐助 良可嘉報 伏望奉預幣例 許之 (『日本後紀』8 桓武紀)

발해　　五月丙辰[十三] 前遣渤海使 外從五位下內藏宿禰賀茂麻呂等言 歸鄕之日 海中夜暗 東西掣曳 不識所蕃 於時遠有火光 尋逐其光 忽到島濱 訪之 是隱岐國智夫郡 其處無有人居 或云 比奈麻治比賣神常有靈驗 商賈之輩漂宕海中 必揚火光 賴之得全者不可勝數 神之佑助 良可嘉報 伏望奉預幣例 許之 (『類聚國史』193 殊俗部 渤海 上)

신라　　(五月)壬申 停遣新羅使 (『日本後紀』8 桓武紀)

신라　　夏五月 追封考惠忠太子爲惠忠大王 (『三國史記』10 新羅本紀 10)

신라　　夏五月 追封惠忠太子爲王 (『三國史節要』13)

신라　　(夏五月) 牛頭州都督 遣使奏言 有異獸若牛 身長且高 尾長三尺許 無毛長鼻 自峴城川 向烏食壤去 (『三國史記』10 新羅本紀 10)

신라　　(夏五月) 牛頭州有異獸若牛 而尾長三尺許 無毛長鼻 自峴城川向烏食壤去 (『三國史節要』13)

백제　　(六月己丑) 從五位下百濟王鏡仁爲右少辨 (…) (『日本後紀』8 桓武紀)

발해　　太政官符

改定渤海國使朝聘期事

右撿案內 太政官去延曆十八年五月二十日符偁 右大臣宣 奉勅 渤海聘期制以六載 而今彼國使太昌泰等 猶嫌其遲 更事覆請 乃縱彼所慾 不立年限 宜隨其來令禮待者 諸國承知 厚加供偹馳驛言上者 今被右大臣宣偁 奉勅小之事大 上之待下 年期禮數不可無限 仍附彼使高貞泰等還 更改前例 告以一紀 宜仰緣海郡 永以爲例 其資給等事一依前符

天長元年六月二十日 (『類聚三代格』18)

신라　　秋七月 得人蔘九尺 甚異之 遣使如唐進奉 德宗謂非人蔘 不受 (『三國史記』10 新羅本紀 10)

신라　　秋七月 得人蔘 其長九尺 遣使獻于唐 謂非眞 不受 (『三國史節要』13)

---

314) 정원 15년(799, 소성왕 1) 4월에 조성되었다는 명문으로, 원오법사(元烏法師)가 만들었으며, 시주자가 장진대사라는 것이다.

신라 八月 追封母金氏爲聖穆太后 (『三國史記』10 新羅本紀 10)
신라 八月 追封母金氏爲聖穆太后 (『三國史節要』13)

신라 (八月) 漢山州獻白鳥 (『三國史記』10 新羅本紀 10)
신라 (八月) 漢水[315]州獻白鳥 (『三國史節要』13)

백제 九月癸卯 從五位下百濟王貞孫授從五位上 (『日本後紀』8 桓武紀)

백제 (九月辛亥) 正四位下百濟王玄鏡爲刑部卿 (…) 從五位上百濟王教德爲上總守 (…) 近衛少將從五位上大伴宿禰是成爲兼下野守 從五位下百濟王教俊爲介 (『日本後紀』8 桓武紀)

발해 (九月)辛酉 正六位上式部少錄滋野宿禰船代等 到自渤海國 國王啓曰 嵩璘啓 使船代等至 枉辱休問 兼信物絁絹各卅匹 絲二百絇 綿三百屯 准數領足 懷愧實深 嘉貺厚情 伏知稠疊 前年附啓 請許量載往還 去歲承書 遂以半紀爲限 嵩璘情勤馳係 求縮程期 天皇舍己從人 便依所請 筐篚攸行 雖無珍奇 特見允依 荷欣何極 比者天書降渙 制使莅朝 嘉命優加 寵章摠華 班霑燮理 列等端揆 惟念寡菲 殊蒙庇蔭 其使昌泰等 才慙專對 將命非能 而承貺優容 倍增喜慰 而今秋暉欲暮 序維涼風 遠客思歸 情勞望日 祟迨時節 無滯廻帆 旣許隨心 正宜相送 未及期限 不敢同行 謹因廻使 奉附輕尠 具如別狀 (『日本後紀』8 桓武紀)
발해 九月辛酉[廿] 正六位上 式部少錄滋野宿禰船白等到自渤海國 國王啓曰 (…) (『類聚國史』193 殊俗部 渤海 上)

백제 고구려 (十二月)甲戌 甲斐國人止彌若虫 久信耳鷹長等一百九十人言 己等先祖 元是百濟人也 仰慕聖朝 航海投化 卽天朝降綸旨 安置攝津職 後依丙寅歲正月廿七日格 更遷甲斐國 自爾以來 年序旣久 伏奉去天平勝寶九歲四月四日勅稱 其高麗百濟新羅人等 遠慕聖化 來附我俗 情願改姓 悉聽許之 而已等先祖 未改蕃姓 伏請蒙改姓者 賜若虫姓石川 鷹長等姓廣石野 又信濃國人外從六位下卦婁眞老 後部黑足 前部黑麻呂 前部佐根人 下部奈弖麻呂 前部秋足 小縣郡人無位上部豊人 下部文代 高麗家繼 高麗繼楯 前部貞麻呂 上部色布知等言 己等先高麗人也 小治田 飛鳥二朝庭時節 歸化來朝 自爾以還 累世平民 未改本號 伏望依去天平勝寶九歲四月四日勅 改大姓者 賜眞老等姓須須岐 黑足等姓豊岡 黑麻呂姓村上 秋足等姓篠井 豊人等姓玉川 文代等姓淸岡 家繼等姓御井 貞麻呂姓朝治 色布知姓玉井 (『日本後紀』8 桓武紀)

삼한 (十二月)戊戌 勅 天下臣民 氏族已衆 或源同流別 或宗異姓同 欲據譜牒 多經改易 至檢籍帳 難辨本枝 宜布告天下 令進本系帳 三韓諸蕃亦同 但令載始祖及別祖等名 勿列枝流并繼嗣歷名 若元出于貴族之別者 宜取宗中長者署申之 凡厥氏姓 率多假濫 宜在신출자實 勿容詐冒 來年八月卅日以前 摠令進了 便編入錄 如事違故記 及過嚴程者 宜原情科處 永勿入錄 凡庸之徒 摠集爲卷 冠蓋之族 聽別成軸焉 (『日本後紀』8 桓武紀)

신라 (貞元十四年) 明年 遣司封郎中韋丹持册 未至 俊邕死 丹還 子重興立 (『新唐書』220

315) 원문의 水는 山이 맞다.

列傳 145 新羅)

신라　(…) 公字文明 以明五經登科 授校書郎咸陽尉 以監察御史 殿中侍御史 佐張獻甫於邠寧府 徵爲太子舍人 遷起居郎 檢校吏部員外郎 寺御史 河陽行軍司馬 未行改駕部員外郎 會新羅國以喪來告 且請立君 拜司封郎中兼御史中丞 章服金紫 弔冊其嗣 新羅再以喪告 不果行 (…) 元和五年 薨 年五十八 (「唐故江西觀察使武陽公韋公遺愛碑」)[316]

신라　年當志學 出家止于浮石山 聽華嚴有五行之聰 罔有半字 三餘之學 何究本經 以爲鉤深索隱 豈吾所能墻仞所窺 不可不說 於是編文織意 積成券軸 決囊代之膏肓 祛群學之蒙昧 同輩謂曰 昨爲切磋之友 今作誘進之師 眞釋門之顔子也 (「大安寺寂忍禪師照輪淸淨塔碑」)[317]

신라　釋勝詮 未詳其所自也 常附舶指中國 詣賢首國師講下 領受玄言 研微積慮 惠鑒超穎 探賾索隱 妙盡隅粵[318] 思欲赴感有緣 當還國里 始賢首與義湘同學 俱稟儼和尙慈訓 首就於師說 演述義科 因詮法師還鄕寄示 湘仍寓[319]書[云云] 別幅云 探玄記二十卷 兩卷未成 敎分記三卷 玄義章等雜義一卷 華嚴梵語一卷 起信疏兩卷 十二門疏一卷 法界無差別論疏一卷 竝因勝詮法師抄寫還鄕 頃新羅僧孝忠遺金九分云 是上人所寄 雖不得書 頂荷無盡 今附西國軍特[320]澡灌[321]一口 用表微誠 幸願撿領 謹宣 師旣還 寄信于義湘 湘乃目閱藏文 如耳聆儼訓 探討數旬 而授門弟者 廣演斯文 語在湘傳 按此圓融之敎誨遍洽于靑丘者寔師之功也 厥後有僧梵修 遠適彼國 求得新譯後分華嚴經·觀師義䟽言還流演 時當貞元己卯 斯亦求法洪揚之流乎 詮乃於尙州領內開寧郡境開創精廬 以石髑髏爲官屬 開講華嚴 新羅沙門可歸 頗聰明識道理 有傳燈之續 乃撰心源章 其略云 勝詮法師領石徒衆 論議講演 今葛頃[322]寺也 其髑髏八十餘枚 至今爲網[323]司所傳 頗有靈異 其他事迹 具載碑文 如大覺國師實錄中 (『三國遺事』4 義解 5 勝詮髑髏)

800(庚辰/신라 소성왕 2, 애장왕 1/발해 康王 正曆 6/唐 貞元 16/日本 延曆 19)

신라　春正月 封妃金氏爲王后 (『三國史記』10 新羅本紀 10)

신라　春正月 封妃金氏爲王妃 (『三國史節要』13)

신라　第三十九昭聖王 (…) 妃桂花王后 夙明公女 (『三國遺事』1 王曆)

신라　(春正月) 以忠芬爲侍中 (『三國史記』10 新羅本紀 10)

신라　(春正月) 以忠芬爲侍中 (『三國史節要』13)

신라　(夏四月己丑) 以權知新羅國事金俊邕襲祖開府檢校太尉雞林州都督新羅國王 (『舊唐書』13 本紀 13 德宗 下)

---

316) 위단은 원성왕이 왕 14년(798) 12월 29일 죽자 책봉사로 신라에 파견되었다가 도중에 소성왕이 왕 2년(800) 6월에 죽었다는 소식을 듣고 되돌아갔다.

317) 桐裏山門을 개창한 적인선사 慧徹은 785년(원성왕 1)에 출생하였다고 하여 그의 나이 15세에 출가하였다고 한다. 혜철이 15세가 되는 해는 799년이다. 따라서 799년으로 편년하고 편제하였다.

318) 奧의 잘못이다.

319) 寄의 잘못이다.

320) 持의 잘못이다.

321) 罐의 잘못이다.

322) 項의 잘못이다.

323) 綱의 잘못이다.

신라 (四月) 新羅王敬[324]則卒 庚寅 册命其嫡孫俊邕爲新羅王 (『資治通鑑』 235 唐紀 51 德宗神武孝文皇帝)

신라 (貞元)十六年 授俊邕開府儀同三司檢校太尉新羅王 令司封郎中兼御史中丞韋丹持節册命 丹至鄆州 聞俊邕卒 其子重興立 (『舊唐書』 199上 列傳 149上 東夷 新羅)

신라 韋丹字文明 京兆萬年人 周大司空孝寬六世孫 (…) 新羅國君死 詔拜司封郎中往弔 故事 使外國 賜州縣十官 賣以取貲 號私覿官 丹曰 使外國 不足于資 宜上請 安有貿官受錢 卽具疏所宜費 帝命有司與之 因著令 未行 而新羅立君死 還爲容州刺史 (『新唐書』 197 列傳 122 韋丹)

신라 新羅國君死 公以司封郎中 兼御史中丞 紫衣金魚 往弔立其嗣 故事使外國者 常賜州縣官十員 使以名上 以便其私 號私覿官 公將行曰 吾天子吏 使海外國 不足於資 宜上請 安有賣官以受錢耶 卽具疏 所以上以爲賢 命有司與其費 至鄆州 會新羅告 所當立君死 還 (「韋丹 墓誌銘」)[325]

신라 未行改駕部員外郎 會新羅國以喪來告 且請立君 拜司封郎中 兼御史中丞 章服金紫 弔冊其嗣 新羅再以喪告 不果行 (「韋丹 遺愛碑」: 『樊川文集』 4; 『全唐文』 754)

신라 (貞元)十六年 授俊邕開府儀同三司 檢校太尉 新羅王 令司封郎中兼御史中丞韋丹持節冊命 (『唐會要』 95 新羅)

신라 淳化洽聲明 殊方均惠養 計書重譯至 錫命雙旌往 星辭北極遠 水泛東溟廣 斗柄辨宵程 天琛宜晝賞 孤光洲島迥 浄綠煙霞敞 展禮盛賓徒 交歡覿君長 經途勞視聽 愴別縈夢想 延頸旬歲期 新恩在歸鞅 (『全唐詩』 5函 8册 權德輿 送韋中丞奉使新羅)[326]

신라 淼淼望遠國 一萍秋海中 恩傳日月外 夢在波濤東 浪興豁胸臆 泛程舟虛空 旣茲吟仗信 亦以難私躬 實怪賞不足 異鮮悅多叢 安危所繫重 征役誰能窮 彼俗媚文史 聖朝富才雄 送行數百首 各以鏗奇工 冗隸竊抽韻 孤屬思將同 (『全唐詩』 6函 5册 孟郊 奉同朝賢送新羅使)[327]

신라 夏四月 暴風折木蜚瓦 瑞蘭殿簾飛不知處 臨海仁化二門壞 (『三國史記』 10 新羅本紀 10)

신라 夏四月 暴風折木蜚瓦 臨海仁化二門壞 (『三國史節要』 13)

신라 (五月丁亥) 新羅王俊邕卒 國人立其子重熙[328] (『資治通鑑』 235 唐紀 51 德宗神武孝文皇帝)

신라 五月卄六日 椋食△內之 下椋有 (전면)
仲椋有食卄三石 (후면) (「황남동 281호 목간」)[329]

고구려 (貞元十六年) 六月丙午 鄆州李師古·淮南杜祐並加同平章事 以祐兼領徐泗濠節度(『舊唐書』 13 本紀 13 德宗 下)

고구려 (貞元)十六年六月 與淮南節度使杜佑同制加中書門下平章事 (…) 俄聞順宗卽位 師古乃罷兵 後累官至檢校司徒·兼侍中 卒 贈太傅 (『舊唐書』 124 列傳 74 李師古)

---

324) 嚴 則改信

325) 『全唐文』 566

326) 韋中丞은 위단으로 정원 16년(800)에 신라에 사절로 갔다.

327) 新羅使는 위단을 말한다.

328) 重 直龍翻

329) 이 목간은 1994년에 경주의 황남동 376번지 유적에서 출토되었다. 유적은 7~8세기의 신라 유적이고, 창고의 존재로 보아 651년 倉部 설치 이후에 제작된 것으로 추정된다. 그에 따라 651~800년으로 기간편년하고, 마지막해인 800년에 배치하였다.

고구려　　元和初卒 贈太傅 (『新唐書』213 列傳 138 藩鎭淄靑橫海)

신라　　六月 封王子爲太子 王薨 諡曰昭聖 (『三國史記』10 新羅本紀 10)
신라　　昭聖王薨 哀莊王重熙卽位元年 (『三國史記』31 年表 下)
신라　　六月 封王子淸明爲太子 王薨 太子淸明立 年十三 上諡曰昭聖 母弟兵部令彦昇平攝政 初元聖薨帝遣司封郎中兼御史中丞韋丹 持節弔慰 且冊王爲開府儀同三司檢校太尉新羅王 丹至鄆州 聞王薨乃還 (『三國史節要』13)
신라　　哀莊王立 諱淸明 昭聖王太子也 母金氏桂花夫人 卽位時年十三歲 阿湌兵部令彦昇攝政 初 元聖之薨也 唐德宗遣司封郎中兼御史中丞韋丹 持節吊慰 且冊命王俊邕爲開府儀同三司檢校太尉新羅王 丹至鄆州 聞王薨乃還 (『三國史記』10 新羅本紀 10)
신라　　第四十哀莊王[金氏 名重熈 一云淸明 父昭聖 母桂花王后 辛卯[330]立 理十年 元和四年己丑 七月十九日 王之叔父憲德興德兩伊干所害而崩] (『三國遺事』1 王曆)

신라　　秋七月 王更名重熙 (『三國史記』10 新羅本紀 10)
신라　　秋七月 王更名重熙 (『三國史節要』13)

신라　　八月 授前入唐宿衛學生梁悅豆肹小守 初德宗幸奉天 悅從難有功 帝授右贊善大夫還之 故王擢用之 (『三國史記』10 新羅本紀 10)
신라　　八月 以梁悅爲豆肹小守 初悅入唐宿衛 帝幸奉天 悅從難有功 帝授右贊善大夫 及還王擢用之 (『三國史節要』13)

신라　　京城之東北二十許里 暗谷村之此[331] 有鍪藏寺 第三十八元聖大王之考 大阿干孝讓追封明德大王之爲叔父波珍喰[332]追崇所創也 幽谷逈絶 類似削成 所寄冥奧 自生虛白乃息心樂道之靈境也 寺之上方 有彌陁古殿 乃昭成[一作聖]大王之妃桂花王后 爲大王先逝 中宮乃充充焉 皇皇焉 哀戚之至 泣血棘心 思所以幽贊明休 光啓玄福者 聞西方有大聖曰彌陁 至誠歸仰 則善救來迎 是眞語者 豈欺我哉 乃捨六衣之盛服 罄九府之貯財 召彼名匠 教造彌陀像一軀 幷造神衆以安之 先是寺有一老僧 忽夢眞人坐於石塔東南岡上 向西爲大衆說法意謂 此地必佛法所住也 心秘之而不向人說 嵒石巉崒 流澗激迅 匠者不顧 咸謂不臧 及乎辟地 乃得平坦之地 可容堂宇 宛似神基 見者莫不愕然稱善 近古來殿則壞圮 而寺獨在 諺傳 太宗統三已後 藏兵鍪於谷中 因名之 (『三國遺事』3 塔像 4 鍪藏寺彌陀殿)[333]
신라　　(螭首의 題額)
阿彌陀
佛△△
(1)
(마멸) △守 大奈麻 臣 金陸珍 奉　教 (마멸)
(마멸) 測氾兮 若存者 教亦善救歸于九△△물호物乎 嘗試論之 佛道之
(마멸) △以 雙忘△而不覺 遍法界而冥立△△△而無機 齊大空而△ (마멸)
(마멸) 是微塵之刹 沙數之區 競禮微言 爭崇△△△廟生淨心者 久而△ (마멸)
(마멸) 能與於此乎 鍪藏寺者
(마멸) 逈絶累以削成 所寄冥奧 自生虛白 碧澗千尋△△△塵勞而滌 蕩寒 (마멸)

---

330) 辛卯는 庚申의 잘못이다.
331) 北의 오기이다.
332) 湌의 오기이다.
333) 전체 기사의 시기를 구분할 수 없으나, 소성왕 몰년에 맞춰 배치하였다.

(마멸) 中宮奉爲
(마멸) 明業 繼斷鼈功崇御 辨運琁璣而照寓 德合天心握金鏡 (마멸)
(마멸) 何圖 天道將變 書物告凶 享國不永 一朝晏駕 中宮 (마멸)
(마멸) 身罔極 而喪禮也 制度存焉 必誠必信 勿之有悔 送終之事 (마멸)
(마멸) 密藏 鬱陶硏精 寤寐求之 思所以幽贊冥休 光啓玄福者西方 (마멸)
(마멸) 府之淨財 召彼名匠 各有司存就於此寺 奉造阿彌陀佛
像一 (마멸)
(마멸) 見眞人於石塔東南崗上之樹下 西面而坐 爲大衆說法 旣覺 (마멸)
(마멸) 巉山卒溪澗激迅 維石巖巖 山有朽壤 匠者不顧 咸謂不祥 及 (마멸)
(마멸) 之固 正當殿立 有若天扶 于時見者 愕然而驚 莫不(마멸)
(마멸) 至百慮多岐 一致于誠 誠也者 可以動天地 (마멸)
(마멸) △旣得 匪棘其欲 子來成之 其像則 (마멸)

(2)
(마멸) 皇龍 (마멸)
(마멸) 物乎 嘗試論之 佛道之 (마멸)
(마멸) 而無機 齊大空而△ (마멸)
(마멸) 廟生淨心者 久而△ (마멸)
(1줄 결)
(마멸) 塵 勞而滌蕩 寒 (마멸)
(1줄 결)

(3)
(마멸) 也 當此之時 崖 (마멸)
(마멸) 基 壤之剔之 更將△ (마멸)
(마멸) 歟是歟 故知萬法 殊 (마멸)
(마멸) 幹之材 畢至班石之巧 (마멸)
(마멸) 普照 八十種好 出衆妙 (마멸)
(마멸) 鋪綺檻 朝日暎而炫燿 △ (마멸)
(마멸) 若節潔行修身 專思法 (마멸)
(마멸) △德 貞順立節 着于稱首 (마멸)
(마멸) △路若斯之盛乎 欲比 (마멸)
(마멸) △△燕然之作 便察鷹揚 (마멸)
(마멸) 物混成載 我以形勞我△ (마멸)
(마멸) 慧炬 用拯迷類 正敎難測 (마멸)
(마멸) 鼈業泰登樞位襲聲敎△ (마멸)
(마멸) △忘不忘維何思崇 冥祐 (마멸)
(마멸) △寶紛敷香花 周繞天人 (마멸) (「鍪藏寺 阿彌陀如來 造像碑」)334)

신라 法號無染 於圓覺祖師爲十世孫 俗姓金氏 以武烈大王爲八代祖 大父周川 品眞骨 位韓粲 高曾出入皆將相戶知之 父範淸 族降眞骨一等 曰得難[國有五品 曰聖而 曰眞骨 曰得難 言貴姓之難得 文賦云 或求易而得難從言 六頭品數多 爲貴 猶一命至九 其四

334) 이 비의 조성 연대는 확인되지 않았으나, 소성왕의 왕비인 桂花王后가 왕의 명복을 빌기 위해 조성한 것이므로 『삼국유사』 무장사미타전 기사 뒤에 배치하였다.

五品不足言] 晩節追蹤趙文業 母華氏魂交覩脩臂天垂授萬殳花 因有娠 幾踰時申夢 胡道人 自稱法藏 授十護 充胎教 過朞而誕 (「聖住寺郞慧和尙白月葆光塔碑」)[335]

신라 不欲人之加諸我 吾亦欲无加諸人 子 (1면)
文也 子謂子産 有君子道四焉 其 (2면)
巳△ △△色 舊令尹之政 必以告新 (3면)
違之 何如 子曰 淸矣 △ 仁△△ 曰 未知 (4면) (「봉황동 147호 목간」)[336]

801(辛巳/신라 애장왕 2/발해 康王 正曆 7/唐 貞元 17/日本 延曆 20)

신라 (貞元十六年) 明年 至渾州 聞俊邕卒 其子重興立 詔丹還[337] (『唐會要』95 新羅)

신라 春二月 謁始祖廟 別立太宗大王文武大王二廟 以始祖大王及王高祖明德大王曾祖元聖大王皇祖惠忠大王皇考昭聖大王爲五廟 (『三國史記』10 新羅本紀 10)
신라 春二月 改五廟之制 以始祖大王高祖明德王曾祖元聖大王皇祖惠忠王皇考昭聖王爲五廟 別立太宗王文武大王爲二廟 (『三國史節要』13)

신라 (春二月) 以兵部令彦昇爲御龍省私臣 未幾爲上大等 (『三國史記』10 新羅本紀 10)
신라 (春二月) 置御龍省私臣一人 以兵部令彦昇爲之 未幾爲上大等 (『三國史節要』13)
신라 御龍省 私臣一人 哀莊王二年置 (『三國史記』39 雜志 8 職官 中)

신라 (春二月) 大赦 (『三國史記』10 新羅本紀 10)
신라 (春二月) 大赦 (『三國史節要』13)

신라 成人弥刀珎 貞元十七年辛巳 三月十六日 鴻巖仏成記 願旨 △父△不△ △△日弥 二△母弥叉
一切衆生△ (「防禦山 磨崖三尊銘」)

신라 夏五月壬戌朔 日當食不食 (『三國史記』10 新羅本紀 10)
신라 夏五月壬戌朔 日當食不食 (『三國史節要』13)

신라 秋九月 熒惑入月 星隕如雨 (『三國史記』10 新羅本紀 10)
신라 秋九月 熒惑入月 星隕如雨 (『三國史節要』13)

신라 (秋九月) 武珍州進赤烏 (『三國史記』10 新羅本紀 10)
신라 (秋九月) 武珍州進赤烏 (『三國史節要』13)

신라 (秋九月) 牛頭州進白雉 (『三國史記』10 新羅本紀 10)
신라 (秋九月) 牛頭州進白雉 (『三國史節要』13)

---

335) 낭혜화상은 800년에 출생하였다.
336) 이 목간은 2001년에 김해의 봉황동 유적에서 출토되었다. 유적은 6~8세기의 신라 유적이고, 이 지역이 신라의 영역으로 편입된 것은 532년이다. 그에 따라 532~800년으로 기간편년하고, 마지막해인 800년에 배치하였다.
337) 『구당서』에서는 위단이 소성왕 책봉사절로 파견된 시점을 정원 16년(800)으로, 『신당서』에서는 정원 15년(799)으로, 『삼국사기』에서는 소성왕 훙년인 800년으로 기록하였는데, 되돌아간 시점에 대해서는 정확하게 기술하지 않았다.

신라 발해 (冬十月)辛未 宰相賈耽上海內華夷圖及古今郡國縣道四夷述四十卷 (『舊唐書』 13 本紀 13 德宗 下)

신라 발해 耽好地理學 凡四夷之使及使四夷還者 必與之從容 訊其山川土地之終始 是以九州之夷險 百蠻之土俗 區分指畫 備究源流 (…) 至十七年 又譔成海內華夷圖及古今郡國縣道四夷述四十卷 (『舊唐書』138 列傳 88 賈耽)

고구려 발해 其後貞元宰相賈耽考方域道里之數最詳 從邊州入四夷 通譯于鴻臚者 莫不畢紀 其入四夷之路與關戍走集最要者七一曰營州入安東道 二曰登州海行入高麗渤海道 三曰夏州塞外通大同雲中道 四曰中受降城入回鶻道 五曰安西入西域道 六曰安南通天竺道 七曰廣州通海夷道 其山川聚落 封略遠近 皆槪擧其目 州縣有名而前所不錄者 或夷狄所自名云 (『新唐書』43 下 志 33 下 地理 7 下 河北道)

발해 其後正元宰相賈耽考方域道里之數最詳 從邊州入四夷 通譯于鴻臚者莫不畢紀 其入四夷之路 與關戍走集 最要者七 一曰營州入安東道 二曰登州海行入高麗渤海道 三曰夏州塞外通大同雲中道 四曰中受降城入回鶻道 五曰安西入西域道 六曰安南通天竺道 七曰廣州通海夷道 其山川聚落 封略遠近 皆槩擧其目 州縣有名而前所不錄者 或夷狄所自名 (『玉海』15 地理 地理書 唐皇華四達記 西域圖)

신라 冬十月 大寒 松竹皆死 (『三國史記』10 新羅本紀 10)

신라 冬十月 大寒 松竹盡枯 (『三國史節要』13)

신라 (冬十月) 耽羅國遣使朝貢 (『三國史記』10 新羅本紀 10)

신라 (冬十月) 耽羅國遣使來貢 (『三國史節要』13)

802(壬午/신라 애장왕 3/발해 康王 正曆 8/唐 貞元 18/日本 延曆 21)

신라 春正月 王親祀神宮 (『三國史記』10 新羅本紀 10)

신라 春正月 王親祀神宮 (『三國史節要』13)

신라 夏四月 以阿飡金宙碧女 入後宮 (『三國史記』10 新羅本紀 10)

신라 夏四月 納阿飡金富碧女 (『三國史節要』13)

신라 秋七月 地震 (『三國史記』10 新羅本紀 10)

신라 秋七月 地震 (『三國史節要』13)

신라 八月 創加耶山海印寺 (『三國史記』10 新羅本紀 10)

신라 八月 創加耶山海印寺 (『三國史節要』13)

신라 (八月) 歃良州進赤烏 (『三國史記』10 新羅本紀 10)

신라 (八月) 歃良州進赤烏 (『三國史節要』13)

신라 冬十二月 授均貞大阿飡爲假王子 欲以質倭國 均貞辭之 (『三國史記』10 新羅本紀 10)

신라 冬十二月 授均貞爲大阿飡 假稱王子 欲以質倭國 均貞辭 (『三國史節要』13)

신라 壬午年 京 奉德寺 永興寺 天巖寺 寶藏寺 施食二千七百十三石 (「昌寧塔金堂治成文記碑」 뒷면)

신라 壬午年 仁陽寺 三寶中 入食九百五十四石 同年 塔盧半治 (「昌寧塔金堂治成文記碑」

뒷면)

803(癸未/신라 애장왕 4/발해 康王 正曆 9/唐 貞元 19/日本 延曆 22)

신라　　夏四月 王幸南郊觀麥 (『三國史記』 10 新羅本紀 10)

신라　　夏四月 王幸南郊觀麥 (『三國史節要』 13)

신라　　釋地藏 姓金氏 新羅國王之支屬也 (…) 以貞元十九年夏 忽召衆告別 罔知攸往 但聞山鳴石隕扣鐘嘶嗄 如趺而滅 春秋九十九 其屍坐於函中 洎三稔開將入塔 顔貌如生 舉舁之動骨節 若撼金鎖焉 乃立小浮圖于南臺 是藏宴坐之地也 時徵士右拾遺費冠卿序事存焉 大中中僧應物亦紀其德哉 (『宋高僧傳』 20 感通篇 6-3 唐 池州 九華山 化城寺 地藏傳)

신라　　唐地藏 姓金氏 新羅國王族子也 (…) 貞元十九年夏 示寂 閱三年 樹塔以葬 右拾遺費冠卿 製文勒碑 (『新修科分六學僧傳』 6 傳宗科 唐 地藏)

신라　　金地藏碑刻像
金地藏像
金地藏垂跡銘文
贊金地藏像 (「金地藏 碑刻像」)[338]

신라　　秋七月 與日本國交聘結好 (『三國史記』 10 新羅本紀 10)

신라　　秋七月 與日本國結好 (『三國史節要』 13)

신라　　冬十月 地震 (『三國史記』 10 新羅本紀 10)

신라　　冬十月 地震 (『三國史節要』 13)

신라　　癸未年 仁陽寺 金堂內像成 同年 苑池寺 金堂內像 成 (「昌寧塔金堂治成文記碑」 뒷면)

신라　　癸未年) 仁陽寺塔 弔四層 治 同年 仁陽寺 佛門 四角鐸 成 (「昌寧塔金堂治成文記碑」 뒷면)

804(甲申/신라 애장왕 5/발해 康王 正曆 10/唐 貞元 20/日本 延曆 23)

백제　　(春正月庚子) 從五位上高倉朝臣殿繼爲駿河守 (…) 從五位下百濟王忠宗爲伊豫介 (…) (『日本後紀』 12 桓武紀)

백제　　(春正月)甲辰 刑部卿陸奧出羽按察使從三位坂上大宿禰田村麻呂爲征夷大將軍 正五位下百濟王敎雲 從五位下左伯宿禰社屋 從五位下道嶋宿禰御楯爲副 (…) (『日本後紀』 12 桓武紀)

신라　　春正月 以阿飡秀昇爲侍中 (『三國史記』 10 新羅本紀 10)

신라　　春正月 以阿飡秀昇爲侍中 (『三國史節要』 13)

신라　　貞元卄年甲申三月卄三日 當寺鍾成內之 古尸山郡 仁近大乃末 紫草里 施賜乎 古鍾金 二百八十廷 當寺古鍾金 二百卄廷 此以本爲內 十方旦越 勸爲成內在之 願旨是者

338) 金地藏의 출생연대에 대해서는 여러 설이 있으나, 여기서는 『송고승전』에 따라 몰년을 803년으로 하였다. 『金地藏史料滙編』

法界有情 皆佛道中到內去 誓內時寺聞賜主 信廣夫人君
上坐 令妙寺 日照和上
時司 元恩師
鍾成在伯士 當寺 覺智師
上和上 順應和上
良惠師
平法△
善覺師
如於△
日晶誓師
宣司 禮覺師
節唯乃 同說師(「禪林院鍾銘」)

백제 (夏四月壬子) 從五位下百濟王元勝爲內兵庫正 (『日本後紀』12 桓武紀)

백제 (夏四月辛未) 中納言從三位和朝臣家麻呂薨 詔贈從二位大納言 家麻呂 贈正一位高野朝臣弟嗣之孫也 其先百濟國人也 爲人木訥 無才學 以帝外戚 特被擢進 蕃人入相府自此始焉 可謂人位有餘 天爵不足 其雖居貴職 逢故人者 不嫌其賤 握手相語 見者感焉 時年七十一 (『日本後紀』12 桓武紀)

신라 夏五月 日本國遣使 進黃金三百兩 (『三國史記』10 新羅本紀 10)
신라 夏五月 日本國遣使 進黃金三百兩 (『三國史節要』13)

발해 (六月)庚午 勅 比年渤海國使來着 多在能登國 停宿之處 不可疎陋 宜早造客院 (『日本後紀』12 桓武紀)
발해 (六月)庚午 勅 頃年渤海國使來着 多在能登國 停宿之處 不可踈陋 宜早造客院 (『類聚國史』193 殊俗△ 渤海 上)

신라 (秋七月己卯) 從五位上紀朝臣內子川上朝臣眞奴百濟王惠信藤原朝臣川子 紀朝臣殿子正五位上 (『日本後紀』12 桓武紀)

신라 秋七月 大閱於閼川之上 (『三國史記』10 新羅本紀 10)
신라 秋七月 大閱於閼川 (『三國史節要』13)

신라 (秋七月) 歃良州進白鵲 (『三國史記』10 新羅本紀 10)
신라 (秋七月) 歃良州進白鵲 (『三國史節要』13)

신라 (秋七月) 重修臨海殿 (『三國史記』10 新羅本紀 10)
신라 (秋七月) 修臨海殿 (『三國史節要』13)

신라 (秋七月) 新作東宮萬壽房 (『三國史記』10 新羅本紀 10)
신라 (秋七月) 新作東宮萬壽房 (『三國史節要』13)

신라 (秋七月) 牛頭州蘭山縣伏石起立 (『三國史記』10 新羅本紀 10)
신라 (秋七月) 牛頭州蘭山縣有石起立 (『三國史節要』13)

신라　(秋七月) 熊川州蘇大縣釜浦水變血 (『三國史記』10 新羅本紀 10)
신라　(秋七月) 熊川州蘇大縣釜浦水變血 (『三國史節要』13)

신라　(九月)己丑 遣兵部少丞正六位上大伴宿禰岑萬里於新羅國 太政官牒曰 遣使唐國 脩聘之狀 去年令大宰府送消息訖 時無風信 遂變炎涼 去七月初 四船入海 而兩船遭風漂廻 二船未審到處 卽量風勢 定着新羅 仍遣兵部省少丞正六位上大伴宿禰岑萬里等尋訪 若有漂着 宜隨事資給 令得還鄕 不到彼堺 冀遣使入唐 訪覓具報 (『日本後紀』12 桓武紀)

신라　九月 望德寺二塔戰 (『三國史記』10 新羅本紀 10)
신라　九月 望德寺二塔相擊 (『三國史節要』13)

발해 신라　(貞元)十一月 渤海 新羅遣使來朝 (『册府元龜』972 外臣部 17 朝貢 5)

신라　(…) 以此貞元年中(785~804) 躬 (마멸) △像△△ 是傷心乃苦 △△倍增 便策身心泥堂葺屋 二△△△△△△池之△△造 大師居士之形 至于三月 △ (마멸) △山輻湊 傍野雲趨 覩像觀形 誠心頂禮 然後講讚 △△△△△△△△△△△角干金彦昇公 海岳精乾坤秀 承親(마멸)三千 心超六月 德義資△ △光△物 見彼山中 大德奉△ △△△△△△△△ 方銘 歸心委命 志在虔誠 尊法重人 (마멸)之靈跡 非文 無以陳其事 無記安可表其由 所以令僧作△ △△△△ △△自撰 無能學不經 遂辭不△勉 輒諟(마멸)皆趣矣 塵年不朽 芥劫長在 (…) (「高仙寺 誓幢和上碑 」)

신라　禪師諱體澄 宗姓金 熊津人也 家承令望 門襲仁風 是以慶自天鐘 德從嶽降 孝義旌表於鄕里 禮樂冠盖於軒裳者也 禪師託體之年 尊夫人夢 日輪駕空 垂光貫腹 因之驚寤便覺有懷 及逾朞月 不之誕生 尊夫人追尋瑞夢 誓禱良因 膳徹腥脩 飮斷醪醴 胎訓淨戒 篤事福田 由是 克解分蓐之憂 允叶弄璋之慶 禪師貌雄岳立 氣潤河靈 輪齒自然金髮特異 閭里聲歎 親戚咸驚 (「寶林寺普照禪師彰聖塔碑」)[339]

신라　遂於貞元卄年 詣歲貢使 求爲榜人 寓足西泛 多能鄙事 視險如夷 揮楫慈航 超截苦海及達彼岸 告國使曰 人各有志 請從此辭 遂行至滄州 謁神鑑大師 投體方半 大師怡然曰 戱別匪遙 喜再相遇 遽令削染 頓受印契 若火沾燥艾 水注卑邍然 徒中相謂曰 東方聖人 於此復見 禪師形貌黯然 衆不名」而目爲黑頭陀 斯則探玄處默 眞爲漆道人後身 豈比夫邑中之黔 能慰衆心而已哉 永可與赤頿靑眼 以色相顯示矣 (「雙溪寺眞鑑禪師大空塔碑」)

805(乙酉/신라 애장왕 6/발해 康王 正曆 11/唐 貞元 21, 永貞 1/日本 延曆 24)

백제　(春正月丙戌) 從五位上百濟王鏡仁爲右中辨 (『日本後紀』12 桓武紀)

신라　春正月 封母金氏爲大王后 妃朴氏爲王后 是年 唐德宗崩 順宗遣兵部郞中兼御史大夫元季方告哀 且册王爲開府儀同三司檢校太尉使持節大都督雞林州諸軍事雞林州刺史兼持節充寧海軍使上桂國新羅王 其母叔氏爲大妃[王母父叔明 奈勿王十三世孫 則母姓金氏 以父名爲叔氏 誤也] 妻朴氏爲妃 (『三國史記』10 新羅本紀 10)

---

339) 체징은 804년에 출생하였다.

신라　春正月 封母金氏爲王太后 妃朴氏爲王后 帝遣兵部郎中兼御史大夫元季方告哀 且冊王爲開府儀同三司檢校大尉使持節大都督雞林州諸軍事雞林州刺史兼持節充寧海軍使上桂國新羅王 奉太后叔氏爲大妃 妃朴氏爲妃 太后 奈勿王十三世孫金叔明之女也 嫌於同姓 以父名叔爲氏
權近曰 昔魯昭公娶於吳 爲同姓 謂之吳孟子 今王母亦同姓也 故以其父名叔明因謂之叔氏 以告於唐耳 後四年力奇入唐 言昭聖王母金神述之女爲申氏 妃爲叔氏 其諱同姓而以父名爲姓也 尤明矣(『三國史節要』 13)

신라　永貞元年 詔遣兵部郎中元季方持節册重興爲王 (『舊唐書』 199上 列傳 149上 東夷新羅)[340]

신라　永貞元年 詔兵部郎中元季方册命 (『新唐書』 220 列傳 145 新羅)

신라　弟季方 擧明經 調楚丘尉 歷殿中侍御史 兵部尚書王紹表爲度支員外郎 遷金·膳二部郎中 號能職 王叔文用事 憚季方不爲用 以兵部郎中使新羅 新羅聞中國喪 不時遣 供饋乏 季方正色責之 閉戶絶食待死 夷人悔謝 結驩乃還 (『新唐書』 201 列傳 126 文藝上 元萬頃)

신라　永貞元年 詔遣兵部郎中元季方 持節冊重興爲王 (『唐會要』 95 新羅)

신라　兵部郎中兼中丞元季方告哀於新羅 且冊立新羅嗣王 (『全唐文』 560 韓愈 順宗實錄 2)

신라　元義方使新羅 發雞林州 遇海島 中有泉 舟人皆汲飮之 忽有小蛇自泉中出 海師遽曰龍怒 遂發 未數里 風雲雷電皆至 三日三夜不絶 及雨霽 見遠岸城邑 乃萊州 (『太平廣記』 423 龍 6 元義方)[341]

고구려　(貞元二十一年二月)壬子 淄靑李師古以兵寇滑之東鄙 聞國喪也 (『舊唐書』 14 本紀 14 順宗 憲宗上)

신라　(二月)戊辰 以開府儀同三司·檢校太尉·使持節·大都督雞林州諸軍事·雞林州刺史·上柱國·新羅王金重熙兼寧海軍使 以重熙母和氏爲太妃 妻朴氏爲妃 (『舊唐書』 14 本紀 14 順宗 憲宗 上)

신라　二月戊辰 以新羅王金重熙母和氏爲太妃 妻朴氏爲妃 (『冊府元龜』 976 外臣部 21 褒異 3)

고구려　(貞元二十一年三月) 戊寅 以韋皐兼檢校太尉 李師古劉濟兼檢校司空 張茂昭司徒 (『舊唐書』 14 本紀 14 順宗 憲宗上)

발해　(五月)甲辰[342] 以檢校司空·忽汗州都督·渤海國王大嵩璘檢校司徒 (『舊唐書』 14 本紀 14 順宗 憲宗 上)

발해　(貞元二十一年)五月 加忽汗州都督渤海王大嵩璘金紫光祿大夫簡校司徒 (『冊府元龜』 965 封冊 3)

발해　(貞元)二十一年 遣使來朝 順宗加嵩璘金紫光祿大夫檢校司空 (『舊唐書』 199下 列傳 149下 北狄 渤海靺鞨)

신라　唐周昉字景玄 京兆人也 (…) 貞元末 新羅國有人於江淮 盡以善價收市數十卷 將去

340) 영정 연호는 이해 8월부터 사용되었으나, 동일 기사로 처리하여 배치하였다.
341) 원의방은 원계방의 형으로 그의 신라 사행에 대한 구체적인 시기는 알 수 없다. 혹 '원계방'이 '원의방'의 잘못으로 보는 경우도 있어 여기에 배치해 두었다.
342) 이 달에는 갑진일이 없다. 다만 이 기사 앞 뒤에 계미(15), 정해(19)의 기사가 배치되어 있다. 따라서 여기서 갑진은 갑신(16)의 잘못으로 보인다.

其畫佛像眞仙人物子女 皆神也 (『太平廣記』213 畫 4 周昉)

신라 貞元末 新羅國有人於江淮 以善價收市數十卷 持往彼國 其畵佛像眞仙人物士女 皆神品也 (『唐朝名畵錄』神品中一人 周昉)[343)]

신라 音里火 三千幢主 級飡高金△ 鐫

(마멸) 初無適莫 慈迦如影隨形 良由能感之心故 所應之理必然 大矣哉 設欲抽法界括

(마멸) 相印 登法空座 作傳燈之△ 再轉法輪者 誰其能之 則我誓幢和上 其人也 俗(마멸) 佛地 命體高仙 擄此 村名佛地 △是一途 他將佛地 我見丘陵 何者 只如驟 (마멸) △ 母初得夢 流星入懷 便△有△ 待其月滿 分解之時 忽有五色雲 △特覆母居 (마멸) 文武大王之理國也 早應天成 家邦△晏 恩開大造 功莫能宣 爲蠢動之乾坤 作黔(마멸) △啓 △獨勝歡 大師 德惟宿植 道實生知 因心自悟 學△從師 性復孤誕慈 情(마멸) 昏衢 拔苦濟厄 旣發僧那之願 硏微析理 △△薩云之心矣 王城西北 有一小寺(마멸) △識記△△外書等 見斥於世△ 就中 十門論者 如來在世 已賴圓音 衆生等(마멸) 雨驟 空空之論雲奔 或言我是 言他不是 或說我然 說他不然 遂成河漢矣 大(마멸) 山而投廻谷 憎有愛空 猶捨樹以赴長林 譬如靑藍共體 氷水同源 鏡納萬形 水分(마멸) 通融 聊爲序述 名曰 十門和諍論 衆莫不允 僉曰善哉 華嚴宗要者 理雖元一 隨(마멸) △△△△ 讚歎婆娑 翻爲梵語 便附△人 此△言其三藏寶重之由也 山僧提酒(마멸) △后土立待 更不曾移 此顯冥心之倦也 女人三禮 天神遮之 又表非入愛法 來△△△ 村主(마멸) 心法未曾△實△觀△△△△△下之言 △△正講 忽索甁水 △西△之言曰 我見大唐 聖善寺 被火災(마멸) △△△△△△△△△灌水之處 從此池成 此△高仙寺 大師房前 小池是也 倭南演法 △峰騰空 (마멸) △而△△ 大師 神測未形 知機復遠 △△△歸 移居穴寺 緣以神廟非遙 見神 不喜 意欲和光 故白日(마멸) 通化他方 以垂拱二年三月卅日 終於穴寺 春秋七十也 卽於寺之西峰 權宜龕室 未經數日 馬騎成群 取將髑髏 (마멸) △萬善和上識中 傳△佛法 能者有九人 皆稱大△ 大師在初 蓋是毗讚 玄風之大匠也 大師曰 我(마멸) △ 大曆之春 大師之孫 翰林 字仲業 △使滄溟△△日本彼國上宰 因△語 知如是 大師賢孫 相歡之甚傾(마멸) 諸人△△期淨刹 頂戴大師靈章 曾無△捨 及見△孫△瞻△△論 三昨來造 得頌文 已經一紀 雖不躬申頂禮 親奉(마멸) 知神△有△△聲者 有奉德寺 大德法師 三藏神將 理△△ 與慈和 知心空寂 見法無生 道俗咸稱 僧龍法△ 奉尋(마멸) 行遇聖人 攀旆靡絶 追戀無從 尤見△人頌文 擄尋△寺△覺幾焉 寧知日△更有千叔哉 以此貞元年中 躬(마멸) △像△△ 是傷心乃苦 △△倍增 便策身心 泥堂葺屋 二△△△△△△池之△△造 大師居士之形 至于三月 △(마멸) △山輻湊 傍野雲趨 覩像觀形 誠心頂禮 然後講讚 △△△△△△△△△△△角干金彦昇公 海岳精乾坤秀 承親(마멸)三千 心超六月 德義資△ △光△物 見彼山中 大德奉△ △△△△ △△△△ 方銘 歸心委命 志在虔誠 尊法重人 (마멸)之靈跡 非文無以陳其事 無記 安可表其由 所以令僧作△ △△△△ △△自揆 無能學不經 遂辭不△勉 輒諟(마멸)皆趣矣 塵年不朽 芥劫長在 其詞曰

偉哉法體 無處不形 十方 (마멸) 三明 高仙大師 佛地而生 一代△言 深窮正理 此界他(마멸)△△ 赤弓向彼 恒沙狂言 (마멸)移△ 還爲居士 淡海之△ 溟東相府 匡國匡家 允文允武 △△△△ △其祖父△△欲△ 不勝手舞 惆悵(마멸)海△ △△△身 莊談△聖 快說通身 再修穴△ △△△△ 長辭帝闕 不斷△窟 經行樂道 寂(마멸)覺 遺跡遺文 盡蒙盡渥 大師△當△△△△△△含啼△月 每至△△成臻 啓讚日 (마멸)銘△△穴寺堂東近山 慈改△△恒△ (「高仙寺 誓幢和上碑 」)[344)]

343) 정원 연호는 805년 7월까지 사용되었기에 8월 기사 앞에 배치하였다.

신라　秋八月 頒示公式二十餘條 (『三國史記』10 新羅本紀 10)
신라　秋八月 頒示公式二十餘條 (『三國史節要』13)

백제　(九月)己丑 傳燈大法師位常騰爲少僧都 從五位上百濟王聰哲爲主計頭 從四位下橘朝臣安麻呂爲常陸守 從五位下大伴宿禰眞城麻呂爲能登守 (『日本後紀』13 桓武紀)

백제　(十一月)庚辰 曲宴 賜次侍從已上衣 相模國大住郡田二町賜從四位下百濟王敎法 (『日本後紀』13 桓武紀)

신라　冬十一月 地震 (『三國史記』10 新羅本紀 10)
신라　冬十一月 地震 (『三國史節要』13)

신라　例作府[一云例作典] (…) 大舍四人 哀莊王六年省二人 (…) 船府 (…) 史八人 神文王元年加二人 哀莊王六年省二人 (…) 位和府 (…) 衿荷臣二人 (…) 哀莊王六年 改爲令 位自伊飡至大角干爲之 (…) 賞賜署(…) 史六人 (…) 哀莊王六年省二人 (…) 永昌宮成典 (…) 上堂一人 (…) 哀莊王六年又改爲卿 位自級飡至阿飡爲之 (『三國史記』38 雜志 7 職官 上)
신라　省例作府大舍二人 船府史二人 賞賜署史三人 改位和府衿荷臣爲令 位自伊飡至大角干爲之 改永昌宮成典上堂爲卿 位自級飡至阿飡爲之 (『三國史節要』13)

발해 고구려 신라
賈耽郡國志云 渤海國之鴨淥南海扶餘橻城四府 並是高麗舊地也 自新羅泉井郡[地理志 朔州領縣 有泉井郡 今湧州] 至橻城府三十九驛 (『三國遺事』1 紀異 1 靺鞨渤海)345)

발해　貞元時 東南徙東京 東南徙東京 (『新唐書』219 列傳 144 北狄 渤海)

발해　建中貞元間 凡四來 (『新唐書』219 列傳 144 北狄 渤海)

신라　乙酉年 仁陽寺 金堂 成 開△堂 盖 (「昌寧塔金堂治成文記碑」뒷면)

고구려 백제　高麗百濟樂 宋朝初得之 至後魏大武滅北燕 亦得之 而未具 周武滅齊 威振海外 二國各獻其樂 周人列於樂部 謂之國伎 隋文平陳 及文康禮曲 俱得之百濟 貞觀中滅二國 盡得其樂至天后時 高麗樂猶二十五曲 貞元末 唯能習一曲 衣服亦漸失其本風矣 其百濟至中宗時 工人死散 開元中 岐王範爲太常卿 復奏置焉 (『唐會要』33 四夷樂 東夷二國樂)346)
고구려 백제　(唐會要) 又曰 (…) 至天后時 高麗樂猶二十五曲 貞元末 唯能習一曲 衣服亦漸變其土風矣 其百濟 至中宗時 工人死散 開元中 岐王範爲太常卿 復奏置焉 (『太平御覽』567 樂部 5 四夷祭)347)
고구려 백제　唐十四國樂 (…) [會要]高麗·百濟樂 宋朝初得之 貞觀中 滅二國 盡得其樂 至天后時

---

344) 비문 중에 '貞元年中'에 의거하여 이 비가 정원 말기인 800년대 초에 건립된 것으로 보인다. 또한 정원 연호는 805년 7월까지 시행되었기에 7월 마지막에 배치하였다.
345) 가탐의 몰년(805년)에 맞추어 배치하였다.
346) 정원말년인 805년에 배치하였다.
347) 정원말년인 805년에 배치하였다.

高麗樂 猶二十五曲 貞元末 惟能習一曲 衣服亦漸失其本風矣 其百濟至中宗時 樂工亡散 開元末 岐王範爲太常 復奏置之 (『玉海』108 音樂 四夷樂)[348]

신라 新羅惠日 涉三韓而頂禮 (『全唐文』1000 青龍寺 惠果和尙碑)[349]

806(丙戌/신라 애장왕 7/발해 康王 正曆 12/唐 元和 1/日本 延曆 25, 大同 1)

백제 (春正月)癸巳 從四位下藤原朝臣仲成爲大和守 從五位上百濟王鏡仁爲河內守 (…) 左衛士佐從五位下百濟王敎俊爲兼美濃守 (…) 從五位上高倉朝臣殿繼爲肥後守 從五位下小野朝臣木村爲豊前介 (『日本後紀』13 桓武紀)

백제 (二月庚戌) 從五位下百濟王元勝爲鍛冶正 (『日本後紀』13 桓武紀)

백제 (三月壬午) 從五位下百濟王敎俊 六位以下三人爲作路司 (『日本後紀』13 桓武紀)

신라 春三月 日本國使至 引見朝元殿 (『三國史記』10 新羅本紀 10)
신라 春三月 日本國使至 引見朝元殿 (『三國史節要』13)

신라 (春三月) 下敎 禁新創佛寺 唯許修葺 又禁以錦繡爲佛事 金銀爲器用 宜令所司 普告施行 (『三國史記』10 新羅本紀 10)
신라 (春三月) 下敎 禁創佛寺 只許修之 又禁佛寺用金銀錦繡爲器服 (『三國史節要』13)

신라 (春三月) 唐憲宗放宿衛王子金獻忠歸國 仍加試秘書監 (『三國史記』10 新羅本紀 10)
신라 (春三月) 宿衛金獻忠還自唐 帝加試秘書監遣之 (『三國史節要』13)

백제 (夏四月戊申)是日 遣右兵庫頭從五位下佐伯王 左衛士佐從五位下百濟王敎俊等 迎齋內親王於伊勢國 (『日本後紀』13 桓武紀)

백제 (五月甲子朔) 從五位上百濟王聰哲爲越後守 從五位下安倍朝臣小笠爲介 (『日本後紀』13 桓武紀)

고구려 (元和元年 六月) 丁酉 (…) 加幽州劉濟侍中 淄靑李師古檢校司徒 (…) 閏六月壬子朔 淄靑李師古卒 (『舊唐書』14 本紀 14 順宗 憲宗上)

고구려 (元和元年) 閏六月壬子朔 淄靑李師古卒 (『舊唐書』14 本紀 14 順宗 憲宗上)

고구려 (元和元年) 閏月壬戌 平盧軍節度使李師古卒 其弟師道自稱留後 (『新唐書』7 本紀 7 憲宗)

고구려 元和元年七月 遂命建王審遙領節度 授師道檢校左散騎常侍·兼御史大夫 權知鄆州事 充淄靑節度留後 (『舊唐書』124 列傳 74 李師道)

고구려 (元和元年八月) 己巳 以建王審爲鄆州大都督·平盧淄靑節度使 以節度副使李師道權知

348) 정원말년인 805년에 배치하였다.
349) 이 기사에는 연대 표기가 없으나, 惠果는 780년에 青龍寺에 머물기 시작하여 805년에 사망하였다. 그에 따라 780~805년으로 기간편년하고 마지막해인 805년에 배치하였다.

鄆州事 充節度留後 (『舊唐書』14 本紀 14 順宗 憲宗上)

신라 秋八月 遣使入唐朝貢 (『三國史記』10 新羅本紀 10)
신라 秋八月 遣使如唐朝貢 (『三國史節要』13)
신라 발해 (元和元年)八月 新羅 (…) 各遣使朝貢 (『冊府元龜』972 外臣部 17 朝貢 5)

고구려 (元和元年九月)壬午 以淄靑節度使留後李師道檢校工部尚書 兼鄆州大都督府長史 充平盧淄靑節度副大使知節度事 (『舊唐書』14 本紀 14 順宗 憲宗上)

발해 (九月)丙戌 以渤海國王大嵩璘檢校太尉 (『舊唐書』14 本紀 14 順宗 憲宗 上)

백제 十月辛未 典履二人百濟手部十人典革一人狛部六人百濟戶狛戶 隷內藏寮 許之 (『類聚國史』107 內藏寮)
백제 太政官符
典履二人 百濟手部十人<百濟戶> 典革一人 狛部六人<狛戶>
右件元大藏省之所管 今被右大臣宣 奉勅 件人等 自今以後宜隷內藏寮
大同元年十月十一日 (『類聚三代格』4 加減諸司官員幷廢置事)

신라 발해 (元和元年)十月 加檢校工部尚書 兼鄆州大都督府長史 充平盧軍及淄靑節度副大使 知節度事管內支度營田觀察處置陸運海運押新羅渤海兩蕃等使 (『舊唐書』124 列傳 74 李師道)
신라 발해 建王恪 本名審 憲宗第十子也 元和元年八月 淄靑節度李師古卒 其弟師道擅領軍務以邀符節 朝廷方興討罰之師 不欲分兵兩地 乃封審爲建王 間一日 授開府儀同三司鄆州大都督 充平盧軍淄靑等州節度營田觀察處置陸運海運押新羅渤海兩蕃等使 而以師道爲節度留後 不出閤 (『舊唐書』175 列傳 125 憲宗 二十子)

발해 元和元年十月 加檢校太尉 (『舊唐書』199下 列傳 149 下 北狄 渤海靺鞨)
발해 (憲宗元和 元年) 十月 加忽汗州都督渤海國王大嵩璘簡較太尉 (『冊府元龜』965五 封冊 3)

신라 十一月庚子朔己亥 歸宿衛新羅王子金獻忠于其國 加試秘書監 (『冊府元龜』976 外臣部 21 褒異 3)
신라 元和元年十一月 放宿衛王子金獻忠歸大國 仍加試祕書監 (『舊唐書』199上 列傳 149上 東夷 新羅)
신라 元和元年十一月 放宿衛新羅王子金忠獻 歸本國 仍加試秘書監 (『唐會要』95 新羅)
신라 憲宗元和元年 十一月 放宿衛新羅質子金獻忠 歸本國 (『冊府元龜』996 外臣部 41 納質)

신라 발해 (十二月)丙戌 新羅渤海牂柯迴紇 各遣使朝貢 (『舊唐書』14 本紀 14 順宗 憲宗 上)
발해 十二月 遣使朝貢 (『舊唐書』199上 列傳 149上 東夷 新羅)
발해 (憲宗元和元年)十二月 迴鶻契丹渤海 (…) 各遣使朝貢 (『冊府元龜』972 外臣部 17 朝貢 5)

신라 洎二十二受大戒也 一日前夢 見五色珠 令人可重 忽在懷袖之中 占曰 我已得戒珠矣受戒初 飄風亙天 扶搖不散 下壇了恬然而靜 十師謂曰 此沙彌感應奇之又奇也 旣統

具戒 修心潔行 念重浮囊 持律獲生 身輕繫草 不以諸緣損法 不以外境亂眞 旣律且禪 緇流之龜鏡也 竊念 佛本無佛 强以立名 我本無我 未嘗有物 見性之了是了 喩法之空非空 默默之心是心 寂寂之慧是慧 筌蹄之外理則 必然頃得司南 仍嘆曰 本師遺敎 海隔桑田 諸祖微言 地無郢匠 (「大安寺寂忍禪師照輪淸淨塔碑」)[350)]

발해 至元和元年 以渤海郡王大嵩璘男元瑜爲銀靑光祿大夫 檢校秘書監忽汗州都督 依前渤海國王 (『唐會要』96 渤海)[351)]

807(丁亥/신라 애장왕 8/발해 康王 正曆 13/唐 元和 2/日本 大同 2)

신라 春正月 伊飡金憲昌[一作貞]爲侍中 (『三國史記』10 新羅本紀 10)

신라 春正月 伊飡金憲昌爲侍中 (『三國史節要』13)

신라 二月 王坐崇禮殿觀樂 (『三國史記』10 新羅本紀 10)

신라 二月 王御崇禮殿觀樂 始奏思內琴 舞尺三人靑衣 琴尺一人赤衣 歌尺五人彩衣 繡扇並金縷帶 次奏碓琴 舞尺赤衣 琴尺靑衣 (『三國史節要』13)

신라 此皆鄕人喜樂之所由作也 而聲器之數 歌舞之容 不傳於後世 但古記云 (…) 哀莊王八年 奏樂 始奏思內琴 舞尺四人靑衣 琴尺一人赤衣 歌尺五人彩衣繡扇並金鏤帶 次奏碓琴舞 舞尺赤衣 琴尺靑衣 如此而已 則不可言其詳也 羅時樂工皆謂之尺 (『三國史記』32 雜志 1 樂)

발해 渤海 以憲宗元和二年 進奉端午使楊光信逃歸 潼關吏執以至 鞫於內仗 (『冊府元龜』997 外臣部 42 悖慢)

신라 秋八月 大雪 (『三國史記』10 新羅本紀 10)

신라 秋八月 大雪 (『三國史節要』13)

발해 신라 元和二年八月 以建王審爲鄆州大都督 淄靑等州節度觀察處置陸運海運押新羅渤海兩蕃等使 (『唐會要』78 親王遙領節度使)

발해 元和二年十二月 吐蕃迴鶻奚契丹渤海牂牁南詔 並遣使朝貢 (『冊府元龜』972 外臣部 17 朝貢 5)

발해 是歲 吐蕃廻紇奚契丹渤海牂柯南詔 並朝貢 (『舊唐書』14 本紀 14 順宗 憲宗 上)

발해 (唐書曰) 是歲 吐藩廻紇奚契丹渤海牂牱南詔 並朝貢 (『太平御覽』114 皇王部 39 唐憲宗章武皇帝)

신라 丁亥年 須彌 成 (「昌寧塔金堂治成文記碑」 뒷면)

신라 新羅人金忠義以機巧進 至少府監 蔭其子爲兩館生 貫之持其籍不與 曰工商之子不當仕 忠義以藝通權倖 爲請者非一 貫之持之愈堅 旣而疏陳忠義不宜汚朝籍 詞理懇切 竟罷去之 改吏部員外郞[352)] (『舊唐書』158 列傳 108 韋貫之)

신라 新羅人金忠義以工巧幸 擢少府監 蔭子補齋郞 貫之不與 曰是將奉郊廟祠祭 階爲守宰

350) 적인선사는 785년(원성왕 1)에 태어났으므로 이 해에 배치하였다.

351) 『舊唐書』에는 원화 4년으로 나온다.

352) 『구당서』에서 이 기사는 원화 원년과 3년 사이의 일로 기록되어 있어 원화 2년(807)에 배치하였다.

者 安可以賤工子爲之 又劾忠義不宜汙朝籍 忠義竟罷 (『新唐書』 169 列傳 94 偉貫之)

808(戊子/신라 애장왕 9/발해 康王 正曆 14/唐 元和 3/日本 大同 3)

백제 正月丁未 正六位上宇智王 仲雄王 竝授從五位下 (…) 從五位上百濟王聰哲 (…) 正五位下 (『類聚國史』 99 敍位)

신라 春二月 日本國使至 王厚禮待之 (『三國史記』 10 新羅本紀 10)

신라 春二月 日本國遣使來聘 (『三國史節要』 13)

신라 (春二月) 遣金力奇入唐朝貢 力奇上言 貞元十六年 詔冊臣故主金俊邕爲新羅王 母申氏爲大妃 妻叔氏爲王妃 冊使韋丹至中路聞王薨却廻 其冊在中書省 今臣還國 伏請援臣以歸 勑 金俊邕等冊 宜令鴻臚寺 於中書省受領 至寺宣授與金力奇 令奉歸國 仍賜王叔彦昇及其弟仲恭等門戟 令本國准例給之[申氏 金神述之女 以神字同韻 申爲氏 誤也] (『三國史記』 10 新羅本紀 10)

신라 (春二月) 遣金力奇如唐朝貢 力奇上言 貞元十六年 詔冊先王臣金俊邕爲新羅王 母申氏爲大妃 妻叔氏爲王妃 冊使韋丹至中路聞王薨乃還 乞以其冊授 臣以歸 帝從之 仍賜王叔彦昇及其弟仲恭等門戟 令本國准例給之 申氏 金神述之女 嫌於同姓以父名神爲氏 神與申同韻也 (『三國史節要』 13)

신라 (元和)三年 遣使金力奇來朝 其年七月 力奇上言 貞元十六年 奉詔冊臣故主金俊邕爲新羅王 母申氏爲太妃 妻叔氏爲王妃 冊使韋丹至中路 知俊邕薨 其冊却迴在中書省 今臣還國 伏請授臣以歸 敕 金俊邕等冊 宜令鴻臚寺於中書省受領 至寺宣授與金力奇 令奉歸國 仍賜其叔彦昇門戟 令本國準例給 (『舊唐書』 199上 列傳 149上 東夷 新羅)

신라 (元和)三年 遣使金力奇來朝 其年七月 力奇上言 貞元十六年 奉詔冊臣故主金俊邕爲新羅王 母申氏爲太妃 妻叔氏爲王妃 冊使韋丹至中路 知俊邕薨 其冊卻迴 在中書省 今臣還國 伏請授臣以歸 勅金俊邕等冊 宜令鴻臚寺于中書省受領 至寺宣授與金力奇 令齎歸國 仍賜其叔彦昇門戟 令本國准例給 (『唐會要』 95 新羅)

신라 後三年 使者金力奇來謝 且言 往歲冊故主俊邕爲王 母申太妃 妻叔妃 而俊邕不幸 冊今留省中 臣請授以歸 又爲其宰相金彦昇金仲恭·王之弟蘇金添明丐門戟 詔皆可 凡再朝貢 (『新唐書』 220 列傳 145 東夷 新羅)

신라 三年 新羅王金重興遣使金力奇來朝 (『冊府元龜』 972 外臣部 17 朝貢 5)

신라 (唐書) 又曰 元和三年 新羅王金重興 遣使金力奇來朝 力奇上言 貞元十六年 奉詔冊臣故主金俊邕爲新羅王 母氏爲大妃 妻祁氏爲王妃 冊使韋丹至中路 而知俊邕薨 其冊却迴 在中書省 今臣還國 伏請授臣以歸 敕金陵邕等冊 宜令鴻臚寺於中書省受領 至寺宣授與金力奇 令奉歸國 仍賜其叔彦昇門戟 令本國准例給與 (『太平御覽』 781 四夷部 2 東夷 2 新羅)

신라 (春二月) 發使十二道 分定諸郡邑疆境 (『三國史記』 10 新羅本紀 10)

신라 (春二月) 遣使定十二道郡邑疆境 (『三國史節要』 13)

백제 (六月甲寅) 散位從三位藤原朝臣乙叡薨 右大臣從一位豊成之孫 右大臣贈從一位繼繩之子也 母尙常侍百濟王明信被帝寵渥 乙叡以父母之故 頻歷顯要 至中納言 性頑驕好妾 而緣山臨水 多治別業 以信宿之 必備內事 推國天皇爲太子時 乙叡侍宴 瀉酒不敬 天皇含之 後遘伊豫親王事 辟連乙叡 免歸于第 自知無罪 以憂而終 時年卌八 (『日本

後紀』17 平城紀)

백제	(六月庚申) 正五位下百濟王聰哲爲刑部大輔 越後守如故 從五位下紀朝臣良門爲大和介 鎭守將軍從五位下百濟王敎俊爲兼陸奧介 (『日本後紀』17 平城紀)
신라	秋七月辛巳朔 日有食之 (『三國史記』10 新羅本紀 10)
신라	秋七月辛巳朔 日有食之 (『三國史節要』13)
백제	(秋七月)甲申 勅 夫鎭將之任 寄功邊戍 不虞之護 不可暫闕 今聞 鎭守將軍從五位下兼陸奧介百濟王敎俊 遠離鎭所 常在國府 儻有非常 何濟機要 邊將之道 豈合如此 自今以後 莫令更然 (『日本後紀』17 平城紀)
신라	第四十哀莊王末年戊子八月十五日 有雪 (『三國遺事』2 紀異 2 早雪)
신라	八月 雪 (『三國史節要』13)
백제	(九月甲申) 正五位下百濟王敎德爲宮內大輔 (『日本後紀』17 平城紀)
신라	十月己酉 勅新羅王叔金彦昇弟仲恭等三人 宜令本國 准舊例賜戟 (『冊府元龜』 976 外臣部 21 褒異 3)
백제	(十一月甲午) 從五位下永原朝臣寂弟麻呂 大伴宿禰人益 石川朝臣繼人 三嶋眞人年嗣 百濟王元勝 (…) 大中臣朝臣智治麻呂 從五位上 (『日本後紀』17 平城紀)
신라	景德王代康州[今晉州 一作剛州 則今順安]善士數十人 志求西方 於州境創彌陀寺 約萬日爲契 時有阿干貴珍家一婢名郁面 隨其主歸寺 立中庭 隨僧念佛 主憎其不職 每給穀二碩 一夕 之 婢一更 畢 歸寺念佛[俚石己事之忙 大家之舂促 蓋出乎此] 日夕微怠 庭之左右 竪立長 以繩穿貫兩掌 繫於 上合掌 左右遊之激勵焉 時有天唱於空 郁面娘入堂念佛 寺衆聞之 勸婢入堂 隨例精進 未幾天樂從西來 婢湧透屋樑而出 西行至郊外 捐骸變現眞身 坐蓮臺 放大光明 緩緩而逝 樂聲不撤空中 其堂至今有透穴處云[已上鄕傳] 按僧傳 棟梁八珍者觀音應現也 結徒有一千 分朋爲二 一勞力 一精修 彼勞力中知事者不獲戒 墮畜生道 爲浮石寺牛 嘗 經而行 賴經力 轉爲阿干貴珍家婢名郁面 因事至下柯山 感夢遂發道心 阿干家距惠宿法師所創彌陀寺不遠 阿干每至其寺念佛 婢隨往 在庭念佛云云 如是九年 歲在乙未正月二十一日 禮佛撥屋梁而去 至小伯山 墮一隻履 就其地爲菩提寺 至山下棄其身 卽其地爲二菩提寺 榜其殿曰 面登天之殿 屋脊穴成十許圍 雖暴雨密雪不霑濕 後有好事者範金塔一座 直其穴 安承塵上 以誌其異 今榜塔尙存 面去後 貴珍亦以其家異人托生之地 捨爲寺曰法王 納田民 久後廢爲丘墟 有大師懷鏡與承宣劉碩小卿李元長 同願重營之 鏡躬事土木 始輸材 夢老父遺麻葛 各一 又就古神社 諭以佛理 斫出祠側材木 凡五載告畢 又加臧獲 蔚爲東南名藍 人以鏡爲貴珍後身 議曰 按鄕中古傳 郁面乃景德王代事也 據徵[徵字疑作珍 下亦同]本傳 則元和三年戊子 哀莊王時也 景德後歷惠恭宣德元聖昭聖哀莊等五代 共六十餘年也 徵先面後 與鄕傳乖違 然兩存之闕疑 讚曰 西古寺佛燈明 罷歸來夜二更 自許一聲成一佛 掌穿繩 子直忘形353) (『三國遺事』 5 感通 7 郁面婢念佛西昇)

발해 欽茂少子嵩璘 (…) 建中貞元間凡四來 死 謚康王 (『新唐書』219 列傳 144 北狄 渤海)

신라 大師阿孩[方言謂兒 與華无異]時 行坐必掌合趺對 至與群兒戱 畵墁聚沙 必摸樣像塔 而不忍一日違膝下 九歲始鼓篋 目所覽口必誦 人稱曰 海東神童 (「聖住寺郎慧和尙白月葆光塔碑)

신라 東國慧目山和尙 嗣章敬 師諱玄昱 俗姓金氏 東溟冠族 父諱廉均 官至兵部侍郞 妣朴氏 胎孕之際 夢得殊常 (…) 元和三年 遂受具戒 (『祖堂集』17 慧目山和尙玄昱)

809(己丑/신라 애장왕 10, 헌덕왕 1/발해 定王 永德 1/唐 元和 4/日本 大同 4)

백제 (正月癸巳) 從五位下百濟王敎俊爲下野守 (『日本後紀』17 平城紀)

발해 四年正月戊戌 帝御麟德殿 引南詔渤海使謁見 賜物有差 (『冊府元龜』976 外臣部 21 褒異 3)

발해 (正月) 渤海康王嵩璘卒 子元瑜立 改元永德 (『資治通鑑』237 唐紀 53 憲宗昭文章武大聖至神孝皇帝)

발해 (元和)四年正月 以故渤海國王大嵩璘男元瑜爲銀青光祿大夫簡較秘書監 充忽汗州都督 冊爲渤海國王 (『冊府元龜』965 外臣部 10 封冊 3)

발해 元和四年正月 命中官元文政往渤海 充弔祭冊立使 (『冊府元龜』980 外臣部 25 通好)

발해 (元和)四年 以嵩璘男元瑜 爲銀青光祿大夫·檢校祕書監忽汗州都督 依前渤海國王 (『舊唐書』199下 列傳 149下 北狄 渤海靺鞨)

발해 元和四年 嵩璘卒 子元瑜嗣 元瑜卒 弟言義權知國務 (『冊府元龜』967 外臣部 12 繼襲 2)

발해 子元瑜立 改年永德 (『新唐書』219 列傳 144 北狄 渤海)

신라 春正月 月犯畢 (『三國史記』10 新羅本紀 10)

신라 春正月 月犯畢 (『三國史節要』13)

고구려 (二月)辛亥 勅 倭漢摠歷帝譜圖 天御中主尊標爲始祖 至如魯王 吳王 高麗王 漢高祖命等 接其後裔 倭漢雜糅 敢垢天宗 愚民迷執 輒謂實錄 宜諸司官人等所藏皆進 若有挾情隱匿 乖旨不進者 事覺之日 必處重科 (『日本後紀』17 平城紀)

백제 (二月己未) 從五位上百濟王元勝爲大判事 (『日本後紀』17 平城紀)

고구려 백제 신라

(三月)丙寅 定雅樂寮雜樂師 歌舞師·四人 笛師二人 唐樂師十二人 橫笛師二人 高麗樂師四人 橫笛箜篌莫目舞等師也 百濟樂師四人 橫笛箜篌莫目舞等師也 新羅樂師二人 琴舞等師也 度羅樂師二人 鼓舞等師也 伎樂師二人 林邑樂師二人 (『日本後紀』17 平城紀)

353) 욱면 기사는 이 본전과 향전의 기록에 따라 욱면이 등천한 시기는 전자의 경우 경덕왕대로 보아 755년으로, 후자의 경우 헌덕왕 7년인 815년으로 구별된다. 따라서 욱면의 등천전 기사는 각기 747년과 807년에 해당된다. 따라서 욱면 기사 전체를 747년, 755년, 807년, 815년에 모두 배치하였다.

고구려 백제 신라
太政官符
定雅樂寮雜樂師事
歌師四人 (…)
唐樂師十二人 (…)
高麗樂師四人 <橫笛師 筆篌師 莫目師 儛師>
百濟樂師四人 <橫笛師 箜篌師 莫目師 儛師>
新羅樂師四人 <琴師 儛師>
度羅樂師二人 (…)
右依舊爲定 餘皆停止
(…)
以前被右大臣宣偁 奉勅 依件爲定 永爲恒例
大同四年三月二十一日 (『類聚三代格』4 加減諸司官員幷廢置事)

신라 夏六月 西兄山城鹽庫鳴 聲如牛 (『三國史記』10 新羅本紀 10)
신라 夏六月 西兄山城塩庫鳴 聲如牛 (『三國史節要』13)

신라 (夏六月) 碧寺蝦蟆食蛇 (『三國史記』10 新羅本紀 10)
신라 (夏六月) 碧寺蝦蟆食蛇[354] (『三國史節要』13)

신라 四天王寺成典 景德王改爲監四天王寺府 惠恭王復故 衿荷臣一人 景德王攺爲監合[355] 惠恭王復稱衿荷臣 哀莊王又攺爲合[356] 位自大阿飡至角干爲之 上堂一人 景德王攺爲卿 惠恭王復稱上堂 哀莊王又攺爲卿 位自奈麻至阿飡爲之 (…) 青位二人 景德王攺爲主簿 惠恭王復稱青位 哀莊王攺爲大舍 省一人 位自舍知至奈麻爲之 (…)
奉聖寺成典 景德王攺爲修營奉聖寺使院 後復故 衿荷臣一人 景德王攺爲檢校使 惠恭王復稱衿荷臣 哀莊王攺爲令 (…)
感恩寺成典 景德王攺爲修營感恩寺使院 後復故 衿荷臣一人 景德王攺爲檢校使 惠恭王復稱衿荷臣 哀莊王攺爲令 上堂一人 景德王攺爲副使 惠恭王復稱上堂 哀莊王攺爲卿[一云省卿置赤位] (…)
奉德寺成典 景德王十八年攺爲修營奉德寺使院 後復故 衿荷臣一人 景德王攺爲檢校使 惠恭王復稱衿荷臣 哀莊王又攺爲卿 上堂一人 景德王攺爲副使 惠恭王復稱上堂 哀莊王又攺爲卿 (…)
奉恩寺成典[357] 衿荷臣一人 惠恭王始置 哀莊王攺爲令 副使一人 惠恭王始置 尋攺爲上堂 哀莊王又攺爲卿 (…)
位和府 (…) 上堂二人 (…) 哀莊王攺爲卿 位自級飡至阿飡爲之[358] (『三國史記』38 雜志 7 職官 上)

신라 王改四天王寺衿荷臣爲令 位自大阿飡至角干爲之 改上堂爲卿 位自奈麻至阿飡爲之 改青位爲大舍 省一人 位自舍知至奈麻爲之 改奉聖寺成典衿荷臣爲令 改感恩寺成典

354) 이 기록에 대하여 『삼국사절요』에서는 아래의 관제 개편 기사 앞에 배치하였다. 『삼국사기』에 따라 앞으로 옮겨 배치하였다.
355) 정덕본에서는 '合'으로 기록했으나, 『삼국사절요』에서는 '令'으로 기록하였다.
356) 정덕본에서는 '合'으로 기록했으나, 『삼국사절요』에서는 '令'으로 기록하였다.
357) 정덕본에는 '奉思寺成典'으로 볼 수 있는데, 『삼국사절요』에는 이를 奉恩寺成典으로 기록하고 있다.
358) 이 기사의 정확한 연대는 『삼국사기』에서 확인되지 않아 애장왕이 시해된 전 달에 모아 일괄 배치하였다.

衿荷臣爲令 改上堂爲卿 改奉德寺成典衿荷臣爲卿 改上堂爲卿 改奉恩寺成典衿荷臣爲令 改上堂爲卿 改位和府上堂爲卿 位自級湌至阿湌爲之[359] (『三國史節要』 13)

신라 第四十哀莊代 有沙門下秀 寓止皇龍寺 冬日雪深 旣暮 自三郎寺還 經由天嚴寺門外 有一乞女産兒 凍臥濵死 師見而憫之 就抱 良久氣蘇 乃脫衣以覆之 裸走本寺 草覆身過夜半有天唱於王庭曰 皇龍寺沙門正秀 宜封王師 急使人檢之 具事什聞 王備威儀迎入大內 冊爲國師[360] (『三國遺事』 5 感通 7 正秀師救氷女)

신라 秋七月 遣大阿湌金陸珍入唐 謝恩兼進奉方物 (『三國史記』 10 新羅本紀 10)
신라 秋七月 遣大阿湌金陸珍如唐謝恩 貢方物 (『三國史節要』 13)
신라 (元和)四年 遣使金陸珍等來朝貢 (『舊唐書』 199上 列傳 149上 東夷 新羅)
신라 (元和)四年 遣使金陸珍等來朝貢 (『唐會要』 95 新羅)

신라 (秋七月) 大旱 (『三國史記』 10 新羅本紀 10)
신라 (秋七月) 大旱 (『三國史節要』 13)

신라 第四十哀莊王[金氏 名重熙 一云淸明 父昭聖 母桂花王后 辛卯[361]立 理十年 元和四年己丑 七月十九日 王之叔父憲德興德兩伊干 所害而崩] (『三國遺事』 1 王曆)
신라 哀莊王薨 憲德王彦昇卽位元年 (『三國史記』 31 年表 下)
신라 (秋七月) 王叔父彦昇與弟伊湌悌邕 將兵入內 作亂弑王 王弟体明侍衛王 幷害之 追謚王爲哀莊 (『三國史記』 10 新羅本紀 10)
신라 (秋七月) 彦昇與其弟悌邕 弑其君淸明 及其二弟彦昇自立爲王 上謚曰哀莊 (『三國史節要』 13)
신라 憲德王立 諱彦昇 昭聖王同母弟也 元聖王六年 奉使大唐 受位大阿湌 七年 誅逆臣爲迊湌 十年 爲侍中 十一年 伊湌爲宰相 十二年 爲兵部令 哀莊王元年 爲角干 二年爲御龍省私臣 未機爲上大等 至是 卽位 妃貴勝夫人 禮英角干女也 以伊湌金崇斌爲上大等 (『三國史記』 10 新羅本紀 10)
신라 第四十一憲德王[金氏 名彦升 昭聖之母弟 妃貴勝娘 謚皇娥王后 忠恭角干之女 己丑立 理十九年 陵在泉林村北] (『三國遺事』 1 王曆)

신라 (秋七月) 以伊湌金崇斌爲上大等 (『三國史記』 10 新羅本紀 10)
신라 (秋七月) 以伊湌金崇斌爲上大等 (『三國史節要』 13)

신라 秋八月 大赦 (『三國史記』 10 新羅本紀 10)
신라 秋八月 大赦 (『三國史節要』 13)

신라 (秋八月) 遣伊湌金昌南等入唐告哀 憲宗遣職方員外郎攝御史中丞崔廷 以其質子金士信副之 持節吊祭 冊立王爲開府儀同三司檢校太尉持節大都督雞林州諸軍事兼持節充寧海軍使上桂國新羅王 冊妻貞氏爲妃 賜大宰相金崇斌等三人門戟[按 王妃 禮英角干女也 今云貞氏 未詳] (『三國史記』 10 新羅本紀 10)
신라 (秋八月) 遣伊湌金昌南等告哀于唐 辭以病薨 且請承襲 帝遣職方員外郎攝御史中丞崔

359) 이 관제 개편 기사는 『삼국사절요』에서는 앞의 碧寺 기사 앞에 배치하였으나, 여기서는 『삼국사기』에 따라 앞에 배치하였다.
360) 사문 정수에 대한 기록은 여기에서만 확인되어 애장왕 홍년 기사 앞에 배치하였다.
361) 辛卯는 庚申의 잘못이다.

廷 以所質子金士信副之 持節弔祭 以彥昇爲開府儀同三司檢校大尉持節大都督雞林州諸州事兼持節充寧海軍使上柱國新羅王 冊貞氏爲妃 賜大宰相金崇斌等門戟 (『三國史節要』13)

발해 十月癸酉朔 渤海國 遣使 獻方物 王啓曰 云々 (『日本紀略』)

신라 己丑年 常樂寺 无尽倉 成 (「昌寧塔金堂治成文記碑」뒷면)

신라 朝廷因加寵命 俾輔藩國 遂拜珍王府諮議 會新羅王死 選可以宣達國命撫柔外夷者 由是 擢拜公 爲尙書職方員外郞攝御史中丞賜紫金魚袋 充弔祭冊立使 朞年而返 授太府少卿 酬絶域之功也 (「崔廷 墓誌銘」)[362]

신라 元和中 位陪省署 憲宗皇帝嘉其人物 重其皇華 遂假旌旄 錫金紫 銜命弔祭於樂浪國 雖泛滄溟 叱馭而往 朝廷以爲難 實由夫人以事君之理助焉 往返三歲 貽憂六親 夫人自始去 至於言旋 蓬首濡瞼 堅意空門 求福祐以助行 果安逸而速返 旌旆旣至 (「鄭氏夫人 墓誌銘」)[363]

810(庚寅/신라 헌덕왕 2/발해 定王 永德 2/唐 元和 5/日本 大同 5, 弘仁 1)

신라 春正月 以波珍飡亮宗爲侍中 河西州進赤烏 (『三國史記』10 新羅本紀 10)
신라 春正月 以波珍飡亮宗爲侍中 (『三國史節要』13)

신라 (春正月) 河西州進赤烏 (『三國史記』10 新羅本紀 10)
신라 (春正月) 河西州進赤烏 (『三國史節要』13)

발해 五年正月 渤海遣使高才南等來朝 (『冊府元龜』972 外臣部 17 朝貢 5)

신라 二月 王親祀神宮 (『三國史記』10 新羅本紀 10)
신라 二月 王親祀神宮 (『三國史節要』13)

신라 (二月) 發使修葺國內隄防 (『三國史記』10 新羅本紀 10)
신라 (二月) 發使修葺國內隄防 (『三國史節要』13)

발해 夏四月庚午朔 饗渤海使高南容等 於鴻臚館 (『日本紀略』)

발해 (夏四月)丁丑 高南容等歸國 賜國王書曰云云 (『日本紀略』)

발해 五月丙寅 渤海使首領高多佛 脫身留越前國 安置越中國 給食 卽令史生羽栗馬長幷習語生等 就習渤海語 (『日本紀略』)

신라 <뒷면>
元和五年 庚寅 六月 三日 順表△塔 金堂 治成文 記之 辛亥年 仁陽寺鐘成 辛酉年 六寺 安居 食 六百六石 壬戌年 仁陽寺 事抄戶 頂礼石 成 同寺 金堂 治 同年 羊熱

362) 『唐代墓誌滙篇』
363) 『唐代墓誌滙篇』

楡川 二馬尺 施 食 百二石 乙丑年 仁陽 无上舍 成 壬午年 京 奉德寺 永興寺 天巖寺 寶藏寺 施 食 二千七百十三石 壬午年 仁陽寺 三寶 中 入 食 九百五十四石 同年 塔廬半 治 癸未年 仁陽寺 金堂內 像 成 同年 苑池寺 金堂內 像 成 癸未年 仁陽寺 塔 弔四層 治 同年 仁陽寺 佛門 四角鐸 成 乙酉年 仁陽寺 金堂 成 開△堂 盖 丁亥年 須彌 成 己丑年 常樂寺 无尽倉 成 庚寅年 同寺 无△倉 成 同年 大谷寺 石塔 成 己丑年 仁陽寺 赤戶階 成 寺戶 石梯 頂礼二石 成 △鶴足石 成 庚寅年 龍頭 成 辛亥年 初 庚寅年 至 間 △合用(同?) 食 一萬五千五百九十五石

<우측>

夫大要 多語求之△等△△△門八萬 (이하 결락)

有 木食巖居 草△石△ (이하 결락)

<좌측>

依三寶 奉報四恩 復有 偏身獻佛 役力供僧 栖遲迥谷 宴默深山 雪中截臂 碓下通心 怜鳩割股 念佛投身 如此等類 皆是 菩提 (「昌寧塔金堂治成文記碑」)364)

고구려 (元和五年 秋七月) 丁未 (…) 幽州劉濟加中書令 魏博田季安加司徒 淄靑李師道加僕射 並以罷兵加賞也 (『舊唐書』 14 本紀 14 順宗 憲宗上)

고구려 (元和) 五年七月 檢校尙書右僕射 (『舊唐書』 124 列傳 74 李師道)

신라 秋七月 流星入紫微 (『三國史記』 10 新羅本紀 10)

신라 秋七月 流星入紫微 (『三國史節要』 13)

신라 (秋七月) 西原京進白雉 (『三國史記』 10 新羅本紀 10)

신라 (秋七月) 西原京進白雉 (『三國史節要』 13)

백제 (九月)甲寅 越前介從五位下阿倍朝臣淸繼 權少掾百濟王愛筌等 聞太上天皇幸伊勢國擧兵應之 捕新任介從五位下登美眞人藤津不受替 遣民部少輔從五位下紀朝臣南麻呂等勘問 服罪 淸繼已下原死處遠流 (『日本後紀』 20 嵯峨紀)

발해 (九月)丙寅 渤海國遣使獻方物 其王啓云 南容等廻 遠辱書問 悲切三考 慰及藐孤 捧讀之時 無任哀感 伏承先帝 仙馭昇遐 太上天皇 怡神閑館 萬機之重 早識所歸 孟秋尙熱 伏惟天皇 起居萬福 卽此元瑜蒙免 天皇繼登寶位 寘命惟新 歡洽兆民之心 賴及一方之外 在於文好 休慼攸同 事貴及時 不可淹滯 重差和部少卿兼和幹菀使開國子高南容等奉啓 用申慶賀之禮 兼上土物 具在別錄 況南容等 再駕窮船 旋涉大水 放還之路 恐動不虞 伏望遠降彼使 押領同來 實謂當仁 伏惟照諒 封域遙隔 拜賀未由 (『日本後紀』 20 嵯峨紀)

신라 冬十月 遣王子金憲章入唐獻金銀佛像及佛經等 上言爲順宗祈福 (『三國史記』 10 新羅本紀 10)

신라 冬十月 遣王子金憲章如唐獻金銀佛像及佛經 (『三國史節要』 13)

신라 十月 新羅王遣其子 來獻金銀佛像及佛經幡等 上言爲順宗祚福 並貢方物 (『冊府元龜』 972 外臣部 17 朝貢 5)

신라 元和五年十月 新羅王遣其子 獻金銀佛像 (『唐會要』 49 像)

신라 (元和)五年 王子金憲章來朝貢 (『舊唐書』 199上 列傳 149上 東夷 新羅)

364) 인양사비는 신해년(771)에 시작하여 경인년(810)에 완성되었다.

신라 (元和)五年 其王子金憲章來朝貢 (『唐會要』95 新羅)

신라 (冬十月) 流星入王良 (『三國史記』10 新羅本紀 10)

신라 (冬十月) 流星入王良 (『三國史節要』13)

발해 十一月 奚契丹 並遣使朝貢 渤海王 遣子大延眞等 來獻方物 (『冊府元龜』972 外臣部 17 朝貢 5)

발해 十二月庚午 從六位上林宿禰東人爲送渤海客使 大初位下上毛野公繼益爲錄事 (『日本後紀』20 嵯峨紀)

발해 十二月庚午 從六位上林宿禰東人爲送渤海客使 大初位下上毛野公繼益爲錄事 (『類聚國史』194 殊俗部△ 渤海 下)

발해 (元和)五年 遣使朝貢者二 (『舊唐書』199下 列傳 149下 北狄 渤海靺鞨)

신라 唐憲宗好神仙不死之術 元和五年 內給事張惟則自新羅國廻 云於海中泊山島間 忽聞雞犬鳴吠 似有烟火 遂乘月閑步 約及一二里 則見花木樓臺殿閣 金戶銀關 其中有數公子 戴章甫冠 衣紫霞衣 吟嘯自若 惟則知其異 遂請謁 公子曰 汝何所從來 惟則具言其故 公子曰 唐皇帝乃吾友也 當汝旋去 願爲傳語 俄而命一青衣 捧出金龜印 以授惟則 乃置之於寶匣 復謂惟則曰 致意皇帝 惟則遂持之還舟中 廻顧舊路 悉無踪跡 金龜印長五寸 上負黃金玉印 面方一寸八分 其篆曰 鳳芝龍木 受命無疆 惟則至京師 即具以事上進 (『太平廣記』47 神仙 47 唐憲宗皇帝)

신라 元和五年 受具於崇山少林寺 瑠璃壇 則聖善前夢 宛若合符 旣瑩戒珠 復歸橫海 聞一知十 茜絳藍靑 雖止水澄心 而斷雲浪跡 粵有鄕僧道義 先訪道於華夏 邂逅適願 西南得朋 四遠叅尋 證佛知見 義公前歸故國 禪師卽入終南 登萬仞之峯 餌松實而止觀寂寂者三年 後出紫閣 當四達之道 織芒屩而廣施憧憧者又三年 於是 苦行旣已修 他方亦已遊 雖曰觀空 豈能忘本 (「雙溪寺眞鑑禪師大空塔碑」)

신라 勅新羅王金重熙 金獻章及僧冲虛等至, 省表兼進獻及進功德幷陳謝者 具悉 卿一方貴族 累葉雄材 秉忠孝以立身 資信義而爲國 代承爵命 日慕華風 師旅協和 邊疆寧泰 況又時修職貢 歲奉表章 進獻精珍 忠勤竝至 功德成就 恭敬彌彰 載覽謝陳 竝用嘉歎 滄波萬里 雖隔於海隅 丹悃一心 每馳於闕下 以玆歎賞 常屬寢興 勉宏始終 用副朕意 今遣金獻章等歸國 竝少有信物 具在別錄 卿母及妃竝副王宰相以下 各有賜物 至宜領之 冬寒卿比平安好 卿母比得如宜 官吏將士百姓僧道等各家存問 遣書指不多及 (『全唐文』284 張九齡 勅新羅王金重熙書)

신라 勅 新羅王金重熙 金獻章及僧冲虛等至 省表兼進獻及進功德幷陳謝者 具悉 卿一方貴族 累葉雄才 仗忠孝以立身 資信義而爲國 代承爵命 日慕華風 師旅叶和 邊疆寧泰 況又時修職貢 歲奉表章 進獻精珍 忠勤竝至 功德成就 恭敬彌彰 載覽謝陳 益用嘉嘆 滄波萬里 雖隔於海東 丹慊一心 每馳於闕下 以玆嘉尙 常屬寢興 勉宏始終 用副朕意 今遣金獻章等歸國 幷有少信物 具如別錄 卿母及妃幷副王·宰相已[以]下 各有賜物 至宜領之 冬寒 卿比平安好 卿母比得和宜 官吏·僧道·將士·百姓等各加存問 遣書指不多及 (『全唐文』665 白居易 與新羅王金重熙等書)

신라 勅 新羅王金重熙 金獻章及僧冲虛等至 省表兼進獻 及進功德 幷陳謝者 具悉 卿一方貴族 累葉雄材 秉忠孝以立身 資信義而爲國 代承爵命 日慕華風 師旅叶和 邊疆寧泰

況又時修職貢 歲奉表章 進獻精珍 忠勤並至 功德成就 恭敬彌彰 載覽謝陳 益用嘉歎 滄波萬里 雖隔於海隅 丹悃一心 每馳於闕下 以玆歎賞 常屬寢興 勉弘始終 用副朕意 今遣金獻章等歸國 幷有少信物 具在別錄 卿母及妃 幷副王宰相以下 各有賜物 至宜領之 冬寒 卿比平安好 卿母比得如宜 官吏僧道將士百姓等 各家存問 遣書指不多及 (『文苑英華』471 蕃書 4 張九齡 與新羅王金重熙書)

고구려 (元和)五年 誅李師道 收復淄·靑十二州 (『唐會要』84 兩稅使)

811(辛卯/신라 헌덕왕 3/발해 定王 永德 3/唐 元和 6/日本 弘仁 2)

발해 春正月丙申朔 皇帝御大極殿 臨軒 皇太弟文武百官藩客朝賀 如常儀 (『日本後紀』21 嵯峨紀)

발해 正月丙申朔 皇帝御大極殿 臨軒 皇太弟文武百官蕃客朝賀 如常儀 (『類聚國史』71 歲時 2 元日朝賀)

발해 (春正月)壬寅 宴五位已上幷藩客 賜祿有差 (『日本後紀』21 嵯峨紀)

발해 (正月)壬寅 宴五位已上幷蕃客 賜祿有差 (『類聚國史』71 歲時 2 元日朝賀)

발해 (春正月)壬子 御豊樂院 觀射 藩客賜角弓射焉 (『日本後紀』21 嵯峨紀)

발해 (正月)壬子 御豊樂院 觀射 蕃客賜角弓射焉 (『類聚國史』71 歲時 2 元日朝賀)

발해 (春正月)乙卯 遣大納言正三位坂上大宿禰田村麻呂 中納言正三位藤原朝臣葛野麻呂 叅議從三位菅野朝臣眞道等 饗渤海使於朝集院 賜祿有差 (『日本後紀』21 嵯峨紀)

발해 (正月)乙卯 遣大納言正三位坂上大宿禰田村麻呂 中納言正三位藤原朝臣葛野麻呂 叅議從三位菅野朝臣眞道等 饗渤海使於朝集院 賜祿有差 (『類聚國史』194 殊俗部△ 渤海 下)

발해 (春正月)丁巳 渤海國使高南容歸蕃 賜其王書曰 天皇敬問渤海國王 南容入賀 省啓具之 惟王資質宏茂 性度弘深 敦惠輯中 盡恭奉外 代居北涯 與國脩好 泼日滄溟 企乃到矣 接天波浪 葦能亂之 責深效精 慶賀具禮 眷彼情款 嘉賞何止 朕嗣膺景命 虔承睿圖 剋己以臨寰區 丕顯以撫兆庶 德未懷邇 化曷覃遐 王念濬善隣 心切事大 弗難劬勞 聿脩先業 況南容荐至 使命不墮 船舶窮危 謇志增勵 雖靡來請 豈能忍之 仍換駕船 副使押送 同附少物 至宜領之 春寒 惟王平安 指此遣書 旨不多及 (『日本後紀』21 嵯峨紀)

발해 (正月)丁巳 渤海國使高南容歸蕃 賜其王書曰 天皇敬問渤海國王 南容入賀 省啓具之 惟王資質宏茂 性度弘深 敦惠輯中 盡恭奉外 代居北涯 與國脩好 沃日滄溟 企乃到矣 接天波浪 葦能亂之 賫琛効精 慶賀具禮 眷彼情款 嘉賞何止 朕嗣膺景命 虔承睿圖 克己以臨寰區 丕顯以撫兆庶 德未懷邇 化曷覃遐 王念睿善隣 心切事大 弗難劬勞 聿脩先業 況南容荐至 使命不墮 船舶窮危 謇志增勵 雖靡來請 豈能忍之 仍換駕船 副使押送 同附少物 至宜領之 春寒 惟王平安 指此遣書 旨不多及 (『類聚國史』194 殊俗部△ 渤海 下)

백제 (春正月甲子) 山城國乙訓郡白田一町 賜從四位下百濟王敎法 (『日本後紀』21 嵯峨紀)

신라 春正月 侍中亮宗以病免 伊湌元興爲侍中 (『三國史記』10 新羅本紀 10)

신라 春正月 侍中亮宗病免 以伊湌元興代之 (『三國史節要』13)

신라 二月 以伊飡雄元爲完山州都督 (『三國史記』10 新羅本紀 10)

신라 二月 以伊飡雄元爲完山州都督 (『三國史節要』13)

백제 (夏四月)己丑 阿波國人百濟部廣濱等一百人 賜姓百濟公 (『日本後紀』21 嵯峨紀)

발해 (夏四月庚寅)是日 遣渤海國使正六位上林宿禰東人等辭見 賜衣被 (『日本後紀』21 嵯峨紀)

발해 (四月)庚寅 遣渤海國使正六位上林宿禰東人等辭見 賜衣被 (『類聚國史』194 殊俗部△ 渤海 下)

신라 夏四月 始御平議殿聽政 (『三國史記』10 新羅本紀 10)

신라 夏四月 始御平議殿聽政 (『三國史節要』13)

대방 (五月)丙辰 大納言正三位兼右近衛大將兵部卿坂上大宿禰田村麻呂薨 正四位上犬養之孫 從三位苅田麻呂之子也 其先阿智使主 後漢靈帝之曾孫也 漢祚遷魏 避國帶方 譽田天皇之代 率部落內附 家世尙武 調鷹相馬 子孫傳業 相次不絶 田村麻呂 赤面黃鬚 勇力過人 有將帥之量 帝壯之 延曆廿三年拜征夷大將軍 以功敍從三位 但往還之間 從者無限 人馬難給 累路多費 大同五年轉大納言 兼右近衛大將 頻將邊兵 每出有功 寬容待士 能得死力 薨于粟田別業 贈從三位 時年五十四 (『日本後紀』21 嵯峨紀)

신라 (八月甲戌) 大宰府言 新羅人金巴兄金乘弟金小巴等三人申云 去年被差本縣運穀 海中逢賊 同伴盡沒 唯己等幸賴天祐 儻着聖邦 雖沐仁渙 非無顧戀 今聞鄕人流來 令得放歸 伏望寄乘同船 共還本鄕者 許之 (『日本後紀』21 嵯峨紀)

고구려 (八月)己丑 山城國人正六位上高麗人東部黑麻呂 賜姓廣宗連 (『日本後紀』21 嵯峨紀)

고구려 (元和八年) 九月庚戌朔 丙辰 淄靑李師道進鶻十二 命還之 (『舊唐書』15 本紀 15 順宗 憲宗下)

발해 冬十月癸亥 正六位上林宿禰東人等 至自渤海 奏曰 國王之啓 不據常例 是以去而不取 其錄事大初位下上毛野公嗣益等 所乘第二船 發去之日 相失不見 未知何在 (『日本後紀』21 嵯峨紀)

발해 (十月)癸亥 正六位上林宿禰東人等 至自渤海 奏曰 國王之啓 不據常例 是以去而不取 其錄事大初位下上毛野公嗣益等所乘第二船 發去之日 相失不見 未知何在 (『類聚國史』194 殊俗部△ 渤海 下)

발해 (十二月)乙亥 故遣渤海錄事 大初位下上毛野公嗣益追贈從六位下 以身死王事也 (『日本後紀』21 嵯峨紀)

발해 (十二月)乙亥 故遣渤海錄事大初位下上毛野公嗣益追贈從六位下 以身死王事也 (『類聚國史』194 殊俗部△ 渤海 下)

812(壬辰/신라 헌덕왕 4/발해 定王 永德 4, 僖王 朱雀 1/唐 元和 7/日本 弘仁 3)

신라 (春正月)甲子 勅 大宰府去十二月廿八日奏云 對馬嶋言 今月六日 新羅船三艘 浮△西海 俄而一艘之船著於下縣郡佐須浦 船中有十人 言語不通 消息難知 其二艘者 闇夜

流去 未知所到 七日船廿餘艘在嶋西海中 燭火相連 於是遂知賊船 仍煞先着者五人 五人逃走 後日捕獲四人 卽衛兵庫 且發軍士 又遙望新羅 每夜有火光數處 由玆疑懼不止 仍申送者 爲問其事 差新羅譯語幷軍毅等 發遣已訖 且准舊例 應護要害之狀 告管內幷長門 石見 出雲等國訖者 所奏消息 旣是大事 虛實之狀 續須言上 而久移年月 遂無所申 又要害之國 必發人兵 應疲警備 解却之事 期於何日 宜言其由 不得更怠 又量事勢 不足爲虞 宜令停出雲 石見 長門等國 護要害事 (『日本後紀』22 嵯峨紀)

백제 (春正月丙寅) 正五位下百濟王教德 小野朝臣野主從四位下 (『日本後紀』22 嵯峨紀)

백제 (春正月)辛未 右京人正六位上飛鳥戶造善宗 河內國人正六位上飛鳥戶造名繼 賜姓百濟宿禰 (『日本後紀』22 嵯峨紀)

발해 (憲宗元和)七年正月癸酉 帝御麟德殿 對南詔渤海牂牁等使 宴賜有差 (『冊府元龜』111 帝王部 111 宴享 3)

발해 (憲宗元和)七年正月癸酉 帝御麟德殿 對南詔渤海牂牁等使 賜宴有差 甲申(25) 賜渤海使官告三十五通衣各一襲 (『冊府元龜』976 外臣部 21 褒異 3)

발해 唐麟德殿 [實錄] (元和)七年正月癸酉 御麟德殿 宴南詔渤海牂牁等使 (『玉海 』160 宮室 殿 下)

신라 (三月己未朔) 新羅人淸漢波等流來 依願放還 (『日本後紀』22 嵯峨紀)

백제 (三月)丁丑 從五位下百濟王教勝爲刑部少輔 (『日本後紀』22 嵯峨紀)

신라 春 以均貞爲侍中 (『三國史記』10 新羅本紀 10)

신라 春 以均貞爲侍中 (『三國史節要』13)

신라 (春) 以伊飡忠永年七十 賜几杖 (『三國史記』10 新羅本紀 10)

신라 (春) 賜伊飡忠永几杖 年七十 (『三國史節要』13)

신라 四月 新羅賀正兼告哀使金昌男等五十四人朝見 (『冊府元龜』972 外臣部 17 朝貢 5)

신라 七月庚午 以新羅質子試衛尉少卿賜紫金魚袋金沔 爲試光祿少卿 充弔祭冊立副使 隨崔稜赴新羅 (『冊府元龜』976 外臣部 21 褒異 3)

신라 (六月)己卯[365] 以新羅大宰相金彦昇爲開府儀同三司檢校太尉使持節大都督雞林州諸軍事雞林州刺史 兼寧海軍使上柱國 封新羅國王 仍冊彦昇妻貞氏爲妃 (『舊唐書』15 本紀 15 憲宗 下)

신라 (元和)七年 重興卒 立其相金彦昇 爲王 遣使金昌南等來告哀 其年七月 授彦昇開府儀同三司檢校太尉持節大都督雞林州諸軍事 兼持節充寧海軍使上柱國新羅國王 彦昇妻貞氏冊爲妃 仍賜其宰相金崇斌等三人戟 亦令本國準例給 兼命職方員外郞攝御史中丞崔廷持節弔祭冊立 以其質子金士信副之 (『舊唐書』199上 列傳 149上 東夷 新羅)

신라 (元和)七年 重興卒 立其相金彦昇爲王 遣使金昌南等告哀 七月 授彦昇開府儀同三司

365) 이해 6월에는 기묘일이 없다. 다만 6월 기사 중 기해(13일) 다음에 을축과 을해일 기사가 나오는데, 이는 7월에 해당한다. 따라서 을축 앞에 '七月'이 생략된 것으로 볼 수 있고 7월 기묘일은 23일에 해당한다.

	檢校太尉持節大都督雞林州諸軍事兼持節寧海軍上柱國新羅王 妻正氏冊爲妃 仍賜太宰相金崇斌等三人戟 亦令本國準給 兼命職方員外郎攝御史中丞崔廷持節弔祭冊立 以其質子金士信副之 (『唐會要』95 新羅)
신라	七年 死 彦昇立 來告喪 命職方員外郎崔廷弔 且命新王 以妻貞爲妃 長慶寶曆間 再遣使者來朝 留宿衛 (『新唐書』220 列傳 145 東夷 新羅)
신라	帝命海東使 人行天一涯 辨方知木德 開國有金家 冊拜申恩重 留歡作限賒 順風鯨浪熱[一作熟] 初日錦帆斜 夜色潛然火 秋期獨往槎 慰安皆喩旨 忠信自無瑕 髮美童年髻 篸香 [一作香篸]子月花 便隋琛賮入 正朔在中華 (『全唐詩』4函 10冊 竇常 奉送職方崔員外攝中丞新羅冊使)[366]
신라	雲島茫茫天畔微 向東萬里一帆飛 久爲侍子承恩重 今佐使臣銜命歸 通海便應將國信到家猶自著朝衣 從前此去人無數 光彩如君定是稀 (『全唐詩』6函 6冊 張籍 送金少卿副使歸新羅)[367]
신라	八月丁亥朔 新除新羅國大宰相金崇斌等三人 宜令本國准例賜戟 (『舊唐書』15 本紀 15 憲宗 下)
신라	八月丁亥朔 勅新羅國大宰相金崇斌等三人 宜付本國 准舊例賜戟 (『冊府元龜』976 外臣部 21 褒異 3)
신라	(九月)甲子 新羅人劉淸等十人賜糧放還 (『日本後紀』22 嵯峨紀)
신라 발해	秋九月 遣級湌崇正使北國 (『三國史記』10 新羅本紀 10)
신라 발해	秋九月 遣級湌崇正使北國 (『三國史節要』13)
백제	(十一月)乙亥 從五位下百濟王教俊授從五位上爲出羽守 (『日本後紀』22 嵯峨紀)
발해	(十二月)壬辰 渤海國人高多佛賜姓名高庭高雄 (『日本後紀』22 嵯峨紀)
발해	(元和) 七年 十二月 遣使朝貢 (『唐會要』96 渤海)
발해	(元和)七年 亦遣使來朝 (『舊唐書』199下 列傳 149下 北狄 渤海靺鞨)
발해	是年 渤海亦遣使來 (『冊府元龜』972 外臣部 17 朝貢 5)
발해	死 謚定王 (『新唐書』219 列傳 144 北狄 渤海)
발해	弟言義立 改年朱雀 並襲王如故事 (『新唐書』219 列傳 144 北狄 渤海)
신라	跨一星終 有隘九流 意入道 先母白 母念已前夢 泣曰 詥[方言許諾] 後諷父 父悔己晩悟 喜曰 䜋 遂零染 雪山五色石寺 口精嘗藥 力銳補天 有法性禪師 嘗扣馹馬麥伽門于中夏者 大師師事數季 撢索無孑遺 性歎曰 迅足駸駸 後發前至 吾於子驗之 吾悏矣無餘勇可賈於子矣 如子者宜西也 大師曰 惟夜繩易惑 空縷難分 魚非緣木可求 兎非守株可待 故師所敎 己所悟 互有所長 苟珠火斯來 則蚌燧可棄 凡志於道者 何常師之有 尋迻去 問驃訶健拏 于浮石山釋燈大德 日敵三十夫 藍茜沮本色 顧坳盃之譬曰 東面而望 不見西墻 彼岸不遙 何必懷土 遽出山竝海 覗西泛之緣 會國使歸瑞節象魏下亻乇足而西 及大洋中 風濤欻顚怒 巨艑斆 人不可復振 大師與心友道亮 跨隻板 恣業

366) 崔員外는 崔廷으로 812년 7월에 신라에 사절로 갔다.

367) 金少卿은 김사신으로 원화 7년(812) 7월 최정을 조제책립사로 신라에 파견할 때 김사신을 부사신으로 삼아 최정의 수종으로 보냈다.

風 通星半月餘 飄至劒山島 勑行之碕上 悵然甚久曰 魚腹中幸得脫身 龍頷下庶幾攙手 我心匪石 其退轉乎 (「聖住寺郎慧和尙白月葆光塔碑)

813(癸巳/신라 헌덕왕 5/발해 僖王 朱雀 2/唐 元和 8/日本 弘仁 4)

백제 (春正月辛酉) 從五位下百濟王忠宗 安倍朝臣犬養 安倍朝臣益成 佐伯宿禰長繼 小野朝臣岑守 從五位上 (『日本後紀』22 嵯峨紀)

백제 (春正月甲子) 少納言從五位上百濟王忠宗 爲兼左兵衛佐 (『日本後紀』22 嵯峨紀)

발해 春正月乙卯朔庚午 冊大言義爲渤海國王 授秘書監忽汗州都督 (『舊唐書』15 本紀 15 憲宗 下)

발해 (元和)八年正月 授元瑜弟權知國務言義 銀靑光祿大夫檢校祕書監都督渤海國王 遣內侍李重旻使焉 (『舊唐書』199下 列傳 149下 北狄 渤海靺鞨)

발해 (元和)八年正月 以故渤海國王大元瑜長弟權知國務言義爲銀靑光祿大夫簡較秘書監忽汗州都督冊爲渤海國王 遣內侍李重旻充使 (『冊府元龜』965 外臣部 10 封冊 3)

발해 (元和)八年正月 封言義爲國王 (『冊府元龜』967 外臣部 12 繼襲 2)

발해 (元和)八年正月 命內侍李重旻充渤海冊立宣慰使 (『冊府元龜』980 外臣部 25 通好)

신라 春正月 以伊湌憲昌爲武珍州都督 (『三國史記』10 新羅本紀 10)

신라 春正月 以伊湌憲昌爲武珍州都督 (『三國史節要』13)

신라 二月 謁始祖廟 (『三國史記』10 新羅本紀 10)

신라 二月 謁始祖廟 (『三國史節要』13)

신라 (二月) 玄德門火 (『三國史記』10 新羅本紀 10)

신라 (二月) 玄德門火 (『三國史節要』13)

신라 三月辛未 大宰府言 肥前國司今月四日解稱 基肆團校尉貞弓等 去二月卄九日解稱 新羅一百十人駕五艘船 着小近嶋 與土民相戰 卽打殺九人 捕獲一百一人者 又同日解稱 新羅人一淸等申之 同國人淸漢巴等 自聖朝歸來 云々 宜明問定 若願還者 隨願放還 遂是化來者 依例進止 (『日本紀略』)

고구려 (元和八年) 九月庚戌朔 丙辰 淄靑李師道進鶻十二 命還之 (『舊唐書』15 本紀 15 順宗 憲宗下)

신라 太政官符

應停對馬嶋史生一員置新羅譯語一人事

右得大宰府解偁 新羅之船 來着件嶋 言語不通 來由難審 彼此相疑 濫加毀△ 望請減史生一人置件譯語者 右大臣宣 奉勅 依請

弘仁四年九月二十九日 (『類聚三代格』5 加減諸國官員幷廢置事)

신라 海東故神行禪師之碑幷序

皇唐衛尉卿國相兵部令兼修城府令伊干金獻貞撰

東溪沙門 靈業書

夫法之體也 非名非相 則盲聾智者 莫能觀其趣 心之性也 若存若亡 則童蒙理者 焉可

測其源 故有學無學 纔嘗香鉢之飯 二乘三乘 寧得藥樹之菓 言禪那者 卽末還本之妙門 因心階道之玄路 歸之者 銷沙劫之罪 念之者 獲塵刹之德 況乎 經年累代 積行成功 深之又深 其極致歟 粤若 位登五七 聲亘三千 紹佛種傳法燈 卽我神行禪師 受其記焉 禪師 俗姓金氏 東京御里人也 級干常勤之子 先師安弘之兄曾孫 積善薰心 曩因感性 年方壯室 趣於非家 奉事運精律師 五綴一納 苦練二年 更聞 法朗禪師 在踘踞山 傳智慧燈 則詣其所 頓受奧旨 未經七日 試問之曲直 微言冥應 以卽心無心 和上歎曰 善哉 心燈之法 盡在於汝矣 勤求三歲 禪 伯登眞 慟哭粉身 戀慕那極 遂以知生風燭 解滅水泡 遠涉大陽 專求佛慧 乘危碧浪 不動安心之念 對險滄洲 逾策護戒之情 誓願堅固 承佛神威 孤帆直指 得到彼岸 時屬凶荒 盜賊亂邊 勅諸州府 切令捉搦 吏人 遇而詰之 禪師 怡然而對曰 貧道 生緣海東 因求法而至耳 吏 不得自放 檢繫其身 卄有四旬矣 於是 同侶候其無人 時說桎梏而息焉 僉語之曰 汝盍如此耶 答言 吁 我於往昔 造罪業 故今見罹苦 甘心受之 竟不脫休 斯則 忍辱納汙之迹 和光匿曜之事也 事解 遂就于志空和上 和上 卽大照禪師之入室 朝夕鑽仰 已過三年 始開靈府 授以玄珠 不壞微塵 便攝大千經卷 非舒方寸 遍遊百億佛刹 常游泳於性海之深源 恒翺翔乎眞空之幽際 洎于和上 欲滅度時 灌頂授記曰 往欽才 汝今歸本 曉悟迷津 激揚覺海 言已歸寂 應時豁尒 得未曾有 挑慧燈於虛室 凝定水於禪河 故遠近見聞 尊重瞻仰 不可殫載矣 然後 還到雞林 倡導群蒙 爲道根者 誨以看心一言 爲熟器者 示以方便多門 通一代之秘典 傳三昧之明燈 寔可謂 佛日再杲自暘谷 法雲更起率扶桑 設欲 括三達罩十方 書其迹寫其功 庸詎能記 一分之德耳 所冀 道身地久 慧命天長 於戱 能感已盡 所應方移 此則 導師隱顯理必然 故生平七十有六 大曆十四年十月卄一日 歿於南岳斷俗之寺 是日也 圓穹黯黲 三光爲之晦冥 方祇振動 萬物因玆零落 甘泉忽竭 魚龍驚躍其中 直木先摧 猿鳥悲鳴其下 於是 素緇飮化 遐邇同聲 或聞異香 飛錫空而電奔 或觀瑞雲 乘杯流而雨驟 泣血焚身 盡心葬骨 殆三紀矣 其處則懸崖萬丈 流水千尋 逃名洗耳之隱居 抛世遁跡之幽栖 定沼泓澄深藏慧日之光 空林蕭索 長引禪風之響 北倚獨立之高崗 西隣三藏之迥谷 掛煙月於山頭 捐金玉於淵底 豈惟地理之崔崒 復乃靈神之洞窟也 記云 雞足石室 摩訶迦葉 守法衣待慈氏 豈非是歟 世世稱巖 今見在玆 成從自爾 其狀如門 門闢之期 未知幾許 如是聖跡 其數孔多 難可詳悉耳 今我三輪禪師者 宿殖衆妙 本有三身 心無自性 悟不由他 同修道業 互作師資 于時 安禪餘暇 熟慮寰中 謂言 無形之理 不建像而莫覩 離言之法 非著文以靡傳 悲 夫慈父懷玉而歸 窮子得寶幾日 是以 招名匠畵神影 造浮圖存舍利 燒戒香洒定水 致懇惻於先聖 將龜鏡於季葉焉 有若 大隱明朝之賢 栖心道境之士 策念韋提之貴 亞迹圓寂之徒 相顧誓言 我等數人 共承沙佛 齊念塵僧 由是 稟紫氣於桂苑 挺玉葉於金枝 分鸞鑣驅鳳駕 休沐淸河之上 泛舟楫於巨川 蹈舞黃屋之下 作棟梁乎 大廈 世上可觀 於斯爲盛 盛必有衰古人所傳 哀哉 人世 生也獨自以來 死亦共誰而去 欻爾未知過隟 俛仰 無有是非 若欲 出火宅而登露地 截三有而歸一如者 教網多端 不如三覺 助道非一 隨喜爲最 故命忠直之吏 勸潔淨之僧 將玆有限之財 造彼無窮之福 於是 取石名山 伐木幽谷 刊翠琰構紺宇 庶幾 標萬古之景跡 歷千秋而不彫 所謂 人能弘道 豈虛言哉 善逝遺法 付囑國家 良有以也 僕以狂簡無材 忸怩有愧 欲贊玄化 輒錄短懷 未淨一心之地 詎升三學之堂 冀將螢火之爝 竊助明景之暉 前識早計 焉可以攙指求月 剖卵責晨也哉 唯願 天池有涸 願海無涯 水旱燋浸 碑銘固存 然後 汒汒有識 蠢蠢含靈 灌法水於神器 長道牙於心田 永出愛欲之泥 齊登涅槃之岸云爾

其詞曰 深哉覺海 量等虛空 無名無相 寂寂融融 就中最勝 三學爲宗 心心傳祖 言語難通 初因佛起 來詣溟東 誰能神解 則我禪公 辭親捨室 超出煩籠 入山求道 踰海尋蹤韜光被苦 策念成功 師資每遇 目擊相逢 凝神壁觀 獨步唐中 還歸日域 引導群蒙逗機應物 授藥無窮 玆緣已畢 化彼天宮 遺形空谷 脫影雲峰 同聲輻湊 擗踊摧胸 慈光

已滅 追戀何終 有一眞僧 親承法要 神會一如 心藏衆妙 非言非黙 卽寂卽照出定蹔憶 偏哀淺識 彩畵神影 容儀不忒更造浮圖 再修功德 萬古千年 傳燈軌則 金城鼎族 紫府親皇 一心若海 百谷爲王 前修激發 結願平章 齊沾法雨 同遇佛光 淸河舟檝 黃屋棟梁 寰中所望 以此爲昌 儻來若夢 榮落無常 涅槃迢遰 何不貯糧 勸僧潔行 選士忠良 刻銘彫石 卜地成堂 山崩海竭 此願無央 日居月諸 玆文久彰 上從有頂 下至金剛 四生蠢蠢 三界汒汒 湌禪悅食 飮解脫漿 咸臻覺道 速詣眞場
元和八年歲次癸巳九月庚戌朔九日戊午 建 (「斷俗寺神行禪師碑」)[368]

발해 哭日本國內供奉大德靈仙和尙詩[并序]
渤海國僧貞素
起余者謂之應公矣 公仆而習之隨師至浮桑 小而大之介立見乎緇林 余亦身期降物負笈來宗覇業 元和八年窮秋之景 逆旅相逢 一言道合 論之以心 素至於周塩 小子非其可乎 居諸未幾 早向鴿原 鶺鴒之至足痛乃心 此仙大師是我應公之師父也 妙理先契示于元元 (「哭日本國內供奉大德靈仙和尙詩幷序」)[369]

신라 跨一星終 有隘九流 意入道 先母白 母念已前夢 泣曰 言兮 方言許諾 後諷父 父悔己晚悟 喜曰 胖 遂零染 雪山五色石寺 口精嘗藥 力銳補天 有法性禪師 嘗扣駬馬麥伽門于中夏者 大師師事數秊 撢索無孑遺 性歎曰 迅足駸駸 後發前至 吾於子驗之 吾惬矣 無餘勇可賈於子矣 如子者宜西也 大師曰 惟 夜繩易惑 空縷難分 魚非緣木可求 兎非守株可待 故師所教 己所悟 互有所長 苟珠火斯來 則蚌燧可棄 凡志於道者 何常師之有 尋」迻去 問驃訶健拏 于浮石山釋澄大德 日敵三十夫 藍茜沮本色 顧坳盃之譬曰 東面而望 不見西墻 彼岸不遙 何必懷土 遽出山竝海 覗西泛之緣 會國使歸瑞節象魏下 亻壬足而西 及大洋中 風濤欻顚怒 巨艑敎 人不可復振 大師與心友道亮 跨隻」板 恣業風 通星半月餘 飄至劒山島 耛行之碕上 悵然甚久曰 魚腹中幸得脫身 龍頷下庶幾攙手 我心匪石 其退轉乎 (「聖住寺郎慧和尙白月葆光塔碑」)[370]

발해 (元和)八年十二月丙午 宴南詔渤海牂牁使 賜以綿綵 (『冊府元龜』 111 帝王部 111 宴享 3)
발해 (元和八年十二月)丙午 宴南詔渤海牂牁使 仍賜以錦綵 (『冊府元龜 976 外臣部 21 褒異 3)
발해 (元和八年十二月) 渤海王子辛文德等九十七人來朝 (『冊府元龜』 972 外臣部 17 朝貢 5)
발해 (元和) 八年 又遣使朝貢 (『唐會要』 96 渤海)

814(甲午/신라 헌덕왕 6/발해 僖王 朱雀 3/唐 元和 9/日本 嵯峨 弘仁 5)

발해 (元和)九年正月 渤海使高禮進等三十七人朝貢 獻金·銀佛像各一 (『冊府元龜』 972 外臣部 17 朝貢 5)

발해 (元和)九年二月己丑 麟德殿召見渤海使高禮進等三十七人 賜宴有差 (『冊府元龜』 111 帝王部 111 宴享 3)

368) 斷俗寺神行禪師碑는 헌덕왕 5년(813) 9월 9일에 세웠다.
369) :『入唐求法巡禮行記』 3 開成 5년 7월 3일
370) 대사는 800년에 태어나 13세인 813년에 출가하여 法性선사에게 麥伽禪을 배우다가 부석사에서 釋澄대사로부터 화엄을 공부하였다.

발해	(元和九年)二月己丑 麟德殿召見渤海使高禮進等三十七人 宴賜有差 (『冊府元龜 976 外臣部 21 褒異 3)
발해	(唐麟德殿[實錄]) (元和)九年 二月己丑 御麟德殿 召見渤海使 宴賜 (『玉海 』160 宮室 殿 下)
백제	二月乙未 幸于交野 日暮御山埼離宮 (…) 賜四位已上被 五位及百濟王等衣 (『類聚國史』32 遊獵)
백제	(二月己亥) 賜 (…) 佐爲及百濟寺 施綿各一百屯 (『日本紀略』)
백제	三月戊申朔 從五位上百濟王忠宗 授正五位下 (『類聚國史』99 敍位)
신라	春三月 宴羣臣於崇禮殿 樂極 王鼓琴 伊飡忠榮起舞 (『三國史記』10 新羅本紀 10)
신라	春三月 宴群臣於崇禮殿 王歡甚鼓琴 伊飡忠榮起舞 (『三國史節要』13)
신라 발해	五月乙卯 制 新羅王子來朝之日 若有朝獻之志者 准渤海之例 但願修隣好者 不用答禮 直令還却 但給還粮 (『日本紀略』)
신라	夏五月 國西大水 發使撫問經水州郡人民 復一年租調 (『三國史記』10 新羅本紀 10)
신라	夏五月 國西大水 遣使存撫 復一年租調 (『三國史節要』13)
신라	(八月)丙寅 化來新羅人加羅布古伊等六人配美濃國 (『日本後紀』24 嵯峨紀)
신라	秋八月 京都風霧如夜 (『三國史記』10 新羅本紀 10)
신라	秋八月 京都風霧如夜 (『三國史節要』13)
신라	(秋八月) 武珍州都督憲昌入爲侍中 (『三國史記』10 新羅本紀 10)
신라	(秋八月) 以武珍州都督憲昌入爲侍中 (『三國史節要』13)
신라	乃以元和九載秋八月 駕言西邁也 時也 天不違乎至誠 人莫奪其壯志 千尋水上 秦橋迢遞 而變換炎凉 萬仞山邊 禹足胼胝 而犯冒霜雪 步無他往詣龔公山地藏大師 卽第六祖付法於懷讓 傳道一 一傳大師也 大師開如來藏 得菩薩心 久坐西堂 多方誨爾來我者 略以萬計 莫非知十之學 禪師曰 某生緣外國 問路天地 不遠中華 故來請益 儻他日 無說之說 無法之法 流於海表 幸斯足也 大師知志旣堅 稟性最悟 一識如舊 密傳心印 於是 禪師已得赤水召遺 臺豁爾 如大虛之寥廓也 夫夷夏語乖 機要理隱 非伐柯執斧 孰能與於此乎 未幾西堂終 乃虛舟莫留 孤雲獨逝 天南地北 形影相隨 所歷名山靈境 略而不載也 到西州浮沙寺 披尋大藏經 日夕專精 晷刻無廢 不枕不席 至于三年 文無奧而未窮 理無隱而不達 或黙思章句 歷歷在心焉 (「大安寺寂忍禪師照輪淸淨塔碑」)
백제	九月庚辰 從四位下百濟王敎德爲治部大輔 (『日本後紀』24 嵯峨紀)
발해	(九月)癸卯 渤海國遣使獻方物 (『日本後紀』24 嵯峨紀)
발해	(九月)癸卯 渤海國遣使獻方物 (『類聚國史』194 殊俗部△ 渤海 下)

신라　　(冬十月)丙辰 新羅商人卅一人 漂著於長門國豊浦郡 (『日本後紀』24 嵯峨紀)

신라　　(冬十月)庚午 大宰府言 新羅人辛波古知等二十六人 漂著筑前國博多津 問其來由 遠投風化 (『日本後紀』24 嵯峨紀)

신라　　冬十月 黔牟大舍妻 一產三男 (『三國史記』10 新羅本紀 10)
신라　　冬十月 大舍黔牟妻 一產三男 (『三國史節要』13)

발해　　(十一月)辛巳 免出雲國田租 緣有賊亂及供蕃客也 (『日本後紀』24 嵯峨紀)
발해　　(十一月)辛巳 免出雲國田租 緣有賊亂及供蕃客也 (『類聚國史』194 殊俗部△ 渤海 下)

발해　　十一月 渤海遣使獻鷹 (『冊府元龜』972 外臣部 17 朝貢 5)

발해　　十二月 渤海遣使大孝眞等五十九人來朝 (『冊府元龜』972 外臣部 17 朝貢 5)

815(乙未/신라 헌덕왕 7/발해 僖王 朱雀 4/唐 元和 10/日本 弘仁 6)

발해　　春正月癸酉朔 皇帝御大極殿受朝 蕃客陪位 宴侍臣於前殿 賜御被 (『日本後紀』24 嵯峨紀)
발해　　春正月癸酉朔 皇帝御大極殿受朝 蕃客陪位 宴侍臣於前殿 賜御被 (『類聚國史』71 歲時 2 元日朝賀)

발해　　(春正月)己卯 宴五位以上幷渤海使 奏女樂 (…) 渤海國大使王孝廉從三位 副使高景秀正四位下 判官高英善王昇基正五位下 錄事釋仁眞烏賢偲 譯語李俊雄從五位下 賜祿有差 (『日本後紀』24 嵯峨紀)
발해　　春正月己卯 宴五位以上幷渤海使 奏女樂 (『類聚國史』71 歲時 2 七日節會)
발해　　正月己卯 宴五位以上幷渤海使 (…) (『類聚國史』99 官職 4)
발해　　(正月)己卯 授渤海國大使王孝廉從三位 副使高景秀正四位下 判官高英善 王昇基並正五位下 錄事釋仁眞烏賢偲 譯語李俊雄 從五位下 賜祿有差 (『類聚國史』194 殊俗部△ 渤海 下)

백제　　(春正月庚辰) 從八位下百濟宿禰四千子 無位大網公嶋刀自 外從五位下 (『日本後紀』24 嵯峨紀)

발해　　(春正月)戊子 御豊樂院 宴五位已上及蕃客 奏蹈歌 賜祿有差 (『日本後紀』24 嵯峨紀)

발해　　(春正月)壬辰 於朝集堂饗王孝廉等 賜樂及祿 (『日本後紀』24 嵯峨紀)
발해　　(春正月)壬辰 於朝集堂饗王孝廉等 賜樂及祿 (『類聚國史』194 殊俗部△ 渤海 下)

발해　　(春正月)甲午 渤海國使王孝廉等歸蕃 賜書曰 天皇敬問渤海王 孝廉等至 省啓具懷 先王不終遐壽 奄然殂背 乍聞惻怛 情不能已 王祚流累葉 慶溢連枝 遠發使臣 聿修舊業 占風北海 指蟠木而問津 望日南朝 凌鯨波以修聘 永念誠款 歎慰攸深 前年附南容等啓云 南容再駕窮船 旋涉大水 伏望辱降彼使 押領同來者 朕矜其遠來 聽許所請 因差林東仁充使 分配兩船押送 東仁來歸不齎啓 因言曰 改啓作狀 不遵舊例 由是發日 棄而不取者 彼國修聘 由來久矣 書疏往來 皆有故實 專輒違乖 斯則長傲 夫克己復禮

聖人明訓 失之者亡 典籍垂規 苟義禮之或虧 何須貴於來往 今問孝廉等 對云 世移主易 不知前事 今之上啓 不敢違常 然不遵舊例 愆在本國 不謝之罪 唯命是聽者 朕不咎已往 容其自新 所以勅於有司 待以恒禮 宜悉此懷 間以雲海 相見無由 良用爲念也 春首餘寒 王及首領百姓竝平安好 有少信物 色目如別 略此還報 一二無悉 (『日本後紀』24 嵯峨紀)

발해 (春正月)甲午 渤海國使王孝廉等歸蕃 賜書曰 天皇敬問渤海王 孝廉等至 省啓具懷 先王不終遐壽 奄然殂背 乍聞惻怛 情不能已 王祚流累葉 慶溢連枝 遠發使臣 聿脩舊業 占風北海 指蟠木而問津 望日南朝 凌鯨波以修聘 永念誠款 歎慰攸深 前年附南容等啓云 南容再駕窮船 旋涉大水 伏望辱降彼使 押領同來者 朕矜其遠來 聽許所請 因差林東仁充使 分配兩船押送 東仁來歸不齎啓 因言曰 改啓作狀 不遵舊例 由是發日 棄而不取者 彼國修聘 由來久矣 書疏往來 皆有故實 專輒違乖 斯則長傲 夫克己復禮 聖人明訓 失之者亡 典籍垂規 苟禮義之或虧 何須貴於來往 今問孝廉等 對云 世移主易 不知前事 今之上啓 不敢違常 然不遵舊例 愆在本國 不謝之罪 唯命是聽者 朕不咎已往 容其自新 所以勅於有司 待以恒禮 宜悉此懷 間以雲海 相見無由 良用爲念也 春首餘寒 王及首領百姓竝平安好 有少信物 色目如別 略此還報 一二無悉 (『類聚國史』194 殊俗部△ 渤海 下)

발해 (元和)十年正月丁酉 詔賜渤海使者卯貞壽等官告 放還蕃 及召見新羅及南詔蠻使 宴賜有差 (『冊府元龜』976 外臣部 21 褒異 3)

신라 春正月 遣使朝唐 憲宗引見 宴賜有差 (『三國史記』10 新羅本紀 10)

신라 春正月 遣使如唐 帝引見 宴賜有差 (『三國史節要』13)

신라 (春正月壬寅)是日 停對馬史生一員 置新羅譯語 (『日本後紀』24 嵯峨紀)

백제 (二月)庚申 百濟王等奉獻 五位已上幷六位已下 及百濟王等 賜祿有差 (『日本後紀』24 嵯峨紀)

발해 (元和十年)二月甲子 賜渤海使大呂慶等官告 歸之 (『冊府元龜』976 外臣部 21 褒異 3)

발해 三月癸酉 制 蕃國之使 入朝有期 客館之設 常須牢固 頃者疾病之民 就此寓宿 遭喪之人 以爲隱處 破壞舍垣 汚穢庭路 (『日本後紀』24 嵯峨紀)

발해 (元和十年)三月丙子 賜渤海使者官告 歸之 (『冊府元龜』976 外臣部 21 褒異 3)

발해 (五月)戊子 渤海國使王孝廉等於海中 値逆風漂廻 舟檝裂折 不可更用 (『日本後紀』24 嵯峨紀)

발해 五月戊子 於豐樂院 宴五位以上及蕃客 奏踏歌 賜祿有差 (『類聚國史』72 歲時 3 踏歌)

발해 (五月)戊子 渤海國使王孝廉等 於海中値逆風漂廻 舟檝裂折 不可更用 (『類聚國史』194 殊俗部△ 渤海 下)

발해 (五月)癸巳 令越前國擇大船 駕蕃客也 (『日本後紀』24 嵯峨紀)

발해 (五月)癸巳 命越前國擇大船 駕蕃客也 (『類聚國史』194 殊俗部△ 渤海 下)

신라　夏五月 下雪 (『三國史記』10 新羅本紀 10)
신라　夏五月 雪 (『三國史節要』13)

발해　(六月)癸丑 渤海大使從三位王孝廉薨 詔曰 悼往飾終 事無舊範 褒忠錄績 義存先彛 故渤海國使從三位王孝廉 闕庭修聘 滄溟迴艫 復命未申 昊蒼不整 寔雖有命在天 薤露難駐 而恨銜使命 不得更歸 朕慟于懷 加贈榮爵 死而有靈 應照泉扃 宜可正三位 更賜信物幷使等祿 以先所賜濕損也 (『日本後紀』24 嵯峨紀)
발해　(六月)癸丑 渤海大使從三位王孝廉薨 詔曰 悼往飾終 事茂舊範 褒忠錄績 義存先彛 故渤海國使從三位王孝廉 闕庭修聘 滄溟迴艫 復命未申 昊蒼不愸 寔雖有命在天 薤露難駐 而恨銜使命 不得更歸 朕慟于懷 加贈榮爵 死而有靈 應照泉扃 宜可正三位 更賜信物幷使等祿 以先所賜濕損也 (『類聚國史』194 殊俗部△ 渤海 下)

발해　(元和)十年七月 渤海王子大庭俊等一百一人 (『冊府元龜』972 外臣部 17 朝貢 5)

신라　秋八月己亥朔 日有食之 (『三國史記』10 新羅本紀 10)
신라　秋八月己亥朔 日有食之 (『三國史節要』13)

고구려　(元和十年八月) 丁未 淄靑節度使李師道陰與嵩山僧圓淨謀反 勇士數百人伏於東都進奏院 乘洛城無兵 欲竊發焚燒宮殿而肆行剽掠 小將楊進·李再興告變 留守呂元膺乃出兵圍之 賊突圍而出 入嵩岳 山棚盡擒之 訊其首 僧圓淨主謀也 (『舊唐書』15 本紀 15 順宗 憲宗下)
고구려　(元和十年八月) 丁未 李師道將訾嘉珍反于東都 留守呂元膺敗之(『新唐書』7 本紀 7 憲宗)

신라　(秋八月) 西邊州郡大飢 盜賊蜂起 出軍討平之 (『三國史記』10 新羅本紀 10)
신라　(秋八月) 國西州郡大飢 盜賊蜂起 發兵討平之 (『三國史節要』13)

신라　(秋八月) 大星出翼軫間 指庚 芒長六許尺 廣二許寸 (『三國史記』10 新羅本紀 10)
신라　(秋八月) 大星出翼軫閒 指庚 芒長六尺 廣二寸許 (『三國史節要』13)

백제　(冬十月)壬子 散事從二位百濟王明信薨 (『日本後紀』24 嵯峨紀)

고구려　(元和十年) 十二月 (…) 甲辰 李愿擊敗李師道之衆九千 斬首二千級 (『舊唐書』15 本紀 15 順宗 憲宗下)
고구려　(元和十年) 十二月甲辰 武寧軍都押衙王智興及李師道戰于平陰 敗之 (『新唐書』7 本紀 7 憲宗)
고구려　(元和)十年十二月 武寧軍節度使李愿遣將王智興擊破師道之衆九千 斬首二千餘級 獲牛馬四千 遂至平陰 (『舊唐書』124 列傳 74 李師道)

신라　景德王代康州[今晉州 一作剛州 則今順安]善士數十人 志求西方 於州境創彌陀寺 約萬日爲契 時有阿干貴珍家一婢名郁面 隨其主歸寺 立中庭 隨僧念佛 主憎其不職 每給穀二碩 一夕 之 婢一更 畢 歸寺念佛[俚石已事之忙 大家之舂促 蓋出乎此] 日夕微怠 庭之左右 竪立長 以繩穿貫兩掌 繫於 上合掌 左右遊之激勵焉 時有天唱於空 郁面娘入堂念佛 寺衆聞之 勸婢入堂 隨例精進 未幾天樂從西來 婢湧透屋樑而出 西行至郊外 捐骸變現眞身 坐蓮臺 放大光明 緩緩而逝 樂聲不撤空中 其堂至今有透穴處

云[已上鄕傳] 按僧傳 棟梁八珍者觀音應現也 結徒有一千 分朋爲二 一勞力 一精修 彼勞力中知事者不獲戒 墮畜生道 爲浮石寺牛 嘗 經而行 賴經力 轉爲阿干貴珍家婢 名郁面 因事至下柯山 感夢遂發道心 阿干家距惠宿法師所創彌陀寺不遠 阿干每至其 寺念佛 婢隨往 在庭念佛云云 如是九年 歲在乙未正月二十一日 禮佛撥屋梁而去 至 小伯山 墮一隻履 就其地爲菩提寺 至山下棄其身 卽其地爲二菩提寺 榜其殿曰 面登 天之殿 屋脊穴成十許圍 雖暴雨密雪不霑濕 後有好事者範金塔一座 直其穴 安承塵上 以誌其異 今榜塔尚存 面去後 貴珍亦以其家異人托生之地 捨爲寺曰法王 納田民 久 後廢爲丘墟 有大師懷鏡 與承宣劉碩小卿李元長 同願重營之 鏡躬事土木 始輸材 夢 老父遺麻葛 各一 又就古神社 諭以佛理 斫出祠側材木 凡五載告畢 又加臧獲 蔚爲東 南名藍 人以鏡爲貴珍後身

議曰 按鄕中古傳 郁面乃景德王代事也 據徵[徵字疑作珍 下亦同]本傳 則元和三年戊 子 哀莊王時也 景德後歷惠恭 宣德 元聖 昭聖 哀莊等五代 共六十餘年也 徵先面後 與鄕傳乖違 然兩存之闕疑

讚曰 西古寺佛燈明 罷歸來夜二更 自許一聲成一佛 掌穿繩 子直忘形[371] (『三國遺事』 5 感通 7 郁面婢念佛西昇)

발해 신라	是歲 渤海新羅奚契丹黑水南詔牂柯 並遣使朝貢 (『舊唐書』 15 本紀 15 憲宗 下)
신라	年十七 遂剃髮 披緇損俗 (마멸)往海印寺 訪諸善知 求其勝者 叅聞(마멸)如流 義海無涯 詞峰極峻 耆宿咸贊曰 後生 (마멸) 遊靈嶽 遍詣禪林 偶次凌岫 便欲 (마멸)翠泉雲奇而復異絶 昏埃之態 幽而 (마멸)」敎聽者 無遠邇湊若雲屯 禪師 逍(마멸)聖跡名山 願周巡禮 乃振(마멸) 年 復於靈巖寺 修定累月 諠囂徒 (마멸)」圓鑑大師 自華歸國 居于惠目山 (마멸)」架崖構壑 重建創修 月未朞而功成 (마멸) 禪師 緇門模範 (마멸)彩儼容 觀覩者 莫不神肅 (마멸)之爲上足 (「禪林院址弘覺禪師碑」)[372]
신라	語曰圖王不成 其心猶覇夫 如是衆生得未得 其次爲△ 偉而能師德耀乎 君子因孫隷△△法△△ 不其偉歟 良足稱也 務希夷志 求無上覺 豈志大宇宙 勇邁終古者乎 昔菩薩帝世 大達磨 傳有禪法 佛△大△△ 俗△△△△ 龜氏所宗正 烏從知非 寒蜩得便 萬肅大君 有△難辭 弟子何知 於是乎 命△求昔 椅實從尙 悳△△跡之 何强敍忘△△△△△ 夫大師其人 德可稱仙 曾祖△位蘇判 族峻眞骨 慶餘法身 祖日新 考修靜 所欲不仕 世傳嘉猷 家主全城 有避世保全之淸 △△擧大樹△ 善其入道也 幼亡恃怙 旋悟幻夢 瞥聞△龜有緣 䙐佛無滯 (「實相寺秀澈和尙楞伽寶月塔碑」)[373]
신라 발해	有子三人焉 長曰承悅 (…) 妙年從仕 貞白在公 前後兩度充新羅渤海二國等使 勳經萬里 歷險盡忠 仁孝溫恭 勳庸茂矣 (「董文蕚 墓誌銘」)[374]

---

371) 욱면 기사는 이 본전과 향전의 기록에 따라 욱면이 등천한 시기는 전자의 경우 경덕왕대로 보아 755년으로, 후자의 경우 헌덕왕 7년인 815년으로 구별된다. 따라서 욱면의 등천 기사는 각기 747년과 807년에 해당된다. 따라서 욱면 기사 전체를 747년, 755년, 807년, 815년에 모두 배치하였다.

372) 홍각선사는 880년에 입적하였는데, 이 해에 법랍이 50세라 하였고, 17세에 출가한 것이 확인된다. 따라서 홍각선사의 출생 시기는 815년 이전으로 추정됨으로 여기에 배치하였다. 또한 이 비문에서 원감선사의 귀국사실이 확인되는데, 원감선사는 837년 9월에 귀국하였다. 따라서 홍각선사가 영암사에 돌아온 해는 늦어도 837년 이전으로 볼 수 있으나, 글씨가 마멸되어 확인이 어렵다. 이에 연대를 알 수 없는 홍각선사의 영암사에 돌아온 기사까지 포함하였다.

373) 수철화상비의 판독문은 『譯註韓國古代金石文』 3, 1992의 교정본에 의거하였다.

374) 이 기사에는 연대 표기가 없으나, 董文蕚은 747년에 출생하여 815년에 사망하였다. 아들이 사신으로 가려면 본인이 40세 이후라야 가능할 것이라고 판단하여 786~815년으로 기간편년하고 마지막해인 815년에 배치하였다. 『全唐文補遺』 3

신라 1 當縣沙害漸村見內山榼地周五千七百卄五步 合孔烟十㊀ 計烟四余分三

一.

2 此中仲下烟四 下上烟二 下下烟五 合人百卌㊆ 此中古有

3 人三年間中産幷合人百卌五 以丁卄九 以奴一 助子七 以奴一

一 九.

4 追子十㊁ 小子㊉ 三年間中産小子五 除公一 丁女卌㊁

5 以婢五 助女子十一 以婢一 追女子九 小女子八 三年間中産小女子八 以婢一

一

6 除母㊁ 老母一 三年間中列加合人二 以追子一 小子一

7 合馬卄五 以古有卄二 三年間中 加馬三 合牛卄二 以古有十七 三年間中加牛五

8 合畓百二結二負四束 以其村官謨畓四結 內視令畓四結 烟受有畓九(十四)結二負四

9 束 以村主位畓十九結七十負 合田六十二結十負(五束) 並烟受有之

10 合麻田一結九負 合桑千四 以三年間中加植內九十 (古有九百十四)

11 合栢子木百卄 以三年間中加植內卅四 古有八十六 合秋子木百十二 以三年間中加植內卅八 古有七十四

12 乙未年烟見賜節公木 前及白他郡中妻追移(去因敎)合人五

追子一 小子一 丁女一 十

13 以丁一 小子一 丁女一 列廻去合人㊂ 以丁二 小女子一 死合人㊈ 以丁一 小女子一 除母一 丁婢一

14 小子三 以奴一 丁女一 小女子一 除母一 老母三 賣如白貫甲一

15 合无去因白馬二 並死之 死白牛四 (「신라촌락문서」 A촌)

1 當縣薩下知村見內山榼地周万二千八百卅步 此中薩下知村古地周八

2 千七百七十步 掘加利何木杖谷地周四千六十步

3 合孔烟十五 計烟四余分二 此中仲下烟一 余子 下上烟二 余子

4 下仲烟五 並余子 下下烟六 以余子五 三年間中收坐內烟一
法私一

匕
5 合人百卄五 此中古有人三年間中産幷合人百十⑧

6 以丁卅㊀ 以奴四 助子五 追子二 小子二 三年間中産小子三

7 老公一 丁女卌五 以婢三 助女子四 追女子十三 小女子六

8 三年間中産小女子三 除母一 老母二 三年間中加收內合

9 人七 以列加(人三) 以丁一 追女子一 小女子一 收坐內烟合人四 以助子一
老公一 丁女二

10 合馬十八 以古有馬十六 合牛十二 以古有十一 加牛一 (合畓六十)三結(六十四)
三年間中加馬二

11 負九束 以其村官謨畓三結六十六負七束 (烟受)有畓五十九結

12 九十八負二(束) 合田百十九結五負八束 並烟受(有之) 合麻(田一結)

13 (△負) 合桑千二百八十 以三年間中加植內百八十九 合栢子木百六十(九)
古有千九十一

14 以三年間中加植(內十) 合秋子木七十一 並古之
(古有)五十九

15 乙未年烟見(賜以彼)上烟亡廻去孔一 以合人三 以丁一 (丁)女二 (列廻去合) (「신라촌락문서」 B촌)

-1 步 合孔烟十一 計烟二余分五 此中下上烟三

1 以下仲烟一 下下烟六 三年間中新收坐內烟一

六十五
2 合人七十二 此中古有人三年間中産幷合人六十五

六 六
3 以丁十⑧ 助子二 追子七 小子⑦ 三年間中産小子三

4 丁女十四 助女子四 追女子二 小女四 三年間中産小女子二

5 老母一 三年間中新收內合人七 以列收內小女子一

6 收坐內烟合人六 以丁一 追子一 小子一 丁女二 追女子一

7 合馬八 以古有四 三年間中加四 合牛十一 以古有五 三年間中加六

8 合畓七十一結六十七負 以其村官謨畓三結 烟受畓六十

9 八結六十七負 合田五十八結七負一束 並烟受有之

10 合麻田一結△負 合桑七百卌 以三年間中加植桑九十
古有六百卌

11 合栢子木百卌二 並前內視令節植內之 合秋子木百七 並古之

四 六 丁一 小女子一
12 列廻去合人③ 以丁二 丁女一 小女子一 列死合人④ 以丁女二 小女子二

13 合无去因白馬四 以賣如白三 死牛一
死白一

14 前內視令節植內是而死白栢子木十三 (「신라촌락문서」 C촌)

1 西原京△椒子村見內地周四千八百步 合孔烟十 計烟一余分五

六
2 此中下仲烟一 下下烟九 合人百⑥ 此中古有人三年

七 八 六
3 間中産幷合人百十四 以丁十⑨ 以奴二 助子⑨ 以奴二 追子八

九 五 四

4 小子㊉ 三年間中産小子一 老公一 丁女卌㊆ 以婢四 助女㊄

二

5 追女子十㊁ 以婢一 小女子㊄ 三年間中産小女子六

6 三年間中列收內合人四 以小子一 丁女一 助女子一 老公一

7 合馬十 並古之 合牛八 以古有七 加牛一

8 合畓卄九結十九負 以其村官謨畓三結卄負 烟受有畓

9 卄五結九十九負 合田七十七結十九負 以其村官謨田一結

10 烟受有田七十六結十九負 合麻田一結八負 合桑千二百

11 卌五 以三年間中加植內(六十)九 合栢子木六十八 以古有六十 三年間中加植內八

古有千百六十六

12 秋子木卌八 並古之 乙未年烟見賜以彼上烟亡廻去孔一

13 (以)合人六 以丁二 丁女二 小女子二 列廻去合人八 以丁一 助子一 追子一 小子一

14 丁女二 小女子二 列死合人卄一 以丁五 以奴一 追子一 老公三 丁女四 以婢一

四

15 小女子㊂ 老母四 以婢一 孔亡廻一合(人十一)(以丁)二助子一小子二丁女

一 助女子一 追女子二小女子一

16 甲午年壹月△省中及白色△△(追)以出去因白妻是子女子

17 并四 以丁女一 小子三 合无去因(白)馬三 以賣如白一 死白馬一 廻烟馬一

18 (合无去因白牛六) 以賣如白牛一 廻去烟(牛一 死白四) (「신라촌락문서」 D)촌)375)

375) 신라촌락문서의 작성시기는 695년설과 755년설, 815년설 사이에 논쟁이 이어지고 있다. 첫째 695년설은 7~8세기에는 1월을 '정월'(正月)로 표기했는데, 695~700년에만 정월을 11월로 옮겨 '1월'(壹月)이라고 하였다는 점을 근거로 삼고 있다. 755년설은 연수유전답을 성덕왕 21년(722)에 시행된 丁田의 일부로 보면 이 문서는 722년 이후에 작성(旗田巍)되었으며 D촌에 서원경이라는 표기는 서원소경이 서원경으로 개칭된 이후의 표기이다. 따라서 경덕왕 16년(757) 이후에 작성(박시형)되었다고 한다. 하지만 문서에 기록된 이두문의 吐의 표기가 자세하지 않은 것으로 보아 8세기 중엽 이후로 내려가기 어렵다고 한다.(남풍

816(丙申/신라 헌덕왕 8/발해 僖王 朱雀 5/唐 元和 11/日本 弘仁 7)

백제 正月癸酉 宴群臣 授 (…) 正六位下百濟王敎貞.(…) 從五位下 (『類聚國史』 99 敍位)

신라 春正月 侍中憲昌出爲菁州都督 璋如爲侍中 (『三國史記』 10 新羅本紀 10)
신라 春正月 以侍中憲昌出爲菁州都督 以璋如代之 (『三國史節要』 13)

신라 (春正月) 年荒民飢 抵浙東求食者一百七十人 (『三國史記』 10 新羅本紀 10)
신라 (春正月) 民飢 抵浙東求食者一百七十人 (『三國史節要』 13)
신라 是歲 新羅飢 其衆一百七十人 求食於浙東 (『舊唐書』 199上 列傳 149上 東夷 新羅)
신라 是歲 新羅飢 其衆一百七十人 求食於浙東 (『唐會要』 95 新羅)

신라 (春正月) 漢山州唐恩縣石 長十尺廣八尺高三尺五寸 自移一百餘步 (『三國史記』 10 新羅本紀 10)
신라 (春正月) 漢山州唐恩縣有石 自移一百餘步 (『三國史節要』 13)

발해 (元和十一年)二月癸卯 賜廻鶻·渤海使錦綵·銀器有差 (『冊府元龜』 976 外臣部 21 褒異 3)

발해 (元和十一年二月)庚戌 授渤海使高宿滿等二十人官 (『冊府元龜』 976 外臣部 21 褒異 3)
발해 (元和)十一年二月 授渤海使國信以歸 (『冊府元龜』 980 外臣部 25 通好)

백제 二月丙辰 遊獵於水生野 授從四位下百濟王敎德從四位上 從七位下百濟王勝義從五位下 (…) 施捨佐爲百濟粟倉僧尼三寺 各綿一百屯 (『類聚國史』 32 遊獵)

발해 (元和十一年)三月 渤海靺鞨 (…) 並遣使朝貢 (『冊府元龜』 972 外臣部 17 朝貢 5)
발해 (元和) 十一年 三月 渤海靺鞨遣使朝貢 賜其使二十人官告 (『唐會要』 96 渤海)

발해 五月丁卯 遣使賜渤海副使高景秀已下大通事已上夏衣 是日 賜渤海王書曰 天皇敬問渤海王 孝廉等至 省啓具懷 先王不終遐壽 奄然殂背 乍聞惻怛 情不能已 王祚流累葉慶溢連枝 遠發使臣 聿脩舊業 占風北海 指蟠木而問津 望日南朝 凌鯨波以修聘 永念誠欵 歎慰攸深 問以雲海 相見無由 良用爲念也 去年孝廉等却廻 忽遭惡風 漂蕩還着本船破壞 不勝過海 更造一船 未得風便 孝廉患瘡 卒然殞逝 王昇基 釋仁貞等續物故甚以愴然 今奇高景秀 且有信物 仲夏炎熱 王及首領百姓幷平安好 略此呈報 指不一二 (『類聚國史』 194 殊俗部△ 渤海 下)

신라 夏六月 望德寺二塔戰 (『三國史記』 10 新羅本紀 10)
신라 夏六月 望德寺二塔相戰 (『三國史節要』 13)

현). 그리고 공문서로 한번 정해진 문서의 서식은 관습에 따라 오랜 기간 같은 방식으로 기재된다. 따라서 이 문서는 8세기 이후로 볼 수 있으며, 경덕왕 16년 이후의 을미년은 헌덕왕 7년(815)과 헌강왕 원년(875)이다. 지방통치체계가 제대로 유지 운영된 을미년은 815년으로, 이 문서의 작성시기는 815년에 편제하였다.

신라　十月甲辰 大宰府言 新羅人淸石珍等一百八十人歸化 宜賜時服及路粮 駕於便船 令得入京 (『日本紀略』)

고구려　(元和十一年冬十月) 丙寅 幽州劉總加平章事 鄆州李師道加檢校司空 師道聞拔凌雲柵乃懼 僞貢款誠 故有是命 (『舊唐書』 15 本紀 15 順宗 憲宗下)

고구려　(元和) 十一年十一月甲戌 元陵火 李師道起宮室於鄆州 將謀亂 旣成而火 (『新唐書』 34 志 24 五行 1 火不炎上)

고구려　(元和)十一年十一月 加師道司空 仍遣給事中柳公綽往宣慰 且觀所爲 欲寬容之 師道苟以遜順爲辭 長惡不悛 (『舊唐書』 124 列傳 74 李師道)

신라　(元和)十一年十一月 其入朝王子金士信等遇惡風 飄至楚州鹽城縣界 淮南節度使李鄘以聞 (『舊唐書』 199上 列傳 149上 東夷 新羅)

신라　(元和)十一年十一月 其入朝王子金士信等 遇惡風飄 至楚州鹽城縣界 淮南節度使李鄘以聞 (『唐會要』 95 新羅)

발해　(元和十一年)十一月 契丹渤海 (…) 並遣使朝貢 (『冊府元龜』 972 外臣部 17 朝貢 5)

고구려　(元和) 十一年十二月 未央宮及飛龍草場火 皆王承宗·李師道謀撓用兵 陰遣盜縱火也 時李師道於鄆州起宮殿 欲謀僭亂 旣成 是歲爲災並盡 俄而族滅 (『舊唐書』 37 志 17 五行)

발해　(是歲) 迴鶻·靺鞨·奚·契丹·牂柯·渤海等朝貢 (『舊唐書』 15 本紀 15 憲宗 下)

신라　禪師 諱大通 字太融 朴姓 其家 通化府 仲停里 歷代捨官爵之榮 近親紹朴素之△ 顯祖 王考 △△△△△△ 氏族本取城郡人也 姙禪師日 守節持齋 誦經胎敎 及其載誕 果異常倫 禪師 蘊河嶽之英靈 稟乾坤之秀氣 猶崑山之片玉 寔桂林之一枝 將邁髗年 爰登冠歲 家△△△ △△△△ 勉旃於翰墨之場 耽翫於經史之域 汝其志哉 禪師 乃恭受其旨 忽焉尋師 (「月光寺圓朗禪師大寶禪光塔碑」)[376]

신라　(元和)十一年 禁以新羅爲生口 令近界州府長吏切加提擧 以其國宿衛王子金長廉狀陳故有是命 (『冊府元龜』 42 帝王部 42 仁慈)

817(丁酉/신라 헌덕왕 9/발해 僖王 朱雀 6/唐 元和 12/日本 弘仁 8)

신라　春正月 以伊湌金忠恭爲侍中 (『三國史記』 10 新羅本紀 10)

신라　春正月 以伊湌金忠恭爲侍中 (『三國史節要』 13)

신라　二月乙巳 大宰府言 新羅人金男昌等四十三人歸化 (『日本紀略』)

백제　(二月庚戌) 施佐爲百濟粟倉三寺 各綿一百斤 (『類聚國史』 31 天皇行幸 下)

발해　(元和)十二年二月 渤海 (…) 遣使朝貢 (『冊府元龜』 972 外臣部 17 朝貢 5)

---

376) 원랑선사는 816년에 출생하였다. 여기서는 會昌 5년 구족계를 받기 전까지의 일을 배치하였다.

발해 三月甲戌 以錦綿 賜渤海使大誠愼等 (『冊府元龜』976 外臣部 21 褒異 3)

신라 (元和十二年) 三月 新羅 遣使朝貢 (『冊府元龜』972 外臣部 17 朝貢 5)

신라 四月辛亥 大宰府言 新羅人遠山知等一百四十四人歸化 (『日本紀略』)

신라 夏五月 不雨 遍祈山川 至秋七月乃雨 (『三國史記』10 新羅本紀 10)
신라 夏五月 不雨 遍禱山川 至秋七月乃雨 (『三國史節要』13)

신라 冬十月 人多飢死 教州郡發倉穀存恤 (『三國史記』10 新羅本紀 10)
신라 冬十月 年飢民多死 發倉賑之 (『三國史節要』13)

신라 (冬十月) 遣王子金張廉 入唐朝貢 (『三國史記』10 新羅本紀 10)
신라 (冬十月) 遣王子張廉 如唐朝貢 (『三國史節要』13)
신라 其後致遠亦嘗奉使如唐 但不知其歲月耳 故其文集有上大師侍中狀云 (…) 今某儒門末學 海外凡村 謬奉表章 來朝樂土 凡有誠懇 禮合披陳伏見 元和十二年 本國王子金張廉 風飄至明州下岸 浙東某官發送入京 (『三國史記』46 列傳 6 崔致遠)
신라 今某儒門末學 海外凡材 謬奉表章 來朝樂土 凡有誠懇 禮合披陳 伏見元和十二年 本國王子金張廉風飄至明州下岸 浙東某官發送入京 (『唐文拾遺』43 崔致遠 10 上太師侍中狀)

신라 元和中 南澗寺沙門一念撰髑香墳禮佛結社文 載此事甚詳 其略曰 昔在法興大王垂拱紫極之殿 俯察扶桑之域 以謂 昔漢明感夢 佛法東流 寡人自登位 願爲蒼生欲造修福滅罪之處 於是朝臣[鄕傳云 工目謁恭等] 未測深意 唯遵理國之大義 不從建寺之神略 大王嘆曰 於戲 寡人以不德 丕承大業 上虧陰陽之造化 下無黎庶之歡 萬機之暇 留心釋風 誰與爲伴 粵有內養者 姓朴字猒髑[或作異次 或云伊處 方音之別也 譯云猒也 髑·頓·道·覩·獨等 皆隨書者之便 乃助辭也 今譯上不譯下 故云猒髑 又猒覩等也] 其父未詳 祖阿珍宗 卽習寶葛文王之子也[新羅官爵凡十七級 其第四曰波珍喰[377] 亦云阿珍喰[378]也 宗其名也 習寶亦名也 羅人凡追封王者 皆稱葛文王 其實史臣亦云未詳 又按金用行撰阿道碑 舍人時年二十六 父吉升 祖功漢 曾祖乞解大王] 挺竹栢而爲質 抱水鏡而爲志 積善曾孫 望宮內之爪牙 聖朝忠臣 企河淸之登侍 時年二十二 當充舍人[羅爵有大舍小舍等 蓋下士之秩] 瞻仰龍顔 知情擊目 奏云 臣聞 古人問策蒭蕘 願以危罪啓諮 王曰 非爾所爲 舍人曰 爲國亡身 臣之大節 爲君盡命 民之直義 以謬傳辭 刑臣斬首 則萬民咸伏 不敢違教 王曰 解肉枰[379]軀 將贖一鳥 洒血摧命 自怜七獸 朕意利人 何殺無罪 汝雖作功德 不如避罪 舍人曰 一切難捨 不過身命 然小臣夕死 大教朝行 佛日再中 聖主長安 王曰 鸞鳳之子 幼有凌霄之心 鴻鵠之兒 生懷截波之勢 爾得如是 可謂大士之行乎 於焉大王權整威儀 風刀東西 霜仗南北 以召郡[380]臣 乃問 卿等於我欲造精舍 故作留難[鄕傳云 髑爲[381]以王命 傳下興工創寺之意 群臣來諫 王乃責怒於髑 刑以僞傳王命] 於是群臣戰戰兢懼 傯侗作誓 指手東西 王喚舍人而詰之 舍

377) 飡의 오기이다.
378) 飡의 오기이다.
379) 秤의 오기이다.
380) 群의 오기이다.
381) 僞의 오기이다.

人失色 無辭以對 大王忿怒 勑令斬之 有司縛到衙下 舍人作誓 獄吏斬之 白乳湧出一丈[鄕傳云 舍人誓曰 大聖法王欲興佛敎 不顧身命 多卻結緣 天垂瑞祥 遍示人庶 於是其頭飛出 落於金剛山頂云云] 天四黯黲 斜景爲之晦明 地六震動 雨花爲之飄落 聖人哀戚 沾悲淚於龍衣 冢宰憂傷 流輕汗於蟬冕 甘泉忽渴 魚鼈爭躍 直木先折 猿猱群鳴 春宮連鑣[382]之侶 泣血相顧 月庭交袖之朋 斷腸惜別 望柩聞聲 如喪考妣 咸謂子推割股 未足比其苦節 弘演刳腹 詎能方其壯烈 此乃扶丹墀之信力 成阿道之本心 聖者也 遂乃葬北山之西嶺[卽金剛山也 傳云 頭飛落處 因葬其地 今不言何也] 內人哀之 卜勝地造蘭若 名曰刺楸寺 於是家家作禮 必獲世榮 人人行道 當曉法利 眞興大王卽位五年甲子 造大興輪寺[按國史與鄕傳 實法興王十四年丁未始開 二十一年乙卯 大伐天鏡林 始興工 梁棟之材 皆於其林中取足 而階礎石龕皆有之 至眞興王五年甲子 寺成 故云甲子 僧傳云七年誤] 大淸之初 梁使沈湖將舍利 天壽[383]六年 陳使劉思幷僧明觀 奉內經幷次 寺星張 塔塔雁行 竪法幢 懸梵鏡[384] 龍象釋徒 爲寰中之福田 大小乘法 爲京國之慈雲 他方菩薩出現於世[謂芬皇之陳那 浮石寶蓋 以至洛山五臺等是也] 西域名僧降臨於境 由是併三韓而爲邦 掩四海而爲家 故書德名於天鋇之樹 影神迹於星河之水 豈非三聖威之所致也[謂阿道法興猒髑也] 降有國統惠隆法主孝圓金相郎大統鹿風大書省眞怒波珍喰[385]金嶷等 建舊塋 樹豊碑 元和十二年丁酉八月五日 卽第四十一憲德大王九年也 興輪寺永秀禪師[于時瑜伽諸德 皆稱禪師] 結湊斯塚禮佛之香徒 每月五日爲魂之妙願 營壇作梵 (『三國遺事』 3 興法 3 原宗興法 猒髑滅身)[386]

발해　　死 諡僖王 弟明忠立 改年太始 立一歲死 (『新唐書』 219 列傳 144 北狄 渤海)

818(戊戌/신라 헌덕왕 10/발해 簡王 太始 1, 宣王 建興 1/唐 元和 13/日本 弘仁 9)

백제　　(正月戊子) 授 (…) 正六位上百濟王安義布勢朝臣海 從五位下 (『類聚國史』 99 敍位)

신라　　正月丁酉 大宰府言 新羅人張春等十四人來獻驢四 (『日本紀略』)

발해　　(二月) 初 浡海僖王言義卒 弟簡王明忠立 改元太始 一歲卒 從父仁秀立 改元建興 乙巳 遣使來告喪 (『資治通鑑』 240 唐紀 56 憲宗昭文章武大聖至神孝皇帝)

발해　　(元和)十三年 遣使來朝 且告哀 (『舊唐書』 199 下 列傳 149 下 北狄 渤海靺鞨)

신라　　第四十一憲德王 元和十三年戊戌三月十四日 大雪[一本作丙寅 誤矣 元和盡十五 無丙寅] (『三國遺事』 2 紀異 2 早雪)

신라　　春三月 大雪 (『三國史節要』 13)[387]

발해　　(元和)十三年三月 渤海國遣使李繼嘗等二十六人 來朝 (『冊府元龜』 980 外臣部 25 通好)

발해　　(元和)十三年四月 以知渤海國務大仁秀爲銀靑光祿大夫簡較秘書監忽汗州都督 冊爲渤

382) 鑣의 오기이다.
383) 嘉의 오기이다.
384) 鐘의 오기이다.
385) 飡의 오기이다.
386) 원화 연간(806~820)이라 하였으나, 기사 말미에 헌덕왕 9년(817)에 무덤을 수축하고 비를 세우는 내용이 보이므로, 그와 관련된 예불결사문 내용 전체도 817년으로 편년하였다.
387) 『삼국사기』 해唐 연대에는 관련 기사가 없다.

海國王 (『冊府元龜』965 外臣部 10 封冊 3)

고구려　(元和)十三年四月 高麗國進樂器及樂工兩部 (『冊府元龜』972 外臣部 17 朝貢 5)
고구려　元和十三年四月 其國進樂物兩部 (『唐會要』95 高句麗)
고구려　至元和末 遣使者獻樂工云 (『新唐書』220 列傳 145 東夷 高麗)

발해　(五月)辛丑 知渤海國務大仁秀檢校秘書監忽汗州都督 冊爲渤海國王 (『舊唐書』15 本紀 15 憲宗 下)
발해　(元和十三年)五月 以知國務大仁秀 爲銀青光祿大夫檢校祕書監都督渤海國王 (『舊唐書』199下 列傳 149下 北狄 渤海靺鞨)
발해　(元和)十三年 遣使告哀 詔以知國務大仁秀爲國王 (『冊府元龜』967 外臣部 12 繼襲 2)
발해　立一歲死 謚簡王 從父仁秀立 改年建興 其四世祖野勃 祚榮弟也 仁秀頗能討伐海北諸部 開大境宇 有功 詔檢校司空襲王 (『新唐書』219 列傳 144 北狄 渤海)

신라　夏六月癸丑朔 日有食之 (『三國史記』10 新羅本紀 10)
신라　夏六月癸丑朔 日有食之 (『三國史節要』13)

고구려　(元和十三年秋七月) 乙酉 詔削奪淄靑節度使李師道在身官爵 仍令宣武魏博義成武寧橫海等五鎭之師 分路進討 (『舊唐書』15 本紀 15 順宗 憲宗下)
고구려　(元和十三年) 七月乙酉 宣武魏博義成橫海軍討李師道 (『新唐書』7 本紀 7 憲宗)

고구려　(元和)十三年七月 滄州節度使鄭權破淄靑賊於齊州福城縣 斬首五百餘級 (『舊唐書』124 列傳 74 李師道)

신라　(元和)十三年 (…) 八月 (…) 勅 今後入迴鶻·吐蕃南詔使 所奏隨從 不得過三十人 新羅使不得過二十人 迴鶻·吐蕃使下合授正官 不得過十人 南詔不得過五人 新羅使不得過二十人 (『唐會要』97 吐蕃)

신라　(제1면) 異次頓殉教圖
(제2면) [元和十三季戊戌八月十日 佛 (마멸) 於(마멸) 王失義不戡順從 國隘民役 斂△△民 興隆佛法 國王寢膳] 塡臆 仰天呼佛 嗚
(제3면) 呼奈何 天下獨吾 攀誰爲伴 建釋遺法
時有一子 其名猒 仰眄君顔 發憤忘食 匍匐徐言君曰 蚊蜩所計 君有大意 古人有言 謀問蒭蕘 願垂弊邑 君卽愼憁 告曰 小兒非你所能 猒敬答曰 君之所恤 是可佛法乎 君卽徐起 然如曰 小子如是 豈非是乎 若我天下 佛敎流行 蠕動之類 得昇人天 國豊民安 可通三韓 亦廣四海 猒曰 △列臣△ △聞秘計 △△△△ 北西之兵 恒以四△ △△△△予聞是己 △△△△△△△△△△△△權道 猒曰 △△△
(제4면) 君臣語諍而故謬△△吾頸 臣民靡懈 △敢違命 君曰 雖有荼△ 豈敢△於無△之命 猒曰 天下之△ 無△於△ 佛子之△ 無△△死 △△雖死 佛法流行 △比小△ △君△小忘大可△△△則惺然歎猒曰 △是布衣 △懷△△ △△在民 心△△王 △△△△是△若如是者 可謂大士乎 王之△△ △△必然
△△衣△ △於路寢 佩劒之士 備於四方 △△△臣△△則△北面而△王乃問曰 臣等於吾 以爲信佛法 欲建塔△ 故△纂賊 諸臣△拜 △△△
(제5면) 曰 臣等絶無如△逆意 若有△△△△△盟 王召△△△△△△無答 王△告司△

於猷子△△而△揮淚北面 司則脫冠反縛其手 致於官庭 告昊劍命 級時頸中 白乳一丈 當尒之時 天雨名花 地爲六躍 人物諜慟 動殖不安 路中携哭 井確停足 揮淚送殯 葬屍北山 立廟西山 彼法興王 卽位 大同十五 乙未年來 達今於唐 永泰二年 丙午二百五十三

時有老魄 扌攵策便旋 至於邑際 觀望舊墳 於中一墳 忽出幼魂 老魄弔曰 噫歟子也 但看故人 冡墓之丘

(제6면) 邂逅欸逢 如夢子魂 魂對曰 汝不聞乎 在昔有王欲建佛法 而不成立余是猷△△△王△△△△△△△△△△魂聞之△△△△△訣曰 子與余△△△△△△△△△乎△△△△△△△△魂曰 △教之爲△△△△△△生△△到△△△△△△△△△與其△命△比△魂聞△法△歎曰 △聞△△△△△△△△△爾△△△△△△△△國△△△△△△法主釋△△△△△△△△△△△△△△△△△△△△△△△△△△△△△△△ (「栢栗寺石幢記」)

발해 고려(소고구려)

是歲 迴紇南詔蠻渤海高麗吐蕃奚契丹訶陵國 並朝貢 (『舊唐書』 15 本紀 15 憲宗 下)

신라 祿眞 姓與字未詳 父秀奉一吉湌 祿眞二十三歲始仕 屢經內外官 至憲德大王十年戊戌 爲執事侍郎 (『三國史記』 45 列傳 5)

신라 遷主客員外郎 使於海東復命 授興元少尹 (…) 撰歷代紀錄類史鳳池錄纂寶折桂錄新羅紀行將相別傳 及所爲文 總四百八十八卷 (「馬某 墓誌銘」: 『全唐文』 639)[388)]

819(己亥/신라 헌덕왕 11/발해 宣王 建興 2/唐 元和 14/日本 弘仁 10)

고구려 (元和)十四年 正月丙午 田弘正及李師道戰于陽穀 敗之 (『新唐書』 7 本紀 7 憲宗)

신라 春正月 以伊湌眞元年七十 賜几杖 以伊湌憲貞病不能行 年未七十 賜金飾紫檀杖 (『三國史記』 10 新羅本紀 10)

신라 春正月 以伊湌眞元 几杖 年七十 以伊湌憲貞年未七十 而病不能行 賜金飾紫檀杖 (『三國史節要』 13)

고구려 신라 (元和十四年)二月戊午 師道伏誅 (『新唐書』 7 本紀 7 憲宗)[389)]

고구려 신라 (二月)壬戌 田弘正奏 今月九日 淄靑都知兵馬使劉悟斬李師道幷男二人首請降 師道所管十二州平 (『舊唐書』 15 本紀 15 憲宗 下)

고구려 신라 (元和)十四年二月 魏博節度使田宏正奏 今月九日 淄靑兵馬使劉悟 斬逆賊李師道 並男二人首級 請降 (『唐會要』 14 獻俘)

고구려 신라 李正己 高麗人也 本名懷玉 生於平盧 (…) 子納 (…) 子師古 (…) 師道 師古異母弟 (…) 師道使劉悟將兵當魏博軍 旣敗 數令促戰 師未進 乃使奴召悟計事 悟知其來殺己 乃稱病不出 (…) 及夜 至門 示以師道追牒 乃得入 兵士繼進 至毬場 因圍其內城 以火攻之 擒師道而斬其首 送于魏博軍 元和十四年二月也 (『舊唐書』 124 列傳 74 李正己)

고구려 신라 (元和)十四年二月 淄·靑都知兵馬使劉悟 斬逆賊李師道 (『唐會要』 77 貢擧 下 巡察按察巡撫等使)

---

388) 이 기사에는 연대 표기가 없으나, 이 앞부분에 黜陟使 裴伯言과의 일화가 나오고 馬某는 818년에 사망하였다. 裴伯言은 建中 2년(781)에 黜陟使로 근무하였던 것이 확인되므로 781~818년으로 기간편년하고 마지막해인 818년에 배치하였다.

389) 『삼국사기』 헌덕왕 11년(819 7월조에 이사도의 반란을 돕기 위해 파병한 기록이 있다.

신라　　二月 上大等金崇斌卒 伊湌金秀宗爲上大等 (『三國史記』 10 新羅本紀 10)
신라　　二月 上大等金崇斌卒 以伊湌金秀宗代之 (『三國史節要』 13)

고구려　　三月己卯朔 (…) 辛卯 李師道妻魏氏幷男沒入掖庭 堂弟師賢師智姪弘巽配流 (『舊唐書』 15 本紀 15 順宗 憲宗下)

신라　　三月 草賊遍起 命諸州郡都督太守 捕捉之 (『三國史記』 10 新羅本紀 10)
신라　　三月 群盜起 命諸州都督太守 捕之 (『三國史節要』 13)

신라　　六月壬戌 大唐越州人周光翰言升則等 乘新羅人船來 問唐國消息 光翰等對曰 己等遠州鄙人 不知京邑之事 但去元和十一年 円州節度使李師道反 所擁兵馬五十萬 極爲精鋭 天子發諸道兵討 未克 天下騷擾 (『日本紀略』)

신라　　秋七月 唐鄆州節度使李師道叛 憲宗將欲討平 詔遣楊州節度使趙恭 徵發我兵馬 王奉勅旨 命順天軍將軍金雄元 率甲兵三萬以助之 (『三國史記』 10 新羅本紀 10)
신라　　秋七月 唐鄆州節度使李師道叛 帝將討之 詔遣楊州節度使趙恭徵兵 王命順天軍將軍金雄元 率甲兵三萬以助之 (『三國史節要』 13)

신라　　(元和十四年其年)八月 浙東觀察使薛戎奏 淮勅 諸道所管支郡 別置鎭遏守捉兵馬者 宜並屬刺史 其邊于溪洞 接連蠻夷之處 特建城鎭者 則不在此限 今當道望海鎭 去明州七十餘里 俯臨大海 東與新羅·日本諸蕃接界 請據文不屬明州 許之 (『唐會要』 78 諸使雜錄上 奏薦附)

발해　　十一月甲午 渤海國遣使獻方物 上啓曰 仁秀啓 仲秋已凉 伏惟天皇起居萬福 即此仁秀蒙无慕感德等廻到 伏奉書問 慰沃寸誠 欣幸之情言無以兪 此使去日 海路遭風 船舶摧殘 幾漂波浪 天皇時垂惠領風義攸敦 嘉貺頻繁 供億珍重 實賴船舶歸國 不情每蒙 感荷厚幸幸幸 伏以 兩邦繼好 今古是常 万里尋修 始終不替 謹遣文籍院述作郎李承英齎啓入謹 兼令申謝 有少土物 謹綠別狀 伏垂昭亮幸甚 雲海路遙 未期拜展 謹奉啓 問承英等曰 慕感德等 還去之日 無賜勅書 令撿所上之啓云 伏奉書問 言非其實理宜返却 但啓調不失恭敬 仍宥其過 特加優遇 承英等頓首言 臣小國賤臣 唯罪是待而日月迴光 雲雨施澤 寒木逢春 涸鱗得水 戴荷之至 不知舞踏 (『類聚國史』 194 殊俗部△ 渤海 下)

820(庚子/신라 헌덕왕 12/발해 宣王 建興 3/唐 元和 15/日本 弘仁 11)

발해　　春正月戊戌朔[390] 皇帝御大極殿受朝 文武王公及蕃客朝賀加儀 宴侍臣於豐樂殿 賜御被 (『類聚國史』 71 歲時 2 元日朝賀)

백제 발해　　正月庚辰 宴五位已上及蕃客於豐樂殿 (…) 授正四位下 (…) 正六位上三原朝臣春上 (…) 百濟王盈哲 (…) 從五位下 (…) 又渤海國入覲大使李承英等敍位有差 (『日本紀略』)
발해　　正月庚辰 宴五位已上幷蕃客於豐樂殿 (『類聚國史』 71 歲時 2 七日節會)
백제　　正月庚辰 授正四位下 (…) 正六位上三原朝臣春上 (…) 百濟王盈哲 (…) 從五位下

390) 이해 정월 초하루는 甲戌이다.

(『類聚國史』99 敍位)

발해 正月庚辰 又渤海國入觀大使李承英 等敍位有差 (『類聚國史』194 殊俗部△ 渤海 下)

발해 正月己丑 於豐樂殿 奏踏歌 宴群臣及蕃客 賜祿有差 (『類聚國史』72 歲時 3 踏歌)

발해 (正月)甲午 賜渤海王書曰 天皇敬問渤海國王 承英等至 省啓具之 王信義成性 禮儀立身 嗣守蕃緖 踐修舊好 候雲呂而聳望 傃風律以馳誠 行李無曠於歲時 琛贄不盡於天府 况前使感德等 駕船漂破 利涉無由 朕特遣賜一舟還 其依風之恩 王受施勿忘 追迪前良 虔發使臣 遠令報謝 言念丹欵 深有嘉焉 悠悠絶域 煙水間之 洒睠北領 遐不謂矣 因還寄物 色目如別 春首餘寒 比無恙也 境局之內當並平安 略遣此不多及 (『類聚國史』194 殊俗部△ 渤海 下)

발해 正月乙未 唐越州人周光翰言升則等告請歸鄕 仍隨渤海使以放還 (『日本紀略』)

발해 (元和)十五年閏正月 遣使來朝 加大仁秀金紫光祿大夫檢校司空 (『舊唐書』 199下 列傳 149下 北狄 渤海靺鞨)

발해 (元和)十五年閏正月 加忽汗州都督渤海國王大仁秀金紫光祿大夫簡較司空 (『冊府元龜』965 封冊 3)

발해 (元和)十五年閏正月 渤海 (…) 並遣使朝貢 (『冊府元龜』972 外臣部 17 朝貢 5)

신라 二月丙戌 配遠江.駿河兩國新羅人七百人反叛 殺人民 燒屋舍 二國發兵擊之 不能勝 盜伊豆國穀 乘船入海 發相模武藏等七國軍 勠力追討 咸伏其辜 (『日本紀略』)

신라 발해 穆宗 以元和十五年 卽位 二月庚寅 對新羅渤海朝貢使于麟德 宴賜有差 (『冊府元龜』976 外臣部 21 褒異 3)

신라 발해 (唐麟德殿[實錄]) 穆宗元和十五年(820)二月庚寅 對新羅·渤海朝貢使于麟德殿 宴賜 (『玉海 』160 宮室 殿 下)

신라 (元和)十五年二月 新羅質子試太子中允賜紫金魚袋金士信奏 臣本國朝天二百餘載 嘗差質子宿衛闕庭 每有天使臨蕃 卽充副使 轉通聖旨 下告國中 今在城宿衛質子臣 次當行之 (『冊府元龜』996 外臣部 41 納質)

신라 士信 元和中新羅質子 試太子中允 (『全唐文』1000 金士信)

신라 臣本國朝天二百餘載 嘗差質子宿衛闕庭 每有天使臨蕃 卽充副使 轉通聖旨 下告國中 今在城宿衛質子 臣次當行之 (『全唐文』1000 金士信 請充本國副使奏)

신라 春夏 旱 冬 飢 (『三國史記』10 新羅本紀 10)

신라 春夏 旱 冬 飢 (『三國史節要』13)

신라 五月甲辰 新羅人李長行等進羖攊羊二 白羊四 山羊一 鵞二 (『日本紀略』)

백제 六月庚寅 无品駿河內親王薨 年卄 (…) 皇統彌照天皇第十四之女也 母百濟氏 (『日本紀略』)

신라 발해 (秋七月乙卯) 平盧軍新加押新羅·渤海兩蕃使 賜印一面 許置巡官一人 (『舊唐書』 16

本紀 16 穆宗)

신라 十一月 遣使入唐朝貢 穆宗召見麟德殿 宴賜有差 (『三國史記』10 新羅本紀 10)
신라 十一月 遣使如唐朝貢 帝召見麟德殿 宴賜有差 (『三國史節要』13)
신라 (元和)十五年十一月 遣使朝貢 (『舊唐書』199上 列傳 149上 東夷 新羅)
신라 (元和十五年)十一月 新羅 並遣使朝貢 (『冊府元龜』972 外臣部 17 朝貢 5)
신라 (元和)十五年 遣使朝貢 (『唐會要』95 新羅)

신라 발해 十二月壬辰 對新羅渤海南詔牂牁昆明等使于麟德殿 宴賜有差 (『冊府元龜』976 外臣部 21 褒異 3)
발해 (元和十五年)十二月 復遣使來朝貢 (『舊唐書』199下 列傳 149下 北狄 渤海靺鞨)
발해 (元和十五年)十二月 渤海復遣使朝貢 (『冊府元龜』972 外臣部 17 朝貢 5)
발해 元和中 凡十六朝獻 (『新唐書』219 列傳 144 北狄 渤海)

신라 勅 新羅使倉部郎中金良忠等 朕以文明御時 以仁信柔遠 聲教所及 駿奔而來 況溟漲一隅 舟航萬里 爾慕我化 我圖爾勞 隨其等倫 命以寵秩 無替前効 永爲外臣 可依前件 (『全唐文』659, 白居易 新羅賀正使金良忠授官歸國制)[391]

821(辛丑/신라 헌덕왕 13/발해 宣王 建興 4/唐 長慶 1/日本 弘仁 12)

신라 (三月丁未) 平盧薛平奏 海賊掠賣新羅人口於緣海郡縣 請嚴加禁絶 俾異俗懷恩 從之 (『舊唐書』16 本紀 16 穆宗)
신라 長慶元年三月 平盧軍節度使薛苹奏 應有海賊詃掠新羅良口 將到當管登萊州界 及緣海諸道 賣爲奴婢者 伏以新羅國雖是外夷 常稟正朔 朝貢不絶 與內地無殊 其百姓良口等 常被海賊掠賣 於理實難 先有制勅禁斷 緣當管久陷賊中 承前不守法度 自收復已來 道路無阻 遞相販鬻 其弊尤深 伏乞特降明勅 起今已後 緣海諸道 應有上件賊詃賣新羅國良人等 一切禁斷 請所在觀察使嚴加捉搦 如有違犯 便準法斷 勅旨 宜依 (『唐會要』86 奴婢)

신라 春 民饑 賣子孫自活 (『三國史記』10 新羅本紀 10)
신라 春 民飢 至有鬻子者 (『三國史節要』13)

신라 (春) 以菁州都督憲昌爲熊川州都督 (『三國史節要』13)

신라 夏四月 侍中金忠恭卒 伊飡永恭爲侍中 菁州都督憲昌改爲熊川州都督 (『三國史記』10 新羅本紀 10)

신라 秋七月 浿江南川二石戰 (『三國史記』10 新羅本紀 10)
신라 秋七月 浿江南川二石相擊 (『三國史節要』13)

신라 발해 (唐穆宗長慶元年)七月 平盧節度使奏 准勅押加新羅·渤海兩蕃 請印一面 從之 (『冊府元龜』60 帝王部 60 立制度 1)

391) 元和 연간(806~820)에 당 황제가 신라의 사신 金忠良에게 관직을 제수하고 귀국하게 하면서 내린 칙서로, 백거이가 찬하였다.

발해　十一月乙巳 渤海國遣使獻方物 國王上啓曰 仁秀啓 孟秋尙熱 伏惟 天皇起居萬福 旣此仁秀蒙免 承英等至 伏奉書問 用院勤佇 俯存嘉貺 悚戢伏增 但以歸國弊邦 天海雖阻 飛封轉弊 風義是敦 音符每嗣於歲時 惠賚幸承於珍異 眷念之分 一何厚焉 仁秀不才 幸修先業 交好庶保於終始 延誠賚踵於尋修 伏惟照鑒幸甚 謹遣政堂省左允王文矩等 賚啓入觀 遠修國礼 以固勤情 奉少土毛 謹錄別紙 惟乘撿到 靑山極地 碧海連天 拜謁未由 伏增鴻涯謹奉啓 (『類聚國史』 194 殊俗部△ 渤海 下)

신라　冬十二月二十九日 大雷 (『三國史記』 10 新羅本紀 10)
신라　冬十二月 大雷 (『三國史節要』 13)

신라　[登科記]長慶元年辛丑 賓貢一人金雲卿 (『玉海』 116 選擧 科擧 3 咸平賓貢)

822(壬寅/신라 헌덕왕 14/발해 宣王 建興 5/唐 長慶 2/日本 弘仁 13)

발해　弘仁十三年 春正月癸巳朔 皇帝御太極殿 受朝 京官文武王公以下及蕃客朝集使等 陪位如 是日 御豊樂殿 宴侍臣 賜祿有差 (『類聚國史』 71 歲時 2 元日朝賀)

발해　正月己亥 於豊樂殿 宴群臣及幷蕃客 (『類聚國史』 71 歲時 2 七日節會)
발해　正月己亥 於豊樂殿 宴群臣及蕃客 (『類聚國史』 99 官職 4)
발해　正月己亥 御豊樂殿 宴群臣及蕃客 (『類聚國史』 194 殊俗部△ 渤海 下)

발해　正月戊申 於豊樂殿 宴五位已上及蕃客 奏踏歌 渤海國使王文矩等打毬 賜綿二百屯爲賭 所司奏樂 蕃客率舞 賜祿有差 (『類聚國史』 72 歲時 3 踏歌)
발해　(正月)戊申 御豊樂殿 宴五位已上及蕃客奏踏歌 渤海國史王文矩等打毬 賜綿二百屯爲賭 所司奏樂 蕃客率舞 賜祿有差 (『類聚國史』 194 殊俗部△ 渤海 下)

발해　正月壬子 對渤海使者於麟德殿 宴賜有差 (『冊府元龜』 976 外臣部 21 褒異 3)
발해　(唐麟德殿[實錄]) (長慶)二年 正月壬子宴渤海使 (『玉海 』 160 宮室 殿 下)

발해　(正月)壬子 饗王文矩等於朝集殿 (『類聚國史』 194 殊俗部△ 渤海 下)

발해　(正月)癸丑 文矩等歸蕃 賜國王書曰 天皇敬問 渤海國王 使至省啓 深具雅懷 朕以菲昧 虔守先基 情存善隣 廬切來遠 王俗傳礼樂 門襲衣冠 器範淹通 襟靈劭擧 其儀不忒 執德有恒 靡憚艱究 頻令朝聘 絶鯤溟而掛帆駿奔滄波 隨雁序而輸琛磬制終闕 不有君子 其能國乎 言念血誠 無忘興寢 風馬異壤 斗牛同天 道之云遙 愛而不見 附少國信 至宜領受 春初尙寒 比平安好 今日還次 略此不悉 (『類聚國史』 194 殊俗部△ 渤海 下)

신라　春正月 以母弟秀宗爲副君 入月池宮[秀宗或云秀升] (『三國史記』 10 新羅本紀 10)
신라　春正月 王無嗣 以母弟秀宗太子居月池宮 時上大等忠恭坐政事堂 注擬內外官 請托坌至 忠恭莫能擧措 感疾而退 召醫診之曰 病在心臟 須服龍齒湯 遂杜門不接賓客 執事侍郎祿眞請見 門者拒之 祿眞曰 下官非不知相公謝客 願獻一言以開鬱悒之懷耳 不見不退也 門者三復乃見 祿眞曰 伏聞氣体不調 得非早朝晩罷 蒙犯霧露 傷榮衛之和 失支体之安乎 曰 未也 祿眞曰 然則公之病 不須砭石 可一言理之 忠恭曰 可得聞乎 祿眞曰 彼梓人之作室也 材大者爲梁柱 小者爲椽榱 偃者植者各安所施 然後大廈成焉 宰相之爲政也亦然 才巨者置高位 小者授下官 內則六官 百執事 外則方伯 郡守 朝無

闕位 皆得其人 然後王政成焉 今則不然 徇私而滅公 爲人而擇官 愛之雖不才 必進憎之 雖有能必斥 取舍勞其心 是非亂其志 不獨害於國事 爲之者亦病矣 若其當官淸白 涖事恪恭 杜貨賂之門 絶請托之路 黜陟必以幽明 予奪不以愛憎 如衡焉不可枉以輕重 如繩焉不可欺以曲直 如是則刑政允穆 國家和平 雖日開公孫之閤 置曹叅之酒 與朋友故舊 談笑自樂可也 又何必區區於服餌之閒 徒自費日廢事爲哉 忠恭悅 謝醫朝王 王曰 謂卿剋日服藥 何遽來朝 對曰 臣聞祿眞之言 同於藥石 豈止飮龍齒湯而已哉 因爲王陳之 王曰 寡人爲君 卿爲相 而有人如此 不可使儲君不知 宜往月池宮 太子聞之 入賀曰 臣聞君明則臣直 此亦國家之美事也 祿眞一吉飡秀奉之子 (『三國史節要』13)

신라 十四年 國王無嗣子 以母弟秀宗爲儲貳 入月池宮 時忠恭角干爲上大等 坐政事堂 注擬內外官 退公感疾 召國醫診脉 曰 病在心臟 須服龍齒湯 遂告暇三七日 杜門不見賓客 於是 祿眞造而請見 門者拒焉 祿眞曰 下官非不知相公移疾謝客 須獻一言於左右 以開鬱悒之慮 故此來耳 若不見 則不敢退也 門者再三復之 於是引見 祿眞進曰 伏聞寶體不調 得非早朝晩罷 蒙犯風露 以傷榮衛之和 失支體之安乎 曰 未至是也 但昏昏嘿嘿 精神不快耳祿眞曰 然則公之病 不須藥石 不須針砭 可以至言高論 一攻而破之也 公將聞之乎 曰吾子不我遐遺 惠然光臨 願聽玉音 洗我胷臆 祿眞曰 彼梓人之爲室也 材大者爲梁柱 小者爲椽榱 偃者植者 各安所施 然後大厦成焉 古者 賢宰相之爲政也 又何異焉 才巨者置之高位 小者授之薄任 內則六官·百執事 外則方伯·連率·郡守·縣令 朝無闕位 位無非人 上下定矣 賢不肖分矣 然後王政成焉 今則不然 徇私而滅公 爲人而擇官 愛之則雖不材擬送於雲霄 憎之則雖有能圖陷於溝壑 取捨混其心 是非亂其志 則不獨國事溷濁 而爲之者亦勞且病矣 若其當官淸白 涖事恪恭 杜貨賂之門 遠請託之累 黜陟只以幽明 予奪不以愛憎 如衡焉 不可枉以輕重 如繩焉 不可欺以曲直 如是則刑政允穆 國家和平 雖曰開孫弘之閤 置曹叅之酒 與朋友故舊 談笑自樂可也 又何必區區於服餌之閒 徒自費日廢事爲哉角干於是謝遣醫官 命駕朝王室 王曰 謂卿尅日服藥 何以來朝 荅曰 臣聞祿眞之言 同於藥石 豈止飮龍齒湯而已 哉因爲王一一陳之 王曰 寡人爲君 卿爲相 而有人直言如此 何喜如焉 不可使儲君不知 宜往月池宮 儲君聞之 入賀曰 嘗聞君明 則臣直 此亦國家之美事也 (『三國史記』45 列傳 5 祿眞)

발해 長慶二年正月 又遣使來 (『舊唐書』199下 列傳 149下 北狄 渤海靺鞨)

발해 長慶二年正月 渤海 (…) 並遣使朝貢 (『冊府元龜』972 外臣部 17 朝貢 5)

신라 二月 雪五尺 樹木枯 (『三國史記』10 新羅本紀 10)

신라 二月 雪五尺 樹木枯 (『三國史節要』13)

신라 三月 熊川州都督憲昌 以父周元不得爲王 反叛 國號長安 建元慶雲元年 脅武珍完山菁沙伐四州都督 國原西原金官仕臣及諸郡縣守令 以爲己屬 菁州都督向榮 脫身走推火郡 漢山牛頭歃良浿江北原等 先知憲昌逆謀 擧兵自守 十八日 完山長史崔雄 助阿飡正連之子令忠等 遁走王京 告之 王即授崔雄位級飡 速含郡太守 令忠位級飡 遂差員將八人 守王都八方 然後出師 一吉飡張雄先發 迊飡衛恭波珍飡悌陵繼之 伊飡均貞迊飡雄元大阿飡祐徵等掌三軍徂征 角干忠恭迊飡允膺守蚊火關門 明基安樂二郞各請從軍 明基與徒衆赴黃山 安樂赴施彌知鎭 於是 憲昌遣其將 據要路以待 張雄遇賊兵於道冬峴 擊敗之 衛恭悌凌合張雄軍 攻三年山城 克之 進兵俗離山 擊賊兵滅之 均貞等與賊戰星山 滅之 諸軍共到熊津 與賊大戰 斬獲不可勝計 憲昌僅以身免 入城固守諸軍圍攻浹旬 城將陷 憲昌知不免 自死 從者斷首與身各藏 及城陷得其身於古塚 誅之 戮宗族 黨與凡二百三十九人 縱其民 後 論功爵賞有差 阿飡祿眞授位大阿飡 辭不受 以歃良州屈自郡近賊不汙於亂 復七年 先是 菁州太守廳事南 池中有異鳥 身長五

尺 色黑 頭如五歲許兒 喙長一尺五寸 目如人 嗉如受五升許器 三日而死 憲昌敗亡兆也 (『三國史記』10 新羅本紀 10)

신라 三月 熊川州都督憲昌 以父周元不得立 擧兵叛 國號長安 建元慶元 遂脅武珍完山菁州沙伐國原西原金官諸州郡 以爲己屬 菁州都督向榮 脫身走之推火 漢山牛頭歃良浿江北原等諸城知憲昌謀逆 以兵固守 完山長史崔雄速含郡太守令忠等 遁還王京告變王喜 授雄令忠級飡 遣一吉飡張雄迊飡衛恭波珍飡悌凌伊飡均貞迊飡雄元大阿飡祐徵等 分道擊之 以角干忠恭迊飡允膺守關門 憲昌遣其將 據要害以待之 張雄遇賊於道冬峴 擊敗之 衛恭悌凌繼之 攻三年山城 克之 進兵俗離山 又破之 諸軍共到熊津 與賊大戰 斬獲不可勝計 憲昌以身免 入城固守 諸軍圍攻浹旬 城將陷 憲昌知不免自殺 從者斷首 藏其屍各於古塚 及城陷 得其屍 誅之 戮宗黨凡二百三十九人 餘不問 論功行賞有差 以歃良州屈自郡近賊不受汙給 復七年 (『三國史節要』13)

신라 後熊川州都督憲昌反叛 王擧兵討之 祿眞從事有功 王授位大阿飡 辭不受 (『三國史記』45 列傳 5 祿眞)

신라 (三月) 聘角干忠恭之女貞嬌 爲太子妃 (『三國史記』10 新羅本紀 10)

신라 (三月) 聘角干忠恭女爲太子妃 (『三國史節要』13)

신라 (三月) 浿江山谷間 顚木生蘖 一夜高十三尺 圍四尺七寸 (『三國史記』10 新羅本紀 10)

신라 夏四月十三日 月色如血 (『三國史記』10 新羅本紀 10)

신라 夏四月 月色如血 (『三國史節要』13)

신라 秋七月十二日 日有黑暈 指南北 (『三國史記』10 新羅本紀 10)

신라 秋七月 日有黑暈 (『三國史節要』13)

신라 七月乙巳 新羅人四十人歸化 (『日本紀略』)

백제 十月丁巳朔 授 (…) 從五位上中臣朝臣道成百濟王元勝大伴宿祢國道 正五位下 (…) (『日本紀略』)

신라 冬十二月 遣柱弼入唐朝貢 (『三國史記』10 新羅本紀 10)

신라 冬十二月 遣柱弼如唐朝貢 (『三國史節要』13)

신라 長慶二年十二月 遣使金柱弼朝貢 (『舊唐書』199上 列傳 149上 東夷 新羅)

신라 長慶二年十二月 遣使金柱弼朝貢 (『唐會要』95 新羅)

신라 十二月 迴鶻吐蕃新羅契丹奚牂牱 並遣使朝貢 (『冊府元龜』972 外臣部 17 朝貢 5)

신라 長慶二年[十二月] 寶曆元年 再遣使來朝 留宿衛 (『玉海』153 朝貢 外夷來朝內附 唐新羅織錦頌觀釋奠賜晉書)

신라 從父兄昕 字泰 父璋如 仕至侍中波珍飡 昕幼而聰悟 好學問 長慶二年 憲德王將遣人入唐 難其人 或薦昕太宗之裔 精神朗秀 器宇深沉 可以當選 遂令入朝宿衛 (『三國史記』44 列傳 4 金陽 附金昕)

신라 洎長慶初 朝正王子昕 艤舟唐恩浦 請寓載 許焉 旣達之罘麓 顧先難後易 土揖海若曰 珍重鯨波 好戰風魔 行至大興城 南山至相寺 遇說雜花者 猶在浮石時 有一黳顏耆年

言提之曰 遠欲取諸物 孰與認而佛 大師舌低大悟 自是置翰墨遊歷 佛光寺問道如滿 滿佩江西印 爲香山白尙書樂天空門友者 而應對有慙色 曰 吾閱人多矣 罕有如是新羅子 他日中國失禪 將問之東夷也 去謁麻谷寶澈和尙 服勤無所擇 人所難己必易 衆目曰 禪門庾異行 澈公賢苦節 嘗一日告之曰 昔吾師馬和尙 訣我曰 春蘤繁 秋實寡 攀道樹者所悲吒 今授若印 異日徒中 有奇功可封者 封之 無使刓 復云 東流之說 盖出鉤讖 則彼日出處善男子 根殆熟矣 若若得東人可目語者 畎道之 俾惠水丕冒於海隅 爲德非淺 師言在耳 吾喜若徠 今印焉 俾冠禪侯于東土 往欽哉 則我當年作江西大兒 後世爲海東大父 其無慙先師矣乎

無何 師化去 墨巾離首 乃曰 筏旣捨矣 舟何繫焉 自爾 浪遊飄飄然 勢不可遏 志不可奪 於渡汾水 登崞山 跡之古必尋 僧之眞必詣 凡所止舍遠人煙 大要在安其危甘其苦 役四體爲奴虜 奉一心爲君主 就是中 顯以視篤癃恤孤獨爲己任 至祈寒酷暑 且煩暍或皸瘃侵 曾無卷力容 耳名者不覺遙禮 矗作東方大菩薩 其三十餘年行事也 其如是 (「聖住寺郎慧和尙白月葆光塔碑」)392)

발해 長廣二年 入室五臺 每以身猒青瘀之器 不將心聽白猿之啼 (「哭日本國內供奉大德靈仙和尙詩幷序」)393)

823(癸卯/신라 헌덕왕 15/발해 宣王 建興 6/唐 長慶 3/日本 弘仁 14)

신라 (正月丁巳朔) 敕不得買新羅人爲奴婢 已在中國者卽放歸其國 (『舊唐書』 16 本紀 16 穆宗)

신라 (長慶)三年正月 新羅國使金柱弼進狀 先蒙恩勅 禁賣良口 使任從所適 有老弱者栖栖無家 多寄傍海村鄕 願歸無路 伏乞牒諸道傍海州縣 每有船次 便賜任歸 不令州縣制約 勅旨禁賣新羅 尋有正勅 所言如有漂寄 固合任歸 宜委所在州縣 切加勘會 責審是本國百姓情願歸者 方得放回 (『唐會要』 86 奴婢)

신라 歲餘請還 皇帝詔授金紫光祿大夫·試大常卿 及歸國 王以不辱命 擢授南原大守 累遷至康州大都督 尋加伊湌兼相國 (『三國史記』 44 列傳 4 金陽 附金昕)

신라 春正月五日 西原京有蟲從天而墮 (『三國史記』 10 新羅本紀 10)

신라 春正月 西原京雨蟲 (『三國史節要』 13)

백제 正月癸亥 无位高棟王授從四位下 (…) 正六位上安野宿祢眞繼百濟公繼嶋 (…) 外從五位下 (『類聚國史』 99 敍位)

신라 (春正月)九日有白黑赤三種蟲 冒雪能行 見陽而止 (『三國史記』 10 新羅本紀 10)

신라 (春正月) 元順平原二角干七十告老 賜几杖 (『三國史記』 10 新羅本紀 10)

신라 (春正月) 賜角干元順平原等几杖 年皆七十 (『三國史節要』 13)

신라 二月 合水城郡唐恩縣 (『三國史記』 10 新羅本紀 10)

신라 二月 合唐恩縣於水城軍394) (『三國史節要』 13)

392) 왕자 金昕이 장경 연간에 당나라에 사신으로 간 것은 822년(『삼국사기』 김양 열전 참고)이므로 이 기사를 822년에 배치하였다.

393) : 『入唐求法巡禮行記』 3 開成 5년 7월 3일

394) '軍'은 '郡'의 오기이다.

신라　　夏四月十二日 流星起天市 犯帝座 過天市東北 垣織女王良至閣道 分爲三 聲如擊鼓而滅 (『三國史記』10 新羅本紀 10)

신라　　夏四月 流星起天市 犯帝座 過天市東北 垣織女王良至閣道 分爲三 聲如擊鼓而滅 (『三國史節要』13)

신라　　秋七月 雪 (『三國史記』10 新羅本紀 10)

신라　　秋七月 雪 (『三國史節要』13)

백제　　十一月庚午 授 (…) 從五位下文室朝臣長谷小野朝臣眞野淸原眞人長谷百濟王安義 (…) 從五位上 (…) (『類聚國史』99 敍位)

발해　　十一月壬申 加賀國言上渤海國入覲使一百一人到着狀 (『類聚國史』194 殊俗部△ 渤海 下)

발해　　十二月戊子 停止存問渤海客使 今年雪深 往還不通勅使令守從四位下紀朝臣末成 掾正六位上奏宿禰嶋主等 准例存問 (『類聚國史』194 殊俗部△ 渤海 下)

신라　　從襁褓之年 宛有出塵之趣 登齠齔之歲 永懷捨俗之緣 二親知其富貴難留 財色莫繫許其出家遊學 策杖尋師 投花山勸法師座下 聽經爲業 摳衣請益 夙夜精勤 觸目無遺歷耳必記 常以陶冶麤鄙 藻練僧儀 積仁順而煩 蠲除 習虛靜而神通妙用 超然出衆 卓爾不群 (「寶林寺普照禪師彰聖塔碑」)[395]

824(甲辰/신라 헌덕왕 16/발해 宣王 建興 7/唐 長慶 4/日本 天長 1)

발해　　正月乙卯 賜渤海客徒大使已下錄事已下陸人冬衣服科 (『類聚國史』194 殊俗部△ 渤海 下)

발해　　(二月)壬午 渤海送備宿衛大聰叡等五十人 入朝 (『舊唐書』17 上 本紀 17 上 敬宗)

발해　　敬宗以長慶四年正月 卽位 二月壬午 平盧軍節度使薛平遣使押領備宿衛渤海大聰叡等五十人至(長)樂驛 命中官持酒脯迎宴焉 (『冊府元龜』111 宴享 3)

발해　　四年二月 大叡等五人來朝 請備宿衛 (『舊唐書』199下 列傳 149下 北狄 渤海靺鞨)

발해　　四年二月 吐蕃渤海 遣使朝貢 (『冊府元龜』972 外臣部 17 朝貢 5)

발해　　長慶四 寶曆凡再 (『新唐書』219 列傳 144 北狄 渤海)

발해　　(二月)壬午 詔曰天皇[我]詔[良万止]宣大命[乎] 渤海國[乃]使等衆聞食[止]宣[不] 其國王礼[止之氐] 差使[天]奉渡[世利] 使等凌波[岐] 忘寒風[天]叅來[氣利] 隨例[尒]召治賜[无止]爲[礼止毛] 國國此年不稔[之天] 百姓[良]弊[多利] 又疫病[毛]發[礼利] 時[之]豊時[尒]臨[三] 送迎[流尒毛] 百姓[乃]苦[美]有[尒]依[流尒毛] 此般[波]召賜[比]治下賜[奴] 平[久]靜[尒]治賜[布]所[尒]傳[流] 便風[乎]待[天] 本國[尒]退還[止]爲[流奈毛] 大物賜久[止]宣 天皇[我]大命[乎]衆聞食[止]宣 (『類聚國史』194 殊俗部△ 渤海 下)

신라 백제 고구려

大唐新羅國故鳳巖山寺

敎諡智證大師寂照之塔碑銘幷序

---

395) 체징은 804년에 출생하였고 19세인 823년에 화산 권법사 문하에서 경전공부를 하였다고 한다.

入朝賀正兼迎奉皇花等使朝請大夫前守兵部侍郎充瑞書院
學士賜紫金魚袋 臣 崔致遠 奉教撰

敍曰 五常分位 配動方者曰仁心 三教立名 顯淨域者曰佛 仁心卽佛 佛目能仁則也 道郁夷柔順性源 達迦衛慈悲教海 寔猶石投水雨聚沙然 矧東諸侯之外守者 莫我大 而地靈既好生爲本 風俗亦交讓爲主 熙熙太平之春 隱隱上古之化 加以姓叅釋種 遍頭居寐錦之尊 語襲梵音 彈舌足多羅之字 是乃天彰西顧 海引東流 宜君子之鄕也 法王之道日日深又日深矣 且自魯紀隕星 漢徵佩日 像跡則百川含月 法音則萬籟號風 或緝懿縑緗 或綵華琬琰 故濫雒宅 鏡秦宮之事跡 照照焉 如揭合璧 苟非三尺喙 五色毫 焉能措辭其間 駕說于後 就以國觀國 考從鄕至鄕 則風傳沙嶮而來 波及海隅之始 昔當東表鼎峙之秋 有百濟蘇塗之儀 若甘泉金人之祀 厥後西晉曇始始之貊 如攝騰東入 句驪阿度度于我 如康會南行 時迺梁菩薩帝 反同泰一春 我法興王 剬律條八載也 亦既海岸植與樂之根 日鄕耀增長之寶 天融善願 地聳勝因 爰有中貴捐軀 上僊剔髮 苾芻西學 羅漢東遊 因爾混沌能開 娑婆遍化 莫不選山川勝概 窮土木奇功 藻宴坐之宮 燭徐行之路 信心泉湧 慧力風揚 果使漂寸杵鏑灾 鍵橐騰慶 昔之蕞爾三國 今也壯哉一家 雁刹雲排 將無隙地 鯨枹雷振 不遠諸天 漸染有餘 幽求無斁 其教之興也 毗婆娑先至 則四郡驅四諦之輪 摩訶衍後來 則一國耀一乘之鏡 然能龍雲躍 律虎風騰 洶學海之波濤 蔚戒林之柯葉 道咸融乎無外 情或涉乎有中 抑止水停潫 高山佩旭者 盖有之矣 世未之知 洎長慶初 有僧道義 西泛睹西堂之奧 智光侔智藏而還 智始語玄契者 縛猿心護奔北之短 矜鷃翼誚圖南之高 既醉於誦言 競嗤爲魔語 是用韜光廡下 斂迹壺中 罷思東海東 終遁北山 豈大易之無悶 中庸之不悔者邪 華秀冬嶺 芳定林 蟻慕者彌山 雁化者出谷 道不可廢 時然後行 及興德大王纂戎 宣康太子監撫 去邪毉國 樂善肥家 有洪陟大師 亦西堂證心 來南岳休足 鷲冕陳順風之請 龍樓慶開霧之期 顯示密傳 朝凡暮聖 變非蔚也 興且勃焉 試虛見較其宗趣 則修乎修沒修 證乎證沒證 其靜也山立 其動也谷應 無爲之益 不爭而勝 於是乎 東人方寸地虛矣 能以靑彡利利海外 不言其所利 大矣哉 爾後 觴蹇河 筌融道 無念爾祖 寔繁有徒 或劍化延津 或珠還合浦 爲巨擘者 可屈指焉 西化則靜衆無相 常山慧覺 禪譜益州金鎭州金者是 東歸則前所敍北山義南岳陟 而降大安徹國師 慧目育 智力聞 雙溪照 新興彦 涌岩體 珍丘休 雙峰雲 孤山日 兩朝國師聖住染 菩提宗 德之厚爲父衆生 道之尊爲師王者 古所謂 逃名名我隨 避聲聲我追者 故皆化被恒沙 蹟傳豊石 有令兄弟 宜爾子孫 俾定林標秀於鷄林 慧水安流於鰈水者矣 別有不戶不片庸而見大道 不山不海而得上寶 恬然息意 澹乎忘味 彼岸也 不行而至 此土也 不嚴而治 七賢孰取譬 十住難定位者 賢鷄山 智證大師 其人也始大成也 發蒙于梵體大德 稟具于瓊儀律師 終上達也 探玄于慧隱嚴君 乎默于楊孚令子 法胤唐四祖爲五世父 東漸于海 遡游數之 雙峰子法朗 孫愼行 曾孫遵範 玄孫慧隱來孫大師也 朗大師從大毉之大證 按杜中書正倫 纂銘敍云 遠方奇士 異域高人 無憚險途 來至珍所 則掬寶歸止 非師而誰 第知者不言 復藏于密 能攆秘藏 唯行大師 然時不利兮 道未亨也 乃浮于海 聞于天 肅宗皇帝 寵貽天什曰 龍兒渡海不憑筏 鳳子沖虛無認月 師以山鳥海龍二句爲對 有深旨哉 東還三傳至大師 畢萬之後斯驗矣 其世緣則王都人 金姓子 號道憲 字智詵 父贊瓌 母伊氏 長慶甲辰歲現乎世 中和壬寅曆歸乎寂 恣坐也 四十三夏 歸全也 五十九年 其具體則身仞餘 面尺所 儀狀魁岸 語言雄亮眞所謂威而不猛者 始孕洎滅 奇蹤秘說 神出鬼沒 筆不加紀 今探其感應聳人耳者六異操履驚人心者六是 而分表之 初母夢 一巨人告曰 僕昔勝見佛 季世爲桑門 以譴恚故久隨龍報 報既既矣 當爲法孫 故侂妙緣 願弘慈化 因有娠 幾四百日 灌佛之旦誕焉事驗蟒亭 夢符像室 使佩韋者益試 擁毳者精修 降生之異一也 生數夕不嚥乳 縠之則號欲嗄 欻有道人 過門誨曰 欲兒無聲 忍絶焄腥 母從之 竟無恙 使乳育者加愼 肉飡者懷慙 宿習之異二也 (「鳳巖寺智證大師寂照塔碑」)[396]

신라 四月丙戌 能登國所漂着新羅琴二面 手韓鉏二隻 剉碓二隻 附朝集使進上 (『日本紀略』)

발해 四月丙申 覽 越前國所 進渤海國信物 幷大使貞泰等別貢物 又契丹大狗二口 倭子二口 在前進之 (『類聚國史』194 殊俗部△ 渤海 下)

발해 (四月)庚子 返却渤海副使璋璿別貢物 (『類聚國史』194 殊俗部△ 渤海 下)

발해 (四月)辛丑 幸神泉苑試令渤海狗逐苑中鹿中途而休林焉 (『類聚國史』 194 殊俗部△ 渤海 下)

신라 五月癸未 新羅人辛良金貴賀良水白等五十四人 安置陸奧國 依法給復 兼以乘田充口分 (『類聚國史』159 口分田)

발해 五月癸亥 印遣渤海勅書 日月上一踏 先是十餘日 依進御藥不御紫宸殿 (『類聚國史』194 殊俗部△ 渤海 下)

발해 (五月)戊辰 詔曰 天皇[我]御命[良万止]詔命[乎] 客人[倍]聞食[止]詔[布]客人[倍乃]國[尒]還退[倍支]時近在[尒]依[弖] 國王[尒]賜祿[比]幷良泰[尒]御手[都]物賜[比]饗賜[波久止]宣 (『類聚國史』194 殊俗部△ 渤海 下)

발해 太政官符
改定渤海國使朝聘期事
右檢案內太政官去延曆十八年五月二十日苻偁 右大臣宣 奉勅 渤海聘期 制以六載 而今彼國遣使太昌泰等 猶嫌其遲 更事覆請 乃縱彼所慾 不立年限 宜隨其來令禮待者 諸國承知 厚加供備 馳驛言上者 今被右大臣宣 奉勅 小之事大 上之待下 年期禮數不可無限 仍附彼使高貞泰等還 更改前例 告以一紀 宜仰緣海郡 永以爲例 其資給等事一依前苻
天長元年六月二十日 (『類聚三代格』18 夷俘幷外蕃人事)

신라 (唐)敬宗初卽位 鷄林人 前右監門衛率府兵曹叅軍金雲卿進狀 請充入本國宣慰副使 從之 (『冊府元龜』980 外臣部 25 通好)

신라 白居易字樂天 太原人 (…) 長慶末 浙東觀察使元稹 為居易集序曰 (…) 又雞林賈人求市頗切 自雲本國宰相每以一金換一篇 其甚僞者 宰相輒能辨別之[397] (『舊唐書』166 列傳 108 白居易)

신라 白居易字樂天 太原人 (…) 居易於文章精切 然最工詩 初頗以規諷得失 及其多 更下偶俗好 至數千篇 當時士人爭傳 雞林行賈售其國相 率篇易一金 甚偽者 相輒能辯之 (『新唐書』119 列傳 44 白居易)

신라 白氏長慶集者 太原人白居易之所作 居易字樂天 (…) 又雞林賈人求市頗切 自雲本國

396) 이 기사에 따르면 지증대사는 灌佛會 즉 4월 8일에 태어났다고 한다. 이에 4월 17일 기사 앞에 배치하였다.

397) 장경 4년은 원진이 서를 쓴 시기로 신라인들이 백거이의 작품을 구매한 때는 아니다. 다만 그 구체적 시기를 알 수 없어 편의상 장경 4년에 배치하였다.

宰相每以一金換一篇 其甚僞者 宰相輒能辨別之 (『全唐文』653 元稹七 白氏長慶集序)

신라	宿弟定字介夫 儀貌壯偉 與宿俱有文學 而定過之(…) 先長慶中 源寂使新羅國 見其國人傳寫諷念定所爲黑水碑·畫鶴記 韋休符之使西番也 見其國人寫定商山記於屛障 其文名馳於戎夷如此[398] (『舊唐書』168 列傳 118 馮宿)
신라	初源寂使新羅 其國人傳定黑水碑 畫鶴記 韋休符使西蕃 所館寫定商山記於屛 其名播戎夷如此 (『新唐書』177 列傳 102 馮宿)
신라	[傳]高麗嘗遣使求歐陽詢書 新羅國人 傳馮定黑水碑畫鶴記 西蕃所館 寫定商山記於屛 (『玉海』154 朝貢 獻方物 唐高麗求書)
신라	穆宗前後 索詩數百篇 命左右諷詠 宮中呼爲元才子 自六宮兩都八方 至南蠻東夷國皆寫傳之 每一章一句出 無脛而走疾於珠玉 (「元稹 墓誌銘」)[399]
신라	東國慧目山和尙 嗣章敬 師諱玄昱 俗姓金氏 東溟冠族 父諱廉均 官至兵部侍郞 妣朴氏 胎孕之際 夢得殊常 (…) 長慶四年 入於大唐 至太原府歷居二寺 頗志已成 隨本國王子金義宗奉詔東歸 (『祖堂集』17 慧目山和尙玄昱)

825(乙巳/신라 헌덕왕 17/발해 宣王 建興 8/唐 寶曆 1/日本 天長 2)

백제	正月辛亥 授 (…) 從五位下 (…) 百濟王慶忠 (…) 從五位上 (…) (『類聚國史』99 敍位)
신라	春正月 憲昌子梵文與高達山賊壽神等百餘人 同謨叛 欲立都於平壤 攻北漢山州 都督聰明率兵 捕殺之[平壤 今楊州也 太祖製庄義寺齋文有高麗舊壤 平壤名山之句] (『三國史記』10 新羅本紀 10)
신라	春正月 憲昌子梵文與高達山賊壽神等謨叛 欲立都於漢陽之平壤 攻北漢山州 都督聰明擒殺之 (『三國史節要』13)
신라	三月 武珍州馬彌知縣女人産兒 二頭二身四臂 産時天大雷 (『三國史記』10 新羅本紀 10)
신라	三月 馬彌知縣女産兒 二頭二身四臂 方産 天大雷 (『三國史節要』13)
발해	敬宗寶曆元年三月 吐蕃渤海 (…) 並遣使朝貢 (『冊府元龜』972 外臣部 17 朝貢 5)
신라	敬宗寶曆元年五月庚辰 新羅國王金彦昇奏 先在太學生崔利貞金叔貞朴季業四人 請放還蕃 其新赴朝貢金允夫金立之朴亮之等一十二人 請留在宿衛 仍請配國子監習業 鴻臚寺給資糧 從之 (『冊府元龜』999 外臣部 44 請求)
신라	夏五月 遣王子金昕 入唐朝貢 遂奏言 先在大學生 崔利貞金叔貞朴季業等 請放還蕃 其新赴朝金允夫金立之朴亮之等一十二人 請留宿衛 仍請配國子監習業 鴻臚寺給資粮 從之 (『三國史記』10 新羅本紀 10)

398) 『구당서』에서는 장경 연간의 일로 기록하였는데, 『구당서』와 『신당서』 신라 열전에 源寂이 신라에 사신으로 간 사실은 太和 5년(831)으로 기록되어 있다. 이에 장경 연간 마지막 해인 824년과 831년에도 같이 배치하였다.

399) 이 기사에는 연대 표기가 없으나, 穆宗(재위 820~824)이 등장하므로 그에 따라 820~824년으로 기간편년하고 마지막해인 824년에 배치하였다. 『全唐文』679도 참고.

신라　夏五月 遣王子金昕如唐 昕奏請 今臣偕來金允夫金立之朴亮之等十二人 入國學習業 且備宿衛 其先在學崔利貞金叔貞朴秀<季>業等 放還 帝從之 歲餘昕又請還 帝授金紫光祿大夫試大常卿 遣之 (『三國史節要』13)

신라　寶曆元年 其王子金昕來朝 (『舊唐書』199上 列傳 149上 東夷 新羅)

신라　寶歷元年 其王子金昕來朝 兼充宿衛 (『唐會要』95 新羅)

신라　長慶二年[十二月] 寶曆元年 再遣使來朝 留宿衛 (『玉海』153 朝貢 外夷來朝內附 唐新羅織錦頌觀釋尊賜晉書)

신라　金立之 新羅人 憲德王七年 從金昕入唐 (『全唐詩逸』中 金立之)

신라　彦昇 新羅王重興相 元和七年重興卒 冊授開府儀同三司檢校太尉使持節大都督雞林州諸軍事兼持節充寧海軍使上桂國新羅國王 太和五年卒 (『全唐文』1000 新羅王金彦昇)

신라　先在太學生崔利貞金叔貞樸季業四 請放還蕃 其新赴朝貢金允夫金立之樸亮之等一十二人 請留在宿衛 仍請配國子監習業 鴻臚寺給資糧 (『全唐文』1000 新羅王金彦昇分別還蕃及應留宿衛奏)

신라　秋 歃良州獻白烏 (『三國史記』10 新羅本紀 10)

신라　秋 歃良州獻白馬 (『三國史節要』13)

신라　(秋) 牛頭州大楊管郡黃知奈麻妻 一産二男二女 賜租一百石 (『三國史記』10 新羅本紀 10)

신라　(秋) 牛頭州奈麻黃知妻 一産二男二女 賜租一百石 (『三國史節要』13)

백제　十月甲寅 授正六位上百濟王教養從五位下 (…) (『類聚國史』99 敍位)

발해　十二月辛丑 隱岐國馳驛奏上 渤海國使高承祖等百三人到來 (『類聚國史』194 殊俗部△ 渤海 下)

발해　(十二月)乙巳 大內記正六位上布瑠宿禰高庭定領客使 借出雲國介 不稱領客使 (『類聚國史』194 殊俗部△ 渤海 下)

발해　長慶五年 日夲大王遠賜百金達至長安 小子轉領金書送到鐵懃 仙大師領金訖 将一万粒舍利新經兩部造勑五通 亦囑附小子 請到日夲答謝國恩 小子便許 一諾之言豈憚万里重波淂 遂鍾无外緣 期乎遠大 臨迴之日 又附百金 (「哭日本國內供奉大德靈仙和尚詩幷序」: 『入唐求法巡禮行記』3 開成 5년 7월 3일)

826(丙午/신라 헌덕왕 18, 흥덕왕 1/발해 宣王 建興 9/唐 寶曆 2/日本 天長 3)

백제　正月甲戌 賜宴於豊樂殿 授 (…) 正五位下百濟王元勝正五位上 (…) 賜祿有差 (『類聚國史』99 敍位)

발해　(寶曆)二年正月 南詔室韋渤海牂牁 (…) 並遣使朝貢 (『冊府元龜』972 外臣部 17 朝貢 5)

발해　三月戊辰朔 右大臣從二位兼行皇太子傅臣藤原朝臣緖嗣言 以臣去天長元年正月二十四日上表 渤海入朝 定以一紀 而令奇言靈仙 巧敗契期 仍可還却狀 以去年十二月七日言上 而域人論曰 今有兩君絶世之讓 已越堯舜 私而不告 大人芳聲 綠何通於海外 臣案 日本書紀云 譽田天皇崩時 太子菟道稚郎子 讓位于大鷦鷯尊 固辭曰 豈違先帝

之命 輒從弟王之言 兄弟相讓 不敢當之 太子興宮室於菟道而居 皇位空之 旣經三歲 太子曰 我久生煩天下哉 遂於菟道宮自薨 大鷦鷯尊悲慟越禮 卽天皇位 都難破高津宮 季曲在書紀 不能以具盡 于時讓國之美 無赴海外 此則先哲智慮 深慮國家 然則先王之舊典 萬代之不朽者也 又傳聞 禮記云 夫禮者 所以定親疎 決嫌疑 別同異 明是非也 禮不辭費 禮不踰節 而渤海客徒 旣違詔旨 濫以入朝 偏客拙信恐損舊典 實是商旅不足隣客 以彼商旅 爲客損國 未見治體 加以比日雜務行事 贈皇后改葬 御齋會 屈加勢山溝幷飛鳥堰溝 七道畿內巡察使 可召渤海客徒 經營重疊 騷動不遑 (『類聚國史』194 殊俗部△ 渤海 下)

발해 (三月)戊辰朔 右大臣從二位兼行皇太子傅臣藤原朝臣緖嗣言 依臣去長元年正月卄四日上表 渤海入朝定以一紀 而今奇言靈仙 巧敗契期 仍可還却狀 以去年十二月七日言上 而域人論曰 今有兩君絶世之讓 已越堯舜 私而不告 大人芳聲 緣何通於海外 臣案 日本書紀云 譽田天皇崩時 太子菟道稚郎子 讓位于大鷦鷯尊 固辭曰 豈違先帝之命 輒從弟王之言 兄弟相讓 不敢當之 太子興宮室於菟道而居 皇位空之 旣經三歲 太子曰 我久生煩天下哉 遂於菟道宮自薨 大鷦鷯尊悲慟越禮 卽天皇位 都難破高津宮 季曲在書紀 不能以具盡 于時讓國之美 無赴海外 此則先哲智慮 深慮國家 然則先王之舊典 萬代之不朽者也 又傳聞 禮記云 夫禮者 所以定親疎 決嫌疑 別同異 明是非也 禮不辭費 禮不踰節 而渤海客徒 旣違詔旨 濫以入朝 偏客拙信恐損舊典 實是商旅 不足隣客 以彼商旅 爲客損國 未見治體 加以比日雜務行事 贈皇后改葬 御齋會 屈加勢山溝幷飛鳥堰溝 七道畿內巡察使 可召渤海客徒 經營重疊 騷動不遑 (『日本逸史』34)

신라 大師諱折中 字△△ 俗姓△△ △△鵂嵩人也 其先因宦牟城 遂爲郡族 父曰先幢 藝高弓馬 名振華夷 孝慈載於史官 功業藏於王府 作郡城龜鏡 爲閭里棟梁 母白氏假寐之時 夢一天女 謂之曰 阿要必生智子 因以寶△△△△△娠大師焉 以寶曆二年四月七日誕生 (「寧越興寧寺澄曉大師塔碑」)

발해 五月甲戌 渤海客徒大使高承祖等入京 安置鴻臚 (『日本逸史』34)

발해 五月甲戌 渤海客徒大使高承祖等入京 安置鴻臚 (『類聚國史』194 殊俗部△ 渤海 下)

발해 (五月)戊寅 渤海國使政堂信少卿高承祖授正三位 副使高如岳正四位上 判官王文信高孝英二人正五位上 綠事高成仲陣崇彦二人從五位上 譯語李隆郎李承宗二人從五位下 六位已下十一人 亦有叙位 (『類聚國史』194 殊俗部△ 渤海 下)

신라 (五月)庚辰 中使自新羅取鷹鷂迴 (『舊唐書』17 上 本紀 17 上 敬宗)

발해 (五月)庚辰 渤海客徒歸加賀國 (『類聚國史』194 殊俗部△ 渤海 下)

발해 (五月)辛巳 天皇敬問渤海國王使承祖等 轉送在唐學問僧靈仙表物來 省啓悉之 載深嘉慰 王信確金石 操貞松筠 褰國名於西秦 五臺之嶺非遼 敦隣好於南夏 万里之航自通 煙波雖遼 義誠密邇 有斐君子 秉必塞淵 感激之懷 不可導設 土宜見贈 深領遠情 答信輕毛 別附撿到 其釋貞素 操行所缺者 承祖周悉 風景五熱 王無恙也 略此寄懷 不復煩云 (『日本逸史』34)

발해 (五月 辛巳) 天皇敬問渤海國王 使承祖等 轉送在唐學問僧靈仙表物來 省啓悉之 轉深嘉慰 王信確金石 操貞松筠 褰國命於西秦 五臺之嶺非遼 敦隣好於南夏 萬里之航自通 煙波雖遼 義誠密邇 有斐君子 秉心塞淵 感激之懷 不可導說 土宜見贈 深領遠情

答信輕毛 別附撿到 其釋貞素 操行[無]所缺者 承祖周悉 風景正熱 王無恙也 略此寄懷 不復煩云 (『類聚國史』194, 殊俗 渤海 下)

신라 秋七月 命牛岑太守白永 徵漢山北諸州郡人一萬 築浿江長城三百里 (『三國史記』10 新羅本紀 10)

신라 秋七月 命牛岑太守白永 發漢山北諸州郡人一萬 築浿江長城三百里 (『三國史節要』13)

신라 取城郡 本高句麗冬忽 憲德王改名 今黃州 領縣三 土山縣 本高句麗息達 憲德王改名 今因之 唐嶽縣 本高句麗加火押 憲德王置縣改名 今中和縣 松峴縣 本高句麗夫斯波衣縣 憲德王改名 今屬中和縣 (『三國史記』35 雜志 4 地理 2)

신라 冬十月 王薨 諡曰憲德 葬于泉林寺北[古記云 在位十八年 寶曆二年丙午四月卒新唐書云 長慶寶曆間 羅王彦昇卒 而資理通鑑及舊唐書皆云 大和五年卒 豈其誤耶] (『三國史記』10 新羅本紀 10)

신라 憲德王薨 興德王景△[400]卽位元年 (『三國史記』31 年表 下)

신라 冬十月 王薨 太子秀宗立 改爲景徽 上諡曰憲德 葬于泉林寺北 (『三國史節要』13)

신라 第四十一憲德王[金氏 名彦升 (…) 己丑立 理十九年 陵在泉林村北] (『三國遺事』1 王曆)

신라 興德王立 諱秀宗 後改爲景徽 憲德王同母弟也 (『三國史記』10 新羅本紀 10)

신라 第四十二興德王[金氏 名景暉 憲德母弟 妃昌花夫人 諡定穆王后 昭聖之女 丙午立 理十年 陵在安康北 比火壤 與妃昌花合葬](『三國遺事』1 王曆)

신라 冬十二月 妃章和夫人卒 追封爲定穆王后 王思不能忘 悵然不樂 羣臣表請再納妃 王曰 隻鳥有喪匹之悲 况失良匹 何忍無情 遽再娶乎 遂不從 亦不親近女侍 左右使令唯宦竪而已[章和姓金氏 昭聖王之女也] (『三國史記』10 新羅本紀 10)

신라 冬十二月 王妃章和夫人金氏卒 追封爲定穆王后 昭聖王女也 王悲思不已 群臣請納妃 王曰 隻鳥尙有喪匹之悲 况失良耦 何遽無情 遂不從 亦不近女侍 左右使令 唯宦竪而已 (『三國史節要』13)

신라 二年十二月 新羅質子金允夫請准舊例 中使入蕃 便充副使 同到本國譯 詔書不許 但隨告使充副使 (『冊府元龜』999 外臣部 44 請求)

고구려 聖曆二年 又授高藏男德武 爲安東都督 以領本蕃 自是 高麗舊戶在安東者 漸寡少 分投突厥及靺鞨等 高氏君長遂絶 (『冊府元龜』1000 外臣部 45 亡滅)

신라 釋心地 辰韓弟[401]四十一主憲德大王金氏之子也 生而孝悌 天性沖睿 志學之年 落采從師 拳懃于道 寓止中岳[今公山] 適聞俗離山 深公 傳表律師佛骨簡子 設果訂[402]法會 決意披尋 旣至後期 不許參例 乃席地扣庭 隨衆禮懺 經七日 天大雨雪 所立地方十尺許 雪飄不下 衆見其神異 許引入堂 地撝謙稱恙 退處房中 向堂潛禮 肘顙俱血類表公之仙溪山也 地藏菩薩日來問慰 泊席罷還山 途中見二簡子貼在衣褶間 持廻告於深 深曰 簡在函中 那得至此 撿之 封題依舊 開視亡矣 深深異之 重襲而藏之 又行

400) 정덕본에는 景 뒤의 글자가 缺字되어 있다. 新羅本紀에 따라 景徽의 徽로 표기함이 옳다.
401) 第의 오기이다.
402) 證의 오기이다.

如初 再廻告之 深曰 佛意在子 子其奉行 乃授簡子 地頂戴歸山 岳神率二仙子 迎至山椒 引地坐於嵓上 歸伏嵓下 謹受正戒 地曰 今將擇地 奉安聖簡 非吾輩所能指定 請與三君 憑高擲簡以卜之 乃與神等陟峰巓 向西擲之 簡乃風颺而飛 時神作歌曰 礙嵓遠退砥平兮 落葉飛散生明兮 覓得佛骨簡子兮 邀於淨處投誠兮 旣唱 而得簡於林泉中 卽其地構堂安之 今桐華寺籤堂北有小井是也 本朝睿王嘗取迎聖簡 致內瞻敬 忽失九者一簡 以牙代之 送還本寺[403] 今則漸變同一色 難卞新古 其質乃非牙非玉 按占察經上卷 敍一百八十九簡之名 一者求上乘得不退 二者所求果現當證 弟[404]三弟[405]四求中下乘得不退 五者求神通得成就 六者修四梵得成就 七者修世禪得成就 八者所欲受得妙戒 九者所曾受得戒具[以此文訂 知慈氏所言新得戒者 謂今生始得戒也 舊得戒者 謂過去曾受 今生又增受也 非謂修生本有之新舊也] 十者求下[406]乘未住信 次求中乘未住信 如是乃至一百七十二 皆過現世中 或善或惡 得失事也 弟[407]一百七十三者捨身已入地獄[已上皆未來之果也] 一百七十四者 死已作畜生如是乃至餓鬼修羅人人王天天王聞法出家值聖僧生兜率生淨土尋見佛住下乘住中乘住上乘得解脫 弟[408]一百八十九等是也[上言住下乘至上乘得不退 今言上乘得解脫等 以此爲別爾] 皆三世善惡果報 差別之相 以此占看 得與心所行事相當 則爲感應 否則爲不至心 名爲虛謬 則此八九二簡 但從百八十九中而來者也 而宋傳但云 百八籤子 何也 恐認彼百八煩惱之名而稱之 不揆尋經文爾 又按本朝文士金寬毅所撰王代宗錄二卷云 羅末 新羅大德釋沖獻太祖以表律師袈裟一領 戒簡百八十九枚 今與桐華寺所傳簡子 未詳同異

讚曰 生長金閨早脫籠 儉勤聰惠自川鍾 滿庭積雪偸神簡 來放桐華最上峯 (『三國遺事』 4 義解 5 心地繼祖)[409]

발해 寶曆中 比歲修貢 (『舊唐書』199下 列傳 149下 北狄 渤海靺鞨)

발해 長慶四 寶曆凡再 (『新唐書』219 列傳 144 北狄 渤海)

발해 발해 선왕 9년 병오 3월 15일 용강성 석두현 해성사 금강곡 칠보산 개심사 창건자는 대원화상이고 목수는 팽가와 석가이다. (「開心寺 出土 글쪽지」)[410]

신라 (元和)至十五年 穆宗纂位之初 (…) 又奉詔充新羅宣慰告哀等使 公捧天書 渡滄海 經艱險 阻風波 勤勞王家 銜命宣撫 故得夷狄稽顙 跪授哀詔之儀 絶域從風 感國恩而向化 此公之智識也 至寶曆三年[411] 文宗嗣位 選充山陵修築判官 (「武自和 墓誌銘」)[412]

827(丁未/신라 흥덕왕 2/발해 宣王 建興 10/唐 寶曆 3, 太和 1/日本 天長 4)

백제 (正月癸未) 授 (…) 從五位上 (…) 百濟王勝義 (…) 正五位下 (…) (『類聚國史』99 敍位)

---

403) 심지가 헌덕왕(재위 809~826)의 아들이라는 점에서 9세기대에 활동했던 인물이라는 것은 알 수 있으나, 구체적으로 언제 출가했고 언제 활동했는지 추정하기 어려워 여기서는 헌덕왕 훙년에 배치했다.

404) 第의 오기이다.

405) 第의 오기이다.

406) 上의 오기이다.

407) 第의 오기이다.

408) 第의 오기이다.

409) 『朝鮮寺刹史料』上(1911) 394쪽 및 397쪽 한편 1931년에 건립된 桐華寺蹟碑銘에는 어떤 자료에 의거한 것인지는 모르나, 心地王師가 동화사를 再瓶한 것을 興德王 7년 壬子(832)라고 하였다.

410) 이 글쪽지의 원문은 확인되지 않아 알려진 번역문만 실었다.

411) 이 즉위한 것은 寶曆 2년(826)이다.

412) 이 기사에는 元和15년(820)과 文宗의 즉위(826)가 나오므로 그에 따라 820~826년로 기간편년하고 마지막해인 826년에 배치하였다. : 『全唐文補遺』2

신라 正月辛亥[413] 麟德殿對歸國吐蕃·新羅使 宴賜有差 (『冊府元龜 976 外臣部 21 褒異 3)

신라 春正月 親祀神宮 (『三國史記』10 新羅本紀 10)
신라 春正月 親祀神宮 (『三國史節要』13)

신라 (春正月) 唐文宗聞王薨 廢朝 命太子左諭德兼御史中丞源寂 持節吊祭 仍冊立嗣王爲開府儀同三司檢校太尉使持節大都督雞林州諸軍事兼持節充寧海軍使新羅王 母朴氏爲大妃 妻朴氏爲妃 (『三國史記』10 新羅本紀 10)
신라 (春正月) 帝聞前王薨 輟朝 命太子諭德兼御史源寂持節弔祭 仍冊嗣王爲開府儀同三司檢校太尉使持節大都督雞林州諸軍事兼持節充寧海軍使 王母朴氏爲大妃 妻朴氏爲妃 權近曰 興德爲儲副之時 聘角干金忠恭之女爲妃 是爲章和夫人 及即位 踰月而卒 群臣請再納妃 竟不從 則其無他妃可知矣 今唐所冊朴氏者 盖亦諱其同姓 以朴氏告唐耳 況章和之卒在去年之十二月 而唐之冊命在今年之正月 雖曰再娶 豈能及知之乎 其爲金氏尤明矣 羅之君臣知 娶同姓爲非禮 而必諱之 不能謹之 於始而犯之 是不待貶絶而自著矣 (『三國史節要』13)

신라 고구려 三月 高句麗僧丘德入唐 賷經至 王集諸寺僧徒 出迎之 (『三國史記』10 新羅本紀 10)
신라 고구려 三月 高勾麗僧丘德自唐賷經來 王集諸寺僧 出迎之 (『三國史節要』13)
신라 고구려 興德王代太和元年丁未 入學僧高麗釋丘德 賷佛經若干函來 王與諸寺僧徒出迎于興輪寺前路 (『三國遺事』3 塔像 4 前後所將舍利)

발해 (大和元年)四月癸巳 御麟德殿 對渤海使者十一人 宴賜有差 (『冊府元龜』976 外臣部 21 褒異 3)
발해 文宗太和元年四月 渤海遣使來朝 (『冊府元龜』972 外臣部 17 朝貢 5)
발해 大和元年四年 皆遣使來朝 (『舊唐書』199下 列傳 149下 北狄 渤海靺鞨)

신라 大和元年四月 皆遣使朝貢 (『舊唐書』199上 列傳 149上 東夷 新羅)

신라 발해 五月壬戌朔戊辰 詔 元首股肱 君臣象類 義深同體 理在坦懷 夫任則不疑 疑則不任 然自魏·晉已降 叅用霸制 虛議搜索 因習尙存 朕方推表大信 置人心腹 庶使諸侯方嶽 鼓洽道化 夷貊飛走 暢泳治功 況吾台宰 又何間焉 自今已後 紫宸坐朝 衆僚旣退 宰臣復進奏事 其監搜宜停 (『舊唐書』17 上 本紀 17 上 敬宗)

신라 夏五月 降霜 (『三國史記』10 新羅本紀 10)
신라 夏五月 霜 (『三國史節要』13)

신라 寶曆二年歲次丙午八月朔六辛丑日 中初寺東方僧岳 一石分二得 同月卄八日 二徒作初 奄九月一日 此處至 丁未年二月卅日 了成之 節州統 皇龍寺恒昌和上 上和上 眞行法師 貞坐 義說法師 上坐 年嵩法師 史師二 妙凡法師 則永法師 典都唯乃二 昌樂法師 法智法師 徒上二 智生法師 眞方法師 作上 秀南法師 (「中初寺 幢竿石柱記」)

413) 827년 정월에는 신해일이 없다.

신라　秋八月 太白晝見 (『三國史記』10 新羅本紀 10)
신라　秋八月 太白晝見 (『三國史節要』13)

신라　(秋八月) 京都大旱 (『三國史記』10 新羅本紀 10)
신라　(秋八月) 京都大旱 (『三國史節要』13)

신라　(秋八月) 侍中永恭退 (『三國史記』10 新羅本紀 10)
신라　(秋八月) 侍中永恭免 (『三國史節要』13)

신라　明活典 景暉王[414]二年 置 大舍一人 看翁一人 (『三國史記』39 雜志 8 職官 中)

828(戊申/신라 흥덕왕 3/발해 宣王 建興 11/唐 太和 2/日本 天長 5)

발해　太政官符
一應充客徒供給事
大使副使日各二束五把 判官錄事日各二束
史生譯語醫師天文生日各一束五把 首領已下日各一束三把
右得但馬國解偁 渤海使政堂左允王文矩等一百人 去年十二月廿九日到看 仍遣國博士正八位下 林朝臣遠雄勘事由 并問違期之過 文矩等申云 為言大唐淄靑節度康志曀交通之事 入覲天△ 違期之程 逃罪無由 又擬却歸 船破粮絶 望請 陳貴府 舟檝相濟者 且安置郡家 且給粮米者 違期之過不責 宜彼食法 半恒數 以白米充生析者 所定如件
一應修理船事
右撿案內 承前使等 故壞己舶 寄言風波 還却之日 常要完舶 修造之費 非無前轍 宜修理損舶 宛如舊樣 莫致公費 早速修理 不得延怠
一應禁交開事
右蕃客賫物私交開者 法有恒科 而此間之人必愛遠物 爭以△易 宜嚴加禁制 莫令更然 若違之者 百姓決杖一百 王臣家遣人買 禁使者言上 國司阿容及自買 殊處重科 不得違犯
一應寫取進上啓牒事
右蕃客來朝之日 所着宰吏 先開封凾 細勘其由 若違故實 随卽還却 不勞言上 而承前之例 待朝使到 乃開啓凾 理不可然 宜國司開見寫取進之
以前中納言左近衛大將從三位行民部卿淸原眞人夏野宣 如右
天長五年正月二日 (『類聚三代格』18 夷俘幷外蕃人事)

백제　正月甲子 御豊樂殿 授 (…) 外從五位下 (…) 百濟公綱繼 (…) 從五位下 (…) 賫祿有差 (『類聚國史』99 敍位)

발해　正月甲戌 但馬國馳驛言上 渤海人百餘人來着 (『類聚國史』194 殊俗部△ 渤海 下)

신라　春正月 大阿飡金祐徵爲侍中 (『三國史記』10 新羅本紀 10)
신라　春正月 大阿飡金祐徵爲侍中 (『三國史節要』13)

발해　二月己丑 但馬國司寫渤海王啓 中臺省牒案進上 (『類聚國史』194 殊俗部△ 渤海 下)

---

414) 景暉王은 興德王을 가리킨다. 흥덕왕의 이름은 처음에 秀宗이었다가 뒤에 景徽로 바꾸었다. 景暉와 景徽는 같다.

신라　　二月 遣使入唐朝貢 (『三國史記』10 新羅本紀 10)
신라　　二月 遣使如唐朝貢 (『三國史節要』13)
신라　　第四十二興德大王 寶曆二年丙午 即位 未幾有人奉使於唐 將鸚鵡一雙而至 不久雌死 而孤雄哀鳴不已 王使人掛鏡於前 鳥見鏡中影 擬其得偶 乃啅其鏡而知影 乃哀鳴而死 王作歌云 未詳[415) (『三國遺事』2 紀異 2 興德王 鸚鵡)

신라　　三月 雪深三尺 (『三國史記』10 新羅本紀 10)
신라　　三月 雪深三尺 (『三國史節要』13)

발해　　以大和二年四月七日 却到靈境寺 求訪仙大師 亡來日久 位我之血 崩我之痛 便泛四重溟渤 視死若歸 連五同行李 如食之頃者 則應公之原交所致焉 吾信始而復終 願靈几兮 表悉空留澗水嗚咽千秋之聲 仍以雲松惆悵万里之行 四月蓂落如一首途望京之耳 不舡塵心淚自涓 情因法眼奄幽泉 明朝儻問滄波客 的說遺鞋白足還 大和二年四月十四日書 (「哭日本國內供奉大德靈仙和尚詩幷序」: 『入唐求法巡禮行記』3 開成 5년 7월 3일)

발해　　四月癸未 渤海客大使已下梢工已上 賜絹綿有差 (『類聚國史』194 殊俗部△ 渤海下)

신라　　夏四月 淸海大使弓福 姓張氏[一名保皐] 入唐徐州爲軍中小將 後歸國謁王 以卒萬人鎭淸海[淸海 今之莞島] (『三國史記』10 新羅本紀 10)
신라　　夏四月 以張保皐爲淸海鎭大使 保皐少字弓福 入唐爲徐州軍小將 後歸國告王曰 中國人往往掠吾邊民 以爲奴婢 可羞之甚 願鎭淸海 使不得虜掠 王遂與卒萬人鎭之 是後海上無侵掠國人者 淸海即海路之要衝 (『三國史節要』13)
신라　　張保皐[羅紀作弓福]鄭年[年或作連] 皆新羅人 但不知鄕邑父祖 皆善鬪戰 年復能沒海底 行五十里不噎 角其勇壯 保皐差不及也 年以兄呼保皐 保皐以齒 年以藝 常齟齬不相下 二人如唐 爲武寧軍小將 騎而用槍 無能敵者 後保皐還國 謁大王曰 遍中國 以吾人爲奴婢 願得鎭淸海 使賊不得掠人西去 淸海新羅海路之要 今謂之莞島 大王與保皐萬人 此後海上無鬻鄕人者 保皐既貴 年去職饑寒 在泗之漣水縣 一日言於戍將馮元規曰 我欲東歸 乞食於張保皐 元規曰 若與保皐所負如何 奈何去取死其手 年曰 饑寒死 不如兵死快 况死故鄕耶 遂去謁保 飮之極歡 飮未卒 聞王弑國亂無主 保皐分兵五千人與年 持年手泣曰 非子不能平禍難 年入國 誅叛者 立王 王召保皐爲相 以年代守淸海[此與新羅傳記頗異 以杜牧立傳 故兩存之]
論曰 杜牧言 天寶安祿山亂 朔方節度使安思順 以祿山從弟賜死 詔郭汾陽代之 後旬日 復詔李臨淮 持節分朔方半兵 東出趙·魏 當思順時 汾陽·臨淮俱爲牙門都將 二人不相能 雖同盤飮食 常睇相視 不交一言 及汾陽代思順 臨淮欲亡去 計未決 詔臨淮 分汾陽半兵東討 臨淮入請曰 一死固甘 乞免妻子 汾陽趍下 持手上堂 偶坐曰 今國亂主遷 非公不能東伐 豈懷私忿時耶'及別 執手泣涕 相勉以忠義 訖平巨盜 實二公之力 知其心不叛 知其材可任 然後心不疑 兵可分 平生積憤 知其心難也 忿必見短 知其材益難也 此保皐與汾陽之賢等耳 年投保皐必曰 彼貴我賤 我降下之 不宜以舊忿殺我 保皐果不殺 人之常情也 臨淮請死於汾陽 亦人之常情也 保皐任年事 出於巳 年且饑寒

415) 『삼국유사』의 이 기록은 정확한 시기를 알 수 없으나, 흥덕왕대 당나라에 사신을 보낸 것이 이 해가 처음이므로 여기에 배치했다.

易爲感動 汾陽·臨淮平生抗立 臨淮之命 出於天子 擢於保皐 汾陽爲優 此乃聖賢遲疑成敗之際也 彼無他也 仁義之心 與雜情並植 雜情勝則仁義滅 仁義勝則雜情消 彼二人 仁義之心旣勝 復資之以明 故卒成功 廿稱周·召爲百代之師 周公擁孺子 而召公疑之 以周公之聖 召公之賢 少事文王 老佐武王 能平天下 周公之心 召公且不知之 苟有仁義之心 不資以明 雖召公尙爾 況其下哉 語曰'國有一人 其國不亡 夫亡國 非無人也 丁其亡時 賢人不用 苟能用之 一人足矣 宋祁曰 嗟乎 不以怨毒相甚 而先國家之憂 晋有祁奚 唐有汾陽·保皐 孰謂夷無人哉 (『三國史記』44 列傳 4 張保皐 鄭年)

신라 第四十五神武大王潛邸時 謂俠士弓巴曰 我有不同天之讎 汝能爲我除之 獲居大位則娶爾女爲妃 弓巴許之 恊心同力擧兵犯京師能成其事 旣簒位欲以巴之女爲妃 羣臣極諫曰 巴側微 上以其女爲妃則不可 王從之 時巴在淸海鎭爲軍戍 怨王之違言欲謀乱 時將軍閻長聞之奏曰 巴将爲不忠 小臣請除之 王喜許之 閻長承旨歸淸海鎭 見謁者通曰 僕有小怨於國君 欲投明公以全身命 巴聞之大怒曰 爾輩諫於王而廢我女 胡顧見我乎 長復通曰 是百官之所諫 我不預謀 明公無嫌也 巴聞之引入廳事謂曰 卿以何事來此 長曰 有忤於王欲投幕下以免害爾 巴曰 幸矣 置酒歡甚 長取巴之長劒斬之 麾下軍士驚懾皆伏地 長引至京師復命曰 已斬弓巴矣 上喜賞之賜爵阿干 (『三國遺事』2 紀異 2 神武大王 閻萇 弓巴)

신라 有張保皐鄭年者 皆善鬪戰 工用槍 年復能沒海 履其地五十里不噎 角其勇健 保皐不及也 年以兄呼保皐 保皐以齒 年以藝 常不相下 自其國皆來爲武寧軍小將 後保皐歸新羅 謁其王曰 遍中國以新羅人爲奴婢 願得鎭淸海 使賊不得掠人西去 淸海 海路之要也 王與保皐萬人守之 自大和後 海上無鬻新羅人者 保皐旣貴於其國 年飢寒客漣水一日謂戍主馮元規曰 我欲東歸 乞食於張保皐 元規曰 若與保皐所負何如 奈何取死其手 年曰 飢寒死 不如兵死快 況死故鄕邪 年遂去 至 謁保皐 飮之極歡 飮未卒 聞大臣殺其王 國亂無主 保皐分兵五千人與年 持年泣曰 非子不能平禍難 年至其國 誅反者 立王以報 王遂召保皐爲相 以年代守淸海

讚曰 杜牧稱 安思順爲朔方節度時 郭汾陽·李臨淮俱爲牙門都將 二人不相能 雖同盤飮食 常睇相視 不交一言 及汾陽代思順 臨淮欲亡去 計未決 旬日 詔臨淮分汾陽半兵東出趙·魏 臨淮入請曰 一死固甘 乞免妻子 汾陽趨下 持手上堂 曰 今國亂主遷 非公不能東伐 豈懷私忿時邪 及別 執手泣涕 相勉以忠義 訖平劇盜 實二公之力 知其心不叛知其心 難也 忿必見短 知其材 益難也 此保皐與汾陽之賢等耳 年投保皐必曰 彼貴我賤 我降下之 不宜以舊忿殺我 保皐果不殺 人之常情也 臨淮請死於汾陽 亦人之常情也 保皐任年 事出於己 年且寒飢 易爲感動 汾陽·臨淮 平生亢立 臨淮之命 出於天子 權於保皐 汾陽爲優 此乃聖賢遲疑成敗之際也 世稱周·邵爲百代之師 周公擁孺子而邵公疑之 以周公之聖 邵公之賢 少事文王 老佐武王 能平天下 周公之心 邵公且不知之 苟有仁義之心 不資以明 雖邵公尙爾 況其下哉 嗟乎 不以怨毒相基 而先國家之憂 晉有祁奚 唐有汾陽·保皐 孰謂夷無人哉 (『新唐書』220 列傳 145 東夷 新羅)[416]

신라 (夏四月) 漢山州瓢川縣 妖人自言有速富之術 衆人頗惑之 王聞之曰 執左道以惑衆者刑之 先王之法也 投畀其人遠島 (『三國史記』10 新羅本紀 10)

신라 (夏四月) 漢山州瓢川縣 妖人自言有速富之術 衆頗惑之 王曰 執左道惑衆者 當刑流之遠島 (『三國史節要』13)

신라 法光寺石塔記 (옆면)
會昌六年丙寅 九月 移

416) 『全唐文』756 杜牧 張保皐鄭年傳도 참고

建兼脩治 願代代壇越 生
淨土　今上福命長遠　(앞면)
內舍利卄二枚　上座道興　(옆면)
大和二年戊申七月 香
照師 圓寂尼 捨財建塔
寺壇越成德大王 典香純　(뒷면)(「法光寺 石塔誌」)

백제　十月己巳 敍右馬大充正六位上百濟王善義從五位下 (『類聚國史』99 敍位)

신라　太和二年十月 勅嶺南·福建·桂管·邕管·安南等道百姓 禁斷掠買餉遺良口 前後制勅 處分重疊 非不明白 衛中行李元志等 雖云買致 數實過多 宜各令本道施行 准元和四年閏三月五日 及八年九月十八日勅文 切加約勒 仍逐管各差判官奏當司應管諸司所有官戶奴婢等 據要典及令文 有免賤從良條 近年雖赦勅 諸司皆不爲論 致有終身不霑恩澤 今請諸司諸使 各勘官戶奴婢 有廢疾及年近七十者 請准各令處分 其新羅奴婢 伏准長慶元年三月十一日勅 應有海賊詃掠新羅良口 將到緣海諸道 賣爲奴婢 並禁斷者 雖有明勅 尙未止絶 伏請申明前勅 更下諸道切加禁止 勅旨 宜依 (『唐會要』86 奴婢)

발해 신라　(太和二年)十二月己卯 渤海新羅室韋契丹南詔皆遣使朝貢 並詔對于麟德殿 宴賜有差 (『冊府元龜』976 外臣部 21 褒異 3)
신라　冬十二月 遣使入唐朝貢 文宗召對于麟德殿 宴賜有差 入唐廻使大廉 持茶種子來 王使植地理山 茶自善德王時有之 至於此盛焉 (『三國史記』10 新羅本紀 10)
신라　冬十二月 遣大廉如唐朝貢 帝召對于麟德殿 宴賜有差 大廉得茶子來 王命植智理山 (『三國史節要』13)

신라　金陽 字魏昕 太宗大王九世孫也 曾祖周元伊湌 祖宗基蘇判 考貞茹波珍湌 皆以世家爲將相 陽生而英傑 大和二年 興德王三年 爲固城郡大武 尋拜中原大尹 俄轉武州都督 所臨有政譽 (『三國史記』44 列傳 4 金陽)
신라　以金陽爲固城郡太守 尋拜中原大尹武州都督 陽少而英傑 所臨有政譽 太宗王九世孫而周元之曾孫也 其祖宗基父貞皆爲將相 (『三國史節要』13)

829(己酉/신라 흥덕왕 4/발해 宣王 建興 12/唐 太和 3/日本 天長 6)
백제　正月戊子 授 (…) 從四位下百濟王忠宗從四位上 (…) (『類聚國史』99 敍位)

신라　春二月 以唐恩郡爲唐城鎭 以沙湌極正往守之 (『三國史記』10 新羅本紀 10)
신라　春二月 以唐恩郡爲唐城鎭 遣沙湌極正守之 (『三國史節要』13)

고구려　(太和三年)八月 太常禮院奏 謹按凱樂 鼓吹之歌曲也 周官大司樂 王師大獻 則奏凱樂注云 獻功之樂也 又大司馬之職 師有功 則凱樂獻于社 注云 兵樂曰凱 司馬法曰 得意則凱樂 所以示喜也 左氏傳載晉文公勝楚 振旅凱入 魏·晉已來鼓吹曲章 多述當時戰功 是則歷代獻捷 必有凱歌 太宗平東都 破宋金剛 其後蘇定方執賀魯 李勣平高麗 皆備軍容凱歌入京師 謹檢貞觀顯慶開元禮書 並無儀注 今叄酌今古 備其陳設及奏歌曲之儀如後 (『舊唐書』28 志 8 音樂 1)
고구려　太和三年八月 太常禮院奏 謹按凱樂 鼓吹之歌曲也 周官大司樂 王師大獻 則奏凱樂注云 獻功之樂也 又司馬之職 師有功則凱樂 獻於社 注云 兵樂曰凱 司馬法曰 得意則凱樂 所以示喜也 左氏傳載晉文公勝楚 振旅凱以入 魏晉以來 鼓吹曲章 多述當時

戰功 是則歷代獻捷 必有凱歌 太宗平東都 破宋金剛 其後蘇定方執賀魯 李勣平高麗 皆備軍容 凱歌入京師 謹檢貞觀·顯慶·開元禮書 並無儀注 今參酌今古 備其陳設 及奏歌曲之儀 如後 凡命將征伐 有大功獻俘馘者 其日 備神策兵衛於東門外 如獻俘常儀 其凱歌用鐃吹二部 笛篳篥簫笳鐃鼓 每色二人 歌工二十四人也 樂工等乘馬執樂器 次第陳列 如鹵簿之式 鼓吹令丞前導 分行於兵馬俘馘之前 將入都門 鼓吹振作 迭奏破陳樂應聖期賀朝歡君臣同慶樂等四曲 破陳樂詞曰 受律辭元首 相將討叛臣 咸歌破陳樂 共賞太平人 (『唐會要』33 凱樂)

백제　十月癸亥 敍從六位下百濟王慶世從五位下 (『類聚國史』99 敍位)

신라 발해　(太和)三年十二月 渤海新羅室韋契丹南詔 皆遣使朝貢 (『冊府元龜』972 外臣部 17 朝貢 5)

신라　執事省 本名稟主[或云祖主] 眞德王五年改爲執事部 興德王四年 又改爲省 (『三國史記』38 雜志 7 職官 上)

신라　源谷羊典 興德王四年置 大舍一人 看翁一人 染谷典 看翁一人 壁典 看翁一人 下典四人 莿園典 看翁一人 下典二人 豆吞炭典 看翁一人[417] (『三國史記』39 雜志 8 職官 中)

신라　置源谷羊典 大舍一人 看翁一人 又置染谷典 看翁一人 又置壁典 看翁一人 下典四人 又置莿園典 看翁一人 下典二人 又置豆谷炭典 看翁一人 改執事部爲執事省 (『三國史節要』13)

신라`　後以大和丁未歲 至加良峽山 普願寺 受具戒 一入壇場 七宵行道 俄有異雉 忽爾馴飛 左稽古者曰 昔向陳倉 用顯覇王之道 今來寶地 將興法主之徵者焉 初道儀大師者 受心印於西堂 後歸我國 說其禪理 時人雅尙經敎與習觀存神之法 未臻其無爲任運之宗 以爲虛誕 不之崇重 有若達摩不遇梁武也 由是知時未集 隱於山林 付法於廉居禪師 居雪山億聖寺 傳祖心闢師教 我禪師往而事焉 淨修一心 求出三界 以命非命 以軀非軀 禪師察志氣非偶 素槩殊常 付玄珠授法印 (「寶林寺普照禪師彰聖塔碑」)[418]

신라　年餘志學 學佛是圖 落采於緣虛律師 △經于天宗大德 尋以三略 旬出至東原京福泉寺 受具于潤法大德 尋得易極 △海△涯 逡△金言 △△△△ 賞惑月經力 福惠二嚴 母氏必生天矣

自爾希心 △鳥如也 意掀△△ 飜翅△△ △△雪岳 獨△雲岑 詣實相禪庭 適我願兮 請爲資 許之 乃問 若何處來 答曰 爾性何 旣栖神妙門 △△仙境 國師賜△曰 道△之寄宿緣所追 肯搆西堂 △△△尒 時屬△△ △師應召 來儀都邑 拜下禮也 旣釋理之術 △△居處有 繇是禮窣堵波于名山勝地 △△訶是乎 淨△△△ 雅於禪苑揚蕤 集以雜花騰馥 逡△復直往 私築于知異山知實寺 覽諸章疏 無有孑遺 是生之知義 日昇覺者之闡宗 其力也 還化衆生歟 其利佛也 導衆以寂 無言成蹊 有若釋門之英 正法大德弘△前△州僧正順△ 宗子禪師△△而降 悉坐潛天 (「實相寺秀澈和尙楞伽寶月塔碑」)[419]

830(庚戌/신라 흥덕왕 5/발해 宣王 建興 13, 彝震 咸和 1/唐 太和 4/日本 天長 7)

---

417) 染谷典 이하는 흥덕왕 4년에 설치되었는지 확실하지 않은데, 『삼국사절요』에서는 흥덕왕 4년조에 일괄 처리하였다.
418) 체징은 804년에 출생하였고 25세(829년)에 가량협산 보원사에서 구족계를 받았다고 한다.
419) 수철화상비의 판독문은 『譯註韓國古代金石文』 3, 1992의 교정본에 의거하였다.

백제 正月壬午 授 (…) 從五位上百濟王安義 (…) 正五位下 (…) (『類聚國史』 99 敍位)

백제 二月丁巳 授正四位下百濟王慶命從三位 (『日本紀略』)

신라 (좌측)
太和四年庚戌三月二日 成△
△△△△△ △△△
△△△△△ △△△△
(우측)
彌勒佛 (「太和四年銘 磨崖石佛 造像記)

신라 夏四月 王不豫 祈禱 仍許度僧一百五十人 (『三國史記』 10 新羅本紀 10)
신라 夏四月 王不豫 命祈禱度僧百五十人 (『三國史節要』 13)

백제 五月辛卯 從四位上百濟王忠宗卒 時年六十四 (『類聚國史』 66 薨卒)

백제 六月丁卯 從三位百濟王慶命 位封之外 特給五十烟 (『日本紀略』)

신라 冬十二月 遣使入唐朝貢 (『三國史記』 10 新羅本紀 10)
신라 冬十二月 遣使如唐朝貢 (『三國史節要』 13)
신라 발해 四年十二月 吐蕃廻鶻新羅渤海南詔蠻牂牁昆明奚契丹 並遣使朝貢 (『冊府元龜』 972 外臣部 17 朝貢 5)
발해 大和元年四年 皆遣使來朝 (『舊唐書』 199下 列傳 149下 北狄 渤海靺鞨)
발해 大和四年 仁秀死 謚宣王 子新德蚤死 孫彝震立 改年咸和 (『新唐書』 219 列傳 144 北狄 渤海)
발해 (太和四年)是歲 勃海宣王仁秀卒 子新德早死 孫彝震立 改元咸和 (『資治通鑑 244 唐紀 60 文宗元聖昭獻孝皇帝)
발해 大和元年四年 皆遣使來朝 太和四年 仁秀死 謚宣王 (『舊唐書』 199下 列傳 149下 北狄 渤海靺鞨)

신라 太和四年 彦昇卒 (『唐會要』 95 新羅)[420)]

신라 乃於大和四年來歸 大覺上乘 照我仁域 興德大王 飛鳳筆迎勞曰 道義禪師 曩已歸止 上人繼至 爲二菩薩 昔聞黑衣之傑 今見縷褐之英 彌天慈威 擧國欣賴 寡人行當以東雞林之境 成吉祥之宅也 始憩錫於尙州露岳長柏寺 醫門多病 來者如雲 方丈雖寬 物情自隘 遂步至康州知異山 有數於菟 哮吼前導 避危從坦 不殊兪騎 從者無所怖畏豢犬如也 則與善无畏三藏 結夏靈山 猛獸前路 深入山穴 見牟尼立像 宛同事跡 彼竺曇猷之扣睡虎頭 令聽經 亦未傳媺於僧史也 因於花開谷故三法和尙蘭若遺基 纂修堂宇 儼若化成 (『雙溪寺眞鑑禪師大空塔碑』)

신라 萬里爲朝使 離家今幾年 應知舊行路 却上遠歸船 夜泊[一作宿]避蛟窟 朝飮求島泉 悠悠到鄕國 還望海西天 (『全唐詩』 6函 6冊 張籍 送新羅使)[421)]

---

420) 太和 4년(831)에 金彦昇 즉 憲德王이 죽은 것으로 기록했으나, 실제 그의 사망 연도는 寶曆 2년(826)이다.

421) 新羅使가 누군지는 알 수 없다. 하지만 작자인 장적의 생몰년이 767~830년이므로 이 시기로 편년하고

신라　　別家行萬里 自說過扶餘 學得中州語 能爲外國書 與醫收海藻 持呪取龍魚 更問同來伴 天台幾處居 (『全唐詩』 6函 6冊 張籍 贈海東僧)[422]

831(辛亥/신라 흥덕왕 6/발해 彝震 咸和 2/唐 太和 5/日本 天長 8)

발해　　(春正月)己丑 以權知渤海國務大彝震 檢校秘書監忽汗州都督渤海國王 (『舊唐書』 17下 本紀 17 下 文宗 下)

발해　　(文宗太和)五年正月 以權知渤海國務大彝震爲銀靑光祿大夫簡較秘書監兼忽汗州都督冊爲渤海國王 (『冊府元龜』 965 外臣部 10 封冊 3)

발해　　(大和)五年 大仁秀卒 以權知國務大彝震 爲銀靑光祿大夫檢校祕書監都督渤海國王 (『舊唐書』 199下 列傳 149下 北狄 渤海靺鞨)

발해　　太和五年 仁秀卒 以權知國務大彝震國王 (『冊府元龜』 967 外臣部 12 繼襲 2)

발해　　明年 詔襲爵 終文宗世 來朝十二 (『新唐書』 219 列傳 144 北狄 渤海)

신라　　春正月 地震 (『三國史記』 10 新羅本紀 10)

신라　　春正月 地震 (『三國史節要』 13)

신라　　(春正月) 侍中祐徵免 伊飡允芬爲侍中 (『三國史記』 10 新羅本紀 10)

신라　　(春正月) 侍中祐徵免 以伊飡允芬代之 (『三國史節要』 13)

백제　　二月丙子 御紫宸殿 源朝臣定加元服 冷泉院爲主人也 百濟氏大夫等 相共獻物 雅樂寮奏音聲 次侍從以上賜祿 授百濟王寬命從五位下 (『日本紀略』)

신라　　二月 遣王子金能儒幷僧九人朝唐 (『三國史記』 10 新羅本紀 10)

신라　　二月 王遣王子能儒如唐 (『三國史節要』 13)

신라　　(大和)五年二月 新羅王子金能儒 並僧九人 闍波國朝貢使李南呼綠等十七人等 並入朝 (『冊府元龜』 972 外臣部 17 朝貢 5)

신라　　(大和)五年三月己亥朔 新羅國王檢校太尉金彦昇薨[423] 廢朝 (『冊府元龜』 976 外臣部 21 褒異 3)

신라　　(大和)五年 金彦昇卒[424] 以嗣子金景徽爲開府儀同三司檢校太尉使持節大都督雞林州諸軍事 兼持節充寧海軍使·新羅王 景徽母朴氏爲太妃 妻朴氏爲妃 命太子左諭德兼御史中丞源寂持節弔祭冊立 (『舊唐書』 199上 列傳 149上 東夷 新羅)

신라　　彦昇死 子景徽立 大和五年 以太子左諭德源寂冊弔如儀 (『新唐書』 220 列傳 145 東夷 新羅)

신라　　夏四月己巳朔甲戌 以新羅王嗣子金景徽爲開府儀同三司檢校太保 使持節雞林州諸軍事雞林州大都督寧海軍使上柱國 封新羅王 仍封其母朴氏爲新羅國太妃 (『舊唐書』 17下 本紀 17 下 文宗 下)

830년에 편제하였다.

422) 新羅使가 누군지는 알 수 없다. 하지만 작자인 장적의 생몰년이 767~830년이므로 이 시기로 편년하고 830년에 편제하였다.

423) 太和 5년(831)에 金彦昇 즉 憲德王이 죽은 것으로 되어 있으나, 실제 그의 사망 연도는 寶曆 2년(826)이다.

424) 太和 5년(831)에 金彦昇 즉 憲德王이 죽은 것으로 되어 있으나, 실제 그의 사망 연도는 寶曆 2년(826)이다.

신라　(大和)五年四月　詔以新羅王金景徽爲開府儀同三司·檢校太尉　使持節大都督雞林州諸軍事兼充寧海軍使　景徽母朴氏　宣冊爲太妃　妻朴氏冊爲妃　太子左諭德兼御史中丞源寂　持節弔祭冊立焉 (『唐會要』 95 新羅)

신라　相門才子稱華簪　持節東行捧德音　身帶霜威辭鳳闕　口傳天語到鷄林　煙開鰲背千尋碧　日落鯨波萬頃金　想見扶桑受恩處[一作後]　一時西拜盡傾心 (『全唐詩』 6函 3册 劉禹錫 送源中丞充新羅冊册立使)

신라　赤墀奉命使殊方　官重霜臺紫綬光　玉節在船淸海怪　金函開詔撫夷王　雲晴漸覺山川異　風便寧知道路長　誰得似君將雨露　海東萬里灑扶桑 (『全唐詩』 8函 2册 殷堯藩 送源中丞使新羅)[425]

신라 발해　唐故武昌軍節度處置等使正議大夫檢校戶部尚書鄂州刺史兼御史大夫賜紫金魚袋贈尚書右僕射河南元公墓誌銘 幷序　公諱稹　字微之　河南人(…) 太和五年七月二十二日　遇暴疾　穆宗前後索詩數百篇　命左右諷詠　宮中呼爲元才子　自六宮兩都八方　至南蠻東夷國　皆寫傳之 (『全唐文 679 白居易)[426]

신라　宿弟定字介夫　儀貌壯偉　與宿俱有文學　而定過之 (…) 先長慶中　源寂使新羅國　見其國人傳寫諷念定所爲黑水碑·畫鶴記　韋休符之使西番也　見其國人寫定商山記於屛障　其文名馳於戎夷如此[427] (『舊唐書』 168 列傳 118 馮宿)

신라　初源寂使新羅　其國人傳定黑水碑　畫鶴記　韋休符使西蕃　所館寫定商山記於屛　其名播戎夷如此 (『新唐書』 177 列傳 102 馮宿)

고구려 신라　[傳] 高麗嘗遣使求歐陽詢書　新羅國人　傳馮定黑水碑畫鶴記　西蕃所館　寫定商山記於屛 (『玉海』 154 朝貢 獻方物 唐高麗求書)

신라　秋七月 入唐進奉使能儒等一行人 廻次溺海 (『三國史記』 10 新羅本紀 10)

신라　秋七月 回自唐 溺海死 (『三國史節要』 13)

신라　太政官符

應檢領新羅人交關物事

右被大納言 (…) 淸原眞人夏野宣偁 奉勅如聞 (…)

天長八年九月七日 (『類聚三代格』 18 夷俘幷外蕃人事)

신라　冬十一月 遣使入唐朝貢 (『三國史記』 10 新羅本紀 10)

신라　冬十一月 遣使如唐朝貢 (『三國史節要』 13)

신라 발해　(大和五年)十一月　吐蕃廻鶻奚契丹新羅渤海南詔牂牁　並遣使朝貢 (『冊府元龜』 972 外臣部 17 朝貢 5)

신라　後有崛山祖師梵日　太和年中入唐　到明州開國寺　有一沙彌　截左耳　在衆僧之末　與師言曰　吾亦鄕人也　家在溟州界翼嶺縣德耆坊　師他日若還本國　須成吾舍　旣而遍遊叢席　得法於鹽官[事具在本傳]　以會昌七年丁卯還國　先創崛山寺而傳敎 (『三國遺事』 3 塔像 4 落山二大聖 觀音 正趣 調信)[428]

---

425) 『全唐詩』 8函 3册의 送源中丞赴新羅는 姚合이 지었다고 한다.

426) 원진의 사망 일자에 맞춰 831년 7월에 배치하였다.

427) 『구당서』에서는 장경 연간의 일로 기록하였는데, 『구당서』와 『신당서』 신라 열전에 源寂이 신라에 사신으로 간 사실은 太和 5년(831)으로 기록되어 있다. 이에 장경 연간 마지막 해인 824년과 831년에 같이 배치하였다.

428) 범일은 831년(흥덕왕 6) 왕자 金義宗과 함께 당나라로 갔다.

신라 生有曹姿 不曾兒年 七歲 覩禪侶之乞食者 因慕出家遂辭二親 於是 孤逝至五冠山寺 謁珍傳法師 爰於摩頂之時 便契息心之旨 仍居慈室 落采△△△△謂△ 後代之染道人 於是 復現者 衆口喃喃 且與救蟻沙彌 不可同年而語哉 (「寧越興寧寺澄曉大師塔碑」)

신라 及玆從心 專意內典 以嗣子奉命 鷄林三歲 然復疚心疾首 六時禮念 冥期祐助 以福後尤 果符神力 保全以歸 洎相見時 悲倍於喜 (「趙氏夫人 墓誌銘」)[429]

신라 御馬新騎禁苑秋 白鷹來自海東頭 漢皇無事須游獵 雪亂爭飛錦臂韝 (『全唐詩』4函 10册 竇鞏 新羅進白鷹)[430]

832(壬子/신라 흥덕왕 7/발해 彛震 咸和 3/唐 太和 6/日本 淳和 天長 9)

신라 春夏 旱 赤地 王避正殿 減常膳 赦內外獄囚 (『三國史記』10 新羅本紀 10)
신라 春夏 旱 地赤 王避殿減膳 赦 至秋七月乃雨 (『三國史節要』13)

발해 二月丙辰[431] 麟德殿 (…) 又對渤海王子大明俊等六人 宴賜有差 (『冊府元龜』976 外臣部 21 褒異 3)

발해 (大和)六年三月 渤海王子大明俊來朝 (『冊府元龜』972 外臣部 17 朝貢 5)
발해 (大和)六年 遣王子大明俊等來朝 (『舊唐書』199下 列傳 149下 北狄 渤海靺鞨)

신라 秋七月 乃雨 (『三國史記』10 新羅本紀 10)

신라 八月 飢荒 盜賊遍起 (『三國史記』10 新羅本紀 10)
신라 八月 飢荒 盜賊遍起 (『三國史節要』13)

신라 冬十月 王命使安撫之 (『三國史記』10 新羅本紀 10)
신라 冬十月 王遣使安撫之 (『三國史節要』13)

발해 (十二月)戊辰 內養王宗禹渤海使迴 言渤海置左右神策軍左右三軍一百二十司 畫圖以進 (『舊唐書』17 下 本紀 17 下 文宗 下)

신라 九歲喪父 殆毁滅 有追福僧憐之 論曰 幻軀易滅 壯志難成 昔佛報恩 有大方便 子勉之 因感悟輟哭 白所生請歸道 母慈其幼 復念保家無主 確不許 耳踰城故事 則亡去就學浮石山 忽一日 心驚坐屢遷 俄聞倚閭成疾 遽歸省而病隨愈 時人方阮孝緖 居無何 染沈疴 謁醫無效 枚卜之 僉曰 宜名隷大神 母追惟曩夢 誡覆以方袍 而泣誓言 斯疾若起 乞佛爲子 信宿果大瘳 仰悟慈親 終成素志 使舐犢者割愛 飮蛇者釋疑 孝感之異三也 (「鳳巖寺智證大師寂照塔碑」)

---

429) 이 기사에는 연대 표기가 없으나, 趙氏夫人은 760년에 출생하여 829년에 70세가 되었고 그로부터 햇수로 3년이 흐르면 831년이 된다. 그에 따라 829~831년으로 기간편년하고 마지막해인 831년에 배치하였다. 『唐代墓誌滙篇』도 참고.

430) 두공의 생몰년은 772~831년이다. 따라서 831년에 편제하였다.

431) 이 해 2월 초하루는 갑자일이므로 丙辰일은 없다. '丙'으로 시작하는 날은 丙寅(3), 丙子(13), 丙戌(23) 등이 있다.

신라　大師法諱行寂俗姓崔氏其先周朝之尙父遐苗齊國之丁公遠裔其後使乎兎郡留寓雞林今爲京萬河南人也祖諱全避世辭榮幽居養志父諱佩常年登九歲學冠三冬長牽投筆之心仍效止戈之藝所以繫名軍旅充職戎行母薛氏夢見僧謂曰宿因所追願爲阿孃之子覺後感其靈瑞備啓所天自屛膻腴勤爲胎敎以大和六年十二月三十日誕生　大師生標奇骨有異凡流遊戲之時須爲佛事每聚沙而造塔常摘葉」以爲香爰自靑襟尋師絳帳請業則都忘寢食臨文則惣括宗源嘗以深信金言志遺塵俗謂父曰所願出家修道以報罔極之恩其父知有宿根合符前夢不阻其志愛而許之遂迺削染披緇苦求遊學欲尋學海歷」選名山至於伽耶海印寺便謁宗師精探經論統雜花之妙義該貝葉之眞文師謂學徒曰釋子多聞顔生好學昔聞其語今見其人豈與靑眼赤髭同年而語哉 (「太子寺郞空大師碑」)

발해　星紀再周 渤海國大彝震遣司賓卿賀守謙來聘 府選報復 議先會主 假瀛州司馬 朱衣使行 (「張建章墓誌」)[432]

833(癸丑/신라 흥덕왕 8/발해 彝震 咸和 4/唐 太和 7/日本 天長 10)

발해　文宗太和七年春正月己亥 銀靑光祿大夫·簡較秘書監·忽汗都督國王大彝震奏 遣學士解楚卿趙孝明劉寶俊三人 附謝恩使同中書右平章事高賞英 赴上都學間 先遣學生李居正朱承朝高壽海等三人 事業稍成 請准例遞乘歸本國 許之 (『冊府元龜』 999 外臣部 44 請求)

발해　(大和)七年正月 遣同中書右平章事高寶英來謝冊命 仍遣學生三人 隨寶英請赴上都學問 先遣學生三人 事業稍成 請歸本國 許之 (『舊唐書』 199下 列傳 149下 北狄 渤海靺鞨)

발해　(大和)七年正月 渤海王遣同中書右平章事高賞英來謝策命 (『冊府元龜』 972 外臣部 17 朝貢 5)

발해　(二月)己卯 麟德殿對吐蕃渤海牂柯昆明等使 (『舊唐書』 17 下 本紀 17 下 文宗 下)

발해　(大和七年)二月己卯 麟德殿對 (…) 渤海王子大光晟等六人 (…) 宴賜有差 (『冊府元龜』 976 外臣部 21 褒異 3)

발해　(大和七年)二月 王子大先晟等六人來朝 (『舊唐書』 199下 列傳 149下 北狄 渤海靺鞨)

신라　太和七年 三月日 菁州 蓮池寺鐘成內節 傳合入金 七百十三廷 古金 四百九十八廷 加入金百十廷
成典和上 惠門法師 △惠法師
上坐 則忠法師 都乃 法勝法師
卿村主 三長及干 朱雀大
作韓舍 寶淸軍師 龍年軍師
史六△ 三忠舍知 行道舍知
成博士 安海哀大舍 哀忍大舍
節州統 皇龍寺 覺明和上 (「蓮池寺鐘銘」)

신라　春 國內大飢 (『三國史記』 10 新羅本紀 10)

신라　春 國內大飢 (『三國史節要』 13)

---

432) 『唐代墓誌滙篇』도 참고.

백제　夏四月戊午朔 天皇於紫宸殿 賜侍臣酒 音樂之次 右京大夫從四位下百濟王勝義奏百濟國風俗舞 晩頭酒罷 賜四位已上御被 五位御衣 (『續日本後紀』1 仁明紀)

신라　(夏四月)乙丑 投化新羅人金禮眞等男女十人 貫附左京五條 (『續日本後紀』1 仁明紀)

백제　(四月)己卯 天皇還御內裏 以攝津國百濟郡荒廢田廿七町野 賜源朝臣勝 (『續日本後紀』1 仁明紀)

신라　夏四月 王謁始祖廟 (『三國史記』10 新羅本紀 10)
신라　夏四月 王謁始祖廟 (『三國史節要』13)

백제　(六月)甲子 詔曰 雲行雨施 穹蒼所以宣慈 含垢匿瑕 元后於焉播澤 (…) 安倍朝臣淸繼百濟王愛筌 故藤原朝臣仲成男等 竝量徙入近國 (『續日本後紀』1 仁明紀)

백제　(六月)己巳 罪人安倍朝臣淸繼 元配伯耆國 今移美作國 百濟王愛岑 元安房國 今移參河國 (『續日本後紀』1 仁明紀)

백제　(八月戊戌) 備前國人直講博士正六位上韓部廣公賜姓直道宿禰也 廣公之先 百濟國人也 (『續日本後紀』1 仁明紀)

발해　癸丑秋 方舟而東 海濤萬里 (「張建章墓誌銘」)[433]

백제　(冬十月戊申) 正五位下百濟王安義從四位下 正六位上百濟王文操 從五位下 (『續日本後紀』1 仁明紀)

신라　冬十月 桃李再華 民多疫死 (『三國史記』10 新羅本紀 10)
신라　冬十月 桃李華 民多疫死 (『三國史節要』13)

신라　十一月 侍中允芬退 (『三國史記』10 新羅本紀 10)
신라　十一月 侍中允芬免 (『三國史節要』13)

834(甲寅/신라 흥덕왕 9/발해 이진 5 咸和 5/唐 大和 8/日本 天長 11, 承和 1)

백제　(春正月癸亥) 從五位下百濟公繩繼爲參河介 (…) (『續日本後紀』3 仁明紀)

신라　春正月 祐徵復爲侍中 (『三國史記』10 新羅本紀 10)
신라　春正月 復以祐徵復爲侍中 (『三國史節要』13)

신라　(二月)癸未 新羅人等遠涉滄波 泊着大宰海涯 而百姓惡之 彎弓射傷 由是 太政官譴責府司 其射傷者 隨犯科罪 被傷痍者 遣醫療治 給糧放還 (『續日本後紀』3 仁明紀)

백제　(二月)乙未 忠良親王冠也 卽敍四品 先太上天皇第四子也 母百濟氏 從四位下勳三等俊哲之女 從四位下貴命是也 (『續日本後紀』3 仁明紀)

433) 『唐代墓誌滙篇』도 참고.

백제	(五月丙子) 左京人正七位下文忌寸歲主 無位同姓三雄等 賜姓淨野宿禰 河內國人正六位上文忌寸繼立 改忌寸賜宿禰焉 歲主三雄繼立等之先 竝百濟國人也 (『續日本後紀』3 仁明紀)
백제	(六月)辛丑 和泉國人正六位上蜂田藥師文主 從八位下同姓安遊等賜姓深根宿禰 其先百濟國人也 (『續日本後紀』3 仁明紀)
백제	(秋七月庚戌朔) 從四位下百濟王安義爲右兵衛督 丹波守如故 (…) (『續日本後紀』3 仁明紀)
백제	(九月)壬申 勘解由主典阿直史福吉 散位同姓核公等三人 賜姓淸根宿禰 核公之先 百濟國人也 (『續日本後紀』3 仁明紀)
신라	秋九月 王幸西兄山下大閱 御武平門觀射 (『三國史記』10 新羅本紀 10)
신라	秋九月 王幸西兄山下大閱 御武平門觀射 (『三國史節要』13)
발해	(癸丑)明年秋杪 達忽汗州 州卽挹婁故地 彛震重禮留之 (「張建章墓誌銘」)
신라	冬十月 巡幸國南州郡 存問耆老及鰥寡孤獨 賜穀布有差 (『三國史記』10 新羅本紀 10)
신라	冬十月 巡幸國南州郡 存問耆老及鰥寡孤獨 賜穀布有差 (『三國史節要』13)
백제	十一月辛亥 正六位上百濟王奉義 正六位上百濟王慶仁 竝授從五位下 (『續日本後紀』3 仁明紀)
신라	興德王卽位九年 太和八年 下敎曰 人有上下 位有尊卑 名例不同 衣服亦異 俗漸澆薄 民競奢華 只尙異物之珍寄 却嫌土産之鄙野 禮數失於逼僭 風俗至於陵夷 敢率舊章 以申明命 苟或故犯 國有常刑 眞骨大等 幞頭任意 表衣半臂袴並禁罽繡錦羅 腰帶禁硏文白玉 靴禁紫皮 靴帶禁隱文白玉 襪任用綾已下 履任用皮絲麻 布用二十六升已下 眞骨女 表衣禁罽繡錦羅 內衣半臂袴襪履並禁罽繡羅 裱禁罽及繡用金銀絲孔雀尾翡翠毛者 梳禁瑟瑟鈿玳瑁 釵禁刻鏤及綴珠 冠禁瑟瑟鈿 布用二十八升已下 九色禁赭黃 六頭品 幞頭用繐羅絁絹布 表衣只用綿紬紬布 內衣只用小文綾絁絹布 袴只用絁絹綿紬布 帶只用烏犀鍮鐵銅 襪只用絁綿紬布 靴禁烏麖皺文紫皮 靴帶用烏犀鍮鐵銅 履只用皮麻 布用十八升已下 六頭品女 表衣只用中小文綾絁絹 內衣禁罽繡錦野草羅 半臂禁罽繡羅繐羅 袴禁罽繡錦羅繐羅金泥 裱禁罽繡錦羅金銀泥 褙襠短衣並禁罽繡錦羅布紡羅野草羅金銀泥 表裳禁罽繡錦羅繐羅野草羅金銀泥纐纈 褾襻禁罽繡 內裳禁罽繡錦羅野草羅 帶禁以金銀絲孔雀尾翡翠毛爲組 襪袎禁罽羅繐羅 襪禁罽繡錦羅繐羅野草羅 履錦罽繡錦羅繐羅 梳禁瑟瑟鈿 釵禁純金以銀刻鏤及綴珠 冠用繐羅紗絹 布用二十五升已下 色禁赭黃紫紫粉金屑紅 五頭品 幞頭用羅絁絹布 表衣只用布 內衣半臂只用小文綾絁絹布 袴只用綿紬布 腰帶只用鐵 襪只用綿紬 靴禁烏麖皺文紫皮 靴帶只用鍮鐵銅 履用皮麻 布用十五升已下 五頭品女 表衣只用無文獨織 內衣只用小文綾 半臂禁罽繡錦野草羅繐羅 袴禁罽繡錦羅繐羅野草羅金泥 裱用綾絹已下 褙[434]襠禁罽繡綿野草羅布紡羅金銀泥纐纈 短衣禁

羅繡錦野草羅布紡羅繐羅金銀泥纐纈　表裳禁罽繡錦野草羅繐羅金銀泥纐纈　褾襻禁罽繡錦羅　內裳禁罽繡綿野草羅金銀泥纐纈　帶禁以金銀絲孔雀尾翡翠毛爲組　襪袎禁罽繡錦羅繐羅　襪禁罽繡錦羅繐羅野草羅　履但用皮已下　梳用素玳瑁已下　釵用白銀已下　無冠　布用二十升已，色禁赭黃紫紫粉黃屑紅緋

四頭品　幞頭只用紗絁絹布　表衣.袴只用布　內衣半臂只用絁絹綿紬布　腰帶只用鐵銅　靴禁烏麖皺文紫皮　靴帶只用鐵銅　履用牛皮麻已下　布用十三升已下

四頭品女　表衣只用綿紬已下　內衣只用小文綾已下　半臂袴只用小文綾絁絹已下　裱短衣只用絹已下　褙襠只用綾已下　表裳只用絁絹已下　褾與裳同　襻用越羅　無內裳　帶禁繡組及野草羅乘天羅越羅　只用綿紬已下　襪袎只用小文綾已下　襪只用小文綾絁綿紬布　履用皮已下　梳用素牙角木　釵禁刻鏤綴珠及純金　無冠　布用十八升　色禁赭黃紫紫粉黃屑緋紅滅紫

平人　幞頭只用絹布　表衣袴只用布　內衣只用絹布　帶只用銅鐵　靴禁烏麖皺文紫皮　靴帶只用鐵銅　履用麻已下　布用十二升已下

平人女　表衣只用綿紬布　內衣只用絁絹綿紬布　袴用絁已下　表裳用絹已下　襻只用綾已下　帶只用綾絹已下　襪袎用無文　襪用絁綿紬已下　梳用素牙角已下　釵用鍮石已下　布用十五升已下　色與四頭品女同（『三國史記』33 雜志 2 色服）

신라　　下敎曰　人有上下　位有尊卑　名例不同　衣服亦異　俗漸澆薄　民競奢華　只尙異物之珍寄　却嫌土産之鄙野　禮數失於逼僭　風俗至於陵夷　敢率舊章　以申明命　苟或故犯　國有常刑

[三國史志　眞骨大等　幞頭任用　表衣半臂袴並禁罽繡錦羅　腰帶禁硏文白玉　靴禁紫皮　靴帶禁隱文白玉　襪任用綾已下　履任用皮絲麻　布用二十六升已下　眞骨女　表衣禁罽繡錦羅　內衣半臂袴襪履並禁罽繡羅　裱禁罽及繡用金銀絲孔雀尾翡翠毛者　梳禁瑟瑟鈿玳瑁　釵禁刻鏤及綴珠　冠禁瑟瑟鈿　布用二十八升已下　凡色禁赭黃

六頭品　幞頭用繐羅絁絹布　表衣只用緜紬紬布　內衣只用小文綾絁絹布　袴只用絁絹綿紬布　帶只用烏犀鍮鐵銅　履[435]只用絁緜紬布　靴禁烏麖皺文紫皮　靴帶用烏犀鍮鐵銅　履只用皮麻　布用十八升已下　六頭品女　表衣只用中小文綾絁絹　內衣禁罽繡錦野草羅　半臂禁罽繡羅繐羅　袴禁罽繡錦羅繐羅金泥　△禁罽繡錦羅金銀泥　褙襠短衣並禁罽繡錦羅布紡羅野草羅金銀泥　表裳禁罽繡錦羅繐羅野草羅金銀泥纐纈　褾襻禁罽繡　內裳禁罽繡錦羅野草羅　帶禁以金銀絲孔雀尾翡翠毛爲組　襪袎禁罽羅繐羅　襪禁罽繡錦羅繐羅野草羅　履禁罽繡錦羅繐羅　梳禁瑟瑟鈿　釵禁純金以銀刻鏤及綴珠　冠用繐羅紗絹　布用二十五升已下　色禁赭黃紫紫粉金屑紅

五頭品　幞頭用羅絁絹布　表衣只用布　內衣半臂只用小文綾絁絹布　袴只用綿紬布　腰帶只用鐵　襪只用緜紬　靴禁烏麖皺文紫皮　靴帶只用鍮鐵銅　履用皮麻　布用十五升已下　五頭品女　表衣只用無文獨織　內衣只用小文綾　半臂禁罽繡錦野草羅繐羅　袴禁罽繡錦羅繐羅野草羅金泥　裱用綾絹已下　褙襠禁罽繡綿野草羅布紡羅金銀泥纐纈　短衣禁罽繡錦野草羅布紡羅繐羅金銀泥纐纈　表裳禁罽繡錦野草羅繐羅金銀泥纐纈　褾襻禁罽繡錦羅　內裳禁罽繡綿野草羅金銀泥纐纈　帶禁以金銀絲孔雀尾翡翠毛爲組　襪袎禁罽繡錦羅繐羅　襪禁罽繡錦羅繐羅野草羅　履但用皮已下　梳用素玳瑁已下　釵用白銀已下　無冠　布用二十升已下　色禁赭黃紫紫粉黃屑紅緋

四頭品　幞頭只用紗絁絹布　衣袴只用布　內衣半臂只用絁絹綿紬布　腰帶只用鐵銅　靴禁烏麖皺文紫皮　靴帶只用鐵銅　履用牛皮麻已下　布用十三升已下　四頭品女　表衣只用綿紬已下　內衣只用小文綾已下　半臂袴只用小文綾絁絹已下　裱短衣只用絹已下　褙襠只

434) 저본에는 '褙'로 되어 있으나, '褙'로 수정해야 한다.
435) 저본에는 '履'로 되어 있으나, '襪'로 수정해야 한다.

用綾已下 表裳只用絁絹已下 褾與裳同 襻用越羅 無內裳 帶禁繡組及野草羅乘天羅越羅 只用綿紬已下 襪袎只用小文綾已下 襪只用小文綾絁綿紬布 履用皮已下 梳用素牙角木 釵禁刻鏤綴珠及純金 無冠 布用十八升 色禁赭黃紫紫粉黃屑緋紅滅紫

平人 幞頭只用絹布 表衣 袴只用布 內衣只用絹布 帶只用銅鐵 靴禁烏麖皺文紫皮 靴帶只用鐵銅 履用麻已下 布用十二升 平人女 表衣只用綿紬布 內衣只用絁絹緜紬布 袴用絁已下 表裳用絹已下 襻只用綾已下 帶只用綾絹已下 襪袎用無文 襪用絁綿紬已下 梳用素牙角已下 釵用鍮石已下 布用十五升已下 色與四頭品女同

眞骨 車材 不用紫檀沉香 不得帖玳瑁 亦不敢飾以金銀玉 褥子用綾絹已下 不過二重 坐子用鈿錦二色綾已下 緣用錦已下 前後幰用小文綾紗絁已下 色以深靑碧紫紫粉 絡網用糸麻 色以紅緋翠碧 粧表但用絹布 色以紅緋靑縹 牛勒及鞅用絁絹布 環禁金銀鍮石 步搖亦禁金銀鍮石

六頭品 褥子用絁絹已下 坐子用絁絹布 無緣 前後幰若 隨眞骨已上貴人行則不設 但自行則用竹簾若莞席 緣以絁絹已下 絡網用布 色以赤靑 牛勒及鞅用布 環用鍮銅鐵

五頭品 褥子只用氈若布 前後幰只用竹簾莞席 緣以皮布 無勒鞅用麻 環用木鐵

眞骨 鞍橋 禁紫檀沉香 鞍韉禁罽繡錦羅 鞍坐子禁罽繡羅 障泥但用麻油染 銜鐙禁金鍮石鍍金綴玉 靷鞦禁組及紫條 眞骨女 鞍橋禁寶鈿 鞍韉鞍坐子禁罽羅 脊䩞[一云韂脊]禁罽繡羅 銜鐙禁裹金綴玉 靷鞦禁䩞金銀絲但

六頭品 鞍橋禁紫檀沉香黃楊槐柘及金綴玉 鞍韉用皮 鞍坐子用緜紬絁布皮 障泥用麻油染 銜鐙禁金銀鍮石及鍍金銀綴玉 靷鞦用皮麻 六頭品女 鞍橋禁紫檀沉香及裹金綴玉 鞍韉鞍坐子禁罽繡錦羅繐羅 鞜脊用綾絁絹 銜鐙禁金銀鍮石及鍍金銀綴玉 障泥用皮 靷鞦不用組

五頭品 鞍橋禁紫檀沉香黃楊槐柘 亦不得用金銀綴玉 鞍韉用皮 障泥用麻油染 銜鐙禁金銀鍮石 又不得鍍鏤金銀 靷鞦用麻 五頭品女 鞍橋禁紫檀沉香 又禁飾以金銀玉 鞍韉鞍坐子禁罽繡錦綾羅虎皮 銜鐙禁金銀鍮石 又禁飾以金銀 障泥用皮 靷鞦禁組及紫紫粉暈條

四頭品至百姓 鞍橋禁紫檀沉香黃楊槐柘 又禁飾以金銀玉 鞍韉用牛馬皮 障泥用楊竹 銜用鐵 鐙用木鐵 靷鞦用筋若麻爲絞 四頭品女至百姓女 鞍橋禁紫檀沉香黃楊槐 又禁飾金銀玉 鞍韉鞍坐子禁罽繡錦羅繐羅綾虎皮 銜鐙禁金銀鍮錫 又禁飾金銀 障泥但用皮 靷鞦禁組及紫紫粉暈條

眞骨 器用 禁金銀及鍍金 六頭五頭品 禁金銀及鍍金銀 又不用虎皮毬㲣毾㲪 四頭品至百姓 禁金銀鍮石朱裏平文物 又禁毬㲣毾㲪虎皮 大唐毯等

眞骨 室長廣不得過二十四尺 不覆唐瓦 不施飛簷 不雕懸魚 不飾以金銀鍮石五彩 不磨階石 不置三重階 垣墻不施梁棟 不塗石灰 簾緣禁錦罽繡野草羅 屛風禁繡 床不飾玳瑁沉香

六頭品 室長廣不過二十一尺 不覆唐瓦 不施飛簷重袱栱牙懸魚 不飾以金銀鍮錫白鑞五彩 不置中階及二重階 階石不磨 垣墻不過八尺 又不施梁棟 不塗石灰 簾緣禁罽繡綾 屛風禁繡 床不得飾玳瑁紫檀沉香黃楊 又禁錦薦 不置重門及四方門 廐容五馬

五頭品 室長廣不過△八尺 不用山楡木 不覆唐瓦 不置獸頭 不施飛簷重袱花斗牙懸魚 不以金銀鍮石銅鑞五彩爲飾 不磨階石 垣墻不過七尺 不架以梁 不塗石灰 簾緣禁錦罽綾絹絁 不作大門四方門 廐容三馬

四頭品至百姓 室長廣不過十五尺 不用山楡木 不施藻井 不覆唐瓦 不置獸頭飛簷栱牙懸魚 不以金銀鍮錫銅鑞爲飾 階砌不用山石 垣墻不過六尺 又不架梁 不塗石灰 不作大門四方門 廐容二馬

外眞村主與五品同 次村主與四品同

金富軾曰 我太祖受命 凢國家法度 多因羅舊則 至今朝廷士女之衣裳 蓋亦春秋請來之

遺制歟 臣三奉使上國 一行衣冠與宋人無異 嘗入朝 尙早 立紫宸殿門 一閤門員來問何者是高麗人使 應曰 我是 則笑而去 又宋使臣劉逵吳拭來聘在館 宴次見鄕粧倡女召來上階 指闊袖衣色絲帶大裙 歎曰 此皆三代之服 不擬尙行於此 知今之婦人禮服盖亦唐之舊歟 新羅年紀遠 文史缺落 其制不可縷數 但粗記其可見云爾 (『三國史節要』13)

신라 眞骨 車材不用紫檀沉香 不得帖玳瑁 亦不敢飾以金銀玉 褥子用綾絹已下 不過二重 坐子用罽錦二色綾已下 緣用錦已下 前後幰用小文綾紗絁已下 色以深靑碧紫紫粉 絡網用糸麻 色以紅緋翠碧 粧表且用絹布 色以紅緋靑縹 牛勒及鞅用絁絹布 環禁金銀鍮石 步搖亦禁金銀鍮石

六頭品 褥者用絁絹已下 坐子用絁絹布 無緣 前後幰若隨眞骨已上貴人行則不設 但自行則用竹簾若莞席 緣以絁絹已下 絡網用布 色以赤靑 牛勒及鞅用布 環用鍮銅鐵

五頭品 褥子只用氈若布 前後幰只用竹簾莞席 緣以皮布 無勒鞅用麻 環用木鐵

眞骨 鞍橋禁紫檀沉香 鞍韉禁罽繡錦羅 鞍坐子禁罽繡羅 障泥但用麻油染 銜鐙禁金鍮石鍍金綴玉 靷鞦禁組及紫條 眞骨女 鞍橋禁寶鈿 鞍韉鞍坐子禁罽羅 脊䪌[一云韂脊]禁罽繡羅 銜鐙禁㭊金綴玉 靷鞦禁䪌金銀絲組

六頭品 鞍橋禁紫檀沉香黃楊槐柘及金綴玉 鞍韉用皮 鞍坐子用綿紬絁布皮 障泥用麻油染 銜鐙禁金銀鍮石及鍍金銀綴玉 靷鞦用皮麻 六頭品女 鞍橋禁紫檀沉香及㭊金綴玉 鞍韉鞍坐子禁罽繡禁羅繐羅 替脊用綾絁絹 銜鐙禁金銀鍮石及鍍金銀綴玉 障泥用皮 靷鞦用不用組

五頭品 鞍橋禁紫檀沉香黃楊槐柘 亦不得用金銀鐵玉 鞍韉用皮 障泥用麻油染 銜.鐙禁金銀鍮石 又不得鍍鏤金銀 靷鞦用麻 五頭品女 鞍橋禁紫檀沉香 又禁飾以金銀玉 鞍韉鞍坐子禁罽繡錦綾羅虎皮 銜鐙禁金銀鍮石 又禁飾以金銀 障泥用皮 靷鞦禁組及紫紫粉暈條

四頭品至百姓 鞍橋禁紫檀沉香黃楊槐柘 又禁飾以金銀玉 鞍韉用牛馬皮 鞍褥用皮 障泥用楊竹 銜用鐵 鐙用木鐵 靷鞦用筋若麻爲絞 四頭品女至百姓女 鞍橋禁紫檀沉香黃楊槐 又禁飾金銀玉 鞍韉鞍坐子禁罽繡錦羅繐羅綾虎皮 銜鐙禁金銀鍮石 又禁飾金銀障泥但用皮 靷鞦禁組及紫紫粉暈條 (『三國史記』33 雜志 2 車騎)[436]

신라 眞骨 禁金銀及鍍金

六頭五頭品 禁金銀及鍍金銀 又不用虎皮毬㲣㲪㲜

四頭品至百姓 禁金銀鍮石朱裏平文物 又禁毬㲣㲪㲜虎皮大唐毯等 (『三國史記』33 雜志 2 器用)[437]

신라 眞骨 室長廣不得過二十四尺 不覆唐瓦 不施飛簷 不雕懸魚 不飾以金銀鍮石五彩 不磨階石 不置三重階 垣墻不施梁棟 不塗石灰 簾緣禁錦罽繡野草羅 屛風禁繡 床不飾玳瑁沉香

六頭品 室長廣不過二十一尺 不覆唐瓦 不施飛簷重栿栱牙懸魚 不飾以金銀鍮石白鑞五彩 不置巾階及二重階 階石不磨 垣墻不過八尺 又不施梁棟 不塗石灰 簾緣禁罽繡綾 屛風禁繡 床不得飾玳瑁紫檀沉香黃楊 又禁錦薦 不置重門及四方門 廐容五馬

五頭品 室長廣不過十八尺 不用山榆木 不覆唐瓦 不置獸頭 不施飛簷重栿花斗牙懸魚 不以金銀鍮石銅鑞五彩爲飾 不磨階石 垣墻不過七尺 不架以梁 不塗石灰 簾緣禁錦罽綾絹絁 不作大門四方門 廐容三馬

四頭品至百姓 室長廣不過十五尺 不用山榆木 不施藻井 不覆唐瓦 不置獸頭飛簷栱牙懸魚 不以金銀鍮石銅鑞爲飾 階砌不用山石 垣墻不過六尺 又不架梁 不塗石灰 不作

---

436) 이 기사에는 연대 표기가 없으나, 『三國史記』 色服志 등에 의거하여 興德王 9년(834)으로 편년하였다.
437) 이 기사에는 연대 표기가 없으나, 『三國史記』 色服志 등에 의거하여 興德王 9년(834)으로 편년하였다.

大門四方門 廐容二馬
外眞村主與五品同
次村主與四品同 (『三國史記』33 雜志 2 屋舍)438)

신라 大師諱開淸俗姓金氏辰韓鷄林人也 其先東溟冠族本國宗枝祖守眞蘭省爲郎栢臺作吏考有車宦遊康郡早諧避地之心流寓喙鄕終擲朝天之志 母復寶氏魂交之夕忽得休祥神僧欻自空來立於階下懷裏出木金雙印示之曰何者要之母氏脉脉無言其僧卽留金印而去覺後方知有娠因斷葷辛」肅設仁祠虔修佛事以大中八年四月十五日誕生 大師面如滿月脣似紅蓮 (「普賢寺朗圓大師悟眞塔碑」)

835(乙卯/신라 흥덕왕 10/발해 이진 6 咸和 6/唐 大和 9/日本 承和 2)

백제 (春正月癸丑) 從四位下藤原朝臣廣敏紀朝臣善岑百濟王勝義 竝從四位上 (…) (『續日本後紀』4 仁明紀)

백제 (春正月己巳) 左近衛△戶嶋守右近衛同姓眞魚等 賜姓安岑連焉 嶋守之先 百濟國人也 (『續日本後紀』4 仁明紀)

신라 春二月 拜阿飡金均貞爲上大等 侍中祐徵以父均貞入相 表乞解職 大阿飡金明爲侍中 (『三國史記』10 新羅本紀 10)

신라 春二月 拜阿飡金均貞爲上大等 侍中祐徵以父均貞入相 乞解職 以大阿飡金明爲代之 (『三國史節要』13)

신라 (三月)己未 大宰府言 壹伎島遙居海中 地勢隘狹 人數寡少 難支桃急 頃年新羅商人來窺不絶 非置防人 何備非常 請令嶋傜人三百卅人 帶兵仗 戍十四處要害之埼 許之 (『續日本後紀』4 仁明紀)

백제 (五月)癸酉 右京人丹波權大目昆解宮繼內竪同姓河繼等 賜姓廣野宿禰 百濟國人夫子之後也 (『續日本後紀』4 仁明紀)

발해 (癸丑明年秋杪) 歲換而返 △王大會 以豊貨寶器名馬文革以餞之 (「張建章墓誌」)

발해 (大和)九年仲秋月 復命 凡所牋啓賦詩 盈溢緗帙 又著渤海記 備盡島夷風俗宮殿官品當代傳之 (「張建章墓誌」)

발해 張建章渤海國記 三卷 (『新唐書』58 志 48 藝文 2 乙部 地理類)439)

발해 [唐志] 張建章渤海國記 三卷[大和中] (『玉海』16 地理 異域圖書 唐戴斗諸蕃記)440)

발해 [志] 張建章渤海國記 三卷 (『玉海』153 朝貢 外夷來朝內附 唐渤海遣子入侍)441)

고구려 (冬十月)戊戌 遣唐錄事松川造貞嗣 散位同姓家繼等賜姓高峯宿禰 其先高麗人也 (『續日本後紀』4 仁明紀)

백제 (十一月)辛酉 遣唐使知乘船事從八位上香山連淸貞 兄二人 改連賜宿禰 其先 百濟國

438) 이 기사에는 연대 표기가 없으나, 『三國史記』色服志 등에 의거하여 興德王 9년(834)으로 편년하였다.
439) 이 기사에는 연대 표기가 없으나, 「張建章 墓誌銘」에 의거하여 大和 9년(835) 8월로 편년하였다.
440) 이 기사에는 연대 표기가 없으나, 「張建章 墓誌銘」에 의거하여 大和 9년(835) 8월로 편년하였다.
441) 이 기사에는 연대 표기가 없으나, 「張建章 墓誌銘」에 의거하여 大和 9년(835) 8월로 편년하였다.

人也 (『續日本後紀』 4 仁明紀)

신라　　王追封金庾信爲興武大王 (『三國史節要』 13)

신라　　賜孝子孫順 家一區 歲給米五十碩 順牟梁里人 父鶴山歿 家貧 與妻傭作人家 以養母 順有小兒 每奪母食 順難之 謂妻曰 兒奪母食 兒可得 母難再求 乃負兒歸醉山北郊 堀地欲埋 忽得石鐘甚奇 夫妻驚怪 試撞之 舂容可愛 妻曰 得異物 殆兒之福 不可埋也 順以爲然 將兒與鐘還家 懸鐘於梁 撞之 聲聞王宮 王聞之 謂左右曰 西郊有鐘聲 淸遠異常 即令尋 得之 曰 昔郭巨埋子 天賜金釜 今孫順埋兒 地湧石鐘 前後同符 乃有是賜 (『三國史節要』 13)

신라　　溟州崛山故通曉大師 嗣塩官 法諱梵日 鳩林冠族金氏 (…) 洎乎大和年中 私發誓願往遊中華 (『祖堂集』 17 通曉大師梵日)[442]

836(丙辰/신라 흥덕왕 11, 희강왕 1/발해 이진 7 咸和 7/唐 開成 1/日本 承和 3)

신라　　春正月辛丑朔 日有食之 (『三國史記』 10 新羅本紀 10)

신라　　春正月辛丑朔 日有食之 (『三國史節要』 13)

신라　　(春正月) 遣王子金義琮 如唐謝恩兼宿衛 (『三國史記』 10 新羅本紀 10)

신라　　(春正月) 遣王子金義琮 如唐謝恩仍宿衛 (『三國史節要』 13)

신라　　開成元年 王子金義琮來謝恩 兼宿衛 (『舊唐書』 199上 列傳 149上 東夷 新羅)[443]

신라　　開成元年 其王子金義琮來謝恩 兼宿衛 (『唐會要』 95 新羅)[444]

신라　　文宗開成元年 新羅王金景徽遣其子義琮來謝恩 兼宿衛 (『冊府元龜』 996 外臣部 41 納質)[445]

신라　　開成初[元年] 遣子義琮 請留衛 (『玉海』 153 朝貢 外夷來朝內附 唐新羅織錦頌觀釋奠賜晉書)[446]

신라　　開成初 遣子義琮謝 願留衛 見聽 明年遣之 (『新唐書』 220 列傳 145 東夷 新羅)[447]

신라　　溟州崛山故通曉大師 嗣塩官 法諱梵日 鳩林冠族金氏 (…) 遂投入朝王子金公義琮 披露所懷 公以重善志 許以同行 假其舟檝達于唐國 旣諧宿願 便發巡遊 遍尋知識 叅彼塩官濟安大師 大師問曰 什麼處來 答曰 東國來 大師進曰 水路來陸路來 對云 不踏兩路來 旣不踏兩路闍梨爭得到這裏 對曰 日月東西有什麼障碍 大師曰 實是東方菩薩 梵日問曰 如何卽成佛 大師答曰 道不用修但莫汚染 莫作佛見菩薩 見平常心是道 梵日言下大悟 (『祖堂集』 17 通曉大師梵日)[448]

백제　　(二月己丑)是日 授無位百濟王永琳 從五位下 (『續日本後紀』 5 仁明紀)

---

442) 大和 연호는 827~835년에 사용되었다. 그 기간에 따라 이 기사를 기간편년하고 마지막해인 835년에 배치하였다.

443) 이 기사에는 월 표기가 없으나, 『三國史記』 新羅本紀 등에 의거하여 1월로 편년하였다.

444) 이 기사에는 월 표기가 없으나, 『三國史記』 新羅本紀 등에 의거하여 1월로 편년하였다.

445) 이 기사에는 월 표기가 없으나, 『三國史記』 新羅本紀 등에 의거하여 1월로 편년하였다.

446) 이 기사에는 월 표기가 없으나, 『三國史記』 新羅本紀 등에 의거하여 1월로 편년하였다.

447) 이 기사에는 연대 표기가 없으나, 『三國史記』 新羅本紀 등에 의거하여 開成元年(836) 1월로 편년하였다.

448) 이 기사에는 연대 표기가 없으나, 『三國史記』 新羅本紀 등에 의거하여 開成元年(836) 1월로 편년하였다.

백제　(二月)癸巳 授正六位上百濟王慶苑百濟王元仁 竝從五位下(元仁是婦人也) (『續日本後紀』5 仁明紀)

고구려　(三月)壬寅 木工寮算師八戶史礒益同姓彌繼等廿人 賜姓常澄宿禰 其先高麗人也 (『續日本後紀』5 仁明紀)

백제　(三月)辛酉 能登史生馬史眞主右近衛同姓貞主等 賜姓春澤史 其先百濟國人也 (『續日本後紀』5 仁明紀)

고구려　(夏四月戊戌) 遣唐錄事高岑宿禰貞繼 改宿禰賜朝臣 其先高麗人也 (『續日本後紀』5 仁明紀)

백제　(閏五月)戊寅 右京人內藏大屬百濟連淸繼賜姓多朝臣 淸繼誤負後父之姓 今有落葉歸根之請 右京人左衛門權少志大原史河麻呂 改史賜宿禰 河麻呂之先 百濟國人也 (『續日本後紀』5 仁明紀)

신라　(五月)辛巳 恐遣唐使船風濤或變漂着新羅境 所以太政官准舊例 牒彼國執事省 先告喩之曰 不渝舊好 鄰穆彌新 迺發皇華 朝章自遠 仍今遣使修聘巨唐 海晏當時 雖知利涉風濤或變 猶慮非常 脫有使船漂着彼境 則扶之送過 不俾滯閼 因以武藏權大掾紀三津爲使 齎牒發遣 賜三津御被 (『續日本後紀』5 仁明紀)

백제　(五月)乙酉 美濃國人主殿寮少屬美見造貞繼 改本居貫附左京六條二坊 其先百濟國人也 (『續日本後紀』5 仁明紀)

신라　夏六月 星孛于東 (『三國史記』10 新羅本紀 10)
신라　夏六月 有星孛于東 (『三國史節要』13)

신라　開成元年六月 勅新羅宿衛生王子金義宗等 所請留住學生員 仰准舊例留二人 衣糧准例支給 (『唐會要』36 附學讀書)

신라 발해　開成元年六月 淄靑節度使奏 新羅渤海將到 熟銅請不禁斷 是月 京兆府奏 准建中元年十月六日勅 諸錦罽綾羅縠繡織成細紬絲布犛牛尾眞珠銀銅鐵奴婢等 竝不得與諸蕃互市 又准令式 中國人不合私與外國人交通買賣 婚娶來往 又擧取蕃客錢 以産業 奴婢爲質者 重請禁之 (『冊府元龜』999 外臣部 44 互市)

신라　秋七月 太白犯月 (『三國史記』10 新羅本紀 10)
신라　秋七月 太白犯月 (『三國史節要』13)

백제　(八月)癸丑 正三位百濟王慶命 爲尙侍 (『續日本後紀』5 仁明紀)

신라　(八月)壬戌 大宰府馳驛 奏遣新羅使進發 幷遣唐第三船漂着對馬嶋上縣郡南浦 船上唯有三人之狀 (『續日本後紀』5 仁明紀)

백제　(九月丁丑) 右京人造兵司大令史朴弟春 賜姓貞宗連 其先百濟國人也 (『續日本後紀』5 仁明紀)

신라　(冬十月)戊午 遣新羅使紀三津 還到大宰府 (『續日本後紀』5 仁明紀)

신라　十二月丁酉 遣新羅國使紀三津復命 三津自失使旨 被新羅誣劫歸來 何則所以遣三津於新羅者 遣唐四ヶ舶 今欲渡海 恐或風變漂着彼境 由是 准之故實 先遣告喩 期其接授 而三津到彼 失本朝旨 稱專來通好 似畏怯媚託 私自設辭 執事省疑與太政官牒相違再三詰問 三津逾增迷惑 不能分疏 是則三津不文 而其口亦訥之所致也 故執事省牒中云 兩國相通 必無詭詐 使非專對 不足爲憑 但其牒中亦云 小野篁船帆飛已遠 未必重遣三津聘于唐國 夫修聘大唐 旣有使頭 篁其副介耳 何除其貴 輕擧其下 加以當爾之時 篁身在本朝 未及渡海 而謂帆飛已遠 斯竝聞商帆浮說 妄所言耳 荷校滅耳 蓋在玆歟 又三津一介綠衫 孤舟是駕 何擬爲入唐使哉 如此異論 近于誣罔 斯事若只存大略 不詳首尾 恐後之觀者莫辨得失 因全寫執事省牒附載之
新羅國執事省牒 日本國太政官
紀三津詐稱朝聘兼有贄責 及檢公牒假僞非實者
牒 得三津等狀稱 奉本王命 專來通好 及開函覽牒 但云修聘巨唐 脫有使船漂着彼界則扶之送過 無俾滯遏者 主司再發星使 設問丁寧 口與牒乖 虛實莫辨 旣非交隣之使必匪由衷之賂 事無摭實 豈合虛受 且太政官印 篆跡分明 小野篁船帆飛已遠 未必重遣三津聘于唐國 不知嶋嶼之人 東西窺利 偸學官印 假造公牒 用備斥候之難 自逞白水之遊 然兩國相通 必無詭詐 使非專對 不足爲憑 所司再三請以正刑章用阻姦類 主司務存大體 舍過責功 恕小人荒迫之罪 申大國寬弘之理 方今時屬大和 海不揚波 若求尋舊好 彼此何妨 況貞觀中 高表仁到彼之後 惟我是賴 唇齒相須 其來久矣 事須牒太政官幷牒菁州 量事支給過海程糧 放還本國 請處分者 奉判准狀 牒太政官 請垂詳悉者 (『續日本後紀』5 仁明紀)

신라　開成元年十二月壬子 新羅國質子試光祿卿賜紫金魚袋金允夫進狀稱 本國王命臣入朝充質 二十六年殆矣 三蒙改授試官 再當本國宣慰及冊立等副使 准往例 皆蒙特授正官 遂授武成王廟 (『冊府元龜』976 外臣部 21 褒異 3)[449]

신라 발해　(開成)元年十二月 吐蕃廻鶻新羅渤海奚契丹牂牁南詔蠻昆明 各遣使朝貢 (『冊府元龜』972 外臣部 17 朝貢 5)[450]

신라　後 興德大王 封公爲興武大王 (『三國史記』43 列傳 3 金庾信 下)

신라　尋拜中原大尹 俄轉武州都督 所臨有政譽 (『三國史記』44 列傳 4 金陽)[451]

신라　孫順者[古本作孫舜] 牟梁里人 父鶴山 父沒 與妻同傭作人家 得米穀養老孃 孃名鳥運烏 順有小兒 每奪孃食 順難之 謂其妻曰 兒可得 母難再求 而奪其食 母飢何甚 且埋此兒 以圖母腹之盈 乃負兒歸醉山[山在牟梁西北]北郊 堀地忽得石鐘甚奇 夫婦驚怗乍懸林木上 試擊之 舂容可愛 妻曰 得異物 殆兒之福 不可埋也 夫亦以爲然 乃負兒與鐘而還家 懸鐘於梁扣之 聲聞于闕 興德王聞之 謂左右曰 西郊有異鐘聲 淸遠下類速檢之 王人來檢其家 具事奏王 王曰 昔郭巨瘞子 天賜金釜 今孫順埋兒 地湧石鐘

449) 『冊府元龜』 納質에는 開成 2년(837) 12월로 되어 있다.
450) 이 기사에는 일자 표기가 없으나, 『冊府元龜』 褒異에 의거하여 12월17일(壬子)로 편년하였다.
451) 이 기사는 興德王 3년(828)과 11년(836) 사이에 붙어 있으므로, 828~836년으로 기간편년하고 마지막해인 836년에 배치하였다.

	前孝後孝 覆載同鑑 乃賜屋一區 歲給粳五十碩 以尙純孝焉 順捨舊居爲寺 號弘孝寺 安置石鐘 (『三國遺事』 5 孝善 9 孫順埋兒 興德王代)
신라	興德大王宣康太子[已上二人無機緣語句不錄] (『景德傳燈錄』 11 懷讓禪師第四世 新羅洪直禪師法嗣二人)
신라	大鑑之五世 曰新羅洪直禪師 其所出法嗣二人 一曰興德大王者 一曰宣康太子者 (『傳法正宗記』 7 正宗分家略 上)
신라	冬十二月 王薨 諡曰興德 朝廷以遺言合葬章和王妃之陵 (『三國史記』 10 新羅本紀 10)
신라	興德王薨 僖康王悌隆卽位元年 (『三國史記』 31 年表 下)
신라	僖康王立 諱悌隆[一云悌顒] 元聖大王孫伊湌憲貞[一云草奴]之子也 母包道夫人 妃文穆夫人 葛文王忠恭之女 初 興德王之薨也 其堂弟均貞堂弟之子悌隆皆欲爲君 於是侍中金明阿湌利弘裴萱伯等奉悌隆 阿湌祐徵與姪禮徵及金陽奉其父均貞 一時入內相戰 金陽中箭 與祐徵等逃走 均貞遇害 而後悌隆乃得卽位 (『三國史記』 10 新羅本紀 10)
신라	冬十二月 王薨 諡曰興德 以遺命合 葬章和陵 初王薨無嗣 堂弟均貞堂弟之子悌隆爭立 金陽與均貞之子祐徵均貞妹壻阿湌禮徵 奉均貞爲王 入積板宮 以族兵宿衛 悌隆之黨侍中金明阿湌利弘等來圍 陽陳兵宮門以拒之 曰 新君在此 爾等何敢兇逆如此 遂引弓射殺十數人 悌隆黨裴萱伯射陽中股 均貞曰 彼衆我寡 執不可遏 公其佯退 以爲後圖 於是 陽突圍而出 至韓歧市 均貞遇害 陽號泣誓天 潜遁山野 明等乃立悌隆爲王 悌隆元聖王之孫 伊湌憲貞之子也 (『三國史節要』 13)
신라	開成元年丙辰 興德王薨 無嫡嗣 王之堂弟均貞 堂弟之子悌隆 爭嗣位 陽與均貞之子阿湌祐徵均貞妹壻禮徵 奉均貞爲王 入積板宮 以族兵宿衛 悌隆之黨金明利弘等來圍 陽陳兵宮門以拒之 曰 新君在此 爾等何敢兇逆如此 遂引弓射殺十數人 悌隆下裴萱伯射陽中股 均貞曰 彼衆我寡 勢不可遏 公其佯退 以爲後圖 陽於是 突圍而出 至韓歧[一作漢祇]市 均貞沒於亂兵 陽號泣旻天 誓心白日 潛藏山野 以俟時來 (『三國史記』 44 列傳 4 金陽)[452]
신라	第四十三僖康王 金氏 名愷隆[一作悌顒] 父憲真角干 諡興聖大王[一作成 礼英匝干子也] 母義道夫人[一作深乃夫人 一云巴利夫人] 諡順成大后 忠行大阿干之女也 妃文穆王后 忠孝角干之女[一云重恭角干] 丙辰立 理二年 (『三國遺事』 1 王曆)[453]
신라	(閔永珪所藏) 昭成 於秘 戶葬△ △臣△ △ 壽六十是日也 日所△ 巳之歲 卌 化之源漢之蕭曺

452) 이 기사에는 월 표기가 없으나, 『三國史記』 新羅本紀 등에 의거하여 12월로 편년하였다.
453) 이 기사에는 월 표기가 없으나, 『三國史記』 新羅本紀 등에 의거하여 12월로 편년하였다.

一日憚之
無良將空△
則煩
卅△
格△
△裕
△緇
庭部
興德
郎韓舍△
△韓舍
我興德
△△之

(金庠其所藏)
△
△慘裂日△
△稟下
子
止可觀
氏玄功撫△
△之姿苞君人
△政嶷之王

(慶州博物館所藏(一九三七年 崔南柱 기증)
四月遂
之成康
太尉
△之△
居喪水
△△
先被△
旨△
△之△
△宣僚
△王之妹
俗△
要號爲△
必先△之△
使守職方
△△△
△△△
△聖相
神謀決斷
△秘佛東△

餘力其一於
光贊前
務指日克
定謚△
(慶州博物館所藏)
△有日 字△
舍△
△△

(慶州博物館所藏(一九七七年 慶州史績管理事務所 발굴품)
除副將軍
飡驍將軍叡
恭
憲德大王寢膳有
宗之諒闇無
以加焉
△倉庫充溢史△
△△委△△
盈溢人戶富饒
王居第一
金連薩飡嘉長等
舒昭成
宮之別寢其△
克聖克神乃△
△思之不△△
△貿易之人問△
規諫及乎
鏡望
△帝爲我滅△
損傷目此
△甿足見
是
我國家
△爲△
之仁伏
長史撫而
△△
△△
太祖星漢
品物
大命在於俟
卄四代孫
△粹
業
並命赴

△△十五△
君主
格式是皆
△累徑△
不顧妻子△
神共棄△
△副除
年加
△△
但念
六△
△△
△志擅△
之職一
之國繇△
在於△
△請若
年兼
行內
官△
△歷數
海盛化
△△△
△△
奄焉早
欲爲桂
△無
肌膚
薨于
兵部侍郎
前執事郎
專知官前執事郎
知官前倉部
前
侍郎執事郎中
郎中
兼春
政△
△見
普
翰林郎
不
△正
並命赴
△宮十五日

二司撿
督金
韓
敎
△城中
感悅△
將軍
太和
阿飡
君子
駕△
弟△
城中
△執事

(東國大博物館 所藏)
△歲
田苗△
乃疲
奉
皇
木

(仁川博物館 所藏)
△及遐
而退

(黃壽永所藏)
△△
瑞氣

(慶州博物館 所藏)
忿△△
△之日
書前

(檀国大博物館 所藏)
等領 (「興德王陵碑片」)[454]

837(丁巳/신라 희강왕 2/발해 이진 8 咸和 8/唐 開成 2/日本 承和 4)

발해 開成二年正月癸巳 帝御麟德殿 對賀正 (…) 渤海王子大明俊等十一人 賜宴有差 (『冊府元龜』111 帝王部 111 宴享 3)

발해 開成二年正月癸巳 上御麟德殿 對賀正 南詔洪龍軍三十人 渤海王子大明俊等一十九

454) 흥덕왕릉비의 작성 연대는 흥덕왕이 죽은 836년에서 멀지 않을 것으로 생각되어, 836년에 편제하였다.

人 宴賜有差 (『冊府元龜』976 外臣部 21 褒異 3)

발해 [實錄] (…) 開成二年正月癸巳 宴南詔渤海使[並於麟德殿] (『玉海』160 宮室 殿 下 唐麟德殿)

신라 春正月 大赦獄囚殊死已下 (『三國史記』10 新羅本紀 10)
신라 春正月 赦殊死已下 (『三國史節要』13)

신라 (春正月) 追封考爲翌成大王 母朴氏爲順成太后 (『三國史記』10 新羅本紀 10)
신라 (春正月) 追封考爲翌成大王 母朴氏爲順成太后 (『三國史節要』13)

신라 (春正月) 拜侍中金明爲上大等 阿湌利弘爲侍中 (『三國史記』10 新羅本紀 10)
신라 (春正月) 以金明爲上大等 利弘爲侍中 (『三國史節要』13)

발해 신라 開成二年三月 渤海國隨賀正王子大俊明 幷入朝學生 共一十六人 敕 渤海所請生徒習學 宜令靑州觀察使放六人到上都 餘十人勒迴 又新羅差入朝宿衛王子 幷准舊例 割留習業學生 並及先住學生等 共二百十六人 請時服糧料 又請舊住學習業者 放還本國 勅新羅學生內 許七人 准去年八月勅處分 餘時十馬畜糧料等 既非舊例 並勒還蕃 (『唐會要』36 附學讀書)

신라 (開成)二年四月十一日 放還蕃 賜物有差 (『唐會要』95 新羅)
신라 夏四月 唐文宗放還宿衛王子金義琮 (『三國史記』10 新羅本紀 10)[455]
신라 夏四月 宿衛王子義琮回自唐 (『三國史節要』13)[456]
신라 (開成)二年四月 放還藩 賜物遣之 (『舊唐書』199上 列傳 149上 東夷 新羅)[457]
신라 (開成)二年四月 放還蕃 (『冊府元龜』996 外臣部 41 納質)[458]
신라 (開成初)明年 遣之 (『新唐書』220 列傳 145 東夷 新羅)[459]

신라 (夏四月) 阿湌祐徵以父均貞遇害 出怨言 金明利弘等不平之 (『三國史記』10 新羅本紀 10)
신라 (夏四月) 祐徵以父均貞遇害 出怨言 金明利弘等惡之 (『三國史節要』13)

신라 五月 祐徵懼禍及 與妻子奔黃山津口 乘丹往依於淸海鎭大使弓福 (『三國史記』10 新羅本紀 10)
신라 五月 祐徵懼禍 收餘兵與妻子奔黃山津口 乘丹往依淸海鎭大使張保皐 謀報讎 (『三國史節要』13)

신라 六月 均徵妹壻阿湌禮徵與阿湌良順 亡投於祐徵 (『三國史記』10 新羅本紀 10)
신라 六月 禮徵與阿湌良順 亡投於祐徵 (『三國史節要』13)

신라 (開成二年)六月甲寅 賜宿衛新羅金忠信等錦綵有差 (『冊府元龜』976 外臣部 21 褒異 3)

455) 이 기사에는 일자 표기가 없으나, 『唐會要』에 의거하여 4월11일로 편년하였다.
456) 이 기사에는 일자 표기가 없으나, 『唐會要』에 의거하여 4월11일로 편년하였다.
457) 이 기사에는 일자 표기가 없으나, 『唐會要』에 의거하여 4월11일로 편년하였다.
458) 이 기사에는 일자 표기가 없으나, 『唐會要』에 의거하여 4월11일로 편년하였다.
459) 이 기사에는 월일 표기가 없으나, 『唐會要』에 의거하여 4월11일로 편년하였다.

신라 (六月) 唐文宗賜宿衛金忠信等錦綵有差 (『三國史記』 10 新羅本紀 10)[460]
신라 (六月) 帝賜宿衛金忠信等錦綵有差 (『三國史節要』 13)[461]

백제 (六月甲寅) 左衛門督從四位上百濟王勝義爲兼宮內卿 相摸守如故 (…) (『續日本後紀』 6 仁明紀)

백제 (六月己未) 右京人左京亮從五位上吉田宿禰書主 越中介從五位下同姓高世等 賜姓興世朝臣 始祖鹽乘津 大倭人也 後順國命 往居三己汶地 其地遂隷百濟 鹽乘津八世孫達率吉大尙 其弟少尙等 有懷土心 相尋來朝 世傳醫術 兼通文藝 子孫家奈良京田村里 仍元賜姓吉田連 (『續日本後紀』 6 仁明紀)

신라 至開成二年八月 前侍中祐徵收殘兵入淸海鎭 結大使弓福 謀報不同天之讎 陽聞之 募集謀士兵卒 (『三國史記』 44 列傳 4 金陽)

백제 (冬十月)戊午 授從五位上百濟王慶仲正五位下 正六位上百濟王忠誠從五位下 先太上天皇自交野遊獵處有諷旨 因所敍也 (『續日本後紀』 6 仁明紀)

백제 (十二月辛卯) 右兵衛督從四位下百濟王安義卒 (『續日本後紀』 6 仁明紀)

신라 (開成二年)是年十二月 新羅國質子試光祿卿紫金魚袋金允夫進狀稱 本國王命臣入朝充質二十六年矣 三蒙改授試官 再當本國宣慰及冊立等副使 准往例 皆蒙特授正官 遂授武成王廟今[462] (『冊府元龜』 996 外臣部 41 納質)[463]

신라 東國慧目山和尙 嗣章敬 師諱玄昱 俗姓金氏 東溟冠族 (…) 隨本國王子金義宗奉詔東歸 以開成二年九月十二日 達於本國武州會津 南岳實相安之 敏哀大王神武大王文聖大王憲安大王 並執師資之敬 不徵臣伏之儀 每入王宮 必命敷座講法 (『祖堂集』 17 慧目山和尙玄昱)

신라 至開成二年丁巳 與同學貞育虛懷等 路出滄波 西入華夏 叅善知識 歷三五州 知其法界 嗜欲共同 性相無異 乃曰 我祖師所說 無以爲加 何勞遠適 止足意興 (「寶林寺普照禪師彰聖塔碑」)

838(戊午/신라 희강왕 3, 민애왕 1/발해 이진 9 咸和 9/唐 開成 3/日本 承和 5)

백제 (春正月丙寅) 從五位下紀朝臣椿守百濟王永豊大藏宿禰橫佩 竝從五位上 (…) (『續日本後紀』 7 仁明紀)

신라 春正月 上大等金明侍中利弘等 與兵作亂 害王左右 王知不能自全 乃縊於宮中 諡曰僖康 葬于蘇山 (『三國史記』 10 新羅本紀 10)
신라 僖康王薨 閔哀王明卽位元年 (『三國史記』 31 年表 下)
신라 閔哀王立 姓金氏 諱明 元聖大王之曾孫也 大阿湌忠恭之子 累官爲上大等 與侍中利弘逼王殺之 自立爲王 追諡考爲宣康大王 母朴氏貴寶夫人爲宣懿太后 妻金氏爲允容

460) 이 기사에는 일자 표기가 없으나, 『冊府元龜』에 의거하여 6월22일(甲寅)로 편년하였다.
461) 이 기사에는 일자 표기가 없으나, 『冊府元龜』에 의거하여 6월22일(甲寅)로 편년하였다.
462) 저본에는 '今'으로 되어 있으나, '令'으로 수정해야 한다.
463) 『冊府元龜』 褒異에는 開成元年(836) 12월17일(壬子)로 되어 있다.

王后 拜伊飡金貴爲上大等 阿飡憲崇爲侍中 (『三國史記』10 新羅本紀 10)

신라 春正月 金明利弘等作亂 殺王左右 逼王悌隆 弑之 金明自立爲王 明元聖王之曾孫也 追諡考大阿飡忠恭爲宣康大王 母朴氏爲宣懿太后 妻金氏爲允容王后 以伊飡金貴爲上大等 阿飡憲崇爲侍中

金富軾曰 歐陽子之論曰 魯桓公 弑隱公而自立者 宣公 弑子赤而自立者 鄭厲公 逐世子忽而自立者 衛公孫剽 逐其君衎而自立者 聖人於春秋 皆不絶其爲君 各傳其實 而使後世信之 則四君之罪 不可得而掩耳 則人之爲惡 庶乎其息矣 羅之良相弑惠康[464] 而即位 彦昇弑哀莊而即位 金明弑僖康而即位 祐徵弑閔哀而即位 今皆書其實 亦春秋之志也 (『三國史節要』13)

신라 第四十四閔[一作敏]哀王 金氏 名明 父忠恭角干 追封宣康大王 母追封惠忠王之女貴巴夫人 諡宣懿王后 妃无容皇后 永公角干之女 戊午立 至己未正月二十二日 崩 (『三國遺事』1 王曆)

발해 開成三年二月辛卯 上麟德殿對入朝南詔牂牁契丹奚室韋渤海等 各賜錦綵銀器有差 (『冊府元龜』976 外臣部 21 褒異 3)

신라 二月 金陽募集兵士 入淸海鎭 謁祐徵 阿飡祐徵在淸海鎭聞金明簒位 謂鎭大使弓福曰 金明弑君自立 利弘枉殺君父 不可共戴天也 願仗將軍之兵 以報君父之讎 弓福曰 古人有言 見義不爲 無勇 吾雖庸劣 唯命是從 遂分兵五千人 與其友鄭年曰 非子 不能平禍亂 (『三國史記』10 新羅本紀 10)

신라 陽聞之 募集謀士兵卒 (開成)以三年二月 入海 見祐徵與謀擧事 (『三國史記』44 列傳 4 金陽)

신라 二月 金陽募集兵士 入淸海鎭 見祐徵 與謀擧事 祐徵聞明簒立 謂保皐曰 金明弑君自立 利弘枉殺吾父 不可共戴天也 願仗將軍之兵 以報君父之讎 保皐曰 古人有言 見義不爲 無勇 吾雖庸劣 唯命是從 遂分兵五千 授其友鄭年 往討之 初 保皐鄭年皆善戰 年能海底 五十里不噎 角其勇壯 保皐差不及 然以齒慢年 年亦以藝不服卒 不相下 二人俱如唐 爲武寧軍小將 騎而善槍 無敢敵者 後保皐還國 得鎭淸海 保皐旣貴 年失職饑寒 寓泗之漣水縣 一日言於戍將馮元規曰 我欲東歸 就食於張保皐 元規曰 若與保皐素不相能 奈何往取死乎 年曰 飢寒死不如兵死快 况死故鄕耶 遂往謁保皐 與之飮極歡 飮未卒聞變 保皐乃分兵付年 執年手泣曰 非子不能平禍患 (『三國史節要』13)

신라 遂去謁保皐 飮之極歡 飮未卒 聞王弑國亂無主 保皐分兵五千人與年 持年手泣曰 非子不能平禍難 (『三國史記』44 列傳 4 張保皐鄭年)[465]

신라 第四十五神武大王潛邸時 謂俠士弓巴曰 我有不同天之讎 汝能爲我除之 獲居大位 則娶爾女爲妃 (『三國遺事』2 紀異 2 神武大王閻長弓巴)[466]

신라 聞大臣殺其王 國亂無主 保皐分兵五千人與年 持年泣曰 非子不能平禍難 (『新唐書』220 列傳 145 東夷 新羅)[467]

신라 (開成三年)三月 以勁卒五千人 襲武州至城下 州人悉降 進次南原 迋新羅兵與戰 克之 祐徵以士卒久勞 且歸海鎭 養兵秣馬 (『三國史記』44 列傳 4 金陽)

---

464) 저본에는 '康'으로 되어 있으나, '恭'으로 수정해야 한다.

465) 이 기사에는 연대 표기가 없으나, 『三國史記』 新羅本紀 등에 의거하여 閔哀王元年(838) 2월로 편년하였다.

466) 이 기사에는 연대 표기가 없으나, 『三國史記』 新羅本紀 등에 의거하여 閔哀王元年(838) 2월로 편년하였다.

467) 이 기사에는 연대 표기가 없으나, 『三國史記』 新羅本紀 등에 의거하여 開成 3년(838) 2월로 편년하였다.

신라　　三月 金陽以兵五千 襲武州至城下 州人悉降 進次南原 遇金明所遣兵 與戰克之 祐徵以士卒久勞 且還淸海鎭休兵 (『三國史節要』13)

신라　　(唐文宗開成三年 六月)廿八日 早朝鷺鳥指西北雙飛 風猶不變 側帆指坤 巳時至白水 其色如黃泥 人衆咸云 若是揚州大江流水 令人登桅子見 申云 従戊亥會直流南方 其寬廿餘里 望見前路水還淺緑 暫行不久終如所申 大使深恠海色還為淺綠 新羅譯語金正南申云 聞導揚州掘港難過 今既踰白水疑逾掘港欤 (『入唐求法巡禮行記』1)

신라　　太政官符
應廢史生一員置弩師事
右得大宰府解偁 壹岐嶋解偁 此嶋所設器仗之中 有弩百脚 而無人機調 難備非常 今新羅商人往來不絶 警固之事 不可以暫忘 望請廢史生一員 將置弩師 仍請府裁者 府加覆審 所申有理 謹請官裁者 右大臣宣 奉勅依請
承和五年七月二十五日 (『類聚三代格』5 加減諸國官員幷廢置事)

신라　　(開成三年)七月 新羅王金祐徵遣其所遣淄靑節度使奴婢 帝矜以遠人 詔令却歸本國 (『冊府元龜』42 帝王部 42 仁慈)[468]

신라　　(開成)三年秋七月 新羅王金祐徵遣淄靑節度使奴婢 帝矜以遠人 詔令却歸本國 (『冊府元龜』980 外臣部 25 通好)

신라　　(唐文宗開成三年 八月)十日 辰時請益 留学兩僧隨身物朩斤量之數乞録達使衙了 即聞第二船著䆗州 第二船新羅譯語朴正長書送金正南房 (『入唐求法巡禮行記』1)

백제　　(十一月)丁卯 授正六位上百濟王教凝從五位下 又外從六位下宇漢米公毛志外△五位下以曾經征戰有勳功也 (『續日本後紀』7 仁明紀)

신라　　(唐文宗開成三年 十二月) 十八日 未時新羅譯語金正南為乞諸使帰國之舩向楚州發去 (『入唐求法巡禮行記』1)

신라　　冬十二月 金陽爲平東將軍 與閻長張弁鄭年駱金張建榮李順行統軍 至武州鐵冶縣 王使大監金敏周出軍迎戰 遣駱金李順行 以馬軍三千突擊 殺傷殆盡 (『三國史記』10 新羅本紀 10)

신라　　(開成三年) 陽號爲平東將軍 十二月 再出 金亮詢以鵡洲軍來 祐徵又遣驍勇閻長張弁鄭年駱金張建榮李順行六將統兵 軍容甚盛 鼓行至武州鐵冶縣北州 新羅大監金敏周以兵逆之 將軍駱金李順行以馬兵三千突入彼軍 殺傷殆盡 (『三國史記』44 列傳 4 金陽)

신라　　十二月 金陽號平東將軍 再出兵 金亮詢以鵡洲軍來 祐徵又遣驍勇閻長張弁鄭年駱金張建榮李順行等六人統兵爲將 軍容甚盛 鼓行至武州鐵冶縣北川 大監金敏周以兵逆之 駱金順行以馬兵三千突陣 殺傷殆盡 (『三國史節要』13)

신라　　(開成三年) 冬 彗孛見西方 芒角指東 衆賀曰 此除舊布新 報寃雪耻之祥也 (『三國史記』44 列傳 4 金陽)

신라　　冬 彗孛見西方 芒角指東 衆賀曰 此除舊布新 報寃雪恥之徵也 (『三國史節要』13)

---

468) 『三國史記』 등에는 神武王元年(839) 7월로 되어 있다.

신라 泊開城三年 愍哀大王 驟登寶位 深託玄慈 降璽書餽齊費 而別求見願 禪師曰 在勤修善政 何用願爲 使復于王 聞之愧悟 以禪師色空雙泯 定惠俱圓 降使賜號爲慧昭 昭字避聖祖廟諱 易之也 仍貫籍于大皇龍寺 徵詣京邑 星使往復者 交轡于路 而岳立不移其志 昔僧稠拒元魏之三召云 在山行道 不爽大通 棲幽養高 異代同趣 居數年 請益者稻麻成」列 殆無錐地 遂歷銓奇境 得南嶺之麓 爽塏居最 經始禪廬 却倚霞岑 俯壓雲澗 淸眼界者 隔江遠岳 爽耳根者 迸石飛湍 至如春谿化 夏徑松 秋壑月 冬嶠雪 四時變態 萬象交光 百籟和唫 千巖竟竟秀 嘗遊西土者 至止咸愕 視謂 遠公東林 移歸海表 蓮花世界 非凡想可擬 壺中別有天地則信也 架竹引流 環階四注 始用玉泉爲牓 屈指法胤 則禪師乃曹溪之玄孫 是用建六祖影堂 彩飾粉墉 廣資導誘 經所謂 爲悅衆生故 綺錯繪衆像者也 (「雙溪寺眞鑑禪師大空塔碑」)

839(己未/신라 민애왕 2, 신무왕 1, 문성왕 1/발해 이진 10 咸和 10/唐 開成 4/日本 承和 6)

백제 (春正月庚申) 正五位上善道朝臣眞貞 正五位下百濟王慶仲 竝從四位下 (…) (『續日本後紀』 8 仁明紀)

신라 (唐文宗開成四年 一月) 八日 新羅人王請來相看 是夲國弘仁十年流著出州國之唐人張覺済亦同舩之人也 問漂流之由 申云 為交易諸物離此過海 忽遇惡風南流三月流著出州國 其張覺済兄弟二人臨將發時同共逃留出州 從北出州就北海 而發淂好風十五箇日流著長門國云々 頗解夲國語 (『入唐求法巡禮行記』 1)

백제 (春正月甲子) 從4位下 百濟王慶仲을 民部大輔로 삼고 從5位下 藤原朝臣濱雄을 少輔로 삼았다. (…) (『續日本後紀』 8 仁明紀)

신라 (唐文宗開成四年 閏一月) 四日 依金正[469]寄請為令修理所買舩 令都匠番匠舩工鍛工亦卅六人向楚州去 人扵當寺請僧令乞雨 以七人為一番以讀經 (『入唐求法巡禮行記』 1)

신라 春閏正月 晝夜兼行 十九日至于達伐之丘 王聞兵至 命伊湌大昕大阿湌允璘嶷勛等 將兵拒之 又一戰大克 王軍死者過半 時 王在西郊大樹之下 左右皆散 獨立不知所爲 奔入月遊宅 兵士尋而害之 羣臣以禮葬之 諡曰閔哀 (『三國史記』 10 新羅本紀 10)

신라 (開成)四年正月十九日 軍至大丘 王以兵迎拒 逆擊之 王軍敗北 生擒斬獲 莫之能計 時 王顚沛逃入離宮 兵士尋害之 陽於是 命左右將軍領騎士 徇曰 本爲報讎 今渠魁就戮 衣冠士女百姓 宜各安居 勿妄動 遂收復王城 人民案堵 陽召萱伯曰 犬各吠非其主 爾以其主射我 義士也 我勿校 爾安無恐 衆聞之曰 萱伯如此 其他何憂 無不感悅 (『三國史記』 44 列傳 4 金陽)

신라 開成己未閏正月 爲大將軍 領軍十萬 禦淸海兵於大丘 敗績 自以敗軍 又不能死綏 不復仕宦 入小白山 葛衣蔬食 與浮圖遊 (『三國史記』 44 列傳 4 金昕)[470]

신라 春閏正月 金陽等晝夜兼行 至達伐丘 明聞兵至 令伊湌大昕大阿湌允璘嶷勛等 將兵拒之 陽等一戰大克 死者太半 明時在西郊大樹下 左右皆散 不知所爲 奔入月遊宅 兵士追殺之 群臣禮葬 諡曰閔哀

金陽命左右將軍 領騎士徇 曰 本爲報讎 今渠魁就戮 士女百姓 宜各安居 勿妄動 人

---

469) 正 다음에 南이 결락되었다.
470) 이 기사에는 일자 표기가 없으나, 『三國史記』 新羅本紀 등에 의거하여 閏1월19일로 편년하였다.

	心悅 陽又召萱伯曰 犬各吠非其主 爾當時爲爾主射我 我不與校 毋恐 衆聞之曰 金公之於萱伯尙如此 吾屬無憂 無不感悅 (『三國史節要』13)[471]
신라	年入國誅叛者立王 (『三國史記』44 列傳 4 張保皐鄭年)[472]
신라	弓巴許之 協心同力 擧兵犯京師 能成其事 (『三國遺事』2 紀異 2 神武大王閻長弓巴)[473]
신라	年至其國 誅反者 立王以報 (『新唐書』220 列傳 145 東夷 新羅)[474]
신라	伏以敏哀大王諱 肌 宣康大王之長子 今上之老舅 以開成己未之年 太蔟之月下旬有三日 奄弃蒼生春秋二十三 (「敏哀大王石塔舍利壺記」)
백제	(二月)丁丑 授從四位上百濟王勝義從三位 正六位上百濟王永仁 從五位下 (『續日本後紀』8 仁明紀)
신라	大鑑之四世 曰虔州西堂智藏禪師 其所出法嗣四人 一曰虔州處微者 一曰雞林道義者 一曰新羅國慧禪師者 一曰新羅國洪直者 (『傳法正宗記』7 正宗分家略 上)[475]
신라	以違親歲積 宣法心深 遂言歸君子之鄉 直截乾城之浪 開成四祀春二月 方到國也 是日 君臣同喜 里閈相賀曰 當時璧去 山谷無人 今日珠還 川原得寶 能仁妙旨 達摩圓宗 盡在此矣 譬諸夫子自衛反魯也 (「大安寺寂忍禪師照輪淸淨塔碑」)
백제	(三月)己亥 授從四位下百濟王惠信從三位 (『續日本後紀』8 仁明紀)
신라	(唐文宗開成四年 三月) 廿二日 早朝沙金大二兩大坂腰帶一送与新羅譯語劉愼言 (『入唐求法巡禮行記』1)
신라	(唐文宗開成四年三月)廿五日 卯時發 風吹正西 乘淮東行 未時到徐州管內漣水縣南扵淮中停宿 風色不變 緣第一船新羅水手及稍功下船未來 諸船为此拘留不淂進發. 通夜信風不變 (『入唐求法巡禮行記』1)
신라	(唐文宗開成四年 四月)二日 風變西南 節下喚集諸舩官人 重議進發令申意謀 第二舩頭長岑宿祢申云 其大珠山計當新羅正西 若到彼進發灾禍難量 加以彼新羅与張寶亮興乱相戰 淂西風及乹坤風定著賊境 案舊例 自明州進發之舩為吹著新羅境 又従揚子江進發之舩又著新羅 今此度九箇舩北行既遠 知近賊況更向大珠山專入賊地 所以自此渡海, 不用向大珠山去 (『入唐求法巡禮行記』1)
신라	(唐文宗開成四年 四月) 五日 (…) 涉浦過泥申時到宿城村新羅人宅暫憩息 便噵新羅僧従密州來此之意 僧等答云 新羅僧慶元恵溢教恵亦乘便舩來到此 間一兩日宿住 請勾當垂愍交住 爰村老王良書云 和尙到此處自稱新羅人 見其言語非新羅語 亦非大唐語

471) 이 기사에는 일자 표기가 없으나, 『三國史記』 新羅本紀 등에 의거하여 閏1월19일로 편년하였다.
472) 이 기사에는 연대 표기가 없으나, 『三國史記』 新羅本紀 등에 의거하여 神武王元年(839) 閏1월19일로 편년하였다.
473) 이 기사에는 연대 표기가 없으나, 『三國史記』 新羅本紀 등에 의거하여 神武王元年(839) 閏1월19일로 편년하였다.
474) 이 기사에는 연대 표기가 없으나, 『三國史記』 新羅本紀 등에 의거하여 開成 4년(839) 閏1월19일로 편년하였다.
475) 慧禪師(慧徹)는 814년에 唐에 유학하여 839년에 귀국하였으므로, 814~839년으로 기간편년하고 마지막 해인 839년의 귀국기사 앞에 배치하였다.

見遵日本國朝貢使船泊山東候風 恐和尙是官客從從本國船上逃來 是村不敢交官客住 請示以實示報莫作妄語 只今此村有州牒 兼押衙使下有三四人在此探候 更恐見和尙楚捉入州 云々 (…) (『入唐求法巡禮行記』1)

신라 (唐文宗開成四年 四月)廿日 早朝新羅人乘小舡來 便聞 ?寶亮与新羅王子同心罰淂新羅國, 便令其王子作新羅國王子既了 (『入唐求法巡禮行記』2)

신라 (唐文宗開成四年 四月)廿四日 霧雨 此泊舶之處結纜々断 風吹浪高 近日下八箇纜 其三箇纜矴並断落 所餘之纜甚少 設逢暴風不能繋住 憂怕無極 廿四日西風吹 暮際騎馬人來於北岸 從船上差新羅譯語道玄令迎 道玄却來云 來者是押衙之判官 在於當縣聞遵 本國使船泊此日久所以來擬相看 緣夜歸去不淂相看 明日專詣於船上 更令新羅人於留岸上 傳語於道玄轉為官人令申來由 便聞 本國朝貢使駕新羅船五隻 流著萊明盧山之邊 餘之四隻不知所去 雖聞是事未詳是第幾之船 又聞 大唐天子為新羅王子賜王位 差使擬遣新羅 排比其船 兼賜祿了 (『入唐求法巡禮行記』2)

신라 (唐文宗開成四年 四月) 廿六日 (…) 未時新羅人卅餘騎馬乘驢未云 押衙潮落擬來相看先來候迎 就中有一百姓云 昨日從廬山來 見大國朝貢船九隻俱到廬山 人物無損 其官人亦惣上陸地作幕屋在從容候風 云云 不久之間押衙駕新羅舡來 下船登岸 多有娘子朝貢使判官差新羅譯語道玄遣令通事由 已後粟録事下舶 到押衙處相看 兼作帖請食粮先在東海懸但過海之粮 此船過海逆風却歸流著 此間事須不可在此喫過海粮 仍請生料云云 押衙取狀云 更報州家取處分 晚頭歸宅 終日東北風吹 (『入唐求法巡禮行記』2)

신라 (四月) 廿九日 北風吹 令新羅譯語道玄作謀 留在此間可穩便否 道玄与新羅人商量其事却來云 留住之事可穩便 (『入唐求法巡禮行記』2)

신라 (開成四年)四月 淸宮奉迎侍中祐徵卽位 是爲神武王 (『三國史記』44 列傳 4 金陽)

신라 四月 禮徵等先至 淸宮禁 備禮 迎祐徵入即位 王旣立 追尊祖伊飡禮英爲惠康大王 考均貞爲成德大王 母朴氏爲憲穆太后 立子慶膺爲太子 封張保皐爲感義軍使 食實封二千戶[三國史張保皐傳 鄭年入國 誅叛者立王 王召保皐爲相 以年代守淸海 與此 本紀不同]

權近曰 禮重復讎 春秋貴討賊 故君父之讎 不共戴天 簒弑之賊 人人之所得討也 且少陵長 賤妨貴 亦春秋之所深惡也 衛州吁弑桓公 石碏討之 春秋書曰 衛人殺州吁于濮者 許衛人之能助石碏 不君州吁而討之之辭也 齊小白與子糾爭立 書曰 齊小白入于齊者 明小白以長 宜有齊也 由是觀之 新羅興德王薨無嗣 其堂弟均貞與姪悌隆爭立 皆非嫡也 則是均貞以長當立矣 侍中金明輔不正奉悌隆 殺均貞而立之 均貞之子祐徵 即與金陽奔淸海鎭 謀欲復讎 未嘗一日 北面而臣於悌隆也 及金明又弑悌隆而自立 金陽能與張保皐等 討殺金明而立祐徵 是眞得復讎討賊之義矣 當加美詞 以爲萬歲 臣子之勸也 金富軾乃謂 金明弑僖康而即位 祐徵弑閔哀而即位 反與弑逆之儔 並列而并論之何哉 金明初輔不正 立以爲君 又從而弑之 其惡滔天必討之罪也 若祐徵金陽則初能輔正 從能討賊 不君悌隆 況君金明乎 以祐徵而殺金明 子復父之讎也 以金陽而殺金明是臣討君之賊也 能討君父之賊 以明臣子之義 旣旌嘉矣 徇以復讎 只戮渠魁 使民勿動庶 幾王者弔伐之師 金陽又以犬吠非主 恕萱伯之射己而不校 實與齊桓釋管仲之射鉤 漢高赦季布之窘辱 異世而同符者也 羅代君臣之事 此最合於義者也

金富軾曰 杜牧言 天寶安祿山亂 朔方節度使安思順以祿山從弟賜死 詔郭汾陽代之 後

旬日復詔 李臨淮持節分朔方半兵 東出趙魏 當思順時 汾陽臨淮俱爲牙門都將 二人不相能 雖同盤飮食 常睇相視 不交一言 及汾陽代思順 臨淮欲亡去 計未決 詔臨淮 分汾陽半兵東討 臨淮入請曰 一死固甘 乞免妻子 汾陽趍下 執手上堂 偶坐曰 今國亂主遷 非公不能東伐 豈懷私忿時耶 及別 執手泣涕 相勉以忠義 訖平巨盜 實二公之力 知其心不叛 知其材可任 然後心不疑 兵可分 平生積憤 知其心難也 忿必見短 知其材益難也 此保皐與汾陽之賢等耳 年投保皐 必曰 彼貴我賤 我降下之 不宜以舊忿殺我 保皐果不殺 人之常情也 臨淮請死於汾陽 亦人之常情也 保皐任年事 出於己 年且饑寒 易爲感動 汾陽臨淮平生抗立 臨淮之命出於天子 擢於保皐 汾陽爲優 此乃聖賢遲疑成敗之際也 彼無他也 仁義之心 與雜情並植 雜情勝則仁義滅 仁義勝則雜情消 彼二人 仁義之心旣勝 復資之以明 故卒成功 世稱周召爲百代之師 周公擁孺子 而召公疑之 以周公之聖 召公之賢 少事文王 老佐武王 能平天下 周公之心 召公且不知之 苟有仁義之心 不資以明 雖召公尙爾 況其下哉 語曰 國有一人 其國不亡 夫亡國非無人也 丁其亡時 賢人不用 苟能用之 一人足矣 宋祁曰 嗟乎 不以怨毒相甚 而先國家之憂 晉有祁奚 唐有汾陽 羅有保皐 孰謂夷無人哉 (『三國史節要』13)

신라 第四十五神虎[476]王 金氏 名佑徵 父均具角干 追封成德大王 母貞△夫人 追封祖礼英△△惠康大王 妃眞從[一作繼]大后 △明海△之女 己未四月立 (『三國遺事』1 王曆)

신라 神武王立 諱祐徵 元聖大王孫均貞上大等之子 僖康王之從弟也 禮徵等旣清宮禁 備禮迎之卽位 追尊祖伊湌禮英[一云孝眞]爲惠康大王 考爲成德大王 母朴氏眞矯夫人爲憲穆太后 立子慶膺爲太子 封淸海鎭大使弓福爲感義軍使 食實封二千戶 (『三國史記』10 新羅本紀 10)[477]

신라 (四月) 利弘棄妻子遁山谷 王遣騎士追獲殺之 (『三國史節要』13)

신라 利弘懼 棄妻子遁山林 王遣騎士追捕殺之 (『三國史記』10 新羅本紀 10)[478]

신라 第四十六文聖王 己未五月十九日 大雪 (『三國遺事』2 紀異 2 早雪)

신라 夏五月 大雪 (『三國史節要』13)

신라 (唐文宗開成四年 六月)七日 午時乹風吹 举帆進行 未申之際到赤山東邊泊舩 乹風大切 其赤山純是巖石高秀處 即文登懸清寧鄉赤山村 山裏有寺 名赤山法花院 本張寶高初所建也 長有荘田以宛粥飰 其荘田一年淂五百石米 冬夏講說 冬講法花經 夏講八卷金光明經 長年講之 南北有巖岑水通院庭従西而東流 東方望海遠開 南西北方連峯作壁 但坤隅斜下耳 當今新羅通事押衙張詠及林太使王訓亦專勾當 (『入唐求法巡禮行記』2)

신라 (唐文宗開成四年 六月)八日 暮際請益法師及惟正惟曉亦登寺偶謁寺家 諸僧亦卅有餘相看啜茶 夜宿閑房 (『入唐求法巡禮行記』2)

신라 (唐文宗開成四年 六月)九日 斉前 法相請益戒明法師及従僧亦相尋登來 共於食堂喫斉々後 粟田録事新羅通事道玄亦同共登來亦宿一夜 (『入唐求法巡禮行記』2)

신라 (唐文宗開成四年 六月)十日 斉後 粟録事皈舩上去 本國七箇僧留住山寺 起七日西南風大切片時无息 (『入唐求法巡禮行記』2)

---

476) 저본에는 '虎'로 되어 있으나, 高麗 惠宗 王武의 避諱이므로 '武'로 수정해야 한다.
477) 이 기사에는 월 표기가 없으나, 『三國史記』 金陽傳 등에 의거하여 4월로 편년하였다.
478) 이 기사에는 월 표기가 없으나, 『三國史節要』에 의거하여 4월로 편년하였다.

신라 (唐文宗開成四年 六月)廿八日 大唐天子差入新羅慰問新即位王之使 州青兵馬使吴子陳·崔副使·王判官亦卅余人登來寺裏相看 夜頭張寶高遣大唐賣物使崔兵馬司來寺問慰(『入唐求法巡禮行記』 2)

신라 (唐文宗開成四年 七月)十四日 辰時辭山院到泊舩處 在岸頭共戒明法師及粟録事·和録事辞別 泩真莊村天門院相看法空闍梨 此法師曾至本國 帰來二十年 夜宿其院 (『入唐求法巡禮行記』 2)

신라 (唐文宗開成四年 七月)十六日 早朝従山院下 在路聞人遵 舶舩昨日發去 到泊舩處覓舩不見 暫住岸頭 赤山院衆僧共來慰問 倶登赤山院喫飯 便見州使四人先來在院 運日本國朝貢使粮七十石米著今於當村 緣朝貢使已發不淂領過 便報縣家去 院裏老少深恠被抛却慰問慇懃 (『入唐求法巡禮行記』 2)

신라 (唐文宗開成四年 七月)廿八日 申時縣使竇文至亦兩人將縣帖來 其状偁
縣 帖青寧鄉
淂板頭竇文至状報 日本國舩上抛却人三人
右桧案內淂前件板頭状報 其舡今月十五日發訖 抛却三人見在赤山新羅寺院 其報如前者 依檢前件人 既舩上抛却即合村保板頭當日状報 何淂經今十五日然始状報 又不見抛却人姓名兼有何行李衣物 并勘赤山寺院綱維知事僧亦有外國人在都不申報 事湏帖鄉専老人勘事由 限帖到當日具分析状上 如勘到一事不同及妄有拒注並追上勘責 如違限勘事不子細 元勘事人必重科决者
開成四年七月廿四日
典王佐帖
主簿副尉胡 君直
攝令戚宣貟
求法僧亦便作状報峀却之由 其状如左
日本國僧一人從小師二人行者一人留在山院事由
右僧亦為求佛法涉海遠來 雖到唐境未遂宿願 辞鄉本意欲巡聖國尋師学法 緣朝貢使早帰不能相隨歸國 遂住此山院 已後便擬巡礼名山訪道修行 但隨身物鐵鉢一口銅鋺二具銅瓶一口文書廿餘卷·遮寒衣裳亦 更無別物 今蒙縣司勘問具事由如前 牒件状如前 謹牒
開成四年七月廿日
日本國僧圓仁状帖
從僧惟正僧惟曉行者丁雄万奉帖
青寧鄉赤山院状上
勘日本國僧人舡上不帰事由亦状
右日本國僧圓仁小師惟正惟曉行者計四人口 遠聞重花興流佛教 故來投学聖教 擬次尋名山聖跡 巡礼諸方 緣時熱且在山院避熱待時涼即便行 遂不早縣司状 惟悉察 其僧亦緣身衣鉢更無別物 如通状後不子細 法清亦虛妄之過 謹具状上 事由如前
開成四年七月日 赤山院主僧法清状 (『入唐求法巡禮行記』 2)

신라 (秋七月)丙申 令大宰府 造新羅船 以能堪風波也 (『續日本後紀』 8 仁明紀)

신라 秋七月 遣使如唐 遺淄靑節度使奴婢 帝聞之 矜遠人 詔令歸國 (『三國史記』 10 新羅

本紀 10)[479]

신라 秋七月 遣使如唐 遣淄靑節都[480]使奴婢 帝聞之 矜其遠徙 詔令還之 (『三國史節要』13)

신라 (秋七月) 王寢疾 夢利弘射中背 旣寤 瘡發背 至是月二十三日 薨 諡曰神武 葬于弟兄山西北
論曰 歐陽子之論曰 魯桓公 弑隱公而自立者 宣公 弑子赤而自立者 鄭厲公 逐世子忽而自立者 衛公孫剽 逐其君衎而自立者 聖人於春秋 皆不絶其爲君 各傳其實 而使後世信之 則四君之罪 不可得而掩耳 則人之爲惡 庶乎其息矣 羅之彦昇 弑哀莊而卽位 金明 弑僖康而卽位 祐徵 弑閔哀而卽位 今皆書其實 亦春秋之志也 (『三國史記』10 新羅本紀 10)

신라 閔哀王薨 神武王祐徵卽位 不踰年而薨 文聖[481]慶膺卽位元年 (『三國史記』31 年表 下)

신라 文聖王立 諱慶膺 神武王太子 母貞繼夫人[一云定宗太后] (『三國史記』11 新羅本紀 11)

신라 (開成四年)至七月二十三日 大王薨 太子嗣位 是爲文聖王 (『三國史記』44 列傳 4 金陽)

신라 (秋七月) 王嘗寢疾 夢利弘射中肩 旣寤 瘡發背 至是薨 子慶膺立 上諡曰神武 葬于弟兄山西北 (『三國史節要』13)[482]

신라 第四十六文聖王 己未五月十九日 大雪 八月一日 天地晦暗 (『三國遺事』2 紀異 2 早雪)

신라 발해 (開成四年)八月十五日 寺家設餺飥餅食等 作八月十五日之節 斯節諸國未有 唯新羅國獨有此節 老僧等語云 新羅國昔與渤海相戰之時 以是日得勝矣 仍作節樂而喜舞 永代相續不息 設百種飮食 歌舞管絃以晝續夜 三個日便休 今此山院追慕鄕國 今日作節 其渤海爲新羅罰 纔有一千人 向北逃去 向後却來 依舊爲國 今喚渤海國之者是也 (『入唐求法巡禮行記』2)

신라 (八月)己巳 勅大宰大貳從四位上南淵朝臣永河等 得今月十四日飛驛所奏遣唐錄事大神宗雄送大宰府牒狀 知入唐三箇船嫌本舶之不完 倩駕楚州新羅船九隻 傍新羅南以歸朝 其第六船 宗雄所駕是也 餘八箇船 或隱或見 前後相失 未有到着 艱虞之變不可不備 宜每方面重戒防人 不絶炬火贏貯糧水 令後着船共得安穩 其宗雄等安置客館 得待後船 (『續日本後紀』8 仁明紀)

백제 (八月)戊寅 改加賀國人正六位上百濟公豊貞本居 貫附左京四條三坊 豊貞之先 百濟國人也 以庚午年 被貫河內國大鳥郡 以乙未年 被貫加賀國江沼郡也 (『續日本後紀』8 仁明紀)

신라 八月 大赦 (『三國史記』11 新羅本紀 11)
신라 (八月) 大赦 (『三國史節要』13)

---

479) 『冊府元龜』에는 開成 3년(838) 7월로 되어 있다.
480) 저본에는 '都'로 되어 있으나, 『三國史記』에 의거하여 '度'로 수정해야 한다.
481) 정덕본에는 文聖王이 文聖으로만 표기되어 있으므로, 王을 추가함이 옳다.
482) 이 기사에는 일자 표기가 없으나, 『三國史記』 新羅本紀 등에 의거하여 7월23일로 편년하였다.

신라 (八月) 敎曰 淸海鎭大使弓福 嘗以兵助神考 滅先朝之巨賊 其功烈可忘耶 乃拜爲鎭海將軍 兼賜章服 (『三國史記』 11 新羅本紀 11)

신라 (八月) 王敎曰 淸海鎭大使保皐 嘗以兵助神考 滅先朝之巨賊 其功烈可忘耶 乃拜爲鎭海將軍 兼賜章服 追錄金陽功 授蘇判兼倉部令 轉侍中兼兵部令 (『三國史節要』 13)

신라 (開成四年) 追錄功 授蘇判兼倉部令 轉侍中兼兵部令 (『三國史記』 44 列傳 4 金陽)[483]

신라 王召保皐爲相 以年代守淸海[此與新羅傳記頗異 以杜牧言傳 故兩存之]

論曰 杜牧言 天寶安祿山亂 朔方節度使安思順 以祿山從弟賜死 詔郭汾陽代之 後旬日 復詔李臨淮 持節分朔方半兵 東出趙魏 當思順時 汾陽臨淮俱爲牙門都將 二人不相能 雖同盤飮食 常睇相視 不交一言 及汾陽代思順 臨淮欲亡去 計未決 詔臨淮 分汾陽半兵東討 臨淮入請曰 一死固甘 乞免妻子 汾陽趍下 持手上堂 偶坐曰 今國亂主遷 非公不能東伐 豈懷私忿時耶 及別 執手泣涕 相勉以忠義 訖平巨盜 實二公之力 知其心不叛 知其材可任 然後心不疑 兵可分 平生積憤 知其心難也 忿必見短 知其材益難也 此保皐與汾陽之賢等耳 年投保皐 必曰 彼貴我賤 我降下之 不宜以舊忿殺我 保皐果不殺 人之常情也 臨淮請死於汾陽 亦人之常情也 保皐任年事 出於己 年且饑寒 易爲感動 汾陽臨淮平生抗立 臨淮之命 出於天子 擢於保皐 汾陽爲優 此乃聖賢遲疑成敗之際也 彼無他也 仁義之心 與雜情並植 雜情勝則仁義滅 仁義勝則雜情消 彼二人 仁義之心旣勝 復資之以明 故卒成功 世稱周召爲百代之師 周公擁孺子 而召公疑之 以周公之聖召公之賢 少事文王 老佐武王 能平天下 周公之心 召公且不知之 苟有仁義之心 不資以明 雖召公尙爾 況其下哉 語曰 國有一人 其國不亡 夫亡國非無人也 丁其亡時 賢人不用 苟能用之 一人足矣 宋祁曰 嗟乎 不以怨毒相甚 而先國家之憂 晉有祁奚 唐有汾陽保皐 孰謂夷無人哉 (『三國史記』 44 列傳 4 張保皐鄭年)[484]

신라 王遂召保皐爲相 以年代守淸海 (…)

贊曰 杜牧稱 安思順爲朔方節度時 郭汾陽李臨淮俱爲牙門都將 二人不相能 雖同盤飮食 常睇相視 不交一言 及汾陽代思順 臨淮欲亡去 計未決 旬日 詔臨淮分汾陽半兵東出趙魏 臨淮入請曰 一死固甘 乞免妻子 汾陽趨下 持手上堂曰 今國亂主遷 非公不能東伐 豈懷私忿時邪 及別 執手泣涕 相勉以忠義 訖平劇盜 實二公之力 知其心不叛 知其心難也 忿必見短 知其材益難也 此保皐與汾陽之賢等耳 年投保皐必曰 彼貴我賤 我降下之 不宜以舊忿殺我 保皐果不殺 人之常情也 臨淮請死於汾陽 亦人之常情也 保皐任年事 出於己 年且寒飢 易爲感動 汾陽臨淮 平生亢立 臨淮之命 出於天子 榷於保皐 汾陽爲優 此乃聖賢遲疑成敗之際也 世稱周邵爲百代之師 周公擁孺子而邵公疑之 以周公之聖邵公之賢 少事文王 老佐武王 能平天下 周公之心 邵公且不知之 苟有仁義之心 不資以明 雖邵公尙爾 況其下哉 嗟乎 不以怨毒相甚 而先國家之憂 晉有祁奚 唐有汾陽保皐 孰謂夷無人哉 (『新唐書』 220 列傳 145 東夷 新羅)[485]

신라 八月 天地晦暗 (『三國史節要』 13)

신라 (唐文宗開成四年) 九月大 一日己卯 問録洼臺山行李州名里數 過八箇州到五臺山 計二千九百九十來里 従赤山村到文登縣百三十里 過縣到登州五百里 従登州行二百廿里

483) 이 기사에는 월 표기가 없으나, 『三國史記』 新羅本紀 등에 의거하여 8월로 편년하였다.

484) 이 기사에는 연대 표기가 없으나, 『三國史記』 新羅本紀 등에 의거하여 神武王元年(839) 8월로 편년하였다.

485) 이 기사에는 연대 표기가 없으나, 『三國史記』 新羅本紀 등에 의거하여 開成 4년(839) 8월로 편년하였다.

到萊州　従萊州行五百里到青州　過青州行一百八十里到淄州　従淄州到斉州一百八里過齊州到鄆州三百里 従鄆州行過黃河到魏府一百八十里 過魏府到鎮州五百來里 従鎮州入山行五日約三百里方到五臺山 依新羅僧諒賢口說記之 (『入唐求法巡禮行記』2)

신라　(唐文宗開成四年 九月) 三日 午時縣使一人將縣帖來 其帖文如左
縣帖青寧鄉
先淂状在赤山寺院日本國舩上抛却僧三人行者一人
右檢案內淂状偁 前件僧朩先具事由申上訖 恐後州司要有追勘仗 請帖海口所由及當村板頭并赤山寺院綱維朩 湏常知存亡請處分者 奉判准状帖所由者 依撿前件人事湏帖海口所由告報　及綱維朩湏常知存亡　如已後州司追勘　稱有東西不知去處急追必重科決仍限帖到當日告示 畜取状州状上者
開成四年八月十三日
典王佐帖
主簿副尉胡君直
攝令戚宣負
司功
先在青寧鄉赤山寺院日本國舩上抛却僧三人行者一人
右件僧朩先申州申使訖　恐有東西去　八月十四日帖赤山寺院并村保板頭海口所由朩湏□存亡 尋問本鄉里正 稱村正譚亶抛却帖 至今都無状報 其譚亶見在伏請處分 牒件状如前 謹帖
開成四年九月 日
典王佐牒
青村正状一日負
日本國僧圓仁等 状上
奉帖勘問抛却在赤山院日本國僧三人行者一人東西存亡事由状
右僧朩為慕佛法 權住山院已淂已淂穩善 欲擬便出遊礼諸處 緣時臨寒未有東西在 此山院過冬到春 巡礼名山訪尋聖跡 僧朩情願状報先了 今蒙帖勘東西存亡 謹具事由状上如前 牒件状如前 謹牒
開成四年九月三日
日本國僧圓仁朩帖(『入唐求法巡禮行記』2)

신라　(唐文宗開成四年 九月十二日) 祠部 牒
上都章敬寺新羅僧法清
右請唯格所在隨緣頭陁
牒淂前件僧状 稱 本心入道志樂頭陁 但是名山歸心礼謁經行林下所存尋師 學迦葉之行門進修佛理 請唯乹元和元年四月十二日勑 三蔵僧般若力奏弟子大念朩請頭陁 奉依釋教准勑修行所在頭陀勿虧聖典　但為持念損心近加風疾發動無恒　藥餌之間要湏市易將息 今欲泩諸山巡礼及尋醫療疾 恐所在關戍·城門·街鋪·村坊佛堂·山林蘭若·州縣寺舍等不練行由請給公驗者 付庫檢 淂報勑內名同者 謹检格 僧尼有能行頭陀者到州縣寺舍任安置 將理不淂所由恐動者 僧法清請頭陀檢勘同者准状牒 故牒
元和二年二月日
令吏潘倫牒
主事趙叅
負外郎周仲孫 (『入唐求法巡禮行記』2)

신라　(冬十月)丁巳　遣唐使錄事正六位上山代宿禰氏益所駕新羅船一隻　歸着筑前國博多津

(『續日本後紀』 8 仁明紀)

신라 (唐文宗開成四年)十一月一日 赴新羅人王長文請到彼宅裏契斉 々後 共數僧亦到寺院莊宿一宵 (『入唐求法巡禮行記』 2)

백제 (十一月癸未) 左京人正六位上御春宿禰春長等十一人 改宿禰賜朝臣 是百濟王之種 飛鳥戶等之後也 (『續日本後紀』 8 仁明紀)

신라 第四十五神虎[486]王 (…) 己未四月立 至十一月一十三日 崩 (『三國遺事』 1 王曆)

신라 第四十六文聖王 金氏 名慶膺 父神虎[487]王 母眞從大后 妃炤明王后 己未十一月立 理十九年 遺詔傳位叔父 (『三國遺事』 1 王曆)

신라 (唐文宗開成四年 十一月)十六日 山院起首講法花經 限來年正月十五日為其期 十方衆僧及有緣施主皆來會見 就中聖琳和尚是講經法主 更有論義二人 僧頓證僧常寂 男女道俗同集院裏 白日聽講夜頭礼懺聽經及次第 僧亦其数卌來人也 其講經礼懺皆擄新羅風俗 但黃昏寅朝一時礼懺且依唐風 自餘並依新羅語音 其集會道·俗·老·少·尊·卑惣是新羅人 但三僧及行者一人日本國人耳 (『入唐求法巡禮行記』 2 唐 文宗 開成 四年)

신라 (唐文宗開成四年 十一月)十七日 齋前由當院講起 遽且出寺泩南山法空闍梨院 赤山院綱推馳書請帰不許住南院 更修状請十五日暇, 綱維綱僅許(『入唐求法巡禮行記』 2)

신라 (唐文宗開成四年 十一月)廿二日 緣事不穩帰扵本院 赤山院講經儀式 辰時打講經鍾打驚衆鍾訖 良久之會大衆上堂 方乏衆鍾 講師上堂登高座間 大衆同音稱嘆佛名 音曲一依新羅 不似唐音 講師登座訖 稱佛名便停 時有下座一僧作梵 一擄唐風 即 云何扵此經 亦一行偈矣 至願佛開微蜜句 大衆同音唱云 戒香乏香解脫香亦 項梵唄訖 講師唱經題目便開題分別三門 尺題目訖 維那師出來扵高座前讀申會興之由及施主別名所施物色 申訖 便以其状轉与講師 々々把麈尾 一々申举施名獨自誓願 々々訖 論義者論端举問 举門之間講師举麈尾聞問者語 举問了便傾麈尾即還举之 謝問便答 帖問帖答与本國同 但難儀式稍別 側手三下後申解白前卒尒指申 難 聲如大嗔人盡音呼諍 講師家 難 但答不返難 論義了入文讀經講 訖大衆同音長音讚嘆 々々語中有迴向詞 講師下座 一僧唱 處世界如虛空 偈 音勢頗似本國 講師昇礼盤一僧唱三礼了 講師大衆同音 出堂帰房 更有覆講師一人在高座南下座 便讀講師昨所講文 至如含義句 講師牒文尺義了 覆講亦讀 々盡昨所講文了 講師即讀次文 每日如斯 (『入唐求法巡禮行記』 2)

신라 (唐文宗開成四年 十一月廿二日) 新羅一日講議式 辰時打鍾長打 擬了講師都講二人入堂 大衆先入列坐 講師讀師入堂之會大衆同音稱嘆佛名長引 其講師登北座 都講登南座了 讚佛便止 時有下座一僧作梵 云何扵此經 亦一行偈也 作梵了南座唱經題目 所謂唱經長引音多有屈曲 唱經之會大衆三遍散花 每散花時各有所項 唱經了更短音唱題目 講師開經目三門分別述經大意 尺經題目竟 有維那師披讀申事興所由 其状中具載无常道理亡者功能亡逝日數 知登州刺史姓烏名角 時人喚烏使君 有三諱字明·綺·給也 明日即導來日 青州節度使姓韋 時人喚韋尚書 無諱字也 (『入唐求法巡禮行記』 2)

486) 저본에는 '虎'로 되어 있으나 高麗 惠宗 王武의 避諱이므로 '武'로 수정해야 한다.
487) 저본에는 '虎'로 되어 있으나 高麗 惠宗 王武의 避諱이므로 '武'로 수정해야 한다.

신라　　(唐文宗開成四年 十一月廿二日) 新羅誦經儀式 大唐喚作念經 打鍾定衆了 下座一僧起打槌唱 一切恭敬々礼常住三寶 次一僧作梵 如來妙色身 亦兩行偈 音韻共唐一般作梵之會 一人擎香盆歷行衆座之前急行々行便休 大衆同音誦摩訶般若題數十遍也 有一師陳申誦經來由了 大衆同音誦經 或時行經本或時不行經本 念經了導師獨唱 歸依佛歸依法歸依僧 次稱佛井号 導師唱云 南無十二大願 大衆云 藥師瑠璃光佛 導師云 南無藥師也 大衆同音云 瑠璃光佛 導師云 南無大衆悲也 大衆同音云 觀世音井 餘皆如是 礼佛了導師獨結願迴向 々々稍長 迴向之後導師云 發心 大衆同音亦云 發心 次導師唱 發願已竟頂礼三寶 次施主擎施物坐 導師与呪願 便散去 (『入唐求法巡禮行記』2)

발해　　開成四年十二月戊辰 渤海王子大延廣契丹首領薩葛奚大首領溫訥骨室韋都督大秩虫等來朝 (『冊府元龜』972 外臣部 17 朝貢 5)

신라　　(唐文宗開成四年 十二月)廿九日 晩頭此新羅院佛堂經蔵點燈供養 別處不點燈 每房竈裏燒竹葉及草従堗出烟 黃昏初夜後夜寅朝礼佛 後夜諸沙弥小師亦巡到諸房拜年 賀年之詞依唐風也 (『入唐求法巡禮行記』2)

동이　　公固辭不獲 承命于東 時平盧節度使潁川陳公 覿公儀形 雅有所重 議其劇職 冀以縻之 (…) 自東夷復命 痾瘵所縈 玄穹不慈 竟至不起 (「韋廣 墓誌銘」)488)

840(庚申/신라 문성왕 2/발해 이진 11 咸和 11/唐 開成 5/日本 承和 7)

신라　　(唐文宗開成五年 一月十五日) 赤山法花院常住僧衆及沙弥亦名僧曇表·僧諒賢·僧聖林·僧智真·僧軌範(禅門)·僧頓證(寺主) 明信(去年典座)·恵覚(禅門)·修恵·法淸(去年院主) 金政(上座)真空法行(禅門)忠信(禅門)善範沙弥道真(去年直才)師教詠賢信恵(住日本國六年)融濟師俊小善懷亮智應 尼三人老婆二人 (『入唐求法巡禮行記』2)

신라　　(唐文宗開成五年 一月)廿一日 淂押衙報偁 明日差使報文登縣 所取淂帖報 專使馳報於赤山院 留心相待者 院裏衆僧及押衙并村人皆云 青州以來諸處近三四年有蝗虫災喫劫穀稻緣人飢貧 多有賊人殺奪不少 又行客乞飯无人布施 當今四人同行計應太難且在此院過夏待秋穀就出行穩便 如欲要行且向揚楚州堺 彼方穀熟飯食易淂 若欲遂本願 従楚州海州直大路向北亦淂 云云 人說不同心裏進退 文登懸長官諱動 少府諱平 (『入唐求法巡禮行記』2)

백제　　(春正月丁未) 從五位下百濟王慶苑爲河內介 (『續日本後紀』9 仁明紀)

신라　　春正月 以禮徵爲上大等 義琮爲侍中 良順爲伊飡 (『三國史記』11 新羅本紀 11)
신라　　春正月 以禮徵爲上大等 義琮爲侍中 良順爲伊飡 (『三國史節要』13)

신라　　(唐文宗開成五年 二月) 十四日 依新羅僧常寂請汖劉村 到彼便見白石弥勒像 躰上著土 問事由答云 於此有新羅人王憲 夜夢有一僧來語云 我是文殊師利 古佛堂墮壞積年無人脩緝佛井埋沒土中 見汝信志故來告報 若欲知實掘家東南寶畐邊便淂見者 寤且驚恠以夢中事語諸道俗 遂赴古畐邊鋤掘地 深至胷上尋淂佛井像 今見掘淂弥勒佛像一躰

488) 이 기사에는 연대 표기가 없으나 9세기 전반에 재임한 平盧節度使 중 陳氏 성을 가진 사람은 陳君賞이 유일하다. 그의 재임기간이 836~839년이므로 그에 맞추어 기간편년하고 마지막해인 839년에 배치하였다. 『全唐文補遺』9도 참고.

文殊師利井一躰普賢井一軀觀世音井兩軀大師子井一躰羅睺羅一軀佛骨鐵閣廿斤已上 諸人見之奇異不少 夜頭礼佛 道俗會集施捨通夜 (『入唐求法巡禮行記』2 唐 文宗 開成 五年)

신라 (唐文宗開成五年 二月) 十七日 爲与崔押衙畄狀一封囑者院家 (『入唐求法巡禮行記』2 唐 文宗 開成 五年)

신라 (唐文宗開成五年 二月) 十九日. 齋後出赤山新羅院入縣 (『入唐求法巡禮行記』2 唐 文宗 開成 五年)

신라 (開成)五年春二月 隨平盧使 歸舊國 化故鄕 於是檀越傾心 釋敎繼踵 百川之朝鼇壑 群嶺之宗鷲山 未足爲喩也 (「寶林寺普照禪師彰聖塔碑」)

신라 발해 (唐文宗開成五年 三月二日) 登州都督府城 東一里 南北一里 (…) 城南街東 有新羅館 渤海館 (『入唐求法巡禮行記』2)

신라 (唐文宗開成五年 三月) 廿四日 春節破陣樂之日 扵州內毬場設宴 晩頭直歲典座引向 新羅院安置 (『入唐求法巡禮行記』2 唐 文宗 開成 五年)

신라 발해 (唐文宗開成五年三月) 廿八日 立夏 天氣陰沉 登州留後官王李武來院相看 便聞 渤海 王子先日來到擬歸本鄕 待勅使來發去 扵當寺夏供 院有齋普請起彼断中 衆僧五十來 (『入唐求法巡禮行記』2 唐 文宗 開成 五年)

신라 (開成)五年四月 鴻臚寺奏[489] 新羅國告哀 質子及年滿合歸國學生等共一百五人 並放還 (『舊唐書』199上 列傳 149上 東夷 新羅)

신라 (開成)五年四月 鴻臚寺奏 新羅國告哀 其質子及年滿合歸國學生等共一百五人 並放還 (『唐會要』95 新羅)

신라 (開成)五年[四月] 鴻臚寺籍質子及學生歲滿者一百五人 皆遣之 (『玉海』153 朝貢 外夷來朝內附 唐新羅織錦頌觀釋奠賜晉書)

신라 (夏) 唐文宗勅鴻臚寺 放還質子及年滿合歸國學生共一百五人 (『三國史記』11 新羅本紀 11)[490]

신라 (夏) 唐勅鴻臚寺 還我質子及學生共一百五人 (『三國史節要』13)[491]

신라 (開成)五年 鴻臚寺籍質子及學生歲滿者一百五人 皆還之 (『新唐書』220 列傳 145 東夷 新羅)[492]

신라 開成五年 詔遣充新羅使 拜辭龍闕 指日首途 巨海洪波 浩浩萬里 一葦濟涉 不越五旬 如鳥斯飛 屆于東國 王事斯畢 迴櫂累程 潮退反風 征帆阻駐 未達本國 恐懼在舟 夜耿耿而罔爲 魂營營而至曙 (…) 介副相失 舟楫差池 毒惡相仍 疾從此起 扶持歸國 (「王文幹 墓誌銘)[493]

백제 (六月丙寅) 備中介外從五位下餘河成 右京大屬正六位下餘福成等三人 賜姓百濟朝臣

489) 鴻臚寺奏 奏字各本原無 據唐會要卷九五補
490) 이 기사에는 월 표기가 없으나, 『舊唐書』新羅傳 등에 의거하여 4월로 편년하였다.
491) 이 기사에는 월 표기가 없으나, 『舊唐書』新羅傳 등에 의거하여 4월로 편년하였다.
492) 이 기사에는 월 표기가 없으나, 『舊唐書』新羅傳 등에 의거하여 4월로 편년하였다.
493) 이 기사에는 월 표기가 없으나, 『舊唐書』新羅傳 등에 의거하여 4월로 편년하였다.

其先百濟國人也 (『續日本後紀』 9 仁明紀)

신라　　自夏四月至六月 不雨 (『三國史記』 11 新羅本紀 11)
신라　　夏四月至六月 不雨 (『三國史節要』 13)

발해　　哭日本國內供奉大德靈仙和尙詩幷序
渤海國僧貞素
起余者謂之應公矣 公仆而習之隨師至浮桑 小而大之介立見乎緇林 余亦身期降物負笈來宗覇業 元和八年窮秋之景 逆旅相逢 一言道合 論之以心 素至扵周塩 小子非其可乎 居諸未幾 早向鴿原 鶺鴒之至足痛乃心 此仙大師是我應公之師父也 妙理先契示于元元 長廣二年 入室五臺 每以身猷靑瘀之器 不將心聽白猿之啼 長慶五年 日夲大王遠賜百金達至長安 小子轉領金書送到鐵懃 仙大師領金訖 将一万粒舍利新經兩部造勅五通 亦囑附小子 請到日夲答謝國恩 小子便許 一諾之言豈憚万里重波淂 遂鍾无外緣期乎遠大 臨迴之日 又附百金 以大和二年四月七日 却到靈境寺 求訪仙大師 亡來日久 位我之血 崩我之痛 便泛四重溟渤 視死若歸 連五同行李 如食之頃者 則應公之原交所致焉 吾信始而復終 願靈几兮 表悉空留澗水嗚咽千秋之聲 仍以雲松惆悵万里之行 四月蓂落如一首途望京之耳 不舺塵心淚自涓 情因法眼奄幽泉 明朝儻間滄波客 的說遺鞋白足還 大和二年四月十四日書 (『入唐求法巡禮行記』 3 開成 5년 7월 3일)

백제　　(秋七月)庚辰 右大臣從二位皇太子傅藤原朝臣三守薨 (…) 遣叅義從四位上春宮大夫右衛門督文屋朝臣秋津 民部大輔從四位下百濟王慶仲等 就第宣詔 贈從一位 (…) (『續日本後紀』 9 仁明紀)

신라　　(九月)丁亥 大宰府言 對馬嶋司言 遙海之事 風波危險 年中貢調 四度公文 屢逢漂沒 傳聞 新羅船能凌波行 望請新羅船六隻之中 分給一隻 聽之 (『續日本後紀』 9 仁明紀)

신라 발해　　(開成五年)其年九月 中書門下奏 條流諸道判官員額 (…) 幽州淄靑舊各有九員 望各留七員 幽州除向前職額外 留盧龍軍節度推官 淄靑除向前職額外 留押新羅渤海兩藩巡官 (…) 臣等商量 須據舊額多少 難於一例停減 今據本鎭額量減 數亦非少 仍望令正職外 不得更置攝職 仍令御史臺及出使郎官御史 專加察訪 勅旨 依奏 (『唐會要』 79 諸使 下 諸使雜錄 下)

백제　　(十一月辛丑) 從四位下百濟王敎法卒 桓武天皇之女御也 (『續日本後紀』 9 仁明紀)

신라　　(十二月己巳) 大宰府言 藩外新羅臣張寶高 遣使獻方物 卽從鎭西追却焉 爲人臣無境外之交也 (『續日本後紀』 9 仁明紀)

신라　　冬 饑 (『三國史記』 11 新羅本紀 11)
신라　　冬 饑 (『三國史節要』 13)

발해　　開成後 亦修職貢不絶 (『舊唐書』 199下 列傳 149下 北狄 渤海靺鞨)[494]

494) 開成 연호는 836~840년에 사용되었다. 그 기간에 따라 이 기사를 기간편년하고 마지막해인 840년에 배치하였다.

발해 終文宗世來朝十二 (『新唐書』219 列傳 144 北狄 渤海)495)

발해 [傳] (…) 文宗世 來朝十二 (『玉海』153 朝貢 外夷來朝內附 唐渤海遣子入侍)

신라 勅 某臣等 感恩知義 奉贄不闕 居大海之外 爲有禮之賓 爾國是也 自列國卿 至於署丞 皆吾文吏之選 次第授爾 亦所以表他國不同禮也 將我恩寵 耀爾殊隣 愼勿怠違 永作藩屛 並可依前件 仍並放還蕃 (『全唐文』750 杜牧 新羅王子金元宏等授太常寺少卿監丞簿制)496)

신라 至十七受具 始就壇 覺袖中神光熠熠然 探之得一珠 豈有心而求 乃無脛而至 眞六度經所喩矣 使飢嚀者自飽 醉偃者」能醒 勵心之異四也 坐雨竟 將它適 夜夢遍吉菩薩撫頂提耳 曰 苦行難行 行之必成 形開痒然 默篆肌骨 自是 不復服繒絮焉 修糸氂之須所必麻楮 不穿達屣 矧羽爰 毛茵餘用矣 使縕黂者開眼 衣蟲者厚顔 律身之異五也 自綺年」 飽老成之德 加瑩戒珠 加畏者競相從求益 大師拒之曰 人大患好爲師 强欲慧不惠 其如模不模何耶 況浮芥海鄉 自濟未暇 無影逐 爲必笑之態 後山行 有樵叟假碍前路 曰 先覺覺後覺 何須捨空殼 就之則無見焉 爰媿且悟 不阻來求 森竹葦于鷄籃山水石寺 俄卜築他所 曰 不繫爲懷 能遷是貴 使佔畢者三省 營巢者九思 垂訓之異六也 贈大師景文大王 心融鼎敎 面謁輪工 遙深爾思 覬俾我卽 乃寓書曰 伊尹大通 宋纖小見 以儒辟釋 自邇陟遠 甸邑巖」居 頗有佳所 木可擇矣 無惜鳳儀 妙選近侍中可人 鵠陵昆孫立言爲使 旣傳敎已 因攝齊焉 荅曰 修身化人 捨靜奚趣 鳥能之命 善爲我辭 幸許安塗中 無令在汶上 上聞之 益珍重 自是 譽四飛於無翼 衆一變於不言 (「鳳巖寺智證大師寂照塔碑」)497)

신라 東國慧目山和尙 嗣章敬 師諱玄昱 俗姓金氏 東溟冠族 (…) 自開成末 結苑於慧目山埵 (『祖堂集』17 慧目山和尙玄昱)498)

신라 年十有五直詣浮石因聽雜華尋方廣之眞詮究十玄之妙義義學沙門始聞其語方認其心猶如孔詣膺門竟作忘年之友△△△△守爲幷日之交 (「寧越興寧寺澄曉大師塔碑」)499)

발해 勅 渤海王大彝震 王子大昌輝等 自省表陳賀 幷進奉事 具悉 卿代襲忠貞 器資仁厚 遵禮義而封部和樂 持法度而渤海晏寧 遠慕華風 聿修誠節 梯船萬里 任土之貢獻俱來 夙夜一心 朝天之禮義克備 龍庭必會 鯷域何遙. 言念嘉猷 豈忘寤嘆 勉宏敎義 常奉恩榮 令因王子大昌輝等廻國 賜卿官告及信物 至宜領之 妃及副王長史平章事等各有賜物 具如別錄 (『全唐文』728 封敖 與渤海王大彝震書)

발해 勅 渤海王大彛震 王子大昌輝等 自省表 陳賀幷進奉事具悉 卿代襲忠貞 器資仁厚 遵禮義而封部和樂 持法度而渤海晏寧 遠慕華風 聿修誠節 梯航萬里 任土之貢獻俱來 夙夜一心 朝天之禮儀 克備龍庭 必會鯷域何遥 言念嘉猷 豈忘寤歎 勉弘500)敎義 常奉恩榮 今501)因王子大昌輝等廻國 賜卿官告及信物 至宜領 妃及副王長史平章事等

---

495) 唐 文宗은 826~840년에 재위하였다. 그 기간에 따라 이 기사를 기간편년하고 마지막해인 840년에 배치하였다.

496) 開成 연간(836~840)에 당 황제가 신라 왕자 金元弘 등에게 太常寺의 少卿 監 丞 主簿 등의 관직을 제수하면서 내린 제서이다. 杜牧이 찬하였다.

497) 대사는 구족계를 문성왕 2년(840) 17세에 받았고 이후 鷄籃山 水石寺에서 교화활동을 하였으며 경문왕이 제자의 예를 갖추고 초청하였으나 거절하였다.

498) 開成 연호는 836~840년에 사용되었다. 그 기간에 따라 이 기사를 기간편년하고 마지막해인 840년에 배치하였다.

499) 대사는 826년에 태어났다. 15세는 840년이다.

500) 弘은 『전당문』에는 宏으로 되어 있다.

各有賜物 具如別錄 (『文苑英華』471 蕃書 4 封敕 與渤海王大彝震書)

841(辛酉/신라 문성왕 3/발해 이진 12 咸和 12/唐 會昌 1/日本 承和 8)

신라 (二月)戊辰 太政官仰大宰府云 新羅人張寶高 去年十二月進馬鞍等 寶高是爲他臣 敢輒致貢 稽之舊章 不合物宜 宜以禮防閑 早從返却 其隨身物者 任聽民間令得交關 但莫令人民 違失沽價 競傾家資 亦加優恤 給程糧 竝依承前之例 (『續日本後紀』10 仁明紀)

신라 春 京都疾疫 (『三國史記』11 新羅本紀 11)

신라 春 京都疾疫 (『三國史節要』13)

신라 (春) 一吉湌弘弼謀叛 事發逃入海島 捕之不獲 (『三國史記』11 新羅本紀 11)

신라 (春) 一吉湌弘弼謀叛 事覺亡入海島 捕之不獲 (『三國史節要』13)

백제 (夏四月)庚申 從四位下百濟王慶仲卒 慶仲者百濟氏中適用之人也 雖非大器 有吏幹聲 出爲武藏守 入任民部大輔 世人謂爲有詹公之術 衆人漁者 與慶仲臨川沈緡 魚之唫喁 專呑慶仲之鉤 瞬息間引得白餘喉 又諸大夫中以壯健稱 嘗自東國入都 路到渡頭爭船處 有傑黠人 率黨而來 驅逐諸人 不許俱渡 諸人畏之 不敢抗論 慶仲一揚鞭打之 額皮剝垂而覆面 惑而仆伏 其黨亦退 諸人大悅 棹舟競渡 (『續日本後紀』10 仁明紀)

신라 秋七月 唐武宗勅 歸國新羅官 前入新羅宣慰副使充兗州都督府司馬賜緋魚袋金雲卿可淄州長史 仍爲使 冊王爲開府儀同三司檢校太尉使持節大都督雞林州諸軍事兼持節充寧海軍使上柱國新羅王 妻朴氏爲王妃 (『三國史記』11 新羅本紀 11)

신라 秋七月 唐遣充兗州都督府司馬金雲卿 冊王爲開府儀同三司檢校太尉使持節大都督雞林州諸軍事兼持節充寧海軍使上柱國新羅王 妻朴氏爲王妃 兼授金陽檢校衛尉卿 (『三國史節要』13)

신라 會昌元年七月 敕 歸國新羅官 前入新羅宣慰副使前充兗州都督府司馬賜緋魚袋金雲卿可淄州長史 (『舊唐書』199上 列傳 149上 東夷 新羅)

신라 會昌元年七月 勅 歸國新羅官 前入新羅宣慰副使前充兗州都督府司馬賜緋魚袋金雲卿可淄州長史 (『唐會要』95 新羅)

신라 唐聘問 兼授公檢校衛尉卿 (『三國史記』44 列傳 4 金陽)[502)]

신라 薛宜僚 會昌中爲左庶子 充新羅冊贈使 由青州泛海 船頻阻惡風雨 至登州[503)] 却漂廻泊青州 郵傳一年 節使烏漢眞尤加待遇 籍中飮妓段東美者 薛頗屬情 連帥置於驛中 是春薛發日 祖筵嗚咽流涕 東美亦然 乃於席上留詩曰 阿母桃花方似錦 王孫草色正如煙 不須更向滄溟望 惆悵歡情恰一年 薛到外國 未行冊禮 旌節曉夕有聲 旋染疾 謂判官苗甲曰 東美何故頻見夢中乎 數日而卒 苗攝大使行禮 薛旋櫬 廻及青州 東美乃請告至驛 素服集奠 哀號撫柩 一慟而卒 情緣相感 頗爲奇事[出抒情集] (『太平廣記』274 情感 薛宜僚)[504)]

신라 由是 得兼京兆醴泉丞 遷太子贊善大夫 賜緋衣 副新羅使立其嗣 將命至其國 使病死

501) 今은 『전당문』에는 令으로 되어 있다.
502) 이 기사에는 연대 표기가 없으나, 『三國史節要』에 의거하여 文聖王 3년(841) 7월로 편년하였다.
503) 州原作舟 據明鈔本改
504) 이 기사에는 연대 표기가 없으나, 『三國史記』 新羅本紀 등에 의거하여 會昌元年(841) 7월로 편년하였다.

公專其禮 上下之分 皎然無違 夷人之祇畏 而且歡戴不足 使還 遷殿中少監 賜金紫 (「苗弘本 墓誌銘」:『唐代墓誌滙篇』;『全唐文補遺』 1)[505)]

신라 朴仁範元傑巨仁金雲卿金垂訓輩 雖僅有文字傳者 而史失行事 不得立傳 (『三國史記』 46 列傳 6)

백제 (十一月丁巳) 是日 授正三位百濟王慶命 從二位 (…) (『續日本後紀』10 仁明紀)

발해 (十二月)丁亥 長門國言 渤海客徒賀福延等一百五人來着 (『續日本後紀』10 仁明紀)
발해 丁亥廿二 長門國言 渤海客徒賀福延等一百五人來著 (『類聚國史』194 殊俗部△ 渤海 下)

발해 (十二月)庚寅 以式部大丞正六位上小野朝臣恒柯少外記正六位上山代宿禰氏益 爲存問渤海客使 (『續日本後紀』10 仁明紀)

부여 발해 武宗會昌元年 夫餘國貢火玉三斗 (…) 又渤海貢瑪瑙櫃紫瓷盆 馬瑙櫃 方三尺 深色如茜 所製工巧無比 用貯神仙之書 置之帳側 紫瓷盆 量容斗斛 内外通瑩 其色純紫 厚可寸餘 舉之則若鴻毛 上嘉其光潔 遂處於仙臺秘府 以和藥餌 後王才人擲玉環 誤缺其半菽 上猶歎息 久之 (『杜陽雜編』下)

신라 其武州所輸物産 爲新羅之最 自開耀元年 至於會昌元年 朝貢不絶 (『太平寰宇記』174 四夷 3 東夷 3 新羅)

842(壬戌/신라 문성왕 4/발해 이진 13 咸和 13/唐 會昌 2/日本 承和 9)

신라 (春正月)乙巳 新羅人李少貞等 卌人到着筑紫大津 大宰府遣使問來由 頭首少貞申云 張寶高死 其副將李昌珍等欲叛亂 武珍州列賀閻丈興兵討平 今已無虞 但恐賊徒漏網忽到貴邦 擾亂黎庶 若有舟船到彼不執文符者 竝請切命所在推勘收捉 又去年廻易使李忠揚圓等所齎貨物 乃是部下官吏及故張寶高子弟所遺 請速發遣 仍齎閻丈上筑前國牒狀叅來者 公卿議曰 少貞曾是寶高之臣 今則閻丈之使 彼新羅人 其情不遜 所通消息 彼此不定 定知 商人欲許交通 巧言攸稱 今覆解狀云 李少貞齎閻丈上筑前國牒狀叅來者 而其牒狀無進上宰府之詞 無乃可謂合例 宜彼牒狀早速進上 如牒旨無道 附少貞可返却者 或曰 少貞今既託於閻丈 將掠先來李忠揚圓等 謂去年廻易使李忠等所齎貨物 乃是故寶高子弟所遺 請速發遣 今如所聞 令李忠等 與少貞同行 其以迷獸投於餓虎 須問李忠等 若嫌與少貞共歸 隨彼所願 任命遲速 又曰 李忠等廻易事畢 歸向本鄉 逢彼國亂 不得平着 更來筑前大津 其後於呂系等化來云 己等張寶高所攝嶋民也 寶高去年十一月中死去 不得寧居 仍叅着貴邦 是日 前筑前國守文室朝臣宮田麻呂 取李忠等所齎雜物 其詞云 寶高存日 爲買唐國貨物 以絁付贈 可報獲物 其數不尠 正今寶高死 不由得物實 因取寶高使所齎物者 縱境外之人 爲愛土毛 到來我境 須欣彼情令得其所 而奪廻易之便 絶商賈之權 府司不加勘發 肆令并兼 非實賈客之資 深表無王憲之制 仍命府吏 所取雜物 細碎勘錄 且給且言 兼又支給糧食 放歸本鄉 (『續日本後紀』11 仁明紀)

백제 (春正月戊申) 從三位百濟王勝義爲兼相摸守 宮内卿如故 (…) (『續日本後紀』11 仁明

505) 이 기사에는 연대 표기가 없으나, 『三國史記』 新羅本紀 등에 의거하여 會昌元年(841) 7월로 편년하였다.

紀)

발해　(二月)乙酉 令渤海客徒入京 (『續日本後紀』11 仁明紀)
발해　乙酉[卄] 今渤海客徒人京 (『類聚國史』194 殊俗部△ 渤海 下)

발해　(三月)辛丑 存問兼領渤海客使式部大丞正六位上小野朝臣恒柯 少內記從六位上豊階公安人等上奏 勘問客徒等文幷渤海王所上啓案 竝中臺省牒案等文 其啓狀曰 渤海國王大彛震啓 季秋漸冷 伏惟 天皇起居萬福 卽此彛震蒙恩 前者王文矩等入覲 初到貴界文矩等卽從界末却廻 到國之日 勘問不得入覲逗留 文矩口傳天皇之旨 年滿一紀 後許入覲 彛震仰計天皇衷旨不要頻煩 謹依口傳 仍守前約 今者天星轉運 躔次過紀 覲覿之禮 爰恐愆紀 差使奉啓 任約令覲 彛震限以溟闊 不獲拜覲 下情無任馳戀 謹遣政堂省左允賀福延奉啓 又別狀曰 彛震祖父王在日 差高承祖 入覲之時 天皇注送在唐住五臺山僧靈仙黃金百兩 寄附承祖 承祖領將 到國之日 具陳天皇附金之旨 祖父王欽承睿意 轉附朝唐賀正之使 令尋靈仙所在將送其金·待使復佇付金否 而隔海程途 過期不返後年朝唐使人却廻之日 方知前年使等從海却歸 到塗里浦 疾風暴起 皆悉陷沒 亦悉往五臺覓靈仙 送金之時 靈仙遷化 不得付與 其金同陷沒 以此其後文矩入覲 啓中縷陳事由 冀達天皇 文矩不遂覲禮 將啓却歸 今再述失金事由 故遣賀福延輸申誠志 伏望體悉 又中臺省牒曰 渤海國中臺省牒日本國太政官 應差入覲貴國使政堂省左允賀福延幷行從一百五人 牒 奉處分 日域東遙 遼陽西阻 兩邦相去 萬里有餘 溟漲滔天 風雲雖可難測 扶光出地 程途亦或易標 所以展親舊意 拜覲須申 每航海以占風 長候時而入覲 年紀雖限 星軺尙通 賚書遣使 爰至于今 宜遵舊章 欽修覲禮 謹差政堂省左允賀福延 令覲貴國者 準狀牒上日本國太政官者 謹錄牒上云云 (『續日本後紀』11 仁明紀)
발해　辛丑[六] 存問兼領渤海客使 式部大丞 正六位上小野朝臣桓柯 少內記 從六位上豊 階公安人等上奏 勘問客徒等文 並渤海王所上啓案 並中台省牒案等文 其啓狀曰云云 又別狀曰云云 又中台省牒曰云云 (『類聚國史』194 殊俗部△ 渤海 下)

발해　渤海國中臺省牒 牒上　　日本國太政官
應差入覲 貴國使政堂省左允賀福延幷行從壹百伍□
一人使頭　政堂省左尹賀福延
二人嗣使　王寶璋
二人判官　高文暄　烏孝愼
三人錄事　高文宣　高平信　安寬喜
二人譯語　李憲壽　高應順
二人史生　王祿昇　李朝淸
一人天文生　晉昇堂
六十五人大首領
卄八人梢工
牒 奉處分 日域東遙 遼陽西阻 兩邦相去 萬里有餘 溟漲滔天 風雲雖可難測 扶光出地 程途亦或易　標 所以展親舊意 拜覲須申 每航海以占風 長候時而入覲 年紀雖限 星軺尙通 賚書遣使 爰至于今　宜遵舊章 欽修覲禮 謹差政堂省左允賀福延 令覲貴國者 準狀牒上日本國太政官者 謹錄牒上謹牒.

咸和十一年潤九月卄五日牒

吳秩大夫政堂春部卿上中郎上桂將聞理縣擬□國南賀守

謙中臺親公大內相兼殿中安豊□開國□□虔日光

(『壬生家文書』古往來消息雜雜)506)

발해　(三月)壬戌　渤海客徒賀福延等發自河陽　入于京師　遣式部少輔從五位下藤原朝臣諸成爲郊勞使　是夕　於鴻臚館安置供給 (『續日本後紀』11 仁明紀)

발해　壬戌[卄七] 渤海客徒賀福延等發自河陽　入於京師　遣式部少輔　從五位下藤原朝臣諸成爲　郊勞使　是夕　於鴻臚　館安置供給 (『類聚國史』194 殊俗部△ 渤海　下)

발해　(三月)癸亥　太政官遣右大史正六位上蕃良朝臣豊持於鴻臚館爲慰勞焉　是日　渤海使賀福延等上中臺省牒 (『續日本後紀』11 仁明紀)

발해　癸亥[卄八] 太政官遣右大史　正六位上蕃良朝臣豊持於　鴻臚館　爲慰勞焉　是曰　渤海客賀福延等上中台省牒　(『類聚國史』194 殊俗部△ 渤海　下)

발해　(三月)甲子　遣侍從正五位下藤原朝臣春津於鴻臚館　宣勅曰　天皇詔旨[良麻止]宣[久]有司奏[久]　彼國王[乃]上啓外[乃]別狀等事[乎]　存問使詰問[爾]　引過伏理[奴]　是故[爾]彼國使等[遠波]待[爾]　不可以常禮[止]奏　然[止毛]守年紀[氐]　自遠參來[留遠]念行[氐奈毛]　殊矜免賜[布止]宣　又詔[久]　客[伊]自遠參來[禮理]　平安以不　又長門以來路間[波]如何爲[都都加]參來[志]　宜相見日[爾]至[萬弖波]　此[爾]侍[天]休息[止]宣[布] (『續日本後紀』11 仁明紀)

발해　甲子[卄九]　遣侍從　正五位下藤原朝臣春津於鴻臚館宣敕曰　天皇詔旨[良麻止]宣[久]有司奏[久]　彼國王[乃]上啓外[乃]別狀等事[乎]　存問使詰問[爾]　引過伏理[奴]　是故[爾]彼國使等[遠波]待[爾]　不可以常禮[止]奏　然[止毛]守年紀[氐]　自遠參來[留遠]念行[氐奈毛]　殊矜免賜[布止]宣　又詔[久]　客[伊]自遠參來[禮理]　平安以不　又長門以來路間[波]如何爲[都都加]參來[志]　宜相見日[爾]至[萬弖波]　此[爾]侍[天]休息[止]宣[布]　(『類聚國史』194 殊俗部△ 渤海　下)

신라　春三月　納伊飡魏昕之女爲妃 (『三國史記』11 新羅本紀 11)

신라　春三月　納伊飡魏昕之女爲妃 (『三國史節要』13)

발해　夏四月乙丑朔　使右大史正六位上山田宿禰文雄　賜客徒等時服 (『續日本後紀』11 仁明紀)

발해　乙丑朔　使右大史　正六位上山田宿禰文雄賜客等時服　(『類聚國史』194 殊俗部△ 渤海　下)

발해　(夏四月)丙寅　渤海國使賀福延等　於八省院　獻啓函信物等 (『續日本後紀』11 仁明紀)

발해　丙寅[二]　渤海國使賀福延等於八省院獻啓函　信物等　(『類聚國史』194 殊俗部△ 渤海　下)

발해　(夏四月)己巳　天皇御豊樂殿　饗渤海使等　詔授大使賀福延正三位　副使王寶璋正四位下判官高文暄烏孝愼二人竝正五位下　錄事高文宣高平信安歡喜三人竝從五位下　自外譯語已下首領已上十三人　隨色加階焉　使右少辨兼右近衛少將從五位下藤原朝臣氏宗共食　日暮賜祿各有差 (『續日本後紀』11 仁明紀)

발해　己巳[五]　天皇御豊樂殿　饗渤海使等　詔授大使賀福廷正三位　副使王寶璋正四位下　判

506) 중대성첩 원문을 베낀 것이다.『속일본후기』의 수록 때 생략된 사절의 구성원 및 기년과 서명 등을 확인할 수 있다.

官高文暄 烏孝愼二人並正五位下 錄事高文宣 高平信 安歡喜三人並從五位下 自外譯語巳下首領以上十三人 隨色加階焉 使右少辨兼右近衛少將從五位下藤原朝臣氏宗共食 日暮賜祿各有差 (『類聚國史』194 殊俗部△ 渤海 下)

발해 (夏四月)辛未 大使賀福延私獻方物 (『續日本後紀』11 仁明紀)

발해 辛未[七] 大使賀福延私獻方物 (『類聚國史』194 殊俗部△ 渤海 下)

발해 (夏四月)癸酉 饗客徒等於朝集堂 遣從五位下惟良宿禰春道共食 宣勅曰 天皇[我]御命[良萬止]詔勅命[乎] 客人[伊]聞食[止]宣[久] 國[爾]還退[倍支]日近[久]在[爾]依[氏奈毛]國王[爾]祿賜[比] 幷[氏]福延等[爾毛]御手[都]物賜[比]饗賜[波久止]宣[布] (『續日本後紀』11 仁明紀)

발해 癸酉[九] 饗客徒等於朝集堂 遣從五位下惟良宿禰春道共食 宣敕曰 天皇[我]御命[良萬止]詔勅命[乎] 客人[伊]聞食[止]宣[久] 國[爾]還退[倍支]日近[久]在[爾]依[氏奈毛] 國王[爾]祿賜[比] 幷[氏]福延等[爾毛]御手[都]物賜[比]饗賜[波久止]宣[布] (『類聚國史』194 殊俗部△ 渤海 下)

발해 (夏四月)丙子 遣勅使於鴻臚館 宣詔 賜渤海王書曰 天皇敬問渤海國王 福延等至 得啓具之 惟王奉遵明約 沿酌舊章 一紀星廻 朝覲之期不爽 萬里溟闊賝貢之款仍通 言念乃誠 無忘鑒寐 前年聘唐使人却廻 詳知苾芻靈仙化去 今省別狀 事自合符 亦悉付遣黃金陷沒綠浦 雖人逝賫失元圖不諧 而思夫轉送之勞 遙感應接之義 悠悠天際 足非可跂 予相見無由 恷焉不已耳 附少國信 色色目如別 夏景初蒸 比平安好 略此還答 指不多及 太政官賜中臺省牒曰 日本國太政官牒渤海國中臺省 入覲使政堂省左允賀福延等壹佰伍人牒 得中臺省牒稱 奉處分 日域東遙 遼陽西阻 兩邦相去 萬里有餘 溟漲滔天 風雲雖可難測 扶光出地 程途亦或易標 所以每航海以占風 長候時而入覲 宜遵舊章 欽修覲禮 謹差政堂省左允賀福延 令覲貴國者 福延等來修聘禮 守一紀之龍信 凌千里之鼇波 乘風便以企心 仰日光而追影 事有成規 准例奏請 被勅報曰 隣好相尋 匪亶今日 靜言純至 嘉尙于懷 宜加優矜得復命者 今使還之次 附璽書幷信物 至宜領之但啓函修飾 不依舊例 官議棄瑕不擧 自後奉以悛之 准勅牒送 牒到准狀 故牒 勘解由判官正六位上藤原朝臣粟作 文章生從六位上大中臣朝臣淸世等爲領客使 是日 使賀福延等歸鄕 (『續日本後紀』11 仁明紀)

발해 丙子[十二] 遣敕使於鴻臚館 宣詔 賜渤海王書曰云云 太政官賜中台省曰牒云云 勘解由判官 正六位上藤原朝臣粟作 文章生 從六位上大中臣朝臣淸世等爲領客使 是日 使賀福延等歸鄕 (『類聚國史』194 殊俗部△ 渤海 下)

신라 (唐文宗會昌二年) 五月廿五日 (…) 又楚州新羅譯語劉愼言今年二月一日寄仁濟送書云 送朝貢使梢工水手前年秋迴彼國 玄濟闍梨附書狀并砂金廿四小兩見在弊所 恵蕚和尙附舩到楚州已巡五臺山 今春擬返故鄕愼言已排比人舩訖 其蕚和尙去秋暫往天台 冬中淂書云 擬趁李隣德四郎舩取明州?國 緣蕚和尙錢物衣服并弟子悉在楚州 又人舩已備不免奉邀從此發送 載上人委曲云 僧玄濟將金廿四小兩, 兼有人々書狀㐄付㧞陶十二部歸唐 此物見在劉愼言宅 (『入唐求法巡禮行記』3)

신라 (八月)丙子 大宰大貳從四位上藤原朝臣衛上奏四條起請 一曰 新羅朝貢 其來尙矣 而起自聖武皇帝之代 迄于聖朝 不用舊例 常懷姦心 苞茅不貢 寄事商賈 窺國消息 方今民窮食乏 若有不虞 何用防㤀 望請 新羅國人 一切禁斷 不入境內 報曰 德澤洎遠 外蕃歸化 專禁入境 事似不仁 宜比于流來 充糧放還 商賈之輩 飛帆來着 所齎之物 任

聽民間 令得廻廻 了速放却 (…) (『續日本後紀』12 仁明紀)

신라 太政官符

應放還入境新羅人事

右大宰大貳 從四位上 藤原朝臣衛奏狀偁 奉勅如聞 新羅朝貢其來尙矣 而起自聖武皇帝之代 迄于聖朝 不用舊例 常懷奸心 苞苴不貢 寄事商賈 窺國消息 望請一切禁斷不入境內者 右大臣宣 奉勅 夫德澤洎遠 外蕃歸化 專禁入境 事似不仁 宜比于流來充粮放還 商賈之輩 飛帆來着 所△之物 任聽民間 令得廻易 了卽放却 但不得安置鴻臚以給食

承和九年八月十五日 (『類聚三代格』18 夷俘幷外蕃人事)

백제 (九月己亥) 散事從三位百濱王惠信薨 (『續日本後紀』12 仁明紀)

신라 (唐文宗會昌二年) 十月十三日 惟正從楚州歸到上都 淂大國書二封楞嚴院狀一封高上人書一封刀子四柄 其付陶中金廿四小兩 楚州譯語劉愼言先已用盡惣不淂而空手來. 淂譯語報云攎圓載闍梨命 先已用矣書函封先已折開 (『入唐求法巡禮行記』3)

신라 溟州崛山故通曉大師 嗣塩官 法諱梵日 鳩林冠族金氏 (…) 殷懃六年後[507] 師到藥山藥山問 近離什麽處 師對曰 近離江西 藥山曰 作什麽來 師對曰 尋和尙來 藥山曰 此間無路 闍梨作摩生尋 師對曰 和尙更進一步 卽得學人 亦不見和尙 藥山曰 大奇大奇外來靑風凍殺人 欲恣遊方遠投帝里 (『祖堂集』17 通曉大師梵日)

843(癸亥/신라 문성왕 5/발해 이진 14 咸和 14/唐 會昌 3/日本 承和 10)

백제 (春正月甲午) 散位從四位上伴宿禰友足卒 (…) 友足爲人平直 不忤物情 頗有武藝 最好鷹犬 與百濟勝義王 同時獵狩也 但其用心各不同耳 勝義王獲鹿不必分其肉 友足獻御贄 餘徧遺諸大夫 一臠不留 由是 諸大夫之戱言 至閻樂王 縱以友足配惡趣 我等救之 必令脫出 謬以勝義赴淨刹 我等亦陳訴 擠墜泥黎 友足年六十六卒 (…) (『續日本後紀』13 仁明紀)

신라 (唐文宗會昌三年 一月) 廿九日 楚州新羅人客來 淂楚州譯語劉愼言書一道順昌阿闍利書一道 (『入唐求法巡禮行記』3)

신라 春正月 侍中義琮病免 伊飡良順爲侍中 (『三國史記』11 新羅本紀 11)

신라 春正月 侍中義琮病免 以伊飡良順代之 (『三國史節要』13)

백제 (二月己巳) 從五位下百濟王忠誠爲大監物 (…) 從五位下百濟王永仁爲右兵庫頭 (…) (『續日本後紀』13 仁明紀)

발해 (二月)甲戌 上引對 班在勃海使之上 (『資治通鑑』247 唐紀 63 武宗 中)

발해 會昌中 阿熱以使者見殺 無以通于朝 復遣注吾合素上書言狀[508] 行三歲 至京師 武宗大悅 班渤海使者 上以其處窮遠 能脩職貢 命太僕卿趙蕃持節臨慰其國 詔宰相卽鴻臚寺見使者 使譯官考山川國風 (『新唐書』217下 列傳 142下 回鶻 下)[509]

발해 [黠戛斯傳] 阿熱破回鶻 得太和公主 遣使衛送還朝 復遣注吾令素上書 三歲[會昌中]

507) 開成元年(836) 金義琮의 입당 후 6년이므로 會昌 2년(842)에 해당한다.
508) 注吾 虜姓也 合 言猛 素者 左也 謂武猛善左射者
509) 이 기사에는 연대 표기가 없으나, 『資治通鑑』에 의거하여 會昌 3년(843) 2월15일(甲戌)로 편년하였다.

至京師 武宗大悅 班渤海使者 上以其處窮遠 能脩貢 命大僕卿趙蕃持節慰其國 詔宰相卽鴻臚寺見使者 使譯官考山川國風 (『玉海』 56 藝文 圖 唐正會圖王會圖朝貢圖)[510]

백제 夏四月己未朔 楯列陵守等言 去月十八日食時 山陵鳴二度 其聲如雷 卽赤氣如飄風指離飛去 申時亦鳴 其氣如初 指兌飛亘 遣叄議正躬王加檢校 伐陵木七十七株 至楉木等不可勝計 便卽勘當陵守長百濟春繼上奏矣 (『續日本後紀』 13 仁明紀)

신라 秋七月 五虎入神宮園 (『三國史記』 11 新羅本紀 11)
신라 秋七月 五虎入神宮園 (『三國史節要』 13)

신라 (八月)戊寅 大宰府言 對馬嶋上縣郡竹敷埼防人等申云 從去正月中旬 迄于今月六日當新羅國 遙有鼓聲 傾耳聽之 每日三響 常俟巳時 其聲發動 加以至于黃昏 火更見矣 勅曰 夫治不忘亂 古人明戒 將驕卒惰 兵機所忌 縱雖無事故 不可不愼 大宰府言 對馬嶋司言 去延曆年中 以東國人配防人 後又筑紫人配防人 而竝停廢也 當國百姓 去弘仁年中 疫癘多死 急有寇賊 何堪防禦 望請准舊例 以筑紫人爲·防人者 聽之 (『續日本後紀』 13 仁明紀)

백제 (十二月乙卯朔) 出羽國河邊郡百姓外從五位下勳八等奈良己智豊繼等五人 賜姓大瀧宿禰 其先百濟國人也 (『續日本後紀』 13 仁明紀)

백제 (十二月)癸亥 入唐留學天台宗僧圓載之弟子仁好 順昌 與新羅人張公靖等廿六人 來着於長門國 (『續日本後紀』 13 仁明紀)

신라 (唐文宗會昌三年) 十二月 淂楚州新羅譯語劉愼言書云 天台山畄覺学圓載闍梨稱 進表遣弟子僧兩人令帰日夲國 其弟子亦來到愼言處覔舩愼言与排比一隻舩着人發送訖 今年九月發去者 (『入唐求法巡禮行記』 3)

844(甲子/신라 문성왕 6/발해 이진 15 咸和 15/唐 會昌 4/日本 承和 11)

백제 (春正月庚寅) 從五位下藤原朝臣安永藤原朝臣大津紀朝臣野長路眞人永名坂上大宿禰正野百濟王善義淸瀧朝臣河根 竝從五位上 (…) (『續日本後紀』 14 仁明紀)

신라 春二月甲寅朔 日有食之 (『三國史記』 11 新羅本紀 11)
신라 春二月甲寅朔 日有食之 (『三國史節要』 13)

신라 (春二月) 太白犯鎭星 (『三國史記』 11 新羅本紀 11)
신라 (春二月) 太白犯鎭星 (『三國史節要』 13)

신라 三月 京都雨雹 (『三國史記』 11 新羅本紀 11)
신라 三月 京都雨雹 (『三國史節要』 13)

신라 (三月) 侍中良順退 大阿飡金茹爲侍中 (『三國史記』 11 新羅本紀 11)
신라 (三月) 侍中良順免 大阿飡金茹代之 (『三國史節要』 13)

---

510) 이 기사에는 연대 표기가 없으나, 『資治通鑑』에 의거하여 會昌 3년(843) 2월15일(甲戌)로 편년하였다.

신라　　秋八月 置穴口鎭 以阿湌啓弘爲鎭頭 (『三國史記』11 新羅本紀 11)
신라　　秋八月 置穴口鎭 以阿湌啓弘爲鎭頭 (『三國史節要』13)

신라　　會昌四秊歲在甲子季秋之月兩旬九日　遷化廉居和尙塔　去釋迦牟尼佛入涅槃般一千八百四秊矣　當此國慶膺大王之時 (「興法寺廉巨和尙塔誌」)

신라　　松凡言兩粒五粒　粒當言鬣　段成式修行里私第大堂前　有五鬣松兩株　大才如椀　結實味與新羅者不別 (『太平廣記』406 草木 1 五鬣松)

신라　　新羅多海紅幷海石榴 唐贊皇李德裕言 花中帶海者 悉從海東來 章川花差類海石榴 五朶簇生 葉狹長 (『太平廣記』409 草木 4 海石榴花)

신라　　溟州崛山故通曉大師 嗣塩官 法諱梵日 鳩林冠族金氏 (…) 值會昌四年 沙汰僧流毁坼佛宇 東奔西走竄身無所 感河伯之引道 遇山神之送迎 遂隱商山獨居禪定 拾墜菓以充齋 掬流泉而止渴 形容枯槁 氣力疲羸 未敢出行 直踰半載 忽夢異人云 今可行矣 於是强謀前行力未可丈 須臾山獸口啣餠食 放於座側 慮其故與收而喰焉 後以誓向韶州禮祖師塔 不遙千里 得詣曺溪 香雲忽起 盤旋於塔廟之前 靈鶴焂來 嘹唳於樓臺之上 寺衆愕然 共相謂曰 如此瑞祥 實未曾有 應是禪師來儀之兆也 (『祖堂集』17 通曉大師梵日)
신라　　至十九於白城郡長谷寺受具足戒　大師上壇之日忽看紫氣直起壇中此寺有老僧謂衆曰此沙彌不是凡人非一朝一夕之　故仍觀此驗合得」戒珠必是後代之誘引迷途先標△端也選思前夢宛若合符於是精護浮囊遠尋絶境企聞楓岳長潭寺有道允和尙久遊華夏纔返故鄕特詣禪扉敬投五體和尙曰靈山別後記得幾生邂逅相逢來何暮矣　大師旣蒙入室深感慈風適我願△因玆師事焉　和尙曩於中國先謁南泉以此南泉承嗣於江西江西繼明於南岳南岳卽曹溪之冢子也其高峻可知矣　所以大師從此服膺不離左右得嗣東山之法　何△震旦之遊其後徑詣道譚禪△△　慈忍禪師纔見摳衣便如舊識謂曰相逢之晩引於領多時　大師便指眼前水瓶曰瓶非瓶時如何答曰汝名什摩　大師答曰　折中禪師云非折中之時阿誰」答曰非折中之時無人如此問　禪師云　名下無虛士折中不奈何閱人知幾个如汝者無多所以十六年久住禪院深探理窟遂踐忘言之境終歸得意之場可謂靑出於藍而藍無靑絳生於茜而茜無絳者也　所以不出戶而知天下者於大師見之矣　入海探珠登山采玉亦何常師之有於是乎生者焉 以後杖錫荷瓶巡叅知識 (「寧越興寧寺澄曉大師塔碑」)[511)]

845(乙丑/신라 문성왕 7/발해 이진 16 咸和 16/唐 會昌 5/日本 承和 12)

백제　　(春正月甲寅)　從五位下笠朝臣數道百濟王慶世橘朝臣千枝久賀朝臣三夏惟良宿禰貞道竝從五位上 外從五位下菅原朝臣梶吉百濟宿禰河成 (…) 伴宿禰益雄 竝從五位下 (…) (『續日本後紀』15 仁明紀)

백제　　(二月)壬寅　行幸河陽宮遊獵　兵部卿四品忠良親王及百濟王等獻御贄　賜扈從侍從以上祿　日暮乘輿廻宮 (『續日本後紀』15 仁明紀)

신라　　春三月 欲娶淸海鎭大使弓福女爲次妃 朝臣諫曰 夫婦之道 人之大倫也 故夏以塗山興殷以㜪氏昌 周以褒姒滅 晉以驪姬亂 則國之存亡 於是乎在 其可不愼乎 今弓福海島

511) 대사는 826년에 태어났다. 19세는 844년이다.

人也 其女豈可以配王室乎 王從之 (『三國史記』11 新羅本紀 11)

신라 春三月 王欲納淸海鎭大使張保皐女爲次妃 群臣諫曰 夫婦之道 人之大倫也 故夏以塗山興 殷以娎氏昌 周以褒姒滅 晉以驪姬亂 則國之存亡 於是乎在 可不愼乎 今保皐海島人也 納其女可乎 王從之 初神武王投淸海 與保皐約 苟得復讎 當以卿女配我子 故王欲納之 (『三國史節要』13)

신라 旣纂位 欲以巴之女爲妃 群臣極諫曰 巴側微 上以其女爲妃則不可 王從之 (『三國遺事』2 紀異 2 神武大王閻長弓巴)[512]

신라 (唐文宗會昌五年七月) 九日 斉時到漣水縣 縣属泗 緣楚州譯語有書付送漣水鄕人 所嘱令安存兼計會留鈎之事 仍到縣先入新羅坊 坊人相見心不慇懃 就惣管尒苦覓識認每事難為 隅崔暈第十二郎. 曽為清海鎮兵馬使 在登州赤山院時一度相見. 便書名留期云, "和上求法歸國之時事須將此名祇到漣水 暈百計相送同泩日夲 相斯之後其人又歸到新羅 遇國難逃至漣水住 今見便識情分不踈 竭力謀停住之事苦覓識認 管尒俛仰計之 仍作狀入縣見長官 請停泊當縣新羅坊内覓舩歸國 長官相見哀恤 喚祇承人處分 令句當茶飯飲食 且令將見長官 問云 新羅坊裏曽有相識否 荅曰 緣問成四年日夲國朝貢使從楚州發歸國時 皆於楚州及當縣抽人的令有相識 長官處分祇承大云 領和上到新羅坊 若人識認即分付取領狀來 若无人認即却領和上來 便共使同到坊内 惣管尒擬領別有專知官不肯 所以不作領狀 却到縣中 長官判權在大善寺安置三日住歇 崔十二郎供作主人 (『入唐求法巡禮行記』4)

신라 冬十一月 雷 無雪 (『三國史記』11 新羅本紀 11)

신라 冬十一月 無雪 (『三國史節要』13)

신라 十二月朔 三日並出 (『三國史記』11 新羅本紀 11)

신라 十二月朔 三日並出 (『三國史節要』13)

신라 十二月戊寅 大宰府馳驛言 新羅人齎康州牒二通 押領本國漂蕩人五十餘人來着 (『續日本後紀』15 仁明紀)

신라 會昌五年 來歸 帝命也 國人相慶曰 連城壁復還 天實爲之 地有幸也 自是 請益者 所至稻麻矣 入王城 省母祉 大歡喜曰 顧吾疇昔夢 乃非優曇之一顯耶 願度來世 吾不復撓倚門之念也已矣 (「聖住寺郎慧和尙白月葆光塔碑」)

신라 聰睿則五行具下 敏捷乃一覽無遺 遍通諸子百家 洞△千經萬論 後窺內典 益悟群△△△△△△△ 是非不異 遂投簪落髮解褐披緇 以會昌乙丑年春 投大德聖鱗 進具戒僧△ 配居丹嚴寺 △是 修心 戒律 練志 菩提 忍辱 精進 爲先 布施 恭敏 爲次 時爲獅子喉 △△△△△△△ 忘年請交 廻席相事 時也 師兄慈忍禪師 自唐歸國 師時造謁 忍禪師 察其雅懷 知非所敎 乃設馬鞭之義 激揚龍象之心 師卽潛△憤悱 欲扣玄微 爰抵織山 寓△△△△ 乃神僧 元曉 成道之所也 習定三月後 依廣宗大師 大師 見知 令惣寺務師不獲已因而莅焉 未幾 功就 曰 吾當捨去 (「月光寺圓朗禪師大寶禪光塔碑」)[513]

512) 이 기사에는 연대 표기가 없으나『三國史記』新羅本紀 등에 의거하여 文聖王 7년(845) 3월로 편년하였다.

513) 선사는 845년에 대덕 聖麟에게 투탁하여 구족계를 받고 丹嚴寺에 거하였다가 중국에서 유학하고 돌아온 慈忍선사를 만나 3개월간 禪 공부를 한 후 廣宗대사 문하에 들어갔다.

신라 <1>
嵩巖山聖住(下缺) 盖聞迷津無際(下缺) 旦之國貊貝(下缺) 國獻王太子(下缺) 此精舍(下缺) △所(下缺)
<2>
(上缺)ㅁ遺言東流於震旦之國貊貝 (上缺)韓鼎足之代百濟國獻王太子 (上缺)推者一七僧請居此精舍 (上缺) 者辰韓京邑△所 (上缺) △寺久 聽 (上缺) 天業
<3>
助成功德(下缺) 丹檻琁題鴛凤鱗△(下缺) 租稻充入鑄像工價魏昕伊湌(下缺) 文紫磨金色臨寶座以益光△(下缺) 之常祖稻已至於寺林衡運(下缺) 宜和夫人是允興伊湌(下缺 潺湲高峯㝵日(下缺) 年月成(下缺)
<4>
(上缺)飯(下缺) (上缺)僧長有三(下缺) (全缺) (上缺)成群忍草(下缺) (全缺)
<5>
(上缺)施朝服(下缺) (上缺)萬狀煙嵐(下缺) (上缺)莫知 其建立之(下缺) (上缺) 日銷霧杉篁△(下缺) (上缺)玉世絡(下缺)
<6>
(上缺) 繩墨占(下缺) (上缺)△之室 又以張(下缺) (上缺)端嚴睟容 歧嶷靑(下缺) (上缺) 奉爲 魏昕伊湌(下缺) (上缺)伊湌之息奉(下缺) (上缺)深願其△(下缺) (上缺)△(下缺)
<7>
(上缺) 伊湌庶兄 施△(下缺) (上缺) 乃以成花殿雲楣綠(下缺) (上缺) 金殿 歎無佛像頓捨家(下缺) (上缺) 盤 紺絲之髮 紅掌展瑞印之(下缺) (上缺)三層無垢淨石塔 又擬立七祖(下缺) (上缺) △領色羅匹段 幷租一百石(下缺) (上缺) 暮異△△△淸澗日(下缺)
<8>
(上缺)荼香手△(下缺) (上缺)佛墮焉△(下缺)
<9>
(上缺) 飯尤贍(下缺) (上缺)淨財 欲建佛殿 又(下缺) (上缺) 石自來 各持劂剞 競(下缺) (上缺)似入化樂天宮 若對(下缺) (上缺)奉丈六世△(下缺) (「金立之撰聖住寺碑」)[514]

신라 姓名過海 流入雞林日南有文字國 (「白居易 墓碑」)[515]

846(丙寅/신라 문성왕 8/발해 이진 17 咸和 17/唐 會昌 6/日本 承和 13)

발해 (春正月)己未 南詔契丹室韋渤海牂柯昆明等國 遣使入朝 對于麟德殿 (『舊唐書』 18上 本紀 18上 武宗)

발해 會昌六年正月 南詔契丹室韋渤海牂牁昆明等使 並朝于宣政殿 (『冊府元龜』 972 外臣部 17 朝貢 5)

발해 (會昌)六年正月 南詔契丹室韋渤海牂牁昆明等使 並朝于宣政殿 對於麟德殿 賜食於內亭子 仍賚錦綵器皿有差 (『冊府元龜』 976 外臣部 21 褒異 3)

---

514) 비편에 문성왕대에 활약한 金陽이 보이는데 그가 문성왕 19년(857)에 사망하였으므로 적어도 그 이전에 비를 건립하였다고 할 수 있다. 아마도 낭혜 화상이 성주사에 머물기 시작한 문성왕 7년(845)경이 아닐까 한다. △

515) 이 기사에는 연대 표기가 없으나 白居易는 806년에 관직에 취임하여 846년에 사망하였다. 그에 따라 806~845년으로 기간편년하고 마지막해인 845년에 배치하였다. 『全唐文新編』 780도 참고.

발해 (春正月)己丑[516] 渤海王子大之萼入朝 (『舊唐書』18上 本紀 18上 武宗)

신라 (二月)丁酉 新羅使金國連入朝 (『舊唐書』18上 本紀 18上 武宗)

백제 (二月庚子) 從五位下百濟宿禰河成爲安藝介 (『續日本後紀』16 仁明紀)

백제 (三月)丙辰 播磨國揖保郡人散位正八位上百濟公淸永 幷男一人女一人 改本居貫附左京三條二坊 (…) (『續日本後紀』16 仁明紀)

신라 春 淸海弓福怨王不納女 據鎭叛 朝廷將討之則恐有不測之患 將置之則罪不可赦 憂慮不知所圖 武州人閻長者 以勇壯聞於時 來告曰 朝廷幸聽臣 臣不煩一卒 持空拳以斬弓福以獻 王從之 閻長佯叛國投淸海 弓福愛壯士 無所猜疑 引爲上客 與之飮極歡 及其醉 奪弓福劒斬訖 召其衆說之 伏不敢動 (『三國史記』11 新羅本紀 11)

신라 春 張保皐怨王不納女 據鎭叛 朝廷將討之 慮或不克 猶豫未定 武州人閻長 以壯勇聞來告曰 朝廷幸聽臣計 當不煩一卒 持空拳斬保皐以獻 王從之 閻長佯叛 投淸海 保皐愛其勇 無所疑 引爲上客 與之飮極歡 及其醉 奪保皐劒斬之 召諭其衆 衆不敢動 王喜 賜閻長爵阿干 (『三國史節要』13)

신라 時巴在淸海鎭爲軍戍 怨王之違言 欲謀亂 時將軍閻長聞之 奏曰 巴將爲不忠 小臣請除之 王喜許之 閻長承旨歸淸海鎭 見謁者通曰 僕有小怨於國君 欲投明公 以全身命 巴聞之大怒曰 爾輩諫於王而廢我女 胡顧見我乎 長復通曰 是百官之所諫 我不預謀 明公無嫌也 巴聞之 引入廳事 謂曰 卿以何事來此 長曰 有忤於王 欲投幕下而免害爾 巴曰 幸矣 置酒歡甚 長取巴之長劍斬之 麾下軍士 驚慴皆伏地 長引至京師 復命曰 已斬弓巴矣 上喜賞之 賜爵阿干 (『三國遺事』2 紀異 2 神武大王閻長弓巴)[517]

신라 法光寺石塔記 (옆면)
會昌六年丙寅 九月 移
建秉脩治 願代代壇越 生
淨土 今上福命長遠 (앞면)
內舍利卄二枚 上座道興 (옆면)
大和二年戊申七月 香
照師 圓寂尼 捨財建塔
寺壇越成德大王 典香純 (뒷면)(「法光寺 石塔誌」)

신라 壽州良遂禪師[一人見錄] 新羅國無染禪師[一人無機緣語句不錄] (『景德傳燈錄』9 懷讓禪師第三世 前蒲州麻谷山寶徹禪師法嗣二人)[518]

신라 大鑑之四世 曰蒲州麻谷山寶徹禪師 其所出法嗣二人 一曰壽州良遂者 一曰新羅無染者 (『傳法正宗記』7 正宗分家略 上)[519]

신라 嵩嚴山聖住寺 故兩朝國師 嗣麻谷 法号無染 慶州人也 俗姓金氏 以武烈大王爲八代

516) 이 달에는 己丑이 없다. 23일 乙丑의 오기인 듯하다.

517) 이 기사에는 연대 표기가 없으나, 『삼국사기』 신라본기 등에 의거하여 문성왕 8년(846) 1~3월로 기간편년하고 3월에 배치하였다.

518) 無染은 長慶元年(821)에 唐에 가서 會昌 6년(846)에 귀국하였으므로 그 기간에 따라 기간편년하고 마지막 해인 會昌 6년(846)의 귀국기사 앞에 배치하였다.

519) 無染은 長慶元年(821)에 唐에 가서 會昌 6년(846)에 귀국하였으므로 그 기간에 따라 기간편년하고 마지막 해인 會昌 6년(846)의 귀국기사 앞에 배치하였다.

之祖 (…) 會昌六年 迴歸本國 (『祖堂集』 17 聖住無染國師)

신라 會昌後 朝貢不復至 (『新唐書』 220 列傳 145 東夷 新羅)[520]

발해 會昌凡四 (『新唐書』 219 列傳 144 北狄 渤海)
발해 [傳] (…) 會昌四 (『玉海』 153 朝貢 外夷來朝內附 唐渤海遣子入侍)[521]

신라 釋元表 本三韓人也 (…) 于時 屬會昌搜毀 表將經 以華櫚木函盛深藏石室中 殆宣宗大中元年丙寅[522] 保福慧評禪師素聞往事 躬率信士迎出甘露都尉院 其紙墨如新繕寫今貯在福州僧寺焉 (『宋高僧傳』 30 雜科聲德 10-2 唐高麗國元表)[523]
신라 唐元表 高麗人 (…) 屬會昌廢教 表以花櫚木函其經 而藏之石室 大中初[524] 保福慧評禪師知之 乃率諸信士 迎出於甘露都尉院 其紙墨如新云 (『新修科分六學僧傳』 28 定學證悟科 唐元表)[525]

신라 峭行得如如 誰分聖與愚 不眠知夢妄 無號免人呼 山海禪皆遍 華夷佛豈殊 何因接師話 清淨在斯須 (『全唐詩』 8函 3册 姚合 寄紫閣無名頭陀)[526]

847(丁卯/신라 문성왕 9/발해 이진 18 咸和 18/唐 大中 1/日本 承和 14)

백제 (春正月甲辰) 正六位上南淵朝臣穎守 (…) 百濟王安宗 (…) 佐伯宿禰屋代竝從五位下 (…) (『續日本後紀』 17 仁明紀)

신라 春二月 重修平議臨海二殿 (『三國史記』 11 新羅本紀 11)
신라 春二月 重修平議臨海二殿 (『三國史節要』 13)

신라 (唐宣宗大中元年) 閏三月十日 間入新羅告哀兼弔祭冊立朩副使試太子通事舍入賜緋魚袋金簡中判官王朴朩到當州牟平縣南界乳山浦 上舩過海 有人諸侫張同十將 遣國章擬發送遠國人貪造舟 不來迎接天使 云云 副使朩受其讚言深恠牒举 國制不許差舩送客過海朩 張大使不敢專拒 仍従文登界過海帰國之事不成矣 商量泩明州趂李國神御井朩舩帰國 緣自下无舩泩南 將十七端布雇新羅人鄭客車載衣物傍海望密州界去 (『入唐求法巡禮行記』 4)

신라 (唐宣宗大中元年 閏三月) 十七日 朝到密州諸城縣界大朱山駮馬浦 遇新人羅陳忠舩載炭欲泩楚州 商量舩脚價絹五疋乞 (『入唐求法巡禮行記』 4)

---

520) 會昌 연호는 841~846년에 사용되었다. 그 기간에 따라 이 기사를 기간편년하고 마지막해인 846년에 배치하였다.
521) 會昌 연호는 841~846년에 사용되었다. 그 기간에 따라 이 기사를 기간편년하고 마지막해인 846년에 배치하였다.
522) 宣宗 大中元年(847)은 丁卯이고 丙寅은 宣宗이 즉위한 會昌 6년(846)이므로 '宣宗大中元年'은 會昌 6년(846)의 오기로 생각된다.
523) 會昌 연호는 841~846년에 사용되었다. 그 기간에 따라 이 기사를 기간편년하고 마지막해인 846년에 배치하였다.
524) 大中(847~860) 초년은 『宋高僧傳』에 의거하여 宣宗이 즉위한 會昌 6년(846)의 오기로 생각된다.
525) 會昌 연호는 841~846년에 사용되었다. 그 기간에 따라 이 기사를 기간편년하고 마지막해인 846년에 배치하였다.
526) 無名頭陀는 신라에서 온 스님이지만 누군지는 알 수 있다. 요합의 생몰년을 782~846년으로 추정하므로 846년에 편제하였다.

신라　　夏四月 伊湌良順波珍湌興宗等叛 伏誅 (『三國史節要』 13)[527]

신라　　湖南長沙景岑禪師 (…) 宣州刺史陸亙池州行者甘贄[已上一十三人見錄] 資山存制禪師 (…) 新羅國道均禪師[已上四人無機緣語句不錄] (『景德傳燈錄』 10 懷讓禪師第三世 池州南泉普願禪師法嗣一十七人)[528]

신라　　大鑑之四世 曰池州南泉普願禪師 其所出法嗣凡十七人 (…) 一曰新羅道均者 (『傳法正宗記』 7 正宗分家略 上)

신라　　雙峯和尙 嗣南泉 師諱道允 姓朴 漢州鵂巖人也 累葉豪族 (…) 以會昌七祀夏初之月 旋屆靑丘 便居楓岳 求投者風馳霧集 慕來者星逝波奔 (『祖堂集』 17 雙峯和尙道允)

신라　　夏五月 伊湌良順波珍湌興宗等叛 伏誅 (『三國史記』 11 新羅本紀 11)[529]

신라　　(唐宣宗大中元年 六月)九日 淂蘓州舩上唐人江長新羅人金子白·欽良暉·金珎朩書云 五月十一日従蘓州松江口發泩日本國 過廿一日到萊州界峅山 諸人商量日夲國僧人朩今在登州赤山 便擬泩彼相取 泩日臨行次遇人說 其便朩已泩南州趂夲國州趂夲國舩去 今且在峅山相待事湏迴棹來 (云云)書中又云 眷太郎神一郎朩乘明州張支信舩歸國也 來時淂消息已發也 春大郎夲擬雇此舩歸國 大郎泩廣州後神大郎將錢金付張支信訖 仍春太郎上明州舩發去 春大郎児宗健兼有此兼有此物今在此舩 (云云)又金珎朩付囑楚州惣管劉愼言 日夲國僧人到彼中 即發遣交來 (云云) (『入唐求法巡禮行記』 4)

신라　　(唐宣宗大中元年 六月) 十八日 晩際乘楚州新羅坊王可昌舩三更後 (『入唐求法巡禮行記』 4 唐 宣宗 大中元年)

신라　　秋八月 封王子爲王太子 (『三國史記』 11 新羅本紀 11)

신라　　秋八月 王封子爲太子[史失其名] (『三國史節要』 13)

신라　　(秋八月) 侍中金茹卒 伊湌魏昕爲侍中 (『三國史記』 11 新羅本紀 11)

신라　　(秋八月) 侍中金茹卒 伊湌魏昕代之 (『三國史節要』 13)

신라　　(唐宣宗大中元年 九月)至四日曉向東見山嶋 段段而接連 問梢工朩乃云 是新羅國西熊州西界 夲是百済國之地 終日向東南行 東西山島聯翩 欲二更到高移嶋泊舩 属武州西南界 嶋之西北去百里許有黑山 山體東西漸長 見說百濟第三王子逃入避難之地 今有三四百家在山中住 (『入唐求法巡禮行記』 4)

신라　　(唐宣宗大中元年 九月)六日 卯時到武州南界黃茅嶋泥浦泊舩 亦名丘草嶋 有四五人在山上差人取之 其人走蔵取不淂處 是新羅國第三宰相放馬處 従高移嶋到此草嶋山嶋相連 向東南遥見耽羅嶋 此丘草嶋去新羅陸地好風一日淂到 少時守嶋一人兼武州太守家投鷹人二人來舩上語話云 國家安泰 今有唐勑使 上下五百余人在京城 四月中日夲國對馬百姓六人因釣魚漂到此處 武州収將去 早聞奏訖至今勑未下 其人今在武州囙禁待送達夲國 其六人中一人病死矣 (『入唐求法巡禮行記』 4)

527) 『三國史記』 新羅本紀에는 5월로 되어 있다.
528) 道均은 道允과 동일인이므로 大中元年(847) 4월의 귀국기사 앞에 배치하였다.
529) 『三國史節要』에는 4월로 되어 있다.

신라　襄州關南道常禪師（…）杭州徑山鑒宗禪師[已上三人見錄] 唐宣宗皇帝（…）新羅品日禪師壽州建宗禪師[已上五人無機緣語句不錄]（『景德傳燈錄』 10 懷讓禪師第三世 杭州鹽官齊安禪師法嗣八人)[530]

신라　大鑑之四世 曰杭州鹽官齊安禪師 其所出法嗣八人（…）一曰新羅品日者（『傳法正宗記』 7 正宗分家略 上)[531]

신라　溟州崛山故通曉大師 嗣塩官 法諱梵日 鳩林冠族金氏（…）於是思歸故里 弘宣佛法 却以會昌六年丁卯[532]八月 還涉鯨浪 返于鷄林 亭亭戒月 光流玄兎之城 皎皎意珠 照徹靑丘之境 (『祖堂集』 17 通曉大師梵日)

신라　後有崛山祖師梵日（…）以會昌七年丁卯 還國 先創崛山寺而傳教 (『三國遺事』 3 塔像 4 洛山二大聖觀音正趣調信)[533]

백제　(十二月)乙巳 從五位下紀朝臣全吉爲主殿頭 從五位上百濟王慶世爲齋院長官 (『續日本後紀』 17 仁明紀)

신라　嵩嚴山聖住寺 故兩朝國師 嗣麻谷 法号無染 慶州人也 俗姓金氏 以武烈大王爲八代之祖（…）大中元年 始就居於嵩嚴山聖住寺 僧徒千衆 名震十方 於是 大師吐珠於嵩嚴寺內 授印於祖師根中 繇是兩朝聖主天冠傾於地邊 一國臣寮頭面禮於足下 大師禪定之餘暇 應求之機緣 有人問曰 無舌土中無師无弟 何故從西天二十八代 至于唐代六祖 傳燈相照 至今不絶耶 答曰 皆是世上流布 故不是正傳 問曰 一祖師中具二土耶 答曰 然也 是故仰山云 兩口一無舌卽是吾宗旨 問曰 一祖師中見二土如何 答曰 正傳禪根不求法 故師亦不餉 是爲無舌土也 應實求法之人 用假名言之說 是名有舌土矣 (『祖堂集』 17 聖住無染國師)

신라　纔有童心靜無兒戱八歲而初爲鼓篋十年而暗効橫經廿羅入仕之年學窮儒典子晋昇仙之歲才冠孔門此時特啓所天懇求入道謂曰思前夢宛若同符愛而許之難拒先度是以卽爲負笈兼以擔書旣持浮海之囊遂落掩泥之髮尋師於華嚴山寺問道於正行法師法師知此歸心許令駐足其於師事倫盡素誠志翫雜華求栖祇樹高山仰止備探鷲嶺之宗學海栖遲勤覽猴」池之旨 (「普賢寺朗圓大師悟眞塔碑」)[534]

신라　君家滄海外 一別見何因 風土雖知教 程途自致貧 浸天波色晩 橫笛鳥行春 明發千檣下 應無更遠人 (『全唐詩』 9函 1册 項斯 送客歸新羅)[535]

848(戊辰/신라 문성왕 10/발해 이진 19 咸和 19/唐 大中 2/日本 承和 15 嘉祥 1)

신라　(三月)乙酉 天台宗入唐請益僧圓仁 將弟子僧性海惟正等 去年十月駕新羅商船 來着鎭西府 是日歸朝 遣中使慰勞 各施御被 (『續日本後紀』 18 仁明紀)

---

530) 梵日(品日)은 開成元年(836) 정월에 唐에 가서 大中元年(847) 8월에 귀국하였으므로 그 기간에 따라 기간편년하고 마지막 시기인 會昌 7년(847) 8월의 귀국기사 앞에 배치하였다.
531) 梵日(品日)은 開成元年(836) 정월에 唐에 가서 大中元年(847) 8월에 귀국하였으므로 그 기간에 따라 기간편년하고 마지막 시기인 會昌 7년(847) 8월의 귀국기사 앞에 배치하였다.
532) 會昌 6년(846)은 丙寅이고 丁卯는 大中元年(847)이므로 '會昌六年'은 大中元年(847)의 오기로 생각된다.
533) 이 기사에는 월 표기가 없으나, 『祖堂集』에 의거하여 8월로 편년하였다.
534) 朗圓大師는 834년에 태어났다. 본문의 내용은 대사의 나이 8~13세의 내용으로 847년에 편제하였다.
535) 項斯의 생몰년을 802~847년으로 추정하므로 847년에 편제하였다.

신라 春夏 旱 (『三國史記』11 新羅本紀 11)
신라 春夏 旱 (『三國史節要』13)

신라 (春夏) 侍中魏昕退 波珍飡金啓明爲侍中 (『三國史記』11 新羅本紀 11)
신라 (春夏) 侍中魏昕免 以波珍飡金啓明代之 (『三國史節要』13)

고구려 백제 신라

太政官符
應減定雅樂寮雜色生二百五十四人事<減一百五十四人 定一百人>
倭樂生百四十四人 (…)
唐樂生六十人 (…)
高麗樂生二十人 <減二人 定十八人> 橫笛生四人<不減> 莫牟生二人<不減> 篳篌生三人<不減> 儛生四人<元六人> 鼓生四人<不減> 弄鎗生二人<不減>
百濟樂生二十人 <減十三人 定七人> 橫笛生一人<不減> 莫牟生一人<不減> 箜篌生一人<元二人> 儛生二人<元四人 女十人> 多理志古生一人<不減> 歌生一人<不減>
新羅樂生二十人 <減十六人 定四人> 琴生二人<元十人> 儛生二人<元十人>
右被大納言正三位源朝臣信宣偁 奉勅 (…)
嘉祥元年九月二十二日 (『類聚三代格』4 加減諸司官員幷廢置事)

신라 冬十月 天有聲如雷 (『三國史記』11 新羅本紀 11)
신라 冬十月 天有聲如雷 (『三國史節要』13)

발해 (十二月乙卯)是日 能登國馳驛奏 渤海國入覲使王文矩等一百人來着矣 (『續日本後紀』18 仁明紀)
발해 乙卯[三十] 能登國馳驛奏 渤海國入覲使王文矩等一百人來著矣 (『類聚國史』194 殊俗部△ 渤海 下)

849(己巳/신라 문성왕 11/발해 이진 20 咸和 20/唐 大中 3/日本 嘉祥 2)

백제 (春正月壬戌) 正六位上蕃良朝臣豊持 高岳宿禰宗雄 上毛野朝臣綱主 百濟宿禰康保 大秦公是雄竝外從五位下 宴竟賜祿有差 (『續日本後紀』19 仁明紀)

백제 (春正月)丁丑 尙侍從二位百濟王慶命薨 有勅 贈從一位 遣從四位上豊江王 從五位下美志眞王 從五位下藤原朝臣緖數 從五位下飯高朝臣永雄 監護喪事 (『續日本後紀』19 仁明紀)

신라 春正月 上大等禮徵卒 伊飡義正爲上大等 (『三國史記』11 新羅本紀 11)
신라 春正月 上大等禮徵卒 以伊飡義正代之 (『三國史節要』13)

발해 二月丙戌朔 以少內記正七位上縣犬養大宿禰貞守 直講正六位上山口忌寸西成等 爲存問渤海客使 發遣於能登國 (『續日本後紀』19 仁明紀)
발해 丙戌朔 以少內記 正七位上縣太養大宿禰貞守 直講 正六位上山口忌寸西成等爲存問渤海客使 發遣於能登國 (『類聚國史』194 殊俗部△ 渤海 下)

신라 (二月)庚戌 大宰府言 對馬嶋司解稱 此嶋居海中 地近新羅 若有機急者 何以備不虞望請 停史生一員 置弩師一員 依請許之 (『續日本後紀』19 仁明紀)

발해 (三月戊辰)是日 遣能登國存問渤海客使少內記縣犬養大宿禰貞守等 馳驛奏上客徒等將來啓牒案 彼國王啓曰 彝震啓 季秋漸冷 伏惟 天皇起居萬福 卽此彝震蒙恩 修聘使還算年未紀 今更遣使 誠非守期 雖然自古隣好 憑禮相交 曠時一歲 猶恐情疎 況玆星律轉廻 風霜八變 東南向風 瞻慕有地 寧能恬寂 罕績音塵 謹備土物 隨使奉附 色目在於後紙 伏惟體鑒 溟漲阻遙 未有拜覲 下情無任馳係 謹差永寧縣丞王文矩奉啓 不宣謹啓 復中臺省牒稱 渤海國中臺省 牒日本國太政官 應差入覲貴國使永寧縣丞王文矩幷行從一百人 牒奉處分 邈矣兩邦 阻玆漲海 契和好於永代 寄音書於使程 一葉飄空泛積水之遐際 雙旌擁節 達隣情之至誠 往復雖遙 音耗稀傳 戀懷空積 所以勿待紀盈申憑舊準 謹差永寧縣丞王文矩令覲貴國者 准狀 牒上日本國太政官者 謹錄牒上 謹牒(『續日本後紀』 19 仁明紀)

발해 戊辰[十四] 遣能登國存問渤海客使 少內記縣犬養[大宿禰]貞守等馳譯奏上客使等 將來啓牒 案彼國王啓曰云云 復中台[省]牒稱云云 (『類聚國史』 194 殊俗部△ 渤海 下)

발해 (三月乙亥)是日 存問使等馳驛 奏詰問客徒等違例入覲之由問答文等 (『續日本後紀』 19 仁明紀)

발해 乙亥[卄一] 存問使等馳驛奏 詰問客徒等違例入覲之由 問答文等 (『類聚國史』 194 殊俗部△ 渤海 下)

발해 (三月)壬午 以存問使少內記正七位下縣犬養大宿禰貞守 直講從六位下山口忌寸西成爲兼領渤海客使 (『續日本後紀』 19 仁明紀)

발해 壬午[卄八] 以存問使 少內記 正七位下縣犬養大宿禰貞守 直講 從六位下山口忌寸西成爲兼領渤海客使 (『類聚國史』 194 殊俗部△ 渤海 下)

발해 (夏四月)辛亥 領客使等引渤海國使王文矩等入京 遣勅使左近衛少將從五位下良岑朝臣宗貞慰勞安置鴻臚館 宣命曰 天皇[我]詔旨[良萬止]宣[久] 有司奏[久] 彼國[乃]王 一紀[乎]爲期[天] 朝拜[乃]使進度[須倍志] 然[乎]此度[乃]使等違期[天] 叁來[禮利] 如常[爾波]不遇[之天] 自境還遣[天牟止]奏[利] 然[禮止毛] 遠涉荒波[天] 惡處[爾]漂着[天] 人[毛]物[毛]損傷[禮] 艱苦[女利止]聞食[天] 矜賜[比]免給[布止]宣 又宣[久] 熱時[爾]遠來[弖] 平安[爾]侍[也] 相見[無]日[爾]至[萬弖波] 此[爾]侍[天]休息[止] 宣 (『續日本後紀』 19 仁明紀)

발해 辛亥[卄八] 領客使等引渤海國使王文矩等入京 遣敕使左近衛少將 從五位上良岑朝臣貞慰勞 安置鴻臚 宣命曰 天皇[我]詔旨[良萬止]宣[久] 有司奏[久] 彼國[乃]王 一紀[乎]爲期[天] 朝拜[乃]使進度[須倍志] 然[乎]此度[乃]使等違期[天] 叁來[禮利] 如常[爾波]不遇[之天] 自境還遣[天牟止]奏[利] 然[禮止毛] 遠涉荒波[天] 惡處[爾]漂着[天] 人[毛]物[毛]損傷[禮] 艱苦[女利止]聞食[天] 矜賜[比]免給[布止]宣 又宣[久] 熱時[爾]遠來[弖]平安[爾]侍[也] 相見[無]日[爾]至[萬弖波] 此[爾]侍[天]休息[止] 宣 (『類聚國史』 194 殊俗部△ 渤海 下)

발해 (夏四月)癸丑 賜渤海客徒時服 (『續日本後紀』 19 仁明紀)

발해 癸丑[三十] 賜渤海客徒時服 (『類聚國史』 194 殊俗部△ 渤海 下)

발해 (五月)乙卯 渤海國入覲使大使王文矩等詣八省院 獻國王啓函 幷信物等 (『續日本後紀』 19 仁明紀)

발해 乙卯[二] 渤海國入覲使大王使文矩等詣八省院 獻國王啓函並信物等 (『類聚國史』 194

殊俗部△ 渤海 下)

발해 (五月)丙辰 天皇御豊樂殿 宴客徒等 宣詔曰 天皇[我]詔旨[良萬止]宣[不]勅命[乎] 使人等聞給[倍與止]宣[久] 國[乃]王差王文矩等進度[之] 天皇[我]朝庭[乎]拜奉[留]事[乎] 矜賜[比]慈賜[比弖奈毛] 冠位上賜[比]治賜[波久止]宣[布]天皇[我]勅命[乎]聞食[倍與止]宣 大使已下首領相共拜舞 訖授大使王文矩從二位[文矩去弘仁十三年敍正三位 故今增位敍從二位] 副使烏孝愼從四位上 大判官馬福山 少判官高應順竝正五位下 大錄事高文信 中錄事多安壽 少錄事李英眞竝從五位下 自餘品官幷首領等授位有階 (『續日本後紀』19 仁明紀)

발해 丙辰[三] 天皇御豐樂殿 宴客徒等 宣詔曰 天皇[我]詔旨[良萬止]宣[不]勅命[乎] 使人等聞給[倍與止]宣[久] 國[乃]王差王文矩等進度[之] 天皇[我]朝庭[乎]拜奉[留]事[乎] 矜賜[比]慈賜[比弖奈毛] 冠位上賜[比]治賜[波久止]宣[布]天皇[我]勅命[乎]聞食[倍與止] 宣 大使已下首領相共拜舞 訖授大使王文矩從二位[文矩去弘仁十三年敍正三位 故今增位敍從二位] 副使烏孝愼從四位上 大判官馬福山 少判官高應順並正五位下 大錄事高文信 中錄事多安壽 少錄事李英並從五位下 自餘品官並首領等授位有階 (『類聚國史』194 殊俗部△ 渤海 下)

발해 (五月)戊午 天皇御武德殿 覽馬射 六軍擁節 百寮侍座 有勅 令文矩等陪宴 宣詔曰 天皇[我]詔旨[良萬止]宣[布]勅命[乎] 使人等聞給[止]宣[久] 五月五日[爾]藥玉[乎]佩[天]飮酒人[波] 命長[久]福在[止奈毛]聞食[須] 故是以藥玉賜[比] 御酒賜[波久止]宣 日暮乘輿還宮 (『續日本後紀』19 仁明紀)

발해 戊午[五] 天皇御武德殿覽馬射 六軍擁節 百寮侍坐 有敕文矩等陪宴 宣詔曰 天皇[我]詔旨[良萬止]宣[布]勅命[乎] 使人等聞給[止]宣[久] 五月五日[爾]藥玉[乎]佩[天]飮酒人[波] 命長[久]福在[止奈毛]聞食[須] 故是以藥玉賜[比] 御酒賜[波久止]宣 日暮乘輿還宮 (『類聚國史』194 殊俗部△ 渤海 下)

발해 (五月)癸亥 遣公卿於朝堂 饗客徒 宣詔曰 天皇[我]詔旨[良萬止]宣[布]勅命[乎] 使人等聞給[與止]宣[波久] 皇朝[乎]拜仕奉[天] 國[爾]還退[倍支]時近在[爾]依[天奈毛] 國王[爾]祿賜[比] 文矩等[爾毛]御手[都]物賜[比] 饗賜[波久止]宣 (『續日本後紀』19 仁明紀)

발해 癸亥[十] 遣公卿於朝堂饗客徒 宣詔曰 天皇[我]詔旨[良萬止]宣[布]勅命[乎] 使人等聞給[與止]宣[波久] 皇朝[乎]拜仕奉[天] 國[爾]還退[倍支]時近在[爾]依[天奈毛] 國王[爾]祿賜[比] 文矩等[爾毛]御手[都]物賜[比] 饗賜[波久止]宣 (『類聚國史』194 殊俗部△ 渤海 下)

발해 (五月)乙丑 遣參議從四位上小野朝臣篁 右馬頭從四位下藤原朝臣春津 少納言從五位下藤原朝臣春岡 右少弁從五位上橘朝臣海雄 左少史正六位上大窪△益門 少內記從七位下安野宿禰豊道等 於鴻臚館 賜勅書 竝太政官牒 此日 客徒歸却 勅書曰 天皇敬問渤海國王 入貢使文矩等至 省啓具之 惟王敦志欽仁 宅心懷憓 飛驅不斷 望日域而忘遐 貢篚相尋 想遼陽而如近 眷其勤苦 良嘉乃誠 但脩聘之期 一紀爲限 先皇明制 國憲已成 故有司固請責文矩等 以背彛規 自邊還却 朕閔其匪躬之故 遠踏重溟 船破物亡 人命纔活 使得入奉朝覲拜首軒墀 祿賜榮班 準憑恒典 斯乃一切之恩 難可再恃 王宜守舊章而不失 昭明德以有恒 唯存信順之心 誰嫌情禮之薄 夏熱 比淸適也 文矩今還 略申往意 竝寄王信物如別 太政官牒曰 日本國太政官 牒渤海國中臺省 入覲使永寧縣丞王文矩等壹佰人牒 得中臺省牒稱 邈矣兩邦 阻玆漲海 契和好於永代 寄音書於

使程 頃者兩邦通使 一紀爲期 音耗稀傳 戀懷空積 所以勿待紀盈 申憑舊準 謹差永寧縣丞王文矩 令覲貴國者 少之事大 理難自由 盈縮期程 那得在彼 事須在所却還戒其愆違 官具狀奏聞 奉勅 文矩等孤舟已破 百口纔存 眷其艱辛 義深合宥 宜特賜恩隱聽奉入覲 爵賜匹段 準據舊章 但權時之制 不可通行 詳告所司 莫令重違者 準處分 覲禮云畢 仍造舟船 及時發遣 附勅璽書 竝國信 今以狀牒 牒至準狀 故牒 (『續日本後紀』19 仁明紀)

발해 乙丑[十二] 遣參議 從四位上小野朝臣篁 有馬頭 從四位下藤原朝臣春津 少納言 從五位下藤原朝臣春网 有少辨 從五位上國朝臣海雄 左少史 正六位上大洼益門 少內記從七位下安野宿禰豐道等於鴻臚館 賜敕書並太政官牒 此日客徒歸却 敕書曰云云 太政官牒云云 (『類聚國史』194 殊俗部△ 渤海 下)

신라 至大中三年八月二十七日 感疾終於山齋 享年四十七歲 (『三國史記』44 列傳 4 金昕)

신라 (大中三年)以其年九月十日 葬於奈靈郡之南原 無嗣子 夫人主喪事 後爲比丘尼 (『三國史記』44 列傳 4 金昕)

신라 秋九月 伊湌金式大昕等叛 伏誅 大阿湌昕鄰緣坐罪 (『三國史記』11 新羅本紀 11)
신라 秋九月 伊湌金貳大昕等叛 伏誅 (『三國史節要』13)

발해 嘉祥二年 渤海國入覲 大使王文矩望見 天皇在諸親王中拜起之儀 謂所親曰 此公子有至貴之相 其登天位必矣 (『日本三代實錄』45 光孝紀 卽位前紀)

850(庚午/신라 문성왕 12/발해 이진 21 咸和 21/唐 大中 4/日本 嘉祥 3)

백제 (春正月丙戌) 正六位上源朝臣穎 (…) 百濟王教福 (…) 山口朝臣春方 竝從五位下 (…) (『續日本後紀』20 仁明紀)

신라 大中四年正月九日詰旦 告門人曰 萬法皆空 吾將行矣 一心爲本 汝等勉之 無以塔藏形 無以銘紀跡 言竟坐滅 報年七十七 積夏四十一 于時天無纖雲 風雷欻起 虎狼號咽 杉栝變衰 俄而紫雲翳空 空中有彈指聲 會葬者無不入耳 則梁史載褚侍中翔 嘗請沙門爲母疾祈福 聞空中彈指 聖感冥應 豈誣也哉 凡志於道者 寄聲相弔 未亡情者 銜悲以泣 天人痛悼 斷可知矣 靈函幽隧 預使備具 弟子法諒等 號奉色身 不踰日而窆于東峯之冢 遵遺命也 (「雙溪寺眞鑑禪師大空塔碑」)

신라 春正月 土星入月 (『三國史記』11 新羅本紀 11)
신라 春正月 土星入月 (『三國史節要』13)

신라 (春正月) 京都雨土 大風拔木 赦獄囚殊死已下 (『三國史記』11 新羅本紀 11)
신라 (春正月) 京都雨土 大風拔木 赦殊死已下 (『三國史節要』13)

백제 (五月己卯) 遣侍從從五位上嶋江王 左少弁從五位下文室朝臣助雄 中務少承正六位上百濟王忠岑 內舍人正六位上八多朝臣湊 從八位上清瀧朝臣岑成等 向伊勢太神宮 迎齋內親王 大秡於建禮門前 (『日本文德天皇實錄』1 文德紀)

백제 (五月)庚辰 修六七日御齋會 (…) 散位從五位下百濟王教福 源朝臣穎等爲元興寺使 (…) 散位從五位上百濟王慶世 從五位下橘朝臣三夏等爲藥師寺使 (『日本文德天皇實

錄』1 文德紀)

발해　(五月)壬午 葬太皇大后于深谷山 (…) 太皇大后 姓橘氏 諱嘉智子 父淸友 少而沈厚 涉獵書紀 身長六尺二寸 眉目如畫 擧止甚都 寶龜八年高麗國遣使修聘 淸友年在弱冠 以良家子姿儀魁偉 接對遣客 高麗大使獻可大夫史都蒙見之而器之 問通事舍人山於野上云 彼一少年 爲何人乎 野上對 是京洛一白面耳 都蒙明於相法 語野上云 此人毛骨非常 子孫大貴 野上云 請問命之長短 都蒙云 卅二有厄 過此無恙 其後淸友娶田口氏女 生后 延暦五年爲內舍人 八年病終於家 時年卅二 驗之果如都蒙之言 后爲人寬和 風容絶異 手過於膝 髮委於地 觀者皆驚 嵯峨太上天皇 初爲親王納后 寵遇日隆 天皇登祚 弘仁之始 拜爲夫人 (『日本文德天皇實錄』1 文德紀)

백제　(十一月)己卯 從四位下治部大輔興世朝臣書主卒 書主右京人也 本姓吉田連 其先出自百濟 祖正五位上圖書頭兼內藥正相摸介吉田連宜 父內藥正正五位下古麻呂 竝爲侍醫 累代供奉 宜等兼長儒道 門徒有錄 書主爲人恭謹 容止可觀 昔者 嵯峨大上天皇在藩之時 殊憐其進退 延暦廿五年爲尾張少目 大同四年四月爲縫殿少允 弘仁元年正月遷爲內匠少允 四年五月遷爲左兵衛權大尉 七年二月轉爲左衛門大尉兼行檢非違使事 有頃遷爲右近衛將監 書主雖長儒門 身稍輕捷 超躍高岸 浮渡深水 猶同武藝之士 能彈和琴 仍爲大歌所別當 常供奉節會 新羅人沙良眞熊 善彈新羅琴 書主相隨傳習 遂得秘道 弘仁八年正月敍外從五位下 拜織部正 九年正月爲和泉守 治聲頗聞 十二年正月敍從五位下 十四年正月敍從五位上 爲備前守 是時和泉罷任未歸 京師便道之任 政化淸平 天長四年還爲左京亮 五年二月拜筑後守 因身病困 確辭不行 八年二月更爲左京亮 承和四年上請 改姓爲興世朝臣 七年正月爲信濃守 九年正月敍正五位下 十二年拜木工頭 十四年正月敍從四位下 嘉祥三年八月遷爲治部大輔 以年老身衰 聊披山林之地 常發觀念之業 卒時年七十三 (『日本文德天皇實錄』2 文德紀)

고구려　唐 故銀青光祿大夫行內侍省內常侍員外置同正員兼掖庭局令致仕上柱國汝南郡開國公食邑二千戶賜紫金魚袋 似先府君墓誌銘有序

朝散大夫守秘書少監上柱國晋陽縣開國伯食邑七百戶王式撰

前漳州軍事判官將仕郎試太子通事舍人張摸書并篆額

昔周孝王△△△有酷肖其先者 命爲似先氏 其後或居遼東 或遷中部 武德中 右驍衛將軍英問 △△命△△△人 昭文館學士湛 鴻臚外卿翰 亦其族也

常侍諱義逸 字仁休 處士府君諱鳳榮之孫 隨州長史諱進之第二子 先夫人同郡黨氏 生而岐嶷 長而魁梧 以誠厚謹潔 入侍殿省 △△△△掖庭局監作 元和初 選爲內養 長慶中 送太和主降北蕃 至安北府 以勞得朝散大夫 寶曆初 賜銀印朱紱 蓟人未慣用於王公往諭旨 首惡革心 遷內僕局令 南蠻入成都 褒人△其師 公銜命而撫之 西南乂謐 拜內外客省使 儐贊戚里命婦 洎諸侯之使 能愼其儀 其在△留者 疏達之 廩食者 豊厚之 皆合上旨 換金章紫綬 尋拜瓊林庫使 又以公淸廉辦聞 文宗有意南陲 命公巡按涇上 不數日而邊備修 方欲行城堡 校斥候 會京城有變 徵還 猶能以平乘財谷之實 上聞 加供奉官 恩禮特異矣 明年 遷左僻仗 禁暴蠲苛 積財補卒 軍政第一 至今稱之 上以荊門重鎭 臺臣總戎 加內侍伯 爲監軍使 動必循理 語不及私 唯以俸錢備絲竹觴豆 選勝命客 日宴醉之 崔韋二丞相已下名士 咸預焉 荊人唯恐其去 入爲翰林使 換莊宅兼鴻臚禮賓 皆有能事 張司空仲武初領幽州 公往授節 雖張公之志勵誠順 其位極公臺 道光史冊 存則滅北虜 破東胡 歿能使其子歸闕 亦由公之善誘也 會昌三年 王師北伐 選內臣之總監者 僉曰公可 初以莊宅使撫諸軍之在平陽故絳者 尋爲河中潞州兩道節度并行營攻討監軍使 我使在野 盜積未夷 而大鹵逐師 揚贼要節 人心不搖 二盜授首 勝刁

黃 固烏嶺 擒郭誼 淸襄垣 下長子 入潞州 皆公之謀也 以其軍實億萬上獻 歸職河中 遷內給事 賜以寶帶金銀繒綿 未幾 徵拜大盈庫使 請廢佛祠一所 新帑舍五百間 上益嘉 欲以內常侍酬之 方將擢授 樞務二廣 會以疾免 尋拜弓箭庫使 未幾 請致仕 上久而許之 加兼掖庭令 積階至銀靑光祿大夫 勳上柱國 封汝南公 邑二千戶

以大中四年二月卄四日 薨于大寧里之私第 享年六十五 其年十一月十六日 葬于京城之東萬年縣豊潤鄕之原 宜也 夫人高平縣君范氏 奉天功臣武衛將軍守珍之女也 四德克備 六姻所宗 初公寢疾 則不御鉛華 不食葷血 藥膳必經於手 祈祀不託於人 常持佛書 以求冥助 及公捐館 則晝哭得禮 撫孤甚慈 每一叫號 傍感鄰里 前後爲公追福 免臧獲數人 施別墅及器玩輿馬 幷夫人之衣服簪珥入仁祠者 僅若干萬 有男子五 皆爲全才 克守遺訓 侍疾居喪聞於時 長曰元約 常使北荒 實有奇節 爲內府局令 次曰元剛 次曰元禮 從公北討 同立殊功 並命檢校太子賓客 兼監察御史 次曰元錫 嘗經密侍 累遷內僕局丞 次曰元綽 少爲令人 超拜宮敎博士 女子四人 長適雷氏 次適崔氏 次適周氏 次適劉氏 皆以婦道女工稱 其至性類其昆弟 公逮事八朝 綿歷四紀 沉毅多斷 謙愼自居 金紫如不在其身 喜慍固不形於色 未常伐善 尤耻論功 其奉使也 滻潞來燕 安梁定蜀 其莅職也 有丕績 有去思 家藏詔書僅三百道 開元已來 貴臣林矣 其出處以道始終不渝 有賢夫人 有令嗣者 如公幾何 人知者 猶以壽位爲嘆 高平君洎諸孤 以式謫貳荊渚 移佐蒲津 猥蒙國士之遇 備德賢人之業 見託爲誌 其何以辭

銘曰 宗周之裔 盛德百世 允文允武 或哲或乂 是生常侍 忠貞孝悌 名重宮闈 跡彰內外 昔在貞元 入侍金門 逮今八聖 屬使諸蕃 能勵臣節 偏承主恩 諸子象笏 夫人魚軒 莅職伊何 親軍武庫 奉使伊何 安褒平潞 弼成睿略 光我王度 宜秉內樞 宜遷兩護 亟昇崇秩 未稱鴻勳 道契魚水 氣感風雲 懸車未幾 易簀俄聞 空餘此石 永誌高墳

前漳州軍事判官將仕郎試太子通事舍人張摸書幷篆額

宣節校尉前守左領軍衛長上鐫玉冊官李君郢刻字 (「似先義逸 墓誌銘」)[536]

신라 大中四年 進士馮涓登第 榜中文譽最高 是歲 新羅國起樓 厚齎金帛 奏請撰記 時人榮之 (『太平廣記』265 輕薄 1 馮涓)

신라 (大中三年)明年 有新羅僧夜盜塔 手擎遶亭而行 不離本處 爲衆所覺 (『佛祖統紀』42 法運通塞志 17-9 唐宣宗大中三年)

신라 (大中庚午歲)是年 新羅僧盜塔 手捧繞亭 亙夜而行 不離本處 (「阿育王寺 眞身舍利寶塔碑記」)[537]

851(辛未/신라 문성왕 13/발해 이진 22 咸和 22/唐 大中 5/日本 嘉祥 4 仁壽 1)

신라 溟州崛山故通曉大師 嗣塩官 法諱梵日 鳩林冠族金氏 (…) 曁大中五年正月 於白達山宴坐 溟州都督金公仍請住崛山寺 一坐林中四十餘載 列松爲行道之廊 平石作安禪之座 有問如何是祖師意旨 答曰 六代不曾失 又問如何是納僧所務 答曰 莫踏佛堦級 切忌隨他悟 (『祖堂集』17 通曉大師梵日)

신라 春二月 罷淸海鎭 徙其人於碧骨郡 (『三國史記』11 新羅本紀 11)

신라 春二月 罷淸海鎭 徙其人於碧骨郡 (『三國史節要』13)

백제 (夏四月癸卯朔) 從五位下小野朝臣千株百濟王永仁 (…) 等 竝爲次侍從 (…) (『日本文

536) 『全唐文補遺』7 ; 『全唐文新編』261 ; 『新中國出土墓誌 陝西』

537) 『阿育王山志』2

德天皇實錄』3 文德紀)

신라　　夏四月 隕霜 (『三國史記』11 新羅本紀 11)
신라　　夏四月 隕霜 (『三國史節要』13)

신라　　(夏四月) 入唐使阿飡元弘賷佛經幷佛牙來 王出郊迎之 (『三國史記』11 新羅本紀 11)
신라　　(夏四月) 阿飡元弘自唐賫佛經佛牙還 王郊迎 (『三國史節要』13)
신라　　唐大中五年辛未 入朝使元弘所將佛牙[今未詳所在 羅文聖王代] (…) 今在北崇山神光寺 (『三國遺事』3 塔像 4 前後所將舍利)538)

신라　　大中五年 入朝使元弘 賷佛經若干軸來 (『三國遺事』3 塔像 4 前後所將舍利)

백제　　(九月)甲戌 散事從四位下百濟王貴命卒 貴命 從四位下陸奧鎭守將軍兼下野守俊哲之女也 貴命姿質姝麗 閑於女工 嵯峨太上天皇御宇之時 引爲女御 卽是二品式部卿大宰帥忠良親王之母也 弘仁十年正月敍從五位上 十月十一日敍從四位下 (『日本文德天皇實錄』3 文德紀)

852(壬申/신라 문성왕 14/발해 이진 23 咸和 23/唐 大中 6/日本 仁壽 2)

고구려 백제 신라 가야

(二月)乙巳 叅議正四位下行宮內卿兼相摸守滋野朝臣貞主卒貞主者 右京人也 (…) 嘉祥二年春兼尾張守 于時大宰府吏多不良 衰弊日甚 貞主上表曰 夫大宰府者 西極之大壤 中國之領袖也 東以長門爲關 西以新羅爲拒 加以九國二嶋 郡縣闊遠 自古于今 以爲重鎭 夫謀事必就祖 發政占古語 因檢舊記 大唐高麗新羅百濟任那等 悉託此境 乃得入朝 或緣貢獻之事 或懷歸化之心 可謂諸藩之輻湊 中外之關門者也 因玆有德爲帥貳 才良爲監典 若無其人 選取弁官式部 頃年以來 絶而不行 近得飛語云 彼吏或擊目閉口 似避時之人 或忘恥貪財 爲聚斂之吏 府司國宰莫不悲傷 (…) (『日本文德天皇實錄』4 文德紀)

신라　　春二月 波珍飡眞亮爲熊州都督 (『三國史記』11 新羅本紀 11)
신라　　春二月 波珍飡眞亮爲熊州都督 (『三國史節要』13)

신라　　(春二月) 調府火 (『三國史記』11 新羅本紀 11)
신라　　(春二月) 調府火 (『三國史節要』13)

신라　　秋七月 重修鳴鶴樓 (『三國史記』11 新羅本紀 11)
신라　　秋七月 重修鳴鶴樓 (『三國史節要』13)

발해　　大唐大中六年十月廿八日弟子
殷喪施貞觀三年四月十四日
渤海國使英秩大夫政堂
省春部正三位上中郎將
均谷枉縣開曰李居正持
來之 (「佛頂尊勝陀羅尼經跋文」)

538) 이 기사에는 월 표기가 없으나 『三國史記』 新羅本紀 등에 의거하여 4월로 편년하였다.

신라 冬十一月 王太子卒 (『三國史記』11 新羅本紀 11)
신라 冬十一月 王太子卒 (『三國史節要』13)

853(癸酉/신라 문성왕 15/발해 이진 24 咸和 24/唐 大中 7/日本 仁壽 3)

백제 (春正月戊戌) 從五位下藤原朝臣本雄 百濟王永善 (…) 等竝從五位上 (…) (『日本文德天皇實錄』5 文德紀)

백제 (春正月丁未) 從五位下百濟王安宗爲安藝介 (…) (『日本文德天皇實錄』5 文德紀)

발해 (三月)戊午 越中權守從五位上紀朝臣椿守卒 (…) 卒時年七十八 椿守工於隷書 尤得其筋 答渤海書 特簡好手 椿守前後再書 皆盡其善 朝庭美之 (『日本文德天皇實錄』5 文德紀)

신라 夏六月 大水 (『三國史記』11 新羅本紀 11)
신라 夏六月 大水 (『三國史節要』13)

백제 (八月壬午) 散位從五位下百濟朝臣河成卒 河成 本姓余 後改百濟 長於武猛 能引强弓 大同三年爲左近衛 以善圖畫 屢被召見 所寫古人眞 及山水草木等 皆如自生 昔在宮中 令或人喚從者 或人辭以未見顔容 河成卽取一紙 圖其形體 或人遂驗得 其桃妙類如此 今之言畫者 咸取則焉 弘仁十四年拜美作權少目 天長十年授外從五位下 累遷承和年中爲備中介 次爲播磨介 時人榮之 卒時年七十二 (『日本文德天皇實錄』5 文德紀)

신라 秋八月 西南州郡蝗 (『三國史記』11 新羅本紀 11)
신라 秋八月 西南州郡蝗 (『三國史節要』13)

신라 余聞 高高天象 非唯占廣闊之名 厚厚地儀 不獨稱幽玄之號 豈若 栖禪上士 悟法眞人 跨四大而 遊化觀風 避三端而 晏居翫月 遂使 假威禪伯 掃魔△△ 離亂之時 追令法王 扶釋教於昇平之際 以至慈雲再蔭 佛日重輝 外道咸賓 彌天率服 持秘印而 發揮奥旨 擧玄網而 弘闡眞宗 唯我大師 則其人也 大師 諱審希 俗姓新金氏 其先 任那王族草拔聖枝 每苦隣兵投於我國 遠祖興武大王 鼇山稟氣 鰈水騰精 握文符而 出自相庭携武略而 高扶王室 △△終平 二敵永安 兎郡之人 克奉三朝 遐撫辰韓之俗 考盃相道高莊老 志慕松喬 水雲雖縱其閑居朝野恨其無貴仕 妣朴氏 嘗以坐而假寐 夢得休△△後追思 因驚有娠 便以斷其葷血 虛此身心 潛感幽靈 冀生智子 以大中九年十二月十日誕生 大師 異姿膽發 神色融明 綺紈而未有童心 齠齔而△△佛事 聚沙成塔 摘葉獻香 (「鳳林寺眞鏡大師寶月淩空塔碑」)[539]

신라 聖敬文思和武光孝皇帝陛下在宥七年尙書河東公作四證堂於梓州慧義精舍之南禪院 圖益州靜無相大師保唐無住大師與洪州道一大師西堂知藏大師四眞形於玉壁 (「慧義精舍四證堂碑」: 『全唐文』780)

854(甲戌/신라 문성왕 16/발해 이진 25 咸和 25/唐 大中 8/日本 仁壽 4 齊衡 1)

539) 대사는 문성왕 15년(853)에 태어났다.

백제 (二月辛未) 從五位下百濟王教凝爲侍從 (…) (『日本文德天皇實錄』 6 文德紀)

백제 (夏四月丙辰) 散位百濟王教福卒 教福 從四位下安義之子也 嘉祥三年正月敍從五位下 卒時年卌八 (『日本文德天皇實錄』 6 文德紀)

백제 (冬十月)甲戌 公卿奏讞 伊豆前守外從五位下百濟宿禰康保毆殺部下百姓數人 康保罪當死 詔滅死一等 處之遠流 (『日本文德天皇實錄』 6 文德紀)

신라 少年離本國 今去已成翁 客夢孤舟裏 鄉山積水東 鼇沈崩巨岸 龍鬪出遙空 學得中華語 將歸誰與同 (『全唐詩』 8函 4册 顧非熊 送樸處士歸新羅)[540]

신라 棲床己自槃 野宿更何營 大海誰同過 空山虎共行 身心相外盡 鬢髮定中生 紫閣人來禮 無名便是名 (『全唐詩』 8函 4册 顧非熊 寄紫閣無名新羅頭陁僧)[541]

855(乙亥/신라 문성왕 17/발해 이진 26 咸和 26/唐 大中 9/日本 齊衡 2)

신라 春正月 發使撫問西南百姓 (『三國史記』 11 新羅本紀 11)[542]

신라 春二月 遣使撫問西南百姓 (『三國史節要』 13)[543]

신라 國王慶膺造無垢淨塔願記

翰林郎新授秋城郡太守臣金立之奉教撰

聞經之言有爲功德厥數萬端而利物無邊者莫若崇建塔廟 伏以國王曆劫修善位冠人天而愍有情之 沈浮苦海環廻六途將設拯濟之門導引淨域者無越於建立无垢淨塔 於是竭至誠誓渡含靈爰選海內 之匠以採他山之石雕鐫累塔藏諸舍利 恭願此功德廣越天潯高踰有頂利彼蠢動含靈 復願國王永主人天會其報盡之日捨粟散之名齊於无上之位

維唐大中九年歲在乙亥夏首閏月日 建

奉教宣修造塔使從弟舍知行熊州祁梁縣令金銳 都監修造大德判政法事啓玄 檢校修造僧前奉德寺 上座清玄 專知修造僧康州咸安郡統教章 同監修造使從叔行武州長史金繼宗 同監修造使從叔新受康州泗水縣令金勳榮 檢校使阿干前執事侍郎金元弼 檢校副使守溟州別駕金嶷寧 專知修造官 洗宅大奈末行西林郡太守金梁博 勾當修造官前倉府史金奇言 勾當修造官前倉府史金朴基 (「昌林寺無垢淨塔誌」)

백제 (秋七月)戊寅 從三位百濟王勝義薨 勝義 從四位下元忠之孫 從五位下玄風之子也 少游大學 頗習文章 大同元年二月爲大學少允 四年二月爲右京少進 弘仁七年二月敍從五位下 十年二月爲左衛門佐 十一年正月兼爲相摸介 十二年十月敍從五位上 十三年三月遷爲但馬守 天長四年正月兼爲美作守 敍正五位下 六年二月敍從四位下 爲右京大夫 十年十一月遷爲左衛門督 承和四年正月兼相摸守 六月爲宮內卿 六年二月敍從三位 年老致仕 閑居河內國讚良郡山畔 頗使鷹犬 以爲養痾之資 卒時年七十六 (『日本文德天皇實錄』 7 文德紀)

---

540) 樸處士가 누군지는 알 수 없다. 작자인 고비웅의 생몰년을 796~854년으로 추정하므로 854년에 편제하였다.

541) 頭陁僧이 누군지는 알 수 없다. 작자인 고비웅의 생몰년을 796~854년으로 추정하므로 854년에 편제하였다.

542) 『三國史節要』에는 2월로 되어 있다.

543) 『三國史記』 新羅本紀에는 1월로 되어 있다.

고구려　　太政官符
應停五節儛師置高麗鼓師事
右得治部省解偁　雅樂寮解偁　太政官去弘仁十年十二月十一日格　定儛師四人之內　置五節儛師一員　而件師　徒設其員　曾無其人　今有高麗鼓生四人　習業之日無有其師　望請　停彼儛師　置此鼓師者　省依解狀　謹請官裁者　右大臣宣　奉勅依請
齊衡二年八月二十一日 (『類聚三代格』4　加減諸司官員幷廢置事)

신라　　太政官符
應停新羅儛師置五節儛師事
右檢案內　依太政官去八月二十一日符　停五節儛師　置高麗鼓師者　今被右大臣宣偁　奉勅　宜依件更令改置
齊衡二年十二月二十一日 (『類聚三代格』4　加減諸司官員幷廢置事)

신라　　冬十二月　珍閣省災 (『三國史記』11　新羅本紀　11)
신라　　冬十二月　珍閣省災 (『三國史節要』13)

신라　　(冬十二月)　土星入月 (『三國史記』11　新羅本紀　11)
신라　　(冬十二月)　土星入月 (『三國史節要』13)

신라　　△△△△△運俗姓金氏鷄林人也　其先降自聖韓興於勿本枝百世貽厥嘉猷大父珊珎累官至本國執事侍郞父確宗歷仕至本國司兵員外俱揚祖德克紹家聲母薛氏管　△△△△期孕秀竊塵尾仍得殊祥　大中九年四月十八日誕生 (「毘盧寺眞空大師普法塔碑」)

신라　　大中九年於福泉寺官壇受其戒旣而浮囊志切繫草情深像教之宗已勞力學玄機之旨　盍以心求所以杖策挈瓶下山尋路徑詣崛山謁通曉大師自投五體虔啓衷懷大師便許昇堂遂令入室從此服膺數載勤苦多方雖至道△△目磬成山之志而常齋淡簿神疲增煮海之勞則知歷試諸難多能鄙事每於坐臥只念遊方逡　於咸通十一年投入倭朝使金公緊榮西笑之心備陳所志金公情深傾盖許以同舟無何利涉大川達于西岸此際不遠千里至於上都尋蒙有司特事由奏聞天聽降敕宜令左街寶堂寺孔雀王院安置大師所喜神居駐足勝境栖心未幾降誕之辰來敕徵入內懿宗皇帝遽弘至化虔仰玄風問大師曰遠涉滄溟有何求事大師對　勑曰貧道幸獲觀風上國問道中華今日叨沐鴻恩得窺盛事所求遍遊靈跡追尋赤水之珠還耀吾鄕更作靑丘之印天子厚加寵賚甚善其言猶如法秀之逢晉文曇鸞之對梁武古今雖異名德尤同　以後至五臺山投花嚴寺求感於文殊大聖先上中臺忽遇神人鬢眉皓爾叩頭作禮膜拜祈恩謂大師曰不易遠來善哉佛子莫淹此地速向南方認其五色之霜必沐曇摩之雨大師含悲頂別漸次南行 (「太子寺郞空大師碑」)

856(丙子/신라 문성왕 18/발해 이진 27 咸和 27/唐 大中 10/日本 齊衡 3)

백제　　(春正月辛亥)　從五位下藤原朝臣近主　紀朝臣道茂　百濟王安宗 (…)　等從五位上 (…) (『日本文德天皇實錄』8　文德紀)

신라　　(三月)壬子　大宰府奏言　新羅人卅人漂着此岸　稟糧放歸 (『日本文德天皇實錄』8　文德紀)

신라　大中十年丙子八月三日 竅興寺鐘成內矣 合入鍮三百五十廷 都合市一千五十石△△△△ 初此願起在淸嵩法師光廉和上 願爲內木者 種種施賜人乃 見聞隨喜爲賜人乃 皆無上菩提成內飛也
節縣令含梁萱榮△△△△△△△△ 時都乃△△聖安法師△△ 上村主三重沙干堯王△△△ 第二村主沙干龍河△△△ 第三村主及干貴珍△ 及干大匠大奈末溫衾 (「竅興寺鐘銘」)

신라　以大中丙子歲 投入唐賀正△△△△ △△華夏 遍詣宗林 乃至仰山 師事澄虛大師 大師豫察聰惠 俯令精心 敎諭眞宗 夙夜無倦 師 素槩超倫 丹誠罕匹 智踰離日 識邁彌天△涉炎凉 黙受黃梅之印 不經△△ △△△△之珠 (「月光寺圓朗禪師大寶禪光塔碑」)

신라　金可記者 新羅人 宣宗朝 以文章賓于國 遂擢進士第 性沉黙 有意于△△△△因隱終南山子午谷 好果于所△△△△△△△△△及△東形服氣 數年 歸本國 未几△△△△△△△隱修養 愈有功 (「金可記傳 磨崖石刻」)[544]

신라　金可記 新羅人也 賓貢進士 性沉靜好道 不尙華侈 或服氣鍊形 自以爲樂 博學强記 屬文淸麗 美姿容 擧動言談 逈有中華之風 俄擢第 於終南山子午谷葺居 懷隱逸之趣 手植奇花異果極多 常焚香靜坐 若有思念 又誦道德及諸仙經不輟 後三年 思歸本國 航海而去 復來 衣道服 却入終南 務行陰德 人有所求 初無阻拒 精勤爲事 人不可偕也 (『太平廣記』 53 神仙 50 金可記)[545]

857(丁丑/신라 문성왕 19 헌안왕 1/발해 이진 28 咸和 28/唐 大中 11/日本 齊衡 4 天安 1)

백제　(春正月丁未) 從六位上百濟王貞琳 (…) 等 外從五位下 (…) (『日本文德天皇實錄』 8 文德紀)

신라　大中十一年八月十三日 薨于私第 享年五十 訃聞 大王哀慟 追贈舒發翰 其贈賻殮葬 一依金庾信舊例 (『三國史記』 44 列傳 4 金陽)

신라　秋八月 侍中金陽卒 王哀慟 追贈舒發翰 其贈賻殮葬 一依金庾信舊例 陪葬太宗大王陵 (『三國史節要』 13)[546]

신라　文聖大王憲安大王[已上二人無機緣語句不錄] (『景德傳燈錄』 11 懷讓禪師第四世 新羅大證禪師法嗣二人)

신라　秋九月 王不豫 降遺詔曰 寡人以眇末之資 處崇高之位 上恐獲罪於天鑑 下慮失望於人心 夙夜兢兢 若涉淵氷 賴三事大夫百辟卿士左右挾維 不墜重器 今者 忽染疾疹 至于旬日 怳惚之際 恐先朝露 惟祖宗之大業 不可以無主 軍國之萬機 不可以暫廢 顧惟舒弗邯誼靖 先皇之令孫 寡人之叔父 孝友明敏 寬厚仁慈 久處台衡 挾贊王政 上可以祇奉宗廟 下可以撫育蒼生 爰釋重負 委之賢德 付託得人 夫復何恨 況生死始終 物之大期 壽夭修短 命之常分 逝者可以達理 存者不必過哀 伊爾多士 竭力盡忠 送往事居 罔或違禮 布告國內 明知朕懷 越七日 王薨 諡曰文聖 葬于孔雀趾 (『三國史記』 11

544) 宣宗의 재위기간은 846~859년이고 이 다음에 857년의 행적이 나온다. 그에 따라 846~856년으로 기간편년하고 마지막해인 856년에 배치하였다. 『續仙傳』와 『太平廣記』도 참고.

545) 이 기사에는 연대 표기가 없으나 「金可記傳 磨崖石刻」에 의거하여 846~856년으로 기간편년하고 마지막해인 856년에 배치하였다.

546) 이 기사에는 일자 표기가 없으나, 『三國史記』 金陽傳에 의거하여 8월13일로 편년하였다.

新羅本紀 11)

신라　文聖王薨 憲安王誼靖即位元年 (『三國史記』 31 年表 下)

신라　憲安王立 諱誼靖[一云祐靖] 神武王之異母弟也 母照明夫人 宣康王之女 以文聖顧命卽位 (『三國史記』 11 新羅本紀 11)

신라　九月 王不豫 遺詔曰 寡人以眇末之資 處崇高之位 上恐獲罪於天鑑 下慮失望於人心 夙夜兢兢 若涉淵冰 賴三事大夫百辟卿士左右挾維 不墜重器 今者 忽染疾疹 至于旬日 怳惚之際 恐先朝露 惟祖宗之大業 不可以無主 軍國之萬機 不可以暫廢 顧惟舒弗邯誼靖 先皇之令孫 寡人之叔父 孝友明敏 寬厚仁慈 久處台衡 挾贊王政 上可以祗奉宗廟 下可以撫育蒼生 爰釋重負 委之賢德 付託得人 夫復何恨 況死生始終 物之大期 壽夭脩短 命之常分 逝者可以達理 存者不必過哀 伊爾多士 竭力盡忠 送往事居 罔或違禮 布告國內 明知朕懷 越七日 王薨 誼靖立 上謚曰文聖 葬于孔雀趾 (『三國史節要』 13)

신라　第四十六文聖王 (…) 理十九年 遺詔傳位叔父 (『三國遺事』 1 王曆)547)

신라　第四十七憲安王 金氏 名誼靖 神虎548)王之弟 母昕明夫人 戊寅立 理三年 (『三國遺事』 1 王曆)549)

신라　(秋九月) 大赦 拜伊湌金安爲上大等 (『三國史記』 11 新羅本紀 11)

신라　(九月) 大赦 以伊湌金安爲上大等 (『三國史節要』 13)

발해　(十一月)戊戌 右京大夫兼加賀守正四位下藤原朝臣衛卒 (…) 嘉祥二年春 渤海客入朝 五月五日 皇帝幸武德殿 賜宴於賓客 有勅 擇侍臣之善辭令者 以爲應對之中使 其日賜長命縷佩之 使者賓客歎其儀範 (…) (『日本文德天皇實錄』 9 文德紀)

신라　(大中十一年)以其年十二月八日 陪葬于太宗大王之陵 (『三國史記』 44 列傳 4 金陽)

신라　唐大中十一年十二月 忽上表言 臣奉玉皇詔 爲英文臺侍郎 明年二月二十五日 當上昇 時宣宗極以爲異 遣中使徵入內 固辭不就 又求玉皇詔辭 以爲別仙所掌 不留人間 遂賜宮女四人 香藥金綵 又遣中使二人 專伏侍者 可記獨居靜室 宮女中使多不接近 每夜 聞室內常有客談笑聲 中使窺竊之 但見仙官仙女 各坐龍鳳之上 儼然相對 復有侍衛非少 而宮女中使不敢輒驚 (『太平廣記』 53 神仙 50 金可記)

신라　大中十一年十二△△△△△△△△言 奉玉皇詔 爲英文台侍郎 明年二月 以△△△△△上 宣宗異之 召不起 又索玉皇詔 辭以△△△△△△△△遣中使監護 可記獨居△△△△△△△△△△△△△中使窃窺之 見仙官△△△△△△△△△△△△△肅 及期果有五雲△△△△△△△△△△△△△滿空 須臾昇天而居 (「金可記傳 磨崖石刻」)550)

858(戊寅/신라 헌안왕 2/발해 이진 29 咸和 29 건황 1/唐 大中 12/日本 天安 2)

백제　(春正月庚子) 從五位下百濟王淳仁 (…) 等 竝從五位上 (…) (『日本文德天皇實錄』 10 文德紀)

백제　(春正月己酉) 從五位上百濟王安宗爲安藝守 (…) (『日本文德天皇實錄』 10 文德紀)

547) 이 기사에는 월 표기가 없으나, 『三國史記』 新羅本紀 등에 의거하여 9월로 편년하였다.
548) 저본에는 '虎'로 되어 있으나, 高麗 惠宗 王武의 避諱이므로 '武'로 수정해야 한다.
549) 이 기사에는 월 표기가 없으나, 『三國史記』 新羅本紀 등에 의거하여 9월로 편년하였다.
550) 『續仙傳』와 『太平廣記』도 참고.

신라	春正月 親祀神宮 (『三國史記』11 新羅本紀 11)
신라	春正月 王親祀神宮 (『三國史節要』13)

신라 後有崛山祖師梵日 太和年中入唐 到明州開國寺 有一沙彌 截左耳 在衆僧之末 與師言曰 吾亦鄕人也 家在溟州界翼嶺縣德耆坊 師他日若還夲國 須成吾舍 旣而遍遊叢席 得法於鹽官[事具在本傳] 以會昌七年丁卯還國 先創崛山寺而傳敎
大中十二年戊寅二月十五日夜夢 昔所見沙彌到窓下曰 昔在明州開國寺 與師有約 旣蒙見諾 何其晩也 祖師驚覺 押數十人 到翼嶺境 尋訪其居 有一女居洛山下村 問其名曰德耆 女有一子年才八歲 常出遊於村南石橋邊 告其母曰 吾所與遊者 有金色童子 母以告于師 師驚喜 與其子尋所遊橋下 水中有一石佛 舁出之 截左耳 類前所見沙彌 卽正趣菩薩之像也 乃作簡子 卜其營構之地 洛山上方吉 乃作殿三間安其像[古本載 梵日事在前 相曉二師在後 然按湘曉二師 尒△於高宗之代 梵日在於會昌之後 相昌一百七十餘歲 故今前却而編次之 或云梵日爲相之門人 謬妄也] (『三國遺事』3 塔像 4 落山二大聖 觀音 正趣 調信)

신라 (大中十一年)明年二月二十五日 春景姸媚 花卉爛熳 果有五雲唳鶴 翔鸞白鵠 笙簫金石 羽蓋瓊輪 幡幢滿空 仙仗極衆 昇天而去 朝列士庶 觀者塡隘山谷 莫不瞻禮歎異[出續仙傳] (『太平廣記』53 神仙 50 金可記)

발해 (二月) 勃海王彝震卒 癸未 立其弟虔晃爲勃海王 (『資治通鑑』249 唐紀 65 宣宗 下)
발해 (二月) 以渤海國王弟權知國務大虔晃爲銀靑光祿大夫檢校秘書監忽汗州都督 冊爲渤海國王 (『舊唐書』18下 本紀 18下 宣宗)[551]
발해 彝震死 弟虔晃立 (『新唐書』219 列傳 144 北狄 渤海)[552]

백제 (夏四月壬寅) 安藝國言上 守從五位上百濟王安宗卒 (…) (『日本文德天皇實錄』10 文德紀)

신라 夏四月 降霜 (『三國史記』11 新羅本紀 11)
신라 夏四月 霜 (『三國史節要』13)

신라 (五月乙亥)是日 宮內卿從三位高枝王薨 (…) 高枝學沙門空海之書迹 習沙良眞熊之琴調 未得其一道 遂至終身 (…) (『日本文德天皇實錄』10 文德紀)

신라 自五月至秋七月 不雨 (『三國史記』11 新羅本紀 11)
신라 自五月至秋七月 不雨 (『三國史節要』13)

신라 (秋七月) 唐城郡南河岸有大魚出 長四十步 高六丈 (『三國史記』11 新羅本紀 11)
신라 (秋七月) 唐城郡南河岸有大魚出 長四十步 高六尺 (『三國史節要』13)

신라 當成弗時釋迦如來入滅
後一千八百八年耳此時
情王卽位第三年也

551) 이 기사에는 일자 표기가 없으나, 『資治通鑑』에 의거하여 2월20일(癸未)로 편년하였다.
552) 이 기사에는 연대 표기가 없으나, 『資治通鑑』에 의거하여 大中12년(858) 2월20일(癸未)로 편년하였다.

大中十二年戊寅七月十
七日武州長沙副官金邃
宗聞奏 情 王△八月
廿二日勅下令△躬作不
覺勞困也 (「寶林寺鐵造毘盧舍那佛坐像造像記」)[553)]

백제 (十一月)七日甲子 天皇卽位於大極殿 時年九歲 (…) 從五位下 (…) 右兵庫頭百濟王永仁 (…) 竝從五位上 (…) (『日本三代實錄』 1 淸和紀)

백제 (十一月廿六日癸未) 左京職言 每年進鍛冶戶百濟品部戶等計帳 無益於公家 有煩於職吏 請除棄而不進 從之 (『日本三代實錄』 1 淸和紀)

신라 日本國沙門慧鍔 禮五臺山得觀音像 道四明將歸國 舟過補陀山附著石上不得進 衆疑懼禱之曰 若尊像於海東機緣未熟 請留此山 舟卽浮動 鍔哀慕不能去 乃結廬海上以奉之[今山側有新羅將] 鄞人聞之 請其像歸安開元寺 (…) 是爲海東諸國 朝覲商賈往來致敬投誠莫不獲濟[草菴錄] (『佛祖統紀』42 法運通塞志 17-9 唐宣宗大中十二年)

신라 和尙 諱 順之 俗姓朴氏 浿江人也 祖考並家業雄豪 世爲邊將 忠勤之譽 遺慶在鄕 母昭氏 柔範母儀(下缺) 知此 今又徵焉 及乎竹馬之期 漸有牛車之量 凡爲嬉戲 必表殊常 已至十歲 精勤好學(下缺) 登弱冠 道牙早熱 默處宣華之地 長遊靜默之中 遂乃懇告二親將隨緇侶 志不可奪(下缺) 護鵝曰 遊公岳山 忽遇神人邀請化成 宮闕(下缺) (大中十二年) 上國 隨入朝使 利涉雲溟 乘一隻之船 過萬重之浪(下缺) 何晩 旣有所志任汝住留 大師不離左右 釋尊之前 彼中禪侶 皆僧歎伏 忽一日 傳於我師 師資相承綿綿不絶矣 禪師不滯在萬劫悟者 覺在刹那 見在汝心 不吾說重(下缺) 鯨經 指路鼇峯 却到故園 大開禪敎 寶月朗慈燈(下缺) (「瑞雲寺了悟和尙碑」)

신라 五冠山瑞雲寺和尙 嗣仰山慧寂禪師 師諱順之 俗姓朴氏 浿江人也 (…) 洎乎大中十二年 私發誓願 擬遊上國 隨入朝使 利涉雲溟 乘一隻之船 過萬重之浪 曾無懼念 不動安禪 逕到仰山慧寂和尙處 虔誠禮足願爲弟子 和尙寬尒笑曰 來何遲緣何晩 旣有所志任汝住留 禪師不離左右 諮稟玄宗 若顔回於夫子之下 如迦葉於釋尊之前 彼中禪侶皆增歎伏 (『祖堂集』20 瑞雲寺和尙順之)

신라 登唐科第語 一作諳唐音 望日初生憶故林 鮫室夜眠陰火冷 蜃樓朝泊曉霞深 風高一葉飛魚背 潮淨三山出海心 想把文章合夷樂 蟠桃花裏醉人參 (『全唐詩』8函 4册 章孝標 送金可紀歸新羅)[554)]

신라 滄波天塹外 何島是新羅 舶主辭番遠 碁僧入漢多 海風吹白鶴 沙日曬紅螺 此去知投筆 須求利劍磨 (『全唐詩』8函 8册 許渾 送友人罷擧歸東海)[555)]

859(己卯/신라 헌안왕 3/발해 건황 2/唐 大中 13/日本 天安 3 貞觀 1)

발해 (春正月)廿二日己卯 能登國馳驛言 渤海國入覲使烏孝愼等一百四人來着珠洲郡 (…)

553) 전라남도 장흥군 유치면 봉덕리 보림사의 본존불인 철조 비로자나불상(毘盧舍那佛像)은 858년(헌안왕 2) 조성된 대규모의 불상으로 국보 117호로 지정되어 있다.

554) 金可紀가 신라에 돌아왔다가 다시 당으로 돌아가 종남산에 은거하다. 대중 12년(858)에 죽었다. 신라에 돌아온 시기를 알 수 없어 죽은 해인 858년에 편제하였다.

555) 신라 벗이 누군지는 알 수 없다. 작가인 허혼의 생몰년을 788~858로 추정하므로 858년에 편제하였다.

(『日本三代實錄』2 淸和紀)

발해　己卯 能登國馳譯言 渤海國入覲使烏孝愼等一百四人來著珠洲郡 (『類聚國史』194 殊俗部△ 渤海 下)

발해　(正月廿八日乙酉) 正六位上行少外記廣宗宿禰安人 大內記正六位上安倍朝臣淸行爲領渤海國客使 (『日本三代實錄』2 淸和紀)

발해　乙酉 正六位上 行少外記廣宗宿禰安人 大內記 正六位上安倍朝臣淸行爲領渤海客使 (『類聚國史』194 殊俗部△ 渤海 下)

발해　(二月四日庚寅) 渤海國客着能登國 是日 詔遷於加賀國安置便處 (『日本三代實錄』2 淸和紀)

발해　庚寅 渤海客著能登國 是日 詔遷於加賀國 安置便處 (『類聚國史』194 殊俗部△ 渤海 下)

발해　(二月七日癸巳) 從六位下行直講刈田首安雄爲領渤海客使 以廣宗安人辭退也 (『日本三代實錄』2 淸和紀)

발해　癸巳 從六位下 行直講刈田首安雄爲領渤海客使 以廣宗安人辭退也 (『類聚國史』194 殊俗部△ 渤海 下)

발해　(二月)九日乙未 大初位下春日朝臣宅成爲渤海通事 (『日本三代實錄』2 淸和紀)

발해　乙未 大初位下春日朝臣宅成爲渤海通事 (『類聚國史』194 殊俗部△ 渤海 下)

백제　(二月十三日己亥) 散位從五位上百濟王慶世爲大輔 (…) 右兵庫頭從五位上百濟王永仁爲攝津權介 (…) (『日本三代實錄』2 淸和紀)

발해　(三月)十三日己巳 領渤海客使大內記正六位上安倍朝臣淸行 直講從七位下刈田首安雄俶裝進發 告宣云 使等宜稱存問兼領渤海客使 當般不任存問使故也 渤海國副使周元伯頗閑文章 詔越前權少掾從七位下嶋田朝臣忠臣假爲加賀權掾向彼 與元伯唱和 以忠臣能屬文也 (『日本三代實錄』2 淸和紀)

발해　己巳 領渤海客使 大內記 正六位上安倍朝臣淸行 直講 從七位下刈田首安雄俶裝進發 宣告云使等宜稱存問兼領渤海客使 當般不任存問使故也 渤海國副使周元伯頗閑文章 詔越前權少椽 從七位下島田朝臣忠臣假爲加賀權椽 向彼與元伯唱和 以忠臣能屬文也 (『類聚國史』194 殊俗部△ 渤海 下)

신라　春 穀貴人饑 王遣使賑救 (『三國史記』11 新羅本紀 11)

신라　春 穀貴人饑 王遣使賑救 (『三國史節要』13)

백제　(夏四月二日丁亥)是日 詔以 (…) 從五位上百濟王慶世竝爲次侍從 (『日本三代實錄』2 淸和紀)

신라　夏四月 敎修完隄防 勸農 (『三國史記』11 新羅本紀 11)

신라　夏四月 修完隄防 (『三國史節要』13)

발해　(五月十日乙丑) 存問兼領渤海客使大內記安倍朝臣淸行 加賀國司等 奉進渤海國啓牒信物 王啓曰 虔晃啓 孟冬漸寒 伏惟 天皇起居萬福 卽此虔晃 蒙恩當國 間年使命 永

展先親之禮 將累代之情 忱續任風之影 恒無隔紀 以至于今 虔晃幸承先緒 撫守一邦 古典攸憑 合重禮意 敢依舊貫 差付使裎 紀近盈年 允增結戀 期海津於挂席 表翰信於傳心 仍發雲檣 逈凌波浪 凝萬里之遐想 係寸心以難窮 往復之間 伏望矜恤 限以巨溟 末由拜覲 下情無任馳戀 謹差政堂省左允烏孝愼奉啓 不宣謹啓 中臺省牒曰 牒 奉處分 扶桑崇浪 日域遐邦 欲占風挂席 期阻歲而寄音 泛泛輕舟 罕過沃雲之水 拳拳方寸 彌增披霧之情 所以隔年度日 天轉律移 想尋修之舊貫 近周廻之星紀 酌展親於古典 遵繼好於前章 憑事表情 善隣寘禮 戀懷轉切 不待前期 謹差政堂省左允烏孝愼 令覲貴國者 准狀牒上 (『日本三代實錄』2 淸和紀)

발해 乙丑 存問兼領渤海客使 大內記安倍朝臣淸行 加賀國司等奉進渤海國啓 牒 信物 王啓曰云云 中台省牒曰云云 (『類聚國史』194 殊俗部△ 渤海 下)

발해 (六月)廿三日丁未 賜渤海國王 勅書曰 天皇敬問渤海國王 書獻悉至 披覽具之 維王文武兼體 忠孝由衷 襲當國之徽猷 敦親仁之舊好 傾心久契 無踈就日之誠 利涉長期 不廢飛雲之嶮 乃願深款 何靡增懷 先皇以去年八月昇遐 遺詔不許奔赴 朕以寡德 荷託鴻圖 奉先訓而聿脩 撫舊甿以自恤 雖則會同之禮大喪無虧 延正之朝春秋所美 然而闕庭遏密 事須隔於殷頫 邦國頻災 人有艱於郵傳 緣此慰藉使者 迨期放還 間紀如餘 通情猶邇 今因孝愼 付送信物 仍舊辨裝 色目如別 熟劇 王及所部平安好 略此遣書 指無一二 太政官送中臺省牒曰 得中臺省牒稱 奉處分 扶桑崇浪 日域遐邦 欲占風而挂席 期阻歲而寄音 泛泛輕丹 罕過沃雲之水 拳拳方寸 彌增披霧之情 所以隔年度日 天轉律移 想尋修之舊貫 近周廻之星紀 酌展親於古典 遵繼好於前章 憑事表情 善隣寘禮 戀懷轉切 不待前期 謹差政堂省左允烏孝愼 令覲貴國者 准狀牒上日本國太政官者 謹錄牒上 謹牒者 滄瀛不測 義在含弘 江漢可宗 禮存朝會 駿奔惟遽 來不及期 有司執平 弗肯容待 奉勅 孝愼等 遙慕聲敎 凌蜃闕而頻來 尋懷順歸 辭龍鄕以荐至 忠節之效 矜恤可量 況魯侯再朝 春秋無貶 唯國有兇喪 季屬荒侵 將全舊儀 何苦黎庶 宜殊加迎接 權停入都 在所安存 支賜准例 復吉凶相問 往迹可憑 若有意於弔來 事須拘於遺制 徒煩舟檝 將背時規 更待紀盈 當表隣好者 今因綸旨 檢校如常 修船畢功 風潮可駕 璽書信物 同附使廻 留彼篤誠 放其歸去 今以狀牒 牒至准狀 故牒. 東絁五十疋 綿四百屯 賜大使烏孝愼 孝愼別貢土宜 仍有此錫賚焉 (…) (『日本三代實錄』3 淸和紀)

발해 丁未 賜渤海國王敕書曰云云 太政官送中台省牒曰云云 東絁五十疋 綿四百屯 賜大使烏孝愼 孝愼別貢土宜 仍有此賜賚焉 (『類聚國史』194 殊俗部△ 渤海 下)

신라 遂次武州黃壑蘭若 時大中十三禩 龍集于析木之津 憲安大王卽位之後年也 大王聆風仰道 勞于夢魂 願闢禪扉 請入京轂 夏六月 敎遣長沙縣副守金彦卿 賷茶藥迎之 師以處雲巖之安 兼屬結戒之月 託淨名之病 陳六祖之辭 (「寶林寺普照禪師彰聖塔碑」)

발해 (秋七月)廿一日甲戌 存問兼領渤海客使直講刈田安雄復命奏言 客徒 今月六日解纜歸蕃 大內記安倍淸行 去四月丁父憂去職 故安雄獨歸奏事 依諒闇不喚客徒 自加賀國還蕃焉 (『日本三代實錄』3 淸和紀)

발해 甲戌 存問兼領渤海客使 直講刈田安雄復命奏言 客徒今月六日解纜歸蕃 大內記安倍淸行去四月丁父憂去職 故安雄獨歸奏事 依諒闇不喚 客徒自加賀國還蕃焉 (『類聚國史』194 殊俗部△ 渤海 下)

신라 (大中十三禩)冬十月 敎又遣道俗使靈巖郡僧正連訓法師 奉宸馮瑄等 宣諭綸旨 請移居迦智山寺 遂飛金錫 遷入山門 其山則元表大德之舊居也 (「寶林寺普照禪師彰聖塔碑」)

백제 (十一月十九日庚午) 正六位上 (…) 丹波權掾百濟王俊聰 (…) 竝從五位下 (…) (『日本三代實錄』 3 淸和紀)

백제 (十一月廿日辛未) 外從五位下 (…) 百濟王香春 (…) 竝從五位下 (『日本三代實錄』 3 淸和紀)

신라 大中末年受足戒於康州嚴川寺官壇旣而忍苦尸羅忘勞草繫傷鴨之慈心愈切護鵝之慜念彌深守夏己闋歸本寺再探衆典以導群迷超 權喜之多聞邁顏生之好學 (「普賢寺朗圓大師悟眞塔碑」)[556]

860(庚辰/신라 헌안왕 4/발해 건황 3/唐 大中 14 咸通 1/日本 貞觀 2)

신라 宣帝十四年仲春 副守金彦卿 夙陳弟子之禮 嘗爲入室之賓 減淸俸出私財 市鐵二千五百斤 鑄廬舍那佛一軀 以莊禪師所居梵宇 敎下望水里南等宅 其出金一百六十分 租二千斛 助充裝食芳功德 寺隷宣敎省 (「寶林寺普照禪師彰聖塔碑」)

신라 秋九月 王會羣臣於臨海殿 王族膺廉年十五歲預坐焉 王欲觀其志 忽問曰 汝游學有日矣 得無見善人者乎 答曰 臣嘗見三人 竊以爲有善行也 王曰 何如 曰 一 高門子弟其與人也 不自先而處於下 一 家富於財 可以侈衣服而常以麻紵自喜 一 有勢榮而未嘗以其勢加人 臣所見如此 王聞之默然 與王后耳語曰 朕閱人多矣 無如膺廉者 意以女妻之 顧謂膺廉曰 願郎自愛 朕有息女 使之薦枕 更置酒同飮 從容言曰 吾有二女兄今年二十歲 弟十九歲 惟郎所娶 膺廉辭不獲 起拜謝 便歸家告父母 父母言 聞王二女容色 兄不如弟 若不得已 宜娶其弟 然尙疑未決 乃問興輪寺僧 僧曰 娶兄則有三益弟則反是 有三損 膺廉乃奏 臣不敢自決 惟王命是從 於是 王長女出降焉 (『三國史記』 11 新羅本紀 11)

신라 秋九月 王會群臣於臨海殿 王族膺廉年十五預坐焉 王欲觀其志 問曰 汝爲國仙游學有日 得無見善人者乎 對曰 臣嘗見三人者 一 勳閥子弟也 而不先人自下 一 家富而被服不侈 一 勢榮而驕氣不形 臣竊以以此爲善人 王默然 與王后語曰 朕閱人多矣 無如膺廉者 欲以女妻之 更置酒 從容曰 吾有二女 惟郎所擇 膺廉辭不獲 歸告父母 父母曰 聞王女容色 兄不如弟 若不得已 其娶弟乎 郎徒範敎曰 娶兄有三益 弟有三損 膺廉乃奏 臣不敢自決 惟王命 王以長女妻之 是爲寧花夫人 (『三國史節要』 13)

신라 王諱膺廉 年十八爲國仙 至於弱冠 憲安大王召郎 宴於殿中 問曰 郎爲國仙 優遊四方見何異事 郎曰 臣見有美行者三 王曰 請聞其說 郎曰 有人爲人上者 而撝謙坐於人下其一也 有人豪富而衣儉易 其二也 有人本貴勢而不用其威者 三也 王聞其言而知其賢不覺墮淚而謂曰 朕有二女 請以奉巾櫛 郎避席而拜之 稽首而退 告於父母 父母驚喜會其子弟議曰 王之上公主貌甚寒寢 第二公主甚美 娶之幸矣 郎之徒上首範敎師者聞之 至於家問郎曰 大王欲以公主妻公信乎 郎曰 然 曰 奚娶 郎曰 二親命我宜弟 師曰郎若娶弟 則予必死於郎之面前 娶其兄 則必有三美 誡之哉 郎曰 聞命矣 旣而王擇辰而使於郎曰 二女惟公所命 使歸以郎意奏曰 奉長公主爾 (『三國遺事』 2 紀異 2 四十八景文大王)[557]

백제 (十一月十六日壬辰) 散位百濟王貞惠 (…) 竝從五位下 (…) (『日本三代實錄』 4 淸和

556) 대중 말년은 대중 13년(859)이다.
557) 이 기사에는 연대 표기가 없으나, 『三國史記』 新羅本紀 등에 의거하여 憲安王 4년(860) 9월로 편년하였다.

紀)

861(辛巳/신라 헌안왕 5 경문왕 1/발해 건황 4/唐 咸通 2/日本 貞觀 3)

발해 (春正月)廿日乙未 出雲國上言 渤海國使李居正等一百五人 自隱岐國來着嶋根郡 (『日本三代實錄』5 淸和紀)

발해 乙未 出雲國上言 渤海國使李居正等一百五人 自隱岐國來著嶋根郡 (『類聚國史』194 殊俗部△ 渤海 下)

발해 (春正月廿一日丙申) 下知出雲國司云 渤海客徒依例供給 但舊用稻 今度特以穀春充 (『日本三代實錄』5 淸和紀)

발해 丙申 下知出雲國司云 渤海客使依例供給 但舊用稻 今度特以行 春充 (『類聚國史』194 殊俗部△ 渤海 下)

발해 (春正月)廿八日癸卯 散位正六位上藤原朝臣春景 兵部少錄正七位下葛井連善宗爲領渤海客使 播磨少目大初位上春日朝臣宅成爲通事 勅竟使事之間 藤原春景宜稱但馬權介 葛井善宗稱因幡權掾 (『日本三代實錄』5 淸和紀)

발해 癸卯 散位正六位上藤原朝臣春景 兵部少錄 正七位下葛井連善宗爲領渤海客使 播磨少目 大初位上春日朝臣宅成爲通事 敕竟使事之問 藤原春景宜稱但馬權介 葛井善宗稱因幡權掾 (『類聚國史』194 殊俗部△ 渤海 下)

신라 弓裔 新羅人 姓金氏 考第四十七憲安王誼靖 母憲安王嬪御 失其姓名 或云 四十八景文王膺廉之子 以五月五日 生於外家 其時 屋上有素光 若長虹 上屬天 日官奏曰 此兒以重午日生 生而有齒 且光焰異常 恐將來不利於國家 宜勿養之 王勅中使 抵其家殺之 使者取於襁褓中 投之樓下 乳婢竊捧之 誤以手觸 眇其一目 抱而逃竄 劬勞養育 (『三國史記』50 列傳 10 弓裔)

신라 文聖大王憲安大王[已上二人無機緣語句不錄] (『景德傳燈錄』11 懷讓禪師第四世 新羅大證禪師法嗣二人)

신라 春正月 王寢疾彌留 謂左右曰 寡人不幸 無男子有女 吾邦故事 雖有善德眞德二女主 然近於牝雞之晨 不可法也 甥膺廉年雖幼少 有老成之德 卿等立而事之 必不墜祖宗之令緖 則寡人死且不朽矣 是月二十九日 薨 諡曰憲安 葬于孔雀趾 (『三國史記』11 新羅本紀 11)

신라 憲安王薨 景文王膺廉即位元年 (『三國史記』31 年表 下)

신라 景文王立 諱膺廉[膺一作疑] 僖康王子啓明阿飡之子也 母曰光和[一云光義]夫人 妃金氏寧花夫人 (『三國史記』11 新羅本紀 11)

신라 春正月 王寢疾彌留 謂左右曰 寡人不幸 無男有女 我國故事 雖有善德眞德二女主 然近於牝雞之晨 不可法也 甥膺廉年雖幼少 有老成之德 卿等立而事之 必不墜祖宗之緖 寡人死且不朽矣 王薨 膺廉立 膺廉僖康王之孫阿飡啓明之子也 上諡曰憲安 葬于孔雀趾 (『三國史節要』13)[558]

신라 第四十八景文王 金氏 名膺廉 父啓明角干 追封義[一作懿]恭大王 卽僖康王之子也 母神虎[559]王之女光和夫人 妃文資△后 憲安王之女 辛巳立 理十四年 (『三國遺事』1 王

558) 이 기사에는 일자 표기가 없으나, 『三國史記』 新羅本紀에 의거하여 1월29일로 편년하였다.
559) 저본에는 '虎'로 되어 있으나, 高麗 惠宗 王武의 避諱이므로 '武'로 수정해야 한다.

曆)[560]

신라 既而過三朔 王疾革 召群臣曰 朕無男孫 窀穸之事 宜長女之夫膺廉繼之 翌日 王崩 郎奉遺詔卽位 於是範敎師詣於王曰 吾所陳三美者 今皆著矣 娶長故 今登位一也 昔之欽艶弟主 今易可取二也 娶兄故 王與夫人喜甚三也 王德其言 爵爲大德 賜金一百三十兩 (『三國遺事』2 紀異 2 四十八景文大王)[561]

신라 時春秋七十有七 咸通二年春二月六日 無疾坐化 支體不散 神色如常 (「大安寺寂忍禪師照輪淸淨塔碑」)

신라 (咸通二年春二月)卽以八日 安厝於寺松峰 起石浮屠之也 嗚戱 色相本空 去來常寂 不視生滅 濟度凡迷 前諸未度 忽失前緣 已得後度 須達理者 以爲報盡形謝而痛惜哉 於焉輟斤絶絃也 (「大安寺寂忍禪師照輪淸淨塔碑」)

고구려 (三月)十四日戊子 於東大寺 設無遮大會 奉供養毗盧舍那大佛 (…) 是日 (…) 乃點佛眼 凡其莊嚴之儀不可勝載 (…) 塡噎堂宇 大唐 高麗 林邑等之樂 鼓鐘肆陣 絲竹方羅 (…) (『日本三代實錄』5 淸和紀)

신라 三月 王御武平門 大赦 (『三國史記』11 新羅本紀 11)

신라 三月 王御武平門 大赦 (『三國史節要』13)

발해 (五月廿一日甲午) 宣告存問兼領渤海客使但馬權介正六位上藤原朝臣春景 幷出雲國司等云 渤海國使李居正 違先皇制 輒以弔來 亦令看啓案 違例多端 事須責其輕慢 自彼却還 然而如聞 居正位在公卿 齡過懸車 才綺交新 猶有可愛 因欲特加優恤以聽入京 而頃者炎旱連日 有妨農時 慮夫路次 更以停止 又王啓幷信物等不可更收 須進上中臺省牒 以出雲國絹一百卌五疋 綿一千二百廿五屯 便頒賜渤海客徒一百五人 (…) (『日本三代實錄』5 淸和紀)

발해 甲午 宣告存問兼領渤海客使但馬權介 正六位上藤原朝臣春景並出雲國司等云 渤海國使李居正違先皇制 輒以弔來亦今看啓案違例多端事 須責其輕慢 自彼却還 然而如聞居正位在公卿 齡連懸車 才綺交新 猶有可愛 因欲特加優恤 以聽入京 而頃者炎旱連日 有妨農時 慮夫路次 更以停止 又王啓並信物等不可更收 須進上中台省牒 以出雲國絹一百册五疋 綿一千二百二十五屯便頒賜渤海客徒一百五人 (『類聚國史』194 殊俗部△ 渤海 下)

발해 (五月)廿六日己亥 太政官送渤海國中臺省牒下存問使幷出雲國司 絁一十疋 綿四十屯 別賜大使李居正 (『日本三代實錄』5 淸和紀)

발해 己亥 太政官送渤海國中台省牒下存問使並出雲國司絁一十疋 綿卌屯 別賜大使李居正 (『類聚國史』194 殊俗部△ 渤海 下)

백제 발해 (六月)十六日己未 始頒行長慶宣明曆經 先是 陰陽頭從五位下兼行曆博士大春日朝臣眞野麻呂奏言 謹檢 豊御食炊屋姬天皇十年十月 百濟國僧觀勒始貢曆術 而未行於世 高天原廣野姬天皇四年十二月 有勅始用元嘉曆 次用儀鳳曆 高野姬天皇天平寶字七年八月 停儀鳳曆 用開元大衍曆 厥後 寶龜十一年 遣唐使錄事故從五位下行內藥正羽栗

---

560) 이 기사에는 월일 표기가 없으나, 『三國史記』新羅本紀에 의거하여 1월29일로 편년하였다.

561) 이 기사에는 연대 표기가 없으나, 『三國史記』新羅本紀에 의거하여 憲安王 5년(861) 1월29일로 편년하였다.

臣翼貢寶應五紀曆經云 大唐今停大衍曆 唯用此經 天應元年 有勅令據彼經造曆日 無人習學 不得傳業 猶用大衍曆經 已及百年 眞野麻呂 去齊衡三年 申請用彼五紀曆 朝庭議云 國家據大衍曆經 造曆日尙矣 去聖已遠 義貴兩存 宜暫相兼不得偏用 貞觀元年 渤海國大使烏孝愼新貢長慶宣明曆經云 是大唐新用經也 眞野麻呂試加覆勘 理當固然 仍以彼新曆 比校大衍五紀等兩經 且察天文 且參時候 兩經之術 漸以麤疎 令朔節氣旣有差 又勘大唐開成四年 大中十二年等曆 不復與彼新曆相違 曆議曰 陰陽之運 隨動而差 差而不已 遂與曆錯者 方今大唐開元以來 三改曆術 本朝天平以降 猶用一經 靜言事理 實不可然 請停舊用新 欽若天步 詔從之 (『日本三代實錄』5 淸和紀)

백제 발해 太政官符

應用長慶宣明曆經事

右陰陽頭從五位下兼行曆博士大春日朝臣眞野麻呂解狀偁 謹檢古記 豊御食炊屋姬天皇十年壬戌冬十月百濟僧觀勒來貢曆術 而未行於世 高天原廣野姬天皇天平寶字四年庚寅冬十二月 有勅始用元嘉曆 次用儀鳳曆 (…) 去貞觀元年渤海大使烏孝愼新貢長慶宣明曆經言 是大唐新用經也 (…)

貞觀三年六月十六日 (『類聚三代格』17 文書幷印事)

가야 고구려 백제 신라

(八月)十九日庚申 左京人散位外從五位下伴大田宿禰常雄賜伴宿禰姓 先是 正三位行中納言兼民部卿皇太后宮大夫伴宿禰善男等奏言 常雄款稱 謹稽家諜 伴大田宿禰同祖金村大連公第三男狹手彦之後也 狹手彦 宣化天皇世 奉使任那 征新羅 復任那 兼助百濟 欽明天皇世 百濟以高麗之寇 遣使乞救 狹手彦復爲大將軍 伐高麗 其王踰城而遁 乘勝入宮 盡得珠寶貨賂 以獻之 磯城嶋天皇世 還來獻高麗之囚 今山城國狛人是也 狹手彦再使海外 征伐兩國 盡力絶域 復立二國 身尊當時 功流後代 但古人朴質除兩國盡力非私 皆賜別姓 是以子孫不得大部 別賜大田宿禰 而狹手彦之弟阿彼布古承父爲大部連公 自斯而後 恐子孫之不廣 無復更賜別姓 今阿彼布古之後 歷代尊顯而狹手彦之後 擧朱紱者 曠世無聞 一祖之枝 榮枯殊隔 沈淪之歎 告訴無止 常雄幸逢昌泰 新參花轂 門蔭中興 寔爲榮慶 刊大田兩字 同歸於一宗 然則外不辱功臣之序 內方敦孔懷之親 善男等伏檢家記 所陳不虛 請刊彼兩字 直賜宿禰 控其支派 入此本源從之 (『日本三代實錄』5 淸和紀)

신라 咸通辛巳歲 以十方施資 廣其禪宇 慶畢功日 禪師莅焉 虹之與蜺 貫徹堂內 分輝耀室渥彩燭人 此乃堅牢告祥 娑迦表瑞也 (「寶林寺普照禪師彰聖塔碑」)

862(壬午/신라 경문왕 2/발해 건황 5/唐 咸通 3/日本 貞觀 4)

신라 春正月 以伊湌金正爲上大等 阿湌魏珍爲侍中 (『三國史記』11 新羅本紀 11)

신라 春正月 以伊湌金正爲上大等 阿湌魏珍爲侍中 (『三國史節要』13)

신라 二月 王親祀神宮 (『三國史記』11 新羅本紀 11)

신라 二月 王親祀神宮 (『三國史節要』13)

백제 (七月)廿八日乙未 左京人前越後介外從五位下坂上伊美吉能文 大學少允從六位上坂上伊美吉斯文等九人 賜姓坂上宿禰 後漢孝靈皇帝四代孫 阿智使主之裔 與坂上大宿禰同祖也 (…) 右京人中宮少屬正八位上道祖史豊富賜姓惟道宿禰 阿智使主之黨類 自百濟國來歸也 左京人造兵司少令史正六位上飛鳥戶造彌道賜姓百濟宿禰 百濟國混伎之後也 (…) 河內國安宿郡人皇太后宮少屬正八位上百濟宿禰有世貫附左京職 (『日本三

代實錄』6 淸和紀)

신라　秋七月 遣使如唐貢方物 (『三國史記』11 新羅本紀 11)

신라　秋七月 遣阿湌富良等如唐朝貢 (『三國史節要』13)

신라　八月 入唐使阿湌富良等一行人溺沒 (『三國史記』11 新羅本紀 11)

신라　八月 渡海溺死 (『三國史節要』13)

신라　年九歲 徑往惠目山 謁圓鑑大師 大師 知有惠牙 許栖祇樹 歲年雖少 心意尙精 勤勞則高鳳推功 敏捷則揚烏讓美 俾踐僧△ △離法堂 (「鳳林寺眞鏡大師寶月凌空塔碑」)[562]

신라　大師法諱麗嚴俗姓金氏其先雞林人也 遠祖出於華胄蕃衍王城 其後隨宦西征徙居藍浦父△義追攀祖德五△△名 母朴氏嘗以晝眠得其殊夢驚覺而靈光滿室 未幾而娠大師焉生而能言弱不好弄 (「菩提寺大鏡大師塔碑」)[563]

863(癸未/신라 경문왕 3/발해 건황 6/唐 咸通 4/日本 貞觀 5)

백제　(春正月)三日丙寅 大納言正三位兼行右近衛大將源朝臣定薨 贈從二位 遣從四位下行伊豫守豊前王 散位從五位下田口朝臣統範等於柩前宣制 定者 嵯峨太上天皇之子也母百濟王氏 其名曰慶命 天皇納之 特蒙優寵 動有禮則 甚見尊異 宮闈之權可謂無比官爲尙侍 爵至二位 及薨贈從一位 始太上天皇遷御嵯峨院之時 爲築別宮 今爲居處號曰小院 太上天皇所居爲大院 尙侍所居爲其次故也 權勢之隆至如此焉 (…) 嘉祥二年正月拜中納言 是月 母尙侍百濟王氏薨 定遭喪去職 三月詔奪情起之 仁壽三年八月爲左兵衛督 中納言如故 天安元年夏抗疏解左兵衛督 二年兼右近衛大將 貞觀元年十二月 拜大納言 右近衛大將如故 定養長於深宮之內 未嘗知世俗之艱難 居家之事無所經問 性素溫雅 愛好音樂 家庭常置鼓鐘 退公之後 必令擧而觀之 時薨時年卌九 (『日本三代實錄』7 淸和紀)

신라　春二月 王幸國學 令博士已下 講論經義 賜物有差 (『三國史記』11 新羅本紀 11)

신라　春二月 王幸國學 令博士已下 講論經義 賜物有差 (『三國史節要』13)

신라　(四月廿一日癸丑) 先是 大宰府言 新羅沙門元著普嵩淸願等三人 着博多津岸 至是 勅安置鴻臚館 資給糧食 待唐人船 令得放却 (『日本三代實錄』7 淸和紀)

고구려　(五月)廿日壬午 於神泉苑修御靈會 勅遣左近衛中將從四位下藤原朝臣基經 右近衛權中將從四位下兼行內藏頭藤原朝臣常行等 監會事 王公卿士赴集共觀 靈座六前設施几筵 盛陳花果 恭敬薰修 延律師慧達爲講師 演說金光明經一部 般若心經六卷 命雅樂寮伶人作樂 以帝近侍兒童及良家稚子爲舞人 大唐高麗更出而舞 雜伎散樂競盡其能 (…) (『日本三代實錄』7 淸和紀)

백제　(秋七月)廿六日丙辰 囚獄司着鈦囚人毆傷防援右兵衛百濟豊國 于時以左兵衛二人右兵衛二人 爲左右囚人防援 囚人等私發憤恚 遂成此亂 (『日本三代實錄』7 淸和紀)

562) 대사는 862년 경문왕 2년 9세에 혜목산 원감대사 현욱에게 출가하였다.
563) 대사는 862년에 태어났다.

백제　　(八月)九日己巳 右京人從五位下行皇太后宮大進御船宿禰彦主 從五位下行助教兼備後權介御船宿禰佐世 內藏少屬正七位上御船宿禰氏柄 散位從七位上船連助道等男女六人 賜姓菅野朝臣 河內國丹比郡人左兵衛權大志正七位上船連貞直賜姓御船宿禰 彦主等之先 出自百濟國貴須王也 (『日本三代實錄』7 清和紀)

백제　　(八月)十七日丁丑 右京人外從五位下行主計助飛鳥戶造豊宗等男女八人賜姓御春朝臣 其先出自百濟國人琨伎也 (…) (『日本三代實錄』7 清和紀)

고구려　　(八月廿一日辛巳) 右京人從五位下行隼人正難波連縵麻呂 伊豫權掾正六位下難波連實得 縱殿少允從六位上難波連淸宗等竝賜姓朝臣 其先高麗國人也 (『日本三代實錄』7 清和紀)

신라　　國王奉爲敏哀大王追崇福業造石塔記
若夫聖教所設利益多端 雖有八萬四千門 其中聿鎖業障廣慱利物者 無越於崇建佛啚禮懺行道 伏以敏哀大王諱 肌 宣康大王之長子 今上之老舅 以開成己未之年 太蔟之月下旬有三日 奄弃蒼生春秋二十三 葬△星霜二紀△△△△△ 惠△△△△△至欲崇蓮坮之業於 △桐藪願堂之前 創立石塔冀効童子聚沙之義伏願 △△路此功德 △△五濁之緣常 △△△之上爰及 △△△中跋行蠢 △△識之類咸賴 △△劫劫生生 此無朽時咸通四年歲在癸未無射之月十日記翰林沙干伊觀 專知大德 心智 同知大德 融行 唯乃僧純梵 唯乃師心德 專知大舍昌具 典永忠 匠梵覺 (「敏哀大王石塔舍利壺記」)

백제　　(十月)十一日庚午 右京人陰陽少屬從六位上飛鳥戶造淸貞 內竪正六位上飛鳥戶造淸生 太政官史生正八位下飛鳥戶造河主 河內國高安郡人主稅大屬正七位上飛鳥戶造有雄等竝賜姓百濟宿禰 其先曰百濟國人比有之後也 (『日本三代實錄』7 清和紀)

신라　　冬十月 桃李華 (『三國史記』11 新羅本紀 11)
신라　　冬十月 桃李華 (『三國史節要』13)

신라　　(十一月)十七日丙午 先是 丹後國言 細羅國人五十四人來着竹野郡松原村 問其來由言語不通 文書無解 其長頭屎鳥舍 漢書答云 新羅東方別嶋 細羅國人也 自外更無詞因幡國言 新羅國人五十七人 來着荒坂濱頭 略似商人 是日 勅給程糧 放却本蕃 (『日本三代實錄』7 清和紀)

신라　　十一月 無雪 (『三國史記』11 新羅本紀 11)
신라　　十一月 無雪 (『三國史節要』13)

신라　　(十一月) 納寧花夫人弟爲次妃 異日 王問興輪寺僧曰 師前所謂三益者何也 對曰 當時王及王妃喜其如意 寵愛浸深 一也 因此得繼大位 二也 卒得娶嚮所求季女 三也 王大笑 (『三國史記』11 新羅本紀 11)
신라　　(十一月) 納寧花夫人弟爲次妃 異日 王問範教曰 前所謂三益者何也 對曰 王及王妃喜其如意 寵愛浸深 一也 因此得繼大位 二也 卒娶季女 三也 王大笑 爵範教爲大德 賜金一百三十兩 (『三國史節要』13)

신라　　生有聖恣 弱無兒戱 齒登曰悼天蔭云亡何怙之悲每增泣血 克諧追念常切絶醬 (「毘盧寺

眞空大師普法塔碑」)[564]

864(甲申/신라 경문왕 4/발해 건황 7/唐 咸通 5/日本 貞觀 6)

신라 (正月十四日辛丑) 延暦寺座主傳燈大法師位圓仁卒 圓仁 俗姓壬生氏 下野國都賀郡人也 (…) 承和五年發 七月二日著大唐楊州海陵縣 開成三年七月二日到楊州 同年十月國使入京 圓仁苦請留住楊府 意在巡禮天台及五臺等諸聖跡 李相公德裕聞奏 有勅不許巡禮 四年國使聘禮旣畢 還向本朝 圓仁相隨上船 圓仁心謂 遠渡滄溟 本爲求法 仍辭國使 獨身下船 弟子惟正 惟曉俱留住沙石之上 海賊十餘人忽然出來 顔色非常 意在要物 圓仁與惟正等俱語云 我死只在玆 不如捨物專任彼賊 卽捨隨身物 着身衣服皆悉與之 最後授銚子 賊卽云 和尙若捨銚子 客中無此器 辛苦無極矣 賊乃發慈心 語云 和尙如今有何所要 答 都無所要 但欲得到村里 賊卽差一人 隨逐圓仁 令送村里 纔至人舍 賊卽逃隱不見 當此之時 殆沒賊手 僅免虎口 更歸海州 刺史處分 配住本國第二舶 船頭判官良岑長松同船解纜 待風而發 逆風忽起 到著登州堺 圓仁下船 登赤山法華院 送過冬月 登州十將押衙張詠來到山院 語云 詠昔到那國 甚蒙國恩 故來奉問 若有所要 冀莫形迹 圓仁答云 無他所要 但意樂欲得入國內巡禮聖跡 押衙答云 和尙莫憂 詠將滿此要 數日文登縣牒將來云 日本國僧等 今須任意巡禮諸聖跡 押衙卽副使送縣家 縣家與縣牒 付送靑州 開成五年 入五臺山 禮拜聖跡 (…) 遇會昌天子毁滅佛法經歷三年 旣絶歸思 俄而軍裏下牒云 外國僧等宜早歸本貫 因得出城 纔至城門 大理寺卿中散大夫賜紫金魚袋楊敬之 朝議郞守尙書職方郞中上柱國賜緋銀魚袋楊魯士 左神策軍押衙銀靑光祿大夫檢校國子祭酒殿中監察侍御史上柱國史李元佐等 及衆官禮拜所持之敎法 押衙等引諸官人迎待門前 特致勞問 僉云 我國佛法旣已滅盡 佛法隨和尙東去 自今以後 若有求法者 必當向日本國也 得到登州押新羅使張詠宅 安存優厚 經兩三年 不得歸國 夢達摩和尙 寶志和尙 南岳天台六祖大師 幷日本國聖德太子 行基和尙 叡山大師等 俱共來集 語云 吾等爲護汝令到日本國 故到此間 語竟卽起 前後圍繞 向東相送 其年春遇本國船 爲風所扇 到登州堺 覓問法師 卽乘其船 還至本朝 承和十四年九月還此土聞奏天子 (…) (『日本三代實錄』 8 淸和紀)

발해 (正月十七日甲辰) 散位從五位下山口伊美吉西成卒 西成者 右京人也 幼懶讀書 好習射藝 逮于成人 改節入學 以春秋名家 兼善毛詩周易 補得業生 奉試及第 除太宰博士不之官 承和之初 拜大學直講 嘉祥二年 渤海國王遣使入覲 以西成權稱大學大允 爲存問兼領客使 向加賀國 引客入京 俄而轉助教 仁壽三年敍外從五位下 齊衡三年授從五位下 出爲大和介 天安二年遷紀伊介 卒時年六十三 (『日本三代實錄』 8 淸和紀)

신라 (二月)十七日甲戌 先是 去年新羅國人卅餘人漂着石見國美乃郡海岸 死者十餘人 生者廿四人 詔國司給程糧放却 (『日本三代實錄』 8 淸和紀)

신라 春二月 王幸感恩寺 望海 (『三國史記』 11 新羅本紀 11)

신라 春二月 王幸感恩寺 望海 (『三國史節要』 13)

신라 大師法諱允多字法信京師人也 其祖考等皆族盛簪纓以傳孝義家記而亂來抛墜 聲譽而耳口聞言其 妣朴氏受性溫和爲人貞潔 自幼未嘗於俗未長 (以下缺) 經勤修於佛事迨其岳降分娩等閒由孝感而易爲苦霜菫之出疾 是以咸通五年四月五日誕生 (「大安寺廣慈大師碑」)

564) 진공대사는 855년에 출생하였고 '齒' 이를 갈 때의 나이는 8세로 863년이다.

신라　夏四月 日本國使至 (『三國史記』11 新羅本紀 11)

신라　夏四月 日本國遣使來聘 (『三國史節要』13)

백제　(八月八日壬戌) 左京人武藏權大掾正七位下大丘造塵繼 散位從七位上大丘連田刈等四人 賜姓宿禰 其先百濟人也 (『日本三代實錄』9 淸和紀)

백제　(八月十七日辛未) 右京人河內守從五位下蕃良朝臣豊村 右大史從六位下葛井連宗之 兵部少錄正六位上葛井連居都成等 賜姓菅野朝臣 本系出自百濟國人貴須也 (…) 左京人大皇太后宮少屬正七位上百濟宿禰有世賜姓御春朝臣 有世 其先出自百濟國人比有也 (…) (『日本三代實錄』9 淸和紀)

백제　(冬十月十四日丁卯) 散位從五位下百濟王俊聰爲伯耆守 (…) (『日本三代實錄』9 淸和紀)

신라　咸通五年 冬 端儀長翁主 未亡人爲稱 當來佛是歸 敬謂下生 厚資上供 以邑司所領賢溪山安樂寺 富有泉石之美 請爲猿鶴主人 乃告其徒曰 山號賢溪 地殊愚谷 寺名安樂 僧盍住持 從之徙焉 居則化矣 使樂山者益靜 擇地者愼思 行藏之是一焉 他日 告門人曰 故韓粲金公嶷勳 度我爲僧 報公以佛 乃鑄丈六玄金像 傅之以銑 爰用鎭仁宇 導冥路 使行恩者日篤 重義者風從 知報之是二焉 (「鳳巖寺智證大師寂照塔碑」)[565]

신라　大師法諱逈微俗姓崔氏其先博陵冠盖雄府棟梁奉使雞林流恩兎郡 所以栖心雲水寓蹟海壖今爲武州△△人△ 父樂權早閑莊老所愛琴書松△△招隱之篇蕭寺結空門之友 母金氏魂交之夕忽得休徵見胡僧入房擎玉案爲寄欸焉 驚覺尋報藁砧答云必生懷寶之兒先告弄璋之慶△ 後於△△室內每有鐙輝之△ 甲子之△△證定光之瑞以咸通五年四月十日誕生 (「無爲寺先覺大師遍光塔碑」)

신라　前知桂陽監將仕郎侍御史內供奉李璆 夫人京兆金氏墓誌銘幷序
鄕貢進士崔希古撰 翰林待詔承奉郎守建州長史董咸書篆
太常天子 有國奉宗陽 號少昊氏金天 卽吾宗受氏世祖 厥後派疏枝分 有昌有徽 蔓衍四天下 亦已多已家 遠祖諱日磾 自龍庭△△西漢 仕武帝 愼名節 陟拜侍中常侍 封秺亭侯 自秺亭已降七葉 軒紱△煌 繇是望係京兆郡 史籍敍載 莫之與京 必世俊仁 徵驗斯在 及漢不見德 亂離瘼矣 握粟去國 避時屈還 故吾宗違異於遼東 文宣王立言 言忠信 行篤敬 雍之蠻貊 其道亦行 今後昌熾吾宗於遼東 夫人曾祖諱原得 皇贈工部尙書 祖諱忠義 皇翰林待詔檢校左散騎常侍內府監內中尙使 父諱公亮 皇翰林待詔將作監丞充內作判官 祖父文武餘刃 究平子觀象規模 連公輪如神機技 乃貢藝金門 共事六朝 有祿有位 善始令終 先夫人隴西李氏 搢紳厚族
夫人卽判官次女 柔順利貞 稟受自然 女工婦道 服勤永舊 及歸李氏 中外戚眷 咸號賢婦 夫人無嗣 撫訓前夫人男三人 過人己子 將期積善豊報
豈謂天命有算 脩短定分 綿遘疾瘵 巫扁不攻 咸通五年五月貳拾玖日 終於嶺表 享年卅三 公追昔平生 尙存同體 經山河視若平川 不避艱險 堅心臨柩 遂歸世域 嗣子敬玄 次子敬謨 次子敬元 並哀毁形容 遠侍靈櫬 追號罔極 敬玄等支殘扶喘 謹備禮文 以咸通五年十二月七日 遷神於萬年縣滻川鄕上傳村 歸世塋域 夫人親叔翰林待詔前昭王傅

565) 경문왕 4년(864) 겨울에 단의장옹주가 賢溪山 安樂寺를 시납하자 옮겨서 활동하였다.

親兄守右淸道率府兵曹叅軍 聯仕金門 丞家嗣業 希古與夫人兄世舊 追惻有作 因以請銘 銘曰
天地不仕 先死陶鈞 孰是孰非 無疏無親 不饗積行 不永大命 豈伊令淑 亦惟賢聖 遘此短辰 遊岱絶秦 大道已矣 萬化同△ (「金氏夫人 墓誌銘」)[566]

신라 新羅龜山和尙有擧 上國裴公休啓建法會 問 看經僧 是什麽經 僧曰 無言童子經 公曰 有幾卷 僧曰 兩卷 公曰 旣是無言 爲什麽却有兩卷 僧無對 師代曰 若論無言非唯兩卷 (『景德傳燈錄』21 行思禪師第七世 上 福州長慶慧稜禪師法嗣 新羅龜山和尙)[567]

865(乙酉/신라 경문왕 5/발해 건황 8/唐 咸通 6/日本 貞觀 7)

신라 香徒佛銘文幷序
夫釋迦佛 晦影歸眞 遷儀越世 紀世掩色 不鏡三千光歸 一千八百六載耳 慨斯△斯 彫此金容 △△來哲 因立願之 唯願卑姓室 逐棨椎自擊 △△覺長昏 換庸鄙志 契眞源恕以色莫朴△見 唐天子咸通六年乙酉正月日 新羅國漢州北界鐵員郡到彼岸寺 成佛之伯士△龍岳堅淸 于時△覔居士 結緣一千五百餘人 堅金石志 勤不覺勞因 (「到彼岸寺毘盧遮那佛造像記」)

신라 夏四月 唐懿宗降使太子右諭德御史中丞胡歸厚使副光祿主簿兼監察御史裴光等 弔祭先王 兼賻贈一千匹 冊立王爲開府儀同三司檢校太尉持節大都督雞林州諸軍事上柱國新羅王 仍賜王官誥一道旌節一副錦綵五百匹衣二副金銀器七事 賜王妃錦綵五十匹衣一副銀器二事 賜王太子錦綵四十匹衣一副銀器一事 賜大宰相錦綵三十匹衣一副銀器一事 賜次宰相錦綵二十匹衣一副銀器一事 (『三國史記』11 新羅本紀 11)

신라 夏四月 帝遣太子右諭德御史中丞胡歸厚光祿主簿兼監察御史裴光等 弔祭先王 仍賻帛一千匹 冊立王爲開府儀同三司檢校太尉持節大都督雞林州諸軍事上柱國新羅王 賜旌節一副錦綵五百匹衣二襲金銀器七事 賜王妃錦綵五十匹衣一襲銀器二事 賜王太子錦綵四十匹衣一襲銀器一事 賜大相錦綵三十匹衣一襲銀器一事 次相錦綵二十匹衣一襲銀器一事 (『三國史節要』13)

신라 逐於咸通六年 天子使攝御史中丞胡歸厚 以我鄕人前進士裵匡 腰魚頂豸爲輔行 與王人田獻銛來 錫命曰 自光膺嗣續 克奉聲猷 俾彰善繼之名 允協至公之擧 是用命爾爲新羅國王 仍授檢校太尉兼持節充寧海軍使 向非變齊標秀 至魯騰芬 則何以致飛鳳筆而寵外諸侯 降龍旌而假大司馬之如是矣 亦旣榮沾聖澤 必將親拜靈丘 肆以備千乘之行 奚翅耗十家之產 (「崇福寺碑」)[568]

신라 雞林君欲去 立冊付星軺 越海程難計 征帆影自飄 望鄕當落日 懷闕羨迴潮 宿霧蒙靑嶂 驚波蕩碧霄 春生陽氣早 天接祖州遙 愁約三年外 相迎上石橋 (『全唐詩』9函 8冊 李昌符 送人入新羅使)[569]

백제 (五月)廿日庚子 左京人造酒令史正六位上道祖史永主 散位大初位下道祖史高直等二人賜姓惟道宿禰 其先出自百濟國人王孫許里也 (『日本三代實錄』10 淸和紀)

566) 1999,『西安碑林全集』91 ; 2001,『隋唐五代墓誌滙篇-陝西』2
567) 裴休는 791년에 출생하여 864년에 사망하였으므로 791~864년으로 기간편년하고 마지막해인 864년에 배치하였다.
568) 이 기사에는 월 표기가 없으나,『三國史記』新羅本紀 등에 의거하여 4월로 편년하였다.
569) 李昌符의 생몰년의 알 수 없지만, 860년에 진사에 합격하였다. 860년은 신라 헌안왕 4년으로 헌안왕은 왕 5년에 죽었다. 이후 경문왕이 즉위하였고 왕 5년(865)에 당의 책봉을 받았다. 따라서 865년에 편제하였다.

백제 (十月)廿六日甲戌 雅樂權大允外從五位下和邇部宿禰大田麿卒 大田麿者右京人也 吹笛出身 備於伶官 始師事雅樂權少屬外從五位下良枝宿禰淸上 受學吹笛 淸上特善吹笛 音律調弄皆窮其妙 見大田麿有氣骨可斆習 因加意而敎之 承和之初 淸上從聘唐使入於大唐 歸朝之日 舶遭逆風 漂墮南海賊地 爲賊所殺 本姓大戶首 河內國人也 大田麿能受其道 莫不精究 天長初 任雅樂百濟笛師 尋轉唐橫笛師 數年爲雅樂少屬 俄轉大屬 齊衡三年除權大允 貞觀三年正月廿一日授外從五位下 是日內宴也 大田麿伎術出群 故加殊奬 大田麿 本姓和邇部 後賜宿禰 卒時年六十八 (『日本三代實錄』 11 淸和紀)

신라 朗州德山宣鑒禪師 (…) 時有僧出方禮拜 師乃打之 僧曰 某甲話也未問 和尙因什麽打某甲 師曰 汝是什麽處人 曰新羅人 師曰 汝未跨船舷時 便好與三十拄杖[法眼云 大小德山 語作兩橛 玄覺云 叢林中喚作隔下語且從 只如德山 道問話者三十拄杖意作麽生] (『景德傳燈錄』 15 行思禪師第四世 前澧州龍潭崇信禪師法嗣)[570]

866(丙戌/신라 경문왕 6/발해 건황 9/唐 咸通 7/日本 貞觀 8)

신라 (春正月)十五日 幸皇龍寺看燈 仍賜燕百寮 (『三國史記』 11 新羅本紀 11)

신라 (春正月) 幸皇龍寺觀燈 仍賜百寮讌 (『三國史節要』 13)[571]

백제 (正月)廿六日癸卯 右京人正六位上安峯連小嶋 從六位下安峯連眞魚等五人 改連姓賜宿禰 其先百濟人也 (『日本三代實錄』 12 淸和紀)

신라 春正月 封王考爲懿恭大王 母朴氏光和夫人爲光懿王太后 夫人金氏爲文懿王妃 立王子晸爲王太子 (『三國史記』 11 新羅本紀 11)

신라 春正月 封王考爲懿恭大王 母朴氏爲光懿王太后 夫人金氏爲文懿王妃 立王子晸爲太子 晸性聰敏 喜讀書 一覽輒記 (『三國史節要』 13)

백제 (六月)十六日己丑 地震 無品高子內親王薨 喪家固辭 故不任緣葬之司 輟朝三日 內親王者 仁明天皇之皇女 母百濟王氏 從五位上敎俊之女也 承和初 卜爲賀茂齋 仁明天皇崩後停齋歸第焉 (『日本三代實錄』 13 淸和紀)

신라 (七月)十五日丁巳 大宰府馳驛奏言 肥前國基肆郡人川邊豊穗告 同郡擬大領山春永語豊穗云 與新羅人珍寶長 共渡入新羅國 敎造兵弩器械之術 還來將擊取對馬嶋 藤津郡領葛津貞津 高來郡擬大領大刀主 彼杵郡人永岡藤津等 是同謀者也 仍副射手卌五人名薄進之 (『日本三代實錄』 13 淸和紀)

신라 冬十月 伊飡允興與弟叔興季興謀逆 事發覺 走岱山郡 王命追捕斬之 夷一族 (『三國史記』 11 新羅本紀 11)

신라 冬十月 伊飡允興與其弟叔興季興謀逆 事覺 走岱山郡 追捕斬之 夷三族 (『三國史節要』 13)

신라 (十一月)十七日戊午 勅曰 (…) 迺者怪異頻見 求之蓍龜 新羅賊兵常窺間隙 災變之發唯緣斯事 夫攘災未兆 遏賊將來 唯是神明之冥助 豈云人力之所爲 宜令能登 因幡 伯

---

570) 宣鑒禪師는 801년에 출가하여 咸通 6년(865)에 입적하였으므로 801~865년으로 기간편년하고 마지막해인 865년에 배치하였다.

571) 이 기사에는 일자 표기가 없으나, 『三國史記』 新羅本紀에 의거하여 1월15일로 편년하였다.

耆 出雲 石見 隱岐 長門 大宰等國府 班幣於邑境諸神 以祈鎭護之殊效 又如聞 所差健兒 統領選士等 苟預人流 曾無才器 徒稱爪牙之備 不異螳蜋之衛 況復可敎之民 何禦非常之敵 亦夫十步之中必有芳草 百城之內寧乏精兵 宜令同國府等勤加試練必得其人 (『日本三代實錄』13 淸和紀)

신라 咸通七年 投廻易使陳良 付足東來 時乃波濤騰湧 煙靄昏沈 舟楫有傾覆之虞 僧俗△△溺之患 師乃略無惧△ △△△△ 不易去國之麻衣 匪換出家之壯志 若非神通妙用 智識遐周 履險不驚 孰能至此 廣宗大師 聞師東還 遣使邀請 異禮相接 △愛良多 (「月光寺圓朗禪師大寶禪光塔碑」)

신라 玄琴之作也 新羅古記云 初晉人以七絃琴 送高句麗 麗人雖知其爲樂器 而不知其聲音及鼓之之法 購國人能識其音而鼓之者 厚賞 時 第二相王山岳 存其本樣 頗改易其法制而造之 兼製一百餘曲 以奏之 於時 玄鶴来舞 遂名玄鶴琴 後但云玄琴 羅人沙湌恭永子玉寶高 入地理山雲上院 學琴五十年 自製新調三十曲 傳之續命得 得傳之貴金先生 先生亦入地理山 不出 羅王恐琴道斷絶 謂伊湌允興 方便傳得其音 遂委南原公事允興到官 簡聰明少年二人 曰安長淸長 使詣山中傳學 先生敎之 而其隱微不以傳 允興與婦偕進曰 吾王遣我南原者 無他欲 傳先生之技 于今三年矣 先生有所秘而不傳吾無以復命 允興捧酒 其婦執盞 膝行致禮盡誠 然後傳其所秘飄風等三曲 安長傳其子克相克宗 克宗制七曲 克宗之後 以琴自業者 非一二 所製音曲有二調 一平調 二羽調共一百八十七曲 其餘聲遺曲 流傳可記者無幾 餘悉散逸 不得具載
王寶高所制三十曲 上院曲一 中院曲一 下院曲一 南海曲二 倚嵒曲一 老人曲七 竹庵曲二 玄合曲一 春朝曲一 秋夕曲一 吾沙息曲一 鴛鴦曲一 遠岵曲六 比目曲一 入實相曲一 幽谷淸聲曲一 降天聲曲一 克宗所製七曲 今亡 (『三國史記』32 雜志 1 樂)

867(丁亥/신라 경문왕 7/발해 건황 10/唐 咸通 8/日本 貞觀 9)

신라 春正月 重修臨海殿 (『三國史記』11 新羅本紀 11)

신라 春正月 修臨海殿 (『三國史節要』13)

백제 가야 (四月)廿五日甲午 主稅少允從六位上錦部連三宗麻呂 木工少允正六位上錦部連安宗賜姓惟良宿禰 其先 百濟國人也 伊賀權目正六位下韓人眞貞賜姓豊瀧宿禰 其先 任那國人也 (『日本三代實錄』14 淸和紀)

신라 (五月)廿六日甲子 造八幅四天王像五鋪 各一鋪下伯耆 出雲 石見 隱岐 長門等國 下知國司曰 彼國地在西極 堺近新羅 警備之謀 當異他國 宜歸命尊像 勤誠修法 調伏賊心 消却災變 仍須點擇地勢高敞瞼瞰賊境之道場 若素無道場 新擇善地 建立仁祠 安置尊像 請國分寺及部內練行精進僧四口 各當像前依冣勝王經四天王護國品 晝轉經卷夜誦神呪 春秋二時別一七日 淸淨堅固 依法薰修 (『日本三代實錄』14 淸和紀)

신라 太政官府
應停史生一人補弩師事
右得隱岐國解偁被太政官去貞觀九年五月二十六日符偁 新羅兇醜不顧恩義 早 毒心常爲咀呪迺者非封之 數告兵革 卜筮之識不可不愼 右大臣宣奉勅 彼國地在邊要 堺近新羅 警備之謀當異他國 宜早下知殊令警護者 此國素無弩師具 又無其師 望請 省史生任弩師 少大之賊應機討滅 謹請官裁者 中納言兼左近衛大將從三位行陸奧出羽按察使藤原朝臣基經宣 奉勅 依請

貞觀十一年 三月 七日 (『類聚三代格』 5)類聚三代格 453쪽

신라　夏五月 京都疫(『三國史記』 11 新羅本紀 11)
신라　夏五月 京都疫 (『三國史節要』 13)

신라　秋八月 大水 穀不登(『三國史記』 11 新羅本紀 11)
신라　秋八月 大水 穀不登 (『三國史節要』 13)

신라　冬十月 發使分道撫問(『三國史記』 11 新羅本紀 11)
신라　冬十月 發使分道撫問 (『三國史節要』 13)

백제　(十一月)廿日乙卯 (…) 左京人從五位下行直講刈田首安雄賜姓紀朝臣 安雄自言 武內宿禰之裔也 外從五位下行侍醫藏人眞野賜姓坂上宿禰 後漢孝靈帝之後也 太政大臣家少從正六位下日置造久米麿賜姓名菅原朝臣業利 二品式部卿忠良親王家令正六位上土師宿禰益雄 掃部權大屬從六位下土師宿禰諸澄 伊勢權少目正六位上土師宿禰豊雄等賜姓菅原朝臣 竝阿陀宿禰之後也 (『日本三代實錄』 14 淸和紀)

신라　十二月 客星犯大[572]白 (『三國史記』 11 新羅本紀 11)
신라　十二月 客星犯太白 (『三國史節要』 13)

후백제　三國史本傳云 甄萱尙州加恩縣人也 咸通八年丁亥生 本性李後以甄爲氏 父阿慈个 以農自活 光啓中攄沙弗城[今尙州] 自稱將軍 有四子 皆知名於世 萱號傑出 多智略 李碑家記云 眞興大王妃思刀 謚曰白駮夫人 第三子仇輪公之子 波珍干善品之子角干酌珍 妻王咬巴里生角干元善 是爲阿慈个也 慈之弟[573]一妻上院夫人 第二妻南院夫人生五子一女 其長子是尙父萱 二子將軍能哀 三子將軍龍盖 四子寶盖 五子將軍小盖一女大主刀金 又古記云 昔一富人居光州北村 有一女子 姿容端正 謂父曰 每有一紫衣男到寢交婚 父謂曰 汝以長絲貫針刺其衣 從之 至明尋絲於北墻下 針刺於大蚯蚓之腰 後因姙生一男 年十五 自稱甄萱 (…) (『三國遺事』 2 紀異 2 後百濟·甄萱)

신라　釋彦傳 母親諱明端 考伊湌金亮宗公之季女 親自發弘誓 專起佛塔 已感淨土之業 兼利穢國之生 孝順此志 建立玆塔 在佛舍利十粒 作无垢淨一壇 壇師皇龍寺賢炬 大唐咸通 八年建 (「鷲棲寺石塔舍利函記」)
신라　石匠 神拏 (「鷲棲寺石塔舍利函記」 밑면)[574]

신라　(咸通)至八年 丁亥 檀越翁主 使茹金等 伽藍南畝暨臧獲本籍授之 爲懷袍傳舍 俾永永不易 大師因念言 王女資法喜 尙如是矣 佛孫味禪悅 豈徒然乎 我家匪貧 親黨皆歿與落路行人之手 寧充門弟子之腹 (「鳳巖寺智證大師寂照塔碑」)

신라　至於志學之時 橫經請益 五△△△ 一字無遺 甘羅入仕之年 譽高閭里 子晋昇仙之歲聲冠京華 豈謂意感辭家 心深猒俗 諮於聖善 冀託禪門 母氏懇阻其誠 憐而不許 倍增

572) 본문의 大는 太가 맞다.
573) 원문의 弟는 第가 맞다.
574) 제작연대는 867년(경문왕 7)이다. 이 시기에는 이와 비슷한 사리기와 無垢淨小塔들이 많이 발견되고 있어 당시 불교의 無垢淨塔信仰의 유행을 보여주고 있다. 하지만 이 사리함은 관련 유물이 적어 정확한 내용의 이해는 쉽지 않다.

勸勵 勤話斷機 然而不改初心 △△素慊 出塵負笈 陟巘携藜 所以問道迦耶 尋師設實 得禮善融和尙 請以爲師 於是 仰告所懷 虔祈削染 和尙便從懇請 尋以披緇 (「毘盧寺 眞空大師普法塔碑」)[575]

868(戊子/신라 경문왕 8/발해 건황 11/唐 咸通 9/日本 貞觀 10)

신라 春正月 伊湌金銳金鉉等謀叛 伏誅 (『三國史記』11 新羅本紀 11)

신라 春正月 伊湌金銳金鉉等謀叛 伏誅 (『三國史節要』13)

신라 法諱慶甫 字光宗 俗姓金氏 鳩林人也 父益良位閼粲 鰲峀降靈 毓光華之餘慶 鷄林誕粹 騰弈葉之彌芳 母朴氏 行葉風淸 心花露裛 中饋無非於壼政 內和自是於家肥 於咸通九年相月 哉生明夜 夢白鼠啣靑琉璃珠一顆而來 遂人語曰 此物是希代之奇珎 迺玄門之上寶 懷須護念 出必輝光 因有娠 處心齋戒 如來出世之月二十日 誕生 (「玉龍寺 洞眞大師碑」)

신라 夏六月 震皇龍寺塔(『三國史記』11 新羅本紀 11)

신라 又按國史及寺中古記 (…) 四十八景文王代戊子六月 第二霹靂 同代第三重修 至本朝光宗卽位五年癸丑十月 第三霹靂 現[576]宗十三年辛酉 第四重成 又靖宗二年乙亥 第四霹靂 又文宗甲辰年 第五重成 又憲[577]宗末年乙亥 第五霹靂 肅宗丙子 第六重成 又高宗十六年戊戌冬月 西山兵火 塔寺丈六殿宇皆災 (『三國遺事』3 塔像 4 皇龍寺九層塔)

신라 夏六月 震龍皇[578]寺塔 (『三國史節要』13)

신라 上聞禪師始末之事 慮年代久而其跡塵昧 以登極八年夏六月日 降綸旨 碑斯文以鏡將來 仍賜諡曰寂忍 名塔曰照輪淸淨 則聖朝之恩遇足矣 禪師之景行備矣 (「大安寺寂忍禪師照輪淸淨塔碑」)[579]

신라 東國桐裏和尙 嗣西堂 師諱慧徹 諡号寂忍禪師 照輪淸淨 (『祖堂集』17 桐裏和尙慧徹)

신라 秋八月 重修朝元殿 (『三國史記』11 新羅本紀 11)

신라 秋八月 修朝元殿 (『三國史節要』13)

신라 崔致遠 字孤雲[或云海雲] 王京沙梁部人也 史傳泯滅 不知其世系 致遠少 精敏好學 至年十二 將隨海舶入唐求學 其父謂曰 十年不第 卽非吾子也 行矣勉之 致遠至唐 追師學問無怠 (『三國史記』46 列傳 6 崔致遠)[580]

신라 景文大王主 文懿皇后主 大娘主 願燈立炷 唐咸通九年戊子 中春 夕 繼月光 前國子監卿 沙干金中庯 送上 油糧業租三百碩 僧靈△ 建立石燈 (…) (「開仙寺石燈記」)[581]

---

575) 본문의 '入仕之年'는 12세이다. 진공대사는 855년에 출생하였고 그의 나이 12세는 867년이다.
576) 顯의 避이다.
577) 獻의 避이다.
578) 원문의 龍皇은 皇龍이 맞다.
579) 桐裏山門을 개창한 적인선사 慧徹은 785년(원성왕 1)에 출생하고 그의 나이 15세에 출가하였다고 한다. 그리고 경문왕이 왕 8년(868년)에 立碑의 윤지를 내렸다.
580) 최치원은 857년에 태어났는데, 그의 나이 12세는 868년이다. 따라서 868년에 편년하고 편제하였다.
581) 이 글을 흔히 개선사석등기라고 부른다. 10행에 걸쳐 글을 새겼는데 1행에서 6행까지는 868년(경문왕

신라　咸通△年 贈太師景文大王 以在山別赴 降趺急從 一日八角堂 請教禪同異 對曰 深宮自有千迷道 △△終無 迺張△禪 階△如晝 王心悅悟 爾先雲還蹤 △長從出岫 相見竝加改 時惠成大王 爲家德損 於克諧謨 △△益發 △乘△路 (「實相寺秀澈和尙楞伽寶月塔碑」)[582]

신라　咸通九年 先大師寢疾 乃召大師云 此法 本自西天 東來中國 一花啓發 六葉敷榮 歷代相承 不令斷絶 我曩遊中土 曾事百巖 百巖承嗣於△△ 江西繼明於南嶽 南嶽 則漕溪之冢子 是嵩嶺之玄孫 雖信衣不傳 而心印相授 遠嗣如來之敎 長開迦葉之宗 汝傳以心燈 吾付爲法信 寂然無語 因△△洹 大師 目訣悲深 心喪懇切 尤積亡師之慟 實增絶學之憂 (「鳳林寺眞鏡大師寶月凌空塔碑」)

신라　雙峯和尙 嗣南泉 師諱道允 姓朴 漢州鵂巖人也 累葉豪族 祖考仕宦郡譜詳之 母高氏夜夢異光熒煌滿室 愕然睡覺有若懷身 父母謂曰 所夢非常 如得兒子 盍爲僧乎 寄胎十有六月載誕 爾後日將月就 鶴貌鸞姿擧措殊儕風規異格 竹馬之年 摘花供佛 羊車之歲 累塔娛情 玄關之趣昭然 眞境之機卓尒 年當十八 懇露二親 捨俗爲僧 適於鬼神寺聽於花嚴敎 禪師竊謂曰 圓頓之筌罤 豈如心印之妙用乎 (…) 咸通九載四月十八日 忽訣門人曰 生也有涯 吾須遠邁 汝等安栖雲谷 永耀法燈 語畢怡然遷化 報年七十有一僧臘四十四霜 五色之光 從師口出 蓬勃而散 漫于天伏 以今上寵褒法侶恩霈禪林 仍賜諡澈鑒禪師 澄昭之塔矣 (『祖堂集』17 雙峯和尙道允)

고려　次杭州龍華寺釋靈照 本高麗國人也 重譯而來 學其祖法 入乎閩越 得心於雪峰 苦志叅陪 以節儉勤于衆務 號照布納焉 千衆畏服 而言語似涉島夷 性介特以恬淡自持 初住齊雲山 次居越州鑑淸院 嘗秖對副使皮光業 語不相投 被擧擯徙龍興焉 及湖州太守錢公 造報慈院請住 禪徒翕然 吳會間僧捨三衣披五納者 不可勝計 忠獻王錢氏造龍華寺 迎取金華梁傅翕大士靈骨道具 寘于此寺樹塔 命照住持焉 終于此寺 遷塔大慈山之峯 (『宋高僧傳』13 習禪篇第三之六 晉永興永安院善靜傳(靈照))[583]

고려　晉靈照 高麗人 入中國 得心法於雪峯 不憚寒暑 服勤衆務 叢林畏敬之 稱照布納 始住婺之齊雲山 次遷越之鏡淸院 又遷杭之報慈寺 照在齊雲時 上堂良久 忽擧手視其衆曰 乞取些子 乞取些子 僧問 靈山會上法法相傳 未審齊雲將何分付 答不可爲汝荒却齊雲也 在鏡淸時 僧問 向上一路 千聖不傳 未審什麽人傳得 答千聖也疑我 問莫便是傳否 答晉帝斬嵇康 在報慈時 僧問 菩提樹下度衆生 如何是菩提樹 答大似苦楝樹 問爲什麽似苦楝樹 答素非良馬 何勞鞭影 後吳越忠獻王 迎金華傅翕大士靈骨道具 於元帥府供養 仍造龍華寺 樹塔以寘之 命付住持 終遷塔大慈山 (『新修科分六學僧傳』8 傳宗科 晉靈照)

869(己丑/신라 경문왕 9/발해 건황 12/唐 咸通 10/日本 貞觀 11)

신라　大師 法諱忠湛 俗姓金氏 其先鷄林冠族 兎郡宗枝△△島 以分榮託桑津而別派 遠祖多△△△△△△△△△△△△△△△△△△△△△△△△△△△△△△△陶 而不事王侯希賈誼而寧

---

8)에 경문대왕과 文懿皇后 큰 공주(진성왕)가 주관하여 석등을 건립한 내용을 기술한 것이고 7행에서 10행까지는 891년(진성왕 5)에 승려 入雲이 곡식 100석으로 烏乎比所里에 사는 公書와 俊休 두 사람의 논을 매입한 사실을 기술한 것이다.

582) 함통 1~9년은 860~868년까지이며 경문왕 861년부터 875년까지 재위하였다. 따라서 861년부터 868년까지 868년에 편제하였다.

583) 868년은 義存 雪峰禪師가 고향인 福建으로 돌아와 西禪寺를 세운 해이고 이듬해 雪峰山에 들어가 40여 년을 지냈으며 947년은 靈照가 입적한 해이다.

求祿位 所以考盤樂道 早攻莊列之書 招隱攀吟常 避市朝之譽 母於△△△△△△△△△△△△△△△△△△△△△△△△△△△△賢之子 豈無修聖善之心 感此靈 奇求生法胤以咸通十年正八月 一日誕生 (「興法寺眞空大師碑」)

신라 大師 尊稱璨幽 字道光 俗姓金氏 鷄林河南人也 孫孫著族 代代名家 尊祖淸規 敬宗芳蹟 刪而不記 遵釋宗矣 考諱容白虹英氣 丹穴奇姿 含霞綺之餘光 振霜鍾之雅韵 遂起家爲倉部郞中 無何 出爲長沙縣令 百里行春之化 花縣勝芬 九重向日之心 葵園著美 朝野因而倚賴 鄕閭所以瞻依 妣李氏 婦德聿修 母儀富有 夢有一神人 告之曰 願言 爲母爲子 爲佛爲孫 故託妙緣 敬敷慈化 以爲得殊夢 因有娠 愼出身文 奉行胎敎以咸通十年 龍集己丑 四月四日 誕生 (「高達寺元宗大師慧眞塔碑」)

신라 (六月十五日辛丑) 大宰府言 去月廿二日夜 新羅海賊 乘艦二艘 來博多津 掠奪豊前國年貢絹綿 卽時逃竄 發兵追·遂不獲賊 (『日本三代實錄』16 淸和紀)

신라 (秋七月二日戊午)是日 勅譴責大宰府司曰 諸國貢調使吏領將 一時共發 不可先後零疊離其群類 而令豊前一國獨先進發 亦弱姦人 乘餌虎口 遂使新羅寇盜 乘隙致侵掠 非唯亡失官物 兼亦損辱國威 求之往古 未有前聞 貽於後來 當無面目 雖云使人之可責抑亦府官之有怠 又或人言 盜賊逃去之日 海邊百姓五六人 冒死追戰 射傷二人 事若有實 寧非忠敬 而府司不申 何近掩善 又所禁之人 雖有嫌疑 緣是異那最思仁恕 宜停拷法 深加廉問 早從放却 (『日本三代實錄』16 淸和紀)

신라 秋七月 遣王子蘇判金胤等入唐 謝恩兼進奉馬二匹麩金一百兩銀二百兩牛黃十五兩人蔘一百斤大花魚牙錦一十匹小花魚牙錦一十匹朝霞錦二十匹四十升白氎布四十匹三十升紵衫段四十匹四尺五寸頭髮百五十兩三尺五寸頭髮三百兩金釵頭五色綦帶并班胷各一十條鷹金鏁鏇子并紛鎝紅幍二十副新様鷹金鏁鏇子紛鎝五色幍三十副鷹銀鏁鏇子紛鎝紅幍二十副新様鷹銀鏁鏇子紛鎝五色幍三十副鷂子金鏁鏇子紛鎝紅幍二十副新様鷂子金鏁鏇子紛鎝五色幍三十副鷂子銀鏁鏇子紛鎝紅幍二十副新様鷂子銀鏁鏇子紛鎝五色幍三十副金花鷹鎝鈴子二百顆金花鷂子鈴子二百顆金鏤鷹尾筒五十雙金鏤鷂子尾筒五十雙銀鏤鷹尾筒五十雙銀鏤鷂子尾筒五十雙繫鷹緋纈皮一百雙繫鷂子緋纈皮一百雙瑟瑟鈿金針筒三十具金花銀針筒三十具針一千五百 又遣學生李同等三人 随進奉使金胤入唐習業 仍賜買書銀三百兩 (『三國史記』11 新羅本紀 11)

신라 秋七月 遣王子蘇判金胤等如唐謝恩 兼進奉馬二匹 麩金一百兩 銀二百兩 牛黃十五兩人蔘一百斤 大花魚牙錦一十匹 小花魚牙錦一十匹 朝霞錦二十匹四十升 白氎布四十匹三十升 紵衫段四十匹四尺五寸 頭髮百五十兩三尺五寸 頭髮三百兩 金釵頭五色綦帶并班胷各一十條 鷹金鏁鏇子并紛鎝紅幍二十副 新様鷹金鏁鏇子紛鎝五色幍三十副鷹銀鏁鏇子紛鎝紅幍二十副 新様鷹銀鏁鏇子紛鎝五色幍三十副 鷂子金鏁鏇子紛鎝紅幍二十副 新様鷂子金鏁鏇子紛鎝五色幍三十副 鷂子銀鏁鏇子紛鎝紅幍二十副 新様鷂子銀鏁鏇子紛鎝五色幍三十副 金花鷹鈴二百顆 金花鷂子鈴二百顆 金鏤鷹尾筒五十雙金鏤鷂子尾筒五十雙 銀鏤鷹尾筒五十雙 銀鏤鷂子尾筒五十雙 繫鷹緋纈皮一百雙 繫鷂子緋纈皮一百雙 瑟瑟鈿金針筒三十具 金花銀針筒三十具 針一千五百 又遣學生李同等三人 與俱請入學習業 仍給買書銀三百兩 (『三國史節要』13)

신라 東國慧目山和尙 嗣章敬 師諱玄昱 俗姓金氏 東溟冠族 父諱廉均 官至兵部侍郞 妣朴氏 胎孕之際 夢得殊常 以貞元三年 五月五日誕生 纔有童心便知佛事 每汲水以供魚常聚沙而爲塔 年至壯齒 志願出家 旣持浮海之囊 遂落掩泥之髮 (…) (貞元) 九年 秋

解夏之始 忽告門人曰 我今歲內法緣當盡 爾等宜設無遮大會 以報百巖傳授之恩 終吾志也 十一月十四日中夜 忽尒山谷震動 鳥獸悲鳴 寺鍾擊而不響 三月十五日未曙 遽命侍者 撞無常鍾 脇席而終 亨年八十二 僧臘六十耳 (『祖堂集』17 慧目山和尙玄昱)

신라　(十月)廿六日庚戌 太政官論奏曰 刑部省斷罪文云 貞觀八年隱岐國浪人安曇福雄密告前守正六位上越智宿禰貞厚 與新羅人同謀反逆 遣使推之 福雄所告事是誣也 至是法官覆奏 福雄應反坐斬 但貞厚知部內有殺人者不擧刻 仍應官當者 詔 斬罪宜減一等處之遠流 自餘論之如法 (『日本三代實錄』16 淸和紀)

신라　(十二月五日戊子) 先是 大宰府言上 往者新羅海賊侵掠之日 差遣統領選士等 擬令追討 人皆懦弱 憚不肯行 於是調發俘囚 御以膽略 特張意氣 一以當千 今大鳥示其怪異龜筮告以兵寇 鴻臚中嶋館幷津廚等 離居別處 無備禦侮 若有非常 難以應猝 夷俘分居諸國 常事遊獦 徒免課役 多費官糧 請配置處分 以備不虞 分爲二番 番別百人 每月相替 交相驅役 其糧析者 諸國所擧夷俘析利稻之內 每國令運輸 以給其用 (…) (『日本三代實錄』16 淸和紀)

신라　太政官符

應配置夷俘備警急事

右大宰府解偁 檢案內 警固官符先後重疊 回玆簡練士馬 愼備非常 爰新羅海賊侵掠之日 △遣統領選士等 擬令追討之時 其性懦弱豊 皆有憚氣 仍調發俘囚衛以征略 意氣激怒 一以當千 今大鳥示恠異 龜筮告兵氣 加以鴻臚中嶋館幷津廚等 離居別處 無備禦侮 若有非常 誰以應響 彼夷俘等 分居諸國 常事遊獦 徒免課役 多費官粮 望請配置要所 以備不虞 分爲二番 番別百人 (…)

貞觀十一年十二月五日 (『類聚三代格』18 夷俘幷外蕃人事)

신라　(十二月)十四日丁酉 遣使者於伊勢大神宮奉幣 告文曰 天皇[我]詔旨[止] (…) 去六月以來 大宰府度度言上[多良久] 新羅賊舟二艘筑前國那珂郡[乃] 荒津[爾] 到來[天] 豊前國[乃]貢調船[乃]絹綿[乎]掠奪[天]逃退[多利] 又廳樓兵庫等上[爾]依有大鳥之恠[天]卜求[爾]隣國[乃]兵革之事可在[止]卜申[利] (…) 然間[爾]陸奧國又異常 奈留 地震之災言上[多利]自餘國國[毛]又頗有件災[止]言上[多利] 傳聞 彼新羅人[波] 我日本國 [止]久[岐] 世時[與利] 相敵[美]來[多利] 而今入來境內[天] 奪取調物[利天] 無懼沮之氣 量其意況 [爾] 兵寇之萌自此而生 [加] 我朝久無軍旅 [久] 專忘警備 [多利] 兵亂之事尤可愼恐 然我日本朝 [波] 所謂神明之國 [奈利] 神明之助護 [利] 賜 [波] 何 [乃] 兵寇 [加] 可近來[岐] 況掛[毛] 畏[岐] 皇大神 [波] 我朝[乃] 大祖 [止] 御座[天] 食國[乃]天下[乎] 照賜[比] 護賜[利] 然則他國異類[乃] 加侮致亂 [倍岐] 事[乎] 何 [曾] 聞食 [天] 警賜 [比] 拒却 [介] 賜 [波須] 在[牟] (…) (『日本三代實錄』16 淸和紀)

신라　(十二月)十七日庚子 去夏 新羅海賊掠奪貢綿 又有大鳥 集大宰府廳事幷門樓兵庫上 神祇官陰陽寮言 當有隣境兵寇 肥後國風水 陸奧國地震 損傷廨舍 沒溺黎元 是日 勅命五畿七道諸國 班幣境內諸神 豫防後害 (『日本三代實錄』16 淸和紀)

신라　(十二月)廿八日辛亥 遣從五位上守右近衛少將兼行大宰權少貳坂上大宿禰瀧守於大宰府 鎭護警固 (…) (『日本三代實錄』16 淸和紀)

신라　(十二月)廿九日壬子 遣使者於石淸水神社奉幣 告文曰 天皇[我]詔旨[爾]坐 掛畏[岐]石淸水[乃]皇大神[乃]廣前[爾] 恐[美]恐[美毛]申給[止]申[止]申[久] 去六月以來 大宰府度

度言上[良久] 新羅賊舟二艘 筑前國那珂郡[乃]荒津[爾]到來[天] 豊前國貢調船[乃]絹綿[乎]掠奪[天]逃退[太利] 又廳樓兵庫等上[爾] 依有大鳥之怪[天] 卜求[爾] 隣國[乃]兵革之事可在[止]卜申[利] 又肥後國[爾]地震風水[乃]災有[天] 舍宅悉仆顚[利] 人民多流亡[太利] 如此之災[比]古來未聞[止] 故老等[毛]申[止]言上[太利] 然間[爾] 陸奧國又異常[奈留]地震之災言上[太利] 自餘國國[毛] 又頗有件災[止]言上[多利] 傳聞 彼新羅人[波]我日本朝[止]久[岐]世時[與利]相敵[比]來[多り] 而今入來境內[天] 奪取調物[利] 無懼沮之氣 量其意況[爾] 兵寇之萌自此而生[加] 我朝久無軍旅[天]專忘警備[多り] 兵亂之事尤可愼恐 然我日本朝[波]所謂神明之國[奈利] 神明之護賜[波] 何[乃]兵寇[加]可近來[岐] 況掛[毛]畏[岐]皇大神[波] 我朝[乃]大祖[止]御座[天] 食國[乃]天下[乎]護賜[比]助賜[布] 然則他國異類[乃]加侮致亂[倍岐]事[乎] 何聞食[天]驚賜[比]拒却[介]賜[須]在[牟](…) (『日本三代實錄』16 淸和紀)

신라 儇天和尙 新羅僧到叅 方展坐具擬禮拜 師捉住云 未發本國時 道取一句 其僧無語 師便推出云 問伊一句便道兩句 (『景德傳燈錄』14 吉州靑原山行思禪師第三世潭州大川和尙法嗣)[584]

870(庚寅/신라 경문왕 10/발해 건황 13 현석 1/唐 咸通 11/日本 貞觀 12)

신라 (二月)十二日甲午 先是 大宰府言 對馬嶋下縣郡人卜部乙屎麻呂 爲捕鸕鷀鳥 向新羅境 乙屎麻爲新羅國所執 縛囚禁土獄 乙屎麿呂見彼國挽運材木 搆作大船 擊鼓吹角簡士習兵 乙屎麿竊問防援人 答曰 爲伐取對馬嶋也 乙屎麿脫禁出獄 纔得逃歸 是日勅 彼府去年夏言 大鳥集于兵庫樓上 決之卜筮 當夏隣兵 因玆 頒幣轉經 豫攘災眚如聞 新羅商船時時到彼 縱託事買販 來爲侵暴 若無其備 恐同慢藏 況新羅凶賊心懷覬覦 不收蠆尾 將行毒신출자 須令緣海諸郡特愼警固 又下知因幡 伯耆 出雲 石見隱岐等國 修守禦之具焉 (『日本三代實錄』17 淸和紀)

신라 (二月)十五日丁酉 勅遣從五位下行主殿權助大中臣朝臣國雄 奉幣八幡大菩薩宮 及香椎廟 宗像大神 甘南備神 告文曰 天皇[我]詔旨[爾]坐 掛畏[支]八幡大菩薩[乃]廣前[爾]申賜[倍止]申[久] 去年六月以來 大宰府度度言上[多良久] 新羅賊船二艘 筑前國那珂郡[乃]荒津[爾]到來[天] 豊前國[乃]貢調船[乃]絹綿[乎]掠奪[天]逃退[太利] 又廳樓兵庫等上[爾] 依有大鳥之怪[天]卜求[爾] 隣國[乃]兵革之事可在[止]卜申[利] 又肥後國[爾]地震風水[乃]災在[天] 舍宅悉仆顚[利]人民多流亡[多利] 如此之災古來未聞[止]故老等[毛]申[止]言上[多利] 然間[爾]陸奧國又異常[奈留]地震之災言上[太利] 自餘國國[毛]又頗有件災[止]言上[多利] 傳聞 彼新羅人[波] 我日本朝[止]久[支]世時[與利]相敵[比]來[多利] 而今入來境內[天] 奪取調物[天] 無懼憚之氣 量其意況[爾] 兵寇之萌自此而生[加] 我朝久無軍旅[天]專忘警備[多利] 兵亂之事尤可愼恐 然我日本朝[波] 所謂神明之國[奈利] 神明之助護賜[波] 何[乃]兵寇[加]可近來[支] 況掛[毛]畏[岐]大菩薩[波] 我朝[乃]顯祖[止]御座[天] 食國[乃]天下護賜[比]助賜[布] 然則他國異類[乃]加侮致亂[倍岐]事[乎] 何聞食[天]驚賜[比]拒却[介]賜[波須]在[牟] (…) 又曰 天皇[我]詔旨[爾]坐 掛畏[岐]香椎廟[乃]廣前[爾]申賜[倍止]申[久] 去年六月以來 大宰府度度言上[多良久] 新羅賊船二艘 筑前國那珂郡[乃]荒津[爾]到來[天] 豊前國[乃]貢調船[乃]絹綿[乎]掠奪[天]逃退[多利] 又廳樓兵庫等上[爾] 依有大鳥之怪[天] 卜求[爾] 隣國[乃]兵革之事可在[止]卜申[利] 又肥後國[爾]地震風水[乃]災在[天] 舍宅悉仆顚[利] 人民多流亡[多利] 如此之

584) 新羅僧 到叅은 靑原 行思禪師 門下의 行寂을 말한다. 行寂은 唐 懿宗 咸通11年(870)경에 入唐하였고 僖宗 光啟元年(885)에 新羅로 귀국하였다고 한다. 後梁 貞明2年(916) 85세의 나이로 入寂하였다.

災[比] 古來未聞[止] 故老等[毛]申[止]言上[多利] 然間[爾]陸奧國又異常[那留] 地震之災言上[多利] 自餘國國[毛] 又頗有件災[止]言上[多利] 傳聞 彼新羅人[波] 我日本朝[止] 久[岐]世時[與利]相敵[比]來[多利] 而今入來境內[天] 奪取調物[利天] 無懼沮之氣 量其意況[爾] 兵寇之萌自此而生[加] 我朝久無軍旅[天] 專忘警備[多利] 兵亂之事尤可愼恐 然我日本朝[波]所謂神明之國[奈利] 神明之助護[利]賜[波] 何兵寇[可]可近來[岐] 況亦彼新羅人[乃]相敵[比]來[禮利介留]事[波] 掛畏[岐]御廟[乃]威德[爾]依[天]降伏訖賜[天] 若干[乃]代時[乎]歷來[太利] 而今如此[爾]狎侮氣色[乎]露出事[波] 寅是御廟[乃]聞驚[岐]怒恚[利]賜[倍岐]物[奈利] (…) 又曰 天皇[我]詔旨[止]掛畏[岐]宗像大神[乃]廣前[爾]申賜[倍止]申 去年六月以來 大宰府度度言上[多良久] 新羅賊船二艘 筑前國那珂郡[乃]荒津[爾]到來[天] 豊前國[乃]貢調船[乃]絹綿[乎]掠奪[天]逃退[太利] 又廳樓兵庫等上[爾]依有大鳥之怪[天]卜求[爾] 隣國[乃]兵革之事可在[止]卜申[利] 又肥後國[爾]地震風水之災在[天] 舍宅悉仆顚[利] 人民多流亡[多利] 如此之災[比]古來未聞[止] 古老等[毛]申[止]言上[多利] 然間[爾] 陸奧國又異常[那留]地震之災言上[多利] 自餘國國[毛] 又頗有件災[止]言上[多利] 傳聞 彼新羅人[波] 我日本朝[止]久[岐]世時[與利]相敵[比]來[多利] 而今入來境內[天] 奪取調物[利天] 無懼沮之氣 量其意況[爾] 兵寇之萌自此而生[加] 我朝久無軍旅[天]專忘警備[多利] 兵亂之事尤可愼恐 然我日本朝[波]所謂神明之國[那利] 神明[乃]助護[利]賜[波] 何[乃]兵寇[加]可近來[岐] 亦我皇太神[波] 掛[毛]畏[岐]大帶日姬[乃] 彼新羅人[乎]降伏賜時[爾] 相共加力[倍]賜[天] 我朝[乎]救賜[比]守賜[奈利] 而今如此[爾]狎侮氣色[乎]露出事[乎波] 寅是皇太神[乃]聞驚[岐]怒恚[利]賜[倍岐]物[奈利] (…) 又曰 天皇[我]詔旨[止]甘南備神[乃]廣前[爾]申賜[倍止]申[久] 去年六月以來 大宰府度度言上[多良久]新羅賊船二艘 筑前國那珂郡[乃]荒津[爾]到來[天] 豊前國貢調船[乃]絹綿[乎]掠奪逃退[多利] 又廳樓兵庫等上[爾] 依有大鳥之怪[天]卜求[爾] 隣國[乃]兵革之事可在[止]卜申[利止]言上[多利] 件事[毛]思[保之]熱[可比]憂歎[岐]御坐[之]間[爾] 又言上[多良久] 新羅寇賊調兵裝船[天] 我朝之地[乎]掠侵[爾]將來[須止] 皇神[乃]託宣在[利] (…) 又遣使於諸山陵 告可禦新羅寇賊之狀 叄議正四位下行皇太后宮大夫藤原朝臣良世 從五位上行下野權守紀朝臣有常 告深草山陵 叄議正四位下行右衛門督兼讚岐權守源朝臣生 右兵庫頭從五位下久賀朝臣三常告田邑山陵 叄議正四位下行右兵衛督源朝臣勤 侍從從五位下藤原朝臣高範告楯列山陵 告文准八幡大菩薩宮 (『日本三代實錄』17 淸和紀)

신라 (二月廿日壬寅) 勅大宰府 令新羅人潤淸 宣堅等卅人及元來居止管內之輩 水陸兩道給食馬入京 先是彼府言 新羅凶賊掠奪貢綿 以潤淸等處之嫌疑 禁其臣奏之 太政官處分 殊加仁恩 給糧放還 潤淸等不得順風 無由歸發其國 對馬嶋司進新羅消息日記 幷彼國流來七人 府須依例給糧放却 但蕞爾新羅 凶毒狼戾 亦迺者對馬嶋人卜部乙屎麿 被禁彼國 脫獄遁歸 說彼練習兵士之狀 若彼疑洩語 爲伺氣色差遣七人 詐稱流來歟 凡垂仁放還 尋常之事 挾姦往來 當加誅僇 加之 潤淸等久事交關 僑寄此地 能候物色 知我無備 令放歸於彼 示弱於敵 旣乖安不忘危之意 又從來居住管內者 亦復有數 此輩皆外似歸化 內懷逆謀 若有來侵 必爲內應 請准天長元年八月廿日格旨 不論新舊 併遷陸奧之空地 絶其覬覦之姦心 從之 (『日本三代實錄』17 淸和紀)

신라 春二月 遣沙飡金因入唐宿衛 (『三國史記』11 新羅本紀 11)
신라 春二月 遣沙飡金因如唐宿衛 (『三國史節要』13)

신라 夏四月 京都地震 (『三國史記』11 新羅本紀 11)
신라 夏四月 京都地震 (『三國史節要』13)

신라 太政官符
應以權史生鴈高松雄遷補弩師事
右得出雲國解偁 謹案太政官去二月十二日下當道符偁 得大宰府解偁 大鳥集于兵庫樓上 訪之卜筮 當有隣國兵事者 如聞新羅商船 時時到着 假令託事商賈 來爲侵暴 忽無其備 恐同慢藏 右大臣宣 奉勅 (…)
貞觀十二年五月十九日 (『類聚三代格』5 加減諸國官員幷廢置事)

신라 五月 王妃卒 (『三國史記』11 新羅本紀 11)
신라 五月 王妃薨 (『三國史節要』13)

신라 (一) 造塔時 咸通十一年庚寅五月日 (「寶林寺北塔誌」)[585]
(二) 時 凝王 卽位 十年矣 (「寶林寺北塔誌」)[586]
(三) 所由者 憲王 往生 慶造之塔 (「寶林寺北塔誌」)[587]
(四) 西原部 小尹 奈末 金遂宗聞奏 奉 勅伯士及干 珎鈕(「寶林寺北塔誌」)[588]

신라 (六月)十三日甲午 先是 大宰府言 肥前國杵嶋郡兵庫震動 鼓鳴二聲 決之蓍龜 可警隣兵 是日 勅令筑前肥前壹岐對馬等國嶋 戒愼不虞 又言 所禁新羅人潤淸等卅人 其中七人逃竄 (『日本三代實錄』18 淸和紀)

신라 秋七月 大水 (『三國史記』11 新羅本紀 11)
신라 秋七月 大水 (『三國史節要』13)

신라 (八月)廿八日戊申 先是 對馬嶋言 境近新羅 動恣侵掠 旣無其師 弩機何用 絶域孤嶋誰救警急 迺者有聞 彼國寇賊 學劍習戰 若不豫備 恐難應卒 望請置弩師一員 勅 大宰府簡擇其人 補任置之 立爲恒例 (『日本三代實錄』18 淸和紀)

신라 (九月)十五日甲子 遣新羅人廿人 配置諸國 淸倍 鳥昌 南卷 安長 全連五人於武藏國 僧香嵩沙彌傳僧 關解 元昌 卷才五人於上總國 潤淸 果才 甘叄 長焉 才長 眞平張淸 大存 倍陳連 哀十 人於陸奧國 勅 潤淸等處於彼國人掠取貢綿之嫌疑 須加重譴以肅後來 然肆眚宥過 先王之義典 宜特加優恤 安置彼國沃壤之地 令得穩便 給口分田營種析 幷須其等事一依先例 至于種蒔秋獲 竝給公糧 僧沙彌等安置有供定額寺 令其供給 路次諸國 竝給食馬隨身雜物 充人夫運送 勤存仁恕 莫致窘苦 太政官宣[久] 新羅人大宰府[乃]貢綿[乎]盜取[禮利]潤淸等廿人同[久]此疑[爾]處[世利] 須[久波]其由[乎]責勘[天] 法[乃]任[爾]罪[奈倍]給[倍久]有[禮止毛]罪[乎]免[之]給[比] 身[乎]矜給[比天] 安[可留ヘ支]所[止]量給[天]淸倍等五人[乎波]武藏國[爾]元昌等五人[乎波]上總國[爾]潤淸等十人[乎波]陸奧國[爾]退給[波久止]宣 潤淸長焉眞平等才長於造瓦 預陸奧國修理府析造瓦事 令長其道者相從傳習 (…) (『日本三代實錄』18 淸和紀)

---

585) 탑의 조성 연대는 870년(경문왕 10)이며 경문왕이 선왕인 헌안왕을 위하여 건립한 것으로 탑지에 기록되어 있다.
586) 탑의 조성 연대는 870년(경문왕 10)이며 경문왕이 선왕인 헌안왕을 위하여 건립한 것으로 탑지에 기록되어 있다.
587) 탑의 조성 연대는 870년(경문왕 10)이며 경문왕이 선왕인 헌안왕을 위하여 건립한 것으로 탑지에 기록되어 있다.
588) 탑의 조성 연대는 870년(경문왕 10)이며 경문왕이 선왕인 헌안왕을 위하여 건립한 것으로 탑지에 기록되어 있다.

신라　(十一月)十三日辛酉 筑後權史生正七位上佐伯宿禰眞繼奉進新羅國牒 卽告大宰少貳從五位下藤原朝臣元利萬侶與新羅國王通謀欲害國家 禁眞繼身付檢非違使 (『日本三代實錄』18 淸和紀)

신라　(十一月十七日乙丑) 勅大宰府 追禁少貳藤原朝臣元利萬侶 前主工上家人 浪人請原宗繼 中臣年麿 興世有年等五人 以從五位下行大內記安倍朝臣興行 爲遣大宰府推問密告使 判官一人 主典一人 (『日本三代實錄』18 淸和紀)

신라　冬 無雪 國人多疫 (『三國史記』11 新羅本紀 11)
신라　冬 無雪 多疫 (『三國史節要』13)

신라　咸通十二祀庚寅 立塔 大順二祀 辛亥 十一月日 沾記 內宮 舍利七枚?在白(「寶林寺南塔誌」 표면)[589]

신라　大師法諱利嚴 俗姓金氏 其先雞林人也 考其國史 實星漢之苗 遠祖世道淩夷 斯廬多難 偶隨萍梗 流落熊川 父章 深愛雲泉 因寓富城之野 故大師生於蘇泰 相表多奇 所以竹馬之年 終無△△ (「廣照寺眞澈大師碑」)[590]

신라　咸通△年 贈太師景文大王 以在山別赴 降趺急從 一日八角堂 請敎禪同異 對曰 深宮自有千迷道 △△終無 迺張△禪 階△如書 王心悅悟 爾先雲還踰 △長從出岫 相見竝加改 時惠成大王 爲家德損 於克諧謨 △△益發 △乘△路 (「實相寺秀澈和尙楞伽寶月塔碑」)[591]

발해　(虔晃) 死 玄錫立 (『新唐書』219 列傳 144 北狄 渤海)

871(辛卯/신라 경문왕 11/발해 현석 2/唐 咸通 12/日本 貞觀 13)

신라　春正月 王命有司 改造皇龍寺塔 (『三國史記』11 新羅本紀 11)
신라　春正月 命有司 改造皇龍寺塔 (『三國史節要』13)

신라　二月 重修月上樓 (『三國史記』11 新羅本紀 11)
신라　二月 修月上樓 (『三國史節要』13)

신라　大師 法諱慶猷 俗姓張氏 其先南陽冠族 大漢宗枝 遠祖偶涉鯨波 來棲兎郡 以△未生師知禮樂 聰明 侍△孔聞許△ 老△學道 守道奉公 終身從事 母孟氏 嘗於假寐 忽得禎祥 驚覺之時 自知有娠 常修淨念 便斷葷辛 以咸通十二年 四月十一日 誕生 (「五龍寺法鏡大師碑」)

신라　逮贈太師先大王卽位 欽重如先朝志 而日加厚焉 ▨所施爲 必馳問然後擧 咸通十二年秋 飛鵠頭書 以傳召曰 山林何親 城邑何疎 大師謂生徒曰 遽命伯宗 深慙遠公 然道之將行也 時乎不可失 念付囑 故吾其往矣 欻爾至轂下 及見 先大王冕服拜爲師 君夫

589) 탑의 조성 연대는 870년(경문왕 10)이며 경문왕이 선왕인 헌안왕을 위하여 건립한 것으로 탑지에 기록되어 있다.
590) 진철대사 이엄은 870년에 태어났다.
591) 경문왕대(861~869)에 서울에 가서 팔각당에서 敎禪 同異에 답변하였다.

人 世子 旣太弟相國[追奉尊謚惠成大王]群公子公孫 環仰如一 一如古伽藍糸貴壁面寫出西方諸國長侍勃陀樣式 上曰 弟子不佞 小好屬文 嘗覽劉勰文心 有語云 滯有守無 徒銳偏解 欲詣眞源 其般若之絶境 則境之絶者 或可聞乎 大師對曰 境旣絶矣 理無矣 斯印也 黙行爾 上曰 寡人固請少進 爰命徒中錚錚者 更手撞擊 舂容盡聲 剖滯祛煩 若商飇之劃陰靄然 於是 上大喜 懊見大師晩 曰 恭己南面 司南南宗 舜何人哉 余何人也 旣出 卿相延迓 與謀不暇 士庶趍承 欲去不能 自是 國人皆認衣珠 隣叟罷窺廡玉焉 俄苦樊致中 卽亡去 上知不可强 迺降芝檢 以尙州深妙寺不遠京 請禪那別館 謝辭不獲 往居之 一日必葺 儼若化城 (「聖住寺郎慧和尙白月葆光塔碑」)

발해 (十二月十一日壬子) 渤海國入覲使楊成規等百五人 着加賀國岸 (『日本三代實錄』 20 淸和紀)

발해 十二月十一日壬子 渤海國入覲使成規等百五人 著加賀國岸 (『類聚國史』 194 殊俗部 渤海 下)

신라 今上卽位十一年 咸通辛卯歲 恨其△傾 乃命親弟 上宰相伊干魏弘 爲△臣 寺主惠興爲聞僧及脩監典 其人△大統政法和尙大德賢亮 大統兼政法和尙大德普緣 康州輔重阿干堅其等道俗 以其年八月十二日 始廢舊造新[鐫字臣小連全] 其中更依無垢淨經置小石塔九十九軀 每軀納舍利一枚 陀羅尼四種 經一卷 卷上安舍利一具 於鐵盤之上 (「皇龍寺九層木塔刹柱本記」)[592]

신라 生而能言 弱不好弄 年登九歲 志切離塵 父母 不阻所求 便令削染 往無量壽寺 投住宗法師 初讀雜華 屢經槐柳 所貴半年誦百千偈 一日敵三十夫 (「菩提寺大鏡大師塔碑」)[593]

872(壬辰/신라 경문왕 12/발해 현석 3/唐 咸通 13/日本 貞觀 14)

발해 (春正月)六日丁丑 以正六位上行少內記菅原朝臣道眞 從六位下行直講美努連淸名爲存問渤海客使 園池正正六位上春日朝臣宅成爲通事(『日本三代實錄』 21 淸和紀)

발해 正月六日丁丑 以正六位上 行少內記管原朝臣道眞 從六位下 行直講美努連淸名爲存問渤海客使 園池正 正六位上春日朝臣宅成爲通事 (『類聚國史』 194 殊俗部 渤海 下)

발해 (春正月)廿日辛卯 是月 京邑咳逆病發 死亡者衆 人間言 渤海客來 異土毒氣之令然焉 是日 大秡於建禮門前以厭之 (『日本三代實錄』 21 淸和紀)

발해 (春正月)廿六日丁酉 以正六位下行少外記大春日朝臣安守爲存問渤海客使 以少內記菅原朝臣道眞丁母憂去職也 (『日本三代實錄』 21 淸和紀)

발해 (正月)廿六日丁酉 以正六位下 行少外記大春日朝臣安守爲存問渤海客使 以少內記管原朝臣道眞丁母憂去職也 (『類聚國史』 194 殊俗部 渤海 下)

신라 春二月 親祀神宮 (『三國史記』 11 新羅本紀 11)

신라 春二月 親祀神宮 (『三國史節要』 13)

592) 황룡사구층목탑찰주본기는 872년(경문왕 12)에서 873년까지 황룡사 탑을 새로 수리하고 나서 그 경위를 작성한 것이다.

593) 대경대사 여엄은 862년에 태어났다. 9세되는 해는 871년이다.

발해 (三月)十四日甲申 詔存問渤海客使大春日朝臣安守 美努連淸名 竝兼領客使 (『日本三代實錄』21 淸和紀)

발해 三月十四日甲申 詔存問渤海客使大春日朝臣安守 美努連淸名並兼領客使 (『類聚國史』194 殊俗部 渤海 下)

발해 (三月)廿三日癸巳 今春以後 內外頻見怪異 由是 分遣使者諸神社奉幣 便於近社道場每社轉讀金剛船若經 (…) 石淸水社告文曰[云云] 又辭別[天]申 去年陰陽寮占申[久]就蕃客來[天]不祥之事可在[止]占申[世利] 今渤海客隨盈紀例[天]來朝[世利] 事不獲已國憲[止之天]可召 大菩薩此狀[乎毛]聞食[天]遠客參近[止毛] 神護之故[爾] 無事[久]矜賜[倍止]恐[美]恐[美毛]申賜[波久止]申 自餘社文一准此例 (『日本三代實錄』21 淸和紀)

발해 (三月)廿三日癸巳 今春以后 內外頻見怪異 由是分遣使者諸神社奉幣 便於近社道場每社轉讀金剛般若經 (…) 淸水社告文曰[云云] 又辭別[天] 去年陰陽寮占申[久] 就蕃客來[天] 不祥之事可在[止] 占申[世利] 今渤海客隨盈紀例天來朝[世利] 事不獲已國憲[止之天] 可召大菩薩此狀[乎毛] 聞食[天] 遠客參近[止毛] 紳護之故[爾] 無事[久] 矜賜[陪止] 恐[美] 恐[美毛] 申賜[波久止] 申 自餘社文一准此例 (『類聚國史』194 殊俗部 渤海 下) (『類聚國史』194 殊俗部 渤海 下)

발해 (夏四月)十三日壬子 存問渤海客使少外記大春日朝臣安守等開大使楊成規所齎啓牒函詰問違例之由問答狀 及記錄安守等向加賀國途中消息 馳驛奏上 (『日本三代實錄』21 淸和紀)

발해 四月十三日壬子 存問渤海客使 少外記大春日安守等開大使楊成規所 賚啓牒函 詰問違例之由 問答狀及記錄安守等向加賀國途中消息 馳驛奏上 (『類聚國史』194 殊俗部 渤海 下)

발해 (夏四月)十六日乙卯 以正六位上行少內記都宿禰言道 正六位上行式部少丞平朝臣季長爲掌渤海客使 常陸少掾從七位上多治眞人守善 文章生從八位下菅野朝臣惟肖 爲領歸鄕渤海客使 (『日本三代實錄』21 淸和紀)

발해 (四月)十六日乙卯 以正六位上 行少內記都宿禰言道 正六位上 行式部少丞平朝臣季長爲掌渤海客使 常陸少掾 從七位上多治眞人守善 文章生 從八位下管朝臣惟肖爲領歸鄕渤海客使 (『類聚國史』194 殊俗部 渤海 下)

신라 夏四月 京師地震 (『三國史記』11 新羅本紀 11)

신라 夏四月 京師地震 (『三國史節要』13)

발해 (五月)七日丙子 掌渤海客使少內記都宿禰言道自修解文 請官裁稱 姓名相配 其義乃美若非佳令 何示遠人 望請改名良香 以逐穩便 依請許之 (『日本三代實錄』21 淸和紀)

발해 (五月)十五日甲申 勅遣從位上守右近衛少將藤原朝臣山陰 到山城國宇治郡山科村 郊迎勞渤海客 領客使大春日朝臣安守等 與郊勞使 共引渤海國入覲大使政堂省左允正四品慰軍上鎭將軍賜紫金魚袋楊成規 副使右猛賁衛少將正五品賜紫金魚袋李興晟等廿人入京 安置鴻臚館 右京人左官掌從八位上狛人氏守賜姓直道宿禰 氏守爲人長大 容儀可觀 權爲玄蕃屬 向鴻臚官 供讌饗送迎之事 故隨氏守申請 聽改姓 其先 高麗國人也 (『日本三代實錄』21 淸和紀)

발해 五月十五日甲申 敕遣從五位上 守右近衛少將藤原朝臣山陰 到山城國宇治郡山科村郊

迎勞渤海客 領客使大春日 [朝臣]安守等與郊勞使共引渤海國入覲 大使 政堂省左允正四品慰軍大將軍.上鎭將軍.賜紫金魚袋楊成規 副使 右猛賁衛少將正五品賜紫金魚袋李興晟等二十人人京 安置鴻臚館 (『類聚國史』194 殊俗部 渤海 下)

발해 (五月)十七日丙戌 勅遣正五位下行右馬頭在原朝臣業平向鴻臚館 勞問渤海客 是日賜客徒時服 (『日本三代實錄』21 淸和紀)

발해 (五月)十七日丙戌 敕遣正五位下 行右馬頭在原朝臣業平向鴻臚館 勞問渤海客 是日賜客徒時服 (『類聚國史』194 殊俗部 渤海 下)

발해 (五月)十八日丁亥 勅遣左近衛中將從四位下兼行備中權守源朝臣舒 向鴻臚館 檢領楊成規等所齎渤海國王啓及信物 啓云 玄錫啓 季秋極冷 伏惟 天皇起居萬福 卽此玄錫蒙恩 肇自建邦 常與貴國 通使傳命 阻年寄音 久要之情 至今彌厚 玄錫繼先祖之遺烈 修舊典之餘風 盈紀感心 善隣顧義 爰授使節 仍令聘覲 伏冀 天皇俯矜遠客 准例入都 幸甚幸甚 限以滄波 不獲拜伏 下情無任惶懼 謹差正堂省左允楊成規 奉啓起居 不宣 謹啓 中臺省牒曰 牒 奉處分 天涯路阻 日域程遙 常限紀以修和 亦期年而繼好 隣交有節 使命無愆 音耗相通 歲月長久 今者星霜易變 雲物屢移 一紀已盈 實當聘覲 所以仰據前典 逈斟舊規 向日寄情 發星軺之一使 占風泛葉 踰渤澥之闊波 萬里途程 寸心所指 往復雖邈 欽慕良深 謹差政堂省左允楊成規 令赴貴國 尋修前好 宜准狀牒上 日本國太政官者 謹錄牒上 謹牒 其信物大蟲皮七張豹皮六張熊皮七張蜜五斛 (『日本三代實錄』21 淸和紀)

발해 (五月)十八日丁亥 敕遣左近衛中將 從四位下兼行備中權守源朝臣舒向鴻臚館 檢領楊成規等所賫渤海國王啓及信物 啓 (…) 中台省牒曰 (…) 其信物 大蟲皮七張 豹皮六張 能皮七張 蜜五斛 (『類聚國史』194 殊俗部 渤海 下)

발해 (五月)十九日戊子 勅遣叅議正四位下行左大弁兼勘解由長官近江權守大江朝臣音人向鴻臚館 賜渤海國使 授位階告身 詔命曰 天皇詔旨[良萬止] 勅命[乎]客[倍]衆聞食[止]宣 國[乃]王楊成規等[乎]差[天]進度[志天] 天皇[我]朝廷[乎]拜奉[留]事[乎]矜賜[比]慈賜[比天] 冠位上賜[比]治賜[布] 然常[都]例[波] 大宮[乃]內爾]召天]治賜介理] 此廻思女須]大心大坐麻須爾]依[天奈毛] 使[乎]遣[天]治賜[波久止]勅天皇[我]大命[乎]聞食[止]宣[布] 大使已下相共拜舞 訖授大使楊成規從三位 副使李興晨從四位下 判官李周慶 賀王眞竝正五位下 錄事高福成·高觀·李孝信竝從五位上 品官以下幷首領等授位各有等級 及天文生以上隨位階各賜朝服 去年陰陽寮占曰 就蕃客來朝 可有不祥之徵 由是不引見 自鴻臚館放還焉 (『日本三代實錄』21 淸和紀)

발해 (五月)十九日戊子 敕遣叅議 正四位下 行左大弁兼勘解由長官 近江權守大江朝臣音人向鴻臚館 賜渤海國使 授位階告身 詔命曰 天皇詔旨[良萬止] 敕命乎客[倍] 衆聞食[止] 宣國[乃] 王楊成規等[乎] 差[天] 進度[志天]天皇[我] 朝廷[乎] 拜奉[留] 事[乎] 矜賜[比] 慈賜[比天] 冠位上賜[比] 治賜[布] 然常[都] 例[波] 大宮[乃] 內[爾] 召[天] 治賜[介利] 此回思[女須] 大心大坐[麻須爾] 衣[天奈毛] 使[乎] 遣[天] 治賜[波久止] 敕天皇[我] 大命[乎] 聞命[止] 宣[布] 大使己下相共拜訖 授大使楊成規從三位 副使楊興晟 從四位下 判官 李周慶賀王眞並正五位下 錄事高福成高觀李孝信並從五位上 品官以下並首領等授位各有等級 及天文生以上 隨位階各賜朝服 去年 陰陽寮占曰 就蕃客來朝 可有不祥之徵 由是不引見 自鴻臚館放還焉 (『類聚國史』194 殊俗部 渤海 下]

발해 (五月)廿日己丑 內藏寮與渤海客 廻易貨物 (『日本三代實錄』21 淸和紀)

발해 (五月)廿日己丑 內藏寮與渤海客 回易貨物 (『類聚國史』194 殊俗部 渤海 下]

발해	(五月)廿一日庚寅 廳京師人與渤海客交開 (『日本三代實錄』21 淸和紀)
발해	(五月)廿一日庚寅 聽京師人與渤海客交關 (『類聚國史』194 殊俗部 渤海 下]
발해	(五月)廿二日辛卯 聽諸市人與客徒私相市易 是日 官錢卌萬賜渤海國使等 乃喚集市廛人 賣與客徒此間土物 以前筑後少目從七位上伊勢朝臣興房 爲領歸鄕客使通事 (『日本三代實錄』21 淸和紀)
발해	(五月)廿二日辛卯 聽諸市人與客徒私相市易 是日 官錢三十萬賜渤海國使等 乃喚集市廛人 賣與客徒此間土物 以前築后少目 從七位上伊勢朝臣興房 爲領歸鄕客使通事 (『類聚國史』194 殊俗部 渤海 下)
발해	(五月)廿三日壬辰 勅遣大學頭從五位上兼行文章博士阿波介巨勢朝臣文雄 文章得業生越前大掾從七位下藤原朝臣佐世於鴻臚館 饗讌渤海國使 宣詔曰 客人[倍波]常[都]例[波大宮[乃]內[爾]召[天]饗賜[比]音樂賜[比介利] 而[乎]思[女須]大心大坐[爾]依[天奈毛]使[乎遣[天]大物賜[布] 客人[倍]此狀[乎]悟[天] 安[良可爾]侍食[余止]勅大命[乎]聞食[止]宣 觴行數周 客主淵醉 賜客徒祿各有差 (『日本三代實錄』21 淸和紀)
발해	(五月)廿三日壬辰 勅遣大學頭從五位上兼行文章博士阿波介巨勢朝臣文雄 文章得業生越前大掾從七位下藤原朝臣佐世於鴻臚館 饗讌渤海國使 宣詔曰 客人[倍波]常[都]例[波大宮[乃]內[爾]召[天]饗賜[比]音樂賜[比介利] 而[乎]思[女須]大心大坐[爾]依[天奈毛]使[乎遣[天]大物賜[布] 客人[倍]此狀[乎]悟[天] 安[良可爾]侍食[余止]勅大命[乎]聞食[止]宣 觴行數周 客主淵醉 賜客徒祿各有差 (『類聚國史』194 殊俗部 渤海 下)
발해	(五月)廿四日癸巳 大使楊成規從掌客使 請私以壤奠 將奉獻天皇及皇太子 掌客使奏狀有詔許之 內裏東京賽物有數 是日 勅 遣民部少甫兼東宮學士從五位下橘朝臣廣相賜客徒曲宴 遣兵部少輔從五位下兼行下野權介高階眞人令範賜御衣 客主具醉 興成賦時 (『日本三代實錄』21 淸和紀)
발해	(五月)廿四日癸巳 大使楊成規從掌客使請 私以壤奠 將奉獻天皇及皇太子 掌客使奏狀有詔許之內裏東宮賽物有數 是日 勅遣民部少輔兼東宮學士 從五位下橘朝臣廣相賜客徒曲宴 遣兵部少輔 從五位下兼行下野權介高階眞人令范賜御衣 客主具醉 興成賦時 (『類聚國史』194 殊俗部 渤海 下)
발해	(五月)廿五日甲午 勅遣參議右大弁從四位上兼行讚岐守藤原朝臣家宗 從四位上行右近衛中將兼行阿波守源朝臣興 從六位下守大內記大江朝臣公跨於鴻臚館 賜勅書 從五位上行少納言兼侍從和氣朝臣彛範 正五位下守右中弁藤原朝臣良近 左大史正六位上大春日朝臣安守 付太政官牒 大使已下再拜舞蹈 大使楊成規膝行而進 北向跪受 勅書太政官牒函 勅書曰 天皇敬問渤海國王 成規等至 省啓昭然 惟王家之急 繕粉澤施治坤性之貞 凝丹靑守信 風猷不墜 景式猶全 相襲舊基於居城 靡欺先紀於行棹 言其篤義 來覲旣脩 贈以翔仁 放歸如速 數千里之波浪 雖有邊涯 十二廻之寒暄 豈促圭晷苟謂拘禮 誰爲隔疎 德也不孤 夢想君子而已 國信附廻 到宜檢受 梅熟 王及境局 小大無恙 略懷遣此 何必煩多 太政官牒曰 日本國太政官 牒渤海國中臺省 得中臺省牒稱 奉處分 天涯路阻 日域程遙 常限紀以修和 亦期年而繼好 隣交有節 使命無愆 音耗相通 歲月長久 今者星霜易變 雲物屢移 一紀已盈 實當聘覲 謹差政堂省左允楊成規 令赴貴國者 官具狀奏請 奉勅曰 成規等翹情紫闥織路滄溟 守我朝章 修其國禮 善隣之款 允屬寢興 宜准前規使申舊好者 准勅處分 及期却廻 附璽書幷國信 至宜領之今以狀牒送 牒到准狀 故牒 是日 領歸鄕客使多治眞人守善等引客徒出館 大使楊成規

跪言 成規等覲聘禮畢 歸本土去 今差天使 令其領送 成規等瞻望丹闕 涕泗盈矜 仰戀之誠 中心無限 臨別 掌客使都良香相遮館門 擧觴而進 (『日本三代實錄』21 淸和紀)

발해 (五月)廿五日甲午 勅遣叅議 右大弁 從四位上兼行讃岐守藤原朝臣家宗 從四位上 行近衛中將兼行阿波守源朝臣興 從六位下守大內記江朝臣公干 於鴻臚館 賜勅書 從五位上 行少納言兼侍從和氣朝臣彛范 正五位下 守右中弁藤原朝臣良近 左大史 正六位上大春日朝臣安守付太政官牒 大使已下再拜舞蹈 大使楊成規膝行而進 北向跪受勅書太政官牒函 勅書曰 云云 太政官牒曰 云云 是日 領歸鄕客使多治眞人守善等引客徒出館 大使楊成規跪言 成規等覩聘禮畢 歸本土[去] 今差天使令其領送 成規等瞻望丹闕 涕泗盈衿 仰戀之誠 中心無限 臨別 掌客使都良香相遮館門擧觴而進 (『類聚國史』194 殊俗部 渤海 下)

발해 (五月)廿七日庚寅 先是 大宰府言 去三月十一日 不知何許人 舶二艘載六十人 漂着薩摩國甑嶋郡 言語難通 問答何用 其首崔宗佐 大陳潤等自書曰 宗佐等 渤海國人 彼國王差入大唐 賀平徐州 海路浪險 漂盪至此 國司推驗事意 不賫公驗 所書年紀 亦復相違 疑是新羅人 僞稱渤海人 來竊窺邊境歟 領將二舶 向府之間 一舶得風 飛帆逃遁是日 勅 渤海遠蕃歸順於我 新羅蕞爾久挾禍心 宜令府國官司 審加推勘 實是渤海人者 須加慰勞充糧發歸 若新羅凶黨者 全禁其身言上 兼令管內諸國 重愼警守 (『日本三代實錄』23 淸和紀)

신라 秋八月 國內州郡 蝗害穀 (『三國史記』11 新羅本紀 11)

신라 秋八月 國內州郡 蝗害穀 (『三國史節要』13)

신라 武州 桐裏山 大安寺 寂忍禪師 碑頌 幷序

入唐謝恩 兼宿衛 判官 翰林郎 臣 崔賀 奉敎撰

夫鍾也者 叩之聲之聞之 可能定慮 鏡也者 磨之光之照之 足以辨形 以物之無情 猶妙用若此 矧伊夙植間 氣生蘊靈願 心非妄心 行是眞行 空中說有 色際知空 方淨六塵自超十地 所體大於虛空之大 所量深於瀚海之深 神通也 不可以識識 智慧也 不可以知知者乎 卽禪師其人也 禪師諱慧徹 字體空 俗姓朴氏 京師人也 其先少耽洙泗之迹長習老莊之言 得喪不關於心 名利全忘於世 或憑高眺遠 或染翰吟懷而已 祖高尙其事不歷公門 於朔州善谷縣閑居 則太白山南 烟嵐相接 左松右石 一琴一樽 與身相親之人也 娠禪師之初 母氏得夢 有一胡僧 儀形肅雅 衣法服執香爐 徐徐行來坐寢榻 母氏訝而復異 因玆而覺曰 必得持法之者 當爲國師矣 禪師自襁褓已來 凡有擧措 異於常流 至如喧戱之中不喧 安靜之處自靜 觸羶腥則嘔血 見屠殺則傷情 遇坐結跏 禮人合掌 尋寺繞佛 唱梵學僧 冥符宿業 斷可知之矣 年當志學 出家止于浮石山 聽華嚴 有五行之聰 罔有半字三餘之學 何究本經 以爲鉤深索隱 豈吾所能墻仞所窺 不可不說於是編文織意 積成券軸 決囊代之膏肓 袪群學之蒙昧 同輩謂曰 昨爲切磋之友 今作誘進之師 眞釋門之顔子也 洎二十二受大戒也 一日前夢 見五色珠 令人可重 忽在懷袖之中 占曰 我已得戒珠矣 受戒初 飄風 天 扶搖不散 下壇了恬然而靜 十師謂曰 此沙彌感應奇之又奇也 旣統具戒 修心潔行 念重浮囊 持律獲生 身輕繫草 不以諸緣損法 不以外境亂眞 旣律且禪緇流之龜鏡也 竊念 佛本無佛 强以立名 我本無我 未嘗有物 見性之了是了 喩法之空非空 黙黙之心是心 寂寂之慧是慧 筌蹄之外理則 必然頃得司南是也 仍嘆曰 本師遺敎 海隔桑田 諸祖微言 地無郢匠 乃以元和九載 秋八月駕言西邁也 時也 天不違乎至誠 人莫奪其壯志 千尋水上 秦橋迢遞 而變換炎凉 萬仞山邊 禹足胼胝 而犯冒霜雪 步無他往詣龔公山地藏大師 卽第六祖付法於懷讓 傳道一一傳大師也 大師開如來藏 得菩薩心 久坐西堂 多方誨爾來我者 略以萬計 莫非知十

之學 禪師曰 某生緣外國 問路天地 不遠中華 故來請益 儻他日 無說之說 無法之法 流於海表 幸斯足也 大師知志旣堅 稟性最悟 一識如舊 密傳心印 於是 禪師已得赤水所遺 靈臺豁爾 如大虛之寥廓也 夫夷夏語乖 機要理隱 非伐柯執斧 孰能與於此乎 未幾西堂終 乃虛舟莫留 孤雲獨逝 天南地北 形影相隨 所歷名山靈境 略而不載也 到西州浮沙寺 披尋大藏經 日夕專精 孑刻無廢 不枕不席 至于三年 文無奧而未窮 理無隱而不達 或黙思章句 歷歷在心焉 以違親歲積 宣法心深 遂言歸君子之鄕 直截乾城之浪 開成四祀 春二月 方到國也 是日君臣同喜 里閈相賀曰 當時璧去 山谷無人 今日珠還 川原得寶 能仁妙旨 達摩圓宗 盡在此矣 譬諸夫子自衛反魯也 遂於武州管內 雙峰蘭若結夏 時遭陽亢 山枯川渴 不獨不雨 亦無片雲 州司懇求於禪師 師入靜室 爇名香 上感下祈 小間甘澤微微而下 當州內原濕 滂沱旣而大有 又尸理嶽黙契 谷忽有野火 四合欲燒庵舍 非人力之所救 亦無路以可逃 師端坐黙念之中 白雨暴下 撲滅盡之 渾山燎而一室獨存 嘗住天台山國淸寺 預知有禍 拂衣而去 人莫知其由 不久擧寺染疾死者十數 入唐初 與罪徒同舡 到取城郡 郡監知之 枷禁推得疑 禪師不言黑白 亦同下獄 監具申奏 准敎斬三十餘人 訖次當禪師 師顔容怡悅 不似罪人 自就刑所 監不忍便殺 尋有後命 而幷釋放 唯禪師獨免 如此寂用 不可思不可得也 其回天駐日 縮地移山禪師亦不病諸盖 以和光同塵 不欲有聲矣 谷城郡東南有山 曰此桐裏 中有舍 名曰大安 其寺也 千峰掩映 一水澄流 路⺀絶而塵侶到稀 境幽邃而僧徒住靜 龍神呈之瑞異 蟲蛇遁其毒形 松暗雲深 夏凉冬燠 斯三韓勝地也 禪師攜錫來遊 乃有懸車之意 爰開敎化之場 用納資稟之客 漸頓雲集於四禪之室 賢愚景附於八定之門 縱有波旬之儻 梵志之徒 安得不歸於正見 悟吠堯之非 斯乃復羅浮之古 作曹溪之今也哉 文聖大王聞之謂現多身於象末 頻賜書慰問 兼所住寺四外 許立禁殺之幢 仍遣使問理國之要 禪師上封事若干條 皆時政之急務 王甚嘉焉 其裨益朝廷 王侯致禮 亦不可勝言也 時春秋七十有七 咸通二年 春二月六日 無疾坐化 支體不散 神色如常 卽以八日 安厝於寺松峰起石浮屠之也 嗚獻 色相本空 去來常寂 不視生滅 濟度凡迷 前諸未度 忽失前緣 已得後度 須達理者 以爲報盡形謝而痛惜哉 於焉輟斤絶絃也 終前三往所尸山北 而令伐杉樹 大可四圍 曰 有人死則 將此作函子葬之 歸於寺壁上敎畵函子圖 因告生徒曰 萬物春生秋死 我則反之 已後不得與汝輩說禪味道矣 屬纊之初 野獸悲號 山谷盡動 鴉集雀聚 盡有哀聲 近浮圖有一株松 靑蔥 茂 山內絶倫 從開隧後 春夏白秋冬黃 永有吊傷之色也 上聞禪師始末之事 慮年代久而其跡塵昧 以登極八年 夏六月日 降綸旨碑斯文以鏡將來 仍賜諡曰寂忍 名塔曰照輪淸淨 則聖朝之恩遇足矣 禪師之景行備矣其詞曰 唯我大覺兮現多身 性本空寂兮用日新 旣律且禪兮無我人 高山仰止兮莫與隣寶月常圓兮照圓津 福河澄流兮蕩六塵 漸頓如雲兮未爲賓 語黙隨根兮永珠眞 雨撲山火兮救昆珍 時患魃旱兮感龍神 非罪臨刑兮後命臻 預⺀禍殃兮及無因 遷化忽諸兮夭大椿 門徒百其兮血染巾 賜諡寂忍兮塔照輪 斯恩永世兮何萬春

中舍人 臣 克一 奉敎書

咸通十三年 歲次壬辰 八月十四日立 沙門幸宗

碑末 福田數 法席 時在福田四十 常行神衆法席 本定別法席無 本傳 食二千九百三十九石四斗二升五合 例食 布施燈油無 田畓柴 田畓幷四百九十四結三十九負 坐地三結下院代四結七十二負 柴一百四十三結 荳原地 鹽盆四十三結 奴婢 奴十名 婢十三口(「大安寺寂忍禪師照輪淸淨塔碑」)594)

신라 皇龍寺刹柱本紀

侍讀 右軍大監兼省公 臣 朴居勿 奉敎撰

594) 이 탑비는 경문왕 12년(872)에 건립되었는데 경문왕은 왕 8년(868)에 立碑의 윤지를 내렸다.

詳夫 皇龍寺九層塔者 善德大王代之所建也 昔有善宗郞 眞骨貴人也 少好殺生 放鷹擊雉 雉出淚而泣 感此發心 請出家入道 法號慈藏 大王卽位七年 大唐貞觀十二年 我國仁平五年戊戌歲 隨我使神通 入於西國 王之十二年 癸卯歲 欲歸本國 頂辭南山圓香禪師 禪師謂曰 吾以觀心 觀公之國 皇龍寺 建九層窣堵波 海東諸國 渾降汝國 慈藏持語而還 以聞 乃命 監君 伊干龍樹 大匠[百]濟阿[非]等 率小匠二百人 造斯塔焉(鐫字僧聰惠) 其十四年歲次乙巳 始構建 四月△△ 立刹柱 明年乃畢功 鐵盤已上 高[七][步] 已下高卅步三尺 果合三韓 以爲△△ 君臣安樂 至今賴之 歷一百九十△△ 旣于文聖大王之代 △△旣久 向東北傾 國家恐墜擬 將改△ △致衆材 三十餘年 其未改構 今上卽位十一年 咸通辛卯歲 恨其△傾 乃命親弟 上宰相伊干魏弘 爲△臣 寺主惠興 爲聞僧及脩監典 其人△大統政法和尙大德賢亮 大統兼政法和尙大德普緣 康州輔重阿干堅其等道俗 以其年八月十二日 始廢舊造新 (鐫字臣小連全) 其中更依無垢淨經置小石塔九十九軀 每軀納舍利一枚 陀羅尼四種 經一卷 卷上安舍利一具 於鐵盤之上明年七月 九層畢功 雖然刹柱不動 上慮柱本舍利如何 令臣伊干承旨 取壬辰年十一月六日 率群僚而往 專令擧柱觀之 礎臼之中 有金銀高座 於其上 安舍利琉璃甁 其爲物也 不可思議 唯無年月事由記 廿五日還 依舊置 又加安舍利一百枚 法舍利二種 專命記題事由 略記始建之源 改作之故 以示萬劫 表後迷矣

咸通十三年 歲次壬辰 十一月 廿五日記

崇文臺郞 兼春宮 中事省臣 姚克一 奉敎書[鐫字助博士臣連全]

成典

監脩成塔事 守兵部令 平章事 伊干 臣 金魏弘

上堂 前兵部大監 阿干 臣 金李臣

倉部卿 一吉干 臣 金丹書

赤位 大奈麻 臣 新金賢雄

青位 奈麻 臣 新金平矜奈麻 臣 金宗猷

奈麻 臣 金歆善大舍 臣 金愼行

黃位 大舍 臣 金兢會大舍 臣 金勛幸

大舍 臣 金審卷大舍 臣 金公立

道監典

前國統 僧惠興

前大統政法和尙 大德賢亮

前大統政法和尙 大德普緣

大統 僧談裕

政法和尙 僧神解

普門寺上座 僧隱田

當寺上座 僧允如

僧榮梵僧良嵩僧然訓僧昕芳

僧溫融

維那 僧勛筆僧咸解僧立宗僧秀林

俗監典

浿江鎭都護重阿干 臣 金堅其

執事侍郞 阿干 臣 金八元

內省卿 沙干 臣 金咸熙

臨關郡太守 沙干 臣 金昱榮

松岳郡太守 大奈麻 臣 金鎰

當寺大維那 僧香△ 僧△△ 僧元强

當寺都維那 僧△△
感恩寺都維那 僧芳另 僧連嵩
維那 僧達摩 僧△△ 僧賢義 僧良秀 僧教日 僧珍嵩 僧又宗 僧孝淸 僧允皎 僧△△ 僧嵩惠 僧善裕 僧△△ 僧△△ 僧聰惠 僧春△ [△舍利 臣忠賢] (「皇龍寺九層木塔刹柱本記」)595)

신라 又有姚克一者 仕至侍中兼侍書學士 筆力遒勁 得歐陽率更法 雖不及生 亦奇品也 (『三國史記』 48 列傳 8)

신라 十有九 受具足戒 旣而草繫興懷蓬飄託跡 何勞跋涉 卽事巡遊 訪名山而仰止高山 探△△而 終尋絶境 或問曰 大師 雖備遊此土 遍謁玄關 而巡歷他方 須叅碩彦 大師答曰 自達摩付法 惠可傳心 禪宗所以東流 學者何由西去 貧道已△△目 方接芳塵 豈料捨筏之心 猶軫乘桴之志 文德初歲 乾寧末年 先宴坐於松溪 學人雨聚 暫栖遲於雪嶽 禪客風馳 何往不臧 曷維其已 (「鳳林寺眞鏡大師寶月凌空塔碑」) 596)

신라 大師 初放蓬矢之日 雙柱絶倫 將辭襁褓之季 三亭轉麗 遨(以下缺)遊而居定有方 禮度而顚沛無墜 扇枕之令譽 早著鄕閭 搥灰之捷詞 夙馳遐邇 春秋纔當八歲 有志三歸 遽告二親 願別蝸門 要投禪教 父母益爲 鞠養倍(以下缺)前 猶是縈紆 未能允許 大師潛然曰 出家脩道 利益不無 直饒翁子之錦衣 定勝山僧之毳衲 哀鳴重沓諮告再三 深認盛情 固難橫奪 登時一諾 明日辭膝下(以下缺) 步而雲遊四海 行駐唯伴弧影 炎涼倏歷數年 自此 周迴跋涉於遼東 迤邐遠詣於桐裏 叅覲和尙 頫相面目顧眄形容 數日後 侍奉上方 和尙曰 (以下缺) 古語 心專石可穿 志切泉俄涌 道非身外 卽佛在心 宿習者覺於刹那 蒙昧者滯在萬刧 如來說諭 爲精鈍則再語 爲根利則略言 汝身好看 心在吾說也 汝自(以下缺) 於伽耶岬新藪 受具後 但繫心猿 無縱意馬 戒甁方挈 油不欹不偏志於書宵 綱砥心於瞬息 不戶不牖見大道 不崑不海得神珠 芳聲旣震於四 法侶遠自於八表(以下缺) 法祖 西堂傳於徹 徹傳於先師如 如傳於吾師 卽西堂曾孫也 大師傳法化於西堂 郤不勞於西學 割世緣於東城 眞△實際本空(以下缺) 善誘於東人 學無學之宗 終資祇夜 師無師之旨 必籍修多 遂使弄一心者 大信一音 纏九結者 漸海九業 多多方便而引導 輕輕威力而折摧 化緣周於鯷岑 蹤(以下缺)跡徧於桃野 不忘其本 卻歸故山 纔經兩宵 忽有山賊入寺 擬刼衣物 直到上方 大師遻然而無鋈 不動禪座 被威鋒之 辞惡扶慧刃之降魔 賊徒無(以下缺)獻 衝突大師 自無罪過言訖 禮拜走數 見此模樣不免思惟 至夜化夢 有一戰將 入於殿內 見勿它那 七軀末座 向大師書(以下缺)是量忍兩字而已 睡覺驚訝 起來盥嗽 端坐偶言曰 也大奇 也大奇 白日狐疑了 不料淸宵蝶夢成 古人有言 一忍得長樂者 一忍住世久好 重忍兩字 豈徒然(以下缺)哉 大師因此 永獲安禪久居僧寺 △△△△△△△△ 黃波△如而洞達禪源 超然聖言 離聲色裏出是非關 衲子盈(以下缺)門 慕義投仁 雲趍霧聚 叅禪學道 虛屆實歸 (「大安寺廣慈大師碑」)597)

신라 淼淼萬餘里 扁舟發落暉. 滄溟何歲別 白首此時歸. 寒暑途中變 人煙嶺外稀. 驚天巨鰲鬪 一作起 蔽日大鵬飛. 雪入行砂屨 雲生坐石衣. 漢風深習得 休恨本心違 (『全唐詩』 9函 1冊 姚鵠 送僧歸新羅)598)

595) 황룡사구층목탑찰주본기는 872년(경덕왕 12)에서 873년까지 황룡사 탑을 새로 수리하고 나서 그 경위를 작성한 것이다.
596) 대사는 872년 19세에 구족계를 받았다.
597) 대사는 함통 5년 864년에 태어났다. 그의 나이 8세는 872년이다.
598) 姚鵠의 생몰년은 알 수 없지만, 872년까지 활동한 기록은 있다. 따라서 872년에 편제하였다.

873(癸巳/신라 경문왕 13/발해 현석 4/唐 咸通 14/日本 貞觀 15)

신라 春 民饑且疫 王發使賑救(『三國史記』11 新羅本紀 11)

신라 春 民饑且疫 發使賑救 (『三國史節要』13)

발해 五月廿七日庚寅 先是 大宰府言 去三月十一日 不知何許人 舶二艘載六十人 漂着薩摩國甑島郡 言語難通 問答何用 其首崔宗佐.大陳潤等自書曰 宗佐等 渤海國人 彼國王差入大唐 賀平徐州 海路浪險 漂盪至此 國司推驗事意 不齎公驗 所書年紀 亦復相違 疑是新羅人 僞稱渤海人 來竊窺邊境歟 領將二舶 向府之間 一舶得風 飛帆逃遁 是日 勅 渤海遠蕃歸順於我 新羅蕞爾久挾禍心 宜令府國官司 審加推勘 實是渤海人者 須加慰勞充粮發歸 若新羅凶黨者 全禁其身言上 兼令管內諸國 重愼警守 (『日本三代實錄』24 淸和紀)

신라 (六月)廿一日甲寅 武藏國司言 新羅人金連 安長 淸信等三人逃隱 不知在所 令京畿七道諸國搜捕金連等 貞觀十二年 自大宰府所遷配也 (『日本三代實錄』24 淸和紀)

발해 (秋七月八日庚午) 先是 大宰府馳驛言 渤海國人崔宗佐門孫宰孫等漂着肥後國天草郡 遣大唐通事 張建忠覆問事由 審實情狀 是渤海國入唐之使 去三月着薩摩國 逃去之一艦也 仍奉進宗佐等日記 幷所齎蠟封函子 雜封書 弓劍等 是日 勅討覈宗佐等申狀 知是渤海人 亦其表函牒書 印封官銜等 讐校先來入覲在此間者 符合如一 崔宗佐等旣非伺隙之姦寇 可謂善隣之使臣 其飄泊艱澁 誠當矜恤 宜令在所支濟衣糧 所上蠟封函子 雜封書等 全其印封 莫煩披閱 亦其隨身雜物 秋毫不犯 皆悉還與 其所乘二舶 設有破損 勤加繕修 足以淩波 早得好去 但宗佐等 彼國名官之人 盍知我朝之相善 然則飄着之日 須露情實以望恩濟 而飛帆逃亡 還似姦賊 非我仁恕 何免重誅 宜責以過契 俾悔其非 (『日本三代實錄』24 淸和紀)

발해 七月八日庚午 先是 大宰府馳驛言 渤海國人崔宗佐 門孫宰等漂着肥後國天草郡 遣大唐通事張建思復問事由 審實情狀 是渤海國入唐之使 去三月着薩擊國逃去之一艦也 仍奉進宗佐等日記 幷所賫蠟封函子 雜封書 弓劒等 是日 勅討復宗佐等申狀 知是渤海人 亦其表函 牒書 印封 官御等讎校先來入覲 在此間者 符合如一 崔宗佐等旣非伺隙之奸寇 可謂善隣之使臣 其飄泊難澀 誠當矜恤 宜令在所支濟衣粮 所上蠟封函子 雜封書等 全其印封 莫煩披閱 亦其隨身雜物 秋毫不犯 皆盡還與 其所乘二舶 設有破損 勤加繕修 足以淩波 早得好去 但宗佐等彼長名官之人 盍知我朝之相善 然則飄著之日 須露情實 以望恩濟 而飛帆逃亡 還似奸賊 非我仁恕 何免重誅 宜責以過契 俾悔其非 (『類聚國史』194 殊俗部 渤海 下)

신라 (九月)八日庚午 甲斐國言 新羅沙門傳僧 卷才二人 來寄山梨郡 傳僧等 貞觀十三年徒配上總國者也 仍令還着本處焉 (『日本三代實錄』24 淸和紀)

신라 秋九月 皇龍寺塔成九層 高二十二丈(『三國史記』11 新羅本紀 11)

신라 秋九月 皇龍寺塔成九層 高二十二丈 (『三國史節要』13)

신라 (十二月)十七日戊申 大宰府言 (…) 又府之備隣敵 其來自邈代 而去貞觀十一年新羅海賊竊窺間隙 掠奪貢綿 自斯遷運甲冑 安置鴻臚 差發俘囚 分番鎭戍 重復分置統領選士 備之警守 今所用糧米 每國有數 出納之事 非無句當 加以朝夕資給 米鹽多煩 仍差置書生驅仕等 計口給貧 結番宿直 (…) (『日本三代實錄』24 淸和紀)

신라 (十二月)廿二日癸丑 先是大宰府言 去九月廿五日 新羅人卅二人 乘一隻船 漂着對馬嶋岸 嶋司差加使者送府 卽禁其身 着鴻臚館 是日 勅曰 新羅人挾姦年久 凶毒未悛 疑亦流着之體 搆候隙之謀 宜重加搜檢 審覈情狀 早令放歸 (『日本三代實錄』24 淸和紀)

발해 咸通時 三朝獻 (『新唐書』219 列傳 144 北狄 渤海)599)

발해 [傳] 渤海本粟末靺鞨 及祚榮號震國王 (…) 大曆二十五 貞元四 元和十六 朝獻 (…) 會昌四 咸通三 初其王 數遣諸子 詣京師大學習 識古今制度 遂爲海東盛國[實錄 貞元十一年 二月乙巳 冊嵩鄰 爲渤海王][[志] 張建章渤海國記三卷] (『玉海』153 朝貢·外夷來朝·內附 唐渤海遣子入侍)

874(甲午/신라 경문왕 14/발해 현석 5/唐 咸通 15 乾符 1/日本 貞觀 16)

신라 春正月 上大等金正卒 以侍中魏珍爲上大等 藺興爲侍中 (『三國史記』11 新羅本紀 11)

신라 春正月 上大等金正卒 以侍中魏珍代之 藺興爲侍中 (『三國史節要』13)

고구려 (三月)廿三日壬午 是日 詔於貞觀寺 設大齋會 以賀道場新成也 以律師道昌爲導師 大僧都慧達爲呪願 延諸宗宿德僧百人以備威儀 雅樂寮唐高麗樂 大安寺林邑 興福寺天人等樂更奏 (『日本三代實錄』25 淸和紀)

신라 夏四月 唐僖宗降使宣諭 (『三國史記』11 新羅本紀 11)

신라 五月 伊湌近宗謀逆犯闕 出禁軍擊破之 近宗與其黨夜出城 追獲之車裂 (『三國史記』11 新羅本紀 11)

신라 五月 伊湌近宗謀逆 與其黨犯闕 禁軍出擊之 近宗兵敗 出城追獲轘之 (『三國史節要』13)

발해 (六月)四日庚申 先是渤海人宗宇佐等 五十六人漂着石見國 充給資糧 放還本鄕 (『日本三代實錄』25 淸和紀)

발해 (貞觀十六年) 六月 四日庚申 先是渤海人宗佐等五十六人漂著石見國 充給資粮於還本鄕 (『類聚國史』194 殊俗部 渤海 下)

신라 (八月)八日甲子 先是 大宰府上言 新羅人金四 金五等十二人 駕船一艘 漂着對馬嶋至是 勅府司問來由 早從放還 (『日本三代實錄』26 淸和紀)

신라 (九月)十四日己亥 檢非違使起請五條 (…) 其五應令橫刀之緖上下有別事 案士大夫服用之物 始自朝服 至于馬鞦 皆有其色 是則所以別上下辨尊卑也 而今橫刀之緖 上下相同 論之物情 理不當然 望請 五位已上同用唐組 六位已下竝用綺新羅組等 不令違越 行來時久 難可忽變 自來十一月新嘗會節 將加禁遏 有勅 依之 頒下所司 (『日本三代實錄』26 淸和紀)

599) 함통 연간은 860~873년까지이다. 따라서 873년에 편년하고 편제하였다.

신라　　秋九月 重修月正堂 (『三國史記』11 新羅本紀 11)
신라　　秋九月 修月正堂 (『三國史節要』13)

신라　　崔致遠在唐登科 (『三國史記』11 新羅本紀 11)
신라　　崔致遠 (…) 乾符元年 甲午 禮部侍郎裴瓚下 一擧及第 調授宣州溧水縣尉 考績爲承務郎侍御史內供奉 賜紫金魚袋 (『三國史記』46 列傳 6 崔致遠)[600]

신라　　咸通末 復往於雪山億聖(마멸) 成金殿與香榭 叅差琪樹共於松[601] 隱逆(마멸)於時譽雷於世 聖上聆風慕德(마멸)寤寐(마멸)禪扃 仍昇內筵 演苦空談妙 是乎 龍顔(마멸)以覩青天 後不逾旬而告辭 詔(마멸)餞路 (마멸) 上亦遣使 衛送至山 (「禪林院址弘覺禪師碑」)[602]

신라　　咸通十五年 受具足戒於當山修道院 旣而△△△山 維勤守夏 寧漏滿油之鉢 不虧浮海之囊 然則仰四依 願窮三藏 請業則都忘昏曉 披文則頓悟淺深 和尙謂曰 老僧離群索居 教所由廢 吾無餘勇 可賈汝曹 △△忽聽師言 不勝惆悵 便辭巖穴 尋涉路岐 以此偶屈禪廬 暫停飛盖 便是一納禪師之居 披霧之間 宛如舊識 及聞行止 深賜從容 此時北指雲岑 呼爲雪岳 中有海東先祖 △△大師 赤水探珠 佩西堂之印 青丘返璧 爲東土之師 渠爲後生 志蘊先哲 所以奉遵嚴命 得到陳田 所喜 親踏遺墟 禮其靈塔 追感眞師之影 永申弟子之儀 可謂尼父則師彼△△ 欽仁嚮德 孟軻則希於顔子 重義歸心者乎 是則有理能知 無師自悟 於是 栖遲道樹 偃仰禪林 先是 鄉僧恒秀禪師 早達海西 廣遊江表 問西堂大師曰 西堂之法 儻注東夷 △△休徵 可聞妙讖 大師對曰 義披蓬艾火盛於花 丘讖其運 萬叢自龢 然則追認聖文 著其師号 百年之後 四句遠傳 猶如羽客相逢 知有丹丘之字 △△一到 忽窺白日之銘 (「毘廬寺眞空大師普法塔碑」)

신라　　袁州仰山西塔 光穆禪師 (…) 新羅國順支禪師 (…) 袁州仰山東塔和尙[已上六人見錄]·洪州觀音常蠲大師 (…) 處州遂昌禪師[已上四人無機緣語句不錄] (『景德傳燈錄』12 懷讓禪師第五世·袁州仰山慧寂禪師法嗣一十人)[603]
신라　　新羅國順支禪師 新羅五觀山順支 本國號了悟大師 僧問 如何是西來意 師豎拂子 僧曰 莫遮箇便是 師放下拂子 問以字不成八字不是 是什麽字 師作圓相示之 有僧於師前 作五花圓相 師畫破 別作一圓相 (『景德傳燈錄』12 懷讓禪師第五世·袁州仰山慧寂禪師法嗣)[604]
신라　　五冠山瑞雲寺和尙 嗣仰山慧寂禪師 師諱順之 俗姓朴氏 浿江人也 (…) 乾符初 松岳郡女檀越元昌王后 及子威武大王 施五冠山龍嚴寺 便往居焉 今改瑞雲寺也 師有時表相現法 示徒證理遲疾 此中四對八相 (『祖堂集』20 瑞雲寺和尙順之)

해동　　次子遵誨 (…) 前年 主上龍飛 先帝晏駕 遠頒國命 達于海東 歸朝 加金印之榮 異域重皇華之使 (「曹氏夫人 墓誌銘」)[605]

---

600) 열전 내용은 874년 급제와 관련된 서술로 이루어져 있어 전체 내용을 874년으로 편년하고 편제하였지만 구체적으로는 876년 표수현위 제수 879년 승무랑시어사내봉공 882년 자금어대를 하사받았다.
601) 彩將으로도 읽는다.
602) 咸通 연간은 860~874년까지이다. 따라서 860~874년으로 기간편년하고 874년에 편제하였다.
603) 慧寂의 제자 順之를 말하며 順之는 唐 宣宗 大中 12年(858)에 入唐하였다.
604) 慧寂의 제자 順之를 가리키는 듯함. 順之는 唐 宣宗 大中 12年(858)에 入唐하였다.
605) 이 기사에는 연대 표기가 없으나 曹氏夫人은 875년에 사망하였고 그 전년이므로 874년으로 편년하였다. :『全唐文補遺』千唐誌齋新藏專輯

신라　　海東誰敵手 歸去道應孤 闕下傳新勢 船中覆舊圖 窮荒迴日月 積水載寰區 故國多年別 桑田復在無(『全唐詩』 10函 1册 張喬 送碁待詔朴球歸新羅)

신라　　山川心地內 一念卽千重 老別關中寺 禪[一作秋]歸海外峰 鳥行來有路 帆影去無蹤 幾夜波濤息 先聞本國鐘 (『全唐詩』 10函 1册 張喬 送僧雅覺歸東海)

신라　　東來此學禪 多病念佛緣 把錫離巖寺 收經上海船 落[一作捲]帆敲石火 宿島汲瓶泉 永向扶桑老 知無再少年 (『全唐詩』 10函 1册 張喬 送新羅僧)

신라　　天涯離二紀 闕下歷三朝 漲海雖然濶 歸帆不覺遙 驚波時失侶 擧火夜相招 來往尋遺事 秦皇有斷橋(『全唐詩』 10函 1册 張喬 送朴充侍御歸海東)[606]

신라　　東風日邊起 草木一時春 自笑中華路 年年送遠人 (『全唐詩』 10函 1册 張喬送人及第歸海東)

875(乙未/신라 경문왕 15 헌강왕 1/발해 현석 6/唐 乾符 2/日本 貞觀 17)

신라　　二月二十二日 始爲[607]中国[608]改年號 改爲乾符二年 (『三國史記』 31 年表 下)

신라　　春二月 京都及國東 地震 (『三國史記』 11 新羅本紀 11)

신라　　春二月 京都及國東 地震 (『三國史節要』 13)

신라　　(春二月) 星孛于東 二十日乃滅 (『三國史記』 11 新羅本紀 11)

신라　　(春二月) 有星孛于東 二十日乃滅 (『三國史節要』 13)

신라　　夏五月 龍見王宮井 湏臾雲霧四合飛去 (『三國史記』 11 新羅本紀 11)

신라　　夏五月 龍見王宮井 (『三國史節要』 13)

신라　　(…) 王之寢殿 每日暮無數衆虵俱集 宮人驚怖 將驅遣之 王曰 寡人若無虵不得安寢 冝無禁 每寢吐舌滿胷鋪之 乃登位 王耳忽長如驢耳 王后及宮人皆未知 唯幞頭匠一人知之 然生平不向人說 其人將死 入道林寺竹林中無人處 向竹唱云 吾君耳如驢耳 其後風吹 則竹聲云 吾君耳如驢耳 王惡之 乃伐竹而植山茱萸 風吹則但聲云 吾君耳長 [道林寺 舊在入都林邊] 國仙邀元郎 譽昕郎 桂元 叔宗郎等 遊覽金蘭 暗有為君主理邦國之意 乃作歌三首 使心弼舍知授針卷 送大炬和尚處 令作三歌 初名玄琴抱曲 第二大道曲 第三問羣曲 入奏於王 王大喜稱賞 歌未詳 (『三國遺事』 2 紀異 2 四十八 景文大王)

신라　　景文大王 以弘長養之深仁 慘空寂之釋典 遠聆禪德 思堅良△ △△△△△ △月 五日 遣觀榮法師 遠賞 金詔 慰勞山門 [illegible]月光寺 永令禪師主持 又一年 再廻 天睠 重降綸音 追錫恩波 遐宣 眷渥 茶△△△△△△來 世論爲榮 禪門增耀 (「月光寺圓朗禪師大寶禪光塔碑」)[609]

---

606) 張喬의 일생을 볼 때 박충은 당 무종 시기에 중국에 왔고 함통 연간(860~ 874)에 신라로 돌아갔다. 따라서 874년에 편제하였다.

607) 문맥 상 始知가 옳다.

608) 国은 國의 이체자이다.

609) 그 해는 정확하지 않으나, 경문왕의 861~875까지로 기간편년하고 875년에 편제하였다.

신라　　秋七月八日 王薨 謚曰景文 (『三國史記』11 新羅本紀 11)

신라　　景文王薨 憲康王晸即位元年 (『三國史記』31 年表 下)

신라　　秋七月 王夢 太子晸立 上諡曰景文 以伊湌魏弘爲上大等 大阿湌乂謙爲侍中 赦殊死已下 (『三國史節要』13)

신라　　憲康王立 諱晸 景文王之太子 母文懿王后 妃懿明夫人 王性聰敏 愛看書 目所一覽皆誦於口 即位 拜伊湌魏弘為上大等 大阿湌乂謙爲侍中 大赦内外殊死已下 (『三國史記』11 新羅本紀 11)[610]

신라　　王崩 諡曰景文 (『三國遺事』2 紀異 2 四十八景文大王)

신라　　第四十九憲康王[金氏 名晸 父景文王 母文資皇后 妃懿明夫人 一云義明王后 乙未立理十一年] (『三國遺事』1 王曆)

신라　　獻康大王 德峻妙齡 神清遠體 仰痛於寢門問豎 俯遵於翌室宅宗 滕文公盡禮居憂 終能克己 楚莊王俟時修政 其實驚人 矧復性襲華風 躬滋慧露 抗尊祖之義 激歸佛之誠 (「崇福寺碑」)

신라　　乾符二年 至成都俯巡謁 到靜衆精舍 禮無相大師影堂 大師 新羅人也 因謁寫眞 聞遺美 爲唐帝導師 玄宗之師 同鄉唯恨 異其時 後代所求 追其跡 企聞石霜慶諸和尚 啓如來之室 演迦葉之宗 道樹之陰 禪流所聚 大師 殷勤禮足 曲盡虔誠 仍栖方便之門 得摩尼之寶 俄而追遊衡岳 叅知識之禪居 遠至漕溪 禮祖師之寶塔 傍東山之遐秀 採六葉之遺芳 四遠叅尋 無方不到 (「太子寺郎空大師碑」)

876(丙申/신라 헌강왕 2/발해 현석 7/唐 乾符 3/日本 貞觀 18)

신라　　春二月 皇龍寺齋僧 設百高座講經 王親幸聽之 (『三國史記』11 新羅本紀 11)

신라　　春二月 幸皇龍寺齋僧 設百高座講經 (『三國史節要』13)

신라　　乾符三年春 先大王不預 命近侍曰 亟迎我大毉王來 使至 大師曰 山僧足及王門 一之謂甚 知我者 謂聖住爲無住 不知我者 謂无染爲有染乎 然顧與吾君有香火因緣 忉利之行有期矣 盍就一訣 復步至王居 設藥言 施箴戒 覺中愈 擧國異之 既踰月 獻康大王居翌室 泣命王孫勛榮諭旨 曰 孤幼遭閔凶 未能知政 致君奉佛言甫濟海人 與獨善其身 不同言也 幸大師無遠適所 唯所擇 對曰 古之師則六籍在 今之輔則三卿在 老山僧何爲者 坐蝗蠹桂玉哉 就有三言 庸可留獻 曰 能官人 翌日挈山裝鳥逝 自爾 騎置傳訊 影綴巖溪 遽人知往抵聖住 卽皆雀躍 叢手易轡 慮滯王程尺寸地 由是 騎常侍倫伍 得急宣爲輕擧 (「聖住寺郎慧和尚白月葆光塔碑」)

신라　　(三月)九日丁亥 叄議大宰權帥從三位在原朝臣行平起請二事 (…) 其二事 請合肥前國松浦郡庇羅値嘉兩鄉更建二郡號上近下近置値嘉嶋曰 (…) 今件二鄉 地勢曠遠 戶口殷阜 又土産所出 物多奇異 (…) 加之地居海中境隣異俗 大唐新羅人來者 本朝入唐使等莫不經歷此嶋 府頭人民申云 去貞觀十一年 新羅人掠奪貢船絹綿等日 其賊同經件嶋來 以此觀之 此地是當國樞轄之地 宜擇令長以愼防禦 又去年或人民等申云 唐人等必先到件嶋 多採香藥以加貨物 不令此間人民觀其物△ 又其海濱多奇石 或鍛練得銀 或琢磨似玉 唐人等好取其石 不曉土人 以此言之 不委以其人之幣 大都皆如此者也 望請 合件二鄉 更建二郡 號上近下近 便爲値嘉嶋 新置嶋司郡領 任土△貢 (…) (『日本三代實錄』28 清和紀)

---

610)『三國遺事』1 王曆 1 第四十九憲康王조에 따르면 “金氏 名晸 父景文王 母文資皇后 妃懿明夫人 一云義明王后 乙未立 理十一年”이라고 하였다.

元昌生四男 長曰龍建 後改隆 字文明 是爲世祖 貌魁偉美鬚髥 器度宏大 有幷呑三韓之志 嘗夢見一美人 約爲室家 後自松嶽 往永安城 道遇一女惟肖 遂與爲婚 不知所從來 故世號夢夫人 或云 以其爲三韓之母 遂姓韓氏 是爲威肅王后 世祖居松嶽舊第 有年又欲創新第於其南 卽延慶宮奉元殿基也 時桐裏山祖師道詵入唐 得一行地理法而還登白頭山 至鵠嶺 見世祖新構第曰 種穄之地 何種麻耶 言訖而去 夫人聞而以告 世祖倒屣追之 及見 如舊識 遂與登鵠嶺 究山水之脉 上觀天文 下察時數曰 此地脉 自壬方白頭山水母木幹來 落馬頭明堂 君又水命 宜從水之大數 作宇六六 爲三十六區 則符應天地之大數 明年必生聖子 宜名曰王建 因作實封 題其外云 謹奉書 百拜獻書于未來統合三韓之主大原君子足下 時唐僖宗乾符三年四月也 世祖從其言 築室以居 是月 威肅有娠 生太祖[閔漬編年 太祖年十七 道詵復至請見曰 足下應百六之運 生於天府名墟 三季蒼生 待君弘濟 因告以出師置陣 地利天時之法 望秩山川 感通保佑之理乾寧四年五月 世祖薨于金城郡 葬永安城江邊石窟 號曰昌陵 以威肅王后合葬 實錄顯宗十八年 加上世祖謚曰元烈 后曰惠思 高宗四十年 加世祖曰敏惠 后曰仁平]

李齊賢曰 金寬毅云 聖骨將軍虎景 生阿干康忠 康忠生居士寶育 是爲國祖元德大王寶育生女 配唐貴姓而生懿祖 懿祖生世祖 世祖生太祖 如其所言 唐貴姓者 於懿祖爲皇考 而寶育皇考之舅也 而稱爲國祖 何也

又言 太祖追尊三代祖考及其后妃 考爲世祖威武大王 母爲威肅王后 祖爲懿祖景康大王 祖母爲元昌王后 曾祖母爲貞和王后 曾祖母之父寶育 爲國祖元德大王云 略曾祖而書曾祖母之父 謂之三代祖考 何也 按王代宗族記云 國祖 太祖之曾祖也 貞和 國祖之妃也 聖源錄云 寶育聖人者 元德大王之外祖也 以此觀之 元德大王是唐貴姓者之子而於懿祖爲考也 貞和王后是寶育之外孫婦 而於懿祖爲妣也 其以寶育爲國祖元德大王者 誤矣

又曰 金寬毅云 懿祖得唐父所留弓矢 涉海而遠覲 然則其志深切矣 龍王問其所欲 卽求東歸 恐懿祖不如是也 聖源錄云 昕康大王[卽懿祖]之妻龍女者 平州人豆恩坫角干之女子也 則與寬毅所記者 異矣

又曰 金寬毅云 道詵見世祖松嶽南第曰 種穄之田而種麻也」穄之與王 方言相類 故太祖因姓王氏 父在而子改其姓 天下豈有是理乎 嗚呼 其謂我太祖爲之乎 且太祖逮世祖仕弓裔 裔之多疑忌 太祖無故 獨以王爲姓 豈非取禍之道乎 謹按王氏宗族記 國祖姓王氏 然則非至太祖 始姓王也 種穄之說 不亦誣哉 又云 懿祖·世祖諱下字 與太祖諱並同 金寬毅以開國之前 俗尙淳朴 意其或然 故書之 王代曆 懿祖通六藝 書與射 妙絶一時 世祖少蘊器局 有雄據三韓之志 豈不知祖考之名爲不可犯 而自以爲名 且以名其子乎? 况太祖創業垂統 動法先王 寧有不得已 而恬於非禮之名乎 竊謂新羅之時 其君稱麻立干 其臣稱阿干·大阿干 至於鄕里之民 例以干 連其名而呼之 盖相尊之辭也 阿干或作阿粲閼餐 以干粲餐三字 其聲相近也 懿祖·世祖諱下字 亦與干粲餐之聲爲相近乃所謂相尊之辭 連其名而呼之者之轉也 非其名也 太祖適以此字爲名 好事者遂附會而爲之說曰 三世一名 必王三韓 盖不足信也

論曰 載稽舊籍 同知樞密兵部尙書金永夫 徵仕郞檢校軍器監金寬毅 皆毅宗朝臣也 寬毅作編年通錄 永夫採而進之 其劄子亦曰 寬毅訪集諸家私蓄文書 其後 閔漬撰編年綱目 亦因寬毅之說 獨李齊賢援據宗族記·聖源錄 斥其傳訛之謬 齊賢一代名儒 豈無所見而輕有議於時君世系乎 其云肅宗·宣宗者 以唐書考之 則肅宗自幼 未嘗出閤 果如元學士之言矣 宣宗雖封光王 唐史無藩王就封之制 而其遭亂避禍之說 亦是禪錄雜記二說皆無所據 不足信也 況龍女之事 何其荒恠 若是之甚邪? 太祖實錄 乃政堂文學修國史黃周亮所撰也 周亮仕太祖孫顯宗之朝 太祖時事 耳目所及 其於追贈 據實書之 以貞和爲國祖之配 以爲三代 而略無一語及於世傳之說 寬毅乃毅宗時微官 且去太祖二百

六十餘年 豈可舍當時實錄 而信後代無稽雜出之書耶 竊觀北史 拓拔氏以爲軒轅之後 而神元皇帝天女所生 則其荒誕甚矣 且言 慕容氏爲慕二儀之德 繼三光之容 宇文氏爲出自炎帝 得皇帝玉璽 而其俗謂天子曰宇文 故因以爲氏 先儒譏之曰 其臣子從而爲之辭 以緣飾耳 嗚呼! 自古論人君世系者 類多恠異 而其間或有附會之說 則後之人 不能不致疑焉 今以實錄所載追贈三代爲正 而寬毅等說 亦世傳之久 故幷附云 (『高麗史』 高麗世系)

고려 初 世祖築室松嶽之南 僧道詵來憩門外樹下 嘆曰 此地當出聖人 世祖聞之 倒屣出迎 相與登松嶽 道詵俯察仰觀 就爲書一封 授世祖曰 公明年必得貴子 既長 可以與之 書秘 世莫知也 太祖年十七 道詵復至 請見曰 足下値百六之會 三季蒼生待公弘濟 因告以出師置陣地利天時之法 望秩山川感通保佑之理 (『高麗史節要』 1 太祖神聖大王)

신라 秋七月 遣使入唐貢方物 (『三國史記』 11 新羅本紀 11)

신라 秋七月 遣使如唐貢方物 (『三國史節要』 13)

신라 崔致遠 (…) 乾符元年 甲午 禮部侍郎裴瓚下 一擧及第 調授宣州溧水縣慰 考績爲承務郎侍御史內供奉 賜紫金魚袋 (『三國史記』 46 列傳 6 崔致遠)[611]

877(丁酉/신라 헌강왕 3/발해 현석 8/唐 乾符 4/日本 貞觀 19 元慶 1)

발해 (正月十六日戊子)是日 出雲國言 渤海國大使政堂省孔目官楊中遠等一百五人 去年十二月廿六日着岸 中遠申云 爲謝恩請使 差遣中遠等 兼獻方物 於嶋根郡安置供給 (『日本三代實錄』 30 陽成紀)

발해 正月十六日戊子 出雲國言 渤海國大使政堂省孔目官楊中遠等一百五人 去年十二月二十六日著岸 中遠申云 爲謝恩請使差遣中遠等兼獻方物 於島根郡安置供給 (『類聚國史』 194 殊俗部 渤海 下)

고려 春正月 我太祖大王 生於松岳郡 (『三國史記』 11 新羅本紀 11)

고려 후백제 태봉

太祖應運元明光烈大定睿德章孝威穆神聖大王 姓王氏 諱建 字若天 松嶽郡人 世祖長子 母曰威肅王后韓氏 唐乾符四年丁酉正月丙戌生於松嶽南第 神光紫氣 耀室充庭 竟日盤旋 狀若蛟龍 幼而聰明睿智 龍顔日角 方頤廣顙 氣度雄深 語音洪大 有濟世之量 時新羅政衰 群賊競起 甄萱叛據南州 稱後百濟 弓裔據高句麗之地 都鐵圓 國號泰封 (『高麗史』 1 世家1 ~~太祖1~~ 太祖 總序)

고려 諱建字若天 王氏 州松嶽郡人 金城太守隆之長子 母韓氏 以唐僖宗 乾符四年 新羅憲康王三年 丁酉正月十四日丙戌 生太祖於松嶽南第 神光紫氣 耀室充庭 竟日盤旋 狀若蛟龍 幼而聰明 龍顔日角 方頤廣顙 氣度雄深 語音洪大 寬厚有濟世之量 在位二十六年 壽六十七 (『高麗史節要』 1 太祖神聖大王)

발해 二月三日乙巳 以少外記正六位上大春日朝臣安名 前讚岐掾正八位下占部連月雄 爲存問渤海客使 園池正正六位上春日朝臣宅成爲通事 (『日本三代實錄』 30 陽成紀)

발해 二月三日乙巳 以少外記 正六位上大春日朝臣安名 前讚岐掾 正八位下占部連月雄 爲存問渤海客使 園池正 正六位上春日朝臣宅成爲通事 (『類聚國史』 194 殊俗部 渤海

611) 열전 내용은 874년 급제와 관련된 서술로 이루어져 있어 전체 내용을 874년으로 편년하고 편제하였지만 구체적으로는 876년 표수현위 제수 879년 승무랑시어사내봉공 882년 자금어대를 하사받았다.

下)

발해 (三月)十一日壬子 以存問渤海客使正六位上行少外記大春日朝臣安名 前讚岐掾正八位下占部連月雄 爲兼領客使 (『日本三代實錄』30 陽成紀)

발해 三月十一日壬子 以存問渤海客使 正六位上 行少外記大春日朝臣安名 前讚岐掾 正八位下占部連月雄爲兼領客使 (『類聚國史』194 殊俗部 渤海 下)

발해 (四月)十八日己丑 存問兼領渤海客使少外記大春日朝臣安名等 寫渤海國王啓幷中臺省牒 馳驛上奏 王啓曰 玄錫啓 季秋極凉 伏惟 天皇起居萬福 卽此玄錫蒙恩 迺者 使楊成規被差 入覲貴國 得達微誠 禮畢却返 璽書國信 無黴頓臻 捧受喜歡 感激之深 後年本國往唐國相般檢校官門孫宰等所乘船一隻 從風漂流 着貴國岸 天皇特垂恩念 仍與生成 別賜糧料 優賞竝蒙 △△生命 全還本國 實是善隣之救接 敦於當時 久要之情親 逢於今日 延領南望 伏深抃躍 何乃得不木石緘默 陳謝深恩 亦察舊記 久與貴國交使往來 舟中車織路 今乃使乎摠絶 已多歲年 伏以 禮尙往來 聖人所貴 聞義則從君子斯宗 如何先祖規摸 常欲奉於是日 後嗣堂搆 必庶繼於前脩 不勝懇誠 不遑待紀 謹差政堂省孔目官楊中遠 令謝深恩 幷請嘉客 伏冀 天皇宣弘前制 仍依故實 遠垂皇恩 廻復舊路 冀不閉大道 恩憐遠客 准例入都 提撕此事 幸甚幸甚 限以滄浪 未由拜覲 謹奉啓起居 不宣謹啓 中臺省牒曰 渤海國中臺省牒日本國太政官 應差入貴國申謝幷請客使政堂省孔目官楊中遠等摠一百五人 牒 奉處分 雲嶺萬里 海波千重 我有善隣誰謂路阻 早結和好 無愆使期 崇先規而此朝頻修 廢故親而彼國摠絶 近者專使楊成規入貴國 後年本國往唐國 相般檢校官門孫宰等着海岸 天皇特賜矜念 竝蒙大恩 況乎已受恤憐之敎 何無申謝之喜 亦奉尋前文 仰得古記 兩國交使本有來由 今只路絶 年歲彌久 聿修先例 不思其復 遠感往來之跡 常多懇望之懷 堂搆之念不敢墜失 不勝感激瞻仰之至 謹差政堂省孔目官楊中遠 令入貴國 申謝恩造 幷請嘉客 宜准狀 牒上日本國太政官者 謹錄牒上 謹牒 (『日本三代實錄』30 陽成紀)

발해 四月十八日己丑 存問兼領渤海客使 少外記大春日朝臣安名等 寫渤海國王啓並中台省牒 馳驛上奏 王啓曰 (…) 中台省牒曰 (…) (『類聚國史』194 殊俗部 渤海 下)

발해 日本國太政官牒 渤海國中臺省
放還謝 恩并請客使事　　政堂省
孔目官楊中遠等凡壹伯伍人
牒 得彼省去年九月十三日牒偁 近日專使楊成規入貴國 後年本國往唐國於般撿挍官門孫宰等著海岸 天皇特賜憐念 並蒙大恩 亦奉尋前文 仰得古記 兩謹差政堂省孔目官楊中遠 申謝恩造 筓請嘉客者 國家大體 仁尙含弘其異倦殊方 遭颷失泊 漂著此岸者 歲有二三 或象胥難通 或烏鄙易惑 在所不問東西 加意淆活 稟米 于槖于囊 如此普施不復求執 況乎渤海 世爲善隣 相厚之深 未足爲怪 不恃我德 還恐人知 煩更謝恩 實非元意 加之以紀爲限 惣紀度予 前後文書 斟喩重疊 而僣忘之甚 不知噬臍 過涉之凶至于波頂 亦曩時有制 停遣報使 數十餘年 以爲流例 今讀來牒 見有此請頓淚舊章 豈无新齎 但中遠等 割依風之北思 甘蹈海以南脫 廳灰鷄而或行逐沙鷗而在路 波浪浸齧舟船渡穿 眷彼赤心 牧其素欵 仍命在所 務令友存 大賚之科 率由恒典 斯乃事緣一切誰爲通規 恩出非常 不可串習 令遣中遠等 放還本邦 事須守前期於盈紀 修舊好而更來 牒到准狀 故牒
左大辨源朝臣舒 元慶元六年六月十八日 左大史山宿祢德美牒 (『都氏文集』4)

발해 (六月)廿五日甲午 渤海國使 楊中遠等 自出雲國還於本蕃 王啓幷信物不受而還之 大

使中遠欲以珍翫玳瑁酒盃等 奉獻天子 皆不受之 通事園池正春日朝臣宅成言 昔往大唐 多觀珍寶 未有若此之奇怪 太政官宣[久] 先皇[乃]制[止之天] 一紀[乎]以[天]來朝[乃]期[止]爲[利] 而彼國王此制[爾]違[天]使[乎]奉出[世利] 凡厥謝恩及請使等[乃]事[波]存問之日[爾]屈伏旣訖[太利] 仍[天]天齎叅來[留]所[乃]啓幷信物等不更奏聞 客人[部]此狀[乎]知[天] 平[介久]治賜[布]所[止之天]本國[爾]退還[止]爲[天奈毛]御手[都]物道糧賜[比]饗給[波久止] 宣 (『日本三代實錄』31 陽成紀)10)

발해 六月廿五日甲午 渤海國使楊中遠等 自出雲國還於本蕃 王啓並信物不受而還之 大使中遠欲以珍玩 玳瑁酒盃等奉獻天子 皆不受之 通事 園池正春日朝臣宅成言 昔往大唐多觀珍寶 未有若此之奇怪 太政官宣[久] 先皇[乃]制[止之天] 一紀[乎]以[天]來朝[乃]期[止]爲[利] 而彼國王此制[爾]違[天]使[乎]奉出[世利] 凡厥謝恩及請使等[乃]事[波] 存問之日[爾]屈伏旣訖[太利] 仍[天]責叅來[留]所[乃]啓並信物等不更奏聞 客人部此狀[乎]知[天]平[介久]治賜[布]所[止之天]本國[爾]退還[止]爲[天毛奈]御手[都]物道粮賜[比]饗給[波久止]宣 (『類聚國史』194 殊俗部 渤海 下)

백제 (十二月十六日壬午) 右京人從五位下行有城權介船連副使麿 內藏權少允正七位上津宿禰輔主 主殿允大初位下葛井連直臣等三人 賜姓菅野朝臣 其先 百濟國人也 (『日本三代實錄』32 陽成紀)

백제 (十二月廿五日辛卯) 右京人從五位下行織部正紀朝臣開雄賜姓朝臣 其先 紀角宿禰之苗裔也 (…) 河內國安宿禰郡人外從五位下行主稅助百濟宿禰有雄改本居隸右京三條出城國相樂郡人外從五位下行侍醫狛人野宮成改本居貫隸右京五條 (『日本三代實錄』32 陽成紀)

878(戊戌/신라 헌강왕 4/발해 현석 9/唐 乾符 5/日本 元慶 2)

신라 夏四月 唐僖宗降使 冊封王為使持節開府儀同三司檢校大612)尉大都督雞林州諸軍事新羅王 (『三國史記』11 新羅本紀 11)

신라 夏四月 唐遣使 冊王爲使持節開府儀同三司檢校太尉大都督雞林州諸軍事新羅王 (『三國史節要』13)

신라 (秋七月)十三日丙午 詔令大宰權少貳從五位下藤原朝臣仲直攝行警固事 去貞觀十一年左近衛權少將兼權少貳坂上大宿禰瀧守行此事 而秩罷入京 警戒停廢 今卜筮有告 隣敵窺隙 故亦爲之 (…) (『日本三代實錄』34 陽成紀)

신라 秋七月 遣使朝唐 聞黃巢賊起乃止 (『三國史記』11 新羅本紀 11)

신라 秋七月 遣使朝唐 聞黃巢賊起 乃止 (『三國史節要』13)

신라 八月 日夲國使至 王引見於朝元殿 (『三國史記』11 新羅本紀 11)

신라 八月 日本國使至 王引見於朝元殿 (『三國史節要』13)

신라 (十二月十一日壬申)是日 大宰少貳從五位下嶋田朝臣忠臣等奏言 橿日宮有詫宣云 新羅虜船欲向我國 宜爲之備 因玆遣從五位上守刑部大輔弘道王向伊勢太神宮 祈請冥助 (…) (『日本三代實錄』34 陽成紀)

612) 원문의 大는 太가 맞다.

신라 (十二月)廿日辛巳 以從五位上守民部大輔藤原朝臣房雄爲大宰權少貳兼左近衛權少將從赴大宰府 警戒戎事 (『日本三代實錄』34 陽成紀)

신라 (十二月)廿四日乙酉 遣兵部少輔從五位下兼行伊勢權介平朝臣季長 向大宰府 奉幣櫃日 八幡及姬神 住吉 宗形等大神 其櫃日 八幡 姬神 別奉綾羅御衣各一襲 金銀裝實劒各一 以彼府奏有託宣云 新羅凶賊欲窺我隙 幷肥後國有大鳥集 河水變赤等之怪也 (『日本三代實錄』34 陽成紀)

신라 乾符帝 錫命之歲 令國內舌杪有可道者貢興利除害策別用鑾牋書言荷天寵有所自因垂益國之問大師引出何尙之 獻替宋文帝心聲爲對太傅王覽謂介弟 南宮相曰三畏比三歸五常均五戒能踐王道是符佛心大師之言至矣哉吾與汝宜惓惓 (「聖住寺郞慧和尙白月葆光塔碑」)

신라 大師 諱兢讓 俗姓王氏 公州人也 祖淑長 父亮吉 並戴仁履義 務存達己之心 積德豊功 貴播貽孫之業 勞筋骨而服職 抱霜雪以淸心 州里稱長者之名 遠近聞賢哉之譽 況自高曾之世 咸推郡邑之豪 戶不難知故無載此 母金氏 女功無敵 婦道有規 擬截髮以專情 指斷機而勵節 敬恭僧佛 禮事舅姑俄夢流星入懷其大如甕 色甚黃潤 因有娠焉由是 味撤葷腥 事勤齋護 循胎敎以無已 幾過期而誕生 大師 天骨特異 神彩英奇 自曳萊衣 迨跨竹騎 縱爲兒戲 猶似老成 坐必加趺 行須合掌 聚沙畫墁 模像塔以依俙採葉摘花 擬供具而陳列 年至鼓篋 日甚帶經 訓詩禮於鯉庭 聽講論於鱣肆 頗勤三絶謂隘九流 乃懇白於慈母嚴君 固請許於出家入道 投於本州西穴院如解禪師 因爲剃髮便以留身 志在朝聞 學期日益 實由功倍 誰曰行遲 桴乍援之 鍾遽矣 於是 知有赫曦之曜 休窺突奧之 出指四方 行擇三友 (「鳳巖寺靜眞大師圓悟塔碑」)

879(己亥/신라 헌강왕 5/발해 현석 10/唐 乾符 6/日本 元慶 3)

신라 崔致遠 (…) 乾符元年 甲午 禮部侍郞裴瓚下 一擧及第 調授宣州溧水縣慰 考績爲承務郞侍御史內供奉 賜紫金魚袋 (『三國史記』46 列傳 6 崔致遠)[613)]

신라 大師 法諱玄暉 俗姓李氏 其先周朝闕德 柱史逃榮 苦縣地靈 如有猶龍之聖 郡鄕天寶昔聞歎鳳之君 故言匪魯司寇 無以知之者也 遠祖初自聖唐 遠征遼左 從軍到此 苦役忘歸 今爲全州南原人也 父諱德順 尤明老易 雅好琴詩 當白駒棲谷之時 是鳴鶴在陰之處 高尙其事 素無宦情 母傅氏假寐之時 須臾得夢 阿妾布施 證鳩摩羅馱之祥 聖善因緣 呈鶴勒夜郞之瑞 歿賢曾爾 唯我亦然 況又在孕之時十有三月 免懷之際 元正伍時 以乾符六年 孟陬之朔誕生 大師生有聖姿 幼無兒戲 行惟合掌 坐乃趺跏 畫墁堆砂必模像塔 分湌汲水 須給蟲魚 然則因覩牛埒 冀游鼇壑 潛辭塵世 實欲出家 聞於二親志切且慊 父母謂曰 今思前夢 宛若同符 始覺曩因 猶如合契 汝前佛所度 汝亦度之任徐東西 早登佛位 導師慈父 便是其人 所以永遂離塵 尋山陟嶺 東去 獲投靈覺山寺謁深光大師 傾盖如新 忻然自得 追念東山之法 實謂得人 倍切歡娛 寧知昏旭 闡揚吾道 不在他人 所以仰惟祖宗 仍是崇嚴之子 猶認先系 亦爲麻谷之孫也 足見聖道所傳曹溪爲祖 代代相契 至于大師 所以來自江西 泒於海左 海隅聖住 天下無雙 於是 許其探玄 殷勤學佛 不出蓮宇 常住草堂 大師實勞我心 談不容口 後生可畏 其德維新自非宿植善芽 生知靈性其孰能至於此 (「淨土寺法鏡大師慈燈塔碑」)

---

613) 열전 내용은 874년 급제와 관련된 서술로 이루어져 있어 전체 내용을 874년으로 편년하고 편제하였지만 구체적으로는 876년 표수현위 제수 879년 승무랑시어사내봉공 882년 자금어대를 하사받았다.

백제　(春正月七日丁酉) 和泉守百濟王俊聰 (…) 並從五位上 (…) (『日本三代實錄』35 陽成紀)

신라　春二月 幸國學 命博士已下講論 (『三國史記』11 新羅本紀 11)

신라　春二月 幸國學 命博士已下講論 (『三國史節要』13)

신라　三月 巡幸國東州郡 有不知所從來四人 詣駕前歌歌[614] 形容可駭 衣巾詭異 時人謂之山海精靈[古記謂王即位元年事] (『三國史記』11 新羅本紀 11)

신라　三月 王出遊鶴城 還至海浦 忽雲霧 晦冥迷失道路 禱于海神 開霽 因名開雲浦 有異人處容者 奇形詭服 詣王前歌舞 從王入京 王賜爵級干 處容所過 癘疫皆愈 國人神之 畫其形貼門 甚效 (『三國史節要』13)

신라　於是 大王遊開雲浦[在鶴城西南 今蔚州] 王將還駕 晝[615]歇於汀过[616] 忽雲霧冥曀 迷失道路 恠問左右 日官奏云 此東海龍所變也 宜行勝事以解之 於是勑有司 爲龍刱佛寺近境 施令已出 雲開霧散 因名開雲浦 東海龍喜 乃率七子現於駕前 讃德獻舞奏樂 其一子隨駕入京 輔佐王政 名曰處容 王以美女妻之 欲留其意 又賜級干職 其妻甚美 疫神欽慕之 變無[617]人 夜至其家 竊與之宿 處容自外至其家 見寢有二人 乃唱歌作舞而退 歌曰 東京明期月良 夜入伊遊行如可 入良沙寢矣見昆 脚烏伊四是良羅 二肸隱吾下於叱古 二肸隱誰支下焉古 本矣吾下是如馬於隱 奪叱良乙何如爲理古 時神現形跪於前曰 吾羨公之妻 今犯之矣 公不見怒 感而美之 誓今已後 見畫公之形容 不入其門矣 因此國人門帖處容之形 以僻[618]邪進慶 王旣還 乃靈鷲山東麓勝地 置寺曰望海寺 亦名新房寺 乃爲龍而置也 (『三國遺事』2 紀異 2 處容郞 望海寺)[619]

신라　(夏四月二日辛酉) 貞觀十二年九月十五日配置新羅人五人於武藏國 至是 國司言 其中二人逃去 不知在所 仍太政官下符左右京五畿七道諸國搜索 (…) (『日本三代實錄』35 陽成紀)

신라　乾符六年己亥五月十五日 禪房寺塔練治內記 佛舍利二十三金一分惠重入 銀十五分道如入節 上和上忠心 第二志萱 大伯士釋林典 道如 唯乃志空 (「禪房寺塔誌」)[620]

신라　夏六月 一吉湌信弘叛 伏誅(『三國史記』11 新羅本紀 11)

신라　夏六月 一吉湌信弘謀叛 伏誅 (『三國史節要』13)

신라　遂於乾符六年 捨莊十二區 田五百結 隷寺焉 飯孰譏囊 粥能銘鼎 民天是賴 佛土可期 雖曰我田 且居王土 始資疑於王孫韓粲繼宗 執事侍郎金八元 金咸熙 及正法大統釋玄亮 聲九皐 應千里 贈太傅獻康大王 架而允之 (「鳳巖寺智證大師寂照塔碑」)[621]

---

614) 원문의 歌는 舞가 맞다.
615) 원문의 晝는 晝가 맞다.
616) 원문의 过는 邊이 맞다.
617) 원문의 無는 爲가 맞다.
618) 원문의 僻는 辟가 맞다.
619) 본문에는 년월을 알 수 없으나『三國史記』에 헌강왕 5년 3월로 나온다. 따라서 879년 3월로 편년하고 편제하였다.
620) 제작 연대는 879년(헌강왕 5)인데 당시에 왕실과 귀족층 사이에서 유행하던 무구정탑신앙(無垢淨塔信仰)을 보여 주고 있다.
621) 다음 기사가 그 해 9월이다. 따라서 1~8월로 기간편년하고 8월에 편제하였다.

신라 (乾符六年)其年九月 敎南川郡僧統訓弼 擇別墅 劃正場 斯盖外佐君臣益地 內資父母生天 使續」命者與仁 賞歌者悛過 檀捨之是三焉 有居乾慧地者 曰沈忠 聞大師刃餘定慧 鑑透乾坤 志確曇蘭 術精安廩 禮足已 白言 弟子有剩地 在曦陽山腹 鳳巖龍谷 境駭橫目 幸構禪宮 徐答曰 吾未能分身 惡用是 忠請膠固 加以山靈有甲騎爲前騶之異 乃錫挺樵溪而歷相焉 且見山屛四迾 則獄鳥 翅掀雲 水帶百圍 則 腰偃石 旣愕且嗟曰 獲是地也 庸非天乎 不爲靑衲之居 其作黃巾之窟 遂率先於衆 防後爲基 起瓦△四注以壓之 鑄鐵像二軀以衛之 (「鳳巖寺智證大師寂照塔碑」)

신라 冬十月 御遵禮門 觀射 (『三國史記』 11 新羅本紀 11)
신라 冬十月 御遵禮門 觀射 (『三國史節要』 13)

백제 (十一月)廿五日庚辰 (…) 散位正六位上 (…) 右馬大允百濟王敎隆(…) 竝從五位下 (『日本三代實錄』 36 陽成紀)

신라 十一月 獵穴城原 (『三國史記』 11 新羅本紀 11)
신라 十一月 獵穴城原 (『三國史節要』 13)

신라 崔致遠 (…) 乾符元年 甲午 禮部侍郞裵瓚下 一擧及第 調授宣州溧水縣尉 考績爲承務郞侍御史內供奉 賜紫金魚袋 (『三國史記』 46 列傳 6 崔致遠)[622]

신라 崔致遠 (…) 時 黃巢叛 高騈爲諸道行營兵馬都統以討之 辟致遠爲從事 以委書記至任 其表狀書啓傳之至今 (『三國史記』 46 列傳 6 崔致遠)[623]

신라 [乾符初 松岳郡 女檀越] 元昌王后 及子威武大王 施五冠山龍嚴寺 便往居焉 寺即海內名區 中 (下缺) 乾符中 欲寺宇 地僻隘去舊基一里 別卜吉祥之 治丘隴 (下缺) 景文大王 頻降御書 恭申瞻仰 (下缺) 獻康大王 親承法化 長奉尊嚴 摩登入洛之年 僧會遊呈之日 語其遭遇 彼實多慙矣 煥與日月以爭輝荷戴恩光 古今難疋 (「瑞雲寺了悟和尙碑」)[624]

신라 大師 生有殊相 幼無雜交 洎于志學之年 潛蘊辭家之念 此時忽垂雙淚 虔告二親曰 切欲去塵 投其△△ 父母不△△志 維諱△△△△△爲 山莫恒△△ 遂乃斜登歧路 直詣寶林 謁體澄禪師 禪師 法胤相承 東田孫子也 和尙雖云 一見便似相知 謂曰 昔別稍遙 今來何暮 許令△室△△ 于玆敬△禪宗 △△△△△△△△△釋子 △△於救蟻沙彌 勤苦增勞 不離左右 (「無爲寺先覺大師遍光塔碑」)[625]

880(庚子/신라 헌강왕 6/발해 현석 11/唐 廣明 1/日本 元慶 4)

신라 春二月 大[626]白犯月(『三國史記』 11 新羅本紀 11)
신라 春二月 太白犯月 (『三國史節要』 13)

---

622) 열전 내용은 874년 급제와 관련된 서술로 이루어져 있어 전체 내용을 874년으로 편년하고 편제하였지만 구체적으로는 876년 표수현위 제수 879년 승무랑시어사내봉공 882년 자금어대를 하사받았다.
623) 황소의 난은 879년에 일어났다. 따라서 이 시점을 근거로 879년으로 편년하고 편제하였다.
624) 건부 연간은 당 희종의 연호로 874~879년이다. 따라서 874~879년으로 기간편년하고 879년에 편제하였다.
625) 대사는 864에 태어났다. 그의 나이 15세는 869년이다.
626) 원문의 大는 太가 맞다.

신라 (春二月) 侍中乂謙退 伊湌敏恭爲侍中 (『三國史記』11 新羅本紀 11)

신라 (春二月) 侍中乂謙免 以伊湌敏恭代之 (『三國史節要』13)

신라 廣明元年三月九日 告諸依止曰 吾今生報業盡 就木[illegible]成 汝等當善護持 無至隳怠 至孟夏仲旬二日 雷電一山 自酉至戌 十三日子夜 上房地震 及天曉右脇臥終 享齡七十有七 僧臘五十二 於是弟子英惠淸奐等八百餘人 義深考妣 情感乾坤 追慕攀號 聲動溪谷 以其月十四日 葬於王山松臺 壘塔安厝 嗚乎 禪師名留於此 魂魄何之 生離五濁超十八空 樂寂滅而不歸 遺法林而永秀 豈唯濟生靈於沙界 實亦裨聖化於三韓 禮云別子爲祖 康成注云 子若始來 在此國者 後世以爲祖 是以達摩爲唐第一祖 我國則以儀大師爲第一祖 居禪師爲第二祖 我師第三祖矣 (「寶林寺普照禪師彰聖塔碑」)

신라 (五月)廿三日丙子 授肥後守從五位上藤原朝臣房雄正五位下 先是 西國流言 新羅凶賊將入侵寇 朝議以左近衛少將坂上大宿禰瀧守 兼任大宰少貳 向彼之日 賜隨身近衛有數 瀧守少貳秩滿 仍以房雄代之 到府之後 流聞不整 隨身近衛多致陵暴 其魁首左近衛采女益繼 狡猾尤甚 房雄殺之 警候不嚴 民謠間發 故遷房雄於肥後守 罷其少貳之職 今之進階 慰其意也 (『日本三代實錄』37 陽成紀)

백제 (八月)廿九日庚戌 授下野國從五位下三和神正五位上 河內國飛鳥戶神社賜田一町 以充春秋祭祀之費 緣氏人主稅助外從五位下百濟宿禰有雄 主殿權允正六位上御春朝臣有世等之請也 (『日本三代實錄』38 陽成紀)

신라 秋八月 熊州進嘉禾 (『三國史記』11 新羅本紀 11)

신라 秋八月 熊州進嘉禾 (『三國史節要』13)

신라 九月九日 王與左右 登月上樓四望 京都民屋相屬 歌吹連聲 王顧謂侍中敏恭曰 孤聞今之民閒 覆屋以瓦 不以茅 炊飯以炭 不以薪 有是耶 敏恭對曰 臣亦嘗聞之如此 因奏曰 上即位以來 陰陽和風雨順 歲有年民足食 邊境謐靜 市井歡娛 此聖德之所致也 王欣然曰 此卿等輔佐之力也 朕何德焉 (『三國史記』11 新羅本紀 11)

신라 九月 王與左右登月上樓 見都下 屋廬比櫛 歌吹沸騰 顧謂侍中敏恭曰 孤聞今民閒 覆屋以瓦不茅茨 炊飯以炭不薪樵 有諸 敏恭對曰 臣亦嘗聞之矣 自上臨御以來 陰陽和風雨順 歲登民足 邊境寧謐 市井歡樂 此皆聖德所致 王欣然曰 實賴我卿等輔佐之力朕何德焉 (『三國史節要』13)

신라 春東野宅 夏谷良宅 秋仇知宅 冬加伊宅 第四十九憲康大王伐[627] 城中無一草屋 接角連墻 歌吹滿路 晝夜不絶 (『三國遺事』1 紀異 1 又四節遊宅)

신라 第四十九憲康大王之代 自京師至於海內 比屋連墻 無一草屋 笙歌不絶道路 風雨調於四時 (『三國遺事』2 紀異 2 處容郎 望海寺)[628]

신라 新羅全盛之時 京中十七萬八千九百三十六户 一千三百六十坊 五十五里 三十五金入宅[言富潤大宅也] 南宅 北宅 亐比所宅 本彼宅 梁宅 池上宅[本彼部] 財買井宅[庾信公祖宗] 北維宅 南維宅[反香寺下坊] 隊宅 賓支宅[反香寺北] 長沙宅 上櫻宅 下櫻宅 水望宅 泉宅 楊上宅[梁南] 漢歧宅[法流寺南] 鼻穴宅[上同] 板積宅[芬皇寺上坊] 別敎宅[川北] 衙南宅 金楊宗宅[梁官寺南] 曲水宅[川北] 柳也宅 寺下宅 沙梁宅 非上宅

627) 代의 잘못이다.

628) 본문에는 年月이 나오지 않지만『삼국사기』에 880년 9월 9일로 나온다. 따라서 880년 9월 9일로 편년하고 편제하였다.

里南宅[亐所宅] 思内曲宅 池宅 寺上宅[大宿宅] 林上宅[青龍之寺東方 有池] 橋南宅 巷叱宅[本彼部] 樓上宅 里上宅 椧南宅 井下宅 (『三國遺事』1 紀異 1 辰韓)[629]

신라 廣明元年冬十月廿一日 詰旦(마멸) 今法緣營盡 汝等勉旃守道 是日 奄然遷(마멸)夏五十 嗚呼 生爲求俗 亡以示滅 (마멸) 宸衷 悼萬姓悲凉 忍草凋衰 慈雪慘絶 (마멸) 徒興追痛之哀 弟子梵龍使義等百(마멸)側 恩命中官爭[630]刻焉 (「禪林院址弘覺禪師碑」)

백제 (十月)廿日庚子 勅大和國十市郡百濟川邊田一町七段百六十步 高市郡夜部村田十町七段二百五十步 返入大安寺 先是彼寺三綱申牒稱 昔日 聖德太子創建平群郡熊凝道場 飛鳥岡本天皇遷建十市郡百濟川邊 施入封三百戶 號曰百濟大寺 子部大神在寺近側 含怨屢燒堂塔 天武天皇遷立高市郡夜部村 號曰高市大官寺 施入封七百戶 和銅元年遷都平城 聖武天皇降詔 預律師道慈 令遷造平城 號大安寺 令檢兩處舊地 水濕之地收爲公田 高燥之處 百姓居住 請依實返入爲寺家田 從之 (『日本三代實錄』38 陽成紀)

신라 帝唐 揃亂以武功 易元以文德之年 暢月月缺之七日 日蘸咸池時 海東兩朝國師禪和尙盥浴已趺坐示滅 國中人如喪左右目 矧門下諸弟子乎 嗚呼 應東身者八十九春 服西戎者六十五夏 去世三日 倚繩座儼然面如生 門人詢乂等號奉遺身本 假殯禪室中 上聞之震悼 使馬吏弔以書 賻以穀 所以資淨供而 贍玄福 (「聖住寺郎慧和尙白月葆光塔碑」)

신라 廣明元年 始具大戒 其於守夏 草繫如囚 然而漸認敎宗 覺非眞實 傾心玄境 寓目寶林 此時西向望嵩嚴山 遠聞有善知識 忽携甁錫 潛往依焉 廣宗大師 始見初來 方聞所志 許爲人室 (「菩提寺大鏡大師塔碑」)

881(辛丑/신라 헌강왕 7/발해 현석 12/唐 廣明 2 中和 1/日本 元慶 5)

신라 春三月 燕羣臣於臨海殿 酒酣上鼓琴 左右各進歌詞 極歡而罷 (『三國史記』11 新羅本紀 11)

신라 春三月 燕群臣於臨海殿 王酒酣鼓琴 左右各進歌詞 極歡而罷 (『三國史節要』13)

신라 廣明二年七月八日 諸道都統檢校太尉某告黃巢 夫守正修常曰道 臨危制變曰權 智者成之於 順時 愚者敗之於逆理 然則雖百年繫命 生死難 期 而萬事主心 是非可辨 今我以王師則有征無 戰 軍政則先惠後誅 將期尅復上京 固且敷陳大 信 敬承嘉論 用戢奸謀 且汝素是遐甿 驟爲勍冦 偶因乘勢 輒敢亂常 遂乃包藏禍心 竊弄神器 侵 凌城闕 穢黷宮闈 旣當罪極滔天 必見敗深塗地 噫 唐虞已降 苗扈弗賓 無良無賴之徒 不義不忠 之輩 尒曹所作 何代而無 遠則有劉曜，王敦覬覦 晉室 近則有祿山，朱泚吠噪皇家 彼皆或手握強兵 或身居重任 叱吒則雷奔電走 喧呼則霧塞煙 橫 然猶暫逞奸圖 終殲醜類 日輪闊輾 豈縱妖氛 天網高懸 必除兇族 況汝出自閭閻之末 起於壟 畝之間 以焚劫爲良謀 以殺傷爲急務 有大愆可 以擢髮 無小善可以贖身 不唯天下之人 皆思顯 戮 兼恐地中之鬼已議陰誅 縱饒假氣遊魂 早合 亡神奪魄 凡爲人事 莫若自知 吾不妄言 汝須審 聽 比者我國家德深含垢 恩重棄瑕 授尒節旄 寄 爾方鎭 尒猶自懷鴆毒 不斂梟聲 動則齧人 行唯 吠主 乃至身負玄化 兵纏紫微 公侯則奔竄危途 警蹕則巡遊遠地 不能早歸德義 但養頑兇 斯則 聖上於汝有赦罪之恩 汝則於國有辜恩之罪

---

629) '新羅全盛之時'는 헌강왕대로 추정하는 것이 일반적이다.
630) 予라고도 읽는다.

必 當死亡無日 何不畏懼于天 况周鼎非發問之端 漢宮豈偸安之所 不知爾意 終欲奚爲 汝不聽乎 道德經云 飄風不終朝 驟雨不終日 天地尙不能 久 而况於人 又不聽乎 春秋傳曰 天之假助不善 非祚之也 厚其凶惡而降之罰 今汝藏姦匿暴 惡 積禍盈 危以自安 迷而不復 所謂鷰巢幕上 謾恣 騫飛 魚戲鼎中 則看燋爛 我絹熙雄略 糺合諸軍 猛將雲飛 勇夫雨集 高旌大斾 圍將楚塞之風 戰艦樓船 塞斷吳江之浪 陶太尉鋭於破敵 楊司空 嚴可稱神 旁眺八維 橫行萬里 旣謂廣張烈火 爇 彼鴻毛 何殊高擧泰山 壓其雀卵 卽日金神御節 水伯迎師 商風助肅煞之威 晨露滌昏煩之氣 波 濤旣息 道路卽通 當解纜於石頭 孫權後殿 佇落 帆於峴首 杜預前驅 收復京都 尅期旬朔 但以好 生惡殺 上帝深仁 屈法申恩 大朝令典 討官賊者 不懷私忿 諭迷途者 固在直言 飛吾折簡之詞 解 爾倒懸之急 汝其無成膠柱 且學見機 善自爲謀 過而能改 若願分茅裂土 開國承家 免身首之橫分 得功名之卓立 無取信於面友 可傳榮於耳孫 此非兒女子所知 實乃大丈夫之事 早須相報 無 用見疑 我命戴皇天 信資白水 必須言發響應 不 可恩多怨深 或若狂走所牽 酣眠未寤 猶將拒轍 固欲守株 則乃批熊拉豹之師 一麾撲滅 烏合鴟 張之衆 四散分飛 身爲齊斧之膏 骨作戎車之粉 妻兒被戮 宗族見誅 想當燃腹之時 必恐噬臍不 及 尒須酌量進退 分別否臧 與其叛而滅亡 曷若 順而榮貴 但所望者 必能致之 勉尋壯士之規 立 期豹變 無執愚夫之慮 坐守狐疑 某告 (『東文選』49 檄書 檄黃巢書 崔致遠)

신라 (十一月九日癸丑) 從四位下行大和守坂上大宿禰瀧守卒 瀧守者右京人 從四位下鷹養孫 而正六位上氏勝之子也 幼好武藝 便習弓馬 尤善步射 坂氏之先 世傳將種 瀧守 (…) (貞觀) (…) 十一年十二月出爲大宰權少貳 右近衛少將如故 是歲 新羅海賊掠奪大宰貢綿 勅遣瀧守 備之後拒 兼宰警固 (…) (『日本三代實錄』40 陽成紀)

신라 中和西狩之年 秋 上謂侍人曰 國有大寶珠 畢世匚而藏之 其可也 曰 不可 不若時一出 俾醒萬戶眼 醉四隣心 曰 我有末尼上珍 匿曜在崇嚴山」 脫關秘藏 宜照透三千界 何十二乘足之道哉 我文考懇迎 嘗再顯矣 昔酇侯譏 漢王拜大將召小兒 不能致商於四老人以此 今聞天子蒙塵 趣令奔問官守 勤王加厚 歸佛居先 將邀大師 必叶外議 吾豈敢倚其一慢其二哉 乃重其使卑其辭 徵之 大師云 孤雲出岫 寧有心哉 有緣乎大王之風 無固乃上士之道 遂來見 見如先朝禮 禮之加焯然 可屈指者 面供饌 一也 手傳香二也 三禮者三 三也 秉鵲尾爐 締生生世世緣 四也 加法稱曰 廣宗 五也 翌日命振鷺趍鳳樹雁列賀 六也 敎國中磋磨六義者 賦送歸之什 在家弟子王孫蘇判嶷榮首唱斂成軸 侍讀翰林才子朴邕爲引而贈行 七也 申命掌次 張淨室要叙別 八也 臨告別 求妙訣乃晌從者擧眞要 有若詢乂 圓藏 虛源 玄影 四禪中得淸淨者 緖抽其慧 表纖旨 注意無怠 沃心有餘 上甚悅 扌壹拜曰 昔文考爲捨瑟之賢 今寡人忝避席之子 繼體得崆峒之請 服膺開混沌之源 則彼渭濱老翁 眞釣名者 圯上孺子 盖履迹焉 雖爲王者師 徒弄三寸舌也 曷若吾師語密 傳一片心乎 奉以周旋 不敢失墜 太傅王雅善華言金玉音 不患衆咻聒而能出口 成儷語如宿構云 大師旣退 且往應王孫蘇判鎰 共言數返 卽歎曰 昔人主有有遠身本而無遠神者 而吾君備 人臣有有公才 而無公望者 而吾全 國其庶乎 宜好德 自 及歸謝絶 於是遣輶軒 標放生場界 則鳥獸悅 紐銀鉤 扎聖住寺題 則龍虫也活 (「聖住寺郎慧和尙白月葆光塔碑」)

신라 至中和辛丑年 敎遣前安輪寺僧統俊恭 肅正史裵聿文 標定疆域 芸賜片帝爲鳳巖焉 及大師化往數年 有山甿爲野冠者 始敢据輪 終能食葚 得非深爽斗定水 預氵友魔山之巨力歟 使折臂者標義 掘尾者制狂 開發之是四焉 太傅大王 以華風掃弊 慧海濡枯 素欽靈育之名 渴聽法深之論 乃注心鷄足 灑翰鶴頭 以徵之曰 外護小緣 念踰三際 內修大

惠 幸許一來 大師 感動琅函言及 勝因通世 同塵率土 懷玉出山 轡織迎途 至憩足于禪院寺 錫安信宿 引問心于月池宮 時屬纖蘿不風 溫樹方夜 適覩金波之影 端臨玉沼之心 大師俯而覬 仰而告曰 是卽是 餘無言 上洗然欣契曰 金仙花目 所傳風流 固協於此 遂拜爲忘言師 及出俾 臣讐旨 幸宜小停 答曰 謂牛戴牛 所直無幾 以鳥養鳥 爲惠不貲 請從此辭 枉之則折 上聞之喟然 以韻語歎曰 施旣不留 空門鄧侯 師是支鶴吾非超鷗 乃命十戒弟子宣教省副使馮恕行 援送歸山 使待兎者離株 羡魚者學網 出處之侍五焉 在世行 無遠近夷險」未嘗代勞以蹄角 及還山 氷霓梗跋涉 乃以栟櫚步輿寵行 謝使者日 是豈井大春△所云人車耶 顧英君所不須 矧形毁者乎 然命旣至矣 受之爲濟苦具 及移疾于安樂練居 杖不能起 始乘之 使病病者了空 賢賢者離執 用捨之是」六焉 (「鳳巖寺智證大師寂照塔碑」)

신라 (廣明元年) 來年 (마멸) 贈諡曰 弘覺禪師 塔號爲禪鑑之塔 巍巍[631](마멸) 衣冠末流風塵冗吏 △△△[632]譽藝匪揚 (마멸) 陳紀述 雖文多簡略 事不繁書 蓋春秋一字之 (마멸) (「禪林院址弘覺禪師碑」)

신라 一函迢遞過東瀛 祇爲先生處乞銘 已得雄詞封靜檢 却懷孤影在禪庭 春過異國人應寫夜讀滄洲怪亦聽 遙想勒成新塔下 盡望空碧禮文星 (『全唐詩』 9函 10册 陸龜蒙 和襲美爲新羅弘惠上人撰靈鷲山周禪師碑送歸詩)[633]

882(壬寅/신라 헌강왕 8/발해 현석 13/唐 中和 2/日本 元慶 6)

신라 禪師法諱洪俊 俗姓金氏 其先辰韓茂族 兎郡名家 或紫闕廣善 或黃門輔國 △從瑤源別派 玉樹分枝 △△△△△△△△△△△△△△名配在△△△世 藩服貴豪 今爲△州人也大父陸正 父志儒 或五千學道 或三百尋篇 問義△論 故文好在重 △△△△△△△△△△△△△△△△ △抄△戒 嘗於假寐 △△△△ △感幽靈 冀生智子 斷其葷血 稍淨身心 以中和二年三月十六日誕生 禪師生有△姿 △無兒戲 (「鳴鳳寺境淸禪院慈寂禪師凌雲塔碑」)

신라 夏四月 日本國王遣使 進黃金三百兩 明珠一十箇 (『三國史記』 11 新羅本紀 11)
신라 夏四月 日本國遣使 進黃金三百兩 明珠十顆 (『三國史節要』 13)

신라 五月二十五日 知△[634]國改年號 迺用中和二年 (『三國史記』 31 年表 下)

발해 (十月)廿九日壬戌 勅令能登國禁伐損羽咋福良泊山木渤海客着北陸岸之時 必迷歸舶於此山住民伐採或煩無材故豫禁伐大木妨民業 (『日本三代實錄』 42 陽成紀)

발해 (十一月)廿七日乙未 加賀國馳驛言 今月十四日渤海國入覲使裴頲等一百五人着岸 (『日本三代實錄』 42 陽成紀)
발해 十一月廿七日乙未 加賀國馳驛言 今月十四日渤海國入覲使裴頲等一百五人著岸 (『類聚國史』 194 殊俗部 渤海 下)

발해 (十一月)廿八日丙申 (…) 是日 下符加賀國 安置渤海客於便處 依例供給 勤加優遇 又

631) 然이라고도 읽는다.
632) 孺라고도 읽는다.
633) 陸龜蒙은 881년에 죽었다. 따라서 881년에 편제하였다.
634) 문맥상 知와 國 사이에 中을 표기함이 옳다.

禁制私廻易客徒所齎貨物 (『日本三代實錄』42 陽成紀)

발해 (十一月)廿八日丙申 下符加賀國 安置渤海客于便處 依例共給 勤加優遇 又禁制私回易客徒所賷貨物 (『類聚國史』194 殊俗部 渤海 下)

신라 至冬抄既望之二日趺坐悟言之際泊然無常嗚呼星廻上天月落大海終風吼谷則聲咽虎溪積雪摧松則色佯鵠樹物感斯極人悲可量信而假殯于賢溪 其日而遂窆于羲野 (「鳳巖寺智證大師寂照塔碑」

신라 冬十二月 枯彌縣女 一産三男 (『三國史記』11 新羅本紀 11)

신라 冬十二月 枯彌縣女 一産三男 (『三國史節要』13)

신라 崔致遠 (…) 乾符元年 甲午 禮部侍郞裴瓚下 一擧及第 調授宣州溧水縣尉 考績爲承務郞侍御史內供奉 賜紫金魚袋 (『三國史記』46 列傳 6 崔致遠)[635]

신라 崔致遠 (…) 其後致遠亦嘗奉使如唐 但不知其歲月耳 故其文集有上太師侍中狀 云 (…) 中和二年 入朝使金直諒爲叛臣作亂 道路不通 遂於楚州下岸 邐迤至揚州 得知聖駕幸蜀 高太尉差都頭張儉 監押送至西川 已前事例分明 伏乞 太師侍中俯降台恩 特賜水陸券牒 令所在供給舟舡 熟食及長行驢馬草料 幷差軍將 監送至駕前 此所謂太師侍中 姓名亦不可知也 (『三國史記』46 列傳 6 崔致遠)

신라 其世緣則王都人金姓子號道憲字智詵父贊瓌母伊氏長慶甲辰歲現乎世中和壬寅曆歸乎寂恣坐也四十三 夏歸全也五十九年 (「鳳巖寺智證大師寂照塔碑」)

신라 年十二 往迦耶岬寺 投德良法師 懇露所懷 求爲師事 自此半年之內 三藏脩探 師謂曰 儒室之顔生 釋門之歡喜 是知後生可畏 於子驗之者矣 則非久植宿因 其孰能至於此 然則母氏 初於有娠 夢神僧來 奇靑蓮 永爲徵信 則知絶塵合契 懷日同符 (「廣照寺眞澈大師碑」)[636]

신라 中和二年 前國統 大法師 威公 聞大師之萍跡 無處安之 便戚於懷 如香棘刺 忽△究谷山寺 奏請住持 雖然△△丹誠 蹔因駐足 所恨近於京輦 不愜雅懷 爰有師子山 釋雲大禪師 竊承大師 德冠華夷 居無處所 尋遣神足 實表丹情云 老僧所住之居 非宜小器 大師駐此合盖相 △不是吾師 何人得住 乞△廻盖 來止松門 大師莫逆遠誠 仍依來意 便携禪衆 往以居之 此寺也 萬壑屛開 千巖壁立 誠海東之佳境 亦天下之福田也 大師戾止之辰 遠方來者 朝三暮四 雨驟風馳 桃李無言 稻麻成列 此時 獻康大王 遽飛鳳筆 徵赴龍庭 仍以師子山 興寧禪院隸于中使省屬之 方忻國步中興 忽歎宮車晏駕 定康大王 欽崇禪敎 不下前朝 屢遣王人 遠伸鑽仰 此際運當喪亂 時屬艱難 △祚之危危如累卵 處處而煙塵欻起 妖氣而恐及蓮扉 (「寧越興寧寺澄曉大師塔碑」)

신라 至於中和二年 受具戒於華嚴寺官壇 大師 經陟戒壇 △爲安坐 白虹之氣 來覆法堂 △是△△知有△人△爲△△之△△△△△傾油知 △人戒珠 敢虧草繫之心 尤保尸羅之律 及其夏末 往度倫山禮見融堅長老 △兮△△僧陳問 △△△西河之上 追思北海之中 所以數△論禪 中△諱長 △△△△△△道知在△人 盍雲巘披雲 藥山采藥 老僧 恨不隨他

635) 열전 내용은 874년 급제와 관련된 서술로 이루어져 있어 전체 내용을 874년으로 편년하고 편제하였지만 구체적으로는 876년에 표수현위 제수, 879년에 승무랑시어사내봉공, 882년에 자금어대를 하사받았다.

636) 진철대사 이엄은 870년에 태어났다. 따라서 그의 나이 12세는 882년이다.

西笑 問徑上游 禮祖塔於曹溪 巡△△△△地△△△△利涉 莫以因循 時不待人 曷維其已所屬 遠從罔象 △玄珠於△△△須 龍△黃之△ 法鏡於靑丘之畔 (「無爲寺先覺大師遍光塔碑」)

신라　大師 善芽尙早 妙果不遲 年甫十三 遂言於父曰 雖乏惠柯 祇期覺樹 父因謂曰 吾縱葉瞳者 嘗見汝善根也 汝宜孜孜培之 修勝果而已 大師 以邂逅適願 卽落髮出家 伏承尙州公山 三郞寺 融諦禪師 論道玄玄 化人赫赫 願爲弟子 遙詣禪師 禪師若曰 格汝見今日之來儀 認他時之利見 吾宗 禪和尙 法號審希 眞一佛出世 爲東化主 見在慧目山汝宜往 師事之 大師 以是吾師也 適我願兮 得不時然後行 利有攸往 便詣慧目 允叶服膺 增修學道之心 倍勵習禪之志 未幾 精窮妙理 高悟玄機 行覺路以雖通 仗律儀而斯在 (「高達寺元宗大師慧眞塔碑」)637)

883(癸卯/신라 헌강왕 9/발해 현석 14/唐 中和 3/日本 元慶 7)

발해　(春正月戊辰朔)是日 以正六位上行少外記大藏伊美吉善行 式部少丞高階眞人茂範 爲存問渤海客使 前筑後少目從八位上伊勢朝臣興房爲通事 (『日本三代實錄』43 陽成紀)

발해　正月戊辰朔 以正六位上 行少外記大藏伊美吉善行 式部少丞高階眞人茂范爲存問渤海客使 前築後少目 從八位上伊勢朝臣興房爲通事 (『類聚國史』194 殊俗部 渤海 下)

발해　(春正月)廿六日癸巳 令山城近江越前加賀等國 修理官舍道橋 埋瘞路邊死骸 以渤海客可入京也 下知越前能登越中國 送酒宍魚鳥等物於加賀國 爲勞饗渤海客也 (『日本三代實錄』43 陽成紀)

발해　(正月)廿六日癸巳 令山城 近江 越前 加賀等國修理官舍 道橋 埋瘞路邊死骸 以渤海客可入京也 下知越前 能登 越中國送酒 肉 魚 鳥 蒜等物於加賀國 爲勞饗渤海客也 (『類聚國史』194 殊俗部 渤海 下)

발해　(二月廿一日戊午) 林邑樂人百七人於大安寺令調習 以大和國正稅充給其食 欲令渤海客徒觀彼樂也 (…) 是日 存問渤海客使大藏善行 高階茂範 竝爲兼領客使 (『日本三代實錄』43 陽成紀)

발해　二月廿一日戊午 林邑樂人百七人於大安寺 令調習 以大和國正稅充給其食 欲令渤海客徒觀彼樂也 是日 存問渤海客使大藏善行 高階茂范並爲兼領客使 (『類聚國史』194 殊俗部 渤海 下)

발해　(二月)廿五日壬戌 賜渤海客徒冬時服 遣弁官史生一人 押送加賀國 令領客使等頒賜焉 (『日本三代實錄』43 陽成紀)

발해　(二月)廿五日壬戌 賜渤海客徒冬時服 遣辨官史生一人押送加賀國 令領客使等頒賜焉 (『類聚國史』194 殊俗部 渤海 下)

신라　春二月 王幸三郞寺 命文臣 各賦詩一首 (『三國史記』11 新羅本紀 11)

신라　春二月 王幸三郞寺 命文臣賦詩 (『三國史節要』13)

신라　夫以追攀聖跡 行人妙趣 興揚靈塔 明王通範也 昔有裕神角干 成出生之業 爲△國之寶 敬造此大石塔 仲和三年 更復△△ 將有普門寺玄如大德 依无垢淨光經 造小塔七十七軀 寫眞言七十七本 安處大塔 願言表示 家家有妙寶 人人得靈珠 六道含識 四生

637) 대사는 869년에 태어났다. 13세는 882년이다.

稟氣 因此勝業 共證菩提 仲和三年 癸卯二月 日修△ (「仲和三年銘金銅舍利器記」)[638]

발해 (三月)八日甲戌 存問兼領渤海客使少外記大藏善行 式部少丞高階茂範等進發 奉參內裏辭見 賜御袴各一襲 (『日本三代實錄』43 陽成紀)

발해 三月八日甲戌 存問兼領渤海客使 少外記大藏善行 式部少丞高階茂范等進發奉叅內里辭見 賜御衣 袴各一襲 (『類聚國史』194 殊俗部 渤海 下)

신라 中和三年春三月十五日 門人義車等 纂輯行狀 遠詣王居 請建碑銘 用光佛道 聖上慕眞宗之理 憫嚴師之心 敎所司 定諡曰普照 塔號彰聖 寺額寶林 褒其禪宗禮也翌日 又詔微臣 修撰碑讚 垂裕後人 臣兢惶承命 直筆爲詞 但以供奉宸衷 敢避文林嗤哂 (「寶林寺普照禪師彰聖塔碑」)

발해 (四月)二日戊戌 以右衛門大尉正六位上坂相大宿禰茂樹 文章得業生從八位上紀朝臣長谷雄 爲掌渤海客使 民部大丞正六位上淸原眞人常岑 文章生從八位下多治比眞人有友 爲領歸鄕渤海客使 (『日本三代實錄』43 陽成紀)

발해 四月二日戊戌 以右衛門大尉正六位上坂上大宿禰茂樹 文章得業生從八位上紀朝臣長谷雄 爲掌渤海客使 民部大丞正六位上淸原眞人常岑 文章生從八位下多治眞人有友 爲領歸鄕渤海客使 (『類聚國史』194 殊俗部 渤海 下)

발해 (四月)卄一日丁巳 緣饗渤海客 諸司官人雜色人等 客徒在京之間 聽帶禁物 以從五位上行式部少輔兼文章博士加賀權守菅原朝臣道眞 權行治部大輔事 從五位上行美濃介嶋田朝臣忠臣權行玄蕃頭事 爲對渤海大使裴頲 故爲之矣 (『日本三代實錄』43 陽成紀)

발해 (四月)卄一日丁巳 緣饗渤海客 諸司官人 雜色人等 客徒在京之間 聽帶禁物 以從五位上行式部少輔兼文章博士加賀權守菅原朝臣道 眞權行治部大輔事 從五位上 行美濃介嶋田朝臣忠臣權行 玄蕃頭事 爲對渤海大使裴頲 故爲之矣 (『類聚國史』194 殊俗部 渤海 下)

발해 (四月)卄八日甲子 勅遣右近衛少將正五位下平朝臣正範 到山城國宇治郡山階野邊 郊勞渤海客 領客使少外記大藏善行等引客徒入鴻臚館 (『日本三代實錄』43 陽成紀)

발해 (四月)卄八日甲子 勅遣右近衛少將 正五位下平朝臣正范到山城國宇治郡山階野邊 郊勞渤海客 領客使 少外記大藏善行等引客徒入鴻臚館 (『類聚國史』194 殊俗部 渤海 下)

발해 (四月)卄九日乙丑 遣右大史正六位上家原朝臣高鄕 向鴻臚館 慰勞客徒 (『日本三代實錄』43 陽成紀)

발해 (四月)卄九日乙丑晦 遣右大史 正六位上家原朝臣高鄕向鴻臚館 慰勞客徒 (『類聚國史』194 殊俗部 渤海 下)

발해 五月丙寅朔 遣從五位上行右兵衛佐源朝臣元 向鴻臚館 勞問客徒 (『日本三代實錄』43 陽成紀)

발해 五月丙寅朔 遣從五位上 行右兵衛佐源朝臣元向鴻臚館 勞問客徒 (『類聚國史』194

638) 본 舍利器 명문은 883년(헌강왕 9)에 조성된 것이다.

殊俗部 渤海 下)

발해 (五月)二日丁卯 大使裴頲等於朝堂奉進王啓及信物 親王已下五位已上及百寮初位已上皆會 四位已下未得解由者亦預焉 所司受啓信物 奉進內裏 (『日本三代實錄』43 陽成紀)

발해 (五月)二日丁卯 大使裴頲等於朝堂奉進王啓及信物 親王已下五位已上及百寮初位已上皆會 四位已下未得解由者亦預焉 所司受啓信物奉進內里 (『類聚國史』 194 殊俗部 渤海 下)

발해 (五月)三日戊辰 天皇御豊樂殿 賜宴渤海客徒 親王已下叅議已上侍殿上 五位已上侍顯陽堂 大使已下廿人侍承歡堂 百官六位已下相分侍觀德明義兩堂 授大使文籍院少監正四品賜紫金魚袋裴頲從三位 副使正五品賜緋銀魚袋高周封正四位下 判官錄事授五位其次敍六位 已下各有等級 隨其位階賜朝衣 客徒拜舞退出 更衣而入 拜舞昇堂就食雅樂寮陳鼓鍾 內敎坊奏女樂 妓女百卌八人遞出舞 酒及數杯 別賜御餘枇杷子一銀鋺大使已下起座拜受 日暮 賜客徒祿各有差 (『日本三代實錄』43 陽成紀)

발해 (五月)三日戊辰 天皇御豊樂殿賜宴渤海客徒 親王已下叅議已上侍殿 上五位已上侍顯陽堂 大使已下二十人侍承歡堂 百官六位已下相分侍觀德 明義兩堂 授大使文籍院少監 正四品 賜紫金魚袋裴頲從三位 副使正五品 賜紫金魚袋高周封正四位下 判官 錄事授五位 其次叙六位以下各有等級 隨其位階賜朝衣 客徒拜舞退出 更衣而入 拜舞升堂就食 雅樂寮陳鼓鍾 內敎坊奏女樂 妓女百卌八人遞出舞 酒及數杯 別賜御餘枇杷子一銀鋺 大使已下起座拜受 日暮 賜客徒祿各有差 (『類聚國史』 194 殊俗部 渤海 下)

발해 (五月)五日庚午 天皇御武德殿 覽四府騎射及五位已上貢馬 喚渤海客徒觀之 賜親王公卿續命縷 伊勢守從五位上安配朝臣興行引客就座供食 別勅賜大使已下錄事已上續命縷 品官已下菖蒲蘰 是日大雨 先是豫勅所司 若遇雨殺 須停節會勿喚客徒 改日行事而掌客使等速引客徒 入於宮城 故雨中成禮焉 (『日本三代實錄』43 陽成紀)

발해 (五月)五日庚午 天皇御武德殿 覽四府騎射及五位已上貢馬 喚渤海客徒觀之 賜親 王公卿續命縷 伊勢守 從五位上安倍朝臣興行引客就座供食 別勅賜大使已下錄事已上續命縷 品官已下菖蒲縵 是日 大雨 先是予勅所司 若遇雨煞須停節會 勿喚客徒 改日行事 而掌客使等速引客徒 入於宮城 故雨中成禮焉 (『類聚國史』194 殊俗部 渤海 下)

발해 (五月)七日壬申 大使裴頲別貢方物 是日 內藏頭和氣朝臣彝範率僚下 向鴻臚館交關 (『日本三代實錄』43 陽成紀)

발해 (五月)七日壬申 大使裴頲別貢方物 是日 內藏頭和氣朝臣彝范率僚下向鴻臚館交關 (『類聚國史』194 殊俗部 渤海 下)

발해 (五月)八日癸酉 內藏寮交關如昨 (『日本三代實錄』43 陽成紀)

발해 (五月)八日癸酉 內藏寮交關如昨 (『類聚國史』194 殊俗部 渤海 下)

발해 (五月)十日乙亥 於朝集堂 賜饗渤海客徒 大臣已下就東堂座 擇五位已上有容儀者卅人侍堂上座 從五位下守左衛門權佐藤原朝臣良積引客 就西堂座供食 元所定供食者 謝障不出 良積依有儀貌 俄當此選 大使裴頲欲題送詩章 忽索筆硯 良積不閑屬文 起座而出 頲隨止矣 勅遣中使從五位下行右馬助藤原朝臣恒興 賜御衣一襲大使裴頲 賞裴頲高才有風儀也 (『日本三代實錄』43 陽成紀)

발해	(五月)十日乙亥 於朝集堂 賜饗渤海客徒 大臣已下就東堂座 擇五位已上有容儀者三十人侍堂上座 從五位下 守左衛門權佐藤原朝臣良積引客就西堂共食 元所定侑食者謝障不出 良積依有儀貌 俄當此選 大使裴頲欲題送詩章 忽索筆硯 良積不閑屬文 起座而出 頲隨止矣 勅遣中使 從五位下 行右馬助藤原朝臣恒興 賜御衣一襲大使裴頲 賞裴頲高才有風儀也 (『類聚國史』194 殊俗部 渤海 下)
발해	(五月)十二日丁丑 渤海使歸蕃 是日遣叅議正四位下行右衛門督兼近江權守藤原朝臣諸葛 從四位下行左近衛少將兼近江權介藤原朝臣遠經 正六位上行少內記多治比眞人彦輔 向鴻臚館 付勅書 正五位下行太皇大后宮權亮平朝臣惟範 從五位上行少納言兼侍從藤原朝臣諸房 從六位上守右少史秦宿禰安兄 付太政官牒 禮畢 領客使民部大丞正六位上淸原眞人常岑 文章生從八位下多治比眞人有友等引客徒 出館就路焉 (『日本三代實錄』43 陽成紀)
발해	(五月)十二日丁丑 渤海使歸藩 是日 遣叅議 正四位下 行右衛門督兼近江權守藤原朝臣諸葛 從四位下 行左近衛少將兼近江權介藤原朝臣遠經 正六位上 行少內記多治眞人彦輔向鴻臚館付勅書 正五位下 行太皇太后宮權亮平朝臣惟范 從五位上 行少納言兼侍從藤原朝臣諸房 從六位上 守右少史秦宿禰安兄付太政官牒 禮畢 領客使 民都大丞淸原[眞人]常岑 文章生多治[眞人]有友等 引客徒出館就路焉 (『類聚國史』194 殊俗部 渤海 下)
발해	(五月)十四日己卯 今月三日豊樂院宴渤海客 樂人舞妓等 以大藏省商布一千一百五段賜之 依承和九年例也 (『日本三代實錄』43 陽成紀)
발해	(五月)十四日己卯 今月三日 豊樂院宴渤海客樂人舞妓等 以大藏省商布一千一百五段賜之 依承和九年例也 (『類聚國史』194 殊俗部 渤海 下)
발해	(五月廿六日辛卯) 神泉苑裏舊有放鹿 是日生白鹿 遠客來朝 得此禎祥 豈不懿歟 (『日本三代實錄』43 陽成紀)
신라	中和三禩 仲夏 群虫也出穴 遍谷盈山 叱口悲號 垂頭泣血 禪師 謂門人 曰 生也有涯吾豈無盡 汝等 當無隳怠 勉力修行 以其年十月五日 儼」△△△ △年 六十有八 僧月葛三十九 嗚呼 歿而不歿 名播三韓 亡而不亡 法流千載 於是 煙雲索漠 松檜蒼茫 遠近僧徒 高卑士女 覩變△而叩地 銜悲傷以號天 接武致哀 拊膺長」△ △△△△ 淚集成泉 (「月光寺圓朗禪師大寶禪光塔碑」)
신라	(六月)十日甲辰 從五位下行丹波介淸內宿禰雄行卒 雄行字淸圖 河內國志紀郡人也(…) 昔者唐人金禮信 袁晉卿二人歸化本朝 云云 年七十三 (…) (『日本三代實錄』43 陽成紀)
발해	(十月廿九日壬戌) 勅令能登國禁伐損羽咋郡福良泊山木 渤海客着北陸道岸之時 必造還舶於此山 任民伐採 或煩無材 故豫禁伐大木 勿妨民業 (『日本三代實錄』44 陽成紀)
발해	十月廿九日壬戌 勅令能登長 禁伐損羽咋郡福良泊山木 渤海客著北陸道岸之時 必造還舶於此山 任民伐採或煩無材 故予禁伐大木 勿妨民業 (『類聚國史』194 殊俗部 渤海 下)
신라	(十二月)廿五日丁巳 左京人從五位下行下野權介秦宿禰永原 從五位下守大判事兼行明

法博士秦公直宗　山城國葛野郡人外從五位下行音博士秦忌寸永宗　右京人主計大允正六位上秦忌寸越雄　左京人右衛門少志秦公直本等男女十九人　賜姓惟宗朝臣　永原等自言　秦始皇十二世孫　功滿王子　融通王之苗裔也　功滿占星之意　深向聖朝　化風之志　遠企日域　而新羅遨路　隔彼來王　遂使衛足之草　空宮無仰陽之心　屬天誅伐罪　官軍拂塵通率　百廿七縣人民　譽田天皇十四年歲次癸卯　是焉內屬也 (『日本三代實錄』44 陽成紀)

신라　大師　生有法相　夙懷菩提　之年　五行俱下　子晉昇仙之歲　三尅便成　其後志切離塵　心求坐西　諮於父母　△託宗師　貳親囑曰　莫以因循　弥招苦果師以此　先是　△峯△徹禪師歸寂滅　冢子訓宗長老　部署門徒　不出松門　頻經槐律　此際大師　年纔十五　志冠期△所願超門閥　△△禪扃　終修△道　所以玄關開△△所叅　遂令削染　許於入室　猶剩迎門 (「五龍寺法鏡大師碑」)639)

신라　又六軍使西門思恭　常銜命使于新羅　風水不便　累月漂泛于滄溟　罔知邊際　忽南抵一岸亦有田疇物景　遂登陸四望　俄有一大人　身長五六丈　衣裾差異　聲如震雷　下顧西門　有如驚歎　于時以五指撮而提行百餘里　入一巖洞間　見其長幼群聚　遞相呼集　競來看玩言語莫能辨　皆有歡喜之容　如獲異物　遂掘一坑而寘之　亦來看守之　信宿之後　遂攀緣躍出其坑　逕尋舊路而竄　纔跳入船　大人已逐而及之矣　便以巨手攀其船舷　于是揮劍斷下三指　指粗于今槌帛棒　大人失指而退　遂解纜　舟中水盡糧竭　經月無食　以身上衣服　嚙而啗之　後得達北岸　遂進其三指　漆而藏于內庫　洎拜主軍　寧以金玉遺人　平生不以飲饌食客　爲省其絕糧之難也 [出玉堂閒話] (『太平廣記』481 蠻夷2 新羅)

신라　三十麻衣弄渚禽　豈知名字徹雞林　勒銘雖即多遺草　越海還能抵萬金　鯨鬣曉掀峰正燒鼇睛夜沒島還陰[一作深]　二千餘字終天別　東望辰韓淚灑襟 (『全唐詩』9函 9册　皮日休　庚寅歲十一月新羅弘惠上人與本國同書請日休爲靈鷲山周禪師碑將還以詩送之)640)

884(甲辰/신라 헌강왕 10/발해 현석 15/唐 中和 4/日本 元慶 8)

신라　門人融奐等　以其年641) 二月十日　奉遷神柩　葬于北院　永訣慈顔　不勝感慕　門人等　慮陵遷谷徙　天拂海田　有忘先師法乳之恩　欲以仰陳攀慈之志　爰集行狀　△△△△△△居請建鴻碑　用光　聖代　△△△△△　英文聖武　繼祖嗣圖　凡於內敎之中　尤深依仰之意　聞亡悲怛　不自勝任　仍追諡　圓朗禪師　塔號　大寶光禪　又　詔微臣　修撰碑讚　臣功踈畫虎用匪懷蛟　叨奉　△△△△△△ (「月光寺圓朗禪師大寶禪光塔碑」)

신라　新羅國　武州　迦智山　寶林寺　諡普照禪師　靈塔碑銘　幷序
朝請郎　守定邊府司馬　賜緋魚袋　臣　金穎　奉敎撰
儒林郎　守　武州　昆湄縣令　金薳　奉敎書
聞夫　禪境玄寂　正覺希夷　難測難知　如空如海　故龍樹師子之尊者　喻芭蕉於西天　弘忍惠能之祖師　譚醍醐於震旦　盖掃因果之跡　離色相之鄉　登大牛之車　入罔象之域　是以智光遠照　惠澤遐流　灑法雨於昏衢　布慈雲於覺路　見空者　一息而越彼邪山　有爲則永劫而滯于黑業　矧乎末法之世　象敎紛紜　罕契眞宗　互持偏見　如擘水求月　若搓繩繫風徒有勞於六情　豈可得其至理　其於衆生爲舍那　舍那爲衆生　衆生不知在舍那法界之中縱橫造業　舍那亦不知衆生在苞含之內　湛然常寂　豈非迷耶　知此迷者　大不迷矣　知其

639) 대사는 871년에 태어났다. 12세가 되는 해는 883년이다.
640) 皮日休의 생몰년은 834~883년으로 추정한다. 따라서 883년에 편제하였다.
641) 中和三禩(883) 다음해를 말한다.

迷者 惟我禪師乎 或謂此說爲濩落之言 吁道經云 上士聞道 崇而奉之 中士聞道 如存若亡 下士聞道 撫掌而笑 不笑不足 以爲道也 此之謂矣 禪師諱體澄 宗姓金 熊津人也 家承令望 門襲仁風 是以慶自天鐘 德從嶽降 孝義旌表於鄕里 禮樂冠盖於軒裳者也 禪師託體之年 尊夫人夢 日輪駕空 垂光貫腹 因之驚寤 便覺有懷 及逾朞月 不之誕生 尊夫人追尋瑞夢 誓禱良因 膳徹腶脩 飮斷醪醴 胎訓淨戒 驚事福田 由是 克解分蓐之憂 允叶弄璋之慶 禪師貌雄岳立 氣潤河靈 輪齒自然 金髮特異 閭里聲歎 親戚咸驚 從襁褓之年 宛有出塵之趣 登齠齔之歲 永懷捨俗之緣 二親知其富貴難留 財色莫繫 許其出家遊學 策杖尋師 投花山勸法師座下 聽經爲業 摳衣請益 夙夜精勤 觸目無遺 歷耳必記 常以陶冶麤鄙 藻練僧儀 積仁順而煩 蠲除 習虛靜而神通妙用 超然出衆 卓爾不群 後以大和丁未歲 至加良峽山 普願寺 受具戒 一入壇場 七宵行道 俄有異雉 忽爾馴飛 左稽古者曰 昔向陳倉 用顯霸王之道 今來寶地 將興法主之徵者焉 初道儀大師者 受心印於西堂 後歸我國 說其禪理 時人雅尙經敎與習觀存神之法 未臻其無爲任運之宗 以爲虛誕 不之崇重 有若達摩不遇梁武也 由是知時未集 隱於山林 付法於廉居禪師 居雪山億聖寺 傳祖心闢師敎 我禪師往而事焉 淨修一心 求出三界 以命非命 以軀非軀 禪師察志氣非偶 素槩殊常 付玄珠授法印 至開成二年丁巳 與同學貞育 虛懷等 路出滄波 西入華夏 叅善知識 歷三五州 知其法界 嗜欲共同 性相無異 乃曰 我祖師所說 無以爲加 何勞遠適 止足意興 五年 春二月 隨平盧使 歸舊國 化故鄕 於是檀越傾心 釋敎繼踵 百川之朝鼇壑 群嶺之宗鷲山 未足爲喩也 遂次武州黃壑蘭若 時大中十三示異 龍集于析木之津 憲安大王卽位之後年也 大王聆風仰道 勞于夢魂 願闢禪扉 請入京轂 夏六月 敎遣長沙縣副守 金彦卿 賷茶藥迎之 師以處雲巖之安 兼屬結戒之月 託淨名之病 陳六祖之辭 冬十月 敎又遣道俗使 靈巖郡僧正 連訓法師 奉宸馮瑄等 宣諭綸旨 請移居迦智山寺 遂飛金錫 遷入山門 其山則元表大德之舊居也 表德以法力施于有政 是以建元二年 特敎植長生標柱 至今存焉 宣帝十四年 仲春 副守金彦卿 夙陳弟子之禮 嘗爲入室之賓 減淸俸出私財 市鐵二千五百斤 鑄廬舍那佛一軀 以莊禪師所居梵宇 敎下望水里南等宅 其出金一百六十分 租二千斛 助充裝食芳功德 寺隸宣敎省 咸通辛巳歲 以十方施資 廣其禪宇 慶畢功日 禪師莅焉 虹之與蜺貫徹堂內 分輝耀室 渥彩燭人 此乃堅牢告祥 娑迦表瑞也 廣明元年 三月九日 告諸依止曰 吾今生報業盡 就木 成 汝等當善護持 無至隳怠 至孟夏仲旬二日 雷電一山 自酉至戌 十三日子夜 上房地震 及天曉右脇臥終 享齡七十有七 僧臘五十二 於是 弟子英惠淸奐等 八百餘人 義深考妣 情感乾坤 追慕攀號 聲動溪谷 以其月十四日 葬於王山松臺 壘塔安厝 嗚乎 禪師名留於此 魂魄何之 生離五濁 超十八空 樂寂滅而不歸 遺法林而永秀 豈唯濟生靈於沙界 實亦裨聖化於三韓 禮云 別子爲祖 康成注云 子若始來 在此國者 後世以爲祖 是以達摩爲唐第一祖 我國則以儀大師爲第一祖 居禪師爲第二祖 我師第三祖矣 中和三年 春三月十五日 門人義車等 纂輯行狀 遠詣王居 請建碑銘 用光佛道 聖上慕眞宗之理 憫嚴師之心 敎所司 定諡曰普照 塔號彰聖 寺額寶林 褒其禪宗禮也 翌日 又詔微臣 修撰碑讚 垂裕後人 臣兢惶承命 直筆爲詞 但以供奉宸衷 敢避文林嗤哂 詞曰 禪心不定兮 至理歸空 如活瑠璃兮 在有無中 神莫通照兮 鬼其敢衝 守無不足兮 施之無窮 劫盡恒沙兮 妙用靡終 其一 廖廓舍那 苞育萬物 蠢蠢衆生 違舍那律 二既同體 復誰是佛 迷之又迷 道乃斯畢 其二 大哉禪師 生乎海域 克鍊菩提 精修惠德 觀空離空 見色非色 强稱爲印 難名所得 其三 有爲世界 無數因緣 境來神動 風起波翻 須調義馬 勤伏心猿 以斯爲寶 施于後賢 其四 乘波若舟 涉愛河水 彼岸既登 唯佛是擬 牛車已到 火宅任燬 法相雖存 哲人其萎 其五 叢林無主 山門若空 錫放衆虎 鉢遣群龍 唯餘香火 追想音容 刊此貞石 紀法將雄 其六 中和四年 歲次甲辰 季秋九月 戊午朔 旬有九日丙子 建從頭第七行 禪字已下 弟子 前兵部侍郎入朝使 殿中大監 賜紫金魚袋 金彦卿書 興輪寺僧 釋賢暢刻字 (「寶林寺普照禪師彰聖

塔碑」)642)

신라 忽於中和歲傳聞 先上 僊化 齊仍遣門人 賷持金玉 助△△法恩也 (「瑞雲寺了悟和尙碑」)643)

신라 昔者勾麗衛國 負險驕盈 殺主虐民 違天逆命 太 宗文皇帝 震赫斯之盛怒 除蠢佘之群兇 親率六 軍 遠巡萬里 龔行天罰 靜掃海隅 勾麗旣息狂飈 劣收遺燼 別謀邑聚 遽竊國名 則知昔之勾麗 則是今之渤海 當國自貞觀中 偏荷殊恩 永安遠俗 仍許桑津之學者 俾隨槐市之生徒 遂有負笈忘 疲 乘桴涉險 編名獻賦 遂趨於金馬門前 擧跡昇仙 得到於巨鼇山上 無何異俗 亦忝同科 自大中 初 一彼一此 春官歷試 但務懷柔 此實修文德以 來之 又乃不念舊惡之旨 有以見聖朝則恩深含 垢 渤海則志切慕羶 旣非莫往莫來 則亦何先何 後 然至故靖恭崔侍郞主貢之年 賓薦及第者兩 人 以渤海烏昭度爲上 有同瘠魯而肥杞 誰驗鄭 昭而宋聾 陶之汰之 雖甘沙礫居後 時止則止 豈使淄澠並流 車書縱賀其混同 冠屨實慙於倒置 伏遇尙書高懸藻鑒 榮掌桂科 旣照膽以無差 固 推心而有待 前都統巡官殿中侍御史崔致遠 幸 將薄技 獲廁諸生 先啗牛心 得爲雞口 免與薛侯 爭長 不令趙將懷嫌 實逢至公 得雪前恥 變化深 資於一顧 光榮遠播於三韓 自此已來 未之或改 遂絶積薪之歎 益慙刈楚之恩 今則崔致遠奉使 言歸懷材待用 粗有可取 無辱所知 示使鰈水儒 流 鳩林學植 競勵觀光之志 皆增嚮化之心 斯乃 尙書洞炤九流 精修四敎 善誘風行於闕里 深仁波及於五鄕 欲知擧國懷恩 唯願經邦佐聖 無思 隱霧 早遂爲霖 拜謁難期 瞻攀莫極 但遇金風之 爽節 遠想音徽 每吟珪月之曉光 空勞夢寐 聊憑鴈足 略染鵝毛 欲代申拜賜之誠 唯恨非盡言之具 (『東文選』47 狀 與禮部裵尙書瓚狀 崔致遠)

885(乙巳/신라 헌강왕 11/발해 현석 16/唐 中和 5 光啓 1/日本 元慶 9 仁和 1)

신라 春二月 虎入宮庭 (『三國史記』11 新羅本紀 11)

신라 春二月 虎入宮庭 (『三國史節要』13)

신라 三月 崔致遠還 (『三國史記』11 新羅本紀 11)

신라 三月 崔致遠捧帝詔還自唐 致遠沙梁部人 精敏好學 年十二 隨海舶入唐求學 其父謂曰 十年不第 非吾子也 致遠至唐 勤學 十八登第 調宣州溧水縣尉 遷侍御史內供奉 又爲高△書記 其檄黃云 夫守正修常曰道 臨危制變曰權 智者成之於順時 愚者敗之於逆理 然則雖百年繫命 生死難期 而萬事主心 是非可辨 今我以王師則有征無戰 軍政則先惠後誅 將期剋復上京 固且敷陳大信 敬承嘉論 用戢奸謀 且汝素是遐氓 驟爲勍敵寇 偶因乘勢 輒敢亂常 遂乃包藏禍心 竊弄神器 侵凌城闕 穢黷宮闈 旣當罪極滔天 必見敗深塗地 噫 唐虞已降 苗扈不賓 無良無賴之徒 不忠不義之輩 爾曹所作 何代而無 遠則有劉曜 王敦覬覦晉室 近則有祿山 朱泚吠噪皇家 彼皆或手握強兵 或身居重任 叱咤則雷奔電走 喧呼則霧塞煙橫 然猶暫逞奸圖 終殲醜類 日輪闊輾 豈縱妖氛 天網高懸 必除兇族 况汝出自閭 閻之末 起於隴畝之閒 以焚刼爲良謀 以殺傷爲急務 有大僁可以擢髮 無小善可以贖身 不唯天下之人皆思顯戮 抑亦地中之鬼已議陰誅 縱饒假氣遊魂 早合亡神奪魄 凡爲人事 莫若自知 吾不妄言 汝須審聽 比者我國家德深含垢 恩重棄瑕 授爾節旄 寄爾方鎭 爾猶自懷鴆毒 不斂梟聲 動則嚙人 行唯吠主 乃至身負玄化 兵纏紫微 公侯則奔竄危途 警蹕則巡遊遠地 不能早歸德義 但養頑兇 斯則

642) 보조선사 문도들의 건의에 의해 헌강왕의 명으로 884년에 건립되었다.
643) 중화연간은 당 희종의 연호로 881~884년이다. 따라서 881~884년으로 기간편년하고 884년에 편제하였다.

聖上於汝有赦罪之恩 汝則於國有辜恩之罪 必當死亡無日 何不畏懼于天 況周鼎非發問之端 漢宮豈偸安之所 不知爾意終欲奚爲 汝不聽乎 道德經云 飄風不終朝 驟雨不終日 天地尙不能久 而況於人 又不聽乎 春秋傳曰 天之假助不善 非祚之也 厚其兇惡而降之罰 今汝藏奸匿暴 惡積禍盈 危以自安 迷以不復 所謂燕巢幕上 漫恣騫飛 魚戲鼎中 即看燋爛 我緝熙雄略 糾合諸軍 猛將雲飛 勇夫雨集 高旌大旆 圍將楚塞之風 戰艦樓船 塞斷吳江之浪 陶太尉銳於破敵 楊司空嚴可稱神 旁眺八維 橫行萬里 旣謂廣張烈火 爇彼鴻毛 何殊高擧泰山 壓其鳥卵 即日金神御節 水伯迎師 商風助肅殺之威 晨露滌昏煩之氣 波濤旣息 道路即通 當觧纜於石頭 孫權後殿 佇落帆於峴首 杜預前驅 收復京都 剋期旬朔 但以好生惡殺 上帝深仁 屈法申恩 大朝令典 討官賊者不懷私忿 諭迷途者固在直言 飛吾折簡之詞 鮮爾倒懸之急 汝其無成膠柱 早學見機 善自爲謀 過而能改 若願分茅列土 開國承家 免身首之橫分 得功名之卓立 無取信於面友 可傳榮於耳孫 此非兒女子所知 實乃大丈夫之事 早須相報 無用見疑 我命戴皇天 信資白水 必須言發響應 不可恩多怨深 或若狂走所牽 酣眠未寤 猶將拒轍 固欲守株 則乃批熊拉豹之師 一麾撲滅 烏合鴟張之衆 四散分飛 身爲齊斧之膏 骨作戎車之粉 妻兒被戮 宗族見誅 想當燃腹之時 必恐噬臍不及 爾須酌量進退 分別臧否 與其反而滅亡 曷若順而榮貴 但所望者 必能致之 勉尋壯士之規 立期豹變 無執愚夫之慮 坐守狐疑 巢見 不唯天下之人皆思顯戮 抑亦地中之鬼已議陰誅之語 不覺下牀 由是 名振天下 又上太師侍中狀云 伏聞東海之外有三國 其名馬韓卞韓辰韓 馬韓則高麗 卞韓則百濟 辰韓則新羅也 高 勾麗百濟全盛之時 强兵百萬 南侵吳越 北撓幽燕 齊魯爲中國巨蠹 隋皇失馭 由於征遼 貞觀中我太宗皇帝親統六軍渡海 恭行天罰 高麗畏威請和 文皇受降回蹕 此際我武烈大王 請以犬馬之誠 助定一方之難 入唐朝謁 自此而始 後以高麗百濟踵前造惡 武烈入朝請爲鄕道 至高宗皇帝顯慶五年 勅蘇定方統十道强兵 樓船萬隻 大破百濟 乃於其地置扶餘都督府 招輯遺氓 莅以漢官 以臭味不同 屢聞離叛 遂徙基人於河南 摠章元年 命英公徐勣 破高勾麗 置安東都督府 至儀鳳三年 徙其人於河南隴右 高 勾麗殘孽類聚 北依太白山下 國號爲渤海 開元二十年 怨恨天朝 將兵掩襲登州 殺刺史韋俊 於是 明皇帝大怒 命內史高品何行成大僕郎金思蘭 發兵過海攻討 仍就加我王金某爲正太尉持節 充寧海軍事雞林州大都督 以冬深雪厚 蕃漢苦寒 勅命回軍 至今三百餘年 一方無事 滄海晏然 此乃我武烈大王之功也 今某儒門末學 海外凡材 謬奉表章 來朝樂土 凡有誠懇 禮合披陳 伏見 元和十二年 本國王子金張廉風飄至明州下岸 浙東某官發送入京 中和二年 入朝使金直諒爲叛臣作亂 道路不通 遂於楚州下岸 邐迤至揚州 得知聖駕幸蜀 高太尉差都頭張儉 監押送至西川 已前事例分明 伏乞 太師侍中俯降台恩 特賜水陸券牒 令所在供給舟船 熟食及長行驢馬草料 并差軍將 監送至駕前 幸甚 及還 王留爲侍讀兼翰林學士守兵部侍郞 知瑞書監事 致遠自以西學 多所得 欲展所蘊 而衰季 多疑忌 不能容 出爲太山郡太守 (『三國史節要』13)

신라 崔致遠 (…) 及年二十八歲 有歸寧之志 僖宗知之 光啓元年 使將詔書來聘 留爲侍讀兼翰林學士守兵部侍郞知瑞書監事 (『三國史記』46 列傳 6 崔致遠)

신라 (六月廿日癸酉) 是日 大宰府言 去四月十二日 新羅國使判官徐善行 錄事高興善等卌八人 乘船一艘 來着肥後國天草郡 問其來由 答曰 前年漂蕩 適着海岸 蒙給官糧 得歸本鄕 今奉賀仁恩 齎國牒信物等來朝者 今檢 寄事奉賀 牒貨相兼 只有執事省牒 無國王啓 其牒不納函子 以紙裹之 題云 新羅國執事省牒上日本國 其上踏印五院 謹檢先例 事乖故實 仍寫牒幷錄貨物數進上 勅 新羅國人 包藏禍心 覦覬家國 雖寄事於風波 然猶疑其毒 須懲其姦匿 以從重法 然而朝家好仁 不忍爲之 在宥放還 全其首領矣 (『日本三代實錄』47 光孝紀)

신라　　　冬十月 壬子 大[644]白晝見(『三國史記』11 新羅本紀 11)
신라　　　冬十月 壬子 太白晝見 (『三國史節要』13)

신라　　　遣使入唐 賀破黃巢賊 (『三國史記』11 新羅本紀 11)
신라　　　遣使如唐 賀破黃巢賊 (『三國史節要』13)

신라　　　崔彦撝 年十八入唐遊學 禮部侍郎薛廷珪下及第 (『三國史記』46 列傳 6 崔彦撝)[645]
신라 고려　崔彦撝 初名愼之 慶州人 性寬厚 自少能文 新羅末 年十八 游學入唐 禮部侍郎薛廷珪下及第 時渤海宰相烏炤度子光贊 同年及第 炤度朝唐 見其子名在彦撝下 表請曰 臣昔年入朝登第 名在李同之上 今臣子光贊宜升彦撝之上 以彦撝才學優贍 不許 年四十二 始還新羅 拜執事省侍郎瑞書院學士 (…) (『高麗史』92 列傳 5 諸臣 崔彦撝)

신라　　　太傅王馳醫問疾 降馬吏營齊 不暇無偏無頗 能諧有始有終 特教菩薩戒弟子建功鄉令金立言 慰勉諸孤 賜諡智證禪師 塔號寂照 仍許勒石 俾錄狀聞 門人性蠲 敏休 楊孚 繼徽等 咸得鳳毛者 僉殳陳迹以獻 至乙巳歲 有國民媒儒道 嫁帝鄉 而名掛輪中 職攀柱下者 曰崔致遠 捧漢后龍緘 賫淮王鵠幣 雖慙鳳擧 頗類鶴歸 上命信臣淸信者陶竹陽 授門人狀 賜手教曰 縷褐東師 始悲遷化 繡衣西使 深喜東還 不之爲 有緣而至 無悋外孫之作 將酬大士之慈 臣也 雖東箭非材 而南冠多幸 方思運斧 遽値號弓 況復國重佛△ 家藏僧史 法碣相望 禪碑最多 遍覽色絲 試搜殘錦 則見無去無來之說 競把斗量 不生不滅之譚 動論車載 曾無魯史新意 或用同公舊章 是知石不能言 益驗道之元遠 唯懊師化去早 臣歸來遲 鬉鬣字誰告前日 逍遙義不聞眞決 每憂傷手 莫悟伸擧 歎時則露往霜來 遽涸愁鬢 談道則天高地厚 屢腐頑毫 將諧汗漫之遊 始述崆峒之美 (「鳳巖寺智證大師寂照塔碑」陰記)[646]

신라　　　中和乙巳年 秋 敎曰 善繼其志 善述其事 永錫爾類 在我而已 先朝所建鵠寺 宜易牓爲大崇福 其持經開士 提綱淨吏 南畝以資供施 一依奉恩故事 奉恩寺乃聖悳大王追福建寺 其故波珍飡金元良所捨地利 輸轉非輕 宜委正法司 別選二宿德 編籍爲常住 薦祉于冥路 則有以見居上位者 无幽不察 結大緣者 有感必通 自是梟鍾吼泬寥 龍鉢飫香積 唱導則六時玉振 修持則萬劫珠聯 偉矣哉 得非尼父所謂無憂者 其惟文王乎 父作之 子述之者耶 (「崇福寺碑」)

신라　　　雖觀空色 豈忘偏陲 以中和五年 來歸故國 時也至於崛嶺重謁大師 大師云 且喜早歸 豈期相見 後學各得其賜 念玆在玆 所以再託扉蓮 不離左右 中間忽携甁鉢 重訪水雲 或錫飛於五嶽之初 暫栖天柱 或盃渡於三河之後 方住水精 (「太子寺郎空大師碑」)

886(丙午/신라 헌강왕 12 정강왕 1/발해 현석 17/唐 光啓 2/日本 仁和 2)

신라　　　春 北鎭奏 狄國人入鎭 以片木掛樹而歸 遂取以獻 其木書十五字云 寶露國與黑水國人 共向新羅國和通 (『三國史記』11 新羅本紀 11)
신라　　　春 北鎭奏 狄人所置木書十五字 云 寶露國與黑水國人 共向新羅國和通 (『三國史節要』13)

644) 원문의 大는 太가 맞다.
645) 최언위는 868년에 출생하였고 그의 나이 18세는 885년이다. 따라서 885년으로 편년하고 편제하였다.
646) 본문의 乙巳歲는 885년이다.

신라　慶曆 景午年[647] 春 顧謂下臣曰 禮不云乎 銘者自名也 以稱其先祖之德 而明著之後世 此孝子孝孫之心也 先朝締搆之初 發大誓願 金純行與若父肩逸 嘗從事於斯矣 銘壹稱而上下皆得 爾宜譔銘 臣也 浪跡星槎 偸香月桂 虞丘永慟 季路徒榮 承命震驚 撫躬悲咽 竊思西宦日 嘗覽柳氏子珪 錄東國之筆 所述政條 莫非王道 今讀鄕史 宛是聖祖大王朝事蹟 抑又流聞 漢使胡公歸厚之復命也 飽採風謠 白時相曰 自愚已往 出山西者 不宜使海東矣 何則 鷄林多佳山水 東王詩以印之而爲贈 賴愚嘗學 爲綴韻語强忍愧酉守之 不爾爲海外笑必矣 君子以爲知言 是惟烈祖以四術開基 先王以六經化俗 豈非貽厥之力 能得換乎其文 則銘無愧辭 筆有餘勇 (「崇福寺碑」)

발해　(五月)廿八日丙午 前周防守從五位上紀朝臣安雄卒 安雄者左京人 助教從五位下種繼之子也 (…) 安雄父本姓刈田首 讚岐國人 至于安雄 賜姓紀朝臣 爲京兆人 安雄幼以學行見稱 性寬綽 柔順訓物 始補得業生 天安二年爲大學直講 貞觀初 渤海國王遣使朝聘 以安雄爲存問兼領客使 (…) 安雄專精經業 頗閑詞華 重陽之節 徵接文人 卒時年六十五 (『日本三代實錄』49 光孝紀)

신라　又幸鮑石亭 南山神現舞於御前 左右不見 王獨見之 有人現舞於前 王自作舞 以像示之 神之名或曰祥審 故至今國人傳此舞 曰御舞祥審 或曰御舞山神 或云旣神出舞 審象其皃[648] 命工摹刻 以示後代 故云象審 或云霜髥舞 此乃以其形稱之 又幸於金剛嶺時 北岳神呈舞 名玉刀鈐 又同禮殿宴時 地神出舞 名地伯級于[649] 語法集云 于時山神獻舞 唱歌云 智理多都波都波等者 盖言以智理國者 知而多逃 都邑將破云謂也 乃地神山神知國將亡 故作舞以警之 國人不悟 謂爲現瑞 耽樂滋甚 故國終亡 (『三國遺事』2 紀異 2 處容郎 望海寺)

신라　夏六月 王不豫 赦國內獄囚 又於皇龍寺 設百高座講經 (『三國史記』11 新羅本紀 11)

신라　夏六月 王不豫 赦 又於皇龍寺 設百高座講經 (『三國史節要』13)

신라　六月知中国[650]改年號 迺爲光啓二年 (『三國史記』31 年表 下)

신라　自贈太傅獻康大王 △△鴻國 煩飛鵠書 欻乃△△△鳳儀之舞 以△△△ △△戎家 △△法祐 能隆下△ 不爽然 來思因貢 △△外護之使 行達辯△ 慶順滋焉 唯△相△△善△會△△△如△膺籙△△ 國師遽撤葷腥 因鐲痛惱 復忘筌斯在 是時 前國統釋惠威大法師 泉△法大德 比丘△道△△△△△愼孚 解行雙高 道俗俱從 無心合契道 面盡△△王孫爲師△ 具僚列賀 禮無遠△ 道益隆焉 △關君民也 師叵利則 句如無別△ 況師高尙者 固△△步驟之 (「實相寺秀澈和尙楞伽寶月塔碑」)[651][652]

신라　秋七月五日 薨 諡曰憲康 葬菩提寺東南 (『三國史記』11 新羅本紀 11)

신라　秋七月 王薨 弟晃立 上諡曰憲康 葬菩提寺東南 (『三國史節要』13)

신라　憲康王薨 定康王晃卽位元年 (『三國史記』31 年表 下)

신라　定康王 立諱晃 景文王之第二子也 (『三國史記』11 新羅本紀 11)[653]

---

647) 景午年는 丙午年의 잘못이다.
648) 원문의 皃는 貌가 맞다.
649) 원문의 于는 干이 맞다.
650) 国은 國의 이체자이다.
651) 헌강왕대(875~885)에 서울에 초청받았다.
652) 헌강왕은 875~886년까지 재위하였다. 따라서 875~886년으로 기간편년하고 886년에 편제하였다.
653)『三國遺事』1 王曆 1 第五十定康王조에 따르면 "金氏 明晃 閔哀王之母弟 丙午立而崩"이라고 하였다.

신라 第五十定康王[金氏 名晃 閔哀王之母弟 丙午立而崩] (『三國遺事』1 王曆)

신라 八月 拜伊飡俊興爲侍中 (『三國史記』11 新羅本紀 11)

신라 八月 以伊飡俊興爲侍中 (『三國史節要』13)

신라 (八月) 國西旱且荒 (『三國史記』11 新羅本紀 11)

신라 (八月) 國西旱荒 (『三國史節要』13)

신라 故弘覺禪師碑銘 幷序

儒林郎 守兵部郎中 兼崇文館直學士 賜緋魚袋 臣金薳 奉敎撰

沙門 臣 雲徹 奉教 集 晉右將軍 王羲之書

(마멸)知法本不眞不假 迺達禪宗 是故 譚空而實在其中 論實而空居其內 迥曉千經之表 恒彰萬象之 (마멸)端焉 壞道體兼作化成 自然 非滅非生 不增不減 修之則了乎正覺 得之則豈究其源 斯爲法焉 法(마멸)掃跡於玄寂之鄕 安靜於忘言之域 其惟弘覺禪師乎 禪師 神岸淸爽 性覺非凡 法海津梁(마멸) 諱利觀 字有者 金姓 京都人也 黙識天竺 (마멸)粹 堅貞居一 節操無儔 處世得松竹之心 安(마멸)文 該通書史 一覽無遺 誦讀經墳五(마멸)券之敏 不爲尙也 年十七 遂剃髮 披緇損俗 (마멸)往海印寺 訪諸善知 求其勝者 叅聞(마멸)如流 義海無涯 詞峰極峻 耆宿咸贊曰 後生 (마멸)遊靈嶽 遍詣禪林 偶次凌岫 便欲 (마멸)翠泉雲 奇而復異絶 昏埃之態 幽而 (마멸)教聽者 無遠邇溱若雲屯 禪師 追(마멸)聖跡名山 願周巡禮 乃振(마멸) 年 復於靈巖寺 修定累月 誼嚚徒 (마멸)圓鑑大師 自華歸國 居于惠目山 (마멸)架崖構壑 重建創修 月未朞而功成 (마멸) 禪師 緇門模範 (마멸)彩儼容 觀覩者 莫不神肅 (마멸)之爲上足 咸通末 復往於雪山億聖(마멸) 成金殿與香榭 叅差琪樹共於松 隱逆(마멸)於時 譽雷於世 聖上聆風慕德(마멸)寤寐(마멸)禪闈 仍昇內筵 演苦空談 妙 是乎 龍顔(마멸)以覩靑天 後不逾旬而告辭 詔(마멸)餞路 (마멸)上亦遣使 衛送至山 廣明元年 冬十月卄一日 詰旦(마멸)今法緣營盡 汝等勉旃守道 是日 奄然遷(마멸)夏五十 嗚呼 生爲求俗 亡以示滅 (마멸)宸衷 悼 萬姓悲凉 忍草凋衰 慈雪慘絶 (마멸)徒興追痛之哀 弟子 梵龍 使義等百(마멸)側 恩命中官爭刻焉 來年(마멸)贈諡曰 弘覺禪師 塔號爲禪鑑之塔 巍巍(마멸) 衣冠末流 風塵冗吏 △△△譽藝匪揚 (마멸)陳紀述 雖文多簡略 事不繁書 蓋春秋一字之(마멸) (마멸)大哉佛日 有土皆周 盛乎法△ 簡方不流 辰韓酷尙 △△△修 竺乾可竝 王舍斯儔 師其弘教 聖跡皆遊(마멸)眞理了悟 至道竟覺 心鏡洞開 △霜自鑠 談法言表 △△△廓 論發傾河 德存仰岳 頻昇內座 居△△△ △△△ 摧毁禪教 削△△期 △△△謝人間蕭條 禪室寂寞 玄關(마멸)法要 萬古誰攀 △瞻遺影 涕想生顔 凄凄巖樹 慘慘雲山 豊碑(마멸)

大唐光啓二年丙午十月九日 建 車城(마멸) 崔瓊 篆額 報德寺 沙門 臣 慧江 刻字 (「禪林院址弘覺禪師碑」)654)

신라 禪師泥洹 當文聖大王之朝 上惻僊襟 將寵淨諡 及聞遺戒 愧而寢之 越三紀 門人以陵谷爲慮 扣不朽之緣於慕法弟子 內供奉一吉干楊晉方 崇文臺鄭詢一 斷金爲心 勒石是請 獻康大王 恢弘至化 欽仰眞宗 追諡眞鑑禪師 大空靈塔 仍許篆刻 以永終譽 懿乎日出暘谷 無幽不燭 海岸植香 久而弥芳 或曰 禪師垂不銘不塔之戒 而降及西河之徒 不能確奉先志 求之歟 抑與之歟 適足爲白珪之玷 嘻 非之者 亦非也 不近名而名彰 蓋定力之餘報 與其灰滅電絶 曷若爲可爲於可爲之時 使聲震大千之界 而龜未戴石 龍

654) 비는 제자들의 건의에 따라 886년(정강왕 1) 10월에 禪林院에 건립되었다.

遽昇天 今上繼興 塤篪相應 義諧付囑 善者從之 以隣岳招提 有玉泉之號 爲名所累 衆耳致惑 將俾弃同卽異 則宜捨舊從新 使目示其寺之所枕倚 則以門臨複澗爲對 乃錫題爲雙溪焉 申命下臣曰 師以行顯 汝以文進 宜爲銘 致遠拜手曰 唯唯 退而思之 頃捕名中州 嚼腴咀雋于章句間 未能盡醉衢罇 唯愧深跧泥蟄 況法離文字 無地措言 苟或言之 北轅適郢 第以國主之外護 門人之大願 非文字不能昭昭乎群目 遂敢身從兩役 力效五能 雖石或憑焉 可慙可懼 而道强名也 何是何非 掘笔藏鋒 則臣豈敢 重宣前義 謹札銘云 (「雙溪寺眞鑑禪師大空塔碑」)[655]

신라　　盛事畢矣 昌期忽兮 定康大王莅阼 兩朝寵遇 師而行之 使緇素重使迎之 辭以老且病 (「聖住寺郎慧和尙白月葆光塔碑」)

신라　　大順二年[656] 師避地於尙州之南 暫栖鳥嶺 當此之時 本山果遭兵火 盡爇寶坊 大師預卜吉凶 以免俱焚之難 (「寧越興寧寺澄曉大師塔碑」)

신라　　大師 誕彌月以無芊 果髫秊而有慶 則是法芽尙早 勝果逆脩 雖居兒戲之中 猶在童年之上 年登幼學 纔傾鼓篋之心 德貴老成 旣有緇門之志 迺告二親曰 願得離塵之請 覬脩登地之因 雖乏慧柯 惟期法棟 父母潛然歎曰 成已仁也 成物智也合內外之道也 汝棲禪而美則美矣 我割愛而悲莫悲兮 大師志在其親 心期卽佛 父母迺曰 人所欲者 天且從之 豈昧爱子之因 猶有嚴君之拒 遂泣而診 直往夫仁山寺 落采因栖學藪 未樂禪山 迅足空留 它心尙住 魂交之夕 金僊摩頂提耳 迺授之方袍曰 汝其衣之所以衛身而行乎 且此地非心學者 栖遲之所 亟去之不亦宜乎 大師卽以形開 因而警戒 以爲道之將行 時不可失 昧爽 坐以待旦 挈山裝鳥逝 乃詣白鷄山 謁道乘和尙 請爲弟子 脩菩薩道 入如來家 覩奧之眼曾開 知幾之心旣悟 以爲非智無以護其法 非戒無以防其違 年十有 八禀具於月遊山華嚴寺 忍草抽芽 浮囊濟浪 益驗戒香之馥 孔彰心石之堅 坐雨方終 出雲還似 復往白鷄山 辭大師 師因謂曰 汝其志不可奪 勢不可遏 汝以吾爲東家丘 末如之何 遂笑而聽去 自尒遊有泛覽 學無常師 歷謁聖住無染大師 崛山梵日大師 譚柄纔揮 玄機了見 念言于以採玉 于以探珠 道遠乎哉 行之則是 (「玉龍寺洞眞大師碑」)[657]

887(丁未/신라 정강왕 2 진성왕 1/발해 현석 18/唐 光啓 3/日本 仁和 3)

신라　　春正月 設百座於皇龍寺 親幸聽講 (『三國史記』11 新羅本紀 11)

신라　　春正月 幸皇龍寺設百高座 仍聽講 (『三國史節要』13)

신라　　(春正月) 漢州伊湌金蕘叛 發兵誅之 (『三國史記』11 新羅本紀 11)

신라　　(春正月) 漢州伊湌金蕘叛 發兵誅之 (『三國史節要』13)

신라　　夏五月 王疾病 謂侍中俊興曰 孤之病革矣 必不復起 不幸無嗣子 然妹曼天資明銳 骨法似丈夫 卿等宜倣善德眞德古事 立之可也 (『三國史記』11 新羅本紀 11)

신라　　夏五月 王疾病 謂侍中俊興曰 孤之病革矣 必不復起 不幸無嗣 然女弟曼天資明銳 骨貌似丈夫 卿等宜放善德眞德故事 立之可也 (『三國史節要』13)

---

655) 진감선사 혜소가 입적한 해는 문성왕 12년(850)이다. 이후 3紀 즉 36년이 지난 886년(헌강왕 12)에 陽晉方 鄭詢一이 비 건립을 주청하자 헌강왕이 입비의 명을 내렸다.

656) 문맥상 광계 2년이 맞다.

657) 대시는 868년에 태어났다. 본문에서 구족계를 받은 18세는 886년이나.

신라　是故 我太尉讓王 倦彼垂衣 棄如脫屣 仍從剪咎 △抑煩囂 △雖△△ 何陋之鄉 本△△△得非染 又玄之道 終粹淸閑 其實大事因緣 素有師保無疵 故太宗文武聖皇帝詔曰可著令置三師之位 則△△△我 根儒幹釋 鎔夏鑄夷 其方本仁 易以道御 於是 心已謂鏞 難遠擊鍾 好近△欲 處師寰內 △唯不逮 特教勅端儀長翁主 深源山寺 請居禪師廣濟迷津 故時人不名稱△ 瑩其心地 豈瑩△之謂耶 居無何 以玆密邇都城 泉石淸宮塵△△△ 弟子粹忍義光 各居南岳北埜 △野△源 勝地絶倫 法雲爲 心隨境家 有以是名 撰十地境 壓三山者 應其感應也 △△△乎 △舶不△自淨刀△異△△錐 能除△弊自餘△交 秘說目擊 倚 是尤加鞭後者 大師無言 近世心學△△ 無爲亂神之資 是無交△ 故爾△稽古 △宜遠有根 (「實相寺秀澈和尙楞伽寶月塔碑」)[658]

신라　秋七月五日薨 謚曰定康 葬菩提寺東南 (『三國史記』11 新羅本紀 11)

신라　秋七月 王薨 曼立 上謚曰定康 葬菩提寺東南
權近曰 乾坤皆有元亨利貞之德 而乾之貞爲牝馬者 以其體柔順 而不足於強健也 是故妻道無成 必配夫道 然後乃成家道 家道尙不可獨成 而況居人君之位乎 婦人而妄干大位者 古稱漢雉唐曌皆牝晨 逞惡謀覆宗國 危而後安 劉李之不亡幸矣 定康將薨 藉善德眞德故事 遺命立曼爲君 其臣俊興不學無術 殊不知二主之立 背理亂常 不足取法而反效 尤勉從亂命 以致恣行滛穢 群盜並起 國隨以亡 可謂君不君而臣不臣矣 嗚呼惜哉 (『三國史節要』13)

신라　定康王薨 眞聖王曼卽位元年 (『三國史記』31 年表 下)

신라　(秋七月) 眞聖王立 諱曼 憲康王之女弟也[崔致遠文集第二卷 謝追贈表云 臣坦言 伏奉制旨 追贈亡父臣凝爲大[659]師 亡兄臣晸爲大[660]傅 又納旌節耒[661]云 臣長兄國王晸以去光啓三年七月五日 奄御聖代 臣姪男嶢生未周晬 臣仲兄晃權統藩垣 又末[662]經朞月 遠謝明時 以此言之 景文王諱凝 夲紀則云 膺廉 真聖王諱垣[663] 夲紀則云曼 又定康王晃以光啓三年薨 夲紀謂二年薨 皆不知孰是] (『三國史記』11 新羅本紀 11)[664]

신라　第五十一眞聖女王[金氏 名曼憲 卽定康王之同母妹也 王之匹魏弘大角干 追封惠成大王 丁未立 理十年 丁巳遜位于小子孝恭王 十二月崩 火葬散骨于牟梁西岳 一作未黃山] (『三國遺事』1 王曆)

신라　(秋七月) 大赦 復諸州郡一年租稅 (『三國史記』11 新羅本紀 11)

신라　(秋七月) 大赦 復諸州郡一年租 (『三國史節要』13)

신라　(秋七月) 設百座皇龍寺 親幸聽法 (『三國史記』11 新羅本紀 11)

신라　(秋七月) 幸皇龍寺 設百高座 仍聽法 (『三國史節要』13)

신라　冬 無雪(『三國史記』11 新羅本紀 11)

신라　冬 無雪 (『三國史節要』13)

---

658) 정강왕대(887~893)에 서울 부근의 절을 하사하여 주석하였고 단의장옹주를 통해 양주 심원사를 내렷다.
659) 원문의 大는 太가 맞다.
660) 원문의 大는 太가 맞다.
661) 원문의 耒는 表가 맞다.
662) 원문의 末은 未가 맞다.
663) 원문의 垣은 坦이 맞다.
664) 『三國遺事』1 王曆 1 第五十一眞聖女王조에 따르면 "金氏 名曼憲 卽定康王之同母妹也 王之匹魏弘大角干 追封惠成大王 丁未立 理十年 丁巳遜位于小子孝恭王 十二月崩 火葬散骨于牟梁西岳 一作未黃山"이라고 하였다.

신라 孝女知恩 韓歧部百姓連權女子也 性至孝 少喪父 獨養其母 年三十二 猶不從人 定省不離左右 而無以爲養 或傭作或行乞 得食以飼之 日久不勝困憊 就富家請賣身爲婢得米十餘石 窮日行役於其家 暮則作食歸養之 如是三四日 其母謂女子曰 向 食麤而甘 今則食雖好 味不如昔 而肝心若以刀刃刺之者 是何意耶 女子以實告之 母曰 以我故使爾爲婢 不如死之速也 乃放聲大哭 女子亦哭 哀感行路 時孝宗郎出遊見之 歸請父母 輸家粟百石及衣物予之 又償買主以從良 郞徒幾千人 各出粟一石爲贈 大王聞之亦賜租五百石家一區 復除征役 以粟多恐有剽竊者 命所司差兵番守 標榜其里曰孝養坊 仍奉表 歸美於唐室 孝宗 時第三宰相舒發翰仁慶子 少名化達 王謂雖當幼齒便見老成 卽以其兄憲康王之女 妻之 (『三國史記』48 列傳 8 孝女知恩)665)

신라 新羅國 故 知異山 雙谿寺 教諡 眞鑑禪師 碑銘 幷序

前西國 都統巡官 承務郎 侍御史 內供奉 賜紫金漁袋 臣 崔致遠 奉教撰 幷書篆額

夫道不遠人 人無異國 是以 東人之子 爲釋爲儒 必也 西浮大洋 重譯從學 命寄刳木必懸寶洲 虛往實歸 先難後獲 亦猶采玉者不憚崑丘之峻 探珠者不辭驪壑之深 遂得慧炬則光融五乘 嘉肴則味飫六籍 竟竟使千門入善 能令一國興仁 而學者或謂 身毒與闕里之說敎也 分流異體 圜鑿方枘 互相矛楯 守滯一隅 嘗試論之 說詩者 不以文害辭不以辭害志 禮所謂 言豈一端而已 夫各有所當 故廬峰慧遠著論謂 如來之與周孔 發致雖殊 所歸一揆 體極不兼應者 物不能兼受故也 沈約有云 孔發其端 釋窮其致 眞可謂識其大者 始可與言至道矣 至若佛語心法 玄之又玄 名不可名 說無可說 雖云得月指或坐忘 終類係風 影難行捕 然陟遐自邇 取譬何傷 且尼父謂門弟子曰 予慾無言 天何言哉 則彼淨名之黙對文殊 善逝之密傳迦葉 不勞鼓舌 能叶印心 言天不言 捨此奚適而得 遠傳妙道 廣耀吾鄕 豈異人乎 禪師是也 禪師法諱慧昭 俗姓崔氏 其先漢族冠蓋山東 隋師征遼 多沒驪貊 有降志而爲遐甿者 爰及聖唐囊括四郡 今爲全州金馬人也 父曰昌元 在家有出家之行 母顧氏 嘗晝假寐 夢一梵僧謂之曰 吾願爲阿阿 方言謂母之子 因以瑠璃甖爲寄 未幾娠」禪師焉 生而不啼 迺夙挺銷聲息言之勝牙也 旣齔從戲 必火賁葉爲香 采花爲供 或西嚮危坐 移晷未嘗動容 是知善本 固百千劫前所栽植非可跂而及者 自丱皐弁 志切反哺 跬步」不忘 而家無斗儲 又無尺壤 可盜天時者 口腹之養 惟力是視 乃裨販蝂隅 爲贍滑甘之業 手非勞於結網 心已契於忘筌 能豊啜菽之資 允叶采蘭之詠 暨種艱棘 負土成墳 迺曰 鞠」育之恩 聊將力報 希微之旨 盍以心求 吾豈匏瓜 壯齡滯跡 遂於貞元廿年 詣歲貢使 求爲榜人 寓足西泛 多能鄙事 視險如夷 揮楫慈航 超截苦海 及達彼岸 告國使曰 人各有志 請」從此辭 遂行至滄州 謁神鑑大師 投體方半 大師怡然曰 戲別匪遙 喜再相遇 遽令削染 頓受印契 若火沾燥艾水注卑 然 徒中相謂曰 東方聖人 於此復見 禪師形貌黯然 衆不名」而目爲黑頭陀 斯則探玄處黙 眞爲漆道人後身 豈比夫邑中之黔 能慰衆心而已哉 永可與赤頿靑眼 以色相顯示矣 元和五年 受具於崇山少林寺 瑠璃壇 則聖善前夢 宛若合符」旣瑩戒珠 復歸橫海 聞一知十 茜絳藍靑 雖止水澄心 而斷雲浪跡 粤有鄕僧道義 先訪道於華夏 邂逅適願 西南得朋 四遠叅尋 證佛知見 義公前歸故國 禪師卽入終南 登萬仞之」峯 餌松實而止觀寂寂者三年 後出紫閣 當四達之道 織芒屩而廣施憧憧者又三年 於是 苦行旣已修 他方亦已遊 雖曰觀空 豈能忘本 乃於大和四年來歸 大覺上乘 照我仁域 」興德大王 飛鳳筆迎勞曰 道義禪師 曩已歸止 上人繼至 爲二菩薩 昔聞黑衣之傑 今見縷褐之英 彌天慈威 擧國欣賴 寡人行當以東雞林之境 成吉祥之宅也 始憩錫於尙州露岳長柏寺 毉門多病 來者如雲 方丈雖寬 物情自隘 遂步至康州知異山 有數於菟 哮吼前

665) 왕의 형이 헌강왕이라는 내용으로 볼 때 본조의 대왕은 정강왕에 해당되는데 정강왕의 재위는 886~887년이다. 따라서 886~887년으로 기간편년하고 887년으로 편제하였다. 『삼국사절요』에는 897년으로 기록하였다.

導 避危從坦 不殊兪騎 從者無所怖畏豢犬如也 則與善无畏三藏 結夏靈山 猛獸前路深入山穴 見牟尼立像 宛同事跡 彼竺曇猷之扣睡虎頭 令聽經 亦未傳媺於僧史也 因於花開谷故三法和尚蘭若遺基 纂修堂宇 儼若化成 洎開城三年 愍哀大王 驟登寶位深託玄慈 降璽書餽齊費 而別求見願 禪師曰 在勤修善政 何用願爲 使復于王 聞之愧悟 以禪師色空雙泯 定惠俱圓 降使賜號爲慧昭 昭字 避」聖祖廟諱 易之也 仍貫籍于大皇龍寺 徵詣京邑 星使往復者 交轡于路 而岳立不移其志 昔僧稠拒元魏之三召云在山行道 不爽大通 棲幽養高 異代同趣 居數年 請益者 稻麻成列 殆無錐地 遂歷銓奇境 得南嶺之麓 爽塏居最 經始禪廬 却倚霞岑 俯壓雲澗 淸眼界者 隔江遠岳 爽耳根者 迸石飛湍 至如春谿化 夏徑松 秋壑月 冬嶠雪 四時變態 萬象交光 百籟和唫 千巖竟竟秀 嘗遊西土者 至止咸愕 視謂 遠公東林 移歸海表 蓮花世界 非凡想可擬 壺中別有天地則信也 架竹引流 環階四注 始用玉泉爲牓 屈指法胤 則禪師乃曹溪之玄孫是用建六祖影堂 彩飾粉墉 廣資導誘 經所謂 爲悅衆生故 綺錯繪衆像者也 大中四年正月九日詰旦 告門人曰 萬法皆空 吾將行矣 一心爲本 汝等勉之 無以塔藏形 無以銘紀跡 言竟坐滅 報年七十七 積夏四十一 于時天無纖雲 風雷欻起 虎狼號咽 杉栝變衰俄而紫雲翳空 空中有彈指聲 會葬者無不入耳 則梁史載褚侍中翔 嘗請沙門 爲母疾祈福 聞」空中彈指 聖感冥應 豈誣也哉 凡志於道者 寄聲相弔 未亡情者 銜悲以泣 天人痛悼 斷可知矣 靈函幽隧 預使備具 弟子法諒等 號奉色身 不踰日而窆于東峯之冢 遵遺命也 禪師」性不散樸 言不由機 服煖縕黂 食甘糠麧 芧菽雜糅 蔬佐無二 貴達時至曾不異饌 門人以瘮腹進難 則曰 有心至此 雖糲何害 尊卑耋穉 接之如一 每有王人乘馹傳命 遙祈」法力 則曰 凡居王土而戴佛日者 孰不傾心護念 爲君貯福 亦何必遠汚綸言於枯木朽株 傳乘之飢不得齕 渴不得飮 吁可念也 或有以胡香爲贈者 則以瓦載煻灰不爲丸而焫之曰 吾不識是何臭 虔心而已 復有以漢茗爲供者 則以薪爨石釜 不爲屑而煮之曰 吾不識是何味 濡腹而已 守眞忤俗 皆此類也 雅善梵唄 金玉其音 側調飛聲爽快」哀婉 能使諸天歡喜 永於遠地流傳 學者滿堂 誨之不倦 至今 東國習魚山之妙者競如掩鼻 效玉泉餘響 豈非以聲聞度之之化乎 禪師泥洹 當」文聖大王之朝 上惻僊襟將寵淨諡 及聞遺戒 愧而寢之 越三紀 門人以陵谷爲慮 扣不朽之緣於慕法弟子 內供奉 一吉干 楊晉方 崇文臺 鄭詢一 斷金爲心 勒石是請 獻康大王 恢弘至化 欽仰眞宗追諡眞鑑禪師 大空靈塔 仍許篆刻 以永終譽 懿乎 日出暘谷 無幽不燭 海岸植香 久而弥芳 或曰 禪師垂不銘不塔之戒 而降及西河之徒 不能確奉」先志 求之歟 抑與之歟適足爲白珪之玷 嘻 非之者 亦非也 不近名而名彰 蓋定力之餘報 與其灰滅電絶 曷若爲可爲於可爲之時 使聲震大千之界 而龜未戴石 龍遽昇天 今上繼興 塤篪相應 義諧付囑 善者從之 以隣岳招提 有玉泉之號 爲名所累 衆耳致惑 將俾弃同卽異 則宜捨舊從新 使目示其寺之所枕倚 則以門臨複澗爲對 乃錫題爲雙溪焉 申命下臣曰 師以行顯汝以文進 宜爲銘 致遠拜手曰 唯 唯 退而思之 頃捕名中州 嚼腴咀雋于章句間 未能盡醉衢罇 唯愧深跧泥甃 況法離文字 無地措言 苟或言之 北轅適郢 第以」國主之外護門人之大願 非文字不能昭昭乎群目 遂敢身從兩役 力效五能 雖石或憑焉 可慙可懼而道强名也 何是何非 掘藏鋒 則臣豈敢 重宣前義 謹札銘云 杜口禪那 歸心佛陀 根熟菩薩 弘之靡它 猛探虎窟 遠泛鯨波 去傳秘印 來化斯羅 尋幽選勝 卜築巖磴 水月澄懷 雲泉寄興 山與性寂 谷與梵應 觸境無碍 息機是證 道贊五朝 威摧衆妖 默垂慈蔭 顯拒嘉招 海自 蕩 山何動搖 無思無慮 匪斲匪雕 食不兼味 服不必備 風雨如晦始終一致 慧柯方秀 法棟俄墜 洞壑凄凉 煙蘿憔悴 人亡道存 終不可諼 上士陳願大君流恩 燈傳海裔 塔聳雲根 天衣拂石 永耀松門

光啓三年七月日建 僧奐榮 刻字 (「雙溪寺眞鑑禪師大空塔碑」)666)

---

666) 비는 887년(정강왕 2)에 건립되었으며 최치원이 왕명에 따라 비문을 짓고 아울러 전서의 제액과 비문의

신라 太尉大王 流恩表海 仰德高山 嗣位九旬 馳訊十返 俄聞腰之苦 遽命國醫往爲之 至則請苦狀 大師微破顔曰 老病耳 無煩治 糜飱二時 必聞鍾後進 其徒憂食力虧 陰戒掌枹者陽密擊 乃目牖而命撤 將化往命旁侍 警遺訓于介衆曰 已過中壽 難逃大期 我儻遠遊 爾曹好住 講若畫一 守而勿失」 古之吏尙如是 今之禪宜勉旃 告訣裁罷 然而化(「聖住寺郎慧和尙白月葆光塔碑」)

신라 數換星霜 光啓三年 冬 大師寂滅 其後 不遠千里 邐迤南行 至於靈覺山中 虔謁深光和尙 是大師師兄長老也 早蘊摩 人中師子 以爲崇嚴之嗣 學者咸宗 然則李成蹊 其門如市 朝三暮四 虛往實歸 大師 師事殷勤 服膺數歲 由是 擲守株之念抛緣木之心 挈瓶下山 沿其西海 乘査之客 邂逅相逢 託足而西 遄凌巨寖 珍重夷洲之浪 直衝禹穴之煙 此時 江表假 次於洪府 行行西上 禮見雲居 大師謂曰 戱 別匪遙 相逢於此 運斤之際 猶喜子來 吾師 問義不休 爲仁由已 屢經星紀 寒苦彌堅 已抵驪困 得認探珠之契 仍登鳥徑 方諧採玉之符 (「菩提寺大鏡大師塔碑」)

신라 聞夫法舸飛空 逈出迷津之外 慈軒駕說 高辭爔 室之中 究之則莫覩妙門 導之則實資冥域 而況 生標令望 歿託勝因 動有所成 往無不利 故全州 大都督金公 小昊玄裔 太常令孫 褰帷而按俗多 能 早分銅虎 側席而求賢是切 佇戴金貂 豈意未濟巨川 先摧良木 夫人德芳蘭蕙 禮潔蘋蘩 遽失 所天 如沒于地 抱灰心而誓節 剃雲鬢而改容 乃捨淨財 以成追福 中和六年五月十日 敬繡釋迦牟尼佛像幡一 奉爲判 莊嚴告畢 斯乃三歸 勵志 五彩伏栖者 薰修日益 汲引日深 果希驥於 東林 覬攀龍於西土 睠言福地 乃作頌云 東海東山有住寺 華嚴佛國爲名字 主人宗睠親 修置 標題四語有深義 華嚴寓目瞻蓮藏 佛國馳 心係安難 欲使魘山平毒嶂 終令苦海無驚浪 可愛苾蒭所設施 能遵檀越奉心期 東居西想寫形儀 觀身落景指崦嵫 各於其國興福利 阿閦如來 亦奇異 金言未必辨方位 究竟指心令有地 妄生 妄號空對空 浮世修行在愼終 旣能安堵仰睟容 誰謂面墻無感通 景行支公與遠公 存歿皆居佛 國中 (『東文選』50 贊 華嚴佛國寺繡釋迦如來像幡贊 崔致遠)

888(戊申/신라 진성왕 2/발해 현석 19/唐 光啓 4 文德 1/日本 仁和 4)

신라 春二月 少梁里石自行(『三國史記』11 新羅本紀 11)

신라 春二月 少梁里石自行 (『三國史節要』13)

신라 (春二月) 王素與角干魏弘通 至是 常入內用事 仍命與大矩和尙 修集鄕歌 謂之三代目云 及魏弘卒 追諡爲惠成大王 此後 潛引少年美丈夫兩三人 淫亂 仍授其人以要職 委以國政 由是 佞倖肆志 貨賂公行 賞罰不公 紀綱壞弛 時有無名子 欺謗時政 構辞榜於朝路 王命人搜索 不能得 或告王曰 此必文人不得志者所爲 殆是大耶州隱者巨仁耶 王命拘巨仁京獄 將刑之 巨仁憤怨 書於獄壁曰 于公慟哭三年旱 鄒衍含悲五月霜 今我幽愁還似古皇天無語但蒼蒼 其夕 忽雲霧震雷雨雹 王懼 出巨仁放歸 (『三國史記』11 新羅本紀 11)

신라 (春二月) 王素與角干魏弘通 至是 常入內用事 仍命與僧大矩 修集鄕歌 及弘死 諡爲惠成大王 後潛引年少美丈夫私之 授以要職 由是 佞倖肆志 貨賂公行 賞罰不公 紀綱壞弛 時有人 欺謗時政 榜於朝路 王命搜索 不能得 或告王曰 必文人不得志者所爲 是必大耶州隱者巨仁 王命下巨仁獄 將刑之 巨仁憤怨 書獄壁曰 于公慟哭三年旱 鄒

글씨도 썼다.

衍含悲五月霜 今我幽愁還似古 皇天無語但蒼蒼 其夕 忽震雷雨雹 王懼釋之 (『三國史節要』13)

신라 第五十一眞聖女王 臨朝有年 乳母鳧好夫人 與其夫魏弘匝干等 三四寵臣 擅權撓政 盜賊蜂起 國人患之 乃作陁羅尼隱語 書投路上 王與權臣等得之 謂曰 此非王居仁 誰作此文 乃囚居仁於獄居仁作詩訴于天 天乃震其獄囚以免之 詩曰 燕丹泣血虹穿日 鄒衍含悲夏落霜 今我失途還似舊 皇天何事不垂祥 陁羅尼曰 南無亡國 刹尼那帝 判尼判尼蘇判尼于干三阿干 鳧伊娑婆訶 說者云 刹尼那帝者 言女主也 判尼判尼蘇判尼者 言二蘇判也[蘇判爵名] 于于三阿干也 鳧伊者 言鳧好也 (『三國遺事』2 紀異 2眞聖女大王·居陀知)[667]

신라 朴仁範元傑巨仁金雲卿金垂訓輩 雖僅有文字傳者 而史失行事 不得立傳 (『三國史記』46 列傳 6)

신라 三月戊戌朔 日有食之(『三國史記』11 新羅本紀 11)

신라 三月戊戌朔 日有食之 (『三國史節要』13)

신라 王不豫 錄囚徒 赦殊死已下 許度僧六十人 王疾乃瘳 (『三國史記』11 新羅本紀 11)

신라 王不豫 錄囚 赦殊死已下 度僧六十人 (『三國史節要』13)

신라 夏五月 旱 (『三國史記』11 新羅本紀 11)

신라 夏五月 旱 (『三國史節要』13)

신라 中和六年 受具足戒於本寺道堅律師 旣而油鉢無傾 浮囊不漏 桑門託位 不唯守夏之勤 草繫懸心 寧止終年之懇 其後情深問道 志在觀方 結瓶下山 飛錫沿海 (「廣照寺眞澈大師碑」)

신라 光啓四年 受於通度寺 靈宗律師 旣瑩戒珠 言歸慧室 聞一知十 德成敎尊 然則空谷釣魚 易緣木求魚之△ △山△△ △守株待兎之時 所以挈瓶出門 飛錫遵路 所冀因待朝天之使 偶逢汎之時 西南得朋 邂逅△過 大師 虔陳素思 涉泗交流 專介疑聽 深信厥功 奉△△△△△△ 遥達西津 此時 華亭繫舟 桂苑尋徑 望東林之佳境 瞻北渚之樂郊 仄企聞雲居道膺和尙 道冠楞伽 功高善逝 爲寶樹之王者 作禪林之主人 △△△△ 慶猷逈微麗嚴利嚴 共海東謂之四無畏大士也 和尙曰 聞言識士 見面知心 萬里同居 千年一遇 所以四賢 情深避席 感切開堂 以後蘊素筌蹄 勞口舌之契△答之契 暗諧目擊之符 於是 潛付慈燈 密傳法要 逐曰吾道東矣 慶猷一人 起予者商 於是乎在 所謂 廣弘佛道 何論貴賤之家 遐演禪宗 豈△△△之△ △△△力 何假他心 (「五龍寺法鏡大師碑」)

신라 眞聖大王御宇之二年也 特遣溟州僧三釋浦道 東宮內養 安處玄等 遠降綸言 遙祈法力 仍以陰竹縣 元香寺 永屬禪那別觀 此日也 方離北地 漸次南行 路出公州 經過城下 長史 金公休 與郡吏 宋嵒等 遠至慈△ 迎入郡城 兼以揀其△△名居請爲安下 大師謂長史曰 貧道老之將至 擬往雙峯 忝親率同學之徒 面禮先師之塔 以此南去 不可踟躕 遂以使領衆行行 直入進禮郡界 忽被賊徒截道 禪衆迷途 忽然煙霧沉沉 須臾斗暗

667) 본문에는 연월이 보이지 않지만, 『三國史記』에 진성왕 2년 춘2월로 나온다. 따라서 진성왕 2년 춘2월로 편년하고 편제하였다.

賊△忽聞空裏有若甲馬之聲 莫不驚惶逡巡潰散 大師與衆 免其劫奪之灾 此則觀音勢慈 擁護之力也 所恨擧邦草寇 無處不之 此際星夜倍程達于武府 於是 旡戎敬仰 一群顯蘇 大王聞 大師遊歷南方 護持四境 郡兇稽手 大憗歸心 則知大師 永福國家 兼爲北塹 特寄無量 靈神二寺 請以住之 當州群吏 金思尹等 欻聞禪旨 深沐法恩 請住芬嶺郡之桐林 永屬禪居 以爲終焉之所 惠遠居廬阜之日 晋△尊△僧 稠在龍山之時 齊文鄭重 而又許詢之師於支遁 朱序之託彼道安 無之尙也 可謂 爲世津梁 作時藥石 君臣倚賴 士庶歸依者也 無何 大師謂衆曰 此地 必是灾害所生 寇戎相煞 不如早爲之所難至無計可爲也 忽指路於北山 尋乘桴於四海 此時欻遭風浪 難整舟船 大師問海師云 晝夜六時 征行千里 此中何處 爭認前程 海師荅曰 暗算前途 必應西國也 大師作偈云 先想遊秦落拓時 老△還作學生兒 追思昔日求西笑 更感臨時恨太遲 恍忽之間沉吟之際 其於耿戒 夢見海神 謂曰 大師 不要入唐 何妨歸本 努力努力 莫以傷心 忽然仍遇便風 東征半日 得達唐城郡之西界 得抵平津 以此△往守珍 權謀止泊 遂至銀江禪院 稍愜禪襟 因過旬時 暫停杖屨 大王尋遣斧壤縣副守 張連說 專賫茗香遠奉銀山云 常欽王佐之才 冀表國師之禮 大師 以煙塵所逼世道交危 拒其辞簡之邀 辭以周豐之懇 謂曰 世皆濁矣 時久昏焉 爝火不能除大夜之昏 阿膠不能止黃河之濁 每看惡路 實猒生途 (「寧越興寧寺澄曉大師塔碑」)

신라 嵩嚴山聖住寺 故兩朝國師 嗣麻谷 法号無染 慶州人也 (…) 以文德元年 暢月二十七日示滅 謚号大朗慧大師 白月葆光之塔 (『祖堂集』17 聖住無染國師)

신라 又登州賈者馬行餘轉海 擬取昆山路適桐廬 時遇西風 而吹到新羅國 新羅國君聞行餘中國而至 接以賓禮 乃曰 吾雖夷狄之邦 歲有習儒者 擧于天闕 登第榮歸 吾必祿之甚厚 乃知孔子之道 被于華夏乎 因與行餘論及經籍 行餘避位曰 庸陋賈豎 長養雖在中華 但聞土地所宜 不讀詩·書之義 熟詩·書 明禮義者 其唯士大夫乎 非小人之事也 乃辭之 新羅君訝曰 吾以中國之人 盡聞典敎 不謂尙有無知之俗歟 行餘還至鄕井 自慙以貪吝衣食 愚昧不知學道 爲夷狄所嗤 況哲英乎 [出雲溪友議] (『太平廣記』481 蠻夷2 新羅)[668]

889(己酉/신라 진성왕 3/발해 현석 20/唐 龍紀 1/日本 仁和 5 寬平 1)

신라 溟州崛山故通曉大師 嗣塩官 法諱梵日 鳩林冠族金氏 (…) 咸通十二年三月 景文大王 廣明元年 憲康大王 光啓三年 定康大王 三王並皆特迂御禮 遙申欽仰擬封國師 各差中使迎赴京師 大師久蘊堅貞確乎不赴 忽於文德二年己酉四月末 召門人曰 吾將他往 今須永訣 汝等莫以世情淺意 亂動悲傷 但自修心不墜宗旨也 卽以五月一日 右脇累足示滅 于崛山寺上房 春秋八十 僧臘六十 謚号通曉大師 塔名延徽之塔 (『祖堂集』17 通曉大師梵日)

신라 國內諸州郡 不輸貢賦 府庫虛竭 國用窮乏 王發使督促 由是 所在盜賊蜂起 於是 元宗哀奴等 擄沙伐州叛 王命奈麻令奇捕捉 令奇望賊壘 畏不能進 村主祐連 力戰死之王下勅斬令奇 祐連子年十餘歲 嗣爲村主 (『三國史記』11 新羅本紀 11)

신라 國內諸州郡不輸貢賦 府庫虛竭 國用窮乏 王發使督之 所在盜賊蜂起 於是 元宗哀奴等據沙伐州叛 王命奈麻令奇捕之 令奇望賊壘 畏不能進 村主祐連力戰死 王斬令奇以祐連子嗣爲村主 年十餘 (『三國史節要』13)

---

668) 『雲溪友議』는 開元年間 이후의 野史를 수록하였다. 撰者인 範攄의 생몰년은 未詳이지만 대체로 僖宗 시기의 인물이다.

신라　　遣崔承祐如唐入國學 後登進士第 (『三國史節要』 13)669)

신라　　此時 遠聞蓬島中有錦山 乘盃而欸涉鼇波 飛錫而尋投鹿菀 栖禪之際 偶覽藏經 披玉軸一音 得金剛三昧 十旬絶粒 先修正覺之心 三歲食松 冀證菩提之果 勤叅之際 忽有老人 瞻仰之中 飄爲禪客 粲然發玉 皓尒垂霜 謂大師曰 師宜亟傍窮途 先尋崛嶺 彼有乘時大士 出世神人 悟楞伽寶月之心 知印度諸天之性 大師 不遠千里 行至五臺 謁通曉大師 大師曰 來何暮矣 待汝多時 因見趍庭 便令入室 心深求法 禮事師甚 一栖道樹之旁 幾改階蓂之序 所以始傳心印 常保髻珠 不出巖巒 唯栖雲水 大師年德 皆至耄期 不任極倦誨人 兼疲看客 教禪師 事同法主 勤接來徒 牛頭添上妙香之 麈尾代玄譚之柄 可謂 猶如洪州大寂 地藏△誘引之門 有若魯國宣尼 子夏代師資之道者矣 文德二年 夏 大師歸寂 和尙墨巾 倍增絶學之悲 恒切忘師之恨 所以敬修寶塔 遽立豐碑 兼以常守松門 幾遭草寇 詰遮洞裏 惟深護法之懷 堅操汀邊 志助栖禪之懇 爰有當州慕法弟子閔規闕飡 欽風志切 慕道情深 早侍禪扉 頻申勤款 仍捨普賢山寺 請以住持 大師對曰 深感檀那 有緣則住 逡巡入 便副禪襟 廣薙丘原 遐通道路 又以修殿塔 逈啓門墻 來者如雲 納之似海 深喜吉祥之地 慧月當軒 共依功德之林 慈雲覆室 亦有知當州軍州事太匡 王公荀息 鳳毛演慶 龍頟呈祥 趍理窟以探奇 詣禪山而仰異 人中師子 扣山陰翫月之門 天上騏驎 投剡縣栖霞之舍 (「普賢寺朗圓大師悟眞塔碑」)

신라　　大師生有殊相 弱無戲言 △△△△△△△△△△△△△△△△△△△△△△△△△△ 性靈超衆 神悟絶倫 槐市橫經 杏園命筆 二親甞邀相者 相之云 若至甘羅之歲 鳳擧難量 終臻賈誼之 △△△△△△△△△△△△△△△△△△△△△△△△至失於怙恃 唯恨栖遑 爰有長純禪師 是導師修度世之緣 當亡父結空門之友 大師隨其長老 得居△△△△△△△△△△△△△△△△△△△△△△△△△俗塵 方登僧位 尋令昇堂覩奧 入室鉤深迅足駸駸 後發先至 覺枝脉脉 前開晩成 所以偃仰禪林 優游△△△△△△△△△△△△△△△△△△△△△△△△△△認印度重光 終至相傳 窺楞伽再闡 迺於龍紀元年受戒於武州靈神寺 既而習其相部 精究毗尼 捧△△△△△△△△△△△△△△△△△△△△△△△△△宗論道 謂學人曰 淺溜穿石 同心斷金 鑽燧之勤寫瓶之易 皆由積微不己 跬步遄征 俄成學海之功 永就△△△△△△△△△△△△△△△△△△△△△△△△釋子 天日禪僧 此間 觀曝骨之墟 見殭屍之處 他山靜境 豈無避地之方 此地危邦 終絶居山之計 △△△辶華 △△△△△△△△△△△△△△△△△△△△△△△者 同載而征 達於彼岸 此時 徑登雲葢禪宇 虔禮淨圓大師 大師是栖雲壑之居 佩石霜之印 知△大師遠離△△△△△△△△△△△△△△△△△△△△△△圖南 逈奮垂雲之翼 豫章向上 高揮拂日之枝 大師謂曰 汝還認其到此階梯 預呈其遷喬 所以不離寶所 △△△△△△△△△△△△△△△△△△△△△△△△河東 叅禪門於紫嶽 故能初窺聖典 久栖禹穴之旁 始覽靈蹤 方到燕臺之畔 (「興法寺眞空大師碑」)

신라　　至文德二年 四月中 崛山大師寢疾 便往故山 精勤侍疾 至於歸化 付囑傳心者 唯在大師一人而已 初憇錫於翔州之建子若 纔修茅舍 始啓山門 來者如雲 朝三暮四 頃歲 時當厄運 世屬此蒙 災星長照於三韓 毒露常鋪於四郡 况於巖谷 無計藏 乹寧初至止王城 薰蕕蔔於焚香之寺 光化末 旋歸野郡植旃檀於薙草之墟 所恨正値魔軍將宣佛道 (「太子寺郎空大師碑」)

---

669) 『三國史記』에는 龍紀 2년(890)으로 나온다.

890(庚戌/신라 진성왕 4/발해 현석 21/唐 大順 1/日本 寬平 2)

신라　春正月 日暈五重 (『三國史記』11 新羅本紀 11)
신라　春正月 日暈五重 (『三國史節要』13)

신라　(春正月)十五日 幸皇龍寺看燈 (『三國史記』11 新羅本紀 11)
신라　(春正月) 王幸皇龍寺 觀燈 (『三國史節要』13)

신라　崔承祐 以唐昭宗龍紀二年 入唐 (『三國史記』46 列傳 6 崔承祐)[670)]

후고구려　弓裔 大順庚戌 始投北原賊良吉屯 (『三國遺事』1 王曆)[671)]

신라　有唐新羅國故兩朝國師敎謚大朗慧和尙白月葆光之塔碑銘 幷序

淮南入本國送國信詔書等使前東面都統巡官承務郞侍御史內供奉賜紫金魚袋臣崔致遠奉敎撰

帝唐 揃亂以武功 易元以文德之年 暢月月缺之七日 日蘸咸池時 海東兩朝國師禪和尙盥浴已趺坐示滅 國中人如喪左右目 矧門下諸弟子乎 嗚呼 應東身者八十九春 服西戎者六十五夏 去世三日 倚繩座儼然面如生 門人詢乂等號奉遺身本 假殯禪室中 上聞之震悼 使馬吏弔以書 賻以穀 所以資淨供而 贍玄福 越二年 攻石封層冢 聲聞玉京 菩薩戒弟子 武州都督 蘇判鎰 執事侍郞 寬柔 貝江都護 咸雄 全州別駕 英雄 皆王孫也維城輔君德 險道賴師恩 何必出家然後入室 遂與門人 昭玄大德 釋通賢 四天王寺上座 釋愼符 議曰 師云亡 君爲慟 奈何吾儕人灰心木舌 缺緣飾在叁之義乎 迺白黑相應請贈謚暨銘塔 敎曰 可 旋命王孫夏官二卿 禹珪 召桂苑行人 侍御使 崔致遠 至蓬萊宮 因得竝琪樹上瑤墀 跽竢命珠箔外 上曰 故聖住大師 眞一佛出世 昔文考康王咸師事 福國家爲日久 余始克纘承 願繼餘先志 而天不憖遺 益用悼厥心 余以有大行者授大名 故追謚曰 大朗慧 塔曰 白月葆光 乃嘗西宦 絲染錦歸 顧」文考選國子命學之 康王視國士禮待之 若宜銘」國師以報之 謝曰 主臣 殿下恕粟饒浮秕 桂飽餘馨 俾報德以文 固多天幸 第大師於有爲澆世 演無爲秘宗 小臣以有限麽才 紀無限景行 弱轅載重短綆汲深 其或石有異言 龜無善」顧 決叵使山輝川媚 反瀛得林慙澗愧 請筆路斯避 上曰 好讓也 盖吾國風 善則善已 然苟不能 是惡用黃金牓 爲爾勉之 遽出書一編 大如椽者 俾中涓授受 乃門弟子所獻狀也 復惟之 西學也彼此俱爲之 而爲師者何人 爲役者何人 豈心」學者高 口學者勞耶 故古之君子愼所學 抑心學者立德 口學者立言 則彼德也或憑言而可稱 是言也或倚悳而不朽 可稱則心能遠示乎來者 不朽則口亦無慙乎昔人 爲可爲於可爲之時 復焉敢膠讓乎篆刻 始繹如椽狀 則見大師西遊」東返之歲年 稟戒悟禪之因緣 公卿守宰之歸仰 像殿影堂之開刱 故翰林郞金立之所撰聖住寺碑 叙之詳矣 爲佛爲孫之德化 爲君爲師之聲價 鎭俗降魔之威力 鵬顯鶴歸之動息 贈太傅獻康大王親製深妙寺碑 錄之備矣 顧腐儒之今作也 止」宜標我師就般涅槃之期 與吾君崇窣堵婆之號而已 口將手議役 將自適其適 這有上足苾芻 來趣韲臼 語及斯意 則曰 立之碑 立之久矣 尙闕數十年遺美 太傅王 神筆所紀 蓋顯示殊遇云爾 吾子口嚼古賢書 面飮今君命 耳飫國師行 目」醉門生狀 宜廣記而備言之 殆貽厥可畏 俾原始要終 脫西笑者 或袖之 脫西人笑則幸甚 吾敢求益 子無憚煩 狂奴態餘 率爾應曰 僕編苫者 師買采乎 遂絆猿心 强搖兎翰 憶得西漢書留侯傳尻云 良所與上 從容言天下事甚衆 非天下所以存亡 故不著 則大師時順間事蹟 犖犖者星繁 非所以警後學 亦不書 自許竊一

---

670)『三國史節要』에는 889년에 편제되어 있다.
671)『삼국사기』열전 궁예조에는 892년(진성왕 6)의 일로 기재되어 있다.

班於班史然 於是乎管述曰 光盛且實 而有暉八紘之質者 莫均乎曉日 氣和且融 而有孚萬物之功者 莫溥乎春風 惟俊風與旭日 俱東方自出也 則天鍾斯二餘慶 嶽降于」一靈性 俾挺生君子國 特立梵王家者 我大師其人也 法號無染 於圓覺祖師爲十世孫 俗姓金氏 以武烈大王爲八代祖 大父周川 品眞骨 位韓粲 高曾出入皆將相戶知之 父範淸 族降眞骨一等 曰得難 國有五品 曰聖而 曰眞骨 曰得難」 言貴姓之難得 文賦云或求易而得難從言 六頭品數多 爲貴 猶一命至九 其四五品不足言 晩節追蹤趙文業 母華氏魂交覩脩臂天垂授萬殳花 因有娠 幾踰時申夢 胡道人 自稱法藏 授十護 充胎敎 過朞而誕 大師阿孩 方言謂兒 與華无異 時 行坐必掌合趺對 至與群兒戲 畵墁聚沙 必摸樣像塔 而不忍一日違膝下 九歲始鼓篋 目所覽口必誦 人稱曰 海東神童 跨一星終 有隘九流 意入道 先母白 母念已前夢 泣曰 言兮 方言許諾 後謁父 父悔己晩悟 喜曰 胖 遂零染 雪山五色石寺 口精嘗藥 力銳補天 有法性禪師 嘗扣駙馬夌伽門于中夏者 大師師事數季 撢」索無孑遺 性歎曰 迅足駸駸 後發前至 吾於子驗之 吾恢矣 無餘勇可賈於子矣 如子者宜西也 大師曰 惟 夜繩易惑 空縷難分 魚非緣木可求 兎非守株可待 故師所敎 己所悟 互有所長 苟珠火斯來 則蚌燧可棄 凡志於道者 何常師之有 尋」遂去 問驃訶健拏 于浮石山釋燈大德 日敵三十夫 藍茜沮本色 顧坳盃之譬曰 東面而望 不見西墻 彼岸不遙 何必懷土 遽出山竝海 覗西泛之緣 會國使歸瑞節象魏下 彳乇足而西 及大洋中 風濤欻顚怒 巨艑敎 人不可復振 大師與心友道亮 跨隻」板 恣業風 通星半月餘 飄至劒山島 㪂行之碕上 悵然甚久曰 魚腹中幸得脫身 龍頷下庶幾攙手 我心匪石 其退轉乎 洎長慶初 朝正王子昕 艤舟唐恩浦 請寓載 許焉 旣達之罘麓 顧先難後易 土揖海若曰 珍重鯨波 好戰風魔 行至大興城 南山」至相寺 遇說雜花者 猶在浮石時 有一磬顏耇年 言提之曰 遠欲取諸物 孰與認而佛 大師舌低大悟 自是置翰墨遊歷 佛光寺問道如滿 滿佩江西印 爲香山白尙書樂天空門友者 而應對有慙色 曰吾閱人多矣 罕有如是新羅子 他日中國失」禪 將問之東夷也 去謁麻谷寶澈和尙 服勤無所擇 人所難己必易 衆目曰 禪門庾異行 澈公賢苦節 嘗一日告之曰 昔吾師馬和尙訣我曰 春蘤繁 秋實寡 攀道樹者所悲吒 今授若印 異日徒中 有奇功可封者 封之 無使刓 復云 東流之說 盖出鉤讖」 則彼日出處善男子 根殆熟矣 若若得東人可目語者畎道之 俾惠水丕冒於海隅 爲德非淺 師言在耳 吾喜若徠 今印焉 俾冠禪侯于東土 往欽哉 則我當年作江西大兒 後世爲海東大父 其無慙先師矣乎 無何 師化去 墨巾離首乃曰 筏旣捨」矣 舟何繫焉 自爾 浪遊飄飄然 勢不可遏 志不可奪 於渡汾水 登崞山跡之古必尋 僧之眞必詣 凡所止舍遠人煙 大要在安其危甘其苦 役四體爲奴虜 奉一心爲君主 就是中 顓以視篤癃恤孤獨爲己任 至祈寒酷暑 且煩暍或皸瘃侵 曾無卷力容耳 名者不覺遙禮 囂作東方大菩薩 其三十餘年行事也 其如是 會昌五年來歸 帝命也 國人相慶曰 連城璧復還 天實爲之 地有幸也 自是 請益者 所至稻麻矣 入王城 省母社 大歡喜曰 顧吾疇昔夢 乃非優曇之一顯耶 願度來世 吾不復撓倚門之念也已矣 迺北行 擬目選終焉之所 會王子昕懸車 爲山中宰相 邂逅適願 謂曰 師與吾俱祖龍樹乙粲 則師內外爲龍樹令孫 眞瞠若不可及者 而滄海外躡蕭湘故事 則親舊緣固不淺 有一寺在熊川州坤隅 是吾祖臨海公 祖諱仁問唐西壽伐獩貊功 封爲臨海」君公 受封之所間劫盡〻不菑 金田半灰 匪慈哲 孰能興滅繼絶 可强爲杇夫住持乎 大師答曰 有緣則住 大中初 始就居 且肹飭之 俄而道大行 寺大成 繇是 四遠問津輩 視千里猶赳步 其麗攴不億 寔繁有徒 大師 猶鍾待扣而鏡忘罷 至者」靡不以慧炤導其目 法喜娛其腹 誘憧憧之躅 變蚩蚩之俗 文聖大王 聆其運爲 莫非裨王化 甚架之 飛手敎優勞 且多大師答山相之四言 易寺牓爲聖住 仍編錄大興輪寺 大師酉壽使者曰 寺以聖住爲名 招提固所爲榮至寵 庸」僧濫吹高藉 寔避風斯媲 而隱霧可慙矣 時憲安大王 與檀越季舒發韓魏昕 爲南北宰相 各居其官 猶左右相 遙展攝齋禮 贄以茗蕣 使無虛月 至使名簽東國士流不識大師門 爲一世羞 得禮足者 退必嘖曰 面謁倍百乎耳聞 口未出而心已入 抑

有猴虎而冠者 亦息其㺜 言革其虣而亻竟犇馳善道 暨憲王嗣位 賜書乞言 大師答曰 周豊對魯公之語 有旨哉 著在禮經 請銘座側 逮贈太師先大王卽位 欽重如先朝志 而日加厚焉 窃所施爲 必馳問然後擧 咸通十二年秋 飛鵠頭書 以傳召曰 山林何親 城邑何疎 大師謂生徒曰 遽命伯宗 深慙遠公 然道之將行也 時乎不可失 念付囑 故吾其往矣 欻爾至轂下 及見 先大王冕服拜爲師 君夫人 世子 旣太弟相國 追奉尊諡惠成大王 群公子公孫 環」仰如一 一如古伽藍糸貴壁面 寫出西方諸國長侍勃陀樣式 上曰 弟子不佞 小好屬文 嘗覽劉勰文心 有語云 滯有守無 徒銳偏解 欲詣眞源 其般若之絶境 則境之絶者 或可聞乎 大師對曰 境旣絶矣 理無矣 斯印也 黙行爾 上曰 寡人固請少進 爰命徒中錚錚者 更手撞擊 舂容盡聲 剖滯袪煩 若商飇之劃陰霿然 於是 上大喜 懊見大師晩 曰 恭己南面 司南南宗 舜何人哉 余何人也 旣出 卿相延迓 與謀不暇 士庶趍承 欲去不能 自是 國人皆認衣珠 隣叟罷窺廡」玉焉 俄苦樊笯中 卽亡去 上知不可强 迺降芝檢 以尙州深妙寺不遠京 請禪那別館 謝辭不獲 往居之 一日必葺 儼若化城 乾符三年春 先大王不預 命近侍曰 亟迎我大醫王來 使至 大師曰 山僧足及王門一之謂甚 知」我者 謂聖住爲無住 不知我者 謂无染爲有染乎 然顧與吾君有香火因緣 忉利之行有期矣 盍就一訣 復步至王居 設藥言 施箴戒 覺中愈 擧國異之 旣踰月 獻康大王居翌室 泣命王孫勛榮諭旨 曰 孤幼遭閔凶 未能知政 致君奉佛言甫濟海人 與獨善其身 不同言也 幸大師無遠適所 唯所擇 對曰 古之師則六籍在 今之輔則三卿在 老山僧何爲者 坐蝗蠹桂玉哉 就有三言 庸可留獻 曰 能官人 翌日挈山裝鳥逝 自爾騎置傳訊 影綴巖溪 遽人知往抵聖住 卽皆雀躍 叢手易轡」 慮滯王程尺寸地 由是 騎常侍倫伍 得急宣爲輕擧 乾符帝錫命之歲 令國內舌杪有可道者 貢興利除害策 別用蠻牋書言 荷天寵有所自因 垂益國之問 大師引出何尙之獻替宋文帝心聲爲對 太傅王覽 謂介弟南」宮相曰 三畏比三歸 五常均五戒 能踐王道 是符佛心 大師之言至矣哉 吾與汝宜惓惓 中和西狩之年秋 上謂侍人曰 國有大寶珠 畢世匚而藏之 其可也 曰 不可 不若時一出 俾醒萬戶眼 醉四隣心 曰 我有末尼上珍 匿曜在崇嚴山」 脫關秘藏 宜照透三千界 何十二乘足之道哉 我文考懇迎 嘗再顯矣 昔酇侯譏 漢王拜大將召小兒 不能致商於四老人以此 今聞天子蒙塵 趣令奔問官守 勤王加厚 歸佛居先 將邀大師 必叶外議 吾豈敢倚其一慢其二哉 乃」重其使卑其辭 徵之 大師云 孤雲出岫 寧有心哉 有緣乎大王之風 無固乃上士之道 遂來見 見如先朝禮 禮之加焯然 可屈指者 面供饌 一也 手傳香 二也 三禮者三 三也 秉鵲尾爐 締生生世世緣 四也 加法稱曰 廣宗 五也 翌日命振鷺趍鳳樹雁列賀 六也 敎國中磋磨六義者 賦送歸之什 在家弟子王孫蘇判嶷榮首唱斂成軸 侍讀翰林才子朴邕爲引而贈行 七也 申命掌次 張淨室要叙別 八也 臨告別 求妙訣 乃眴從者擧眞要 有若詢乂 圓藏 虛源 玄影 四禪中得淸淨者 緖抽其慧 表纖旨 注意無怠 沃心有餘 上甚悅 扌壹拜曰 昔文考爲捨瑟之賢 今寡人忝避席之子 繼體得崆峒之請 服膺開混沌之源 則彼渭濱老翁 眞釣名者 圯上孺子 盖履迹焉 雖爲王者師 徒弄三寸舌也 曷若吾師語密 傳一片心」乎 奉以周旋 不敢失墜 太傅王雅善華言金玉音 不患衆咻聒而能出口 成儷語如宿構云 大師旣退 且往應王孫蘇判鎰 共言數返 卽歎曰 昔人主有有遠身本而無遠神者 而吾君備 人臣有有公才 而無公望者 而吾全 國其庶乎 宜好德 自 及歸謝絶 於是遣輶軒 標放生場界 則鳥獸悅 紐銀鉤 扎聖住寺題 則龍虫也活 盛事畢矣 昌期忽兮 定康大王莅阼 兩朝寵遇 師而行之 使緇素重使迎之 辭以老且病 太尉大王 流恩表海 仰德高山 嗣位九旬 馳訊十返 俄聞 腰之苦遽命國醫往爲之 至則請苦狀 大師微破顔曰 老病耳 無煩治 糜飱二時 必聞鍾後進 其徒憂食力虧 陰戒掌枹者陽密擊 乃目牖而命撤 將化往命旁侍 警遺訓于介衆曰 已過中壽 難逃大期 我儂遠遊 爾曹好住 講若畫一 守而勿失」 古之吏尙如是 今之禪宜勉旃 告訣裁罷 然而化 大師性恭謹 語不傷和氣 禮所云 中退然 言吶吶然者乎 釁侶必目以禪師 接賓客 未嘗殊敬乎尊卑 故滿室慈悲 忝徒悅隨 五日爲期 俾來求者質疑 諭生徒

則曰 心雖是身主 身要作心師」 患不爾思 道豈遠而 設是田舍兒 能擺脫塵羈 我馳則必馳矣 道師敎父寧有種乎 又曰 彼所啜 不濟我渴 彼所噉不救我食妥 盍怒力自飮且食 或謂敎禪爲無同 吾未見其宗 語本夥頤 非吾所知 大較 同弗與 異弗非 晏坐息機斯近縷褐被者歟 其言顯而順 其旨奧而信 故能使尋相爲無相 道者 勤而行之 不見有岐中之岐 始壯及衰 自貶爲基 食不異糧 衣必均服 凡所營葺 役先衆人 每言 祖師嘗踏泥 吾豈蹔安栖 至捷水負薪 或躬親 且曰 山爲我爲塵 安我得安身 其克己勵物皆是類」 大師少讀儒家書 餘味在脣吻 故酉壽對多韻語 門弟子名可名者 厪二千人 索居而稱坐道場者 曰僧亮 曰普愼 曰詢乂 曰心光 諸孫詵詵 厥衆濟 實可謂馬祖毓龍子 東海掩西河焉 論曰 麟史不云乎 公侯之子孫 必復其始 則昔武烈大王爲」乙粲時 爲屠獩貊乞師計 將眞德女君命 陛覲昭陵皇帝 面陳願奉正朔易服章 天子嘉許 庭賜華裝 受位特進 一日召諸番王子宴 大置酒 堆寶貨 俾恣滿所欲 王乃杯觴 則禮以防亂 繒綵則智以獲多 息辭出 文皇目送而歎曰」 國器 及其行也 以御製幷書溫湯晉祠二碑 暨御撰晉書一部賚之 時蓬閣寫是書 裁竟二本上 一錫儲君 一爲我賜 復命華資官 祖道青門外 則寵之優 禮之厚 設聾盲乎智者 亦足駭耳目 自玆吾土一變至於魯 八世之後 大師西學而東化 加一變至於道 則莫之與京 捨我誰謂偉矣哉 先祖平二敵國 俾人變外飭大師降六魔贼 俾人修內德 故得千乘主兩朝拜起 四方民萬里奔趍 動必頤使之 靜無腹非者 庸詎非應半千而顯大千者歟 復其始之說 亦何慊乎哉 彼文成」侯爲師漢祖 大誇封萬戶位列侯 爲韓相子孫之極 則亻曲矣 假學仙有終始 果能白日上昇去 於中止得爲鶴背上一幻軀爾 又焉珵我大師拔俗於始 濟衆於中 潔己於終矣乎 美盛德之形容 古尙乎頌 偈頌類也 扣寂爲銘 其詞曰 可道爲常道 如穿草上露 卽佛爲眞佛 如攬水中月道常得佛眞 海東金上人 本枝根聖骨 瑞蓮資報身 五百年擇地 十三歲離塵 雜花引鵬路 窽木浮鯨津 其一 觀光堯日下 巨筏悉能捨 先達皆歎云 苦行無及者 沙之復汰之東流是天假 心珠瑩㳿谷 目鏡燭桃野 其二 旣得鳳來儀 衆翼爭追隨 試覩龍變化 凡情那測知 仁方示方便 聖住强住持 松門遍掛錫 巖徑難容錐 其三 我非待三顧 我非迎七步 時行則且行 爲緣付囑故 二王拜下風 一國滋甘露 鶴出洞天秋 雲歸海山暮 其四來貴乎葉龍 去高乎冥鴻 渡水陋巢父 入谷超朗公 一從歸島外 三返遊壺中 群迷 臧否至極何異同 其五 是道澹無味 然須强飮食 他酌不吾醉 他飱不吾飽」 誡衆黜心何 糠名復粃利 勸俗飭身何 甲仁復冑義 其六 汲引無棄遺 其實天人師 昔在世間時 擧國成瑠璃 自寂滅歸後 觸地生蒺蔾 泥洹一何早 今古所共悲 其七 磻石復刊石 藏形且顯跡鵠塔點靑山 龜碑撑翠壁 是豈向來心 徒勞文字覗 欲使後知今 猶如今示昔 其八 君恩千載深 師化萬代欽 誰持有柯斧 誰倚無絃琴 禪境雖沒守 客塵寧許侵 鷄峯待彌勒 將在東鷄林 其九 從弟 朝請大夫 前守執事侍郎 賜紫金魚袋 臣 崔仁滾 奉敎書 (「聖住寺郎慧和尙白月葆光塔碑」)[672]

신라 △△△△△江府 月巖山 月光寺 詔諡圓郎禪師大寶禪光靈塔碑 幷序

朝請郎 守錦城郡太守 賜緋魚袋 臣金穎 奉敎撰

五騰山菩提潭寺 釋迦沙門 淳夢 奉敎書

△△△△之君 垂禮樂於百代 猶龍之帝 敷道德於萬方 莫不崇仁重義 允文允武 好生惡殺 乃儉乃慈 若迺掃跡玄妙之鄕 安寂自然之域 了因果而雙△ △△思而並除 靜爲躁△ △△△△ 喩人間若大夢 齊衆生猶如來 理寄忘言 事超物外 其惟我禪師之宗乎禪師 諱大通 字太融 朴姓 其家 通化府 仲停里 歷代捨官爵之榮 近親紹朴素之△ 顯祖 王考 △△△△△△ 氏族本取城郡人也 娠禪師日 守節持齋 誦經胎敎 及其載誕 果

672) 이 비의 비문 작성과 건립연대는 명확하지 않은데 비문은 낭혜화상의 사리탑이 건립된 진성여왕 4년(890) 이후에 최치원이 왕명을 받아 작성하였고 그 얼마 후 건립된 것으로 생각된다. 따라서 890년으로 편년하고 편제하였다.

異常倫 禪師 蘊河嶽之英靈 稟乾坤之秀氣 猶崑山之片玉 寔桂林之一枝 將邁髗年 爰登冠歲 家△△△ △△△△ 勉旃於翰墨之場 耽翫於經史之域 汝其志哉 禪師 乃恭受其旨 忽焉尋師 聰睿則五行具下 敏捷乃一覽無遺 遍通諸子百家 洞△千經萬論 後窺內典 益悟群△ △△△△△△ 是非不異 遂投簪落髮解褐披緇 以會昌乙丑年春 投大德聖鱗 進具戒僧△ 配居丹嚴寺 △是 修心 戒律 練志 菩提 忍辱 精進 爲先 布施 恭敏 爲次 時爲獅子喉 △△△△△△△ 忘年請交 廻席相事 時也 師兄慈忍禪師 自唐歸國 師時造謁 忍禪師 察其雅懷 知非所敎 乃設馬鞭之義 激揚龍象之心 師卽潛△憤悱欲扣玄微 爰抵檝山 寓△△△△ 乃神僧 元曉 成道之所也 習定三月後 依廣宗大師大師 見知 令惣寺務師不獲已因而菈焉 未幾 功就 曰 吾當捨去 以大中 丙子歲 投入唐賀正△△△△ △△華夏 遍詣宗林 乃至仰山 師事澄虛大師 大師豫察聰惠 俯令精心敎諭眞宗 夙夜無倦 師 素槩超倫 丹誠罕匹 智踰離日 識邁彌天 △涉炎凉 默受黃梅之印 不經」△△ △△△△之珠 後乃巡禮名山 歷叅禪伯 旣周中夏 欲化東溟 咸通七年投廻易使 陳良 付足東來 時乃波濤騰湧 煙霧昏沈 舟楫有傾覆之虞 僧俗△△溺之患師乃略無惧△ △△△△ 不易去國之麻衣 匪換出家之壯志 若非神通妙用 智識遐周 履險不驚 孰能至此 廣宗大師 聞師東還 遣使邀請 異禮相接 △愛良多 來年春 出山 寓止△△△△ 夏夜夢 月嶽神官來請 及曉 慈忍禪師 致書 云 月光寺者 神僧 道證 所刱也 昔 我太宗大王 痛黔黎之塗△ △△海之△△ 止戈三韓之年 垂衣一統之日 被△△△之△ 永除△△之災 別封 此山 表元勳也 曾錄於金剛 又傳名於仙記 淸冷泉澗 靉靆煙霞 廣孕殊靈 備存△傳 師其居焉 師如響應聲 振衣卽△ △△△夕夢 前神侍衛」△△△△△△△ 行致禮 肘步瞻容 曰 先有叨陳 勞遠相應 師 是以養形玆地 寄居此山顯示玄機揄揚法要 不存善惡 若疾風之歸雲 解脫是非 △△△之突圍 由是 檀越將踰境」△ △△△△△△ 旣至寶山之人 罕聞索手之士 擅行普彰 香名遠着 價高六合 譽及九重 景文大王 以弘長養之深仁 慘(慕?)空寂之釋典 遠聆禪德 思竪良△ △△△△△△月 五日 遣觀榮法師 遠賁 金詔 慰勞山門 疑月光寺 永令禪師主持 又一年 再廻天睠 重降 綸音 追錫恩波 遐宣 眷渥 茶△△△△△△來 世論爲榮 禪門增耀 中和 三禮 仲夏 群虫也出穴 遍谷盈山 叱口悲號 垂頭泣血 禪師 謂門人 曰 生也有涯 吾豈無盡 汝等 當無隳怠 勉力修行 以其年 十月五日 儼」△△△ △年 六十有八 僧月葛三十九 嗚呼 歿而不歿 名播三韓 亡而不亡 法流千載 於是 煙雲索漠 松檜蒼茫 遠近僧徒 高卑士女 覩變△而叩地 銜悲傷以號天 接武致哀 拊膺長△ △△△△ 淚集成泉 門人 融奐等 以其年 二(十一)月十日 奉遷神柩 葬于北院 永訣慈顔 不勝感慕 門人等慮陵遷谷徙 天拂海田 有忘先師法乳之恩 欲以仰陳攀慈之志 爰集行狀 △△△△△△居 請建鴻碑 用光 聖代 △△△△△ 英文聖武 繼祖嗣圖 凡於內敎之中 尤深依仰之意聞亡悲怛 不自勝任 仍追諡 圓朗禪師 塔號 大寶光禪 又 詔微臣 修撰碑讚 臣功疎畵虎 用匪懷蛟 叨奉 △△△△△△ 其詞 曰 △△△△△△沙 達摩兮傳心中華 散滿兮山盈谷溢 周流兮地角天涯 圓通兮無形無相 任用兮非實非花 强字兮玄珠法印 强名兮迦葉廬遮 朝鮮兮東接扶桑 昔賢兮稱玆福△ △△△△△月光 淸高兮僧爲人瑞 是非兮了之不存 聖智兮弃之不義 貪瞋兮捨而不捨 聲色兮利而不利 神靈兮感化圍繞 皇王兮念道崇師 嘉猷兮無疆莫極 懿績△△△△△ △△兮樊然成市 學徒兮豈或多歧 六賊兮去而不去 方法兮知而不知 皇△兮何辜何戾 靑丘兮孰福孰祐 哲人兮焂然委化 禪林兮忽焉衰朽 祇園兮慘慘△△ △△△△△△秀 嗚呼哀哉法梁折 勒石銘金示諸有
龍紀 二年 歲次庚戌 九月十五日建 門下僧 眞胤等 刻字 (「月光寺圓朗禪師大寶禪光塔碑」)[673]

673) 탑비는 890년(진성왕 4)에 건립되었으며 비문을 지은 사람은 금성군 태수 金穎이다.

신라　　　丙午 隱岐國去年十月三日言上新羅人三十五人漂來之由 (『日本紀略』全篇 20)

891(辛亥/신라 진성왕 5/발해 현석 22/唐 大順 2/日本 寬平 3)

신라　　　(二月)卄六日丙午 隱岐國去年十月三日言上新羅人三十五人漂來之由 人別賜米鹽魚藻等 (『日本紀略』全篇 20)

신라　　　洎于大順二年春首 忽遇入朝使車 託足而西 達于彼岸 維舟鏡水 指路鍾陵 企聞△△道膺大師 佛△△△△△△△△△△△之兆 沿付囑之心 行道遲遲 遠經△△△工△△△△△△△△ 大師 若披皇覺 大師謂曰 吾子歸矣 早知汝來 如欲△昇堂 指其實藏 所喜者 △△室家之美 △傳禪敎之宗 由是 覩奧幽扃 探玄理窟 叄尋△△△△△△△△△△△△△出△△△△△△△△△ 豈惟迦維演法 阿難之獨步釋門 闕里談經 顔子之△△△室而已矣哉 (「無爲寺先覺大師遍光塔碑」)

신라 후고구려

弓裔 新羅人 姓金氏 考第四十七憲安王誼靖 母憲安王嬪御 失其姓名 或云 四十八景文王膺廉之子 以五月五日 生於外家 其時 屋上有素光 若長虹 上屬天 日官奏曰 此兒以重午日生 生而有齒 且光焰異常 恐將來不利於國家 宜勿養之 王勅中使 抵其家殺之 使者取於襁褓中 投之樓下 乳婢竊捧之 誤以手觸 眇其一目 抱而逃竄 劬勞養育年十餘歲 遊戲不止 其婢告之曰 子之生也 見棄於國 予不忍 竊養以至今日 而子之狂如此 必爲人所知 則予與子俱不免 爲之奈何 弓裔泣曰 若然則吾逝矣 無爲母憂 便去世達寺 今之興敎寺是也 祝髮爲僧 自號善宗 及壯 不拘檢僧律 軒輊有膽氣 嘗赴齋行次有烏鳥銜物 落所持鉢中 視之 牙籤書王字 則秘而不言 頗自負 見新羅衰季 政荒民散 王畿外州縣 叛附相半 遠近羣盜 蜂起蟻聚 善宗謂乘亂聚衆 可以得志 以眞聖王卽位五年 大順二年辛亥 投竹州賊魁箕萱 箕萱悔慢不禮 善宗鬱悒不自安 潛結箕萱麾下元會申煊等爲友 (『三國史記』50 列傳 10 弓裔)

신라 후고구려

弓裔始起投賊 (『三國史記』31 年表 下)

신라 후고구려 冬十月 北原賊帥梁吉 遣其佐弓裔 領百餘騎 襲北原東部落 及溟州管内酒泉等十餘郡縣 (『三國史記』11 新羅本紀 11)[674]

신라 후고구려 冬十月 弓裔叛于北原 弓裔 憲安王之庶子 初以五月五日 生於外家 屋上有素光 屬天如虹 日官奏曰 此兒以重午日生 生而有齒 且光燄異常 恐將來不利於國家 宜勿擧 王勅中使 抵其家殺之 使者取於襁褓中 投之樓下 乳婢竊捧之 誤以手觸 眇其一目 抱而逃竄 劬勞養育 年十餘 遊戲不止 其婢告之曰 子之生也 見棄於國 予不忍 竊養以至今日 而子之狂如此 若爲人所知 予與子俱不免 爲之奈何 弓裔泣曰 若然則吾逝 無爲母憂 祝髮爲僧 號善宗 及壯 不拘檢僧律 軒輊有膽氣 嘗持鉢赴齋 有烏銜牙籤 落鉢中 視之 有王字 則秘而不言 頗自負 見國家衰亂 政荒民散 州縣叛者幾半 遠近群盜蜂起 謂乘亂聚衆 可以得志 投竹州賊魁箕萱 萱侮慢不禮 善宗鬱悒不自安 潛結萱麾下元會申煊等爲友 投北原賊梁吉 吉善遇之 委之以事 分兵百餘騎 使東略地 於是 出宿雉岳山石南寺 行襲酒泉奈城鬱烏御珍等縣 皆降之 (『三國史節要』13)

신라　　　景文大王主 文懿皇后主 大娘主 願燈立炷 唐咸通九年戊子(868) 中春 夕 繼月光 前國子監卿 沙干金中庸 送上 油糧業租三百碩 僧靈△ 建立石燈 龍紀三年 辛亥十月

---

674)『三國史記』50 列傳 10 弓裔조에는 景福元年 892년으로 기록하였다.

日 僧入雲 京租 一百碩 烏乎比所里 公書 俊休 二人 常買 其分 石保坪 大業 渚沓 四結[五畦 東令行土 北同土南池宅土] 西川奧沓 十結[八畦東令行土西北同土南池宅土土南池宅土] (「開仙寺石燈記」)[675]

신라 大順二祀辛亥十一月日 沾記 內宮 舍利七枚?在白 (「寶林寺南塔誌」 표면)[676]

신라 年二十二 受具於楊州三角山莊義寺 於是 忍草抽芽之後 戒珠瑩色之初 尙以問道忘疲 尋師靡懈 時本師迻住光州松溪禪院 大師 遠携笻杖 特詣松溪 申禮足之素衷 謝鑄顔之玄造 師謂曰 白雲千里萬里 猶是同雲 明月前谿後溪 甞無異月 爰因識識 只在心心而已 大師 以爲凡志於道者 何常師之有 迺告以遠遊泛覽 師因謂曰 它心莫駐 迅足難留 吾於子驗之 笑而聽去 大師 以道之云遠 行之則是 迺出山並海 覗西汎之緣 (「高達寺元宗大師慧眞塔碑」)[677]

892(壬子/신라 진성왕 6/발해 현석 23/唐 景福 1/日本 寬平 4)

발해 正月八日甲寅 渤海客來著出雲國 (『日本紀略』 全篇 20)

발해 (正月)十一日丁巳 以少內記藤原菅根.大學大允小野良弼爲渤海客存問使 (『日本紀略』 全篇 20)

신라 遂於景福元年壬子春 出山翽翽 並海飄飄 爰傾入漢之心 乃告淩波之客 許之萬載 忻以同行 已過秦橋 旋臻漢地 雲心訪道 浪跡尋師 乃詣撫州疎山 謁匡仁和尙 仁若曰格汝鯨海龍子耶 大師玄言 遂颺秘說 爰諮許以昇堂 因以入室 方資目擊 旣得心傳 仁公大喜 因謂曰 其有東流之說 西學之求者 則可與言道者鮮矣 東人可目語者惟子 誰今執手傳燈 因心授印 汝其盤桃山側 撝佛日以再中 蒸棗海隅 導禪河而更廣 必矣 自是 僧之眞者必詣 境之絶者必搜 去謁江西老善和尙 和尙 乃欲聽其言 觀其行 因謂曰白雲斷行人路 答曰 自有靑霄路 白雲那得留 和尙以大師捷對不羈 颺言無礙 乃送之曰 利有攸往 時然後行 (「玉龍寺洞眞大師碑」)

신라 景福元年 春 適有商船入漢者 遂寄載而西 卽以望雲水以從心 指烟霞而抗跡 僧之眞者必詣 跡之古者必尋 遂往舒州 桐城縣 寂住山 謁投禪子祥和尙 法號大同 是石頭山法孫 翠微無學大師之嫡胤也 見大師 蓮目殊姿 玉毫異相 乃曰 其有東流之說 西學之求者 則可以與言道者 唯子矣 大師 於是悟微言於舌底 認眞佛於身中 豈止於承善逝之密傳 奉淨名之默對而己矣 大師將辭投子和尙 因謂曰 莫遠去 莫遠去 大師荅云 雖然非遠近 要且不停留 和尙曰 旣驗心傳 何須目語 尒後 旁求勝友 歷謁高師 或索隱於天台 或探玄於江左 入眞如之性海 得摩尼之寶珠也 (「高達寺元宗大師慧眞塔碑」)

발해 六月廿四日丙申 遣渤海勅書 令左近少將藤原朝臣敏行書之 (『日本紀略』 全篇 20)

발해 (六月)廿九日辛丑 太政官賜渤海國牒二通 一者令左近衛少將藤原朝臣敏行書之 一者

---

675) 이 글을 흔히 개선사석등기라고 부른다. 10행에 걸쳐 글을 새겼는데 1행에서 6행까지는 868년(경문왕 8)에 경문대왕과 文懿皇后 큰 공주(진성왕)가 주관하여 석등을 건립한 내용을 기술한 것이고 7행에서 10행까지는 891년(진성왕 5)에 승려 入雲이 곡식 100석으로 烏乎比所里에 사는 公書와 俊休 두 사람의 논을 매입한 사실을 기술한 것이다.

676) 탑의 조성 연대는 870년(경문왕 10)이며 경문왕이 선왕인 헌안왕을 위하여 건립한 것으로 탑지에 기록되어 있다.

677) 대사는 869년에 태어났다. 22세는 891년이다.

文章得業生小野美材書之 (『日本紀略』 全篇 20)

발해 贈渤海國中臺省牒入覲使文籍院少監王龜謀等一百五人 紀納言

牒得彼省牒偁 奉處分 來若不往則乖禮 謂德方不孤 亦難闕隣約 豈乃不以守其盛制申此敦誡 肆月盡推年 星行遍漢 已近舊制之限 將投滿紀之期遠書一封 常企踵於下國 思緖万戀 久馳心於中朝 慕仰舊規 瞻擧尊德 溟海而不患遙闊 梯航而早勤經過 空望雲霄 無因展謁 謹差文籍院少監王龜謀等 入覲貴國 令尋前蹤者 國之典故 理宜率由 來非其期 待以何事 旣無地于逃責 豈有時而備儀 所司議成 從境放却 但龜謀等 業依風渚 身苦浪花 雖秋雁愆知候之賓 而寒松全守貞之節 仍命州吏造舶給粮 相善之敦 以此可量 事須起推算於當年 申尋好於後紀 不是新制 亦有舊章 專顧異時之蹤 勿違前程之限 過而 重過 奈禮云何 今以狀牒 牒到准狀 故牒 (『本朝文粹』 12)

발해 八月七日戊寅 存問渤海客使奏聞歸來 (『日本紀略』 全篇 20)

발해 贈渤海中臺省牒 入覲使文籍院少監王龜謀等一百五人 紀納言

牒 得彼省牒稱 奉處分 來若不往則乖禮 謂大方不孤 只難闕隣約 豈乃不以守其盛風而呈此敦誡 肆月盡推年 星行遍漢 已近舊制之限 將投滿紀之期 遠書一封 常企踵於下國 思緖萬戀 久馳心於中朝 慕仰舊規 瞻擧尊德 溟海而不患遙闊 梯航而早勤經過 空望雲霄 無因展謁 謹差文籍院少監王龜謀等 入覲貴國 令尋前踵者

國之典故 理宜率由 來非其期 待以何事 旣無地于逃責 豈不時而備儀 所司議成 從境放却 但龜謀等 業依風渚 身苦浪花 雖秋鴈僭知候之賓 而寒松全守貞之節 仍命州吏造舶給糧 相善之敦 以此可量 事須起推竿於當年 申尋好於後紀 不是新制 亦有舊章 專顧異時之蹤 勿違舊制之限 過而重過 奈禮云何 今以狀牒 牒到准狀 故牒 (『本朝文粹』 12)

신라 후고구려

景福元年壬子 投北原賊梁吉 吉善遇之 委任以事 遂分兵 使東略地 於是 出宿雉岳山石南寺 行襲酒泉奈城鬱烏御珍等縣 皆降之(『三國史記』 50 列傳 10 弓裔)[678]

신라 후백제 完山賊甄萱據州 自稱後百濟 武州東南郡縣降屬 (『三國史記』 11 新羅本紀 11)

신라 후백제 後百濟 甄萱白[679]稱王 (『三國史記』 31 年表 下)

신라 후백제 甄萱 壬子 始都光州 (『三國遺事』 1 王曆)

신라 후백제 甄萱 尙州加恩縣人也 本姓李 後以甄爲氏 父阿慈介 以農自活 後起家爲將軍 初 萱生孺褓時 父耕于野 母餉之 以兒置于林下 虎來乳之 鄕黨聞者異焉 及壯 體貌雄奇志氣倜儻不凡 從軍入王京 赴西南海防戍 枕戈待敵 其勇氣恒爲士卒先 以勞爲裨將 唐昭宗景福元年 是新羅眞聖王在位六年 嬖竪在側 竊弄政柄 綱紀紊弛 加之以饑饉 百姓流移 羣盜蜂起 於是 萱竊有覦心 嘯聚徒侶 行擊京西南州縣 所至響應 旬月之間 衆至五千人 遂襲武珍州自王 猶不敢公然稱王 自署爲新羅西面都統指揮兵馬制置持節都督全武公等州軍事行全州刺史兼御史中丞上柱國漢南郡開國公 食邑二千戶 是時 北原賊梁吉雄强 弓裔自投爲麾下 萱聞之 遙授梁吉職爲裨將 (『三國史記』 50 列傳 10 甄萱)

신라 후백제 甄萱叛據完山州 自稱後百濟 萱 尙州加恩縣人 本姓李 父阿慈介 以農自活 後起家爲

678) 『삼국사기』 신라본기에는 891년 10월에 기록되어 있다.
679) 정덕본에는 白으로 되어 있으나, 문맥상 自로 표기함이 옳다.

將軍 有四子 皆知名於世[古記云 有一富人居光州北村 其女子有姿色 謂父曰 每有一紫衣人來合 父曰 汝以長絲貫針刺其衣 從之 至明尋絲於北墻下 針刺於大蚯蚓之腰 因有身 生一男 年十五自稱甄萱] 初萱生 父耕野母餉之 置于林下 虎來乳之 鄕黨聞者異焉 及壯 体貌雄奇 志氣倜儻不凡 傑出多智略 從軍入王京 赴西南海防戍 枕戈待敵 爲士卒先 以勞爲裨將 時女主淫昏 嬖竪竊柄 綱紀紊弛 加之以飢饉 百姓流移 盜賊並起 萱潛懷異志 嘯聚亡命 刼掠王京西南州縣 所至響應 旬月之閒 衆至五千 遂襲武珍州 於是萱自爲王 猶不敢公然稱之 自署爲新羅西南都統指揮兵馬制置持節都督全武公等州軍事行全州刺史兼御史中丞上柱國漢南郡開國公 食邑二千戶 萱聞 北原賊梁吉雄強 遥授吉裨將 (『三國史節要』 13)

신라 후백제 又古記云 昔一富人居光州北村 有一女子 姿容端正 謂父曰 每有一紫衣男到寢交婚 父謂曰 汝以長絲貫針刺其衣 從之 至明尋絲於北墻下 針刺於大蚯蚓之腰 後因姙生一男 年十五 自稱甄萱 至景福元年壬子稱王 立都於完山郡 理四十三年 以淸泰元年甲午 萱之三子簒逆 投太祖 子金剛卽位 天福元年丙申 與高麗兵會戰於一善郡 百濟敗績國亡云 初萱生孺褓時 父耕于野 母餉之 以兒置于林下 虎來乳之 鄕黨聞者異焉 及壯體皃[680]雄竒 氣倜儻不凡 從軍入王京 赴西南海防戍 枕戈待敵 其氣恒爲士卒先 以勞爲裨將 唐昭宗景福元年 是新羅眞聖王在位六年 嬖竪在側 竊弄國權 綱紀紊弛 加之以飢饉 百姓流移 群盜蜂起 於是萱竊有叛心 嘯聚徒侶 行擊京西南州縣 所至響應 旬月之間 衆至五千 遂襲武珍州自王 猶不敢公然稱王 自署爲新羅西南都統 行全州刺史兼御史中承上柱國漢南國[681]開國公 龍化[682]元年己酉也 一云景福元年壬子 是時北原賊良吉雄強 弓裔自投爲麾下 萱聞之 遙授良吉職爲裨將 (…) 甄萱起唐景福元年 至晉天福元年 共四十五年 丙申滅 (『三國遺事』 2 紀異 2 後百濟甄萱)

신라 是故 我太尉讓王 倦彼垂衣 棄如脫屣 仍從剪劵 △抑煩囂 △雖△△ 何陋之鄕 本△△△得非染 又玄之道 終粹淸閑 其實大事因緣 素有師保無疵 故太宗文武聖皇帝詔曰 可著令置三師之位 則△△△我 根儒幹釋 鎔夏鑄夷 其方本仁 易以道御 於是 心已謂鏞 難遠擊鍾 好近△欲 處師寰內 △唯不逮 特敎勅端儀長翁主 深源山寺 請居禪師 廣濟迷津 故時人不名稱△ 瑩其心地 豈瑩△之謂耶 居無何 以玆密邇都城 泉石淸宮塵△△△ 弟子粹忍義光 各居南岳北埜 △野△源 勝地絶倫 法雲爲 心隨境家 有以是名 撰十地境 壓三山者 應其感應也 △△△乎 △舶不△自淨刀△異△△錐 能除△弊自餘△交 秘說目擊 倚 是尤加鞭後者 大師無言 近世心學△△ 無爲亂神之資 是無交△ 故爾△稽古 △宜遠有根 (「實相寺秀澈和尙楞伽寶月塔碑」)[683]

신라 禪師生有△姿 △無兒戱 至於幼學 鼓篋登筵 温恭而克紹家風 秘護而聿修祖德 況又五行俱下 名振里閭 嘗覽釋經 △於儒敎 △△△△ △浮天於溟渤之源 蟻蛭之林 爭△△於△章之△ △△△其大小△△△△△△譚 此際△△△親 出家是務 父母聞此情懇 愛而許之 所以邐迤東行 △過太嶺 達于黑巖禪院 詔眞鏡大師 美覩氷姿 △△玉體 直授所志 仰告心期 大師沙界梯航 法門領袖 禪師因慈師事 曲盡敬恭 方栖道樹之△ 果獲禪林之寶 大師 乃語禪師曰 天竺傳心之祖 善榲達摩大師 東△中華 △△△△ 直至曹溪之祖 祖祖相傳 傳彼百巖 達于東海 至今斷絶 其道彌善 今者 吾與△曹 顯揚慧目使欲鳳林永茂 冀示將來者也 (「鳴鳳寺境淸禪院慈寂禪師凌雲塔碑」)[684]

---

680) 원문의 皃는 貌가 맞다.
681) 원문의 國은 郡이 맞다.
682) 원문의 化는 紀가 맞다.
683) 그 해는 알 수 없는데, 정강왕을 이은 진성왕과 관련있다. 그리고 수철화상은 진성왕 7년(893)에 입적한다. 따라서 진성왕 원년에서 6년까지 887~892까지로 기간편년하고 892년에 편제하였다.

신라 고려 晉道育 新羅國人 唐景福壬子歲 始泛海來中國 遊天台 掛錫平田寺 三衣一盋 常坐不臥 至於掃除廊廡料理器皿采薪汲水 無所不爲 然尤護生 以致其慈悯 裸露以待螫嚙 如是四十載 未嘗少替 天福三年十月十日 終於寺之僧堂中 年可八十餘 闍維獲舍利莫計 (『新修科分六學僧傳』20 忍辱學持志科 晉道育)

893(癸丑/신라 진성왕 7/발해 현석 24/唐 景福 2/日本 寬平 5)

신라 知中國改年號 廼爲景福二年 (『三國史記』31 年表 下)

신라 三月三日壬寅 漂著長門國新羅法師神彦等三人 詰問事之由 無異事 宜給粮從放却 (『日本紀略』全篇 20)

신라 五月廿二日庚申 大宰府飛驛使來 奏狀偁 今月十一日 新羅賊來 指肥前國松浦郡 卽日 賜勅符於大宰帥是忠親王 大貳安倍興行朝臣等 令追討者 (『日本紀略』全篇 20)

신라 閏五月三日庚午 大宰府飛驛使來偁 新羅賊於肥後國飽田郡 燒亡人宅 又於肥前國松浦逃去 卽賜勅符 令追討之 (『日本紀略』全篇 20)

신라 閏五月七日甲戌 大宰府飛驛使來 (『日本紀略』全篇20)

신라 其滅渡也 景福二年 蕤賓 四日 召其徒曰 死將至矣 吾欲行焉 諸子勉旃 宜游佛庭 其△風狂雨△ 浮雲坐聚散 須知朗月行西東 言已化去 享齡七十九 歷夏五十八 異矣哉 △△水積魚歸 便至林傾鳥散 聞俗緣大歸 住瑩原 追感遺者 灑泣慷慨 讓王顧不憖遺哭諸門外 以傳東宮官奉食郎王輅 飛敎慰問 △承遺訓 用報△ 贈諡曰秀澈 塔號楞伽寶月 其後齋營八會 禮備十旬 若茗若香 悉從王府 (「實相寺秀澈和尙楞伽寶月塔碑」)

신라 六月六日壬寅 大宰府飛驛使來 給勅符還遣之 (『日本紀略』全篇20)

신라 六月廿日丙辰 大宰府飛驛使來 奏新羅賊徒事 給勅符遣之 (『日本紀略』全篇20)

신라 十月廿五日乙未 長門國阿武郡漂著新羅人 詰問事由早令言上 (『日本紀略』全篇20)

신라 遣兵部侍郎金處誨 如唐納旌節 沒於海 (『三國史記』11 新羅本紀 11)

신라 唐昭宗景福二年 納旌節使兵部侍郎金處誨沒於海 卽差橘城郡太守金峻爲告奏使 時致遠爲富城郡太守 祇召爲賀正使 以比歲饑荒 因之盜賊交午 道梗不果行 其後致遠亦嘗奉使如唐 但不知其歲月耳 故其文集有上大師侍中狀云 伏聞東海之外有三國 其名馬韓卞韓辰韓 馬韓則高麗 卞韓則百濟 辰韓則新羅也 高麗百濟全盛之時 強兵百萬 南侵吳越 北撓幽燕齊魯 爲中國巨蠹 隋皇失馭 由於征遼 貞觀中 我唐大宗皇帝 親統六軍 渡海恭行天罰 高麗畏威請和 文皇受降迴蹕 此際我武列大王 請以犬馬之誠 助定一方之難 入唐朝謁 自此而始 後以高麗百濟踵前造惡 武烈七朝 請爲鄕導 至高宗皇帝顯慶五年 勅蘇定方 統十道強兵樓舡萬隻 大破百濟 乃於其地 置扶餘都督府 招緝遺氓 蒞以漢官 以臭味不同 屢聞離叛 遂徙其人於河南 摠章元年 命英公徐勣 破高句麗 置安東都督府 至儀鳳三年 徙其人於河南隴右 高句麗殘孽類聚 北依大白山下 国

684) 선사는 882년에 태어났다. 10세가 되는 해는 892년이다.

號爲渤海 開元二十年 怨恨天朝 將兵掩襲登州 殺刺史韋俊 於是 明皇帝大怒 命內史高品何行成大僕卿金思蘭 發兵過海攻討 仍就加我王金某 爲正大尉持節充寧海軍事雞林州大都督 以冬深雪厚 蕃漢苦寒 勅命迴軍 至今三百餘年 一方無事 滄海晏然 此乃我武烈大王之功也 今某儒門末學 海外凡村 謬奉表章 來朝樂土 凡有誠懇 禮合披陳伏見 元和十二年 夲國王子金張廉 風飄至明州下岸 浙東某官發送入京 中和二年 入朝使金直諒 爲叛臣作亂 道路不通 遂於楚州下岸 邐迤至楊州 得知聖駕幸蜀 高大尉差都頭張儉 監押送至西川 已前事例分明 伏乞 大師·侍中 俯降台恩 特賜水陸券牒 令所在供給舟舡熟食及長行驢馬草料 并差軍將 監送至駕前 此所謂大師侍中 姓名亦不可知也 (『三國史記』46 列傳 6 崔致遠)

신라 遣兵部侍郞金處誨如唐納旌節 沒於海 復以槥城郡太守金峻爲告奏事 時崔致遠爲富城郡太守 王召爲賀正使 以比歲饑荒 盜賊交午 道梗不行 (『三國史節要』13)

신라 崔承祐 (…) 至景福二年 侍郞楊涉下及第 有四六五卷 自序爲餬本集 後爲甄萱作檄書移我太祖 (『三國史記』46 列傳 6 崔承祐)

신라 有唐新羅國 良州深源寺 故國師 秀澈和尙 楞伽寶月靈塔碑銘幷序
入朝奉賀 △駕遷幸東都使 檢校右衛將軍 司宮臺
△△△院使等 朝請郞 △△△△ 同正員△
門下弟子 比丘歆光
語曰圖王不成 其心猶覇夫 如是衆生得未得 其次爲△ 偉而能師德耀乎 君子因孫隷△△法△△ 不其偉歟 良足稱也 務希夷志 求無上覺 豈志大宇宙 勇邁終古者乎 昔菩薩帝世 大達磨 傳有禪法 佛△大△△ 俗△△△△ 龜氏所宗正 烏從知非 寒蜩得便 萬肅大君 有△難辭 弟子何知 於是乎 命△求昔 椅實從尙 悳△△跡之 何强敍忘△△△△△ 夫大師其人 德可稱仙 曾祖△位蘇判 族峻眞骨 慶餘法身 祖日新 考修靜 所欲不仕 世傳嘉猷 家主全城 有避世保全之淸 △△擧大樹△ 善其入道也 幼亡恃怙 旋悟幻夢 瞥聞△龜有緣 視佛無滯 年餘志學 學佛是圖 落采於緣虛律師 △經于天宗大德 尋以三略 旬出至東原京福泉寺 受具于潤法大德 尋得易極 △海△涯 遂△金言 △△△△賞惑月經力 福惠二嚴 母氏必生天矣 自爾希心 △鳥如也 意掀△△ 飜翅△△ △△雪岳 獨△雲岑 詣實相禪庭 適我願兮 請爲資 許之 乃問 若何處來 答曰 爾性何 旣栖神妙門 △△仙境 國師賜△曰 道△之寄 宿緣所追 肯搆西堂 △△△尒 時屬△△ △師應召 來儀都邑 拜下禮也 旣釋理之術 △△居處有 繇是禮窣堵波于名山勝地 △△訶是乎 淨△△△ 雅於禪苑揚蕤 集以雜花騰馥 遂△復直往 私築于知異山知實寺 覽諸章疏 無有孑遺 是生之知義 日昇覺者之闡宗 其力也 還化衆生歟 其利佛也 導衆以寂無言成蹊 有若釋門之英 正法大德弘△ 前△州僧正順△ 宗子禪師△△而降 悉坐潛天咸通△年 贈太師景文大王 以在山別赴 降趺急從 一日八角堂 請敎禪同異 對曰 深宮自有千迷道 △△終無 迺張△禪 階△如晝 王心悅悟 爾先雲還蹤 △長從出岫 相見竝加改 時惠成大王 爲家德損 於克諧謨 △△益發 △乘△路 自贈太傅獻康大王 △△鴻國 頒飛鵠書 欵乃△△△鳳儀之舞 以△△△ △△戎家 △△法祐 能隆下△ 不爽然 來思因貢 △△外護之使 行達辯△ 慶順滋焉 唯△相△△善△會△△△如△膺籙△△ 國師遽撤葷腥 因觸痛惱 復忘筌斯在 是時 前國統釋惠威大法師 泉△法大德 比丘△道△△△△△愼乎 解行雙高 道俗俱從 無心合契道 面盡△△ 王孫爲師△ 具僚列賀 禮無遠△ 道益隆焉 △關君民也 師叵利則 句如無別△ 況師高尙者 固△△步驟之 是故我太尉讓王 倦彼垂衣 棄如脫屣 仍從剪䰂 △抑煩囂 △雖△△ 何陋之鄕 本△△△得非染 又玄之道 終粹淸閑 其實大事因緣 素有師保無疵 故太宗文武聖皇帝詔曰 可著

令置三師之位 則△△△我 根儒幹釋 鎔夏鑄夷 其方本仁 易以道御 於是 心已謂鏞難遠擊鍾 好近△欲 處師寰內 △唯不逮 特敎勅端儀長翁主 深源山寺 請居禪師 廣濟迷津 故時人不名稱△ 瑩其心地 豈瑩△之謂耶 居無何 以玆密邇都城 泉石淸宮 塵△△△ 弟子粹忍義光 各居南岳北埜 △野△源 勝地絶倫 法雲爲 心隨境家 有以是名撰十地境 壓三山者 應其感應也 △△△乎 △舶不△自淨刀△異△△錐 能除△弊 自餘△交 秘說目擊 倚 是尤加鞭後者 大師無言 近世心學△△ 無爲亂神之資 是無交△故爾△稽古 △宜遠有根 其滅渡也 景福二年 蕤賓四日 召其徒曰 死將至矣 吾欲行焉諸子勉旃 宜游佛庭 其△風狂雨△ 浮雲坐聚散 須知朗月行西東 言已化去 享齡七十九 歷夏五十八 異矣哉 △△水積魚歸 便至林傾鳥散 聞俗緣大歸 住瑩原 追感遺者灑泣慷慨 讓王顧不慭遺 哭諸門外 以傳東宮官奉食郎王輅 飛敎慰問 △承遺訓 用報△ 贈諡曰秀澈 塔號楞伽寶月 其後齋營八會 禮備十旬 若茗若香 悉從王府 其始也△家△年 其終也 △明夏并旬 於△靑蓮寶宅 遠颺德馨 莫不均濡衆渴 尊師之道 △ △四方之瞻仰 覬萬壽之遐長 而人之云亡 吾將安倣 今△△△懷矣 △可擇焉 △△△△直相出相門 門人款休 飮光媲芻 逐日踰海 故能雲△ 眼界霞綻 毫端狀龍 聖龜神示 千秋万春 臣也跪伏 △銘追△ △△ 詞曰 東仁所植 西敎是則 縷褐之飾 布衣之極 一枚幻軀 六箇兇賊 他或△△ 師能△得 謀重慧戈 △用成學 德水△濯 妖塵靜△ 祖西堂藏父南岳陟 化衆十方 爲師一國 言沃王心 感融佛力 克修善逝 雅訓扇△ 致捨大寶 賴△△衍 歷數古今 △△△△

(陰記) 康熙五十三年甲午四月日 重建 (「實相寺秀澈和尙楞伽寶月塔碑」)685)

신라 有門人英爽 來趣受辛 金口是資 石心彌固 忍踰刮骨 求甚刻身 影伴八冬 言資三復抑六異六是之屬辭無媿 賈勇有餘者 實乃大師 內蕩六魔 外除六蔽 行苞六度 坐證六通故也 事譬採花 文難削藁 遂同榛藁勿翦 有慙糠粃在前 跡追蘭殿之遊 誰不仰月池佳對 偈效柏梁之作 庶幾騰日域高譚 (「鳳巖寺智證大師寂照塔碑」 陰記)686)

신라 景福二年三月 應(下缺)敎赴京 對楊金(下缺) 君王仰敬 士庶歡忻 謂(下缺)佛日之再中謂優曇 洋(下缺)瑞雲寺 滅享年六十五 僧服臘四(下缺) 心神鑒肇 白寬素果 又(下缺)法 人德俊空 故俱(下缺) (「瑞雲寺了悟和尙碑」)

894(甲寅/신라 진성왕 8/발해 현석 25 위해 1/唐 乾寧 1/日本 寬平 6)

신라 春二月 崔致遠進時務一十餘條 王嘉納之 拜致遠爲阿飡 (『三國史記』11 新羅本紀 11)

신라 春二月 崔致遠進時務十餘條 王嘉納之 以爲阿飡 致遠東還 値世亂 自傷不遇 無復仕進意 挈家隱伽倻山 與母兄浮圖賢俊及定玄師 結爲道友 以終老焉 始西遊將還 學士顧雲以詩送之曰 十二乘舟渡海來 文章感動中華國 十八橫行戰詞苑 一箭射破金門策 盖有所心服云 致遠知新羅將亡高麗將興 有鷄林黃葉鵠嶺靑松之 勾 人皆異之 致遠所著文集三十卷 行於世 唐書藝文志又載 致遠四六集一卷 桂苑筆耕二十卷云 (『三國史節要』13)

신라 致遠自以西學多所得 及來將行己志 而衰季多疑忌 不能容 出爲大山郡大守 (…) 致

---

685) 비문의 주인공 수철화상은 실상사의 제2조로 알려졌다. 그는 815년(헌덕왕 7)에 태어나 829년에 출가하였고 836년(희강왕 1)에 실상사(實相寺)의 승려 홍척(洪陟)에게서 수학하였다. 경주의 팔각당에서 교종과 선종의 차이점을 강의하기도 하였으며 893년(진성여왕 7) 5월 4일에 입적하였다. 아마도 탑비는 그 후에 건립된 것으로 보인다. 수철화상이 주로 심원사(深源寺)에 머물렀기 탑비에는 심원사·국사수철화상(深源寺·國師秀澈和尙)이라고 기술되어 있다.

686) 을사년(885)에서 8년이 지난 시점이다.

遠自西事大唐 東歸故国 皆遭亂世 屯邅蹇連 動輙得咎 自傷不偶 無復仕進意 逍遥自放 山林之下江海之濵 營臺榭植松竹 枕藉書史 嘯詠風月 若慶州南山剛州氷山陜州清涼寺智異山雙溪寺合浦縣別墅 此皆遊焉之所 最後帶家隱伽耶山海印寺 與母兄浮圖賢俊及定玄師 結爲道友 捿遲校偃仰 以終老焉 始西遊時 與江東詩人羅隱相知 隱負才自高 不輕許可人 示致遠所製歌詩五軸 又與同年顧雲友善 將歸 顧雲以詩送別 略曰 我聞海上三金鼇 金鼇頭戴山高高 山之上兮 珠宮具闕黃金殿 山之下兮 千里萬里之洪濤 傍邉一點雞林碧 鼇山孕秀生奇特 十二乘舩渡海來 文章感動中華國 十八横行戰詞苑 一箭射破金門策 新唐書藝文志云 崔致遠四六集一卷 桂苑筆耕二十卷 注云 崔致遠高麗人 賔貢及第 爲高駢從事 其名聞上国如此 又有文集三十卷 行於世 初我太祖作興 致遠知非常人 必受命開国 因致書問 有雞林黄葉 鵠嶺青松之句 其門人等 至國初來朝 仕至達官者非一 顯宗在位 爲致遠密贊祖業 功不可忘 下教贈内史令 至十四歲太平二年壬戌五月 贈謚文昌侯 (『三國史記』 46 列傳 6 崔致遠)

신라 崔致遠詩有鄕樂雜詠五首 今錄于此 金丸 廻身掉臂弄金丸 月轉星浮滿眼看 縱有宜僚那勝此 定知鯨海息波瀾 月顚 肩高項縮髮崔嵬 攘臂羣儒鬪酒盃 聽得歌聲人盡笑 夜頭旗幟曉頭催 大面 黃金面色是其人 手抱珠鞭役鬼神 疾步徐趍呈雅舞 宛如丹鳳舞堯春 束毒 蓬頭藍面異人間 押隊來庭學舞鸞 打鼓冬冬風瑟瑟 南奔北躍也無端 狻猊 遠涉流沙萬里來 毛衣破盡着塵埃 搖頭掉尾馴仁德 雄氣寧同百獸才 (『三國史記』32 雜志 1 樂)

신라 二月廿二日乙酉 大宰府飛驛使來 申新羅賊 同日賜勅符 令彼府應追討也 (『日本紀略』 全篇 20)

신라 三月十三日丙子 申剋 大宰府飛驛使來 申新羅賊損侵寇辺嶋之由 卽賜勅符於彼府令追討 (『日本紀略』 全篇 20)

신라 四月十日壬寅 大宰府飛驛使來申 仰遣奉幣管內諸神 (『日本紀略』 全篇 20)

신라 四月十四日丙午 大宰府飛驛使上奏新羅賊來著對馬嶋之由 同日賜勅符於彼府 (『日本紀略』 全篇 20)

신라 四月十六日戊申 大宰府飛驛使來著上奏被給將軍討平凶賊 卽日 以叅議藤原國經爲權帥 (『日本紀略』 全篇 20)

신라 四月十七日乙酉 賜勅符於大宰府 應討平新羅賊也 又下知北陸 山陰 山陽道諸國 備武具選精兵 令勤警固(『日本紀略』 全篇 20)

신라 四月十八日庚戌 今日 東山 東海道召勇士 (『日本紀略』 全篇 20)

신라 (四月)十九日 爲討新羅賊 奉幣伊勢太神宮 (『日本紀略』 全篇 20)

신라 (四月廿日) 仰陸奥出羽可警固之由 同日 分遣諸神社幣帛使 (『日本紀略』 全篇 20)

발해 (五月七日) 大宰府飛驛使來 上奏賊等逃去之由 翌日 賜勅符於彼府令固守 是月 渤海使裴頲等入朝 (『日本紀略』 全篇20)[687]

신라 (五月七日)翌日 賜勅符於彼府令固守 是月 渤海使裴頲等入朝 (『日本紀略』全篇20)

발해 (五月)是月 渤海使裵頲等入朝[688] (『日本紀略』前篇 20)

신라 太政官府

應依舊差遣對馬嶋防人事

右得大宰府解偁 太政官去貞觀十八年三月十三日下府偁 參議權帥從三位在原朝臣行平起請偁 防人九十四人 是六國所點配也 配遣年久 漂亡者多 仍問嶋司等申云 往年配遣之人 或因嫁聚爲居 或習漁釣爲業 留在不歸往往而有 今新點之民 或蕩沒或逃亡徒失課役之人 還非扞城之士 望請停止配遣 令輸役料 便以其物雇留住人者 右大臣宣奉勅 依請者 自爾以降 停件防人只送功物 而今新羅宿賊屢窺彼嶋 燒亡官舍 殺傷人民 加以弊亡有漸 民氓衰耗 況便弓矢者 百分一二 因玆討賊使少貳從五位上淸原眞人令望更留府兵五十人 權充援兵備其不虞 今尋差遣防人之興 元爲邊戍而停彼兵士令輸役備 是兵革不用之時權議也 謹案物意 安不忘危 存不忘亡 豈不愼非常之謂乎 若不量件戍何以備守 望請 簡擇精勇 復舊差遣 謹請官裁者 大納言正三位兼行左近衛大將皇太子傅陸奧出羽按察使源朝臣能有宣 奉勅 依請

寬平六年八月九日 (『類聚三代格』18)

신라 九月五日 對馬島司言新羅賊徒船四十五艘到着之由 大宰府同九日進上飛驛使 同十七日記曰 同日卯時 守文室善友召集郡司士卒等 仰云汝等若箭立背者 以軍法將科罪 立額者 可被賞之由言上者 仰訖 率列郡司士卒以前守田村高良令反問 卽鳴分寺上座僧面均 上縣郡副大領下今主爲押領使 百人軍各結二十番 遣絶賊移要害道 豊圓春竹卒弱軍四十八 度賊前 凶賊見之 各鋭兵而來向守善友前 善友立楯令調弩 亦令亂聲 時凶賊隨亦亂聲 卽射戰 其箭如雨 見賊等被射幷逃歸 將軍追射 賊人迷惑 或入海中 或登山上 合計射殺三百二人 就中大將軍三人 副將軍十一人 所取雜物 大將軍縫物 甲胄 貫革袴 銀作太刀 纏弓革 胡籙 宛夾 保呂 各一具 已上附脚 力多米常繼進上 又奪取船十一艘 太刀五十柄 鉾千基 弓百十張 胡籙百十房楯三百十二枚 僅生獲賊一人 其名賢春 卽申云 彼國年穀不登 人民飢苦倉庫悉空 王城不安 然王仰爲取穀絹 飛帆參來 但所在大小船百艘 乘人二千五百人 被射殺賊其數甚多 但遺賊中 有最敏將軍三人 就中有大唐一人 (『扶桑略記』22)

신라 九月十九日戊寅 大宰府飛驛使言上 打殺新羅賊二百餘人 仍仰諸國令停止軍士警固等 (『日本紀略』全篇 20)

신라 太政官符

應出雲隱岐等國依舊置烽燧事

右得隱岐國解偁 撿令條 諸國置烽燧 若有急速 則達京師 遠近相應 愼備警固 至于延曆年中 內外無事 永從停廢 而今寇賊數來 侵掠邊垂 加之 此國遙離陸地 孤居海中 風波危勵 往還不通 縱有非常 何得通告 望請官裁雖不通京都 而件兩國境 依置烽燧者 右大臣宣 奉勅依請

寬平六年九月十九日 (『類聚三代格』卷18)

687) 寬平 7년 5월의 誤記이다.
688) 寬平 7년 5월의 誤記이다.

신라 九月卅日己丑 大宰府飛驛使來 言上打殺新羅賊二十人之由 賜勅符於彼國令警固是日授對馬嶋上縣郡正五位上和多都美神 下縣郡正五位上平名神並從四位下 正四位下多久豆名神正四位上 從五位上小坂宿祢名神正五位下 正六位上石釖名神從五位下 (『日本紀略』 全篇20)

신라 (九月卅日)其日 停遣唐使 (『日本紀略』 全篇20)

신라 十月六日乙未 大宰府飛驛使奏新羅賊船退去之由 同日給勅符於彼府 (『日本紀略』 全篇20)

신라 大唐新羅國故鳳巖山寺 教諡智證大師寂照之塔碑銘并序
入朝賀正兼迎奉皇花等使朝請大夫前守兵部侍郎充瑞書院
學士賜紫金魚袋 臣 崔致遠 奉教撰

敍曰 五常分位 配動方者曰仁心 三教立名 顯淨域者曰佛 仁心卽佛 佛目能仁則也 道郁夷柔順性源 達迦衛慈悲教海 寔猶石投水雨聚沙然 矧東諸侯之外守者 莫我大 而地靈旣好生爲本 風俗亦交讓爲主 熙熙太平之春 隱」隱上古之化 加以姓叅釋種 遍頭居寐錦之尊 語襲梵音 彈舌足多羅之字 是乃天彰西顧 海引東流 宜君子之鄕也 法王之道 日日深又日深矣 且自魯紀隕星 漢徵佩日 像跡則百川含月 法音則萬籟號風 或緝懿縑緗 或綵華琬琰 故濫雒宅 鏡秦宮之事跡 照照焉 如揭合璧 苟非三尺喙 五色毫焉能措辭其間 駕說于後 就以國觀國 考從鄕至鄕 則風傳沙嶮而來 波及海隅之始 昔當東表鼎峙之秋 有百濟蘇塗之儀 若甘泉金人之祀 厥後西晉曇始始之貊 如」攝騰東入句驪阿度度于我 如康會南行 時迺梁菩薩帝 反同泰一春 我法興王 剬律條八載也 亦旣海岸植與樂之根 日鄕耀增長之寶 天融善願 地聳勝因 爰有中貴捐軀 上僊剔髮 苾芻西學 羅漢東遊 因爾混沌能」開 娑婆遍化 莫不選山川勝槪 窮土木奇功 藻宴坐之宮 燭徐行之路 信心泉湧 慧力風揚 果使漂寸杵鐲灾 鍵櫜騰慶 昔之蕞爾三國 今也壯哉一家 雁刹雲排 將無隙地 鯨枹雷振 不遠諸天 漸染有餘 幽求無罣攵 其教之興也」 毗婆娑先至 則四郡驅四諦之輪 摩訶衍後來 則一國耀一乘之鏡 然能龍雲躍 律虎風騰 洶學海之波濤 蔚戒林之柯葉 道咸融乎無外 情或涉乎有中 抑止水停漪 高山佩旭者 盖有之矣 世未之知 洎長慶初 有僧道義」 西泛睹西堂之奧 智光侔智藏而還 智始語玄契者 縛猿心護奔北之短 矜鷃翼誚圖南之高 旣醉於誦言 競嗤爲魔語 是用韜光廡下 斂迹壺中 罷思東海東 終遁北山 豈大易之無悶 中庸之不悔者邪 華秀冬嶺 芳定林」 蟻慕者彌山 雁化者出谷 道不可廢 時然後行 及興德大王纂戎 宣康太子監撫 去邪毉國 樂善肥家 有洪陟大師 亦西堂證心 來南岳休足 驚冕陳順風之請 龍樓慶開霧之期 顯示密傳 朝凡暮聖 變非蔚也 興且勃焉 試虛見較其宗趣 則修乎修沒修 證乎證沒證 其靜也山立 其動也谷應 無爲之益 不爭而勝 於是乎 東人方寸地虛矣 能以靑彡利利海外 不言其所利 大矣哉 爾後 觴騫河 筌融道 無念爾祖 寔繁有徒 或劍化」延津 或珠還合浦 爲巨擘者 可屈指焉 西化則靜衆無相 常山慧覺 禪譜益州金鎭州金者是 東歸則前所敍北山義 南岳陟 而降大安徹國師 慧目育 智力聞 雙溪照 新興彦 涌岩體 珍丘休 雙峰雲 孤山日 兩朝國」師聖住染 菩提宗 德之厚爲父衆生 道之尊爲師王者 古所謂 逃名名我隨 避聲聲我追者 故皆化被恒沙 蹟傳豊石 有令兄弟 宜爾子孫 俾定林標秀於鷄林 慧水安流於鰈水者矣 別有不戶不片庸而見大道 不山不海而得上寶 恬然息意 澹乎忘味 彼岸也 不行而至 此土也 不嚴而治 七賢孰取譬 十住難定位者 賢鷄山 智證大師 其人也 始大成也 發蒙于梵體大德 稟具于瓊儀律師 終上達也 探玄于慧隱嚴君 乎默于楊孚令子 法胤唐四祖爲五世父 東漸于海 遡游數之 雙峰子法朗 孫愼行 曾孫遵範 玄孫慧隱 來孫大師也 朗大師從大毉之大證 按杜中書正倫 纂銘敍云

遠方奇士 異域高人 無憚險途 來至珍所 則擲寶歸止 非師而誰 第知者不言 復藏于密能揮秘藏 唯行」大師 然時不利兮 道未亨也 乃浮于海 聞于天 肅宗皇帝 寵貽天什曰龍兒渡海不憑筏 鳳子沖虛無認月 師以山鳥海龍二句爲對 有深旨哉 東還三傳至大師畢萬之後斯驗矣 其世緣則王都人 金姓子 號道憲 字智詵 父贊瓌」 母伊氏 長慶甲辰歲現乎世 中和壬寅曆歸乎寂 恣坐也 四十三夏 歸全也 五十九年 其具體則身仞餘 面尺所 儀狀魁岸 語言雄亮 眞所謂威而不猛者 始孕洎滅 奇蹤秘說 神出鬼沒 筆不加紀今探其感應聳人耳者六異 操履驚」人心者六是 而分表之 初母夢 一巨人告曰 僕昔勝見佛 季世爲桑門 以譴恚故 久隨龍報 報既既矣 當爲法孫 故侂妙緣 願弘慈化 因有娠 幾四百日 灌佛之旦誕焉 事驗蟒亭 夢符像室 使佩韋者益試 擁毳者精修 降生之異一也」 生數夕不嚥乳 穀之則號欲嗄 欻有道人 過門誨曰 欲兒無聲 忍絶焄腥 母從之竟無恙 使乳育者加愼 肉湌者懷慙 宿習之異二也 九歲喪父 殆毁滅 有追福僧憐之 諭曰 幻軀易滅 壯志難成 昔佛報恩 有大方便 子勉之 因感悟輟哭 白所生請歸道 母慈其幼 復念保家無主 確不許 耳踰城故事 則亡去 就學浮石山 忽一日 心驚坐屢遷 俄聞倚閭成疾 遽歸省而病隨愈 時人方阮孝緖 居無何 染沈疴 謁毉無效 枚卜之 僉曰宜名隷大神 母追惟曩夢 誡覆以方」袍 而泣誓言 斯疾若起 乞佛爲子 信宿果大瘳 仰悟慈親 終成素志 使舐犢者割愛 飮蛇者釋疑 孝感之異三也 至十七受具 始就壇 覺袖中神光熠熠然 探之得一珠 豈有心而求 乃無脛而至 眞六度經所喩矣 使飢噂者自飽醉偃者能醒 勵心之異四也 坐雨竟 將它適 夜夢遍吉菩薩撫頂提耳 曰 苦行難行 行之必成 形開痒然 黙篆肌骨 自是 不復服繒絮焉 修糸㲚之須 所必麻楮 不穿達屣 矧羽翣 毛茵餘用矣 使縕麛者開眼 衣蟲者厚顔 律身之異五也 自綺年」 飽老成之德 加瑩戒珠 加畏者競相從求益 大師拒之曰 人大患好爲師 强欲慧不惠 其如模不模何耶 況浮芥海鄕 自濟未暇 無影逐 爲必笑之態 後山行 有樵叟假碍前路 曰 先覺覺後覺 何須捨空殼 就之則無見焉 爰媿且悟 不阻來求 森竹葦于鷄籃山水石寺 俄卜築他所 曰不繫爲懷 能遷是貴 使佔畢者三省 營巢者九思 垂訓之異六也 贈大師景文大王 心融鼎敎 面謁輪工 遙深爾思 覬俾我卽 乃寓書曰 伊尹大通 宋纖小見 以儒辟釋 自邇陟遠 甸邑巖」居 頗有佳所 木可擇矣 無惜鳳儀 妙選近侍中可人 鵠陵昆孫立言爲使 既傳敎已 因攝齊焉 答曰 修身化人 捨靜奚趣 鳥能之命 善爲我辭 幸許安塗中 無令在汶上 上聞之 益珍重 自是 譽四飛於無翼 衆一變於不言 咸通五年」 冬 端儀長翁主未亡人爲稱 當來佛是歸 敬謂下生 厚資上供 以邑司所領賢溪山安樂寺 富有泉石之美請爲猿鶴主人 乃告其徒曰 山號賢溪 地殊愚谷 寺名安樂 僧盍住持 從之徙焉 居則化矣 使樂山者益靜 擇地者愼思 行藏之是一焉 他日 告門人曰 故韓粲金公嶷勳 度我爲僧 報公以佛 乃鑄丈六玄金像 傅之以銑 爰用鎭仁宇 導冥路 使行恩者日篤 重義者風從 知報之是二焉 至八年丁亥 檀越翁主 使茹金等 伽藍南畝暨臧獲本籍授之 爲懷」袍傳舍 俾永永不易 大師因念言 王女資法喜 尙如是矣 佛孫味禪悅 豈徒然乎 我家匪貧親黨皆歿 與落路行人之手 寧充門弟子之腹 遂於乾符六年 捨莊十二區 田五百結 隷寺焉 飯孰譏囊 粥能銘鼎 民天是賴 佛土可期 雖」曰我田 且居王土 始資疑於王孫韓粲繼宗 執事侍郎金八元 金咸熙 及正法大統釋玄亮 聲九皐 應千里 贈太傅獻康大王架而允之 其年九月 敎南川郡僧統訓弼 擇別墅 劃正場 斯盖外佐君臣益地 內資父母生天 使續」命者與仁 賞歌者悛過 檀捨之是三焉 有居乾慧地者 曰沈忠 聞大師刃餘定慧 鑑透乾坤 志確曇蘭 術精安廩 禮足已 白言 弟子有剩地 在曦陽山腹 鳳巖龍谷 境駭橫目 幸構禪宮 徐答曰 吾未能分身 惡用是 忠請膠固 加以山靈 有甲騎爲前騶之異乃錫挺樵溪而歷相焉 且見山屛四迾 則獄鳥 翅掀雲 水帶百圍 則 腰偃石 既愕且嗟曰獲是地也 庸非天乎 不爲靑衲之居 其作黃巾之窟 遂率先於衆 防後爲基 起瓦△四注以壓之 鑄鐵像二軀以衛之 至中和辛丑年 敎遣前安輪寺僧統俊恭 肅正史裵聿文 標定疆域 芸賜片帝爲鳳巖焉 及大師化往數年 有山甿爲野冠者 始敢据輪 終能食葚 得非

深蕸斗定水 預氵友魔山之巨力歟 使折臂者標義 掘尾者制狂 開發之是四焉 太傅大王以華風掃弊 慧海濡枯 素欽靈育之名 渴聽法深之論 乃注心鷄足 灑翰鶴頭 以徵之曰外護小緣 念踰三際 內修大惠 幸許一來 大師 感動琅函言及 勝因通世 同塵率土 懷玉出山 轡織迎途 至憩足于禪院寺 錫安信宿 引」問心于月池宮 時屬纖蘿不風 溫樹方夜 適覩金波之影 端臨玉沼之心 大師俯而覬 仰而告曰 是卽是 餘無言 上洗然欣契曰金仙花目 所傳風流 固協於此 遂拜爲忘言師 及出俾 臣譬旨 幸宜小停 答曰 謂牛戴牛 所直無」幾 以鳥養鳥 爲惠不貲 請從此辭 枉之則折 上聞之喟然 以韻語歎曰 施旣不留 空門鄧侯 師是支鶴 吾非超鷗 乃命十戒弟子宣敎省副使馮恕行 援送歸山 使待兎者離株 羨魚者學網 出處之侍五焉 在世行 無遠近夷險 未嘗代勞以蹄角 及還山 氷霓梗跋涉 乃以栟櫚步輿寵行 謝使者日 是豈井大春△所云人車耶 顧英君所不須 矧形毁者乎 然命旣至矣 受之爲濟苦具 及移疾于安樂練居 杖不能起 始乘之 使病病者了空 賢賢者離執 用捨之是」六焉 至冬抄旣望之二日 趺坐悟言之際 泊然無常 嗚呼 星廻上天 月落大海 終風吼谷 則聲咽虎溪 積雪摧松 則色侔鵠樹 物感斯極 人悲可量信而假殯于賢溪 其日而遂窆于羲野 其詞曰 麟聖依仁仍據德 鹿仙知白能守黑 二敎徒稱天下式 螺髻眞人難确力 十萬里外鏡西域 一千年後燭東國 鷄林地在鼇山側仙儒自古多奇特 可憐羲仲不曠職 更迎佛日辨空色 敎門從此分階土戚 言路因之理溝洫 身依兎窟心難息 足蹋羊岐眼還惑 法海安流眞叵測 心得眼訣苞眞極 得之得類罔象得 黙之黙異寒蟬黙 北山義與南岳陟 垂鵠翅與展鵬翼 海外時來道難抑 遠流禪河無壅塞 蓬托麻中能自直 珠探衣內休傍貸 湛若賢溪善知識 十二因緣匪虛飾何用攀緪兼亻付杙 何用舐筆及含墨 彼或遠學來匍匐 我能靜坐降魔賊 莫把意樹誤栽植 莫把情田枉稼穡 莫把恒沙論萬億 莫把孤雲定南北 德譬四遠聞詹蔔 惠化一方安社稷 面奉天花飄縷衤式 心憑水月呈禪拭 △△佳綿誰入棘 腐儒玄杖慙摘埴跡耀寶幢名可勒 才輸錦頌文難 △腸△飮禪悅食 來向山中看篆刻 (「鳳巖寺智證大師寂照塔碑」)689)

신라

太傅王馳醫問疾 降馬吏營齊 不暇無偏無頗 能諧有始有終 特敎菩薩戒弟子建功鄕令金立言 慰勉諸孤 賜謚智證禪師 塔號寂照 仍許勒石 俾錄狀聞 門人性蠲 敏休 楊孚繼徽等 咸得鳳毛者 僉殳陳迹以獻 至乙巳歲 有國民媒儒道 嫁帝鄕 而名掛輪中 職攀柱下者 曰崔致遠 捧漢后龍緘 賚淮王鵠幣 雖慙鳳擧 頗類鶴歸 上命信臣淸信者陶竹陽 授門人狀 賜手敎曰 縷褐東師 始悲遷化 繡衣西使 深喜東還 不 之爲 有緣而至無忝外孫之作 將酬大士之慈 臣也 雖東箭非材 而南冠多幸 方思運斧 遽値號弓 況復國重佛△ 家藏僧史 法碣相望 禪碑最多 遍覽色絲 試搜殘錦 則見無去無來之說 競把斗量 不生不滅之譚 動論車載 曾無魯史新意 或用同公舊章 是知石不能言 益驗道之元遠 唯懊師化去早 臣歸來遲 鑁鏤字誰告前日 逍遙義不聞眞決 每憂傷手 莫悟伸擧歎時則露往霜來 遽涸愁鬢 談道則天高地厚 厪腐頑毫 將諧汗漫之遊 始述崆峒之美有門人英爽 來趣受辛 金口是資 石心彌固 忍踰刮骨 求甚刻身 影伴八冬 言資三復抑六異六是之屬辭無媿 賈勇有餘者 實乃大師 內蕩六魔 外除六蔽 行苞六度 坐證六通故也 事譬採花 文難削藁 遂同榛藁勿翦 有慙糠粃在前 跡追蘭殿之遊 誰不仰月池佳對 偈效柏梁之作 庶幾騰日域高譚 芬皇寺 釋慧江 書幷刻字 歲八十三 院主 大德能善·通俊 都唯那等 玄逸·長解·鳴善 旦越成碣 西△大將軍 着紫金魚袋 蘇判 阿叱彌·加恩縣 將軍 熙弼 當縣△刃氵辛治△△△于德明

龍德四年 歲次甲申 六月 日 竟建 (「鳳巖寺智證大師寂照塔碑」 陰記)690)

689) 893년(진성여왕 7) 무렵에 최치원이 비문을 완성하였고 탑비는 그 보다 훨씬 늦은 924년(경애왕 1)에 건립되었다.

690) 893년(진성여왕 7) 무렵에 최치원이 비문을 완성하였고 탑비는 그 보다 훨씬 늦은 924년(경애왕 1)에 건립되었다.

신라	冬十月 弓裔自北原 入何瑟羅 衆至六百餘人 自稱將軍 (『三國史記』11 新羅本紀 11)
후고구려	冬十月 弓裔自北原入何瑟羅 衆至六百 自稱將軍 與士卒同甘苦 予奪不私 衆心畏愛之 (『三國史節要』13)
신라	弓裔 (…) 乾寧元年 入溟州 有衆三千五百人 分爲十四隊 金大黔毛昕長貴平張一等爲舍上[舍上謂部長也] 與士卒同甘苦 勞逸 至於予奪 公而不私 是以 衆心畏愛 推爲將軍 (『三國史記』50 列傳 10 弓裔)
발해	十二月卄九日丙辰 渤海國客徒百五人到著於伯耆國 (『日本紀略』全篇20)
신라	景福三年 潭州節帥 馬公△節度副使 金公 聞風欽仰 拂霧敬恭 △△△△△△△△△△△△△△△△△請△居其爲時所瞻依 皆如此類也 (「無爲寺先覺大師遍光塔碑」)

895(乙卯/신라 진성왕 9/발해 위해 2/唐 乾寧 2/日本 寬平 7)

발해	正月卄二日庚辰 以備中權掾三統理平 明法得業生中原連岳等 爲渤海客存問使 (『日本紀略』全篇 20)
신라	太政官府 應加置博多警固所夷俘五十人事 右得大宰府解偁 少貳從五位上淸原眞人令望牒偁 撿案內 太政官去貞觀十一年十二月符偁 夷俘五十人爲一番 且充機急之備者 而今新羅凶賊屢侵邊境 赴征之兵勇士猶乏件夷俘徒在諸國 不隨公役 繁息經年 其數巨多望請 言上加置量件數 練習射戰 將備非常者 府加覆蕃 所陳適宜 謹請官裁者 大納言正三位兼行左近衛大將軍皇太子傅陸奧出羽按察使源朝臣能有宣 奉勅依請 寬平七年三月十三日 (『類聚三代格』18)
발해	(五月)四日 巡撿鴻臚館 (『日本紀略』全篇 20)
발해	五月七日癸亥 渤海客來著鴻臚館 (『日本紀略』前篇 20)
발해	渤海使入京可騎馬 准寬平例 仰公卿等 令進私馬 (『扶桑略記』22)
발해	(五月)十一日丁卯 天皇幸豊樂院 賜饗於客徒 兼敍位階 (『日本紀略』前篇 20)
발해	(五月)十四日庚午 於朝集堂 賜饗於客徒 (『日本紀略』前篇 20)
발해	(五月)十五日辛未 參議左大弁菅原朝臣[道眞]向鴻臚館 賜酒饌於客徒 (『日本紀略』前篇 20)
발해	(五月)十六日壬申 渤海客徒歸去 (『日本紀略』前篇 20)
신라	太政官府 應停史生一員置弩師事 右得越前國解稱 此國西帶大海遠向異方 戎器之具不可暫緩 望請 被給弩師備之不虞 謹請官裁者 大納言正三位兼行左近衛大將皇太子傅陸奧出羽按察使源朝臣能有宣 奉勅 依請

寬平七年七月二十日 (『類聚三代格』 5)

신라 후고구려

秋八月 弓裔擊取猪是[691]狌川二郡 又破漢州管內夫若 鐵圓等十餘郡縣 (『三國史記』 11 新羅本紀 11)

신라 후고구려

秋八月 弓裔擊猪足狌川二郡取之 又破漢州管內鐵圓等十餘郡 軍聲甚盛 浿西諸賊來降者衆 弓裔自謂可以開國稱君 始設內外官職 王建來投弓裔 弓裔以爲鐵圓郡太守 建漢州松嶽郡人 父隆 器宇宏大 有并呑三韓之志 娶韓氏 以僖宗乾符四年 憲康王三年丁酉正月丙戌 生建于松嶽南第 神光紫氣 繞室充庭 竟日盤旋 狀若蛟龍 幼而聰明 龍顔日角 方頤廣顙 器度雄深 語音洪大寬厚 有濟世之量 (『三國史節要』 13)

후고구려 신라

弓裔 (…) 於是 擊破猪足狌川夫若金城鐵圓等城 軍聲甚盛 浿西賊寇來降者衆多 善宗自以爲衆大 可以開國稱君 始設內外官職 我太祖自松岳郡來投 便授鐵圓郡太守 (『三國史記』 50 列傳 10 弓裔)

신라 九月卄七日庚辰 大宰府言上 壹岐嶋官舍等 爲討賊悉被燒亡 (『日本紀略』 全篇 20)

신라 冬十月 立憲康王庶子嶢爲太子 初憲康王觀獵 行道傍見一女子 姿質佳麗 王心愛之 命後車載 到帷宮野合 即有娠而生子 及長體貌魁傑 名曰嶢 眞聖聞之 喚入內 以手撫其背曰 孤之兄第[692]姊妹 骨法異扵人 此兒 背上兩骨隆起 眞憲康王之子也 仍命有司備禮封崇 (『三國史記』 11 新羅本紀 11)

신라 冬十月 立憲康王庶子嶢爲太子 初憲康出獵 道見一女悅之 命載後車 帷宮野合 生嶢 及長 體貌魁傑 眞聖撫嶢背曰 孤之兄弟骨相異於人 兒背上兩骨隆起 類憲康 眞其子也 乃有是命 (『三國史節要』 13)

발해 乾寧二年十月 賜渤海王大瑋瑎勅書 翰林稱加官合是中書撰書意 諮報中書 (『唐會要』 57 翰林院)

신라 太政官府

應停史生一員補弩師事

右得伊豫國解稱 夫兵器之要 莫先於弩 而所有之弩機牙差誤 望請 癈史生一員置弩師者 大納言正三位兼行左近衛大將皇太子傅民部卿陸奧出羽按察使源朝臣能有宣 奉勅依請

寬平七年十一月二日 (『類聚三代格』 5)

신라 太政官府

應省史生一員置弩師事

右得越中國解偁 此國有弩無師 不習機發 若有不虞卒爾何爲 望請 省史生員置弩師者 大納言正三位兼行左近衛大將皇太子傅民部卿陸奧出羽按察使源朝臣能有宣 奉勅 依請

寬平七年十二月九日 (『類聚三代格』 卷5)

---

691) 원문의 是는 足이 맞다.

692) 원문의 第는 弟가 맞다.

신라 海印寺妙吉祥塔記 崔致遠撰 唐十九帝 中興之際 兵凶二災 西歇東來 惡中惡者 無處無也 餓殍戰骸 原野星排 粵有海印寺別大德僧訓 畫傷痛于是 乃用施導師之力 誘狂衆之心 各捨芓實一科 共成珉甃三級 其願輪之戒道也 大較以護國爲先 就是中 特用拯拔 寃橫沈淪之魂識 禴祭受福 不朽在玆 時乾寧二年申月 旣望記 大匠 僧蘭交 (「海印寺妙吉祥塔誌」 1면)[693]

寧二卯年相月 雲陽臺 吉祥塔記 石塔三層 都高一丈三尺 都費 黃金三分 水銀十一分 銅五鋌 鐵二百六十秤 炭八十石 作造料幷租百卄石 匠士 僧蘭交 僧淸裕 副 居弗 堅相 具祖 勾當維那 僧性幽 僧忍淨 乞士釋宜 (「海印寺妙吉祥塔誌」 1면 陰)[694]

海印寺 護國三寶 戰亡緇素 玉字 乾寧 濁世於海印寺 護國三寶 戰亡緇」素玉字 列之左右. 判萱 芮嚴 憶惠 僧必 圭吉 鳳鶴 芮弘 東英 心用 回久 名宗 忍劵 永亻品 安柔 平宗 言會 正永 恩達 平達 堅必 開角 俊乂 帝光 通正 到堅 今善 珍居 希幸 安相 宗乂 旬宗 恩休 劵湛 平吉 才賢 緊丁 昕海 戈如 今吉 開云 心海 利垢 安心 布弥達 其名 恩善 恩永 式然 弘吉 文永 小哀 阿祖 能信 萱吉 允言 其悅 (「海印寺妙吉祥塔誌」 2면)[695]

五臺山寺 吉祥塔詞 五臺山寺 吉祥塔詞 除序 沙門僧訓 撰 自酉及卯 一七年中 方圓濁亂 原野兵蓬 人忘向背 行似狼玃 邦垂傾破 災接蓮宮 護國三寶 法衆願同 交刃祿林 亡身嵒叢 滿王重化 厭觸再歹冬 道存僧侶 利在皇公 見之懷痛 念斯不夢 仍出悲語 偏召緇工 樹子塔根 朽骨龕雄 多線拘薦 級基導衆 魂名刻壁 沙魄翔空 羽層岳久永鎭仙巃 親觀此事 欲光後童 肯申鄙作 頌玆甃功 乾寧二年 夷則建 (「海印寺妙吉祥塔誌」 3면)[696]

哭緇軍 僧訓 濁數西來及薩羅 十年狼豹 困僧伽 吾師向覺天耶出 弟子脩仙豈免魔 昨喜斑螢昭道好 今悲乾陣散骸蹉 欲逢東广吉祥處 爲汝徹霄窣堵波 僧釋喜 書 (「海印寺妙吉祥塔誌」 3면 陰)[697]

百城山寺前臺 吉祥塔中納 法賝記 寧二旃蒙年 百城山寺前臺 吉祥塔中納 法賝記 無垢淨大陀羅尼經 一卷 法花經 一部 淨名經 一部 隨求卽得大自在陀羅尼 金剛般若經 一卷 花嚴二佛 名號 卌類神衆 列名 威光所遇佛友名 善財所携五十五善友 列名 五十三佛號 十大弟子德號 七處九會卅九品 列名 兼卌心十地名 十卷金光明經卅一品 列名 大般若經十六會二百七十八品 列名 佛經雜語 花嚴性起 卅篇 眞言集錄 二卷 佛舍利 一軀 又二枚 釋迦如來涅槃銅畵像 一 瑠璃泥小塔 九十九 又七十七 每塔納眞言 大般涅槃經十七品 列名 △心般若經 (「海印寺妙吉祥塔誌」 4면)[698]

신라 乾寧二年乙卯年 前城山令裵零崇 (「裵零崇刻字石城」)[699]

신라 家林滄海東 未曉日先紅 作貢諸蕃別 登科幾國同 遠聲魚呷浪 層氣蜃迎風 鄕俗稀攀桂 爭來問月宮 (『全唐詩』 10函 10册 張蠙 送友人及第歸)

896(丙辰/신라 진성왕 10/발해 위해 3/唐 乾寧 3/日本 寬平 8)

신라 賊起國西南 赤其袴以自異 人謂之赤袴賊 屠害州縣 至京西部牟梁里 劫掠人家而去 (『

693) 이 탑지는 895년(진성왕 9)에 조성된 것이다.
694) 이 탑지는 895년(진성왕 9)에 조성된 것이다.
695) 이 탑지는 895년(진성왕 9)에 조성된 것이다.
696) 이 탑지는 895년(진성왕 9)에 조성된 것이다.
697) 이 탑지는 895년(진성왕 9)에 조성된 것이다.
698) 이 탑지는 895년(진성왕 9)에 조성된 것이다.
699) 본 刻字는 진성왕 9년(895)에 石城을 쌓고 그 주도자를 새긴 자료이다. 「乾寧二年銘墓誌」라고도 한다.

三國史記』11 新羅本紀 11)

신라 賊起國西南 赤其袴以自識 屠害州縣 至京西部牟梁里 刼掠人家而去 (『三國史節要』13)

신라 弓裔 (…) (乾寧) 三年丙辰 攻取僧嶺臨江兩縣 (『三國史記』50 列傳 10 弓裔)

후고구려 弓裔 丙辰 都鐵原城[今東州也] (『三國遺事』1 王曆)

고려 世祖時爲松嶽郡沙粲 乾寧三年 以郡歸于裔 裔大喜 以爲金城太守 世祖說之曰 大王若欲王朝鮮·肅愼·卞韓之地 莫如先城松嶽 以吾長子爲其主 裔從之 使太祖築勃禦塹城 仍爲城主 時太祖年二十 (『高麗史』1 世家1 太祖 總序)

고려 時 新羅政衰 群賊競起 甄萱叛據南州 稱後百濟 弓裔據有高句麗之地 都鐵圓 國號泰封 世祖爲松嶽郡沙粲 以郡歸于裔 裔喜 卽以爲金城太守 世祖因說裔曰 大王若欲王朝鮮肅愼卞韓之地 莫如先城松嶽 以吾長子爲其主 裔從之 使太祖築勃禦槧城 仍爲城主 時 太祖年二十 後 伐廣州忠州唐城青州槐壤等郡縣 平之 以功 授阿粲 又率舟師 攻錦城郡 拔之 擊取十餘郡縣 仍改錦城爲羅州 良州告急 裔令太祖往救之 及還 陳安邊拓境之策 左右皆屬目 裔亦奇之 進階閼粲 攻尙州沙火鎭 與甄萱累戰克之 (『高麗史節要』1 太祖神聖大王)

후고구려 弓裔攻取僧嶺臨江兩縣 王隆時爲松嶽郡沙粲 以郡歸弓裔 弓裔大喜以爲金城太守 隆說之曰 大王若欲王朝鮮肅愼卞韓之地 莫如先城松嶽 以吾長子建爲其主 弓裔從之 使建築勃禦塹城 仍爲城主 時建年二十 (『三國史節要』13)

신라 有唐新羅國初月山大崇福寺碑銘并序

臣聞 王者之基祖德 而峻孫謀也 政以仁爲本 禮以孝爲先 仁以推濟衆之誠 孝以擧尊親之典 莫不體無偏於夏範 遵不匱於周詩 聿修芟秕稗之譏 克祀潔蘋蘩之薦 俾慧渥均濡於庶彙 德馨高達於穹旻 然勞心而扇暍泣辜 豈若拯群品於大迷之域 竭力而配天享帝 豈若奉尊靈於常樂之鄉 是知敦睦九親 實在紹隆三寶 矧乃玉毫光所照燭 金口偈所流轉 靡私於西土生靈 先及於東方世界 則我太平勝地也 性滋柔順 氣合發生 山林多靜默之徒 以仁會友 江海協朝宗之欲 從善如流 是故 激揚君子之風 薰漬梵王之道 猶若泥從璽金在鎔 而得君臣鏡志於三歸 士庶翹誠於六度 至乃國城無惜 能令塔廟相望 雖在贍部洲海邊 寧慚都史多天 衆妙之妙 何名可名 金城之离 日觀之麓 有伽藍號崇福者 乃先朝嗣位之初載 奉爲烈祖元聖大王園陵 追福之所修建也 粵若稽古寺之濫觴 審新刹之覆簣 則昔波珍飡金元良者 炤文王后之元舅 肅貞王后之外祖也 身雖貴公子 心實眞古人 始則謝安縱賞於東山 儼作歌堂舞館 終乃慧遠同期於西境 捨爲像殿經臺 當年之鳳管鵾絃 此日之金鍾玉磬 隨時變改 出世因緣 寺之所枕倚也 巖有鵠狀 仍爲戶牓 能使鴦廬長價 永令鵝殿增輝 則彼波羅越之標形 崛恡遮之紀號 詎若飛千里以取譬 變雙林以刱題者哉 但玆地也 威卑鷲頭 德峻龍耳 與畵金界 宜闓玉田 洎貞元戊寅年冬 遺教窀穸之事 因山是命 擇地尤難 乃指淨居 將安秘殿 時獻疑者有言 昔游氏之廟 孔子之宅 猶皆不忍終毁 人到于今稱之 則欲請奪金地 無乃負須達陁大捨之心乎 冥葬者 地所祐天所咎 不相補矣 而莅政者譏曰 梵廟也者 所居必化 無辶不諧 故能轉禍基爲福場 百億劫濟其危俗 靈隧也者 類石全坤脈 仰揆乾心 必在苞四象于九原 千萬代保其餘慶 則也 法無住相 禮有盛期 易地而居 順天之理 但得青烏善視 豈令白馬悲嘶 且驗是仁祠 本隸戚里 誠宜去卑就峻 捨舊謀新 使幽庭據海域之雄 淨刹擅雲泉之嫩 則我王室之福山高峙 彼侯門之德海安流 斯可謂知無不爲 各得其所 豈與夫鄭子産之小惠 魯恭王之中輟 同日而是非哉 宜聞龜筮協從 可見龍神歡喜 遂遷精舍 爰創玄宮 兩役庀徒 百工蕆事 其改創紺宇 則有緣之衆 相率而來 張袂不風 植錐無地 霧市奔趍於五里 雪山和會於一時 至於撤瓦抽椽 奉經戴像 迭相授受 競以誠成 役夫之

走步未移 釋子之宴居已就 其成九原 則雖云王土 且非公田 於是括以邇封 求之善價 益丘壟餘武百結 酬稻穀合二千苫 斞除一斗爲苫 十六斗爲斞 旋命所司與王官之邑 共芟榛徑 分蒔松埏 故得蕭蕭多悲風 激舞鳳歌鸞之思 鬱鬱見白日 助盤龍踞虎之威 且觀其地 壤異瑕丘 境連暘谷 祇樹之餘香未泯 穀林之佳氣增濃 繡峯則四遠相朝 練浦則一條在望 實謂喬山孕秀 畢陌標奇 而使金枝益茂於鷄林 玉派增深於鰈水者矣 初寺宇之徙也 雖同湧出 未若化城 哉得剗荊棘而認岡巒 雜茅茨而避風雨 僅踰六紀 驟歷九朝 而累値顚覆 未遑崇飾 三利之勝緣有待 千齡之寶運無虧 伏惟 先大王 虹渚騰輝 鼇岑降跡 始馳名於玉鹿 別振風流 俄綰職於金貂 肅淸海俗 據龍田而種德 捿鳳沼以沃心 發言則仁者安人 謀政乃導之以道 八柄之重權咸擧 四維之墜緖斯張 歷試諸難 利有攸왕 旋屬憂侵杞國 位曠搖山 雖非逐鹿之原 亦有集烏之苑 然以賢以順 且長且仁 爲民所推 捨我奚適 乃安身代邸 注意慈門 慮致祖羞 願興佛事 因請芬皇寺僧崇昌以修奉梵居之地 白于佛 復遣金純行 以隆宣祖業之誠 告于墓 詩所謂 愷悌君子 求福不冂 書所謂 上帝時歆 下民祇協 故能至誠冥應 善欲克終 卿士大夫與守龜協 赫赫東國而君臨之 爰遣陪臣 告終稱嗣 遂於咸通六年 天子使攝御史中丞胡歸厚 以我鄕人前進士裵匡 腰魚頂豸爲輔行 與王人田獻銛來 錫命曰 自光膺嗣續 克奉聲猷 俾彰善繼之名 允協至公之擧 是用命爾爲新羅國王 仍授檢校太尉兼持節充寧海軍使 向非變齊標秀 至魯騰芬 則何以致飛鳳筆而寵外諸侯 降龍旌而假大司馬之如是矣 亦旣榮沾聖澤 必將親拜靈丘 肆以備千乘之行 奚翅耗十家之産 遂命太弟相國 尊諡惠成大王 致齋淸廟 代謁玄扃 懿乎 鷄樹揚蕤 鴿原挺茂 歲久而永懷耕象 時和而罷問喘牛 藻野縟川 觀者如雲 迺有鮐背之叟 鵠眉之僧 抃手相慶 大相賀曰 貴介弟之是行也 聖帝之恩光著矣 吾君之孝理成焉 禮義鄕風 綽有餘裕 遂使海波晏 塞塵淸 天吏均 地財羨 則乃踵修蓮宇 威護栢城 今也其時 捨之何俟 於是 孝誠旁達 思夢相符 迺見聖祖大王撫而告曰 余而祖也 而欲建佛像 飾護予陵域 小心翼翼 經始勿亟 佛之德 予之力 庇爾躬 允執厥中 天祿永終 旣以韻耿銅壺 形開玉寢 不占十煇 若佩九齡 遽命有司 虔修法會 華嚴大德釋決言 承旨於當寺 講經五日 所以申孝思而薦冥福也 仍下敎曰 不愛其親 經所戒也 無念爾祖 詩寧忘乎 睠言在藩 有欲修寺 魂交致感 痒慓襟靈 旣愧三年不飛 深思一日必葺 百尹御史 謂利害何 雖保無賣兒貼婦之譏 或慮有鬼怨人勞之說 獻可替否 爾無忽諸 宗臣繼宗勛榮以下 協議上言曰 妙願感神 慈靈現夢 誠因君志先定 果見衆謀僉同 是寺也成 九族多慶 幸値農隙 請興杍工 爰用擇人龍於建禮仙門 擧僧象於昭玄精署 乃命宗室三良 曰端元毓榮裕榮 與釋門二傑 曰賢諒神解 及贊導僧崇昌 督其事 且國君爲檀越 邦彦爲司存 力旣有餘 心能匪懈 將俾小加大 豈宜新間舊 然恐沮檀溪宿願 不瑕傷㮈苑前功 選掇故材 就遷高土庶 於是占星揆日 廣拓宏規 合土範金 爭呈妙技 雲梯而倕材架險 霜途而玃 坙黏香 屬嵒麓而培垣 壓溪流而敞戶 易荒土皆而釦砌 變卑廡而琱廊 複殿龍盤 中以盧舍那爲主 層樓鳳跱 上以修多羅爲名 高設鯨桴 對標鸞檻 綺井華攢而革甲韘 繡楯枝擁以杈枒 聳翼如飛 廻眸必眩 其以增崇改作者 有若睟容別室 圓頂蓮房 揣食膳堂 晨炊广舍 加以雕礱罄巧 彩雘窮精 巖洞共淸 煙霞相煥 玉刹掛蓬溟之月 兩朶霜蓮 金鈴激松澗之風 四時天樂 就觀勝槩 傑出遐陬 左峯巒則鷄足拏雲 右原隰則龍鱗閃日 前臨則黛列鯷嶠 後睇則鉤連鳳崗 故得遠而望也 峭而奇 追而察也 爽而麗 則可謂樂浪仙境 眞是樂邦 初月名山 便爲初地 善建而事能周匝 勤修而福不唐捐 必謂大庇仁方 上資寶壽 罩三千界爲四境 籌五百歲爲一春 豈期獵豹樊岑 方歡竪尾 跨龍荊峀 遽泣墮髯 獻康大王 德峻妙齡 神淸遠體 仰痛於寢門問豎 俯遵於翌室宅宗 滕文公盡禮居憂 終能克己 楚莊王俟時修政 其實驚人 矧復性襲華風 躬滋慧露 抗尊祖之義 激歸佛之誠 中和乙巳年秋 敎曰 善繼其志 善述其事 永錫爾類 在我而已 先朝所建鵠寺 宜易牓爲大崇福 其持經開士 提綱淨吏 南畝以資供施 一依奉恩故事 奉恩寺乃聖悳大王追福建寺 其故波珍飡金元良所捨地利 輸

轉非輕 宜委正法司 別選二宿德 編籍爲常住 薦祉于冥路 則有以見居上位者 无幽不察 結大緣者 有感必通 自是鼂鍾吼沉寥 龍鉢飫香積 唱導則六時玉振 修持則萬劫珠聯 偉矣哉 得非尼父所謂無憂者 其惟文王乎 父作之 子述之者耶 慶曆景午年春 顧謂下臣曰 禮不云乎 銘者自名也 以稱其先祖之德 而明著之後世 此孝子孝孫之心也 先朝締搆之初 發大誓願 金純行與若父肩逸 嘗從事於斯矣 銘壹稱而上下皆得 爾宜譔銘臣也 浪跡星槎 偸香月桂 虞丘永慟 季路徒榮 承命震驚 撫躬悲咽 竊思西宦日 嘗覽柳氏子珪 錄東國之筆 所述政條 莫非王道 今讀鄕史 宛是聖祖大王朝事蹟 抑又流聞漢使胡公歸厚之復命也 飽採風謠 白時相曰 自愚已往 出山西者 不宜使海東矣 何則鷄林多佳山水 東王詩以印之而爲贈 賴愚嘗學 爲綴韻語 强忍愧酉守之 不爾爲海外笑必矣 君子以爲知言 是惟烈祖以四術開基 先王以六經化俗 豈非貽厥之力 能得換乎其文 則銘無愧辭 筆有餘勇 遂敢窺天酌海 始緝凡詞 誰知墜月摧峯 俄興永恨 旋遇定康大王 功成遺礪 韻叶吹篪 旣嗣守丕圖 將繼成遺績 無安厥位 未喪其文 而遠逐日弟兄據値西山之影 高憑月姉妹 永流東海之光 伏惟 大王殿下 瓊萼聯芳 琁源激爽 體英坤德 纘懿天倫 諒所謂 懷神珠 鍊彩石 有虧皆補 無善不修 故得寶雨金言 焯然授記 大雲玉偈 宛若合符 且以文考成佛宮 康王施僧供 已峻琉璃之界 未刊琬琰之詞 申命瑣材 俾搖柔翰 臣雖池慚變墨 而筆忝夢椽 竊比張融 不恨無二王之法 庶幾曹操 或解有八字之褒 設使灰撲塡池 塵飛漲海 本枝蔚矣 齊若木以長榮 豊石巍然 對沃焦而卓立 齋誠拜手 抆涕援毫 追蹤華而獻銘曰 迦衛慈王 嵎夷太陽 顯于西土 出自東方 無遠不照 有緣者昌 功崇淨刹 福蔭冥藏 烈烈英祖 德符命禹 納于大麓 奄有下土 保我子孫 爲民父母 根深桃野 派遠桑浦 蜃紼龍輴 山園保眞 幽堂闢隧 踊塔遷隣 萬歲哀禮 千生淨因 金田厚利 玉葉長春 孝孫淵懿 昭感天地 鳳翥龍躍 金圭合瑞 乞靈不昧 徼福斯至 欲報之德 剋隆法事 妙選邦傑 嚴敎國工 對農之隙 成佛之宮 彩檻攢鳳 雕樑架紅 䌫墉雲矗 繢壁霞融 盤基爽塏 觸境蕭灑 藍峀交聳 蘭泉迸瀉 花娓春巖 月高秋夜 雖居海外 獨秀天下 陳耕報德 隋號興國 孰與家福 崇之國力 堂聒妙音 廚豊淨食 嗣君遺化 萬劫無極 於鑠媧后 情敦孝友 致嫩雁行 愼徽龍首 詞悪腐毫 書慙掣肘 鰌壑雖渴 龜珉不朽

△△△手 桓蠲等刻 (「崇福寺碑」)[700]

신라 乾寧三年 忽遇入浙使崔藝熙 大夫方將西泛 佤跡而西 所以高掛雲颿 遽超雪浪 不銷數日 得抵鄞江 于時企聞雲居 道膺大師 禪門之法胤也 不遠千里 直詣玄關 大師謂曰曾別匪遙 再逢何早 師對云 未曾親侍 寧遵復來 大師默而許之 潜愜元契 所以服勤六戴寒苦彌堅大師謂曰道不遠人人能弘道東山之旨不在他人法之中興唯我與汝吾道東矣念玆在玆 師不勞圯上之期潛受法王之印以後嶺南河北巡禮其六窣堵波湖外江西遍叅其諸善知識遂乃北遊恒岱無處不遊南抵衡廬無山不抵謁諸侯而獻勑投列國以觀風四遠叅尋遍於吳漢迺 (「廣照寺眞澈大師碑」)

897(丁巳/신라 진성왕 11 효공왕 1/발해 위해 4/唐 乾寧 4/日本 寬平 9)

신라 孝宗郎遊南山鮑石亭[或云三花述]門客星馳有二客獨後 郎問其故 曰 芬皇寺之東里有女年二十左右手抱盲母相號而哭 問同里 曰 此女家貧 乞啜而反哺有年矣 適歲荒 倚門難以藉手 贖賃他家得穀三十石寄置大家服役 日暮橐米而来家炊餉伴宿 晨則歸役大家 如是者數日矣 母曰 昔日之糠粃心和且平 近日之香秔膈肝若刺而心未安何哉 女言其實 母痛哭 女嘆己之但能口腹之養而失於色難也 故相持而泣 見此而遲留尒 郎聞之潸然送穀一百斛 郎之二親亦送衣袴一襲 郎之千徒斂租一千石遺之 事達宸聰 時真聖

700) 숭복사비는 896년(진성여왕 10) 崔致遠이 지은 것이다.

王賜穀五百石并宅一廛 遣卒徒衛其家以儆劫椋 旌其坊爲孝養之里 後捨其家爲寺 名兩尊寺 (『三國遺事』5 孝善 9 貧女養母)[701]

신라

韓歧部民連權女知恩 性至孝 少喪父 獨養其母 年三十二 猶不從人 定省不離左右 家貧無以爲養 或傭作或行乞 得食以奉之 猶不給 嘗就富家賣身爲婢 得粒若干石 晝則役富家 償其直抵 暮歸養其母 如是者數日 母曰 向汝食我 雖麤糲尙甘 今雖稍美 肝心若刺 然是何耶 女以實告 母曰 以我故使爾爲人婢 不如死之速也 乃大哭 女亦哭 哀感行路 時郎徒孝宗出遊見而義之 與之粟百石 又償其債免其傭 郎徒千人各出石粟以贈 王聞之 亦賜租五百石 第一區 旌其里曰孝養坊 復其家 王又嘉孝宗 以憲康王之女妻之 (『三國史節要』13)

신라

臣某言 臣亡兄故國王臣晸 先差陪臣試殿中監金僅等 奉表慶賀先皇帝西幸鑾駕歸闕 仍別付 表稱賀斬梟賊黃巢 伏蒙聖恩許降勑書兩函 別賜獎飾者 烏輪上處 鸞綍飛來 分輝滋絶域之榮 感化激佳城之恨 中謝 臣以當國 昔者周秦質代 燕趙多虞 佳人猶合浦珠移 壯士若延津劍化來 興邑落助守藩隅 是以辰韓誤秦韓之名 樂浪擬 滄浪之字 但屬焚書餘弊 猶隨避地之徒 師古成規 久昧移風之 是處銜十尋之髮 何人傳五色之毫 國語孝經 殊難化俗 床頭周易 罕見知名 而乃臣亡兄贈大傅臣晸 生知老敎 雅善秦言 茂才 則何翅錚錚 嘉話則實餘袞袞 故得身文耀俗 心畫超倫 每慙爲屛外之臣 唯願逐壺中之客 形于 歌詠 深所歎嗟 至如虞松五守之難免 求於鍾會 谷永萬條之易見 賞於王充 未遇己知 頗希自試 頃者仰承先皇帝 罷狩錦川 言歸絳闕 又聞東諸 侯 齊驅虎豹 顯戮鯨鯢 難勝拊髀之歡 糞寫由衷之懇 手成草奏 口絶技詞 雖粗殊西北之流 能期至海 且未擅東南之美 敢望動天 而仰蒙睿慈俯念忠欸 遠飛還詔 特越常規 鸞鳳雙函 儷影指鼇 山之路 虬龍一札 聯行入鰈水之鄉 是乃自天降 無價之珠 擧國爲不枯之草 伏覩詔旨節文 曰 必在秉心彌固 服義不忘 勉修正朔之儀 用契車書之美 冀使赫曦之績 首冠於他方 霶霈之恩 常霑 於爾土者 臣聞昔第五倫 每見漢光武詔書 卽顧 等輩而歎曰 是眞聖主也 恨不得見之耶 臣今奉 聖君詔旨 若承慈父誨言 其於聖之深 懷德之 切 倍萬伯魚矣 有以見天上之詔惟照也 能委照 於日邊 日邊之人謂仁乎 永歸仁於天上 且臣蕃途程踰二萬里 朝貢僅三百年 許申父事之儀 繼 獻子來之款 每奉詔勑皆成義方 先祖旣奉以周 旋 裔孫固服之無斁 至如開元御寓 海不揚波頻 錫王言 誕敷文德 仍以臣先祖興光憲英父子 但能慕善 累賜八分御札 莫不龍騰鳳翥 絲牋由是益光 神筆至今猶潤 分寶玉於伯叔之國 則嘗聞之 賜銀鉤於夷狄之鄕 所未見也 其詔旨則曰殆 比卿於魯衛 豈復同於蕃服 又至大曆年中 降天語曰 在九州之外 可比諸侯 於萬國之中 乃爲君子 此皆愛忘譽過 小國之所不堪 伏惟聖文睿德光武弘孝皇帝陛下 丕承列聖 光宅群方 擧典謨 訓誥之宗 警戎狄蠻夷之輩 行看萬國 合作一家 臣所痛傷 亡兄臣晸 先晞薤露 阻奉芝泥 生爲飮化之身 歿作負恩之魄 其所賜誡勑 臣謹已緘諸玉笥護以金函 授姪男嶢 俾傳國寶 嶢當銘于瑗座 書在師紳 入則勖勵三卿 出則撫柔百姓 粗成 功於式遏 仰裨化於時雍 臣今者殷樹辭春 孔匏繫遠 道之云阻 魂飛截海之鷹 天不可升 目斷淩 雲之鶴 不獲奔波詣闕 稱謝殿庭 (『東文選』33 表箋 謝賜詔書兩函表 崔致遠)

신라

臣某言 伏承鑾駕廵幸華州 孟春猶寒 伏惟皇帝 陛下聖躬萬福 伏以歲廵襲福 時邁騰謠 臣處蓬海之一隅 想溝池於萬仞 中謝 臣聞龜爻演賾則 象著省方 麟史揚蕤則言標展義 是故夏諺稱吾 何以助 商書美后來其蘇 伏惟聖文睿德光武弘 孝皇帝陛下 三綱

701) 진성왕대의 사실이다. 진성왕은 887년부터 897년까지 재위하였다. 따라서 887~897년으로 기간편년하고 897년에 편제하였다.

開仁 兩階敷德 用人惟舊 恕物自新 旣俾黃巾服七縱七擒之略 何妨翠輦恣一 遊一豫之懽 莫不仙掌開途 華封祝壽 三峯大守 欣避舍以迎恩 萬國行人 競來庭而送疑 旣叶歌 汾之樂 竚觀封岱之儀 臣致寇多慙 瘝官自責 跛 鼈蹋桑津之浪 莫遂駿奔 賓鴻翥蓮嶽之雲 徒增健羡 伏限風濤阻路 不獲隨例扈從 無任仰望仙蹕結戀屛營之至 謹附表起居以聞 (『東文選』39 表箋 起居表)

신라 臣某言 臣聞欲而不貪 駕說於孔門弟子 德莫若 讓 騰規於晉國行人 苟竊位自安 則妨賢是責 臣 假威天睠 承乏海隅 雖非法令滋彰 未免寇盜充 斥 遑恤于後 勇退爲先 敢言善自爲謀 實慮刑玆 無赦 中謝 臣以當國 雖爵壘之蟠桃接境 不尙威 臨 且夷齊之孤竹連彊 本資廉退 矧假九疇之餘 範 早襲八條之敎源 言必畏天 行皆讓路 蓋稟仁賢之化 得符君子之名 故籩豆饁田 鍦矛寄戶 俗 雖崇於帶劒 武誠貴於止戈 爰從建國而來 罕致 反城之釁 嚮化則南閭是絶 安仁則東戶何慙 是 以直至臣兄贈大傅臣晸 遠沐皇澤 虔宣詔條 供 職一終 安邊萬里 而及愚臣繼守 諸患併臻 始則 黑水侵彊 曾噴毒液 次乃綠林成黨 競簸狂氛 所 管九州 仍標百郡 皆遭寇火 若見劫灰 加復殺人 如麻曝骨如莽 滄海之橫流日甚 昆岡之猛焰風 顚 致使仁鄕 變爲疵國 此皆由臣守中迷道馭下 乖方 鴟梟沸響於鳩林 魚鼈勞形於鰈水 況乃西歸瑞節則鷁艦平沉 東降冊書則鳳軺中輟 阻霑 膏雨 虛費薰風 是乖誠動於天 實懼罪深於海 群 寇旣至今爲梗 微臣固無所取材 日邊居羲仲之官 非臣素分 海畔守延陵之節 是臣良圖 久苦兵戎 仍多疾瘵 深思自適其適 難避各親其親 竊以臣姪男嶢 是臣亡兄晸息 年將志學 器可興宗 山下出泉 蒙能養正 丘中有李 衆亦思賢 不假外求 爰從內擧 近已俾權藩寄 用靖國災 然屬蟻至壞 堤 蝗猶蔽境 熱無以濯 溺未能援 祭廩一空 津途 四塞 槎不來於八月 路猶夐於九天 不獲早託梯航 上聞旒扆 雖唐虞光被 無憂後至之誅 柰蠻夷 寇多 久阻遄征之使 禮實乖闕 情莫遑寧 臣每思 量力而行 輒遂奉身而退 自開自落 竊媿狂花 匪 斲匪雕 聊全朽木 所覬恩無虛受 位得實歸 旣睽 分東顧之憂 空切詠西歸之什 謹因當國賀正使 某官入朝 附表陳讓以聞 (『東文選』31 表箋 讓位表 崔致遠)

신라 夏六月 王謂左右曰 近年以來 百姓困窮 盜賊蜂起 此孤之不德也 避賢讓位 吾意決矣 禪位於太子嶢 於是 遣使入唐表奏曰 臣某言 居羲仲之官 非臣素分 守延陵之節 是臣良圖 以臣姪男嶢 是臣亡兄晸息 年將志學 器可興宗 不假外求 爰從內擧 近已俾權藩寄 用靖國災 (『三國史記』11 新羅本紀 11)

신라 夏六月 王謂左右曰 近年以來 百姓困窮 盜賊蜂起 此孤之不德也 避賢讓位 吾意決矣 禪位於太子 於是 遣使如唐表奏曰 臣某言 居羲仲之官 非臣素分 守延陵之節 是臣良圖 臣姪嶢 年將志學 器可興宗 不假外求 爰從內擧 近已俾權藩寄 用靖國災 (『三國史節要』13)

발해 去乾寧四年七月 渤海賀正王子大封裔進狀 請許渤海居新羅之上 伏奉勅旨 國名先後 比不引[因]强弱 而稱朝制等威 今豈以盛衰而改 宜仍舊貫 準此宣示者 (「謝不許北國居上表」)

신라 此王代 阿飡良貝 王之季子也 奉使於唐 聞百濟海賊梗於津島 選弓士五十人隨之 舡次鵠島[鄕云骨大島] 風濤大作 信宿俠[702]旬 公患之 使人卜之曰 島有神池 祭之可矣 於是具奠於池上池水湧高丈餘 夜夢有老人 謂公曰 善射一人 留此島中 可得便風 公覺而以事諮於左右曰 留誰可矣 衆人曰 宜以木簡五十片書我輩名 沉水而鬮之 公從之

702) 본문의 俠은 浹이 맞다.

軍士有居陁知者 名沉水中 乃留其人 便風忽起 舡進無滯 陁愁立島嶼 忽有老人 從池而出 謂曰 我是西海若 每一沙弥日出之時 從天而降 誦陁羅尼 三繞此池 我之夫婦子孫皆浮水上 沙弥取吾子孫肝腸 食之盡矣 唯存吾夫婦與一女爾 來朝又必來 請君射之 居陁曰 弓矢之事 吾所長也 聞命矣 老人謝之而沒 居陁隱伏[703]而待 明日扶桒[704]既暾 沙弥果來 誦呪如前 欲取老龍肝 時居陁射之 中沙弥 即變老狐 墜地而斃 扵是老人出而謝曰 受公之賜 全我性命 請以女子妻之 居陁曰 見賜不遺 固所願也 老人以其女 變作一枝花 納之懷中 仍命二龍 捧居陁趂及使舡 仍護其舡 入扵唐境 唐人見新羅舡 有二龍負之 具事上聞 帝曰 新羅之使 必非常人 賜宴坐扵羣臣之上 厚以金帛遺之 既还國 居陁出花枝 變女同居焉 (『三國遺事』2 紀異 2 眞聖女大王·居陀知)[705]

신라 眞聖大王 遽飛睿札 徵赴彤庭 大師 雖猥奉王言 而寧隳祖業 以修途多梗 附表固辭 可謂天外鶴聲 早達於雞林之畔 人中龍德 難邀於象闕之旁 △△ 因避煙塵 欻離雲水 投溟州而駐足 託山寺以栖心 千里乂安 一方消息 無何遠聞 金海西有福林 忽別此山 言歸南界 及乎達於進禮 暫以踟躕 爰有△△進禮城諸軍事 金律熙 慕道情深 聞風志切 候於境外 迎入城中 仍葺精廬 諮留法車犬 猶如孤兒之逢慈父 衆病之遇毉王 (「鳳林寺眞鏡大師寶月凌空塔碑」)[706]

신라 順捨舊居爲寺 號弘孝寺 安置石鍾 眞聖王代 百濟橫賊入其里 鍾亡寺存 其得鍾之地名完乎坪 今訛云枝良坪(『三國遺事』5 孝善 9 孫順埋兒 興德王代)[707]

신라 冬十二月乙巳 王薨扵北宮 謚曰真聖 葬于黃山 (『三國史記』11 新羅本紀 11)

신라 冬十二月乙巳 王薨於北宮 太子嶢立 大赦 增文武百官爵一級 上謚曰眞聖 葬于黃山 (『三國史節要』13)

신라 眞聖王禪位太子 薨干後宮 孝恭王嶢卽位元年 (『三國史記』31 年表 下)

신라 孝恭王立 諱嶢 憲康王之庶子 母金氏 大赦 增文武百官爵一級 (『三國史記』12 新羅本紀 12)[708]

신라 第五十一眞聖女王[金氏 名曼憲 卽定康王之同母妹也 (…) 丁未立 理十年 丁巳遜位于小子孝恭王 十二月崩 火葬散骨于牟梁西岳 一作未黃山] (『三國遺事』1 王曆)

신라 第五十二孝恭王[金氏 名嶢 父憲康王 母文資王后 丁巳立 理十五年 (…)] (『三國遺事』1 王曆)

신라 후고구려

弓裔 (…) (乾寧)四年丁巳 仁物縣降 善宗謂 松岳郡漢北名郡 山水奇秀 遂定以爲都 擊破孔巖黔浦穴口等城 時 梁吉猶在北原 取國原等三十餘城有之 聞善宗地廣民衆 大怒 欲以三十餘城勁兵襲之 善宗潛認 先擊大敗之 (『三國史記』50 列傳 10 弓裔)

후고구려 신라

仁物縣降于弓裔 弓裔謂松嶽郡漢北名郡 山水奇秀 遂定以爲都 擊破孔岩黔浦穴口等

---

703) 원문의 伏는 伏이 맞다.

704) 원문의 桒는 桑이 맞다.

705) 진성왕대의 사실이다. 진성왕은 887년부터 897년까지 재위하였다. 따라서 887~897년으로 기간편년하고 897년에 편제하였다.

706) 진성왕대의 사실이다. 진성왕은 887년부터 897년까지 재위하였다. 따라서 887~897년으로 기간편년하고 897년에 편제하였다.

707) 진성왕대의 사실이다. 진성왕은 887년부터 897년까지 재위하였다. 따라서 887~897년으로 기간편년하고 897년에 편제하였다.

708)『三國遺事』1 王曆 1 第五十二孝恭王조에 따르면 "金氏 名嶢 父憲康王 모문資王后 丁巳立 理十五年 火葬師子寺北 骨藏于仇知堤東山脇"이라고 하였다.

城 時梁吉猶在北原 取國原等三十餘城有之 聞弓裔地廣民衆 大怒 欲以三十餘城勁兵襲之 弓裔先擊 大破之 (『三國史節要』13)

후고구려 弓裔 丁巳 移都松嶽郡 (『三國遺事』1 王曆)

신라 遂以乾寧四載 於雞龍山 普願精舍 稟持犯然後 坐雨心堅 臥雲念切 護戒珠而不類 磨慧劍以無鋼 能持繫草之心 轉勵出塵之趣 唯勤請益 靡滯遊方 遂謁西穴院揚孚禪師 禪師 豁靑眼以邀迎 推赤心而接待 於是 持其由瑟皷在丘門 旣名知十之能 或展在三之禮 服膺不怠 就養惟勤 俄歎曰 急景如駒 流年似箭 若跼牛涔之底 未浮鼇海之波 難詣寶洲 焉窮彼岸 (「鳳巖寺靜眞大師圓悟塔碑」)

신라 臣某言 元正告始 景福惟新 伏惟皇帝陛下 膺乾 納祐 與天同休 臣某誠歡誠喜 頓首頓首 臣蕃伏 自立國承家 開彊拓土 皆乃仰攀天蔭 方能俯靜 海隅 遂從先祖而來 每慶新正之德 年無闕禮 史不虧書 近屬霧暗鯷岑 波驚蜃壑 臣雖聿修有志 而式遏無功 久阻梯航 難逃斧鉞 且天鷄報曉 能首唱於遐陬 海燕逢春 得躬投於巨廈 而臣顧慙 卑迹莫逮微禽 伏限權守遠蕃 不獲隨例奔走稱 謝行朝 無任賀聖戀恩鳧藻聳踊之至 謹差陪臣 守倉部侍郎金穎 奉表陳賀以聞 (『東文選』31 表箋 新羅賀正表 崔致遠)

신라 臣某言 前權知當國王事臣坦是親叔 自臣亡父 贈大傅臣晸及次叔臣晃 相次亡沒 叔權守蕃服 疾故相仍 至乾寧四年六月一日 懇推蕃務 令臣 主持 官吏甿黎 再三留請 臣亦固辭付託 未欲遵 承 而乃△阻群情 遙歸私第 臣顧惟冲藐 謬襲宗祊 俯冰谷以兢魂仰雲天而跼影 中謝 臣聞難進易退 乃君子之用心 徇公滅私 實古人之陳力 口誇者甚衆 躬行者頗稀 而臣叔坦志切立人 言深責己 以爲火生於木而火猛則木焚 水泛其舟而 水狂則舟覆 當國大饑 △致小盜相尋 本恣豺狼 之貪 漸矜鴻鵠之志 △以藏姧鼠竊始聞胠篋探 囊 乘勢蜂飛 遽見△城剽邑 遂使烟塵匝境 風雨愆期 群戎益熾於東陵餘粒莫棲於南畝 加復龍 虎節則去沉△壑 鳳凰使則來輟中途 有辱恩榮 莫伸誠欵 △多違者 亹恐滋焉 愼思三命而恭決 計一辭而退 當蕃具寮墻進 庶族雲趨而泣請曰 天災所行 地分難免 以斯自咎 未見其宜 受帝命爲期 讓王爵非晚 又以慈踰十起 禮過三辭 叔坦 謂臣 涕隨言下曰 顧玆一境 異彼三方 何則改服 章奉正朔 仰遵帝國 俯緝侯蕃 故昔玉皇賜詩先 祖曰 禮義國爲最 詩書家所藏 又頃皇華元季方者 來紀雞林政事詩云 但美詩書敎 曾無鼙鼓喧 古哲候靜理斯在 而今也郡邑遍爲賊窟 山川皆是戰場豈謂天殃 偏流海曲 都因懵昧 致此寇戎 罪不容誅 理宜辭職 奠令一國興讓 唯在二人同心 引而進之 勿効踈受 臣以叔坦 少私寡欲 多病 愛閑 時然後言 志不可奪 顯拒擁轅之請 終追脫屣之蹤 臣也作室資功 倚門承念 宋穆能賢之擧 存歿懸殊 謝安相任之機 始終加愼 而且董戎猶近 諸盜多乖 磨鉛而盤錯未除 漏網而兇狂益甚 至使水無芥艇 陸絶蓬輪 不獲早遣下僚 仰陳忠 懇 齊橫島外馳魂餘慍之風 秦帝橋邊瀝膽朝宗 之浪 臣伏限權叨蕃寄 莫能奔詣行朝 無任望恩 兢懼之至 (『東文選』33 表箋 謝嗣位表 崔致遠)

신라 臣某言 臣叔坦權守蕃務 日具表陳請追贈 去乾 寧四年七月五日 先入朝慶賀判官檢校尙書祠部郎中賜紫金魚袋臣崔元還國 伏奉制旨 亡祖 故鷄林州大都督檢校大尉臣凝大師 亡父故持 節充寧海軍事檢校大保臣晸大傅 仍各賜官告 一通者 寵降天家 光融日宅 擧瀛區而增感 告泉 隊而倘聞 因知喜是悲端 益驗榮爲懼本 中謝 臣伏以當蕃家崇地義 國仰天慈 故昔遠祖政明 仰 求禮記 玄宗聖帝別賜孝經 灼見化成著於實錄 臣謹案記曰 子孫之守宗廟社稷者 其先祖有善 而弗知不昭也 知而不傳不仁也 又據經曰 立身揚名 以顯父母 孝之終也 臣以亡祖贈大師凝 頃遇咸通中 化行而天下同風 德

被於海隅出日 東曦跼跡 北極馳心 守遐蕃而莫遂觀周 奉儒道而 唯期至魯 雖在公無暇 而耆學自娛 中和宣布之 歌 欽承往哲 大平織錦之作 景仰前修 遂著求賢 才賦一篇 美皇化詩六韻 蓋乃餐和柔遠之德 挺 秀登高之才 示之鄕人 玩爲家寶 敢謂歿而不朽 粗亦粲然可觀 以亡父贈大傅臣晸 近屬乾符末 寰海之風波稍起 關河之祲沴旋興 寇逼咸秦 駕巡庸蜀 先臣爰投楚袂 冀請終纓 齊徵下瀨之師 决徇太朝之難 故東面都統淮南節度使高駢 非因綆短 欲假鞭長 但審先聲 將觀後効 上陳蕃欵 外振軍威 是躡前規 無虧遠慮 而屬本道故青州 節度使安師儒 謂彼越庖 阻玆叩楫 言雖顧後 意或忘前 專馳使人 來約兵士 以此遠俗之忠誠莫展 先臣之遺恨斯多 則臣大父之仰遵文德也旣 如彼 先考之願助武功也又如此 當國顧自武德 至于開元 每見告終 皆蒙飾往而乃追寵偶爲中絶 遐方實所大羞 臣亡父晸 願竭孝思 懇遺悲囑 臣叔坦 以初凋韡萼 益痛蓼莪 深仰澤於雲天 覬 追榮於岡岵 不匱之情雖可恕 無厭之罪實難逃 豈料伏蒙睿慈 俯允丹請 特假上公之貴爵 分霑 外裔之冥魂 大孝尊親 一方多幸 小人懷惠 萬死 何酬 且如大師也 遠則文皇贈殷比干 近則德宗 贈郭尙父 又如太傅也 王陵少贛 昔屬具瞻 胡廣 中庸 始階眞拜 雖復存沒難比 華夷有殊 而寵渥 霑幽 宸波浸遠 惟祖惟考 非勳非勞 節彼南山 益媿三師之秩 放諸東海 唯欽百行之先 所冀諸侯 章則永作國章 孝子傳則少裨家傳 希驥於以親九族 叔坦庶幾 刻鵠於有懷二人 臣嶢仰止 伏限卑棲四郡 追慟九原 不獲奔詣天庭 泣謝雲陛 (『東文選』33 表箋 謝恩表 崔致遠)

신라 발해 臣某言 臣得當蕃宿衛院狀報 去乾寧四年七月內 渤海賀正王子大封裔 進狀請許渤海居新羅之上 伏奉勑旨 國名先後 比不因强弱而稱 朝制等威 今豈以盛衰而改 宜仍舊貫 准此宣示者 綸飛漢詔 繩擧周班 積薪之愁歎旣銷 集木之憂兢轉切 惟天照膽 何地容身 中謝 臣聞禮貴不忘其 本是誡浮虛 書稱克愼厥猷 唯防僭越 苟不循其 涯分 乃自掇其悔尤 臣謹按渤海之源流也 句驪 未滅之時 本爲疣贅部落靺鞨之屬 寔繁有徒是 名栗末小蕃 嘗逐句驪 內徙其首領乞四羽及大祚榮等 至武后臨朝之際 自營州作孽而逃 輒據荒丘 始稱振國 時有句驪遺燼勿吉雜流 梟音則嘯聚白山 鴟義則喧張黑水 始與契丹濟惡 旋於突厥通謀 萬里耨苗 累拒渡遼之轍 十年食葚 晩 陳降漢之旗 初建邑居 來憑隣援 其酋長大祚榮 始授臣蕃第五品大阿餐之秩 後至先天二年 方 受大朝寵命 封爲渤海郡王 邇來漸見辜恩 遽聞 抗禮臣蕃 絳灌同列 所不忍言 廉藺用和 以爲前誡 而渤海汰之沙礫 區以雲泥 莫愼守中 唯圖犯上 恥爲牛後 覬作龍頭 妄有陳論 初無畏忌 豈拘儀於隔座 寔昧禮於降階 伏惟陛下 居高劼毖 視遠孔昭 念臣蕃之驥或羸而可稱 牛雖瘠而非怯 察彼虜之鷹 飽腹而高颺 鼠有體而恣貪 永許同 事梯航 不令倒置冠屨 聞魯府之仍舊 驗周命之惟新 抑且名位不同 等衰斯在 臣國受秦官極品 彼蕃假周禮夏卿 而乃近至先朝 驟霑優寵 戎狄 不可厭也 堯舜其猶病諸 遂攀滕國之爭 自取葛王之誚 向非皇帝陛下英襟獨斷 神筆橫批 則必 槿花鄕廉讓自沉 楛矢國毒痛愈盛 今者遠綏南越 漢文之深意融春 罷省東曹 魏祖之嘉言同曉 自此八裔絶躁求之望 萬邦無妄動之徒 確守成規 靜銷紛競 臣伏限統戎海徼 不獲奔詣天朝 (『東文選』33 表箋 謝不許北國居上表 崔致遠)

신라 新羅國當國 差遣宿衛學生首領入朝 請附國子 監習業 謹具人數姓名 分析申奏如後 學生入人 崔愼之等 大首領八人 祈綽等 小首領二人 蘇恩等 右臣伏覩太宗文武聖皇帝實錄 貞觀元年宴群臣 奏破陣樂之曲 上謂侍臣曰 朕雖以武功定天下 終當以文德綏海內 尋建學舍數百間 聚四方生徒 無何諸蕃慕善 酋長請遣子弟授業許之 自尒臣蕃 益勤航棧 螟蛉有子 琛贐與偕 遂得庇身於米廪之中 勵志於稷山之下 學其四術 限以十冬 雖慙 入洛之賢 不減浴沂之數 況遇開元闡化 大設衢 樽 挹彼注玆 自近及遠 每降漢使 精擇魯儒 兩錫天章 一變海俗 故得鄕無毁校之議 家有斷機之 親 雖扑作敎刑

僅同刑措 且禮聞來學 唯競學優 是時簪笈之子 分在兩京 憧憧往來 多多益辦 至今 國子監內 獨有新羅馬道在四門舘北廊中 蠢彼諸蕃 闃其中絶 祇如涔海 無藉膠庠 唯令桃野 諸生 得廁杏壇學侶 由是海人賤姓泉客微名 或高掛金牌 寧慙附贅 或榮昇玉案 實賴餘光 雖乖業擅專門 可證人無異國 臣竊以東人西學 惟禮 與樂 至使攻文以餘力 變語以正音 文則俾之修 表章 陳海外之臣節 語則俾之達情禮 奉天上之 使車職曰翰林 終身從事 是以每遣陪臣執贄 卽令胄子觀光 而能視鯨浪爲夷途 乘鷁舟爲安宅 銳於嚮化 喜若登仙 況近者蕃臣之寬猛乖宜 荒服之兇頑得便 顏瓢則頓改其樂 孔席則愈嗟非 溫 仰聞聖文睿德光武弘孝皇帝陛下 俯徇群情 崇加懿號 以聖文冠上 光武弸中 能使大邦無軍 旅之事 至於小邑有絃歌之聲 以此臣蕃 鴻漸者 隨陽是思 蟻術者慕羶增切 競攜持而避亂 願匍 匐以投仁 臣今差前件學生等 以首領充傔 令隨 賀正使守倉部侍郎級餐金穎船次 赴闕習業 兼充宿衛 其崔愼之等 雖材慙美箭 而業嗣良弓 用之則行 利有攸往 輒以多爲貴者 豈亦遠於禮乎 金鵠是故海州縣刺史金裝親男 生在中華 歷於兩代 可承堂構 免墜家聲 臣敢以興學爲先 求賢 是務 買書金則已均薄貺 讀書粮則竊覬洪恩 且千里之行 聚費猶勞於三月 十年爲活 濟窮唯仰 於九天 幸遇聖朝誕敷文德 伏乞恕撞鍾之無力 憐擊磬之有心 垂慈於磁石引針 周急於浮埃生 甑特賜宣下鴻臚寺 准去龍紀三年隨賀登極使 判官撿校祠部郎中崔元入朝學生崔霙等事例 勒京兆府支給逐月書粮 兼乞冬春恩賜時服 所冀身資飽學 無憂餒在其中 跡異暗投 不愧藝成而下 更霑榮於挾纊 終免苦於易衣 臣以目想鶯 喬心攀驥乘 仰趨丹陛 俯羨青衿 實貴儒宗 輕浼宸鑑 無任望恩懷德技癢切瑳之至 (『東文選』47 狀 遣宿衛學生首領等入朝狀 崔致遠)

신라

新羅國當國 先具表奏 宿衛習業學生四人 今錄年限已滿 伏請放還 謹錄姓名奏聞如後 金茂先楊穎崔渙崔匡裕 右臣伏以當蕃 地號秦韓 道欽鄒魯 然而殷父師之始教 暫見貂親 孔司寇之欲居 唯聞口惠 郯子則徒矜遠祖 徐生則可媿頑仙 是以車書欲 慶於混同 筆舌或慙於差異 何者 文體雖侔其蟲跡 土聲難辨其鳥言 字纔免於結繩 譚固乖於成綺 皆因譯導 始得通流 以此敷奏天朝 祇迎星使 須憑西學之辨 方達東夷之情 故自國初 每陳蕃 貢 卽遣横經之侶 聊申慕化之誠 唯渙無鮮水之靈 挺鷄林之秀者 不遂他山攻石 徒勞陸海探珠 屬文則高謝葳蕤 曾莫從心所欲 發語則猶多澀矗 未免惟口起羞 趙步易違 郢歌難和 然則梯航 執禮 每願勤修 籩豆司存 深慙懵拙 若慮耗關中 之米 無因搜席上之珍 故臣亡父先臣贈太傅㬈 遣陪臣試殿中監金僅充慶賀副使 入朝之日 差發前件學生金茂先 赴闕習業 兼充宿衛 其崔渙崔匡裕二人 金僅面叩玉階 請留學問 聖恩允許 得廁黌中 今已限滿十年 威收二物 銜泥海鷰 久汚彫梁 遵渚塞鴻 宜還舊路 況乃國境尙多離亂 家親切待放歸 雖乖大成 輒具上請 靡慙 窺豹之 說 冀試搏螢之功 伏乞睿慈 俯徇故事 特賜宣付 屬國所司 令准去文德元年放歸限滿學生大學 博士金紹游等例 勒金茂先等幷首領輩 隨賀正 使級餐金穎船次還蕃 庶使駕馬成規無辭十駕之役 割鷄新刃 聊呈一割之能 臣義重在三 情深勸百 冒犯宸扆 無任激切屛營之至 (『東文選』47 狀 奏淸宿衛學生還藩狀 崔致遠)

신라

昔貞觀中 太宗文皇帝手詔示天下曰 今欲巡幸 幽薊 問罪遼碣 盖爲勾麗獷俗 干紀亂常 遂振天誅 肅淸海徼 武功旣建 文德聿修 因許遠人 亦隨貢士 以此獻遼豕而無愧 逐遷鶯而有期 惟彼句麗 今爲渤海 爰從近歲 繼忝高科 斯乃錄外方慕善之誠 表大國無私之化 雖涉於賤雞貴鶴 或類於披沙揀金 靖恭崔侍郎放賓貢兩人 以渤海鳥 昭度爲首 韓非同老聃之傳 早已難甘 何偃在劉瑀之前 其實堪恨 縱謂簸揚糠粃 豈能餔啜糟醨 旣致四隣之譏 永貽一國之恥 伏遇大夫手提蜀 秤 心照秦臺 作蟾桂之主人 顧鷄林之士子 特令朴仁範金渥兩人 雙飛鳳里 對躍龍門 許列青衿 同趨絳帳 不容醜虜 有

玷仙科 此實奉太宗逐惡 之心 守宣尼擇善之旨 振嘉聲於鼇岫 浮喜氣於 鯷溟 伏以朴仁範苦心爲詩 金渥克己復禮 獲窺樂鏡 共陟丘堂 自古已來 斯榮無比 縱使糜軀粉 骨莫報深恩 唯當谷變陵遷 永傳盛事 弊國素習 先王之道 忝稱君子之鄉 每當見善若驚 豈敢以儒爲戱 早欲遠憑書札 感謝眷知 竊審烟塵驟興 道路多阻 未伸素懇 已至後時 空餘異口同音 遙陳善祝 雖願揮毫頌德 難盡微誠 唯望早離避地之遊 速展濟川之業 永安區宇 再活烝黎 不獨海 外之禱祠 實爲天下之幸甚 (『東文選』 47 狀 新羅王與唐江西高大夫湘狀 崔致遠)

898(戊午/신라 효공왕 2/발해 위해 5/唐 乾寧 5 光化 1/日本 寬平 10 昌泰 1)

신라 春正月 尊母金氏爲義明王大[709]后 以舒弗邯俊興爲上大等 阿飡繼康爲侍中 (『三國史記』 12 新羅本紀 12)

신라 春正月 王尊母金氏爲義明王太后 以舒弗邯俊興爲上大等 阿飡繼康爲侍中 (『三國史節要』 13)

신라 王制 東方曰夷 范曄云 夷者抵也 言仁也而好生 萬物抵地而出 故天性柔順 易以道御 愚也謂夷 訓齊平易 言教濟化之方 按尒雅云 東至日所出爲大平 大平之人仁 尙書曰 命羲仲宅嵎夷 曰暘谷平秩東作 故我大王之國也 日昇月盛 水順風 和 豈唯幽蟄振蘇 抑亦勾萌啓懋生化 生化出震爲基 加復姬詩 擧西顧之言 釋祖始東行之步 宜 乎九種 勉以三歸 地之使然 天所假也 儒行篇曰 上不臣天子 下不事諸侯 愼靜尙寬 博學知服 雖 分國如錙銖 不臣不仕 其規爲有如此者 則大易之不事王侯 高尙其事 幽人貞吉 其履道乎 幽人 何謂梵子 僅是援儒譬釋 視古猶今 偉矣哉 天所貴者人 人所宗者道 人能弘道 道不遠人 故道或尊焉 人自貴矣 能助道者 惟崇德歟 然則道之尊 德之貴 瞻惟法首 方洽物情 必也正名 乃稱大德 是由道強名大德成而上 禮稱得位得名得壽 則敦化之說 將非是歟 東倭峻堦 義取窺豹 試稽所根 則有梁童子學士 著荊楚歲時記云 昔吳主孫 權病篤 道士葛玄往看之 權家人聞空宁語曰 旣 有大德道士 宜爲啓申 遂差大德之目 或記于玆 後譯葉書 廣編花偈 如大德舍利弗輩犖犖然者 斑有焉 且三界大師付囑尊法于邦君國宰 有深旨哉 其故何耶 化俗所資 尊賢是務 意圖馴虎 事甚好龍 故有國者 欲俾業熾傳燈 光踰衔燭 爰崇 淨號 或表奇林 昔我善德女君 宛若吉祥聖化 誕膺東后 景仰西方 時有觀光比丘 曰智穎 曰乘固 去探赤水 來耀靑丘 於是寵彼上乘 擢爲大德 自爾厥後 寔繁有徒 五岳群英 竟勵爲山之志 四海 釋種 能均入海之名 曰瑜伽 曰驃訶健拏 曰毗柰耶 曰毗婆沙復有彩混楚禽 號齊周璞者 或推懺誦 或採摠持 或擧華儕 或藹苦節 斯皆假王給之 所擢 擧重金牌 侔帝網之相含 光融玉刹 擧之若 取火於燧 用之猶度木於山 覬使粉躬 終無犯齒 遂制過衛瑗知非之歲 時滿魯丘學易之年 始許 遷喬 終期七稔 其或業敦時敏 德協老成 則令禰 鶚獨飛 盖奬宋鷄奇辯 仍加別字 用慶後生 故幼學十成 謂優曇一現 就是方廣相應二宗也 靜則 粹山王之氣 動則儼海會之雄 譬夫翔空九苞 蹠實一角 代上猶忭逢化佛 譽中若虔奉嚴君 衆旣 肘趍 事皆頤指 然咸能潔己 罕見驕人 寔所謂高 而不危 威而不猛者尒 抑又學之能講 言必可師 觀其鯨杵騰雷 鵠爐飛靄 仰三尊而有裕 顧四衆 以無譁 窟現象王 緩擧象王之步 座升師子 高揚 師子之音 天口籠雲 海脣鼓浪 旣比神錐鬪銳 實同明鏡忘疲 有問必酬 無疑不剖 或能折角 奚翅 解頤 俾遮著者失儀 寄載者知返 每游刃而無畏 欲藏鋒而莫能 誰言虐我則讎 允協當仁不讓 誘人也俗以之悟 護國也道以之興 經云 受持萬偈 經不如一句義 猶信後發前至 其惟是山 何則有若祖師順應大德 効成覬於神琳碩德 問老聃於 大曆初年 託窾木以忘軀 尋住山而得髓 窮探教海 俊達禪河

709) 원문의 大는 太가 맞다.

洎遂言歸 光膺妙選 乃歎曰 人資琢 玉 世貴藏金 旣含天地之靈 亦籍山川之秀 鳥能擇木 吾盍誅茅 越貞元十八年良月旣望 牽率同志 卜築於斯 山靈鈞妙德之名 地體印清涼之勢 分裝五髻 競拔一毛 于時聖穆王太后 母儀四夷 子育三學 聞風敬悅 誓日歸依 捨以嘉蔬 副之束帛 是乃自天獲祐 實惟得地成因 然屬生徒方霧 擁邑扉 耆德遽露晞林宇 利貞禪伯 踵武興功 依 乎中庸 盡住持之美 取諸大壯 煥營構之奇 雲矗 霞舒 日新月改 自是伽耶勝境 雅符成道之基 海印殊珍 益耀連城之價 旣見玉林皆拔 寔同珠岸不枯 故得開薙則僅一百年 徵躬者盈四七德 以 誦持同昇者五 由演暢別座者三是皆行不浮于 言 名克保于實 書曰 不矜細行 終累大德 競能敦化 詎欲踰閑 且嶽不辭塵 川能注海 可畏者如涌 並行者自沉 餬口雖資乎地財 錬心唯貴乎 天爵旣仰止龍象 盍煥乎鳥蹤 遂志粉墉 聊光黛巘 庶使入室者堂基順法 負墻者壁觀宜機 如能敏則有功 自得歿而不朽 獲麟晉乘 其或在玆 希驥顔徒 云胡不勖 巨唐光化三禩天一奏齋臈月霧日記 (『東文選』64 記 新羅迦耶山海印寺善安住院壁記 崔致遠)

후고구려　弓裔 (…) 光化元年戊午春二月 葺松岳城 以我太祖爲精騎大監 伐楊州見州 (『三國史記』50 列傳 10 弓裔)

후고구려　光化元年 戊午裔移都松嶽 太祖來見 授精騎大監 (『高麗史』1 世家1 ~~太祖1~~ 太祖 總序)

후고구려　二月 弓裔葺松岳城 以建爲精騎大監 伐楊州見州 (『三國史節要』13)

후고구려　秋七月 弓裔取浿西道 及漢山州管内三十餘城 遂都於松岳郡 (『三國史記』12 新羅本紀 12)

후고구려　秋七月 弓裔取浿西道及漢山州管内三十餘城 遂移都於松嶽郡 (『三國史節要』13)

후고구려　弓裔都松嶽郡 (『三國史記』31 年表 下)

후고구려　弓裔 (…) (光化元年戊午)冬十一月 始作八關會 (『三國史記』50 列傳 10 弓裔)

후고구려　冬十一月 弓裔始作八關會 (『三國史節要』13)

신라　乾寧五年 受具於伽耶山寺 旣而戒珠更淨 油盈彌堅 修善逝之禪 靈臺不動 契文殊之慧 照境無爲 演三藏之文 解行相應 闡四分之律 勤修兩存 所以問詰絶命 吐言尊道口不談俗 身猶蘊眞 然則窮理在三 體元含弌 必能興仁壽域 拯物阽危 此時 雖聖運三千 而艱期百六 火辰照地 金虎司方 此際風聞南在武州 此中安處 可能避難 修保殘生所以大師與同侶十一人 行道茫茫 至于其所 果然群黎翕集 所在康寧 然則竊承南海多有招隄 實堪駐足 不久往於彼處 謂云 何以棲遲者爲焉 居無何 忽遇綠林 潛侵元室便爲郤剝 俱然同行訖 次至大師 大師 臨白刃而神色怡然 志靑雲而目光榮尒 唯無悚懼 自若從容 魁首觀其風度怡怡語聲切切 投劍羅拜 請師事焉 至於豺狼革心 寇賊知禮 譬如玄奘三藏 抛西域之爲牲 慧忠大師 免南陽之遇禍 夫先聖之遭難也如彼 我大師之化人也若斯 萬里同風 其歸一揆 (「淨土寺法鏡大師慈燈塔碑」)

899(己未/신라 효공왕 3/발해 위해 6/唐 光化 2/日本 昌泰 2)

신라　春三月 納伊湌乂謙之女爲妃 (『三國史記』12 新羅本紀 12)

신라　春三月 納伊湌乂謙之女爲妃 (『三國史節要』13)

신라　師 [法]諱智△ 惠居軒[號也] 俗籍 溟州朴氏 川寧郡 黃驪縣人也 考諱 允榮 贈門下侍中金氏夢 △△△△ 墜懷有娠 唐 光化二年己未四月四日師生焉 神骨峻爽 頗非凡倫△△學 穎慧夙發 人敢莫先 每遊嬉寺塔 禮佛聞經 可驗宿因 (「葛陽寺惠居國師碑」)

신라 太政官府
應停人生一員置弩師事
右得大宰府解偁 肥後國解偁 此國地接海崖防備隣賊 雖有弩機無師講習 望請 省史生置弩師者 府依解狀謹請官裁者 左大臣宣 奉勅 依請
昌泰二年四月五日 (『類聚三代格』 5)

신라 秋七月 北原賊帥梁吉 忌弓裔貳己 與國原等十餘城主 謀攻之 進軍於非惱城下 梁吉兵潰走 (『三國史記』 12 新羅本紀 12)
후고구려 秋七月 梁吉忌弓裔貳己 與國原等十餘城主謀攻之 進軍於非惱城下 梁吉兵潰走 (『三國史節要』 13)

신라 △[龍]紀元年己酉八月 佛成文 △△△千節中成之 △△長戌△△ (「英陽蓮塘洞石佛坐像造像記」)[710]

신라 乾符六年 受於溟州入良律師 其後禮窣堵婆 投勝地名山之境 探摩訶衍 簡明師哲匠之△ (「鳴鳳寺境淸禪院慈寂禪師凌雲塔碑」)

신라 <1>
(표면)
△
△ △△△
△△ 无常
收△ 心平
逐△
潤如△△

(후면)
△ △
都△△△△聖行△△
門祛

<2>
盡 其生乎無至 △△
孫寶馬連△列驕弄顧否
花 禮佛懺蛇込△諸罪修彼
公△△△△依次
功績逢△△△過世越
庶徑石△而不朽 與天
承萬世 伊公
出來△鴻△尙△△ (「慶州湌之碑」)

신라 <1> 夜遊岩石刻

710) 造像記는 899년(진성왕 3)에 조성된 것으로 추정된다. 글자는 2.2~4.5cm의 크기로 새겼다.

夜遊岩
<2> 池筆岩石刻
池筆岩
<3> 陜川紅流洞石刻
狂奔疊石吼重巒
人語難分咫尺間
常恐是非聲到耳
故教流水盡籠山
<4> 斷俗寺 東 洞口 廣濟嵒門石刻
廣濟嵒門
<5> 洗耳嵒水中石刻
洗耳嵒
<6> 月影臺石刻
月影臺
<7> 雙磎石門石刻
雙磎石門 (「傳崔致遠石刻銘」)[711]

신라 <1>
左之△
△於
<2>
△△△
德大宗寺
<3>
△
體因緣
△△市
<4>
玄通
花開功德
出銀表
<5>
遊林△
<6>
△△△臣△漢功
奈麻新金季
<7>
聖神忠寺令伊
△伊飡臣金順
央漠 (「皇福寺碑片」)[712]

---

711) 9세기 후반 추정되어 899년 마지막에 편제하였다.
712) 황복사비편은 대체로 통일신라시기에 조성된 것으로 추정되어 899년 마지막에 편제하였다.

신라

功
事 (「傳三郎寺碑片」)[713]

신라

<1>
△△△△△應△
△△施不住於△
空可△△△△也
△住相布施△德
相見如來不不△
提凡所有相皆是△
△句生實信不
此爲實
<2>
△完(深)
△使及來(七)
如來名故今在△
不△欲樂好行
<3>
趣△△
△△行
<4>
士天 (「七佛庵出土金剛經石片」)[714]

900(庚申/신라 효공왕 4/발해 大瑋瑎 7/후백제 견훤 9/唐 光化 3/日本 昌泰 3)

신라

大師法號坦文 字大悟 俗緣高氏 廣州高㷜人也 祖陟 種德無彊 成功有裕 曾作一同之長 果彰三異之芳 父能 花縣名家 蘭庭茂族 遂襲家風之慶 蔚爲邑長之尊 母田氏 唯修聖善之心 願得神通之子 奉行婦道 愼守母儀 魂交 覩一梵僧 授金色奇菓 因有娠誕彌厥月 父亦申夢 法幢竪于中庭 梵旆掛其上 隨風搖曳 映日翩飜 衆人集其下 觀者如堵 乾寧七年[715] 龍集涒灘 秋八月十四日 天欲曙誕生 大師其胎遶頸而垂 如著方袍生有奇骨 弱無放言 覩金像以虔心 對桑門而合掌 有以見其根殆熟 善芽尙早 (「普願寺法印國師寶乘塔碑」)

신라

至于乾寧七年三月九日 詰旦 忽告門人曰 三界皆空 萬緣俱寂 吾將逝矣 汝等勉旃 守護禪門 無隳宗旨 以報吾恩也 言訖坐滅 報年七十五 積夏五十六 于時 天色蒼茫 日光慘澹 人間失眼 世路傷情 況復門下弟子 俱叨心喪 共悲面訣 效天竺拘尸之法 荼毘於石室之西 拾得舍利一千粒 其夜當縣制置使 金堅奐云 於石壇之上 紫氣侵天 天衆飛來 拾其舍利 以去待其 去赴院中 備說殊祥 聞於僧衆 衆乃驚愕 往於雙林 果然拾得百餘粒 天人恭敬 緇素悲哀 △△△矣 △△△此江岸 △△縣邑 所恨遠於山舍 逼以海濡 唯以僧託城邊 譬如鷰栖幕上 所以潛賷舍利 得到桐林 以天祐三年 高起石墳 安其金骨
大師精靈岳降 惠悟天資 領禪△之宗 登無生之△ 到處而但問禪△ 所居而△△眞乘 則

713) 전삼랑사비편은 대체로 통일신라시기에 조성된 것으로 추정되어 899년 마지막에 편제하였다.
714) 칠불암 출토 경석 조각들은 통일신라 때 조성된 것으로 추정되며 흑갈색 납석제이다.
715) 乾寧 연호는 894~898년까지 사용되었으니 실제로 이 해는 光化 3년이다.

是來者雲△ 納之似海 誨之不倦 其在玆乎 所謂爲世現生 隨方敷化不常厥所 其利博哉 遂使弘敞禪關 闡揚大敎 掃魔軍於末代 扶王道於三朝 收風毅肅然之威 每△竟樹賢雨露生成之德 常灌情由 至於指示玄譚 敷陳厚旨 或簸在學徒之口 或懸於僧史之言者也 傳法弟子 如宗弘可神靖智空等一千來人 俱慮石 城共憂陵谷 抗表而趍於闕下陳而情竪豐碑 孝恭大王夙仰華風 常欽△理 贈謚曰澄曉大師 塔名寶印之塔 仍命翰林學士前守禮部侍郎朴仁範 撰碑文也 其仁範 纔惟奉命 且未修文 因臥漳濱 忽夢莊壑△ △是門人 所恐芳塵稍歇 貞石無刋 勤露△誠 △陳行狀 誠乃雲△△△鶴唳聞天 今上 神器傳華 寶圖受命 繼其先志 將示後來 俾令下臣 式揚高烈 仁渷 才非吐鳳 學媿亡羊 桂科雖坊於△心 虀臼但憂於傷手 所冀强搖柔翰 △△國主之恩 湏拱△△ 以慰△人之志 重宣前義 乃作銘云

大覺大乘兮開△道 能仁秘旨兮引玄津/推僞悟眞兮時△恩 即凡成聖兮世詵詵 鼇山孕秀兮生奇骨 鶴樹銜凄兮葬報身 方知高跡兮雖△△ 忽覩盛名兮亦日新 欽化飾終兮有五△ 繼明靈跡兮是千人 月吊茅堂兮長閉日 霜霑奈菀兮永辭春

△△長老 雲超長老 △時主人和尙 夐栖老 乂洪長老 龍德四年歲次甲申四月十五日文已成 而以國家多事 時隔二紀 忽遇四郡烟消 一邦塵息 天福七年歲在甲辰六月十七日立 崔奐規刻字

(陰記)

謹錄賢哲僧俗弟子尊位排在於後

能善寺主 乘全寺主 聰月寺主 崔虛大德

弘俳大德 契貞大統 慶甫大統 性言大德

王堯君

王昭君

△△大王 弼榮大王 英章正匡 王景大承

淸端△主 金鎰蘇判 兢達蘇判 王規佐承

權△佐承 王詢佐承 王廉佐承 誠俊元甫

△△△相 金奐阿湌 金休長史 鎰休郎

△順元甫 希悅助 兢悅助 式榮韓湌

寬質韓湌

兢鎰海湌 賢逢元甫 官憲元甫

廉相海湌 允逢元甫 憲邕元尹 師尹一哲湌

侃榮阿湌 章劍史上 弼邢大監 姚謙郎

崔芳元尹 奇悟元尹 奇達元尹 知連正衛

與一正朝 乎直阿干(溟州)

尅奇(溟州) 金芮卿(溟州) 連世大監(溟州)

王侃(原州) 德榮沙干(竹州) 弟宗沙干(竹州)

宋嵒史上(公州) 平直村主(提州) 貴平一吉干(提州)

堅必村主(冷州) 堅奐沙干(新知縣) 越志山人(新知縣)

哀信沙干(又谷郡) 能愛沙干(又谷郡) 世達村主(奈生郡)

式元大監(冷水縣) 明奐村主(酒淵縣) 康宣助(別斤縣)

金立房所郎 吉舍村主丹越駬 崔山朶听

當時三綱典名位列

院主希朗長老

典座昕曉上座

史道澄禪師

直歲朗然禪師

△檢校維那良善長老老
堂維那契融上座
持客契廉禪師 (「興寧寺澄曉大師寶印塔碑」)

신라 후고구려
冬十月 國原菁州槐壤賊帥淸吉莘萱等 擧城投於弓裔 (『三國史記』12 新羅本紀 12)

신라 후고구려
冬十月 弓裔遣王建伐廣州忠州唐城靑州槐壤等 皆平之 國原菁州槐壤賊帥淸吉莘萱等 擧城投於弓裔 弓裔以王建爲阿湌 (『三國史節要』13)

신라 후고구려
弓裔 (…) (光化)三秊庚申 又命太祖伐廣州忠州唐城靑州[或云靑川]槐壤等 皆平之 以功授太祖阿湌之職 (『三國史記』50 列傳 10 弓裔)

신라 후고구려
(光化)三年庚申 裔命太祖 伐廣忠靑三州 及唐城槐壤等郡縣 皆平之 以功授阿粲 (『高麗史』1 世家 1 太祖 總序)

신라 후백제 마한 변한 진한
萱西巡至完山州 州民迎勞 萱喜得人心 謂左右曰 吾原三國之始 馬韓先起 後赫世敎興 故辰卞從之而興 於是 百濟開國金馬山 六白餘秊 摠章中唐高宗 以新羅之請 遣将軍蘇定方 以舡兵十三萬越海 新羅金庾信卷土 歷黃山至泗沘與唐兵合攻 百濟滅之 今子敢不立都於完山 以雪義慈宿憤乎 遂自稱後百濟王 設官分職 是唐光化三秊 新羅孝恭王四秊也 (『三國史記』50 列傳 10 甄萱)

신라 후백제 마한 변한 진한
甄萱西廵至完山州 州民迎勞 萱自以爲得人心 謂左右曰 吾原三國之始 馬韓先起 赫世後興 辰卞從之 百濟開國傳世六白 唐與新羅合攻滅之 今予雖不德 欲雪義慈宿憤 遂都完山 自稱後百濟王 設官分職 遣使朝吳越 吳越王報聘 仍加檢校太保 餘如故 (『三國史節要』13)

신라 후백제 萱西巡至皃[716]山州 州民迎勞 喜得人心 謂左右曰 百濟開國六百餘年 唐高宗以新羅之請 遣將軍蘇定方 以舡兵十三萬越海 新羅金庾信 卷土歷黃山 與唐兵合攻百濟滅之 予今敢不立都以雪宿憤乎 遂自稱後百濟王 設官分職 是唐光化三年 新羅孝恭王四年也[717] (『三國遺事』2 紀異 2 後百濟 甄萱)

후백제 고려 고구려 백제 신라
甄萱上太祖書云 昔馬韓先起 赫世勃興 於是百濟開國於金馬山 崔致遠云 馬韓 麗也 辰韓 羅也[據本紀 則羅先起甲子 麗後起甲申 而此云者 以王準言之耳 以此知東明之起 已幷馬韓而因之矣 故稱麗爲馬韓 今人或認金馬山 以馬韓爲百濟者 蓋誤濫也 麗地自有邑山 故名馬韓也] (『三國遺事』1 紀異 1 馬韓)

신라 후백제 遣使朝吳越 吳越王報聘 仍加檢校太保 餘如故 (『三國史記』50 列傳 10 甄萱)

신라 乃以光化三秊 伺鷁舟之西泛 逐鵬運以南飛 匪踰信宿之閒 獲達江淮之境 纔越天壁

716) 完의 오기이다.
717) 『삼국사기』 견훤전에서는 견훤이 후백제왕이 된 시기를 892년으로 보았고 『삼국유사』 기이 2 후백제 견훤조에서는 889년이라고 했다. 이 두 기사에서는 스스로 왕이라 일컫지는 못했다고 했다. 이에 왕이라 자칭한 이 기사를 본 기록에 따라 효공왕 4년(900)에 배치했다.

遷往雪峯 到飛猿嶺 上遇般米禪徒 同路而行 一時共歇 徒中有一僧 指枯榕曰 枯木獨占 定春來不復榮 大師接曰 逈然塵境外 長年樂道情 於是 衆皆歎伏 無不吟傳 縱煩皷舌之勞 頗叶傳心之旨逐隮于台嶺 謁遍禪居 或扙虎錫於雪嶠雲岑 或洗龍鉢於飛溪懸澗旣多適願 愈切尋幽 詣於谷山 謁道緣和尙 是石霜之適嗣也 乃問曰 石霜宗旨的意如何 和尙對云 代代不曾承 大師 言下大悟 遂得默達玄機 密傳秘印 似照秦皇之鏡如探黃帝之珠 洞究一眞 增修三昧 藍茜沮色 珠火耀光 標領袖於禪門 占笙鏞於法苑何啻赳赳 實是錚錚者矣 大師又製偈子 呈和尙曰 十个仙才同及第 牓頭若過總得開雖然一个不迴頭 自有九人出世閒 和尙覽之驚歎 因造三生 頌許令衆和 大師養勇有餘當仁不讓 搦兎毫而拆理 編鳳藻以成章 莫不價重 碧雲韻高 白雪豈眞理之究竟 倂綴緝之研精 於世流傳故不載錄 大師心澄止水 跡寄斷雲 異境靈山 必盡覽遊之興 江南河北 靡辭跋涉之勞 (「鳳巖寺靜眞大師圓悟塔碑」)

신라　朴仁範元傑巨仁金雲卿金垂訓輩 雖僅有文字傳者 而史失行事 不得立傳 (『三國史記』46 列傳 6)

901(辛酉/신라 효공왕 5/발해 大瑋瑎 8/후백제 견훤 10/후고구려 궁예 1/唐 光化 4 天復 1/日本 昌泰 4 延喜 1)

신라 후고구려

弓裔稱王 (『三國史記』12 新羅本紀 12)

신라 후고구려

弓裔自稱王 (『三國史記』31 年表 下)

신라 후고구려

辛酉稱高麗 (『三國遺事』1 王曆)

신라 후고구려

天復元季辛酉 善宗自稱王 謂人曰 往者 新羅請兵於唐 以破高句麗 故平壤舊都 鞠爲茂草 吾必報其讎 蓋怨生時見棄 故有此言 嘗南巡至興州浮石寺 見壁畫新羅王像 發劒擊之 其刃迹猶在 (『三國史記』50 列傳 10 弓裔)

신라 후고구려

弓裔以初生見棄 怨新羅 常語人曰 新羅請兵於唐 滅高勾麗 吾必爲高勾麗報讎 蓋怨嘗南行 見興州寺壁新羅王畫像 拔劒擊之 至是 自立爲王 (『三國史節要』14)

신라 후백제　秋八月 後百濟王甄萱 攻大耶城 不下 移軍錦城之南 奪掠沿邊部落而歸 (『三國史記』12 新羅本紀 12)

신라 후백제　秋八月 甄萱寇大耶城 不克 移軍錦城 掠邊郡而歸 (『三國史節要』14)

신라 후백제　天復元年 萱攻大耶城不下 (『三國史記』50 列傳 10 甄萱)

신라　又鷄林金淸押衙 家別搏桑 身來淸社 貨游鄞水 心向金田 捨靑凫 擇郢匠之工 鑿白石竪竺乾之 塔殿中 (「唐無染院碑」; 『牟平縣志』 9)[718]

902(壬戌/신라 효공왕 6/발해 大瑋瑎 9/후백제 견훤 11/후고구려 궁예 2/唐 天復 2/日本 延喜 2)

신라　春三月 降霜 (『三國史記』12 新羅本紀 12)

신라　春三月 霜 (『三國史節要』14)

---

718) 이 기사에는 연대 표기가 없으나, 이 비는 901년에 건립되었으므로 그에 따라 편년하였다.

신라 (春三月) 以大阿湌孝宗爲侍中 (『三國史記』12 新羅本紀 12)

신라 (春三月) 以大阿湌孝宗爲侍中 (『三國史節要』14)

903(癸亥/신라 효공왕 7/발해 大瑋瑎 10/후백제 견훤 12/후고구려 궁예 3/唐 天復 3/日本 延喜 3)

후고구려 후백제

天復三年癸亥三月 率舟師 自西海抵光州界 攻錦城郡拔之 擊取十餘郡縣 仍改錦城爲羅州 分軍戍之而還 (『高麗史』1 世家 1 太祖 總序)

후고구려 후백제

弓裔以王建爲埥騎大監 率舟師 自西海抵光州界 攻錦城等十餘郡 拔之 仍改錦城爲羅州 分軍戍之而還 (『三國史節要』14)

신라 후고구려

弓裔欲移都 到鐵圓斧壤 周覽山水 (『三國史記』12 新羅本紀 12)

신라 후고구려

是歲 良州帥金忍訓告急 裔令太祖往救 及還 裔問邊事 太祖陳安邊拓境之策 左右皆屬目 裔亦奇之 進階爲閼粲 (『高麗史』1 世家 1 太祖 總序)

신라 후고구려

弓裔以王建爲閼粲 弓裔嘗問建以邊事 建悉陳安邊拓境之策 弓裔奇之 左右亦屬目 (『三國史節要』14)

904(甲子/신라 효공왕 8/발해 大瑋瑎 11/후백제 견훤 13/후고구려 궁예 武泰 1/唐 天復 4 天祐 1/日本 延喜 4)

신라 天復四年甲子二月卄日 松山村大寺鐘成文內節 本和上能與 本村主連筆一 合入金 五千八十方 含美成 (「松山村大寺鐘銘」)

신라 후고구려(마진)

弓裔設百官 依新羅制[所制官號 雖因羅制 殿有異者] 國號摩震 年號武泰元年 浿西道十餘州縣降於弓裔 (『三國史記』12 新羅本紀 12)

후고구려(마진)

國號摩震 年號武泰 (『三國史記』31 年表 下)

신라 후고구려(마진)

廣評省匡治奈[今侍中] 徐事[今侍郎] 外書[今員外郎] 兵部 大龍部[謂倉部] 壽春部[今禮部] 奉賓部[今禮賓省] 義刑臺[今刑部] 納貨府[今大府寺] 調位府[今三司] 內奉省[今都省] 禁書省[今秘書省] 南廂壇[今將作監] 水壇[今水部] 元鳳省[今翰林院] 飛龍省[今大僕寺] 物藏省[今少府監] 史臺[掌習諸譯語] 植貨府[掌栽植菓樹] 障繕府[掌修理城隍] 珠淘省[掌造成器物] 正匡元輔大相元尹佐尹正朝甫尹軍尹中尹

右弓裔所制官號 (『三國史記』40 雜志 9 職官 下)

신라 후고구려(마진)

天祐元年甲子 立國號爲摩震 年號爲武泰 始置廣評省 備員匡治奈[今侍中] 徐事[今侍郎] 外書[今員外郎] 又置兵部大龍部[謂倉部]壽春部[今禮部]奉賓部[今禮賓省]義刑臺[今刑部]納貨府[今大府寺]調位府[今三司]內奉省[今都省]禁書省[今秘書省]南廂壇[今將

作監]水壇[今水部]元鳳省[今翰林院]飛龍省[今太僕寺]物藏省[今少府監] 又置史臺[掌習諸譯語] 殖貨府[掌栽植菓樹]障繕府[掌修理城隍]珠淘省[掌造成器物] 又設正匡元輔大相元尹佐尹正朝甫尹軍尹中尹等品職 (『三國史記』50 列傳 10 弓裔)

신라 후고구려(마진)
甲子 改国號摩震 置元虎泰 (『三國遺事』1 王曆)

신라 후고구려(마진)
弓裔立國 號曰摩震 紀元武泰 設百官 依新羅制 置廣評省 備員匡治奈 徐事 外書 又置兵部 大龍部 壽春部 奉賓部 義刑臺 納貨府 調位府 內奉省 禁書省 南廂壇 水壇 元鳳省 飛龍省 物藏省 又置史臺 植貨府 障繕府 珠淘省 又設正匡 元輔 大相 元尹 佐尹 正朝 甫尹 單尹 中尹等品職 (『三國史節要』14)

후고구려(마진)
秋七月 移靑州人戶一千 入鐵圓城爲京 (『三國史記』50 列傳 10 弓裔)

후고구려(마진)
秋七月 弓裔定都于鐵圓 移靑州千戶以實之 (『三國史節要』14)

후고구려(마진)
(秋七月) 伐取尙州等三十餘州縣 公州將軍弘奇來降 (『三國史記』50 列傳 10 弓裔)

후고구려(마진)
弓裔來攻尙州等三十餘邑 取之 將軍弘奇以公州降于弓裔 浿江道十餘邑亦降 (『三國史節要』14)

신라 年甫五歲 情敦出俗 志在離塵 願託迹於緇門 卽寄心於金界 先白毋 毋念疇昔之夢 泣曰 詩願度來世 吾不復撓倚門之念也 已後謁父 父喜曰 善 卽以落髮辭親 脩心學佛 去謁鄕山大寺大德和尙 和尙見大師 鳳毛奇相 螺髻殊姿 因謂曰 方當童稚之年 旣飽老成之德 如子者 以吾爲師 是猶守株待兎 緣木求魚 吾非汝師 可往勝處 大師方欲僧之眞者必訪 跡之古者必尋 會歸覲日 古老相傳 鄕城山 內有佛寺之墟 昔元曉菩薩義想大德 俱㡣居所憇 大師旣聞斯聖跡 盍詣彼玄基 以習善 遂茇于其舊墟 檻心猿 柳意馬 于以休足 于以齋心 經歷數年 時號之聖沙彌 (「普願寺法印國師寶乘塔碑」)

신라 歸捷中華第[一作地] 登船鬢未絲 直應天上桂 別有海東枝 國界波窮處 鄕心日出時 西風送君去 莫慮到家遲 (『全唐詩』10函 8冊 杜荀鶴 送賓貢登第後歸海東)719)

905(乙丑/신라 효공왕 9/발해 大瑋瑎 12/후백제 견훤 14/후고구려 궁예 聖冊 1/唐 天祐 2/日本 延喜 5)

신라 春二月 星隕如雨 (『三國史記』12 新羅本紀 12)
신라 春二月 星隕如雨 (『三國史節要』14)

신라 夏四月 降霜 (『三國史記』12 新羅本紀 12)
신라 夏四月 霜 (『三國史節要』14)

신라 迺於天祐二年六月 △退定武州之會津 此時知州蘇判王公池本 竊承大師 纔詣捨 已抵平津 △地△之攀 △△△△△△△△△△△△△△慈△ 每以趍塵 如窺慧日 常於四事 遠

719) 杜荀鶴의 생몰년의 846~904년이다. 따라서 904에 편제하였다.

假天厨 實展△△△△△△ 仍以△那山 無爲岬寺請以住持 大師 唯命是聽 徙居靈境此寺也 林泉△意 寂△△△△△△△△△△△△△於△地 然則重修基址 八換星霜 來者如雲 納之似海 △△△△△△ 時△△△ 之年 亂甚於劉曹之代 上無聖主 猶鋪猬聚之徒 下有庸流 莫防鯨鯢之歎 物△△△△△如△如 四海沸騰 三韓騷擾 (「無爲寺先覺大師遍光塔碑」)

신라 후고구려
秋七月 弓裔移都於鐵圓 (『三國史記』12 新羅本紀 12)

신라 후고구려
弓裔移都鐵圓 改武泰爲聖冊元年 (『三國史記』31 年表 下)

신라 후고구려
秋七月 弓裔改元聖冊 修葺宮室樓臺 窮極奢侈 分定浿西十三鎭 (『三國史節要』14)

신라 후고구려
天祐二年乙丑 入新京 修葺觀闕樓臺 窮奢極侈 改武泰爲聖冊元年 分定浿西十三鎭 平壤城主將軍黔用降 甑城赤衣黃衣賊明貴等歸服 善宗以強盛自矜 意欲并呑 令國人呼新羅爲滅都 凢自新羅來者 盡誅殺之 (『三國史記』50 列傳 10 弓裔)

신라 후고구려
天祐二年乙丑 裔還都鐵圓 (『高麗史』1 世家 1 太祖 總序)

신라 후고구려
(秋七月) 平壤城主黔用降弓裔 甑城赤衣黃衣明貴等賊 亦降 (『三國史節要』14)

신라 후고구려
八月 弓裔行兵 侵奪我邊邑 以至竹嶺東北 王聞疆埸日削 甚患 然力不能禦 命諸城主愼勿出戰 堅壁固守 (『三國史記』12 新羅本紀 12)

신라 후고구려
八月 弓裔寇邊邑 以至竹嶺東北 王患疆埸日蹙 力不能禦 命諸城堅壁勿戰 (『三國史節要』14)

906(丙寅/신라 효공왕 10/발해 大瑋瑎 13 大諲譔 1/후백제 견훤 15/후고구려 궁예 聖冊 2/唐 天祐 3/日本 延喜 6)

신라 春正月 以波珍飡金成爲上大等 (『三國史記』12 新羅本紀 12)

신라 春正月 以波珍飡金成爲上大等 (『三國史節要』14)

신라 三月 前入唐及第金文蔚 官至工部員外郎沂王府諮議叅軍 充冊命使而還 (『三國史記』12 新羅本紀 12)

신라 三月 唐以擧人金文蔚 充冊命使而還之 初文蔚入唐登第 歷官至工部員外郎沂王府諮議叅軍 (『三國史節要』14)

신라 自夏四月至五月 不雨 (『三國史記』12 新羅本紀 12)

신라 自夏四月至五月 不雨 (『三國史節要』14)

신라 발해 (唐)哀帝天祐三年六月壬辰 詔曰 朝廷命官 量能授職 中書奏擬旋已施行 掄材旣備于班員 立政兼伸於沉滯 况遷都之後 制度聿興 新授官者 翔於外藩 不議赴闕 前資任者蟄於列屛 自謂安時 矧爾代受國恩 身榮朝請 養高保性 旣不能解印掛冠 論級嗜名 又

不能擘肌分理 況新羅渤海 外國遠戎 奔程以至新都 入貢不虧于舊典 復于朝士 (『冊府元龜』65 帝王部 65 發號令 4)

신라 발해 朝廷命官 量能授職 中書奏擬 旋已施行 掄才既備於班員 立政兼伸於沈滯 況遷都之後 制度聿興 新授官者 翔於外藩 不議赴闕 前資任者蟄於列屏 自謂安時 矧爾代受國恩 身榮朝請 養高保性 既不能解印挂冠 論級嗜名 又不能擘肌分理 況新羅渤海 外國遠戎 奔程已至於新都 入貢不虧於舊典 復於朝士 (『全唐文』93 哀帝 除官不得停住詔)

신라 孝恭大王驟登寶位 欽重禪宗 以大師獨步海東 孤標天下 特遣僧正法賢等 聊飛鳳筆 徵赴 皇居 大師謂門人曰 自欲安禪 終須助化 吾道之流於末代 外護之恩也 乃以天祐三年秋九月初 忽出溟郊 方歸京邑至十六日引登 秘殿孤坐禪床主上 預淨宸襟 整其冕服 待以國師之禮 虔申鑽仰之情 大師辭色從容 神儀自若 尊道說羲軒之術 治邦談堯舜之風 鏡忘疲 洪鍾待扣 有親從上殿者四人 曰行謙邃安信宗讓規讓景行超十哲 名盖三禪 探玄鄉之秘宗論絶境之幽致 所聖人見之尙 頻迴麈尾 甚悅龍顔 (「太子寺郎空大師碑」)

신라 孝恭大王驟登寶位 欽重禪宗 以大師獨步海東 孤標天下 特遣僧正法賢等 聊飛鳳筆 徵赴皇居 大師謂門人曰 自欲安禪 終須助化 吾道之流於末代 外護之恩也 乃以天祐三年秋九月初 忽出溟郊 方歸京邑 至十六日 引登祕殿 孤坐禪床之上 預淨宸襟 整其冕服 待以國師之禮 虔申鑽仰之情 大師辭色從容 神儀自若 尊道說羲·軒之術 治邦談堯舜之風 (闕一字)鏡忘疲 洪鐘待扣 有親從上殿者四人 曰行謙邃安信宗讓規讓景行超十哲 名蓋二禪 探元鄉之祕宗 論絶境之幽致 聖人見 頻迴麈尾 甚悅龍顔 (『全唐文』1000 崔仁滰 新羅國故兩朝國師教諡朗空大師白月棲雲之塔)

후고구려 후백제 신라

弓裔遣王建率精騎將軍黔式等 領兵三千 與甄萱戰于尙州沙火鎭 累戰克之 弓裔以土地益廣 士馬漸强 意欲并呑新羅 呼爲滅都 自新羅來附者 並皆誅殺 (『三國史節要』14)

후고구려 후백제 신라

三年丙寅 裔命太祖 率精騎將軍黔式等 領兵三千 攻尙州沙火鎭 與甄萱累戰克之 裔以土地益廣 士馬漸强 意欲幷呑新羅 呼爲滅都 自新羅來附者 並皆誅殺 (『高麗史』1 世家 1 太祖 總序)

신라 大師其後謂曰 終居此地 必滯前程 天祐三年 獨行沿海 尋遇乘槎之者 請以俱西 以此寓載凌洋 達于彼岸 邐迤西上 行道遲遲 路出東陽 經過彭澤 遂至九峯山下 虔謁道乾大師 大師廣庭望座 膜拜方半 大師問曰 闍梨頭白 對曰 元暉目不知闍梨 自己爲什勿不知 對曰 自己頭不白 追思別汝 稍似無多 寧期此中 更以相遇 所喜昇堂覩奧 入室叅禪 纔留一旬 密付心要 受玆元契 如瀉德缾 若備中和易直之心 而得升降周旋之節 於義爲非義 於人爲半人 恭惟世間出世間 皆歸佛性 體無分別 俱會一乘 所以一托松門 十經槐律 獨提 錫四遠叅境之幽兮往遊山之秀兮留駐所以天台仰異地境觀風嶺外擔登虔禮祖師之塔湖南負笈遠投禪伯之居其後況復北抵幽燕西臻邛蜀或假」 諸道或偸路百城以此偶到四明忽逢三島只賷音信至自東方竊承本國祁山霧収漸海波息皆鎖外難再致中興 (「淨土寺法鏡大使慈燈塔碑」)

신라 仁滰 辰韓茂竣人 天祐中官新羅國翰林學士 守兵部侍郎知端書院事 (『全唐文』1000 崔仁滰)

907(丁卯/신라 효공왕 11/발해 大諲譔 2/후백제 견훤 16/후고구려 궁예 聖冊 3/唐 天祐 4 後梁 開平 1/日本 延喜 7)

신라　春夏 無雨 (『三國史記』12 新羅本紀 12)

신라　春夏 無雨 (『三國史節要』14)

신라 후백제　一善郡以南十餘城 盡爲甄萱所取 (『三國史記』12 新羅本紀 12)

신라 후백제　甄萱入寇 取一善以南十餘郡 (『三國史節要』14)

발해　(開平元年五月)戊寅 渤海契丹遣使者來[720] (『新五代史』2 梁本紀 2 太祖 下)

발해　(梁太祖開平元年)五月 渤海王子大昭順貢海東物産 (『冊府元龜』972 外臣部 17 朝貢 5)

발해　梁開平元年 其王曰大諲譔 (『冊府元龜』967 外臣部 12 繼襲 2)

발해　開平元年 國王大諲譔遣使者來 訖顯德常來朝貢 其國土物產 與高麗同 諲譔世次 立卒 史失其紀 (『新五代史』74 四夷附錄 3 渤海)

발해　梁開平元年(907)五月 其王大諲譔遣王子大昭順來貢方物 (『五代會要』30 渤海)

신라　忽於明年夏末 乍別京畿 略遊海嶠 至金海府 蘇公忠子知府及第律熙領軍 莫不歛袵欽風 開襟慕道 請居名寺 冀福蒼生 十六[721]師四可以栖遲 暗垂慈化 掃妖煙於塞外 灑甘露於山中 (「太子寺郎空大師碑」)

신라　至於明年夏末 乍別京畿 畧遊海嶠 至金海府 蘇公忠子知府及第律凞領軍 莫不斂袵欽風 開襟慕道 請居名寺 冀福蒼生 大師可以棲遲 暗垂慈化 掃妖煙於塞外 灑甘露於山中 (『全唐文』1000 崔仁渷 新羅國故兩朝國師教諡朗空大師白月棲雲之塔)

908(戊辰/신라 효공왕 12/발해 大諲譔 3/후백제 견훤 17/후고구려 궁예 聖冊 4/後梁 開平 2/日本 延喜 8)

발해　正月 八日 庚辰 渤海客來(『日本紀略』後篇 1)

발해　正月 八日 左大臣奏伯耆國言上渤海入覲大使裴璆等著岸狀解文 (『扶桑略記』23)

발해　(梁開平) 至二年正月 又遣殿中少令崔禮光來朝. (『五代會要』30 渤海)

발해　(開平)二年春正月丁酉 渤海遣使者來 (『新五代史』2 梁本紀 2 太祖 下)

발해　梁太祖開平二年正月 渤海國朝貢使殿中少令崔禮光已下 各加爵秩 幷賜金帛有差 (『冊府元龜』976 外臣部 21 褒異 3)

신라　春二月 星孛宇東 (『三國史記』12 新羅本紀 12)

신라　春二月 星孛于東 (『三國史節要』14)

발해　三月 廿日 奏存問渤海客使大內記藤原博文直講假大學權允秦維興等 令向伯耆國狀 (『扶桑略記』23)

신라　三月 隕霜 (『三國史記』12 新羅本紀 12)

---

720) 夷狄君臣姓名官爵 或書或否 不必備 或因其舊史之詳略 但書其來以示意爾

721) '十六'은 '大'의 오기인 듯 하다.

신라　　三月 霜 (『三國史節要』 14)

발해　　四月 二日 定以式部大丞紀淑光散位菅原淳茂爲掌客使 以兵部少丞小野葛根.文學生藤原守眞爲領客使(『扶桑略記』 23)

발해　　四月 八日 存問渤海領客使大內記藤原博文等 問入覲使文籍院少監裵璆(『日本紀略』後篇 1)

발해　　四月 卄一日 領客使等設曲宴於今來河邊 某日 天皇賜書於渤海王 (『日本紀略』後篇 1)

발해　　四月 卄六日 渤海客入京時可騎馬 准寬平例 仰公卿等 令進私馬 (『扶桑略記』 23)

신라　　夏四月 雨雹 (『三國史記』 12 新羅本紀 12)
신라　　夏四月 雨雹 (『三國史節要』 14)

발해　　五月 五日 御南殿 覽左右馬寮渤海客可騎馬各卄疋 (『扶桑略記』 23)

발해　　五月 十二日 法皇[宇多]賜書渤海裵璆[璆[722]](『日本紀略』 後篇 1)
발해　　五月 十二日 法皇賜唐客書 其詞曰 余是野人 未曾交語 徒想風姿 北望增戀 方今名父之子 禮了歸鄕 不忍方寸 聊付私信 逋客之志 不輕相棄 嗟呼 余棲南山之南 浮雲不定 君家北海之北 險浪幾重 一天之下 宜知有相思 四海之內 莫怪不得名 日本國棲鶴洞居士无名謹狀[已上太上法皇賜渤海客徒書也] (『扶桑略記』 23)

발해　　五月 十四日 於朝集堂可饗蕃客 (…) (『扶桑略記』 23)
발해　　五月 十五日 饗蕃客朝集堂 幷賜彼國王等物 (…) 又賜唐客大使答物[已上御記] (『扶桑略記』 23)

발해　　(梁太祖開平元年) 五月 渤海王子大昭順 貢海東物產 (『冊府元龜』 972 外臣部 17 朝貢 5)

발해　　六月 某日 渤海使裵璆來朝 某日 掌客使諸文士於鴻臚館餞北客歸鄕 (『日本紀略』 後篇 1)

발해　　十一月 十八日 大納言藤原朝臣[道明]令尹文奏自若狹守尹衡許告來渤海客徒來着之由 (『扶桑略記』 24)

발해　　十一月 卄一日 客徒牒狀云 當丹生浦海中浮居云云 而無着案之由 又牒中雖載人數及有來着之由 未有子細狀 令藏人仲連以若狹國解文 奉覽於六條[宇多]院 (『扶桑略記』 24)

발해　　十一月 卄五日 右大臣[忠平]奏渤海客事所定行事 可遷若狹安置越前 及可令入京事 以左中辨方基朝臣爲行事辨 (『扶桑略記』 24)

---

722) 衍文(『日本紀略』)

신라 후고구려

閑覩此門 本離文字 每思心境 終拂客塵 愍彼偏方 迷於得理 好佩雲居之印 期蘇日域之流 是則眞宰勉旃 道人勞止 忘其△△△△△△△△△周 應忙返魯 迺於天祐五年七月 達于武州之會津 此時 兵戎滿地 賊寇滔天 三佛所居 四郊多壘 大師來藏巖穴 遠避烟塵 與麋鹿同△ 逢△△△△△ 珠啣水媚 當大溟映月之時 玉透山輝 是深洞聞風之處 先王 直從北發 專事南征 徇地之行 逃天者少 特差華介 先詣禪扃 奉傳詔書 赴軍壁也令 大師欸聆帝命 寧滯王程 及其方到柳營 便邀蘭殿 留連再三 付囑重疊 寡人遽迴龍斾 祇俯鳳儀 大師難赴乘輿 續起△△△△△△△△△△△ 則曾覩藏經 仍窺僧史宋武平敵 覺賢遂附鳳之誠 隋文省方 法瓚膺從龍之愿 一心重法 千載同符 豈期神器將傾 國綱始墜 君臣△△父子△△△△△△之 兇翻剗忠貞之佐 凌夷之漸 實冠夏殷 此時 共恨獨夫 潛思明主 無何群兇競起 是秦朝鹿死之年 大憝皆銷 唯漢室龍興之歲 今上 西鍾定議 北極居尊 懸聖日於桑津 掃妖氛於棗海 忽聞大師 久窺慧日 曾聽玄風巨浪乘盃 中華聞道 上乃略驅車 驚△詔△△△△△仰 尤深量海 而欽承愈地 每廻稽首恭申捨瑟之儀 常以鞠躬 猥罄摳衣之禮 所以屢祈警誡 更切歸依 待以王師 助君臨之吉△ 其子△△△△△△△△△△△△ 太弟太匡王信 便取摩納袈裟弍領 鍮石鉢盂一口上乃登時遞捧 跪獻大師 然則敬佛之心 尊師之道 元魏奉僧祠之日 人間△△△之時△△△△△△ 如斯之盛者也 然則栖遲奈苑 宴坐蓮扉 來者如雲 納之似海 稻麻有列猶如長者之園 桃李成蹊 亦若仙人之市 (「五龍寺法鏡大師普照慧光塔碑」)

909(己巳/신라 효공왕 13/발해 大諲譔 4/후백제 견훤 18/후고구려 궁예 聖冊 5/後梁開平 3/日本 延喜 9)

발해 (開平三年)三月辛未 渤海國王大諲譔遣使者來 (『新五代史』2 梁本紀 2 太祖 下)

발해 (梁開平) 三年三月 遣其相大誠諤來朝 兼貢女口 (『五代會要』30 渤海)

발해 (開平)三年三月 渤海王大諲譔差其相大誠諤朝貢 進兒女口及物 貂鼠皮熊皮等 (『冊府元龜』972 外臣部 17 朝貢 5)

발해 法皇賜渤海裴頲書

裴公足下 昔在入覲 光儀可愛 遺在人心 余是野人 未曾交語 徒想風姿 北望增戀 方今 名父之子 禮畢歸鄉 不忍方寸 聊付私信 逋客之志 不輕相棄 嗟呼 余棲南山之南浮雲不定 君家北海之北 嶮浪幾重 日天之下 宜知有相思 四海之內 莫怪不得名 日本國栖鶴洞居士無名 謹狀

延喜八年五月十二日 (『本朝文粹』7)

신라 후고구려

夏六月 弓裔命將 領兵船 降珍島郡 又破皐夷島城 (『三國史記』12 新羅本紀 12)

신라 후고구려 후백제

王建見弓裔日以驕虐 常有志於閫奇 會弓裔以羅州爲憂 遂令建往鎭之 建以舟師次于光州塩海縣 適萱遣使入吳越 建取其船而還 弓裔大喜 優加褒奬 又遣建修戰艦于貞州以兵二千五百 往擊光州珍島郡 拔之 建進次皐夷島城中 望見軍容嚴整 自降 建推誠撫士 威惠並行 士卒畏愛 咸思奮勇敵 境讐服 (『三國史節要』14)

후고구려 후백제

梁開平三年己巳 太祖見裔日以驕虐 復有志於閫外 適裔以羅州爲憂 遂令太祖往鎭之進階爲韓粲海軍大將軍 太祖推誠撫士 威惠並行 士卒畏愛 咸思奮勇 敵境讐服 以舟

師 次于光州塩海縣 獲萱遣入吳越船而還 裔喜甚 優加褒奬 又使太祖修戰艦于貞州 以閼粲宗希·金言等副之 領兵二千五百 往擊光州珍島郡 拔之 進次皐夷島 城中人望見軍容嚴整 不戰而降 (『高麗史』1 世家 1 太祖 總序)

신라 고려 大師雖則觀空 豈△忘本 忽念歸歟之詠 潛含暮矣之愁 欲別禪尻 先陳血懇 大師謂曰 飛鳴在彼 且莫因循 所冀敷演眞宗 以光吾道 保持法要 知在汝曹 可謂龍躍天池 鶴歸日域 其於來往 不失其時 以此傳大覺之心 佩雲居之印 重超穌水 再至鯷岑 此時天祐六年七月 達于武州之昇平 此際 捨筏東征 抵于月嶽 難諶宴坐 不奈多虞 窺世路以含酸 顧人閒而飲恨 雖攀依水石 而漸近煙塵 路出奈靈 行臻佳境 望彌峯而隱霧 投小伯以栖霞 爰有知基州諸軍事上國康公萱 寶樹飮風 禪林慕道 竊承大師 遠辭危國 來到樂郊 因傾盖以祇迎 每攝齋而問訊 歸依禪德 倍感玄風 知是鳴鶴在陰 衆鄒相應 白雲扶日 佳氣表祥 東望之時 頻窺靈瑞 寧踰數日 謹具聞天 今上聞 大師道冠中華 名高兩地 遽飛鳳筆 徵赴龍墀 (「菩提寺大鏡大師塔碑」)

신라 (崔)彦撝 (…) 四十二還國爲執事侍郎瑞書院學士 (『三國史記』46 列傳 6 崔彦撝)[723]

910(庚午/신라 효공왕 14/발해 大諲譔 5/후백제 견훤 19/후고구려 궁예 聖冊 6/後梁 開平 4/日本 延喜 10)

발해 (梁太祖開平) 三年 三月 渤海王大諲譔 差其相大誠諤朝貢 進兒女口及物貂鼠皮熊皮等 (『冊府元龜』972 外臣部 17 朝貢 5)

신라 후백제 후고구려

甄萱躬率步騎三千 圍羅州城經旬不解 弓裔發水軍襲擊之 萱引軍而退 (『三國史記』12 新羅本紀 12)

신라 후백제 후고구려

開平四年 萱怒錦城投于弓裔 以步騎三千圍攻之 經旬不解 (『三國史記』50 列傳 10 甄萱)

신라 후백제 후고구려

甄萱怒錦城投弓裔 以步騎三千圍之 經旬不解 弓裔遣王建發水軍襲擊之 建至羅州浦口 萱親率戰艦來戰 建進軍急擊 大破之 萱以小舸遁歸 建欲留兵戍羅州 金言等自以功多無賞 頗觧體 建曰 今主上猜忍嗜殺 讒佞漫潤 人不自保 與其在內而受禍 孰與在外而圖全也 衆皆然之 軍次光州西南界潘南縣浦口 縱諜邏賊 時有壓海賊帥能昌葛草島小賊嘯聚屯 結欲邀建害之 建詗知之 使死士數十人 環甲持矛乘輕舫 夜至渡口 伺之 獲一小舸乃能昌也 擒送弓裔 裔斬之 (『三國史節要』14)

후고구려 후백제

及至羅州浦口 萱親率兵列戰艦 自木浦至德眞浦 首尾相銜 水陸縱橫 兵勢甚盛 諸將患之 太祖曰 勿憂也 師克在和 不在衆 乃進軍急擊 敵船稍却 乘風縱火 燒溺者大半 斬獲五百餘級 萱以小舸遁歸 初羅州管內諸郡 與我阻隔 賊兵遮絶 莫相應援 頗懷虞疑 至是 挫萱銳卒 衆心悉定 於是 三韓之地 裔有大半 太祖復修戰艦備糧餉 欲留戍羅州 金言等自以功多無賞 頗觧體 太祖曰 愼勿怠 唯勠力無貳心 庶可獲福 今主上恣虐 多殺不辜 讒諛得志 互相浸潤 是以 在內者 人不自保 莫如外事征伐 殫力勤王 以得全身之爲愈也 諸將然之 遂至光州西南界潘南縣浦口 縱諜賊境 時有壓海縣賊帥能昌起海島 善水戰 號曰水獺 嘯聚亡命 遂與葛草島小賊相結 候太祖至 欲邀害之 太祖

723) 『고려사』에 기록된 최언위의 나이를 통해 계산하여 909년으로 편년하였다.

謂諸將曰 能昌已知我至 必與島賊謀變 賊徒雖小 若幷力合勢 遏前絶後 勝負未可知也 使善水者十餘人 擐甲持矛 乘輕舫 夜至葛草渡口 擒往來計事者 以沮其謀 可也 諸將皆從之 果獲一小舸 乃能昌也 執送于裔 裔大喜 乃唾昌面曰 海賊皆推汝爲雄 今爲俘虜 豈非我神筭乎 乃示衆斬之 (『高麗史』1 世家 1 太祖 總序)

고려 莊和王后吳氏 羅州人 祖富伅 父多憐君 世家州之木浦 多憐君娶沙干連位女德交 生后 后嘗夢浦龍來入腹中 驚覺以語父母 共奇之 未幾 太祖以水軍將軍 出鎭羅州 泊舟木浦 望見川上 有五色雲氣 至則后浣布 太祖召幸之 以側微 不欲有娠 宣于寢席 后卽吸之 遂有娠生子 是爲惠宗 面有席紋 世謂之襵主 常以水灌寢席 又以大甁貯水 洗臂不厭 眞龍子也 年七歲 太祖知有繼統之德 恐母微不得嗣位 以故笥盛柘黃袍 賜后 后示大匡朴述熙 述熙揣知其意 請立爲正胤 后薨 謚莊和王后 (『高麗史』88 列傳 1 后妃 1)

고려 太祖見裔驕虐 復有志於閫外 適裔以羅州爲憂 遂令太祖往鎭之 進階爲韓粲海軍大將軍 推誠撫士 威惠竝行 敵境讐服 裔令閼粲宗希金言等爲副 修戰艦 攻拔光州珍島郡 皐夷島城 進次德眞浦 甄萱列戰艦 自木浦至德眞 首尾相銜 水陸縱橫 兵勢甚盛 諸將患之 太祖曰 師克在和 不在衆 乃進軍急擊 敵船稍却 乘風縱火 燒溺者太半 斬獲五百餘級 萱以小舸遁歸 先是 羅州管內諸郡與我阻隔 賊兵遮絶 莫相應援 頗懷虞疑 及是 衆心悉定 金言等自以功多無賞 頗解體 太祖曰 愼勿怠也 唯戮力無貳心 庶可獲福 今 主上多殺不辜 讒諛得志 在內者 人不自保 莫如外事征伐 殫力勤王之爲愈也 諸將然之 遂至潘南縣浦口 縱諜賊境 時 有壓海縣賊帥能昌 起海島 善水戰 號曰水獺 嘯聚亡命 與葛草島小賊相結 候太祖至 欲害之 太祖謂諸將曰 能昌已知我至 必與島賊同謀爲變 賊徒雖小 若幷力合勢 遏前絶後 勝負未可知也 使善水者十餘人擐甲持矛 乘輕舫 夜至葛草渡口 擒來往計事者 以沮其謀 可也 諸將皆從之 果獲一小舸 乃能昌也 執送于裔 斬之 (『高麗史節要』1 太祖神聖大王)

탐라 (開平)三年 使于兩浙 時淮路不通 乘馹者迂迴萬里 陸行則出荊·襄·潭·桂入嶺 自番禺泛海至閩中 達于杭·越 復命則備舟楫 出東海 至於登·萊 而揚州諸步多賊船[724] 過者不敢循岸 必高帆遠引海中 謂之入陽 以故多損敗 鄴在海逾年 漂至耽羅國 一行俱溺 後詔贈司徒[725] (『舊五代史』20 梁書 20 列傳 10 司馬鄴)

신라 創祖洪陟弟子 安峯創祖 片雲和尙浮圖 正開十年庚午歲建 (「實相寺 片雲和尙浮圖」)[726]

신라 고려 越一年 欻出巖扃 來儀玉輦 上忽披離日 情在下風 鑽仰之深 異於他等 蕭武之尊崇釋教 不可同年而語哉 中間蹔自歸山 重脩遺址 不久特令貴使 虔請入朝 於是難拒芝泥 再昇蘭殿 披雲之際 奉對龍顔曰 國富民安 不讓於骨庭之境 堯仁舜德 唯侔於華夏之朝 上對曰 三五之時 太平之運 寡人虛薄 何以當之 仍念故山 去京猶遠 捨菩提寺 請以住持 此際深感聖恩 往而停駕 其寺也 山川勝美 志有終焉 所以從善之徒 不呼而集 誨人不勧 譱誘孜孜 有人問大師 酌盡清流時如何 師答 盡後事作麼生 對曰 豈同淸流者 大師乃許知 (「菩提寺大鏡大師塔碑」)

724) 案 原本作諸走 考容齋隨筆云 步者 水旁之名 今改正(舊五代史考異)
725) 永樂大典卷一萬八千一百二十八
726) '正開'라는 연호는 없다. 다만 태봉의 연호로 '政開'가 있는데 연대가 맞지 않는다. 여기서는 실상사의 소재지가 전라북도 남원이라는 점을 고려하여 '正開'가 후백제의 연호였다고 추정하고 경오년에 해당하는 910년에 배치하였다.

911(辛未/신라 효공왕 15/발해 大諲譔 6/후백제 견훤 20/후고구려 궁예 水德萬歲 1/後梁 開平 5 乾化 1/日本 延喜 11)

신라　　春正月丙戌朔 日有食之 (『三國史記』12 新羅本紀 12)

신라　　春正月丙戌朔 日有食之 (『三國史節要』14)

신라　　王嬖於賤妾 不恤政事 大臣殷影諫 不從 影執其妾 殺之 (『三國史記』12 新羅本紀 12)

신라 후고구려 후백제

王嬖於賤妾 不恤政事 大臣殷影諫 不從 影執其妾 殺之

權近曰 爲大臣者 君有過則諫之 諫而不聽則去之 君雖悅色而不勸定 豈可殺其所悅以弭亂乎 孝恭嬖於寵妾 殷影諫不見從 而殺其妾 雖其心出於愛君 而其迹未免乎 脅君矣 盖當其時 羅運將衰 權奸用事 孝恭特寄生之君耳 明年而孝恭薨 二十二年而國祚移 自此以後所紀者 弓裔甄萱跋扈 僭竊之事耳 (『三國史節要』14)

신라 후고구려(태봉)

弓裔改國號泰封 年號水德萬歲 (『三國史記』12 新羅本紀 12)

신라 후고구려(태봉)

改国[727]號爲泰封 改元永德萬歲 (『三國史記』31 年表 下)

신라 후고구려(태봉)

弓裔改國號泰封 開元水德萬歲 (『三國史節要』14)

신라 후고구려

朱梁乾化元年辛未 改聖冊爲水德萬歲元年 改國號爲泰封 遣太祖率兵 伐錦城等 以錦城爲羅州 論功 以太祖爲大阿湌將軍 (『三國史記』50 列傳 10 弓裔)

신라 후고구려

弓裔論錦城功 以王建爲大阿湌 將軍 (『三國史節要』14)

신라 후고구려

善宗自稱彌勒佛 頭戴金幘 身被方袍 以長子爲靑光菩薩 季子爲神光菩薩 出則常騎白馬 以綵飾其鬃尾 使童男童女奉幡蓋香花前導 又命比丘二百餘人 梵唄隨後 又自述經二十餘卷 其言妖妄 皆不經之事 時或正坐講說 僧釋聰謂曰 皆邪說怪談 不可以訓 善宗聞之怒 鐵椎打殺之 (『三國史記』50 列傳 10 弓裔)

신라 후고구려

弓裔自稱彌勒佛 頭戴金幘 身被方袍 以長子爲靑光菩薩 季子爲神光菩薩 出則常騎白馬 以綵飾其鬃尾 使童男童女奉幡盖香花前道 又命比丘二百餘人 梵唄隨後 又自述經二十餘卷 其言妖妄 皆不經之事 時或正坐講說 僧釋聰謂曰 皆邪說怪談 不可以訓 弓裔聞之怒 鐵椎打殺之 (『三國史節要』14)

발해　　(乾化元年)秋八月戊辰 閱稼于檢林 渤海遣使者來 (『新五代史』2 梁本紀 2 太祖 下)

발해　　(梁太祖)乾化元年八月 渤海國遣使朝賀 且獻方物 (『冊府元龜』972 外臣部 17 朝貢 5)

신라　　迺於天祐八年 乘槎巨寝 達於羅州之會津 此際 大師 一自維舟 偏宜捨筏 珎重屛翳

727) 国은 國의 이체자이다.

邐迤東征 爰有金海府知軍府事蘇公律熙 選勝光山 仍修堂宇 傾誠願海 請住煙霞 (「廣照寺眞撤大師碑」)

912(壬申/신라 효공왕 16 神德王 1/발해 大諲譔 7/후백제 견훤 21/후고구려 궁예 水德萬歲 2/後梁 乾化 2/日本 延喜 12)

신라 第五十二孝恭王光化十五年壬申[實朱梁乹化二年也] 奉聖寺外門東西二十一間鵲巢 (『三國遺事』2 紀異 2 孝恭王)

신라 孝恭大王 特遣政法大德如奐 迥降綸言 遙祈法力 佐紫泥而 兼送薰鉢 憑專介而 俾披信心 其國主歸依 時人敬仰 皆此類也 豈惟肉身菩薩 遠蒙聖△△尊 青眼律師 頻感群賢之重而已哉 此寺 雖地連山脈 而門倚墻根 大師以水石探奇 煙霞選勝 遊西岫 梟唳舊墟 豈謂果宜大士之情 深愜神人△△ 所以 刱修茅舍 方止蓌輿 改號鳳林 重開禪宇 先是知金海府進禮城諸軍事 明義將軍 金仁匡 鯉庭稟訓 龍闕馳誠 歸仰禪門 助修寶所 大師心憐△△ 意有終焉 高演玄宗 廣揚佛道 寡人祓膺丕構 嗣統洪基 欲資安遠之風 期致禹湯之運 聞大師 時尊天下 獨步海隅 久栖北岳之陰 潛授東山之法 △△興輪寺 上座 釋彦琳 中事省 內養 金文式 卑辭厚禮 至切嘉招 大師謂衆云 雖在深山 屬於率土 況因付囑 難拒王臣 (「鳳林寺 眞鏡大師塔碑)

신라 후고구려 후백제

孝宗大王 趨向谷風 遐飛綸翰 願開慧眼 以祐國祚 于時羅運傾否 兵火頻起 弓裔亂紀 甄萱盜名 天命有歸 國朝新造 背△梗狼煙 往來辛苦於沙門 裨△終無於王 (「大安寺光慈大師塔碑」)[728]

신라 夏四月 王薨 諡曰孝恭 葬于師子寺北 (『三國史記』12 新羅本紀 12)

신라 夏四月 王薨 諡曰孝恭 葬于師子寺北 初王薨無嗣 國人推戴景暉 立之 景暉姓朴氏 父乂兼事定康爲大阿飡 五月 追尊考爲宣聖大王 母爲貞和大后 立子昇英爲王太子 (『三國史節要』14)

신라 孝恭王薨 神德王景暉卽位元年 (『三國史記』31 年表下)

신라 神德王立 姓朴氏 諱景暉 阿達羅王遠孫 父乂兼[一云銳謙] 事定康大王爲大阿飡 母貞和夫人 妃金氏 憲康大王之女 孝恭王薨 無子 爲國人推戴 卽位 (『三國史記』12 新羅本紀 12)

신라 第五十二孝恭王[金氏 名嶢 (…) 丁巳立 理十五年 火葬師子寺北 骨藏于仇知堤東山脇] (『三國遺事』1 王曆)

신라 第五十三神德王[朴氏 名景徽 本名秀宗 母眞花夫人 夫人之父順弘角干 追諡成虎大王 祖元角干乃何達王之遠孫 父文元伊干 追封興廉大王 祖文官海干 義父銳謙角干 追封宣成大王 妃資成王后 一云懿成又孝資 壬申立 理五年 火葬藏骨于箴峴南] (『三國遺事』1 王曆)

발해 (乾化二年五月甲申) 渤海遣使朝貢 (『舊五代史』7 梁書 7 太祖紀)

발해 乾化二年五月 又遣王子大光贊來朝 貢方物 太祖厚有錫賜 (『五代會要』30 渤海)

발해 (乾化)二年五月 渤海王大諲譔差王子大光贊景帝表 幷進方物 (『冊府元龜』972 外臣部 17 朝貢 5)

---

728) 이 기사의 정확한 시점을 알 수 없어 효공왕 훙년월 앞에 배치하였다.

발해 (乾化二年)五月丁亥 渤海遣使者來 (『新五代史』2 梁本紀 2 太祖 下)

발해 二年閏五月戊申 詔以分物銀器 賜渤海進貢首領以下 遣還其國 (『冊府元龜』976 外臣部 21 褒異 3)

신라 神德大王光統丕圖 寵徵赴闕 (「太子寺郎空大師碑」)

신라 神德大王光統丕圖 寵徵赴闕 (『全唐文』1000 崔仁滰 新羅國故兩朝國師教謚朗空大師白月棲雲之塔)

신라 元年五月 追尊考爲宣聖大王 母爲貞和太后 妃爲義成王后 立子昇英爲王太子 拜伊飡繼康爲上大等 (『三國史記』12 新羅本紀 12)

신라 以伊飡繼康爲上大等 (『三國史節要』14)

신라 후고구려 후백제

至九年八月中 前主永平北△△△△△△△△發舳艫 親駐車駕 此時 羅州歸命 屯軍於浦嶼之傍 武府逆鱗 動衆於郊畿之場 此時 倏 大王聞 大師近從吳越 新到秦韓 匿摩尼於海隅 藏美玉於天表 所以先飛丹詔 遽屈道竿 大師捧制奔波 趁風猛浪 親窺虎翼 暗縮龍頭 僧△△壽吳王 轉明之下△△ 無以加也 其後班師之際 特請同歸 信宿之間 臻于北岸 邃於△△△△拂△△ 供給之資 出於內庫 (「無爲寺先覺大師遍光塔碑」)

신라 師諱釋超俗姓安當 國中原府人也 父尼藻攝司馬積有家門深明禮樂不遷怒而弘其大不貳過而蘊其仁州里敢欺父老見讓厥 初母劉氏夢感七星之瑞 飛入口中 孕符十月之胎誕生 脇下門獲桑蓬之慶心傾乾象之徵以慰慈親逈由貴子 乾化二年後梁大祖壬申十月十五日生 師自離胎癈完異童蒙耳長至肩手垂過膝 洎四歲不臭五辛雖跧火宅之中遽拔塵籠之外 儀容漸異去住不同碧嶂寒春定知帶玉淸江照夜信是藏珠 及其稍認東西忽爾自陳心意俄白北堂曰適以戲至隣家聞彼上人誦妙莊嚴王品王許二子出家因從一念福及多生忍將羊鹿同 途又與馬牛竝轍家君旣允國王亦兪 (「智谷寺眞觀禪師碑」)

신라 후고구려 후백제

乾化二年 萱與弓裔戰于德津浦 (『三國史記』50 列傳 10 甄萱)

고려 惠宗 仁德明孝宣顯義恭大王 諱武 字承乾 太祖長子 母曰莊和王后吳氏 後梁乾化二年壬申生 太祖四年 立爲正胤 從討百濟 奮勇先登 功爲第一 二十六年 五月 丙午 太祖薨 奉遺命卽位 (『高麗史』2 世家 2 太祖 2)

신라 昨夜西風起 送君歸故鄕 積愁窮地角 見日上扶桑 蜃氣生初霽 潮痕匝亂荒 從玆頭各白 魂夢一相望 (『全唐詩』12函 3冊 貫休 送人歸新羅)[729]

신라 忘身求至敎 求得却東歸 離岸乘空去 終年無所依 月衝陰火出 帆拶大鵬飛 相得還鄕後 多應著紫衣 (『全唐詩』12函 3冊 貫休 送新羅僧歸本國)

신라 捧桂香和紫禁煙 遠鄕程徹巨鼇邊 莫言挂席飛連夜 見說無風卽數年 衣上日光眞是火 島旁魚骨大於船 到鄕必遇來王使 與作唐書寄一篇 (『全唐詩』12函 3冊 貫休 送新羅

729) 貫休의 생몰년은 832~912년이다. 따라서 912년에 편제하였다.

人及第歸)

신라　　扶桑枝西眞氣奇 古人呼爲師子兒 六環金錫輕擺撼 萬仞雪嶠空叅差 枕上已無鄕國夢 囊中猶挈石頭碑[南岳石頭大師劉珂郎中作碑文也] 多慙不便隨高步 正是風淸無事時 (『全唐詩』 12函 3冊 貫休 送新羅衲僧)

913(癸酉/신라 신덕왕 2/발해 大諲譔 8/후백제 견훤 22/후고구려 궁예 水德萬歲 3/後梁 乾化 3/日本 延喜 13)

신라　　夏四月 隕霜 地震 (『三國史記』 12 新羅本紀 12)

신라　　夏四月 隕霜 地震 (『三國史節要』 14)

신라　　明活典 景暉王二年置 大舍一人 看翁一人[730] (『三國史記』 39 雜志 2 職官 中)

신라　　置明活典 大舍一人 看翁一人 (『三國史節要』 14)

후고구려　　(乾化)三年癸酉 以太祖爲波珍湌侍中 (『三國史記』 50 列傳 10 弓裔)

후고구려　　弓裔以王建屢著邊功 累階爲波珍粲兼侍中以召之 水軍之務 盡委副將金言等 而征討之事 必令稟建行之 於是建位冠百僚 然非素志 且畏讒 不樂居位 每出入公門 平章國計 惟抑情謹愼 務得衆心 好賢嫉惡 每見人被讒輒悉解釋 有靑州人阿志泰本諂詐 見弓裔喜讒 乃譖同州人笠全辛方寬舒等 有司鞫之 數年未決 建立辨之 志泰以誣伏辜 衆情稱快 一時人心皆属建 建懼禍及 復求閫外 (『三國史節要』 14)

후고구려　　乾化三年癸酉 以太祖屢著邊功 累階爲波珍粲兼侍中 以召之 水軍之務 盡委副將金言等 而征討之事 必令稟太祖行之 於是 太祖位冠百僚 然非素志 且畏讒 不樂居位 每出入公門 平章國計 惟抑情謹愼 務得衆心 好賢嫉惡 每見人被讒 輒悉觧救 有靑州人阿志泰 本諂詐 見裔喜讒 乃譖同州人笠全·辛方·寬舒等 有司推之 數年未決 太祖立別眞僞 志泰伏辜 衆情稱快 由是 轅門將校 宗室勳賢 智計儒雅之輩 莫不風靡景從 太祖懼禍及 復求閫外 (『高麗史』 1世家 1 太祖 總序)

고려　　裔授太祖波珍粲侍中 以召之 於是 位冠百僚 抑情謹愼 每見人被讒 輒悉解救 朝臣將士洽然歸心 太祖懼禍及 復求外寄 裔亦謂 水軍帥輕 不足以威敵 乃解太祖侍中 使復領水軍 鎭羅州 百濟與海上草竊聞太祖復至 皆懾伏 莫敢動 太祖還 告舟楫之利應變之宜 裔喜謂左右曰 我諸將帥中誰可比擬乎 時 裔誣構叛罪 日殺百數 一日 急召太祖怒目熟視曰 卿昨夜聚衆謀叛 何耶 太祖笑對曰 烏有是哉 裔嘗自謂彌勒佛 乃曰 卿莫紿我 我能觀心 所以知也 我將入定以觀 乃合眼負手 仰天良久 時 掌奏崔凝在側 佯墜筆 下庭取之 因趨過太祖 微語曰 不伏則危 太祖乃悟曰 臣實謀叛 罪當死 裔大笑曰 卿可謂直也 卽以金銀粧鞍賜之 太祖嘗夢見九層金塔立海中 自登其上 是年三月有商客王昌瑾 自唐來寓市廛 忽於市中見一人 狀貌瑰偉 鬚髮皓白 頭戴古冠 披居士服 左手持埦 右手持古鏡 謂昌瑾曰 能買我鏡乎 昌瑾以米買之 懸於市壁 日光斜映隱隱有細字可讀 其略曰 三水中 四維下 上帝降子於辰馬 先操雞 後搏鴨 於巳年中二龍見 一則藏身靑木中 一則現形黑金東 或見盛 或視衰 盛衰爲滅惡塵滓 昌瑾初不知有文 及見之 謂非常 獻于裔 裔令昌瑾物色 求其人 不得 唯東州勃颯寺有鎭星古像如其狀 左右亦持埦鏡 昌瑾喜 具以狀白 裔歎異之 令文人宋含弘白卓許原等解之 含弘等曰 三水中 四維下 上帝降子於辰馬者 辰韓馬韓也 巳年中 二龍見 一則藏身靑木中 一則現形黑金東者 靑木松也 謂松嶽郡人 以龍爲名者之子孫 可以爲君主也 王侍中有王侯之相 豈謂是歟 黑金鐵也 今所都鐵圓之謂也 今主初盛於此 殆終滅於此乎

730) 景暉王은 이름이 경휘인 신덕왕으로 보아 이곳에 배치하였다.

先操雞 後搏鴨者 王侍中御國之後 先得雞林 後收鴨綠之意也 三人相謂曰 王猜忌嗜殺 若告以實 王侍中必遇害 吾輩亦且不免矣 乃詭辭告之 (『高麗史節要』1 太祖神聖大王)

914(甲戌/신라 신덕왕 3/발해 大諲譔 9/후백제 견훤 23/후고구려 궁예 政開 1/後梁 乾化 4/日本 延喜 14)

신라　　　春三月 隕霜 (『三國史記』12 新羅本紀 12)
신라　　　春三月 隕霜 (『三國史節要』14)

후고구려　　弓裔改水德萬歲爲政開元年 (『三國史記』12 新羅本紀 12)
후고구려　　(乾化)四年甲戌 改水德萬歲爲政開元年 (『三國史記』50 列傳 10 弓裔)
후고구려　　改元政開 (『三國史記』31 年表下)
후고구려　　弓裔改元政開 (『三國史節要』14)

후고구려　　大[731]祖爲百舡[732]將軍 (『三國史記』31 年表下)
후고구려　　(乾化四年甲戌) 以太祖爲百舡將軍 (『三國史記』50 列傳 10 弓裔)
후고구려 후백제

弓裔以王建爲百船將軍 領水軍鎭羅州 甄萱及海上諸賊皆懾伏 莫敢動 建還告弓裔以舟楫之利 應變之宜 弓裔喜謂左右曰 我諸將中誰可比擬王將軍者乎 (『三國史節要』14)

후고구려 후백제

(乾化)四年甲戌 裔又謂 水軍帥賤 不足以威敵 乃觧太祖侍中 使復領水軍 就貞州浦口理戰艦七十餘艘 載兵士二千人 往至羅州 百濟與海上草竊知太祖復至 皆懾伏莫敢動 太祖還告舟楫之利 應變之宜 裔喜謂左右曰 我諸將中 誰可比擬乎 時裔誣構叛罪 日殺百數 將相遇害者 十有八九 常自云 我得彌勒觀心法 能知婦人陰私 若有干我觀心者 便行峻法 遂鍛造三尺鐵杵 有欲殺者 輒熱之 以撞其陰 烟出口鼻死 由是 士女股慄 怨憤日甚 一日急召太祖入內 裔方檢點誅殺人 籍沒金銀寶器床帳之具 怒目熟視太祖曰 卿昨夜 聚衆謀叛 何耶 太祖顏色自若 輾然而笑曰 烏有是哉 裔曰 卿莫紿我 我能觀心 所以知也 我將入定以觀 了說其事 乃合眼負手 仰天良久 時掌奏崔凝在側 佯墜筆 下庭取之 因趨過太祖 微語曰 不服則危 太祖乃悟曰 臣實謀叛 罪當死 裔大笑曰 卿可謂直也 卽以金銀粧鞍轡賜之曰 卿勿復誑我 遂以步將康瑄詰·黑湘·金材瑗等副太祖 增治舟舸百餘艘 大船十數 各方十六步 上起樓櫓 可以馳馬 領軍三千餘人 載粮餉 往羅州 是歲 南方饑饉 草竊蜂起 戍卒皆食半菽 太祖盡心救恤 賴以全活 初太祖年三十 夢見九層金塔立海中 自登其上 (『高麗史』1 世家 1 太祖 總序)

후고구려　　甲戌 還鐵原 (『三國遺事』1 王曆)

신라　　　大師 迺聞信嚴大德 住庄義山寺 說雜華者 希作名公之弟子 願爲眞佛之法孫 特詣蓮扉 財執巾輿 乃旹讀以雜華經 一卷一日 誦無孑遺 嚴公器之 大喜曰 古師所謂 賢一日敵三十夫 後發前至 將非是歟 果驗拳拳服膺 師逸功倍 龍樹化人之說 卽得心傳 佛華論道之譚 何勞目語 雖然 妙覺猶有律儀 年十五 遂受具於庄義山寺 初律師夢 一神僧謂之曰 其有新受戒沙彌 名文者 唯此沙彌 非常之人 於其法 花嚴大器 何必勞身受

---

731) 정덕본에는 大로 되어 있으나, 주자본에는 太로 되어 있다.
732) 정덕본에는 舡으로 되어 있으나, 주자본에는 船으로 되어 있다.

戒 覺推之 迺大師名 是也 律師奇之 乃說前夢 因謂曰神人警誡其然 何須稟具 大師迺言曰 我心匪石 其退轉乎 願言佛陁孫 合受菩薩戒 戒香遂受 行葉彌芳 由是 聲九皐應千里 故乃太祖 聞大師緇林拔萃 覺樹慧柯 制曰 旣幼年之表異 號聖沙彌 宜今日之標奇 稱別和尙 是謂 逃名名我隨 避聲聲我追者也 (「普願寺法印國師寶乘塔碑」)

신라 大匡內議令判捴翰林兼兵部令臣王融奉 敎撰

我英主 善慶承家光 嗣宗社之七載也 歲在大荒落 不貴難得貨 多求君子儒 人無胡越之心 時有魯衛之政 三月登春臺 讌鹿鳴 四顧江山 一同水鏡 倏忽俄騰雲氣 赳起東南 旁詢從者 皆言 莫我知之 爰召太史 審卜吉凶 乃曰 去此千里之內 有非常之人 掩秘重泉 汨沒盛德 苟書貞石必福大邦 王乃馳詔追訪 是月 有功德使 告以彼方故眞觀禪師塔廟 于日 高放祥光 上衝層漢 披覽飛奏 感動皇情 尋時 命墨林臥錦之徒 僉其著述 歌雞足傳衣之者 顯我徽猷 時政匡翰林學士崔承老 則數朝紡絡絲綸之手也 對揚休命 夫黜幽陟明 計王者之旨 抽毫進牘 自才子之辭 苟若不當 亦由非用 豈獨緇黃之分仍全 遠大之名頓豁 王慈深形嘉奬旣能 擧爾所知 而乃必得其人 崔子拜而對曰 有閬川拂衣者王融 去載宣草鷰谷山玄覺禪師碑頌一斫 雖文學弗克 且心力罔怠 希言歷試必進聿修 上謂崔子曰 卿有蕭酇侯善薦之知 有嵇中散疎慵之患 酷勸揚善 味若佳肴乃召大匡內議令判捴翰林王融 於玉案前 語之曰 昨觀徵兆 尋悉端倪 黃金銷骨 非土木以能形 白玉毫光 豈峯巒之可掩 況彰靈感 宜播顯通 何必峴首山頭 獨高墮淚 曹娥江畔 久衒好辭 豈果兒不能援寶中 被女子如是爆天下 爾自佐先王 及輔冲人 典我契書 居吾左右 今何其雨露之恩 在予升降 誌彼象龍之行 自尒操持 俾相質而彬彬 庶披文而亹亹 如鏡當空 媸姸莫匿 直書其事 勿遜弗才 臣融兢惕俯伏 拜讓弗獲 凡銘鐘刊石 表天子之盟 歃血捧盤 旌諸侯之信 理符大筮 事豈凡庸 若非夢筆 焉敢代天 或聞千鈞所重 荷負非難 一字雖微 褒貶不易 上曰 博陵旣有犯顏 琅邪復何愧色 以至汗浹身首愁塞脁腸 一夜賦瀟湘 世推敏速 十年詩古鏡 人侮遲速之間 皆無分焉 泣稟王命率爾爲之 竊聞 法無所住 身豈有常 若皎月虧盈 不離圓明之體 而凡夫顚倒 自生分別之心 非聲而求 非色而見 二千年後 嗣我者誰 卽智谷眞觀禪師有是夫 師諱釋超 俗姓安 當國中原府人也 父尼藻 攝司馬 積有家門 深明禮樂 不遷怒而弘其大 不貳過而蘊其仁 州里敢欺 父老見讓 厥初 母劉氏 夢感七星之瑞 飛入口中 孕符十月之胎 誕生脇下 門獲桑蓬之慶 心傾乾象之徵 以慰慈親 逈由貴子 乾化二年 後梁大祖壬申十月十五日生 師自離胎瘯 完異童蒙 耳長至肩 手垂過膝 (「智谷寺眞觀禪師碑」)

신라 神骨峻爽 頗非凡倫 △△學 穎慧夙發 人敢莫先 每遊嬉寺塔 禮佛聞經 可驗宿因 乾化甲戌春 往牛頭山開禪寺 謁悟心長老 請歸佛 長老嘉愛 爲之薙染 時 年十六 (「葛陽寺惠居國師塔碑」)

915(乙亥/신라 신덕왕 4/발해 大諲譔 10/후백제 견훤 24/후고구려 궁예 政開 2/後梁 乾化 5 貞明 1/日本 延喜 15)

신라 至貞明元年春 大師遽携禪衆 來至帝鄕 依前命南山 實際寺安之 此寺則先是聖上 以黃閣潛龍 禪扃附鳳 尋付大師 永爲禪宇 此時奉迎 行所 重謁慈顔 爰開有待之心 再聽無爲之說 辭還之際 特結良因 爰有女弟子明瑤夫人 鼇島宗枝 鳩林冠族 仰止高山 尊崇佛理 以石南山寺 請爲收領 永以住持 (「太子寺郎空大師碑」)

신라 至貞明元年春 大師遽攜禪衆 來至帝鄕 依前命南山 實際寺安之 此寺則先是聖上 以黃閣潛龍 禪扃附鳳 尋付大師 永爲禪宇 此時奉迎行在 重謁慈顔 爰開有待之心 再聽無爲之說 辭還之際 特結良因 爰有女弟子明瑤夫人 鼇島宗枝 鳩林冠族 仰止高山 尊崇佛禮 以石南山寺 請爲收領 永以住持 (『全唐文』 1000 崔仁滾 新羅國故兩朝國師

敎諡朗空大師白月棲雲之塔)

신라　　又神德王卽位四年乙亥[右[733]本云 天祐十二年 當作貞明元年] 靈廟寺內行廊 鵲巢三十四 烏巢四十 (『三國遺事』2 紀異 2 孝恭王)

신라　　又(神德王卽位四年乙亥)三月 再降霜 (『三國遺事』2 紀異 2 孝恭王)
신라　　春三月 霜 (『三國史節要』14)

신라　　夏四月 槧浦水與東海水相擊 浪高二十丈許 三日而止 (『三國史記』12 新羅本紀 12)

신라　　(神德王卽位四年乙亥)六月 斬浦水與海水波相鬪三日 (『三國遺事』2 紀異 2 孝恭王)

신라　　(貞明元年) 秋七月 大師以甚愜雅懷 始謀栖止 此寺也 遠連西岳 高壓南溟 溪澗爭流 酷似金輿之谷 巖巒鬪峻 疑如紫盖之峰 誠招隱之幽据 亦栖禪之佳境者也 大師遍探靈巘 未有定居 初至此山 以爲終焉之所 (「太子寺郞空大師碑」)
신라　　(貞明元年)秋七月 大師以甚愜雅懷 始謀棲止 此寺也 遠連四岳 高壓南溟 溪澗爭流 酷似金與之谷 巖巒鬪峻 凝如紫蓋之峯 誠招隱之幽居 亦棲禪之佳境者也 大師遠探靈巘 未有定居 初至此山 以爲終焉之所 (『全唐文』1000 崔仁滾 新羅國故兩朝國師敎諡朗空大師白月棲雲之塔)

신라 후고구려
貞明元年 夫人康氏 以王多行非法 正色諫之 王惡之曰 汝與他人姦 何耶 康氏曰 安有此事 王曰 我以神通觀之 以烈火熱鐵杵 撞其陰殺之 及其兩兒 爾後 多疑急怒 諸寮佐將吏 下至平民 無辜受戮者 頻頻有之 斧壤鐵圓之人 不勝其毒焉 (『三國史記』50 列傳 10 弓裔)

신라 고려　　桃李無言 稻麻成列 一栖眞境 四換周星 大師雖心愛禪林 遁世無悶 而地連賊窟 圖身莫安 所以亂邦不居 於是乎 在十二季 途出沙火 得到邅岑 永同郡南 靈覺山北 尋謀駐足 乍此踟躕 緇素聞風 歸心者衆矣 今上聞 大師道高天下 聲盖海東 相對龍頤 頻飛鶴版 大師謂衆曰 居於率土者 敢拒綸音 儻逡朝天者 須霑顧問 付囑之故 吾將赴都 所以便逡皇華 來儀帝壤 上重光大業 仰止高山 所以脩葺泰興 請停慈盖 (「廣照寺眞撤大師碑」)

신라　　洎四歲 不臭五辛 雖跧火宅之中 遽拔塵籠之外 儀容漸異 去住不同 碧嶂寒春 定知帶玉 淸江照夜 信是藏珠 及其稍認東西 忽爾自陳心意 俄白北堂曰 適以戲至隣家 聞彼上人 誦妙莊嚴王品 王許二子出家 因從一念 福及多生 忍將羊鹿同 途又與馬牛竝轍 家君旣允 國王亦兪 (「智谷寺眞觀禪師碑」)

916(丙子/신라 신덕왕 5/발해 大諲譔 11/후백제 견훤 25/후고구려 궁예 政開 3/後梁 貞明 2/日本 延喜 15)

신라　　至明年春二月初 大師覺其不悆 稱染微痾 至十二日詰旦 告衆曰 生也有涯 吾將行矣 守而勿失 汝等勉旃 趺坐繩床 儼然就滅 報齡八十五 僧臘六十一 于時雲霧晦冥 山巒震動 有山下人 望山頂者 五色光氣衝於空中 中有一物上天 宛然金柱 豈止智順則天

733) 古의 誤자이다.

垂花盖 法成則空歛靈棺而已哉 於是門人等 傷割五情 若忘天屬 至十七日 敬奉色身假隷于西峯之麓 聖考大王 忽聆遷化 良惻仙襟 特遣中使 監護葬儀 仍令吊祭 (「太子寺郎空大師碑」)

신라 明年春二月初 大師覺其不悆 稱染微疴 至十二日詰旦 告衆曰 生也有涯 吾將行矣 守而勿失 汝等勉旃 趺坐繩床 儼然就滅 報齡八十五 僧臘六十一 於時雲霧晦冥 山巒震動 有山下人 望山頂者 五色光氣衝於空中 中有一物上天 宛然金柱 豈止智順則天垂花蓋 法成則空斂靈棺而已哉 於是門人等 傷割五情 若亡天屬 至十七日 敬奉色身 假隷於西峯之麓 聖考大王 忽聆遷化 良惻仙襟 特遣中使 監護葬儀 仍令弔祭 (『全唐文』1000 崔仁滾 新羅國故兩朝國師敎諡朗空大師白月棲雲之塔)

신라 고려 粵二明年二月中 特遣前侍中權說 太相朴守文 迎入舍郡內院 虔請住持 無何迫飭 藥宮 高敷蓮座 待以師資之禮 恭被鑽仰之儀 猶如西域摩騰 先陟漢皇之殿 康居僧會 始昇吳主之車 遂以摩尼發揮 龍顔欣悅 其於瞻仰 偏動宸襟 此時魚水增歡 不可同年而語哉 (「廣照寺眞撤大師碑」)

신라 후백제 秋八月 甄萱攻大耶城 不克 (『三國史記』 12 新羅本紀 12)
신라 후백제 秋八月 甄萱寇大耶城 不克 (『三國史節要』 14)

신라 冬十月 地震 聲如雷 (『三國史記』 12 新羅本紀 12)
신라 冬十月 地震 聲如雷 (『三國史節要』 14)

917(丁丑/신라 신덕왕 6 경명왕 1/발해 애왕 17/후백제 견훤 18/태봉 궁예 17 政開 4/後梁 貞明 3/日本 延喜 17)

신라 春正月 太白犯月 (『三國史記』 12 新羅本紀 12)
신라 春正月 太白犯月 (『三國史節要』 14)

신라 秋七月 王薨 諡曰神德 葬于竹城 (『三國史記』 12 新羅本紀 12)
신라 景明王立 諱昇英 神德王之太子 母義成王后 (『三國史記』 12 新羅本紀 12)
신라 秋七月 王薨 太子昇英立 上諡曰神德 葬于竹城 (『三國史節要』 14)
신라 第五十三神德王 (…) 理五年 火葬 藏骨于箴峴南 (『三國遺事』 1 王曆)[734]
신라 神德王薨 景明王昇英卽位元年 (『三國史記』 31 年表下)
신라 第五十四景明王 朴氏 名昇英 父神德 母貞成 妃長沙宅大尊角干 追封聖僖大王之子 大尊卽水宗伊干之子 丁丑立 (『三國遺事』 1 王曆)[735]

신라 八月 拜王弟伊飡魏膺爲上大等 大阿飡裕廉爲侍中 (『三國史記』 12 新羅本紀 12)
신라 八月 以弟伊飡魏膺爲上大等 大阿飡裕廉爲侍中 (『三國史節要』 14)

신라 至三年十一月中改葬於東巒之頂去寺三百來步全身不散神色如常門下等重覩慈顔不勝感慕仍施石戶封閉 (「太子寺郎空大師碑」)

후백제 大師方知禍急 网避危期△曰 △△△ △嬰呂僕之謀 仁者懷恩 寧厠商臣之惡 然而壹言不納 遷△以加捨命之時 世△△緣 俗年五十有四 僧臘三十有五 于時川池忽竭 日月

734) 이 기사에는 월 표기가 없으나 『三國史記』 新羅本紀에 의거하여 7월로 편년하였다.
735) 이 기사에는 월 표기가 없으나 『三國史記』 新羅本紀에 의거하여 7월로 편년하였다.

無光 道俗呑聲 人天變色 豈謂秦原△△ △△△即世之△ 漢室龍興 (「無爲寺先覺大師遍光塔碑」)[736]

신라 (乾化甲戌) 越三年 就金山」寺義靜律師戒壇 受具 於是 戒珠明朗 法器泓澄 雅厭匏繫」振衣遐擧 博訪知識 益究玄乘 (「葛陽寺惠居國師碑」)

918(戊寅/신라 경명왕 2/발해 애왕 18/후백제 견훤 19/태봉 궁예 18 政開 5 고려 태조 1 天授 1/後梁 貞明 4/日本 延喜 18)

신라 春二月 一吉湌玄昇叛 伏誅 (『三國史記』12 新羅本紀 12)

신라 春二月 一吉湌玄昇叛 伏誅 (『三國史節要』14)

발해 태봉 (神冊三年二月癸亥) 晉吳越渤海高麗回鶻阻卜党項及幽鎮定魏潞等州 各遣使來貢 (『遼史』1 本紀 1 太祖 上)

태봉 初太祖年三十夢 見九層金塔立海中 自登其上 貞明四年三月 唐商客王昌瑾 忽於市中見一人 狀貌瓌偉 鬚髮皓白 頭戴古冠 被居士服 左手持三隻椀 右手擎一面古鏡方一尺許 謂昌瑾曰 能買我鏡乎 昌瑾以二斗米買之 鏡主將米沿路散與乞兒而去 疾如旋風 昌瑾懸其鏡於市壁 日光斜映 隱隱有細字可讀 其文曰 三水中四維下 上帝降子於辰馬 先操雞後搏鴨 此謂運滿一三甲 暗登天明理地 遇子年中興大事 混蹤跡沌名姓 混沌誰知眞與聖 振法雷揮神電 於巳年中二龍見 一則藏身靑木中 一則現形黑金東 智者見愚者盲 興雲注雨與人征 或見盛或視衰 盛衰爲滅惡塵滓 此一龍子三四 遞代相承六甲子 此四維定滅丑 越海來降須待酉 此文若見於明王 國泰人安帝永昌 吾之記凡一百四十七字 昌瑾初不知有文 及見之 謂非常 獻于裔 裔令昌瑾物色求其人 彌月竟不能得 唯東州勃颯寺熾盛光如來像前 有塡星古像 如其狀 左右亦持椀鏡 昌瑾喜具以狀白 裔歎異之 令文人宋含弘白卓許原等解之 含弘等曰 三水中四維下 上宰降子於辰馬者 辰韓馬韓也 巳年中二龍見 一則藏身靑木中 一則現形黑金東者 靑木 松也 謂松嶽郡人以龍爲名者之子孫 可以爲君主也 王侍中有王侯之相 豈謂是歟 黑金 鐵也 今所都鐵圓之謂也 今主初盛於此 殆終滅於此乎 先操雞後搏鴨者 王侍中御國之後 先得雞林 後收鴨綠之意也 三人相謂曰 王猜忌嗜殺 若告以實 王侍中必遇害 吾輩亦且不免矣 乃詭辭告之 (『高麗史』1 世家 1 太祖 總序)

태봉 (夏六月丙辰) 太祖嘗夢 見九層金塔立海中 自登其上 是年三月 有商客王昌瑾 自唐來寓市廛 忽於市中見一人 狀貌瑰偉 鬚髮皓白 頭戴古冠 披居士服 左手持埦 右手持古鏡 謂昌瑾曰 能買我鏡乎 昌瑾以米買之 懸於市壁 日光斜映 隱隱有細字可讀 其略曰 三水中四維下 上帝降子於辰馬 先操雞後搏鴨 於巳年中二龍見 一則藏身靑木中 一則現形黑金東 或見盛或視衰 盛衰爲滅惡塵滓 昌瑾初不知有文 及見之 謂非常 獻于裔 裔令昌瑾物色求其人不得 唯東州勃颯寺 有鎭星古像 如其狀左右亦持埦鏡 昌瑾喜 具以狀白 裔歎異之 令文人宋含弘白卓許原等解之 含弘等曰 三水中四維下 上帝降子於辰馬者 辰韓馬韓也 巳年中二龍見 一則藏身靑木中 一則現形黑金東者 靑木 松也 謂松嶽郡人以龍爲名者之子孫 可以爲君主也 王侍中有王侯之相 豈謂是歟 黑金 鐵也 今所都鐵圓之謂也 今主初盛於此 殆終滅於此乎 先操雞後搏鴨者 王侍中御國之後 先得雞林 後收鴨綠之意也 三人相謂曰 王猜忌嗜殺 若告以實 王侍中必遇害 吾輩亦且不免矣 乃詭辭告之 (『高麗史節要』1 太祖神聖大王)

---

736) 이 기사에는 연대 표기가 없으나 대사가 咸通 5년(864)에 출생하여 54세로 죽었으므로 貞明 3년(917)에 해당한다.

태봉 先是 有商客王昌瑾 自唐來寓鐵圓市廛 至貞明四年戊寅 於市中見一人 狀貌魁偉 鬢髮盡白 着古衣冠 左手持瓷椀 右手持古鏡 謂昌瑾曰 能買我鏡乎 昌瑾卽以米換之 其人以光俵街巷乞兒而後 不知去處 昌瑾懸其鏡於壁上 日映鏡面 有細字書 讀之 若古詩 其略曰 上帝降子於辰馬 先操鷄後搏鴨 於巳年中二龍見 一則藏身青木中 一則顯形黑金東 昌瑾初不知有文 及見之 謂非常 遂告于王 王命有司 與昌瑾物色求其鏡主不見 唯於勃颯寺佛堂有鎭星塑像 如其人焉 王嘆異久之 命文人宋含弘白卓許原等解之 含弘等相謂曰 上帝降子於辰馬者 謂辰韓馬韓也 二龍見 一藏身青木 一顯形黑金者 青木 松也 松岳郡人以龍爲名者之孫 今波珍飡侍中之謂歟 黑金 鐵也 今所都鐵圓之謂也 今主上初興於此 終滅於此之驗也 先操鷄後搏鴨者 波珍飡侍中先得鷄林 後收鴨綠之意也 宋含弘等相謂曰 今主上虐亂如此 吾輩若以實言 不獨吾輩爲菹醢 波珍飡亦必遭害 迺飾辭告之 王凶虐自肆 臣寮震懼 不知所措 (『三國史記』 50 列傳 10 弓裔)[737]

태봉 初王建年三十夢 見九層金塔立海中 自登其上 至是 唐商客王昌瑾 忽於市中見一人 狀貌瓌偉 鬚髮皓白 頭戴古冠 被居士服 左手持三隻甆椀 右手擎一面古鏡方一尺許 謂昌瑾曰 能買我鏡乎 昌瑾以二斗米買之 鏡主將米沿路散與乞兒而去 疾如旋風 昌瑾懸其鏡於市壁 日光斜映 隱隱有細字可讀 其文曰 三水中四維下 上帝降子於辰馬 先操雞後搏鴨 此謂運滿一三甲 暗登天明理地 遇子年中興大事 混蹤跡沌名姓 混沌誰知眞與聖 振法雷揮神電 於巳年中二龍見 一則藏身青木中 一則現形黑金東 智者見愚者盲 興雲注雨與人征 或見盛或視衰 盛衰爲滅惡塵滓 此一龍子三四 遞代相承六甲子 此四維定滅丑 越海來降須待酉 此文若見於明王 國泰人安帝永昌 吾之記 凡一百四十七字 昌瑾初不知有文 及見之謂非常 獻于弓裔 弓裔令有司與昌瑾物色求其人 彌月竟不能得 唯東州勃颯寺熾盛光如來像前 有鎭星塑像 如其狀 左右亦持椀鏡 昌瑾喜 具以狀白 弓裔歎異之 令文人宋含弘白卓許原等解之 含弘等曰 三水中四維下 上宰降子於辰馬者 辰韓馬韓也 巳年中二龍見 一則藏身青木中 一則現形黑金東 青木 松也 謂松嶽郡人以龍爲名者之子孫 可以爲君主也 王侍中有王侯之相 豈謂是歟 黑金 鐵也 今所都鐵圓之謂也 今主初盛於此 殆終滅於此乎 先操雞後搏鴨者 王侍中御國之後 先得雞林 後收鴨綠之意也 三人相謂曰 王猜忌嗜殺 若告以實 不獨吾輩爲菹醢 王侍中必遇害 乃詭辭告之 王凶虐自肆 臣寮震懼 不知所措 (『三國史節要』 14)[738]

태봉 至六月乙卯 騎將洪儒裴玄慶申崇謙卜智謙等密謀 夜詣太祖第 共言推戴之意 太祖固拒不許 夫人柳氏手提甲領被太祖 諸將扶擁而出 令人馳且呼曰 王公已擧義旗矣 於是奔走來赴者 不可勝記 先至宮門鼓譟以待者 亦萬餘人 裔聞之驚駭曰 王公得之 吾事已矣 乃不知所圖 以微服出自北門亡去 內人淸宮以迎 裔遁于巖谷 信宿飢甚 偸截麥穗而食 尋爲斧壤民所害 (『高麗史』 1 世家 1 太祖 總序)[739]

태봉 六月乙卯 騎將洪儒裴玄慶申崇謙卜智謙等密謀 夜詣太祖第 將言推戴之意 不欲令夫人柳氏知之 謂柳氏曰 園中豈有新瓜乎 可摘來 柳氏知其意 出從北戶 潛入帳中 於是諸將曰 今王 政僭刑濫 殺妻戮子 誅夷臣僚 民墜塗炭 疾之如讎 桀紂之惡 無以加也 廢昏立明 天下之大義 請公行殷周之事 太祖作色 拒之曰 吾以忠義自許 王雖暴亂 安敢有二心 以臣伐君 斯謂革命 予實不德 敢效湯武之事乎 恐後世將以爲口實 古人云 一日爲君 終身爲主 況延陵季子曰 有國 非吾節也 乃去而耕焉 吾豈過季子之節乎 諸將曰 時難遭而易失 天與不取 反受其咎 國中民庶受毒痛者 日夜思欲復之 且權位重者 皆遭殺戮 今之德望 未有居公之右者 衆情所以望於公也 公若不從 吾等死無日也

737) 이 기사에는 월 표기가 없으나 『高麗史』 太祖世家 등에 의거하여 3월로 편년하였다.
738) 이 기사에는 월 표기가 없으나, 『高麗史』 太祖世家 등에 의거하여 3월로 편년하였다.
739) 『資治通鑑』에는 龍德 2년(922)으로 되어 있다.

況王昌瑾鏡文如彼 豈可違天 死於獨夫之手乎 柳氏出 謂太祖曰 擧義代虐 自古而然 今聞諸將之議 妾猶憤發 況大丈夫乎 手提甲領以被之 諸將扶擁而出 黎明 坐於積穀之上 行君臣之禮 令人馳且呼曰 王公已擧義旗矣 國人奔走來赴者 不可勝記 先至宮門 鼓譟以待者 亦萬餘人 裔聞之 不知所圖 微服出北門 遁于巖谷 尋爲斧壤民所害 (『高麗史節要』1 太祖神聖大王)

태봉 夏六月乙卯 弓裔將軍弘述[一作共術]白玉三能山卜沙貴[一作砂瑰]四人密謀推戴王建 夜詣建第 不欲令妻柳氏知之 謂曰 園中豈有新瓜乎 可摘來 柳氏知其意 出從北戶 潛入帳中 諸將遂言曰 自三韓分裂 群盜競起 今王奮臂大呼 遂夷滅草寇 三分遼左 據有太半 立國定都 將二紀餘 今不克終 縱虐太甚 淫刑以逞 殺妻戮子 誅夷臣僚 民墜塗炭 疾之如讎 桀紂之惡 無以加也 廢昏立明 天下之大義 請公行殷周之事 建作色拒之曰 吾以忠義自許 王雖暴亂 安敢有二心 以臣伐君 斯謂革命 予實不德 敢效湯武之事乎 恐後世以爲口實 古人云 一日爲君 終身爲主 況延陵季子曰 有國非吾節也 乃去而耕焉 吾豈過季子之節乎 諸將曰 時難遭而易失 天與不取 反受其咎 國中民庶受毒痡者 日夜思欲復之 且權位重者 並遭虐殺 略無所遺 今之德望 未有居公右者 衆情所以望於公也 公若不從 吾等死無日矣 況王昌瑾鏡文如彼 豈可違天 死於獨夫之手乎 建拒之甚堅 柳氏遽從帳中出 謂建曰 擧義代虐 自古而然 今聞諸將議 妾猶奮發 況大丈夫乎 今群心忽變 天意有歸矣 手提甲領以被之 諸將扶擁而出 黎明 坐於積穀之上 行君臣之禮 令人馳且呼曰 王公已擧義旗矣 於是奔走來赴者 不可勝記 先至宮門鼓譟以待者 亦萬餘人 弓裔聞之 驚駭曰 王公得之 吾事已矣 乃不知所圖 以微服出自北門亡去 內人淸宮以迎 弓裔遁于巖谷 信宿飢甚 偸截麥穗而食 尋爲斧壤民所害 弘述 義城人 後改名洪儒 白玉 三慶州人 膽力過人 後改名裵玄慶 能山 光海州人 長大有武勇 後改名崇謙 沙貴 後改名智謙 (『三國史節要』14)

신라 태봉 고려

夏六月 弓裔摩下人心忽變 推戴太祖 弓裔出奔 爲下所殺[740] 太祖卽位 稱元 (『三國史記』12 新羅本紀 12)[741]

신라 태봉 고려

弓裔麾下人心忽變 推戴大[742]祖爲王 弓裔爲下所殺 大祖卽位稱元 (『三國史記』 31 年表下)

태봉 夏六月 將軍弘述白玉三能山卜沙貴[此洪儒裴玄慶申崇謙卜知謙之少名也]四人密謀 夜詣太祖私第 言曰 今主上淫刑以逞 殺妻戮子 誅夷臣寮 蒼生塗炭 不自聊生 自古廢昏立明 天下之大義也 請公行湯武之事 太祖作色拒之曰 吾以忠純自許 今雖暴辭[亂] 不敢有二心 夫以臣替君 斯謂革命 予實否德 敢効殷周之事乎 諸將曰 時乎不再來 難遭而易失 天與不取 反受其咎 今政亂國危 民皆疾視其上如仇讎 今之德望 未有居公之右者 況王昌瑾所得鏡文如彼 豈可雌伏 取死獨夫之手乎 夫人柳氏聞諸將之議 迺謂太祖曰 以仁伐不仁 自古而然 今聞衆議 妾猶發憤 況大丈夫乎 今羣心忽變 天命有歸矣 手提甲領進太祖 諸將扶衛 太祖出門 令前唱曰 王公已擧義旗 於是 前後奔走來隨者 不知其幾人 又有先至宮城門 鼓噪以待者 亦一萬餘人 王聞之 不知所圖 迺微服逃入山林 尋爲斧壤民所害 弓裔起自唐大順二年 至朱梁貞明四年 凡二十八年而滅 (『三國史記』50 列傳 10 弓裔)[743]

태봉 太祖神惠王后柳氏 (…) 弓裔末 洪儒裵玄慶申崇謙卜智謙 詣太祖第 將議廢立 不欲令后知之 謂后曰 園中豈有新瓜乎 可摘來 后知其意 出從北戶 潛入帳中 於是 諸將遂

---

740) 이 뒷부분은 『高麗史』 太祖世家 등에 6월15일(丙辰)로 되어 있다.
741) 이 기사에는 일자 표기가 없으나 『高麗史』 太祖世家 등에 의거하여 6월14일(乙卯)로 편년하였다.
742) 정덕본에는 大로 되어 있으나, 주자본에는 太로 되어 있다.
743) 이 기사에는 일자 표기가 없으나, 『高麗史』 太祖世家 등에 의거하여 6월14일(乙卯)로 편년하였다.

言推戴之意 太祖作色 拒之甚堅 后遽從帳中出 謂太祖曰 擧義代虐 自古而然 今聞諸將議 妾猶奮發 况大丈夫乎 手提甲領以被之 諸將扶擁而出 遂卽位 (『高麗史』88 列傳 1 后妃 1)[744]

태봉 弓裔末年 與裴玄慶申崇謙卜智謙 同爲騎將 密謀 夜詣太祖第 言曰 自三韓分裂 群盜競起 今王奮臂大呼 遂夷滅草寇 三分遼左 據有大半 立國定都 將二紀餘 今不克終 縱虐太甚 淫[淫]刑以逞 殺妻戮子 誅夷臣僚 民墜塗炭 疾之如讎 桀紂之惡 無以加也 廢昏立明 天下之大義 請公行殷周之事 太祖作色拒之曰 吾以忠義自許 王雖暴亂 安敢有二心 以臣伐君 斯謂革命 予實不德 敢效湯武之事乎 恐後世以爲口實 古人云 一日爲君 終身爲主 况延陵季子曰 有國非吾節也 乃去而耕焉 吾豈過季子之節乎 儒等曰 時難遭而易失 天與不取 反受其咎 國中民庶受毒痛者 日夜思欲復之 且權位重者並遭虐殺 略無所遺 今之德望 未有居公右者 衆情所以望於公也 公若不從 吾等死無日矣 况王昌瑾鏡文如彼 豈可違天 死於獨夫之手乎 於是 諸將扶擁而出 黎明 坐於積穀之上 行君臣之禮 令人馳且呼曰 王公已擧義旗矣 裔聞之 驚駭亡去 ~~太祖卽位~~ (『高麗史』92 列傳 5 諸臣 洪儒)[745]

고려 夏六月丙辰 卽位于布政殿 國號高麗 改元天授 (『高麗史』1 世家 1 太祖 1)[746]

고려 夏六月丙辰 太祖卽位于布政殿 國號高麗 改元天授 (『高麗史節要』1 太祖神聖大王)

고려 夏六月丙辰 王建立 國號高麗 紀元天授 (『三國史節要』14)

고려 태봉 太祖 戊寅六月 裔死[747] 太祖卽位于鐵原京 (『三國遺事』1 王曆)[748]

후백제 태봉 고려

貞明四年戊寅 鐵圓京衆心忽變[749] 推戴我太祖卽位 萱聞之 (『三國史記』50 列傳 10 甄萱)[750]

후백제 태봉 고려

貞明四年戊寅 鐵原京衆心忽變[751] 推戴我太祖卽位 萱聞之 (『三國遺事』2 紀異 2 後百濟甄萱)[752]

고려 建字若夫 松嶽郡人 大順景福間 新羅政衰 弓裔據高句麗之地 國號泰封 建事裔爲侍中 梁貞明四年 逐裔自立 後唐長興中冊爲大義軍使特進檢校太保使持節元[玄]菟州都督上柱國高麗王 晉天福六年 加授開府儀同三司檢校太師 開運二年卒 (『全唐文』1000 高麗王王建)

고려 (夏六月)丁巳 詔曰 前主當四郡土崩之時 剷除寇賊 漸拓封疆 未及兼幷海內 俄以酷暴御衆 以姦回爲至道 以威侮爲要術 徭煩賦重 人耗土虛 而猶宮室宏壯 不遵制度 勞役不止 怨讟遂興 於是 竊號稱尊 殺妻戮子 天地不容 神人共怨 荒墜厥緖 可不戒乎 朕資群公推戴之心 登九五統臨之極 移風易俗 咸與惟新 宜遵改轍之規 深鑑伐柯之則 君臣諧魚水之歡 河海協晏淸之慶 內外群庶 宜悉朕懷 群臣拜謝曰 臣等值前主之世

744) 이 기사에는 연대 표기가 없으나, 『高麗史』 太祖世家 등에 의거하여 弓裔18년(918) 6월14일(乙卯)로 편년하였다.
745) 이 기사에는 연대 표기가 없으나, 『高麗史』 太祖世家 등에 의거하여 弓裔18년(918) 6월14일(乙卯)로 편년하였다.
746) 『資治通鑑』에는 龍德 2년(922)으로 되어 있다.
747) 이 앞부분은 『高麗史』 太祖世家 등에 6월14일(乙卯)로 되어 있다.
748) 이 기사에는 일자 표기가 없으나, 『高麗史』 太祖世家 등에 의거하여 6월15일(丙辰)로 편년하였다.
749) 이 앞부분은 『高麗史』 太祖世家 등에 6월14일(乙卯)로 되어 있다.
750) 이 기사에는 월일 표기가 없으나, 『高麗史』 太祖世家 등에 의거하여 6월15일(丙辰)로 편년하였다.
751) 이 앞부분은 『高麗史』 太祖世家 등에 6월14일(乙卯)로 되어 있다.
752) 이 기사에는 월일 표기가 없으나, 『高麗史』 太祖世家 등에 의거하여 6월15일(丙辰)로 편년하였다.

毒害良善 淫虐無辜 老稚嗷嗷 莫不含寃 幸今得保首領 遭遇聖明 敢不竭力 以圖報效 (『高麗史』 1 世家 1 太祖 1)

고려 (夏六月)丁巳 詔曰 泰封主當四郡土崩之時 剷除賊寇 漸拓封疆 未至兼幷 惟以酷暴御衆 以姦回爲至道 以威侮爲要術 徭煩賦重 人耗土虛 而宮室過制 勞役不止 怨讟遂興 於是 竊號稱尊 殺妻戮子 天地不容 神人共怨 荒墜厥緒 可不誡乎 朕謬膺推戴 叨處崇高 庶幾戒覆車之轍 取伐柯之則 與民更始 移風易俗 君臣諧魚水之歡 河海協晏淸之慶 內外群庶 宜悉朕懷 群臣拜謝曰 臣等値泰封之世 毒害良善 淫虐無辜 老稚嗷嗷 莫不含冤 幸今遭遇聖明 得保首領 敢不竭力 以圖報效 (『高麗史節要』 1 太祖神聖大王)

고려 天授元年六月丁巳詔曰 前主當四郡土崩之時 剷制寇賊 漸拓封疆 未及兼幷海內 俄以酷暴御衆 以姦回爲至道 以威侮爲要術 徭煩賦重 人耗土虛 而猶宮室宏壯 不遵制度 勞役不止 怨讟滋興 於是竊號稱尊 殺妻戮子 天地不容 神人共怨 荒墜厥緒 可不戒乎 朕資羣公推戴之心 登九五統臨之極 移風易俗 咸與惟新 宜遵改轍之規 深鑑伐柯之則 君臣諧魚水之歡 河海協宴淸之慶 內外羣庶 宜悉朕懷 (『全唐文』 1000 高麗王王建詔諭八首)

고려 (夏六月)戊午 王謂韓粲聰逸曰 前主信讒好殺 以卿貫鄕青州 土地沃饒 人多豪傑 恐其爲變 將欲殲之 乃召軍人尹全愛堅等八十餘人 俱以非辜 械繫在途 卿其亟往 放還田里 (『高麗史』 1 世家 1 太祖 1)

고려 (夏六月) 王謂青州人韓粲聰逸曰 泰封主以青州沃饒 人多豪傑 恐其爲變 將欲殲之 乃召軍人尹全愛堅等八十餘人 俱以非辜 械繫在途 卿其亟往 放還田里 (『高麗史節要』 1 太祖神聖大王)[753]

고려 (夏六月)庚申 馬軍將軍桓宣吉 謀逆伏誅 (『高麗史』 1 世家 1 太祖 1)

고려 (夏六月) 馬軍將軍桓宣吉 伏誅 初 宣吉與其弟香寔 俱有翊戴之功 王委以腹心 常令率精銳以宿衛 其妻謂曰 子才力過人 士卒服從 又有大功 而政柄在人 可不懊乎 宣吉心然之 遂陰結兵士 伺隙爲變 卜智謙知之 密告 王以跡未形 不納 一日 王坐殿上 與學士數人 議國政 宣吉與其黨五十餘人 持兵突入內庭 直欲犯之 王策杖而立 厲聲叱之曰 朕雖以汝輩之力至此 豈非天乎 天命已定 汝敢爾耶 宣吉見王辭色自若 疑有伏甲 與衆走出 衛士追殺之 香寔後至 知事敗亦亡 追兵殺之 (『高麗史節要』 1 太祖神聖大王)[754]

고려 西班 太祖初 有馬軍將軍大將軍 是武職也 (『高麗史』 77 志 31 百官 2)[755]

고려 智謙 初名砂瑰 桓宣吉林春吉之謀反也 智謙皆密告 誅之 卒諡武恭 成宗十三年 四人皆贈太師 配享太祖廟庭 (『高麗史』 92 列傳 5 諸臣 卜智謙)[756]

고려 桓宣吉 與其弟香寔 俱事太祖 有翊戴功 太祖拜宣吉馬軍將軍 委以腹心 常令率精銳宿衛 其妻謂曰 子才力過人 士卒服從 又有大功 而政柄在人 可不懊乎 宣吉心然之 遂陰結兵士 欲伺隙爲變 馬軍將卜智謙知之 密告 太祖以跡未形 不納 一日 太祖坐殿與學士數人 商略國政 宣吉與其徒五十餘人 持兵自東廂突入內庭 直欲犯之 太祖策杖立 厲聲叱之曰 朕雖以汝輩之力至此 豈非天乎 天命已定 汝敢爾耶 宣吉見太祖辭色自若 疑有伏甲 與衆走出 衛士追及毬庭 盡擒殺之 香寔後至 知事敗亦亡 追兵殺之 (『

753) 이 기사에는 일자 표기가 없으나, 『高麗史』 太祖世家에 의거하여 6월17일(戊午)로 편년하였다.

754) 이 기사에는 일자 표기가 없으나, 『高麗史』 太祖世家에 의거하여 6월19일(庚申)로 편년하였다.

755) 이 기사에는 연대 표기가 없으나, 『高麗史』 太祖世家에 의거하여 太祖元年(918) 6월19일(庚申)로 편년하였다.

756) 이 기사에는 연대 표기가 없으나, 『高麗史』 太祖世家에 의거하여 太祖元年(918) 6월19일(庚申)로 편년하였다.

高麗史』127 列傳 40 叛逆 1 桓宣吉)[757]

고려 태봉 (夏六月) 以騎卒泰評爲徇軍郎中 評博涉書史 明習吏事 初爲鹽州賊帥柳矜順記室 裔破矜順 評乃降 裔怒其久不服 令屬卒伍 遂從太祖 開國之際 與有力焉 (『高麗史節要』1 太祖神聖大王)

고려 태봉 塩州人 博涉書史 明習吏事 初爲其州賊帥柳矜順記室 弓裔破矜順 評乃降 裔怒其久不服 令屬卒伍 遂從太祖 開國之際 與有力焉 擢授徇軍郎中 (『高麗史』92 列傳 5 諸臣 泰評)[758]

고려 (夏六月)辛酉 詔曰 設官分職 任能之道斯存 利俗安民 選賢之務是急 誠無官曠 何有政荒 朕叨膺景命 顯馭丕圖 顧臨莅以難安 念庸虛之可懼 唯慮知人不明 審官多失 俾起遺賢之歎 深乖得士之宜 寢興載懷 職此而已 內外庶僚 並稱其職 則匪獨今時之致理 足貽後代之可稱 宜其登庸列辟 歷試群公 勉務精選 咸使僉諧 自中及外 具悉朕懷 遂以韓粲金行濤爲廣評侍中 韓粲黔剛爲內奉令 韓粲林明弼爲徇軍部令 波珍粲林曦爲兵部令 蘇判陳原爲倉部令 韓粲閻萇爲義刑臺令 韓粲歸評爲都航司令 韓粲孫逈爲物藏省令 蘇判秦勁爲內泉部令 波珍粲秦靖爲珍閣省令 是皆稟性端方 處事平允 咸從創業之始 俱罄佐命之勳者也 閼粲林積璵爲廣評侍郎 前守徇軍部卿能駿倉部卿權寔 並爲內奉卿 閼粲金堙英俊並爲兵部卿 閼粲崔汶堅術並爲倉部卿 一吉粲朴仁遠金言規並爲白書省卿 林湘煖爲都航司卿 姚仁暉杏南[香南]並爲物藏卿 能惠曦弼並爲內軍卿 是皆夙達事務 淸謹可稱 奉公無怠 敏於決斷 允愜衆心者也 前廣評郎中康允珩爲內奉監 前徇軍部郎中韓粲申一林寔並爲廣評郎中 前廣評史國鉉爲員外郎 前廣評史倪言爲內奉理決 內奉史曲矜會爲評察 前內奉史劉吉權爲徇軍郎中 其餘司省 各置郎史 用備員數 一無所缺 盖開國之初 妙簡賢材以諧庶務也 (『高麗史』1 世家 1 太祖 1)

고려 (夏六月) 詔曰 設官分職 爲國所先 化俗安民 用賢爲急 誠無官曠 何有政荒 朕知人不明 審官多失 寢興疚懷 職此而已 內外庶僚 各稱其職 今時致理 後世稱休 宜其登庸列辟 歷試群公 用懋精選 咸使僉諧 自中及外 具悉朕懷 遂以金行濤爲廣評侍中 黔剛爲內奉令 林明弼爲徇軍部令 林曦爲兵部令 陳原爲倉部令 閻萇爲義刑臺令 歸評爲都航司令 孫逈爲物藏省令 秦勁爲內泉部令 秦靖爲珍閣省令 是皆稟性端方 處事平允 創業之始 推戴有功者也 林積璵爲廣評侍郎 能駿權寔 竝爲內奉卿 金堙英俊 竝爲兵部卿 崔汶堅術 竝爲倉部卿 朴仁遠金言規 竝爲白書省卿 林湘煖爲都航司卿 姚仁暉香南 竝爲物藏卿 能惠曦弼 竝爲內軍卿 是皆夙達事務 奉公無怠 敏於決斷 允愜衆心者也 康允珩爲內奉監 申一林寔 竝爲廣評郎中 國鉉爲員外郎 倪言爲內奉理決 曲矜會爲評察 劉吉權爲徇軍郎中 其餘司省 各置郎史 蓋開國之初 妙簡賢材以諧庶務也 (『高麗史節要』1 太祖神聖大王)[759]

고려 (天授元年六月) 辛酉詔曰 設官分職 任能之道斯存 利俗安民 選賢之務是急 誠無官曠 何有政荒 朕叨膺景命 顯馭丕圖 顧臨涖以難安 念庸虛之可懼 惟慮知人不明 審官多失 俾起遺賢之歎 深乖得士之宜 寢興載懷 職此而已 內外庶僚 並稱其職 則匪獨今時之致理 足貽後代之可稱 宜其登庸列辟 歷試羣公 勉務精選 咸使僉諧 自中及外 具悉朕懷 (『全唐文』1000 高麗王王建 詔諭八首)

고려 신라 태봉

高麗太祖開國之初 叅用新羅泰封之制 設官分職 以諧庶務 然其官號 或雜方言 盖草

757) 이 기사에는 연대 표기가 없으나, 『高麗史』太祖世家에 의거하여 太祖元年(918) 6월19일(庚申)로 편년하였다.

758) 이 기사에는 연대 표기가 없으나, 『高麗史節要』에 의거하여 太祖元年(918) 6월로 편년하였다.

759) 이 기사에는 일자 표기가 없으나, 『高麗史』太祖世家에 의거하여 6월20일(辛酉)로 편년하였다.

創未暇革也 (…)
尙書省 太祖仍泰封之制 置廣評省 摠領百官 有侍中侍郎郎中員外郎 太祖時 又有內奉省[三國史云 內奉省 卽今都省 沿革與此不同] (…)
兵曹 (…) 太祖元年 置兵部令卿郎中 後稱兵官 有御事侍郎郎中員外郎 其屬有庫曹[太祖元年 有徇軍部令郎中 (…) 其職掌未詳 疑皆是掌兵之官 後並廢之] (…)
刑曹 (…) 太祖仍泰封之制 置義刑臺 後改刑官 有御事侍郎郎中員外郎 (…)
藝文館 (…) 太祖仍泰封之制 置元鳳省 後改學士院 有翰林學士 (…)
衛尉寺 (…) 太祖元年 置內軍卿 (…)
少府寺 (…) 太祖仍泰封之制 置物藏省 有令卿 (『高麗史』76 志 30 百官 1)[760]

고려 及太祖卽位 仍舊職知元鳳省事 俄拜廣評郎中 凝有公輔器 曉達吏事 甚獲時譽 遇知太祖 夙夜勤恪 多所獻替 太祖每嘉納之 嘗謂曰 卿學富才高 兼識治體 憂國奉公 匪躬蹇蹇 古之名臣 無以過也 遷內奉卿 未幾轉廣評侍郎 凝辭曰 臣之同僚尹逢 長於臣十年 請先授之 太祖曰 能以禮讓 爲國乎何有 昔聞其語 今見其人 遂以逢爲廣評侍郎 (『高麗史』92 列傳 5 諸臣 崔凝)[761]

고려 (夏六月)壬戌 以韓粲朴質榮爲侍中 (『高麗史』1 世家 1 太祖 1)
고려 (夏六月) 以朴質榮爲侍中 (『高麗史節要』1 太祖神聖大王)[762]

고려 (夏六月壬戌) 以蘇判宗侃少爲僧 務行姦詐 內軍將軍狖鈇 幼爲髡鉗 巧言取容 皆得幸弓裔 好行浸潤 多陷良善 誅之 (『高麗史』1 世家 1 太祖 1)
고려 (夏六月) 蘇判宗侃內軍將軍狖鈇伏誅 侃與鈇 俱以姦佞得幸弓裔 譖害良善 王卽位 首誅之 (『高麗史節要』1 太祖神聖大王)[763]

고려 (夏六月)癸亥 隱士朴儒來見 賜冠帶 (『高麗史』1 世家 1 太祖 1)
고려 태봉 (夏六月) 隱士朴儒來見 王以禮待之 謂曰 致理之道 惟在求賢 今卿之來 如得傳巖渭濱之士 因賜冠帶 令管機要 賜姓王 儒性質直 通經史 初仕弓裔 爲員外 遷至東宮記室 見裔政亂 遂出家 隱於山谷 聞王卽位 乃來 (『高麗史節要』1 太祖神聖大王)[764]
고려 태봉 王儒 本姓名朴儒 字文行 光海州人 性質直 通經史 初仕弓裔 爲員外 遷至東宮記室 見裔政亂 乃出家 隱於山谷閒 聞太祖卽位 來見 太祖以禮待之 謂曰 致理之道 惟在求賢 今卿之來 如得傳巖渭濱之士 仍賜冠帶 令管機要 有功 遂賜姓王 (『高麗史』92 列傳 5 諸臣 王儒)[765]

고려 (夏六月)乙丑 詔曰 爲國當務節儉 民富倉實 雖有水旱饑饉 不能爲患 所有內莊及東宮食邑 積穀歲久 必多朽損 其以內奉郎中能梵爲審穀使 (『高麗史』1 世家 1 太祖 1)
고려 (夏六月) 詔曰 爲國當務節儉 民富倉實 雖有水旱飢饉之災 可無患也 所有內莊及東宮食邑 積穀 多致朽損 其以內奉郎中能梵爲審穀使 (『高麗史節要』1 太祖神聖大王)[766]
고려 (天授元年六月) 乙丑詔曰 爲國當務節儉 民富倉實 雖有水旱饑饉 不能爲患 所有內莊

---

760) 이 기사에는 월일 표기가 없으나, 『高麗史』太祖世家에 의거하여 6월20일(辛酉)로 편년하였다.
761) 이 기사에는 연대 표기가 없으나, 『高麗史』太祖世家에 의거하여 太祖元年(918) 6월20일(辛酉)로 편년하였다.
762) 이 기사에는 일자 표기가 없으나, 『高麗史』太祖世家에 의거하여 6월21일(壬戌)로 편년하였다.
763) 이 기사에는 일자 표기가 없으나, 『高麗史』太祖世家에 의거하여 6월21일(壬戌)로 편년하였다.
764) 이 기사에는 일자 표기가 없으나, 『高麗史』太祖世家에 의거하여 6월22일(癸亥)로 편년하였다.
765) 이 기사에는 연대 표기가 없으나, 『高麗史』太祖世家에 의거하여 太祖元年(918) 6월22일(癸亥)로 편년하였다.
766) 이 기사에는 일자 표기가 없으나, 『高麗史』太祖世家에 의거하여 6월24일(乙丑)로 편년하였다.

及東宮食邑積穀 歲久必多朽損 其以內奉郎中能梵爲審穀使 (『全唐文』 1000 高麗王王建 詔諭八首)

고려 (夏六月乙丑) 以內奉員外郞尹珩爲內奉郞中 內奉史李矜會爲內奉員外 (『高麗史』 1 世家 1 太祖 1)

고려 (夏六月)戊辰 以白書省孔目直晟爲白書郞中 徇軍郞中閔剛爲內軍將軍 (『高麗史』 1 世家 1 太祖 1)

고려 태봉 신라

(夏六月戊辰) 詔曰 朕聞乘機革制 正謬是詳 導俗訓民 號令必愼 前主以新羅階官郡邑之號悉皆鄙野 改爲新制 行之累年 民不習知 以至惑亂 今悉從新羅之制 其名義易知者 可從新制 (『高麗史』 1 世家 1 太祖 1)

고려 (天授元年六月) 戊辰詔曰 朕聞乘機革制 正謬是詳 導俗訓民 號令必順 前主以新羅階官郡邑之號 悉皆鄙野 改爲新制行之 累年民不習知 以至惑亂 今悉從新羅之制 其名義易知者 可從新制(『全唐文』 1000 高麗王王建 詔諭八首)

고려 태봉 신라

(夏六月) 始定官制 詔曰 朕聞乘機革制 正謬是詳 導俗訓民 號令必愼 往者 泰封主以新羅階官郡邑之號鄙野 改爲新制 行之累年 民不習知 以至惑亂 今悉從新羅之制 其名義易知者 可從新制 (『高麗史節要』 1 太祖神聖大王)[767]

고려 태봉 신라

文散階 (…) 太祖以泰封主任情改制 民不習知 悉從新羅 唯名義易知者 從泰封之制 尋用大匡正匡大丞大相之號 (『高麗史』 77 志 31 百官 2)[768]

고려 太祖元年六月戊辰 一吉粲能允家園生瑞芝一本 九莖三秀 獻于王 賜內倉穀 (『高麗史』 53 志 7 五行 1 火)

고려 (夏六月) 一吉粲能允 獻瑞芝一本 得之家園 九莖三秀 王賜內倉穀 (『高麗史節要』 1 太祖神聖大王)[769]

고려 (夏六月)己巳 馬軍大將軍伊昕巖 謀叛棄市 (『高麗史』 1 世家 1 太祖 1)

고려 태봉 후백제

(夏六月) 馬軍大將軍伊昕巖 棄市 昕巖業弓馬 見利躁求 事弓裔以鉤距 得見任用 至裔末年 襲取熊州 因而鎭之 聞王卽位 潛懷禍心 不召自至 士卒多亡 熊州復爲百濟所有 守義刑臺令閻萇 與昕巖比隣 知其陰謀 具奏王曰 昕巖 棄鎭自來 以喪邊疆 罪實難原 然與我竝肩事主 情分有素 不忍加誅 且其叛形未露 彼必有辭 萇請密令伺之 王遣內人 至萇家 從帳中候之 昕巖妻桓氏至厠 謂其無人 旋已長吁曰 吾夫事若不諧 則吾受禍矣 言訖而入 內人以狀聞 遂下昕巖獄具伏 令百僚議其罪 皆曰當誅 王親讓之曰 汝素畜兇心 自陷刑辟 法者 天下之公也 不可私撓 昕巖流涕而已 令斬於市 籍其家 黨與不問 (『高麗史節要』 1 太祖神聖大王)[770]

고려 태봉 후백제

767) 이 기사에는 일자 표기가 없으나, 『高麗史』 太祖世家에 의거하여 6월27일(戊辰)로 편년하였다.
768) 이 기사에는 연대 표기가 없으나, 『高麗史』 太祖世家에 의거하여 太祖元年(918) 6월27일(戊辰)로 편년하였다.
769) 이 기사에는 일자 표기가 없으나, 『高麗史』 太祖世家에 의거하여 6월27일(戊辰)로 편년하였다.
770) 이 기사에는 일자 표기가 없으나, 『高麗史』 太祖世家에 의거하여 6월28일(己巳)로 편년하였다.

業弓馬 無他才識 見利躁求 事弓裔以鉤距 得見任用 弓裔末年 將兵襲取熊州 因鎭之 聞太祖卽位 潛懷禍心 不召自至 士卒多亡 熊州復爲百濟所有 韓粲守義刑臺令閻萇與昕巖比隣 萇知其陰謀 具奏太祖曰 昕巖 弃鎭自來 以喪邊疆 罪實難原 然與我並肩事主 情分有素 不忍加誅 且其反形未露 彼必有辭 萇請密令伺之 太祖遣內人 至萇家從帳中候之 昕巖妻桓氏至廁 謂其無人 旋已長吁曰 吾夫事若不諧 吾受禍矣 言訖而入 內人以狀聞 遂下獄具服 令百僚議其罪 皆曰當誅 太祖親讓之曰 汝素蓄兇心 自陷刑辟 法者天下之公 不可私撓 昕巖流涕而已 令斬於市 籍其家 不問黨與 (『高麗史』127 列傳 40 叛逆 1 伊昕巖)[771]

신라　　　蹤方到燕臺之畔迺於天祐十五年六月得達於△△△△△△△△△△△△△△△△△△△△△△△△△△學俱於問訊慶抃交深數月論禪周年問法惟彌天發△乃」離日搖脣量語路之端酌言之△此日揣於兩地心△△△△△△△△△△△△△△△△△△△△△△之光愁見甲兵之色所以便辭金海遙指玉京行道遲遲於焉入境不唯摩勒重敷兼亦優雲一現奉迎內殿尋以△△△△△△△△△△△△△△△△△△△△△△仕遙屢吐象王之說重重避席恭披弟子之儀一一書紳結以王師之禮翌日請移△△△△△△淨精廬永元△△△△△△△△△△△△△△△△△△△△△△ 大師遠從丹檄再到京畿所以別飾玉堂令昇繩榻問」大師曰 寡人少尙威武未精學△不曉先王之典寧△△△△△△△△△△△△△△△△△△△△△△存亡之志所喜不勞漢夢仍覩秦星世宗之遇摩騰梁武之」逢寶誌無以加也生生世世永修香火之因子子孫孫終表奉持之至所以重起其興法禪院以住持△△△吉祥之地尙論往美更知延福之庭志有終焉心無悔矣然則遂於此地高敞禪扃來者如雲學如人霧依舊瑠璃△△△△△△△△△△△△△△△於國△△△△△聞興法之談不受 大師之誨者處處精舍其徒擯之終日了無語言一宵堅不留宿豈期大師素無疾疹富有△△異於座品之 (「興法寺眞空大師碑」)

고려　　　秋七月壬申 以廣評郞能寔爲徇軍郞中 (『高麗史』1 世家 1 太祖 1)

고려　　　(秋七月)癸巳 廣評侍郞荀弼病免 以兵部卿列評代之 (『高麗史』1 世家 1 太祖 1)

고려　　　(秋七月) 廣評侍郞荀弼以病免 以兵部卿列評代之 (『高麗史節要』1 太祖神聖大王)[772]

고려　　　(秋七月)丙申 靑州領軍將軍堅金來見 (『高麗史』1 世家 1 太祖 1)

고려　　　(秋七月) 靑州領軍將軍堅金副將連翌興鉉來見 各賜馬一匹綾帛有差
初王以靑州人多變詐 不早爲備 必有後悔 乃遣州人能達文植明吉等 往覘之 能達還奏云 無他 文植明吉 私謂州人金勤謙寬駿曰 能達 雖奏無他 新穀熟 恐有變 及是 堅金等言 本州人 與勤謙寬駿金言規等在京都者 其心異同 去此數人 可無患矣 王曰 予心存止殺 有罪者 尙欲原之 況彼數人 皆有宣力扶義之功 欲得一州 而殺忠賢 予不爲也 堅金等 慚懼而退 勤謙言規等聞之 奏曰 日者 能達復曰 無他 臣等固以爲不然 今觀堅金等所言 不可保其無他 請留之 以觀其變 王從之 旣而謂堅金等曰 今汝所言 雖不能從 深嘉乃忠 可早歸以安衆心 堅金等言 臣等冒陳利害 反類誣譖 不以爲罪 惠莫大焉 歸骨之後 誓以赤心輔國 然一州之人 人各有心 如有始禍 恐難制也 請遣官軍 爲之聲援 王然之 遣馬軍將軍洪儒庾黔弼等 率兵千五百 鎭鎭州以備之 是後 道安郡奏靑州 密與百濟通好 將叛 王遣馬軍將軍能植 將兵鎭撫 由是不克叛 (『高麗史節要』1 太祖神聖大王)[773]

771) 이 기사에는 연대 표기가 없으나, 『高麗史』 太祖世家에 의거하여 太祖元年(918) 6월28일(己巳)로 편년하였다.
772) 이 기사에는 일자 표기가 없으나, 『高麗史』 太祖世家에 의거하여 7월22일(癸巳)로 편년하였다.

고려 太祖慮靑州反側 儒與庾黔弼率兵千五百 鎭鎭州以備之 由是 靑州不克叛 遷大相 (『高麗史』 92 列傳 5 諸臣 洪儒)[774]

고려 靑州人 爲本州領軍將軍 太祖卽位 以靑州人多變詐 不早爲備 必有後悔 乃遣州人能達文植明吉等 往覘之 能達還奏 彼無他志 足可恃也 唯文植明吉 私謂州人金勤謙寬駿曰 能達雖奏無他 然新穀熟 恐有變 堅金與副將連翌興鉉來見 太祖各賜馬綾帛有差 堅金等上言 臣等願竭愚忠 庶無二心 但本州人與勤謙寬駿金言規等在京都者 其心異同 去此數人 可無患矣 太祖曰 朕心存止殺 有罪者 尙欲原之 況此數人 皆有宣力扶衛之功 欲得一州而殺忠賢 朕不爲也 堅金等慚懼而退 勤謙言規等聞之奏曰 日者 能達復曰 無他 臣等固以爲不然 今聞堅金等所言 不可保其無他 請留之以觀變 太祖從之 旣而謂堅金等曰 今雖不從爾言 深嘉爾忠 可早歸以安衆心 堅金等言 臣等欲露忠讜 輒陳利害 反類誣譖 不以爲罪 惠莫大焉 誓赤心報國 然一州之人 人各有心 如有始禍 恐難制也 請遣官軍 以爲聲援 太祖然之 遣馬軍將軍洪儒庾黔弼等 率兵千五百 鎭鎭州以備之 未幾 道安郡奏 靑州 密與百濟通好 將叛 太祖又遣馬軍將軍能植 將兵鎭撫 由是不克叛 (『高麗史』 92 列傳 5 諸臣 堅金)[775]

고려 (秋七月丙申) 以前兵部卿職預爲泰評侍郞 (『高麗史』 1 世家 1 太祖 1)

고려 (秋七月) 以職預爲廣評侍郞 (『高麗史節要』 1 太祖神聖大王)[776]

신라 후백제 고려

秋七月 尙州賊帥阿玆盖 遣使降於太祖 (『三國史記』 12 新羅本紀 12)[777]

고려 高麗太祖卽位 首正田制 取民有度 而惓惓於農桑 可謂知所本矣 (…) (辛禑十四年)七月 大司憲趙浚等上書曰 (…) 太祖龍興 卽位三十有四日 迎見群臣 慨然嘆曰 近世暴斂 一頃之租 收至六石 民不聊生 予甚憫之 自今宜用什一 以田一負 出租三升 遂放民間三年租 當是時 三國鼎峙 群雄角逐 財用方急 而我太祖後戰功先恤民 卽天地生物之心 而堯舜文武之仁政也 (…) 租稅 太祖元年七月 謂有司曰 泰封主 以民從欲 惟事聚斂 不遵舊制 一頃之田 租稅六碩 管驛之戶 賦絲三束 遂使百姓 輟耕廢織 流亡相繼 自今 租稅征賦 宜用舊法 (『高麗史』 78 志 32 食貨 1)

고려 秋七月 詔曰 泰封主 以民從欲 惟事聚斂 不遵舊制 一頃之田 租稅六碩 置驛之戶 賦絲三束 遂使百姓 輟耕廢織 流亡相繼 自今 租稅征賦 宜用天下通法 以爲恒例 (『高麗史節要』 1 太祖神聖大王)

고려 農桑 衣食之本 王政所先 太祖卽位之初 首詔境內 放三年田租 勸課農桑 與民休息 (『高麗史』 79 志 33 食貨 2)[778]

고려 후백제 八月己酉 諭群臣曰 朕慮諸道寇賊 聞朕初卽位或構邊患 分遣單使 重幣卑辭 以示惠和之意 歸附者果衆 獨甄萱不肯交聘 (『高麗史』 1 世家 1 太祖 1)

고려 후백제 八月 王謂群臣曰 朕慮諸道寇賊 聞朕初卽位或有乘間爲邊患 分遣單使 重幣卑辭 以示惠和之意 果歸附者衆 百濟甄萱獨不交聘 (『高麗史節要』 1 太祖神聖大王)[779]

---

773) 이 기사에는 일자 표기가 없으나, 『高麗史』 太祖世家에 의거하여 7월25일(丙申)로 편년하였다.

774) 이 기사에는 연대 표기가 없으나, 『高麗史』 太祖世家에 의거하여 太祖元年(918) 7월25일(丙申)로 편년하였다.

775) 이 기사에는 연대 표기가 없으나, 『高麗史』 太祖世家에 의거하여 太祖元年(918) 7월25일(丙申)로 편년하였다.

776) 이 기사에는 일자 표기가 없으나, 『高麗史』 太祖世家에 의거하여 7월25일(丙申)로 편년하였다.

777) 『高麗史』 太祖世家에는 9월24일(甲午)로 되어 있다.

778) 이 기사에는 연대 표기가 없으나, 『高麗史』 太祖世家 등에 의거하여 太祖元年(918) 7월로 편년하였다.

고려	(八月)庚戌 朔方鶻巖城帥尹瑄來歸 (『高麗史』1 世家 1 太祖 1)

고려 태봉	(八月) 朔方鶻巖城帥尹瑄來附 瑄沈勇善韜鈐 弓裔末 避禍 走入北邊 有衆二千餘人 居鶻巖城 召黑水蕃 侵害邊郡 至是 聞王遣使招諭 遂來降 北邊以寧 (『高麗史節要』1 太祖神聖大王)[780)]

고려 태봉	初以弓裔誅殺無厭 慮禍及己 遂率其黨 走北邊 聚衆至二千餘人 居鶻巖城 召黑水蕃衆 久爲邊郡害 及太祖卽位 率衆來附 北邊以安 (『高麗史』92 列傳 5 諸臣 尹瑄)[781)]

고려	(八月)辛亥 詔曰 前主視民如草芥而惟欲之 從乃信讖緯 遽棄松嶽 還居斧壤 營立宮室 百姓困於土功 三時失於農業 加以饑饉荐臻 疾疫仍起 室家棄背 道殣相望 一匹細布 直米五升 至使齊民賣身 鬻子爲人奴婢 朕甚悶焉 其令所在 具錄以聞 於是 得一千餘口 以內庫布帛贖還之 (『高麗史』1 世家 1 太祖 1)

고려	(天授元年八月) 辛亥詔曰 前王視民如草芥 而惟欲之從 乃信讖緯 遽棄松嶽 還居斧壤 營立宮室 百姓困於土功 三時失於農業 加以饑饉荐臻 疾疫仍起 室家棄背 道殣相望 一匹細布 直米五升 至使齊民 賣身鬻子 爲人奴婢 朕甚閔焉 其令所在具錄以聞 (『全唐文』1000 高麗王王建 詔諭八首)

고려	(八月) 詔曰 泰封主 信讖緯 棄松嶽 還居斧壤 營立宮室 百姓困於土功 三時失於農業 加以飢饉荐臻 疾疫仍起 室家棄背 道殣相望 一匹細布 直米五升 至使齊民賣身 鬻子爲人奴婢 朕甚憫焉 其令所在 具錄以聞 於是 得一千餘口 以內庫布帛贖還之 (『高麗史節要』1 太祖神聖大王)[782)]

고려	詔曰 周武黜殷 發粟散財 漢高滅項 令民保山澤者 各歸田里 朕深慚寡德 獲統丕基 雖資天助之威 亦賴民推之力 冀使黎元按堵 比屋可封 然承圮運 苟不蠲租稅勸農桑 何以臻家給人足乎 其免民三年租役 流離四方者 令歸田里 仍大赦 與之休息 (『高麗史節要』1 太祖神聖大王)

고려	(八月辛亥) 又詔曰 人臣運佐時之奇略 樹盖世之高勳者 錫之以分茅胙土 褒之以峻秩崇班 是百代之常典 千古之宏規也 朕出自側微 才識庸下 誠資群望 克踐洪基 當其廢暴主之時 竭忠臣之節者 宜行賞賚以奬勳勞 其以洪儒裴玄慶申崇謙卜智謙爲第一等 給金銀器錦繡綺被褥綾羅布帛有差 堅權能寔權愼廉湘金樂連珠麻煖爲第二等 給金銀器錦繡綺被褥綾帛有差 其第三等二千餘人 各給綾帛穀米有差 朕與公等欲救生民 未能終守臣節 以此爲功 豈無慚德 然而有功不賞 無以勸將來 故有今日之賞 公等明知朕意 (『高麗史』1 世家 1 太祖 1)

고려	(八月) 詔曰 人臣運佐時之奇略 樹蓋世之高勳者 錫之以分茅胙土 褒之以峻秩崇班 是百代之常典 千古之宏規也 朕出自側微 才識庸下 誠資群望 克踐洪基 當其廢暴主之時 竭忠臣之節者 宜行賞賚以奬勳勞 其以洪儒裴玄慶申崇謙卜智謙爲第一等 堅權能寔權愼廉湘金樂連珠麻煖爲第二等 各賜金銀器錦繡綺被褥綾帛有差 其第三等二千餘人 亦賜綾帛穀米有差 朕與公等欲救生民 未能終守臣節 以此爲功 豈無慚德 然而有功不賞 無以勸將來 故有今日之賞 公等明知朕意 (『高麗史節要』1 太祖神聖大王)[783)]

고려	(天授元年八月 辛亥) 又詔曰 人君運佐時之奇畧 樹蓋世之高勳者 錫之以分茅胙土 褒

779) 이 기사에는 일자 표기가 없으나, 『高麗史』 太祖世家에 의거하여 8월 9일(己酉)로 편년하였다.
780) 이 기사에는 일자 표기가 없으나, 『高麗史』 太祖世家에 의거하여 8월10일(庚戌)로 편년하였다.
781) 이 기사에는 연대 표기가 없으나, 『高麗史』 太祖世家에 의거하여 太祖元年(918) 8월10일(庚戌)로 편년하였다.
782) 이 기사에는 일자 표기가 없으나, 『高麗史』 太祖世家에 의거하여 8월11일(辛亥)로 편년하였다.
783) 이 기사에는 일자 표기가 없으나, 『高麗史』 太祖世家에 의거하여 8월11일(辛亥)로 편년하였다.

之以峻秩崇班 是百代之常典 千古之宏規也 朕出自側微 才識庸下 誠資羣望 克踐洪基 當其廢暴主之時 竭忠臣之節者 宜行賞賚 以獎勳勞 其以洪儒裴元[玄]慶申崇謙卜智謙爲第一等 給金銀器錦繡綺被褥綾羅布帛有差 堅權能實權愼廉湘金樂連珠麻煖爲第二等 給金銀器錦繡綺被褥綾帛有差 其第三等二千餘人 各給綾帛穀米有差 朕與公等欲救生民 未能終守臣節 以此爲功 豈無慚德 然而有功不賞 無以勸將來 故有今日之賞 公等明知朕意 (『全唐文』1000 高麗王王建 詔諭八首)

고려　太祖卽位 詔策推戴功 以儒玄慶崇謙智謙俱爲一等 賜金銀器錦繡綺被褥綾羅布帛 (『高麗史』列傳 5 諸臣 洪儒)[784]92

고려 후백제　(八月辛亥) 甄萱遣一吉粲閔郃 來賀卽位 命廣評侍郞韓申一等 迎于甘彌縣 郃至 厚禮遣之 (『高麗史』1 世家 1 太祖 1)

후백제 고려　(貞明四年) 秋八月 遣一吉湌閔郤稱賀 遂獻孔雀扇及地理山竹箭 (『三國史記』50 列傳 10 甄萱)[785]

고려 후백제　(八月) 甄萱遣一吉粲閔郃 來賀卽位 王御大中殿 受賀 厚禮遣之 (『高麗史節要』1 太祖神聖大王)[786]

후백제 고려　(貞明四年戊寅) 萱聞之 遣使稱賀 遂獻孔雀扇地理山竹箭等 (『三國遺事』2 紀異 2 後百濟甄萱)[787]

후백제 고려　甄萱遣一吉粲閔郃于高麗 賀卽位 建命廣評侍郞韓申一等 迎于甘彌縣 郃至 厚禮遣之 (『三國史節要』14)[788]

고려　(八月)甲寅 以兵部卿萱寔爲內奉卿 (『高麗史』1 世家 1 太祖 1)

고려　(八月) 以兵部卿萱寔爲內奉卿 (『高麗史節要』1 太祖神聖大王)[789]

고려 후백제　(八月)癸亥 以熊運等十餘州縣 叛附百濟 命前侍中金行濤爲東南道招討使知牙州諸軍事 (『高麗史』1 世家 1 太祖 1)

고려 후백제　(八月) 熊運等十餘州縣 叛附百濟 命前侍中金行濤爲東南道招討使知牙州諸軍事 以備之 (『高麗史節要』1 太祖神聖大王)[790]

고려　(八月)丙寅 以倉部郞中柳問律爲廣評郞中 (『高麗史』1 世家 1 太祖 1)

고려　(八月) 以柳問律爲廣評郞中 (『高麗史節要』1 太祖神聖大王)[791]

고려　太祖元年八月戊辰 虎入都城黑倉垣內 射獲之 筮之曰 虎猛獸不祥 是主兵也 (『高麗史』54 志 8 五行 2 金)

고려　常平義倉 (…) 國初 祖其意而創置黑倉 (…) 至成宗五年七月 敎曰 (…) 肆我太祖 爰置黑倉 賑貸窮民 著爲常式 (『高麗史』80 志 34 食貨 3)[792]

---

784) 이 기사에는 연대 표기가 없으나, 『高麗史』 太祖世家에 의거하여 太祖元年(918) 8월11일(辛亥)로 편년하였다.
785) 이 기사에는 일자 표기가 없으나, 『高麗史』 太祖世家에 의거하여 8월11일(辛亥)로 편년하였다.
786) 이 기사에는 일자 표기가 없으나, 『高麗史』 太祖世家에 의거하여 8월11일(辛亥)로 편년하였다.
787) 이 기사에는 월일 표기가 없으나, 『高麗史』 太祖世家에 의거하여 8월11일(辛亥)로 편년하였다.
788) 이 기사에는 월일 표기가 없으나, 『高麗史』 太祖世家에 의거하여 8월11일(辛亥)로 편년하였다.
789) 이 기사에는 일자 표기가 없으나, 『高麗史』 太祖世家에 의거하여 8월14일(甲寅)로 편년하였다.
790) 이 기사에는 일자 표기가 없으나, 『高麗史』 太祖世家에 의거하여 8월23일(癸亥)로 편년하였다.
791) 이 기사에는 일자 표기가 없으나, 『高麗史』 太祖世家에 의거하여 8월26일(丙寅)로 편년하였다.
792) 이 기사에는 연대 표기가 없으나, 『高麗史』 太祖世家에 의거하여 太祖元年(918) 8월28일(戊辰)로 편년하였다.

후백제 (貞明四年秋八月) 又遣使入吳越進馬 吳越王報聘 加授中大夫 餘如故 (『三國史記』50 列傳 10 甄萱)

후백제 甄萱遣使如吳越進馬 吳越王報聘 加授萱中大夫 餘如故 (『三國史節要』14)[793]

고려 恩免之制 太祖元年八月 詔曰 朕聞 昔漢高祖收項氏之亂 後令民保山澤者 各歸田里 減征賦之數 審戶口之虛耗 又周武王黜殷紂之虐 乃發鉅橋之粟 散鹿臺之財 以給貧民者 盖爲亂政日久 人不樂其生故也 朕深慚寡德 獲統丕基 雖資天助之威 亦賴民推之力 冀使黎元按堵 比屋可封 然承前主之圮運 苟不蠲租稅勸農桑 何以臻家給人足乎 其免民三年租役 流離四方者 令歸田里 仍大赦 與之休息 (『高麗史』80 志 34 食貨 3)

고려 (八月) 詔曰 周武黜殷 發粟散財 漢高滅項 令民保山澤者 各歸田里 朕深慚寡德 獲統丕基 雖資天助之威 亦賴民推之力 冀使黎元按堵 比屋可封 然承圮運 苟不蠲租稅勸農桑 何以臻家給人足乎 其免民三年租役 流離四方者 令歸田里 仍大赦 與之休息 (『高麗史節要』1 太祖神聖大王)

고려 九月乙酉 徇軍吏林春吉等 謀叛伏誅 (『高麗史』1 世家 1 太祖 1)

고려 九月 馬軍將軍卜智謙奏曰 徇軍吏林春吉 與其鄕靑州人裴悤規季川人康吉阿次貴昧谷人景琮 謀叛 王使人執而訊之 皆伏命誅之 悤規逃免 (『高麗史節要』1 太祖神聖大王)[794]

고려 桓宣吉林春吉之謀反也 智謙皆密告 誅之 (『高麗史』92 列傳 5 諸臣 卜智謙)[795]

고려 又徇軍吏林春吉者 靑州人 與州人裴悤規季川人康吉阿次昧谷人景琮謀反 欲逃歸靑州 智謙以聞 太祖使人執訊之 皆服並令禁錮 唯悤規知謀洩 乃逃 於是 欲盡誅其黨 靑州人玄律奏 景琮姊 乃昧谷城主龔直妻也 其城甚固 難以攻拔 且隣賊境 若或誅琮 龔直必反 不如宥以懷之 太祖欲從之 馬軍大將軍廉湘進曰 臣聞 景琮嘗語馬軍箕達曰 姊之幼子 今在京師 思其離散 不堪傷情 況觀時事亂 靡有定會 當伺隙與之逃歸 琮謀今果驗矣 太祖大悟 便令誅之 (『高麗史』127 列傳 40 叛逆 1 桓宣吉)[796]

고려 (九月)庚寅 以徇軍郎中玄律爲兵部郎中 (『高麗史』1 世家 1 太祖 1)

고려 (九月) 以靑州人玄律爲徇軍郎中 馬軍將軍玄慶崇謙等言 往者 林春吉爲徇軍吏 圖不軌 事泄伏辜 此乃典兵權 而以靑州爲恃也 今又以玄律 爲徇軍郎中 臣等竊惑之 王曰善 乃改授兵部郎中 (『高麗史節要』1 太祖神聖大王)[797]

고려 太祖元年 置兵部令卿郎中 後稱兵官 有御事侍郎郎中員外郎 其屬有庫曹[太祖元年 有徇軍部令郎中] (『高麗史』76 志 30 百官 1)

고려 玄慶 初名白玉衫 慶州人 膽力過人 起行伍 累進大匡 太祖以靑州人玄律爲徇軍郎中 玄慶與崇謙駁曰 往者 林春吉爲徇軍吏 圖爲不軌 事泄伏辜 此乃典兵權而恃本州故也 今又以玄律爲徇軍郎中 臣等竊惑之 太祖善之 改授兵部郎中 太祖征討四方 玄慶功居多 (『高麗史』92 列傳 5 諸臣 裴玄慶)[798]

---

793) 이 기사에는 월 표기가 없으나, 『三國史記』 甄萱傳에 의거하여 8월로 편년하였다.

794) 이 기사에는 일자 표기가 없으나, 『高麗史』 太祖世家에 의거하여 9월15일(乙酉)로 편년하였다.

795) 이 기사에는 연대 표기가 없으나, 『高麗史』 太祖世家에 의거하여 太祖元年(918) 9월15일(乙酉)로 편년하였다.

796) 이 기사에는 연대 표기가 없으나, 『高麗史』 太祖世家에 의거하여 太祖元年(918) 9월15일(乙酉)로 편년하였다.

797) 이 기사에는 일자 표기가 없으나, 『高麗史』 太祖世家에 의거하여 9월20일(庚寅)로 편년하였다.

798) 이 기사에는 연대 표기가 없으나, 『高麗史』 太祖世家에 의거하여 太祖元年(918) 9월20일(庚寅)로 편년하였다.

고려 (九月)癸巳 以前侍中具鎭爲羅州道大行臺侍中 鎭辭以久勞前主 不肯行 王不悅 謂劉權說曰 昔予歷試險阻 而未嘗告勞者 實懼嚴威也 今鎭固辭不行可乎 權說對曰 賞以勸善 罰以懲惡 宜加嚴刑以戒群下 王然之 鎭懼謝罪 遂行 (『高麗史』1 世家 1 太祖 1)

고려 (九月) 以前侍中具鎭爲羅州道大行臺侍中 鎭辭以久勞泰封 不肯行 王不悅 謂劉權說曰 昔予歷試險阻 而未嘗告勞者 實畏威也 今鎭固辭不行可乎 權說對曰 賞以勸善 罰以懲惡 宜加極刑以戒群下 王然之 鎭惶恐謝罪 遂行 (『高麗史節要』1 太祖神聖大王)799)

고려 (九月)甲午 尙州賊帥阿字盖 遣使來附 王命備儀迎之 習儀於毬庭 文武官俱就班 廣評郎中柳問律 與直省官朱瑄劼爭列 王曰 讓爲禮宗 敬乃德本 今接賓以禮 將觀厥成 而問律瑄劼爭列 豈敬愼者乎 宜並徙邊以彰其罪 以徇軍郎中景訓 代問律爲廣評郎中 (『高麗史』1 世家 1 太祖 1)800)

고려 (九月) 尙州帥阿字蓋 遣使來附 王命備儀迎之 習儀於毬場 文武俱就班 廣評郎中柳問律 與直省官朱瑄劼爭列 王聞之曰 讓爲禮宗 敬乃德本 今接賓以禮 將觀厥成 而問律瑄劼爭列 豈敬愼者乎 宜並徙邊以彰其罪 (『高麗史節要』1 太祖神聖大王)801)

고려 (九月)乙未 以前內奉監金篆榮能惠 並爲內軍卿 (『高麗史』1 世家 1 太祖 1)

고려 (九月)丙申 諭群臣曰 平壤古都 荒廢雖久 基址尙存 而荊棘滋茂 蕃人遊獵於其閒 因而侵掠邊邑 爲害大矣 宜徙民實之 以固藩屛 爲百世之利 遂爲大都護 遣堂弟式廉廣評侍郞列評守之 (『高麗史』1 世家 1 太祖 1)

고려 (九月) 王謂群臣曰 平壤古都 荒廢已久 荊棘滋茂 蕃人遊獵於其間 因而侵掠 宜徙民實之 以固藩屛 遂分黃鳳海白鹽諸州人戶 居之 爲大都護 遣堂弟式廉廣評侍郞列評守之 仍置叅佐四五人 (『高麗史節要』1 太祖神聖大王)802)

고려 西京留守官平壤府 (…) 太祖元年 以平壤荒廢 量徙塩白黃海鳳諸州民以實之 爲大都護府 尋爲西京 (『高麗史』58 志 12 地理 3)803)

고려 西京留守官 太祖元年 置平壤大都護府 遣重臣二人守之 置叅佐四五人 (『高麗史』77 志 31 百官 2)804)

고려 王式廉 三重大匡平達之子 太祖之從弟 爲人忠勇勤恪 初爲軍部書史 多所遷歷 太祖以平壤荒廢 徙民實之 命式廉往鎭之 (『高麗史』92 列傳 5 諸臣 王式廉)805)~

고려 (九月)丁酉 以珍閣省卿柳陟良 當革命之際 群僚倉卒散走 獨不離本省 所典倉庫 無所亡失 特授廣評侍郞 (『高麗史』1 世家 1 太祖 1)

고려 (九月) 以珍閣省卿柳陟良爲廣評侍郞 革命之際 事起倉卒 群僚散走 陟良獨謹守其職 所典倉庫 無所亡失 故特授之 (『高麗史節要』1 太祖神聖大王)806)

---

799) 이 기사에는 일자 표기가 없으나, 『高麗史』 太祖世家에 의거하여 9월23일(癸巳)로 편년하였다.
800) 『三國史記』 新羅本紀에는 7월로 되어 있다.
801) 이 기사에는 일자 표기가 없으나, 『高麗史』 太祖世家에 의거하여 9월24일(甲午)로 편년하였다.
802) 이 기사에는 일자 표기가 없으나, 『高麗史』 太祖世家에 의거하여 9월26일(丙申)로 편년하였다.
803) 이 기사에는 월일 표기가 없으나, 『高麗史』 太祖世家에 의거하여 太祖元年(918) 9월26일(丙申)로 편년하였다.
804) 이 기사에는 월일 표기가 없으나, 『高麗史』 太祖世家에 의거하여 太祖元年(918) 9월26일(丙申)로 편년하였다.
805) 이 기사에는 연대 표기가 없으나, 『高麗史』 太祖世家에 의거하여 太祖元年(918) 9월26일(丙申)로 편년하였다.

고려 冬十月庚申 以守義刑臺卿能律爲廣評侍郎 廣評侍郎職預爲內侍書記 (『高麗史』1 世家 1 太祖 1)

고려 冬十月 以能律爲廣評侍郎 職預爲內侍書記 (『高麗史節要』1 太祖神聖大王)[807]

고려 (冬十月)辛酉 靑州帥波珍粲陳瑄與其弟宣長 謀叛伏誅 (『高麗史』1 世家 1 太祖 1)

고려 (冬十月) 靑州帥波珍粲陳瑄與其弟宣長 謀叛伏誅 (『高麗史節要』1 太祖神聖大王)[808]

신라 貞明四年 冬十月 忽出松門 屆于△ (「鳳林寺眞鏡大師寶月凌空塔碑」)[809]

신라 (貞明四年) 輦至十一月四日 寡人 整其冕服 稍淨襟懷 延入蘂宮 敬邀蘭殿 特表師資之禮 恭申鑽仰之儀 大師高拂毳衣 直昇繩榻 說理國安民之術 敷歸僧△△之方 寡人喜仰慈顔親聞妙旨 感激而重重避席 忻歡而一一書紳 此日 隨大師 上殿者 八十人 徒中有上足 景質禪師 仰扣鍾鳴 潛廻鏡智 大師 △△撞擊聲在舂容 曉日之暎群山 淸風之和萬籟 縱容演法 偏超空有之邊 慷慨譚禪 實出境塵之表 莫知其極 誰識其端 翌日遂命百寮 詣於所止 同列稱△ 仍差高品 上尊號曰 法膺大師 此則盡爲師表 常仰德尊恭著鴻名 以光玄敎 其後 大師已歸舊隱 重啓芳筵 諭諸學於道灰 俱傳法要 援群生於途炭 △ 賛慈風則必 忽患微痾 猶多羸色 大衆 疑入兩楹之夢 預含雙樹之悲 (「鳳林寺眞鏡大師寶月凌空塔碑」)[810]

고려 十一月 始設八關會 御儀鳳樓觀之 歲以爲常 (『高麗史』1 世家 1 太祖 1)

고려 신라 太祖元年十一月 有司言 前主每歲仲冬 大設八關會以祈福 乞遵其制 王從之 遂於毬庭 置輪燈一座 列香燈於四旁 又結二綵棚 各高五丈餘 呈百戲歌舞於前 其四仙樂部龍鳳象馬車船 皆新羅故事 百官袍笏行禮 觀者傾都 王御威鳳樓觀之 歲以爲常 (『高麗史』69 志 23 禮 11 嘉禮)

고려 신라 十一月 設八關會 有司言 前王每歲仲冬 大設八關齋以祈福 乞遵其制 王曰 朕以不德獲守大業 盍依佛敎 安輯邦家 遂於毬庭 置輪燈一所 香燈旁列 滿地光明徹夜 又結綵棚兩所 各高五丈餘 狀若蓮臺 望之縹緲 呈百戲歌舞於前 其四仙樂部龍鳳象馬車船皆新羅故事 百官袍笏行禮 觀者傾都 晝夜樂焉 王御威鳳樓觀之 名爲供佛樂神之會自後 歲以爲常 (『高麗史節要』1 太祖神聖大王)

고려 西京留守官 太祖元年 置平壤大都護府 遣重臣二人 守之 置叅佐四五人 (…) (『高麗史』77 志 31 百官 2)

신라 所恨群魔難伏衆病莫除唯奉法以栖眞逎△△△△△△今△禍者遍△△△枉殺無辜而乃遭艱者塡其雲屯同歸有罪然則澄公道德敢悛胡石之兇慧始仁慈寧止赫連之暴況又永言移國唯唱喫人謂多疑者△不信以十△△△△△△日 大王驟飛鳳筆令赴龍庭冀聞絶跡之譚猶認無言之理 大師狼△△內 主上鶚立當軒難測端倪失於擧指豈思就日玄高之復△△君無△△△△△△△終遭僞代是△謂」業對將至因緣靡逃兼被崔皓懷姧寇馮△△大王謂

806) 이 기사에는 일자 표기가 없으나, 『高麗史』 太祖世家에 의거하여 9월27일(丁酉)로 편년하였다.
807) 이 기사에는 일자 표기가 없으나, 『高麗史』 太祖世家에 의거하여 10월20일(庚申)로 편년하였다.
808) 이 기사에는 일자 표기가 없으나, 『高麗史』 太祖世家에 의거하여 10월21일(辛酉)로 편년하였다.
809) 대사는 918년 10월에 산문을 나와 11월 4일에에 대궐에 당도하였다.
810) 대사는 918년 10월에 산문을 나와 11월 4일에에 대궐에 당도하여 설법하고 존호를 받았으며 舊居로 돌아와 제자양성과 중생구제에 주력하였다.

大師曰吾師人間慈父世上導師何有存非不無彼此　大師方知禍急网避危期△曰△△△△嬰呂僕之謀仁者懷恩寧厠商臣之惡然而壹言不納遷△以加捨命之時世△△緣俗年五十有四僧臘三十有五于時川池忽竭日月無光道俗呑聲人天變色豈謂秦原△△△△△即世之△漢室龍興當　今上居尊之際謂群臣曰　竊惟故大師道高十地德冠諸△遠出△方來儀槃土寡人早披瞻仰恭△歸依願思有得之緣常切亡師之痛仍於雨泣實慟△△追△△△俾修△△ (「無爲寺先覺大師遍光塔碑」)[811]

고려　　神聖大王乘時聖望主閒代　明君富安邦撫俗之宏機通護法契理之神術萬機之暇留心玄門自微時飽聆大師之聲價因遣郎官賚御札入山而請曰仰德日久願接梵儀師已老矣　恐難行脚何妨騎乘一詣九重　大師曰老僧由來未嘗騎馬至於齡年山僧亦是王民何敢方命以錫杖芒鞋步至輦下上大喜令止儀賓寺安頓數日後召入上殿勿趨上下床接之待以賓禮群臣竦然上問曰古師云心　卽佛是心如何　大師答曰若到槃者不留於佛心問佛有何過卽得必此答曰佛非有過心自無過　問曰朕受天之佑救亂誅暴何以則生民保乂對曰殿下不忘今日之問」 國家幸甚生民幸甚　問曰大師以何德行化遵衆生對曰　臣僧自救可了何敢解脫他縛此日玉音琅琅不憚雲興之問大師四辯亹亹無碍瓶瀉之　答云六祖意不欲得觸道然師語△了道△慧亦△去也若具載文繁括而略錄伏念△　今上大王威齊兩曜講沙而道叶乾坤德秀重瞳治民而令無邪黨歸依五衍豈異於中印匿王尊仰三禪有用於西天戒日正法興邦之代修文植本之君尊美斯今罕見　振古大師　三禮而退命安置興王寺黃州院王旭郎官遙仰清風平傳尺牘願爲弟子冀效從師遂寂滅而數年山間而復況內議令皇甫崇太常忠良日監大師之供饋如執侍者之職　大師益不安一日諗于上曰　麋鹿野縱甘伏丘壑猥承御命來住王域恐懼情深軒鶴梁鵜未足喻也伏望許從微情俾雲歸古山魚游深壑爲賜大矣上許之令歸桐裏古山命本道守相晝給田結奴婢以供香積不忘外護之　風每展八行之禮仍爲壇越久受保持各效陳雷允△舊分 (「大安寺廣慈大師碑」)[812]

신라　　戊寅歲乃詣靈巖山麗興禪院禮足法圓大師師問曰童子何許來　　對曰從來處來師莞爾而笑曰一星之火擬燎于原又問曰來意何如　　對曰願事巾缾師曰好在著於是會彼親踈與其剃染方處叢林之內逈超群木之中薝蔔分香豈與芝蘭共臭優曇吐艷寧將桃李爭芳傳衣而不在他人入室而惟知自我 (「智谷寺眞觀禪師碑」)

신라 고려　　及我太祖創業之時亦有海賊来擾　乃請安惠朗融之裔廣學大緣等二大德作法禳鎮　皆朗之傳系也　故并師而上至龍樹爲九祖[本寺記三師爲律祖　未詳] (『三國遺事』 5　神呪　6　明朗神印)

919(己卯/신라 경명왕 3/발해 애왕 19/후백제 견훤 20/고려 태조 2 天授 2/後梁 貞明 5/日本 延喜 19)

고려　　春正月 定都于松嶽之陽 創宮闕 置三省六尚書官九寺 立市廛 辨坊里 分五部 置六衛 (『高麗史』 1 世家 1 太祖 1)

고려　　高麗太祖 統一三韓 始置六衛 衛有三十八領 領各千人 上下相維 體統相屬 庶幾乎唐府衛之制矣 (…) 太祖二年正月 置六衛 (『高麗史』 81 志 35 兵 1)

고려　　春正月 定都于松嶽之陽 陞其郡爲開州 立市廛 辨坊里 分五部 置六衛 (『高麗史節要』 1 太祖神聖大王)

고려　　春正月 高麗移都松岳郡 陞郡爲開州 創宮闕 開鐵圓爲東州 高麗置三省六尚書官九寺

811) 선각대사는 918년에 입적하였다.
812) 神聖大王은 고려 태조이다. 태조 즉위년에 두었다.

立市廛 辨坊里 分五部 置六衛 (『三國史節要』14)

고려 己卯 移都松岳郡 (『三國遺事』1 王曆)[813)]

고려 王京開城府 (…) 太祖二年 定都于松嶽之陽爲開州 創宮闕[會慶殿後改承慶 膺乾殿改奉元 長齡殿改千齡 含慶殿改向福 乾明殿改儲祥 明慶殿改金明 乾德殿改大觀 文德殿改修文 延英殿改集賢 宣政殿改廣仁 宣明殿改穆淸 舍元殿改靜德 萬壽殿改永壽 重光殿改康安 宴親殿改睦親 五星殿改靈憲 慈和殿改集禧 正陽宮改書和 壽春宮改麗正 望雲樓改觀祥 宜春樓改韶暉 神鳳門改儀鳳 春德門改棣通 大初門改泰定 閶闔門改雲龍 會日門改利賓 昌德門改興禮 開慶門改皇極 金馬門改延水 天福門改紫宸 通天門改永通 景陽門改陽和 安祐門改純祐 左右承天門改通嘉 左右宣慶門改敷祐 左右延祐門改奉明 延守門改敎化 長寧門改朝仁 宣化門改通仁 興泰門改芬芳 陽春門改廣陽 大平門改重化 百福門改保化 通慶門改成德 東化門改慶度 西化門改向成 大淸門改淸泰 永安門改興安] 立市廛 辨坊里 分五部 (『高麗史』56 志 10 地理 1)[814)]

고려 高麗太祖 開國之初 衆用新羅·泰封之制 設官分職 以諧庶務 然其官號 或雜方言 盖草創未暇革也 二年 立三省六尙書九寺六衛 略倣唐制 (『高麗史』76 志 30 百官 1 序)[815)]

고려 五部 太祖二年 立[東南西北中五部] (…) 西班 (…) (太祖)二年 置六衛 (『高麗史』77 志 31 百官 2)[816)]

신라 고려 我太祖移都松岳郡 (『三國史記』12 新羅本紀 12)[817)]

고려 松岳郡 (…) 我太祖開國爲王畿 (『三國史記』35 雜志 4 地理 2)[818)]

고려 태봉 東州 (…) 及太祖卽位 徙都松嶽 改鐵圓爲東州[弓裔宮殿古基 在州北二十七里楓川之原] (『高麗史』58 志 12 地理 3)[819)]

고려 三月 創法王王輪等十寺于都內 兩京塔廟肖像之廢缺者 並令修葺 (『高麗史』1 世家 1 太祖 1)

고려 신라 三月 創法王王輪等十寺于都內 兩京塔廟肖像之廢缺者 竝令修葺
史臣曰 太祖創業 甫踰年而作十寺于都城 修塔廟于兩京 嗚呼 其昧於輕重緩急之宜耶 抑怵於禍福因果之說耶 于時 二大强國未平 諸城未下者 亦多矣 而攻戰未已也 瘡痍未復也 何汲汲於無益之作 至此也 繼有開泰之設 窮極奢侈 至有手逑疏語 大會僧徒以落之 甚矣 佛氏之溺人心也 滔滔流俗 趍奉施捨 猶恐不及 以太祖之光明正大 猶不能不混於衆流之中 況其下者乎 況其臣民 則效於君者乎 惜哉 其新羅作寺速亡之戒 豈亦晩年悔悟之作歟 貽謀之弊 流至後昆 崇信之至 一日施米 至於七萬 歲飯僧徒 至于三萬 寺院肖像 無非金銀之飾 千函萬軸 無不金銀其字 宮殿爲梵唄之堂 緇髡居師傅之位 然亦無救於亂亡 佛氏之禍于國害于人 慘矣 可不戒哉 (『高麗史節要』1 太祖神聖大王)

고려 (己卯)是年 創法王慈雲王輪內帝釋舍那 又創大禪院[卽普膺]新興文殊<圓>通地藏 (…) 前十大寺 皆是年所創 (『三國遺事』1 王曆)[820)]

고려 (三月)辛巳 追諡三代 以曾祖考爲始祖元德大王 妃爲貞和王后 祖考爲懿祖景康大王

---

813) 이 기사에는 월 표기가 없으나, 『高麗史』 太祖世家 등에 의거하여 1월로 편년하였다.
814) 이 기사에는 월 표기가 없으나, 『高麗史』 太祖世家 등에 의거하여 1월로 편년하였다.
815) 이 기사에는 월 표기가 없으나, 『高麗史』 太祖世家 등에 의거하여 1월로 편년하였다.
816) 이 기사에는 월 표기가 없으나, 『高麗史』 太祖世家 등에 의거하여 1월로 편년하였다.
817) 이 기사에는 연대 표기가 없으나, 『高麗史』 太祖世家 등에 의거하여 太祖 2년(919) 1월로 편년하였다.
818) 이 기사에는 연대 표기가 없으나, 『高麗史』 太祖世家 등에 의거하여 太祖 2년(919) 1월로 편년하였다.
819) 이 기사에는 연대 표기가 없으나, 『高麗史』 太祖世家 등에 의거하여 太祖 2년(919) 1월로 편년하였다.
820) 이 기사에는 월 표기가 없으나, 『高麗史』 太祖世家 등에 의거하여 3월로 편년하였다.

妃爲元昌王后 考爲世祖威武大王 妃爲威肅王后 (『高麗史』1 世家 1 太祖 1)

고려 (三月)辛巳 高麗追諡三代 以曾祖考爲始祖元德大王 妃爲貞和王后 祖考爲懿祖景康大王 妃爲元昌王后 考爲世祖威武大王 妃爲威肅王后 (『三國史節要』14)

고려 (三月) 追諡三代 以曾祖考爲元德大王 廟號國祖 妃爲貞和王后 祖考爲景康大王 廟號懿祖 妃爲元昌王后 考爲威武大王 廟號世祖 妃爲威肅王后 (『高麗史節要』1 太祖神聖大王)[821]

신라 至明年三月日遂召門弟子閑俊化白等曰聞州之△冠山△△之藏昭處此山也 山崗勝美地脉平安宜爲置冢之居必致△△△△尊宗之祐可師等與有司宜速修山寺尋造石塔者 至其月日先起仁祠便成高塔塔成師等號奉色身遷葬于所建之冢 (「無爲寺先覺大師遍光塔碑」)[822]

고구려 태봉 (秋七月) 初 唐滅高麗[823] 天祐初 高麗石窟寺眇僧躬乂 聚衆據開州稱王[824] 號大封國 至是 遣佐良尉金立奇入貢于吳 (『資治通鑑』270 後梁紀 5 均王 中)

고려 太祖元年七月 謂有司曰 泰封主 以民從欲 惟事聚斂 不遵舊制 一頃之田 租稅六碩 管驛之戶 賦絲三束 遂使百姓 輟耕廢織 流亡相繼 自今 租稅征賦 宜用舊法 (『高麗史』78 志 32 食貨 1 田制 租稅)

고려 秋八月癸卯 以靑州首鼠順逆 訛言屢興 親幸慰撫 遂命城之 (『高麗史』1 世家 1 太祖 1)

고려 秋八月 幸靑州 時靑州反側 訛言屢興 親往慰撫而城之 乃還 (『高麗史節要』1 太祖神聖大王)[825]

고려 (秋八月) 改烏山城爲禮山縣 遣大相哀宣洪儒 安集流民五百餘戶 (『高麗史節要』1 太祖神聖大王)

고려 禮山縣 (…) 太祖二年 更今名 (『高麗史』56 志 10 地理 1)[826]

고려 (太祖)二年 改烏山城爲禮山縣 遣儒及大相哀宣 安集流民五百餘戶 (『高麗史』92 列傳 5 諸臣 洪儒)[827]

고려 太祖元年八月 詔曰 朕聞 昔漢高祖 收項氏之亂後 令民保山澤者 各歸田里 減征賦之數 審戶口之虛耗 又周武王 黜殷紂之虐 乃發鉅橋之粟 散鹿臺之財 以給貧民者 盖爲亂政日久 人不樂其生故也 朕深慚寡德 獲統丕基 雖資天助之威 亦賴民推之力 冀使黎元按堵 比屋可封 然承前主之圮運 苟不蠲租稅·勸農桑 何以臻家給人足乎 其免民三年租役 流離四方者 令歸田里 仍大赦 與之休息 (『高麗史』80志 34 食貨 3 賑恤)

고려 九月癸未 吳越國文士酋彦規來投 (『高麗史』1 世家 1 太祖 1)

고려 九月 吳越國文士酋彦規來投 (『高麗史節要』1 太祖神聖大王)[828]

---

821) 이 기사에는 일자 표기가 없으나, 『高麗史』 太祖世家 등에 의거하여 3월13일(辛巳)로 편년하였다.
822) 선각대사는 918년에 입적하였다. 다음해는 919년이다.
823) 唐高宗時滅高麗
824) 眇僧 僧之眇目者 此開州 高麗所置 在平壤之東 今高麗以爲國道 謂之開城府 亦曰蜀莫郡 其地左溪右山 考異曰 薛史唐餘錄歐陽史皆云唐末其國自立王 前王姓高氏 後王王建 此據十國紀年
825) 이 기사에는 일자 표기가 없으나, 『高麗史』 太祖世家에 의거하여 8월 9일(癸卯)로 편년하였다.
826) 이 기사에는 월 표기가 없으나, 『高麗史節要』에 의거하여 8월로 편년하였다.
827) 이 기사에는 월 표기가 없으나, 『高麗史節要』에 의거하여 8월로 편년하였다.

고려　　冬十月 城平壤 (『高麗史』1 世家 1 太祖 1)
고려　　冬十月 城平壤 (『高麗史節要』1 太祖神聖大王)
고려　　城堡 太祖二年 (…) 城平壤 (『高麗史』82 志 36 兵 2)[829]

발해　　十二月 一日 甲午 任渤海客存問使等 (『日本紀略』後篇 1)

발해　　十二月　五日 以式部少丞橘親.直講依知秦廣助爲存問渤海客使 阿波權掾大和有卿爲通事 定渤海客宴饗日權酒部數四十人 前例差仰八十人 去八年彼數已多無用 仍令定減 (『扶桑略記』24)

발해　　十二月 十六日 仰遣內教坊別當右近少將伊衡於內教坊 選定渤海客宴日舞人等 仰定坊家可調舞人卄人.舞童十人.音聲卄人 去八年音聲人卅六人 此度定減 此外威儀卄人依例內侍所可差女孀等 (『扶桑略記』24)

신라　　四天王寺塑像所執弓弦自絶 壁畵狗子有聲 若吠者 (『三國史記』12 新羅本紀 12)
신라　　第五十四景明王代 貞明五年戊寅[830] 四天王寺壁畫狗鳴 說經三日禳之 大半日又鳴 (『三國遺事』2 紀異 2 景明王)
신라　　四天王寺塑像所執弓弦自絶 壁畵狗子有聲 若吠者 (『三國史節要』14)

신라　　以上大等金成爲角湌 侍中彦邕爲沙湌 (『三國史記』12 新羅本紀 12)
신라　　以上大等金成爲角湌 侍中彦邕爲沙湌 (『三國史節要』14)

고려　　城堡 太祖二年 城龍岡縣 一千八百七 閒門六 水口一 (『高麗史』82 志 36 兵 2)
고려　　是歲 城龍岡縣 (『高麗史節要』1 太祖神聖大王)

고려　　高麗之先 史闕未詳 太祖實錄 卽位二年 追王三代祖考 冊上始祖尊謚曰元德大王 妣爲貞和王后 懿祖爲景康大王 妣爲元昌王后 世祖爲威武大王 妣爲威肅王后 (『高麗史』高麗世系)

920(庚辰/신라 경명왕 4/발해 애왕 20/후백제 견훤 21/고려 태조 3 天授 3/後梁 貞明 6/日本 延喜 20)

신라 고려　　春正月 王與太祖交聘修好 (『三國史記』12 新羅本紀 12)
고려 신라　　春正月 新羅始遣使來聘 (『高麗史』1 世家 1 太祖 1)
고려 신라　　春正月 新羅始遣使來聘 (『高麗史節要』1 太祖神聖大王)
신라 고려　　春正月 王遣使聘于高麗 (『三國史節要』14)

신라 고려　　二月 康州將軍閏雄降於太祖 (『三國史記』12 新羅本紀 12)
고려　　二月 康州將軍閏雄降高麗 其子一康爲質 高麗拜一康阿粲 以卿行訓之妹妻之 (『三國史節要』14)
고려　　康州將軍閏雄 遣其子一康爲質 拜一康阿粲 以卿行訓之妹妻之 遣郞中春讓於康州 慰

828) 이 기사에는 일자 표기가 없으나, 『高麗史』太祖世家에 의거하여 9월19일(癸未)로 편년하였다.
829) 이 기사에는 월 표기가 없으나, 『高麗史』太祖世家 등에 의거하여 10월로 편년하였다.
830) 저본에는 '戊寅'으로 되어 있으나, 貞明 5년(919)은 己卯年이므로 '己卯'로 수정해야 한다.

諭歸附 (『高麗史』1 世家 1 太祖 1)[831]

고려 康州將軍閏雄 遣其子一康爲質 拜一康阿粲 以卿行訓之妹妻之 遣郎中春讓 慰諭康州(『高麗史節要』1 太祖神聖大王)[832]

발해 渤海國大使信部少卿從三位裴璆
右可正三位
勅 渤海國大使信部少卿從三位裴璆 忠節傳家 英華累世 預銜君命 再迻闕庭 涉大瀛而如過坳堂 誓寸心而長捧尺牘 美其貞信 可以褒酬 仍抽縻爵之班 用强勤王之效 可依前件 主者施行
延喜廿年三月十日 (『朝野群載』20)

고려 鎭戍 (…) 太祖三年三月 以北界鶻巖城數爲北狄所侵 命庾黔弼 率開定軍三千 至鶻巖於東山築一大城以居 由是 北方晏然 (『高麗史』82 志 36 兵 2)

고려 三月 以北界鶻巖鎭數爲北狄所侵 會諸將曰 今南兇未滅 北狄可憂 朕寤寐憂懼 欲以黔弼往禦如何 僉曰可 遂命黔弼 率開定軍三千 築大城守之 由是 北方晏然 (『高麗史節要』1 太祖神聖大王)

고려 庾黔弼 平州人 事太祖爲馬軍將軍 累轉大匡 太祖以北界鶻岩鎭 數爲北狄所侵 會諸將議曰 今南兇未滅 北狄可憂 朕寤寐憂懼 欲遣黔弼鎭之 如何 僉曰可 乃命之黔弼卽日率開定軍三千以行 至鶻岩 於東山築大城以居 招集北蕃酋長三百餘人 盛設酒食饗之 乘其醉 脅以威 酋長皆服 遂遣使諸部曰 旣得爾酋長 爾等亦宜來服 (『高麗史』92 列傳 5 諸臣 庾黔弼)[833]

발해 三月廿二日 遣官吏於越前國 賜渤海客時服 (『扶桑略記』24)

발해 四月廿日 壬子 存問渤海客使裵璆等 (『日本紀略』後篇 1)

발해 五月五日 定客徒可入京日 幷蕃客入京之間可聽着禁物 召仰瀧口右馬允藤原邦良等見客在京之間 每日可進鮮鹿二頭事 (『扶桑略記』24)

발해 五月八日己巳 渤海入覲大使裵璆等廿人著于鴻臚館 (『日本紀略』後篇 1)

해 五月八日 唐客可入京 辰三剋 中四剋 藏客使季方朝綱等叄入 御衣各一襲給兩使 (『扶桑略記』24)

발해 五月 十日 辛未 右大臣[忠平]覽渤海國牒狀 以大使從三位裵璆授正三位 (『日本紀略』後篇 1)

발해 五月十一日壬申 渤海大使裵璆于八省院 進啓幷信物等 (『日本紀略』後篇 1)

발해 五月十一日 此日 渤海使人裵璆等於八省院進王啓幷信物 已四刻 親王以下.叄議以上向八省院 (『扶桑略記』24)

발해 五月十二日癸酉 天皇御風樂院 賜饗宴於渤海客 (『日本紀略』後篇 1)

---

831) 이 기사에는 연대 표기가 없으나, 『三國史記』 新羅本紀 등에 의거하여 太祖 3년(920) 2월로 편년하였다.

832) 이 기사에는 연대 표기가 없으나, 『三國史記』 新羅本紀 등에 의거하여 太祖 3년(920) 2월로 편년하였다.

833) 이 기사에는 연대 표기가 없으나, 『高麗史』 兵志 등에 의거하여 太祖 3년(920) 3월로 편년하였다.

발해　　五月十二日 於豊樂院可賜客徒宴 自夜中陰雨 辰四刻雨止 已一刻 出御南殿 乘輿出宮 入於豊樂院 (『扶桑略記』24)

발해　　五月 十五日 藏客使民部大丞季方領大使裵璆別貢物 進藏人所 (『扶桑略記』24)

발해　　五月 十六日 丁丑 于朝集堂勞饗渤海客徒 (『日本紀略』後篇 1)
발해　　五月 十六日 於朝集堂饗渤海客徒 幷賜國王答信物等 (『扶桑略記』24)

발해　　五月 十七日 戊寅 發遣領歸使等 又法皇[宇多]賜書于大使 (『日本紀略』後篇 1)

발해　　五月十八日 己卯 大使裵璆歸鄕 太政官賜返牒 (『日本紀略』後篇 1)

발해　　六月十四日 文章得業生朝綱就藏人所令奏渤海大使裵璆書狀幷送物 仰遣書可返送物事 (『扶桑略記』24)

발해　　六月卄二日 朝綱令奏遣渤海大使裵璆書狀 客已歸鄕 卽仰所贈帶裘 (『扶桑略記』24)

발해　　六月卄六日 右大臣[忠平]令元方奏領歸鄕渤海客使大學少允坂上恒蔭等申 逋留不歸客徒四人事 (『扶桑略記』24)

발해　　六月卄八日 仰 逋留渤海人等 准大同五年例[834] 仰越前國安置云云 已上出御記 (『扶桑略記』24)

고려 후백제　　秋九月辛丑 甄萱遣阿粲功達 獻孔雀扇智異山竹箭 (『高麗史』1 世家 1 太祖 1)
후백제 고려　　秋九月辛丑 甄萱遣阿粲功達於高麗 獻孔雀扇智異山竹箭 (『三國史節要』14)
고려 후백제　　秋九月 甄萱遣阿粲功達 獻孔雀扇竹箭 (『高麗史節要』1 太祖神聖大王)[835]

고려　　(秋九月) 築咸從安北二城 (『高麗史節要』1 太祖神聖大王)
고려　　城堡 (…) (太祖)三年 城咸從縣 二百三十六* 門門四 水口三 城頭四 遮城二 (『高麗史』82 志 36 兵 2)[836]

신라 후백제 고려
冬十月 後百濟主甄萱率步騎一萬 攻陷大耶城 進軍於進禮 王遣阿飡金律求援於太祖 太祖命將出師救之 萱聞乃去 (『三國史記』12 新羅本紀 12)
고려 후백제 신라
冬十月 甄萱侵新羅 取大良仇史二郡 至于進禮郡 新羅遣阿粲金律來求援 王遣兵救之 萱聞之引退 始與我有隙 (『高麗史』1 世家 1 太祖 1)
고려 후백제 신라
冬十月 甄萱侵新羅 取大良仇史二郡 至于進禮郡 新羅遣阿粲金律來求援 王遣兵救之 萱聞之引退 始與我有隙 (『高麗史節要』1 太祖神聖大王)
후백제 신라 고려

834) (平城)大同 5(810) 五月 十七 渤海使首領高多佛脫身留越前國 安置越中國給食 卽令史生羽栗馬長 幷習語生等 就習渤海語
835) 이 기사에는 일자 표기가 없으나, 『高麗史』 太祖世家 등에 의거하여 9월13일(辛丑)로 편년하였다.
836) 이 기사에는 월 표기가 없으나, 『高麗史節要』에 의거하여 9월로 편년하였다.

冬十月 後百濟甄萱率步騎一萬 攻陷大良仇史二城 至于進禮郡 王遣阿粲金律求援於高麗 高麗遣兵救之 萱聞之引退 始與高麗有隙 (『三國史節要』 14)

후백제 신라 고려

(貞明)六年 萱率步騎一萬 攻陷大耶城 移軍於進禮城 新羅王遣阿飡金律求援於太祖 太祖出師 萱聞之 引退 萱與我太祖陽和而陰剋 (『三國史記』 50 列傳 10 甄萱)[837)]

후백제 고려 萱與我太祖陽和陰剋 (『三國遺事』 2 紀異 2 後百濟甄萱)[838)]

고려 (庚辰)十月 創大興寺 或系壬午 (『三國遺事』 1 王曆)[839)]

고려 是歲 巡幸北界 (『高麗史』 1 世家 1 太祖 1)

고려 是歲 王巡北界而還 (『高麗史節要』 1 太祖神聖大王)

고려 庚辰 乳岩下立油市 故今俗利市云乳下 (『三國遺事』 1 王曆)

신라 越二年 詔曰式旌禪德宜賜嘉名賜諡爲先覺大師塔名爲遍光靈塔 乃錫其寺額勅号太安追遠之榮未有如斯之盛者也 (「無爲寺先覺大師遍光塔碑」)[840)]

921(辛巳/신라 경명왕 5/발해 애왕 21/후백제 견훤 22/고려 태조 4 天授 4/後梁 貞明 7 龍德 1/日本 延喜 21)

신라 고려 春正月 金律告王曰 臣往年奉使高麗 麗王問臣曰 聞新羅有三寶 所謂丈六尊像九層塔幷聖帶也 像塔猶存 不知聖帶 今猶在耶 臣不能答 王聞之 問羣臣曰 聖帶是何寶物耶 無能知者 時 有皇龍寺僧年過九十者曰 予嘗聞之 寶帶是眞平大王所服也 歷代傳之 藏在南庫 王遂令開庫 不能得見 乃以別日齋祭然後見之 其帶粧以金玉 甚長 非常人所可束也

論曰 古者坐明堂 執傳國璽 列九鼎 其若帝王之盛事者也 而韓公論之曰 歸天人之心 興太平之基 決非三器之所能也 竪三器而爲重者 其誇者之詞耶 况此新羅所謂三寶 亦出於人爲之侈而已 爲國家何須此耶 孟子曰 諸侯之寶三 土地人民政事 楚書曰 楚國無以爲寶 惟善以爲寶 若此者 行之於內 足以善一國 推之於外 足以澤四海 又何外物之足云哉 太祖聞羅人之說而問之耳 非以爲可尙者也 (『三國史記』 12 新羅本紀 12)

신라 고려 春正月 王遣金律至高麗 麗王問曰 聞新羅有三大寶 丈六尊像 九層塔 幷聖帝帶也 三寶未亡 國亦未亡 像塔猶存 不知聖帶 今猶在耶 律對曰 臣未嘗聞聖帶也 王笑曰 卿爲貴臣 何不知國之大寶 律慚還 告其王 王問群臣 無能知者 時有皇龍寺僧年過九十者曰 予聞聖帶是眞平大王所服 歷代傳之 藏在南庫 王遂開庫 風雨暴作 白晝晦冥 不得見 乃擇日齋祭 然後見之 其帶粧以金玉 甚圍甚長 非常人所可束也

論曰 古者坐明堂 執傳國璽 列九鼎 其若帝王之盛事者也 而韓公論之曰 歸天人之心 國人以眞平王是聖骨之王 稱曰聖帝帶 (『三國史節要』 14)

고려 春二月甲子 黑水酋長高子羅 率百七十人來投 (『高麗史』 1 世家 1 太祖 1)

고려 春二月 黑水酋長高子羅等百七十人來投 (『高麗史節要』 1 太祖神聖大王)[841)]

837) 이 기사에는 월 표기가 없으나, 『三國史記』 新羅本紀 등에 의거하여 10월로 편년하였다.
838) 이 기사에는 연대 표기가 없으나, 『三國史記』 新羅本紀 등에 의거하여 貞明 6년(920) 10월로 편년하였다.
839) 『高麗史』 太祖世家에는 太祖 4년(921) 10월15일(丁卯)로 되어 있다.
840) 선각대사는 918년에 입적하였다. 입적 후 2년은 920년이다.
841) 이 기사에는 일자 표기가 없으나, 『高麗史』 太祖世家에 의거하여 2월 7일(甲子)로 편년하였다.

고려 말갈 신라

(春二月)壬申 達姑狄[842]百七十一人侵新羅 道由登州 將軍堅權邀擊大敗之 匹馬無還者 命賜有功者穀人五十石 新羅王聞之喜 遣使來謝 (『高麗史』1 世家 1 太祖 1)

신라 말갈 고려

二月 靺鞨別部達姑衆來寇北邊 時 太祖將堅權鎭朔州 率騎擊大破之 匹馬不還 王喜 遣使移書 謝於太祖 (『三國史記』12 新羅本紀 12)[843]

고려 말갈 신라

(春二月) 達姑狄百七十一人侵新羅 道由登州 將軍堅權邀擊大敗之 匹馬無還者 王命賜有功者穀人五十碩 新羅王聞之喜 遣使來謝 (『高麗史節要』1 太祖神聖大王)[844]

신라 (貞明)七年庚辰[845]二月 皇龍寺塔影 倒立於今毛舍知家庭中一朔 (『三國遺事』2 紀異 2 景明王)

신라 貞明七年三月廿三日子△△△△△△△△△△ 仍聞刀戰之聲則是奉迎之騎示滅 于日月寺法堂俗年五十有一僧臘三十有三 于時天昏地裂霧黯雲愁山禽悲啼野 (「五龍寺法鏡大師碑」)

고려 夏四月乙酉 黑水阿於閒 率二百人來投 (『高麗史』1 世家 1 太祖 1)

고려 夏四月 黑水阿於間 率二百人來投 (『高麗史節要』1 太祖神聖大王)[846]

신라 夏四月 京都大風拔樹 (『三國史記』12 新羅本紀 12)

신라 第五十四景明王時 興輪寺南門 及左右廊廡 災焚未修 靖和弘繼二僧 募緣將修 貞明七年辛巳五月十五日 帝釋降于寺之左經樓留旬日 殿塔及草樹土石 皆發異香 五雲覆寺 南池魚龍喜躍跳擲 國人聚觀嘆未曾有 玉帛粱稻施積丘山 工匠自來 不日成之 工旣畢 天帝將還 二僧白曰 天若欲還宮 請圖寫聖容 至誠供養 以報天恩 亦乃因玆留影 永鎭下方焉 帝曰 我之願力 不如彼普賢菩薩遍垂玄化 畫此菩薩像 虔設供養而不廢宜矣 二僧奉敎敬 畫普賢菩薩於壁間 至今猶存其像 (『三國遺事』3 塔像 4 興輪寺壁畫普賢)

신라 迺以鵬必變於天池鶴須歸於遼海有始有卒念玆在玆適値本國歸舟因而東棹 貞明七年秋七月 達康州德安浦逕詣鳳林歸覲 眞鏡大師師曰適當今日深喜相逢別飭禪堂俾昇譚座廳西訪之眞法慶東歸之妙緣 從容謂曰人有老少法無先後介其佩如來之密印演迦葉之秘宗宜住三郞寺爲禪伯矣 (「高達寺元宗大師慧眞塔碑」)

신라 秋八月 蝗旱 (『三國史記』12 新羅本紀 12)

고려 秋九月己亥 遣郞中撰行 往巡邊郡 存撫百姓 (『高麗史』1 世家 1 太祖 1)

고려 秋九月 遣郞中撰行 往巡邊郡 存撫百姓 (『高麗史節要』1 太祖神聖大王)[847]

---

842) 저본에는 '狱'으로 되어 있으나, 『高麗史節要』에 의거하여 '狄'으로 수정해야 한다.

843) 이 기사에는 일자 표기가 없으나, 『高麗史』 太祖世家에 의거하여 2월15일(壬申)로 편년하였다.

844) 이 기사에는 일자 표기가 없으나, 『高麗史』 太祖世家에 의거하여 2월15일(壬申)로 편년하였다.

845) 저본에는 '庚辰'으로 되어 있으나, 貞明 7년(921)은 辛巳年이므로 '辛巳'로 수정해야 한다.

846) 이 기사에는 일자 표기가 없으나, 『高麗史』 太祖世家에 의거하여 4월29일(乙酉)로 편년하였다.

고려　　冬十月丁卯 創大興寺于五冠山 迎置僧利言 師事之 (『高麗史』1 世家 1 太祖 1)[848)]
고려　　冬十月 創大興寺于五冠山 迎入僧利言 師事之 (『高麗史節要』1 太祖神聖大王)[849)]

고려　　(冬十月)壬申 幸西京 (『高麗史』1 世家 1 太祖 1)
고려　　(冬十月) 幸西京 (『高麗史節要』1 太祖神聖大王)[850)]

신라　　(貞明七年庚辰[851)])又十月 四天王寺五方神 弓弦皆絶 壁畫狗出走庭中 還入壁中 (『三國遺事』2 紀異 2 景明王)

고려　　十二月辛酉 冊子武爲正胤 正胤卽太子 (『高麗史』1 世家 1 太祖 1)
고려　　莊和王后吳氏 (…) 年七歲 太祖知有繼統之德 恐母微不得嗣位 以故笥盛柘黃袍賜后 后示大匡朴述熙 述熙揣知其意 請立爲正胤 (…) 惠宗義和王后林氏 (…) 太祖四年十二月 冊惠宗爲正胤 以后爲妃 (『高麗史』88 列傳 1 后妃 1)[852)]
고려　　十二月 冊子武爲正胤 正胤卽太子也 初武年七歲 太祖知有繼統之德 恐其母吳氏側微不得立 乃以故笥盛柘黃袍賜吳 吳以示大匡朴述熙 述熙知其意 請立爲正胤 (『高麗史節要』1 太祖神聖大王)[853)]
고려　　太祖四年 立爲正胤 從討百濟 奮勇先登 功爲第一 (『高麗史』2 世家 2 惠宗)[854)]
고려　　朴述熙 槥城郡人 父大丞得宜 述熙性勇敢 嗜啗肉 雖蟾蜍螻蟻 皆食之 年十八 爲弓裔衛士 後事太祖 累樹軍功 爲大匡 惠宗生七歲 太祖欲立之 以其母吳氏側微 恐不得立 乃以故笥盛柘黃袍賜吳 吳以示述熙 述熙揣知太祖意 請立惠宗爲正胤 正胤卽太子也 (『高麗史』92 列傳 5 諸臣 朴述熙)[855)]
고려　　惠宗 義和王后林氏 鎭州人 大匡曦之女 太祖四年十二月 冊惠宗爲正胤 以后爲妃 生興化君·慶化宮夫人·貞憲公主 薨 謚義和王后 葬順陵 祔惠宗廟 穆宗五年四月 加謚成懿 顯宗五年三月 加景信 十八年四月 加懷宣 高宗四十年十月 加靖順 (『高麗史』88 列傳 1 后妃 1)

고려 후백제　(十二月辛酉) 百濟人宮昌明權等來投 賜田宅 (『高麗史』1 世家 1 太祖 1)
고려 후백제　(十二月) 百濟人宮昌明權等來投 賜田宅 (『高麗史節要』1 太祖神聖大王)[856)]

고려　　禮賓寺 (…) 太祖四年 置禮賓省 (『高麗史』76 志 30 百官 1)

고려　　城堡 (…) (太祖)四年 城雲南縣 (『高麗史』82 志 36 兵 2)
고려　　是歲 城雲南縣 (『高麗史節要』1 太祖神聖大王)

고려　　自太祖皇帝神册間 高麗遣使進寶劍 (『遼史』115 列傳 45 二國外記 高麗)

---

847) 이 기사에는 일자 표기가 없으나, 『高麗史』 太祖世家에 의거하여 9월17일(己亥)로 편년하였다.
848) 『三國遺事』 王曆에는 太祖 3년(920) 10월로 되어 있다.
849) 이 기사에는 일자 표기가 없으나, 『高麗史』 太祖世家에 의거하여 10월15일(丁卯)로 편년하였다.
850) 이 기사에는 일자 표기가 없으나, 『高麗史』 太祖世家에 의거하여 10월20일(壬申)로 편년하였다.
851) 저본에는 '庚辰'으로 되어 있으나, 貞明 7년(921)은 辛巳年이므로 '辛巳'로 수정해야 한다.
852) 이 기사에는 일자 표기가 없으나, 『高麗史』 太祖世家 등에 의거하여 12월10일(辛酉)로 편년하였다.
853) 이 기사에는 일자 표기가 없으나, 『高麗史』 太祖世家 등에 의거하여 12월10일(辛酉)로 편년하였다.
854) 이 기사에는 월일 표기가 없으나, 『高麗史』 太祖世家 등에 의거하여 12월10일(辛酉)로 편년하였다.
855) 이 기사에는 연대 표기가 없으나, 『高麗史』 太祖世家 등에 의거하여 太祖 4년(921) 12월10일(辛酉)로 편년하였다.
856) 이 기사에는 일자 표기가 없으나, 『高麗史』 太祖世家 등에 의거하여 12월10일(辛酉)로 편년하였다.

신라　　大師以鵬必變於南溟鶴歸於東海思欲罷遊華夏返照桑津適値歸舟因而東還　天祐十八年夏達全州臨陂郡而屬道虛行之際　　時不利之初粤有州尊都統甄太傅萱統戎于萬民堰也太傅本自善根生於將種方申壯志　雖先擒縱之謀暨謁慈顔倍勵瞻依之志　乃歎曰遇吾師而雖晩爲弟子以何遲避席拳拳書紳慥慥遂請住州之离地南福禪院　大師曰　鳥能擇木吾豈匏爪迺以白鷄山玉龍寺者　是故師爲樂道之淸齋　乃安禪之勝踐雲溪空在枕漱最　宜遂言於太傅許之移而住焉　實謂筏旣捨於歸塘珠復還於舊浦踵慈軒之往轍繼智炬之餘輝於是絶學者　遂相慶曰雖懊頃年泰山有其頽之歎且覗今日介衆無安仰之悲摳衣者寔繁有徒曳襶者　其麗不億大師一居雲水二紀星霜朗鏡忘罷洪鍾待扣循循然善誘于扶桑頃及乎（「玉龍寺洞眞大師碑」）

신라　　龍德元年置海會選緇徒　制曰症義別和尙何必更爲居士方作名僧遂擢爲問者　譬如撞鐘大鳴舂容（「普願寺法印國師寶乘塔碑」）

922(壬午/신라 경명왕 6/발해 애왕 22/후백제 견훤 23/고려 태조 5 天授 5/後梁 龍德 2/日本 延喜 22)

신라　　懷　至(貞明七年)　明年正月十九日遷△神座於踊巖山之東峰去寺三百來步惟（「五龍寺法鏡大師碑」）

신라 고려　　春正月　下枝城將軍元逢溟州將軍順式降於太祖　太祖念其歸順　以元逢本城爲順州　賜順式姓曰王（『三國史記』12　新羅本紀　12)[857]

신라 고려　　(春正月)是月　眞寶城將軍洪述降於太祖（『三國史記』12　新羅本紀　12)[858]

고려　　春二月　來遺槖駝馬及氈（『高麗史』1　世家　1　太祖　1)
고려　　春二月　契丹來歸槖駝馬及氈（『高麗史節要』1　太祖神聖大王)

고려　　夏四月　創日月寺于宮城西北（『高麗史』1　世家　1　太祖　1)
고려　　夏四月　創日月寺于宮城西北（『高麗史節要』1　太祖神聖大王)
고려　　壬午　又創日月寺　或系辛巳（『三國遺事』1　王曆)[859]

고려　　六月丁巳　下枝縣將軍元奉來投（『高麗史』1　世家　1　太祖　1)[860]
고려　　六月　下枝縣將軍元奉來投（『高麗史節要』1　太祖神聖大王)[861]

신라　　龍德二年　夏　特被彌勒寺開塔之恩　仍赴禪雲選佛之場　登壇說法時　天花繽紛　由是　道譽」彌彰　負笈者雲趨　時　新羅景哀大王　請住芬皇寺　賜紫羅屈眴栴香寶器等物（「葛陽寺惠居國師碑」）

고려　　秋七月戊戌　溟州將軍順式　遣子降附（『高麗史』1　世家　1　太祖　1)
고려　　秋七月　溟州將軍順式降附　初　王以順式不服患之　侍郞權說曰　父而詔子　兄而訓弟　天

857)『高麗史』太祖世家에는 6월 8일(丁巳)로 되어 있다.
858)『高麗史』太祖世家에는 11월 5일(辛巳)로 되어 있다.
859) 이 기사에는 월 표기가 없으나,『高麗史』太祖世家 등에 의거하여 4월로 편년하였다.
860)『三國史記』新羅本紀에는 1월로 되어 있다.
861) 이 기사에는 일자 표기가 없으나,『高麗史』太祖世家에 의거하여 6월 8일(丁巳)로 편년하였다.

理也 順式父許越 今爲僧在內院 宜遣往諭之 王從之 順式遂遣長子守元歸款 賜姓王 給田宅 (『高麗史節要』1 太祖神聖大王)[862]

고려 溟州人 爲本州將軍 久不服 太祖患之 侍郞權說奏曰 父而詔子 兄而訓弟 天理也 順式父許越 今爲僧在內院 宜遣往諭之 太祖從之 順式遂遣長子守元歸款 賜姓王 仍賜田宅 (『高麗史』92 列傳 5 諸臣 王順式)[863]

고려 冬十一月辛巳 眞寶城主洪術 遣使請降 遣元尹王儒卿含弼等 慰諭之 (『高麗史』1 世家 1 太祖 1)[864]

고려 冬十一月 眞寶城主洪術 遣使請降 遣元尹王儒卿含弼等 慰諭之 (『高麗史節要』1 太祖神聖大王)[865]

고려 是歲 徙大丞質榮行波等父兄子弟及諸郡縣良家子弟 以實西京 (『高麗史』1 世家 1 太祖 1)

고려 是歲 徙大丞質榮行波等父兄子弟及諸郡縣良家子弟 實之西京 (『高麗史節要』1 太祖神聖大王)

고려 (是歲) 幸西京 新置官府員吏 始築在城 (『高麗史』1 世家 1 太祖 1)

고려 西京留守官 (…) 太祖五年 置廊官[廊者官號 方言曹設] 侍中一人 侍郞二人 郞中二人 上舍一人 史十人

衙官[衙亦官名 方言豪幕] 具壇一人 卿二人 監一人 粲一人 理決一人 評察一人 史一人

兵部 令具壇一人 卿一人 大舍一人 史二人

納貨府 卿一人 大舍一人 史二人

珍閣省 卿一人 大舍二人 史二人

內泉府 令具壇一人 卿二人 大舍二人 史二人 (『高麗史』77 志 31 百官 2)

고려 城堡 (…) (太祖)五年 始築西京在城[在者 方言畎也] 凡六年而畢 (『高麗史』82 志 36 兵 2)

고려 (是歲) 幸西京 新置西京官僚 築西京在城 凡六年而成 (『高麗史節要』1 太祖神聖大王)

고려 (是歲) 親定牙善城民居 (『高麗史』1 世家 1 太祖 1)

고려 (是歲) 親定牙善城民居 (『高麗史節要』1 太祖神聖大王)

발해 (名年曰天贊) 契丹雖無所得而歸 然自此頗有窺中國之志 患女眞渤海等在其後 欲擊渤海 懼中國乘其虛 乃遣使聘唐以通好 (『新五代史』72 四夷附錄 1 契丹 上)

태봉 고려 (是歲) 大封王躬乂 性殘忍 海軍統帥王建殺之 自立 復稱高麗王 以開州爲東京 平壤爲西京 建儉約寬厚 國人安之[866] (『資治通鑑』271 後梁紀 6 均王 下)[867]

---

862) 이 기사에는 일자 표기가 없으나, 『高麗史』 太祖世家에 의거하여 7월20일(戊戌)로 편년하였다.

863) 이 기사에는 연대 표기가 없으나, 『高麗史』 太祖世家에 의거하여 太祖 5년(922) 7월20일(戊戌)로 편년하였다.

864) 『三國史記』 新羅本紀에는 1월로 되어 있다.

865) 이 기사에는 일자 표기가 없으나, 『高麗史』 太祖世家에 의거하여 11월 5일(辛巳)로 편년하였다.

866) 徐兢高麗圖經曰 高麗王建之先 高麗大族也 高氏政衰 國人以建賢 立爲君長 後唐長興二年 自稱權知國事 請命于明宗 乃拜建大義軍使 封高麗王 按徐兢宣和之間使高麗 進圖經 紀載疏略 因其國人傳聞 遂謂建得國於高氏之後 不知建實殺躬乂而得國也 詳見貞明五年考異

후백제　　伏思 當國之仰貴國也 禮敦父事 情比孩提 唯甘扶轂執鞭 豈憚航深棧險 而自質子逃遁 鄰言矯誣 一千年之盟約斯渝 三百歲之生疏到此 春秋不云乎 親仁善鄰 國之寶也 魯論語曰 不念舊惡 是宜恩深含垢 化致慕羶 今差專介 冀藏卑儀 (『本朝文粹』12 大宰答新羅返牒)

후백제　　都統甄公 內撥國亂 外守主盟 聞彼勳賢 孰不欽賞 然任土之琛 帝王所貢 朝天之禮 陪臣何專 代大匠而採刀 慕庖人而越爼 雖誠切攀龍 猶嫌忘相鼠 縱宰府忍達金闕之前 而憲臺恐安玉條之下 仍表函方物 併從卻迴 宜稽之典章 莫處踈隔 過而不改 奈其餘何 但輝喦等 遠疲花浪 漸移葭灰 量給官糧 聊資歸路 今以狀牒 牒到准狀 (『本朝文粹』12 大宰答新羅返牒)[868]

923(癸未/신라 경명왕 7/발해 애왕 23/후백제 견훤 24/고려 태조 6 天授 6/後梁 龍德 3 後唐 同光 1/日本 延喜 23 延長 1)

고려　　春三月甲申 以下枝縣將軍元奉爲元尹 (『高麗史』1 世家 1 太祖 1)

고려　　春三月 以下枝縣將軍元奉爲元尹 陞其縣爲順州 (『高麗史節要』1 太祖神聖大王)[869]

고려　　豐山縣 (…) 太祖六年 縣人元逢 有歸順之功 陞爲順州 (『高麗史』57 志 11 地理 2)[870]

고려　　(春三月)辛丑 命旨城將軍城達 與其弟伊達端林來附 (『高麗史』1 世家 1 太祖 1)[871]

고려　　(春三月) 命旨城將軍城達 與其弟伊達端林等來附 (『高麗史節要』1 太祖神聖大王)[872]

신라　　龍德三年四月二十四日 詰旦 告衆曰 諸法皆空 萬緣俱寂 言其寄世 宛若行雲 汝等勤以住持 愼無悲喪 右脅而臥 示滅於鳳林禪堂 俗年七十 僧臘五十 於時 天色氛氳 日光慘澹 山崩川竭 草悴樹枯 山禽於是苦啼 野獸以之悲吼 門人等 號奉色身 假△于寺之北嶺 寡人忽聆遷化 身惻慟情 仍遣昭玄僧榮會法師 先令吊祭 至于三七 特差中使 賫送賻資 又以贈諡眞鏡大師 塔名寶月凌空之塔 (「鳳林寺眞鏡大師寶月凌空塔碑」)

고려　　夏四月 大匡庾黔弼招諭北蕃 歸附者一千五百人 北蕃歸我被虜三千餘人 (『高麗史節要』1 太祖神聖大王)

고려　　於是 諸部相率來附者千五百人 又歸被虜三千餘人 由是 北方晏然 太祖特加褒奬 (『高麗史』92 列傳 5 諸臣 庾黔弼)[873]

고려　　夏六月癸未 福府卿尹質 使梁還 獻五百羅漢畫像 命置于海州嵩山寺 (『高麗史』1 世

---

867) 『高麗史』太祖世家 등에는 貞明 4년(918) 6월로 되어 있다.

868) 922년 일본 측이 후백제에게 보내온 답서로 당대의 문장가였던 후지와라노 아츠시게(菅原淳茂)가 쓴 것으로 전한다. 그 내용을 보면 일본 측은 견훤을 일국의 왕이 아닌 신라의 "都統"이자 "陪臣"으로 규정하였다. 때문에 왕이 아닌 자와 통교할 수 없다는 뜻을 밝히며 후백제 측의 교류 요청을 거절하였다. 그에 따라 후백제에서 온 사신인 휘암을 잠시 휴식을 취하게 한 후에 서둘러 돌려보냈으며 일본측은 후백제에서 보내온 방물도 받지 않았다. 『본조문수』는 11세기 경인 헤이안 시대에 후지와라노 아키히라가 편찬한 한시문집으로 당대에 남아있던 일본의 수려한 한문(漢文)을 엄선하여 수록하였다. 여기에는 견훤이 일본 측에 보낸 문서와 이에 일본 측의 답장이 수록되어 있다.

869) 이 기사에는 일자 표기가 없으나, 『高麗史』太祖世家에 의거하여 3월10일(甲申)로 편년하였다.

870) 이 기사에는 월일 표기가 없으나, 『高麗史』太祖世家에 의거하여 3월10일(甲申)로 편년하였다.

871) 『三國史記』新羅本紀에는 7월로 되어 있다.

872) 이 기사에는 일자 표기가 없으나, 『高麗史』太祖世家에 의거하여 3월27일(辛丑)로 편년하였다.

873) 이 기사에는 연대 표기가 없으나, 『高麗史節要』에 의거하여 太祖 6년(923) 4월로 편년하였다.

家 1 太祖 1)

고려 後唐同光元年癸未 本朝太祖卽位六年 入朝使尹質所將五百羅漢像 今在北崇山神光寺 (『三國遺事』3 塔像 4 前後所將舍利)[874]

고려 (夏六月)癸巳 吳越國文士朴巖來投 (『高麗史』1 世家 1 太祖 1)

고려 六月 吳越國文士朴巖來投 (『高麗史節要』1 太祖神聖大王)[875]

신라 고려 秋七月 命旨城將軍城達京山府將軍良文等 降於太祖 (『三國史記』 12 新羅本紀 12)[876]

신라 (秋七月) 王遣倉部侍郎金樂錄事叅軍金幼卿 朝後唐貢方物 莊宗賜物有差 (『三國史記』12 新羅本紀 12)[877]

신라 秋七月 王遣倉部侍郎金樂錄事叅軍金幼卿 朝後唐 (『三國史節要』14)

고려 秋八月壬申 碧珍郡將軍良文 遣其甥圭奐來降 拜圭奐元尹 (『高麗史』1 世家 1 太祖 1)[878]

고려 秋八月 碧珍郡將軍良文 遣其甥圭奐來降 拜圭奐爲元尹 (『高麗史節要』1 太祖神聖大王)[879]

고려 冬十一月戊申 眞寶城主洪術 遣其子王立 獻鎧三十 拜王立元尹 (『高麗史』1 世家 1 太祖 1)

고려 冬十一月 眞寶城主洪術 遣子王立 獻鎧三十 拜王立爲元尹 (『高麗史節要』1 太祖神聖大王)[880]

신라 後唐莊宗同光元年十一月丁巳 新羅國王朴英遣倉部侍郎金樂錄事叅軍金幼卿朝貢 賜物有差 (『冊府元龜』976 外臣部 21 褒異 3)[881]

신라 後唐同光元年十一月 其王金朴英遣倉部侍郎金樂錄事叅軍金幼卿來朝貢 (『五代會要』30 新羅)[882]

신라 後唐莊宗同光元年十一月 新羅國王金朴英遣倉部侍郎金樂錄事叅軍金幼卿朝貢 賜物有差 (『冊府元龜』972 外臣部 17 朝貢 5)[883]

신라 同光元年 新羅國王金朴英遣使者來朝貢 (『新五代史』74 四夷附錄 3 高麗)

신라 其官有十七等 其一曰伊罰干 貴如相國 次伊尺干 次破彌干 次大阿尺干 次阿干 次阿尺干 次乙吉干 次沙咄干 次及伏干 次大奈摩干 次大舍 次小舍 次吉士 次大烏 次小烏 次造位 外有郡縣[後唐同光初 其王金朴英遣倉部侍郎金樂錄事叅軍金幼卿來朝(…)] (『冊府元龜』962 外臣部 7 官號)[884]

---

874) 이 기사에는 일자 표기가 없으나, 『高麗史』 太祖世家에 의거하여 6월10일(癸未)로 편년하였다.
875) 이 기사에는 일자 표기가 없으나, 『高麗史』 太祖世家에 의거하여 6월20일(癸巳)로 편년하였다.
876) 『高麗史』 太祖世家에는 3월27일(辛丑) 및 8월 1일(壬申)으로 되어 있다.
877) 『冊府元龜』 褒異에는 11월17일(丁巳)로 되어 있다.
878) 『三國史記』 新羅本紀에는 7월로 되어 있다.
879) 이 기사에는 일자 표기가 없으나, 『高麗史』 太祖世家에 의거하여 8월 1일(壬申)로 편년하였다.
880) 이 기사에는 일자 표기가 없으나, 『高麗史』 太祖世家에 의거하여 11월 8일(戊申)로 편년하였다.
881) 『三國史記』 등에는 7월로 되어 있다.
882) 이 기사에는 일자 표기가 없으나, 『冊府元龜』 褒異에 의거하여 11월17일(丁巳)로 편년하였다.
883) 이 기사에는 일자 표기가 없으나, 『冊府元龜』 褒異에 의거하여 11월17일(丁巳)로 편년하였다.
884) 이 기사에는 연대 표기가 없으나, 『冊府元龜』 褒異에 의거하여 同光元年(923) 11월17일(丁巳)로 편년하였다.

신라 (十一月戊午) 新羅王金朴英遣使貢方物 (『舊五代史』30 唐書 6 莊宗紀 4)
신라 (十一月)戊午 新羅國王金朴英遣使者來 (『新五代史』5 唐本紀 5 莊宗 下)
신라 後唐莊宗同光元年 十一月 新羅國王金朴英遣倉部侍郎金樂錄事叅軍金幼卿朝貢 賜物有差 (『冊府元龜』972 外臣部 17 朝貢 5)

신라 冬十一月 追封金庾信爲興武大王 (『三國史節要』14)

고려 定宗至德章敬正肅文明大王 諱堯 字天義 太祖第二子 母曰神明順聖王太后劉氏 以太祖六年癸未生 (『高麗史』2 世家 2 定宗)

고려 西京留守官 (…) (太祖)六年 併內泉府于珍閣省 (『高麗史』77 志 31 百官 2)

고려 同光元年 遣使廣評侍郎韓申一副使春部少卿朴巖來 而其國王姓名 史失不紀 (『新五代史』74 四夷附錄 3 高麗)[885]

924(甲申/신라 경명왕 8 경애왕 1/발해 애왕 24/후백제 견훤 25/고려 태조 7 天授 7/後唐 同光 2/日本 延長 2)

신라 (春正月庚戌) 新羅王金朴英遣使朝貢 (『舊五代史』31 唐書 7 莊宗紀 5)
신라 (春正月)庚戌 新羅國王金朴英及其泉州節度使王逢規皆遣使者來[886] (『新五代史』5 唐本紀 5 莊宗 下)
신라 春正月 遣使入後唐朝貢 泉州節度使王逢規 亦遣使貢方物 (『三國史記』12 新羅本紀 12)[887]
신라 春正月 遣使如後唐朝貢 泉州節度使王逢規 亦遣使貢方物 (『三國史節要』14)[888]
신라 (同光)二年正月 新羅王金朴英並本國泉州節度使王逢規遣使朝貢 (『冊府元龜』972 外臣部 17 朝貢 5)[889]

발해 (春正月)乙卯 渤海國遣使貢方物 (『舊五代史』31 唐書 7 莊宗紀 5)
발해 (春正月)乙卯 渤海國王大諲譔使大禹謨來 (『新五代史』5 唐本紀 5 莊宗 下)
발해 後唐同光二年正月 遣王子大禹謨來朝 (『五代會要』30 渤海)[890]
발해 (同光二年正月) 渤海王子大禹謨來朝貢 (『冊府元龜』972 外臣部 17 朝貢 5)[891]

신라 第五十五景哀王卽位 同光二年甲辰[892]二月十九日 皇龍寺說百座說經 兼飯禪僧三百 大王親行香致供 此百座通說禪教之始 (『三國遺事』2 紀異 2 景哀王)

발해 後唐同光二年三月 阿保機率所部入寇新城 (『五代會要』29 契丹)

신라 故眞鏡大師碑

885) 『五代會要』에는 同光 3년(925) 11월로 되어 있다.
886) 凡書過惡辭無譏貶者 直書其實而自見也
887) 이 기사에는 일자 표기가 없으나, 『舊五代史』 등에 의거하여 1월11일(庚戌)로 편년하였다.
888) 이 기사에는 일자 표기가 없으나, 『舊五代史』 등에 의거하여 1월11일(庚戌)로 편년하였다.
889) 이 기사에는 일자 표기가 없으나, 『舊五代史』 등에 의거하여 1월11일(庚戌)로 편년하였다.
890) 이 기사에는 일자 표기가 없으나, 『舊五代史』 등에 의거하여 1월16일(乙卯)로 편년하였다.
891) 이 기사에는 일자 표기가 없으나, 『舊五代史』 등에 의거하여 1월16일(乙卯)로 편년하였다.
892) 저본에는 '甲辰'으로 되어 있으나, 同光 2년(924)은 甲申年이므로 '甲申'으로 수정해야 한다.

有唐新羅國故國師諡眞鏡大師寶月淩空之塔碑銘幷序

門下僧 幸期 奉教書

門人 朝請大夫 前守執事侍郎 賜紫金魚袋 崔仁滾篆

余製

余聞 高高天象 非唯占廣闊之名 厚厚地儀 不獨稱幽玄之號 豈若 栖禪上士 悟法眞人 跨四大而 遊化觀風 避三端而 晏居翫月 遂使 假威禪伯 掃魔△△ 離亂之時 追令法王 扶釋教於昇平之際 以至慈雲再蔭 佛日重輝 外道咸賓 彌天率服 持秘印而 發揮奧旨 擧玄網而 弘闡眞宗 唯我大師 則其人也 大師 諱審希 俗姓新金氏 其先 任那王族草拔聖枝 每苦隣兵投於我國 遠祖興武大王 鼇山稟氣 鰈水騰精 握文符而 出自相庭 携武略而 高扶王室 △△終平 二敵永安 兎郡之人 克奉三朝 遐撫辰韓之俗 考盃相道高莊老 志慕松喬 水雲雖縱其閑居朝野恨其無貴仕 妣朴氏 嘗以坐而假寐 夢得休△△後追思 因驚有娠 便以斷其葷血 虛此身心 潛感幽靈 冀生智子 以大中九年十二月十日誕生 大師 異姿瞻發 神色融明 綺紈而未有童心 齠齔而△△佛事 聚沙成塔 摘葉獻香 年九歲 徑往惠目山 謁圓鑑大師 大師 知有惠牙 許栖祇樹 歲年雖少 心意尙精勤勞則高鳳推功 敏捷則揚烏讓美 俾踐僧△ △離法堂 咸通九年 先大師寢疾 乃召大師云 此法 本自西天 東來中國 一花啓發 六葉敷榮 歷代相承 不令斷絶 我曩遊中土曾事百巖 百巖承嗣於△△ 江西繼明於南嶽 南嶽 則漕溪之冢子 是嵩嶺之玄孫 雖信衣不傳 而心印相授 遠嗣如來之教 長開迦葉之宗 汝傳以心燈 吾付爲法信 寂然無語因△△洹 大師 目訣悲深 心喪懇切 尤積亡師之慟 實增絶學之憂 十有九 受具足戒旣而草繫興懷蓬飄託跡 何勞跋涉 卽事巡遊 訪名山而仰止高山 探△△而 終尋絶境或問曰 大師 雖備遊此土 遍謁玄關 而巡歷他方 須參碩彦 大師答曰 自達摩付法 惠可傳心 禪宗所以東流 學者何由西去 貧道已△△目 方接芳塵 豈料捨筏之心 猶軫乘桴之志 文德初歲 乾寧末年 先宴坐於松溪 學人雨聚 暫栖遲於雪嶽 禪客風馳 何往不臧 曷維其已 眞聖大王 遽飛睿札 徵赴彤庭 大師 雖猥奉王言 而寧隳祖業 以修途多梗 附表固辭 可謂天外鶴聲 早達於雞林之畔 人中龍德 難邀於象闕之旁 △△ 因避煙塵 欻離雲水 投溟州而駐足 託山寺以栖心 千里乂安 一方消息 無何遠聞 金海西有福林 忽別此山 言歸南界 及乎達於進禮 暫以踟躕 爰有△△進禮城諸軍事 金律熙 慕道情深 聞風志切 候於境外 迎入城中 仍葺精廬 諮留法車犬 猶如孤兒之逢慈父 衆病之遇醫王 孝恭大王 特遣政法大德如奐 迥降綸言 遙祈法力 佐紫泥而 兼送薰鉢 憑專介而 俾披信心 其國主歸依 時人敬仰 皆此類也 豈惟肉身菩薩 遠蒙聖△△尊 靑眼律師頻感群賢之重而已哉 此寺 雖地連山脈 而門倚墻根 大師以水石探奇 煙霞選勝 遊西岫 梟唳舊墟 豈謂果宜大士之情 深愜神人△△ 所以 刱修茅舍 方止蔆輿 改號鳳林重開禪宇 先是知金海府進禮城諸軍事 明義將軍 金仁匡 鯉庭稟訓 龍闕馳誠 歸仰禪門 助修寶所 大師心憐△△ 意有終焉 高演玄宗 廣揚佛道 寡人祓膺丕構 嗣統洪基欲資安遠之風 期致禹湯之運 聞大師 時尊天下 獨步海隅 久栖北岳之陰 潛授東山之法 △△興輪寺 上座 釋彦琳 中事省 內養 金文式 卑辭厚禮 至切嘉招 大師謂衆云雖在深山 屬於率土 況因付囑 難拒王臣 貞明四年 冬十月 忽出松門 屆于△ 輦至十一月四日 寡人 整其冕服 稍淨襟懷 延入蘂宮 敬邀蘭殿 特表師資之禮 恭申鑽仰之儀大師高拂毳衣 直昇繩榻 說理國安民之術 敷歸僧△△之方 寡人喜仰慈顔親聞妙旨 感激而重重避席 忻歡而一一書紳 此日 隨大師 上殿者 八十人 徒中有上足 景質禪師仰扣鍾鳴 潛廻鏡智 大師 △△撞擊聲在舂容 曉日之暎群山 淸風之和萬籟 縱容演法偏超空有之邊 慷慨譚禪 實出境塵之表 莫知其極 誰識其端 翌日遂命百寮 詣於所止同列稱△ 仍差高品 上尊號曰 法膺大師 此則盡爲師表 常仰德尊 恭著鴻名 以光玄教其後 大師已歸舊隱 重啓芳筵 諭諸學於道灰 俱傳法要 援群生於途炭 △ 贊慈風則必忽患微痾 猶多羸色 大衆 疑入兩楹之夢 預含雙樹之悲 龍德三年四月二十四日 詰旦

告衆曰 諸法皆空 萬緣俱寂 言其寄世 宛若行雲 汝等 勤以住持 愼無悲喪 右脅而臥 示滅於鳳林禪堂 俗年七十 僧臘五十 於時 天色氛氳 日光慘澹 山崩川竭 草悴樹枯 山禽於是苦啼 野獸以之悲吼 門人等 號奉色身 假△于寺之北嶺 寡人忽聆遷化 身惻慟情 仍遣昭玄僧榮會法師 先令吊祭 至于三七 特差中使 賚送賻資 又以贈謚眞鏡大師 塔名寶月凌空之塔 大師 天資惠悟 嶽降精靈 懸慈鏡於靈臺 掛戒珠於識宇 於是隨方弘化 逐境示慈 知無不爲 綽有餘裕 至於終世 心牢無暫起之情 雖在片時 體正絶塵勞之染 傳法弟子 景質禪師等 五百餘人 皆傳心印 各保髻珠 俱栖寶塔之旁 共守禪林之門 遠陳行狀 請勒貞珉 寡人 才謝凌雲 學非對△ 柔翰敢揚其禪德 菲詞希播 其道風 遽裁熊耳之銘 焉慙梁武 追製天台之偈 不媿隋皇 其詞云 釋迦法付大龜氏 千劫流轉示後來 心滅法流何日絶 道存人去幾時廻 偉矣哲人憂迷路 生於浮世降聖胎 慾海波高橫一葦 邪山路險軫三材 方忻宴坐銀花發 忽歎泥洹寶月摧 霜霑鶴樹悲長悴 霧暗鷄山待一開

龍德四年 歲次甲申 四月一日建 門下僧 性林刊字 (「鳳林寺眞鏡大師寶月凌空塔碑」)[893)]

신라 (陰記)

(마멸)禁漁袋崔仁渷篆 (마멸)假威禪伯掃魔 (마멸)大師則其人 (마멸) 略而高扶王室 (마멸) 而假寐夢得休 (마멸) 有童心齠齔而 (마멸) △讓美俾踐僧 (마멸)△△岩承嗣於 (마멸) 信寂然無語因 (마멸) 而仰止高山探 (마멸) 由西去貧道已 (마멸) 邀於邃闕之傍 (마멸)暫以踟躕爰有 (마멸) 身菩薩遠蒙聖 (마멸) 之情深愜神人 (마멸) 所 大師心憐 (마멸) 潛授東山之法 (마멸) 月忽出松門屆于 (마멸) 民之術敷歸僧 (마멸) 廻鏡智 大師 (마멸) 詣於所止同列稱 (마멸) 要援群生於塗炭 (마멸) 寄世宛若行雲汝等 (마멸) 獸以之悲吼門人等 (마멸) 大師塔名寶月凌空 (마멸) 之情雖在片時體正 (마멸) 學非對曰柔翰敢揚 (마멸) 險軫三材方忻宴坐 (마멸) 性林刊字 (마멸) △已閏七月 日重竪北刊 (「鳳林寺眞鏡大師寶月凌空塔碑」陰記)

신라 (同光)二年四月戊寅 新羅朝貢使授朝散大夫守倉部侍郎賜紫金魚袋金岳爲朝議大夫試衛尉卿 (『冊府元龜』976 外臣部 21 褒異 3)[894)]

발해 (夏五月)丙辰 渤海國王大諲撰遣使 貢方物 (『舊五代史』32 唐書 8 莊宗紀 6)

발해 (夏五月)丙辰 渤海國王大諲譔遣使者來 (『新五代史』5 唐本紀 5 莊宗 下)

발해 (同光二年)五月 又遣王子大元讓來朝[895)] 莊宗賜金綵以遣之 (『五代會要』 30 渤海)[896)]

발해 同光二年五月 渤海國王大諲譔遣使姪元讓 貢方物 (『冊府元龜』972 外臣部 17 朝貢 5)[897)]

발해 同光二年五月庚申 賜渤海朝貢使大元讓等 分物有差 (『冊府元龜』976 外臣部 21 褒異 3)

신라 夏六月 遣朝散大夫倉部侍郎金岳 入後唐朝貢 莊宗授朝議大夫試衛尉卿 (『三國史記』

---

893) 봉림사진경대사적조탑비는 본래 경상남도 창원시 봉림동 165번지 봉림사터에 있었으나 현재는 국립중앙박물관에 옮겨 보관하고 있다. 탑비의 전체 높이는 3.37m이고 비신의 높이는 1.71m 너비는 99cm이며 비신의 일부가 파손되어 새로 보완하였다. 탑비는 924년에 건립되었으며 음기는 933년에 새겼다.

894) 『三國史記』 등에는 6월로 되어 있다.

895) 이 뒷부분은 『冊府元龜』 褒異에 5월23일(庚申)로 되어 있다.

896) 이 기사에는 일자 표기가 없으나, 『舊五代史』 등에 의거하여 5월19일(丙辰)로 편년하였다.

897) 이 기사에는 일자 표기가 없으나, 『舊五代史』 등에 의거하여 5월19일(丙辰)로 편년하였다.

12 新羅本紀 12)[898]

신라 夏六月 遣朝散大夫倉部侍郎金岳如後唐朝貢 唐授朝議大夫試衛尉卿 (『三國史節要』14)

신라 (同光)二年六月 又遣使朝散大夫倉部侍郎賜紫金岳來朝貢 授金岳朝議大夫 試衛尉卿 (『五代會要』30 新羅)

신라 (同光二年)六月 新羅遣使朝散大夫倉部侍郎賜紫金岳 來朝貢 (『冊府元龜』972 外臣部 17 朝貢 5)

신라 其官有十七等 其一曰伊罰干 貴如相國 次伊尺干 次破彌干 次大阿尺干 次阿干 次阿尺干 次乙吉干 次沙咄干 次及伏干 次大奈摩干 次大舍 次小舍 次吉士 次大烏 次小烏 次造位 外有郡縣[(…) (同光)二年 又遣朝散大夫倉部侍郎金岳來朝 (…)] (『冊府元龜』962 外臣部 7 官號)[899]

후백제 고려 (夏六月) 萱遣子須彌强良劒等發大耶聞韶二城卒 攻高麗曹物郡 高麗王命將軍哀宣王忠救之 哀宣戰死 郡人固守 須彌强等失利而歸 (『三國史節要』14)[900]

발해 (秋七月壬戌) 幽州奏 契丹阿保機東攻渤海[901] (『舊五代史』32 唐書 8 莊宗紀 6)

발해 (秋七月) 契丹恃其强盛 遣使就帝求幽州以處盧文進 時東北諸夷皆役屬契丹 惟勃海未服 契丹主謀入寇 恐勃海掎其後[902] 乃先擧兵擊勃海之遼東 遣其將禿餒及盧文進據營平等州以擾燕地 (『資治通鑑』273 後唐紀 2 莊宗 中)[903]

발해 (同光二年)其年七月 又率兵東攻渤海國 (『五代會要』29 契丹)[904]

발해 後唐莊宗同光二年七月 幽州奏 偵得阿保機東攻渤海 (『冊府元龜』995 外臣部 40 交侵)[905]

후백제 고려 同光二年秋七月 遣子須彌强 發大耶聞韶二城卒 攻曹物城 城人爲太祖固守且戰 須彌强失利而歸 (『三國史記』50 列傳 10 甄萱)[906]

고려 후백제 秋七月 甄萱遣子湏[907]彌康良劒等 來攻曹物郡 命將軍哀宣王忠救之 哀宣戰死 郡人固守 湏[908]彌康等 失利而歸 (『高麗史』1 世家 1 太祖 1)

고려 후백제 秋七月 甄萱遣子須彌康良劒等 來攻曹物郡 王遣將軍哀宣王忠救之 哀宣戰死 曹物郡人固守 須彌康等 失利而歸 (『高麗史節要』1 太祖神聖大王)

신라 至五十四景明王 追封公爲興虎大王 陵在西山毛只寺之北 東向走峰 (『三國遺事』1 紀異 2 金庾信)

신라 △其後△△△△△ 景月大王以鳳林大師法敎尊崇玄機悶邃特飛丹詔欲赴京華 禪師△△而行至於設佛住持於東泉寺趍覲於北闕中此△ △山築△△△△△國師之禮虔行囊列寧

898)『冊府元龜』褒異에는 4월10일(戊寅)로 되어 있다.
899) 이 기사에는 월 표기가 없으나,『三國史記』등에 의거하여 6월로 편년하였다.
900)『三國史記』新羅本紀 등에는 7월로 되어 있다.
901) 案遼史太祖紀 天贊三年五月 渤海殺其刺史張秀實而掠其民 於東攻渤海之事 闕而不載 考五代會要 同光二年七月 契丹東攻渤海國 與薛史同
902) 勃海時爲海東盛國 置五京十五府六十二州 盡有高麗肅愼之地
903) 이 기사에는 일자 표기가 없으나,『舊五代史』에 의거하여 7월25일(壬戌)로 편년하였다.
904) 이 기사에는 일자 표기가 없으나,『舊五代史』에 의거하여 7월25일(壬戌)로 편년하였다.
905) 이 기사에는 일자 표기가 없으나,『舊五代史』에 의거하여 7월25일(壬戌)로 편년하였다.
906)『三國史節要』에는 6월로 되어 있다.
907) 저본에는 '湏'로 되어 있으나,『三國史記』·『高麗史節要』에 의거하여 '須'로 수정해야 한다.
908) 저본에는 '湏'로 되어 있으나,『三國史記』·『高麗史節要』에 의거하여 '須'로 수정해야 한다.

徵臣伏之儀 (「鳴鳳寺境淸禪院慈寂禪師凌雲塔碑」)[909]

신라　　　　神母本中國帝室之女　名娑蘇　早得神仙之術　歸止海東久而不還　父皇寄書繫足云　隨鳶所止爲家　蘇得書放鳶　飛到此山而止　遂來宅爲地仙　故名西鳶山　神母久據玆山　鎭祐邦國　靈異甚多　有國已來常　爲三祀之一　秩在群望之上　第五十四景明王好使鷹　嘗登此放鷹而失之　禱於神母曰　若得鷹當封爵　俄而鷹飛來止机上　因封爵大王焉 (『三國遺事』5 感通　仙桃聖母隨喜佛事)

신라 고려　　秋八月　王薨　諡曰景明　葬于黃福寺北　太祖遣使弔祭 (『三國史記』12 新羅本紀 12)
신라　　　　景哀王立　諱魏膺　景明王同母弟也 (『三國史記』12 新羅本紀 12)
신라 고려　　(秋八月)　新羅王薨　母弟魏膺立　上諡曰景明　葬于黃福寺北　告喪于高麗　高麗王擧哀遣使弔祭 (『三國史節要』14)
신라　　　　第五十四景明王 (…) 理七年　火葬皇福寺　散骨于省等仍山西 (『三國遺事』1 王曆)[910]
신라　　　　景明王薨　景哀王魏膺卽位元年 (『三國史記』31 年表下)
신라　　　　第五十五景哀王　朴氏　名魏膺　景明之母弟也　母資成　甲申立　理二年 (『三國遺事』1 王曆)[911]

후백제 고려　(同光二年)八月　遣使獻驄馬於太祖 (『三國史記』50 列傳 10 甄萱)
고려 후백제　八月　甄萱遣使來獻絶影島驄馬一匹 (『高麗史』1 世家 1 太祖 1)
후백제 고려　秋八月　甄萱遣高麗　獻絶影島驄馬一匹 (『三國史節要』14)
후백제 고려　獻驄馬於太祖 (『三國遺事』2 紀異 2 後百濟甄萱)[912]

발해　　　　(同光二年)八月　又遣姪學堂親衛大元謙　試國子監丞 (『五代會要』30 渤海)
발해　　　　同光二年八月　渤海朝貢使王姪學堂親衛大元謙　可試國子監丞 (『冊府元龜』976 外臣部 21 褒異 3)

발해　　　　(九月癸卯)　幽州上言　契丹阿保機自渤海國迴軍 (『舊五代史』32 唐書 8 莊宗紀 6)
발해　　　　(九月)　契丹攻渤海　無功而還 (『資治通鑑』273 後唐紀 2 莊宗 中)[913]

여진　　　　(九月)庚戌　有司自契丹至者　言女眞回鶻黃頭室韋　合勢侵契丹 (『舊五代史』32 唐書 8 莊宗紀 6)
여진　　　　(同光二年)至九月　爲隣部室韋女眞回鶻所侵 (『五代會要』29 契丹)[914]
여진　　　　(同光二年)九月　有自契丹部降者上言　女眞回鶻黃頭室韋　合勢侵契丹　召北部酋長禦捍 (『冊府元龜』995 外臣部 40 交侵)[915]

신라 고려　　九月　遣使聘於太祖 (『三國史記』12 新羅本紀 12)
고려 신라　　九月　新羅王昇英薨　其弟魏膺立　來告喪　王擧哀設齋追福　遣使弔之 (『高麗史』1 世家 1 太祖 1)
고려 신라　　太祖七年九月　新羅王昇英薨　來告喪　王擧哀　遣使弔之 (『高麗史』64 志 18 禮 6 凶

909) 경명왕은 917~924년까지 재위하였다.
910) 이 기사에는 월 표기가 없으나, 『三國史記』 新羅本紀에 의거하여 8월로 편년하였다.
911) 이 기사에는 월 표기가 없으나, 『三國史記』 新羅本紀에 의거하여 8월로 편년하였다.
912) 이 기사에는 연대 표기가 없으나, 『三國史記』 甄萱傳 등에 의거하여 同光 2년(924) 8월로 편년하였다.
913) 이 기사에는 일자 표기가 없으나, 『舊五代史』에 의거하여 9월 7일(癸卯)로 편년하였다.
914) 이 기사에는 일자 표기가 없으나, 『舊五代史』에 의거하여 9월14일(庚戌)로 편년하였다.
915) 이 기사에는 일자 표기가 없으나, 『舊五代史』에 의거하여 9월14일(庚戌)로 편년하였다.

禮)

고려 신라 九月 新羅王昇英薨 其弟魏膺立 來告喪 王爲之擧哀設齋追福 遣使弔之 (『高麗史節要』1 太祖神聖大王)

신라 고려 九月 遣使聘高麗 (『三國史節要』14)

말갈 後唐同光二年九月 遣使兀兒來[916] 以兀兒爲懷化中郎將 遣還番 (『五代會要』30 黑水靺鞨)

말갈 同光二年九月 黑水國遣使朝貢 (『冊府元龜』972 外臣部 17 朝貢 5)

신라 冬十月 親祀神宮 大赦 (『三國史記』12 新羅本紀 12)

신라 冬十月 親祀神宮 大赦 (『三國史節要』14)

말갈 同光二年十一月庚寅[917] 以黑水國朝貢元兒爲歸化中郎將 (『冊府元龜』976 外臣部 21 褒異 3)

고려 甲申 創外帝釈神衆院興國寺 (『三國遺事』1 王曆)

고려 是歲 創外帝釋院九耀堂神衆院 (『高麗史』1 世家 1 太祖 1)

고려 是歲 創外帝釋院九曜堂神衆院 (『高麗史節要』1 太祖神聖大王)

고려 天贊三年 來貢 (『遼史』115 列傳 45 二國外記 高麗)

고려 洎於同光二年 來歸舊國 國人相慶 歡響動天 可謂交趾珠還 趙邦璧返 唯知優曇一現摩勒重榮 上乃特遣便臣 奉迎郊外 寵榮之盛 冠絶當時 翌日 延入九重 降於三等 虔心鑽仰 待以國師 翌日延入 九重降於三等虔心鑽仰待以國師大師披霧之時頻搖塵尾上乃望風之際甚悅龍顔所以 大師語路風流言泉境絶得所無得玄之 又玄忽聽玄譚盡去煩襟之」悶仍承雅況終懷瑩慮之規 然則大師曰群緣體無衆法歸一若靈藥毒草同在林中甘泉淤泥共生泉下能令分別不有迷之上事佛精勤深求親近 仍于中州淨土蘭若請以住持大師自此纔涉滄溟每思幽谷捨玆爰適適我願兮 於是便挈山裝尋淩漢廣悠悠蹇嶺往以居之境地偏佳山泉甚美當州聞風而悅詣者 百千大師暫駐慈軒尋鋪禪榻四方來者 皆滿茅堂森若稻麻誨之不倦所以先難後獲霧集雲歸大師誘引學流敷陳宗旨理妙詞簡幾深義精六度之龜麟人天之海嶽也 爰有佐丞劉權說者殷傅說之流也 於國忠臣在家弟子鑽仰尼父必同顔氏之徒服膺釋迦須並阿難之頬特趁禪境敬禮 慈顔便申避席之儀深展摳衣之懇 (「淨土寺法鏡大師慈燈塔碑」)

신라 以梁龍德四年 春跳出谷山路指幽代將禮五臺聖跡遠履萬里險途届於觀音寺憇歇之際晝夜俄經忽患面上赤瘡致阻叅尋之便未逢肘後 秘術莫資療理之功久不蠲除漸至危篤遂乃獨坐槃堂上暗持菩薩願心頃刻之閒有一老僧入門問曰汝從何所所苦何如 大師對曰來從海左久寓江南若是毒瘡弗悆而已乃曰且莫憂苦宿寃使然便以注水如醴洗之頓愈謂曰我主此山暫來問慰 唯勤將護用事巡遊辭而出歸豁如夢覺皮膚不損瘕癬亦無者盖爲大師躬踐淸涼親瞻妙德由早承於龜氏宗旨果獲遇於龍種聖尊不可思議於是乎在厥後西經雲盖南歷洞山境之異者必臻僧之高者必覿 (「鳳巖寺靜眞大師圓悟塔碑」)

---

916) 이 뒷부분은『冊府元龜』褒異에 12월26일(庚寅)로 되어 있다.

917) 924년 11월에는 庚寅이 없다. 12월26일 庚寅의 오기인 듯하다.

신라 後唐同光二年七月　迴歸達于全州喜安縣」浦口泊至維舟深諳捨筏是猶孟嘗之珠還在浦雷煥之劒復入池德旣耀於寶身志益堅於高蹈矧屬天芒伏竄地出蒼鵝野寇山戎各競忿爭之力巖眉岫幌半羅焚之灾爰遵避地之機仍抗絶塵之跡效玄豹之隱霧畏鳴鶴之聞天庇影山中韜光廡下而乃雖曰煙霞之洞漸成桃李之蹊莫遂潛藏更議遷徙康州伯嚴寺是西穴故師所修葺移住也以自　先師謝世法匠歸眞門人多安仰之悲信士發靡依之歎況又雲磎煙嶺四時之變態相高松韻竹聲百籟之和唫不斷宛秀東林之境堪傳西域之宗越　(「鳳巖寺靜眞大師圓悟塔碑」)

신라 更三冬迺以爲當寺誠樂道之淸齋乃安禪之勝踐尙以鳥則擇木吾豈瓜伏聞褒我太祖神聖大王懷斗膺期握褒啓聖華夏受顧天之命載周興出日之邦　遂乃片月遊空孤雲出岫彼蒼龍濟浪本無憑筏之心舟鳳冲虛猶有栖梧之志遠携黎杖遙詣玉京　遂人覲太祖大王大王以大師玄道周行法身圓對芀請住廣州天王寺　遂從之住焉居則化矣而以慧目山乃霞嶠偏宜於宴坐雲溪甚愜於禪居迻而住焉　於是四達問津者視千里猶跬步如雲來者似海納之莫不犇馳善道以憧憧出入玄門而濟濟　太祖方當際會欲表因緣送霞衲衣幷坐未幾　太祖天崩國日入虞泉念善始之芳因列餝終之玄路 (「高達寺元宗大師慧眞塔碑」)[918]

925(乙酉/신라 경애왕 2/발해 애왕 25/후백제 견훤 26/고려 태조 8 天授 8/後唐 同光 3/日本 延長 3)

발해 (二月辛巳) 突厥渤海國 皆遣使貢方物 (『舊五代史』32 唐書 8 莊宗紀 6)

발해 (二月)辛巳 突厥渾解樓渤海國王大諲譔 皆遣使者來 (『新五代史』5 唐本紀 5 莊宗下)

발해 (同光)三年二月 又遣使裵璆貢方物 進細女口 (『五代會要』30 渤海)[919]

발해 同光三年二月 渤海國王大諲譔遣使裵璆 貢人參松子昆布黃明細布貂鼠皮被一褥六髮靴革奴子二 (『冊府元龜』972 外臣部 17 朝貢 5)[920]

고려 太祖八年三月癸丑 蟾出宮城東魚堤 多不可限 (『高麗史』55 志 9 五行 3 土)

고려 발해 (太祖八年三月)丙辰 蚯蚓出宮城 長七十尺 時謂渤海國來投之應 (『高麗史』55 志 9 五行 3 土)

고려 발해 春三月 蚯蚓出宮城東 長七十尺 時謂渤海國來投之應 (『高麗史節要』1 太祖神聖大王)[921]

고려 春三月 幸西京 (『高麗史』1 世家 1 太祖 1)

고려 (春三月) 幸西京 (『高麗史節要』1 太祖神聖大王)

고려 春三月 高麗王幸西京 (『三國史節要』14)

발해 同光三年五月乙卯 以渤海國入朝使政堂省守和部少卿賜紫金魚袋裵璆 可右贊善大夫 (『冊府元龜』976 外臣部 21 褒異 3)

발해 (同光三年)五月 以入朝使政堂省守和部少卿賜紫金魚袋裵璆爲右贊善大夫 (『五代會要』30 渤海)[922]

---

918) 겨울 3번을 지난 것은 정명 7년 921년 부터이다. 따라서 924년에 편제하였다.
919) 이 기사에는 일자 표기가 없으나, 『舊五代史』 등에 의거하여 2월18일(辛巳)로 편년하였다.
920) 이 기사에는 일자 표기가 없으나, 『舊五代史』 등에 의거하여 2월18일(辛巳)로 편년하였다.
921) 이 기사에는 일자 표기가 없으나, 『高麗史』 太祖世家에 의거하여 3월24일(丙辰)로 편년하였다.
922) 이 기사에는 일자 표기가 없으나, 『冊府元龜』 褒異에 의거하여 5월24일(乙卯)로 편년하였다.

말갈 (同光)三年五月 黑水胡獨鹿遣使朝貢 (『五代會要』30 黑水靺鞨)
말갈 (同光三年)五月 黑水胡獨鹿女貞等使朝貢 (『冊府元龜』972 外臣部 17 朝貢 5)

말갈 後唐莊宗同光三年八月 青州市到黑水蕃馬三十疋 (『冊府元龜』999 外臣部 44 互市)

고려 발해 秋九月丙申 渤海將軍申德等五百人來投 (『高麗史』1 世家 1 太祖 1)
발해 고려 秋九月丙申 渤海將軍申德等五百人 投高麗 (『三國史節要』14)

고려 발해 (秋九月)庚子 渤海禮部卿大和鈞均老司政大元鈞工部卿大福謨左右衛將軍大審理等 率民一百戶來附
渤海本粟末靺鞨也 唐武后時 高勾麗人大祚榮走保遼東 睿宗封爲渤海郡王 因自稱渤海國 并有扶餘肅愼等十餘國 有文字禮樂官府制度五京十五府六十二州 地方五千餘里 衆數十萬 隣于我境 而與契丹世讎 至是 契丹主謂左右曰 世讎未雪 豈宜安處 乃大擧攻渤海大諲譔 圍忽汗城 大諲譔戰敗乞降 遂滅渤海 於是 其國人來奔者相繼 (『高麗史』1 世家 1 太祖 1)
발해 고려 (秋九月)庚子 渤海禮部卿大和鈞均老司政大元鈞工部卿大福謩左右衛將軍大審理等 率民一百戶來附高麗 (『三國史節要』14)

고려 (秋九月)甲寅 買曹城將軍能玄 遣使乞降 (『高麗史』1 世家 1 太祖 1)
고려 (秋九月)甲寅 買曹城將軍能玄 遣使高麗乞降 (『三國史節要』14)
고려 秋九月 買曹城將軍能玄 遣使乞降 (『高麗史節要』1 太祖神聖大王)[923)]

고려 신라 冬十月己巳 高鬱府將軍能文 率士卒來投 以其城近新羅王都 勞慰遣還 唯留麾下侍郎盃近大監明才相述弓式等 (『高麗史』1 世家 1 太祖 1)
신라 고려 冬十月己巳 高鬱府將軍能文 率衆投高麗 以其城近新羅王都 勞慰遣還 唯留麾下侍郎盃近大監明才相述弓式等 (『三國史節要』14)
신라 고려 冬十月 高鬱府將軍能文 投於太祖 勞諭還之 以其城迫近新羅王都故也 (『三國史記』12 新羅本紀 12)[924)]
고려 신라 冬十月 高鬱府將軍能文 率士卒來投 王以其城近新羅王都 勞慰還之 惟留其麾下侍郎盃近大監明才相述弓式等 (『高麗史節要』1 太祖神聖大王)[925)]

고려 후백제 (冬十月己巳) 遣征西大將軍庾黔弼攻百濟 (『高麗史』1 世家 1 太祖 1)
고려 후백제 (冬十月己巳) 高麗以庾黔弼等爲征西大將軍 攻百濟燕山鎭 殺將軍吉奐 又攻任存郡 殺獲三千餘人 (『三國史節要』14)
고려 후백제 (冬十月) 遣征西大將軍庾黔弼 攻百濟燕山鎭 殺將軍吉奐 又攻任存郡 殺獲三千餘人 (『高麗史節要』1 太祖神聖大王)[926)]
고려 후백제 (太祖)八年 爲征西大將軍 攻百濟燕山鎭 殺將軍吉奐 又攻任存郡 殺獲三千餘人 (『高麗史』92 列傳 5 諸臣 庾黔弼)[927)]

923) 이 기사에는 일자 표기가 없으나, 『高麗史』 太祖世家 등에 의거하여 9월24일(甲寅)로 편년하였다.
924) 이 기사에는 일자 표기가 없으나, 『高麗史』 太祖世家 등에 의거하여 10월10일(己巳)로 편년하였다.
925) 이 기사에는 일자 표기가 없으나, 『高麗史』 太祖世家 등에 의거하여 10월10일(己巳)로 편년하였다.
926) 이 기사에는 일자 표기가 없으나, 『高麗史』 太祖世家 등에 의거하여 10월10일(己巳)로 편년하였다.
927) 이 기사에는 월일 표기가 없으나, 『高麗史』 太祖世家 등에 의거하여 10월10일(己巳)로 편년하였다.

고려 후백제 신라

(冬十月)乙亥 王自將 及甄萱戰于曹物郡 黔弼引兵來會 萱懼乞和 以外甥眞虎爲質 王亦以堂弟元尹王信交質 以萱十年之長 稱爲尙父 新羅王聞之遣使曰 萱反復多詐 不可和親 王然之 (『高麗史』1 世家 1 太祖 1)[928]

후백제 고려 (同光)三年冬十月 萱率三千騎 至曹物城 太祖亦以精兵來 與之确 時 萱兵銳甚 未決勝否 太祖欲權和以老其師 移書乞和 以堂弟王信爲質 萱亦以外甥眞虎交質 (『三國史記』50 列傳 10 甄萱)[929]

후백제 고려 (同光)三年冬十月 萱率三千騎 至曹物城[今未詳] 太祖亦以精兵來 與之角 萱兵銳 未決勝負 太祖欲權和以老其師 移書乞和 以堂弟王信爲質 萱亦以外甥眞虎交質 (『三國遺事』2 紀異 2 後百濟甄萱)[930]

고려 후백제 신라

(冬十月) 幸曹物郡 遇甄萱與戰 萱兵銳甚 未決勝負 王欲與相持以老其師 庾黔弼引兵來會 兵勢大振 萱懼乞和 以外甥眞虎爲質 王亦以堂弟王信交質 王以萱十年之長 稱爲尙父 王欲召萱至營論事 黔弼諫曰 人心難知 豈可輕與敵相狎乎 王乃止 新羅王聞之 遣使曰 甄萱反復多詐 不可和親 王然之 (『高麗史節要』1 太祖神聖大王)[931]

후백제 고려 신라

(冬十月) 甄萱率三千騎 至曹物城 高麗王自將精兵與戰 萱兵銳甚 勝否未決 欲與相持以老其師 庾黔弼引兵來會 兵勢大振 萱懼乞和 王許之 欲召萱至營論事 黔弼諫曰 人心難知 豈何輕與敵相狎 王乃止 萱以外甥眞虎爲質於高麗 高麗王亦以堂弟王信交質 王聞之 遣使高麗謂王曰 甄萱反覆多詐 不可和親 王然之 (『三國史節要』14)[932]

고려 후백제 (太祖八年) 太祖與甄萱戰於曹物郡 萱兵銳甚 未決勝負 太祖欲與相持以老其師 黔弼引兵來會 兵勢大振 萱懼乞和 太祖許之 欲召萱至營論事 黔弼諫曰 人心難知 豈可輕與敵相狎 太祖乃止仍謂曰 卿破燕山任存 功旣不細 待國家安定 當策卿功 (『高麗史』92 列傳 5 諸臣 庾黔弼)[933]

고려 (天贊四年冬十月)辛巳 高麗國來貢 (『遼史』2 本紀 2 太祖 下)

고려 (同光三年十月) 高麗國遣使韋伸 貢方物 (『冊府元龜』972 外臣部 17 朝貢 5)

고려 탐라 十一月己丑[934] 耽羅貢方物 (『高麗史』1 世家 1 太祖 1)

탐라 고려 十一月己丑 耽羅遣使高麗 貢方物 (『三國史節要』14)

고려 탐라 十一月 耽羅貢方物 (『高麗史節要』1 太祖神聖大王)[935]

고려 (十一月)丁未 高麗國遣使貢方物 (『舊五代史』33 唐書 9 莊宗紀 7)

고려 十一月丁未 高麗遣使者來 (『新五代史』5 唐本紀 5 莊宗 下)

고려 後唐同光三年十一月 遣使廣評侍郎上柱國韓申一副使春部少卿朴巖 來貢方物 (『五代會要』30 高麗)[936]

---

928) 『三國史記』新羅本紀에는 11월로 되어 있다.
929) 이 기사에는 일자 표기가 없으나, 『高麗史』太祖世家에 의거하여 10월16일(乙亥)로 편년하였다.
930) 이 기사에는 일자 표기가 없으나, 『高麗史』太祖世家에 의거하여 10월16일(乙亥)로 편년하였다.
931) 이 기사에는 일자 표기가 없으나, 『高麗史』太祖世家에 의거하여 10월16일(乙亥)로 편년하였다.
932) 이 기사에는 일자 표기가 없으나, 『高麗史』太祖世家에 의거하여 10월16일(乙亥)로 편년하였다.
933) 이 기사에는 월일 표기가 없으나, 『高麗史』太祖世家에 의거하여 10월16일(乙亥)로 편년하였다.
934) 925년 11월에는 己丑이 없다. 10월30일 己丑의 오기인 듯하다.
935) 이 기사에는 일자 표기가 없으나, 『高麗史』太祖世家 등에 의거하여 10월30일(己丑)로 편년하였다.
936) 이 기사에는 일자 표기가 없으나, 『舊五代史』등에 의거하여 11월18일(丁未)로 편년하였다. 『新五代史』

고려　後唐同光三年十一月 遣使廣評侍郞上柱國韓申一·副使春部少卿朴巖來貢方物 (『五代會要』30 高麗)

고려　唐 同光天成中 累遣使朝貢 (『舊五代史』外國列傳 高麗)

신라　(十一月)己酉 新羅國來貢 (『遼史』2 本紀 2 太祖 下)

신라 후백제 고려

十一月 後百濟主甄萱以姪眞虎質於高麗 王聞之 使謂太祖曰 甄萱反覆多詐 不可知親 太祖然之 (『三國史記』12 新羅本紀 12)[937]

고려 발해　十二月戊子 渤海左首衛小將冒豆干檢校開國男朴漁等 率民一千戶來附 (『高麗史』1 世家 1 太祖 1)

발해 고려　十二月戊子 渤海左首衛小將冒豆干檢校開國男朴漁等 率民一千戶附高麗 (『三國史節要』14)

고려 발해　十二月 契丹滅渤海 渤海 本粟末靺鞨也 唐武后時 高句麗人大祚榮走保遼東 睿宗封爲渤海郡王 因自稱渤海國 倂有扶餘肅愼等十餘國 有文字禮樂官府制度五京十五府六十二州 地方五千餘里 衆數十萬 隣于我境 而與契丹世讎 契丹主大擧攻渤海 圍忽汗城 滅之 改爲東丹國 其世子大光顯及將軍申德禮部卿大和鈞均老司政大元鈞工部卿大福謩左右衛將軍大審理小將冒豆干檢校開國男朴漁工部卿吳興等 率其餘衆 前後來奔者 數萬戶 王待之甚厚 賜光顯姓名王繼 附之宗籍 使奉其祀 僚佐皆賜爵 (『高麗史節要』1 太祖神聖大王)[938]

고려 발해　天授八年 契丹滅渤海國 世子大光顯來附 (『高麗史』86 表 1 年表 1)[939]

후백제　(同光三年冬)十二月 攻取居昌等二十餘城 (『三國史記』50 列傳 10 甄萱)

후백제　(同光三年)十二月 攻取居西[今未詳]等二十餘城 (『三國遺事』2 紀異 2 後百濟甄萱)

후백제　甄萱攻取居昌等二十餘城 (『三國史節要』14)[940]

후백제　(同光三年冬十二月) 遣使入後唐稱藩 唐策授檢校大尉兼侍中判百濟軍事 依前持節都督全武公等州軍事行全州刺史海東西面都統指揮兵馬制置等事百濟王 食邑二千五百戶 (『三國史記』50 列傳 10 甄萱)

후백제　(同光三年十二月) 遣使入後唐稱藩 唐策授檢校太尉兼侍中判百濟軍事 依前都督行全州刺史海東四面都統指揮兵馬判置等事百濟王 食邑二千五百戶 (『三國遺事』2 紀異 2 後百濟甄萱)

후백제　遣使如後唐稱藩 唐策授檢校太尉兼侍中判百濟軍事 依前持節都督全武公等州軍事行全州刺史海東西面都統指揮兵馬制置等事百濟王 食邑二千五百戶 (『三國史節要』14)[941]

고려　光宗弘道宣烈平世大成大王 諱昭 字日華 定宗母弟 以太祖八年乙酉生 (『高麗史』2 世家 2 光宗)

高麗傳에는 同光元年(923)으로 되어 있다.

937) 『高麗史』太祖世家에는 10월16일(乙亥)로 되어 있다.

938) 이 기사에는 일자 표기가 없으나, 『高麗史』太祖世家 등에 의거하여 12월29일(戊子)로 편년하였다.

939) 이 기사에는 월일 표기가 없으나, 『高麗史』太祖世家 등에 의거하여 12월29일(戊子)로 편년하였다.

940) 이 기사에는 월 표기가 없으나, 『三國史記』甄萱傳에 의거하여 12월로 편년하였다.

941) 이 기사에는 월 표기가 없으나, 『三國史記』甄萱傳에 의거하여 12월로 편년하였다.

고려　城堡 (…) (太祖)八年 城成州 六百九十一 間門七 水口五 城頭七 遮城一 堞垣八十七間 (『高麗史』82 志 36 兵 2)

고려　城堡 (…) (太祖八年) 城運州玉山 (『高麗史』82 志 36 兵 2)

고려　城堡 (…) (太祖八年) 命庾黔弼城湯井郡 (『高麗史』82 志 36 兵 2)

고려　城堡 (…) (太祖八年) 王巡北界移築鎭國城 (『高麗史』82 志 36 兵 2)

발해　(同光)三年 擧其衆討渤海之遼東 令禿餒盧文進據營平等州 擾我燕薊 (『舊五代史』137 外國列傳 1 契丹)

926(丙戌/신라 경애왕 3/발해 애왕 26/후백제 견훤 27/고려 태조 9 天授 9/後唐 同光 4 天成 1/日本 延長 4)

발해　(春正月戊午朔) 契丹寇渤海 (『舊五代史』34 唐書 10 莊宗紀 8)

발해　(同光)四年正月 阿保機將復寇渤海國 又遣梅老鞋里已下三十七人貢馬三十匹 詐修和好 (『五代會要』29 契丹)[942]

발해　(同光)四年正月 北面招討使李紹眞奏 北來奚首領云 契丹阿保機寇渤海國 (『冊府元龜』995 外臣部 40 交侵)[943]

발해　(春正月丙寅) 契丹寇女眞渤海 (『舊五代史』34 唐書 10 莊宗紀 8)

발해　(正月) 契丹主擊女眞及勃海[944] 恐唐乘虛襲之 (『資治通鑑』274 後唐紀 3 明宗 上之上)[945]

고려　(同光)至四年正月 授韓申一朝散大夫試殿中監 朴巖朝散郎試秘書郎 (『五代會要』30 高麗)

고려 예맥　(天顯元年二月)丁未 高麗濊貊鐵驪靺鞨來貢 (『遼史』2 本紀 2 太祖 下)

발해　明宗初纂嗣 遣供奉官姚坤[946]奉書告哀 至西樓邑 屬阿保機在渤海 又徑至愼州 崎嶇萬里 (『舊五代史』137 外國列傳 1 契丹)[947]

발해　莊宗崩 明宗遣供奉官姚坤告哀於契丹 坤至西樓而阿保機方東攻渤海 坤追至愼州見之 (『新五代史』72 四夷附錄 1 契丹 上)

발해　(四月)甲寅 大赦 改元 渤海國王大諲譔使大陳林來 (『新五代史』6 唐本紀 6 明宗)

발해　天成元年四月 遣使大陳林等一百十六人 來朝貢 進男口女口各三人幷人參昆布白附子等 (『五代會要』30 渤海)[948]

---

942) 이 기사에는 일자 표기가 없으나,『舊五代史』에 의거하여 1월 1일(戊午)로 편년하였다.
943) 이 기사에는 일자 표기가 없으나,『舊五代史』에 의거하여 1월 1일(戊午)로 편년하였다.
944) 女眞始見於此 其國本肅愼氏 東漢謂之挹婁 元魏謂之勿吉 隋唐謂之靺鞨 五代時始號女眞 女眞有數種 居混同江之南者爲熟女眞 江之北者爲生女眞 混同江卽鴨淥水
945) 이 기사에는 일자 표기가 없으나,『舊五代史』에 의거하여 1월 9일(丙寅)로 편년하였다.
946) 案 通鑑考異引莊宗實錄作苗坤(舊五代史考異)
947) 後唐 明宗이 즉위한 것은 天成元年 4월21일(丙午)이므로 그에 따라 편년하였다.
948) 이 기사에는 일자 표기가 없으나,『新五代史』에 의거하여 4월28일(甲寅)로 편년하였다.

발해 後唐明宗天成元年四月 渤海國王大諲譔遣使大陳林等一百一十六人朝貢 進兒口女口各三人人參昆布白附子及虎皮等 (『冊府元龜』 972 外臣部 17 朝貢 5)[949]

발해 (夏四月)乙卯 渤海國王大諲譔遣使朝貢 (『舊五代史』 36 唐書 12 明宗紀 2)

고려 후백제 신라

夏四月庚辰[950] 甄萱質子眞虎病死 遣侍郞弋萱送其喪 甄萱謂我殺之 殺王信 進軍熊津 王命諸城堅壁不出 新羅王遣使曰 甄萱違盟擧兵 天必不祐 若大王奮一鼓之威 萱必自敗 王謂使者曰 吾非畏萱 俟惡盈而自僵耳 萱聞讖云 絶影名馬至 百濟亡 至是悔之 使人請還其馬 王笑而許之 (『高麗史』 1 世家 1 太祖 1)

후백제 고려 신라

夏四月庚辰 甄萱質子眞虎病死於高麗 高麗王遣侍郞弋萱送其喪 甄萱謟謂高麗殺之 囚殺王信 進軍熊津 高麗王命諸城堅壁不出 王遣使高麗曰 甄萱違盟擧兵 天必不祐 若大王奮一鼓之威 萱必自敗 高麗謂使者曰 吾非畏萱 俟惡盈而自僵耳 萱聞讖云 絶影名馬至 百濟亡 至是悔之 使人請還其馬 高麗王笑而許之 (『三國史節要』 14)

신라 후백제 고려

夏四月 眞虎暴死 萱謂高麗人故殺 怒擧兵 進軍於熊津 太祖命諸城堅壁不出 王遣使曰 甄萱違盟擧兵 天必不祐 若大王奮一鼓之威 甄萱必自破矣 太祖謂使者曰 吾非畏萱 俟惡盈而自僵耳 (『三國史記』 12 新羅本紀 12)[951]

고려 후백제 신라

夏四月 甄萱質子眞虎病死 遣侍郞弋萱送其喪 甄萱謂我殺之 殺王信 進軍熊津 王命諸城堅壁不出 新羅王遣使曰 甄萱違盟擧兵 天必不祐 若大王奮一鼓之威 萱必自敗矣 王謂使者曰 吾非畏萱 俟惡盈而自僵耳 先是 萱獻絶影島驄馬一匹 後聞讖云 絶影名馬至 百濟亡 乃悔之 使人請還其馬 王笑而許之 (『高麗史節要』 1 太祖神聖大王)[952]

후백제 고려 (同光)四年 眞虎暴卒 萱聞之 疑故殺 卽囚王信獄中 又使人請還前年所送驄馬 太祖笑還之 (『三國史記』 50 列傳 10 甄萱)[953]

후백제 고려 (同光)四年 眞虎暴卒 疑故殺 卽囚王信 使人請還前年所送驄馬 太祖笑還之 (『三國遺事』 2 紀異 2 後百濟甄萱)[954]

고려 太祖九年四月 西京東部禪院鍾 自鳴九十聲 (『高麗史』 53 志 7 五行 1 水)

발해 (秋七月)庚申 契丹渤海國俱遣使朝貢 (『舊五代史』 36 唐書 12 明宗紀 2)

발해 (秋七月庚申) 契丹使梅老述骨來 渤海使大昭佐來 (『新五代史』 6 唐本紀 6 明宗)

발해 (天成元年)其年七月 遣使大照佐等六人朝貢 先是 契丹大首領耶律阿保機兵力雄盛 東北諸番多臣屬之 以渤海國土地相接 常有呑併之志 是歲率諸番部落攻渤海國扶餘城[955] 下之 改扶餘城爲東丹府 命其子突欲留兵鎭之 未幾 阿保機死 渤海王命其弟率兵攻扶餘城 不能克 保衆而退(『五代會要』 30 渤海)[956]

발해 (天成元年七月) 渤海使人大昭佐等六人朝貢 (『冊府元龜』 972 外臣部 17 朝貢 5)[957]

---

949) 이 기사에는 일자 표기가 없으나, 『新五代史』에 의거하여 4월28일(甲寅)로 편년하였다.
950) 926년 4월에는 庚辰이 없다. 5월25일 庚辰의 오기인 듯하다.
951) 이 기사에는 일자 표기가 없으나, 『高麗史』 太祖世家 등에 의거하여 5월25일(庚辰)로 편년하였다.
952) 이 기사에는 일자 표기가 없으나, 『高麗史』 太祖世家 등에 의거하여 5월25일(庚辰)로 편년하였다.
953) 이 기사에는 월일 표기가 없으나, 『高麗史』 太祖世家 등에 의거하여 5월25일(庚辰)로 편년하였다.
954) 이 기사에는 월일 표기가 없으나, 『高麗史』 太祖世家 등에 의거하여 5월25일(庚辰)로 편년하였다.
955) 忽汗城의 誤傳(池內76쪽)
956) 이 기사에는 일자 표기가 없으나, 『舊五代史』 등에 의거하여 7월 6일(庚申)로 편년하였다.

발해 天成元年七月 攻渤海國夫餘城 下之 命其長子突欲爲國主 號東丹王. (『五代會要』29 契丹)

발해 天成元年九月 幽州趙德均奏 先差軍將陳繼威使契丹部內 今使還得狀稱 今年七月二十日 至渤海界扶餘府 契丹族帳在府城東南隅 繼威旣至 求見不通 竊問漢兒 言契丹主阿保機已得疾 (『冊府元龜』980 外臣部 25 通好)

발해 (秋七月) 契丹主攻勃海 拔其夫餘城[958] 更命曰東丹國 命其長子突欲鎭東丹 號人皇王 以次子德光守西樓 號元帥太子[959] (『資治通鑑』275 後唐紀 4 明宗 上之下)[960]

발해 天成元年七月 攻渤海國扶餘城 下之 命其長子突欲爲國主 號東丹王 (『五代會要』29 契丹)[961]

발해 (天成元年七月) 先是 契丹大首領耶律阿保機兵力雄盛 東北諸番多臣屬之 以渤海國土地相接 常有呑併之志 是歲 率諸番部落攻渤海國扶餘城 下之 改扶餘城爲東丹府 命其子突欲留兵鎭之 (『五代會要』30 渤海)[962]

발해 阿保機攻渤海 取其扶餘一城 以爲東丹國 以其長子人皇王突欲爲東丹王 (『新五代史』72 四夷附錄 1 契丹 上)[963]

발해 後唐天成初 爲契丹阿保機攻扶餘城下之 改扶餘爲東丹府 命其子突欲留兵鎭之 (『宋史』491 列傳 250 外國 7 渤海國)[964]

발해 一夕 大星殞于其帳前 俄而卒于扶餘城 時天成元年七月二十七日也 (『舊五代史』137 外國列傳 1 契丹)

발해 (秋七月)辛巳 契丹主阿保機卒於夫餘城 述律后召諸將及酋長難制者之妻 謂曰 我今寡居 汝不可不效我 又集其夫泣問曰 汝思先帝乎 對曰 受先帝恩 豈得不思 曰 果思之 宜往見之 遂殺之[965] (『資治通鑑』275 後唐紀 4 明宗 上之下)

발해 天成元年九月 幽州趙德均奏 先差軍將陳繼威使契丹部內 今使還得狀稱 今年七月二十日 (…) 其月二十七日 阿保機身死 (『冊府元龜』980 外臣部 25 通好)

발해 (天成元年七月) 未幾 阿保機死 渤海王命其弟率兵攻扶餘城 不能克 保衆而退 (『五代會要』30 渤海)[966]

발해 (後唐天成初) 阿保機死 渤海王復攻扶餘 不能克 (『宋史』491 列傳 250 外國 7 渤海國)[967]

---

957) 이 기사에는 일자 표기가 없으나, 『舊五代史』 등에 의거하여 7월 6일(庚申)로 편년하였다.

958) 旣唐高麗之夫餘城也 時高麗王王建有國 限混同江而守之 混同江之西不能有也 故夫餘城屬勃海國 混同江卽鴨淥水

959) 爲突欲來奔張本 宋白曰 耶律德光本名耀屈之 慕中國文字 改焉

960) 이 기사는 7월18일(壬申)과 22일(丙子) 사이에 있으므로 7월18일~22일로 기간편년하고 7월22일에 배치하였다.

961) 이 기사에는 일자 표기가 없으나, 『資治通鑑』에 의거하여 7월18일~22일로 기간편년하고 7월22일에 배치하였다.

962) 이 기사에는 일자 표기가 없으나, 『資治通鑑』에 의거하여 7월18일~22일로 기간편년하고 7월22일에 배치하였다.

963) 이 기사에는 연대 표기가 없으나, 『資治通鑑』에 의거하여 天成元年(926) 7월18일~22일로 기간편년하고 7월22일에 배치하였다.

964) 이 기사에는 연대 표기가 없으나, 『資治通鑑』에 의거하여 天成元年(926) 7월18일~22일로 기간편년하고 7월22일에 배치하였다.

965) 爲述律后囚於阿保機墓張本

966) 이 기사에는 일자 표기가 없으나, 『舊五代史』 등에 의거하여 7월27일(辛巳)로 편년하였다.

967) 이 기사에는 연대 표기가 없으나, 『舊五代史』 등에 의거하여 天成元年(926) 7월27일(辛巳)로 편년하였다.

발해 (八月)丁亥 契丹述律后使少子安端少君守東丹 與長子突欲奉契丹主之喪 將其衆發夫餘城 (『資治通鑑』275 後唐紀 4 明宗 上之下)

발해 天成元年九月 幽州趙德均奏 先差軍將陳繼威使契丹部內 今使還得狀稱 今年七月二十日 (…) 八月三日 隨阿保機靈柩發離扶餘城 (『冊府元龜』980 外臣部 25 通好)

발해 唐天成初 阿保機死 其母令德光權主牙帳 令少子安端少君往渤海國代突欲 (『舊五代史』137 外國列傳 1 契丹)968)

발해 初 阿保機死 長子東丹王突欲當立 其母述律遣其幼子安端少君之扶餘代之 將立以爲嗣 然述律尤愛德光 德光有智勇 素已服其諸部 安端已去 而諸部希述律意 共立德光 突欲不得立 (『新五代史』72 四夷附錄 1 契丹 上)969)

발해 初 阿保機有三子 長號人皇王 次號元帥太子 次曰安端少君 及阿保機死 其妻述律氏令第二子元帥太子德光句當兵馬 令小子安端少君往渤海國代突欲 將立爲嗣 而元帥太子素爲部族所敬 又其母述律氏亦常鍾愛 故因而立之 僞稱天顯元年 尋葬阿保機於西樓[蕃中地名] 僞謚大聖皇帝 (『五代會要』29 契丹)970)

발해 天成元年九月 幽州趙德均奏 先差軍將陳繼威使契丹部內 今使還得狀稱 今年七月二十日 (…) 八月三日 (…) 十三日 至烏州 契丹王妻始受郤當府所持書信 (『冊府元龜』980 外臣部 25 通好)

발해 天成元年九月 幽州趙德均奏 先差軍將陳繼威使契丹部內 今使還得狀稱 今年七月二十日 (…) 八月三日 (…) 二十七日 至龍州 契丹王妻令繼威歸本道 仍遣捺括梅老押馬三匹充答信同來 繼威見契丹部族商量來年正月葬阿保機於木葉山下 兼差近位阿思沒姑餒持信 與先入蕃天使供奉官姚坤同來赴闕告哀 兼聞契丹部內取此月十九日一齊擧哀 朝廷及當府前後所差人 使繼威來時見處分 候到西樓日 卽並放歸 (『冊府元龜』980 外臣部 25 通好)

발해 天成元年九月 幽州趙德均奏 先差軍將陳繼威使契丹部內 今使還得狀稱 今年七月二十日 至渤海界扶餘府 契丹族帳在府城東南隅 繼威既至 求見不通 竊問漢兒 言契丹主阿保機已得疾 其月二十七日 阿保機身死 八月三日 隨阿保機靈柩發離扶餘城 十三日 至烏州 契丹王妻始受郤當府所持書信 二十七日 至龍州 契丹王妻令繼威歸本道 仍遣捺括梅老押馬三匹充答信同來 繼威見契丹部族商量來年正月葬阿保機於木葉山下 兼差近位阿思沒姑餒持信 與先入蕃天使供奉官姚坤同來赴闕告哀 兼聞契丹部內取此月十九日一齊擧哀 朝廷及當府前後所差人 使繼威來時見處分 候到西樓日 卽並放歸 (『冊府元龜』980 外臣部 25 通好)

발해 (十一月戊午) 青州奏 得登州狀申 契丹先攻逼渤海國 自阿保機身死 雖已抽退 尚留兵馬在渤海扶餘城 今渤海王弟領兵馬 攻圍扶餘城內契丹次971) (『舊五代史』37 唐書 13 明宗紀 3)

발해 明宗天成元年十一月 青州霍彦威奏 得登州狀申 契丹先發諸部攻逼渤海國 自阿保機

968) 이 기사에는 연대 표기가 없으나, 『資治通鑑』 등에 의거하여 天成元年(926) 8월 3일(丁亥)로 편년하였다.

969) 이 기사에는 연대 표기가 없으나, 『資治通鑑』 등에 의거하여 天成元年(926) 8월 3일(丁亥)로 편년하였다.

970) 이 기사에는 연대 표기가 없으나, 『資治通鑑』 등에 의거하여 天成元年(926) 8월 3일(丁亥)로 편년하였다.

971) 案 契丹次 蓋言契丹方卽次也 薛史前後如攻城次 鎭州次 多單用次字 疑卽當時案牘之文 今仍其舊 附識于此(舊五代史考異)

身死 雖已抽退 尙留兵馬在渤海扶餘城 今渤海王弟部領兵士 攻圍扶餘城契丹 (『冊府元龜』 995 外臣部 40 交侵)[972]

발해 通典云 (…) 後唐天成初 契丹攻破之 其後爲丹所制 (…) (『三國遺事』 1 紀異 1 靺鞨渤海)

발해 深契
聖
儒生盛於東觀
下瞰闕庭 (「渤海國學碑片」)[973]

발해 方」 / 有」 / 又」 / 金」 / 高」 / 夫」 / 石」 / 年」 / 未」 / 音」 / 勿」 / 官」 / 順」 / 旦」 / 野」 / 食」 / 定」 / 宣」 / 市」 / 天」 / 多」 / 大」 / 甘」 / 于」 / 成」 / 非」 / 舍」 / 仇」 / 失」 / 田」 / 古」 / 布」 / 尹」 / 王」 / 臣」 / 取」 / 李」 / 也」 / 山」 / 思」 / 都」 / 本」 / 光」 / 元」 / 赤」 / 德」 / 昌」 / 仁」 / 女」 / 干」 / 己」 / 汁」 / 俳」 / 手」 / 可」 / 文」 / 自」 / 公」 / 盖」 / 保」 / 信」 / 屈」 / 肥」 / 北」 / 向」 / 下」 / 素」 / 井」 / 主」 / 述」 / 乙」 / 丙」 / 丁」 / 牛」 / 卯」 / 刀」 / 目」 / 三」 / 一」 / 六」 /九」 十二」 / 十三六」 / 十三七」 / 十三五」 / 十三八」 / 八一」 / 干二」 / 仁大」 / 利十」 / 俳十」 / 由十」 / 保十」 / 一拜十」 / 保德」 / 百工」 / 保工」 / 五子」 / 俳力」 / 左李」 / 李女」 (「渤海地域出土瓦銘」)[974]

발해 國
立
王
土 (「長白靈光塔銘文」)[975]

발해 木 (小口長頸瓶의 배 아랫 부분)
井 (수집품 長頸壺)
泰 (출토된 허리띠끝 중의 하나)
中 (글자가 새겨진 도기)
木 (글자가 새겨진 도기)
十 (글자가 새겨진 도기)
知 (글자가 새겨진 도기)
禳見 (글자가 새겨진 도기)
章 (글자가 새겨진 도기)
癸山 (건축 장식물) (「渤海地域出土陶器·鐵器銘」)[976]

발해 渤海大王 (「渤海大王銘銅印」)[977]
勿汗州兼三王大都督 (「勿汗州兼三王大都督銘銅印」)[978]

---

972) 이 기사에는 일자 표기가 없으나 『舊五代史』에 의거하여 11월 5일(戊午)로 편년하였다.
973) 발해국학비편은 연대 미상이다. 따라서 발해가 멸망한 926년에 편제하였다.
974) 발해출토와명은 연대 미상이다. 따라서 발해가 멸망한 926년에 편제하였다.
975) 발해시대의 5층 벽돌탑으로 그 연대는 미상이다. 따라서 발해 멸망 연도에 편제하였다.
976) 그 연대는 미상이다. 따라서 발해 멸망 연도에 편제하였다.
977) 그 연대는 미상이다. 따라서 발해 멸망 연도에 편제하였다.

天門軍之印 (「天門軍之印銘銅印」)[979]
不劍而鏡 (「不劍而鏡銘銅鏡」)[980]

발해 (측면)

合
同

(평평한 면)

同

聶 左
利 驍
計 衛
將
軍

(「靑銅符節銘」)[981]

고려 冬十二月癸未[982] 幸西京 親行齋祭 巡歷州鎭 (『高麗史』1 世家 1 太祖 1)
고려 冬十二月 幸西京 巡歷州鎭而還 (『高麗史節要』1 太祖神聖大王)[983]

고려 是歲 遣張彬如唐 (『高麗史』1 世家 1 太祖 1)
고려 是歲 遣張彬如唐 (『高麗史節要』1 太祖神聖大王)

고려 西京留守官 (…) (太祖)九年 增置國泉部 令具壇一人 卿二人 大舍二人 史四人 (『高麗史』77 志 31 百官 2)

신라 同光紀曆丙戌司年冬十月 太祖以劉王后因有娠得殊夢爲其賴㮚心之丹願誕玉裕之英姿遂請 大師祈法力於是香金鑪經開玉軸願維熊之吉夢叶如𡥉之誕生果驗 日角奇姿天顔異相有以見端居鶴禁嗣守鴻圖是 大成王也實 大師得 佛心深奉天力厚妙感祈禠於垂裕玄功薦祉於繼明矣 太祖甚恕之飛手詔優勞爾後迻住於九龍山寺講花嚴有群鳥遶房前於兎伏階下者門人等圓祖戰慄 大師怡顔自若曰若無譁唯此珎飛奇走歸法依僧而已 (「普願寺法印國師寶乘塔碑」)

927(丁亥/신라 경애왕 4 경순왕 1/후백제 견훤 28/고려 태조 10 天授 10/後唐 天成 2/日本 延長 5)

---

978) 그 연대는 미상이다. 따라서 발해 멸망 연도에 편제하였다.
979) 그 연대는 미상이다. 따라서 발해 멸망 연도에 편제하였다.
980) 발해 것으로 그 연대는 미상이다. 따라서 발해 멸망 연도에 편제하였다.
981) 발해 것으로 그 연대는 미상이다. 따라서 발해 멸망 연도에 편제하였다.
982) 926년 12월에는 癸未가 없다. 11월30일 癸未의 오기인 듯하다.
983) 이 기사에는 일자 표기가 없으나, 『高麗史』太祖世家에 의거하여 11월30일(癸未)로 편년하였다.

후백제 신라 甄萱 新羅尙州加恩縣人 本姓李 初爲裨將 嘯聚亡命 襲武珍州 自稱後百濟王 後唐同光八年 入都城弑新羅主 立主族弟金傅爲王 後爲子神劍 幽於金山佛宇 乘間奔高麗 高麗王待以殊禮 號爲尙父 (『全唐文』1000 後百濟王甄萱)

고려 후백제 신라
春正月乙卯 親伐百濟龍州 降之 時 甄萱違盟 屢擧兵侵邊 王含忍久之 萱益稔惡 頗欲强呑 故王伐之 新羅王出兵助之 (『高麗史』1 世家 1 太祖 1)

후백제 고려 신라
甄萱屢擧兵侵高麗邊境 欲并呑之 春正月乙卯 高麗王親率兵伐百濟 王出兵助之 (『三國史節要』14)

신라 고려 후백제
春正月 太祖親征百濟 王出兵助之 (『三國史記』12 新羅本紀 12)[984]

고려 후백제 신라
春正月 親伐百濟龍州 降之 時 甄萱違盟 屢侵邊 王含忍久之 萱頗有强呑之志 故王伐之 新羅王出兵助之 (『高麗史節要』1 太祖神聖大王)[985]

고려 후백제 (春正月)乙丑 甄萱送王信之喪 遣信弟育迎之 (『高麗史』1 世家 1 太祖 1)

후백제 고려 (春正月)乙丑 甄萱送王信之喪于高麗 王遣信弟育迎之 (『三國史節要』14)

고려 후백제 (春正月) 甄萱送王信之喪 (『高麗史節要』1 太祖神聖大王)[986]

신라 二月壬午朔 新羅遣使朝貢 (『舊五代史』38 唐書 14 明宗紀 4)

신라 二月壬午朔 新羅使張芬來 (『新五代史』6 唐本紀 6 明宗)

신라 二月 遣兵部侍郞張芬等 入後唐朝貢[987] 唐授張芬檢校工部尙書 副使兵部郞中朴術洪兼御史中丞 判官倉部員外郞李忠式兼侍御史 (『三國史記』12 新羅本紀 12)[988]

신라 二月 遣兵部侍郞張芬等 如後唐朝貢[989] 唐授張芬檢校工部尙書 副使兵部郞中朴術洪兼御史中丞 判官倉部員外郞李忠式兼侍御史 (『三國史節要』14)[990]

신라 天成二年二月 遣使張芬等來朝 (『五代會要』30 新羅)[991]

신라 (天成二年)二月 新羅國使兵部侍郞張芬等 來朝貢 (『冊府元龜』972 外臣部 17 朝貢 5)[992]

신라 其官有十七等 其一曰伊罰干 貴如相國 次伊尺干 次破彌干 次大阿尺干 次阿干 次阿尺干 次乙吉干 次沙咄干 次及伏干 次大奈摩干 次大舍 次小舍 次吉士 次大烏 次小烏 次造位 外有郡縣[(…) 天成二年 遣吏中散大夫兵部侍郎張芬副使兵部郎中朴術法判官倉部員外郎李忠武 來朝] (『冊府元龜』962 外臣部 7 官號)[993]

신라 三月壬子朔 新羅使林彦來 (『新五代史』6 唐本紀 6 明宗)[994]

---

984) 이 기사에는 일자 표기가 없으나, 『高麗史』 太祖世家 등에 의거하여 1월 3일(乙卯)로 편년하였다.
985) 이 기사에는 일자 표기가 없으나, 『高麗史』 太祖世家 등에 의거하여 1월 3일(乙卯)로 편년하였다.
986) 이 기사에는 일자 표기가 없으나, 『高麗史』 太祖世家 등에 의거하여 1월13일(乙丑)로 편년하였다.
987) 『五代會要』에는 이 뒷부분이 3월로 되어 있다.
988) 이 기사에는 일자 표기가 없으나, 『舊五代史』 등에 의거하여 2월 1일(壬午)로 편년하였다.
989) 『五代會要』에는 이 뒷부분이 3월로 되어 있다.
990) 이 기사에는 일자 표기가 없으나, 『舊五代史』 등에 의거하여 2월 1일(壬午)로 편년하였다.
991) 이 기사에는 일자 표기가 없으나, 『舊五代史』 등에 의거하여 2월 1일(壬午)로 편년하였다.
992) 이 기사에는 일자 표기가 없으나, 『舊五代史』 등에 의거하여 2월 1일(壬午)로 편년하였다.
993) 이 기사에는 월일 표기가 없으나, 『舊五代史』 등에 의거하여 2월 1일(壬午)로 편년하였다.
994) 『三國史記』 新羅本紀 등에는 4월로 되어 있다.

고려 발해　三月甲寅 渤海工部卿吳興等五十人 僧載雄等六十人 來投 (『高麗史』1 世家 1 太祖 1)

발해 고려　(三月) 渤海工部卿吳興等五十人 僧載雄等六十人 授[995]高麗 (『三國史節要』14)[996]

신라　明宗天成二年三月乙卯 以新羅國權知康州事王逄[997]規爲懷化將軍 新羅國前登州都督府長張希岩 新羅國登州知後官本國金州司馬李彦謨 並可簡較右散騎嘗[998]侍 (『冊府元龜』976 外臣部 21 褒異 3)

신라　(三月) 唐明宗以權知康州事王逢規爲懷化大將軍 (『三國史記』12 新羅本紀 12)[999]

신라　(三月) 唐以權知康州事王逢規爲懷化大將軍 (『三國史節要』14)[1000]

신라　(天成二年)其年三月 以新羅國權知康州事王逢規爲懷化大將軍 新羅國前登州都督府長史張希巖 新羅金州知後官本國金州司馬李彦謨 並檢校右散騎常侍 (『五代會要』30 新羅)[1001]

고려　(三月)辛酉 王入運州 敗其城主兢俊於城下 (『高麗史』1 世家 1 太祖 1)

고려　洪州 (…) 後改今名[太祖實錄十年三月 王入運州 註云 卽今洪州] (『高麗史』56 志 10 地理 1)[1002]

고려　三月 王敗運州城主兢俊於城下 (『高麗史節要』1 太祖神聖大王)[1003]

고려　(三月) 高麗王入運州 與城主兢俊於城下 敗之 (『三國史節要』14)[1004]

고려　(三月)甲子 攻下近品城 (『高麗史』1 世家 1 太祖 1)

신라 고려　(三月) 太祖親破近巖城 (『三國史記』12 新羅本紀 12)[1005]

고려　(三月) 遂攻近品城 下之 (『高麗史節要』1 太祖神聖大王)[1006]

고려　(三月) 高麗攻下近品城 (『三國史節要』14)[1007]

신라　(天成二年三月)庚午 以新羅國入朝使中散大夫兵部侍郞賜紫金魚袋張芬 可檢較工部尙書 副史兵部郞中賜緋魚袋朴術洪 可兼御史中丞 判官倉部員外郞賜緋魚袋李忠式 可兼侍御史 (『冊府元龜』976 外臣部 21 褒異 3)

신라　(天成二年三月)其月 又以入朝使中散大夫兵部侍郞兼賜紫金魚袋張芬爲檢校工部尙書 副使兵部郞中朴述洪兼御史中丞 判官倉部員外郞李忠式兼御史 (『五代會要』30 新羅)[1008]

신라　三月 皇龍寺塔搖動北傾 (『三國史記』12 新羅本紀 12)

신라　三月 皇龍寺塔搖北傾 (『三國史節要』14)

---

995) 저본에는 '授'로 되어 있으나 『高麗史』에 의거하여 '投'로 수정해야 한다.
996) 이 기사에는 일자 표기가 없으나, 『高麗史』 太祖世家에 의거하여 3월 3일(甲寅)로 편년하였다.
997) 저본에는 '逄'으로 되어 있으나, 『三國史記』·『五代會要』 등에 의거하여 '逢'으로 수정해야 한다.
998) 저본에는 '嘗'으로 되어 있으나, 避諱이므로 '常'으로 수정해야 한다.
999) 이 기사에는 일자 표기가 없으나, 『冊府元龜』에 의거하여 3월 4일(乙卯)로 편년하였다.
1000) 이 기사에는 일자 표기가 없으나, 『冊府元龜』에 의거하여 3월 4일(乙卯)로 편년하였다.
1001) 이 기사에는 일자 표기가 없으나, 『冊府元龜』에 의거하여 3월 4일(乙卯)로 편년하였다.
1002) 이 기사에는 일자 표기가 없으나, 『高麗史』 太祖世家에 의거하여 3월10일(辛酉)로 편년하였다.
1003) 이 기사에는 일자 표기가 없으나, 『高麗史』 太祖世家에 의거하여 3월10일(辛酉)로 편년하였다.
1004) 이 기사에는 일자 표기가 없으나, 『高麗史』 太祖世家에 의거하여 3월10일(辛酉)로 편년하였다.
1005) 이 기사에는 일자 표기가 없으나, 『高麗史』 太祖世家에 의거하여 3월13일(甲子)로 편년하였다.
1006) 이 기사에는 일자 표기가 없으나, 『高麗史』 太祖世家에 의거하여 3월13일(甲子)로 편년하였다.
1007) 이 기사에는 일자 표기가 없으나, 『高麗史』 太祖世家에 의거하여 3월13일(甲子)로 편년하였다.
1008) 이 기사에는 일자 표기가 없으나, 『冊府元龜』에 의거하여 3월19일(庚午)로 편년하였다.

신라　(同光元年) 明年春 以大師行修草繁之心德冠花嚴之首擢授別大德於是循循然善誘自是請益者 其麗不億寔繁有徙 (「普願寺法印國師寶乘塔碑」)

신라　(夏四月辛巳朔) 新羅國遣使貢方物 (『舊五代史』38 唐書 14 明宗紀 4)

신라 고려　夏四月 知康州事王逢規遣使林彦 入後唐朝貢 明宗召對中與殿 賜物 (『三國史記』12 新羅本紀 12)[1009]

고려　夏四月 知康州事王逢規遣林遠 入後唐朝貢 帝召對中與殿 賜物 (『三國史節要』14)

신라　(天成二年)其年四月 新羅國康州遣使林彦來朝貢 召對於中興殿 賜物有差 (『五代會要』30 新羅)

신라　(天成二年)四月 新羅國康州遣使林彦來朝貢 (『冊府元龜』972 外臣部 17 朝貢 5)

신라　(天成二年)四月 新羅國康州遣使林彦朝貢 對於中興殿 賜物有差 (『冊府元龜』976 外臣部 21 褒異 3)

고려　是歲 遣林彦如唐 (『高麗史』1 世家 1 太祖 1)[1010]

고려　是歲 遣林彦如唐 (『高麗史節要』1 太祖神聖大王)[1011]

고려　夏四月壬戌[1012] 遣海軍將軍英昌能式等 率舟師往擊康州 下轉伊山老浦平西山突山等四鄉 虜人物而還 (『高麗史』1 世家 1 太祖 1)

신라 고려　(夏四月) 康州所管突山等四鄉 歸於太祖 (『三國史記』12 新羅本紀 12)[1013]

고려　夏四月 遣海軍將軍英昌能式等 以舟師往擊康州 下突山等四鄉[1014] (『高麗史節要』1 太祖神聖大王)[1015]

고려　(夏四月) 康州所管突山等四鄉 投高麗 高麗王遣海軍將軍英昌能式等 率舟師往擊康州 下轉伊山老浦平西山突山等四鄉 虜人物而還[1016] 高麗王攻熊州 不克 (『三國史節要』14)[1017]

고려　(夏四月)乙丑[1018] 王攻熊州 不克 (『高麗史』1 世家 1 太祖 1)

고려　(夏四月) 王攻熊州 不克 (『高麗史節要』1 太祖神聖大王)

고려 후백제　秋七月戊午 遣元甫在忠金樂等 攻破大良城 虜將軍鄒許祖等三十餘人 (『高麗史』1 世家 1 太祖 1)

고려 후백제　秋七月 遣元甫在忠金樂等 擊大良城 虜將軍鄒許祖等三十餘人 破其城而還 (『高麗史節要』1 太祖神聖大王)[1019]

고려 후백제　秋七月 高麗遣元甫在忠金樂等 攻破後百濟大良城 虜將軍鄒許祖等三十餘人 (『三國史節要』14)[1020]

1009) 『新五代史』唐本紀에는 3월 1일(壬子)로 되어 있다.
1010) 이 기사에는 월 표기가 없으나, 『三國史記』新羅本紀 등에 의거하여 4월로 편년하였다.
1011) 이 기사에는 월 표기가 없으나, 『三國史記』新羅本紀 등에 의거하여 4월로 편년하였다.
1012) 927년 4월에는 壬戌이 없다. 5월12일 壬戌의 오기인 듯하다.
1013) 이 기사에는 일자 표기가 없으나, 『高麗史』太祖世家에 의거하여 5월12일(壬戌)로 편년하였다.
1014) 이 뒷부분은 『高麗史』太祖世家에 5월15일(乙丑)로 되어 있다.
1015) 이 기사에는 일자 표기가 없으나, 『高麗史』太祖世家에 의거하여 5월12일(壬戌)로 편년하였다.
1016) 이 뒷부분은 『高麗史』太祖世家에 5월15일(乙丑)로 되어 있다.
1017) 이 기사에는 일자 표기가 없으나, 『高麗史』太祖世家에 의거하여 5월12일(壬戌)로 편년하였다.
1018) 927년 4월에는 乙丑이 없다. 5월15일 乙丑의 오기인 듯하다.
1019) 이 기사에는 일자 표기가 없으나, 『高麗史』太祖世家에 의거하여 7월 9일(戊午)로 편년하였다.
1020) 이 기사에는 일자 표기가 없으나, 『高麗史』太祖世家에 의거하여 7월 9일(戊午)로 편년하였다.

고려 후백제　八月丙戌 王狥[1021]康州 高思葛伊城城主興達 歸款 於是 百濟諸城守皆降附 (『高麗史』1 世家 1 太祖 1)

고려 후백제　八月 王徇康州 行過高思葛伊城 城主興達 先遣其子歸款 是於 百濟所置守城官吏 亦皆降附 王嘉之 賜興達靑州祿 其長子俊達珍州祿 二子雄達寒水祿 三子玉達長淺祿 又賜田宅 (『高麗史節要』1 太祖神聖大王)[1022]

고려 후백제　八月 高和王徇康州 高思葛伊城城主興達 遣其子歸款 於是 百濟諸城吏皆降 高麗王賜興達靑州祿 子俊達珍州祿 雄達寒水祿 王達長淺祿 又賜田宅以賞之 (『三國史節要』14)[1023]

고려 후백제　爲甄萱高思葛伊城主 太祖徇康州 行過其城 興達遣其子歸款 於是 百濟所置軍吏 皆降附 太祖嘉之 賜興達靑州祿 子俊達珍州祿 雄達寒水祿 玉達長淺祿 又賜田宅以賞之 (『高麗史』92 列傳 5 諸臣 興達)[1024]

고려　鎭戌 (…) (太祖)十年八月 修拜山城 命正朝悌宣領兵二隊戍之 (『高麗史』82 志 36 兵 2)

고려　(八月) 修拜山城 命正朝涕宣領兵二隊戍之 (『高麗史節要』1 太祖神聖大王)

고려　(八月) 溟州將軍順式 遣子長命 以卒六百入宿衛 (『高麗史節要』1 太祖神聖大王)

고려　又遣子長命 以卒六百入宿衛 (『高麗史』92 列傳 5 諸臣 王順式)[1025]

신라 후백제 고려

秋九月 甄萱侵我軍於高鬱府 王請救於太祖 命將出勁兵一萬往救 (『三國史記』12 新羅本紀 12)

후백제 신라 고려

天成二年秋九月 萱攻取近品城 燒之 進襲新羅高鬱府 逼新羅郊圻 新羅王求救於太祖[1026] (『三國史記』50 列傳 10 甄萱)

신라 후백제 고려

第五十六金傅大王 諡敬順 天成二年丁亥九月 百濟甄萱 侵羅至高鬱府 景哀王請救於我太祖 命將以勁兵一萬往救之 (『三國遺事』2 紀異 2 金傅大王)

후백제 신라 고려

天成二年丁亥九月 萱攻取近品城[今山陽縣] 燒之 新羅王求救於太祖 太祖將出師 萱襲取高鬱府[今蔚州] 進軍族始林[一云鷄林西郊][1027] 卒入新羅王都 新羅王與夫人出遊鮑石亭 時 由是甚敗 萱强引夫人亂之 以王之族弟金傅嗣位 然後虜王弟孝廉宰相英景又取國帑珍寶兵仗子女百工之巧者 自隨以歸 祖僅以身免 而不與相抵 使盈其貫[1028] 萱乘勝轉掠大木城[今若木縣]京山府[今星州]康州[今晋州] 攻缶谷城[今不詳][1029] 又義成府之守洪述 拒戰而死 太祖聞之曰 吾失右手矣[1030] 四十二年庚寅 萱欲攻古昌郡[今

1021) 저본에는 '狥'으로 되어 있으나, 『高麗史』興達傳·『高麗史節要』 등에 의거하여 '徇'으로 수정해야 한다.
1022) 이 기사에는 일자 표기가 없으나, 『高麗史』太祖世家에 의거하여 8월 8일(丙戌)로 편년하였다.
1023) 이 기사에는 일자 표기가 없으나, 『高麗史』太祖世家에 의거하여 8월 8일(丙戌)로 편년하였다.
1024) 이 기사에는 연대 표기가 없으나, 『高麗史』太祖世家에 의거하여 太祖10년(927) 8월 8일(丙戌)로 편년하였다.
1025) 이 기사에는 연대 표기가 없으나, 『高麗史節要』에 의거하여 太祖10년(927) 8월로 편년하였다.
1026) 이 뒷부분은 『三國史記』新羅本紀 등에 11월로 되어 있다.
1027) 이 뒷부분은 『三國史記』新羅本紀 등에 11월로 되어 있다.
1028) 이 뒷부분은 『三國史記』新羅本紀에 12월로 되어 있다.
1029) 928년 10월조의 내용이다.
1030) 929년 7월조의 내용이다.

安東] 大擧而石山營寨 太祖隔百步 而郡北瓶山營寨 累戰萱敗 獲侍郎金渥 翌日 萱收卒 襲破順州城 城主元逢不能禦 棄城宵遁 太祖赫怒 貶爲下枝縣[今豐山縣 元逢本順州城人故也][1031] 新羅君臣以衰季 難以復興 謀引我太祖結好爲援 萱聞之 又欲入王都作惡 恐太祖先之 寄書于太祖曰 昨者 新羅國相金雄廉等將召足下入京 有同鱉應黿聲 是欲鷃披準翼 必使生靈塗炭 宗社丘墟 僕是以先著祖鞭 獨揮韓鉞 誓百寮如皎日 諭六部以義風 不意奸臣遁逃 邦君薨變 遂奉景明王表弟獻康王之外孫 勸卽尊位 再造危邦 喪君有君 於是乎在 足下勿詳忠告 徒聽流言 百計窺覦 多方侵擾 尙不能見僕馬首 拔僕牛毛 冬初都頭索湘束手於星山陣下 月內左將金樂曝骸於美利寺前 殺獲居多 追禽不小 强羸若此 勝敗可知 所期者 掛弓於平壤之樓 飮馬於浿江之水 然以前月七日 吳越國使班尙書至 傳王詔旨 知卿與高麗久通和好 共契隣盟 比因質子之兩亡 遂失和親之舊好 互侵疆境 不戢干戈 今專發使臣 赴卿本道 又移文高麗 宜各相親比 永孚于休 僕義篤尊王 情深事大 及聞詔諭 卽欲祇承 但慮足下欲罷不能 困而猶鬪 今錄詔書寄呈 請留心詳悉 且兎獹迭憊 終心貽譏 蚌鷸相寺 亦爲所笑 宜迷復之爲誡 無後悔之自貽 (『三國遺事』 2 紀異 2 後百濟甄萱)

고려

昨者新羅國相金雄廉等 將召足下入京 有同鱉應黿聲 是欲鷃披隼翼 必使生靈塗炭 社稷邱墟 是用先著祖鞭 獨揮韓鉞 誓百僚如皎日 諭六部以義風 不意姦臣遁逃 邦君薨變 遂奉景明王之表弟 憲康王之外孫 勸卽尊位 再造危邦 喪君有君 於是乎在 足下不詳忠告 徒聽流言 百計窺覦 多方侵擾. 尙不能見僕馬首 拔僕牛毛 冬初都頭索湘 束手於星山陣下 月內左相金樂 曝骸於美利寺前 殺獲居多 追擒不少 强羸若此 勝負可知 所期者掛弓於平壤之樓 飮馬於浿江之水 然以前月七日 吳越國使班尙書至 傳王詔旨 知卿與高麗久通歡好 共契鄰盟. 比因質子之兩亡 遂失和親之舊好 互侵疆境 不戢干戈 今專發使臣 赴京本道 又移文高麗 宜相親比 永孚于休 僕義篤尊王 情深事大 及聞詔諭 卽欲祇承 但慮足下欲罷不能 困而猶鬪 今錄詔書寄呈 請留心詳悉 且䨲獹送憊 終必貽譏 蚌鷸相持 亦爲所笑 宜迷復之爲戒 無後悔之自貽 (『全唐文』 1000 後百濟王甄萱 寄高麗王王建書)

고려 후백제 신라

九月 甄萱攻燒近品城 進襲新羅高鬱府 逼至郊畿 新羅王遣連式告急 王謂侍中公萱大相孫幸正朝聯珠等曰 新羅與我同好已久 今有急 不可不救 遣公萱等以兵一萬赴之[1032] 未至 萱猝入新羅都城 時 羅王與妃嬪宗戚 出遊鮑石亭 置酒娛樂 忽聞兵至倉卒不知所爲 王與夫人走匿城南離宮 從臣伶官宮女皆被陷沒 萱縱兵大掠 入處王宮令左右索王 置軍中 逼令自盡 强辱王妃 縱其下 亂其嬪妾 立王表弟金傅爲王 虜王弟孝廉宰臣英景等 盡取子女百工兵仗珍寶以歸 王聞之大怒 遣使弔祭 親帥精騎五千 邀萱於公山桐藪 大戰不利 萱兵圍王甚急 大將申崇謙金樂 力戰死之 諸軍破北 王僅以身免[1033] 萱乘勝 取大木郡 燒盡田野積聚 (『高麗史』 1 世家 1 太祖 1)

고려 후백제 신라

九月 甄萱攻近品城 燒之 進襲新羅高鬱府 逼至郊畿 新羅王遣連式來告急 請救之 王謂侍中公萱大相孫幸正朝聯珠等曰 新羅與我同好已久 今有急 不可不救 遣公萱等以兵一萬赴之[1034] 未至 萱聞之 猝入新羅王都 時 王與夫人嬪御宗戚出遊鮑石亭 置酒娛樂 忽聞兵至 倉卒不知所爲 王與夫人奔走城南離宮 侍從臣僚宮女伶官 皆被陷沒萱縱兵大掠 入處王宮 令左右索王 置之軍中 逼令自盡 强辱王妃 縱其下 亂其嬪妾乃立王之表弟金傅爲王 虜王弟孝廉宰臣英景 盡取子女百工兵仗珍寶以歸 王聞之 遣

1031) 930년 정월조의 내용이다. 이 뒷부분은 『三國史記』 甄萱傳 등에 12월로 되어 있다.
1032) 이 뒷부분은 『三國史記』 新羅本紀 등에 11월로 되어 있다.
1033) 이 뒷부분은 『三國史記』 新羅本紀에 12월로 되어 있다.
1034) 이 뒷부분은 『三國史記』 新羅本紀 등에 11월로 되어 있다.

使弔祭 親率精騎五千 邀萱於公山桐藪 大戰不利 萱兵圍王甚急 大將申崇謙金樂 力戰死之 諸軍敗北 王僅以身免[1035] 萱乘勝 取大木郡 燒盡田野積聚 王甚哀二人之死 以金樂弟鐵崇謙弟能吉子甫 竝爲元尹 創智妙寺 以資冥福 崇謙光海州人 勇猛長大 常從征伐有功 後諡壯節 配享太祖廟庭 (『高麗史節要』1 太祖神聖大王)

후백제 신라 고려

九月 甄萱攻燒高麗近品城 進襲我高鬱府 逼至郊畿 王遣連式告急于高麗 高麗王謂侍中公萱大相孫幸正朝聯珠等曰 新羅與我同好已久 今有急 不可不救 遣公萱等以兵一萬赴之[1036] 未至 萱猝入都城 時 王與妃嬪宗戚出遊鮑石亭 置酒歡樂 忽聞兵至 倉卒不知所爲 王與夫人走匿城南離宮 從官伶官宮女皆被陷沒 宗戚公卿大夫士女四散逃竄爲所虜者無貴賤乞爲奴僕而不免 萱縱兵大掠 入處王宮 令左右索王 置軍中 逼令自盡 强辱王妃 縱其下 亂其嬪妾 立王表弟金傅爲王 虜王弟孝廉宰臣英景等 盡取女子百工兵仗珍寶以歸 高麗王聞之大怒 遣使弔祭 親帥精騎五千 邀萱於公山桐藪 大戰不利 萱兵圍高麗王甚急 大將申崇謙金樂力戰死之 諸軍破北 王僅以身免[1037] 乘勝 取大木郡 衰弱 難以復振 乃請高麗爲援 萱恐高麗先入 故勒兵猝入王都以肆兇逆

傳 文聖王之裔孫 伊飡孝宗之子 及即位 殯前王於西堂 與群臣慟哭 上諡曰景哀 葬南山蟹目嶺 (『三國史節要』14)

고려 후백제 崇謙 初名能山 光海州人 長大 有武勇 (太祖)十年 太祖與甄萱戰於公山桐藪 不利 萱兵圍太祖甚急 崇謙時爲大將 與元甫金樂 力戰死之 太祖甚哀之 諡壯節 以其弟能吉子甫樂弟鐵 並爲元尹 創智妙寺 以資冥福 (『高麗史』92 列傳 5 諸臣 申崇謙)[1038]~

후백제 고려 신라

(天成二年)冬十月 太祖出師援助 萱猝入新羅王都 時 王與夫人嬪御出遊鮑石亭 置酒娛樂 賊至 狼狽不知所爲 與夫人歸城南離宮 諸侍從臣寮及宮女伶官皆陷沒於亂兵 萱縱兵大掠 使人捉王 至前戕之 便入居宮中 强引夫人亂之 以王族弟金傅嗣立 然後虜王弟孝廉宰相英景 又取國帑珍寶兵仗 子女百工之巧者 自隨以歸 太祖以精騎五千 要萱於公山下大戰 太祖將金樂崇謙死之 諸軍敗北 太祖僅以身免 (…) 時 新羅君臣以衰季 難以復興 謀引我太祖結好爲援 甄萱自有盜國心 恐太祖先之 是故 引兵入王都作惡 (『三國史記』50 列傳 10 甄萱)

고려 후백제 冬十月 甄萱遣將 侵碧珍郡 芟大小木二郡禾稼 (『高麗史』1 世家 1 太祖 1)
고려 후백제 冬十月 甄萱遣將 侵碧珍郡 芟大小木二郡禾稼 (『高麗史節要』1 太祖神聖大王)
후백제 고려 冬十月 甄萱遣將 侵高麗碧珍郡 芟大小木二郡禾稼 (『三國史節要』14)

발해 天成二年十二月辛未[1039] 渤海使文成角來 (『新五代史』6 唐本紀 6 明宗)

신라 本國景哀大王聞大師德高天下名重海東恨闕迎門遙申避席 仍遣中使崔暎高飛鳳詔遠詣鴦廬請扶王道之危 仍表國師之禮此際太匡齊携僚佐直赴禪關共陳列賀之儀皆罄羣黎之慶 況復隣州比縣典郡居官冠 盖相望道途不絶大師此時暫移慈盖來至郡城尊州師勤王讃邑人之奉佛川南止觀長流福慧之泉嶺外言歸仰見淸凉之月 (「普賢寺朗圓大師悟眞塔碑」)[1040]

1035) 이 뒷부분은 『三國史記』新羅本紀에 12월로 되어 있다.
1036) 이 뒷부분은 『三國史記』新羅本紀 등에 11월로 되어 있다.
1037) 이 뒷부분은 『三國史記』新羅本紀에 12월로 되어 있다.
1038) 이 기사에는 월 표기가 없으나 『三國史記』新羅本紀 등에 의거하여 9월로 편년하였다.
1039) 927년 12월에는 辛未가 없다. 11월24일 辛未의 오기인 듯하다.

신라 후백제 甄萱以救兵未至 以冬十一月 掩入王京 王與妃嬪宗戚 遊鮑石亭宴娛 不覺賊兵至 倉猝不知所爲 王與妃奔入後宮 宗戚及公卿大夫士女四散 奔走逃竄 其爲賊所虜者 無貴賤 皆駭汗匍匐 乞爲奴僕而不免 萱又縱其兵 剽掠公私財物略盡 入處宮闕 乃命左右索王 王與妃妾數人在後宮 拘致軍中 逼令王自盡 强淫王妃 縱其下 亂其妃妾 乃立王之族弟權知國事 是爲敬順王 (『三國史記』12 新羅本紀 12)

신라 후백제 고려

敬順王立 諱傅 文聖大王之裔孫 孝宗伊湌之子也 母桂娥太后 爲甄萱所擧卽位 擧前王屍 殯於西堂 與羣下慟哭 上謚曰景哀 葬南山蟹目嶺 太祖遣使弔祭 (『三國史記』12 新羅本紀 12)

신라 후백제 고려

救兵未至 (天成二年)萱以冬十一月 掩入王京 王與妃嬪宗戚 遊鮑石亭宴娛 不覺兵至 倉卒不知所爲 王與妃奔入後宮 宗戚及公卿大夫士女 四散奔走 爲賊所虜 無貴賤 匍匐乞爲奴婢 萱縱兵摽掠公私財物 入處王宮 乃命左右索王 王與妃妾數人匿在後宮 拘致軍中 逼令王自進 而强淫王妃 縱其下 亂其嬪妾 乃立王之族弟傅爲王 王爲萱所擧卽位 前王尸殯於西堂 與群下慟哭 我太祖遣使吊祭 (『三國遺事』2 紀異 2 金傅大王)

신라 후백제 고려

景哀王薨 敬順王傅卽位元年 (『三國史記』31 年表下)

신라 第五十六敬順王 金氏 名傅 父孝宗伊干 追封神興大王 祖官△角汗 封懿興大王 母桂娥 △康王之△ (『三國遺事』1 王曆)[1041]

신라 十一月 追尊考爲神興大王 母爲王太后 (『三國史記』12 新羅本紀 12)

신라 十一月 追尊考爲神興大王 母爲王大后 (『三國史節要』14)

고려 후백제 十一月 燒碧珍郡稻穀 正朝索湘戰死之 (『高麗史』1 世家 1 太祖 1)

고려 후백제 十一月 燒碧珍郡稻穀 正朝索湘戰死之 (『高麗史節要』1 太祖神聖大王)

후백제 고려 (十一月) 麗[1042]萱燒高麗碧珍郡稻穀 正朝索湘戰死之 (『三國史節要』14)

후백제 (十一月) 契丹使裟姑麻咄等三十五人聘後百濟 萱差將軍崔堅 伴送麻咄等 航海北行 遇風至唐登州 悉被戮死 (『三國史節要』14)

후백제 (天成二年) 契丹使裟姑麻咄等三十五人來聘 萱差將軍崔堅 伴送麻咄等 航海北行 遇風至唐登州 悉被戮死 (『三國史記』50 列傳 10 甄萱)[1043]

신라 후백제 十二月 甄萱侵大木郡 燒盡田野積聚 (『三國史記』12 新羅本紀 12)

후백제 고려 (天成二年) 萱乘勝取大木郡 (『三國史記』50 列傳 10 甄萱)[1044]

후백제 고려 (天成二年) 故十二月日 奇書太祖曰 昨者 國相金雄廉等將召足下入京 有同鼈應黿聲 是欲鷃披隼翼 必使生靈塗炭 宗社丘墟 僕是用先着祖鞭 獨揮韓鉞 誓百寮如皦日 諭六部以義風 不意姦臣遁逃 邦君薨變 遂奉景明王之表弟 獻康王之外孫 勸卽尊位 再造危邦 喪君有君 於是乎在 足下勿詳忠告 徒聽流言 百計窺覦 多方侵擾 尙不能見僕

1040) 경애왕의 말년인 927년에 편제하였다.
1041) 이 기사에는 월 표기가 없으나, 『三國史記』 新羅本紀에 의거하여 11월로 편년하였다.
1042) 저본에는 '麗'로 되어 있으나 '甄'으로 수정해야 한다.
1043) 이 기사에는 월 표기가 없으나, 『三國史節要』에 의거하여 11월로 편년하였다.
1044) 이 기사에는 월 표기가 없으나, 『三國史記』 新羅本紀에 의거하여 12월로 편년하였다.

馬首 拔僕牛毛 冬初 都頭索湘束手於星山陣下 月內 左將金樂曝骸於美理寺前 殺獲居多 追擒不少 强羸若此 勝敗可知 所期者 掛弓於平壤之樓 飮馬於浿江之水 然以前月七日 吳越國使班尙書至 傳王詔旨 知卿與高麗久通歡好 共契鄰盟 比因質子之兩亡 遂失和親之舊好 互侵疆境 不戢干戈 今專發使臣 赴卿本道 又移文高麗 宜各相親比 永孚于休 僕義篤尊王 情深事大 及聞詔諭 卽欲祗承 恒慮足下 欲罷不能 困而猶鬪 今錄詔書寄呈 請留心詳悉 且皴獹迭憊 終必貽譏 蚌鷸相持 亦爲所笑 宜迷復之爲戒 無後悔之自貽 (『三國史記』50 列傳 10 甄萱)

고려 후백제 十二月 寄書于王曰 昨者 新羅國相金雄廉等 將召足下入京 有同鼈應黿聲 是欲鷃披隼翼 必使生靈塗炭 社稷丘墟 是用先著祖鞭 獨揮韓鉞 誓百僚如皎日 諭六部以義風 不意姦臣遁逃 邦君薨變 遂奉景明王之表弟憲康王之外孫 勸卽尊位 再造危邦 喪君有君 於是乎在 足下不詳忠告 徒聽流言 百計窺覦 多方侵擾 尙不能見僕馬首 拔僕牛毛 冬初 都頭索湘束[1045]手於星山陣下 月內 左相金樂曝骸於美利寺前 殺獲居多 追擒不少 强羸若此 勝負可知 所期者 掛弓於平壤之樓 飮馬於浿江之水 然以前月七日 吳越國使班尙書至 傳王詔旨 知卿與高麗久通歡好 共契隣盟 比因質子之兩亡 遂失和親之舊好 互侵疆境 不戢干戈 今專發使臣 赴京本道 又移文高麗 宜相親比 永孚于休 僕義篤尊王 情深事大 及聞詔諭 卽欲祗承 但慮足下欲罷不能 困而猶鬪 今錄詔書寄呈 請留心詳悉 且皴獹迭憊 終必貽譏 蚌鷸相持 亦爲所笑 宜迷復之爲戒 無後悔之自貽 (『高麗史』1 世家 1 太祖 1)

고려 후백제 十二月 甄萱寄書曰 昨者 新羅國相金雄廉等 將召足下入京 有同鼈應黿聲 是欲鷃披隼翼 必使生靈塗炭 社稷丘墟 是用先著祖鞭 獨揮韓鉞 誓百僚如皎日 諭六部以義風 不意姦臣遁逃 邦君薨變 遂奉景明王之表弟憲康王之外孫 勸卽尊位 再造危邦 喪君有君 於是乎在 足下勿詳忠告 徒聽流言 百計窺覦 多方侵擾 尙不能見僕馬首 拔僕牛毛 冬初 都頭索湘束手於星山陣下 月內 左相金樂曝骸於美利寺前 殺獲居多 追擒不少 强羸若此 勝負可知 所期者 掛弓於平壤之樓 飮馬於浿江之水 然以前月七日 吳越國使班尙書至 傳王詔旨 知卿與高麗久通歡好 共契隣盟 比因質子之兩亡 遂失和親之舊好 互侵疆境 不戢干戈 今專發使臣 赴卿本道 又移文高麗 宜相親比 永孚于休 僕義篤尊王 情深事大 及聞詔諭 卽欲祗承 但慮足下欲罷不能 困而猶鬪 今錄詔書寄呈 請留心詳悉 且皴獹迭憊 終必貽譏 蚌鷸相持 亦爲所笑 宜迷復之爲戒 無後悔之自貽 (『高麗史節要』1 太祖神聖大王)

후백제 고려 十二月 甄萱奇書高麗曰 昨者 新羅國相金雄廉等將召足下入京 有同鼈應黿聲 是欲鷃披隼翼 必使生靈塗炭 社稷丘墟 是用先著祖鞭 獨揮韓鉞 誓百僚如皎日 諭六部以義風 不意奸臣遁逃 邦君薨變 遂奉景明王之表弟獻康王之外孫 勸卽尊位 再造危邦 喪君有君 於是乎在 足下勿詳忠告 徒聽流言 百計窺覦 多方侵擾 尙不能見僕馬首 拔僕牛毛 冬初 都頭索湘束手於星山鎭下 月內 左相金樂曝骸於美理寺前 殺獲居多 追擒不少 强羸若此 勝否可知 所期者 掛弓於平壤之樓 飮馬於浿江之水 然以前月七日 吳越國使班尙書至 傳王詔旨 知卿與高麗久通歡好 共契隣盟 比因質子之兩亡 遂失和親之舊好 互侵疆境 不戢干戈 今專發使臣 赴卿本道 又移文高麗 宜相親比 永孚于休 僕義篤尊王 情深事大 及聞詔諭 即欲祗承 但慮足下欲罷不能 困而猶鬪 今錄詔書寄呈 請留心詳悉 且麗獹迭憊 終必貽譏 蚌鷸相持 亦爲所笑 宜迷復之爲戒 無後悔之自貽 (『三國史節要』14)

고려 丁亥 創妙寺 (『三國遺事』1 王曆)

1045) 저본에는 '束'로 되어 있으나, 『三國史記』·『高麗史節要』 등에 의거하여 '束'으로 수정해야 한다.

고려　　太宗天顯二年 來貢 (『遼史』115 列傳 45 二國外記 高麗)

고려　　十六祖寶雲尊者義通 字惟遠 高麗國 族姓尹氏[後唐明宗天成二年丁亥歲生] 梵相異常 頂有肉髻 眉毫宛轉 伸長五六寸 (『佛祖統紀』8 興道 下 八祖紀 4)

고려　　是歲 遣林彦如唐 (『高麗史』1 世家 1 太祖 1)
고려　　是歲 遣林彥如唐 (『高麗史節要』1 太祖神聖大王)

신라　　以天成二季就而居焉 大師臺法鏡以常磨照通無痎箎禪鏞而待扣響應有緣遂使歸萬彙之心拭四方之目訪道者雲蒸霧涌請益者接踵聯肩化遍海隅聲振日域新羅景哀王遙憑玄杖擬整洪綱雖當像季之時願奉禪那之敎乃遣使寓書曰恭聞大師早踰溟」渤遠屈曹溪傳心中之秘印探頷下之明珠繼燃慧炬之光廣導迷津之路禪河以之汩汩法山於是峩峩冀令雞嶺之玄風播在鳩林之遠地則豈一邦之倚賴寔千載之遭逢仍上別號曰奉宗大師焉 大師方寸海納無所拒違唯弘善誘之功益愼見機之道 (「鳳巖寺靜眞大師圓悟塔碑」)

928(戊子/신라 경순왕 2/후백제 견훤 29/고려 태조 11 天授 11/後唐 天成 3/日本 延長 6)

고려　　春正月壬申 溟州將軍順式來朝 (『高麗史』1 世家 1 太祖 1)
고려　　春正月 溟州將軍順式與子弟 率其衆朝高麗 (『三國史節要』14)[1046]
고려　　(春正月) 溟州順式 率衆入朝 賜姓王 拜大匡 其子長命 賜名廉 拜元甫 小將官景 亦賜姓王 拜大丞 (…) (『高麗史節要』1 太祖神聖大王)[1047]
고려　　王順式 溟州人 爲本州將軍 久不服 太祖患之 侍郞權說奏曰 父而詔子 兄而訓弟 天理也 順式父許越 今爲僧在內院 宜遣往諭之 太祖從之 順式遂遣長子守元歸款 賜姓王 仍賜田宅 又遣子長命 以卒六百入宿衛 後與子弟率其衆來朝 賜姓王 拜大匡 長命賜名廉 拜元甫 小將官景 亦賜姓王 授大丞 (…) (『高麗史』92 列傳 5 諸臣 王順式)

고려　　(春正月)乙亥 元尹金相 正朝直良等 將往救康州 經草八城 爲城主興宗所敗 金相死之 (『高麗史』1 世家 1 太祖 1)
고려　　春正月 高麗將金相 與草八城賊興宗戰 不克死之 (『三國史記』12 新羅本紀 12)[1048]
고려　　(春正月) 元尹金相 正朝直良等 將往救康州 經草八城 爲城主興宗所敗 金相死之 (『高麗史節要』1 太祖神聖大王)[1049]

발해　　春正月庚子 契丹使拽骨來 己酉 渤海回鶻皆遣使者來 (『新五代史』6 唐本紀 6 明宗)

고려 후백제　　(天成)三年正月 太祖答曰 伏奉吳越國通和使 班尙書所傳詔書一道 兼蒙足下辱示長書敘事者 伏以華軺膚使 爰致制書 尺素好音 兼承敎誨 捧芝檢而雖增感激 開華牋而難遣嫌疑 今託廻軒 輒敷危衽 僕仰承天假 俯迫人推 過叨將帥之權 獲赴經綸之會 頃以三韓厄會 九土凶荒 黔黎多屬於黃巾 田野無非於赤土 庶幾弭風塵之警 有以救邦國

1046) 본문에는 日이 기록되어 있지 않으나, 『高麗史』에 壬申(25)으로 나온다. 따라서 壬申(25)으로 편년하고 편제하였다.
1047) 본문에는 日이 기록되어 있지 않으나, 『高麗史』에 壬申(25)으로 나온다. 따라서 壬申(25)으로 편년하고 편제하였다.
1048) 본문에는 日이 기록되어 있지 않으나, 『高麗史』에 乙亥(28)으로 나온다. 따라서 乙亥(28)으로 편년하고 편제하였다.
1049) 본문에는 日이 기록되어 있지 않으나, 『高麗史』에 乙亥(28)으로 나온다. 따라서 乙亥(28)으로 편년하고 편제하였다.

之災 爰自善隣 於焉結好 果見數千里農桑樂業 七八年士卒閑眠 及至酉年 維時陽月 忽焉生事 至於交兵 足下始輕敵以直前 若螳蜋之拒轍 終知難而勇退 如蚊子之負山 拱手陳辭 指天作誓 今日之後 永世歡和 苟或渝盟 神其殛矣 僕亦尙止戈之武 期不殺之仁 遂解重圍 以休疲卒 不辭質子 但欲安民 此則我有大德於南人也 豈謂歃血未乾 兇威復作 蜂蠆之毒 侵害於生民 狼虎之狂 爲梗於畿甸 金城窘忽 黃屋震驚 仗義尊周 誰似桓文之覇 乘間謀漢 唯看莽卓之姦 致使王之至尊 枉稱子於足下 尊卑失序 上下同憂 以爲非有元輔之忠純 豈得再安於社稷 以僕心無匿惡 志切尊王 將援置於朝廷 使扶危於邦國 足下見毫釐之小利 忘天地之厚恩 斬戮君王 焚燒宮闕 葅醢卿士 虔劉士民 姬姜則取以同車 珍寶則奪之稛載 元惡浮於桀紂 不仁甚於獍梟 僕 怨極崩天 誠深却日 誓效鷹鸇之逐 以申犬馬之勤 再擧干戈 兩更槐柳 陸擊則雷馳電擊 水攻則虎搏龍騰 動必成功 擧無虛發 逐尹邠於海岸 積甲如山 擒鄒造於城邊 伏尸蔽野 燕山郡畔 斬吉奐於軍前 馬利城邊 戮隨晤於纛下 拔任存之日 邢積等數百人捐軀 破淸川之時 直心等四五輩授首 桐藪望旗而潰散 京山銜璧以投降 康州則自南而來 羅府則自西移屬 侵攻若此 收復寧遙 必期泜水營中 雪張耳千般之恨 烏江岸上 成漢王一捷之功 竟息風波 求淸寰海 天之所助 命欲何歸 况承吳越王殿下 德洽包荒 仁深字小 特出綸於丹禁 諭戢難於靑丘 旣奉訓謀 敢不尊奉 若足下祇承睿旨 悉戢凶機 不惟副上國之仁恩 抑可紹海東之絶緖 若不過而能改 其如悔不可追 (『三國史記』50 列傳 10 甄萱)

고려 후백제 (春正月)是月 王答甄萱書曰 伏奉吳越國通和使班尙書所傳詔書一道 兼蒙足下辱示長書敍事者 伏以 華軺膚使 爰致制書 尺素好音 兼承敎誨 捧芝檢而雖增感激 闢華牋而難遣嫌疑 今托回軒 輒敷危衽. 僕仰承天假 俯迫人推 過叨將帥之權 獲赴經綸之會 頃以三韓厄會 九土凶荒 黔黎多屬於黃巾 田野無非於赤土 庶幾弭風塵之警 有以救邦國之灾 爰自善隣 於焉結好 果見數千里農桑樂業 七八年士卒閑眠 及至酉年 維時陽月 忽焉生事 至於交兵 足下始輕敵以直前 若螗蜋之拒轍 終知難而勇退 如蚊子之負山 拱手陳辭 指天作誓 今日之後 永世歡和 苟或渝盟 神其殛矣 僕亦尙止戈之武 期不殺之仁 遂解重圍 以休疲卒 不辭質子 但欲安民 此則我有大德於南人也 豈謂歃血未乾 兇威復作 蜂蠆之毒 侵害於生靈 狼虎之狂 爲梗於畿甸 金城窘迫 黃屋震驚 仗義尊周 誰似桓文之覇 乘間謀漢 唯看莽·卓之姦 致使王之至尊 枉稱子於足下 尊卑失序 上下同憂 以謂非有元輔之忠純 豈得再安於社稷 以僕心無匿惡 志切尊王 將援置於朝廷 使扶危於邦國 足下見毫釐之小利 忘天地之厚恩 斬戮君王 焚燒宮闕 葅醢卿士 虔劉士民 [illegible]姜則取以同車 珍寶則奪之稛載 元惡浮於桀紂 不仁甚於獍梟 僕怨極崩天 誠深却日 庶效鷹鸇之逐 以申犬馬之勤 再擧干戈 兩更槐柳 陸戰則雷馳電擊 水攻則虎搏龍騰 動必成功 擧無虛發 逐尹邠於海岸 積甲如山 擒鄒祖於邊城 伏屍蔽野 燕山郡畔 斬吉奐於軍前 馬利城邊 戮隨晤於纛下 拔任存之日 邢積等數百人捐軀 破靑州之時 直心等四五輩授首 桐藪望旗而潰散 京山含璧以投降 康州則自南而來歸 羅府則自西而移屬 侵攻若此 收復寧遙 必期泜水營中 雪張耳千般之恨 烏江亭上 成漢王一捷之功 竟息風波 永淸寰海 天之所助 命將何歸 况承吳越王殿下 德洽包荒 仁深字小 特出綸於丹禁 諭戢難於靑丘 旣奉訓謨 敢不尊奉 若足下祇承睿旨 悉戢凶機 不惟副上國之仁恩 抑亦紹東海之絶緖 若不過而能改 其如悔不可追 (『高麗史』1 世家 1 太祖 1)

고려 후백제 春正月 王答甄萱書曰 伏奉吳越國通和使班尙書 所傳詔書一道 兼蒙足下 辱示長書敍事者 伏以華軺膚使 爰致制書 尺素好音 兼承敎誨 捧芝檢而雖增感激 闢華牋而難遣嫌疑 今托回軒 輒敷危衽 僕仰承天假 俯迫人推 過叨將帥之權 獲赴經綸之會 頃以三韓厄會 九土凶荒 黔黎多屬於黃巾 田野無非於赤土 庶幾弭風塵之警 有以救邦國之灾 爰自善隣 於焉結好 果見數千里農桑樂業 七八年士卒閑眠 及至酉年 維時陽月 忽焉生事 至於交兵 足下始輕敵以直前 若螳蜋之拒轍 終知難而勇退 如蚊子之負山 拱手

陳辭 指天作誓 今日之後 永世歡和 苟或偸盟 神其殛矣 僕亦尙止戈之武 期不殺之仁 遂解重圍 以休疲卒 不辭質子 但欲安民 此則我有大德於南人也 豈謂歃血未乾 兇威復作 蜂蠆之毒 侵害於生靈 狼虎之狂 爲梗於畿甸 金城窘迫 黃屋震驚 仗義尊周 誰似桓文之霸 乘間謀漢 唯看莽卓之姦 致使王之至尊 枉稱子於足下 尊卑失序 上下同憂 以謂非有元輔之忠純 豈得再安於社稷 以僕心無匿惡 志切尊王 將援置於朝廷 使扶危於邦國 足下見毫釐之小利 忘天地世厚恩 斬戮君王 焚燒宮闕 葅醢卿士 虔劉士民 姬姜則取以同車 珍寶則奪之稛載 元惡浮於桀紂 不仁甚於獍梟 僕怨極崩天 誠深却日 誓效鷹鸇之逐 以申犬馬之勤 再擧干戈 兩更槐柳 陸戰則雷馳電擊 水攻則虎拍龍騰 動必成功 擧無虛發 逐尹邠於海岸 積甲如山 擒鄒祖於邊城 伏屍蔽野 燕山郡畔 斬吉奐於軍前 馬利城邊 戮隨晤於纛下 拔任存之日 邢積等數百人捐軀 破靑州之時 直心等四五輩授首 桐藪望旗而潰散 京山含璧以投降 康州則自南而來歸 羅府則自西而移屬 侵攻若此 收復寧遙 必期泜水營中 雪張耳千般之恨 烏江亭上 成漢王一捷之功 竟息風波 永淸寰海 天之所助 命將何歸 況承吳越王殿下 德洽包荒 仁深字小 特出綸於丹禁 諭戢難於靑丘 旣奉訓謨 敢以尊奉 若足下祗承睿旨 悉戢凶機 不惟副上國之仁恩 抑亦紹東海之絶緖 若不過而能改 其如悔不可追 (…) (『高麗史節要』1 太祖神聖大王)

고려 후백제 高麗答甄萱書曰 伏奉吳越國通和使 班尙書所傳詔書一道 兼蒙足下辱示長書敍事者 伏以華軺膚使 爰致制書 尺素好音 兼承敎誨 捧芝檢而雖增感激 闢華牋而難遣嫌疑 今杔回軒 輒敷危衽 僕仰承天假 俯迫人推 過叨將帥之權 獲赴經綸之會 頃 以三韓厄會 九土凶荒 黔黎多屬於黃巾 田野無非於赤土 庶幾弭風塵之警 有以救邦國之災 爰自善隣 於焉結好 果見數千里農桑樂業 七八年士卒閑眠 及至酉年 維時陽月 忽焉生事 至於交兵 足下始輕敵以直前 若螳螂之拒轍 終知難而勇退 如蚊子之負山 拱手陳辭 指天作誓 今日之後 永世歡和 苟或渝盟 神其殛矣 僕亦尙止戈之武 期不殺之仁 遂解重圍 以休疲卒 不辭質子 但欲安民 此則我有大德於南人也 豈謂歃血未乾 兇威復作 蜂蠆之毒 侵害於生靈 狼虎之狂 爲梗於畿甸 金城窘迫 黃屋震驚 仗義尊周 雖似桓文之霸 乘閒謀漢 唯看莽卓之姦 致使王之至尊 枉稱子於足下 尊卑失序 上下同憂 以謂非有元輔之忠純 豈得再安於社稷 以僕心無匿惡 志切尊王 將援置於朝廷 使扶危於邦國 足下見毫釐之小利 忘天地之厚恩 斬戮君王 焚燒宮闕 葅醢卿士 虔劉士民 嬿姜則取以同車 珍寶則奪之稛載 元惡浮於桀紂 不仁甚於獍梟 怨極崩天 誠深却日 庶效鷹鸇之逐 以申犬馬之勤 再擧干戈 兩更槐柳 陸擊則雷馳電擊 水攻則虎搏龍騰 動必成功 擧無虛發 逐尹邠於海岸 積甲如山 擒鄒祖於邊城 伏屍蔽野 燕山郡畔 斬吉奐於軍前 馬利城邊 戮隨晤於纛下 拔任存之日 邢積等數百人捐軀 破淸川之時 直心等四五輩授首 桐藪望旗而潰散 京山含璧以投降 康州則自南而來 歸羅府則自西而移屬 侵攻若此 收復寧遥 必期泜水營中 雪張耳千般之恨 烏江亭上 成漢王一捷之功 竟息風波 求淸寰海 天之所助 命欲何歸 況承吳越王殿下 德洽包荒 仁深字小 特出綸於丹禁 諭戢難於靑丘 旣奉訓謀 敢不尊奉 若足下祇承睿旨 悉戢凶機 不惟副上國之仁恩 抑亦紹海東之絶緖 若不過而能改 其如悔不可追 (『三國史節要』14)

후백제 고려 天成二年正月 太祖答曰 伏奉吳越國通使班尙書所傳詔旨書一道 兼蒙足下辱示長書敍事者 伏以華軺膚使爰到制書 尺素好音兼蒙敎誨 捧芝檢而雖增感激 闢華牋而難遣嫌疑 今托廻軒 輒敷危衽 僕仰承天假 俯迫人推 過叨將帥之權 獲赴經綸之會 項[1050]以三韓厄會 九土凶荒 黔黎多屬於黃巾 田野無非其赤土 庶幾弭風塵之警 有以救邦國之災 爰自善隣 於爲結好 果見數千里農桑樂業 七八年士卒閑眠 及至癸酉年 維時陽月 忽焉生事 至乃交兵 足下始輕敵以直前 若螳蜋之拒轍 終知難而勇退 如蚊子之負山

1050) 頃의 잘못이다.

拱手陳辭 指天作誓 今日之後 永世歡和 苟或渝盟 神其殛矣 僕尒[1051]尚止戈之正[1052] 期不殺之仁 遂解重圍 以休疲卒 不辭質子 但欲安民 此卽我有大德於南人也 豈期歃血未乾 凶威復作 蜂蠆之毒 侵害於生民 狼虎之狂 爲梗於畿甸 金城窘忽 黃屋震驚 仗義尊周 誰似桓文之覇 乘間謀漢 唯看莽卓之奸 致使王之至尊 枉稱子於足下 尊卑失序 上下同憂 以爲非有元輔之忠純 豈得再安社稷 以僕心無匿惡 志切尊王 將援置於朝廷 使扶危於邦國 足下見毫釐之小利 忘天地之厚恩 斬劉君主 焚燒宮闕 葅醢卿佐 虔劉士民 姬姜[1053]則取以同車 珍寶則奪之相載 元惡浮於桀紂 不仁甚於獍梟 僕惡極崩天 誠深却日 約效鷹鸇之逐 以申犬馬之勤 再擧干戈 兩更槐柳 陸擊則雷馳電激 水攻則虎慱[1054]龍騰 動必成功 擧無虛發 逐尹卿於海岸 積甲如山 禽雛造於城邊 伏尸蔽野 燕山郡畔 斬吉奐於軍前 馬利[疑伊山郡]城 戮隨晤於纛下 拔任存[今大興郡]之日 刑積等數百人捐軀 破淸川縣[尙州領內縣名]之時 直心等四五輩授首 桐藪[今桐華寺]望旗而潰散 京山銜璧以投降 康州則自南而來 羅府則自西移屬 侵攻若此 收復寧遙 必期泜水營中 靈[1055]張耳千般之恨 烏江岸上 成漢王一捷之心 竟息風波 永淸寰海 天之所助 命欲何歸 況承吳越王殿下 德洽包荒 仁深字小 特出綸於舟[1056]禁 諭戢難於靑丘 旣奉訓謀 敢不尊奉 若足下祗承睿旨 悉戢凶機 不唯副上國之仁恩 抑可紹東海[1057]之絶緖 若不過而能改 其如悔不可追[書乃崔致遠作也] (『三國遺事』 2 紀異 2 後百濟 甄萱)[1058]

고려 후백제 伏奉吳越國通和使班尙書所傳詔書一道 兼蒙足下辱示長書叙事者 伏以華軺膚使 爰致制書 尺素好音 兼承敎誨 捧芝檢而雖增感激 闢華牋而難遣嫌疑 今託回軒 輒敷危衽 僕仰承天假 俯迫人推 過叨將帥之權 獲赴經綸之會 頃以三韓厄會 九土兇荒 黔黎多屬於黃巾 田野無非於赤土 庶幾弭風塵之警 有以救邦國之災 爰自善隣 於焉結好 果見數千里農桑樂業 七八年士卒閒眠 及至酉年 維時陽月 忽焉生事 至於交兵 足下始輕敵以直前 若螗蜋之拒轍 終知難而勇退 如蚊子之負山 拱手陳辭 指天作誓 今日之後 永世歡和 苟或渝盟 神其殛矣 僕亦尙止戈之武 期不殺之仁 遂解重圍 以休疲卒 不辭質子 但欲安民 此則我有大德於南人也 豈謂歃血未乾 兇威復作 蜂蠆之毒 侵害於生靈 狼虎之狂 爲梗於畿甸 金城窘迫 黃屋震驚 仗義尊周 誰似桓·文之覇 乘間謀漢 惟看莽·卓之姦 致使王之至尊 枉稱子於足下 尊卑失序 上下同憂 以謂非有元輔之忠純 豈得再安於社稷? 以僕心無匿惡 志切尊王 將援置於朝廷 使扶危於邦國 足下見毫釐之小利 忘天地之厚恩 斬戮君王 焚燒宮闕 葅醢卿士 虔劉士民 嬪姜則取以同車 珍寶則奪之稛載 元惡浮於桀·紂 不仁甚於獍梟 僕怨極崩天 誠深却日 庶效鷹鸇之逐 以申犬馬之勤 再擧干戈 兩更槐柳 陸戰則雷馳電擊 水攻則虎搏龍騰 動必成功 擧無虛發 逐尹邠於海岸 積甲如山 擒鄒祖於邊城 伏屍蔽野 燕山郡畔 斬吉奐於軍前 馬利城邊 戮隨晤於纛下 拔任存之日 邢積等數百人捐軀 破靑州之時 直心等四五輩授首 桐藪望旗而潰散 京山銜璧以投降 康州則自南而來歸 羅府則自西而移屬 侵攻若此 收復寧遙 必期泜水營中 雪張耳千般之恨 烏江亭上 成漢王一捷之功 竟息風波 永淸寰海 天之所助 命將何歸 況吳越王殿下 德洽包荒 仁深字小 特出綸於丹禁 諭戢難於靑邱 旣奉訓謨 敢不尊奉? 若足下祇承睿旨 悉戢凶機 不惟副上國之仁恩 抑亦紹東海之絶緖 若

1051) 亦의 잘못이다.
1052) 武(고려 惠宗의 이름인 武를 避諱한 것이다.
1053) 妾의 잘못이다.
1054) 搏의 잘못이다.
1055) 雪의 잘못이다.
1056) 丹의 잘못이다.
1057) 海東의 잘못이다.
1058) 본문에서는 천성 2년 정월이라고 했으나, 『삼국사기』 및 다.른 기록에는 천성 3년 정월 기록에 해당한다. 따라서 천성 3년 정월로 편년하고 편제하였다.

不過而能改 其如悔不可追 (『全唐文』100 高麗王王建 答後百濟王甄萱書)

고려	(春正月) 溟州順式率衆入朝 賜姓王 拜大匡 其子長命賜名廉 拜元甫 小將官景亦賜姓王 拜大丞 (『高麗史節要』1 太祖神聖大王)
고려	(春正月) 元尹金相正朝直良等將往救康州 經草八城 爲城主興宗所敗 金相死之 (『高麗史節要』1 太祖神聖大王)
고려	鎭戍 (…) (太祖)十一年 二月 遣大相廉卿·能康等 城安北府 以元尹朴權爲鎭頭 領開定軍七百人 戍之 (『高麗史』82 志 36 兵 2)
고려	二月 遣大相廉相 卿能康等 城安北府 以元尹朴權 爲鎭頭 領開定軍七百人 戍之 (『高麗史節要』1 太祖神聖大王)
신라	戊子二月 詣法泉寺 賢眷律師下 受具足戒 聞經掩耳 卷箧悟心 點石因緣 未知幾歲 抛籌功德 應是數生 門徒咸仰於切磋 寺衆皆期於磨琢 (「智谷寺眞觀禪師碑」)
신라 고려	(天成二年)明年戊子春三月 太祖率五十餘騎 巡到京畿 王與百官郊迎 入宮相對 曲盡情禮 置宴臨海殿 酒酣 王言曰 吾以不天 侵[1059]致禍亂 甄萱恣行不義 喪我國家 何痛如之 因泫然涕泣 左右莫不嗚咽 太祖亦流涕 因留数旬 乃迴駕 麾下肅靜 不犯秋毫 都人士女相慶曰 昔甄氏之來也 如逢犲[1060]虎 今王公之至 如見父母 (『三國遺事』2 紀異 2 金傅大王)
고려 발해	三月戊申 渤海人金神等六十戶來投 (『高麗史』1 世家 1 太祖 1)
발해 고려	三月 渤海人金神等六十戶 投高麗 (『三國史節要』14)[1061]
고려	夏四月庚子 幸湯井郡 (『高麗史』1 世家 1 太祖 1)
고려	夏四月 幸湯井郡 城運州玉山 置戍軍 (『高麗史節要』1 太祖神聖大王)[1062]
고려	鎭戍 (…) (太祖十一年) 四月 城運州玉山 置戍軍 (『高麗史』82 志 36 兵 2)
고려 후백제	五月庚申 康州元甫珍景等運粮于古子郡 甄萱潛師 襲康州 珍景等還戰敗 死者三百餘人 將軍有文降于萱 (『高麗史』1 世家 1 太祖 1)
후백제 고려	夏五月 康州將軍有文降於甄萱 (『三國史記』12 新羅本紀 12)[1063]
후백제 고려	(天成三年)夏五月 萱潛師襲康州 殺三百餘人 將軍有文生降 (『三國史記』50 列傳 10 甄萱)[1064]
고려	五月 康州元甫珍景等 運粮於古子郡 甄萱 潛師襲康州 珍景等 還戰敗 死者三百餘人 將軍有文 降于萱 (『高麗史節要』1 太祖神聖大王)[1065]
후백제 고려	夏五月 康州元甫珍景等運粮于古子郡 甄萱潜師襲 康州珍景等還戰 敗死者三百餘人

1059) 원문의 侵은 浸이 맞다.
1060) 원문의 犲는 豺가 맞다.
1061) 『高麗史』에 戊申(2)으로 나온다. 따라서 戊申(2)으로 편년하고 편제하였다.
1062) 본문에는 日이 기록되어 있지 않으나, 『高麗史』에 庚子(26)로 나온다. 따라서 庚子(26)로 편년하고 편제하였다.
1063) 본문에는 日이 기록되어 있지 않으나, 『高麗史』에 庚申(16)으로 나온다. 따라서 庚申(16)으로 편년하고 편제하였다.
1064) 본문에는 日이 기록되어 있지 않으나, 『高麗史』에 庚申(16)으로 나온다. 따라서 庚申(16)으로 편년하고 편제하였다.
1065) 본문에는 日이 기록되어 있지 않으나, 『高麗史』에 庚申(16)으로 나온다. 따라서 庚申(16)으로 편년하고 편제하였다.

將軍有文降于萱 (『三國史節要』 14)[1066]

고려 六月甲戌 碧珍郡地震 (『高麗史』 1 世家 1 太祖 1)
고려 六月甲戌 碧珍郡 地震 (『高麗史節要』 1 太祖神聖大王)
고려 (六月) 高麗碧珍郡地震(『三國史節要』 14)[1067]

고려 (六月)癸巳 伊餐進慶卒 贈大匡 (『高麗史』 1 世家 1 太祖 1)
고려 (六月) 伊粲進慶卒 贈大匡 (『高麗史節要』 1 太祖神聖大王)[1068]
신라 (六月) 伊餐進慶卒 贈大匡 (『三國史節要』 14)[1069]

신라 六月 地震 (『三國史記』 12 新羅本紀 12)
신라 六月 地震 (『三國史節要』 14)

고려 太祖十一年六月甲戌 碧珍郡地震 (『高麗史』 55 志 9 五行 3 土)

발해 고려 秋七月辛亥 渤海人大儒範率民來附 (『高麗史』 1 世家 1 太祖 1)
발해 고려 秋七月 渤海人大儒範率衆附高麗 (『三國史節要』 14)[1070]

고려 후백제 (秋七月)丙辰 自將擊三年山城不克 遂幸青州 (『高麗史』 1 世家 1 太祖 1)
고려 후백제 秋七月 王自將擊三年城 不克 遂幸青州 百濟遣將 來侵青州 (『高麗史節要』 1 太祖神聖大王)[1071]
고려 후백제 (秋七月) 高麗王自將擊三年山城 不克 遂幸青州 (『三國史節要』 14)[1072]

고려 후백제 (秋七月) 時庾黔弼 受命城湯井郡 夢一大人 言 明日西原 有變 宜速往 黔弼 驚覺 徑趣青州 與戰敗之 追至禿岐鎭 殺獲三百餘人 (『高麗史節要』 1 太祖神聖大王)
고려 후백제 (秋七月) 高麗王命庾黔弼城湯井郡 時後百濟將金萱哀式漢文等 領三千餘衆來侵青州 一日黔弼登郡南山坐睡 夢一大人言 明日西原必有變 宜速往 黔弼驚覺 徑趣青州 與戰敗之 追至禿岐鎭 殺獲三百餘人 (『三國史節要』 14)
고려 후백제 (太祖)十一年 以王命 城湯井郡 時百濟將金萱·哀式·漢丈等 領三千餘衆 來侵青州 一日 黔弼登郡南山 坐睡 夢一大人言 明日 西原必有變 宜速往 黔弼驚覺 徑趣青州 與戰敗之 追至禿岐鎭 殺獲三百餘人 馳詣中原府 見太祖 具奏戰狀 太祖曰 桐藪之戰 崇謙·金樂二名將死 深爲國家憂 今聞卿言 朕意稍安 (『高麗史』 92 列傳 5 諸臣 庾黔弼)

1066) 본문에는 日이 기록되어 있지 않으나, 『高麗史』에 庚申(16)으로 나온다. 따라서 庚申(16)으로 편년하고 편제하였다.
1067) 본문에는 日이 기록되어 있지 않으나, 『高麗史』에 甲戌(1)로 나온다. 따라서 甲戌(1)로 편년하고 편제하였다.
1068) 본문에는 日이 기록되어 있지 않으나, 『高麗史』에 癸巳(20)로 나온다. 따라서 癸巳(20)로 편년하고 편제하였다.
1069) 본문에는 日이 기록되어 있지 않으나, 『高麗史』에 癸巳(20)로 나온다. 따라서 癸巳(20)로 편년하고 편제하였다.
1070) 본문에는 日이 기록되어 있지 않으나. 『高麗史』에는 辛亥(8)로 나온다. 따라서 辛亥(8)로 편년하고 편제하였다.
1071) 본문에는 日이 기록되어 있지 않으나, 『高麗史』에는 丙辰(13)으로 나온다. 따라서 丙辰(13)으로 편년하고 편제하였다.
1072) 본문에는 日이 기록되어 있지 않으나, 『高麗史』에는 丙辰(13)으로 나온다. 따라서 丙辰(13)으로 편년하고 편제하였다.

후백제 고려 신라
秋八月 甄萱命將軍官昕 築城於陽山 太祖命命旨城將軍王忠 率兵擊走之 甄萱進屯於大耶城下 分遣軍士 芟取大木郡禾稼 (『三國史記』 12 新羅本紀 12)

후백제 고려 신라
(天成三年)秋八月 萱命將軍官昕 領衆築陽山 太祖命命旨城將軍王忠擊之 退保大耶城 (『三國史記』 50 列傳 10 甄萱)

후백제 고려 신라
八月 幸忠州 甄萱使將軍官昕城陽山 王遣命旨城元甫王忠 率兵擊走之 官昕退保大良城 縱軍芟取大木郡禾稼 遂分屯烏於谷 竹嶺路塞 命王忠等 往諜于曹物城 新羅僧洪慶 自唐閩府 航載大藏經一部 至禮成江 王親迎之 置于帝釋院 (『高麗史』 1 世家 1 太祖 1)

후백제 고려 신라
八月 甄萱 使將軍官昕 城陽山 王遣命旨城元甫王忠 帥兵擊走之 官昕 退保大良城 縱軍 芟取大木郡禾稼 遂分屯烏於谷 竹嶺路塞 乃令王忠等 往諜于曹物城 幸忠州而還 新羅僧洪慶 自唐閩府 航載大藏經 至禮成江 王親迎之 置于帝釋院 (『高麗史節要』 1 太祖神聖大王)

후백제 고려 신라
八月 高麗王幸忠州 甄萱使將軍官昕城陽山 高麗王遣命旨城元甫王忠 擊走之 官昕退保大良城 縱軍芟取大木郡禾稼 遂分屯烏於谷 竹嶺路塞 命王忠等往諜于曹物城 (『三國史節要』 14)

신라 (八月) 新羅僧洪慶 自唐閩府 航載大藏經一部 至禮成江 王親迎之 置于帝釋院 (『高麗史』 1 世家 1 太祖 1)

신라 고려 (天成二年明年戊子)八月 太祖遣使 遺王錦衫鞍馬 并賜羣僚將士有差 (『三國遺事』 2 紀異 2 金傅大王)

고려 太祖十一年八月 原州山澗寺鐵佛 汗三日 (『高麗史』 54 志 8 五行 2 金)

고려 九月丁丑 大相權信卒 嘗以破黃山郡功 授重阿餐 (『高麗史』 1 世家 1 太祖 1)

고려 九月 大相權信卒 (『高麗史節要』 1 太祖神聖大王)[1073]

고려 발해 (九月)丁酉 渤海人隱繼宗等來附 見於天德殿三拜 人謂失禮 大相含弘曰 失土人三拜 古之禮也 (『高麗史』 1 世家 1 太祖 1)

고려 발해 (九月) 渤海人隱繼宗等 來見於天德殿 三拜 人 謂失禮 大相含弘曰 失土人三拜 古之禮也 (『高麗史節要』 1 太祖神聖大王)[1074]

발해 고려 渤海人隱繼宗等 附高麗 見於天德殿三拜 人謂失禮 大相含弘曰 失土人三拜 古之禮也 (『三國史節要』 14)[1075]

후백제 고려 冬十月 甄萱攻陷武谷城 (『三國史記』 12 新羅本紀 12)

1073) 본문에는 日이 기록되어 있지 않으나, 『高麗史』에는 丁丑(5)으로 나온다. 따라서 丁丑(5)으로 편년하고 편제하였다.

1074) 본문에는 日이 기록되어 있지 않으나, 『高麗史』에는 丁酉(25)로 나온다. 따라서 丁酉(25)로 편년하고 편제하였다.

1075) 본문에는 月이 기록되어 있지 않으나, 『高麗史』에는 9월 丁酉(25)로 나온다. 따라서 9월 丁酉(25)로 편년하고 편제하였다.

후백제 고려	(…) 太祖以精騎五千 要萱於公山下大戰 太祖之將金樂崇謙死之 諸軍敗北 太祖僅以身免 而不與相抵 使盈其貫 萱乘勝轉 掠大木城[今若木] 京山府康州 攻缶谷城 (…) (『三國遺事』2 紀異 2 後百濟 甄萱)
후백제	(天成三年)冬十一月 萱選勁卒攻拔缶谷城 殺守卒一千餘人 將軍楊志明式等生降 (『三國史記』50 列傳 10 甄萱)[1076]
고려	冬十一月 甄萱選勁卒 攻拔烏於谷城 殺戍卒一千 將軍楊志明式等六人出降 王命集諸軍于毬庭 以六人妻子 徇諸軍棄市 (『高麗史』1 世家 1 太祖 1)
고려	冬十一月 甄萱 選勁卒 攻拔烏於谷城 殺戍卒一千人 將軍楊志明式等六人降 王以其妻子 徇諸軍 棄市 (『高麗史節要』1 太祖神聖大王)
후백제 고려	甄萱選勁卒 攻拔高麗烏於谷城 殺戍卒一千 將軍楊志明式等六人出降 王命集諸軍于毬庭 以六人妻子徇諸軍 棄市 (『三國史節要』14)[1077]
고려	是歲 巡幸北界 (『高麗史』1 世家 1 太祖 1)
고려	是歲 王 巡北界 移築鎭國城 改名通德鎭 以元尹忠仁 爲鎭頭 (『高麗史節要』1 太祖神聖大王)
고려	鎭戍 (…) 是歲 王巡北界 移築鎭國城 改名通德鎭 以元尹忠仁爲鎭頭 (『高麗史』82 志 36 兵 2)
신라	又天成三年戊子 黙和尙入唐亦載大藏經來 本朝睿廟時慧照國師奉詔西學 市遼本大藏三部而来 一本今在定惠寺[海印寺有一本 許叅政宅有一本] (『三國遺事』3 塔像 4 前後所藏舍利)

929(己丑/신라 경순왕 3/후백제 견훤 30/고려 태조 12. 天授 12/後唐 天成 4/日本 延長 7)

신라 후백제	先是 去正月十三日 新羅交易梅藻於貪羅嶋之△ 飄蕩着對馬下縣郡 嶋守經國加安存給糧食 幷差加擬通事長岑望通 撿非違使奏滋景等 送皈全州 (『扶桑略記』24)
신라	(天成)四年二月 靑州奏 於登州岸獲新羅船一隻 進其寶貨 (『五代會要』13 新羅)
신라 후백제	三月二十五日 滋景獨還來 申云 全州王甄萱擊幷數十州 稱大王 望通等到彼州之日促座緩頬 懇懃語曰 萱有宿心 欲奉日本國 前年不勝丹款 進上朝貢 而稱陪臣貢調被返却也 一日欲稱寡者 且爲奉本意 本意已遂 裝船特進朝貢之間 汝等幸過來 因拘留望通 悉免滋景 初經國皈飄蕩人之時 牒送全州 全州後寄彦澄送返牒 陳謝恩情 兼述願朝貢之深款 滋景 及注可進發 復禮使李榮等之由 而李榮遂不來 (『扶桑略記』24)
고려	春三月 遣大相廉相 城安定鎭 以元尹彦守考 鎭之 又城永淸縣 (『高麗史節要』1 太祖神聖大王)
고려	鎭戍 (…) (太祖)十二年三月 遣大相廉相 城安定鎭 以元尹彦守考 鎭之 (『高麗史』82 志 36 兵 2)
고려	夏四月乙巳 幸西京 歷巡州鎭 (『高麗史』1 世家 1 太祖 1)

1076) 『三國史記』12 新羅本紀 12에는 10월로 나온다.
1077) 본문에는 月이 기록되어 있지 않으나, 『三國史記』50 列傳 10 甄萱조 등에는 11월로 나온다. 따라서 11월로 편년하고 편제하였다.

고려　　　夏四月 幸西京 巡州鎭而還 (『高麗史節要』1 太祖神聖大王)[1078]

신라 후백제　(五月十七日) 新羅甄萱使張彦澄等二十人 來對馬嶋 持送太宰府司書狀幷信物 又送嶋守坂上經國書及信物等 請向府 彦澄辭云 彼國如古欲進調貢 爲蒙大府仰奉向彦澄等云々 嶋司守憲法拘留 彦澄等俯地申云 本國之王深存入覲之情 重致使信之勞 空從中途歸法 身命難爲存 嶋司猶拘使 以事由言上府府卽申太政官 其送府書 序欲事朝庭之由 送嶋書謝送歸彼國飄蕩人之事 (『扶桑略記』24)

신라 후백제　(五月廿一日) 太政官符大宰府 新羅人張彦澄等資粮從放歸 幷令文章博士等修太宰 對馬返牒書狀案下遣 太宰牒略云 潘固致計 自成警關之勤 人臣無私 何有逾境之好 故猥存交通 春秋遺加貶之誡 曲求面覿 脂粉絶爲容之勞也 輝嵒早歸 區陳旨意 何亦彦澄重到 頻示晤言 空馳斷金之情 未廻復圭之慮 爰守與法 既從却歸 云々 對馬牒略云 前救溺頂之危 適成援手之慮 非是求隣好 唯爲重人生云々 其廻放之旨 同府牒 其大貳書略云 納貢之禮 蕃王所勤 輝嵒先來 已乖△例 彦澄重寶 猶有蹇違 縱改千万之面 何得二三其詞所贈方奇 不敢依領 人臣之義 已無外交云々 對馬守書 且絶私交 不受贈物 (『扶桑略記』24)

발해　　　(天成)四年五月 又遣高正詞入朝 貢方物 (『五代會要』30 渤海)

발해　　　(後唐明宗天成四年)五月 渤海遣使高正詞 入朝貢方物 (『册府元龜』972 外臣部 17 朝貢 5)

고려　　　太祖十二年五月 西京民能盃家 猪生子 一首兩身 (『高麗史』53 志 7 五行 1 水)

고려　　　六月壬寅 以元甫長弼爲大相 (『高麗史』1 世家 1 太祖 1)

고려　　　六月 以元甫長弼 爲大相 (『高麗史節要』1 太祖神聖大王)[1079]

고려　　　(六月)癸丑 天竺國三藏法師摩睺羅來 王備儀迎之 明年死于龜山寺 (『高麗史』1 世家 1 太祖 1)

고려　　　夏六月 天竺國 三藏摩睺羅抵高麗(『三國史記』12 新羅本紀 12)[1080]

고려　　　(六月) 天竺國 三藏法師摩睺羅來 王 備儀迎之(『高麗史節要』1 太祖神聖大王)[1081]

고려　　　(六月)庚申 渤海人洪見等 以船二十艘 載人物來附 (『高麗史』1 世家 1 太祖 1)

고려　　　渤海人洪見等 率衆以船二十艘 投高麗 (『三國史節要』14)[1082]

고려　　　秋七月己卯 幸基州 歷巡州鎭 (『高麗史』1 世家 1 太祖 1)

고려　　　秋七月 幸基州 巡州鎭而還 (『高麗史節要』1 太祖神聖大王)[1083]

1078) 본문에는 日이 기록되어 있지 않으나, 『高麗史』에는 乙巳(6)로 나온다. 따라서 乙巳(6)로 편년하고 편제하였다.

1079) 본문에는 日이 기록되어 있지 않지만, 『高麗史』에는 壬寅(5)으로 나온다. 따라서 壬寅(5)으로 편년하고 편제하였다.

1080) 본문에는 日이 기록되어 있지 않지만, 『高麗史』에는 癸丑(16)으로 나온다. 따라서 癸丑(16)으로 편년하고 편제하였다.

1081) 본문에는 日이 기록되어 있지 않지만, 『高麗史』에는 癸丑(16)으로 나온다. 따라서 癸丑(16)으로 편년하고 편제하였다.

1082) 본문에는 月·日이 기록되어 있지 않지만, 『高麗史』에는 6월 庚申(23)으로 나온다. 따라서 6월 庚申(23)으로 편년하고 편제하였다.

1083) 본문에는 日이 기록되어 있지 않지만, 『고려사』에는 己卯(12)로 나온다. 따라서 己卯(12)로 편년하고

후백제 고려 (秋七月)辛巳 甄萱以甲卒五千 侵義城府 城主將軍洪術戰死 王哭之慟曰 吾失左右手矣 又侵順州 將軍元奉遁 (『高麗史』1 世家 1 太祖 1)

후백제 고려 (秋七月) 甄萱以甲卒五千 侵義城府 城主將軍洪術戰死 王哭之慟曰 吾失左右手矣 萱又侵順州 將軍元奉遁 (『高麗史節要』1 太祖神聖大王)[1084)]

후백제 고려 秋七月 甄萱攻義成府城 高麗將洪述出戰 不克死之 順州將軍元逢 降於甄萱 太祖聞之怒 然以元逢前功宥之 但改順州爲縣 (『三國史記』12 新羅本紀 12)[1085)]

후백제 고려 (天成)四年秋七月 萱以甲兵五千人 攻義城府 城主將軍洪術戰死 太祖哭之慟曰 吾失左右手矣 萱大擧兵 次古昌郡甁山之下 與太祖戰 不克 死者八千餘人 翌日 萱聚殘兵襲破順州城 將軍元逢不能禦 棄城夜遁 萱虜百姓 移入全州 太祖以元逢前有功 宥之改順州 號下枝縣 (『三國史記』50 列傳 10 甄萱)[1086)]

후백제 고려 (…) 又義成府之守洪述 拒戰而死 太祖聞之曰 吾失右手矣 (…) (『三國遺事』2 紀異 2 後百濟 甄萱)[1087)]

후백제 고려 甄萱以甲卒五千侵高麗義城府 城主將軍洪術戰死 王哭之慟曰 吾失左右手矣 (『三國史節要』14)[1088)]

발해 (後唐明宗天成四年)七月乙酉 以渤海國前入朝使高正詞 爲太子洗馬 (『册府元龜』976 外臣部 21 褒異 3)

발해 (天成)四年七月 以正詞爲太子洗馬 (『五代會要』30 渤海)[1089)]

고려 (天成四年八月)己未 高麗王王建遣使貢方物 (『舊五代史』40 唐書 16 明宗紀 6)

고려 (天成四年八月)己未 高麗王建使張彬來 (『新五代史』6 唐本紀 6 明宗)

고려 唐 同光·天成中 累遣使朝貢 (『舊五代史』外國列傳 高麗)

고려 天成四年八月 復遣廣評侍郎張玢等五十二人來朝 貢銀香獅子銀鑪金裝鈒鏤雲星刀劍馬匹金銀鷹緌韝白紵白氈頭髮人蔘香油銀鏤翦刀鉗鈸松子等 (『五代會要』30 高麗)

고려 (後唐明宗天成四年八月) 高麗國王王建 遣使廣評侍郎張芬等五十三人來朝 貢銀香獅子香爐金裝鈒鏤雲星刀劍馬突金銀鷹韜韜韝鈴金錦罽腰白紵白氎頭髮人叅香油銀鏤剪刀鉗鈇松子等 (『册府元龜』972 外臣部 17 朝貢 5)

고려 九月乙亥 幸剛州 (『高麗史』1 世家 1 太祖 1)

고려 九月 幸剛州 遣大相式廉 城安水鎭 以元尹昕平 爲鎭頭 又城興德鎭 以元尹阿次城爲鎭頭 (『高麗史節要』1 太祖神聖大王)[1090)]

고려 鎭戍 (…) (太祖十二年)九月 遣大相式廉 城安水鎭 以元尹昕平爲鎭頭 又城興德鎭 以

편제하였다.

1084) 본문에는 日이 기록되어 있지 않지만, 『고려사』에는 辛巳(14)로 나온다. 따라서 辛巳(14)로 편년하고 편제하였다.

1085) 본문에는 日이 기록되어 있지 않지만, 『고려사』에는 辛巳(14)로 나온다. 따라서 辛巳(14)로 편년하고 편제하였다.

1086) 본문에는 日이 기록되어 있지 않지만, 『고려사』에는 辛巳(14)로 나온다. 따라서 辛巳(14)로 편년하고 편제하였다.

1087) 본문에는 月·日이 기록되어 있지 않지만, 『고려사』에는 7월 辛巳(14)로 나온다. 따라서 7월 辛巳(14)로 편년하고 편제하였다.

1088) 본문에는 月·日이 기록되어 있지 않지만, 『고려사』에는 7월 辛巳(14)로 나온다. 따라서 7월 辛巳(14)로 편년하고 편제하였다.

1089) 본문에는 日이 기록되어 있지 않지만, 『책부원구』에는 乙酉(18)로 나온다. 따라서 乙酉(18)로 편년하고 편제하였다.

1090) 본문에는 日이 기록되어 있지 않지만, 『고려사』에는 乙亥(9)로 나온다. 따라서 乙亥(9)로 편년하고 편제하였다.

元尹阿次城爲鎭頭 (『高麗史』82 志 36 兵 2)

고려 발해 (九月)丙子 渤海正近等三百餘人來投 (『高麗史』1 世家 1 太祖 1)

발해 고려 渤海正近等三百餘人 投高麗 (『三國史節要』14)[1091)]

고려 冬十月丙申 百濟一吉干廉昕來投 (『高麗史』1 世家 1 太祖 1)

고려 冬十月 百濟一吉干廉欣 來投 甄萱 將攻高思葛伊城 城主興達聞之 欲出戰而浴 忽見右臂上 有滅字 至十日病死 (『高麗史節要』1 太祖神聖大王)[1092)]

후백제 고려 冬十月 百濟一吉干廉昕 投高麗 (『三國史節要』14)[1093)]

후백제 신라 (冬十月丙申) 甄萱圍加恩縣 不克 (『高麗史』1 世家 1 太祖 1)

후백제 신라 冬十月 甄萱圍加恩縣 不克而歸 (『三國史記』12 新羅本紀 12)[1094)]

후백제 신라 (冬十月) 萱圍加恩縣 不克 (『高麗史節要』1 太祖神聖大王)[1095)]

후백제 신라 (冬十月) 甄萱圍新羅加恩縣 不克而還 (『三國史節要』14)[1096)]

발해 十二月廿四日 渤海國入朝使文籍大夫裵璆 著丹後國竹野郡大津濱 (『日本紀略』後篇 1)

고려 十二月 甄萱圍古昌郡 王自將救之 (『高麗史』1 世家 1 太祖 1)

고려 十二月 甄萱 圍古昌郡 王往救之 次禮安鎭 與諸將議曰 戰而不利 將如之何 大相公萱 洪儒曰 如我不利 宜從間道 不可從竹嶺而去 庾黔弼 曰 臣 聞兵凶戰危 有死之心 無生之計 然後可以決勝 今臨敵不戰 先慮折北何也 若不急救 以古昌三千餘衆 拱手與敵 豈不痛哉 臣願進軍急擊 王從之 黔弼 乃自猪首峰 奮戰大克 王入其郡 謂黔弼 曰 今日之事 卿之力也 (『高麗史節要』1 太祖神聖大王)

후백제 고려 十二月 甄萱圍古昌郡 高麗王自往救之 行至禮安鎭 王與諸將議曰 戰若不利 將如何 大相公萱洪儒曰 若不利 不可從竹嶺還 宜預修閒道 庾黔弼曰 臣聞兵凶器 戰危事有死之心 無生之計 然後可以決勝 今臨敵不戰 先慮折北 何也 若不及救以古昌 三千餘衆拱手與敵 豈不痛哉 臣願進軍急擊 王從之 黔弼乃自猪首峯奮擊 大破之 王入其郡 謂黔弼曰 今日之捷 卿之力也 (『三國史節要』14)

고려 후백제 庾黔弼 (…) (太祖) (…) 十二年 甄萱圍古昌郡 黔弼從太祖往救之 行至禮安鎭太祖與諸將議曰 戰若不利 將如何 大相公萱·洪儒曰 若不利 不可從竹嶺還 宜預修閒道 黔弼曰 臣聞兵凶器戰危事 有死之心 無生之計 然後可以決勝 今臨敵不戰 先慮折北何也 若不及救 以古昌三千餘衆 拱手與敵 豈不痛哉 臣願進軍急擊 太祖從之 黔弼乃自猪首峯 奮擊大破之 太祖入其郡 謂黔弼曰 今日之捷 卿之力也 (『高麗史』92 列傳 5

1091) 본문에는 월일이 기록되어 있지 않으나, 『高麗史』 世家에 9월 병자(丙子:10)로 나온다. 따라서 9월 10일로 편년하고 편제하였다.

1092) 본문에는 日이 기록되어 있지 않지만, 『고려사』에는 丙申(30)으로 나온다. 따라서 丙申(30)으로 편년하고 편제하였다.

1093) 본문에는 日이 기록되어 있지 않지만, 『고려사』에는 丙申(30)으로 나온다. 따라서 丙申(30)으로 편년하고 편제하였다.

1094) 본문에는 日이 기록되어 있지 않지만, 『고려사』에는 丙申(30)으로 나온다. 따라서 丙申(30)으로 편년하고 편제하였다.

1095) 본문에는 日이 기록되어 있지 않지만, 『고려사』에는 丙申(30)으로 나온다. 따라서 丙申(30)으로 편년하고 편제하였다.

1096) 본문에는 日이 기록되어 있지 않지만, 『고려사』에는 丙申(30)으로 나온다. 따라서 丙申(30)으로 편년하고 편제하였다.

諸臣 庾黔弼)[1097]

신라 天成四年 敬順大王 命師移住靈廟寺法席 築戒壇 飾佛塔 設法會七日 (「葛陽寺惠居國師碑」)

고려 城堡 (…) (太祖)十二年 城安定鎭 又城永淸安水興德等鎭 (『高麗史』 82 志 36 兵 2)

930(庚寅/신라 경순왕 4/후백제 견훤 31/고려 태조 13 天授 13/後唐 天成 5 長興 1/日本 延長 8)

고려 신라 春正月丁卯 載巖城將軍善弼來投 (『高麗史』 1 世家 1 太祖 1)

고려 신라 春正月 載巖城將軍善弼降高麗 太祖厚禮待之 稱爲尙父 初太祖將通好新羅 善弼引導之 至是降也 念其有功且老 故寵褒之 (『三國史記』 12 新羅本紀 12)[1098]

고려 신라 春正月 載巖城將軍善弼 來投 初王欲通新羅 而賊起道梗 王患之 善弼 導以奇計 使得通好 故今其來朝 厚禮待之 以其年老 稱爲尙父 (『高麗史節要』 1 太祖神聖大王)[1099]

고려 신라 春正月 載巖城將軍善弼降高麗 初群盜競起 所至奪掠 高麗王欲通好於我 以路梗患之 善弼以計通之 至是以其城附高麗 (『三國史節要』 14)[1100]

발해 正月三日 戊辰 丹後國言上渤海客徒來由 左大臣[忠平]叅 被定召否之由 件客九十三人 去年十二月廿卅日着丹後國竹野郡 (『扶桑略記』 24 裡書)

고려 후백제 (春正月)丙戌 王自將 軍古昌郡甁山 甄萱軍石山 相去五百步許 遂與戰 至暮 萱敗走 獲侍郞金渥 死者八千餘人 是日 古昌郡奏 萱遣將 攻陷順州 掠人戶而去 王卽幸順州 修其城 罪將軍元奉 (『高麗史』 1 世家 1 太祖 1)

고려 후백제 (春正月) 太祖與甄萱 戰古昌郡甁山之下 大捷 殺虜甚衆 (『三國史記』 12 新羅本紀 12)[1101]

고려 후백제 (春正月) 王自將軍於古昌郡甁山 甄萱軍於石山 相去五百步許 遂與戰 萱敗走 獲侍郞金渥 死者八千餘人 古昌郡奏 萱 遣將 攻陷順州 掠人戶而去 王卽往順州 修其城 罪將軍元奉 (『高麗史節要』 1 太祖神聖大王)[1102]

고려 후백제 (春正月) 高麗王自將次古昌郡之甁山 甄萱軍石山 相去五百步許 與戰 萱敗走 獲侍郞金渥 死者八千餘人 翌日 萱遣將攻陷順州城 將軍元逢不能禦 棄城夜遁 萱掠人戶 入全州 王卽幸順州 修其城 以元逢前有功 宥之 降順州爲下枝縣 (『三國史節要』 14)[1103]

후백제 고려 (…) 四十二年庚寅 萱欲攻古昌郡[今安東] 大擧而石山營寨 太祖隔百步 而郡北甁山營

1097) 본문에는 月이 기록되어 있지 않지만, 『고려사』에는 12월로 나온다. 따라서 12월로 편년하고 편제하였다.

1098) 본문에는 日이 기록되어 있지 않지만, 『고려사』에는 丁卯(2)로 나온다. 따라서 丁卯(2)로 편년하고 편제하였다.

1099) 본문에는 日이 기록되어 있지 않지만, 『고려사』에는 丁卯(2)로 나온다. 따라서 丁卯(2)로 편년하고 편제하였다.

1100) 본문에는 日이 기록되어 있지 않지만, 『고려사』에는 丁卯(2)로 나온다. 따라서 丁卯(2)로 편년하고 편제하였다.

1101) 본문에는 日이 기록되어 있지 않지만, 『고려사』에는 丙戌(11)로 나온다. 따라서 丙戌(11)로 편년하고 편제하였다.

1102) 본문에는 日이 기록되어 있지 않지만, 『고려사』에는 丙戌(11)로 나온다. 따라서 丙戌(11)로 편년하고 편제하였다.

1103) 본문에는 日이 기록되어 있지 않지만, 『고려사』에는 丙戌(11)로 나온다. 따라서 丙戌(11)로 편년하고 편제하였다.

寨 累戰萱敗 獲侍郎金湧 翌日萱收卒 襲破順城 城主元逢不能禦 弃城宵遁 太祖赫怒 貶爲下枝縣[今豐山縣 元逢本順城人故也] 新羅君臣以衰季 難以復興 謀引我太祖 結好爲援 萱聞之 又欲入王都作惡 恐太祖先之 寄書于太祖曰 昨者國相金雄廉等将召足下入京 有同鼈應黿聲 是欲鷃披準翼 必使生靈塗炭 宗社丘墟 僕是以先著祖鞭 獨揮韓鉞 誓百寮如皎日 諭六部以義風 不意姧臣遁逃 邦君薨變 遂奉景明王表弟 獻康王之外孫 勸即尊位 再造危邦 喪君有君 於是乎在 足下勿詳忠告 徒聽流言 百計窺覦 多方侵擾 尚不能見僕馬首 拔僕牛毛 冬初都頭索湘束手星山陣下 月内 左將金樂曝骸美利寺前 殺獲居多 追禽不小[1104] 強羸若此 勝敗可知 所期者 掛弓於平壤之樓 飯[1105]馬於浿江之水 然以前月七日 吳越國使班尚書至 傳王詔旨 知卿與高麗 久通和好 共契隣盟 比因質子之兩亡 遂失和親之舊好 互侵疆境 不戢干戈 今專發使臣 赴卿本道 又移文高麗 宜各相親比 永孚于休 僕義篤尊王 情深事大 及聞詔諭 即欲祇承 但虜足下欲罷不能 困而猶鬪 今録詔書寄呈 請留心詳悉 且免獹迭憊 終必貽譏 蚌鷸相持 亦為所笑 宜迷復之為誡 無後悔之自貽 (『三國遺事』 2 紀異 2 後百濟·甄萱)

고려 신라　(春正月)庚寅 以古昌郡城主金宣平爲大匡 權行張吉爲大相 於是 永安河曲直明松生等三十餘郡縣 相次來降 (『高麗史』 1 世家 1 太祖 1)

고려 신라　(春正月) 其永安河曲直明松生等三十餘郡縣 相次降於太祖 (『三國史記』 12 新羅本紀 12)[1106]

고려 신라　(春正月) 復降爲下枝縣 以古昌城主金宣平 爲大匡 權行 張吉 爲大相 陞其郡 爲安東府 於是 永安 河曲 直明 松生等 三十餘郡縣 相次來降 (『高麗史節要』 1 太祖神聖大王)[1107]

발해　(正月)廿日乙酉 渤海客舶修造料 幷若狹.丹馬結番 以正税可饗同客也 (『扶桑略記』 24 裡書)

발해　長興元年正月 青州奏 羌人押渤海王憲一行歸本國 被黑水剽劫 今得黑水兀兒狀及將印紙一張 進程 (『冊府元龜』 995 外臣部 40 交侵)

신라 고려　二月乙未 遣使新羅 告古昌之捷 羅王遣使報聘 致書請相見 是時 新羅以東 沿海州郡部落 皆來降 自溟州至興禮府 摠百十餘城 (『高麗史』 1 世家 1 太祖 1)

신라 고려　二月乙未 高麗王遣使告古昌之捷 王遣使報聘 致書請相見 是時 東方沿海州郡百十餘城皆降高麗 (『三國史節要』 14)

신라 고려　二月 太祖遣使告捷 王報聘兼請相會 (『三國史記』 12 新羅本紀 12)[1108]

신라 고려　二月 遣使新羅告捷 新羅王 遣使報聘 致書請相見 時新羅國 以東州郡部落 皆來降 自溟州至興禮府 摠百十餘城 (『高麗史節要』 1 太祖神聖大王)[1109]

1104) 원문의 小는 少가 맞다.
1105) 원문의 飯은 飮이 맞다.
1106) 본문에는 日이 기록되어 있지 않지만, 『고려사』 에는 庚寅(15)으로 나온다. 따라서 庚寅(15)으로 편년하고 편제하였다.
1107) 본문에는 日이 기록되어 있지 않지만, 『고려사』 에는 庚寅(15)으로 나온다. 따라서 庚寅(15)으로 편년하고 편제하였다.
1108) 본문에는 日이 기록되어 있지 않지만, 『고려사』 에는 乙未(1)로 나온다. 따라서 乙未(1)로 편년하고 편제하였다.
1109) 본문에는 日이 기록되어 있지 않지만, 『고려사』 에는 乙未(1)로 나온다. 따라서 乙未(1)로 편년하고 편제하였다.

고려 신라 (二月)庚子 幸昵於鎮 北彌秩夫城主萱達 與南彌秩夫城主 來降 (『高麗史』 1 世家 1 太祖 1)

고려 신라 (二月) 幸昵於鎮 城之 改名神光鎮 徙民實之 南彌秩夫 北彌秩夫二城 皆降 (『高麗史節要』 1 太祖神聖大王)[1110)]

고려 鎭戍 (…) (太祖) 十三年二月 城昵於鎮 改名神光鎮 徙民實之 (『高麗史』 82 志 36 兵 2)

신라 以同光七年十一月二十八日 示疾 明年二月十七日 善化於法堂 春秋六十有九 僧臘五十 于時日慘風悲 雲愁水咽 天人痛△ 道俗摧傷 況又紺馬騰空 青烏卜地 歸寂之瑞 前古罕聞 上欻聽泥洹 潛增慟哭 特令吊贈 禮重國師 門人僧等 以其月十九日 共擧靈龕 入于 △△△之西隅三百餘步 傳業弟子 融闡昕政等五百來人 恭叙遺德 表以上聞 諡曰 大鏡大師 塔名 玄機之塔 (「菩提寺大鏡大師塔碑」)

발해 三月二日 渤海存問使裴璆進怠狀 (『日本紀略』 後篇 1)

고려 三月戊辰 以白書省郎中行順·英式並爲內議舍人 (『高麗史』 1 世家 1 太祖 1)

발해 四月朔日 唐客稱東丹國使 著丹後國 令問子細 件使 答狀前後相違 重令復問東丹使人等 本雖爲渤海人 今降爲東丹之臣 而對答中 多稱契丹王之罪惡云云 一日爲人臣者 豈其如此乎 須擧此旨 先令責問 今須令進過狀 仰下丹後國已了 東丹國失禮義 (『扶桑略記』 24)

발해 醍醐天皇延長八年四月 輩璆稱東丹國使 來丹後 天皇遣使問曰 本是渤海 何稱東丹國使乎 璆等對曰 渤海爲契丹破滅 改名東丹 臣等今降爲東丹之臣 云云 詔責之曰 朕聞渤海之於契丹 世讐之國也 今汝懷二心 朝秦暮楚 爲人臣者 豈一日如此乎哉 璆等叩頭謝罪 獻過狀曰 臣等背眞向僞 爭善從惡 不救先主於塗炭之間 猥諂新主於兵戈之際 云云 (『續本朝通鑑』 6)

고려 夏五月 壬辰 幸西京 (『高麗史』 1 世家 1 太祖 1)

고려 夏五月 壬辰 幸西京 (『高麗史節要』 1 太祖神聖大王)

발해 東丹國入朝使裴璆等解申進過狀事
謬奉臣下使入朝上國怠狀
右裴璆等背眞向僞 爭善從惡 不救先主於樽俎(塗炭)之間 猥諂新王於兵戈之際 況乎奉陪臣之小使 紊上國之恒規 望振鷺而面慚 詠相鼠而股戰 不忠不義 向招罪過 勘責之旨 曾無避陳 仍進過狀 裴璆等 誠惶誠恐 謹言
延長八年六月二日 大使 (『本朝文粹』 12 怠狀)

고려 六月庚子 至自西京 (『高麗史』 1 世家 1 太祖 1)

고려 六月庚子 至自西京 (『高麗史節要』 1 太祖神聖大王)

1110) 본문에는 日이 기록되어 있지 않지만, 『고려사』에는 庚子(6) 로 나온다. 따라서 庚子(6) 로 편년하고 편제하였다.

고려 秋八月 創安和禪院 爲大匡王信願堂 (『高麗史』1 世家 1 太祖 1)[1111]

고려 (秋八月)己亥 幸大木郡 以大丞弟弓爲天安都督府使 元甫嚴式爲副使 (『高麗史』1 世家 1 太祖 1)

고려 秋八月 幸大木郡 合東西兜率 爲天安府 置都督 以大丞弟弓爲使 元甫嚴式爲副使 遣大相廉相 城馬山 號安水鎭 以正朝昕幸 爲鎭頭 (『高麗史節要』1 太祖神聖大王)[1112]

고려 (秋八月)癸卯 幸青州 (『高麗史』1 世家 1 太祖 1)

고려 (秋八月) 幸青州 築羅城 (『高麗史節要』1 太祖神聖大王)[1113]

고려 (秋八月)丙午 芋陵島遣白吉·土豆 貢方物 拜白吉爲正位 土豆爲正朝 (『高麗史』1 世家 1 太祖 1)

고려 (秋八月) 芋陵島遣使 貢方物 拜其使白吉爲正位 土頭爲正朝 (『高麗史節要』1 太祖神聖大王)[1114]

고려 鎭戍 (…) (太祖十三年) 八月 遣大相廉相 城馬山 以正朝昕幸爲鎭頭 (『高麗史』82 志 36 兵 2)

고려 九月丁卯 皆知邊遣崔奐 請降 (『高麗史』1 世家 1 太祖 1)

고려 九月 皆知邊遣使 請降 (『高麗史節要』1 太祖神聖大王)[1115]

신라 고려 秋九月 國東沿海州郡部落 盡降於太祖 (『三國史記』12 新羅本紀 12)

발해 (長興元年十一月丙戌) 青州奏 得登州狀 契丹阿保機男東丹王突欲越海來歸國 (『舊五代史』41 唐書 17 明宗紀 7)

발해 (長興元年十一月)丙戌 契丹東丹王突欲來奔[1116] (『新五代史』6 唐本紀 6 明宗)

발해 長興元年十一月 契丹渤海國東丹王突欲率番官四十餘人 馬百匹 自登州泛海來附 (『五代會要』29 契丹)

발해 (長興元年十一月) 契丹東丹王突欲自以失職[1117] 帥部曲四十人越海自登州來奔[1118] (『資治通鑑』277 後唐紀 6 明宗聖德和武欽孝皇帝)

1111) 秋八月 己亥(8) 보다. 앞선 기사이다.

1112) 본문에는 日이 기록되어 있지 않지만, 『고려사』에는 己亥(8)로 나온다. 따라서 己亥(8)로 편년하고 편제하였다.

1113) 본문에는 日이 기록되어 있지 않지만, 『고려사』에는 癸卯(12)로 나온다. 따라서 癸卯(12)로 편년하고 편제하였다.

1114) 본문에는 日이 기록되어 있지 않지만, 『고려사』에는 丙午(15)로 나온다. 따라서 丙午(15)로 편년하고 편제하였다.

1115) 본문에는 日이 기록되어 있지 않지만, 『고려사』에는 丁卯(7)로 나온다. 따라서 丁卯(7)로 편년하고 편제하였다.

1116) 夷狄不可以禮義責 故不曰叛于契丹

1117) 突欲不得立 見二百七十五卷天成元年

1118) 九域志 登州東北至海五里 新唐志 登州東北海行 過大謝島·龜歆島·淤島·烏湖島三百里 北渡烏湖海 至馬石山東之都里鎭二百里 東傍海壖 過青泥浦·桃花浦·杏花浦·石人汪·橐駝灣·烏骨江八百里 乃南傍海壖 過烏牧島·貝江口·椒島 得新羅西北之長口鎭 又過秦王石橋·麻田島·古寺島·得物島 千里至鴨淥江唐恩浦口 乃東南陸行七百里至新羅王城 自鴨淥江口舟行百餘里 乃小舫泝流 東北三十里至泊灼口 得勃海之境 又泝流五百里至丸都縣城 故高麗王都 又東北泝流二百里至神州 又陸行四百里至顯州 天寶中王所都 又正北如東六百里至勃海王城 按契丹東丹王居扶餘城 在唐高麗 扶餘川中 考異曰 實錄 阿保機妻令元帥太子往勃海代慕華歸西樓 欲立爲契丹王 而元帥太子旣典兵柄 不欲之勃海 遂自立爲契丹王 謀害慕華 其母不能止 慕華懼 遂航海內附 按天皇王入汴 猶求害東丹者誅之 豈有在國欲殺之理 今不取

발고려 冬十二月庚寅 幸西京 創置學校 (『高麗史』1 世家 1 太祖 1)

고려 冬十二月 幸西京 創置學校 先是 西京未有學 王命秀才廷鶚 留爲書學博士 別創學院 聚六部生徒 教授 後王聞其興學 賜綵帛勸之 兼置醫卜二業 又賜穀百碩爲學寶 寶者 方言也 以錢穀施納 存本取息 利於久遠 故謂之寶 (『高麗史節要』1 太祖神聖大王)[1119]

해 (長興元年)其年十二月 中書門下奏「契丹國東丹王突欲 遠泛滄溟 來歸皇化 請賜姓名 仍准番官入朝例按排 謹按四夷入朝番官 有懷德懷化歸德歸化等將軍中郎將名號 又本朝賜新羅渤海兩蕃國王官 初自檢校司空至太保 今突欲是阿保機之子 請比新羅渤海王例施行 勅 渤海國王.人皇王 突欲 契丹先收渤海國 改爲東丹 其突欲宜賜姓東丹 名慕華 授光祿大夫檢校太保安東都護 兼 御史大夫上柱國渤海郡開國公 食邑一千五百戶 充懷化軍節度.瑞慎等州觀察處置押番落等使 (『五代會要』29 契丹)[1120]

고려 是歲 城連州 (『高麗史節要』1 太祖神聖大王)

고려 城堡 (…) (太祖) 十三年 城安北府九百一十閒 門十二 城頭二十 水口七 遮城五 (『高麗史』82 志 36 兵 2)

고려 城堡 (…) (太祖十三年) 城朝陽鎭八百二十一閒 門四 水口一 城頭·遮城各二 (『高麗史』82 志 36 兵 2)

고려 城堡 (…) (太祖十三年) 城馬山 號安水鎭 (『高麗史』82 志 36 兵 2)

고려 城堡 (…) (太祖十三年) 築靑州羅城·連州城 (『高麗史』82 志 36 兵 2)

신라 羅季天成中 正甫崔殷諴久無胤息詣玆寺大慈前祈禱 有娠而生男 未盈三朔 百濟甄萱襲犯京師城中大潰 殷諴抱児来告曰 隣兵奄至事急矣 赤子累重不能俱免 若誠大聖之所賜 願借大慈之力覆養之 令我父子再得相見 涕泣悲惋三泣而三告之 裹以襁褓藏諸猊座下眷眷而去 経半月寇退來尋之 肌膚如新浴皃體嬛好乳香尚痕於口 抱持歸養及壯聰惠過人 是爲丞魯 位至正匡 丞魯生郎中崔肅 肅生郎中齊顔焉 自此継嗣不絶 殷諴隨敬順王入本朝爲大姓 又統和十年三月 主寺釋性泰跪於菩薩前自言 弟子久住玆寺精勤香火 晝夜匪懈 然以寺無田出 香祀無繼 將移他所 故來辭爾 是日假寐夢 大聖謂曰 師且住 無遠離 我以緣化充齋費 僧忻然感寤 遂留不行 後十三日 忽有二人 馬載牛駄 到於門前 寺僧出問 何所而來 曰 我等是金州界人 向有一比丘到我云 我住東京衆生寺久矣 欲以四事之難 緣化到此 是以斂施隣閭 得米六碩鹽四碩 負載而來 僧曰 此寺無人緣化者 爾輩恐聞之誤 其人曰 向之比丘率我輩而來 到此神見井邊曰 距寺不遠 我先往待之 我輩隨逐而來 寺僧引入法堂前 其人瞻禮大聖相謂曰 此緣化比丘之像也 驚嘆不已 故所納米鹽追年不廢 又一夕 寺門有火災 閭里奔救 升堂見像 不知所在 視之已立在庭中矣 問 其出者誰 皆曰 不知 乃知大聖靈威也 又大定十三年癸巳間 有僧占崇 得住玆寺 不解文字 性本純粹 精勤火香 有一僧欲奪其居 訴於襯衣天使曰 玆寺所以國家祈恩奉福之所 宜選會讀文疏者主之 天使然之 欲試其人 乃倒授疏文 占崇應手披讀如流 天使服膺 退坐房中 俾之再讀 崇鉗口無言 天使曰 上人良由大聖之所

1119) 본문에는 日이 기록되어 있지 않지만, 『고려사』에는 庚寅(1)으로 나온다. 따라서 庚寅(1)으로 편년하고 편제하였다.

1120) 『舊五代史』42 唐書 18 明宗紀 8에는 장흥 2년 3월 신유(3)로 나온다.

護也 終不奪之 當時與崇同住者處士金仁夫傳諸鄕老 筆之于傳 (『三國遺事』3 塔像 4 三所觀音 衆生寺)

신라 東都南山之南有一峰屹起 俗云高位山 山之陽有寺 俚云高寺 或云天龍寺 討論三韓集云 雞林圡内 有客水二條 逆水一條 其逆水客水二源 不鎭天災 則致天龍覆没之災 俗傳云 逆水者 州之南 馬等烏村南流川是 又 是水之源 致大龍寺 中國來使樂鵬龜 來見云 破此寺 則國亡無日矣 又相傳云 昔有檀越有二女 曰天女龍女 二親爲二女創寺因名之 境地異常助道之場 羅季殘破久矣 衆生寺大聖所乳崔殷諴之子承魯 魯生肅 肅生侍中齊顔 顔乃重修起廢 仍置釋迦萬日道場 受朝旨 兼有信書願文 留于寺 旣卒 爲護伽藍神 頗著靈異 其信書略曰 檀越内史侍郞同内史門下平章事柱國崔齊顔狀 東京高位山天龍寺殘破有年 弟子特爲聖壽天長民國安泰之願 殿堂廊閣房舍廚庫 已來興構畢 具石造泥塑佛聖數軀 開置釋迦萬日道場 旣爲國修營 官家差定主人亦可 然當遞換交代之時 道場僧衆不得安心 側觀入田 稠足寺院 如公山地藏寺 入田二百結 毗瑟山道仙寺入田二十結 西京之四面山寺 各田二十結例 皆勿論有職無職 須擇戒備才高者社中衆望 連次住持焚修 以爲恒規 弟子聞風而悅 我此天龍寺 亦於社衆之中 擇選才德雙高大德 兼爲棟梁 差主人鎭長焚修 具錄文字 付在剛司 自當時主人爲始 受留守官文通 示道場諸衆 各宜知悉 重熙九年六月日 具銜如前署 按重熙乃契丹興宗年號本朝靖宗七年庚辰歲也 (『三國遺事』3 塔像 4 天龍寺)

고려 崔承老 慶州人 父殷含 仕新羅至元甫 久無嗣 禱而生承老 性聰敏 好學善屬文 年十二 太祖召見 使讀論語 甚嘉之 賜塩盆 命隷元鳳省學生 賜鞍馬例食二十碩 自是 委以文柄 (『高麗史』93 列傳 6 崔承老)

신라 其△△△△瓶 三春飛錫 索隱於重玄之畔 探深於衆妙之中 所以南詣玉京 只慰倚門之望 西尋金海 貪修招隱之居 此際 來者如雲 納之似海 其於善△△△△△△△瑜伽義龍△△△△ 二英大德 曩日聞風 玄關覩奥 便蘊栖心之懇 倶申北面之誠 於是 遙仰天涯遠瞻地表 王氣直衝於戌亥 覇圖普振於東南 所以未見呂光 △△△△△△△△△△征△△△△王停軒官舍 王能長佐丞 四事供給 丹誠敬恭 遂乃蹔傍危途 臻於納蔭 國父崔善弼大將軍 金湯法城 柱石慈室 請栖靈境 頻改歲時 暑△△△△△△△△△△△△ △△△△△△ 月暎柳營 馥馥翻栴檀之樹 雲生蘭陛 芬芬滿薝蔔之香者矣 △△△△△△師 遠自南方 來儀北境 重葺小伯山寺 遙請居之 大師忽奉紫泥 潛膺素懇 便遷郁錦方副襟懷 纔啓蓮扉 稻麻有列 廣開茅舍 △△△△△△△△△△△△ △△△△△△戎之勢 方迴聖駕 將披禮像之誠 乍駐鑾輿 恭趍理窟 猶似峒崆之問 亦如汗漫之遊 虔仰雪眉 冀聞風旨 大師謂曰 齊皇北幸 △△△△△△△△△△△△ △△△△△△便悅 彼多慙色 何以比倫 (「毘盧寺眞空大師普法塔碑」)

신라 纔臻舊隱 忽患微痾 漸至危虛 潛知去矣 以同光八年 秋九月 二十四日 示滅於賢山寺法堂 俗年九十有六 僧臘七十有二 于時 山崩海渴 地裂溪枯 道俗悲哀 人天感慟 門人不勝追慕 國士徒切恨嗟 其月二十八日 號奉色身 假于當寺西峯石室 去寺三百來步 (「普賢寺朗圓大師悟眞塔碑」)

고려 唐同光天成中 累見使朝貢 (『舊五代史』138 外國列傳 2 高麗)

고려 後唐同光天成中 其主高氏 累奉職貢 (『宋史』487 列傳 246 外國 3 高麗)

고려 學校 太祖十三年 幸西京 創置學校 命秀才廷鶚爲書學博士 別創學院 聚六部生徒教授 後太祖聞其興學 賜綵帛勸之 兼置醫·卜二業 又賜倉穀百石 爲學寶 (『高麗史』74

志 28 選擧 2 學校 國學)

931(辛卯/신라 경순왕 5/후백제 견훤 32/고려 태조 14 天授 14/後唐 長興 2/日本 延長 9 承平 1)

발해 (長興二年春正月)壬申 契丹東丹王突欲自渤海國率衆到闕[1121] 帝慰勞久之 錫賚加等 百僚稱賀 (『舊五代史』42 唐書 18 明宗紀 8)

고려 신라 春二月丁酉 新羅王遣大守謙用 復請相見 (『高麗史』2 世家 2 太祖 2)

고려 신라 春二月丁酉 新羅王 遣太守謙用 來告歸順 (『高麗史節要』1 太祖神聖大王)

신라 고려 春二月 王遣太守謙用于高麗請相見 (『三國史節要』14)[1122]

고려 신라 (春二月)辛亥 王如新羅 以五十餘騎 至畿內 先遣將軍善弼 問起居 羅王命百官迎于郊 堂弟相國金裕廉等 迎于城門外 羅王出應門外迎拜 王答拜 羅王由左 王由右 揖讓升殿 命扈從諸臣 拜羅王 情禮備至 宴臨海殿 酒酣 羅王曰 小國不天 爲甄萱椓喪 何痛如之 泫然泣下 左右莫不嗚咽 王亦流涕 慰藉之 (『高麗史』2 世家 2 太祖 2)

고려 신라 (春二月)辛亥 王率五十餘騎 如新羅 新羅王 命百官 郊迎 宴於臨海殿 酒酣言曰 吾以不天 爲甄萱椓喪 何痛如之 因泫然泣下 左右無不嗚咽 王 亦流涕慰藉之 留數旬而歸 新羅王 送至穴城 以堂弟裕廉 爲質以從 初王之至也 肅隊而行 秋毫不犯 都人士女相慶曰 昔甄氏之來也 如逢豺虎 今王公之來也 如見父母 (『高麗史節要』1 太祖神聖大王)

신라 고려 (春二月)辛亥 王率五十餘騎至畿內 先遣將軍善弼起居 王命百官迓于郊 遣堂弟裕廉等迎于城門外 王出應門迎拜 高麗王荅拜 王由左 高麗王由右 揖讓 升殿 高麗王命從臣拜王 情禮備至 遂宴臨海殿 酒酣王曰 小國不天 爲甄萱椓喪 何痛如之 泫然泣下 左右莫不嗚咽 高麗王亦流涕慰藉之 (『三國史節要』14)

신라 고려 春二月 太祖率五十餘騎 至京畿通謁 王與百官郊迎 入宮相對 曲盡情禮 置宴於臨海殿 酒酣 王言曰 吾以不天 寖致禍亂 甄萱恣行不義 喪我國家 何痛如之 因泫然涕泣 左右無不嗚咽 太祖亦流涕慰藉 因留數旬迴駕 王送至穴城 以堂弟裕廉爲質 隨駕焉 太祖麾下軍士肅正 不犯秋毫 都人士女相慶曰 昔甄氏之來也 如逢豺虎 今王公之至也 如見父母 (5월 26일) (『三國史記』12 新羅本紀 12)[1123]

고려 太祖十四年二月庚子 大雪 平地二尺 (『高麗史』53 志 7 五行 1 水)

발해 (長興二年)三月辛酉 詔渤海國人皇王突欲宜賜姓東丹 名慕華 仍授檢校太保·安東都護充懷化軍節度·瑞愼等州觀察等使[1124] 其從慕華歸國部校 各授懷化·歸德將軍中郎將 (『舊五代史』42 唐書 18 明宗紀 8)[1125]

1121) 案 托雲歸唐 五代春秋作二年正月 蓋以到闕之日爲據 歐陽史作四年十一月丙戌 蓋以奏聞之日爲據(舊五代史考異)

1122) 본문에는 日이 기록되어 있지 않지만, 『고려사』와 『高麗史節要』에는 丁酉(9)으로 나온다. 따라서 丁酉(9)으로 편년하고 편제하였다.

1123) 본문에는 日이 기록되어 있지 않지만, 『고려사』에는 亥辛(23)로 나온다. 따라서 亥辛(23)로 편년하고 편제하였다.

1124) 瑞愼等州觀察等使 愼原作鎭 據會要卷二九册府卷一七歐陽史卷七二四夷附錄·通鑑卷二七七改 通鑑注云 時置懷化軍於愼州 瑞州領遠來一縣 愼州領逢龍一縣 蓋皆後唐所置 薛史 瑞·愼二州本遼東之地 唐末爲懷化節度

1125) 『五代會要』29 契丹에는 (長興 元年 12월로 나온다.

고려 三月 庾黔弼被讒 竄鵠島(『高麗史節要』1 太祖神聖大王)

고려 庾黔弼 (…) (太祖)十四年 被讒竄于鵠島 (『高麗史』92 列傳 5 諸臣 庾黔弼)

고려 신라 夏五月丁丑 王遺羅王 太后竹房夫人 與相國裕廉 匝干禮文 波珍粲策宮尹儒 韓粲策直昕直義卿讓餘寬封含宜熙吉等 物有差 (『高麗史』2 世家 2 太祖 2)

고려 신라 夏五月丁丑 高麗王遺王及太后相國裕廉等物有差 因留數旬而還 (『三國史節要』14)

고려 신라 (夏五月)癸未 王還 羅王送至穴城 以裕廉爲質而從 都人士女 感泣相慶曰 昔甄氏之來如逢豺虎 今王公之來 如見父母 (『高麗史』2 世家 2 太祖 2)

고려 신라 (夏五月) 王送至穴城 以裕廉爲質而遣之 高麗王初至 都人士女擧手相慶曰 昔甄氏之來也 如逢豺虎 今王公之至也 如見父母 (『三國史節要』14)[1126]

고려 秋八月癸丑[1127] 遣甫尹善規等 遺羅王鞍馬綾羅綵錦 幷賜百官綵帛 軍民茶幞頭 僧尼茶香 有差 (『高麗史』2 世家 2 太祖 2)

고려 秋八月 遣甫尹善規 遺新羅王鞍馬綾羅綵錦 幷賜百官綵帛 軍民茶幞頭有差(『高麗史節要』1 太祖神聖大王)[1128]

고려 신라 秋八月 太祖遣使 遺王以錦彩鞍馬并賜羣僚將士布帛 有差 (『三國史記』12 新羅本紀 12)[1129]

고려 신라 秋八月 高麗王遣甫尹善規等 遺王鞍馬綾羅綵錦 幷遣百官綵帛 軍民茶幞頭 僧尼茶香有差 (『三國史節要』14)[1130]

고려 冬十一月辛亥 幸西京 親行齋祭 歷巡州鎮 (『高麗史』2 世家 2 太祖 2)

고려 冬十一月 幸西京 巡州鎮而還 (『高麗史節要』1 太祖神聖大王)[1131]

발해 (長興二年十二月)辛未 渤海使文成角來 党項寇方渠 (『新五代史』6 唐本紀 6 明宗)

발해 長興二年十二月 遣使成文角來朝 (『五代會要』30 渤海)[1132]

발해 (後唐明宗長興二年十二月) 渤海使文成角 並來朝貢 (『册府元龜』972 外臣部 17 朝貢 5)[1133]

고려 是歲 詔有司曰 北蕃之人 人面獸心 飢來飽去 見利忘恥 今雖服事 向背無常 宜令所過州鎮 築館城外 待之 (『高麗史』2 世家 2 太祖 2)

1126) 본문에는 日이 기록되어 있지 않으나, 『高麗史』 世家에 癸未(26)로 나온다. 따라서 癸未(26)로 편년하고 편제하였다.

1127) 추8월의 초하루는 丙辰이다. 이 달에는 계축일이 없는데 앞의 7월의 초하루는 丙戌로 계축일은 28일이다.

1128) 본문에는 日이 기록되어 있지 않지만, 『고려사』에는 癸丑으로 나온다. 따라서 癸丑으로 편년하고 편제하였다. 추8월의 초하루는 丙辰이다. 이 달에는 계축일이 없는데 앞의 7월의 초하루는 丙戌로 계축일은 28일이다.

1129) 본문에는 日이 기록되어 있지 않지만, 『고려사』에는 癸丑으로 나온다. 따라서 癸丑으로 편년하고 편제하였다.

1130) 본문에는 日이 기록되어 있지 않지만, 『고려사』에는 癸丑으로 나온다. 따라서 癸丑으로 편년하고 편제하였다.

1131) 본문에는 日이 기록되어 있지 않지만, 『고려사』에는 辛亥(28)로 나온다. 따라서 辛亥(28)로 편년하고 편제하였다.

1132) 본문에는 日이 기록되어 있지 않지만, 『신오대사』에는 辛未(18)로 나온다. 따라서 辛未(18)로 편년하고 편제하였다.

1133) 본문에는 日이 기록되어 있지 않지만, 『신오대사』에는 辛未(18)로 나온다. 따라서 辛未(18)로 편년하고 편제하였다.

고려　　是歲 置安北府及剛德鎭 以元尹平奐爲鎭頭 王謂有司曰 北蕃之人 人面獸心 飢來飽去 見利忘恥 今雖服事 向背無常 宜於所過州鎭 築館城外 以待之。(『高麗史節要』1 太祖神聖大王)

고려　　鎭戍 (…) (太祖)十四年 以元尹平奐爲剛德鎭鎭頭 (『高麗史』82 志 36 兵 2)

신라　　及我太祖創業之時亦有海賊来擾 乃請安惠朗融之裔廣學大緣等二大德作法禳鎮 皆朗之傳系也 故并師而上至龍樹爲九祖[夲寺記三師爲律祖 未詳] 又太祖爲創現聖寺爲一宗根柢焉 又新羅京城東南二十餘里有遠源寺 諺傳安惠等四大徳與金庾信·金義元·金述宗等同願所創也 四大德之遺骨皆藏寺之東峰 因号四靈山祖師嵓云 則四大徳皆羅時高徳 按埃白寺柱貼注脚載 慶州戶長巨川母阿之女 女母明珠女 女母積利女之子廣學大徳·大緣三重[古名善會] 昆季二人皆投神印宗 以長興二年辛夘随太祖上京随駕焚修 賞其勞給二人父母忌日寶于埃白寺田畓若于結云云 則廣學大緣二人随聖祖入京者 安師等乃與金庾信等創遠源寺者也 廣學等二人骨亦来安于玆爾 非四徳皆創遠源皆随聖祖也 詳之 (『三國遺事』5 神呪 6 明朗神印)[1134]

932(壬辰/신라 경순왕 6/후백제 견훤 33/고려 태조 15 天授 15/後唐 長興 3/日本 承平 2)

발해　　(長興三年春正月戊申) 渤海迴鶻吐蕃遣使朝貢 (…) (『舊五代史』43 唐書 19 明宗紀 9)

발해　　(長興)三年正月 又遣使來朝貢 (『五代會要』30 渤海)[1135]

발해　　(後唐明宗長興三年正月) 渤海廻鶻順化可汗等吐蕃 各遣使朝貢 (『册府元龜』 972 外臣部 17 朝貢 5)[1136]

발해　　(後唐明宗長興)三年正月 渤海回鶻順化可汗吐蕃 各遣使朝貢 (『册府元龜』976 外臣部 21 褒異 3)[1137]

발해　　(長興)三年春正月己酉 渤海回鶻 皆遣使者來 (『新五代史』6 唐本紀 6 明宗)

신라　　春正月 地震 (『三國史記』12 新羅本紀 12)

신라　　春正月 地震 (『三國史節要』14)

고려　　長興三年二月 復遣使大相王儒來朝 (『五代會要』30 高麗)[1138]

고려　　(長興三年三月庚戌) 高麗國遣使朝貢 (…) (『舊五代史』43 唐書 19 明宗紀 9)[1139]

고려　　(後唐明宗長興三年三月) 高麗國遣使大相王儒朝貢 (『册府元龜』972 外臣部 17 朝貢 5)[1140]

1134) 본문의 「돌백사주첩주각」에 따르면 광학과 대연이 장흥 2년(931)에 고려 태조를 따라 서울로 올라왔다고 한다. 따라서 931년으로 편년하고 편제하였다.

1135) 본문에는 日이 기록되어 있지 않지만, 『구오대사』에는 戊申(26)으로 나온다. 따라서 戊申(26)으로 편년하고 편제하였다.

1136) 본문에는 日이 기록되어 있지 않지만, 『구오대사』에는 戊申(26)으로 나온다. 따라서 戊申(26)으로 편년하고 편제하였다.

1137) 본문에는 日이 기록되어 있지 않지만, 『구오대사』에는 戊申(26)으로 나온다. 따라서 戊申(26)으로 편년하고 편제하였다.

1138) 『구오대사』 본기에는 3월 庚戌(28)로 나온다.

1139) 『五代會要』30 高麗에는 2월로 나온다.

1140) 본문에는 日이 기록되어 있지 않지만, 『구오대사』에는 庚戌(28)로 나온다. 따라서 庚戌(28)로 편년하고 편제하였다.

신라　(長興三年夏四月甲寅) 新羅王金溥遣使貢方物 (『舊五代史』43 唐書 19 明宗紀 9)

신라　夏四月 遣便[1141]執事侍郎金昢 副使司賔卿李儒人唐朝貢 (『三國史記』 12 新羅本紀 12)[1142]

신라　夏四月 遣使執事侍郎金昢 副使司賔卿李儒 如唐朝貢 (『三國史節要』 14)[1143]

신라　(後唐明宗長興三年)四月 新羅國權知本國王金溥 遣使執事侍郎金朏 貢方物 (『册府元龜』972 外臣部 17 朝貢 5)[1144]

신라　(長興三年)夏四月庚申 新羅遣使者來 (『新五代史』6 唐本紀 6 明宗)

고려　太祖十五年四月 西京民張堅家 雌雞化爲雄 三月而死 (『高麗史』54 志 8 五行 2 木)

고려　夏四月 西京民家 雌雞化爲雄(『高麗史節要』1 太祖神聖大王)

고려　夏五月甲申 諭群臣曰 頃完葺西京 徙民實之 冀憑地力 平定三韓 將都於此 今者 民家雌雞化爲雄 大風官舍頹壞 夫何災變至此 昔晋有邪臣 潛畜異謀 其家雌雞化爲雄 卜云 人懷非分 天垂警戒 不悛其惡 竟取誅滅 吳王劉濞之時 大風壞門拔木 其卜亦同 濞不知戒 亦底覆亡 且祥瑞志云 行役不平 貢賦煩重 下民怨上 有此之應 以古驗今 豈無所召 今四方 勞役不息 供費旣多 貢賦未省 竊恐緣此 以致天譴 夙夜憂懼 不敢遑寧 軍國貢賦 難以蠲免 尙慮群臣不行公道 使民怨咨 或懷非分之心 致此變異 各宜悛心 毋及於禍 (『高麗史』2 世家 2 太祖 2)

고려　五月甲申 西京大風 屋瓦皆飛 王聞之 謂群臣曰 頃者 完葺西京 徙民實之 冀憑地力 平定三韓 將都於此 夫何灾變若此乎 昔晉 有邪臣 潛畜異謀 其家雌雞化爲雄 不悛其惡 竟致誅滅 吳王劉濞之時 大風 毁門拔木 濞不知戒 亦以覆亡 且祥瑞志云 行役不平 貢賦煩重 下民怨上 有此之應 以古驗今豈 無所召 今四方勞役不息 供費旣多 而貢賦未省 竊恐緣此 以致天譴夙夜 憂懼 不敢遑寧 今當軍國貢賦 難以蠲免 尙慮群臣不行公道 而使民怨 咨或懷非分之心 致變至此 各宜悛心 毋及於禍 (『高麗史節要』1 太祖神聖大王)

고려　(天授)十五年五月甲申 諭群臣曰 頃完葺西京 徙民實之 冀憑地力 平定三韓 將都於此 今者民家雌雞化爲雄 大風官舍頹壞 夫何災變至此 昔晉有邪臣 潛畜異謀 其家雌雞化爲雄 卜云 人懷非分 天垂警戒 不悛其惡 竟取誅滅 吳王劉濞之時 大風壞門拔木 其卜亦同 濞不知戒 亦底覆亡 且祥瑞志云 行役不平 貢賦煩重 下民怨上 有此之應 以古驗今 豈無所召 今四方勞役不息 供費旣多 貢賦未省 竊恐緣此 以致天譴 夙夜憂懼 不敢遑寧 軍國貢賦 難以蠲免 尙慮群臣不行公道 使民怨咨 或懷非分之心 致此變異 各宜悛心 毋及於禍 (『全唐文』1000 高麗王王建 詔諭八首)

고려　太祖十五年五月甲申 西京大風 官舍頹毁 屋瓦皆飛 王以爲不祥 聚僧誦經 以禳之 (『高麗史』55 志 9 五行 3 土)

1141) 원문의 便는 使가 맞다.

1142) 본문에는 日이 기록되어 있지 않지만, 『구오대사』에는 甲寅(2)으로 나온다. 따라서 甲寅(2)으로 편년하고 편제하였다.

1143) 본문에는 日이 기록되어 있지 않지만, 『구오대사』에는 甲寅(2)으로 나온다. 따라서 甲寅(2)으로 편년하고 편제하였다.

1144) 본문에는 日이 기록되어 있지 않지만, 『구오대사』에는 甲寅(2)으로 나온다. 따라서 甲寅(2)으로 편년하고 편제하였다.

고려 (長興三年)六月甲寅 以權知高麗國事王建爲檢校太保 封高麗國王 (『舊五代史』43 唐書 19 明宗紀 9)

고려 (長興三年)六月甲寅 封王建爲高麗國王·大義軍使 (『新五代史』6 唐本紀 6 明宗)

고려 후백제 六月丙寅 百濟將軍龔直來降 (『高麗史』2 世家 2 太祖 2)

후백제 고려 長興三年 甄萱臣龔直 勇而有智略 來降太祖 萱收龔直二子一女 烙斷股筋 (『三國史記』50 列傳 10 甄萱)[1145]

후백제 고려 長興三年 甄萱臣龔直 勇而有智略 來降太祖 萱捉龔直二子一女 烙断股筋 (『三國遺事』2 紀異 2 後百濟·甄萱)[1146]

고려 후백제 六月 百濟將軍龔直 來降 (『高麗史節要』1 太祖神聖大王)[1147]

후백제 고려 六月 百濟將軍龔直降高麗 (『三國史節要』14)[1148]

후백제 고려 龔直 燕山昧谷人 自幼有勇略 新羅末 爲本邑將軍 時方亂離 遂事百濟 爲甄萱腹心 以長子直達 次子金舒及一女 質于百濟 直嘗朝百濟 見其無道 謂直達曰 今見此國 奢侈無道 吾雖密邇 不願復來 聞高麗王公 文足以安民 武足以禁暴 故四方無不畏威懷德 予欲歸附 汝意何如 直達曰 自入質以來 觀其風俗 唯恃富强 競務驕矜 安能爲國 今大人欲歸明主 保安獘邑 不亦宜乎 直達當與弟妹 俟隙而歸矣 縱不得歸 賴大人之明 餘慶流於子孫 則直達雖死無恨 願大人勿以爲慮 直遂決意來附 太祖十五年 直與其子英舒來朝 言曰 臣在獘邑 久聞風化 雖無助天之力 願竭爲臣之節 太祖喜 拜大相 賜白城郡祿 廐馬三匹 彩帛 拜其子咸舒爲佐尹 又以貴戚正朝俊行女 妻英舒曰 卿灼見理亂存亡之機 來歸於我 朕甚嘉之 聯姻公族 用示厚意 卿其益竭心力 鎭撫邊境 藩屛我家 直謝因言曰 百濟一牟山郡 境接獘邑 以臣歸化 常加侵掠 民不安業 臣願往攻取 使獘邑之民 不被寇竊 專務農桑 益堅歸化之誠 太祖許之 萱聞直降 怒甚 囚直達金舒及其女 烙斷股筋 直達死 百濟滅後 羅州以俘囚百濟將軍具道子端舒 換金舒 還於父母 二十二年 直以佐丞卒 太祖遣使致弔 贈政匡 謚奉義 以咸舒爲嗣 後又贈司空三重大匡 (『高麗史』92 列傳 5 諸臣 龔直)

고려 (長興三年)其年六月 以權知國事王建爲特進檢校太保使持節玄菟州都督 充大義軍使兼御史大夫上柱國高麗國王 (『五代會要』30 高麗)[1149]

고려 (長興三年)秋七月戊子 正衙命使册高麗國王王建 (『舊五代史』43 唐書 19 明宗紀 9)[1150]

고려 (長興三年)七月 又以其妻柳氏爲河東郡夫人 (『五代會要』30 高麗)[1151]

고려 (後唐明宗長興三年)七月 詔特進簡較太保使持節玄菟州都督上柱國高麗國王建妻河東柳氏 可封河東郡夫人 高麗入朝使太相王儒奏請也 (『册府元龜』976 外臣部 21 褒異 3)[1152]

1145) 본문에는 月·日이 기록되어 있지 않지만, 『고려사』에는 6월 丙寅(15) 으로 나온다. 따라서 6월 丙寅(15) 으로 편년하고 편제하였다.

1146) 본문에는 月·日이 기록되어 있지 않지만, 『고려사』에는 6월 丙寅(15) 으로 나온다. 따라서 6월 丙寅(15) 으로 편년하고 편제하였다.

1147) 본문에는 日이 기록되어 있지 않지만, 『고려사』에는 丙寅(15) 으로 나온다. 따라서 丙寅(15) 으로 편년하고 편제하였다.

1148) 본문에는 日이 기록되어 있지 않지만, 『고려사』에는 丙寅(15) 으로 나온다. 따라서 丙寅(15) 으로 편년하고 편제하였다.

1149) 『舊五代史』 등에는 7월로 나온다.

1150) 五代會要』30 高麗에는 6월로 나온다.

1151) 『舊五代史』에 長興三年(932) 秋七月 戊子(6)로 나온다. 따라서 장흥 3년 가을 7월 戊子(6)로 편년하고 편제하였다.

고려 至長興三年 權知國事王建遣使者來 明宗乃拜建玄菟州都督 充大義軍使 封高麗國王 建 高麗大族也 (『新五代史』74 四夷附錄 3 高麗)1153)

고려 高麗國 後唐長興中 王建代高氏爲君長 命爲元[玄]菟州都督 封國王 (『玉海』154 朝貢 獻方物 淳化賜高麗九經 祥符賜經文 政和賜雅樂寶尊)1154)

고려 秋七月辛卯 親征一牟山城 遣正胤武 巡北邊 (『高麗史』2 世家 2 太祖 2)

고려 秋七月 王南征一牟山城 遣正胤 巡北邊 (『高麗史節要』1 太祖神聖大王)1155)

고려 太祖十五年九月庚辰 大星見東方 俄變爲白氣 (『高麗史』47 志 1 天文 1 月五星淩犯及星變)

후백제 고려 (長興三年)秋九月 萱遣一吉飡相貴 以舡兵入高麗禮成江 留三日 取鹽白貞三州船一百艘 焚之 捉猪山島牧馬三百匹而歸 (『三國史記』50 列傳 10 甄萱)

후백제 고려 (長興三年)秋九月 萱遣一吉 以舡兵入高麗禮城江 留三日 取塩白真1156)三州 船一百艘 焚之而去[云云] (『三國遺事』2 紀異 2 後百濟·甄萱)

고려 후백제 九月 甄萱遣一吉粲相貴 以舟師入侵禮成江 焚塩·白·貞三州船一百艘 取猪山島牧馬三百匹而歸 (『高麗史』2 世家 2 太祖 2)

고려 후백제 九月 百濟遣一吉粲相貴 以舟師入侵禮成江 焚鹽白貞三州 船一百艘 取猪山島牧馬三百匹而歸(『高麗史節要』1 太祖神聖大王)

후백제 고려 甄萱遣一吉粲相貴 以舟師入高麗禮成江 焚塩白貞三州船一百艘 取猪山島牧馬三百匹而歸 (『三國史節要』14)1157)

고려 冬十月 甄萱海軍將尙哀等攻掠大牛島 命大匡萬歲等救之 不利 (『高麗史』2 世家 2 太祖 2)

고려 冬十月 百濟 海軍將尙哀等 攻掠大牛島 王 遣大匡萬歲等 往救之 我軍不利 王憂之 庾黔弼 自鵠島上書曰 臣 雖負罪在貶 聞百濟侵我海鄕 臣已選丁壯 修戰艦 欲禦之 願上勿憂 王見書 泣曰 信讒逐賢 是予不明也 遣使召還 慰之曰 卿實無辜 不曾怨憤 唯思輔國 予甚愧悔 庶將賞延于世 報卿忠節 (『高麗史節要』1 太祖神聖大王)

고려 庾黔弼 (…) (太祖十四年)明年 甄萱海軍將尙哀等 攻掠大牛島 太祖遣大匡萬歲等往救 不利 太祖憂之 黔弼上書曰 臣雖負罪在貶 聞百濟侵我海鄕 臣已選本島及包乙島丁壯 以充軍隊 又修戰艦以禦之 願上勿憂 太祖見書泣曰 信讒逐賢 是予不明也 遣使召還 慰之曰 卿實無辜見謫 曾不怨憤 惟思輔國 予甚愧悔 庶將賞延于世 報卿忠節 (『高麗史』92 列傳 5 諸臣 庾黔弼)

고려 十一月己丑 前內奉卿崔凝卒 (『高麗史』2 世家 2 太祖 2)

고려 十一月 前內奉卿崔凝卒 凝黃州土山人 初 其母有娠 家有黃瓜蔓 忽結甜瓜 邑人以告

1152) 『舊五代史』에 長興三年(932) 秋七月 戊子(6)로 나온다. 따라서 장흥 3년 가을 7월 戊子(6)로 편년하고 편제하였다.

1153) 『舊五代史』에 長興三年(932) 秋七月 戊子(6)로 나온다. 따라서 장흥 3년 가을 7월 戊子(6)로 편년하고 편제하였다.

1154) 본문에는 長興 연간이라고 하였지만, 『舊五代史』에 長興三年(932) 秋七月 戊子(6)로 나온다. 따라서 장흥 3년 가을 7월 戊子(6)로 편년하고 편제하였다.

1155) 본문에는 日이 기록되어 있지 않지만, 『고려사』 에는 辛卯(11) 로 나온다. 따라서 辛卯(11)로 편년하고 편제하였다.

1156) 원문의 真은 貞이 맞다.

1157) 본문에는 月이 기록되어 있지 않지만, 『삼국유사』 등에는 9月로 나온다. 따라서 9월로 편년하고 편제하였다.

弓裔 裔卜之 曰生男則不利於國 愼勿擧 其父母 匿而養之 旣長 通五經 善屬文 爲裔翰林 甚見重 及王卽位 知元鳳省事 俄拜廣評郞中 凝 曉達吏事 時譽洽然 王嘗謂曰 卿學富才高 兼識治體 憂國奉公 匪躬謇謇 古之名臣 無以過也 遷內奉卿 未幾 轉廣評侍郞 凝辭曰 同僚尹逢 長於臣十年 請先授之 王 曰 能以禮讓 爲國乎何有 昔聞其語 今見其人 遂以逢 爲廣評侍郞 凝 恒齋素 嘗寢疾 王 使東宮 問疾 勸令食肉 凝固辭不食 王幸其第 謂曰 卿不食肉 有二失 不保其身 不得終養其母 不孝也 不能永命 使予 早喪良弼 不忠也 凝乃勉從 方始食肉 果平復 至是病卒 年三十五 王慟悼 贈元甫 賻甚厚 累贈大匡太子太保 謚熙愷 後 配享太祖廟庭 (『高麗史節要』 1 太祖神聖大王)[1158]

고려 후고구려 후백제

崔凝 黃州土山人 父大相祐達 初凝母有娠 家有黃瓜蔓 忽結甛瓜 邑人以告弓裔 裔卜之曰 生男則不利於國 愼勿擧 父母匿而養之 自幼力學 旣長 通五經 善屬文 爲裔翰林郞 草制誥甚愜其意 裔曰 所謂聖人得 非斯人耶 一日 裔召太祖 誣以謀叛 太祖辨之 凝爲掌奏 在裔側 佯墜筆 下庭取之 因趍過太祖 微語曰 不服則危 太祖悟 遂誣服 由是 得免 及太祖卽位 仍舊職 知元鳳省事 俄拜廣評郞中 凝有公輔器 曉達吏事 甚獲時譽 遇知太祖 夙夜勤恪 多所獻替 太祖每嘉納之 嘗謂曰 卿學富才高 兼識治體 憂國奉公 匪躬蹇蹇 古之名臣 無以過也 遷內奉卿 未幾 轉廣評侍郞 凝辭曰 臣之同僚尹逢 長於臣十年 請先授之 太祖曰 能以禮讓 爲國乎何有 昔聞其語 今見其人 遂以逢爲廣評侍郞 凝恒齋素 嘗寢疾 太祖遣東宮問疾 勸令食肉曰 但不手殺耳 食肉何害? 凝固辭不食 太祖幸其第 謂曰 卿不食肉 有二失 不保其身 不得終養其母 不孝也 不永命 使予早喪良弼 不忠也 凝乃始食肉 果平復 他日 太祖謂凝曰 昔新羅造九層塔 遂成一統之業 今欲開京建七層塔 西京建九層塔 冀借玄功 除群醜 合三韓爲一家 卿爲我作發願䟽 凝遂製進 十五年卒 年三十五 時太祖在燕山郡 聞訃痛悼 贈元甫 賻賵甚厚 累贈大匡太子太傅 謚熙愷 顯宗十八年 配享太祖廟庭 德宗二年 加贈司徒 子彬 (『高麗史』 92 列傳 5 諸臣 崔凝)

고려 是歲 遣大相王仲儒如唐 獻方物 復攻一牟山城 破之 (『高麗史』 2 世家 2 太祖 2)

고려 是歲 復攻一牟山城 破之 遣大相王仲儒 如唐 獻方物 (『高麗史節要』 1 太祖神聖大王)

신라 他時乘閒之夕略詣禪扉門曰弟子恭對　慈顔直申素懇今則國讐稍擾隣敵交侵猶似　楚漢相持雄雌未決至於三紀常備二凶雖切好生漸深相殺　寡人曾蒙佛誡暗發慈心恐遺玩寇之仍致危身之禍　大師不辭萬里來化三韓救爇崑崗昌言有待對曰夫道在心不在事法由　己不由人且　帝王與匹夫所修各異雖行軍旅且愍黎元何則王者以四海爲家萬民爲子不殺無辜之輩焉論有罪之徒所以諸善奉行是爲弘濟　上乃撫機歎曰夫俗人迷於遠理預懼閻摩至如大師所言可與言天人之際矣所以救其死罪時緩虔劉憐我生靈出于塗炭此則　大師之化也 其後大師 自栖京輦 頻改歲時 每以注目山川 欲擇終焉之地 隱霧之志 懇到聞□天上莫阻道情 潛憂生別 思惟良久 久乃許焉 大師臨別之間 特披悲感云 仁王弘誓 護法爲心 遙垂外護之恩 永蓄蒼生之福 所以長興三年 下教於開京西北 海州之陽 遽擇靈峯 爲搆精舍 寺名廣照 請以居之 是日 大師略領門徒 就栖院宇 學流盈室 禪客滿堂 若融歸北海之居 疑惠結東林之社 所以誨人不倦 如鏡忘疲 其衆如麻 其門如市 然則不資分衛 唯免在陳 此乃官庄 則分錫三庄 供事則具頒四事 況復近從當郡 傍及鄰州

1158) 본문에는 日이 기록되어 있지 않지만, 『고려사』에는 己丑(11)으로 나온다. 따라서 己丑(11)으로 편년하고 편제하였다.

咸發深心並修淨行 則知花惟薝蔔 如投寶樹之園 林是栴檀 似赴菴蘿之會 大師先來於踏地 倏自餘山 師至魂交 神來頂謁 獻粲輸玉泉之供 披誠指廬阜之居 其爲神理歸依皆如此類 (「廣照寺眞澈大師碑」)

고려 高麗國來錢塘 刻觀音聖像 及舁上船 竟不能動 因請入明州開元寺供養 後有設問 無刹不現身 聖像爲甚麽不去高麗國 長慶稜代云 現身雖普 覩相生偏 法眼別云 識得觀音未 (『指月錄』7 高麗觀音)[1159]

933(癸巳/신라 경순왕 7/후백제 견훤 34/고려 태조 16 天授 16/後唐 長興 4/日本 承平 3)

고려 春三月辛巳 唐遣王瓊·楊昭業來冊王 詔曰 王者法天而育兆庶 體地而安八紘 允執大中 式彰無外 斗極正而衆星咸拱 溟渤廣而百谷皆宗 所以居戴履之倫 窮照臨之境 弘道修德 恭己虛懷 歸心者 睠爲王人 嚮化者 被以風敎 由是 擧封崇之命 稽旌賞之文 垂於古先 罔敢失墜 其有地 稱平壤 師擅兼材 統五族之强宗 控三韓之奧壤 務權鎭靜 志奉聲明 爰協彝章 是加寵數 咨 爾權知高麗國王事建 身資雄勇 智達機鈐 冠邊城以挺生 負壯圖而間出 山河有授 基址克豊 踵朱蒙啓土之禎 爲彼君長 履箕子作蕃之跡 宣乃惠和 俗厚知書 故能導之以禮義 風驍尙武 故能肅之以威嚴 提封於是謐寧 生聚以之完輯 而復行及唇齒 分篤皮毛 忿黠虜之挻祆 恤隣邦而救患 矧以披肝效順 秉節納忠 慕仁壽以康時 識文思之撫運 航深梯險 輸贐貢琛 繼陳述職之儀 茂著勤王之業. 夫推至誠而享豊報 道之常也 奠眞封而顯列國 禮之大也 勞有所至 朕無愛焉 今遣使太僕卿王瓊 使副大府少卿兼通事舍人楊昭業等 持節備禮 冊命爾爲高麗國王 於戱 作善天降之祥 守正 神祚之福 干戈 愼於危事 文軌 資於遠謀 永爲唐臣 世服王爵 往踐厥位 汝惟欽哉

又詔曰 卿珠樹分煇 金鉤協兆 領日邊之分野 冠海外之英雄 士心 同感於撫循 民意咸歌於惠養 而又誠堅事大 志在恤隣 秣馬利兵 挫甄萱之黨 分衣減食 濟忽汗之人 繼航海以拜章 每充庭而致貢 金石之誠明貫日 風雲之梗槩凌空 名播一時 美流四裔 忠規若此 賞典寧忘 特議䟽封 仍升峻秩 剪桐圭而錫命 目極蓬山 睠桃野以傾思 心隨濟水 勉祇異禮 永保崇勛 今授卿特進檢校太保使持節玄菟州都督上柱國充大義軍使 仍封高麗國王 今差使太僕卿王瓊 使副大府少卿楊昭業等往彼 備禮冊命 兼賜國信銀器匹段等 具如別錄 至當領也

又詔曰 卿 長淮茂族 漲海雄蕃 以文武之才 控玆土宇 以忠孝之節 來稟化風 貞規旣篆於旗常 寵數是覃於簡冊 如綸如綍 已成虎穴之榮 宜室宜家 足顯鵲巢之美 俾頒湯沐 以慶絲蘿 永光輔佐之功 式協優隆之命. 諒卿誠素 知我渥恩 卿妻柳氏 今封河東郡夫人

又賜三軍將吏等詔曰 朕以王建 星雲稟秀 金石輸誠 信義着於睦隣 忠孝彰於事大 領三韓之樂土 每奉周正 越萬里之洪波 常陳禹貢 勳名已顯 爵秩未崇 宜寵錫以桐圭 俾眞封於桃野 今封授高麗國王 差使往彼 備禮冊命 便令慰諭 想宜知悉

又賜曆日 自是 除天授年號 行後唐年號 (『高麗史』2 世家 2 太祖 2)

고려 王者法天而育兆庶 體地而安八紘 允執大中 式彰無外 斗極正而衆星咸拱 溟渤廣而百谷皆宗 所以居戴履之倫 窮照臨之境 宏道修德 恭己虛懷 歸心者睠爲王人 嚮化者被以風敎 由是擧封崇之命 稽旌賞之文 垂於古先 罔敢失墜 其有地稱平壤 師擅兼材 統

1159) '長慶稜'은 長慶 慧稜(惠稜·超覺大師 등으)로 대략 854년 경 출생하여 932년에 입적하였다. 30여 년간 雪峰 義存의 곁에 머물다가 唐 哀帝 天祐 3年(906)에 泉州 昭慶院에 주석하였고 후에 福州 長慶院에서 머물렀음. 法眼은 法眼 文益(淨慧禪師·法眼禪師·南山大智藏 등)으로 추정된다. 法眼은 대략 885~886년 경에 출생하여 958년에 입적하였다.

五旅之强宗 控三韓之奧壤 務權鎭靜 志奉聲明 爰協彝章 是加寵敎 咨爾權知高麗國王事建 身資雄勇 智達機鈐 冠邊城以挺生 負壯圖而間出 山河有授 基址克豊 踵朱蒙啓土之禎 爲彼君長 履箕子作藩之跡 宣乃惠和 俗厚知書 故能道之以禮義 風驍尙武 故能肅之以威嚴 提封於是謐寧 生聚以之完輯 而復行及昏齒 分篤皮毛 忿黠虜之挺袄 恤隣邦而救患 矧以披肝效順 秉節納忠 慕仁壽以康時 識文思之撫運 海航深險 輸賝貢琛 繼陳述職之儀 茂著勤王之業 夫推至誠而享豊報 道之常也 奠眞封而顯列國 禮之大也 勞有所至 朕無愛焉 今遣使太僕卿王瓊·使副太府少卿兼通事舍人楊昭業等持節備禮 冊命爾爲高麗國王 於戱! 作善天降之祥 守正神祚之福 干戈愼於危事 文軌資於遠謀 永爲唐臣 世報王爵 往踐厥位 汝惟欽哉 (『全唐文』 108 後唐明宗 冊命高麗國王詔)

고려 卿珠樹分輝 金鉤協兆 領日邊之分野 冠海外之英雄 士心同感於撫循 民意咸歌於惠養 而又誠堅事大 志在恤隣 秣馬利兵 挫甄萱之黨 分衣減食 濟忽汗之人 繼航海以拜章 每充庭而致貢 金石之誠明貫日 風雲之梗槪凌空 名播一時 美流四裔 志規若此 賞典寧忘 特議疏封 仍升峻秩 剪桐圭而錫命 目極蓬山 睠桃野以傾思 心隨濟水 勉祇異禮 永保崇勛 今授卿特進檢校太尉使持節元〔玄〕菟州都督上柱國充大義軍使 仍封高麗國王 今差使太僕卿王瓊·使副太府少卿楊昭業等往彼 備禮冊命 兼賜國信銀器匹段等 具如別錄 至當領也 (『全唐文』 108 後唐明宗 又詔)

고려 卿長淮茂族 漲海雄蕃 以文武之才 控玆土宇 以忠孝之節 來稟化風 貞規旣篆於旗常 寵數是覃於簡冊 如綸如綍 已成虎穴之榮 宜室宜家 足顯鵲巢之美 俾頒湯沐 以慶絲蘿 永光輔佐之功 式協優隆之命 諒卿誠素 知吾渥恩 卿妻柳氏 今封河南郡夫人 (『全唐文』 108 後唐明宗 又詔)

고려 朕以王建星雲稟秀 金石輸誠 信義著於睦隣 忠孝彰於事大 領三韓之樂土 每奉周正 越萬里之洪波 常陳禹貢 勳名已顯 爵秩未崇 宜寵錫以桐圭 俾眞封於桃野 今封授高麗國王 差使往彼 備禮冊命 便令慰諭 想宜知悉 (『全唐文』 108 後唐明宗 賜高麗三軍將吏詔)

고려 春三月 唐遣大僕卿王瓊 大府少卿楊昭業來 冊王爲特進檢校太保使持節玄菟州都督上柱國充大義軍使 仍封高麗國王 賜曆日銀器匹段 詔封妃柳氏 爲河東郡夫人 又詔三軍將吏 諭以冊王之意 遂頒曆 始行唐年號 (『高麗史節要』 1 太祖神聖大王)[1160]

고려 唐明宗 遣使高麗 錫命 (『三國史記』 12 新羅本紀 12)[1161]

고려 太祖神惠王后柳氏 (…) 太祖十六年 後唐明宗 遣太僕卿王瓊等 來冊后 官告曰 爲人之妻 能從夫以貴者 是爲宜其家矣 封邑之制 彝典所垂 俾增伉儷之光 以稱國君之爵 大義軍使特進檢校太保使持節玄菟州都督上柱國高麗國王妻河東柳氏 內言必正 同獎固多 贊虎幄之嘉謀 保魚軒之寵數 輔成忠節 諒屬柔明 爰降殊榮 載踰常等 勉助勤王之志 是謂報國之規 可封河東郡夫人 薨 謚神惠王后 祔葬顯陵 (『高麗史』 88 列傳 1 后妃 1 太祖 后妃 神惠王后 柳氏)

고려 天授 十六年 三月 後唐遣使來冊王 自是 行後唐年號 (『高麗史』 86 表 1 年表 1)

고려 太祖 神惠王后柳氏 貞州人 三重大匡天弓之女 天弓家大富 邑人稱爲長者 太祖事弓裔爲將軍 引兵過貞州 息馬古柳下 后立路傍川上 見其有德容 問汝誰氏女 對曰 此邑長者家女也 太祖因至宿焉 其家饗一軍甚豊 以后侍寢 厥後 絶不相聞 后守志貞潔 剃髮爲尼 太祖聞之 召以爲夫人 弓裔末 洪儒裵玄慶申崇謙卜智謙 詣太祖第 將議廢立

1160) 본문에는 日이 기록되어 있지 않지만, 『고려사』에는 辛巳(5)로 나온다. 따라서 辛巳(5)로 편년하고 편제하였다.

1161) 본문에는 月·日이 기록되어 있지 않지만, 『고려사』에는 춘3월 辛巳(5)로 나온다. 따라서 춘3월 辛巳(5)로 편년하고 편제하였다.

不欲令后知之 謂后曰 園中豈有新瓜乎 可摘來 后知其意出 從北戶 潛入帳中 於是諸將遂言推戴之意 太祖作色 拒之甚堅 后遽從帳中出 謂太祖曰 擧義代虐 自古而然今聞諸將議 妾猶奮發 况大丈夫乎 手提甲領以被之 諸將扶擁而出 遂卽位 太祖十六年 後唐明宗 遣太僕卿王瓊等 來冊后 官告曰 爲人之妻 能從夫以貴者 是爲宜其家矣封邑之制 彝典所垂 俾增伉儷之光 以稱國君之爵 大義軍使特進檢校太保使持節玄菟州都督上柱國高麗國王妻河東柳氏 內言必正 同奬固多 贊虎幄之嘉謀 保魚軒之寵數輔成忠節 諒屬柔明 爰降殊榮 載踰常等 勉助勤王之志 是謂報國之規 可封河東郡夫人 薨 諡神惠王后 祔葬顯陵 (『高麗史』88 列傳 1 后妃 1)

고려 爲人之妻 能從夫以貴者 是謂宜其家矣 封邑之制 彝典所垂 俾增伉儷之光 以稱國名之爵 大義軍使特進檢校太保使持節玄菟州都督上柱國高麗國王妻河東柳氏 內言必正同奬固多 贊虎幄之嘉謀 保魚軒之異數 輔臣忠節 諒屬柔明 爰降殊榮 載踰常等 勉思勤王之志 是謂報國之規 可封河東郡夫人 (『全唐文』112 後唐明宗 冊高麗國王夫人柳氏文)

신라 長興四年四月 權知國事金溥遣使金朏來貢方物 (『五代會要』13 新羅)

신라 長興四年 權知國事金溥遣使來 朴英溥世次 卒立 史皆失其紀 自晉已後不復至 (『新五代史』74 四夷附錄 3 高麗)

고려 夏五月 征南大將軍庾黔弼 守義城府 王遣使謂曰 予慮新羅 爲百濟所侵 嘗遣將鎭之今聞百濟 劫掠槥山城 阿弗鎭等處 如或侵及新羅國都 卿宜往救 黔弼遂選壯士八十人赴之 至槎灘 謂士卒曰 若於此遇賊 吾必不得生還 但慮汝等同罹鋒刃 其各善自爲計士卒曰 吾輩盡死則已 豈可使將軍 獨不生還乎 因相與誓以戮力擊賊 旣涉灘 而遇百濟統軍神劍等 百濟軍 見黔弼部伍 精銳 不戰自潰 黔弼 至新羅 老幼 出城迎拜 泣曰不圖今日 得見大匡 微大匡吾 其爲魚肉乎 黔弼 留七日而還 遇神劍於子道 大克 檎其將七人 殺獲甚多 捷至 王 驚喜曰 非黔弼 孰能如是 及入朝 王 下殿迎之 執其手曰 如卿之功 古亦罕有 銘在朕心 勿謂忘之 黔弼 謝曰 臣職當爲 聖上 何至如斯 王益善之 (『高麗史節要』1 太祖神聖大王)

고려 庾黔弼 (…) (太祖十四年明年)又明年 爲征南大將軍 守義城府 太祖使人謂曰 予慮新羅爲百濟所侵 嘗遣大匡能丈英周烈弓·恩希等鎭之 今聞百濟兵已至槥山城阿弗鎭等處劫掠人物 恐侵及新羅國都 卿宜往救 黔弼選壯士八十人赴之 至槎灘 謂士卒曰 若遇賊於此 吾必不得生還 但慮汝等同罹鋒刃 其各善自爲計 士卒曰 吾輩盡死則已 豈可使將軍獨不生還乎 因相與誓同心擊賊 旣涉灘 遇百濟統軍神劒等 黔弼欲與戰 百濟軍見黔弼部伍精銳 不戰自潰而走 黔弼至新羅 老幼出城 迎拜垂泣言曰 不圖今日得見大匡 微大匡 吾其爲魚肉乎 黔弼留七日而還 遇神劒等於子道 與戰大克 擒其將今達奐弓等七人 殺獲甚多 捷至 太祖驚喜曰 非我將軍 孰能如是 及還 太祖下殿迎之 執其手曰 如卿之功 古亦罕有 銘在朕心 勿謂忘之 黔弼謝曰 臨難忘私 見危授命 臣職耳聖上何至如斯 太祖益重之 (『高麗史』92 列傳 5 諸臣 庾黔弼)

발해 (長興)四年七月 以先入朝使成文角爲朝散大夫右神武軍長史 奏事右錄事試大理評事高保乂爲朝散郎右驍衛長史 並賜金紫 (『五代會要』30 渤海)

고려 是歲 置兵禁官 (『高麗史節要』1 太祖神聖大王)

신라 長興四年 權知國事金溥遣使來 朴英溥世次 卒立 史皆失其紀 自晉已後不復至 (『新五代史』74 四夷附錄 3 新羅)

고려　長興中 權知國事王建承高氏之位 遣使朝貢 以建爲玄菟州都督充大義軍使 封高麗國王 (『宋史』487 列傳 246 外國 3 高麗)

934(甲午/신라 경순왕 8/후백제 견훤 35/고려 태조 17/後唐 應順 1 淸泰 1/日本 承平 4)

고려　春正月甲辰 幸西京 歷巡北鎭 (『高麗史』2 世家 2 太祖 2)

고려　春正月 幸西京 巡北鎭而還 (『高麗史節要』1 太祖神聖大王)[1162]

후백제　淸泰元年春正月 萱聞太祖屯運州 遂簡甲士五千至 將軍黔弼 及其未陣 以勁騎數千突擊之 斬獲三千餘級 熊津以北三十餘城 聞風自降 萱麾下術士宗訓醫者訓謙勇將尙達崔弼等降於太祖 (『三國史記』50 列傳 10 甄萱)

후백제 고려　淸泰元年甲午 萱聞太祖屯運州[未詳] 遂簡甲士 蓐食而至 末[1163]及營壘 將軍黔弼以勁騎擊之 斬獲三千餘級 熊津以北三十餘城 聞風自降 萱麾下術士宗訓 醫者之謙 勇將尙逢雀弼等 降於太祖 (『三國遺事』2 紀異 2 後百濟·甄萱)[1164]

고려　庾黔弼 (…) (太祖)十七年 太祖自將征運州 黔弼爲右將軍△ 甄萱聞之 簡甲士五千至曰 兩軍相鬪 勢不俱全 恐無知之卒 多被殺傷△ 宜結和親 各保封境△ 太祖會諸將議之 黔弼曰 今日之勢 不容不戰△ 願上觀臣等破敵 勿憂也△ 遂乘萱未陣 以勁騎數千突擊之 斬獲三千餘級 擒術士宗訓 醫師訓謙 勇將尙達·崔弼△ 熊津以北三十餘城 聞風自降△ (『高麗史』92 列傳 5 諸臣 庾黔弼)

고려　夏五月乙巳 幸禮山鎭 詔曰 往者 新羅政衰 群盜競起 民庶亂離 曝骨荒野 前主服紛爭之黨 啓邦國之基 及乎末年 毒流下民 傾覆社稷 朕承其危緖 造此新邦 勞役瘡痍之民 豈予意哉 但草昧之時 事不獲已 櫛風沐雨 巡省州鎭 修完城柵 欲令赤子 得免綠林之難. 由是 男盡從戎 婦猶在役 不忍勞苦 或逃匿山林 或號訴官府者 不知幾許 王親權勢之家 安知無肆暴陵弱 困我編氓者乎 予以一身 豈能家至而目覩 小民所以未由控告 呼籲彼蒼者也 宜爾公卿將相食祿之人 諒予愛民如子之意 矜爾祿邑編戶之氓 若以家臣無知之輩 使于祿邑 惟務聚斂 恣爲割剝 爾亦豈能知之 雖或知之 亦不禁制 民有論訴者 官吏徇情掩護 怨讟之興 職競由此 予嘗誨之 欲使知之者增勉 不知者能誡其違令者 別行染卷 猶以匿人過爲賢 不曾擧奏 善惡之實 曷得聞知 如此 寧有守節改過者乎 爾等遵我訓辭 聽我賞罰. 有罪者 無論貴賤 罰及子孫 功多罪小 量行賞罰 若不改過 追其祿俸 或一年 二三年 五六年 以至終身不齒. 若志切奉公 終始無瑕 生享榮祿 後稱名家 至於子孫 優加旌賞. 此則非但今日 傳之萬世 以爲令範 人有爲民陳訴勾喚不赴 必令再行勾喚 先下十杖 以治違令之罪 方論所犯 吏若故爲遷延 計日罰責又有怙威恃力 令之不可觸者 以名聞 (『高麗史』2 世家 2 太祖 2)

고려　夏五月 幸禮山鎭 下令曰 泰封主 毒流下民 傾覆社稷 予承其危緖 造此新邦 勞役瘡痍之民 豈予意哉 但干戈未定 櫛風沐雨 巡省州鎭 修完城柵 由是男盡從戎 婦猶在役不忍勞苦 或逃匿山林 或號訴官府者 不知幾許 權勢之家 又從而陵暴 予以一身 豈能家至而目覩 小民 所以無所控告 而呼籲者也 宜爾公卿將相 食祿之人 諒予愛民如子之意 矜爾祿邑編戶之氓 其衙內無知之輩 使于祿邑 務取斂割剝 爾亦豈能知之 雖或知之 亦不禁制 民有論訴者 官吏更相掩護 怨讟之興 職競由此 子嘗一一誨之 欲使知

1162) 본문에는 日이 기록되어 있지 않지만, 『고려사』에는 甲辰으로 나온다. 따라서 甲辰으로 편년하고 편제하였다.

1163) 원문의 末은 未가 맞다.

1164) 『三國史記』50 列傳 10 甄萱에는 봄 정월로 나온다. 따라서 정월로 편년하게 편제하였다.

之者 增勉 不知者 能誡 其違令者 已別行染卷 染卷之後 猶以匿人之過 爲賢 而無擧論之者 善惡之實 曷得聞知 如此 寧有守節改過者乎 爾等 遵我訓辭 聽我賞罰 有罪者 無論貴賤 罰及子孫 功多罪小 量行賞罰 若不改過 追其祿俸 以至終身不齒 若志切奉公 終始無瑕 生享榮祿 後稱名家 至於子孫 優加旌賞 此則非但寡人在日 傳之萬世 以爲今範人 有爲民陳訴 勾喚不赴 必令再行勾喚 先下十杖 以示不從令之罪 方論所犯 官吏 不遵此令 故爲淹滯 計日罰責 又有怙威恃力 令之不可觸者 以名聞 (『高麗史節要』1 太祖神聖大王)[1165]

고려　(天授) 十七年五月乙巳 幸禮山鎭 詔曰 往者新羅政衰 群盜競起 民庶亂離 暴骨荒野 前主服紛爭之黨 啓邦國之基 及乎末年 毒流下民 傾覆社稷 朕承其危緖 造此新邦 勞役瘡痍之民 豈予意哉 但草昧之時 事不獲已 櫛風沐雨 巡省州鎭 修完城柵 欲令赤子得免綠林之難 由是男盡從戎 婦猶在役 不忍勞苦 或逃匿山林 或號訴官府者 不知幾許 王親權勢之家 安知無肆暴凌弱 困我編氓者乎 予以一身 豈能家至而目覩 小民所以末由控告 呼籲彼蒼者也 宜爾公卿將相食祿之人 諒予愛民如子之意 矜爾祿邑編戶之氓 若以家臣無知之輩 使子祿邑 惟務聚斂 恣爲割剝 爾亦豈能知之 雖或知之 亦不禁制 民有論訴者 官吏徇情掩護 怨讟之興 職競由此 予嘗誨之 欲使知之者增勉 不知者能誡 其違令者 別行染卷 猶以匿人過爲賢 不曾擧奏 善惡之實 曷得聞知 如此寧有守節改過者乎 爾等遵我訓辭 聽我賞罰 有罪者不論貴賤 罰及子孫 功多罪小 量行賞罰 若不改過 追其祿俸 或一年二三年五六年 以至終身不齒 若志切奉公 終始無瑕 生享榮祿 後稱名家 至於子孫 優加旌償 此則非但今日 傳之萬世 以爲令範 人有爲民陳訴 勾喚不赴 必令再行勾喚 先下十杖 以治違令之罪 方論所犯 吏若故爲遷延 計日罪責 又有怙威恃力 令之不可觸者 以名聞 (『全唐文』1000 高麗王王建 詔諭八首)

고려 발해　秋七月 渤海國世子大光顯率衆數萬來投 賜姓名王繼 附之宗籍. 特授元甫 守白州 以奉其祀 賜僚佐爵 軍士田宅 有差 (『高麗史』2 世家 2 太祖 2)

고려　(後唐)廢帝淸泰元年八月 靑州言高麗人貢使金吉船至岸北 (…) 部送京師 (『冊府元龜』972 外臣部 17 朝貢 5)

고려　(太祖)十七年九月丁巳 老人星見 (『高麗史』47 志 1 天文 1 月五星凌犯及星變)

고려　秋九月丁巳 老人星 見 (『高麗史節要』1 太祖神聖大王)
신라　秋九月 老人星見 (『三國史記』12 新羅本紀 12)[1166]

고려 신라　九月丁巳 自將征運州 與甄萱戰 大敗之 熊津以北三十餘城 聞風自降 (『高麗史』2 世家 2 太祖 2)
고려 신라　(秋九月丁巳) 王自將征運州 甄萱聞之 簡甲士五千 至曰 兩軍相鬪 勢不俱全 恐無知之卒 多被殺傷 宜結和親 各保封境 王會諸將議之 右將軍庾黔弼 曰 今日之勢 不容不戰 願王 觀臣等破敵 勿憂也 及彼未陣 以勁騎數千 突擊之 斬獲三千餘級 擒術士宗訓 醫師訓謙 勇將尙達 崔弼 熊津以北三十餘城 聞風自降 (『高麗史節要』1 太祖神聖大王)

1165) 본문에는 日이 기록되어 있지 않지만, 『고려사』에는 乙巳(6)로 나온다. 따라서 乙巳(6)로 편년하고 편제하였다.
1166) 본문에는 日이 기록되어 있지 않지만, 『고려사절요』에 丁巳(20)로 나온다. 따라서 丁巳(20)로 편년하고 편제하였다.

고려 신라　(秋九月) 運州界三十餘郡縣 降於大祖 (『三國史記』12 新羅本紀 12)[1167)]

고려 발해　冬十二月 渤海陳林等一百六十人來附 (『高麗史』2 世家 2 太祖 2)

고려　是歲 西京旱蝗 (『高麗史』2 世家 2 太祖 2)

고려　太祖十七年 西京 旱蝗 (『高麗史』54 志 8 五行 2 金)

고려　是歲 遣大相廉相 城通海鎭 以元甫才萱 爲鎭頭 西京 旱蝗 (『高麗史節要』1 太祖神聖大王)

고려　鎭戍 (…) (太祖)十七年 遣大相廉相 城通海鎭 以元甫才萱爲鎭頭 (『高麗史』82 志 36 兵 2)

후백제　又古記云 (…) 理四十三年 以淸泰元年甲午 萱之三子纂[1168)]逆 萱投太祖 子金剛卽位 (…) (『三國遺事』2 紀異 2 後百濟 甄萱)

고려　西京留守官 (…) (太祖) 十七年 增置官宅司 掌供賓客之事 卿二人 大舍二人 史二人 都航司 卿一人 大舍一人 史一人 大馭府 卿一人 大舍一人 史一人 (『高麗史』77 志 31 百官 2)

고려　城堡 (…) (太祖) 十七年 城通海縣五百十三閒 門五 水口一 城頭四 (『高麗史』82 志 36 兵 2)

신라　以後得抵醴泉仍逢檀越便是正匡△△東瞻△△必有神人入我都城先△嘉瑞郊迎之際△禮禪師請住玄關不△功事所以欲焉數歲暫駐靈軒龍坐藏鱗暫膺蓮塢鶴鳴栽翼方叶聞天豈謂△上聞　禪師宣敎七孫法膺之子高開善誘廣說徵言學佛之徒時時雲集此時特遣王人△於寶所方頒其禪衆來赴　鳳城禪師平視高位早△彼此△守祖師之德感深仰禮之△在△貪程秪爲△傳之故看燈禮塔潛思付囑△　因漸漸超山行行騫嶺倍程之際尋至京華△△上瞻望　鳳儀實切歸依之願得披龍步深增喜慰之心　翌日延人玉堂逈昇繩榻上欽仰禪德覺逮△十倍之英奉承道風申親受三歸之禮所恨披雲之晩竊感△緣仍令所△△於守內便乃龜山禪院請以住持此日暫至茅廬方停盖學人雨驟森森稻麻來者仙馳列列桃李在迷思返虛往實歸聲振十方名高千載且與唐之章△不可同年而語哉宴坐　於斯△經五載遊宗所逼化往依△△　天福四年十月一日示化於龜山法堂亡皃如生菓唇似語捨身之理寧△恒△或攀樹泥洹或道山入定或蟬蛻而去或火焚以殂俗年五十有八僧夏四十八其月六日門人等肩舁靈函假肂于寺之北麓士庶闐川香葉溢谷△泉悲△雲日注愁　上乃常仰玄宗忽聆遷化其△良深靈涕實慟于懷賜謚曰慈寂禪師塔名凌雲之塔禮也　(「鳴鳳寺境淸禪院慈寂禪師凌雲塔碑」)[1169)]

935(乙未/신라 경순왕 9/후백제 견훤 36 신검 1/고려 태조 18/後唐 淸泰 2/日本 承平 5)

가야　新羅季末 有忠至匝干者 攻取金官高城 而爲城主將軍 爰有英規阿干 假威於將軍 奪廟享而淫祀 當端午而致告祠 堂梁無故折墜 因覆壓而死焉 於是將軍自謂 宿因多幸辱爲聖王所御國城之奠 宜我畫其眞影 香燈供之 以酬玄恩 遂以鮫絹三尺 摸出眞影

1167) 본문에는 日이 기록되어 있지 않지만, 『고려사』에 丁巳(20)로 나온다. 따라서 丁巳(20)로 편년하고 편제하였다.

1168) 簒의 잘못이다.

1169) 선사는 귀산선원에 좌선한 후 5년 후인 939년에 입적하였다.

安於壁上 旦夕膏炷 瞻仰虔至 才三日 影之二目 流下血淚 而貯於地上 幾一斗矣 將軍大懼 捧持其真 就廟而焚之 即召王之真孫圭林而謂曰 昨有不祥事 一何重疊 是必廟之威靈 震怒余之圖畫 而供養不孫 英規既死 余甚怪畏 影已燒矣 必受陰誅 卿是王之真孫 信合依舊以祭之 圭林継世奠酹年 及八十八歲而卒 其子間元卿 續而克禋 端午日 謁廟之祭 英規之子俊必又發狂 來詣廟 俾徹間元之奠 以己奠陳享 三獻未終 得暴疾 歸家而斃 然古人有言 淫祀無福 反受其殃 前有英規 後有俊必 父子之謂乎 又有賊徒 謂廟中多有金玉 将来盗焉 初之来也 有躬擐甲冑 張弓挾矢 猛士一人 從廟中出 四面兩[1170]射 中殺七八人 賊徒奔走 數日再来 有大蟒長三十餘尺 眼光如電 自廟旁[1171]出 咬殺八九人 粗得完免者 皆僵仆而散 故知陵園表裏 必有神物護之 自逮[1172]安四年 己卯始造 逮今上御圖三十一載 大康二年丙辰 凡八百七十八年 所封美土 不騫不崩 所植佳木 不枯不朽 况所排列万蘊玉之片片 亦不頹圻[1173] 由是觀之 辛替否曰 自古迄今 豈有不之國 不破之墳 唯此駕洛國之昔曾亡 則替否之言有徵矣 首露廟之不毁 則替否之言 未足信也 (『三國遺事』2 紀異 2 駕洛國記)

신라 清泰二年二月 以入朝使執事侍郎金朏爲檢校工部尚書 副使司賓大卿李儒試將作少監 (『五代會要』13 新羅)

후백제 春三月 甄萱子神劒 幽其父於金山佛宇 殺其弟金剛 初 萱多妾媵有子十餘人 第四子金剛 身長多智 萱特愛之 欲傳其位 其兄神劒良劒龍劒等知之憂悶 時良劒龍劒出鎮于外 神劒獨在側 伊粲能奐使人 與良劒龍劒陰謀 勸神劒作亂 (『高麗史』2 世家 2 太祖 2)

후백제 春三月 甄萱子神劍 幽其父於金山佛宇 殺其弟金剛 萱有子十餘人 第四子金剛 身長而多智 萱特愛之 欲傳其位 其兄神劍 良劍 龍劍等 知之憂閔 時良劍龍劍 出鎮于外 神劍獨在側 伊粲能奐 使人與良劍 龍劍 陰謀 勸神劍作亂 (『高麗史節要』1 太祖神聖大王)

후백제 甄萱多娶妻 有子十餘人 第四子金剛 身長而多智 萱特愛之 意欲傳其位 其兄神劒良劒龍劒等知之憂悶 時 良劒爲康州都督 龍劒爲武州都督 獨神劒在側 伊飡能奐 使人往康武二州 與良劒等陰謀 至清泰二年春三月 與波珍飡新德英順等勸神劒 幽萱於金山佛宇 遣人殺金剛 神劒自稱大王 大赦境內 其教書曰 如意特蒙寵愛 惠帝得以爲君 建成濫處元良 太宗作而卽位 天命不易 神器有歸 恭惟大王神武超倫 英謀冠古 生丁衰季 自任經綸 徇地三韓 復邦百濟 廓清塗炭而黎元安集 鼓舞風雷而邇遐駿奔 功業幾於重興 智慮忽其一失 幼子鍾愛 姦臣弄權 導大君於晉惠之昏 陷慈父於獻公之惑 擬以大寶授之頑童 所幸者上帝降衷 君子改過 命我元子 尹玆一邦 顧非震長之才 豈有臨君之智 兢兢慄慄 若蹈冰淵 宜推不次之恩 以示維新之政 可大赦境內 限清泰二年十月十七日昧爽以前 已發覺未發覺 已結正未結正 大辟已下罪 咸赦除之 主者施行 (『三國史記』50 列傳 10 甄萱)

후백제 春三月 甄萱子神劒幽其父於金山佛宇 殺其弟金剛 初萱多妾媵有子十餘人 第四子金剛身長多智 萱特愛之 欲傳其位 其兄神劒良劒龍劒等 知之憂悶 時良劒爲康州都督 龍劒爲武州都督 出鎮于外 神劒獨在側 伊粲能奐使人與良劒龍劒陰謀 勸神劒作亂 至是 萱寢未起 聞宮庭喧呼 問此何聲 左右曰 王年老 諸將以長子神劒攝位陳賀 俄移萱於金山佛宇 以巴達等壯士三十人守之 先是 童謡曰 可憐完山兒 失父涕連濡 神劒自

1170) 원문의 兩은 雨가 맞다.
1171) 원문의 旁은 房이 맞다.
1172) 원문의 逮는 建이 맞다.
1173) 원문의 圻는 坼이 맞다.

稱大王 大赦境內 敎曰 如意特蒙寵愛 惠帝得以爲君 建成濫處元良 太宗作而即位 天命不易 神器有歸 恭惟大王神武超倫 英謀冠古 生丁衰季 自任經綸 徇地三韓 復邦百濟 廓淸塗炭而黎元安集 鼓舞風雷而邇遐駿奔 功業幾於重興 智慮忽其一失 幼子鐘愛 奸臣弄權 導大君於晉惠之昏 陷慈父於獻公之惑 擬以大寶授之頑童 所幸者上帝降衷 君子改過 命我元子 尹玆一邦 顧非震長之才 豈有臨君之智 兢兢慄慄 若蹈氷淵 宜推不次之恩 以示惟新之政 可大赦境內 限淸泰二年十月十七日昧爽以前 大辟已下罪 咸赦除之 (『三國史節要』 14)

후백제 萱多妻妾 有子十餘人 第四子金剛身長而多智 萱特愛之 意欲傳位 其兄神劍良劍龍劍知之 憂悶 時良劍爲康州都督 龍劍爲疋[1174]州都督 獨神劍在側 伊飡[1175]能奐使人往康疋[1176]二州 與良劍等謀 至淸泰二年乙未春三月 與英順等勸神劍 幽萱於金山佛宇 遣人殺金剛 神劍自稱大王 赦境內[云云] 初萱寢未起 遙聞宮庭呼喊聲 問 是何聲歟 告父曰 五[1177]年老 暗於軍國政要 長子神劍攝父王位 而諸將歡賀聲也 俄移父於金山佛宇 以巴達等壯士三十人守之 童謠曰 可憐完山兒 失父涕連洒 萱與後宮年小男女二人侍婢古比女內人能又男等囚繫 (『三國遺事』 2 紀異 2 後百濟 甄萱)

고려 夏四月 王謂諸將曰 羅州四十餘郡 爲我藩籬 久服風化 近爲百濟劫掠 六年之間 海路不通 誰能爲我撫之 公卿薦庾黔弼 王曰 予亦思之 然近者 新羅路梗 黔弼往通之 想念其勞 難以再命 黔弼奏曰 臣 雖年齒已衰 然 是國家大事 敢不竭力 王喜 垂泣曰 卿 若承命 何喜如之 以黔弼爲都統大將軍 送至禮成江 賜御船而遣之 黔弼 往羅州經略而還 又幸禮成江 迎勞之 (『高麗史節要』 1 太祖神聖大王)

후백제 고려 (淸泰二年)至四月 釀酒而飮醉守卒三十人 而與小元甫香又吳琰忠質等 以海路迎之 旣至以萱爲十年之長 尊號爲尙父 安置于南宮 賜揚[1178]州食邑田莊奴婢四十口馬九匹 以其國先來降者信康爲衙前 (『三國遺事』 2 紀異 2 後百濟 甄萱)

후백제 고려 (淸泰二年) 萱在金山三朔 六月 與季男能乂女子衰福嬖妾姑比等逃奔錦城 遣人請見於太祖 太祖喜 遣將軍黔弼萬歲等 由水路勞來之 及至 待以厚禮 以萱十年之長 尊爲尙父 授館以南宮 位在百官之上 賜楊州爲食邑 兼賜金帛蕃縟奴婢各四十口內廐馬十匹 (『三國史記』 50 列傳 10 甄萱)

고려 후백제 夏六月 甄萱與季男能乂 女哀福 嬖妾姑比等奔羅州 請入朝 遣將軍庾黔弼 大匡萬歲元甫香乂 吳淡能宣忠質等 領軍船四十艘 由海路迎之 及至 復稱萱爲尙父 授館南宮 位百官上 賜楊州爲食邑 兼賜金帛奴婢各四十口廐馬十匹 以先降人信康爲衙官 (『高麗史』 2 世家 2 太祖 2)

고려 후백제 六月 甄萱與季男能乂女子哀福 嬖妾姑比等奔羅州 淸入朝 遣將軍庾黔弼 大匡萬歲元甫香乂 吳淡 能宣 忠質等 由海路迎之 及至 復稱萱爲尙父 授館南宮 位在百官之上 賜楊州 爲食邑 兼賜金帛 奴婢各四十口 馬十匹 以百濟降人信康 爲衙官 (『高麗史節要』 1 太祖神聖大王)

후백제 고려 夏六月 甄萱在金山三月 飮醉守卒三十人 與季男能乂女哀福嬖妾姑比等奔羅州 遣人請見於高麗王 王遣將軍庾黔弼大匡萬歲元甫香乂吳淡能宣忠質等 領軍船四十餘艘 由

1174) 武(고려 혜종)의 避이다.
1175) 飡의 잘못이다.
1176) 武(고려 혜종)의 避이다.
1177) 王의 잘못이다.
1178) 楊의 잘못이다.

海路迎之 及至 待以厚禮 復稱萱爲尙父授館南宮 位百僚上 賜楊州爲食邑 兼賜金帛 奴婢各四十口 廐馬十匹 以先降人信康爲衙官 (『三國史節要』 14)

고려 (太祖)十八年 六月 後百濟甄萱 來投 十月 新羅王金傅 來降納土 (『高麗史』 86 表 1 年表 1)

고려 秋九月甲午 幸西京 歷巡黃·海州 (『高麗史』 2 世家 2 太祖 2)

고려 秋九月 幸西京 巡黃海州而還 (『高麗史節要』 1 太祖神聖大王)[1179]

발해 (淸泰二年九月)乙卯 渤海遣使者來 (『新五代史』 7 唐本紀 7 廢帝)

고려 신라 冬十月壬戌 新羅王金傅遣侍郞金封休 請入朝 王遣攝侍中王鐵侍郞韓憲邕等 往報 (『高麗史』 2 世家 2 太祖 2)

고려 신라 冬十月壬戌 新羅王金傅遣侍郞金封休 請入朝 王遣攝侍中王鐵侍郞韓憲邕等 往報 (『高麗史節要』 1 太祖神聖大王)

신라 고려 冬十月 王以四方土地 盡爲他有 國弱勢孤 不能自安 乃與羣下謀 擧土降太祖 羣臣之議 或以爲可 或以爲不可 王子曰 國之存亡 必有天命 只合與忠臣義士 收合民心 自固力盡而後已 豈宜以一千年社稷 一旦輕以與人 王曰 孤危若此 勢不能全 旣不能強又不能弱 至使無辜之民 肝腦塗地 吾所不能忍也 乃使侍郞金封休賫書請降於太祖 王子哭泣辞王 徑歸皆骨山 倚巖爲屋 麻衣草食 以終其身 (『三國史記』 12 新羅本紀 12)[1180]

신라 고려 淸泰二年乙未十月 以四方地盡爲他有 國弱勢孤 不已[1181]自安 乃與羣下謀 擧土降太祖 羣臣可否 紛然不已 王太子曰 國之存王[1182] 必有天命 當與忠臣義士 収合心 力盡而後已 豈可以一千年之社稷 軽以與人 王曰 孤危若此 勢不能全 旣不能強 又不能弱 至使無辜之民 肝腦塗地 吾所不能忍也 乃使侍郞金封休齎書 請降於太祖 太子哭泣辭王 徑往皆骨山 麻衣草食 以終其身 季子祝髮 隷華嚴 為浮圖 名梵空 後住法水海印寺云 (『三國遺事』 2 紀異 2 金傅大王)[1183]

신라 고려 冬十月 王以四方土地盡爲他有 國弱勢孤不能自安 乃與群下謀 降高麗 君臣議不一 王子曰 國之存亡 必有天命 當與忠臣義士 收合民心 以死自守 力盡而後已 豈宜以一千年社稷 一旦輕以與人 王曰 孤危若此 勢不能全 旣不能强 又不能弱 至使無辜之民 肝腦塗地 吾所不能忍也 乃使侍郞金封休 賫書請降於高麗 王子哭泣辭王 徑歸皆骨山 倚巖爲屋 麻衣草食以終其身 高麗王受王書 遣攝侍中王鐵侍郞韓憲等往報 (『三國史節要』 14)[1184]

고려 (後唐廢帝淸泰二年)十月 高麗國王王建遣使 入朝貢方物 (『册府元龜』 972 外臣部 17 朝貢 5)

고려 신라 十一月甲午 羅王率百僚 發王都 士庶皆從之 香車寶馬 連亘三十餘里 道路塡咽 觀者

1179) 본문에는 日이 기록되어 있지 않지만, 『고려사』에 甲午(2)로 나온다. 따라서 甲午(2)로 편년하고 편제하였다.

1180) 본문에는 日이 기록되어 있지 않지만, 『고려사』에 壬戌(1)로 나온다. 따라서 壬戌(1)로 편년하고 편제하였다.

1181) 원문의 已는 能이 맞다.

1182) 원문의 王은 亡이 맞다.

1183) 본문에는 日이 기록되어 있지 않지만, 『고려사』에 壬戌(1)로 나온다. 따라서 壬戌(1)로 편년하고 편제하였다.

1184) 본문에는 日이 기록되어 있지 않지만, 『고려사』에 壬戌(1)로 나온다. 따라서 壬戌(1)로 편년하고 편제하였다.

如堵 沿路州縣 供億甚盛 王遣人問慰 (『高麗史』2 世家 2 太祖 2)

고려 신라 十一月甲午 新羅王率百僚 發王都 士庶皆從之 香車寶馬 連亘三十餘里 道路塡咽 觀者如堵 沿路州縣 供億甚盛 王 遣人問慰 (『高麗史節要』1 太祖神聖大王)

고려 신라 (十一月)癸卯 羅王與王鐵等入開京 王備儀仗 出郊迎勞 命東宮與諸宰 從衛而入 館于柳花宮 (『高麗史』2 世家 2 太祖 2)

고려 신라 (十一月)癸卯 新羅王 與王鐵等 入開京 王備儀仗 出郊迎勞 命東宮與諸宰臣 從衛而入 館于柳花宮 (『高麗史節要』1 太祖神聖大王)

고려 신라 (十一月)癸丑 御正殿 會百官備禮 以長女樂浪公主歸于羅王 (『高麗史』2 世家 2 太祖 2)

고려 신라 (十一月)癸丑 王御正殿 會文武百官 備禮 以長女樂浪公主 歸于新羅王 (『高麗史節要』1 太祖神聖大王)

고려 安貞淑儀公主 神明王太后劉氏所生 新羅王金傅入朝 以公主歸之 稱樂浪公主 一云神鸞宮夫人 (『高麗史』91 列傳4 宗室 2 公主)

발해 淸泰二年十一月乙卯 渤海國遣使朝貢[1185] (『舊五代史』47 唐書 23 末帝紀 中)[1186]

발해 (後唐廢帝淸泰二年)十一月 渤海遣使列周義 入朝貢方物 (『册府元龜』972 外臣部 17 朝貢 5)[1187]

고려 신라 (十一月)己未 羅王上書曰 本國久經危亂 曆數已窮 無復望保基業 願以臣禮見 不允 (『高麗史』2 世家 2 太祖 2)

고려 신라 (十一月)己未 新羅王 上書曰 本國久經危亂 曆數已窮 無復望保基業 願以臣禮見 王不允 (『高麗史節要』1 太祖神聖大王)

신라 고려 十一月 太祖受王書 送大相王鐵等 迎之 王率百寮 發自王都 歸于太祖 香車寶馬 連亘三十餘里 道路塡咽 觀者如堵 太祖出郊迎勞 賜宮東甲第一區 以長女樂浪公主妻之 (『三國史記』12 新羅本紀 12)

신라 고려 王移書我大祖 自降納土 新羅五十六王九百九十二年而滅 (『三國史記』31 年表下)

신라 고려 太祖受書 送太相王鐵迎之 王率百僚 歸我太祖 香車寶馬 連亘三十餘里 道路塡咽 觀者如堵 太祖出郊迎勞 賜宮東一區[今正承院]以長女樂浪公主 妻之 以王謝自國居他國故 以鸞喻之 改號神鸞公主 謚孝穆 封爲正承 位在太子之上 給祿一千石 侍從負將皆錄用之 改新羅爲慶州 以爲公之食邑 初王納土來降 太祖喜甚 待之厚禮 使告曰 今王以國與寡人 其爲賜大矣 願結婚於宗室 以永甥舅之好 王荅曰 我伯父億廉[王之考孝宗角干 追封神興大王之弟也] 有女子 德容雙美 非是無以備內政 太祖娶之 是爲神成王后金氏[本朝登仕郎金寬毅所撰王代宗錄云 神成王后李氏 夲慶州大尉李正言爲俠州守時 太祖幸此州 納爲妃 故或云俠[1188]州君 願堂玄化寺 三月二十五日立忌 葬貞陵 生一子 安宗也 此外二十五妃主中不載金氏之事 未詳 然而史臣之論 亦以安宗爲新羅外孫 當以史傳爲是] 太祖之孫景宗伷 聘政承公之女爲妃 是為憲承 皇后 仍封政

1185) 案 歐陽史渤海遣使者來繫於九月之後 據薛史則事在十一月 非九月也(舊五代史考異) 案 歐陽史作九月乙卯 渤海遣使者來 五代會要作十二月 渤海遣使列周卿等入朝方物 俱與是書作十一月異(殿本)

1186) 『五代會要』30 渤海에는 12월로 나온다.

1187) 본문에는 日이 기록되어 있지 않지만, 『구오대사』에 乙卯(24) 로 나온다. 따라서 乙卯(24) 로 편년하고 편제하였다. 『五代會要』30 渤海에는 12월로 나온다.

1188) 원문의 俠은 陜이다.

承為尚父 太平興國三年戊寅崩 謚曰敬順 冊尚父誥曰 勅 姬周啓聖之初 先封吕主[1189] 劉漢興王之始 首開[1190]簫[1191]何 自大定寰區 廣開基業 立龍圖三十代 躡麟趾四百年 日月重明 乾坤交泰 雖自無爲之主 乃開致理之臣 觀光順化衛國功臣上柱國樂浪王政承食邑八千户金傅 世處雞林 官分王爵 英烈振凌雲之氣 文章騰擲地之才 富有春秋 貴居茅土 六韜三略 恂入胷襟 七縱五申 撮攷[1192]指掌 我太祖須載接陸[1193]擲[1194]之好 早認餘風 尋時頒駙馬之姻 内酬大節 家國旣歸於一統 君臣宛合於三韓 顯播令名 光崇懿範 可加號尚父 都省令 仍賜推忠慎義崇德守節功臣號 勳封如故 食邑通前為一万户 有司擇日備禮冊命 主者施行 開寶八年十月日 大匡内議令兼捴翰林臣翮宣奉行 奉勅如右 牒到奉行 開寶八年十月日 侍中署 侍中署 内奉令署 軍部令署 軍部令無署 兵部令無署 兵部令署 廣坪[1195]侍郎署 廣坪[1196]侍郎無署 内奉侍郎無署 内奉侍郎署 軍部卿無署 軍部卿署 兵部卿無署 兵部卿署 告推忠慎義崇德守節功臣尚父都省令 上柱國樂浪都[1197]王 食邑一万户 金傅奉勅如右 符到奉行 主事無名 郎中無名 書令史無名 孔目無名 開寶八月十月日下

史論曰 新羅朴氏昔氏 皆自卵生 金氏從天入金擖[1198]而降 或云乘金車 此尤詭恠不可信 然世俗相傳為實事 今但厚[1199]厥初 在上者 其為己也儉 其爲人也寛 其設官也略 其行事也簡 以至誠事中國 梯航朝聘之使 相續不絶 常遣子弟 造朝宿衛 入學而誦習于以襲聖賢之風化 革鴻荒之俗 為禮義之邦 又憑王師之威靈 平百濟高句麗 取其地郡縣 可謂盛矣 然而奉浮屠之法 不知其弊 至使閭里比其塔廟 齊民逃於緇褐 兵農侵[1200]小 而國家日衰幾何其不亂且三[1201]也哉 於是時 景哀王加之以荒樂 與宮人左右 出遊鮑石亭 置酒燕衛[1202] 不知甄萱之至 與門外韓檎[1203]虎 樓頭張麗華 無以異矣 若敬順之歸命太祖 雖非獲已 亦可佳矣 向若力戰守死 以抗王師 至於力屈勢窮 即必覆其宗族 害及于無辜之民 而乃不待告命 封府庫 籍群難[1204] 以歸之 其有功於朝廷 有德於生民 甚大 昔錢民[1205]以吳越入宋 蘇子瞻謂之忠臣 今新羅功德 過於彼遠矣 我太祖妃嬪衆多 其子孫亦繁衍 而顯宗自新羅外孫即寶位 此後継統者 皆其子孫豈非陰德也歟 新羅旣納土國除 阿干神會 罷外署还 見都城離潰 有黍離離嘆乃作歌歌亡未詳 (『三國遺事』2 紀異 2 金傅大王)

신라 고려 十一月 王率百寮 發王都 士庶皆從之 香車寶馬連亘三十餘里 道路塡咽 觀者如堵 沿路州縣 供億甚盛 王遣人問慰 王與王鐵等入開京 高麗王備儀仗 出郊迓勞 命東宮與諸宰從衛 而入館于柳花宮 以長女樂浪公主妻之 王上書曰 本國久經亂離 曆數已窮無復望保基業 願以臣禮見 高麗王不允 (『三國史節要』14)

1189) 원문의 主는 望이 맞다.
1190) 원문의 開는 冊이 맞다.
1191) 원문의 簫는 蕭가 맞다.
1192) 원문의 攷는 歸가 맞다.
1193) 원문의 陸는 睦이 맞다.
1194) 원문의 擲는 隣이 맞다.
1195) 원문의 坪은 評이 맞다.
1196) 원문의 坪은 評이 맞다.
1197) 원문의 都는 郡이 맞다.
1198) 원문의 擖는 櫃가 맞다.
1199) 원문의 厚는 原이 맞다.
1200) 원문의 侵은 浸이 맞다.
1201) 원문의 三은 亡이 맞다.
1202) 원문의 衛는 衎이 맞다.
1203) 원문의 檎은 擒이 맞다.
1204) 원문의 群難은 郡縣이 맞다.
1205) 원문의 民은 氏가 맞다.

고려　十二月辛酉 群臣奏曰 天無二日 土無二王 一國二君 民何以堪 願聽羅王之請 (『高麗史』2 世家 2 太祖 2)

고려　十二月辛酉 群臣奏曰 天無二日 土無二王 一國二君 民何以堪 願聽新羅王之請 (『高麗史節要』1 太祖神聖大王)

고려　(十二月)壬申 御天德殿 會百僚曰 朕與新羅 歃血同盟 庶幾兩國永好 各保社稷 今羅王固請稱臣 卿等亦以爲可 朕心雖愧 衆意難違 乃受羅王庭見之禮 群臣稱賀 聲動宮掖 於是 拜金傅爲政丞 位太子上 歲給祿千碩 創神鸞宮賜之 其從者並收錄 優賜田祿. 除新羅國爲慶州 仍賜爲食邑. 是歲 遣禮賓卿邢順等如唐 (『高麗史』2 世家 2 太祖 2)

고려　(十二月)壬申 王御天德殿 會宰臣百寮曰 朕 與新羅 歃血同盟 庶幾兩國 各保社稷 永以爲好 今新羅王 固請稱臣 卿等 亦以爲可 朕心雖愧 義難固拒 乃受傅庭見之禮 群臣稱賀 聲動宮掖 拜傅 爲觀光 順化 衛國功臣 上柱國 樂浪王 政丞 食邑八千戶 位在太子之上 歲給祿一千碩 除新羅國爲慶州 賜傅爲食邑 其從者 皆錄用 賜田祿 優於舊制 又創神鸞宮 賜傅 仍使爲慶州事審 知副戶長以下 官職等事 於是 諸功臣 亦效之 各爲其州事審 事審官 始此 初 封休來請降 王待以厚禮 使歸告曰 今 王以國與寡人 其爲賜大矣 願結婚宗室 以永甥舅之好 傅聞之 報曰 我伯父匝千億廉有女 德容雙美 非是 無以備內政 王遂納之 是爲神成王后 生安宗郁

李齊賢曰 金富軾論曰 新羅敬順王 歸命我太祖 雖非獲已 亦可嘉也 向使力戰守死 以抗王師 必覆其宗族 害及於無辜之民 而乃不待告命 封府庫 籍郡縣 以歸之 其有功於朝廷 而有德於生民甚大 昔錢氏 以吳越入宋 蘇子瞻 謂之忠臣 今新羅 功德 過於彼遠矣 我太祖 妃嬪衆多 孫子繁衍 而顯宗 自新羅外孫卽位 此後繼統者 皆其子孫 豈非陰德之報者歟 金寬毅 任景肅 閔漬 三家之書 皆以爲大良院夫人李氏 太尉正言之女也 生安王 未知何據也 (『高麗史節要』1 太祖神聖大王)

신라　十二月 封爲正承公 位在太子之上 給祿一千石 侍從員將 皆錄用之 改新羅爲慶州 以爲公之食邑 初 新羅之降也 太祖其[1206]喜 旣待之以厚禮 使告曰 今王以國與寡人 其爲賜大矣 願結昏於宗室 以永甥舅之好 荅曰 我伯父億廉匝干 知大耶郡事 其女子德容雙美 非是無以備內政 太祖遂取之生子 是顯宗之考 追封爲安宗 至景宗獻和大王聘正承公女納爲王妃 仍封正承公爲尙父令 公至大宋興國四年戊寅 薨 諡曰敬順[一云孝哀] 國人自始祖至此 分爲三代 自初至眞德二十八王 謂之上代 自武烈至惠恭八王 謂之中代 自宣德至敬順二十王 謂之下代云

論曰 新羅朴氏昔氏 皆自卵生金氏從天入金櫝而降 或云乘金車 此尤詭怪不可信 然世俗相傳 爲之實事 政和中 我朝遣尙書李資諒 入宋朝貢臣富軾以文翰之任輔行 詣佑神舘 見一堂設女仙像 舘伴學士王黼曰 此貴國之神 公等知之乎 遂言曰 古有帝室之女不夫而孕 爲人所疑 乃泛海抵辰韓生子 爲海東始主 帝女爲地仙 長在仙桃山 此其像也 臣又見大宋國信使王襄祭東神聖母文 有娠賢肇邦之句 乃知東神則仙桃山神聖者也 然而不知其子王於何時 今但原厥初 在上者 其爲己也儉 其爲人也寬 其設官也略 其行事也簡 以至誠事中國 梯航朝聘之使 相續不絶 常遣子弟 造朝而宿衛 入學而講習于以襲聖賢之風化 革鴻荒之俗 爲禮義之邦 又憑王師之威靈 平百濟高句麗 取其地郡縣之 可謂盛矣 而奉浮屠之法 不知其弊 至使閭里 比其塔廟 齊民逃於緇褐 兵農浸小 而國家日衰 則幾何其不亂且亡也哉 於是時也 景哀加之以荒樂 與宮人左右 出遊鮑石亭 置酒燕衎 不知甄萱之至 與夫門外韓擒虎 樓頭張麗華 無以異矣 若敬順之歸命太祖 雖非獲已 亦可嘉矣 向若力戰守死 以抗王師 至於力屈勢窮 則必覆其宗族 害

1206) 원문의 其는 甚이 맞다.

及于無辜之民 而乃不待告命 封府庫籍郡縣 以歸之 其有功於朝廷 有德於生民 甚大 昔錢氏 以吳越入宋 蘇子瞻謂之忠臣 今新羅功德 過於彼 遠矣 我太祖 妃嬪衆多 其子孫亦繁衍 而顯宗自新羅外孫 即寶位 此後繼統者 皆其子孫 豈非陰德之報者歟 (『三國史記』12 新羅本紀 12)[1207]

신라 고려 十二月 高麗群臣奏曰 天無二日 土無二王 一國二君 民何以堪 願聽其請 王御天德殿 會百僚曰 朕與新羅歃血同盟 庶幾兩國永好 各保宗社 今羅王固請稱臣 卿等亦以爲可 朕心雖愧 衆意難違 乃受庭見之禮 群臣稱賀聲動宮掖 於是拜金傅爲政丞 位太子上 歲給祿千碩 創神鸞宮賜之 其從者並收錄優 賜田祿 除新羅國爲慶州 仍賜爲食邑 以魏英爲州長 新羅亡 新羅自赫居世以前漢五鳳元年 始都雞林 朴昔金三姓相傳 至敬順王九年 後唐淸泰二年亡 傳五十六王 歷九百九十二年 國人分爲三代 赫居世至眞德二十八王 謂之上代 武烈至惠恭八王 謂之中代 宣德至敬順二十王 謂之下代云 初 金傅之降 高麗王喜 既待以厚禮 使告曰 今王以國與寡人爲賜大矣 願結昏好 傅對曰 我伯父匝干億廉之女 德容雙美 可以備內政 王遂納之 生子郁 是爲顯宗之考安宗

金富軾曰 新羅朴氏昔氏皆自卵生 金氏從天入金櫝而降 或云乘金車 此尤詭怪不可信 然國俗相傳 爲之實事 政和中 我朝遣尙書李資諒 入宋朝貢 臣富軾以文翰之任輔行 詣佑神館見一堂設女仙像 館伴學士王黼曰 此貴國之神 公等知之乎 遂言曰 古有帝室之女 不夫而孕 爲人所疑 乃泛海抵辰韓生子 爲海東始主 帝女爲地仙 長在仙桃山 此其像也 臣又見大宋國信使王襄祭東神聖母文有娠賢肇邦之句 乃知東神則仙桃山神聖者也 然而不知其子 王於何時 今但原厥初 在上者 其爲己也儉 其爲人也寬 其設官也略 其行事也簡 以至誠事中國 梯航朝聘之使 相續不絶 常遣子弟 造朝而宿衛 入學而講習 于以襲聖賢之風化 革鴻荒之俗 爲禮義之邦 又憑王師之威靈 平百濟高勾麗 取其地郡縣之 可謂盛矣 而奉浮屠之法 不知其弊 至使閭里比其塔廟 齊民逃於緇褐 兵農浸小 而國家日衰 則幾何其不亂且亡也哉 於是時也 加之 女據尊位 恣行淫穢 嬖倖用事 群盜並起 及至 景哀荒淫無度 與宮人左右出遊鮑石亭 置酒酣醧 甄萱之兵猝至而不覺也 與夫門外韓擒虎樓頭張麗華 無以異矣 若敬順之歸命太祖 雖非獲已亦可嘉矣 向若不知天命 力戰守死 以抗王師 至於力屈勢窮 則必覆其宗族 害及于無辜之民 乃能封府庫 籍郡縣以歸之 其有功於朝廷 有德於生民甚大 昔錢氏以吳越入宋 蘇子瞻謂之忠臣 今新羅功德 過於彼遠矣 我太祖妃嬪衆多 其子孫亦繁衍 而顯宗自新羅外孫 即寶位 此後繼統者 皆其子孫 豈非陰德之報者歟 (『三國史節要』14)[1208]

신라 及其衰也 政荒民散 疆土曰蹙 末王金傅以國歸我太祖 以其國爲慶州 (『三國史記』34 雜志 3 地理 1)

신라 (…) 新羅人亦以稱樂浪 故今本朝亦因之 而稱樂浪郡夫人 又太祖降女於金傅[1209] 亦曰樂浪公主 (『三國遺事』1 紀異 1 樂浪國)

신라 十二月卅日 庚寅 賜官符於大宰府殺害新羅人 (『日本紀略』後篇2)

신라 (十二月)三十日 昨日依無政 賜大宰可警固官符今日可捺印 (『貞信公記逸文』)

발해 淸泰二年十二月 遣使列周道等入朝 貢方物 (『五代會要』30 渤海)[1210]

1207)『高麗史』와 『高麗史節要』에 12월 壬申(11)으로 나온다. 따라서 12월 壬申(11)으로 편년하고 편제하였다.

1208)『高麗史』와 『高麗史節要』에 12월 壬申(11)으로 나온다. 따라서 12월 壬申(11)으로 편년하고 편제하였다.

1209) 傅의 잘못이다.

1210)『舊五代史』본기에는 淸泰二年 十一月 乙卯(24)로 나온다.

고려 清泰二年十二月 遣使禮賓卿邢順等來朝貢 (『五代會要』30 高麗)

고려 (後唐廢帝淸泰二年)十二月 高麗遣使禮賓卿邢順等 來朝貢 (『册府元龜』972 外臣部 17 朝貢 5)

고려 是歲 遣禮賓卿邢順等如唐 (『高麗史』2 世家 2 太祖 2)[1211]

고려 是歲 遣禮賓卿邢順等 如唐 (『高麗史節要』1 太祖神聖大王)[1212]

고려 (是歲) 城伊勿及肅州 (『高麗史節要』1 太祖神聖大王)

고려 城堡 (…) (太祖) 十八年 城伊勿及肅州 (『高麗史』82 志 36 兵 2)

고려 崔彦撝 (…) 及太祖開國 入朝 仕至翰林院大學士平章事 卒謚文英 (『三國史記』46 列傳 6 崔彦撝)

신라 고려 新羅大夫角干崔有德 捨私第爲寺 以有德名之 遠孫三韓功臣崔彦撝 掛安眞影 仍有碑云 (『三國遺事』3 塔像 4 有德寺)

신라 고려 崔彦撝 (…) 及太祖開國 挈家而來 命爲太子師傅 委以文翰之任 宮院額號 皆所撰定 一時貴遊 皆師事之 官至大相·元鳳大學士·翰林院令·平章事 惠宗元年卒 年七十七 訃聞 王痛悼 贈政匡 謚文英 子光胤·行歸·光遠·行宗(『高麗史』92 列傳 5 諸臣 崔彦撝)

신라 至淸泰二年 念言弘道 必在擇山 决計而已 俻行裝 猶預而未謀離發 忽尒雲霧晦暗 咫尺難分 有神人降 謂大師曰 捨此奚適 適須莫遠 於是 衆咸致惑 固請淹遲 大師 確然不從 便以出去 有虎哮吼 或前或後 行可三十里 又有一虎 中路相接 左右引導 似爲翼衛 至于曦陽山麓 血餘印跡 方始迴歸 大師 旣寓鳳巖 尤增雀躍 是以陟彼峯巒 視其背面 千層翠巘 萬疊丹崖 屬賊火之焚燒 致刼灰之飛撲 重巒複澗 固無遷變之容 佛闥僧房 半是荊榛之地 屹尒者 龜猶戴石 禪德鐫銘 巋然者 像是鑄金 靈光照耀 旣銳聿修之志 寧辞必葺之功 追迦葉之踏泥 效揵連之掃地 營搆禪室 誘引學徒 寒燠未遷 竹葦成列 大師 誘人不倦 利物有功 至使商人 遽息於化城 窮子咸歸於寶肆 列樹而栴檀馥郁 滿庭而菡紛敷 恢弘禪祖之風 光闡法王之敎 恩均兼濟 德瞻和光 雖守靜默於山中 而示威猛於域內 潛振降魔之術 顯揚助順之功 遂使蟻聚兇徒虵奔逆黨 遽改愚迷之性 勿矜强暴之心 漸罷爭田 各期安堵 時 淸泰乙未歲也 我太祖 以運合夷兇 時膺定亂 命之良將 授以全師 指百濟之狡窟梟巢 展六韜之奇謀異略 桴皷而山河雷振 張旗而草樹霞舒 我則鷹揚 彼皆魚爛 黜殷辛於牧野 敗楚羽於烏江 竭海刳鯨 傾林斬兕 四紀而塵氛有暗 一朝而掃蕩無遺 是用封墓軾閭 繼周王之高躅 重僧歸佛 遵梁帝之遺風 摸五天而像飾爰崇 闢四門而英賢是召 於是 道人輻湊 禪侶雲臻 爭論上德之宗 高贊太平之業 此際 大師 不待鵠版 便出虎溪 動白足以步如飛 伸雪眉而喜可見 路次中原府 府有鍊珠院 院主 芮帛 常誦楞迦 未嘗休息 至是夜夢仙竪 從堵波頂上 合掌下來曰 當有羅漢僧經過 宜以預辦 供待者 翌旦集衆 言其所夢 衆皆歎異 洒掃門庭 竚立以望 至于日夕 果大師來 及詣京師 太祖 見而異之 危坐聳敬 因問傳法 所自莫不應對如流 懊見大師之晩 乃從容相謂曰 自玄奘法師 往遊西域 復歸咸京 譯出金言 秘在寶藏 降及貞元已來 新本經論 多故近歲遣使閩甌 贖大藏眞本 常令轉讀弘宣 今幸兵火已熸 釋風可振 欲令更寫一本 分置兩都 於意如何 大師對曰 此實有爲功德 不妨無上菩提 雅弘經博 能諱佛心 其佛恩與王化 可地久以天高 福利無邊 功名不朽矣 自尒 一心敬仰 四事傾勤 或闢紫宸而懇請邀延或詣紺宇而親加問訊 而乃鶴情猶企戀 雲

1211) 본문에는 月이 기록되어 있지 않지만, 『오대회요』에 12월로 나온다. 따라서 12월로 편년하고 편제하였다.

1212) 본문에는 月이 기록되어 있지 않지만, 『오대회요』에 12월로 나온다. 따라서 12월로 편년하고 편제하였다.

洞以日深 △△△鳳扆 是辭出天衢而電逝 是以命僧史以援送 厚淨施以寵行 道路爲之光△△△△△△△ 一歸霞嶠 七換星槐 每傳驛之往來 寔香茗之饋遺 俄聞九天之鼎黛昇遐四海之金絲 遏密雖是忘言之者 豈無出涕之哀 (「鳳巖寺靜眞大師圓悟塔碑」)

발해　　歷長興清泰遣使朝貢 (『宋史』491 列傳 250 外國 7 渤海)

고려　　庾黔弼 (…) (太祖)十八年 太祖謂諸將曰 羅州界四十餘郡 爲我藩籬 久服風化 嘗遣大相堅書·權直·仁壹等往撫之 近爲百濟劫掠 六年之間 海路不通 誰爲我撫之 洪儒·朴述熙等曰 臣雖無勇 願補一將 太祖曰 凡爲將 貴得人心 公萱·大匡悌弓等奏曰 黔弼可太祖曰 予亦已思之 但近者新羅路梗 黔弼往通之 朕念其勞 未敢再命 黔弼曰 臣年齒已衰 然此國家大事 敢不竭力 太祖喜垂涕曰 卿若承命 何喜如之 遂以爲都統大將軍送至禮成江 賜御船遣之 因留三日 候黔弼下海 乃還 黔弼至羅州 經略而還 太祖又幸禮成江 迎勞之 (『高麗史』92 列傳 5 諸臣 庾黔弼)

신라　　釋道育　新羅國人也 本國姓氏未所詳練 自唐景福壬子歲 來遊于天台 遲迴而挂錫於平田寺衆堂中 慈愛接物　然終不捨島夷言音 恒持一鉢受食 食訖略經行 而常坐脇不著席 日中灑掃殿廊料理常住得殘羨之食　雖色惡氣變收貯于器　齋時自食與僧供湢浴煎茶 遇薪木中蠢蠢乃置之遠地　護生偏切　所服皆大布納　其重難荷 每至夏首秋末日昳乃裸露胸背胜腨云　飼蚊蚋虻蛭雜色蟲　螫囓至於血流于地　如是行之四十餘載未嘗少廢 凡對晤賓客　止云伊伊二字　殊不通華語　然其會認人意且無差脫　頂髮垂白眉亦尨焉 身出紺赤色舍利　有如珠顆　人或求之隨意皆獲 至晉天福三年戊戌歲十月十日　終于僧堂中　揣其年八十餘耳 寺僧舁上山後焚之 灰中得舍利不可勝數　或有得巨骨者 後唐清泰二年 曾遊石梁 迴與育同宿堂內　時春煦　亦燒榾柮柴以自熏灼口中嘮嘮通夜不輟　或云　凡供養羅漢大齋日　育則不食 人或見迎羅漢　時問何不去殿內受供　口云伊伊去　或云飼蟲 時見群虎嗅之盤桓而去矣 (『宋高僧傳』23 遺身篇 7 晉天台山平田寺道育傳)

고려 후백제　法師子麟 (…) 五代唐清泰二年 往高麗·百濟·日本諸國 援智者教 高麗遣使李仁日送師西還 吳越王鏐 於郡城建院以安其衆[今東壽昌] (『佛祖統紀』22 未詳承嗣傳 8 四明子麟法師·五代唐)

고려 후백제　(清泰)二年 四明沙門子麟 往高麗·百濟·日本諸國 傳授天台教法 高麗遣使李仁日送麟還 吳越王錢鏐令於郡城建院 以安其衆 (『佛祖統紀』42 法運通塞志第十七之九 唐末帝清泰二年)

고려　　神成王太后金氏 新羅人 匝干億廉之女 新羅王金傅遣使請降 太祖待以厚禮 使歸告曰今王以國與寡人 其爲賜大矣 願結昏宗室 以永甥舅之好 傅報曰 我伯父億廉有女 德容雙美 非是 無以備內政 太祖遂取之 生安宗 顯宗卽位 追謚神成王太后 陵曰貞 (『高麗史』88 列傳 1 后妃 1)

936(丙申/후백제 신검 2/고려 태조 19/後唐 清泰 3 後晉 天福 1/日本 承平 6)

고려　　(後唐廢帝清泰)三年正月庚午 以高麗朝貢使王子太相王規 檢較尚書右僕射 副使廣評侍郎崔儒 試將作監 其節級三十餘人 並授司戈司階 (『册府元龜』976 外臣部 21 褒異 3)

고려　　(清泰)三年正月 以入朝使 禮賓卿邢順試將作少監 副使崔遠試少府監主簿 (『五代會要』30 高麗)

고려 (後唐廢帝淸泰三年) 高麗遣使王子大相王規等 來貢方物 (『冊府元龜』 972 外臣部 17 朝貢 5)[1213]

고려 (淸泰三年)其年 又遣使王子太相王規等來貢方物 以太相王規爲檢校尙書右僕射 副使廣評侍郞崔禹試將作監 其隨行節級等三十餘人 並授司戈·司階等職 (『五代會要』 30 高麗)

후백제 (淸泰三年春正月)乙未 百濟遣使獻方物 (『舊五代史』 48 唐書 24 末帝紀 下)

후백제 (淸泰)三年春正月乙未 百濟遣使者來 (『新五代史』 7 唐本紀 7 廢帝)

후백제 (後唐廢帝淸泰)三年正月 百濟國遣使入朝 貢方物 高麗遣使王子大相王規等 來貢方物(『冊府元龜』 972 外臣部 17 朝貢 5)[1214]

후백제 丙申正月 萱謂子曰 老夫新羅之季 立後百濟名 有年于今矣 兵倍於北軍 尙爾不利 殆天假手為高麗 盖歸順於北王 保首領矣 其子神劒 龍劒 良劒等三人 皆不應 李磾家記云 萱有九子 長曰神劒[一云甄成] 二子太師謙腦 三子佐承龍述 四子太師聰智 五子大阿干宗祐 六子闕 七子佐承位興 八子太師青丘 一女國大夫人 皆上院夫人所生也
萱多妻妾 有子十餘人 第四子金剛 身長而多智 萱特愛之 意欲傳位 其兄神劒 良劒 龍劒知之憂悶 時良劍為康州都督 龍劒為正[1215]州都督 獨神劒在側 伊飡能奐使人 往康疋[1216]二州 與良劒等謀 至清泰二年乙未春三月 與英順等勸神劍 幽萱於金山佛宇 遣人殺金剛 神劍自稱大王 赦境内[云云] 初萱寢未起 遙聞宮庭呼㘅聲 問是何聲歟 告父曰 五[1217]年老暗於軍國政要 長子神劒攝父王位 而諸將歡賀聲也 俄移父於金山佛宇 以巴達等壯士三十人守之 童謠曰 可憐完山兒 失父涕連洒 萱與後宮年少男女二人 侍婢古比女 内人能又[1218]男等囚繫 至四月 釀酒而飮醉守卒三十人 而與小元甫香又[1219] 吳琰 忠質等以海路迎之 旣至 以萱爲十年之長 尊號為尙父 安置于南宮 賜楊州食邑田疰[1220]奴婢四十口 馬九匹 以其國先來降者 信康爲衙前 甄萱婿將軍英規密語其妻曰 大王勤勞四十餘年 功業垂成 一旦以家人之禍 失地 從於高麗 夫貞女不可二夫 忠臣不事二主 若捨己君 以事逆子耶 何顏以見天下之義士乎 况聞高麗王公仁厚懃儉 以得民心 殆天啓也 必爲三韓之主 盍致書以安慰我王 兼慇懃於王公 以圖後來之福乎 妻曰 子之言是吾意也 於是天福元年丙申 二月 遣人致意於太祖曰 君擧義旗 請爲内應 以迎王師 太祖喜 厚賜其使者遣之 謝英規曰 若蒙恩一合 無道路之梗 即先致謁於將軍 然後升堂拜夫人 兄事而姊尊之 必終有以厚報之 天地鬼神皆聞此語 (『三國遺事』2 紀異 2 後百濟·甄萱)

후백제 고려 甄萱子神釰 囚父簒[1221]位 自稱將軍 甄萱出奔錦城 投太祖 (『三國史記』31 年表下)

후백제 고려 甄萱壻將軍英規密語其妻曰 大王勤勞四十餘年 功業垂成 一旦以家人之禍失地 投於高麗 夫貞女不事二夫 忠臣不思二主 若捨己君以事逆子 則何顏以見天下之義士乎 况聞高麗王公仁厚勤儉 以得民心 殆天啓也 必爲三韓之主 盍致書以安慰我王 兼殷勤於

1213) 본문에는 日이 기록되어 있지 않지만, 『冊府元龜』 976 外臣部 21 褒異 3에 庚午로 나온다. 따라서 庚午로 편년하고 편제하였다.
1214) 본문에는 日이 기록되어 있지 않지만, 『구오대사』에 乙未(5)로 나온다. 따라서 乙未(5)로 편년하고 편제하였다.
1215) 원문의 正은 武가 맞다.
1216) 원문의 疋는 武가 맞다.
1217) 원문의 五는 王이 맞다.
1218) 원문의 又는 乂가 맞다.
1219) 원문의 又는 乂가 맞다.
1220) 원문의 疰은 庄이 맞다.
1221) 정덕본에는 자형이 불분명하나, 주자본에는 簒으로 되어 있다.

王公 以圖將來之福乎 其妻曰 子之言是吾意也 (…) (『三國史記』50 列傳 10 甄萱)

고려 후백제 朴英規 昇州人 娶甄萱女 爲萱將軍 及神劒爲逆 萱來投 英規密語其妻曰 大王勤勞四十餘年 功業垂成 一旦以家人之禍 失地 投於高麗 夫貞女不事二夫 忠臣不事二主 若舍吾君 以事賊子 則何顏以見天下之義士乎 況聞高麗王公 仁厚勤儉 以得民心 殆天啓也 必爲三韓之主 盍致書以安慰我王 兼致慇懃於王公 以圖將來之福乎 其妻曰 子之言 是吾意也 (…) (『高麗史』92 列傳 5 諸臣 朴英規)

고려 후백제 太祖十九年二月 英規遂遣人歸款 且曰 若擧義兵 請爲內應 以迎王師 太祖大喜 厚賜其使 令歸報英規曰 若蒙君惠 道路無梗 則先謁將軍 升堂拜夫人 兄事而姊尊之 必終有以厚報之 天地鬼神 悉聞此言 (『高麗史』92 列傳 5 諸臣 朴英規)

고려 후백제 (…) 於是 天福元年二月 遣人致意 遂告太祖曰 若擧義旗 請爲內應 以迎王師 太祖大喜 厚賜其使者而遣之 兼謝英規曰 若蒙恩一合 無道路之梗 則先致謁於將軍 然後升堂拜夫人 兄事而姊尊之 必終有以厚報之 天地鬼神 皆聞此言 (『三國史記』50 列傳 10 甄萱)

고려 후백제 春二月 甄萱壻將軍朴英規 請內附 (『高麗史』2 世家 2 太祖 2)

고려 후백제 春二月 甄萱女壻將軍朴英規請降 初英規密語其妻曰 大王勤勞四十餘年 功業垂成 一朝以家人之禍 失地 投於高麗 夫貞女 不事二夫 忠臣 不事二主 若舍吾君 以事逆子 則何顏 以見天下之義士乎 況聞高麗王公 仁厚勤儉 以得民心 殆天啓也 必爲三韓之主 盍致書 以安慰我王 兼及慇懃於王公 以圖將來之福乎 其妻曰 子之言 是吾意也 於是 遣人來致意 且曰 若擧義兵 請爲內應 以迎王師 王 大喜 厚賜其使 歸報英規曰 若蒙君惠 道路無梗 則先謁將軍 升堂拜夫人 兄事而姊尊之 必終有以厚報之 天地鬼神 悉聞此言 (『高麗史節要』1 太祖神聖大王)

후백제 고려 春二月 甄萱女壻將軍朴英規請附高麗 英規 昇州人 娶萱女爲萱將軍 及神劒爲逆 密語其妻曰 大王勤勞四十餘年 功業垂成 一旦以蕭墻之禍失 地投寄人 夫貞女不事二夫 忠臣不事二君 舍吾君從逆子 將何顏以見天下之義士乎 况王公仁厚 民心殆天授也 必爲三韓之主 盍致書安慰吾君 兼致慇懃於王公 以圖將來之福乎 其妻喜曰 是吾意也 於是 遣人致意遂告高麗王曰 大王若擧義旗 臣請爲內應 王大喜 厚賜使者而遣之 兼謝英規曰 若道路無梗則先謁將軍 後拜拜夫人 兄事而姊尊之 從必終厚報矣 (『三國史節要』14)

고려 太祖十九年二月 英規遂遣人歸款 且曰 若擧義兵 請爲內應 以迎王師 太祖大喜 厚賜其使 令歸報英規曰 若蒙君惠 道路無梗 則先謁將軍 升堂拜夫人 兄事而姊尊之 必終有以厚報之 天地鬼神 悉聞此言 (『高麗史』92 列傳 5 諸臣 朴英規)

발해 (淸泰)三年二月 以入朝使南海府都督列周道爲檢校工部尙書 政堂省工部卿烏濟顯試光祿卿 周顯德元年七月 渤海國崔烏斯多等三十人歸化 (『五代會要』30 渤海)

후백제 고려 (天福元年)夏六月 萱告曰 老臣所以投身於殿下者 願仗殿下威稜以誅逆子耳 伏望大王借以神兵 殲其賊亂 則臣雖死無憾 太祖從之 先遣太子武將軍述希 領步騎一萬 趣天安府 (『三國史記』50 列傳 10 甄萱)

후백제 고려 (天福元年)六月 萱告太祖 老臣所以投身於殿下者 願仗殿下威稜 以誅逆子耳 伏望大人借以神兵 殲其賊乱 臣雖死無憾 太祖曰 非不欲討之 待其時也 先遣太子及正將軍述希 領步騎十万 趣天安府 (『三國遺事』2 紀異 2 後百濟·甄萱)

고려 후백제 夏六月 甄萱請曰 老臣遠涉滄波 來投聖化 願仗威靈 以誅賊子耳 王初欲待時而動 憐其固請 乃從之 先遣正胤武 將軍述希 領步騎一萬 趣天安府 (『高麗史』2 世家 2 太祖 2)

고려 후백제	夏六月 甄萱請曰 老臣遠涉滄波 來投聖化 願仗威靈 以誅賊子 王初欲待時而動 憐其固請 乃從之 於是 先遣正胤武 將軍述熙 領步騎一萬 趣天安府 (『高麗史節要』1 太祖神聖大王)
후백제 고려	夏六月 甄萱請曰 老臣遠涉滄海來投聖化 願仗威靈 誅殺梟獍 王初欲待時 而動憐萱固請 從之 (『三國史節要』14)
신라	大師謂衆曰 今歲法緣當盡 必往他方 吾與大王 曩有因緣 今當際會 須爲面訣 以副心期 便挈山裝 旋臻輦下 此時 上暫駐龍旆 問罪馬津 大師病甚虛羸 任特不得詣蝸頭留語人雞足有期 豈惟昔在竺乾 迦葉別闍王之憾 曾於華夏 伯陽辭關令之嗟而已矣哉 明日肩輿到五龍山 頤使招諸弟子云 佛有嚴誡 汝曹勉旃 淸泰三年 八月十七日中夜 順化於當寺法堂 俗年六十有七 僧臘四十有八 于時日慘風悲 雲愁水咽 門下僧等 不勝感慕 俱切攀號 以其月二十日 奉遷神座於本山 窆于寺之西嶺 去寺三百步 雅奉遺敎也 士庶闐川 香華溢谷送終之盛 前古所無者矣 上乃旋在省方 忽聞僊化 爰切折梁之慟 亦增亡鏡之悲 自此特命親官 遙申吊祭 (「廣照寺眞澈大師碑」)
후백제 고려	(天福元年)秋九月 太祖率三軍至天安 合兵進次一善 神劒以兵逆之 (『三國史記』 50 列傳 10 甄萱)
후백제 고려	(天福元年)秋九月 太祖率三軍至天安 合兵進次一善 神劒以兵逆之 (『三國遺事』2 紀異 2 後百濟·甄萱)[1222]
고려 후백제	秋九月 王率三軍 至天安府合兵 進次一善郡 神劒以兵逆之 (『高麗史』2 世家 2 太祖 2)[1223]
후백제 고려	又古記云 (…) 天福元年丙申 與高麗兵會戰於一善郡 百濟敗績 國亡云 (『三國遺事』2 紀異 2 後百濟 甄萱)
후백제 고려	天福元年秋九月)甲午 隔一利川相對布陣 太祖與尙父萱觀兵 以大相堅權述希金山將軍龍吉奇彦等 領步騎三萬爲左翼 大相金鐵洪儒守鄕將軍王順俊良等 領步騎三萬爲右翼 大匡順式大相兢俊王謙王乂黔弼將軍貞順宗熙等 以鐵騎二萬 步卒三千及黑水鐵利諸道勁騎九千五百爲中軍 大將軍公萱將軍王含允以兵一萬五千爲先鋒 鼓行而進 百濟將軍孝奉德述明吉等 望兵勢大而整 棄甲降於陣前 太祖勞慰之 問百濟將帥所在 孝奉等曰 元帥神劒在中軍 太祖命將軍公萱直擣中軍 一軍齊進挾擊 百濟軍潰北 神劒與二弟及將軍富達小達能奐等四十餘人生降 太祖受降 除能奐 餘皆慰勞之 許令與妻孥上京 問能奐曰 始與良劒等密謀 囚大王立其子者 汝之謀也 爲臣之義當如是乎 能奐俛首不能言 遂命誅之 以神劒僭位 爲人所脅 非其本心 又且歸命乞罪 特原其死[一云 三兄弟皆伏誅] 甄萱憂懣發疽 數日卒於黃山佛舍 太祖軍令嚴明 士卒不犯秋毫 故州縣案堵 老幼皆呼萬歲 於是 存問將士 量材任用 小民各安其所業 謂神劒之罪如前所言 乃賜官位 其二弟與能奐罪同 遂流於眞州 尋殺之 謂英規 前王失國後 其臣子無一人慰藉者 獨卿夫妻千里嗣音 以致誠意 兼歸美於寡人 其義不可忘 仍許職左丞 賜田一千頃 許借驛馬三十五匹 以迎家人 賜其二子以官 甄萱起唐景福元年 至晉天福元年 共四十五年而滅 論曰 新羅數窮道喪 天無所助 民無所歸 於是 羣盜投隙而作 若猬毛然 其劇者弓裔·甄萱二人而已 弓裔本新羅王子 而反以宗國爲讎 圖夷滅之 至斬先祖之畫像 其爲不仁甚矣 甄萱起自新羅之民 食新羅之祿 而包藏禍心 幸國之危 侵軼都邑 虔劉君臣 若禽獮

1222) (秋九月) 甲午(8)기사 보다. 앞서 기사이다.
1223) (秋九月) 甲午(8)기사 보다. 앞서 기사이다.

而草薙之 實天下之元惡大憝 故弓裔見棄於其臣 甄萱産禍於其子 皆自取之也 又誰咎也 雖項羽·李密之雄才 不能敵漢·唐之興 而况裔·萱之凶人 豈可與我太祖相抗歟 但爲之歐民者也 (『三國史記』50 列傳 10 甄萱)

후백제 고려 (天福元年秋九月)甲午 隔一利川相對 王師背艮向坤而陳 太祖與萱觀兵 忽白雲狀如劒戟起 我師向彼行焉 乃皷行而進 百濟将軍孝奉 德述 哀述 明吉等 望兵勢大而整 弃甲降於陣前 太祖勞慰之 問将帥所在 孝奉等曰 元帥神劒在中軍 太祖命将軍公萱等三軍齊進挾擊 百濟軍潰北 至黃山炭峴 神劒與二弟 將軍富達 能奐等四十餘人生[1224]降 太祖受降 餘皆勞之 許令與妻子上京 問能奐曰 始與良劒等密謀 囚大王立其子者汝之謀也 爲臣之義 當如是乎 能奐俛首不能言 遂命誅之 以神劒僣位為人所脅 非其本心 又且歸命乞罪 特原其死 甄萱憂懣發疽 數日卒於黃山佛舍 九月八日也 壽七十大祖軍令嚴明 士卒不犯秋毫 州縣安堵 老幼皆呼万歳 謂英規曰 前王失國後 其臣子無一人慰之者 獨卿夫妻 千里嗣音 以致誠意 兼歸美於寡人 其義不可忘 許職左承 賜田一千項[1225] 許借驛馬三十五匹 以迎家人 賜其二子以官 甄萱起唐景福元年 至晉天福元年 共四十五年 丙申滅

史論曰 新羅數窮道喪 天無所助 民無所歸 於是羣盗投隙而作 若猬毛然 其劇者弓裔甄萱二人而已 弓裔本新羅王子 而反以家 國為讎 至斬先祖之畫像 其為不仁甚矣 甄萱起自新羅之民 食新羅之禄 包藏禍心 幸國之危 侵軼都邑 虔劉君臣 若禽獸 實天下之元惡 故弓裔見弃於其臣 甄萱産禍於其子 皆自取之也 又誰咎也 雖項羽李密之雄才不能敵漢唐之興 而况裔萱之凶人 豈可與我太祖相抗歟 (『三國遺事』2 紀異 2 後百濟·甄萱)

고려 후백제 (秋九月)甲午 隔一利川而陣 王與甄萱觀兵 以萱及大相堅權述希皇甫金山 元尹康柔英等 領馬軍一萬 支天軍大將軍元尹能達奇言韓順明昕岳 正朝英直廣世等 領步軍一萬爲左綱 大相金鐵洪儒朴守卿 元甫連珠元尹萱良等 領馬軍一萬 補天軍大將軍元尹三順·俊良 正朝英儒吉康忠昕繼等 領步軍一萬 爲右綱 溟州大匡王順式 大相兢俊王廉王乂 元甫仁一等 領馬軍二萬 大相庾黔弼 元尹官茂官憲等 領黑水達姑鐵勒諸蕃勁騎九千五百 祐天軍大將軍元尹貞順 正朝哀珍等 領步軍一千 天武軍大將軍元尹宗熙 正朝見萱等 領步軍一千 杆天軍大將軍金克宗 元甫助杆等 領步軍一千 爲中軍 又以大將軍大相公萱 元尹能弼 將軍王含允等 領騎兵三百 諸城軍一萬四千七百 爲三軍援兵鼓行而前 忽有白雲 狀如劒戟 起我師上 向賊陣行 百濟左將軍孝奉德述哀述明吉等四人 見兵勢大盛 免冑投戈 降于甄萱馬前 於是 賊兵喪氣不敢動 王勞孝奉等 問神劒所在 孝奉等曰 在中軍 左右夾擊 破之必矣 王命大將軍公萱 直擣中軍 三軍齊進奮擊賊兵大潰 虜將軍昕康見達殷述今式又奉等三千二百人 斬五千七百餘級. 賊倒戈相攻我師追至黃山郡 踰炭嶺 駐營馬城 神劒與其弟菁州城主良劒 光州城主龍劒 及文武官僚來降 王大悅勞慰之 命攸司虜獲百濟將士三千二百人 並還本土 唯昕康富達又奉見達等四十人幷妻子 送至京師 面責能奐曰 始與良劒等 謀囚君父 立其子者汝也. 爲臣之義 當如是乎 能奐俛首不能言 遂命誅之 流良劒·龍劒于眞州 尋殺之 以神劒僭位爲人所脅 罪輕二弟 又且歸命 特免死賜官 於是 甄萱憂懣發疽 數日卒于黃山佛舍 王入百濟都城 令曰 渠魁旣已納款 無犯我赤子 存問將士 量才任用 軍令嚴明 秋毫不犯州縣按堵 老幼皆呼萬歲相慶曰 后來其蘇 是月 王至自百濟 御威鳳樓 受文武百官及百姓朝賀. 王旣定三韓 欲使爲人臣子者 明於禮節 遂自製政誡一卷 誡百寮書八篇 頒諸中外 (『高麗史』2 世家 2 太祖 2)

고려 후백제 秋九月 王率三軍 至天安 合兵 進次一善 神劍 以兵逆之 隔一利川而陣 王 與萱 觀

1224) 원문의 生은 出이 맞다.
1225) 원문의 項은 頃이 맞다.

兵 以萱 及大相堅權 述熙 皇甫金山 元尹康柔英等 領馬軍一萬 支天軍大將軍元尹能達 奇言 韓順明 昕岳 正朝英直 廣世等 領步軍一萬 爲左綱 大相金鐵 洪儒 朴守卿 元甫連珠 元尹萱良等 領馬軍一萬 補天軍大將軍元尹三順 俊良 正朝英儒 吉康忠 昕繼等 領步軍一萬 爲右綱 溟州大匡王順式 大相兢俊 王廉 王乂 元甫仁一等 領馬軍二萬 大相庾黔弼 元尹官茂 官憲等 領黑水達姑 鐵勒 諸蕃勁騎九千五百 祐天軍大將軍元尹貞順 正朝哀珍等 領步軍一千 天武軍大將軍元尹宗熙 正朝見萱等 領步軍一千 天軍大將軍金克宗 元甫助杆等 領步軍一千 爲中軍 又以大將軍大相公萱 元尹能弼將軍王含允等 領騎兵三百諸城軍一萬四千七百人爲三軍援兵 於是 三軍鼓行而前 忽有白雲狀如劍戟 起我軍上 向賊陣行 百濟左將軍孝奉 德述 哀述 明吉 見兵勢大盛 脫胄投戈 降于左綱 賊兵喪氣 不敢動 王 勞孝奉等 問神劍所在 孝奉 曰 神劍 在中軍 請王 合左右軍 擊之必勝矣 王 命公萱 直擣中軍 三軍齊進夾擊 賊兵大潰 虜將軍昕康 見達 殷述 令式 又奉等三千二百人 斬五千七百餘級 賊潰北 我軍追至黃山郡 踰炭嶺 駐營馬城 神劍 與良劍 龍劍及文武官僚 來降 王慰勞之 虜獲百濟將士三千二百人 命還本土 唯昕康 富達 又奉 見達等四十人 幷妻子 送至京城 面責能奐曰 始與良劍等 謀囚君父者 汝也 爲臣之義 當如是乎 能奐俛首不能言 遂命誅之 以神劍 僭位 爲人所脅 非其本心 且以歸命乞罪 特原之 甄萱憂懣發疽 數日 卒于黃山佛舍 王入百濟都城 令曰 渠魁 旣已納款 無犯我赤子 存問將士 量才任用 軍令嚴明 秋毫不犯 州縣 按堵 百姓 大悅 賜神劍爵 流良劍龍劍於眞州 尋殺之 謂英規曰 自萱 失國遠來 其臣子 無一人慰藉者 獨卿夫婦 千里嗣音 以致誠意 兼歸款於寡人 義不可忘 授以佐丞 賜田千頃 許以驛馬三十五匹迎致家人 官其二子 王至自百濟 御威鳳樓 受文武官 及百姓朝賀 王 旣定三韓 欲勵臣子以節義 遂自製政誡一卷 誡百僚書八篇 頒中外 (『高麗史節要』 1 太祖神聖大王)[1226]

고려 후백제 秋九月 王與甄萱率三軍 往討之 神劒與其弟良劒龍劒來降 王大悅 勞慰之 以所獲將士三千二百人悉還本土 唯昕康富達又奉見達等四十人并妻子 送至王都 數能奐曰 若與良劒謀 囚君父 立其竪子 爲臣之義當如是乎 能奐俛首不能言 遂誅之 流良劒龍劒于眞州 尋殺之 以神劒潛位 爲人所脅 罪輕二弟 又且歸命 特免死 賜官 於是甄萱憂懣發疽 數日卒于黃山佛舍 王入百濟都城 令曰 渠魁已殲 毋犯我赤子 存問將士 量才任用 軍令嚴明 秋毫不犯 州縣按堵 老幼相慶 皆呼萬歲 以其都爲安南都護府

金富軾曰 新羅數窮道喪 天無所助 民無所歸 於是 群盜投隙而作 若蝟毛然 其劇者 弓裔甄萱二人而已 弓裔本新羅之孼 而反以宗國爲讎 圖夷滅之 至斬先祖之畫像 其爲不仁甚矣 甄萱起自新羅之民 食新羅之祿 而包藏禍心 幸國之危 侵軼都邑 虔劉君臣若禽獮而草薙之 實天下之元惡大憝 故弓裔見棄於其臣 甄萱受禍於其子 皆自取之也 又誰咎也 雖項羽李密之雄才 不能敵漢唐之興 而況裔萱之凶人 豈可與我太祖相抗歟 但爲之歐民者也 (『三國史節要』 14)[1227]

고려 후백제 (太祖十九年)九月 太祖討神劒 滅百濟 謂英規曰 自萱失國遠來 其臣子無一人慰籍者 獨卿夫婦 千里嗣音 以致誠意 兼歸款於寡人 義不可忘 授以佐丞 賜田千頃 以驛馬三十五匹 迎致家人 官其二子 英規後官至三重大匡 (『高麗史』 92 列傳 5 諸臣 朴英規)

고려 洪儒 (…) (太祖)十九年 從太祖擊百濟 滅之 卒謚忠烈 (『高麗史』 92 列傳 5 諸臣 洪儒)

고려 庾黔弼 (…) (太祖)十九年 從太祖擊百濟 滅之△ 二十四年卒△ 黔弼有將略 得士心△ 每出征 受命卽行 不宿於家 及凱還 太祖必迎勞 終始寵遇 諸將莫及△ 謚忠節 成宗

1226) 본 기사에는 日이 기록되어 있지 않았지만, 『三國遺事』와 『高麗史』에 甲午(8)로 나온다. 따라서 甲午(8)로 편년하고 편제하였다.

1227) 본 기사에는 日이 기록되어 있지 않았지만, 『三國遺事』와 『高麗史』에 甲午(8)로 나온다. 따라서 甲午(8)로 편년하고 편제하였다.

十三年 贈太師 配享太祖廟庭◬ 子曰兢曰官曰儒曰慶△ (『高麗史』92 列傳 5 諸臣 庾黔弼)

고려 朴守卿 平州人 父大匡尉遲胤 守卿性勇烈 多權智 事太祖爲元尹 百濟數侵新羅 太祖命守卿爲將軍往鎭之 値甄萱再至 守卿輒以奇計敗之 曹物郡之戰 太祖部分三軍 以大相帝弓爲上軍 元尹王忠爲中軍 守卿·殷寧爲下軍 及戰 上軍中軍失利 守卿等獨戰勝 太祖喜陞元甫 守卿曰 臣兄守文 見爲元尹 而臣位其上 寧不自愧 遂幷爲元甫 勃城之役 太祖被圍 賴守卿力戰得出 又從太祖討神劒 (…) (『高麗史』92 列傳 5 諸臣 朴守卿)

고려 王順式 溟州人 爲本州將軍 久不服 太祖患之 侍郎權說奏曰 父而詔子 兄而訓弟 天理也 順式父許越 今爲僧在內院 宜遣往諭之 太祖從之 順式遂遣長子守元歸款 賜姓王 仍賜田宅 又遣子長命 以卒六百入宿衛 後與子弟率其衆來朝 賜姓王 拜大匡 長命賜名廉 拜元甫 小將官景 亦賜姓王 授大丞 太祖討神劒 順式自溟州 率其兵會戰 破之 太祖謂順式曰 朕夢見異僧 領甲士三千而至 翼日 卿率兵來助 是其應也 順式曰 臣發溟州至大峴 有異僧祠 設祭以禱 上所夢者 必此也 太祖 異之 又有李悤言·堅金·尹瑄·興達·善弼·泰評等 皆歸附太祖 (『高麗史』92 列傳 5 諸臣 王順式)~

고려 李悤言 史失世系 新羅季 保碧珍郡時 群盜充斥 悤言堅城固守 民賴以安 太祖遣人諭以共戮力定禍亂 悤言奉書甚喜 遣其子永 率兵從太祖征討 永時年十八 太祖以大匡思道貴女妻之 拜悤言本邑將軍 加賜傍邑丁戶二百二十九 又與忠原廣竹堤州倉穀二千二百石 塩一千七百八十五石 且致手札 示以金石之信曰 至于子孫 此心不改 悤言乃感激 團結軍丁 儲峙資糧 以孤城介於羅濟必爭之地 屹然爲東南聲援 二十一年 卒 年八十一 子達行及永 (『高麗史』92 列傳 5 諸臣-李悤言)

고려 堅金 靑州人 爲本州領軍將軍 太祖卽位 以靑州人多變詐 不早爲備 必有後悔 乃遣州人能達文植明吉等 往覘之 能達還奏 彼無他志 足可恃也 唯文植明吉 私謂州人金勤謙·寬駿曰 能達雖奏無他 然新穀熟 恐有變 堅金與副將連翌興鉉 來見太祖 各賜馬綾帛 有差 堅金等上言 臣等願竭愚忠 庶無二心 但本州人與勤謙寬駿金言規等在京都者 其心異同 去此數人 可無患矣 太祖曰 朕心存止殺 有罪者尙欲原之 況此數人 皆有宣力扶衛之功 欲得一州而殺忠賢 朕不爲也 堅金等慚懼而退 勤謙言規等聞之 奏曰 日者 能達復曰無他 臣等固以爲不然 今聞堅金等所言 不可保其無他 請留之以觀變 太祖從之 旣而謂堅金等曰 今雖不從爾言 深嘉爾忠 可早歸以安衆心 堅金等言 臣等欲露忠讜 輒陳利害 反類誣譖 不以爲罪 惠莫大焉 誓赤心報國 然一州之人 人各有心 如有始禍 恐難制也 請遣官軍 以爲聲援 太祖然之 遣馬軍將軍洪儒·庾黔弼等 率兵千五百 鎭鎭州 以備之 未幾 道安郡奏 靑州密與百濟通好 將叛 太祖又遣馬軍將軍能植將兵鎭撫 由是 不克叛 (『高麗史』92 列傳 5 諸臣 堅金)

고려 尹瑄 塩州人 爲人沉勇 善韜鈐 初以弓裔誅殺無厭 慮禍及己 遂率其黨 走北邊 聚衆至二千餘人 居鶻巖城 召黑水蕃衆 久爲邊郡害 及太祖卽位 率衆來附 北邊以安(『高麗史』92 列傳 5 諸臣 尹瑄)

고려 興達爲甄萱高思葛伊城主 太祖徇康州 行過其城 興達遣其子歸款 於是 百濟所置軍吏皆降附 太祖嘉之 賜興達靑州祿 子俊達珍州祿 雄達寒水祿 玉達長淺祿 又賜田宅以賞之 甄萱將攻其城 興達聞之 欲出戰而浴 忽見右臂上有滅字 怪而禳之 至十日病死 (『高麗史』92 列傳 5 諸臣王 興達)

고려 善弼 爲新羅載巖城將軍 時群盜競起 所至奪掠 太祖欲通好新羅 以路梗患之 弼觀太祖威德 遂歸款 以計使通好新羅 因捍賊 屢有功 後以其城內附 太祖厚加待遇 以年老稱爲尙父(『高麗史』92 列傳 5 諸臣 善弼)

고려 泰評 塩州人 博涉書史 明習吏事 初爲其州賊帥柳矜順記室 弓裔破矜順 評乃降 裔怒其久不服 令屬卒伍 遂從太祖 開國之際 與有力焉 擢授徇軍郎中 (『高麗史』92 列傳

5 諸臣　泰評)

고려　　(天授)十九年 九月 王親討甄萱逆子神劒 後百濟亡 (『高麗史』86 表 1 年表 1)

고려　　冬十二月丁酉 大匡裴玄慶卒 (『高麗史』2 世家 2 太祖 2)

고려　　冬十二月 大匡裴玄慶卒 玄慶 慶州人 膽力過人 起於行伍 太祖之東征西討也 玄慶之功居多 及疾篤 王親幸其第 執其手曰 嗟乎命矣夫 卿子孫在 予其敢忘 王出門 而玄慶卒 謚武烈 後配享太祖廟庭 (『高麗史節要』1 太祖神聖大王)[1228]

고려　　玄慶 (…) (太祖)十九年 疾篤 太祖幸其第 執其手曰 嗟乎命矣 夫卿子孫在 予其敢忘 太祖出門 而玄慶卒 遂駐駕 命官庀葬事而後還 謚武烈 子殷祐 (『高麗史』92 列傳 5 諸臣 洪儒附 裵玄慶)

고려 신라 백제

(天福元年十二月) 高麗王建用兵擊破新羅百濟 於是東夷諸國皆附之 有二京 六府 九節度 百二十郡[1229] (『資治通鑑』280 後晉紀 1 高祖聖文章武明德孝皇帝)

고려　　是歲 創廣興·現聖·彌勒·內天王等寺 又創開泰寺於連山 (『高麗史』2 世家 2 太祖 2)

고려　　是歲 創廣興現聖彌勒內天王等寺 又創開泰寺於連山 (『高麗史節要』1 太祖神聖大王)

신라　　頃及乎清泰三年丙申秋 我太祖神聖大王躬擐周衣 手提漢釼 龔行天干討 丕冒海隅 協和三韓 奄有四郡 加復輯寧君子國 瞻仰梵王家 聞大師雲遊西土以有歸 霧隱南山而無悶 栖眞絶境 貯福寰區 太祖 於是企望淸風 遙瞻白月 遽飛芝檢 徵赴玉京 及其目覩鳳來儀 耳聞龍變化 雖是歸僧之禮 方同奉佛之儀 大師 乃月過蒼天 雲歸碧岫 寂寂葆光於塵外 玄玄施化於域中 所謂 不肅而成 無爲而治 競奔馳於善道 俱出入於福門 未幾龍遽墮髯 魚難在藻 杞國有天崩之歎 咸池無日蘸之光 (「玉龍寺洞眞大師碑」)

신라 고려　　(…) 太祖 方欲糺合龍邦 欽崇象教 淸泰初 聞西伯山神朗太大德 纂覺賢之餘烈 演方廣之秘宗 今年迫桑榆 貌衰蒲柳 遂請大師追朗公 具麈玉柄 演金言 聞法者 大師 遂往西伯 聽雜華三本 則何異 善逝密傳於迦葉 淨名默對於文殊者哉 朗公應對 有慙色曰 昔儒童菩薩 所謂 起予者 商 故乃花嚴大教 於斯爲盛矣 (…) (「普願寺法印國師寶乘塔碑」)

신라　　釋寶壤傳 不載鄕井氏族 謹按清道郡司籍載 天福八年癸酉[1230][太祖卽位第二十六年也]正月日 清道郡界里審使順英 大乃末水文等 柱貼公文 雲門山禪院長生 南阿尼岾東嘉西峴[云云] 同藪三剛[1231]典主人寶壤和尙 院主玄會長老 貞[1232]座玄兩上座 直歲信元禪師[右公文 清道郡 都田帳傳准] 又開運三年丙辰 雲門山 禪院長生標塔公文一道 長生十一 阿尼岾 嘉西峴 畝峴 西北買峴[一作 面知村] 北猪足門等 又庚寅年 晉陽府貼 五道按察使 各道禪教寺院 始創年月形止 審檢成籍時 差使員東京掌書記李僐

1228) 본문에는 日이 기록되어 있지 않지만, 『고려사』에 丁酉(13)로 나온다. 따라서 丁酉(13)로 편년하고 편제하였다.
1229) 王建得高麗見二百七十一卷梁鈞王龍德三年
1230) 卯의 잘못이다.
1231) 綱의 잘못이다.
1232) 典의 잘못이다.

審檢記載　正豊[1233]六年辛巳[大金年號　本朝毅宗卽位十六年也]九月　郡中古籍裨補[1234]記　准淸道郡前副戶長禦侮副尉李則楨戶在右[1235]人消息及諺傳記載　致仕上戶長金亮辛　致仕戶長旻育　戶長同正尹應　前其人珍奇等　與時上戶長用成等言語　時太守李思老　戶長亮辛年八十九　餘輩皆七十已上　用成年六十已上[云云　次不准]　羅代已來當郡寺院　鵲岬已下中小寺院　三韓亂亡間　大鵲岬小鵲岬所寶岬天門岬嘉西岬等五岬皆亡壞　五岬柱合在大鵲岬　祖師知識[上文云　寶壤]　大國傳法來還　次西海中　龍邀入宮中念經　施金羅袈裟一領　兼施一子璃目　爲侍奉而追之　囑曰　于時三國擾動　未有歸依佛法之君主　若與吾子歸本國鵲岬　創寺而居　可以避賊　抑亦不數年內　必有護法賢君出定三國矣　言訖相別而來還　及至玆洞　忽有老僧　自稱圓光　抱印樻[1236]而出　授之而沒　[按圓光以陳末入中國　開皇間東還　住嘉西岬　而沒於皇隆　計至淸泰之初　無慮三百年矣　今悲嘆諸岬皆廢　而喜見壤來而將興　故告之爾]　於是壤師　將興癈[1237]寺　而登北嶺望之　庭有五層黃塔　下來尋之則無跡　再陟望之　有群鵲啄地　乃思海龍鵲岬之言　尋掘之　果有遺塼無數　聚而蘊崇之　塔成而無遺塼　知是前代伽藍墟也　畢創寺而住焉　因名鵲岬寺　未幾太祖統一三國　聞師至此創院而居　乃合五岬田束五百結納寺　以淸泰四年丁酉　賜額曰　雲門禪寺　以奉袈裟之靈蔭　璃目常在寺側小潭　陰騭法化　忽一年元[1238]旱　田蔬焦槁　壤勅璃目行雨　一境告足　天帝將誅不識[1239]　璃目告急於師　師藏於床下　俄有天使到庭　請出璃目　師指庭前梨木　乃震之而上天　梨木萎摧　龍撫之卽蘇[一云　師呪之而生]　其木近年倒地　有人作楗椎　安置善法堂及食堂　其椎柄有銘　初師入唐廻　先止于推火之奉聖寺　適太祖東征　至淸道境　山賊嘯聚于犬城[有山岑臨水峭立　今俗惡其名　改云犬城]　驕傲不格　太祖至于山下　問師以易制之述[1240]　師答曰　夫犬之爲物　司夜而不司晝　守前而忘其後　宜以晝擊其北　[1241]祖從之　果敗降　太祖嘉乃神謀　歲給近縣租五十碩　以供香火　是以寺安二聖眞容　因名奉聖寺　後遷至鵲岬　而大創終焉　師之行狀　古傳不載　諺云　與石崛備虛師[一作　毗虛]爲昆弟　奉聖石崛雲門三寺　連峰櫛比　交相往還爾　後人改作新羅異傳　濫記鵲塔璃目之事于圓光傳中　系犬城事於毗虛傳　既謬矣　又作海東僧傳者　從而潤文　使寶壤無傳　而疑誤後人　誣妄幾何 (『三國遺事』4 義解 5 寶攘梨木)

신라 고려　及我太祖創業之時亦有海賊来擾　乃請安惠朗融之裔廣學大緣等二大德作法禳鎭　皆朗之傳系也　故并師而上至龍樹爲九祖[本寺記三師爲律祖　未詳]　又太祖爲創現聖寺　爲一宗根柢焉 (『三國遺事』5 神呪 6 明朗神印)[1242]

신라　羅時有觀機　道成二聖師　不知何許人　同隱包山[鄕云所瑟山　乃梵音　此云包也　]　機庵南嶺　成處北穴　相去十許里　披雲嘯月　每相過從　成欲致機　則山中樹皆向南而俯　如相迎者　機見之而往　機欲邀成也　則亦如之皆北偃　成乃至　如是有年　成於所居之後　高之上　常宴坐　一日自　縫間透身而出　全身騰空而逝　莫知所至　或云　至壽昌郡[今壽城郡]捐骸焉　機亦繼踵歸眞　今以二師名命其墟　皆有遺趾　道成　高數丈　後人置寺穴下　大

1233) 隆(고려 태조의 父)의 避이다.
1234) 補의 잘못이다.
1235) 古의 잘못이다.
1236) 櫃의 잘못이다.
1237) 廢의 잘못이다.
1238) 亢의 잘못이다.
1239) 職의 잘못이다.
1240) 術의 잘못이다.
1241) 太의 잘못이다.
1242) 고려 태조 19년(936)에 現聖寺를 세웠다.

平興國七年壬午 有釋成梵 始來住寺 敞萬日彌陀道場 精懃五十餘年 屢有殊祥 時玄風信士二十餘人歲結社 拾香木納寺 每入山採香 劈析淘洗 置箔上 其木至夜放光如燭由是郡人項施其香徒 以得光之歲爲賀 乃二聖之靈感 或岳神攸助也 神名靜聖天王 嘗於迦葉佛時受佛囑 有本誓 待山中一千人出世 轉受餘報 今山中嘗記九聖遺事 則未詳曰觀機道成師 師道義[有栢岩基]子陽 成梵 今勿女 白牛師

讚曰 相過踏月弄雲泉 二老風流幾百年 滿壑煙霞餘古木 偃寒影尙如迎 音般 鄕云雨木 音牒 鄕云加乙木 此二師久隱 叢下交人世 皆編木葉爲衣 以度寒暑 掩濕遮羞而已因以爲號 嘗聞楓岳亦有斯名 乃知古之隱淪之士 例多逸韻如此 但難爲蹈襲

予嘗寓包山 有記二師之遺美 今幷錄之 紫茅黃精 皮蔽衣木葉非蠶機寒松 石日暮林下樵蘇歸 夜深披向月明坐 一半颯颯隨風飛 敗蒲橫臥於 眼夢魂不到紅塵羈 雲遊逝兮二庵墟 山鹿恣登人跡稀 (『三國遺事』 5 避隱 8 包山二聖)

신라 南山東麓有避里村 村有寺 因名避里寺 寺有異僧 不言名氏常念彌陀 聲聞于城中 三百六十坊 十七萬戶 無不聞聲 聲無高下 琅琅一樣 以此異之 莫下致敬 皆以念佛師爲名 死後泥塑眞儀 安于敏藏寺中 其本住避里寺 改名念佛寺 寺旁亦有寺 名讓避 因村得名 (『三國遺事』 5 避隱 8 念佛師)

고려 十六祖寶雲尊者義通 字惟遠 高麗國 族姓尹氏[後唐明宗天成二年(927) 丁亥歲生] 梵相異常 頂有肉髻 眉毫宛轉 伸長五六寸 幼從龜山院釋宗爲師 受具之後 學華嚴·起信爲國宗仰 (『佛祖統紀』 8 興道下·八祖紀 4)[1243]

고려 杭州龍華寺眞覺大師靈照 高麗人也 萍遊閩·越 升雪峯之堂 冥符玄旨 居唯一衲 服勤衆務 閩中謂之照布衲 一夕指半月問溥上座 那一片什麽處去也 溥曰 莫妄想 師曰 失却一片也 衆雖歎美而恬澹自持 初止婺州齊雲山 上堂良久 忽舒手視其衆曰 乞取些子乞取些子 又曰 一人傳虛 萬人傳實 僧問 草童能歌舞 未審今時還有無 師下座作舞曰沙彌會麽 僧曰 不會 師曰 山僧蹋曲子也不會 問靈山會上 法法相傳 未審齊雲將何付囑 師曰 不可爲汝一人 荒却齊雲也 曰莫便是親付囑也無 師曰 莫令大衆笑 問還丹一粒點鐵成金 至理一言 點凡成聖 請師一點 師曰 還知齊雲點金成鐵麽 曰點金成鐵未之前聞 至理一言 敢希垂示 師曰 句下不薦後悔難追 師次居越州鏡淸院 海衆悅隨 一日謂衆曰 盡令去也 僧曰 請師盡令 師曰 吽吽 問如何是學人本分事 師曰 鏡淸不惜口 問請師雕琢 師曰 八成 曰爲什麽不十成 師曰 還知鏡淸生修理麽 師問僧 什麽處來 曰五峯來 師曰 來作什麽 曰禮拜和尙 師曰 何不自禮 曰禮了也 師曰 鏡湖水淺問如何是第一句 師曰 莫錯下名言 曰師豈無方便 師曰 烏頭養雀兒 問向上一路 千聖不傳 未審什麽人傳得 師曰 千聖也疑我 曰莫便是傳也無 師曰 晉帝斬嵇康 問釋迦掩室於摩竭 淨名杜口於毘耶 此意如何 師曰 東廊下兩兩三三 師謂衆曰 諸方以毘盧法身爲極則 鏡淸遮裏卽不然 須知毘盧有師法身有主 問如何是毘盧師法身主 師曰 二公爭敢論 問古人道 見色便見心 此卽是色阿那箇是心 師曰 恁麽問莫欺山僧麽 問未剖以前請師斷 師曰 落在什麽處 曰恁麽卽失口也 師曰 寒山送溈山 又曰住住闍梨失口山僧失口 曰惡虎不食子 師曰 驢頭出馬頭迴 師驀問一僧 記得麽 曰記得 師曰 道什麽 曰道什麽 師曰 淮南小兒入寺 問是什麽卽俊鷹俊鷂趁不及 師曰 闍梨別問 山僧別答 問請師別答 師曰 十里行人較一程 問金屑雖貴眼裏著不得時如何 師曰 著不得還著得麽 僧禮拜 師曰 深沙神 問菩提樹下度衆生 如何是菩提樹 師曰 大似苦練樹 曰

1243) 본 기사 이후에 "晉天福時(937~942) 來遊中國[師於天福末(942) 方十六七 正受具學華嚴之時來中國 應在二十後 以歷推之 當在漢周之際 今言天福恐誤]"라고 되어 있다.

爲什麽似苦楝樹 師曰 素非良馬 何勞鞭影 後湖守錢公卜 杭之西關 創報慈院 延請開法 禪衆翕然依附 尋而錢王建龍華寺 迎金華傳大士靈骨道具寘焉 命師住持 晉天福十二年(937)丁未閏七月二十六日 終于本寺 壽七十八 塔于大慈山 (『景德傳燈錄』 18 行思禪師第六世·福州雪峯義存禪師法嗣 杭州龍華寺靈照禪師)

고려 杭州龍華寺靈照禪師 嗣雪峯 師諱靈照 東國人也 自傳雪峯密旨 便住浙江 錢王欽重敬賜紫衣 號眞覺大師 初居齊雲 後住鏡淸·報慈·龍花 四海玄徒 長臻法席矣 師有時上堂云 盡令去也 如存若亡 私曲將來 礙着老學 與摩相告報 還解笑得我摩 時有人問請師盡令 師云 吽吽 問如何是諸佛出身處 師喚少兒名 法歸亦慶幸 僧云 與摩則只今諱什麽 師云 到京不知有京風 問此个門風如何繼紹 師云 昔年漢主 今日吾君 師住報慈時 開堂日云 帝子王孫及四衆雲集 金枝玉葉未離王宮 及諸高班君子等 猶在貴居乃至諸寺大師大德只在本寺 正當與摩時 微僧早與相着了也 於中還有省察者摩 諸仁者纔擬跨門万里望鄕 開豈況到報慈何處更有也 與摩語話莫輕觕 上人摩放過則万事絶言 若不放過一場禍事 雖然如此不可斷絶 今時於中還有懷疑者摩 快出來時有人出來問承師有言 未離本處早與相着了也 未審未離本處 什摩處是師與衆人相着處 師云 阿爾若不得我力 爭解形得此問 問寸絲不露時如何 師云 隱密 僧云 與摩則無面可露也師云 林下月彩足人撮 問諸聖會中還有不排位者也無 師云 諸聖會中則且置 喚什摩作不排位 僧云 與摩則出身無路也 師云 玉不處雪那辯堅貞因 說百丈打侍者因緣 有人拈問 百丈打侍者爲上座打爲侍者打 師云 理正不了累及家丁 師問招慶 事須有與摩道不被人撿點 初機後學又須得力 自古先德苗稼是什摩次第附得某甲 此問請和尙擇招慶擇云 放曠長如癡九人 他家自有通人愛 問未納問前 請師指示 師云 成什摩道理僧云 己領師意 師云 獻璧加刑因措多入古寺 問僧此寺名什摩 其僧不知名額 措多遂作一首詩曰 此寺何年造 問僧僧不知 繫馬枯松下 拂塵讀古碑 有人拈問師碑 文道什摩 師云 三藏入室 師問招慶 作摩生是投機如未肯 招慶曰 遇茶卽喫 師曰 適來立久脚瘻痛 招慶却問 什摩處是成塵處請兄擇 師云 卽此猛提取 招慶肯之 師有時上堂 驀地起來伸手云 乞取些子乞取㓜子 又云 一人傳虛 万人傳實 問古人有言無言 無說直入不二法門 文殊與摩道還稱得長老意無 師云 比擬理國却令家破 問靈山會上法法相傳 未審齊雲將何付囑於人云 不可爲汝一个荒却齊雲山 僧云 莫便是親付囑也無 師云莫令大衆笑 師一日見僧上來立次竪起物 問 爾道這个與那个別不別 僧 無對 師代云別則眼見山 不別則山見眼 問 向上一路千聖不傳 未審是什摩人則能傳得 師云 千聖也疑我 僧云 莫便是傳底人無 師云 晉帝斬嵇康 師上堂偏立告云 莫不要昇此座摩 雲禪大師云 人義道中 自代云 大衆還軆悉摩 師初入龍華上堂云 宗門妙理別時一論若也大道玄網包三界爲一門盡十方爲正眼 世尊靈山說法之後 付囑摩訶迦葉 祖祖相繼 法法相傳 自從南天竺國王太子 捨榮出家 呼爲達摩大師 傳佛心印 特置十万八千里過來告曰 吾本來此土 傳敎救迷情 以經得二千來年 眞風不替 我吳越國大祖世皇 崇敬佛法 當今殿下敬重三寶 興闡大乘 皆是靈山受佛付囑 來大師令公迎請大士歸朝 入內道場供養 兼宣下造寺功德 以當寺便是弥勒之內苑寶塔安大士眞身 又是令公興建 地久天長古今罕有 播在於四海八方 知聞昨者伏蒙聖恩 宣賜當寺住持 許聚玄徒敢不率以焚修 勵一心而報答聖躬 許賜從容 有事近前 時有學人問 只如龍花之會 何異於靈山師云 化城敎一級 僧云 與摩則彼彼不相羨也 師云 前言終不虛施 僧云 未審當初靈山合談何法 師云 不見道世尊不說說 迦葉不聞聞 僧云 與摩則不覩王居殿焉知天子尊師云 酌然瞻敬則有兮 師問僧 作什摩云 掃佛身上塵云 旣是佛爲什摩却有塵 僧 無對自代云 不見道金屑雖貴 問古人有言 佛有正法眼 付囑摩訶迦葉 如何是正法眼 師云金屑雖貴 僧云 正法眼又作摩生 師云 也須知有龍花惜人 有人問 某甲下山去 忽有人問 龍花有什摩消息向他作摩生道 師云 但向他道馬鳴·龍樹白搥下 問不二之言請師道師云 不遵摩竭 令誰談毗耶理 麗天和尙頌無着對文殊話 頌曰 淸凉感現聖伽藍 親對

文殊接話談 言下不通好消息 迴頭只見翠山嵒 師和頌曰 遍周沙界聖伽藍 觸處文殊共話談 若有門上覔消息 誰能敢道翠山嵒 問古人有言 麤中之細 細中之麤 如何是麤中之細 師曰 佛病寂難治 進曰 師還治也無 師云 作摩不得 僧曰 如何治得 師云 喫茶喫飯 (『祖堂集』11 齊雲和尚靈照)

[참고 문헌]

1. 사료

1) 한국

① 정사류

『三國史記』, 『三國遺事』, 『高麗史』, 『高麗史節要』, 『三國史節要』

② 기타

『東國李相國集』, 『帝王韻紀』 『東文選』

2) 중국

① 정사류

『春秋左氏傳』, 『史記』, 『漢書』, 『前漢紀』, 『三國志』, 『後漢紀』, 『後漢書』, 『宋書』, 『南齊書』, 『魏書』, 『梁書』, 『陳書』, 『北齊書』, 『周書』, 『隋書』, 『晉書』, 『南史』, 『北史』, 『建康實錄』, 『舊唐書』, 『舊五代史』, 『新五代史』, 『新唐書』, 『資治通鑑』, 『遼史』 『宋史』

② 유서류

『管子』, 『尙書大傳』, 『淮南子』, 『鹽鐵論』, 『戰國策』, 『論衡』, 『出三藏記集』, 『海東高僧傳』, 『高僧傳』, 『大乘玄論』, 『二諦義』, 『觀世音應驗記』, 『文館詞林』, 『翰苑』, 『續高僧傳』, 『大唐西域求法高僧傳』, 『華嚴經傳記』, 『弘贊法華傳』, 『貞觀政要』. 『初學記』, 『開元釋敎錄』, 『續古今譯經圖紀』, 『法華傳記』, 『歷代法寶記』, 『法華玄義釋籤』, 『大方廣佛華嚴經感應傳』, 『通典』. 『貞元新定釋敎目錄』, 『大唐靑龍寺三朝供奉大德行狀』, 『兩部大法相承師資付法記』, 『圓覺經大疏抄』, 『中華心地禪門師資承襲圖』, 『釋門自鏡錄』, 『祖堂集』, 『唐會要』. 『五代會要』, 『太平廣記』, 『太平寰宇記』, 『太平御覽』, 『文苑英華』, 『宋高僧傳』, 『景德傳燈錄』, 『冊府元龜』, 『傳法正宗記』, 『唐大詔令集』, 『林間錄』, 『通志』, 『佛祖統紀』, 『三寶感應要略錄』, 『玉海』, 『佛祖歷代通載』, 『華嚴懸談會玄記』, 『新修科分六學僧傳』, 『續傳燈錄』, 『神僧傳』, 『指月錄』, 『高僧摘要』, 『全唐詩』, 『全唐文』, 『玄奘三藏師資傳叢書』, 『釋氏蒙求』, 『九華山志』 , 『高麗圖經』 , 『山谷內集詩注』

3) 일본

① 정사류

『古事記』, 『日本書紀』, 『續日本紀』, 『日本後紀』, 『續日本後紀』, 『日本文德天皇實錄』, 『類聚國史』, 『日本三代實錄』, 『扶桑略記』, 『日本紀略』, 『本朝世紀』, 『本朝通鑑』

② 기타

『風土記』, 『養老律令』, 『古語拾遺』, 『新撰姓氏錄』, 『日本靈異記』, 『令義解』, 『入唐求法巡禮行記』, 『令集解』, 『先代舊事本紀』, 『聖德太子傳曆』, 『延喜式』, 『釋日本紀』, 『元亨釋書』, 『帝王編年記』, 『善隣國寶記』

2. 교감/번역/주석서

1) 한국

정구복 등, 2011~2012『역주 삼국사기』1~4, 한국학중앙연구원(개정증보판)
국사편찬위원회 한국사데이터베이스 삼국사기 (http://db.history.go.kr/item/level.do?itemId=sg)
연세대학교 박물관 편, 2016『파른본 삼국유사 교감』, 연세대학교 박물관
국사편찬위원회 한국사데이터베이스 삼국유사(http://db.history.go.kr/item/level.do?itemId=sy)
1972『高麗史』, 아세아문화사
동아대학교 석당학술원, 2011『국역 고려사』, 경인문화사
국사편찬위원회 한국사데이터베이스 고려사(http://db.history.go.kr/KOREA/item/level.do?itemId=kr&types=r)
1973『高麗史節要』, 아세아문화사
민족문화추진회, 1982『(국역)고려사절요』1~5, 민족문화추진회
국사편찬위원회 한국사데이터베이스 고려사절요(http://db.history.go.kr/KOREA/item/level.do?itemId=kj&types=r)
국사편찬위원회 한국사데이터베이스 선화봉사고려도경(http://db.history.go.kr/KOREA/item/level.do?itemId=cnkd&types=r)
세종대왕기념사업회, 1996『(국역)삼국사절요』1·2, 세종대왕기념사업회
조선사편수회, 1932~33 『조선사』(1편 1~3권, 2편), 조선총독부
남무희, 2014,『삼국유사연표』, 자유문고
박두포 역, 1981『東明王篇·帝王韻紀』, 을유문화사
국사편찬위원회 한국사데이터베이스 제왕운기(http://db.history.go.kr/KOREA/item/level.do?itemId=mujw&types=r)
국사편찬위원회 한국사데이터베이스 해동고승전(http://db.history.go.kr/item/level.do?itemId=hg)
한국고전번역원 한국고전번역 DB 동문선 (http://db.itkc.or.kr/dir/item?itemId=BT#dir/node?grpId=&itemId=BT&gubun=book&depth=2&cate1=C&cate2=&dataGubun=서지&dataId=ITKC_BT_1365A)
한국고대사회연구소, 1992『역주 한국고대금석문』1~3, 가락국사적개발연구원
국사편찬위원회 한국사데이터베이스 역주한국고대금석문(http://db.history.go.kr/item/level.do?itemId=gskr)
국사편찬위원회 한국사데이터베이스 한국고대금석문자료집(http://db.history.go.kr/item/level.do?itemId=gskh)
한국역사연구회 중세1분과 나말여초연구반 편, 1996『(譯註)羅末 麗初 金石文』, 혜안
국립창원문화재연구소, 2004『한국의 고대목간』
국사편찬위원회 한국사데이터베이스 한국목간자료(http://db.history.go.kr/item/level.do?itemId=mg)
권인한/김경호/윤선태 공동편집, 2015『한국고대 문자자료연구 백제』(상)·(하), 주류성
충청남도역사문화연구원, 2016『(중국출토) 百濟人 墓誌 集成』
한국금석문영상자료시스템(http://gsm.nricp.go.kr/_third/user/main.jsp)
한국국학진흥원/청명문화재단, 2014,『韓國金石文集成』

2) 중국

국사편찬위원회, 1987~1990『역주 중국정사 조선전』1~3

권중달 옮김, 2007~2010『자치통감』1~31, 삼화

국사편찬위원회 한국사데이터베이스 중국정사 조선전(http://db.history.go.kr/item/level.do?itemId=jo)

국사편찬위원회 한국사데이터베이스 한국고대사료집성 중국편(http://db.history.go.kr/item/level.do?itemId=ko)

胡戟·榮新江 主編, 2012『大唐西市博物館藏墓誌』上·中·下, 北京大學出版社

곽승훈 등, 2015『중국 소재 한국 고대 금석문』, 한국학중앙연구원

3) 일본

최근영 등, 1994『(日本 六國史) 韓國關係記事』, 駕洛國史蹟開發硏究院

김현구 등, 2002『일본서기 한국관계기사 연구』1·2, 일지사

연민수 등, 2013~2014『역주 일본서기』1~3, 동북아역사재단

장동익, 2004『일본고·중세고려자료연구』, 서울대학교출판부

김기섭 등, 2005『일본 고중세 문헌 속의 한일관계사료집성』, 혜안

국사편찬위원회 한국사데이터베이스 일본육국사 한국관계기사(http://db.history.go.kr/item/level.do?itemId=jm)

국사편찬위원회 한국사데이터베이스 입당구법순례행기(http://db.history.go.kr/item/level.do?itemId=ds)